Schwerpunkte Pflichtfach   Beulke/Swoboda · Strafprozessrecht

Schwerpunkte

Eine systematische Darstellung der wichtigsten Rechtsgebiete anhand von Fällen
Begründet von Professor Dr. Harry Westermann †

Strafprozessrecht

von

Dr. Werner Beulke

Professor em. an der Universität Passau

und

Dr. Sabine Swoboda

Professorin an der Ruhr-Universität Bochum

14., neu bearbeitete Auflage

 C.F. Müller

Übersetzung ins Russische von *Jana Ploškina* unter Redaktion von *Univ. Doz. Dr. Ljudmila Majorova*, 2004
ISBN 5-9604-0013-8 (PYC)

Übersetzung ins Japanische von *Prof. Dr. Katsuyoshi Kato* und *Prof. Dr. Norio Tsujimoto*, 2016
Übersetzung ins Usbekische von der Juristischen Hochschule Taschkent, *Prof. Dr. Azamat Egamberdiev*, 2017

Bibliografische Information der Deutschen Nationalbibliothek
Die Deutsche Nationalbibliothek verzeichnet diese Publikation in der Deutschen Nationalbibliografie; detaillierte bibliografische Daten sind im Internet über http://dnb.d-nb.de abrufbar.

ISBN 978-3-8114-4665-6

E-Mail: kundenservice@cfmueller.de
Telefon: +49 89 2183 7923
Telefax: +49 89 2183 7620

www.cfmueller.de
www.cfmueller-campus.de

© 2018 C.F. Müller GmbH, Waldhofer Straße 100, 69123 Heidelberg

Satz: Gottemeyer, Rot
Druck: CPI books, Leck

Vorwort

Mit der vorliegenden 14. Auflage beginnt eine neue Ära. Zu dem von *Werner Beulke* seit der ersten Auflage im Jahr 1994 allein verantworteten Werk, stößt nunmehr *Sabine Swoboda* als **Mitautorin** hinzu. Damit verbinden wir die Hoffnung, langfristig die Kontinuität des Lehrbuchs zu gewährleisten. Mit Freude sehen wir der gemeinsamen Arbeit entgegen, ganz im Sinne des bisherigen Ansatzes einer profunden Anleitung für Ersteinsteiger mit Vertiefungsmöglichkeiten für Fortgeschrittene.

Im Rahmen der vorliegenden 14. Auflage sind Gesetzgebung, Rechtsprechung und Literatur bis Juni 2018 eingearbeitet worden. Aus der neueren Gesetzgebung ist vor allem auf das Gesetz zur effektiveren und praxistauglicheren Ausgestaltung des Strafverfahrens (2017), das Zweite Gesetz zur Stärkung der Verfahrensrechte von Beschuldigten im Strafverfahren und zur Änderung des Schöffenrechts (2017) sowie das Gesetz über die Erweiterung der Medienöffentlichkeit in Gerichtsverfahren (2017) zu verweisen. Seitens des Gesetzgebers sind zeitnah weitere Reformen geplant, die sich insbes. aus der Notwendigkeit der Umsetzung von EU-Richtlinien ergeben (Stichworte: Datenschutz/Unschuldsvermutung/Prozesskostenhilfe). Sie konnten wir nur sehr partiell (in Klammern gesetzt) mitberücksichtigen, da das genaue Schicksal der Gesetzesentwürfe derzeit noch nicht absehbar ist.

Wir haben uns bemüht, die Ergänzungen möglichst gering zu halten, damit der Stoff insgesamt überschaubar bleibt. Dadurch mussten viele Urteile und wissenschaftliche Beiträge leider doch unberücksichtigt bleiben.

Auch in dieser Auflage wurden in einigen Punkten wieder Hinweise aufgegriffen, die uns dankenswerterweise von aufmerksamen Lesern der 13. Auflage zugeleitet worden sind. Anregungen sowie positive und negative Kritik sind uns auch in Zukunft stets willkommen und können sehr gerne per E-Mail an beulke@strafrecht-beulke.de oder Sabinc.Swoboda@ruhr-uni-bochum.de gesendet werden. Jede Zuschrift wird beantwortet (wenn auch erfahrungsgemäß manchmal mit leichter Verzögerung – wofür wir uns schon im Voraus entschuldigen!).

Der Leser sollte wissen:
– Wie alle Bände der Reihe „Schwerpunkte" strebt auch das vorliegende Buch eine inhaltliche Beschränkung auf das **Kernwissen** an.
– Wem die Gesamtlektüre dennoch zu viel erscheint, der überspringe das engzeilig Gedruckte und er erfährt gleichwohl einen Überblick über die **Standard-Examensprobleme**.
– Zur **Wiederholung** oder zum schnelleren **induktiven Lernen** bietet sich auch eine Beschränkung der Lektüre auf die **72 Fallfragen** mit ihren Lösungen an. Wissenslücken können im Wege des Nachlesens der – durch Verweisungen kenntlich gemachten – Textpassagen geschlossen werden. Selbst bei dieser Lesart beherrscht

der Student unserer Erfahrung nach die **allerwichtigsten Examensprobleme**, sodass er damit im Regelfall den strafprozessualen Prüfungsteil passabel abdecken kann.

Wer sich in der Lösung strafprozessualer Fälle vervollkommnen möchte, findet am Ende des Buches in Rn 617 eine Auflistung von Übungsbüchern und Übungsfällen in Zeitschriften. Verwiesen sei insofern insbes. auf die Klausurenkurse von *Werner Beulke*. In Bd. III (Ein Fall- und Repetitionsbuch für Examenskandidaten, derzeit 5. A. 2018) werden auch die bei Prüfern besonders beliebten strafprozessualen Examensfragen behandelt.

Für die ausgezeichnete und sehr engagierte Mithilfe an dieser 14. Auflage bedanken wir uns bei den Passauer und Bochumer Mitarbeitern. In Passau gilt der Dank vorrangig dem wissenschaftlichen Mitarbeiter *Christoph Riess* sowie der wissenschaftlichen Mitarbeiterin *Frauke Hansper*, zudem den studentischen Mitarbeiterinnen *Lilly Beutler* und *Philippa Gruner* und der seit vielen Jahren treuen Sekretariatsleiterin *Olga Kuhls*. Ferner danken wir dem Bochumer Lehrstuhlteam, insbes. dem wissenschaftlichen Mitarbeiter *Christian Rühs* und den studentischen Mitarbeiterinnen *Kerstin Greilich* sowie *Maren Borg*. Ein weiterer Dank für die dortige Mitarbeit im Hintergrund geht an die wissenschaftlichen Mitarbeiter *André Bohn, Marina Carlsen, Jovanka Filipović* sowie die studentischen Mitarbeiter *Philipp Kiuppis* und *Andromache Krenzek*.

Passau und Bochum, im Juli 2018   *Werner Beulke*
Sabine Swoboda

Aus dem Vorwort zur 1. Auflage

Das vorliegende Buch, das anlässlich der vom Verfasser mehrfach abgehaltenen Strafprozessrechtsvorlesung entstanden ist, wurde für Studenten der Rechtswissenschaft konzipiert, die das Strafverfahrensrecht erlernen oder zur Vorbereitung auf das erste juristische Staatsexamen wiederholen wollen. Auch wenn es durch punktuelle Vertiefungen und Einarbeitung vieler Fundstellen über den Inhalt des mündlichen Kurses hinausgeht, werden viele Lücken bewusst in Kauf genommen, um die Kapazitäten auf wichtige Kernprobleme zu konzentrieren. Dies erscheint mir auch deshalb vertretbar, weil nach herkömmlicher und inzwischen durch die Justizausbildungsordnungen abgesicherter Prüfungspraxis im Examen nur nach den **Grundzügen** des Strafverfahrensrechts gefragt wird. Verzichtet werden muss insbesondere auf eine flächendeckende Aufarbeitung der strafprozessualen Literatur, aber selbst bei der Darstellung der gesetzlichen Regelungen sowie bei der Wiedergabe der Rechtsprechung wird mit vielen Vereinfachungen und Auslassungen gearbeitet.

Da das Buch eine längere Entstehungsgeschichte aufweist, haben an ihm mehrere Assistentengenerationen ihren Anteil. Die vielen langjährigen Mitarbeiter mögen es mir verzeihen, wenn ich sie hier nicht alle namentlich erwähne, sondern nur stellvertretend für alle den Mitarbeitern der „letzten Stunde" für ihren unermüdlichen Einsatz und die vielen wertvollen Anregungen danke, nämlich den Herren wissenschaftlichen Assistenten *Dr. Markus Dornach*, *Thomas Trepper*, den Herren wissenschaftlichen Mitarbeitern *Dr. Gregor Bachmann*, *Dr. Helmut Satzger* sowie den studentischen Hilfskräften, Frau *Caroline Brandt* und Herrn *Eike Schröer*. Eine große Hilfe waren auch zehn Studenten der juristischen Fakultät der Universität Passau, die das Buch probegelesen und mir viele Anregungen und Verbesserungsvorschläge unterbreitet haben. Auch ihnen sei herzlich gedankt, ebenso wie meiner Sekretärin, Frau *Ursula Kuba*, die durch ihren nie nachlassenden Arbeitseifer zur Fertigstellung dieses Buches wesentlich beigetragen hat.

Passau, im März 1994   *Werner Beulke*

Inhaltsverzeichnis

	Rn	Seite
Vorwort		V
Aus dem Vorwort zur 1. Auflage		VII
Abkürzungsverzeichnis		XXV
Verzeichnis der abgekürzt zitierten Literatur		XXXIII
Synopse der wichtigsten Gesetzesänderungen (2008–2018)		XLVIII

§ 1 Einführung in das Strafprozessrecht,
Ziele des Strafverfahrens 1 1

    I. Die Rechtsquellen des Strafprozessrechts 1   1

    II. Überblick über die einzelnen Verfahrensstadien 2   2

    III. Die Verfahrensbeteiligten 2a   2

    IV. Die Ziele des Strafverfahrens 3   3

        1. Die Feststellung und Durchsetzung des staatlichen
        Strafanspruchs 3   3

        2. Die Gewährung eines rechtsstaatlichen Verfahrens 5   4

        3. Die Rechtsfriedensfunktion 6   4

    V. Strafprozessrecht – materielles Strafrecht 8   5

    VI. Internationale Bezüge 9   6

        1. Europäische Menschenrechtskonvention (EMRK) 9   6

        2. Recht der Europäischen Union 10   8

        3. Völkerrecht 11   20

§ 2 Die Prozessmaximen 15   24

    I. Die Offizialmaxime, § 152 I StPO 16   25

    II. Das Legalitätsprinzip, §§ 152 II, 170 I StPO 17   27

    III. Der Anklagegrundsatz, § 151 StPO 18   28

    IV. Der Ermittlungsgrundsatz, insbes. § 244 II StPO 21   29

    V. Der Grundsatz der freien richterlichen Beweiswürdigung,
    § 261 StPO 22   30

    VI. Das Mündlichkeitsprinzip, § 261 StPO 23   30

    VII. Der Grundsatz der Unmittelbarkeit,
    insbes. §§ 226 I, 250, 261 StPO 24   31

    VIII. Die Unschuldsvermutung und der Grundsatz
    „in dubio pro reo" 25   32

    IX. Das Beschleunigungsgebot, Art. 20 III GG, Art. 6 I EMRK . . 26   32

    X. Der Grundsatz der Öffentlichkeit, § 169 S. 1 GVG,
    Art. 6 I 1, 2 EMRK 27   35

XI. Das Gebot eines fairen Strafverfahrens, Art. 20 III GG,
Art. 6 I EMRK 28   36
XII. Der Grundsatz des gesetzlichen Richters, Art. 101 GG 29   37
XIII. Der Grundsatz des rechtlichen Gehörs, Art. 103 I GG 30   37

§ 3   Gericht, Gerichtsaufbau und Zuständigkeit 34   38
I. Die Neutralität des Richters 34   39
II. Der Grundsatz des gesetzlichen Richters 34   40
III. Arten der Zuständigkeiten 36   40
1. Sachliche Zuständigkeit......................... 36   40
2. Örtliche Zuständigkeit 37   41
3. Funktionelle Zuständigkeit 38   41
IV. Die Zuständigkeit in erster Instanz und die Besetzung
der Spruchkörper 39   41
1. Das Amtsgericht 39   42
2. Das Landgericht............................... 41   43
3. Das Oberlandesgericht.......................... 44   44
4. Das Problem der sog. „beweglichen Zuständigkeit" 45   45
5. Verbindung................................... 46   46
V. Die Zuständigkeit in Rechtsmittelsachen 47   47
1. Das LG als Rechtsmittelinstanz................... 47   47
2. Das OLG als Rechtsmittelinstanz 49   47
3. Der BGH als Rechtsmittelinstanz 53   48
VI. Die örtliche Zuständigkeit........................... 57   50
1. Ordentliche Gerichtsstände 57   50
2. Außerordentliche Gerichtsstände.................. 58   51

§ 4   Ausschließung und Ablehnung des Richters 63   53
I. Ausschließung von Richtern, §§ 22, 23 StPO 64   53
II. Ablehnung wegen Besorgnis der Befangenheit, § 24 II StPO 68   54
1. Begriff der Befangenheit 69   55
2. Besondere Fallgruppen 71   56
III. Verfahren.................................... 75   58

§ 5   Die Staatsanwaltschaft........................... 79   60
I. Aufgaben der Staatsanwaltschaft 79   61
1. Vorverfahren 79   61
2. Hauptverhandlung, Rechtsmitteleinlegung 79   62
3. Strafvollstreckung, Verfahrensregister,
Mitteilungspflichten............................ 79   62
II. Organisation der Staatsanwaltschaft 80   63
III. Funktionsweise der Staatsanwaltschaft................. 82   64
1. Gesetzliche Vertretung durch jeden Staatsanwalt 82   64

2. Devolutions- und Substitutionsrechte 83   64
3. Das Weisungsrecht 84   65
IV. Stellung der Staatsanwaltschaft 88   67
   1. Die Staatsanwaltschaft zwischen Verwaltung
     und Rechtspflege 88   67
   2. Die Bindung der Staatsanwaltschaft an Präjudizien 89   67
   3. Anklagepflicht bei „außerdienstlicher" Kenntnis-
     erlangung? 91   68
   4. Ablehnung des Staatsanwalts 92   69

§ 6 Die Polizei als Helfer der Staatsanwaltschaft 101   73
  I. Grundsätze der Weisungsbefugnis 101   73
  II. Die Rolle der Polizei 103   74
  III. Zwangsrechte der Polizei 107   78

**§ 7 Der Beschuldigte, seine Vernehmung (Grundzüge) und
seine Rechte und Pflichten** 110   79
  I. Begriff des Beschuldigten 110   79
  II. Die Vernehmung des Beschuldigten (Grundzüge) 115   83
   1. Verfahrensstadium 115   83
   2. Vernehmungsbegriff 115   83
   3. Vernehmungsablauf 116   84
  III. Die unterlassene Belehrung nach § 136 StPO 117   85
   1. Der unterlassene Hinweis auf das Aussageverweigerungs-
     und Verteidigerkonsultationsrecht nach § 136 I 2 StPO .. 117   85
   2. Hinweis über Ausmaß der Beschuldigung,
     § 136 I 1 StPO 117   87
   3. Spontanäußerungen, informatorische Befragungen 118   88
   4. Problem der sog. qualifizierten Belehrung 119   88
  IV. Weitere Rechte des Beschuldigten 120   89
   1. Anspruch auf rechtliches Gehör 120   89
   2. Recht auf Verteidigung 121   89
   3. Recht auf Hinzuziehung eines Dolmetschers
     bei Festnahme 121   90
   4. Recht auf Unterrichtung der konsularischen Vertretung,
     § 114b II 4 StPO iVm Art. 36 I b) 3 WÜK 121a   90
   5. Anwesenheitsrechte 122   90
   6. Beweisantragsrechte 123   91
   7. Fragerecht 124   92
   8. Das „nemo-tenetur-Prinzip" 125   93
   9. Recht auf informationelle Selbstbestimmung 126   94
   10. Information über Akteninhalt 126   94
   11. Begrenzung der Beschuldigtenrechte durch ein
     allgemeines strafprozessuales Missbrauchsverbot 126a   94

V. Pflichten des Beschuldigten 127   95
    1. Duldung von Zwangsmaßnahmen 127   95
    2. Pflicht zum Erscheinen. 127   96

§ 8   Die verbotenen Vernehmungsmethoden 130   97
    I. Grundlagen, § 136a StPO 130   97
    II. Fallgruppen der verbotenen Vernehmung 132   98
        1. Ermüdung 132   99
        2. Verabreichung von Mitteln 133   99
        3. Quälerei/Drohung 134   99
        4. Täuschung 135   101
        5. Zwang 139   104
        6. Versprechen eines gesetzlich nicht vorgesehenen
          Vorteils 140   104
        7. Sonstige verbotene Vernehmungsmethoden 141   105
    III. Folgen des Verstoßes gegen § 136a StPO 142   106

§ 9   Der Verteidiger 147   108
    I. Der Verteidiger als Beistand des Beschuldigten 147   108
    II. Der Verteidiger als Organ der Rechtspflege 150   110
        1. Organtheorie. 150   110
        2. Parteiinteressenvertretertheorie 151   112
        3. Verfassungsrechtlich-prozessuale Theorien 151b   112
    III. Vertrauensbeziehung zwischen Verteidiger und Mandant. 152   113
        1. Geschäftsbesorgungsvertrag und Unabhängigkeit. 152   113
        2. Geheimnissphäre Verteidiger/Beschuldigter 152a   113
        3. Kontaktrecht. 153   114
    IV. Rechte des Verteidigers 156   116
        1. Anwesenheitsrechte 156   116
        2. Beweisanträge 157   117
        3. Ermittlungen 158   117
        4. Äußerungsrechte 159   118
        5. Akteneinsicht, § 147 StPO 160   119
        6. Rechtsmittel. 163   122
    V. Pflichten des Verteidigers 164   122
    VI. Notwendige Verteidigung – Pflichtverteidigung 165   123
        1. Begriff 165   123
        2. Ausmaß der notwendigen Verteidigung. 166   123
        3. Pflichtverteidigerbestellung 168   125
        4. Rücknahme der Pflichtverteidigerbestellung 169   125
        5. Der „Sicherungsverteidiger" 170   126
        6. Zeitpunkt der Bestellung 171   127
    VII. Ausschluss des Verteidigers 172   129
    VIII. Gemeinschaftliche Verteidigung 173   130

IX. Strafbarkeit des Verteidigers 174   130
   1. Strafvereitelung 174   130
   2. Geldwäsche 176a   132
   3. Andere Straftatbestände 176b   133

§ 10 Die Beweismittel 179   134
  I. Die Beweismittelarten 179   135
  II. Das Streng- und das Freibeweisverfahren 180   135
  III. Der Zeugenbeweis (§§ 48 ff StPO) 181   136
    1. Der Begriff des Zeugen 181   136
    2. Andere Verfahrensbeteiligte als Zeugen? 182   136
    3. Die Pflichten des Zeugen 187   138
    4. Einschränkung der Aussagepflicht bei Richtern,
      Beamten etc 190   140
    5. Zeugnisverweigerungsrechte 191   140
    6. Der Gang der Zeugenvernehmung 196   144
    7. Zeugenschutz 196a   145
  IV. Der Sachverständigenbeweis (§§ 72 ff StPO) 197   146
    1. Allgemeines 197   146
    2. Die Bestellung und Leitung des Sachverständigen 199   147
    3. Die Erstellung des Sachverständigengutachtens 200   148
    4. Auswertung des Gutachtens 202   149
  V. Der Urkundenbeweis (§§ 249 ff StPO) 203   149
  VI. Der Augenscheinsbeweis (insbes. §§ 86 ff, 225 StPO) 204   150

§ 11 Die Untersuchungshaft 208   152
  I. Ziele der Untersuchungshaft 208   152
  II. Materielle Voraussetzungen der Anordnung von
    Untersuchungshaft 209   153
    1. Dringender Tatverdacht, § 112 I 1 Alt. 1 StPO 210   153
    2. Haftgrund, § 112 I 1 Alt. 2 StPO 211   153
    3. Verhältnismäßigkeitsgrundsatz 216   156
    4. Privatklagedelikte 217   156
    5. Antragsdelikte 218   156
  III. Formelle Voraussetzungen der Anordnung der
    Untersuchungshaft und Vollstreckung des Haftbefehls 219   157
    1. Schriftlicher Haftbefehl 219   157
    2. Zuständigkeit zum Erlass eines Haftbefehls 220   157
    3. Verhaftung des Beschuldigten 221   158
    4. Weitere Tätigkeit des Haftgerichts 222   158
    5. Überhaft 222   158
  IV. Rechtsbehelfe gegen den Haftbefehl 223   159
    1. Haftbeschwerde gem. § 304 I StPO 223   159
    2. Antrag auf Haftprüfung gem. § 117 I StPO 224   159

   V. Aufhebung des Haftbefehls 225   160
      1. Aufhebung des Haftbefehls nach § 120 I StPO 226   160
      2. Aufhebung des Haftbefehls nach § 120 III StPO 226   160
      3. Aufhebung des Haftbefehls nach § 121 StPO 227   160
   VI. Aussetzung des Vollzugs der U-Haft, § 116 StPO 228   161
  VII. Vollzug der Untersuchungshaft 229   161
      1. Grundsätzliche Regelung 229   161
      2. Rechtsschutz im Untersuchungshaftvollzug 229a   162

§ 12 Sonstige wichtige Zwangsmittel (Grundrechtseingriffe) 232   164
    I. Allgemeines 232   165
      1. Überblick 232   165
      2. Ermittlungsmaßnahmen bei Zeugnisverweigerungs-
         berechtigten 232a   166
      3. Der hypothetische Ersatzeingriff 233a   168
    II. Längerfristige Observation, § 163f iVm § 101 StPO 233e   170
   III. Vorläufige Festnahme, §§ 127, 127b StPO 234   170
      1. Das „Jedermann"-Festnahmerecht, § 127 I 1 StPO 234   170
      2. Das Festnahmerecht für StA und Polizei
         gem. § 127 II StPO 238   172
      3. Das Festnahmerecht für StA und Polizei
         gem. § 127b I StPO 238   172
      4. Richtervorführung 239   172
   IV. Unterbringung zur Beobachtung des Beschuldigten,
      § 81 StPO 240   172
    V. Körperliche Untersuchung, Blutprobe, § 81a StPO 241   173
   VI. DNA-Analyse, §§ 81e–f StPO; DNA-Identitätsfeststellung
      und Speicherung von DNA-Identifizierungsmustern,
      § 81g StPO; Reihengentests, § 81h StPO 242   175
      1. Problemlage 242   175
      2. Regelungen für das laufende Strafverfahren 242a   175
      3. Regelungen für zukünftige Strafverfahren 242d   177
  VII. Lichtbilder und Fingerabdrücke, § 81b StPO 243   178
 VIII. Untersuchung von Dritten, § 81c StPO 244   178
   IX. Sicherstellung, Beschlagnahme, §§ 94 ff, 111b ff StPO 245   179
      1. Systematik 245   179
      2. Sicherstellung von Beweismitteln, insbes. durch
         Beschlagnahme, §§ 94 ff StPO 246   179
      3. Sicherstellung von Einziehungsgegenständen 252   182
    X. Zwangseingriffe im Zusammenhang mit der Telekommuni-
      kation, §§ 100a, 100d, 100e, 100g, 100i, 100j, 101 StPO . . . 253   183
      1. Systematik 253   183
      2. Sonderprobleme der modernen Kommunikationsmittel . . 253a   183

3. Voraussetzungen des § 100a StPO 254   186
4. Erhebung von Verkehrsdaten 254a 187
5. IMSI-Catcher bei Handys 254c 188
6. Bestandsdatenauskunft 254d 189

  XI. Online-Durchsuchung, §§ 100b, 100d, 100e, 101 StPO 254e 189
  XII. Durchsuchung, §§ 102 ff StPO 255   191
     1. Ziel und Objekt der Durchsuchung 255   191
     2. Anordnung und Durchführung der Durchsuchung 258   192
  XIII. Identitätsfeststellung, §§ 163b, 163c StPO 259   196
  XIV. Fahndung, §§ 131 ff StPO 259a 196
  XV. Kontrollstellen, § 111 StPO 260   197
  XVI. Schleppnetzfahndung, § 163d StPO 261   197
  XVII. Rasterfahndung, §§ 98a, 98b, 101 StPO 262   197
  XVIII. Einsatz technischer Mittel, §§ 100c-100f; 100h,
     101 StPO 263   198
     1. Bildaufnahmen (§ 100h I 1 Nr 1 StPO) 263   198
     2. Sonstige besondere für Observationszwecke bestimmte
       technische Mittel (§ 100h I 1 Nr 2 StPO) 264   198
     3. Abhören und Aufzeichnung des nichtöffentlich
       gesprochenen Wortes, sog. Lauschangriff
       (§§ 100c, 100d; 100f StPO) 265   199
  XIX. Mauterfassungssystem 266a 201
  XX. Einsatz Verdeckter Ermittler, §§ 110a ff iVm 101 StPO 267 202

§ 13 Die Prozessvoraussetzungen 273 205
  I. Allgemeines 273 205
  II. Die wichtigsten Prozessvoraussetzungen im Einzelnen 274 206
     1. Eingreifen der deutschen Gerichtsbarkeit 274 206
     2. Rechtsweg nach § 13 GVG 275 207
     3. Sachliche und örtliche Zuständigkeit des Gerichts 275 207
     4. Strafmündigkeit 276 207
     5. Verhandlungsfähigkeit 277 207
     6. Keine Immunität 278 207
     7. Keine anderweitige Rechtshängigkeit 279 208
     8. Keine entgegenstehende Rechtskraft 280 208
     9. Keine Strafverfolgungsverjährung 281 208
    10. Keine Niederschlagung des Verfahrens 282 208
    11. Strafantrag, Ermächtigung, Strafverlangen
      (§§ 77 ff StGB) 283 208
    12. Vorliegen eines wirksamen Eröffnungsbeschlusses 284 209
    13. Vorliegen einer wirksamen Anklage 285 210
    14. Tod des Angeklagten als Verfahrenshindernis 286 211
    15. Überlange Verfahrensdauer als Verfahrenshindernis? 287 211

16. Tatprovokation durch polizeiliche Lockspitzel als
    Verfahrenshindernis? 288   211
17. Verfahrenshindernis begrenzter Lebenserwartung? 289   213
18. Verfahrenshindernis wegen Verstoßes gegen
    das Verhältnismäßigkeitsprinzip? 289a   214
19. Verfahrenshindernis wegen Androhung der Folter? 289b   214
20. Verfahrenshindernis aus Gründen des
    fairen Verfahrens? 289c   214
III. Folgen des Fehlens von Prozessvoraussetzungen 290   215
    1. Vorverfahren 290   215
    2. Zwischenverfahren............................ 291   215
    3. Hauptverfahren 292   216

§ 14 Die Prozesshandlungen 296   217
    I. Begriff... 296   218
    II. Wirksamkeitsvoraussetzungen 297   218
       1. Voraussetzungen beim Prozesssubjekt 297   218
       2. Inhalt der Prozesshandlung 298   218
       3. Widerruflichkeit der Prozesshandlungen 300   219
       4. Nichtvorliegen von Willensmängeln 301   220
       5. Form 302   221
    III. Fristen 303   222
       1. Begriffe und Allgemeines 303   222
       2. Folgen einer Fristversäumung 304   222
       3. Wiedereinsetzung in den vorigen Stand,
          §§ 44 ff StPO 305   222

§ 15 Das Ermittlungsverfahren 309   224
    I. Die Einleitung des Ermittlungsverfahrens 309   225
       1. Die Einleitung durch Strafanzeige oder Strafantrag 309   225
       2. Die Einleitung des Ermittlungsverfahrens
          von Amts wegen 310   225
       3. Der Anfangsverdacht 311   226
    II. Die Durchführung des Ermittlungsverfahrens 312   227
       1. Die Vernehmung des Beschuldigten, § 163a StPO 313   228
       2. Die Vernehmung von Zeugen und Sachverständigen,
          §§ 161a I, 163 III 1, 73 StPO 314   228
       3. Die Durchführung sonstiger Ermittlungen 315   229
       4. Die Einschaltung des Ermittlungsrichters 316   229
    III. Der Abschluss des Ermittlungsverfahrens 319   231
       1. Die Erhebung der öffentlichen Klage 319   231
       2. Die Einstellung des Verfahrens 320   232
    IV. Rechtsschutz im Ermittlungsverfahren................. 321   233
       1. Rechtsschutz gegen das Ermittlungsverfahren an sich ... 321   233

2. Rechtsschutz gegen Zwangsmaßnahmen im
Ermittlungsverfahren 322   234
3. Rechtsschutz gegen sonstige Maßnahmen 328   239

§ 16 Die Einstellung des Verfahrens aus Opportunitätsgründen 333   242

I. Allgemeines 333   242

II. Einstellung nach § 153 StPO: geringe Schuld und
kein öffentliches Interesse........................... 334   242
   1. Einstellung durch die StA, § 153 I StPO 334   242
   2. Einstellung durch das Gericht, § 153 II StPO 335   244

III. Einstellung nach § 153a StPO: keine schwere Schuld und
bei Gegenleistung entfallendes öffentliches Interesse 337   245
   1. Einstellung durch die StA, § 153a I StPO 337a   246
   2. Einstellung durch das Gericht, § 153a II StPO 338   248

IV. Einstellung gem. § 154 StPO bzw Beschränkung der Strafverfolgung gem. § 154a StPO bei mehreren Delikten 339   248
   1. Grundkonzeption 339   248
   2. Strafschärfung durch ausgeschiedene Delikte? 340   249

V. Weitere Einstellungsmöglichkeiten 341   250

VI. Der Kronzeuge 342   250

§ 17 Das Klageerzwingungsverfahren 344   252

I. Die Aufgabe des Klageerzwingungsverfahrens 344   252

II. Voraussetzungen 345   253
   1. Antrag 345   253
   2. Verletzteneigenschaft............................. 346   253
   3. Einschränkungen 347   254

III. Verfahren....................................... 348   254

IV. Dienstaufsichtsbeschwerde......................... 349   254

§ 18 Das Zwischenverfahren 352   255

I. Sinn und Zweck des Zwischenverfahrens................ 352   255

II. Gang des Verfahrens 353   256

III. Die abschließende Entscheidung im Zwischenverfahren 356   257
   1. Zuständigkeit 356   257
   2. Erlass des Eröffnungsbeschlusses, §§ 203 ff StPO 357   257
   3. Die Ablehnung der Eröffnung des Hauptverfahrens,
      § 204 StPO 363   260
   4. Die vorläufige Einstellung des Strafverfahrens 364   261
   5. Die Einstellung des Verfahrens aus Opportunitäts-
      gründen 365   261

§ 19 Die Vorbereitung und die Durchführung der
   Hauptverhandlung erster Instanz 368   262
   I. Die Vorbereitung der Hauptverhandlung, §§ 212 ff StPO ... 368   262
      1. Terminbestimmung, § 213 I StPO 368   262
      2. Anordnung der Ladungen, § 214 I 1 StPO 368a   263
      3. Zustellung des Eröffnungsbeschlusses 368b   263
      4. Einwendungen gegen Gerichtsbesetzung 369   263
      5. Kommissarische Vernehmungen, Augenschein 370   263
   II. Der Gang der Hauptverhandlung im Überblick 371   264
   III. Ausgewählte Probleme der Durchführung
       der Hauptverhandlung.................................. 372   266
      1. Sachleitungsbefugnis des Gerichtsvorsitzenden 372   266
      2. Öffentlichkeit der Hauptverhandlung, § 169 GVG 376   268
      3. Die Unterbrechung und Aussetzung der
         Hauptverhandlung 381   271
      4. Die notwendige Anwesenheit von Prozessbeteiligten 382   272
      5. Die gerichtliche Fürsorgepflicht 383   273
      6. Hinweis gem. § 265 I, II StPO/Nachtragsanklage
         gem. § 266 StPO 384   273
      7. Fragerechte..................................... 387   275
      8. Erklärungsrechte 391   276
      9. Schlussvorträge 392   276
     10. Sitzungsprotokoll................................. 393   277
   IV. Die Verständigung im Strafverfahren 394   278
      1. Grundlagen 394   278
      2. Einwände gegen die Verständigung 394a   279
      3. Das Gesetz zur Regelung der Verständigung 395   280
      4. Bindungswirkung, § 257c IV StPO 396   289
      5. Fehlerfolgen der gescheiterten oder missbräuchlichen
         Absprache 396c   291
   V. Die Neugestaltung der Hauptverhandlung/Vorverlagerung
      ins Ermittlungsverfahren 397   295

§ 20 Die Beweisaufnahme in der Hauptverhandlung
   (Allgemeine Grundsätze) 402   297
   I. Allgemeine Grundsätze der Beweisaufnahme 402   297
   II. Der Grundsatz der richterlichen Aufklärungspflicht,
      § 244 II StPO 406   298
   III. Der Grundsatz der Mündlichkeit, § 261 StPO 407   299

§ 21 Die Unmittelbarkeit der Beweisaufnahme in der
   Hauptverhandlung, §§ 250 ff StPO 410   301
   I. Grundsatz 410   302

II. Durchbrechung des Grundsatzes der persönlichen
Vernehmung 411   302
   1. Verlesung von Protokollen über Vernehmung von
Zeugen, Sachverständigen oder Mitbeschuldigten,
§ 251 StPO..................................... 412   303
   2. Gedächtnisunterstützung und Widerspruchsbehebung
bei Zeugen und Sachverständigen, § 253 StPO 415   304
   3. Geständnisverlesung und Widerspruchsbehebung
beim Angeklagten, § 254 StPO 416   305
   4. Behördliche Zeugnisse und Gutachten, ärztliche Atteste,
§ 256 I StPO 417   306
III. Aussage eines Zeugen, der sich erst in der Hauptverhandlung auf sein Zeugnisverweigerungsrecht beruft,
§ 252 StPO 418   306
IV. Der Vorhalt 421   311
V. Der Zeuge vom Hörensagen 422   311
VI. Die V-Mann-Problematik 423   313
   1. Begriffe 423   313
   2. Zulässigkeit des Einsatzes 424   313
   3. Geheimhaltungsinteresse und Unmittelbarkeitsgrundsatz 425   316
   4. Behördliche Sperrung 426   316
   5. Der Ermittlungsgehilfe in der Hauptverhandlung 427   317
VII. Videoaufnahmen im Rahmen der Zeugenvernehmung 430   318
   1. Videosimultanübertragung von Zeugenvernehmungen
in der Hauptverhandlung (Videokonferenz) 430a   319
   2. Videoaufzeichnung von Zeugenvernehmungen und
deren Verwertung................................ 430e   321

§ 22 Der Beweisantrag in der Hauptverhandlung 434   325
I. Einleitung 434   325
II. Der Begriff „Beweisantrag" und seine Abgrenzung zum
Beweisermittlungsantrag 435   325
III. Zeitpunkt und Form der Stellung von Beweisanträgen 438   327
IV. Die Ablehnung von Beweisanträgen.................... 439   328
   1. Systematik der Ablehnungsgründe 439   328
   2. Die Ablehnungsgründe des § 244 III StPO 440   328
   3. Die zusätzlichen besonderen Ablehnungsgründe für
Anträge auf Sachverständigenbeweis 448   331
   4. Augenscheinsbeweis/Auslandszeuge/Verlesung eines
Ausgangsdokuments 449   332
   5. Präsente Beweismittel 450   333
V. Die Verbescheidung von Beweisanträgen............... 452   334

§ 23 Beweisverwertungsverbote 454   336
  I. Grundsätze 454   337
    1. Funktion der Beweisverbote 454   337
    2. Einteilung 455   337
    3. Gesetzliche Beweisverwertungsverbote 456   338
    4. Nicht normierte Beweisverwertungsverbote 457   338
    5. Widerspruchslösung.............................. 460a   341
  II. Beweisverwertungsverbote im Zusammenhang mit Zeugnis-
     bzw Auskunftsverweigerungsrechten, §§ 52 ff, 252 StPO ... 461   343
    1. Unterbleiben der Zeugenbelehrung bei Angehörigen
      nach § 52 III StPO 461   343
    2. Zeugnisverweigerungsberechtigter (§ 53 StPO) macht
      sich strafbar (§ 203 StGB) 462   344
    3. Verstoß gegen Beschlagnahmeverbote des § 97 I StPO .. 463   345
    4. Unterbleiben der Belehrung bei Auskunfts-
      verweigerungsrecht gem. § 55 StPO 464   345
    5. Zeugnisverweigerungsrecht in der Hauptverhandlung,
      § 252 StPO..................................... 465   346
  III. Schutz des Beschuldigten vor einem Zwang zur Selbst-
     bezichtigung – Grundsatz des „nemo tenetur se ipsum
     accusare".. 467   346
    1. § 136a StPO.................................... 467   347
    2. Fehlen der Belehrung gem. § 136 I 2 StPO 468   347
    3. Verweigerte Verteidigerbefragung 469   347
    4. Fehlen der Belehrung gem. § 114b II 4 StPO
      iVm Art. 36 I b) 3 WÜK 469a   348
  IV. Der Schutz der Intimsphäre – grundrechtliche
     Verwertungsverbote 470   348
    1. Die Sphärentheorie des BVerfG und ihre Umsetzung
      im Strafprozessrecht 470   348
    2. Lauschangriffe.................................. 472   350
    3. Längerfristige Observation, § 163f StPO 472a   350
    4. Tagebuchaufzeichnungen.......................... 473   351
    5. Foto, Film, Videoaufnahmen 474   351
  V. Überwachung der Telekommunikation, §§ 100a f StPO 475   352
    1. Fehlen der Anordnungsvoraussetzungen
      (Katalogtat/formelle Anordnung) 475   352
    2. Zufallsfunde.................................... 476   353
  VI. Körperliche Untersuchung, § 81a StPO 477   353
  VII. DNA-Identitätsfeststellung, § 81g StPO................ 477a   355
  VIII. Folgen rechtswidriger Erlangung von Beweismitteln
      durch Privatpersonen 478   355
  IX. Spezielle Beweisverwertungsverbote bei verdeckten
      Ermittlungsmethoden 481a   359

1. Beweisverwertungsverbote beim Einsatz von
   Verdeckten Ermittlern 481a   359
2. Beweisverwertungsverbote beim Einsatz von V-Männern 481 f 361
3. Sonstige Mithörfälle 481g   362
4. Gesamtschau (fair trial) 481h   364
X. Reichweite der Beweisverwertungsverbote
   (Theorie der Früchte des verbotenen Baumes) 482   364

§ 24 Urteilsfindung und Urteilswirkung 488   367
   I. Der Begriff des Urteils 488   367
   II. Die Grundsätze der Urteilsfindung 489   368
      1. Die Beschränkung der Urteilsfindung durch Anklage
         und Eröffnungsbeschluss 489   368
      2. Der Grundsatz der freien richterlichen
         Beweiswürdigung 490   368
      3. Vorfragenkompetenz 497   372
   III. Die Beratung und Abstimmung 498   372
   IV. Urteilsverkündung 499   373
   V. Der Inhalt des Strafurteils 500   373
      1. Rubrum 500   373
      2. Tenor 500   373
      3. Urteilsgründe 500   374
      4. Unterschrift 500   374
   VI. Die Rechtskraft des Urteils 501   374
      1. Formelle und materielle Rechtskraft 501   374
      2. Beseitigung der Rechtskraft 506   375
      3. Nichtige Urteile – Nichturteile 507   375
      4. Urteilsberichtigung 508   376
      5. Keine Ergänzungsklage 509   376
   VII. Bundeszentralregistergesetz 510   377

§ 25 Der Begriff der Tat im prozessualen Sinne 512   378
   I. Die Bedeutung des Tatbegriffs im Strafprozessrecht 512   378
   II. Begriffsbestimmung 513   379
   III. Einzelne Fallgruppen 514   380
      1. Eine Tat iSv § 264 StPO bei Idealkonkurrenz 514   380
      2. Mehrere selbstständige Taten iSv § 264 StPO
         bei Realkonkurrenz 515   380
      3. Eine prozessuale Tat iSv § 264 StPO trotz
         Realkonkurrenz 516   380
      4. Eine Tat trotz völliger Verkennung des Unwertgehalts? .. 517   382
      5. Alternativität von Handlungsabläufen 520   383
      6. Die fortgesetzte Tat 522   384

§ 26 Besondere Verfahrensarten 526   386
  I. Das Strafbefehlsverfahren 526   386
    1. Zulässigkeit 526   386
    2. Rechtsbehelf und Rechtskraft 528   388
  II. Das beschleunigte Verfahren......................... 530   389
    1. Voraussetzungen 530   389
    2. Besonderheiten des beschleunigten Verfahrens 531   390

§ 27 Rechtsmittel. Allgemeine Grundsätze..................... 533   391
  I. Überblick 533   392
    1. Arten der Rechtsbehelfe......................... 533   392
    2. Devolutiv-/Suspensiveffekt 534   392
    3. Funktionen der Rechtsmittel 535   393
  II. Gemeinsame Grundsätze der Rechtsmittel 536   393
    1. Allgemeine Zulässigkeitsvoraussetzungen 536   393
    2. Verbot der reformatio in peius 540   395
    3. Teilanfechtung 542   396
    4. Rücknahme, Verzicht............................ 544   397

§ 28 Die Berufung.. 548   398
  I. Statthaftigkeit und Funktion der Berufung 548   398
  II. Annahme der Berufung............................. 549   399
  III. Zuständigkeit 550   399
  IV. Einlegung der Berufung 551   400
  V. Entscheidungen................................... 552   400
    1. Rechtzeitigkeitsprüfung durch das Gericht des
      ersten Rechtszuges............................ 552   400
    2. Vorprüfung durch das Berufungsgericht 553   401
    3. Entscheidung über Annahme der Berufung............ 553   401
    4. Einstellung des Verfahrens
      (vor Beginn der Hauptverhandlung) 554   401
    5. Berufungshauptverhandlung 555   401
    6. Ausbleiben des Angeklagten und/oder seines
      Verteidigers, § 329 StPO 556   401
    7. Entscheidungen des Berufungsgerichts auf Grund
      der Hauptverhandlung 557   403

§ 29 Die Revision.. 559   404
  I. Statthaftigkeit und Funktion der Revision 559   404
  II. Zuständigkeit 560   404
  III. Die Einlegung der Revision 561   405
  IV. Begründung der Revision 562   405

V. Die Revisionsgründe 563   406
    1. Gesetzesverletzung 563   406
    2. Die Verfahrensrüge 564   407
    3. Die Sachrüge 567   410
VI. Entscheidungen 568   411
    1. Vorprüfung durch den iudex a quo 568   411
    2. Vorprüfung durch das Revisionsgericht 569   411
    3. Die Hauptverhandlung vor dem Revisionsgericht ... 571   412
    4. Entscheidungen des Revisionsgerichts auf Grund
       der Hauptverhandlung 572   412
    5. Zurückverweisung im Falle der Begründetheit
       der Revision 573   413
    6. Revisionserstreckung auf Mitangeklagte, § 357 StPO ... 575   414

§ 30 Die Beschwerde 577   415
    I. Statthaftigkeit, Funktion der Beschwerde, Beschwerde-
       berechtigung 577   415
    II. Ausschluss der Beschwerde 578   416
    III. Zuständigkeit 579   417
    IV. Einlegung der Beschwerde 580   418
    V. Entscheidungen 581   418
       1. Entscheidungen des iudex a quo 581   418
       2. Entscheidung des Beschwerdegerichts 581   418
    VI. Sofortige Beschwerde 582   418
    VII. Weitere Beschwerde, § 310 StPO 583   419

§ 31 Die Wiederaufnahme des Verfahrens 585   419
    I. Bedeutung 585   420
    II. Wiederaufnahmegründe 586   420
    III. Verfahren 587   422
       1. Prüfung der Zulässigkeit gem. §§ 366–368 StPO ... 587   422
       2. Prüfung der Begründetheit gem. §§ 369, 370 StPO ... 588   422
       3. Erneute Hauptverhandlung gem. §§ 370 II, 373 StPO ... 588   423

§ 32 Das Privatklage-, Nebenklage- und Adhäsionsverfahren
     sowie sonstige Rechte des Verletzten 590   424
    I. Das Privatklageverfahren 590   424
       1. Privatklagedelikte 590   424
       2. Einleitung und Durchführung einer Privatklage ... 591   424
    II. Das Nebenklageverfahren 593   425
       1. Begriff und Funktion 593   425
       2. Anschlussbefugnis 594   426
       3. Die Rechte des Nebenklägers 596   427

III. Das Adhäsionsverfahren 597   428
   1. Begriff und Bedeutung 597   428
   2. Voraussetzungen für das Adhäsionsverfahren,
      § 403 StPO 598   428
   3. Prozessuale Wirkung/Verfahren 599   429
   4. Die Entscheidung des Gerichts 600   429
IV. Sonstige Rechte des Verletzten 602   430
   1. Allgemeines 602   430
   2. Die wichtigsten besonderen Rechte des Verletzten 603   430
   3. Sonstiger Schadensausgleich 605   431

§ 33 Die Verfahrenskosten 607   432
   I. Kostenbegriff 607   432
   II. Kostenträger 608   433
     1. Der Verurteilte als Kostenträger 608   433
     2. Der Staat als Kostenträger 609   433
   III. Kosten im Rechtsmittelverfahren 610   434

§ 34 Hinweise zur Bearbeitung strafprozessualer Fallfragen 612   435
  A. Revision 613   435
    I. Zulässigkeit 613   435
    II. Begründetheit 614   436
    III. Annex 615   438
  B. Besonderheiten bei anderen Rechtsmitteln 616   439
  C. Übungsfälle zur Vertiefung 617   439
    I. Übungsbücher für das Referendarexamen 617   439
    II. Zeitschriften 617   439

Sachverzeichnis 445

Abkürzungsverzeichnis

A.	Auflage
aA	anderer Ansicht
aaO	am angegebenen Ort
abgedr.	abgedruckt
abl.	ablehnend
ABl	Amtsblatt der EG/EU
ABMG	Autobahnmautgesetz für schwere Nutzfahrzeuge
Abschn.	Abschnitt
abw.	abweichend
aE	am Ende
AEUV	Vertrag über die Arbeitsweise der Union (Vertrag von Lissabon)
aF	alte Fassung
AG	Amtsgericht
Alt.	Alternative
Anl.	Anlage
Anm.	Anmerkung
AnwBl	Anwaltsblatt
	Zitiert nach Jahr und Seite
AO	Abgabenordnung
AöR	Archiv des öffentlichen Rechts
	(Zitiert nach Band und Seite)
ArbGG	Arbeitsgerichtgesetz (Schönfelder Nr 83)
arg.	argumentum
Art.	Artikel
ausf.	ausführlich
Az	Aktenzeichen
BA	Blutalkohol (Zitiert nach Jahr und Seite)
BAK	Blutalkoholkonzentration
BayAGGVG	Gesetz zur Ausführung des Gerichtsverfassungsgesetzes und von Verfahrensgesetzen des Bundes in Bayern (Ziegler-Tremel Nr 295)
BayGerOrgG	Gesetz über die Organisation der ordentlichen Gerichte im Freistaat Bayern (Ziegler/Tremel Nr 296)
BayObLG	Bayerisches Oberstes Landesgericht
BayObLGAuflG	Gesetz zur Auflösung des Bayerischen Obersten Landesgerichts und der Staatsanwaltschaft bei diesem Gericht (Gerichtsauflösungsgesetz) vom 25.10.2004 (BayGVBl 2004, 400)
BayObLGSt	Entscheidungen des Bayerischen Obersten Landesgerichtes in Strafsachen (Zitiert nach Jahrgang und Seite)
BayPOG	Gesetz über die Organisation der Bayerischen Staatlichen Polizei (Ziegler/Tremel Nr 580)
BayRS	Bayerische Rechtssammlung
BayVerf	Verfassung des Freistaates Bayern
BB	Betriebsberater (Zitiert nach Jahr und Seite)
BBG	Bundesbeamtengesetz
BbgVerfG	Brandenburgisches Verfassungsgericht

Bd.	Band
BDSG	Bundesdatenschutzgesetz
BeamtStG	Gesetz zur Regelung des Statusrechts der Beamtinnen und Beamten in den Ländern
ber.	berichtigt
BerlVerfGH	Verfassungsgerichtshof des Landes Berlin
Beschl.	Beschluss
Bespr.	Besprechung
BGB	Bürgerliches Gesetzbuch
BGBl I, II, III	Bundesgesetzblatt Teil I, Teil II, Teil III
BGH	Bundesgerichtshof
BGHR	BGH – Rechtsprechung – Strafsachen hrsg. von den Richtern des Bundesgerichtshofes (Zitiert nach Paragraph, Stichwort und Nummer)
BGHSt	Entscheidungen des Bundesgerichtshofes in Strafsachen (Zitiert nach Band und Seite)
BGH <B>	Becker, Aus der Rechtsprechung des BGH zum Strafverfahrensrecht
BGH <Pf/M>	Pfeiffer/Miebach, Aus der Rechtsprechung des BGH zum Strafverfahrensrecht
BKA	Bundeskriminalamt
BKAG	BKA-Gesetz vom 7.7.1997 (BGBl I S. 1650)
BMJ	Bundesminister der Justiz und für Verbraucherschutz
BRAK	Bundesrechtsanwaltkammer
BRAK-RS	Rundschreiben des Strafrechtsauschusses der Bundesrechtsanwaltskammer (Zitiert nach Nr und Jahrgang)
BRAO	Bundesrechtsanwaltsordnung
BrandOLG	Brandenburgisches Oberlandesgericht
BR-Drucks.	Drucksache des Bundesrates
BT-Drucks.	Drucksache des Bundestages
BtMG	Betäubungsmittelgesetz
BVerfG	Bundesverfassungsgericht
BVerfGE	Entscheidungen des Bundesverfassungsgerichtes (Zitiert nach Band und Seite)
BVerfGG	Bundesverfassungsgerichtsgesetz
BVerwG	Bundesverwaltungsgericht
BVerwGE	Entscheidungen des Bundesverwaltungsgerichtes (Zitiert nach Band und Seite)
CCC	Constitutio Criminalis Carolina von 1532
CCZ	Corporate Compliance Zeitschrift
CR	Computer und Recht
DAR	Deutsches Autorecht (Zitiert nach Jahr und Seite)
DAV	Deutscher Anwaltverein
ders.	derselbe
D-F-T	Deutsch-französische Strafrechtstagung
diff.	differenzierend
Diss.	Dissertation
DJT	Deutscher Juristentag
DNA-IFG	DNA-Identitätsfeststellungsgesetz vom 7.9.1998 (BGBl I S. 2646) mit Änderungsgesetz (BGBl 1999 I, S. 1242)
DÖV	Die Öffentliche Verwaltung
DRiG	Deutsches Richtergesetz

DRiZ	Deutsche Richterzeitung (Zitiert nach Band und Seite)
DRZ	Deutsche Rechtszeitschrift (Zitiert nach Jahr und Seite)
DS-GVO	Datenschutzgrundverordnung
Dt.	Deutsch
DuD	Datenschutz und Datensicherheit (Zitiert nach Jahr und Seite)
EAG	Europäische Atomgemeinschaft; auch EURATOM
ebd.	Ebenda
EDatschG	Entwurf eines Gesetzes zur Umsetzung der Datenschutz-Grundverordnung der EU (Fundstelle: homepage des BMJ, Erlass derzeit [Juni 2018] noch offen)
EG	Europäische Gemeinschaft
EGGVG	Einführungsgesetz zum GVG
EGKS	Europäische Gemeinschaft für Kohle und Stahl
EGMR	Europäischer Gerichtshof für Menschenrechte
EGStPO	Einführungsgesetz zur Strafprozessordnung
EGV	Vertrag zur Gründung der Europäischen Gemeinschaft
Einl.	Einleitung
einschr.	einschränkend
EMöGG	Gesetz über die Erweiterung der Medienöffentlichkeit in Gerichtsverfahren vom 8.10.2017 (BGBl I, S. 3546)
EMRK	Europäische Konvention zum Schutz der Menschenrechte und Grundfreiheiten
EU	Europäische Union
EuGH	Europäischer Gerichtshof (Gerichtshof der Europäischen Union)
EuGRZ	Europäische Grundrechte, Zeitschrift
EuHbG	Gesetz zur Umsetzung des Rahmenbeschlusses über den Europäischen Haftbefehl und die Übergabeverfahren zwischen den Mitgliedstaaten der Europäischen Union (Europäisches Haftbefehlsgesetz – EuHbG) vom 21.7.2004 (BGBl I, S. 1748)
EuR	Europarecht (Zeitschrift)
EU-RhÜbk	Rechtsakt des Rates vom 29.5.2000 über die Erstellung des Übereinkommens über die Rechtshilfe in Strafsachen zwischen den Mitgliedstaaten der Europäischen Union (Amtsblatt der EU 2000, C 197)
EUV	Vertrag über die Europäische Union
EuZW	Europäische Zeitschrift für Wirtschaftsrecht
EV	Einigungsvertrag (Vertrag zwischen der Bundesrepublik Deutschland und der Deutschen Demokratischen Republik über die Herstellung der Einheit Deutschlands) vom 31.8.1990 (BGBl II, S. 889)
FAZ	Frankfurter Allgemeine Zeitung
FG	Finanzgericht
Fn	Fußnote
FS/FG	Festschrift/Festgabe/Freundesgabe
FS	Forum Strafvollzug (Zitiert nach Jahr und Seite)
G 10	Gesetz zur Beschränkung des Brief-, Post- und Fernmeldegeheimnisses (Sartorius I Nr 7)
GA	Goltdammer's Archiv für Strafrecht (Zitiert bis 1952 nach Band und Seite, ab 1953 nach Jahr und Seite)
GBl	Gesetzblatt

GEA	Gesetz zur Einführung der elektronischen Akte in der Justiz und zur weiteren Förderung des elektronischen Rechtsverkehrs vom 5.7.2017 (BGBl I, S. 2208)
GedSchr	Gedächtnisschrift
GepA	Gesetz zur effektiveren und praxistauglicheren Ausgestaltung des Strafverfahrens vom 17.8.2017 (BGBl I, S. 3202)
GG	Grundgesetz für die Bundesrepublik Deutschland
GKG	Gerichtskostengesetz
GmbH	Gesellschaft mit beschränkter Haftung
GmbHG	Gesetz betreffend die Gesellschaften mit beschränkter Haftung
GNZmP	Gesetz zur Neuregelung des Schutzes von Geheimnissen bei der Mitwirkung Dritter an der Berufsausübung schweigepflichtiger Personen vom 30.10.2017 (BGBl I, S. 3618)
GrK	Große Kammer
GrS	Großer Senat
GSdVdB	Gesetz zur Stärkung der Verfahrensrechte von Beschuldigten im Strafverfahren vom 2.7.2013 (BGBl I, S. 1938)
2. GSdVdB	Zweites Gesetz zur Stärkung der Verfahrensrechte von Beschuldigten im Strafverfahren und zur Änderung des Schöffenrechts vom 27.8.2017 (BGBl I, S. 3295)
GVBl	Gesetzes- und Verordnungsblatt (Zitiert nach Jahr, Nummer, Seite)
GVG	Gerichtsverfassungsgesetz
GwG	Gesetz über das Aufspüren von Gewinnen aus schweren Straftaten (BGBl 2008 I, 1690)
hA	herrschende Ansicht
HansOLG	Hanseatisches Oberlandesgericht Hamburg
HFR	Höchstrichterliche Finanzrechtsprechung
hL	herrschende Lehre
hM	herrschende Meinung
HRR/HRRS	Online-Zeitschrift für Höchstrichterliche Rechtsprechung im Strafrecht – www.hrr-strafrecht.de (Entscheidungen zitiert nach Jahr und Nummer)
Hrsg	Herausgeber
hrsg.	herausgegeben
HS	Halbsatz
HumVR	Humanitäres Völkerrecht, Zeitschrift
ICLR	International Criminal Law Review
idF	in der Fassung
idR	in der Regel
iE	im Ergebnis
ieS	im engeren Sinn
iF	im Fall
IPBPR	Internationaler Pakt über bürgerliche und politische Rechte vom 19.12.1966 (BGBl 1973 II, S. 1534)
iRd	im Rahmen der (des)
IRG	Gesetz über die internationale Rechtshilfe in Strafsachen
iSd	im Sinne der
IStGH	Internationaler Strafgerichtshof
iSv	im Sinne von
iÜ	im Übrigen

iVm	in Verbindung mit
iwS	im weiteren Sinn
JA	Juristische Arbeitsblätter für Ausbildung und Examen
	(Zitiert nach Jahr und Seite)
JA-R	Juristische Arbeitsblätter Rechtsprechung (Zitiert nach Jahr und Seite)
JBl	Juristische Blätter
JGG	Jugendgerichtsgesetz
JICJ	Journal of International Criminal Justice
JK	Jura Kartei (Zitiert nach Jahr, Paragraph und Nr)
JKomG	Gesetz über die Verwendung elektronischer Kommunikationsformen
	in der Justiz (Justizkommunikationsgesetz) vom 12.3.2005
	(BGBl I, S. 837)
JMBl	Justizministerialblatt (Zitiert nach Jahr und Seite)
JR	Juristische Rundschau (Zitiert nach Jahr und Seite)
JSt	Journal für Strafrecht
JuMoG	Erstes Gesetz zur Modernisierung der Justiz
	(1. Justizmodernisierungsgesetz) vom 24.8.2004 (BGBl I, S. 2198)
Jura	Juristische Ausbildung (Zitiert nach Jahr und Seite)
JuS	Juristische Schulung (Zitiert nach Jahr und Seite)
Justiz	Die Justiz
	Amtsblatt des Justizministeriums Baden-Württemberg
	(Zitiert nach Jahr und Seite)
JW	Juristische Wochenschrift (Zitiert nach Jahr und Seite)
JZ	Juristenzeitung (Zitiert nach Jahr und Seite)
Kap.	Kapitel
KG	Kammergericht (Berlin)
KIS	Konstanzer Inventar Sanktionsforschung (*Heinz*; online abrufbar)
KOM	Dokument der Kommission der EU
K & R	Kommunikation & Recht
Kriminalistik	Kriminalistik (Zitiert nach Jahr und Seite)
Krim. Journal	Kriminologisches Journal
krit.	kritisch
KronzG	Gesetz zur Änderung des Strafgesetzbuches, der Strafprozessordnung
	und des Versammlungsgesetzes und zur Einführung einer Kronzeugen-
	regelung bei terroristischen Straftaten vom 9.6.1989 (BGBl I, S. 1059)
KunstUrhG	Gesetz betreffend das Urheberrecht an Werken der bildenden Künste
	und der Photographie (Schönfelder Nr 67)
LG	Landgericht
lit.	litera
LKA	Landeskriminalamt
LM	Entscheidungen des Bundesgerichtshofes
	Ein Nachschlagewerk von Lindenmaier/Möhring
	(Zitiert nach Nummer und Paragraph)
LMJ	Landesminister der Justiz
ltd.	leitende
MDR	Monatsschrift für Deutsches Recht (Zitiert nach Jahr und Seite)
MDR <D>	Dallinger, Aus der Rechtsprechung des BGH in Strafsachen
MDR <H>	Holtz, Aus der Rechtsprechung des BGH in Strafsachen

MschrKrim	Monatsschrift für Kriminologie und Strafrechtsreform (Zitiert nach Jahr und Seite)
MuSchG	Mutterschutzgesetz
mwN	mit weiteren Nachweisen
NJ	Neue Justiz (Zitiert nach Jahr und Seite)
NJECL	New Journal of European Criminal Law
NJOZ	Neue Juristische Online-Zeitschrift
NJVollzG	Niedersächsisches Justizvollzugsgesetz
NJW	Neue Juristische Wochenschrift (Zitiert nach Jahr und Seite)
NJW-RR	NJW-Rechtsprechungs-Report
NK	Neue Kriminalpolitik
NOEP	nichtöffentlich ermittelnde Polizeibeamte
NStZ	Neue Zeitschrift für Strafrecht (Zitiert nach Jahr und Seite)
NStZ \<M\>	Miebach, Aus der (vom BGH nicht veröffentlichten) Rechtsprechung des BGH in Strafsachen zum Verfahrensrecht
NStZ \<Pae\>	Paeffgen, Rechtsprechungsübersicht in U-Haft-Sachen
NStZ \<Pf\>	Pfeiffer, Aus der Rechtsprechung des BGH in Strafsachen
NStZ \<Pf/M\>	Pfeiffer/Miebach, Aus der (vom BGH nicht veröffentlichten) Rechtsprechung des BGH in Strafsachen zum Verfahrensrecht
NStZ-RR	NStZ-Rechtsprechungs-Report (Zitiert nach Jahr und Seite)
NVwZ	Neue Zeitschrift für Verwaltungsrecht
Nwe	Nachweise
NZWiSt	Neue Zeitschrift für Wirtschafts-, Steuer- und Unternehmensstrafrecht
NZV	Neue Zeitschrift für Verkehrsrecht (Zitiert nach Jahr und Seite)
OBG	Ordnungsbehördengesetz Nordrhein-Westfalen idF vom 13.5.1980
ÖAnwBl	Österreichisches Anwaltsblatt
ÖJZ	Österreichische Juristen-Zeitung
ÖstVerfGH	Österreichischer Verfassungsgerichtshof
OHG	offene Handelsgesellschaft
OLG	Oberlandesgericht
1. OpfRRG	Gesetz zur Verbesserung der Rechte von Verletzten im Strafverfahren vom 24.6.2004 (BGBl I, S. 1354)
2. OpfRRG	Gesetz zur Stärkung der Rechte von Verletzten und Zeugen im Strafverfahren vom 29.7.2009 (BGBl I, S. 2280)
3. OpfRRG	Gesetz zur Stärkung der Opferrechte im Strafverfahren (BGBl I 2015, S. 2525)
OrgKG	Gesetz zur Bekämpfung des illegalen Rauschgifthandels und anderer Erscheinungsformen der Organisierten Kriminalität vom 15.7.1992 (BGBl I, S. 1302)
OWiG	Gesetz über Ordnungswidrigkeiten
PflVG	Gesetz über die Pflichtversicherung für Kraftfahrzeughalter (Schönfelder Nr 63)
PJZS	Polizeiliche und Justitielle Zusammenarbeit der EU
RAVSStärkG	Gesetz zur Stärkung des Schutzes von Vertrauensverhältnissen zu Rechtsanwälten im Strafprozessrecht vom 22.12.2010 (BGBl I, S. 2261)
RB	Rahmenbeschluss der EU
Rechtstheorie	Rechtstheorie, Zeitschrift (Zitiert nach Band (Jahrgang) und Seite)

RG	Reichsgericht
RGBl	Reichsgesetzblatt
RGSt	Entscheidungen des Reichsgerichtes in Strafsachen (Zitiert nach Band und Seite)
RiStBV	Richtlinien für das Strafverfahren und das Bußgeldverfahren (abgedruckt als Anhang 12 bei M-G/Schmitt)
Rn	Randnummer
RPflEntlG	Gesetz zur Entlastung der Rechtspflege vom 11.1.1993 (BGBl I, S. 50) geändert durch 3. VerjährungsG vom 22.12.1997 (BGBl I, S. 3223)
Rs.	Rechtssache
Rspr	Rechtsprechung
RuP	Recht und Politik (Zitiert nach Jahr und Seite)
RW	Rechtswissenschaft, Zeitschrift für rechtswissenschaftliche Forschung (Zitiert nach Jahrgang, Jahr und Seite)
SchlHA	Schleswig-Holsteinische Anzeigen
SDÜ	Schengener Durchführungsübereinkommen vom. 19.6.1990 (BGBl 1993 II, S. 1013)
Slg	Rechtsprechungssammlung des EuGH
st.	ständige(r)
StA	Staatsanwalt/Staatsanwaltschaft
StGB	Strafgesetzbuch
StPÄG	Gesetz zur Änderung der Strafprozessordnung und des Gerichtsverfassungsgesetzes vom 19.12.1964 (BGBl I, S. 1067)
StPO	Strafprozessordnung
str.	strittig
StraFo	Strafverteidiger Forum (Zitiert nach Jahr und Seite)
StrÄndG	Strafrechtsänderungsgesetz idF vom 16.7.1979 (BGBl I, S. 1046)
STRAUDA	Strafrechtsausschuss der Bundesrechtsanwaltskammer
StrEG	Gesetz über die Entschädigung für Strafverfolgungsmaßnahmen idF vom 8.3.1971 (BGBl I, S. 157; III S. 313-4)
StRR	Strafrechtsreport (Zitiert nach Jahr und Seite)
StudZR	Studentische Zeitschrift für Rechtswissenschaft
StUG	Stasi-Unterlagen-Gesetz, (BGBl 1991 I, S. 2272)
StV	Strafverteidiger (Zitiert nach Jahr und Seite)
StVÄG 1987	Strafverfahrensänderungsgesetz 1987 vom 27.1.1987 (BGBl I, S. 475)
StVÄG 1999	Strafverfahrensänderungsgesetz 1999 vom 2.8.2000 (BGBl I, S. 1253–1262)
StVerfVerstG	Gesetz zur Regelung der Verständigung im Strafverfahren vom 29.7.2009 (BGBl I, S. 2353)
StVG	Straßenverkehrsgesetz
SVR	Straßenverkehrsrecht (Zitiert nach Jahr und Seite)
Symp	Symposium
TKG	Telekommunikationsgesetz
TKÜÄndG	Gesetz zur Neuregelung der Telekommunikationsüberwachung und anderer verdeckter Ermittlungsmaßnahmen vom 21.12.2007 (BGBl I, S. 3198)
UHaftRÄndG	Gesetz zur Änderung des Untersuchungshaftrechts vom 29.7.2009 (BGBl I, 2274)
UWG	Gesetz gegen den unlauteren Wettbewerb

Var.	Variante
VE	Verdeckter Ermittler
VerbrBekG	Verbrechensbekämpfungsgesetz vom 28.10.1994 (BGBl I, S. 3186)
Verh.	Verhandlung
vert.	vertiefend
VG	Verwaltungsgericht
VN	Vereinte Nationen
VN-Anti Folter-Übk.	Übereinkommen gegen Folter und andere grausame, unmenschliche, oder erniedrigende Behandlung oder Strafe
VO	Verordnung der EG/EU
Vor.	Vorbemerkung
Voraufl.	Vorauflage
VRS	Verkehrsrechts-Sammlung (Zitiert nach Jahr und Seite)
VStGB	Völkerstrafgesetzbuch (BGBl 2002 I, S. 2254)
VVG	Versicherungsvertragsgesetz
wistra	Zeitschrift für Wirtschafts- und Steuerstrafrecht (Zitiert nach Jahr und Seite)
WÜK	Wiener Konsularrechtsübereinkommen
ZD	Zeitschrift für Datenschutz
ZEuS	Zeitschrift für Europarechtliche Studien
ZfJ	Zentralblatt für Jugendrecht
ZfStrVo	Zeitschrift für Strafvollzug und Straffälligenhilfe
ZIS	Zeitschrift für Internationale Strafrechtsdogmatik – www.zis-online.com
ZJS	Zeitschrift für das Juristische Studium – www.zjs-online.com
ZPO	Zivilprozessordnung
ZRP	Zeitschrift für Rechtspolitik (Zitiert nach Jahr und Seite)
ZSchG	Zeugenschutzgesetz vom 30.4.1998 (BGBl I, S. 820)
ZStrR	Schweizerische Zeitschrift für Strafrecht
ZStW	Zeitschrift für die gesamte Strafrechtswissenschaft (Zitiert nach Band <Jahr> und Seite)
zT	zum Teil
ZUM	Zeitschrift für Urheber- und Medienrecht
zust.	zustimmend
ZWH	Zeitschrift für Wirtschaftsstrafrecht und Haftung im Unternehmen

Verzeichnis der abgekürzt zitierten Literatur

30. Strafverteidigertag	Wieviel Sicherheit braucht die Freiheit? 30. Strafverteidigertag Frankfurt/Main, 24. – 26. März 2006, 2007
33. Strafverteidigertag	Strafverteidigung vor neuen Aufgaben, 33. Strafverteidigertag Köln, 26. Februar – 1. März 2009, 2010
35. Strafverteidigertag	Abschied von der Wahrheitssuche, 35. Strafverteidigertag Berlin, 25. – 27. März 2011, 2012
37. Strafverteidigertag	Die Akzeptanz des Rechtsstaats in der Justiz, 37. Strafverteidigertag Freiburg, 8. – 10. März 2013, 2014
38. Strafverteidigertag	Vom Bedeutungsverlust der Hauptverhandlung, 38. Strafverteidigertag Dresden, 21. – 23. März, 2015
39. Strafverteidigertag	Welche Reform braucht das Strafverfahren? 39. Strafverteidigertag Lübeck, 6. – 8. März 2015
40. Strafverteidigertag	Bild und Selbstbild der Strafverteidigung, 40. Strafverteidigertag Frankfurt/M, 4. – 6. März 2016
41. Strafverteidigertag	Der Schrei nach Strafe, 41. Strafverteidigertag Bremen, 24. – 26. März 2017
50 Jahre BGH-Prax-FS	Festschrift aus Anlaß des fünfzigjährigen Bestehens von Bundesgerichtshof, Bundesanwaltschaft und Rechtsanwaltschaft beim Bundesgerichtshof, 2000
50 Jahre BGH-Wiss-FG	50 Jahre Bundesgerichtshof – Festgabe aus der Wissenschaft Bd. IV Strafrecht und Strafprozeßrecht, 2000
50 Jahre DAI-FS	Festschrift 50 Jahre Deutsches Anwaltsinstitut e V, 2003
Achenbach-FS	Festschrift für Hans Achenbach, 2011
AE-StuM	*Bannenberg, Britta,* ua, Alternativ-Entwurf Strafjustiz und Medien (AE-StuM) – Entwurf eines Arbeitskreises deutscher, österreichischer und schweizerischer Strafrechtslehrer, 2004
Ahlbrecht/ua	*Ahlbrecht, Heiko/Böhm, Klaus-Michael/Esser, Robert/Eckelmans, Franziska,* Internationales Strafrecht in der Praxis, 2. A. 2018. Zitiert nach Randnummer
AK	Reihe Alternativkommentare (Hrsg *Wassermann*), Kommentar zur Strafprozeßordnung, Band 1 (1988); Band 2, Teilband 1 (1992), Teilband 2 (1993); Band 3 (1996). Zitiert nach Bearbeiter, (StPO-)Paragraph und Randnummer
Albrecht	*Albrecht, Hans Jörg,* Rechtstatsachenforschung zum Strafverfahren, 2005
Alexy	*Alexy, Robert* (Hrsg), Tagung der Deutschen Sektion der Internationalen Vereinigung für Rechts- und Sozialphilosophie (IVR), 2005
Altenhain/ua	*Altenhain, Karsten/Hagemeier, Ina/Hainerl, Michael/Stammen, Karl-Heinz,* Die Praxis der Absprachen in Wirtschaftsstrafverfahren, 2007. Zitiert nach Seite
Ambos	*Ambos, Kai* (Hrsg), Europäisches Strafrecht post-Lissabon, 2011
Ambos, International	*Ambos, Kai,* Internationales Strafrecht, 5. A. 2018
Amelung-FS	Festschrift für Knut Amelung zum 70. Geburtstag, 2009
A/N/M	*Alsberg, Max/Nüse, Karl-Heinz/Meyer, Karlheinz,* Der Beweisantrag im Strafprozeß, 6. A. 2013

AnwK-StPO   *Krekeler, Wilhelm/Löffelmann, Markus* (Hrsg), StPO-Strafprozessordnung, Kommentar, 2. A. 2010. Zitiert nach Paragraph und Randnummer

Arloth   *Arloth, Frank*, Strafprozeßrecht, 1995

Artkämper/ua   *Artkämper, Heiko/Esders, Rudolf/Jakobs, Carola/Sotelsek, Marc*, Praxiswissen Strafverfahren bei Tötungsdelikten, 2012. Zitiert nach Teil und Rn.

Arzt   *Arzt, Gunther*, Die Strafrechtsklausur, 7. A. 2006. Zitiert nach Seite

Barton   *Barton, Stephan*, Mindeststandards der Strafverteidigung, 1994

Barton/Hähnchen/Jost   *Barton, Stephan/Hähnchen, Susanne/Jost, Fritz* (Hrsg), Anwaltsorientierung im rechtswissenschaftlichen Studium, 2016. Zitiert nach Bearbeiter und Seite

Barton, Verfahrens-gerechtigkeit   *Barton, Stephan* (Hrsg), Verfahrensgerechtigkeit und Zeugenbeweis, 2002. Zitiert nach Bearbeiter und Seite

Bastille   *Gaier/Wolf* (Hrsg), 25 Jahre Bastille-Entscheidungen, 2015

Baumann   *Baumann, Jürgen*, Grundbegriffe und Verfahrensprinzipien des Strafprozeßrechts, 3. A. 1979

B/H/K/M   *Becker, Ulrich/Heckmann, Dirk /Kempen, Bernhard/Manssen, Gerrit*, Öffentliches Recht in Bayern, 7. A. 2017

Beck'sches Formularbuch   *Hamm, Rainer/Leipold, Klaus*, Beck'sches Formularbuch für den Strafverteidiger, 6. A. 2018

Bemmann-FS   Festschrift für Günter Bemmann, 1997

Bender/Nack/Treuer   *Bender, Rolf/Nack, Armin/Treuer, Wolf-Dieters*, Tatsachenfeststellung vor Gericht, 4. A. 2014. Zitiert nach Randnummer

Beulke   *Beulke, Werner*, Der Verteidiger im Strafverfahren, Funktion und Rechtsstellung, 1980

Beulke, Jugendverteidigung   *Beulke, Werner*, Die gerichtliche Bestellung eines Verteidigers, Interpretation der §§ 140 ff StPO unter jugendrechtlichen Gesichtspunkten, in: Verteidigung in Jugendstrafsachen, hrsg. v. Bundesministerium der Justiz, 1987, S. 170 ff

Beulke, Jugend-verteidigung II   *Beulke, Werner*, Die notwendige Verteidigung in der rechtlichen Entwicklung, in: *Walter, M.* (Hrsg), Strafverteidigung für junge Beschuldigte, 1997, S. 37 ff

Beulke, Klausurenkurs III   *Beulke, Werner*, Klausurenkurs im Strafrecht III. Ein Fall- und Repetitionsbuch für Examenskandidaten, 5. A. 2018

Beulke/Lüdke/Swoboda   *Beulke, Werner/Lüdke, Inka/Swoboda, Sabine*, Unternehmen im Fadenkreuz, 2009

Beulke/Ruhmannseder   *Beulke, Werner/Ruhmannseder, Felix*, Die Strafbarkeit des Verteidigers, 2. A. 2010

Beulke-FS   Festschrift für Werner Beulke zum 70. Geburtstag, 2015

Blomeyer-GedSchr   Gedächtnisschrift für Wolfgang Blomeyer, 2004

Bludowski   *Bludwoski, Dominik*, Die Beweisführung mit digitalen Spuren und das Unmittelbarkeitsprinzip, in: Buschmann, Almuth/u.a., Digitalisierung der gerichtlichen Verfahren und das Prozessrecht, 2018

Bohnert   *Bohnert, Joachim*, Die Abschlußentscheidung des Staatsanwalts, 1992

Borchardt   *Borchardt, Klaus-Dieter*, Die rechtlichen Grundlagen der Europäischen Union, 6. A. 2015

Bosbach	*Bosbach, Jens*, Verteidigung im Ermittlungsverfahren, 8. A. 2015
Bosch	*Bosch, Nikolaus*, Aspekte des nemo-tenetur-Prinzips aus verfassungsrechtlicher und strafprozessualer Sicht, 1998
Böttcher-FS	Festschrift für Reinhard Böttcher zum 70. Geburtstag, 2007
BRAK/Strauda	Strafrechtsausschuss der Bundesrechtsanwaltskammer, Reform der Verteidigung im Ermittlungsverfahren, Thesen mit Begründung, 2004
BrandOLG-FS	10 Jahre Brandenburgisches Oberlandesgericht-Festschrift zum 10-jährigen Bestehen, 2003
Breidling-FS	Festschrift für Ottmar Breidling zum 70. Geburtstag, 2017
Brodag	*Brodag, Wolf-Dietrich*, Strafverfahrensrecht, 13. A. 2014. Zitiert nach Randnummer
Brunner	*Brunner, Raimund*, Abschlussverfügung der Staatsanwaltschaft, 13. A. 2016. Zitiert nach Randnummer
Brunner/Kunnes/Reiher	*Brunner, Raimond/Kunnes, Christian/Reiher, Jürgen*, Strafrechtliche Assessorklausuren mit Erläuterungen, 10. A. 2018
Brunner/v. Heintschel-Heinegg	*Brunner, Raimund/v. Heintschel-Heinegg, Bernd*, Staatsanwaltschaftlicher Sitzungsdienst, 15. A. 2018. Zitiert nach Kapitel und Randnummer
Brüssow ua	*Brüssow, Rainer/Gatzweiler, Norbert/Krekeler, Wilhelm/Mehle, Volkmar* (Hrsg), Strafverteidigung in der Praxis, 4. A. 2007, Band I. Zitiert nach Paragraph und Randnummer
Büllesbach-FG	Freundesgabe für Alfred Büllesbach, 2002
Burhoff, Ermittlungsverfahren	*Burhoff, Detlef*, Handbuch für das strafrechtliche Ermittlungsverfahren, 7. A. 2015. Zitiert nach Randnummer
Burhoff, Hauptverhandlung	*Burhoff, Detlef*, Handbuch für die strafrechtliche Hauptverhandlung, 8. A. 2015. Zitiert nach Randnummer
Burhoff, Reform	*Burhoff, Detlef*, Effektivere und praxistauglichere Ausgestaltung des Strafverfahrens? Die Änderungen in der StPO 2017 – ein erster Überblick, 2017, ebook. Zitiert nach Randnummer
Camprubi	*Camprubi, Madeleine* (Hrsg), Angst und Streben nach Sicherheit in Gesetzgebung und Praxis, 2004
Coester-Waltjen II	*Coester-Waltjen, Dagmar/Ehlers, Dirk/Geppert, Klaus/Otto, Harro/Petersen, Jens/Schoch, Friedrich/Schreiber, Klaus* (Hrsg), Examensklausurenkurs, 2. A. 2004
Coester-Waltjen IV	*Coester-Waltjen, Dagmer/Ehlers, Dirk/Geppert, Klaus/Petersen, Jens/Satzger, Helmut/Schoch, Friedrich/Schreiber, Klaus* (Hrsg), Examensklausurenkurs, 4. A. 2011
Compliance aktuell	*Ruhmannseder, Felix/Lehner, Dieter/Beukelmann, Stephan* (Hrsg), Compliance aktuell, Loseblattsammlung, 2018. Zitiert nach Autor, Verz.Nr u. Randnummer
Cramer/Cramer	*Cramer, Peter/Cramer, Steffen* (Hrsg), Anwaltshandbuch Strafrecht, 2002. Zitiert nach Bearbeiter, Kapitel, Randnummer und Seite
Dahs	*Dahs, Hans*, Handbuch des Strafverteidigers, 8. A. 2015. Zitiert nach Randnummer
Dahs/Dahs	*Dahs, Hans*, Die Revision im Strafprozess, 9. A. 2017. Zitiert nach Randnummer
Dahs-Dona Scripta	Dona Scripta der Kanzlei RSDS, Hans Dahs gewidmet, 2000
Dahs-FS	Festschrift für Hans Dahs, 2005

DAV-FS	Strafverteidigung im Rechtsstaat, Festschrift 25 Jahre Arbeitsgemeinschaft Strafrecht des Deutschen Anwaltsvereins, 2009
Deckers/Köhnken	*Deckers, Rüdiger/Köhnken, Günter* (Hrsg), Die Erhebung und Bewertung von Zeugenaussagen im Strafprozess, 2. A. 2014. Zitiert nach Autor und Seite
Deiters	*Deiters, Mark*, Legalitätsprinzip und Normgeltung, 2006
Dencker-FS	Festschrift für Friedrich Dencker zum 70. Geburtstag, 2012
D-F-T	*Leblois-Happe, Jocelyne* (Hrsg), Was wird aus der Hauptverhandlung? 4. Dt.-französische Strafrechtstagung, 2014
Diemer/Schatz/Sonnen	*Diemer, Herbert/Schatz, Holger/Sonnen, Bernd-Rüdeger*, JGG, Kommentar, 7. A. 2015. Zitiert nach Bearbeiter, Paragraph und Randnummer
DJT-FS	Festschrift 150 Jahre Deutscher Juristentag, 2010
Dölling	*Dölling, Dieter/Duttge, Gunnar/Rössner, Dieter* (Hrsg), Gesamtes Strafrecht, Kommentar, 4. A. 2017. Zitiert nach Bearbeiter, Paragraph und Randnummer
Dünnebier-FS	Festschrift für Hanns Dünnebier, 1982
Duttge/Tadaki	*Duttge, Gunnar/Tadaki, Makoto* (Hrsg.), Aktuelle Entwicklungslinien des japanischen Strafrechts im 21. Jahrhundert, 2017. Zitiert „Entwicklungslinien"-*Autor*, Seite
Eberth/Müller/Schütrumpf	*Eberth, Alexander/Müller, Eckhart/Schütrumpf, Matthias*, Verteidigung in Betäubungsmittelsachen, 7. A. 2018
Eckert-GS	Gedächtnisschrift für Jörn Eckert, 2008
Eckstein	Ermittlungen zu Lasten Dritter, 2013
Eisenberg	*Eisenberg, Ulrich*, Beweisrecht der StPO, 10. A. 2017. Zitiert nach Randnummer
Eisenberg-FS	Festschrift für Ulrich Eisenberg zum 70. Geburtstag, 2009
Eisenberg-FS II	Festschrift für Ulrich Eisenberg zum 80. Geburtstag, 2019 (erscheint demnächst)
Eisenberg, JGG	*Eisenberg, Ulrich*, Jugendgerichtsgesetz, 20. A. 2018. Zitiert nach Paragraph und Randnummer
Engländer	*Engländer, Armin*, Examens-Repetitorium Strafprozessrecht, 9. A. 2018. Zitiert nach Randnummer
Epiney/Theuerkauf	*Epiney, Astrid/Theuerkauf, Sarah* (Hrsg), Datenschutz in Europa und der Schweiz, 2006
Erb	*Erb, Volker*, Legalität und Opportunität, 1999
Ernemann	*Ernemann, Andreas/Fuhse, Ekkehard/Johannsen, Jens/Kraak, Ove-Jens/Palder, Helmut/Pfordte, Thilo/Westphal, Karsten*, Die Station in Strafsachen, 8. A. 2011. Zitiert nach Seite
Eser	*Eser, Albin*, Einführung in das Strafprozeßrecht, 1983
Eser-FS	Festschrift für Albin Eser, 2005
Eser II-FS	*Burkhardt, Björn/Koch, Hans-Georg/Gropp, Walter et al.* (Hrsg), Scripta amicitiae Freundschaftsgabe für Albin Eser zum 80. Geburtstag am 26. Januar 2015
Esser, Europäisch	*Esser, Robert*, Europäisches und Internationales Strafrecht, 2. A. 2018. Zitiert nach Paragraph und Randnummer
FA-Strafrecht	*Bockemühl, Jan* (Hrsg), Handbuch des Fachanwalts Strafrecht, 7. A. 2018. Zitiert nach Bearbeiter, Kapitel, Teil und Randnummer
Fahl	*Fahl, Christian*, Rechtsmißbrauch im Strafprozeß, 2004

Fezer	*Fezer, Gerhard*, Strafprozeßrecht, Juristischer Studienkurs, 2. A. 1995. Zitiert nach Fall- und Randnummer
Fezer-FG HRRS	HRRS Festgabe für Gerhard Fezer, 2008
Fezer-FS	Festschrift für Gerhard Fezer zum 70. Geburtstag, 2008
Fischer	*Fischer, Thomas*, Strafgesetzbuch mit Nebengesetzen, 65. A. 2018. Zitiert nach Paragraph und Randnummer
Fischer-FS	Festschrift für Thomas Fischer zum 65. Geburtstag, 2018
Fischer	*Fischer, Klemens H.*, Der Vertrag von Lissabon, 2. A. 2010. Zitiert *Fischer*, Vertrag von Lissabon, Seite
Friebertshäuser-FG	Festgabe für den Strafverteidiger Heino Friebertshäuser, 1997
Gaede	*Gaede, Karsten*, Fairness als Teilhabe-Das Recht auf konkrete und wirksame Teilhabe durch Verteidigung gemäß Art. 6 EMRK, 2007
Geerds	*Geerds, Friedrich*, Übungen im Strafprozeßrecht, 1989
Gehl, Folter	*Gehl, Günter* (Hrsg), Folter – Zulässiges Instrument im Strafrecht?, 2005
Geppert-FS	Festschrift für Klaus Geppert zum 70. Geburtstag, 2011
Göbel	*Göbel, Klaus*, Strafprozess, 8. A. 2013. Zitiert nach Randnummer
Gesetzlichkeit und Strafrecht	*Kudlich, Hans/Montiel, Juan Pablo/Schuhr, Jan C.* (Hrsg), Gesetzlichkeit und Strafrecht, 2012. Zitiert nach Bearbeiter und Seite
Goldbach	*Goldbach, Michael* (Hrsg), Der Deal mit dem Recht, 2004
Gollwitzer-Kolloq	Kolloquium für Walter Gollwitzer zum 80. Geburtstag, 2004
Gössel	*Gössel, Karl Heinz*, Strafverfahrensrecht, 1977. Zitiert nach Paragraph und Abschnitt
Gössel-FS	Festschrift für Karl Heinz Gössel zum 70. Geburtstag, 2002
Grabenwarter/Pabel	*Grabenwarter, Christoph/Pabel, Katharina*, Europäische Menschenrechtskonvention, 6. A. 2016. Zitiert nach Paragraph und Randnummer
Graf	*Graf, Jürgen-Peter*, Mustertexte zum Strafprozess, 9. A. 2015. Zitiert nach Nummerierung der Muster
Gropp/ua	*Gropp, Walter/Öztürk, Bahri/Sözüer, Adem/Wörner, Liane* (Hrsg), Beiträge zum deutschen und türkischen Strafrecht und Strafprozessrecht, 2010
Grüner	*Grüner, Gerhard*, Über den Mißbrauch von Mitwirkungsrechten und die Mitwirkungspflichten des Verteidigers im Strafprozeß, 2000
Grunst	*Grunst, Bettina*, Prozeßhandlungen im Strafprozess, 2002
Grünwald	*Grünwald, Gerald*, Das Beweisrecht der Strafprozeßordnung, 1993
Grünwald-FS	Festschrift für Gerald Grünwald zum 70. Geburtstag, 1999
Grützner-FS	Aktuelle Probleme des Internationalen Strafrechts. Beiträge zur Gestaltung des Internationalen und eines supranationalen Strafrechts. Heinrich Grützner zum 65. Geburtstag, 1970
Haas	*Haas, Volker*, Strafbegriff, Staatsverständnis und Prozessstruktur, 2008
Haller/Conzen	*Haller, Klaus/Conzen, Klaus*, Das Strafverfahren, 8. A. 2018. Zitiert nach Kapitel und Randnummer
Hamm-FS	Festschrift für Rainer Hamm zum 65. Geburtstag, 2008
Hanack-FS	Festschrift für Ernst-Walter Hanack zum 70. Geburtstag, 1999

Handbuch Mediation	*Haft, Fritjof/Gräfin von Schlieffen, Katharina* (Hrsg), Handbuch Mediation, 3. A. 2016. Zitiert nach Bearbeiter, Paragraph und Randnummer
Hartmann/Schmidt	*Hartmann, Arthur/Schmidt, Rolf*, Strafprozessrecht, 6. A. 2016. Zitiert nach Randnummer
Hassemer-FS	Festschrift für Winfried Hassemer zum 70. Geburtstag, 2010
Hauck	*Hauck, Pierre*, Heimliche Strafverfolgung und Schutz der Privatheit, 2014
Hecker	*Hecker, Bernd*, Europäisches Strafrecht, 5. A. 2015
Heghmanns/Herrmann	*Heghmanns, Michael/Herrmann, Gunnar*, Das Arbeitsgebiet des Staatsanwalts, 5. A. 2017. Zitiert nach Randnummer
Heghmanns/Scheffler	*Heghmanns, Michael/Scheffler, Uwe*, Handbuch zum Strafverfahren, 2008. Zitiert nach Autor, Kapitel und Randnummer
Heinrich/Reinbacher	*Heinrich, Bernd/Reinbacher, Tobias*, Examinatorium Strafprozessrecht, 2. A. 2017. Zitiert nach Problem und Randnummer
v. Heintschel-Heinegg-FS	Festschrift für Bernd von Heintschel-Heinegg zum 70. Geburtstag, 2015
Heinz	*Heinz, Wolfgang*, KIS, Kriminalität und Kriminalitätskontrolle in Deutschland – Berichtsjahr 2015/Version 2017 (online)
Heinz-FS	Festschrift für Wolfgang Heinz, 2012
Heinze-GedSchr	Gedächtnisschrift für Meinhard Heinze, 2005
Hellmann	*Hellmann, Uwe*, Strafprozeßrecht, 2. A. 2006. Zitiert nach Randnummer
Hellmann, Fallsammlung	*Hellmann, Uwe* (Hrsg), Fallsammlung zum Strafprozessrecht, 3. A. 2008. Zitiert nach Klausur und Randnummer
Henkel	*Henkel, Heinrich*, Strafverfahrensrecht, 2. A. 1968. Zitiert nach Paragraph und Abschnitt
Herzberg-FS	Festschrift für Rolf Dietrich Herzberg zum 70. Geburtstag, 2008
Hessisches Ministerium der Justiz (Hrsg)	Staatsanwaltschaft und Rechtsstaat, 2004
Hettinger	*Hettinger, Michael*, Entwicklungen im Strafrecht und Strafverfahrensrecht der Gegenwart, 1997
H. Mayer-FS	Beiträge zur gesamten Strafrechtswissenschaft. Festschrift für Hellmuth Mayer zum 70. Geburtstag, 1966
Hilger-FG	Datenübermittlungen und Vorermittlungen, Festgabe für Hans Hilger, 2003
Hillenkamp	*Hillenkamp, Thomas*, Die Urteilsabsetzungs- und die Revisionsbegründungsfrist im deutschen Strafprozeß, 1998
Hillenkamp/Cornelius, AT	*Hillenkamp, Thomas/Cornelius, Kai*, 32 Probleme aus dem Strafrecht AT, 15. A. 2017
Hinterhofer	*Hinterhofer, Hubert*, Zeugenschutz und Zeugnisverweigerungsrechte im österreichischen Strafprozess, 2004
Hirsch	*Hirsch/Hofmanski/Plywaszewski/Roxin* (Hrsg), Neue Erscheinungsformen der Kriminalität in ihrer Auswirkung auf das Straf- und Strafprozeßrecht, 1996
Hirsch-FS	Festschrift für Hans Joachim Hirsch zum 70. Geburtstag, 1999
HK	Heidelberger Kommentar zur Strafprozessordnung, hrsg. von *Gercke* ua, 5. A. 2012. Zitiert nach Bearbeiter, Paragraph und Randnummer

Höland	*Höland, Armin* (Hrsg), Wirkungen der Rechtsprechung des Europäischen Gerichtshofs für Menschenrechte im deutschen Recht, 2012
Honig-FS	Festschrift für Richard M. Honig zum 80. Geburtstag, 1970
Huber/Hofer	*Huber, Michael/Hofer, Johannes*, Das Strafurteil, 3. A. 2016
Institut für Kriminal-wissenschaften und Rechtsphilosophie	Institut für Kriminalwissenschaften und Rechtsphilosophie, Frankfurt a.M. (Hrsg), Jenseits des rechtstaatlichen Strafrechts, 2007. Zitiert: Institut für Kriminalw.
Jaeger-FS	Grundrechte und Solidarität: Durchsetzung und Verfahren. Festschrift für Renate Jaeger, 2011
Jäger	*Jäger, Christian*, Beweisverwertung und Beweisverwertungs-verbote im Strafprozess, 2003
Jähnke/Schramm, Europäisch	*Jähnke, Burkhard/Schramm, Edward*, Europäisches Strafrecht, 2017. Zitiert nach Kapitel und Randnummer
Jahn, Gutachten	*Jahn, Matthias*, Beweiserhebungs- und Beweisverwertungs-verbote im Spannungsfeld zwischen den Garantien des Rechts-staates und der effektiven Bekämpfung von Kriminalität und Terrorismus, Gutachten C zum 67. Deutschen Juristentag, 2008
Jahn/Nack	*Jahn, Matthias/Nack, Armin* (Hrsg), Strafprozessrechtspraxis und Rechtswissenschaft – getrennte Welten? 1. Karlsruher Straf-rechtsdialog 2007, 2008. Zitiert nach Autor und Seite
Jahn/Nack II	*Jahn, Matthias/Nack, Armin* (Hrsg), Rechtsprechung, Gesetzge-bung, Lehre: Wer regelt das Strafrecht? 2. Karlsruher Strafrechts-dialog 2009, 2010. Zitiert nach Autor und Seite
Jahn/Nack III	*Jahn, Matthias/Nack, Armin* (Hrsg), Gegenwartsfragen des europäischen und deutschen Strafrechts, 3. Karlsruher Straf-rechtsdialog 2011, 2012. Zitiert nach Autor und Seite
Jahn/Nack IV	*Jahn, Matthias/Nack, Armin* (Hrsg), Rechtsprechung in Strafsa-chen zwischen Theorie und Praxis – zwei Seiten einer Medaille?, 4. Karlsruher Strafrechtsdialog, 2013, 2014. Zitiert nach Autor und Seite
Jansen	*Jansen, Gabriele*, Zeuge und Aussagepsychologie, 2. A. 2012
Joachimski/Haumer	*Joachimski, Jupp/Haumer, Christine*, Strafverfahrensrecht, 7. A. 2015
Joecks, StPO	*Joecks, Wolfgang*, Strafprozessordnung – Studienkommentar, 4. A. 2015. Zitiert nach Paragraph und Randnummer
Joerden/Szwarc	*Joerden, Jan C./Szwarc, Andrzej J.* (Hrsg), Europäisierung des Strafrechts in Polen und Deutschland – rechtsstaatliche Grund-lagen, 2007
Jung-FS	Festschrift für Heike Jung zum 65. Geburtstag, 2007
Kaiser-FS	Festschrift für Günther Kaiser zum 70. Geburtstag, 1998 (Halbband 1 u. 2)
Karpenstein/Mayer	*Karpenstein, Ulrich/Mayer, Franz C.*, EMRK, 2. A. 2015
Katholnigg	*Katholnigg, Oskar*, Strafgerichtsverfassungsrecht, Kommentar, 3. A. 1999. Zitiert nach Paragraph und Randnummer
Keller-GedSchr	Gedächtnisschrift für Rolf Keller, 2003
Kempf/ua	*Kempf, Eberhard/Lüderssen, Klaus/Volk, Klaus* (Hrsg), Ökonomie versus Recht im Finanzmarkt, 2011
Kindhäuser	*Kindhäuser, Urs*, Strafprozessrecht, 4. A. 2016. Zitiert nach Paragraph und Randnummer

Kissel/Mayer	*Kissel, Otto Rudolf/Mayer, Herbert*, Gerichtsverfassungsgesetz, Kommentar, 9. A. 2018. Zitiert nach Paragraph und Randnummer
KK	Karlsruher Kommentar zur Strafprozessordnung, hrsg. von *Pfeiffer, Gerd*, 7. A. 2013. Zitiert nach Bearbeiter, (StPO-) Paragraph und Randnummer
Klemke/Elbs	*Klemke, Olaf/Elbs, Hansjörg*, Einführung in die Praxis der Strafverteidigung, 3. A. 2013. Zitiert nach Randnummer
Klesczewski	*Klesczewski, Diethelm*, Strafprozessrecht, 2. A. 2013
Klesczewski/Schößling	*Klesczewski, Diethelm/Schößling, Christian*, Strafakte, Von der Strafanzeige bis zur Revisionsentscheidung, 2004. Zitiert nach Randnummer
KMR	Loseblattkommentar zur Strafprozeßordnung, begründet von *Kleinknecht/Müller/Reitberger*, hrsg. von *Fezer/Paulus*, ab 81. Lieferung von *v. Heintschel-Heinegg/Böckemühl*, jeweils mit Ergänzungslieferungen, 8. A. ab 1990. Zitiert nach Bearbeiter, (StPO-) Paragraph und Randnummer
Knierim	*Knierim, Thomas/Oehmichen, Anna/Beck, Susanne/Geisler, Claudius*, Gesamtes Strafrecht aktuell, 2018. Zitiert Knierim-*Bearbeiter*, Kapitel und Randnummer
Koch-FG	Festgabe für Ludwig Koch, 1989
Kohlmann-FS	Festschrift für Günter Kohlmann zum 70. Geburtstag, 2003
KOM	Veröffentlichungen der Kommission der Europäischen Union. Zitiert nach Jahrgang und Seite
Kopp/Schenke	Verwaltungsgerichtsordnung. Kommentar, 23. A. 2017. Zitiert nach Paragraph und Randnummer
Kölbel	*Kölbel, Ralf*, Selbstbelastungsfreiheiten. Der nemo-tenetur-Satz im materiellen Recht, 2006
Krack	*Krack, Ralf*, Die Rehabilitierung des Beschuldigten im Strafverfahren, 2002
Kramer	*Kramer, Bernhard*, Grundbegriffe des Strafverfahrensrechts, 8. A. 2014
Krey	*Krey, Volker*, Deutsches Strafverfahrensrecht, Band 1 (2006); Band 2 (2007). Zitiert nach Band und Randnummer
Krey-FS	Festschrift für Volker Krey zum 70. Geburtstag, 2010
Kroiß/Neurauter	*Kroiß, Ludwig/Neurauter, Irene*, Formularsammlung für Rechtspflege und Verwaltung, 26. A. 2017. Zitiert nach Nummern
Kudlich, Gutachten	*Kudlich, Hans*, Erfordert das Beschleunigungsgebot eine Umgestaltung des Strafverfahrens? Gutachten C zum 68. Deutschen Juristentag, 2010
Kühl	*Kühl, Kristian*, Strafrecht AT, 8. A. 2017. Zitiert nach Paragraph und Randnummer
Kühne	*Kühne, Hans-Heiner*, Strafprozessrecht, 9. A. 2015. Zitiert nach Randnummer
Kühne/Miyazawa	*Kühne, Hans-Heiner/Miyazawa, Koichi*, Alte Strafrechtsstrukturen und neue gesellschaftliche Herausforderungen in Japan und Deutschland, 2000. Zitiert nach Bearbeiter und Seite
Küper-FS	Festschrift für Wilfried Küper zum 70. Geburtstag, 2007
Lackner-FS	Festschrift für Karl Lackner, 1987
Lackner/Kühl	*Lackner/Kühl*, Strafgesetzbuch mit Erläuterungen, 29. A. 2018. Zitiert nach Paragraph und Randnummer

Lampe-FS	Festschrift für Ernst-Joachim Lampe, 2003
Lange-FS	Festschrift für Richard Lange zum 70. Geburtstag, 1976
Leblois-Happe/Stuckenberg	*Leblois-Happe, Jocelyne/Stuckenberg, Carl-Friedrich* (Hrsg), Was wird aus der Hauptverhandlung? 4. Deutsch-französische Strafrechtstagung 2013, 2014. Zitiert D-J-Tund Seite
Leitner/Michalke	*Leitner, Werner/Michalke, Reinhart*, Strafprozessuale Zwangsmaßnahmen, 2007. Zitiert nach Randnummer
Lemke-Küch	*Lemke-Küch, Harald*, Verteidigung im Strafverfahren, 2. A. 2009. Zitiert nach Randnummer
Lenckner-FS	Festschrift für Theodor Lenckner zum 70. Geburtstag, 1998
Lesch	*Lesch, Heiko Hartmut*, Strafprozeßrecht, 2. A. 2001. Zitiert nach Kapitel und Randnummer
LK	Leipziger Kommentar, Strafgesetzbuch, Großkommentar, hrsg. von *Heinrich Wilhelm Laufhütte u.a.* 12. A. 2007. Zitiert nach Bearbeiter, Paragraph und Randnummer
LR	*Löwe/Rosenberg*, Die Strafprozeßordnung und das Gerichtsverfassungsgesetz mit Nebengesetzen, Großkommentar, 26. A. 2006 ff, 27. A. 2016 ff. Zitiert nach Bearbeiter, Paragraph und Randnummer
Lüderssen	*Lüderssen, Klaus*, Rechtsfreie Räume, 2012
Lüderssen-FS	Festschrift für Klaus Lüderssen zum 70. Geburtstag, 2002
Lüderssen-Symp	*Prittwitz/Baurmann ua.* (Hrsg), Rationalität und Empathie, Kriminalwissenschaftliches Symposion für K. Lüderssen zum 80. Geburtstag, 2014
Lüke-FS	Festschrift für Gerhard Lüke zum 70. Geburtstag, 1997
Maihofer-FS	Rechtsstaat und Menschenwürde, Festschrift für Werner Maihofer zum 70. Geburtstag, 1988
Maiwald, Einführung	Einführung in das italienische Strafrecht und Strafprozessrecht, 2009
Malek	*Malek, Klaus*, Verteidigung in der Hauptverhandlung, 5. A. 2017. Zitiert nach Randnummer
Malek/Wohlers	*Malek, Klaus/Wohlers, Wolfgang*, Zwangsmaßnahmen und Grundrechtseingriffe im Ermittlungsverfahren, 2. A. 2001. Zitiert nach Randnummer
Marxen	*Marxen, Klaus*, Kompaktkurs Strafrecht, Allgemeiner Teil, 2003. Zitiert nach Fall und Seite
Marxen-BT	*Marxen, Klaus*, Kompaktkurs Strafrecht, Besonderer Teil, 2004. Zitiert nach Fall und Seite
M/D	*Maunz, Theodor/Dürig Günter*, Grundgesetz, Loseblattsammlung, Stand: 81. Lieferung September 2017
Mediationsverfahren	*Pelikan, Christa* (Hrsg), Mediationsverfahren, 1999. Zitiert nach Bearbeiter
Mehle-FS	Festschrift für Volkmar Mehle zum 65. Geburtstag, 2009
Meurer	*Meurer, Dieter*, Strafprozeßrecht, Band 4, 3. A. 1991. Zitiert nach Paragraph und Abschnitt
Meurer-GedSchr	Gedächtnisschrift für Dieter Meurer, 2002
M-G/Schmitt	*Meyer-Goßner, Lutz/Schmitt, Bertram*, Strafprozessordnung, 61. A. 2018. Zitiert nach (StPO-) Paragraph und Randnummer
MüKo-StGB	Münchener Kommentar zum Strafgesetzbuch, Band 4, 3. A. 2017. Zitiert nach Bearbeiter, Paragraph und Randnummer

MüKo-StPO	Münchener Kommentar, Strafprozessordnung, Band 1, 2014, Band 2, 2016, Band 3/2, 2018. Zitiert nach Bearbeiter, Paragraph und Randnummer
Meyer	*Meyer, Jürgen* (Hrsg), Charta der Grundrechte der Europäischen Union, 4. A. 2014. Zitiert *Meyer*, GRC
Meyer-GedSchr	Gedächtnisschrift für Karlheinz Meyer, 1990
Meyer-Goßner	*Meyer-Goßner, Lutz*, Prozessvoraussetzungen und Prozesshindernisse, 2011
Meyer-Goßner/Appl	*Meyer-Goßner, Lutz/Appl, Ekkehard*, Die Urteile in Strafsachen, 29. A. 2014
Meyer-Goßner-FS	Festschrift für Lutz Meyer-Goßner zum 65. Geburtstag, 2001
Meyer-Ladewig/ua	*Meyer-Ladewig, Jens/Nettesheim, Martin/von Raumer, Stefan*, EMRK, 4. A. 2017. Zitiert nach Bearbeiter, Artikel und Randnummer
Miebach-FS	NStZ-Sonderheft zum Eintritt in den Ruhestand für Dr. Klaus Miebach, 2009
Miyazawa-FS	Festschrift für Koichi Miyazawa, 1995
Moos-FS	Festschrift für Reinhard Moos zum 65. Geburtstag, 1997
Moosmayer/Hartwig	*Moosmayer, Klaus/Hartwig, Niels* (Hrsg), Interne Untersuchungen, 2. A. 2018
Müller-Dietz-FS	Festschrift für Heinz Müller-Dietz zum 70. Geburtstag, 2001
Müller-FS	Opuscula honoraria. Egon Müller zum 65. Geburtstag, 2003
Müller-FS II	Festschrift für Egon Müller zum 70. Geburtstag, 2008
Müller/Gussmann	*Müller, Eckhart/Gussman, Klaus*, Berufsrisiken des Strafverteidigers, 2007
Müller-Symp	Symposium für Egon Müller, Schriftenreihe der Bundesrechtsanwaltskammer Bd. 12, Redaktion: *E. Wahle*, 2000
Münchhalffen/Gatzweiler	*Münchhalffen, Gaby/Gatzweiler, Norbert*, Das Recht der Untersuchungshaft, 3. A. 2009. Zitiert nach Randnummer
Murmann	*Murmann, Uwe* (Hrsg), Recht ohne Regeln? Die Entformalisierung des Strafrechts, 2011
Murmann, StPO	*Murmann, Uwe*, Prüfungswissen Strafprozessrecht 3. A. 2015. Zitiert nach Randnummer
Murmann/Grassmann	*Murmann, Uwe/Grassmann, Nils*, Die strafprozessuale Zusatzfrage in der ersten Prüfung, Beilage zu Heft 11/2007 der JuS
Nehm-FS	Festschrift für Kay Nehm zum 65. Geburtstag, 2006
Neubacher	*Neubacher, Frank*, Kriminologische Grundlagen einer internationalen Strafgerichtsbarkeit, 2005
Neubacher/Klein	*Neubacher, Frank/Klein, Anne* (Hrsg), Vom Recht der Macht zur Macht des Rechts?, 2006
Niemöller/Schlothauer/ Weider	*Niemöller, Martin/Schlothauer, Reinhold/Weider, Hans-Joachim*, Gesetz zur Verständigung im Strafverfahren, 2010. Zitiert nach Bearbeiter, Teil und Randnummer
Nitschke	*Nitschke, Peter* (Hrsg), Rettungsfolter im modernen Rechtsstaat?, 2005
Odersky-FS	Festschrift für Walter Odersky zum 75. Geburtstag, 1996
Oehler-FS	Festschrift für Dietrich Oehler zum 70. Geburtstag, 1985
OK-StGB	Beck'scher Online-Kommentar, von Heintschel-Heinegg (Hrsg), StGB, Edition 38, Stand: 1.5.2018. Zitiert nach Bearbeiter, Paragraph und Randnummer

OK-StPO	Beck'scher Online-Kommentar, von Graf (Hrsg), StPO, Edition 29, Stand: 1.1.2018. Zitiert nach Bearbeiter, Paragraph und Randnummer
Ostendorf	*Ostendorf, Heribert*, Strafprozessrecht, 3. A. 2018
Ostendorf, U-Haft	*Ostendorf, Heribert* (Hrsg), Untersuchungshaft und Abschiebehaft, 2. A. 2018. Zitiert nach Bearbeiter, Paragraph und Randnummer
Ostendorf-FS	Festschrift für Heribert Ostendorf zum 70. Geburtstag, 2015
Otto-FS	Festschrift für Harro Otto zum 70. Geburtstag, 2007
Kreuzer-FS	Festschrift fürArthur Kreuzer zum 70. Geburtstag, 2. A. 2009
Paeffgen-FS	Festschrift für Hans-Ullrich Paeffgen zum 70. Geburtstag, 2015
Palandt	*Palandt*, Bürgerliches Gesetzbuch, 77. A. 2018
Park	*Park, Tido*, Durchsuchung und Beschlagnahme, 4. A. 2018. Zitiert nach Randnummer
Paulus-FS	Festgabe des Instituts für Strafrecht und Kriminologie der Juristischen Fakultät der Julius-Maximilians-Universität Würzburg für Rainer Paulus zum 70. Geburtstag, 2009
Peters	*Peters, Karl*, Strafprozeß. Ein Lehrbuch, 4. A. 1985. Zitiert nach Paragraph und Abschnitt
Pfeiffer	*Pfeiffer, Gerd*, Strafprozeßordnung, Kommentar, 5. A. 2005
Pfordte/Degenhard	*Pfordte, Thilo/Degenhard, Karl*, Der Anwalt im Strafrecht, 2005. Zitiert nach Paragraph und Randnummer
Puppe-FS	Strafrechtswissenschaft als Analyse und Konstruktion, Festschrift für Ingeborg Puppe zum 70. Geburtstag, 2011
Putzke/Scheinfeld	*Putzke, Holm/Scheinfeld, Jörg*, Strafprozessrecht, 7. A. 2017. Zitiert nach Randnummer
Radtke/Hohmann	*Radtke, Henning/Hohmann, Olaf* (Hrsg), Strafprozessordnung, Kommentar, 2011. Zitiert nach Autor, Paragraph und Randnummer
Rebmann-FS	Festschrift für Kurt Rebmann zum 65. Geburtstag, 1989
Rengier-FS	Festschrift für Rudolf Rengier zum 70. Geburtstag, 2018
Richter II-FS	Festschrift für Christian Richter II, 2006
Rieß-FS	Festschrift für Peter Rieß zum 70. Geburtstag, 2002
Rissing-van Saan-FS	Festschrift für Ruth Rissing-van Saan zum 65. Geburtstag, 2011
Rönnau	*Rönnau, Thomas*, Vermögensabschöpfung in der Praxis, 2. A. 2015
Rösch/Stegbauer	*Rösch, Bernd/Stegbauer, Andreas*, Die Erstellung des Urteils in Straf- und Bußgeldsachen, 3. A. 2015. Zitiert nach Seite
Rössner/Safferling	*Rössner, Dieter/Safferling, Christoph*, 30 Probleme aus dem Strafprozessrecht, 3. A. 2017. Zitiert nach Problemen
Rössner-FS	Festschrift für Dieter Rössner, 2015
Rogall	*Rogall, Klaus*, Der Beschuldigte als Beweismittel gegen sich selbst, 1977
Rogall-FS	Festschrift für Klaus Rogall zum 70. Geburtstag, 2018
Rosenau/Kim	*Rosenau, Henning/Kim, Sangyun* (Hrsg), Straftheorie und Strafgerechtigkeit, Deutsch-Japanischer Strafrechtsdialog, 2010
Roth	Roth, Herbert (Hrsg), Europäisierung des Rechts, 2010
Roxin AT	*Roxin, Claus*, Strafrecht Allgemeiner Teil, Band I, 4. A. 2006. Zitiert nach Paragraph und Randnummer

Roxin/Schünemann	*Roxin, Claus/Schünemann, Bernd*, Strafverfahrensrecht. Ein Studienbuch, 29. A. 2017. Zitiert nach Paragraph und Randnummer
Roxin/Achenbach, PdW	*Roxin, Claus/Achenbach, Hans*, Prüfe dein Wissen, Rechtsfälle in Frage und Antwort, Strafprozessrecht, 16. A. 2006
Roxin/Arzt/Tiedemann	*Roxin, Claus/Arzt, Gunther/Tiedemann, Klaus*, Einführung in das Strafrecht und Strafprozessrecht, 6. A. 2014. Zitiert nach Abschnitt und Seite
Roxin-FS	Festschrift für Claus Roxin zum 70. Geburtstag, 2001
Roxin II-FS	Festschrift für Claus Roxin zum 80. Geburtstag, 2011
Roxin, Imme	*Roxin, Imme*, Die Rechtsfolgen schwerwiegender Rechtsstaatsverstöße in der Strafrechtspflege, 4. A. 2004. Zitiert nach Seite
I.-Roxin-FS	Festschrift für Imme Roxin, 2012
Rudolphi-FS	Festschrift für Hans-Joachim Rudolphi zum 70. Geburtstag, 2004
Rudolphi-Symp	*Wolter, J.* (Hrsg), Zur Theorie und Systematik des Strafprozeßrechts, Symposium zu Ehren von H.-J. Rudolphi, 1995
Rüping	*Rüping, Hinrich*, Das Strafverfahren, 3. A. 1997. Zitiert nach Randnummer
Rüßmann-FS	Festschrift für Helmut Rüßmann, 2012
Safferling	*Safferling, Christoph*, Internationales Strafrecht, 2011. Zitiert nach Paragraph und Randnummer
Salger-FS	Festschrift für Hannskarl Salger, 1995
Samson-FS	Recht – Wirtschaft – Strafe. Festschrift für Erich Samson zum 70. Geburtstag, 2010
Sanchez-Hermosilla/ Schweikart	*Sanchez-Hermosilla, Fernando/Schweikart, Peter*, Die StPO in Fällen, 2009
Satzger	*Satzger, Helmut*, Die Europäisierung des Strafrechts. Eine Untersuchung zum Einfluß des Europäischen Gemeinschaftsrechts auf das deutsche Strafrecht, 2001
Satzger, Gutachten	*Satzger, Helmut*, Chancen und Risiken einer Reform des strafrechtlichen Ermittlungsverfahrens, Gutachten C zum 65. Deutschen Juristentag, 2004
Satzger, International	*Satzger, Helmut*, Internationales und Europäisches Strafrecht, 8. A. 2018. Zitiert nach Paragraph und Randnummer
Schäfer	*Schäfer, Gerhard*, Die Praxis des Strafverfahrens, 7. A. 2007. Zitiert nach Randnummer
G. Schäfer-FS	NJW-Sonderheft für Gerhard Schäfer zum 65. Geburtstag, 2002
Schäfer-FS	Festschrift für Karl Schäfer zum 80. Geburtstag, 1980
Schaffstein/Beulke/ Swoboda	*Schaffstein, Friedrich/Beulke, Werner/Swoboda, Sabine*, Jugendstrafrecht, Eine systematische Darstellung, 15. A. 2015. Zitiert nach Randnummer
Schellenberg	*Schellenberg, Frank*, Die Hauptverhandlung im Strafverfahren, 2. A. 2000
Schemmel/Ruhmannseder/ Witzigmann	Hinweisgebersysteme. Implementierung im Unternehmen. 2012. Zitiert nach Randnummer
Schenke-FS	Staat, Verwaltung und Rechtsschutz. Festschrift für Wolf-Rüdiger Schenke zum 70. Geburtstag, 2011
Schlothauer	*Schlothauer, Reinhold*, Vorbereitung der Hauptverhandlung durch den Verteidiger, 2. A. 1998. Zitiert nach Randnummer
Schlothauer-FS	Festschrift für Reinhold Schlothauer zum 70. Geburtstag, 2018

Schlothauer/Weider/Nobis	*Schlothauer, Reinhold/Weider, Hans-Joachim/Nobis, Frank*, Untersuchungshaft, 5. A. 2016. Zitiert nach Randnummer
Schlüchter	*Schlüchter, Ellen*, Das Strafverfahren, 2. A. 1983. Zitiert nach Randnummer
Schlüchter/Duttge	*Schlüchter, Ellen/Duttge, Gunnar*, Strafprozeßrecht in aller Kürze, 3. A. 2004
Schlüchter-FS	Freiheit und Verantwortung in schwieriger Zeit, Kritische Studien aus vorwiegend straf(prozeß-)rechtlicher Sicht zum 60. Geburtstag von Ellen Schlüchter, 1998
Schlüchter-GedSchr	Gedächtnisschrift für Ellen Schlüchter, 2002
Schlüchter, Kernwissen	*Schlüchter, Ellen*, Strafprozeßrecht, Kernwissen, 3. A. 1999
Schmid/Krzymianowska	*Schmid, Harald/Krzymianowska, Justyna* (Hrsg), Politische Erinnerungen, 2007
Schmid-FS	Festschrift für Niklaus Schmid zum 65. Geburtstag, 2001
Schmidt-Leichner-FS	Festschrift für Erich Schmidt-Leichner zum 65. Geburtstag, 1977
Schmidt	*Schmidt, Eberhard*, Lehrkommentar zur Strafprozeßordnung und zum Gerichtsverfassungsgesetz, Band I (2. A.) 1964; Band II 1957; Band III 1960. Zitiert nach Band, Paragraph und Randnummer
Schmidt Vert.	*Schmidt, Jens*, Verteidigung von Ausländern, 4. A. 2016. Zitiert nach Randnummer
Schöch-FS	Verbrechen – Strafe – Resozialisierung. Festschrift für Heinz Schöch zum 70. Geburtstag, 2010
Schreiber-FS	Strafrecht, Biorecht, Rechtsphilosophie, Festschrift für Hans-Ludwig Schreiber zum 70. Geburtstag, 2003
Schroeder/Verrel	*Schroeder, Friedrich-Christian/Verrel, Torsten*, Strafprozessrecht, 7. A. 2017. Zitiert nach Randnummer
Schroeder-FS	Festschrift für Friedrich-Christian Schroeder zum 70. Geburtstag, 2006
Schroeder/Meindl	*Schroeder, Friedrich-Christian/Meindl, Wolfhard*, Fallrepetitorium zum Strafverfahrensrecht nach höchstrichterlichen Entscheidungen, 4. A. 2004. Zitiert nach Fall und Randnummer
Schulz	*Schulz, Lorenz*, Normiertes Misstrauen, 2001
Schuster/Weitner	*Schuster, Thomas/Weitner, Friedrich*, StPO-Fallrepetitorium, 7. A. 2017. Zitiert nach Randnummer
Schweitzer/Dederer	*Schweitzer, Michael/Dederer, Hans-Georg*, Staatsrecht III, 11. A. 2016. Zitiert nach Randnummer
Seebode-FS	Festschrift für Manfred Seebode zum 70. Geburtstag, 2008
Seiler	*Seiler, Stefan*, Strafprozessrecht, 16. A. 2017. Zitiert nach Randnummer
Sickor	*Sickor, Jens Andreas*, Das Geständnis, 2014
Sieber/ua	*Sieber, Ulrich/ Satzger, Helmut/von Heintschel-Heinegg, Bernd*, Europäisches Strafrecht, 2. A. 2014. Zitiert nach Bearbeiter, Paragraph und Randnummer
SK-StPO	Systematischer Kommentar zur Strafprozessordnung mit GVG und EMRK, Loseblattkommentar, 3. A. 2003 ff; gebundene Ausgabe, 4. A. 2010 ff, 5. A. 2016 ff. Zitiert nach Bearbeiter, (StPO-) Paragraph und Randnummer
SK-StGB	Systematischer Kommentar zum Strafgesetzbuch, 8. A. 2001. Zitiert nach Bearbeiter, Paragraph und Randnummer

Sommer	*Sommer, Ulrich*, Effektive Strafverteidigung, 3. A. 2016. Zitiert nach Kapitel und Randnummer
Sowada	*Sowada, Christoph*, Der gesetzliche Richter im Strafverfahren, 2002
Soyka	*Soyka, Martin*, Die Referendarstation bei der Staatsanwaltschaft, 4. A. 2016. Zitiert nach Randnummer
Spendel-FS	Festschrift für Günter Spendel zum 70. Geburtstag, 1992
Spindler/Schuster	Recht der elektronischen Medien, 3. A. 2015
S/S	*Schönke/Schröder*, Strafgesetzbuch, bearbeitet von *Eser/Perron/Sternberg-Lieben/Eisele/Hecker/Kinzig/Bosch/Schuster/Weißer*; 29. A. 2014. Zitiert nach Bearbeiter, Paragraph und Randnummer
S/S/W-StGB	*Satzger, Helmut/Schluckebier, Wilhelm/Widmaier, Gunter*, Strafgesetzbuch, 3. A. 2017. Zitiert nach Bearbeiter, (StGB-)Paragraph und Randnummer
S/S/W-StPO	*Satzger, Helmut/Schluckebier, Wilhelm/Widmaier, Gunter*, Strafprozessordnung, 3. A. 2018. Zitiert nach Bearbeiter, (StPO-)Paragraph und Randnummer
Stöckel-FS	Festschrift für Heinz Stöckel zum 70. Geburtstag, 2010
Stoffer	*Stoffer, Hannah*, Wie viel Privatisierung „verträgt" das strafprozessuale Ermittlungsverfahren?, 2016
Strafverteidigung	*Weigend, Thomas/Walther, Susanne/Grunewald, Barbara* (Hrsg), Strafverteidigung vor neuen Herausforderungen, 2008
Strauda-FS	Festschrift zu Ehren des Strafrechtsausschusses der Bundesrechtsanwaltskammer, 2006
Stree/Wessels-FS	Festschrift für Walter Stree und Johannes Wessels zum 70. Geburtstag, 1993
Streinz	*Streinz, Rudolf*, EUV/AUEV, 2. A. 2012
Streinz-LB	*Streinz, Rudolf*, Europarecht, 10. A. 2016
Theiß	*Theiß, Christian*, Sitzungsdienst des Staatsanwalts, 6. A. 2017
Toepel	*Toepel, Friedrich*, Grundstrukturen des Sachverständigenbeweises im Strafprozeßrecht, 2002
Tofahrn	*Tofahrn, Sabine*, Strafprozessrecht, 3. A. 2016
Tolksdorf-FS	Festschrift für Klaus Tolksdorf, 2014
Tondorf/Tondorf	*Tondorf, Günter/Tondorf, Babette*, Der psychologische und psychiatrische Sachverständige im Strafverfahren, 3. A. 2011
Trechsel-FS	Strafrecht, Strafprozessrecht und Menschenrechte. Festschrift für Stefan Trechsel zum 65. Geburtstag, 2002
Triffterer/Ambos	*Triffterer, Otto/Ambos, Kai* (Hrsg), The Rome Statute of the International Criminal Court, 3. A. 2016
Tröndle-FS	Festschrift für Herbert Tröndle zum 70. Geburtstag, 1989
Ulrich	*Ulrich, Jürgen*, Der gerichtliche Sachverständige, 12. A. 2007. Zitiert nach Randnummer
Uni-Würzburg-FS	Raum und Recht, Festschrift 600 Jahre Würzburger Juristenfakultät, 2002
Venzlaff/Foerster	*Foerster, Klaus/Habermayer, Elmar* (Hrsg), Psychiatrische Begutachtung, 6. A. 2015. Zitiert nach Autor und Seite
Verdeckte Ermittler	*Claudius Geisler* (Hrsg), Verdeckte Ermittler und V-Personen im Strafverfahren, 2001. Zitiert nach Autor und Seite
Verrel	*Verrel, Torsten*, Die Selbstbelastungsfreiheit im Strafverfahren, 2001

Volk/Engländer	*Volk, Klaus/Engländer, Armin*, Grundkurs StPO, 9. A. 2018. Zitiert nach Paragraph und Randnummer
Volk-FS	Festschrift für Klaus Volk, 2009
Vollmer/Heidrich	*Vollmer, Walter/Heidrich, Andreas*, Die Assessorklausur im Strafprozess, 11. A. 2015. Zitiert nach Randnummer
Vordermayer/v. Heintschel-Heinegg	*Vordermayer/v. Heintschel-Heinegg* (Hrsg), Handbuch für den Staatsanwalt, 5. A. 2015. Zitiert nach Autor, Teil, Kapitel und Randnummer
Weber-FS	Festschrift für Friedrich Weber zum 70. Geburtstag, 2004
Weidemann	*Weidemann, Jürgen*, Die Stellung der Beschwerde im funktionalen Zusammenhang der Rechtsmittel des Strafprozesses, 1999
Weiland	*Weiland, Bernd*, Einführung in die Praxis des Strafverfahrens, 2. A. 1996
Welzel-FS	Festschrift für Hans Welzel zum 70. Geburtstag, 1974
Wessels/Beulke/Satzger AT	*Wessels, Johannes/Beulke, Werner/Satzger, Helmut*, Strafrecht – Allgemeiner Teil, 48. A. 2018
Weßlau	*Weßlau, Edda*, Das Konsensprinzip im Strafverfahren – Leitidee einer Gesamtreform, 2002
Weßlau-GedSchr	Gedächtnisschrift für Edda Weßlau, 2016
Widmaier-FS	Festschrift für Gunter Widmaier zum 70. Geburtstag, 2008
Wolf	*Wolf, Gerhard*, Das System des Rechts der Strafverteidigung, 2000
Wolff-FS	Festschrift für E.A. Wolff zum 70. Geburtstag, 1999
Wolter-FS	Gesamte Strafrechtswissenschaft in internationaler Dimension, Festschrift für Jürgen Wolter zum 70. Geburtstag am 7. September 2013, 2013
Wolter/Riedel/Taupitz	*Wolter, Jürgen/Riedel, Eibe/Taupitz, Jochen*, Einwirkungen der Grundrechte auf das Zivilrecht, öffentliche Recht und Strafrecht, 1999. Zitiert nach Bearbeiter
Wolter/Schenke	*Wolter, Jürgen/Schenke, Wolf-Rüdiger* (Hrsg), Zeugnisverweigerungsrechte bei (verdeckten) Ermittlungsmaßnahmen, 2002. Zitiert nach Bearbeiter und Seite
Wolters/Gubitz	*Wolters, Gereon/Gubitz, Michael*, Strafrecht im Assessorexamen, 8. A. 2017
Yenisey-FS	Festschrift für Feridun Yenisey, 2014
Ziegert	*Ziegert, Ulrich* (Hrsg), Grundlagen der Strafverteidigung, 2000. Zitiert nach Bearbeiter und Seite
Ziegler	*Ziegler, Theo*, Das Strafurteil, 7. A. 2018. Zitiert nach Randnummer
Zwiehoff	*Zwiehoff, Gabriele*, Das Recht auf den Sachverständigen, 2000

Synopse der wichtigsten Gesetzesänderungen (2008–2018)

Prolog speziell für gestresste Veteranen[1]

StPO § neu	StPO § alt	Inhalt	geändert durch
§ 29 I 2	–	Durchführung der Hauptverhandlung bis zur Verlesung der Anklageschrift trotz Ablehnung eines Richters vor Beginn der Hauptverhandlung	GepA (2017)
§§ 32 ff	–	Elektronische Aktenführung	GEA (2017)
§ 35a S. 3	–	Qualifizierte Belehrung bei der Verständigung	StVerfVerstG (2009)
§ 48 I	–	Pflicht des Zeugen, zur Vernehmung vor dem Richter zu erscheinen und auszusagen	2. OpfRRG (2009)
§ 58 II 2	–	Anwesenheitsrecht des Verteidigers bei Gegenüberstellung	2. GSdVdB (2017)
§ 68a II 1	§ 68 IV	Fragen zur Glaubwürdigkeit des Zeugen	2. OpfRRG (2009)
§ 68b I	–	Allgemeines Recht des Zeugen, sich eines anwaltlichen Beistandes zu bedienen; Anwesenheitsrecht des Zeugenbeistandes	2. OpfRRG (2009)
§ 68b II	§ 68b	Beiordnung eines Zeugenbeistandes	2. OpfRRG (2009)
§ 81a II 2	–	Verzicht auf richterliche Anordnung einer Blutprobe bei Verdacht auf alkoholbedingte Straßenverkehrsdelikte	GepA (2017)
§ 97 II 2	§ 97 II 3	Wegfall der Beschlagnahmefreiheit bei Verdacht, in die Vortat involviert zu sein	GNZmP (2017)
§ 100a I 2	–	Telekommunikationsüberwachung auf dem Weg über Eingriff in Informationssysteme	GepA (2017)
§ 100a IV-V	–	Pflichten der Telekommunikationsdienste zur Ermöglichung der Überwachung und Aufzeichnung der Telekommunikation	GepA (2017)
§ 100b	–	Online-Durchsuchung	GepA (2017)
§ 100c	§ 100c	Großer Lauschangriff	GepA (2017)

---

1 Hierzu werden alle Examenskandidaten, Referendare, Kollegen, Praktiker und sonstige Rechtsanwender gezählt, die sich – wie der Verfasser selbst – durch den Reformeifer des Gesetzgebers an die Grenzen ihrer Merkfähigkeit gedrängt fühlen.

StPO § neu	StPO § alt	Inhalt	geändert durch
§ 100d	§ 100c IV-VII	Kernbereich privater Lebensgestaltung Zeugnisverweigerungsberechtigte bei Telekommunikationsüberwachung (§ 100a), Online-Durchsuchung (§ 100b), großem Lauschangriff (§ 100c)	GepA (2017)
§ 100e	§ 100b	Zuständigkeit und Verfahren bei Tele-kommunikationsüberwachung (§ 100a), Online-Durchsuchung (§ 100b), großem Lauschangriff (§ 100c)	GepA (2017)
§ 100f I-III	§ 100f II	Kleiner Lauschangriff	TKÜÄndG (2008)
§ 100f IV	§ 100f IV	Zuständigkeit und Verfahren bei kleinem Lauschangriff – Verweis auf § 100e	GepA (2017)
§ 100h	§ 100f I	Einsatz weiterer technischer Mittel (Bildaufnahmen etc)	TKÜÄndG (2008)
§ 100i III	§ 100i III	Zuständigkeit bei technischen Ermittlungs-maßnahmen bei Mobilfunkgeräten – Verweis auf § 100e	GepA (2017)
§ 100j	–	Bestandsdatenauskunft	Gesetz zur Änderung des Telekommuni-kationsgesetzes und zur Neuregelung der Bestandsdatenaus-kunft (2013)
§ 101	§§ 100d VIII, 101 I, 110d, 163d V	Verfahrensregelungen bei verdeckten Maßnahmen	TKÜÄndG (2008)
§ 101 VII 2–4	–	Nachträglicher Rechtsschutz bei heim-lichen Ermittlungsmethoden	TKÜÄndG (2008)
§ 110 III	–	Fernzugriff	TKÜÄndG (2008)
§ 114b	–	Belehrungspflichten unverzüglich nach der Festnahme des Beschuldigten	UHaftRÄndG (2010)
§ 114b I 1 Nr 4a, 7, 8	–	Erweiterung der Belehrungspflichten	GSdVdB (2013)
§ 119a	–	Rechtsweg bei Beschränkungen, die zur Aufrechterhaltung der Sicherheit und Ordnung in der U-Haft-Vollzugsanstalt auferlegt werden	UHaftRÄndG (2010)
§ 136 I 3, 4	§ 136 I 3	Ermöglichung des Kontakts zum Vertei-diger, Hinweis auf Verteidigernotdienst	2. GSdVdB (2017)
	–	Hinweis auf Möglichkeit der Pflichtverteidigung	GSdVdB (2013)

StPO § neu	StPO § alt	Inhalt	geändert durch
§ 136 I 5 HS 2	–	Hinweis auf Kostentragung für Pflichtverteidigung	GepA (2017)
§ 136 IV	–	Bild- und Tonaufzeichnung der Beschuldigtenvernehmung	GepA (2017)
§ 140 I Nr 4	–	Notwendige Verteidigung bei Voll- streckung von U-Haft und einstweiliger Unterbringung	UHaftRÄndG (2010)
§ 141 III 4	–	Bestellung eines Pflichtverteidigers durch den Richter im Ermittlungsverfahren bei richterlicher Vernehmung	GepA (2017)
§ 147 II 2	–	Akteneinsicht bei Vollstreckung von U-Haft	UHaftRÄndG (2010)
§ 147 IV/VI	§ 147 VIII	Akteneinsichtsrecht des unverteidigten Beschuldigten	GEA (2017)
§ 153a II 1	–	Einstellung nach § 153a auch in der Revisionsinstanz	GepA (2017)
§ 154f	–	Vorläufige Einstellung des Ermittlungs- verfahrens wegen Abwesenheit des Beschuldigten	2. OpfRRG (2009)
§ 160a	–	Schutz zeugnisverweigerungsberechtigter Berufsgeheimnisträger	TKÜÄndG (2008) RAVSStärkG (2010)
§ 160b	–	Erörterung des Verfahrensstandes im Ermittlungsverfahren durch StA	StVerfVerstG (2009)
§ 161 II	–	Verwendung von Daten im Strafverfahren, die aus vergleichbaren Maßnahmen in anderen Gesetzen erlangt wurden	TKÜÄndG (2008)
§ 162 III	–	Zuständigkeit zur Anordnung von gerichtlichen Untersuchungshandlungen nach Erhebung der öffentlichen Klage	UHaftRÄndG (2010)
§ 163 III	§ 163a V	Vernehmung von Zeugen und Sach- verständigen durch die Polizei	2. OpfRRG (2009)
§ 163 III/IV	–	Vernehmung von Zeugen und Sachverstän- digen durch die Polizei/Erscheinungs- und Aussagepflicht des Zeugen vor der Polizei (nur vor Ermittlungspersonen der StA mit Auftrag durch StA)	GepA (2017)
§ 163a IV 3	–	Anwesenheitsrecht des Verteidigers bei polizeilicher Beschuldigtenvernehmung	2. GSdVdB (2017)
§ 168c I 2	–	Erklärungsrecht von StA und Verteidiger nach richterlicher Vernehmung des Beschuldigten	2. GSdVdB (2017)
§ 168c II 2	–	Erklärungsrecht von StA und Verteidiger nach richterlicher Vernehmung von Zeugen und Sachverständigen	2. GSdVdB (2017)

StPO § neu	StPO § alt	Inhalt	geändert durch
§ 202a	–	Erörterung des Verfahrensstandes durch das Gericht im Zwischenverfahren	StverfVerstG (2009)
§ 212	–	Erörterung des Verfahrensstandes durch das Gericht nach Eröffnung des Hauptverfahrens	StverfVerstG (2009)
§ 213 II	–	Abstimmung der Hauptverhandlungstermine mit den Verfahrensbeteiligten in besonders umfangreichen Verfahren	GepA (2017)
§ 229 V	–	Längere Unterbrechung der Hauptverhandlung bei technischer Störung	GepA (2017)
§ 243 IV 1	–	Mitteilungspflicht über Verständigungsgespräche	StverfVerstG (2009)
§ 243 V 3	–	Opening statement des Verteidigers nach Verlesung der Anklageschrift in besonders umfangreichen erstinstanzlichen Verfahren vor dem LG oder OLG	GepA (2017)
§ 243 V	§ 243 IV	Belehrung und Vernehmung des Angeklagten in der Hauptverhandlung	StVerfVerstG (2009)
§ 244 VI 2-4	–	Bestimmen einer angemessenen Frist zum Stellen von Beweisanträgen	GepA (2017)
§ 247a II	–	Audiovisuelle Vernehmung von Sachverständigen	Gesetz zur Intensivierung des Einsatzes von Videokonferenztechnik in gerichtlichen und staatsanwaltschaftlichen Verfahren (2013)
§ 249 I 2	–	Elektronische Dokumente als Urkunden	GepA (2017)
§ 251 I Nr 2	–	Verlesung eines Protokolls zwecks Bestätigung eines Geständnisses eines unverteidigten Angeklagten	GepA (2017)
§ 256 I Nr 2	–	Verlesung von ärztlichen Attesten über Körperverletzungen unabhängig vom Schweregrad	GepA (2017)
§ 257b	–	Erörterung des Verfahrensstandes durch das Gericht in der Hauptverhandlung	StVerfVerstG (2009)
§ 257c	–	Verständigung in der Hauptverhandlung	StVerfVerstG (2009)
§ 265 II Nr 2	–	Hinweispflicht des Gerichts bei Abweichung von vorläufiger Bewertung der Sach- oder Rechtslage (s. §§ 202a, 212, 257b)	GepA (2017)
§ 273 I 2 u. Ia	–	Protokollierungspflichten bei Verständigung	StVerfVerstG (2009)

StPO § neu	StPO § alt	Inhalt	geändert durch
§ 302 I 2	–	Ausschluss des Rechtsmittelverzichts bei Verständigungen	StVerfVerstG (2009)
§ 329	–	Berufungshauptverhandlung in Abwesenheit des Angeklagten	Gesetz zur Stärkung des Rechts des Angeklagten auf Vertretung in der Berufungsverhandlung und über die Anerkennung von Abwesenheitsentscheidungen in der Rechtshilfe (2015)
§ 347 I 3	–	Gegenerklärung der StA bei Verfahrensrüge	GepA (2017)
§ 406h II 4	–	Erklärung des Nebenklägervertreters nach richterlichen Vernehmungen	2. GSdVdB (2017)
§ 477 II 2, 3	–	Verwendung von Zufallsfunden	TKÜÄndG (2008)

GVG § neu	GVG § alt	Inhalt	geändert durch
§ 76 II–V	§ 76 II	Erstinstanzliche Besetzung der großen Strafkammern	Gesetz über die Besetzung der großen Straf- und Jugendkammern (2011)
§ 76 VI	§ 76 III	Besetzung Strafkammern bei Berufungen gegen Urteile des erweiterten Schöffengerichts	Gesetz über die Besetzung der großen Straf- und Jugendkammern (2011)
§ 169 I 3	–	Tonübertragung durch das Gericht in einen Arbeitsraum für Personen, die für Medien berichten	EMöGG (2017)
§§ 198–201	–	Rechtsschutz bei überlanger Verfahrensdauer	Gesetz über den Rechtsschutz bei überlangen Gerichtsverfahren und strafrechtlichen Ermittlungsverfahren (2011)

§ 1 Einführung in das Strafprozessrecht, Ziele des Strafverfahrens

Fall 1: Dem schwer krebskranken H werden mehrere Tötungshandlungen (Schüsse an der Berliner Mauer) zur Last gelegt. Ergibt sich – jenseits aller verfassungsrechtlichen Probleme – bereits aus dem Sinn und Zweck des Strafverfahrens, ob ein Strafverfahren gegen H eingeleitet bzw weiter betrieben werden darf, obwohl H das Ende des Verfahrens voraussichtlich nicht mehr erleben wird? **Rn 12**

Fall 2: Der des Deutschen nicht mächtige Sizilianer S wird verdächtigt, in Hamburg einen Auftragsmord begangen zu haben. Vor seiner ersten Vernehmung in den späten Abendstunden belehrt ihn der Polizeibeamte P darüber, dass er einen Verteidiger seiner Wahl konsultieren dürfe (§§ 163a IV, 136 I 2 StPO). S gibt zu verstehen, er wolle einen Anwalt, kenne aber keinen. Daraufhin reicht ihm P das Hamburger Branchentelefonbuch. S schafft es jedoch nicht, einen Anwalt zu erreichen. P verschweigt, dass rund um die Uhr ein anwaltlicher Notdienst zur Verfügung steht. Entmutigt gibt S auf und gesteht. Kann das Geständnis im Strafverfahren verwertet werden? **Rn 13**

Fall 3: A hat im Rahmen seines Einsatzes als SS-Mann in einem Konzentrationslager im Frühjahr 1945 eigenhändig mehrere hundert jüdische Häftlinge getötet. Nach dem 2. Weltkrieg lebte A unter einem falschen Namen. Erst im Jahre 1990 werden die Strafverfolgungsorgane auf ihn aufmerksam. Kann noch eine Anklage wegen Mordes gem. § 211 StGB erhoben werden? Hinweis: Nach dem Recht des Tatzeitpunktes (1945) betrug die Verjährung für Mord 20 Jahre (§ 67 StGB aF). Noch bevor die Mordtaten des A nach dieser Regelung verjährt waren, wurde die Verjährungsfrist zunächst verlängert und schließlich wurde im Jahre 1979 Mord für unverjährbar erklärt (s. § 78 II StGB geltende Fassung), wobei jedes Mal festgelegt wurde, dass dies auch für früher begangene Taten gelten solle (Einzelheiten zu den hier vereinfacht dargestellten Gesetzesänderungen bei BGH NJW 1995, 1297). **Rn 14**

I. Die Rechtsquellen des Strafprozessrechts

Die Rechtsquellen des Strafprozessrechts sind weit verstreut. Insbes. sind zu beachten: **1**

– als Hauptquelle die **Strafprozessordnung** (StPO) vom 1.2.1877 in der Fassung der Bekanntmachung aus dem Jahre 1987;
– das **Gerichtsverfassungsgesetz** (GVG) vom 27.1.1877 in der Fassung der Bekanntmachung aus dem Jahre 1975, das zB die sachliche Zuständigkeit (vgl § 1 StPO iVm §§ 24 ff, 74 ff, 120 GVG), die Gerichtsbesetzung sowie den Aufbau der Staatsanwaltschaften regelt (vgl §§ 141 ff GVG);
– das **Verfassungsrecht**, vgl zB das Rechtsstaats- und Sozialstaatsprinzip des Art. 20 III GG und die Vorschriften über die Rechtsprechung, Art. 92 ff GG, hier insbes. Art. 103, 104 GG;
– die **Europäische Konvention zum Schutze der Menschenrechte und Grundfreiheiten** vom 4.11.1950 in der Fassung der Bekanntmachung aus dem Jahre 2010 (die in der Bundesrepublik im Rang einfachen Bundesrechts steht), vgl insbes. die Regelung über Rechte des Angeklagten in Art. 6 EMRK;
– das **Einführungsgesetz zum GVG** vom 27.1.1877 (EGGVG), in dem zB der Rechtsschutz gegen sog. Justizverwaltungsakte geregelt ist, §§ 23 ff EGGVG;

- das **Jugendgerichtsgesetz** (JGG), das heute in der Fassung der Bekanntmachung aus dem Jahre 1974 gilt und in dem die Besonderheiten des Strafverfahrens gegen Jugendliche und Heranwachsende geregelt sind, so zB die Bildung besonderer Jugendgerichte, vgl §§ 33 ff JGG;
- das **Strafgesetzbuch** (StGB) in der Fassung der Bekanntmachung aus dem Jahre 1998, das insbes. Regelungen über das Strafantragsrecht (§§ 77 ff StGB) enthält.

II. Überblick über die einzelnen Verfahrensstadien

2 Nach der Konzeption der StPO durchläuft das Strafverfahren verschiedene Stadien[1].

1. Es beginnt mit dem **Ermittlungsverfahren**, in dem festgestellt wird, ob ein hinreichender Verdacht dafür besteht, dass ein bestimmter Beschuldigter eine strafbare Handlung begangen hat (§§ 151 ff StPO). Das Ermittlungsverfahren wird von der StA betrieben. Es findet seinen Abschluss durch Einstellung gem. § 170 II StPO bzw §§ 153 ff StPO oder durch Erhebung der öffentlichen Klage gem. § 170 I StPO.

2. Ist die öffentliche Klage durch Einreichung einer Anklageschrift bei Gericht erhoben, schließt sich das **Zwischenverfahren** an (§§ 199 ff StPO). Das für die spätere Hauptverhandlung zuständige Gericht prüft hier, ob das Hauptverfahren zu eröffnen ist. Der Eröffnungsbeschluss wird erlassen, wenn der Beschuldigte nach Ansicht des Gerichts hinreichend verdächtig ist, die in der Anklage vorgeworfene Tat begangen zu haben (§§ 203, 207 StPO). Besteht kein hinreichender Tatverdacht, wird der Erlass eines Eröffnungsbeschlusses abgelehnt (§ 204 StPO).

3. Mit Erlass des Eröffnungsbeschlusses beginnt das **Hauptverfahren** (§§ 212 ff StPO), das sich in Vorbereitung (§§ 212 ff StPO) und Durchführung der Hauptverhandlung (§§ 226 ff StPO) untergliedert. Die Hauptverhandlung endet idR mit einem Urteil (§ 260 StPO).

4. Dem Hauptverfahren erster Instanz kann sich ein **Rechtsmittelverfahren** anschließen (§§ 296 ff StPO).

5. Ist das Urteil rechtskräftig, folgt ggf das **Vollstreckungsverfahren** (§§ 449 ff StPO), das in der Hand der StA liegt (§ 451 I StPO).

III. Die Verfahrensbeteiligten

2a Zu den **Verfahrensbeteiligten iwS** gehören sämtliche Personen, denen die Strafprozessordnung bestimmte Prozessrollen zuweist (zB auch Zeugen, Sachverständige und Dolmetscher). Diejenigen, denen selbstständige Verfahrensrechte eingeräumt werden und die durch eigene Prozesserklärungen am Verfahren mitwirken (dürfen), werden vielfach als **Prozesssubjekte** oder **Verfahrensbeteiligte ieS** bezeichnet[2]. Hierzu zäh-

---

1 Guter Kurzüberblick bei *Kröpil*, JuS 2015, 213.
2 *Kühne*, § 4 Rn 101; *Meyer-Goßner*, Einl Rn 71; *Roxin/Schünemann*, § 17 Rn 1.

len insbes. der Beschuldigte, sein Verteidiger und die StA. Der Verletzte ist jedenfalls dann Prozesssubjekt, wenn er als Neben- oder Privatkläger auftritt[3].

IV. Die Ziele des Strafverfahrens

Die Ziele des Strafverfahrensrechts sind komplexer Natur. Sie können im Einzelfall sogar miteinander unvereinbar sein, mit der Folge, dass sie gegeneinander abzuwägen sind und dann eine Funktion zu Gunsten der anderen zurückzutreten hat.   **3**

1. Die Feststellung und Durchsetzung des staatlichen Strafanspruchs

Eine der Hauptaufgaben des Strafverfahrens ist die **Feststellung** und die **Durchsetzung** eines im Einzelfall entstandenen legitimen **staatlichen Strafanspruchs**[4]. Es soll eine in materiell-rechtlicher Hinsicht **richtige** und damit **gerechte Entscheidung** herbeigeführt werden. **Wahrheit** und **Gerechtigkeit** werden dadurch zu Leitprinzipien des Verfahrensrechts[5]. Damit der Straftäter einer gerechten Strafe zugeführt wird, bedarf es einer **funktionstüchtigen Strafrechtspflege**[6].

Während es in vielen früheren Rechtsordnungen Aufgabe des Opfers bzw dessen Sippe war, die Missetat zu ahnden, steht es heute nur dem Staat zu, den Straftäter zu bestrafen. Diesem **Strafmonopol des Staates** entspricht ein **Justizgewährleistungsanspruch** des betroffenen Bürgers. Der potenziell Verletzte einer Straftat hat zwar grundsätzlich keinen verfassungsrechtlich verbürgten Anspruch auf Strafverfolgung Dritter. Es existiert aber ausnahmsweise ein Anspruch des Opfers auf effektive Strafverfolgung, wenn der Einzelne nicht in der Lage ist, erhebliche Straftaten gegen seine höchstpersönlichen Rechtsgüter abzuwehren und ein Verzicht auf die effektive Verfolgung solcher Taten zu einer Erschütterung des Vertrauens in das Gewaltmonopol des Staates und einem allgemeinen Klima der Rechtsunsicherheit und Gewalt führen kann[7].

Die Mitwirkungsbefugnisse des von der Tat Geschädigten im Strafverfahren beschränken sich auf das Strafantragsrecht bei den Antragsdelikten (zB bei der fahrlässigen Körperverletzung, §§ 229, 230 StGB), das Privatklagerecht (§§ 374–394 StPO) und das Nebenklagerecht (§§ 395–402 StPO). Ferner kann er unter bestimmten Voraussetzungen eine Entschädigung verlangen (§§ 403–406c StPO). Im Übrigen ist das Opfer nur Zeuge mit relativ wenigen eigenen Rechten. Es kann das Strafverfahren zwar mittels einer Strafanzeige in Gang setzen (§ 158 StPO), ermittelt wird jedoch   **4**

---

3 Einzelheiten str.; vert. LR-*Kühne*, Einl. Abschn. J, Rn 1 ff u. 122; Radtke/Hohmann-*Radtke*, Einl. Rn 38 ff.
4 BVerfGE 20, 45, 49; BGH NJW 2007, 3010; s.a. *Hauck*, S. 117; krit. *Weigend*, Deliktsopfer und Strafverfahren, 1989, S. 191 ff.
5 BVerfG BeckRS 2018, 14189 (Rn 89); *Kröpil*, JR 2013, 14, 553; *Murmann*, GA 2004, 65, 68; *Radtke*, GA 2012, 187; *Stuckenberg*, GA 2016, 689.
6 BVerfGE 34, 238, 248 f; 80, 367, 375; BVerfG StV 2015, 413; BGH NStZ 2016, 551 m. Anm. *Schneider*; *Landau*, NStZ 2007, 121.
7 BVerfG NJW 2015, 150 (Fall *Gorch Fock*) m. Anm. *Vahle*, Kriminalistik 2015, 191; BVerfG JZ 2015, 890 m. Anm. *Hörnle* u. *Gärditz*; BVerfG StV 2017, 373 (Fall *Kunduz*) m. Bespr. *Esser/Lubrich*, StV 2017; OLG Bremen StV 2018, 268; S/S/W-StPO-*Beulke*, Einl. Rn 6; *Dölling*, Brugger-FS, S. 649; *Giehring*, Ostendorf-FS, S. 353.

von Amts wegen (§ 160 I StPO). In den letzten Jahren hat der Gesetzgeber auf vielen Ebenen des Strafverfahrens die Rechte des Opfers verstärkt, so dass man von einer Renaissance des Genugtuungsgedankens sprechen kann[8]. Weitere Einzelheiten s.u. Rn 181 ff, 309, 344 ff, 590 ff.

2. Die Gewährung eines rechtsstaatlichen Verfahrens

5   Die oben erwähnte Funktion der Strafrechtspflege, den Straftäter einer gerechten Strafe zuzuführen, kann in einem Rechtsstaat (vgl Art. 20 III GG) nicht absolut gelten, denn **Gerechtigkeit kann es nicht um jeden Preis geben**[9]. Da die Mechanismen der Strafverfolgung tief in das Leben und die Rechte des Beschuldigten und anderer Verfahrensbeteiligter eingreifen, bedarf es eines wirksamen Schutzes vor übermäßigen, dh unverhältnismäßigen Eingriffen[10]. Dies ist unabdingbar, weil sich einerseits im Laufe des Verfahrens die Unschuld des Beschuldigten herausstellen kann und andererseits stets die Gefahr besteht, dass die Exekutive die ihr in Form des Straf- und Strafverfahrensrechts an die Hand gegebenen Machtmittel missbraucht. Das **prozessordnungsmäßige Zustandekommen der Entscheidung** ist deshalb eine weitere Aufgabe des Strafverfahrensrechts, die **gleichberechtigt** neben dem **Erfordernis einer effektiven Strafverfolgung** steht. Dass beide Aufgaben häufig nur schwer miteinander vereinbar sind, ist offensichtlich. Dieser vorprogrammierte Konflikt durchzieht das gesamte Verfahrensrecht. Zum Teil ist er bereits durch das Gesetz selbst entschieden (zB bei der Untersuchungshaft durch Art. 104 GG, §§ 112 ff StPO), zum Teil muss er durch Rechtsprechung und Wissenschaft zB im Wege der Anerkennung von Beweisverwertungsverboten ausgefochten werden (Einzelheiten s.u. Rn 454 ff).

3. Die Rechtsfriedensfunktion

6   Schließlich soll das Strafverfahren zu einer Entscheidung führen, die **Rechtsfrieden schafft**. Auch dieses Ziel kann zu den vorgenannten Funktionen unter Umständen in Widerstreit treten[11]. So ist es zB gerecht, das Verfahren bei später auftretenden Zweifeln an der Richtigkeit des Urteils neu aufzurollen. Gleichwohl kann die Straffrage nicht permanent offen gelassen werden. Dies liegt sowohl im Interesse der Allgemeinheit als auch des Beschuldigten. Das Prozessrecht arbeitet deshalb mit dem Institut der **Rechtskraft** (s.u. Rn 501 ff, 512 ff).

7   Erscheint die Aufrechterhaltung rechtskräftiger Entscheidungen extrem ungerecht, besteht jedoch die Möglichkeit, die **Rechtskraft** durch **Wiederaufnahme** des Verfahrens zu **durchbrechen** (§§ 359 ff StPO; s.u. Rn 585 ff). Das Prinzip der Beständigkeit der Entscheidung ist damit die Regel, Beschränkungen durch den Gesetzgeber aus rechtsstaatlichen Gründen sind die Ausnahme[12].

---

8   Vert. S/S/W-StPO-*Beulke*, Einl. Rn 135; *Helmken*, StV 2016, 456; *Pollähne*, StV 2016, 671; *Safferling*, ZStW 122 (2010), 87; *Weigend*, RW 1 (2010), 39; *Wenske*, NStZ 2008, 434.
9   BVerfG JZ 2011, 249, 250; BGHSt 38, 215, 219 f; BGH NStZ 2013, 604 Rn 25.
10 BGH JR 2015, 338.
11 Zur Einheit aller Verfahrensziele *Rath*, Küper-FS, S. 455, 466.
12 BGHSt 45, 37, 38.

V. Strafprozessrecht – materielles Strafrecht

Im Gegensatz zu vielen anderen Staaten enthält das deutsche Strafgesetzbuch (StGB)   **8**
im Wesentlichen nur das materielle Strafrecht. Anders verfuhren insbes. frühere Strafgesetze, die sowohl das materielle als auch das formelle Strafrecht beinhalteten, so zB:

– die Constitutio Criminalis Carolina (CCC) aus dem Jahre 1532, die ihren Namen von dem damals regierenden Kaiser Karl V. erhielt, und
– das Preußische Landrecht von 1620 und von 1721.

Aber auch das StGB enthält nicht nur Regelungen materiell-rechtlicher Natur. So gehört zB das **Strafantragsrecht** gem. §§ 77 ff StGB zum **formellen** Recht[13].

Überdies ist die Rechtsnatur einzelner Rechtsinstitute umstritten, insbesondere die der **Verjährung** (§§ 78 ff StGB). Nach Art. 103 II GG, §§ 1 und 2 StGB kommt es für die materielle Strafbarkeit auf das Gesetz an, das zur Tatzeit gilt[14]. Wenn nun eine Straftat nach dem Recht des Tatzeitpunkts bereits verjährt ist, nicht aber nach dem jetzt geltenden Recht, ist fraglich, ob einer Anwendung des zur Zeit der Aburteilung geltenden Rechts das im Rahmen des materiellen Strafrechts zu berücksichtigende **Rückwirkungsverbot** entgegensteht. Entscheidend ist also, ob das Rückwirkungsverbot auch für das Rechtsinstitut der Verjährung gilt. Bedeutung erlangte dieses Problem insbes. im Hinblick auf die NS-Straftaten sowie uU hinsichtlich in der ehemaligen DDR begangener Delikte[15].

Eine Mindermeinung hält die nachträgliche Verlängerung der Verjährungsfrist für unzulässig. Der lange Zeitablauf führe zu einem Schwinden der materiellen Strafberechtigung. Deshalb handele es sich bei der Verjährung um eine Regelung des **materiellen** Rechts, nämlich einen Strafaufhebungsgrund. Bei der Aburteilung gelte daher die Verjährungsregelung des Tatzeitpunktes[16].

Die hA hält die nachträgliche Verlängerung der Verjährungsfrist für zulässig, weil es sich bei der Verjährung um ein **Prozesshindernis**, also um eine Regelung des **formellen** Rechts handele, auf die sich das Rückwirkungsverbot grundsätzlich nicht bezieht (ebenso wenig wie auf die Zuständigkeit bestimmter Gerichte, etc)[17]. Bei einer nachträglichen Verlängerung der Verjährungsfrist gelte das Recht des Aburteilungszeitpunktes[18]. Dies ist zutreffend, denn das Institut der Verjährung rechtfertigt sich maßgeblich mit der Vergänglichkeit der Beweismittel. Auf die Beibehaltung dieser bloßen Prozessvoraussetzung darf sich niemand verlassen. Ein schutzwürdiges Interesse an der Fortgeltung der bisherigen Verjährungsfrist ist nicht anzuerkennen.

---

13 BGHSt 46, 315.
14 Instruktiv *Brodowski*, JuS 2012, 892; *Leite*, GA 2014, 220; *Reichling/Winsel*, JR 2014, 331.
15 S. auch das 1., 2. u. 3. VerjährungsG BGBl 1993 I, S. 392, 1657; 1997, S. 3223.
16 RGSt 12, 434; *Maiwald*, GA 1970, 33, 38; s. auch *Pieroth/Kingreen*, NJW 1993, 385.
17 BGHSt 53, 64, 67; vert. *Satzger*, Jura 2012, 433, 442; vgl auch BGH JR 2010, 493 m. Anm. *Beck*; krit. *Jahn*, in: Gesetzlichkeit und Strafrecht, S. 223, 231 f.
18 BVerfGE 25, 269; RGSt 76, 159.

VI. Internationale Bezüge

1. Europäische Menschenrechtskonvention (EMRK)[19]

9   Ein in den letzten Jahren kontinuierlich stärker werdender Einfluss internationalen Rechts auf das deutsche Strafverfahrensrecht ergibt sich durch die Anwendung der **Europäischen Konvention zum Schutze der Menschenrechte und Grundfreiheiten (EMRK)** und die Möglichkeit, die durch sie gewährten Rechte vor dem **Europäischen Gerichtshof für Menschenrechte (EGMR) in Straßburg** durchzusetzen[20]. Bei der EMRK handelt es sich um einen völkerrechtlichen Vertrag, der am 4.11.1950 auf der Ebene des **Europarats** geschlossen und in Deutschland mittels eines Transformationsgesetzes[21] umgesetzt wurde. Formal genießt die EMRK den **Rang eines einfachen Bundesgesetzes** (Art. 59 II GG). Probleme entstehen, wenn die grundrechtlichen Garantien nach Maßgabe des GG anders bewertet werden als auf Grundlage der EMRK. In solchen Fällen ist zur Vermeidung von Kollisionen eine völkerrechtskonforme Interpretation der Grundrechte im Einklang mit der EMRK und mit der Rechtsprechung des EGMR geboten. Diese Methode der **konventionskonformen Auslegung**[22] führt zu einem **faktischen Vorrang der EMRK** vor deutschem Recht[23], der jedoch nach der Rspr des BVerfG ausnahmsweise nicht besteht, wenn andernfalls gegen „tragende Grundsätze der Verfassung" verstoßen würde[24].

9a   Die EMRK eröffnet dem Einzelnen die Möglichkeit, ua folgende Rechte geltend zu machen[25]:
- Verbot der Folter oder unmenschlicher oder erniedrigender Strafe oder Behandlung (Art. 3 EMRK[26]);
- Recht auf Freiheit und Sicherheit, insbes. Recht auf unverzügliche Vorführung des Festgenommenen zur richterlichen Überprüfung der Freiheitsentziehung (Art. 5 III EMRK[27]) und Recht auf spätere richterliche Haftkontrolle (Art. 5 IV EMRK[28]);
- Recht auf ein faires Verfahren (Fair-trial-Grundsatz, Art. 6 I EMRK), das insbes. das Beschleunigungsgebot (s.u. Rn 26) enthält (weitere Beispiele s.u. Rn 28);
- Recht der unverzüglichen Unterrichtung über die Art (dh den Straftatbestand) und den Grund (dh den Lebenssachverhalt) der Anklage in einer dem Angeklagten verständlichen Sprache (Art. 6 IIIa EMRK[29]);

---

19   Vert. *Ambos*, ZStW 115 (2003), 583; *Esser*, Auf dem Weg zu einem europäischen Strafverfahrensrecht, 2002; *ders.*, LR, Band 11; Ahlbrecht/ua-*Esser*, Rn 1 ff; *Hecker*, § 3 Rn 18 ff; *Jung*, GA 2003, 191; *Penkuhn/Brill*, JuS 2016, 682; *Renzikowski*, in: Höland, S. 25; *Satzger*, Jura 2009, 759; SK-StPO-*Paeffgen*, Art. 1 ff EMRK; *Safferling*, § 13; *Swoboda*, in: Höland, S. 83.
20   Dazu *Böse*, ZRP 2001, 402; *Eisele*, JA 2000, 424; *Kühl*, ZStW 100 (1988), 406, 601; *Uerpmann-Wittzack*, Jura 2014, 916; vgl auch *Esser/Gaede/Tsambikakis*, NStZ 2011, 78 u. 140; *Heuchemer*, AnwBl 2014, 411; *Vogel*, in: *Jahn/Nack III*, S. 23.
21   BGBl 1952 II, S. 685; Neubekanntmachung BGBl 2002 II, S. 1054.
22   BVerfGE 74, 358; BGHSt 46, 93.
23   *Schweitzer/Dederer*, Rn. 1172; s.a. *Limbach*, NJW 2001, 2913; *I. Roxin*, DAV-FS, S. 1070; *Satzger*, International, § 11 Rn 10 ff; *Weigend*, StV 2000, 384; *Zehetgruber*, ZJS 2016, 52.
24   BVerfGE 111, 307 (Fall *Görgülü*); vert. *Kilian*, in: Höland, S. 119.
25   Schemata bei *Esser*, Europäisch, § 9 Rn 127 u. 133 ff.
26   EGMR NJW 2001, 2694; NStZ 2008, 699 *(Gäfgen/BRD)*; zur prozessualen Komponente von Art. 3 EMRK s. EGMR EuGRZ 2018, 142 *(Hentschel und Stark/BRD)*.
27   EGMR NJW 2001, 51; vgl auch *Esser/S. Fischer*, JR 2010, 513; *Morgenstern*, ZIS 2011, 240.
28   EGMR NJOZ 2010, 1903, 1911 ff; s.a. *Stuckenberg*, JZ 2009, 85.
29   OLG Düsseldorf StV 2010, 512; *Frister*, StV 1998, 159.

- Recht auf Verteidigerbeistand (Art. 6 IIIc EMRK[30]);
- Recht, Fragen an den Belastungszeugen zu stellen oder stellen zu lassen (Art. 6 IIId EMRK[31]; s. auch u. Rn 124 u. 171);
- Recht auf unentgeltliche Beiziehung eines Dolmetschers (Art. 6 IIIe EMRK[32]);
- Nulla poena sine lege (Art. 7 I EMRK);
- Abschaffung der Todesstrafe (6. Protokoll und 13. Protokoll zur EMRK, beide von der BRD ratifiziert);
- Recht auf Achtung der Privatsphäre/Recht auf Unverletzlichkeit der Wohnung (Art. 8 EMRK[33]).

Zentrale Norm für das Strafverfahrensrecht ist **Art. 6 EMRK,** der zahlreiche Rechte der an einem Gerichtsverfahren, insbesondere einem Strafverfahren, beteiligten Personen zusammenfasst. Exakt aufgeführt enthält Art. 6 I sieben Justizgrundrechte, Art. 6 II die Unschuldsvermutung und Art. 6 III weitere acht Grundrechte. Allerdings sieht der EGMR das in Art. 6 I enthaltene Recht auf ein faires Verfahren als übergreifend und die Einzelrechte als dessen Ausfluss an. Die Beurteilung des Verfahrens in seiner Gesamtheit wird daher allgemein als wesentliches Kriterium der Anwendung des fair-trial-Grundsatzes durch den EGMR angesehen[34]. **9b**

Stellt der EGMR einen **Verstoß** gegen die von der EMRK gewährten Grundrechte fest, so ist er nicht in der Lage, Urteile der nationalen Gerichte aufzuheben. Er kann dem Verletzten aber nach Art. 41 EMRK für nicht wieder gutzumachende Verletzungen eine „gerechte Entschädigung" zusprechen. Zudem kann der Verletzte in Deutschland gem. **§ 359 Nr 6 StPO** auf die Feststellung der Konventionswidrigkeit durch den EGMR ein **Wiederaufnahmeverfahren** stützen, sofern das gerügte nationale Urteil auf der Konventionsverletzung beruht. Daneben ordnet Art. 46 EMRK an, dass die Mitgliedstaaten in allen Rechtssachen, in denen sie Partei sind, das Urteil des EGMR zu befolgen haben (s. aber zur Rangfrage der EMRK Rn 9). Grundsätzlich gilt dies in den jeweiligen personellen, sachlichen und zeitlichen Grenzen des Streitgegenstandes, idR also nur für den beklagten Staat. Allerdings können Urteile, die gegen andere Mitgliedstaaten ergehen, dennoch von Bedeutung sein, da sie insofern eine übergreifende praktische Wirkung entfalten, als sich jeder Mitgliedstaat bei vergleichbarer Fallkonstellation einer Korrektur des EGMR gewärtig sein muss, wenn seine Rechtsregeln nicht mit den vom Gerichtshof verlangten übereinstimmen[35]. Ständige Recht- **9c**

---

30 EGMR HRRS 2008 Nr 1145 *(Saldaz/Türkei)* m. Bespr. *Herrmann,* StRR 2009, 97; EGMR NStZ 2013, 350 *(Neziraj/BRD); Renzikowski,* Roxin II-FS, S. 1341; *Schlegel/Wohlers,* StV 2012, 307, 308 ff; EGMR HRRS 2017 Nr 272 *(Ibrahim ua/Großbritannien)* m. Bespr. *Castorf,* HRRS 2017, 169.
31 EGMR JR 2006, 289 m. Anm. *Gaede;* EGMR NStZ 2007, 103 *(Monika Haas/BRD);* BGHSt 51, 150 m. Bespr. *Eisele,* JR 2007, 303 u. *Mosbacher,* JuS 2007, 726; zum Prüfungsschema des EGMR s. EGMR StV 2017, 213 *(Schatschaschwili/BRD)* m. Bespr. *Thörnich,* ZIS 2017, 39; im Anschluss an EGMR Beschwerde Nr 26766/05 und 22228/06 (Große Kammer) – Urt. v. 15. Dezember 2011 *(Al-Khawaja und Tahery/Großbritannien)* = HRRS 2012 Nr 1 Rn 131 ff; die Schatschaschwili-Rspr des EGMR wird fragwürdig übernommen in BGH JR 2018, 205 u. 207 m. Bespr. *Lohse,* JR 2018, 183 u. krit. Bespr. *Esser,* NStZ 2017, 604; *Schumann,* HRRS 2017, 354.
32 EGMR EuGRZ 1979, 34; BGHSt 46, 178; LR-*Esser,* Art. 6 EMRK Rn 828 ff; MüKo-StPO-*Gaede,* Art. 6 EMRK Rn 272 ff.
33 EGMR StV 2006, 561 m. Bespr. *Dörr,* JuS 2007, 369; EGMR NJW 2010, 2109 u. 2111.
34 LR-*Esser,* Art. 6 EMRK Rn 179; *Hecker,* § 3 Rn 53 ff; *Satzger,* JA 2002, 838; *Schroeder,* GA 2003, 293.
35 *Kühne,* StV 2001, 73; s.a. *Jaeger,* DRiZ 2006, 176.

sprechung des EGMR soll sogar eine normative Leitfunktion entfalten, an der sich die Staaten orientieren müssen[36].

9d Dem EGMR gehört grundsätzlich für jeden der derzeit 47 Mitgliedstaaten ein Richter an (für Deutschland derzeit: *Angelika Nußberger*), die sich auf verschiedene Sektionen und Kammern verteilen. Der Gerichtshof kann entweder von einem Mitgliedstaat (**Staatenbeschwerde nach Art. 33 EMRK**) oder von einzelnen natürlichen oder juristischen Personen wegen einer behaupteten Grundrechtsverletzung durch einen Mitgliedstaat angerufen werden (**Individualbeschwerde nach Art. 34 EMRK**[37]). Nach Art. 35 I EMRK ist eine solche Beschwerde nur innerhalb einer Frist von sechs Monaten nach der endgültigen innerstaatlichen Entscheidung und nach Erschöpfung des innerstaatlichen Rechtsweges zulässig. Hierzu zählt auch die Verfassungsbeschwerde zum BVerfG[38]. Verfahren vor dem EGMR sind öffentlich und erfolgen nach dem adversatorischen Verfahrensablauf in einer der Amtssprachen Englisch oder Französisch.

Eine Beschwerde hat nur dann Aussicht auf Erfolg, wenn die **gerügte Handlung oder Unterlassung dem beklagten Staat zuzurechnen** ist. Grundsätzlich haftet jeder Vertragsstaat lediglich für eigene Konventionsverletzungen (vgl Art. 1 EMRK), denn die Regelungen der EMRK etablieren kein einheitliches, unabhängig von den einzelnen nationalen Verfahrensordnungen bestehendes Verfahrensrecht[39].

Das im August 2018 in Kraft getretene 16. Zusatzprotokoll zur EMRK eröffnet den höchsten Gerichten der teilnehmenden Staaten die Möglichkeit, sich in einem Dialogverfahren an den EGMR zu wenden, wenn sie eine Rechtssache zu entscheiden haben, bei der Zweifel über die Auslegung oder Anwendung der EMRK bestehen. Sind die Vorlagevoraussetzungen erfüllt, gibt der EGMR eine beratende Stellungnahme („advisory opinion") ab. Diese Stellungnahme ist allerdings nicht bindend. Da Deutschland das 16. Zusatzprotokoll zur EMRK bisher nicht ratifiziert hat, können deutsche Gerichte dieses Dialogverfahren derzeit nicht nutzen.

2. Recht der Europäischen Union[40]

10 Die fortschreitende europäische Integration, ua durch die Verwirklichung des Binnenmarktes mit den europäischen Grundfreiheiten, die Wirtschafts- und Währungsunion und die Öffnung der Grenzen zwischen den nunmehr 28 Mitgliedstaaten auf EU-Ebene, aber auch die allgemeinen Globalisierungstendenzen mit weitreichendem technischen Fortschritt und einer wachsenden Mobilität der Menschen haben für international agierende Straftäter neue Betätigungsfelder geschaffen und eine Entwicklung in Richtung schwerer organisierter und transnationaler Kriminalität ermöglicht. Gleichzeitig ist das Strafrecht traditionell wie kaum ein anderes Rechtsgebiet in der

---

36 BVerwG NVwZ 2002, 87; BGH JR 2016, 83 m. Bespr. *Jahn/Kudlich*, JR 2016, 54; *Grabenwarter/Pabel*, § 16 Rn 8 f; *Zehetgruber*, ZJS 2016, 52, 56 ff.
37 Prüfungsschema zur Zulässigkeit der Individualbeschwerde vor dem EGMR bei *Esser*, Europäisch, § 9 Rn 40; Praxishinweise bei *Heuchemer*, NZWiSt 2016, 231; *Meyer-Mews*, NJW 2018, 213.
38 Meyer-Ladewig/ua-*Meyer-Ladewig/Peters*, Art. 35 Rn 12; Karpenstein/Mayer/*Schäfer*, Art. 35 Rn 25.
39 BGHSt 55, 70; 57, 1 m. Anm. *Stiebig*, JR 2012, 257; LR-*Esser*, Art. 1 EMRK Rn 21; *Mosbacher*, JuS 2010, 689, 693; *Schramm*, HRRS 2011, 156; *Zöller*, ZJS 2010, 441; vert. *Renzikowski*, Achenbach-FS, S. 373.
40 Allgemein zur Europäisierung des Strafrechts: BVerfG 123, 267, 271–281; *Ambos*, International, §§ 9 ff; *Gless*, ZStW 114 (2002), 636; dies., ZStW 125 (2013), 573; *Hecker*, Europäisches Strafrecht; *ders.*, in: Ambos, S. 14; *Kühne*, Rn 43 ff; *Landau*, NStZ 2011, 537; *Perron*, Küper-FS, S. 429; *Rosenau*, ZIS 2008, 9; *Satzger*, International, §§ 7 ff; *Safferling*, §§ 9 ff; *Safferling*, NStZ 2014, 545; *Schröder*, NStZ 2006, 669; *Schünemann*, GA 2002, 501; *Vogel*, GA 2003, 314; Überblick bei *Brodowski*, ZIS 2010, 376 u. 749; 2011, 940.

nationalen Kultur verwurzelt und verharrte deshalb lange Zeit als „Inbegriff nationaler Souveränität"[41] weitgehend unbeeinflusst vom Europäischen Recht. Mit dem verstärkten Einsetzen der „Europäisierung der Kriminalität"[42] hat aber auf europäischer Ebene eine Bewegung eingesetzt, die die Bekämpfung dieser Strukturen durch die Schaffung eines europäischen Strafrechts (Erlass europäischer Straftatbestände und Errichtung europäischer Strafverfolgungsbehörden) und bzw oder die Harmonisierung der mitgliedstaatlichen Strafrechtsordnungen anstrebt.

Der vorerst letzte große Schritt des europäischen Integrationsprozesses ist der am **10a** 1.12.2009 in Kraft getretene **Vertrag von Lissabon**[43]. Er enthält – anders als der gescheiterte „Vertrag über eine Verfassung für Europa"[44] aus dem Jahre 2004 – kein Verfassungskonzept, dh er hebt die bestehenden Verträge nicht auf, um sie durch einen einheitlichen „Verfassungsvertrag" zu ersetzen, sondern baut auf der Struktur der früheren Verträge EUV und EGV auf. Seit 1.12.2009 trägt der EGV nun die Bezeichnung „Vertrag über die Arbeitsweise der Union" (AEUV). Die **EU** tritt an die Stelle der EG, deren Rechtsnachfolgerin sie ist. Sie hat **eigene Rechtspersönlichkeit** (Art. 1 EUV). Als solche verpflichtet der Lissabonner Vertrag die EU, der EMRK beizutreten (Art. 6 II EUV). In näherer Zukunft dürfte mit diesem Beitritt allerdings noch nicht zu rechnen sein[45], da der EuGH überraschend hiergegen in einem Gutachten im Dezember 2014 erhebliche Bedenken geäußert hat[46]. **Die Charta der Grundrechte der Europäischen Union (GRC)** von 2001 ist zusammen mit dem EUV und dem AEUV am 1.12.2009 in Kraft getreten und gilt über den Verweis in Art. 6 I EUV als rechtsverbindliches Primärrecht[47].

Seit Inkrafttreten des **Vertrags von Lissabon** verfügt die EU im Bereich besonders schwerer grenzüberschreitender Kriminalität und als Annexkompetenz zu sonstigen Harmonisierungsmaßnahmen über **Kompetenzen für den Erlass von Richtlinien zur Angleichung des materiellen Strafrechts** in den Mitgliedstaaten, vgl Art. 83 I, II AEUV. **Im Bereich des Strafverfahrens** verleiht Art. 82 I, II AEUV der EU **Befugnisse zur Festlegung von Mindestvorschriften per Richtlinienerlass**. Diese Befugnisse werden allerdings durch die Grundsätze der Subsidiarität und der Verhältnismäßigkeit (Art. 5 I, III, IV EUV) begrenzt. Ein großes Problem bei diesen europarechtlichen Sekundärrechtsakten ist, den Rechtsakt in seiner jeweils gültigen Fassung im Internet aufzufinden[48].

Art. 82 III bzw Art. 83 III AEUV sehen außerdem sog. „Notbrems-Mechanismen" vor, über die ein Mitgliedstaat, der durch die geplante Harmonisierung „grundlegende

41 *Perron*, in: Dörr/Dreher (Hrsg), Europa als Rechtsgemeinschaft, 1997, S. 135.
42 *Satzger*, S. 7.
43 ABl 2007 C 306/1; guter Überblick bei *Mayer*, JuS 2010, 189.
44 ABl 2004 C 310/1; *Streinz-LB*, Rn 56 ff.
45 *Satzger*, International, § 11 Rn 7, 14.
46 EuGH BeckRS 2015, 80256, insb. Rn 153 ff; dazu *Breuer*, EuR 2015, 330; *Brodowski*, ZIS 2016, 106; *Wendel*, NJW 2015, 921.
47 Allerdings nicht für das Vereinigte Königreich und Polen (*opt-out*-Vorbehalt); vgl *Herrmann*, Jura 2010, 161, 166; *Borowsky*, in: Meyer, GRC, Vor Titel VII Rn 9 ff; *Streinz-LB*, Rn 751. Tschechien hat auf das ursprünglich gewollte *opt-out* verzichtet.
48 Insoweit sehr hilfreich die Datenbank *eurocrim*, www.eurocrim.org.

Aspekte seiner Strafrechtsordnung" berührt sieht, das Gesetzgebungsverfahren blockieren und sich einer Rechtsangleichung entziehen kann[49]. Gemäß den Vorgaben des BVerfG darf der Notbremsmechanismus hierzulande nur mit Zustimmung des deutschen Gesetzgebers betätigt werden (Einzelheiten bei *Wessels/Beulke/Satzger*, AT, Rn 120).

10b Der Ratifizierungsprozess für den Vertrag von Lissabon fand in Deutschland am 25.9.2009 seinen Abschluss. Das **BVerfG** erweiterte im **Lissabon-Urteil**[50] allerdings seine Kontrollvorbehalte gegenüber dem EU-Recht durch Verweis auf das in Art. 38 I GG begründete Gebot demokratischer Legitimation von (Straf-)Gesetzgebung sowie der Forderung nach Erhalt der nationalen Souveränität und nach Erhalt des durch die Ewigkeitsgarantie des Art. 79 III GG gesicherten Normenbestands, aus dem sich der Kern verfassungsrechtlicher Identität zusammensetzt. Der EU dürfe weder eine Kompetenz-Kompetenz zuwachsen noch dürfe sie die Verfassungsidentität des Grundgesetzes verletzen[51]. In zentralen Lebensbereichen, zu denen auch die Strafrechtspflege zähle, müsse die Letztentscheidungsgewalt den nationalen Parlamenten vorbehalten bleiben. Aus dem hiermit aufgegriffenen „strafrechtsspezifischen Schonungsgrundsatz"[52] entwickelte das BVerfG ein Gebot der restriktiven Auslegung von straf- und strafverfahrensrechtlichen Harmonisierungskompetenzen der EU. Ihre Nutzung bedarf „besonderer Rechtfertigung". Die Harmonisierung von Straftatbeständen soll möglichst nur einzelne Tatbestandsvarianten, nicht vollständige Deliktsbereiche erfassen. Auf strafrechtliche Annexkompetenzen soll die EU überhaupt nur dann zurückgreifen, wenn nachweisbar feststeht, dass ein gravierendes Vollzugsdefizit tatsächlich besteht und nur durch Strafdrohung beseitigt werden kann.

10c Der EU standen schon vor Inkrafttreten des Vertrags von Lissabon zwei Handlungsformen zur Verfügung, um eine Harmonisierung herbeizuführen: Zum einen konnte sie auf **supranationaler, gemeinschaftsrechtlicher Ebene** Rechtsakte erlassen, soweit ihr der EGV nach dem Prinzip der begrenzten Einzelermächtigung eine Kompetenz zuwies; zum anderen bestand die Möglichkeit, im Rahmen der polizeilichen und justiziellen Zusammenarbeit des EUV auf der **intergouvernementalen Ebene** tätig zu werden. Diese unterschiedlichen Möglichkeiten ergaben sich aus dem damaligen strukturellen Aufbau der EU, der mit dem so genannten **Tempel- oder Säulen-Modell** beschrieben wurde. Danach bildete die EU einen Tempel, dessen Dach die vorangestellten Artikel 1–7 des EUV aF und dessen Fundament seine Schlussbestimmungen waren. Dieser Tempel stand auf drei Säulen, wobei sich die erste Säule aus den früher drei, später nur noch zwei supranationalen Europäischen Gemeinschaften (EG und EAG; bis zum 23.7.2002 gab es noch die EGKS) zusammensetzte, die zweite Säule aus der Gemeinsamen Außen- und Sicherheitspolitik (GASP) bestand und schließlich die **dritte Säule von der Polizeilichen und Justiziellen Zusammenarbeit in Strafsachen (PJZS)** gebildet wurde. Letzteren beiden Säulen war gemein, dass es sich bei ihnen nur um intergouvernementale Zusammenarbeit handelte, dh, dass sich das in diesem Rahmen geschaffene Recht, das sog. **Unionssekundärrecht**, grundsätzlich in seinen völkerrechtlichen, also zwischenstaatlichen Bindungswirkungen erschöpfte[53]. Diese Säulenstruktur wurde durch den **Vertrag von Lissabon** zugunsten des oben beschriebenen, verstärkt supranationalen Konzepts geändert. Die 3. Säule der PJZS wurde in Art. 67–89 AEUV „vergemeinschaftet" und neue Beschlussverfahren eingeführt, womit nunmehr auch Mehrheitsentscheidun-

---

49 *Satzger*, International and European Criminal Law, 2nd Ed. 2018, § 7 para. 47 et seqq.
50 BVerfG NJW 2009, 2267, 2287 ff m. Bespr. *Ambos/Rackow*, ZIS 2009, 397; *Böse*, ZIS 2010, 76; *Mansdörfer*, HRRS 2010, 16; *F. Meyer*, NStZ 2009, 657; *Zimmermann*, Jura 2009, 844; vgl auch *Polzin*, JuS 2012, 1; *Schorkopf*, in: Ambos, S. 111.
51 Dazu auch *Gärditz/Hillgruber*, JZ 2009, 872, 874; *Sauer*, ZRP 2009, 195.
52 *Satzger*, 166 ff; *ders.*, International, § 9 Rn 9; Sieber/ua-*Satzger*, § 9 Rn 8 ff.
53 *Streinz-LB*, Rn 4, 466 ff; zum Tempel-Modell: *Ambos/Rackow*, Jura 2006, 505; *Schweitzer/Dederer*, Rn 26.

gen im Rat ermöglicht werden. Neben den beiden supranationalen Bereichen EG und JI (Justiz und Inneres) bleibt aber ein nicht-supranationaler Bereich bestehen, die GASP[54].

Auf gemeinschaftsrechtlicher Ebene (**erste Säule**) stand der EG vor Inkrafttreten des Vertrags von Lissabon (s.o. Rn 10a) nach hM **keine allgemeine Rechtssetzungsbefugnis** für das Straf- oder Strafverfahrensrecht zu[55]. Dies galt auch im Hinblick auf die Betrugsbekämpfung zum Schutz der finanziellen Interessen der EG, da Art. 280 IV EGV als in Frage kommende Rechtsgrundlage in S. 2 einen umfassenden Strafrechtsvorbehalt zugunsten der Mitgliedstaaten enthielt[56]. Da im neuen Art. 325 IV AEUV eine solche Einschränkung fehlt, können seit Inkrafttreten des **Vertrags von Lissabon** im Bereich der Betrugsbekämpfung zum Schutz der finanziellen Interessen der EU neben einer Strafrechtsharmonisierung durch Richtlinien auch supranationale Kriminalstraftatbestände[57] durch europäische Verordnung erlassen werden[58]. **10d**

Das Gemeinschaftsrecht war darüber hinaus schon vor Inkrafttreten des Vertrags von Lissabon für das nationale Strafrecht von Bedeutung, vor allem durch den allgemeinen Grundsatz des **Anwendungsvorrangs** des Unionsrechts, der von nationalen Behörden und Gerichten verlangt, nationales Recht, das Unionsrecht entgegensteht, unangewendet zu lassen[59]. Den nationalen Organen kommt infolgedessen eine Verwerfungskompetenz für entgegenstehendes nationales Recht zu. Die Bedeutung des Unionsrechts unterstreicht auch der Grundsatz der **unionsrechtskonformen Auslegung**[60], der die Gerichte der Mitgliedstaaten verpflichtet, nationale Normen im Lichte des Unionsrechts auszulegen und anzuwenden. Zur Gewährleistung der Wirksamkeit des Gemeinschaftsrechts konnten die Mitgliedstaaten ferner schon früher im Rahmen der **Anweisungskompetenz der EG** allgemein, dh ohne Bestimmung von Art und Maß, zur Sanktionierung von Verstößen gegen das Gemeinschaftsrecht verpflichtet werden. Ebenfalls über Annexkompetenzen strebte die EG schon früher eine Harmonisierung des Strafverfahrensrechts an[61]. Wirkungsvoll für das nationale Recht war auch das aus der Loyalitätspflicht (heute Art. 4 III EUV sowie – für die Finanzinteressen – Art. 325 II AEUV) abgeleitete **Assimilierungsprinzip**. In Fortsetzung der Rechtsprechung des EuGH[62] verlangt es, dass die Mitgliedstaaten die unionsrechtlichen Schutzgüter mit den gleichen – wirksamen, verhältnismäßigen und abschreckenden – Maßnahmen schützen wie nationale Rechtsgüter. **10e**

Auf Ebene der ehemals **dritten Säule** der EU, der Polizeilichen und Justiziellen Zusammenarbeit, wurden in der Vergangenheit zahlreiche Rechtsakte (Unionssekundärrecht) iSv Art. 34 II EUV aF erlassen, die jedenfalls noch so lange für das Straf- und Strafverfahrensrecht von Bedeutung sind, bis der vor dem 1.12.2009 beschlossene Rechtsbestand in die neuen Rechtsformen unter dem Vertrag von Lissabon überführt worden ist. Von den früher unter Art. 34 II EUV aF zur Verfügung **10f**

---

54 S.a. *Fischer*, Vertrag von Lissabon, S. 82.
55 Zum Streitstand s. *Satzger*, NK 2007, 93; *ders.*, International, § 8 Rn 20 ff.
56 Str.; ausf. *Fromm*, ZIS 2007, 26.
57 Dazu *Satzger*, International and European Criminal Law, 2nd Ed. 2018, § 6.
58 *Ambos*, International, § 9 Rn 22; *Krüger*, HRRS 2012, 311; *Mansdörfer*, HRRS 2010, 18; *Noltenius*, ZStW 122 (2010), 604, 618; *Zimmermann*, Jura 2009, 846; vert. auch zu anderen Vertragsnormen *Satzger*, International, § 8 Rn 25 ff; *ders.*, in: Streinz, § 325 AEUV Rn 17; *Heger*, ZIS 2009, 406; *Grünewald*, JR 2015, 245, 251 f; *L. Neumann*, Das US-amerikanische Strafrechtssystem, S. 175 ff; *Vogel*, in: Ambos, S. 41, 47.
59 EuGH Rs 6/64 (*Costa/ENEL*) Slg 1964, 1251; EuGH NJW 1984, 1291 (*Prantl*); *Ambos*, International, § 11 Rn 44 ff; *Borchardt*, Rn 141 ff; *Streinz-LB*, Rn 221, 261 ff.
60 EuGH NJW 1984, 2021 (*von Colson und Kamann*); *Wessels/Beulke/Satzger*, AT Rn 85, 125; *Schröder, Ch.*, Europäische Richtlinien und deutsches Strafrecht, 2002; *Streinz*, Otto-FS, S. 1029.
61 EuGH Rs 176/03 (*Kommission/Rat*); EuZW 2005, 632 (Umweltverschmutzung); EuGH Rs C-440/05 (*Kommission/Rat*), NStZ 2008, 703 (Meeresverschmutzung); vert. *Hecker*, § 8 Rn 2 ff.
62 EuGH NJW 1990, 2245 (*Griechischer Maisskandal*); vgl *Hecker*, § 7 Rn 16 ff.

11

stehenden Handlungsformen wurden zumeist der **Rahmenbeschluss** (Art. 34 II 2 lit. b EUV aF) oder das **Übereinkommen**[63] (Art. 34 II 2 lit. d EUV aF) gewählt[64]. Bedeutsam sind von diesen Übereinkommen nach Art. 32, 34 EUV aF heute noch va der Rahmenbeschluss über den Europäischen Haftbefehl[65] und das Recht der Nacheile über Ländergrenzen hinweg gem Art. 41-43 SDÜ[66].

10g   Hat ein nationales Gericht bei Erlass einer Entscheidung Zweifel über den Einfluss des **Unionsrechts** auf das **nationale Recht**, kommt eine Anrufung des EuGH im Wege des **Vorabentscheidungsverfahrens** nach Art. 267 AEUV bzw Art. 19 III lit. b EUV **in Betracht**[67]. Derartige Zweifel sind nur dann denkbar, wenn nicht der Anwendungsvorrang des Unionsrechts eingreift (s.o. Rn 10d). Nationale Gerichte können dem EuGH lediglich entscheidungserhebliche Fragen nach der **Auslegung** von Unionsrecht oder der **Gültigkeit** von Sekundärrechtsakten, für die primäres Unionsrecht Prüfungsmaßstab ist, stellen, wenn sie **nicht sicher** sind, wie das **Unionsrecht** auszulegen ist. Es geht also nicht um Fragen nach der Auslegung nationalen Rechts sowie dessen Vereinbarkeit mit Unionsrecht, sondern in einer Vorlage ist abstrakt zu fragen, ob eine Entscheidung auf der Basis eines nationalen Gesetzes eine vom Unionsrecht verbotene Maßnahme ist.

10h   Beim Vorabentscheidungsverfahren ist zwischen der **Möglichkeit** und der **Pflicht** zur Vorlage zu unterscheiden. Sofern es sich nicht um letztinstanzliche Gerichte handelt, besteht die **Möglichkeit** der Vorlage (Art. 267 II AEUV bzw Art. 19 III lit. b EUV). Handelt es sich hingegen um ein erkennendes Gericht, dessen Entscheidung nicht mehr mit Rechtsmitteln des innerstaatlichen Rechts angefochten werden kann, so besteht eine **Vorlagepflicht** (Art. 267 III AEUV). Da uU bei unteren Gerichten eine Rechtsmittelmöglichkeit fehlt, können auch diese vorlagepflichtig sein. Dem BGH kommt somit kein Vorlagemonopol zu. Eine Ausnahme von der Vorlagepflicht erkennt der EuGH nur an, wenn die Rechtsfrage bereits geklärt ist, oder aber die richtige Antwort derart offenkundig ist, dass „keinerlei Raum für einen vernünftigen Zweifel bleibt"[68]. Die Anwendung dieser sog. „acte-clair-Dokrin" des EuGH im Strafrecht erscheint unter dessen erhöhten Anforderungen an die Rechtssicherheit jedoch fraglich[69].

10i   Nimmt ein nationales Gericht einen **Verstoß** eines **Unionsrechtsaktes** gegen **höherrangiges Unionsrecht** an, kommt ihm diesbezüglich, anders als im Rahmen des Anwendungsvorrangs von Unionsrecht gegenüber nationalem Recht (s.o. Rn 10d), keine **Verwerfungskompetenz** zu. Dann muss der EuGH im Wege des Vorabentscheidungsverfahrens angerufen werden, weil ihm im Interesse der Einheitlichkeit des Unionsrechts ein **Verwerfungsmonopol** für das Unionsrecht zukommt[70].

Vor Inkrafttreten des Vertrags von Lissabon bestand im Bereich der ehemals dritten Säule der EU, also der Polizeilichen und Justiziellen Zusammenarbeit, allenfalls ein defizitärer **Individualrechtsschutz** durch den EuGH. Nunmehr unterliegen auch Rechtsakte auf diesem Gebiet dem allgemeinen Rechtsschutzsystem[71]. Insbesondere eröffnet Art. 263 I 2, IV AEUV eine Klagemöglichkeit für Personen, die durch Handlungen einer Einrichtung oder einer sonstigen Stelle der

---

63 ZB Übereinkommen über die Rechtshilfe in Strafsachen, Abl 2000 C 197/1.
64 Zur Auslegung von Rahmenbeschlüssen EuGH NJW 2005, 2839 *(Pupino)* m. Anm. *Gärditz/Gusy*, GA 2006, 225; BGHSt 54, 216, 223 ff; *Wehnert*, NJW 2005, 3760; *Folz*, ZIS 2009, 428 f; *Rackow*, ZIS 2008, 526; EuGH NJW 2017, 457 *(Ognyanov)* m. Anm. *Böhm*; *Mujuzi*, EuCLR 2017, 289.
65 RB 2002/584/JI, ABl 2002 L 190/1, geändert durch RB 2009/299/JI, ABl 2009 L 91/24, S. 26.
66 *Ligocka*, Die polizeiliche Nacheile über die deutsch-polnische Grenze, 2018, S. 13.
67 Zu Einzelheiten des Vorabentscheidungsverfahrens *Hecker*, § 6 Rn 2 ff; Sieber/ua-*Böse*, § 54 Rn 5 ff; *Streinz-LB*, Rn 693 ff.
68 EuGH NJW 1983, 1257 *(CILFIT/Ministero della sanità)*; BVerfG JZ 2007, 87 mit Anm. *Paefgen*.
69 *Satzger*, S. 663; vert. zur Vorlagepflicht *Schröder*, EuR 2011, 808.
70 EuGH NJW 1988, 1451*(Foto-Frost)*; *Streinz-LB*, Rn 717 ff.
71 *Esser*, StRR 2010, 133; vgl auch Sieber/ua-*Böse*, § 54 Rn 25 ff.

Union unmittelbar und individuell betroffen sind (**Nichtigkeitsklage**). Nach wie vor besitzt der EuGH jedoch keine Zuständigkeit für die Überprüfung der Gültigkeit oder Verhältnismäßigkeit von Maßnahmen der Polizei oder anderer Strafverfolgungsorgane eines Mitgliedsstaats oder der Wahrnehmung der mitgliedsstaatlichen Zuständigkeiten für die Aufrechterhaltung der öffentlichen Ordnung und den Schutz der inneren Sicherheit (sog. „materieller Vorbehalt", Art. 72 AEUV).

Gravierende Veränderungen im deutschen Strafrecht hat der **Grundsatz der gegenseitigen Anerkennung gerichtlicher Entscheidungen** gebracht, der aus den Schlussfolgerungen des EU-Sondergipfels von Tampere vom 15./16.10.1999 entwickelt wurde[72]. Seit dem **Vertrag von Lissabon** (dazu Rn 10a) ist die Idee eines „Raumes der Freiheit, der Sicherheit und des Rechts" in Art. 67 I AEUV geregelt und das Prinzip der gegenseitigen Anerkennung in Art. 67 III AEUV. Dieses Prinzip entstammt ursprünglich dem Binnenmarktrecht der EG und bedeutet im strafrechtlichen Zusammenhang, dass eine in einem Mitgliedstaat rechtmäßig ergangene justizielle Entscheidung in jedem anderen Mitgliedstaat als solche anerkannt werden muss[73]. Voraussetzung dafür ist, dass „ein gegenseitiges Vertrauen der Mitgliedstaaten in ihre jeweiligen Strafjustizsysteme besteht und dass jeder Mitgliedstaat die Anwendung des in den anderen Mitgliedstaaten geltenden Strafrechts akzeptiert, auch wenn die Anwendung seines eigenen nationalen Rechts zu einem anderen Ergebnis führen würde"[74]. Um dieses Vertrauen zu fördern, verleiht Art. 82 II AEUV Rat und Europäischem Parlament die Befugnis, nach dem ordentlichen Gesetzgebungsverfahren durch **Richtlinien** Mindestvorschriften zur Angleichung des Strafverfahrensrechts, insbes. im Bereich der Zulässigkeit von Beweismitteln zwischen den Mitgliedstaaten sowie der Beschuldigten- und Opferrechte zu erlassen (dazu Rn 10l).

Das Prinzip der gegenseitigen Anerkennung spiegelt sich insbes. im Rahmenbeschluss über den **Europäischen Haftbefehl**[75] wider. Im Falle des Ausstellens eines europäischen Haftbefehls durch die Justizbehörde eines Mitgliedstaates muss ein anderer Mitgliedstaat einer Übergabe der gesuchten Person **grundsätzlich ohne weitere Prüfung zustimmen,** sofern die Straftat, wegen derer die Person gesucht wird, unter einen – sehr weiten und zT sehr unbestimmt formulierten – Katalog von 32 Straftaten fällt (zB Cyberkriminalität, Sabotage etc[76]) und keiner der wenigen Ausnahmetatbestände (zB rechtskräftige Verurteilung im ersuchten Staat wegen derselben Tat[77]) eingreift. Nach einem anfänglichem Fehlstart in der Umsetzung des Europäischen Haft-

10j

---

72 Sehr krit. zum gesamten Konzept *Noltenius*, Die Europäische Idee der Freiheit und die Etablierung eines Europäischen Strafrechts, 2017.

73 *Ahlbrecht*, StV 2005, 40; *Fuchs*, ZStW, 116 (2004), 368; *Gless*, ZStW 116 (2004), 353; vert. *Böse*, in: Ambos, S. 57 ff; *Harms/Knaus*, Roxin II-FS, S. 1479; *Mylonopoulos*, ZStW 123 (2011), 633, 640 ff; *Roger*, Grund und Grenzen transnationaler Strafrechtspflege, 2016, S. 217 ff.

74 EuGH NJW 2003, 1173 (*Gözütok* und *Brügge*).

75 RB 2002/584/JI, ABl 2002 L 190/1, geändert durch RB 2009/299/JI, ABl 2009 L 91/24, S. 26; zu dessen Auslegung: EuGH NJW 2008, 3201 u. 2010, 283; zur Vereinbarkeit mit Art. 34 II 2 lit. b EUV: EuGH NJW 2007, 2237 m. Bespr. *Braum*, wistra 2007, 401.

76 Dazu *v. Heintschel-Heinegg/Rohlff*, GA 2003, 44; zum Europäischen Haftbefehl weiterhin KOM (2005) 63; *Globke*, GA 2011, 412; *Sieber/ua–v. Heintschel-Heinegg*, § 37; *Wegner*, StV 2003, 105; *Wehnert*, StraFo 2003, 356 sowie *Ambos/Bock*, JuS 2012, 437 (Übungsklausur).

77 Vgl Art. 83 Nr 1 IRG; EuGH NJW 2011, 983, 985 (*Gaetano Mantello*) m. Bespr. *Böse*, HRRS 2012, 19, *Brodowski*, ZIS 2010, 749, 758.

befehls in Deutschland mit dem ersten EuHbG[78], das vom BVerfG ua aufgrund unverhältnismäßigen Eingriffs in die von Art. 16 II 2 GG geschützte Auslieferungsfreiheit sowie in die von Art. 19 IV GG geschützte Rechtsweggarantie für nichtig erklärt wurde, gelang im Jahr 2006 eine an verfassungsgerichtlichen Vorgaben[79] orientierte Umsetzung des Rahmenbeschlusses zum Europäischen Haftbefehl mit dem zweiten EuHbG[80] in Form der **§§ 78 ff IRG**.

In der Praxis gibt der Europäische Haftbefehl immer wieder Anlass, das System der gegenseitigen Anerkennung kritisch zu beobachten. Anlässlich eines auf einem Europäischen Haftbefehl basierenden Auslieferungsersuchens hat der Zweite Senat des **BVerfG** am 15.12.2015 eine Entscheidung mit besonderer Sprengkraft getroffen[81]. In der Sache ging es um die Auslieferung eines US-Amerikaners an Italien, der dort in seiner Abwesenheit rechtskräftig zu 30 Jahren Freiheitsstrafe verurteilt worden war (ohne Berufungsmöglichkeit). Das BVerfG deutete eine Korrektur seiner bisherigen „Solange"-Rechtsprechung an: Parallel zur „Solange II"-Entscheidung[82] behielt sich der Zweite Senat nun vor, bei der Prüfung von Europäischen Haftbefehlen eine Identitätskontrolle durchzuführen, um im Einzelfall sicherzustellen, dass der integrationsfeste Kern der Verfassung gewahrt wird. Die Verfassungsidentität wird insbes. verkörpert durch das Gebot der Achtung der Menschenwürde nach Art. 1 I GG. Dieses zählt gem. Art. 79 III GG zum ewigen, unveränderlichen Bestand der Verfassung, und Änderungskompetenzen, die der deutsche Gesetzgeber nicht hat, können auch nicht über Art. 23 I 3 GG an die EU übertragen werden[83]. Das BVerfG reagierte damit auf die Auffassung des EuGH, dass Grundrechte der Nationalstaaten wie auch Grundrechte der EMRK unter dem Primat des restlichen EU-Rechts inklusive der Europäischen Grundrechtecharta (GRC) stünden[84]. Der EuGH vertrat mit Hinweis auf den Grundsatz des gegenseitigen Vertrauens und der gegenseitigen Anerkennung zwischen den Mitgliedstaaten insbes. die Auffassung, dass der vollstreckende Staat bei einem Europäischen Haftbefehl grundsätzlich zur Überstellung des Betroffenen verpflichtet ist, wenn nicht einer der abschließend aufgezählten Ablehnungsgründe in Art. 3, 4 oder 4a des Rahmenbeschlusses über den Europäischen Haftbefehl greift[85]. Dagegen behielt sich das BVerfG für die Zukunft die Möglichkeit einer Identitätskontrolle vor. In späteren Urteilen korrigierte der EuGH seine Rechtsprechung und ließ es bei Vorliegen „außergewöhnlicher Umstände" zu, eine Auslieferung unter Verweis auf Grund-

---

78 BGBl 2004 I, S. 1748.
79 Krit. *Lagodny*, StV 2005, 515; *Ranft*, wistra 2005, 361.
80 BGBl 2006 I, S. 1721; vert. *Böhm*, NJW 2006, 2592; *Hackner/Schomburg/Lagodny/Gless*, NStZ 2006, 663; *Heger*, ZIS 2007, 221; *Mitsch*, JA 2006, 448; *Sinn/Wörner*, ZIS 2007, 204. Zu den Verhältnismäßigkeitsproblemen, die in der Praxis weiterhin existieren, *Haggenmüller*, Der Europäische Haftbefehl und die Verhältnismäßigkeit seiner Anwendung in der Praxis, 2018, S. 128 ff.
81 BVerfGE 140, 317 (= StV 2016, 220) m. Bespr. *Brodowski*, JR 2016, 415; *Kühne*, StV 2016, 299; *F. Meyer*, HRRS 2016, 332; *Nettesheim*, JZ 2016, 424; *Satzger*, NStZ 2016, 514; *Sauer*, NJW 2016, 1134; *Schönberger*, JZ 2016, 422.
82 BVerfGE 73, 339.
83 BVerfGE 140, 317, 336 ff; im Anschluss an BVerfGE 123, 267, 340 ff.
84 Vgl EuGH BeckRS 2015, 80256, insb. Rn 153 ff; zum Verhältnis der GRC zur nationalen Grundrechtsordnung auch *Jähnke/Schramm*, Europäisch, Kap. 9 Rn 41 ff; *F. Meyer*, ZStW 128 (2016), 1089; ausf. inkl. Verhältnis zur EMRK Ahlbrecht/ua-*Böhm*, Rn 1410 ff.
85 EuGH NJW 2013, 1145 *(Radu)*; EuGH NJW 2013, 1215 *(Melloni)*; krit. Ahlbrecht/ua-*Böhm*, Rn 1418 ff.

rechte der Charta jedenfalls aufschiebend bedingt oder bis zur Abgabe einer Zusicherung des Ausstellerstaates[86] zu verweigern, z.B. wenn der Häftling im ausstellenden Staat unmenschlich oder erniedrigend im Sinne des Art. 4 GRC behandelt würde[87]. In einem Beschluss vom 6.9.2016 hat das BVerfG zu einem Europäischen Haftbefehl eine Identitätskontrolle über Art. 23 I 3 in Verbindung mit Art. 79 III GG durchgeführt, eine Verletzung von Art. 1 I GG aber verneint[88]. In einem Beschluss vom 19.12.2017 hat das BVerfG dem EuGH implizit wieder einen Vertrauensvorschuss eingeräumt. Ausgangspunkt war erneut ein Auslieferungsersuchen im Rahmen eines Europäischen Haftbefehls. Bei diesem hatte das zuständige OLG Hamburg trotz Unklarheiten über den konkreten Gewährleistungsgehalt von Art. 4 GRC (betreffend Mindeststandards bei der Haftunterbringung) entschieden, dass die menschenrechtlichen Standards der Charta im ersuchenden Staat eingehalten würden. Das BVerfG stellte dagegen fest, dass die Rspr des EuGH hinsichtlich Art. 4 GRC und der Bewertung von Haftbedingungen noch unvollständig sei, insbesondere mit Blick auf die Rechtssachen *Aranyosi* und *Căldăraru*, und dass das OLG Hamburg zur Klärung dieser Fragen dem EuGH hätte vorlegen müssen (Art. 267 III AEUV). Weil das OLG Hamburg das nicht getan hatte, stellte das BVerfG eine Verletzung des Rechts auf den gesetzlichen Richter gem. Art. 101 I 2 GG fest[89].

Im deutschsprachigen Schrifttum wird das Prinzip der gegenseitigen Anerkennung im Rahmen des Strafrechts generell wegen einer befürchteten Gleichsetzung mit dem „Prinzip der maximalen Punitivität"[90] bzw einer Angleichung der europäischen Strafverfahrensrechte auf niedrigstem Niveau[91] kritisiert. Problematisch ist vor allem, dass der EuGH im Zusammenhang mit dem Prinzip der gegenseitigen Anerkennung keinen generellen europäischen ordre-public-Vorbehalt, also keinen Mindestgrundrechtsschutzstandard gegenüber den Anerkennungs- und Vollstreckungspflichten, entwickelt hat. Ein solches Verkennen des objektiven Gewichts der Grundrechte ist methodisch aber eine Abwägungsfehleinschätzung[92]. **10k**

Hervorzuheben ist die seit Mai 2014 geltende Richtlinie über die **Europäische Ermittlungsanordnung**[93]. Sie ersetzt den inzwischen aufgehobenen Rahmenbeschluss über die Europäische Beweisanordnung zur Erlangung von Sachen, Schrift-

---

86 *Gazeas*, GA 2018, 277, 281 ff.
87 EuGH NStZ 2016, 542 (*Aranyosi* u. *Căldăraru*) m. Anm. *Böhm*, NJW 2016, 1709; *Ruffert*, JuS 2016, 853; *Schwarz*, EuR 2016, 421; dazu auch *Brodowski*, JR 2016, 415; *Kaiafa-Gbandi*, EuCLR 2017, 219, 235 et seqq; *Satzger*, NStZ 2016, 514, 519 f.
88 BVerfG JZ 2016, 1113 m. Anm. *Gärditz*, vgl auch die Anm. *Esser*, StV 2017, 241. Zur gesamten Entwicklung der betreffenden Rspr von EuGH und BVerfG *Böhm*, NStZ 2017, 77, 78 f; *Jähnke/Schramm*, Europäisch, Kap. 6 Rn 17 f; *Kromrey/Morgenstern*, ZIS 2017, 106; *F. Meyer*, ZStW 128 (2016), 1089, 1096 ff.
89 BVerfG NJW 2018, 686 m. Anm. *Böhm*, NStZ 2018, 197, 199; *Edenharter*, JZ 2018, 313.
90 *Nestler*, ZStW 116 (2004), 332; *Schünemann*, GA 2004, 193 u. ZIS 2007, 528; aA *Deiters*, ZRP 2003, 359.
91 *Kühne*, Rn 48; vgl auch *Kirsch*, StraFo 2008, 449; *Zeder*, ÖJZ 2009, 996 mwN.
92 Zu Abwägungsfehlern beim Prinzip der gegenseitigen Anerkennung *Kloska*, Das Prinzip der gegenseitigen Anerkennung im Europäischen Strafrecht, 2016, S. 621 ff, insbes. 626 ff; optimistischer zur Entwicklung eines europäischen ordre public durch den EuGH *Schumann*, Anerkennung und ordre public, 2016, S. 310.
93 RL 2014/41/EU, ABl 2014 L 130/1; s. dazu *Schuster*, StV 2015, 393; *F. Zimmermann*, ZStW 127 (2015), 143.

stücken und Daten zur Verwendung in Strafverfahren[94]. Die Richtlinie schafft durch die Zusammenführung der beweisrechtlichen Instrumentarien der EU erstmals einen einheitlichen Rechtsrahmen nicht nur für den schon vom Rahmenbeschluss über die Europäische Beweisanordnung betroffenen Transfer, sondern auch für die Erhebung von Beweismitteln[95]. Der deutsche Gesetzgeber hat die Richtlinie in den neuen §§ 91a ff IRG umgesetzt[96]. Die neuen Regelungen gelten gem. § 98c IRG für Rechtshilfeersuchen, die ab dem 22.5.2017 bei der für die Bewilligung zuständigen Stelle eingegangen sind.

10l Initiativen zur Harmonisierung des nationalen Strafverfahrensrechts wurden von der Europäischen Kommission früher in sog. **Grün- und Weißbüchern** veröffentlicht, zB im Grünbuch über Verfahrensgarantien in Strafverfahren innerhalb der EU[97], über Kompetenzkonflikte und den Grundsatz **ne bis in idem in Strafverfahren**[98] oder über die Anwendung der EU-Strafrechtsvorschriften im Bereich des Freiheitsentzugs[99]. Mittlerweile werden derartige Initiativen aber vorrangig in 5-Jahres-Programmen[100] diskutiert, etwa im **Haager Programm** zur Stärkung von Freiheit, Sicherheit und Recht in der Europäischen Union aus dem Jahre 2004[101]. Zu dessen wesentlichen Inhalten gehört der **Grundsatz der Verfügbarkeit**, wonach Daten, die den Strafverfolgungsbehörden eines Mitgliedsstaates bekannt sind, ohne größere Hindernisse auch in anderen Mitgliedsstaaten für polizeiliche und strafrechtliche Zwecke zur Verfügung stehen sollen[102]. Einen wichtigen Beitrag hierzu leistet das **Europäische Strafregisterinformationssystem (ECRIS)**[103]. Das **Stockholmer Programm**, das vom Europäischen Rat im Dezember 2009 angenommen wurde[104], enthält einen sechsstufigen **„Fahrplan zur Stärkung der Verfahrensrechte von Verdächtigen oder Beschuldigten in Strafverfahren"**, der vorsieht, dass nach und nach bestimmte Maßnahmen zum Schutz des Beschuldigten umgesetzt werden[105]. Erlassen wurden inzwischen mehrere Richtlinien, so zB zu den Themenbereichen Recht auf Dolmetschleistungen und Übersetzungen[106], Recht auf Belehrung[107], Recht auf Zugang zu einem Rechtsbeistand[108], Prozesskosten-

---

94 RB 2008/978/JI, ABl 2008 L 350/72; aufgehoben durch VO 2016/95, ABl 2016, 26/9.
95 *Böse*, ZIS 2014, 152; *Satzger*, International, § 10 Rn 44a.
96 BGBl 2017 I, S. 31; dazu *Böhm*, NJW 2017, 1512; *Brahms/Gut*, NStZ 2017, 388; *Oehmichen/Weißenberger*, StraFo 2017, 316; *Rackow*, KriPoZ 2017, 79.
97 KOM (2003) 75; dazu *Ahlbrecht/Lagodny*, StraFo 2003, 329; *Vogel/Matt*, StV 2007, 206.
98 KOM (2005) 696; s.a. die Ratsvorschläge zu Rahmenbeschlüssen Ratsdok. 8535/09 u. 11119/09.
99 KOM (2011) 327.
100 Zum im Juni 2014 vom Europäischen Rat beschlossenen „Brüsseler Programm" als dem aktuellsten der bisher vier umfassenden kriminalpolitischen Programme der EU s. *Brodowski*, ZIS 2015, 79.
101 ABl 2005 C 53/1; s.a. *Esser*, in Joerden/Szwarc: Europäisierung des Strafrechts, S. 233.
102 Vgl RB 2006/960/JI, ABl 2006 L 386/89; RB 2009/315 JI, ABl 2009 L 93/23; *Braum*, KritV 2008, 82; *F. Meyer*, NStZ 2008, 188; *Zöller*, ZIS 2011, 64; vert. *Böse*, Der Grundsatz der Verfügbarkeit von Informationen in der strafrechtlichen Zusammenarbeit der Europäischen Union, 2007.
103 RB 2009/316/JI, ABl 2009 L 93/33; *Sollmann*, NStZ 2012, 253.
104 ABl 2010 C 115/1; dazu KOM (2010), 171 (Arbeitsprogramm zur Umsetzung); *Beukelmann*, NJW 2010, 2081, 2083; *Brodowski*, ZIS 2010, 376, 377 f; *Zeder*, EuR 2012, 34; s. auch den am 2.4.2014 angenommen Initiativbericht 2013/2024 (INI) des Europäischen Parlaments zur Halbzeitbilanz des Stockholmer Programms - dazu *Brodowski*, ZIS 2015, 79, 80.
105 ABl 2009 C 295/1; vgl dazu *Dettmers/Dimter*, DRiZ 2011, 402; *C. Gatzweiler*, StraFo 2011, 293; krit. *Meysmann*, EuCLR 2016, 187, 199 ff.
106 RL 2010/64/EU vom 20.10.2010, ABl 2010 L 280/1; dazu: *Dettmers/Dimter*, SchlHA 2011, 349; wegen der Mitwirkung eines Verteidigers auf die Dolmetscherleistung zu verzichten, ist nicht richtlinienkonform, aA aber zB BGH NStZ-RR 2018, 57.
107 RL 2012/13/EU vom 22.5.2012, ABl 2012 L 142/1; hierzu *Esser*, Wolter-FS, S. 1328; vgl auch *Spronken*, An EU-Wide Letter of Rights, 2010.
108 RL 2013/48/EU vom 5.11.2013, ABl 2013 L 294/1; s. BGBl 2017 I, S. 3295.

hilfe[109], Verfahrensgarantien für verdächtige und beschuldigte Kinder[110], sowie Stärkung der Unschuldsvermutung und des Rechts auf Anwesenheit in der Verhandlung in Strafverfahren[111]. Alle Normen, die der Umsetzung der Richtlinien dienen oder von ihr betroffen sind, müssen nunmehr richtlinienkonform ausgelegt werden[112].

Eines der wichtigsten Justizgrundrechte ist in **Art. 50 GRC** sowie in **Art. 54 Schengener Durchführungsübereinkommen (SDÜ)** normiert, nämlich das transnationale Verbot der Doppelbestrafung (**ne-bis-in-idem**; dazu Rn 280)[113]. Nach Art. 54 SDÜ darf eine Person durch einen Vertragsstaat nicht mehr verfolgt werden, wenn sie in einem anderen Vertragsstaat (i) rechtskräftig abgeurteilt worden ist, es sich (ii) um dieselbe Tat handelt und (iii) die Sanktion bereits vollstreckt worden ist, gerade vollstreckt wird oder nach dem Recht des Urteilsstaats nicht mehr vollstreckt werden kann[114]. Ob eine justizielle Erledigungsentscheidung eine die erneute Strafverfolgung durch einen anderen Staat ausschließende „rechtskräftige Aburteilung" im Sinne des Art. 54 SDÜ darstellt, prüft der EuGH in zwei Stufen: Erstens muss die Entscheidung dazu führen, dass das Verfahren nach dem Recht des Erstverfolgerstaats nicht ohne Beibringung neuer Beweise wiederaufgenommen werden kann; zweitens muss diese Entscheidung aufgrund einer „Prüfung in der Sache" erfolgt sein[115]. Nach Rspr. des EuGH gilt der Strafklageverbrauch zB im Falle der Einstellung gem. § 153a I StPO, weil dies ein endgültiges Verfahrenshindernis für eine Strafverfolgung wegen derselben Tat darstellt, auch wenn es keine richterliche Beteiligung hieran gab[116]. Den Charakter einer Sanktion müssen solche Einstellungsentscheidungen nicht aufweisen, um Art. 54 SDÜ zu unterfallen[117]. Als dieselbe Tat iSv Art. 54 SDÜ und nunmehr auch iSv Art. 50 GRC wird ein Komplex konkreter, in zeitlicher und räumlicher Hinsicht sowie nach ihrem Zweck unlösbar miteinander verbundener Umstände verstanden, die unabhängig von ihrer rechtlichen Qualifizierung im nationalen Recht und dem rechtlich geschützten Interesse als ein zusammenhängender Lebenssachverhalt an-

10m-n

---

109 RL 2016/1919/EU vom 26.10.2016, ABl 2016 L 297/1.
110 RL 2016/800/EU vom 11.5.2016, ABl 2016 L 123/1.
111 RL 2016/343/EU vom 9.3.2016, ABl 2016 L 65/1.
112 Zu den Problemen der Auslegung vor dem Hintergrund mehrerer authentischer und gleichermaßen verbindlicher Sprachfassungen von EU-Normen und EU-Rechtsakten *Langheld*, EuCLR 2016, 39; vert. *ders.*, Vielsprachige Normenverbindlichkeit im Europäischen Strafrecht, 2016.
113 Vgl EuGH NStZ 2007, 408 *(Gasparini)*; vert. *Anagnastopoulos*, Hassemer-FS, S. 1121; *Hackner*, NStZ 2011, 425; *Hecker*, JuS 2014, 845; *Hochmayr* (Hrsg.), „Ne bis in idem" in Europa, 2015; *Satzger*, Roxin II-FS, S. 1515; *Stein*, Zum europäischen ne bis in idem, 2004; *Zöller*, Krey-FS, S. 501.
114 Überblick über die einzelnen Merkmale bei *Esser*, Europäisch, § 7 Rn 12 ff.
115 EuGH NJW 2016, 2939 *(Kossowski)* m. Anm. *Gaede*; Bespr. *Hecker*, JuS 2016, 1133; *Wegner*, HRRS 2016, 396; übernommen in BGH NJW 2016, 3044; vert. zum Kriterium der Rechtskraft *Jähnke/Schramm*, Europäisch, Kap. 9 Rn 67 ff.
116 EuGH JZ 2003, 303 *(Gözütok u. Brügge)* m. Anm. *Kühne* u. Bespr. *Böse*, GA 2003, 744; EuGH NStZ-RR 2009, 109; *Vogel/Norouzi*, JuS 2003, 1059; s.a. EuGH NJW 2005, 1337 *(Miraglia)*; OLG Nürnberg StV 2010, 233; *Satzger*, International, § 10 Rn 53 ff.
117 EuGH NJW 2016, 2939 *(Kossowski)* m. Bespr. *Wegner*, HRRS 2016, 396; vgl auch *Esser*, Europäisch, § 7 Rn 19.

gesehen werden müssen[118] (zum prozessualen Tatbegriff nach deutschem Recht s. Rn 512 ff). Zuletzt verlangt das Vollstreckungselement, dass die Sanktion bereits vollstreckt worden ist, gerade vollstreckt wird oder nach dem Recht des Urteilsstaats nicht mehr vollstreckt werden kann. Diese Einschränkung aus Art. 54 SDÜ gilt nach umstrittener Auffassung auch für Art. 50 GRC, denn Art. 54 SDÜ soll eine nach Art. 52 I GRC zulässige Einschränkung des Art. 50 GRC sein[119]. Die Rechtsprechung schraubt so den grundsätzlich weiterreichenden Schutz von Art. 50 GRC zurück. Offengelassen hat der EuGH bisher die Frage, ob auch Vorbehalte der Schengen-Vertragsparteien (Art. 55 I lit. a SDÜ) gegen die Regelung nach Art. 54 SDÜ zulässige Einschränkungen von Art. 50 GRC im Sinne des Art. 52 I GRC sein können[120]. Zu beachten ist ferner, dass Art. 50 GRC auch für strafähnliche Ordnungswidrigkeits- und Disziplinarsanktionen gilt[121].

10o In **institutioneller Hinsicht** wurden bereits in der Vergangenheit – im Rahmen der dritten Säule der EU – eine Reihe von Einrichtungen im Bereich der Strafrechtspflege geschaffen. So ist seit 1.7.1999 das Europäische Polizeiamt (**„Europol"**) mit Sitz in Den Haag autonom tätig[122]. Europol ist vor allem zuständig für die Analyse, Informationsgewinnung und Koordination der nationalen Ermittlungsbehörden hinsichtlich mittlerweile nahezu aller Formen der organisierten sowie der schweren, grenzüberschreitenden Kriminalität (vgl Art. 88 I AEUV). Eine selbstständige Ermittlungszuständigkeit mit spezifischen Exekutivbefugnissen fehlt jedoch derzeit noch (vgl

---

118 Für Art. 54 SDÜ s. EuGH JZ 2006, 1018 *(van Esbroeck)* m. Anm. *Kühne* und Anm. *Radtke*, NStZ 2008, 162; EuGH JZ 2007, 245 *(van Straaten)* m. Anm. *Kühne*; EuGH NStZ 2008, 164 *(Kraaijenbrink)*; BGH NJW 2008, 2931 m. Anm. *Kische*, wistra 2009, 161 u. *Kretschmer*, JR 2009, 390 (dazu auch die Vorabentscheidung EuGH NJW 2007, 3412 *[Kretzinger]*); *Esser*, Europäisch, § 7 Rn 27; *Hochmayr*, in Pechstein/ua, Frankfurter Kommentar zu EUV, GRC und AEUV, 2017, Art. 50 GRC Rn 12 f; vert. zum Ganzen *Radtke*, Seebode-FS, S. 297. Für Art. 50 GRC s. BGH StV 2017, 245; *Esser*, Europäisch, § 7 Rn 38.

119 EuGH NJW 2014, 3010 *(Spasic)*, Rn 55 ff m. Anm. *Burchard*, HRRS 2015, 26; *Eckstein*, JR 2015, 421; *Gaede*, NJW 2014, 2990; vgl ferner BGHSt 56, 11, 15 m. Bespr. *Hecker*, JuS 2012, 261 (gebilligt durch BVerfG NJW 2012, 1202); BGHSt 59, 120, 159 m. Anm. *Hecker*, StV 2014, 461 u. *Zehetgruber*, JR 2015, 184; ebenso LG Aachen StV 2010, 237 m. Anm. *Reichling*; *Burchard/Brodowski*, StraFo 2010, 179 u. *Koch/Dorn*, Jura 2011, 690; *Satzger*, International, § 10 Rn 70; *Vogel*, StRR 2011, 135, 137; aA *Böse*, GA 2011, 504; *Eser*, in: Meyer, GRC, Art. 50 Rn 14; *Heger*, ZIS 2009, 408; *Merkel/Scheinfeld*, ZIS 2012, 206; *Schomburg/Suominen-Picht*, NJW 2012, 1190, 1191; *Swoboda*, JICJ 2011, 243; differenzierend *Duesberg*, ZIS 2017, 66; vert. zum Ganzen *Esser*, Europäisch § 7 Rn 28 ff und 39 ff; *Jähnke/Schramm*, Europäisch, Kap. 9 Rn 59 ff.

120 EuGH NJW 2016, 2939 *(Kossowski)* m. Anm. *Gaede*; dazu auch *Brodowski*, ZIS 2017, 11, 12; *Hecker*, JuS 2016, 1133, 1135; *Wegner*, HRRS 2016, 396; für nicht entscheidungserheblich befunden und daher dem EuGH nicht vorgelegt von BGH StraFo 2017, 324, 328.

121 *Eser*, in: Meyer, GRC, Art. 50 Rn 8; *Esser*, Europäisch, § 7 Rn 38; der Sanktionsbegriff des EuGH ist nun aber wieder so weit geraten, dass das Gericht in der Folge die Notwendigkeit sieht, den Schutz vor Doppelverfolgung aus Art. 50 GRC über Art. 52 I GRC aus der Perspektive einer Erforderlichkeitsprüfung wieder einzuschränken. Doppelverfolgung bzw eine Kumulierung von Verfolgungsmaßnahmen und Sanktionen strafrechtlicher Natur ist damit zulässig, wenn mit diesen Verfolgungsmaßnahmen und Sanktionen komplementäre Zwecke verfolgt werden, die gegebenenfalls verschiedene Aspekte desselben Verhaltens betreffen, und diese Kumulierung zur effektiven Abschreckung vor Straftaten erforderlich ist, vgl EuGH EuGRZ 2018, 181 *(Menci)* und EuGH EuGRZ 2018, 187 *(Garlsson Real Estate SA ua)*; krit. *Wegner*, HRRS 2018, 205; krit. zur Prüfungsmethodik *Kloska*, Das Prinzip der gegenseitigen Anerkennung im Europäischen Strafrecht, 2016, S. 649.

122 Die neue Rechtsgrundlage für Europol ist die VO 2016/794 vom 11.5.2016, ABl 2016 L 135/53; s. dazu auch die Änderungen im deutschen Europol-Gesetz, BGBl 2017 I, S. 1882; vert. zu Europol Ahlbrecht/ua-*Ahlbrecht*, Rn 1472 ff; *Ambos*, International, § 13 Rn 7 ff.

Art. 88 III AEUV)[123]. Als justizielles Pendant zu Europol fungiert seit dem Jahre 2002 **Eurojust**[124]. Es handelt sich um eine zentrale, ständige Auskunfts-, Dokumentations- und Clearingstelle, durch welche die Kooperation der nationalen Staatsanwaltschaften sichergestellt werden soll. Primärrechtlich ist Eurojust seit dem Vertrag von Lissabon in Art. 85 AEUV verankert. Eine auf diese Norm gestützte Verordnung für Eurojust hat der Rat auf Vorschlag der Kommission[125] am 12./13.3.2015 als Teil eines Maßnahmenpaketes zur Verbesserung des Schutzes der finanziellen Interessen der Union[126] angenommen[127]. Die im ursprünglich vorgeschlagenen Maßnahmepaket angestrebte Errichtung der **Europäischen Staatsanwaltschaft (EuStA)**, die gem. Art. 86 I 1 AEUV ausgehend von Eurojust eingesetzt werden sollte[128], ist nunmehr auf eine separat erlassene Verordnung gestützt[129]. Im Kern soll der EuStA die Aufgabe zukommen, Straftaten zum Nachteil der finanziellen Interessen der Union[130] zu bekämpfen (s. Art. 86 I UA 1, II AEUV)[131]. Längerfristig kann die Behörde überdies zu einer zentralen Strafverfolgungsbehörde im Kampf gegen die grenzüberschreitende Schwerkriminalität ausgebaut werden (Art. 86 IV AEUV). Die EuStA besteht aus einer zentralen (europäischen) Ebene und einer dezentralen (mitgliedstaatlichen) Ebene, letztere in Gestalt der Delegierten Europäischen Staatsanwälte, die Ermittlungen nach nationalem Strafprozessrecht durchführen und dabei der Aufsicht und Weisung der zentralen Ebene der EuStA unterliegen. An der EuStA partizipieren nur diejenigen Mitgliedstaaten, die sich für eine Verstärkte Zusammenarbeit iSv Art. 86 I UA 3, 326 ff AEUV ausgesprochen haben. Die EuStA ist als eigenständige Institution angelegt und soll eng mit Eurojust zusammenarbeiten, wie auch Beziehungen zu weiteren europäischen Einrichtungen unterhalten, insbesondere zu OLAF (dazu

---

123 *Dannecker*, in: Streinz, Art. 88 AEUV Rn 16 ff; ausf. *Hauck*, ZStW 124 (2012), 473; *Wolter/Schenke/ Hilger/ua*, Alternativentwurf Europol und europäischer Datenschutz, 2008; vgl auch *Nestler*, GA 2010, 645.

124 ABl 2002 L 63/1 u. ABl 2009 L 138/14; Eurojust-Gesetz, BGBl 2004 I, S. 902; vgl auch BR-Drs. 850/11; zu Eurojust: *Esser*, GA 2004, 711; *Kretschmer*, Jura 2007, 169; *Noltenius*, ZStW 122 (2010), 604, 614 f; *Trentmann*, ZStW 129 (2017), 108, 116 ff; zum sog. Eurojust-Plus-Modell: *Weyembergh*, NJECL 2 (2011), 75.

125 KOM (2013) 535.

126 KOM (2013) 532.

127 Ratsdok. 6643/15; dazu *Brodowski*, ZIS 2016, 106, 111 f.

128 KOM (2013) 534; s. dazu *Esser*, StV 2014, 494, 496 ff; *Magnus*, ZRP 2015, 181; *Trentmann*, ZStW 129 (2017), 108, 127 ff; *Zeder*, StraFo 2014, 239; *Zerbes*, ZIS 2015, 145; zur Europäischen Staatsanwaltschaft (aus Sicht vor Erlass der späteren Verordnung) vgl auch *Grünewald*, HRRS 2013, 508; *Nürnberger*, ZJS 2009, 494; *Radtke*, GA 2004, 1; *Satzger*, NStZ 2013, 206; *Schramm*, JZ 2014, 749; *Zerbes*, ZIS 2015, 145.

129 VO 2017/1939, ABl 2017 L 283/1; s. dazu *Brodowski*, StV 2017, 684; *Magnus*, HRRS 2018, 143.

130 Vgl RL 2017/1371/EU, ABl 2017 L 198/29 (PIF-Richtlinie).

131 Die Pflicht der nationalen Verfolgungsbehörden, die finanziellen Interessen der EU durch nationale Strafverfolgung zu schützen, besteht natürlich weiter, und dies sogar unter der Verpflichtung zur effektiven Zielerreichung, ggf unter Aushebelung von nationalen Verjährungsvorschriften, EuGH wistra 2016, 65 *(Taricco)* m. krit. Anm. *Gaede*, wistra 2016, 89 und Bespr. *Hochmayr*, HRRS 2016, 239; *Viganò*, EuCLR 2017, 103; *F. Meyer*, ZStW 128 (2016), 1089, 1133 (Fn 182), unter Verweis auf EGMR, 9.1.2013 – 21722/11 *(Volkov/Ukraine)* Rn 137 mit dem aus Art. 6 I EMRK abgeleiteten Gebot, aus Fairnessgründen hinreichend klare Verjährungsvorschriften zu schaffen, egal ob die Verjährung im nationalen Recht materiellrechtlicher oder prozessualer Natur ist; nicht ausreichend daher die Einschränkung der Taricco-Rspr in EuGH JZ 2018, 300, wo der EuGH im Hinblick auf materiellrechtliche Verjährungsvorschriften nur auf Probleme der Legalität und des Rückwirkungsverbots abstellt, nicht aber auf die daraus entstehenden Probleme für die Fairness des Verfahrens, und deswegen fehlgehend auf die Umsetzung der PIF-Richtlinie warten will, obwohl diese auch keine klaren Verjährungsvorgaben enthält, wie es die prozessuale Fairness aber verlangen würde, s. die krit. Anm. *F. Meyer* JZ 2018, 304. Zur Widersprüchlichkeit dieser Entscheidung s. die Diskussion zwischen *Burchardt*, Verfassungsblog v. 7.12.2017, https://verfassungsblog.de/belittling-the-primacy-of-eu-law-in-taricco-ii/ und *Wegner*, wistra 2018, 107.

sogleich) und Europol[132]. Die EuStA wird ihre Arbeit frühestens zum Ende des Jahres 2020 aufnehmen[133].

Das Europäische Amt für Betrugsbekämpfung **OLAF** (Office Européen de Lutte Anti-Fraude) dient dem Schutz der finanziellen Interessen der EU[134]. OLAF hat den Auftrag, Betrug, Korruption und alle anderen rechtswidrigen Handlungen zum Nachteil der finanziellen Interessen der EU zu bekämpfen. In Erfüllung dieser Aufgaben führt OLAF in voller Unabhängigkeit interne und externe Untersuchungen in enger Zusammenarbeit mit den zuständigen Behörden der Mitgliedstaaten durch und vermag durch Weitergabe von Informationen an diese Strafverfolgungsmaßnahmen auf mitgliedstaatlicher Ebene einzuleiten.

3.   Völkerrecht[135]

11   Die Errichtung des **Internationalen Strafgerichtshofes** (**IStGH**, ICC)[136] im Jahre 2002 stellt einen Meilenstein in der völkerstrafrechtlichen Entwicklung dar und beeinflusst auch das nationale Straf(prozess)recht. Der IStGH ist das Ergebnis einer langjährigen Entwicklung im Bestreben, schwerste Menschenrechtsverletzungen auf internationaler Ebene zu ächten und zu bestrafen. Ausgangspunkt dieses Prozesses waren die Internationalen Militärgerichtshöfe in Nürnberg und Tokio. Nach jahrzehntelangem Stillstand setzte er sich fort mit den **Ad-hoc-Tribunalen**[137] in Den Haag und Arusha zur Ahndung der Kriegs- und Menschenrechtsverbrechen in Ex-Jugoslawien (JStGH/ICTY[138]) und Ruanda (RStGH/ICTR[139]). Im Gegensatz zu diesen Tribunalen, die mittels Resolutionen des Sicherheitsrates der Vereinten Nationen als friedenssichernde Maßnahmen geschaffen wurden, handelt es sich beim IStGH um ein eigenständiges, von den Vereinten Nationen unabhängiges Völkerrechtssubjekt, das seine Grundlage in einem völkerrechtlichen Vertrag hat, dem **Römischen Statut**, welches am 1.7.2002 in Kraft trat[140]. Dieses haben aktuell (im Juli 2018) 123 Staaten ratifiziert. Der IStGH, der nicht mit dem Internationalen Gerichtshof (IGH), welcher als zentrales Rechtsprechungsorgan der Vereinten Nationen fungiert, verwechselt werden darf, ist ein ständiges Gericht mit Zuständigkeit für die im Römischen Statut aufgeführten Verbrechen, dh Völkermord (Art. 6)[141], Verbrechen gegen die Menschlichkeit (Art. 7)[142], Kriegsverbrechen (Art. 8) und das Verbrechen der Aggression (Art. 8bis)[143],

---

132   Zum Ganzen *Magnus*, HRRS 2018, 143; *Satzger/von Maltitz*, Jura 2018, 153.
133   Vgl Art. 120 II UA 3 der VO 2017/1939.
134   Vgl Gründungsbeschluss der Kommission in ABl 1999 L 136/20; zu den Ermittlungsbefugnissen VO 883/2013, ABl 2013 L 248/1 geändert durch VO 2016/2030, ABl 2016 L 317/1; zu OLAF insgesamt Ahlbrecht/ua-*Ahlbrecht*, Rn 1445 ff; *Ambos*, International, § 13 Rn 2 ff.
135   Zum Völkerstrafrecht allgemein: *Ambos*, Der Allgemeine Teil des Völkerstrafrechts, 2. A. 2003; *ders.*, Internationales Strafrecht, §§ 5 ff; *Engelhart*, Jura 2004, 734; Ahlbrecht/ua-*Eckelmans*, Rn 1891 ff; *Safferling*, §§ 4 ff; *Satzger*, International, §§ 12 ff; *Stuckenberg*, GA 2007, 80; *Weigend*, GA 2018, 297; *Werle/Jeßberger*, Völkestrafrecht, 4. A. 2016.
136   www.icc-cpi.int.
137   *Kreß*, JZ 2006, 981; *Swoboda*, ZIS 2010, 100; *Werle*, in: Schmid/Krzymianowska, S. 170.
138   www.un.org/icty.
139   www.ictr.org.
140   Vert. *Triffterer/Ambos*, passim.
141   Vert. *Neubacher*, Jura 2007, 848; *Neubacher/Klein*, passim; *Werle*, Küper-FS, S. 675.
142   *Werle/Burghardt*, ZIS 2012, 271; *Ambos/Pirmurat*, JZ 2007, 822; *Mikolajczyk/Mosa*, ZIS 2007, 307.
143   Die Jurisdiktionsgewalt des Gerichtshofs über das Aggressionsdelikt ist im Dezember 2017 mit Wirkung zum 17.7.2018 aktiviert worden, *Kreß*, JICJ 2018, 1.

allerdings beschränkt auf Taten von Angehörigen der Vertragsstaaten oder auf solche, die auf dem Gebiet eines Vertragsstaates begangen werden (Art. 12 Römisches Statut), wenn nicht eine Sicherheitsratsüberweisung vorliegt (Art. 13 lit. b Römisches Statut). Das Statut enthält erstmalig einen Allgemeinen Teil des materiellen Völkerstrafrechts und für das Verfahren vor dem IStGH eine „kleine Völkerstrafprozessordnung"[144], die zur Harmonisierung und Fortbildung des internationalen Strafprozessrechts wesentlich beiträgt[145]. Für die Kooperation mit dem IStGH gilt: Aus dem Grundsatz der Völkerrechtsfreundlichkeit des GG iVm mit der Bindung der Rspr an Gesetz und Recht (Art. 20 III GG iVm 59 II GG) sowie auf der Grundlage des Art. 16 II 2 GG ergibt sich die **verfassungsrechtliche Pflicht zur Berücksichtigung der Entscheidungen der zuständigen internationalen Gerichte und Tribunale auch bei der Auslegung der Grundrechte des deutschen Verfassungsrechts**[146]. Hinsichtlich der Zuständigkeitsverteilung zwischen dem IStGH und den Vertragsstaaten gilt der **Grundsatz der Komplementarität** (Art. 17 Römisches Statut), wonach eine Zuständigkeit des IStGH nur dann besteht, wenn ein Vertragsstaat nicht willens oder nicht in der Lage ist, die fragliche Straftat selbst zu verfolgen. Dieser Grundsatz stellt einen der wenigen materiellen Unterschiede zwischen dem Römischen Statut und den Statuten der Ad-hoc-Tribunale dar, die ein Vorrangprinzip („primacy"; Art. 9 JStGH; Art. 8 RStGH) enthielten, sodass diese Tribunale ein national betriebenes Verfahren an sich ziehen konnten[147]. Das Strafverfahren vor dem IStGH ist eine Mischung aus Elementen von common-law-Strafverfahren und kontinentaleuropäischen Strafverfahrensmodellen[148].

Am IStGH sind 18 Richter vereidigt, darunter der deutsche Jurist und ehemalige Richter am BGH **11a-c** *Bertram Schmitt*. In der Anfangsphase war der IStGH ausschließlich mit Situationen auf dem afrikanischen Kontinent befasst[149] (zB Demokratische Republik Kongo, Mali, Sudan, Uganda, Zentralafrikanische Republik), einige der daraus entstandenen Strafverfahren wurden bereits mit Urteilen abgeschlossen[150]. Mittlerweile stehen auch Situationen aus Staaten auf anderen Kontinenten im Fokus der Anklagebehörde des IStGH, namentlich in Asien (zB Afghanistan, Philippinen) und in Südamerika (zB Venezuela), aber auch in Europa/Eurasien (Ukraine, Georgien)[151].

---

144 *Geiger*, Büllesbach-FG, S. 334.
145 *Stahn*, HumVR 2004, 170.
146 BVerfG StV 2008, 1, 3 m. Anm. *Burchard*, JZ 2007, 891; *Kreß*, GA 2007, 296; *T. Walter*, JR 2007, 99.
147 Vert. *Eser*, Trechsel-FS, S. 223; *Lafleur*, Der Grundsatz der Komplementarität, 2010.
148 Vert. *Ambos*, International, § 8 Rn 18 ff.
149 Zu den daraus erwachsenden Legitimationsproblemen des IStGH s. *Stefanopoulou*, ZIS 2018, 103.
150 ICC, Situation in the Democratic Republic of Congo, *Prosecutor v. Thomas Lubanga Dyilo*, Case No. ICC-01/04-01/06-2842, 14 March 2012; ICC, Situation in the Democratic Republic of Congo, *Prosecutor v. Germain Katanga*, Case No. ICC-01/04-01/07-3436-tENG, 07 March 2014; ICC, Situation in the Central African Republic, *Prosecutor v. Jean-Pierre Bemba Gombo*, Case No. ICC-01/05-01/08-3636-Red, 8 June 2018; ICC, Situation in the Republic of Mali, *Prosecutor v. Ahmad Al Faqi Al Mahdi*, Case No. ICC-01/12-01/15-171, 27 September 2016.
151 Überblick über eröffnete Situationen und vorgelagerte Preliminary Examinations auf der Homepage des IStGH: https://www.icc-cpi.int/pages/situation.aspx; https://www.icc-cpi.int/pages/pe.aspx; detaillierte Angaben zu den jüngsten Entwicklungen innerhalb der bestehenden Situationen bei *Chaitidou*, ZIS 2017, 733 (Part 1), ZIS 2018, 23 (Part 2) und ZIS 2018, 73 (Part 3).

11d   Deutschland hat parallel zum In-Kraft-Treten des Römischen Statuts ein nationales Völkerstrafgesetzbuch (VStGB[152]) erlassen, das als Rechtsgrundlage für Strafverfahren wegen Völkerrechtsverbrechen in Deutschland gilt. Entsprechend dem Grundsatz der Komplementarität (Art. 17 Römisches Statut) hat die nationale Strafverfolgung auf der Grundlage des VStGB Vorrang vor einer Strafverfolgung durch den IStGH. § 1 VStGB statuiert den Weltrechtsgrundsatz[153]. Dieser gilt nach § 1 S. 1 VStGB für Völkermord, Verbrechen gegen die Menschlichkeit und Kriegsverbrechen in seiner weiten Fassung, d. h. das Gesetz verzichtet auf einen legitimierenden Anknüpfungspunkt zum Inland. Im Fall eines Aggressionsdelikts gilt der § 13 VStGB jedoch nach § 1 S. 2 VStGB unabhängig vom Recht des Tatorts nur, wenn der Täter Deutscher ist oder die Tat sich gegen die Bundesrepublik Deutschland richtet. Diese extrem weite Verfolgungspflicht der deutschen Strafverfolgungsbehörden wird durch § 153f StPO auf prozessualer Ebene eingeschränkt. Die Vorschrift gewährt der StA relativ großzügige Einstellungsmöglichkeiten uU bei gleichzeitiger Überweisung an den IStGH, insbes. wenn Völkerrechtsverbrechen ohne Inlandsbezug vorliegen (gestufte Zuständigkeitspriorität)[154]. Dieses Einstellungsermessen wird vor dem Hintergrund des Prinzips der **antizipierten Rechtshilfe** aber wiederum beschränkt: Selbst wenn es wegen vorrangiger Zuständigkeit eines ausländischen Staats oder des IStGH nicht wahrscheinlich erscheint, dass ein Völkerrechtsverbrechen am Ende vor deutschen Gerichten abgeurteilt wird, so sind die inländischen Behörden grundsätzlich dennoch zu eigenen Ermittlungen und damit insbes. zur Beweissicherung verpflichtet, wenn es möglich erscheint, dass in Zukunft ein entsprechendes Rechtshilfeersuchen gestellt wird. Deutsche Strafverfolgungsbehörden können ein Ermittlungsverfahren wegen eines Völkerrechtsverbrechens also nicht ausschließlich mit Verweis darauf ablehnen, dass dieses Verbrechen keinen Anknüpfungspunkt zu Deutschland aufweist und dass noch kein Rechtshilfeersuchen vorliegt. Notwendig ist eine solche antizipierte Rechtshilfe wegen der vor allem bei Völkerrechtsverbrechen komplizierten Beweislage und der typischerweise jahrelangen Zeitspanne, bis überhaupt ein Strafverfahren im Tatortstaat oder durch den IStGH eingeleitet werden kann. Das macht eine frühzeitige Sicherung von Beweisen erforderlich, da diese später bei Einleitung eines Verfahrens durch die vorrangig zuständige Stelle womöglich nicht mehr aufzutreiben wären[155]. Durch eine Änderung des Grundgesetzes (Art. 16 II 2 GG) wurde zudem eine Überstellung deutscher Staatsangehöriger an den IStGH ermöglicht.

---

152   Dazu näher *Jeßberger/Geneuss* (Hrsg), Zehn Jahre Völkerstrafgesetzbuch – Bilanz und Perspektiven eines „deutschen Völkerstrafrechts", 2013; *Kreß*, ZIS 2007, 515; *Safferling/Kirsch*, JA 2012, 481; *Werle*, JZ 2012, 373; *ders./Vormbaum*, JZ 2017, 12; *Wessels/Beulke/Satzger*, AT, Rn 111 ff; sehr krit. *Burghardt*, KJ 51 (2018), 21.

153   Vgl dazu *Wessels/Beulke/Satzger*, AT, Rn 100.

154   BVerfG NStZ 2011, 353; vert. LR-*Beulke*, §§ 153c, 153f; zur Einstellung des Verfahrens *Abu Ghuraib* nach § 153f StPO vgl Beschluss des Generalbundesanwalts vom 10.2.2005, JZ 2005, 312; OLG Stuttgart JZ 2006, 208 m. Bespr. *Singelnstein/Stolle*, ZIS 2006, 118; *Gierhake*, ZStW 120 (2008), 375; zur Einstellung des Verfahrens gegen Oberst *Klein* nach § 170 II StPO vgl Beschluss des Generalbundesanwalts vom 16.4.2010, 3 BJs 6/10-4; *Basak*, HRRS 2010, 513; *Jeßberger*, HRRS 2013, 119; *Safferling/Kirsch*, JA 2010, 81; zur Einstellung des Verfahrens wegen eines in Pakistan durch einen US-amerikanischen Drohnenangriff getöteten Deutschen vgl. Beschluss des Generalbundesanwalts vom 20.6.2013, 3 BJs 7/12-4 m. Bespr. *Ambos*, NStZ 2013, 634; *Löffelmann*, JR 2013, 496.

155   BT-Drucks. 14/8524, S. 37 f; *Kreß*, ZIS 2007, 515, 517; *Werle*, JZ 2012, 373, 378; *ders./Vormbaum*, JZ 2017, 12, 13 f.

Die erste Verurteilung wegen Taten nach dem VStGB erfolgte am 28.9.2015 gegen einen ruandischen Staatsangehörigen unter anderem wegen Beihilfe zu Kriegsverbrechen (§§ 8 f VStGB), begangen durch die Forces Démocratiques de Libération du Rwanda (FDLR) in Ruanda[156]. Inländische Strafverfahren auf Grundlage des VStGB betreffen in neuerer Zeit aber vor allem Verbrechen im Zusammenhang mit Kampfhandlungen in Syrien und im Irak sowie Verbrechen von Mitgliedern des sog. „Islamischen Staates". Es gab bereits erste Verurteilungen wegen Kriegsverbrechen nach § 8 VStGB[157]. Neben weiteren Verfahren gegen Einzelpersonen führt der Generalbundesanwalt auch sog. Strukturverfahren mit Bezug zu Syrien und dem Irak. Sie dienen der Beweissicherung für zukünftige Ermittlungsverfahren in Deutschland und auch – im Wege der antizipierten Rechtshilfe – für zukünftige Verfahren ausländischer Justizbehörden oder eines internationalen Strafgerichts. Insgesamt ist mit einem Zuwachs von Verfahren auf Grundlage des VStGB zu rechnen[158].

Hinzuweisen ist noch auf den **Internationalen Pakt für bürgerliche und politische Rechte (IPBPR)** von 1966, der zB das ausdrückliche Verbot des Zwangs zur Selbstbelastung enthält, Art. 14 III g[159] (dazu Rn 125).   11e

Lösung Fall 1: Wenn der Beschuldigte mit an Sicherheit grenzender Wahrscheinlichkeit den   12
Abschluss des Verfahrens nicht mehr erleben wird, könnte man der Ansicht sein, der **Zweck des Verfahrens, den im Einzelfall entstandenen staatlichen Strafanspruch festzustellen und durchzusetzen**, sei hier nicht mehr erreichbar. Da das Strafverfahren nicht zum Selbstzweck werden dürfe, gebe es für seine weitere Durchführung keinen rechtfertigenden Grund (so BerlVerfGH NJW 1993, 515, 517; 1994, 436, 440). Damit stuft man jedoch das Feststellungsinteresse der Gemeinschaft (uU auch das des Angeklagten) als zu gering ein. Zur Wahrheitsfindung gehört zunächst die **Aufklärung des Geschehens**. Aus großen NS-Verfahren ist bekannt, welche Bedeutung gerade diesem Prozessziel zukommt. Die Notwendigkeit der Aufklärung schwerer Straftaten als zentrale Aufgabe eines rechtsstaatlichen Gemeinwesens (BVerfGE 77, 65, 77) besteht unabhängig von der mutmaßlichen Lebensdauer des Angeklagten zumindest bis zu dessen Tod. Solange H lebt, steht angesichts der ihm zur Last gelegten schweren Straftaten der Sinn und Zweck des Strafverfahrens einer Fortsetzung des Verfahrens nicht entgegen. Der entgegengesetzten Entscheidung des BerlVerfGH ist – jenseits der verfassungsrechtlichen Problematik (s. nur *Rozek*, AöR 119 [1994], 450) – nicht zu folgen (zutreffend *Fahl*, ZJS 2011, 229, 233; *Kindhäuser*, § 14 Rn 24; *Meurer*, JR 1993, 89; *Schoreit*, NJW 1993, 881; abw. SK-StPO-*Paeffgen*, Anhang § 206a Rn 10; *Prittwitz*, StV 2010, 648, 654; *Murmann*, GA 2004, 77). Davon ganz unabhängig ist die Frage, ob Zwangsmittel (wie zB Untersuchungshaft) zulässig gewesen wären (dazu u. Rn 208 ff) und ob das Verfahren hätte fortgesetzt werden dürfen, wenn H sogar verhandlungsunfähig gewesen wäre (dazu u. Rn 277), oder wenn gerade die Durchführung des Verfahrens das Leben oder die körperliche Unversehrtheit des Beschuldigten gefährden würde (ablehnend für diese Fallgruppe BVerfG NJW 2002, 51; BVerfG EuGRZ 2009, 645; vert. zum Ganzen: *Beck*, HRRS 2010, 156). Einzelheiten s.o. Rn 3 ff.

---

156 OLG Stuttgart, Urt. v. 28.9.2015, Az 5-3 StE 6/10; zu diesem Verfahren vgl *Safferling/Kirsch*, JA 2012, 481, 485 f; *Keller*, in: Jeßberger/Geneuss (Hrsg.), Völkerstrafgesetzbuch, S. 148 ff.
157 OLG Frankfurt a.M. BeckRS 2016, 19047 bestätigt von BGH NJW 2017, 3667 m. zust. Anm. *Werle/Epik*, JZ 2018, 261; abl. *Ambos*, NJW 2017, 3672; KG BeckRS 2017, 108262; krit. zur Methode der Auslegung *Berster*, ZIS 2017, 264; *Bock/Bülte*, HRRS 2018, 100.
158 Zum Ganzen *Büngener*, ZIS 2017, 755; *Frank/Schneider-Glockzin*, NStZ 2017, 1; zu den Verbrechen des „Islamischen Staates" gegen die Jesiden *Epik*, KJ 51 (2018), 33.
159 Abgedruckt in LR-*Esser*, Bd. 11, S. 1199 ff.

13 **Lösung Fall 2:** Verletzt sind § 136 I 3 und 4 StPO, denn aus der Belehrungspflicht über das Recht der Verteidigerkonsultation (§ 136 I S. 2 StPO) folgt auch die Pflicht zur Ermöglichung eines Erstkontaktes. In Sonderfällen wie hier gehört dazu nicht nur das Zurverfügungstellen von Telefon und Telefonnummer, sondern auch die „erste Hilfe" bei der Bewerkstelligung des Kontaktes. Die gesetzliche Regelung geht zwar auf eine europäische Richtlinie (RL 2013/48/ EU, ABl 2013 L 294/1) zurück, doch war diese Pflicht zur Hilfestellung bereits früher anerkannt. Dieser Fall zeigt den Zwiespalt zwischen dem Grundsatz der Effektivität der Strafrechtspflege und dem Gebot der Rechtsstaatlichkeit bei der Realisierung des staatlichen Strafanspruchs. Eine allein auf Effektivität ausgerichtete Strafrechtspflege müsste das Geständnis im Strafverfahren verwerten. Es darf jedoch im Strafverfahren **keine Wahrheitsfindung um jeden Preis** geben. Deshalb folgt aus der hier gegebenen Verletzung des § 136 I 3 und 4 StPO ein **Verwertungsverbot** (zur früheren Rechtslage schon BGHSt 42, 15, 20; *Beulke/Barisch*, StV 2006, 569; *Neuhaus*, StV 2015, 185, 188; *Pfordte/Degenhard*, § 15 Rn 19; *Egon Müller*, StV 1996, 358; *Roxin*, JZ 1997, 343; *Weigend*, Jura 2002, 203; – abw. aber leider BGHSt 42, 170, 171; weiterführend unten Rn 156, 171, 469). In Kürze werden die Pflichten, den Beschuldigten vor der Vernehmung bei der Kontaktaufnahme zu einem Verteidiger zu unterstützen, noch verschärft werden (vgl Art. 4 V der RL 2016/1919/EU vom 26.10.2016, ABl 2016 L 297/1). Zum Konflikt zwischen Effektivität und Fairness s.o. Rn 5.

14 **Lösung Fall 3:** Nach dem Recht des Tatzeitpunktes sind im Jahre 1990 die Straftaten bereits verjährt, nach dem Recht zur Zeit der Anklageerhebung liegt hingegen keine Verjährung iSv § 78 StGB vor. Eine Mindermeinung sieht in der Verjährung einen **materiellen Strafaufhebungsgrund** mit der Folge, dass es dann gem. Art. 103 II GG, §§ 1, 2 StGB auf das Gesetz ankommen muss, das zur Tatzeit galt. A könnte dementsprechend nicht mehr bestraft werden, dh es dürfte auch keine Anklage mehr erhoben werden.

Nach ganz herrschender und zutreffender Ansicht handelt es sich bei der Verjährung jedoch nur um eine **formell-rechtliche** Frage (eingetretene Verjährung als Prozesshindernis), und es gilt das Recht des Aburteilungszeitpunktes. Da 1990 die 1945 begangenen Morde nach der neueren gesetzlichen Regelung nicht verjährt sind (die Prozessvoraussetzung nicht eingetretener Verjährung also erfüllt ist), kann Anklage erhoben werden. Einzelheiten s.o. Rn 8.

§ 2   Die Prozessmaximen

Fall 4: Welche sind die wichtigsten Prozessrechtsgrundsätze des Strafverfahrens? **Rn 31**

Fall 5: Während eines Ehestreits sticht der Politiker A vor mehreren Zeugen seiner Ehefrau E in Tötungsabsicht ein Messer in den Hals. Als die von den Nachbarn alarmierte Polizei eintrifft, ist E bereits wieder wohlauf, da sie die blutende Wunde selbst versorgen konnte. Um einen „Skandal" zu vermeiden, fordert E die Polizei auf, die Angelegenheit auf sich beruhen zu lassen. Kann dem entsprochen werden? **Rn 32**

Fall 6: Im Jahre 1993 soll der A verschiedene Käufer von Eigentumswohnungen betrogen haben. Die Geschädigten erstatten im Jahre 1996 Anzeige. 1997 erfährt A zum ersten Mal von dem gegen ihn gerichteten Verfahren. 2000 erfolgt die erste Vernehmung des A, 2004 die Anklage. Erst 2009 beginnt die Hauptverhandlung.

a) Da A – bei Bewahrheitung des Anklagevorwurfs – keine allzu schwere Schuld trifft, eine Urteilsfällung aber nicht vor Ende 2011 zu erwarten ist, hat das Gericht Zweifel, ob es das Verfahren überhaupt fortsetzen darf. Zu Recht?

b) Der Fall spielt sieben Jahre später. Ende 2017 zeichnet sich ab, dass das Gericht den A – unabhängig von der Verfahrensdauer – voraussichtlich aus tatsächlichen Gründen freisprechen will. Das Urteil wird jedoch nicht vor dem Frühjahr 2018 zu erwarten sein. A bittet seinen Verteidiger B um die Prüfung, ob ihm wegen der langen Prozessdauer „Schmerzensgeld" zusteht. Wie muss B vorgehen? **Rn 33**

Bei den Prozessmaximen handelt es sich um Prozessrechtsgrundsätze, die in jahrhundertelanger Tradition herausgebildet wurden und die in ihrem Zusammenwirken die Rechtsstaatlichkeit des tief in die Bürgerrechte eingreifenden Strafverfahrens garantieren. Diese Leitprinzipien des geltenden Strafprozessrechts finden sich nicht nur in der StPO, sondern beispielsweise auch im GVG, oder sie lassen sich direkt aus dem Grundgesetz ableiten[1]. **15**

Im Überblick lassen sich folgende Verfahrensgrundsätze unterscheiden:

- das Offizialprinzip, § 152 I StPO
- das Legalitätsprinzip, § 152 II StPO
- der Anklagegrundsatz, § 151 StPO
- der Ermittlungsgrundsatz, § 244 II StPO
- der Grundsatz der freien richterlichen Beweiswürdigung, § 261 StPO
- das Mündlichkeitsprinzip, § 261 StPO
- der Grundsatz der Unmittelbarkeit, §§ 226 I, 250, 261 StPO
- die Unschuldsvermutung und der Grundsatz „in dubio pro reo", § 261 StPO, Art. 6 II EMRK
- das Beschleunigungsgebot, Art. 20 III GG, Art. 6 I 1 EMRK
- der Grundsatz der Öffentlichkeit, § 169 S. 1 GVG, Art. 6 I 1, 2 EMRK
- das Gebot eines fairen Strafverfahrens, Art. 20 III GG, Art. 6 I 1 EMRK
- der Grundsatz des gesetzlichen Richters, Art. 101 GG
- der Grundsatz des rechtlichen Gehörs, Art. 103 I GG.

I. Die Offizialmaxime, § 152 I StPO

1. Gem. § 152 I StPO ist die **StA** zur **Erhebung der öffentlichen Klage** berufen. Die Einleitung und die weitere Durchführung des Strafverfahrens obliegen demnach dem Staat und nicht dem einzelnen Bürger (etwa dem durch die Straftat Verletzten). Die Strafverfolgung als Durchsetzung des materiellen (staatlichen) Strafanspruches erfolgt damit von Amts wegen (ex officio). Man spricht auch vom **Anklagemonopol des Staates**. **16**

---

1 Vert. *Weigend*, ZStW 113 (2001), 271; ferner *Buhlmann*, Die Berücksichtigung des Täter-Opfer-Ausgleichs als Verfahrensgrundsatz?, 2005.

Das Offizialprinzip – auch **Grundsatz der Strafverfolgung von Amts wegen** genannt – unterscheidet das Strafprozessrecht ganz fundamental vom Zivilprozessrecht, in dem die Einleitung und das weitere Betreiben des Prozesses dem einzelnen Bürger selbst obliegt (sog. **Dispositionsmaxime**), sowie von den älteren Strafprozessrechtsordnungen, wie zB dem Römischen Recht, das die Popularklage (Jedermannklage) kannte, oder dem Germanischen Recht, in dem der Verletzte bzw dessen Sippe die Strafklage erheben musste.

2. Eine **Ausnahme vom Offizialprinzip** macht die StPO im Falle der Privatklage nach § 374 StPO. Bei den dort genannten Delikten, den sog. **Privatklagedelikten** (zB Hausfriedensbruch, Beleidigung), kann der Verletzte selbst die Straftat als Ankläger verfolgen, ohne dass es einer vorherigen Anrufung der StA bedürfte. Der Grund hierfür liegt darin, dass die Privatklagedelikte weniger gravierend sind und das öffentliche Interesse in nur geringem Maße berühren. Der Verletzte erhält nach § 385 StPO weitgehend die Stellung des Staatsanwalts. Allerdings hat die StA gem. § 376 StPO die Möglichkeit, die öffentliche Klage zu erheben, wenn dies im öffentlichen Interesse liegt. Auch kann die StA die Verfolgung der Sache zu jedem Zeitpunkt bis zum Eintritt der Rechtskraft übernehmen, § 377 II 1 StPO.

3. **Einschränkungen** erfährt das Offizialprinzip sowohl bei den sog. **Antragsdelikten** (zB § 123 II StGB) als auch bei den **Ermächtigungsdelikten** (zB § 90 IV StGB).

a) Bei den **absoluten (bzw reinen) Antragsdelikten** (§§ 77 ff StGB) können die Strafverfolgungsorgane zwar auch ohne Vorliegen eines Strafantrags Ermittlungen anstellen (dies ergibt sich aus § 127 III StPO), eine Verurteilung setzt jedoch das Vorliegen eines wirksamen Strafantrages voraus. Fehlt ein solcher endgültig, dann muss das Verfahren – wegen Fehlens einer Prozessvoraussetzung – eingestellt werden.

b) Von den reinen Antragsdelikten zu unterscheiden sind die **relativen Antragsdelikte**. Es handelt sich dabei um Delikte, bei denen die Strafverfolgungsorgane das Fehlen eines Strafantrags durch Bejahung eines besonderen öffentlichen Interesses an der Strafverfolgung „überwinden" können (vgl zB § 230 I StGB). Bei diesen Delikten führt das Fehlen eines Strafantrages nicht zur Einstellung des Strafverfahrens, sondern die zuständige StA wird nun prüfen, ob sie das besondere öffentliche Interesse an der Strafverfolgung bejaht. Wird öffentliche Klage wegen dieser Straftat[2] erhoben, dann liegt darin schlüssig die Bejahung dieses Interesses (s. auch Rn 283, 309).

c) Schließlich sind die **Ermächtigungsdelikte** zu beachten, bei denen die Strafverfolgung von der Ermächtigung einer bestimmten Person abhängt, so zB von der des Bundespräsidenten im Falle seiner Verunglimpfung (§ 90 IV StGB).

---

2 BGHSt 19, 377; OLG Oldenburg StraFo 2008, 510 (bei anderer Anklage).

II. Das Legalitätsprinzip, §§ 152 II, 170 I StPO

1. Das in §§ 152 II, 170 I StPO enthaltene Legalitätsprinzip **verpflichtet** die StA im **17**
Falle des Vorliegens eines entsprechenden Anfangsverdachts (zu diesem Begriff
s. Rn 110 ff, 311), Ermittlungen aufzunehmen und – falls sich der Verdacht bestätigen
sollte – Anklage zu erheben. Man spricht deshalb auch von einem **Ermittlungs-** und
Anklagezwang bzw einem **Verfolgungszwang**. Sofern die Polizei in die Ermittlungen eingeschaltet ist (§ 163 StPO), unterliegt auch sie dem Legalitätsprinzip.

Das Legalitätsprinzip stellt sich als eine Konsequenz, quasi als erforderliches **Korre-
lat** des oben erwähnten Anklagemonopols dar. Wenn der materielle Strafanspruch und
dessen Durchsetzung allein dem Staat obliegen, dann muss der Staat auch gegen jeden
Verdächtigen in der gleichen Weise vorgehen, nämlich ohne Ansehen der Person und
deren Stellung. Dies gebietet auch der Gleichheitsgrundsatz, Art. 3 I GG[3].

Aus dem Rechtsstaatsprinzip (Art. 20 III GG) folgt das verfassungsrechtlich abge-
sicherte Gebot einer funktionstüchtigen Strafrechtspflege (s. Rn 3). Der Verletzte einer Straftat kann notfalls – bei Untätigbleiben der StA – eine Strafverfolgung gerichtlich im Wege des **Klageerzwingungsverfahrens** (§§ 172 ff StPO) durchsetzen (s.
Rn 344 ff). Nicht direkt Betroffenen steht kein grundgesetzlich verbürgter **Anspruch
auf Strafverfolgung Dritter** zu. Nach der Rechtsprechung des BVerfG besteht aber
ausnahmsweise ein, aus dem GG ableitbarer – ggf. nach Ausschöpfung aller sonstigen
Rechtsschutzmöglichkeiten im Wege der Verfassungsbeschwerde (Art. 93 I 4a GG)
geltend zu machender – Anspruch aller Bürger auf effektive Strafverfolgung bei erheblichen Straftaten gegen das Leben, die körperliche Unversehrtheit, die sexuelle
Selbstbestimmung und die Freiheit der Person, ferner bei Delikten von Amtsträgern
oder bei Straftaten, bei denen sich die Opfer in einem „besonderen Obhutsverhältnis"
der öffentlichen Hand befinden[4]. Der EGMR hat ähnliche Leitlinien aufgestellt und
bejaht bei bestimmten Kapitaldelikten einen aus Art. 2 iVm. Art. 1 EMRK ableitbaren
Anspruch darauf, dass wirksame amtliche Ermittlungen angestellt werden und die
Bestrafung des Täters sichergestellt wird[5].

2. Den **Gegensatz** zum Legalitätsprinzip bildet das sog. **Opportunitätsprinzip**.
Nach dem Opportunitätsprinzip steht es den Strafverfolgungsbehörden frei, ob sie
eine bestimmte Straftat ahnden oder aber auf eine Bestrafung des Täters verzichten
wollen. Das Opportunitätsprinzip ist im deutschen Strafprozess als Ausnahmeregelung mehrfach vorgesehen. Die Strafverfolgungsbehörden haben dann die Möglichkeit, trotz eines für die Anklageerhebung hinreichenden Tatverdachts das Verfahren
aus Zweckmäßigkeitsgesichtspunkten einzustellen[6] (Einzelheiten Rn 333 ff).

---

3 BGH NJW 2018, 322.
4 BVerfG NJW 2015, 150 *(Fall Gorch Fock)* m. Bespr. *Kröpil*, Jura 2015, 1283 u. *Sachs*, JuS 2015, 376.
5 EGMR (GrK), Urt. v. 27.9.1995 – 18984/91 *(McCann u.a./United Kingdom)*; EGMR (GrK) NJW 2001,
1991 *(Ogur/Türkei)* sowie EGMR NJW 2001, 1989 *(Grams/BRD)* m. Anm. *Dörr*, JuS 2001, 1219;
S/S/W-StPO-*Satzger*, Art. 2 EMRK Rn 11.
6 LR-*Beulke*, § 152 Rn 8; *Nestler*, JA 2012, 88; *Pommer*, Jura 2007, 662.

III. Der Anklagegrundsatz, § 151 StPO

18 Die Eröffnung einer gerichtlichen Untersuchung ist durch die **Erhebung einer Klage** bedingt, § 151 StPO. Hierzu ist eine vom Gericht unabhängige Instanz berufen. Diese Instanz – nach der StPO die StA (§ 152 StPO) – hat zunächst den Sachverhalt zu erforschen (§ 160 I StPO). Bieten die Ermittlungen schließlich genügenden Anlass zur Erhebung der öffentlichen Klage, dann erhebt die StA diese durch Einreichung einer Anklageschrift bei dem zuständigen Gericht (§ 170 I StPO) oder durch Stellung eines Antrags auf Erlass eines Strafbefehls (§ 407 I 1 StPO).

Aus dem Akkusationsprinzip folgt, dass das Gericht nur über die Taten befinden darf, die von der StA auch angeklagt wurden[7]. Die Untersuchungs- und Verurteilungskompetenz des Gerichts ist demnach auf die angeklagten Taten beschränkt (vgl §§ 151, 155 StPO). Gegenstand der Urteilsfindung ist somit nur die angeklagte Tat, allerdings in der Gestalt, in der sie sich nach dem Ergebnis der Hauptverhandlung darstellt, sog. prozessualer Tatbegriff, vgl Rn 20.

Den Gegensatz zum Anklagegrundsatz stellt das **Inquisitionsprinzip** dar, bei dem eine Personalunion zwischen Ermittler, Ankläger und Richter besteht, und das jahrhundertelang das deutsche Strafprozessrecht prägte. Diese Vorgehensweise birgt jedoch die – oft genug aktuell gewordene – Gefahr in sich, dass der Richter auf Grund seiner inquisitorischen Tätigkeit voreingenommen ist. Dies war besonders misslich, wenn staatliche Instanzen (König, Fürsten etc) auf den Verlauf der Strafverfahren Einfluss nahmen und der Richter nur als verlängerter Arm der Regierung fungierte. Die Übertragung der Strafverfolgung auf zwei voneinander unabhängige Instanzen, nämlich auf die StA als Anklagebehörde einerseits und auf das letztlich die Entscheidung fällende Gericht andererseits, gehört deshalb zu den wichtigsten Errungenschaften des liberalen Strafprozesses, die sich in Deutschland erst ab 1848 nach französischem Vorbild durchsetzen konnte.

19 Die genaue Bestimmung des Prozessstoffes, der angeklagt worden ist, ergibt sich aus der **Anklageschrift**, die insbes. den Angeschuldigten, die Tat, die ihm zur Last gelegt wird, Zeit und Ort ihrer Begehung, die gesetzlichen Merkmale der Straftat und die anzuwendenden Strafvorschriften bezeichnen muss (sog. **Anklagesatz**, vgl § 200 I 1 StPO; Einzelheiten Rn 354).

20 Werden erst in der laufenden Hauptverhandlung weitere Straftaten des Angeklagten angesprochen, so kommt es für die Frage, ob – nach einem **rechtlichen Hinweis** des Gerichts gem. § 265 I StPO – eine uneingeschränkte Aburteilung dieser Straftaten zulässig ist oder ob eine **Nachtragsanklage** nach § 266 I StPO erhoben werden muss, darauf an, ob es sich bei den weiteren Straftaten noch um die **angeklagte Tat im prozessualen Sinne nach § 264 I StPO** handelt. Nur wenn dies der Fall ist, können auch die „neuen" Straftaten des Angeklagten mit einbezogen werden. Beim prozessualen Tatbegriff handelt es sich dabei um einen **Zentralbegriff** des Strafprozessrechts, der

---

7 Vert. *Ambos*, Jura 2008, 586; *Haas*, Strafbegriff, Staatsverständnis und Prozessstruktur, 2008, S. 7 ff (mit kluger Würdigung von *Neumann*, ZIS 2009, 190); *Huber*, JuS 2008, 779.

von dem Begriff der Tat im Sinne der materiell-rechtlichen Konkurrenzlehre (§§ 52, 53 StGB) zu unterscheiden ist.

Unter **Tat im prozessualen Sinne** versteht man nicht etwa die einzelnen materiell-rechtlichen Straftatbestände, sondern **„das gesamte Verhalten des Beschuldigten, soweit es mit dem durch die Strafverfolgungsorgane (zB in der Anklage) bezeichneten geschichtlichen Vorkommnis nach der Auffassung des Lebens einen einheitlichen Vorgang bildet"**[8] (Einzelheiten Rn 512 ff).

IV. Der Ermittlungsgrundsatz, insbes. § 244 II StPO

Unter dem Ermittlungsgrundsatz versteht man die Pflicht der Strafverfolgungsorgane, den Sachverhalt **von Amts wegen** zu erforschen und aufzuklären (§§ 155 II, 160 II, 244 II StPO). Man spricht auch vom **Untersuchungsgrundsatz** oder vom **Instruktionsprinzip**.

21

Zum Teil ist insoweit auch die Bezeichnung Inquisitionsprinzip gebräuchlich. Dieser Ausdruck sollte jedoch der Umschreibung eines Verfahrens mit völliger Einheit von Ermittlungsorgan und Richter vorbehalten bleiben (s.o. Rn 18). Der Ermittlungsgrundsatz bringt hingegen nur zum Ausdruck, dass die Polizei und die StA alles aufklären müssen und dass nach Übergang der Verfahrensherrschaft auf das Gericht (Einreichung der Anklageschrift) nunmehr dieses in vollem Umfang ermitteln muss. Im Strafverfahren kollidiert der Freiheitsanspruch der Person mit der Durchsetzung des staatlichen Strafanspruchs. Nach der Rspr des BVerfG sind beide Belange gegeneinander abzuwägen. Das betrifft nicht nur die materiellen Eingriffsschranken, sondern auch das Verfahrensrecht. Aus dem Grundsatz der Verhältnismäßigkeit sei ableitbar, dass dem verfahrensrechtlichen **Gebot einer zureichenden richterlichen Sachaufklärung** mit zunehmender Dauer eines drohenden Freiheitsentzuges die Bedeutung eines **Verfassungsgebots** zukomme[9].

Den **Gegensatz** zum Ermittlungsgrundsatz bildet die im Zivilprozess idR geltende **Verhandlungsmaxime** (Beibringungsgrundsatz), wonach es Sache der Parteien ist, darüber zu befinden, welche Tatsachen sie dem Gericht zur Entscheidung unterbreiten wollen und welche Tatsachen beweisbedürftig sind **(Prinzip der formellen Wahrheit)**. Im Strafverfahren soll hingegen das wirkliche Geschehen festgestellt werden **(Prinzip der materiellen Wahrheit)**[10]. Dementsprechend kann zB ein unwahres Geständnis des Angeklagten das Gericht nicht binden. Insbes. ist die Erhebung von Entlastungsbeweisen nicht von einem hierauf gerichteten Beweisantrag des Angeklagten abhängig.

---

8 BGHSt 45, 211, 212; BGH NStZ 2014, 46.
9 BVerfG NStZ-RR 2013, 115; s.a. *Anders*, ZStW 129 (2017), 82; *Jahn*, GA 2014, 588.
10 Zu diesem Gegensatz: *Trüg*, Lösungskonvergenzen trotz Systemdivergenzen im deutschen und US-amerikanischen Strafverfahren, 2003, S. 201 ff; *Weigend*, Rissing-van Saan-FS, S. 749.

V. Der Grundsatz der freien richterlichen Beweiswürdigung, § 261 StPO

22 1. Über das Ergebnis der Beweisaufnahme entscheidet das Gericht nach seiner **freien, aus dem Inbegriff der Verhandlung geschöpften Überzeugung**, § 261 StPO.

Der Richter ist im Prinzip an keinerlei Vorschriften darüber gebunden, unter welchen Voraussetzungen er eine Tatsache für bewiesen bzw nicht bewiesen zu halten hat. Die damit vollzogene **Abkehr von Beweisregeln**, die auch für Vorfragen aus anderen Rechtsgebieten gilt (vgl § 262 StPO), stellt eine wichtige historische Errungenschaft dar. Man denke nur an das Gottesurteil im germanischen Strafverfahren oder an die Regel der CCC, wonach bei fehlendem Geständnis „erst zweier Zeugen Mund die Wahrheit kundtue" (vgl Art. 67, 69 CCC)[11].

2. **Ausnahmsweise** enthält das Strafrecht aber auch **Beweisregeln**: So können zB Verstöße gegen wesentliche Förmlichkeiten der Hauptverhandlung nur mittels des Sitzungsprotokolls nachgewiesen werden, § 274 StPO. Eine weitere Beweisregel findet sich in § 190 StGB.

Über die gesetzlich ausdrücklich normierten Beweisregeln hinaus gibt es Einschränkungen der freien richterlichen Beweiswürdigung, die sich erst aus einer Interpretation anderer Verfahrensnormen ergeben, so insbes. die gesamte Gruppe der von Rechtsprechung und Lehre entwickelten **Beweisverwertungsverbote**[12] (dazu Rn 454 ff).

Für die Praxis sehr bedeutsam ist auch noch folgende Einschränkung des Grundsatzes der freien Beweiswürdigung: Die Möglichkeit der Wahrnehmung bestimmter Rechte darf nicht dazu führen, dass aus der Art und Weise der Wahrnehmung dieser Rechte nachteilige Konsequenzen für den Angeklagten abgeleitet werden (dazu Rn 496).

BGHSt 34, 324, 326: Wenn der Beschuldigte von seinem Aussageverweigerungsrecht Gebrauch macht, dann darf dies auch im Wege der freien Beweiswürdigung nicht zu seinem Nachteil verwendet werden. **BGHSt 41, 153, 154:** Die Behauptung, für die Tatzeit ein Alibi zu haben, stellt, auch wenn sie falsch ist, ein zulässiges Verteidigungsverhalten dar. Das Scheitern des Alibibeweises ist deshalb für sich allein kein Beweisanzeichen für die Täterschaft des Angeklagten.

VI. Das Mündlichkeitsprinzip, § 261 StPO

23 Über das Ergebnis der Beweisaufnahme entscheidet das Gericht nach seiner freien, aus dem Inbegriff der (mündlichen) Verhandlung geschöpften Überzeugung, § 261 StPO. Der Grundsatz der **Mündlichkeit** bringt zum Ausdruck, dass der Prozessstoff in der Hauptverhandlung vollständig angesprochen werden muss. Das Urteil darf allein auf dem beruhen, was für das Gericht, den Angeklagten, seinen Verteidiger, den Staatsanwalt und die Zuhörer etc zu hören war. Damit soll dem früheren geheimen schriftlichen Verfahren des gemeinen Rechts der offene Strafprozess eines Rechts-

---

11 Vert. *Hauck*, S. 102 ff, 123.
12 Wie hier auch *Arzt*, Peters-FS, S. 231.

staats entgegengesetzt werden. Die bessere Nachvollziehbarkeit für den Beschuldigten sowie die effektivere Kontrolle der Strafjustiz durch die Öffentlichkeit gehören zu den wichtigsten Vorteilen dieser Regelung. Selbst beim **Beweis durch Urkunden** findet der Grundsatz der Mündlichkeit Beachtung, denn in § 249 I StPO ist festgelegt, dass Urkunden (auch in der Form von elektronischen Dokumenten) in der Hauptverhandlung zu verlesen sind[13] (s. aber auch die Ausnahmeregelungen der §§ 249 II, 257a, 420 StPO).

VII. Der Grundsatz der Unmittelbarkeit, insbes. §§ 226 I, 250, 261 StPO

Nach dem Grundsatz der **Unmittelbarkeit** – der nur im Rahmen der **Hauptverhandlung** Geltung beansprucht – hat sich das Gericht einen möglichst direkten, unvermittelten Eindruck vom Tatgeschehen zu verschaffen (vgl § 261 StPO). Dazu ist zunächst erforderlich, dass das Gericht während des Verlaufs der gesamten Hauptverhandlung **ununterbrochen anwesend** ist, § 226 I StPO. Fällt ein Richter im Laufe der Hauptverhandlung aus, dann muss die gesamte Hauptverhandlung wiederholt werden. Bei umfangreichen Prozessen werden deshalb sog. **Ergänzungsrichter** bestellt (§ 192 II GVG).

24

Bei der Rekonstruktion des Tatgeschehens vor dem Gericht soll möglichst das **tatnächste Beweismittel** Verwendung finden. Das ist vor allem für die Beweisaufnahme durch Zeugenvernehmung bedeutsam. Wenn mehrere Zeugen zur Verfügung stehen, ist möglichst der Zeuge zu wählen, der das Tatgeschehen unmittelbar erlebt hat. Weniger geeignet ist ein Zeuge, der nur berichten kann, was ihm eine andere Person berichtet hat (mittelbarer Zeuge oder **Zeuge vom Hörensagen**). Allerdings bleibt auch dieser Zeuge insofern ein unmittelbares Beweismittel, als er unmittelbar über das berichtet, was er gehört hat. Stehen aber sowohl der unmittelbare als auch der mittelbare Zeuge uneingeschränkt zur Verfügung, dann fordert der Grundsatz der Unmittelbarkeit eigentlich, dass auf den unmittelbaren Zeugen zurückgegriffen wird. Im deutschen Strafprozessrecht wird dieser Grundsatz aber nicht lupenrein gehandhabt, sodass das Gericht bei „Wahlmöglichkeiten" zwischen „nahen" und „fernen" Zeugen auch auf den Zeugen vom Hörensagen zurückgreifen darf, solange es nicht seine Aufklärungspflicht (§ 244 II StPO) verletzt[14] (Einzelheiten Rn 422).

Konsequenter verwirklicht ist der Unmittelbarkeitsgrundsatz im Bereich des Verhältnisses des **Personalbeweises** (zB Vernehmung eines Zeugen) zum **Urkundenbeweis** (Verlesung der früheren Vernehmung des Zeugen): Beruht der Beweis einer Tatsache auf der Wahrnehmung einer Person, so ist diese in der Hauptverhandlung zu vernehmen. Die Vernehmung darf nicht durch Verlesung des über eine frühere Vernehmung aufgenommenen Protokolls oder einer schriftlichen Erklärung ersetzt werden, § 250 StPO. Aber auch dieser Grundsatz erfährt durch die §§ 251 ff StPO eine Vielzahl von Durchbrechungen; dazu Rn 410 ff.

---

13 Krit. *Krahl*, GA 1998, 329.
14 BGH NStZ 2004, 50 m. Bespr. *Winkler*, JA 2004, 276.

VIII. Die Unschuldsvermutung und der Grundsatz „in dubio pro reo"

25 Der Grundsatz **in dubio pro reo** – im Zweifel für den Angeklagten – hat zwei Bedeutungen: Nur der schuldige Angeklagte soll bestraft werden (Schuldgrundsatz), und ferner soll die Schuld dem Angeklagten in einem prozessordnungsgemäßen Verfahren nachgewiesen werden (Rechtsstaatsgrundsatz, Art. 20 III GG). Er hat damit sowohl materiell-rechtlichen als auch prozessualen Charakter. Als Rechtsgrundlage wird vielfach auf die in Art. 6 II EMRK enthaltene **Unschuldsvermutung** sowie auf § 261 StPO verwiesen, obwohl der in-dubio-pro-reo-Grundsatz in diesen Bestimmungen nicht unmittelbar erwähnt ist[15]. Das Gericht muss nach § 261 StPO im Falle der Verurteilung von der Schuld des Angeklagten **überzeugt** sein. Im Zweifel muss freigesprochen werden. Der Zweifelssatz darf jedoch nicht dahingehend aufgefasst werden, dass immer dann freigesprochen werden muss, wenn das Gericht objektiv an der Schuld des Täters hätte Zweifel hegen müssen. Freizusprechen ist der Angeklagte nur dann, wenn das Prozessgericht die entsprechenden Zweifel auch tatsächlich hatte (s. dazu Rn 490). Der Zweifelssatz bezieht sich auch auf die für die Strafzumessung relevanten Umstände[16].

Jenseits der Schuld- und Straffrage ist der Anwendungsbereich des in-dubio-pro-reo-Grundsatzes im Strafprozessrecht umstritten:

Auf **Prozessvoraussetzungen** ist er grundsätzlich anwendbar (dazu ausf. Rn 273 ff). Bei **sonstigen Verfahrensfehlern** findet der Zweifelssatz nach hA jedoch keine Anwendung[17] (s. auch Rn 117, 143, 180).

IX. Das Beschleunigungsgebot, Art. 20 III GG, Art. 6 I EMRK

26 1. Das Gebot der beschleunigten Durchführung von Strafverfahren ergibt sich aus Art. 2 II 2 GG iVm dem Rechtsstaatsprinzip, Art. 20 III GG[18]. Das Rechtsstaatsgebot fordert, dass der Beschuldigte innerhalb angemessener Frist über den Strafvorwurf Klarheit erhält. Der Angeklagte muss daher **„innerhalb einer angemessenen Frist"** vom Gericht, das über die Sache zu entscheiden hat, gehört werden (Art. 6 I 1 EMRK). Die Frist beginnt, wenn der Beschuldigte von den Ermittlungen offiziell in Kenntnis gesetzt wird und endet mit rechtskräftigem Verfahrensabschluss[19]. Im Rahmen der Angemessenheit sind Schwere und Art des Tatvorwurfes, Umfang und Schwierigkeit

---

15 Vert. EGMR StV 2016, 1 *(Cleve/BRD)* m. Anm. *Stuckenberg* u. Bespr. *Satzger*, Jura 2016, 111; BGH StV 2016, 781 (Fall Mollath) m. Anm. *Grosse-Wilde/Stuckenberg* (s. auch unten Rn 537); BGH JR 2017, 226 m. Anm. *Stuckenberg*; HK-*Gercke/Temming*, Einl Rn 25; LR-*Esser*, Art. 6 EMRK Rn 307 ff; *Kotsoglou*, ZStW 127 (2015), 334; *Nieva Fenoll*, ZIS 2016, 138; SK-StPO-*Paeffgen*, Art. 6 EMRK Rn 175 ff; *Eisenberg* Rn 116; *Pollähne*, Schlothauer-FS, S. 53; *Stuckenberg*, Untersuchungen zur Unschuldsvermutung, 1998; *Zopfs, J.*, Der Grundsatz „in dubio pro reo", 1999.
16 BGH StV 2000, 556; S/S/W-StPO-*Beulke*, Einl Rn 62; *Huber*, JuS 2015, 596.
17 BGHSt 16, 164, 166.
18 BVerfG NJW 2001, 2707; vert. *Laue*, GA 2005, 648; *Liebhart*, NStZ 2017, 254; *Mansdörfer*, GA 2010, 153; *Momsen/Willumat*, NStZ 2018, 369; *Paeffgen*, GA 2014, 276; *Sowada*, HRRS 2015, 16.
19 EGMR StV 2001, 489 *(Metzger/BRD)* m. Anm. *I. Roxin* sowie *Kühne*, StV 2001, 529; EGMR NJW 2006, 1645; BGH NStZ-RR 2001, 294; Brandbg. OLG StV 2012, 78, 79.

des Verfahrens, Art und Weise der Ermittlungen sowie das Ausmaß der mit dem Andauern des Verfahrens verbundenen Belastungen des Beschuldigten zu berücksichtigen[20]. **Vor allem** im Falle der Anordnung von **Untersuchungshaft** verlangt der Beschleunigungssatz die schnelle Herbeiführung einer gerichtlichen Entscheidung (s.a. Rn 227)[21]. **Verzögerungen**, die nicht durch staatliche Behörden[22], sondern **durch Dritte**, insbesondere durch den Verteidiger, oder den Beschuldigten selbst verursacht worden sind, begründen keine rechtsstaatswidrige Verfahrensverzögerung[23]. Solche Verzögerungen auf Seiten des Beschuldigten werden allerdings nach neuerer (problematischer) Rspr vermehrt zum Anlass genommen, die Ausübung einzelner Verfahrensrechte im Lichte des Beschleunigungsgrundsatzes wegen missbräuchlicher Handhabung zu begrenzen[24] (vgl dazu Rn 126a, 150, 452).

2. Nach herrschender Rspr bewirkt eine **überlange Dauer des Strafverfahrens** grundsätzlich kein Verfahrenshindernis. Ein unangemessen lang dauerndes Strafverfahren ist daher nicht ohne Weiteres nach § 260 III StPO einzustellen. Früher handhabten die Gerichte eine überlange Verfahrensdauer vielmehr als einen Umstand, der im Rahmen der **Strafzumessung** mildernd zu berücksichtigen war[25]. Seit BGHSt 52, 124 (GrS)[26] vertritt die Rspr jedoch die sog. **Vollstreckungslösung**, wonach die Verfahrensverzögerung zwar im Rahmen der Strafzumessung weiterhin nach allgemeinen Grundsätzen zu berücksichtigen ist[27], die eigentliche Kompensation des staatlichen Fehlverhaltens aber erst – ähnlich wie im Fall der Untersuchungshaft gem. § 51 I 1, IV 2 StGB – im Rahmen der Strafvollstreckung durch Anrechnung auf die zu vollstreckende Strafe erfolgt. Es handelt sich damit um einen eigenständigen Prüfungsvorgang, der Unrecht, Schuld- und Strafhöhe unberührt lässt, weil er nur Ausgleich für die rechtsstaatswidrige Verursachung der Verfahrensverzögerung sein soll[28]. Bei Bemessung des Strafteils, der als bereits vollstreckt gelten soll, sind der Verzögerungsumfang, das Gewicht etwaiger verzögernder Verfahrensfehler sowie die Auswirkungen auf den Angeklagten zu berücksichtigen. Nichtsdestotrotz vertritt die Rspr schon immer die Ansicht, dass es **Extremfälle** geben kann, in denen wegen des besonders schwerwiegenden Ausmaßes der Verfahrensverzögerung und den damit verbundenen Belastungen des Beschuldigten das Rechtsstaatsgebot ein anerkennenswertes Interesse an der Strafverfolgung entfallen lasse und eine Fortsetzung des Strafverfahrens rechtsstaatlich nicht mehr hinnehmbar, mithin also ein **Verfahrenshindernis**

---

20 BGH NStZ 2003, 384; 2004, 504.
21 BVerfG NJW 2006, 677; BGH NJW 2018, 1984; KG NStZ 2018, 426 m. Bespr. *Gerson*, NStZ 2018, 379; *Knauer*, StraFo 2007, 309.
22 Hierzu BGH StV 2009, 693.
23 BVerfG NStZ-RR 2005, 346; BGH wistra 2006, 25; OLG Naumburg StraFo 2008, 205; KG StV 2009, 534.
24 ZB: BVerfG StV 2007, 366; KG StV 2009, 577 mit krit. Anm. *Schlothauer*; ebenfalls krit.: *Degener*, Dencker-FS, S. 23; *Krüger*, AnwBl 2010, 565; *Kudlich*, Gutachten, C 86; *Kühne*, JZ 2010, 821; *B. Schmitt*, StraFo 2008, 313, 317; *Tepperwien*, NStZ 2009, 1, 5; *Wohlers*, NJW 2010, 2470.
25 BGHSt 24, 239; 35, 137, 141; BGH StV 1999, 206.
26 M. krit. Anm. *Gaede*, JZ 2008, 422; BGH NJW 2018, 2062; vgl auch *Ignor/Bertheau*, NJW 2008, 2209; *Kraatz*, JR 2008, 189; *Leipold*, DAV-FS, S. 636; *Pohlit*, Rissing-van Saan-FS, S. 453; *I. Roxin*, StV 2008, 14; *dies.*, Volk-FS, S. 617; *Salditt*, StraFo 2007, 513; *Scheffler*, ZIS 2008, 269; *Schlothauer*, StraFo 2011, 459, 467; *Streng*, JZ 2008, 979; *Ziegert*, StraFo 2008, 321.
27 BGH StV 2015, 154 u. 172; wistra 2018, 77.
28 Instruktiv hierzu: BGH HRRS 2011 Nr 255; BGH wistra 2011, 297 m. Anm. *Brüning*, ZJS 2011. 409.

anzuerkennen sei[29]. In krassen Fällen kommt auch eine Einstellung gem. § 153 II StPO[30] oder gem. § 153a II StPO[31] oder gem. § 206a I StPO[32] in Betracht. Indessen soll bei minder schweren Verstößen gegen den Beschleunigungsgrundsatz bereits die ausdrückliche Feststellung der rechtsstaatswidrigen Verfahrensverzögerung in den Urteilsgründen zu dessen Kompensation genügen[33].

26a Für den Fall eines Freispruchs fehlte in Deutschland früher eine hinreichende gesetzliche Regelung zur Kompensation des immateriellen Schadens bei überlanger Verfahrensdauer. Der EGMR erkannte deshalb auf einen Anspruch auf Entschädigung in Geld gem. Art. 41 EMRK[34]. Außerdem mahnte der Gerichtshof im Hinblick auf Art. 13 EMRK (Recht auf wirksame Beschwerde) mehrfach die Schaffung eines Rechtsbehelfs mit präventiver bzw zumindest kompensatorischer Wirkung bei überlanger Verfahrensdauer an[35].

Dieser Aufforderung ist der Gesetzgeber im Jahre 2011 in Form des **Gesetzes über den Rechtsschutz bei überlangen Gerichtsverfahren und strafrechtlichen Ermittlungsverfahren**[36] nachgekommen. **§ 198 I, II GVG** normiert als Kern der Neuregelung einen **staatshaftungsrechtlichen Anspruch sui generis** auf Ausgleich **materieller** (zB: erhöhte Verteidigerkosten, entgangener Gewinn) und **immaterieller Nachteile**, die infolge einer überlangen Verfahrensdauer entstehen. Gem. § 199 I, II GVG erstreckt sich der Anwendungsbereich dieses Gesetzes auch auf das strafrechtliche Ermittlungs- und Hauptverfahren. Für immaterielle Schäden, die laut Gesetz bei überlanger Verfahrensdauer widerlegbar vermutet werden, sieht § 198 I, II 3 GVG im Regelfall eine Entschädigung i.H.v. 1200 € für jedes Jahr der Verzögerung vor. Ein Abweichen von dieser Pauschale ist dem Entschädigungsgericht im Einzelfall möglich, § 198 II 4 GVG. Zur groben Orientierung kann hierbei die EGMR-Rspr dienen: Bei einer insgesamt vorliegenden Prozessdauer ab etwa 10 Jahren neigt der EGMR beispielsweise zu einer Entschädigung von ungefähr 1500 € im Jahr[37]. Den Entschädigungsanspruch kann der Beschuldigte allerdings gem. § 198 II 2 GVG nur geltend machen, soweit ihm nicht Wiedergutmachung auf andere Weise zuteil wurde. Eine solche **Wiedergutmachung in anderer Weise** stellt insbesondere die von den Strafgerichten bereits praktizierte **Vollstreckungslösung** dar, § 199 III GVG. Im Strafverfahren erlangt der Anspruch auf immaterielle Entschädigung daher praktisch nur im Fall eines Freispruchs oder einer Einstellung des Verfahrens aus anderen Gründen als einer Verfahrensverzögerung Bedeutung.

---

29 BVerfG NStZ 1984, 128; BVerfG NJW 2003, 2897; BGHSt 46, 159, 171 f; dazu *Kempf*, StV 2001, 134; BayObLG StV 2003, 375 m. Anm. *I. Roxin*; OLG Saarl. StV 2007, 178; OLG Koblenz StraFo 2018, 23; LG Bremen StV 2014, 334; s.a. *Hillenkamp*, NJW 1989, 2841; *I. Roxin*, S. 243.
30 BGHSt 46, 159, 169 m. Anm. *Ostendorf/Radke*, JZ 2001, 1091; BGH NStZ 1996, 506; so bereits das LG Aachen im Contergan-Beschluss, JZ 1971, 507.
31 LG Frankfurt NJW 1997, 1994.
32 OLG Düsseldorf StV 1995, 400; OLG Rostock StV 2011, 220.
33 EGMR StV 2005, 475 *(R. U./BRD)*; BGHSt (GrS) 52, 124, 146; BGH StV 2008, 633, 635 m. Bespr. *Scheffler*, StV 2009, 719; BGH NStZ 2012, 653; krit. *Gaede*, Fezer-FG HRRS, S. 21, 40; *I. Roxin*, GA 2010, 425, 426.
34 EGMR StV 2009, 519 *(Ommer/BRD)*.
35 EGMR NJW 2006, 2389 *(Sürmeli/BRD)*; NJW 2010, 3355 *(Rumpf/BRD)*.
36 BGBl. 2011 I, 2302; in Kraft seit 3.12.2011.
37 *Guckelberger*, DÖV 2012, 289, 296; s.a. Tabelle bei SK-StPO-*Paeffgen*, EMRK Einl. Rn 372.

Zur Anspruchsbegründung setzt § 198 I, II GVG kein Verschulden der StA oder des Gerichts hinsichtlich der unangemessenen Verfahrensdauer voraus. Strukturelle Probleme wie chronische Überlastung der Justiz gehen daher nicht zu Lasten des Anspruchsinhabers: Es kommt allein darauf an, ob die Ursachen für die eingetretene Verzögerung in der Sphäre der Justiz liegen. **Zwingende Voraussetzung der Entstehung eines Entschädigungsanspruchs** ist allerdings eine sog. **Verzögerungsrüge** (§ 198 III GVG) beim Gericht des Ausgangsverfahrens bzw der zuständigen StA im Ermittlungsverfahren. Anders als die Kompensation im Rahmen der Vollstreckungslösung wird eine finanzielle Entschädigung also nicht von Amts wegen gewährt. Indes darf aus der Neuregelung nicht geschlossen werden, dass künftig auch die Kompensation im Sinne der Vollstreckungslösung nur noch auf Verzögerungsrüge hin vom Ausgangsgericht durchgeführt wird[38]. Die Verzögerungsrüge stellt keinen neuen Rechtsbehelf dar, sondern ist allein als Obliegenheit des Beschuldigten konzipiert[39]. Dementsprechend leitet sie weder ein eigenständiges Verfahren ein, noch begründet sie eine Pflicht des Ausgangsgerichts zur förmlichen Entscheidung. Ob die rügeweise Geltendmachung einer Verfahrensverzögerung dem Ausgangsgericht in der Praxis wirklich Anlass zur Prüfung etwaiger Abhilfemöglichkeiten geben wird (sog. „Warnfunktion"), ist angesichts der Unverbindlichkeit der Rüge mehr als fraglich[40]. Die getrennt vom Ausgangsverfahren zu betreibende Entschädigungsklage ist gegen das Land oder den Bund als Rechtsträger des im Ausgangsverfahren tätigen Gerichts bzw der Ermittlungsbehörde zu richten (vgl § 200 GVG).

3. In der Hauptverhandlung gewinnt der Beschleunigungsgrundsatz ua in Form der **Konzentrationsmaxime** an Bedeutung. Die gesamte Hauptverhandlung stellt eine Einheit dar. Entsprechend eingeschränkt sind auch die **Unterbrechungsmöglichkeiten** (§§ 228 I 1 Alt. 2, 229 I StPO); bei längeren Verzögerungen wird eine **Aussetzung** des Verfahrens notwendig (§§ 228 I 1 Alt. 1, 229 IV StPO). Im letzteren Falle ist die Hauptverhandlung in vollem Umfang neu durchzuführen (Rn 381).

4. Das Vollstreckungsmodell wird durch die besonderen konventionsrechtlichen Anforderungen legitimiert, die sich angesichts der Vorgaben von EMRK und EGMR bei überlanger Verfahrensdauer stellen. Eine Übertragung der Vollstreckungslösung auf weitere Verfahrensverstöße (zB Verstöße gegen Belehrungspflichten) muss im Hinblick auf diese Spezialfunktion unterbleiben[41] (s.a. Rn 469a).

X. Der Grundsatz der Öffentlichkeit, § 169 S. 1 GVG, Art. 6 I 1, 2 EMRK

Der Grundsatz der **Öffentlichkeit** bedeutet, dass grundsätzlich jedermann der mündlichen Hauptverhandlung beiwohnen darf. Es soll damit ua eine Kontrolle des Verfahrens durch die Öffentlichkeit gewährleistet werden.   **27**

Zum Schutz der Privatsphäre, wegen Gefährdung der Staatssicherheit, der Sittlichkeit oder wegen Gefährdung der schützenswerten Intimsphäre der Zeugen oder aus ähnlich gewichtigen Gründen erfährt dieser Grundsatz jedoch zahlreiche Durchbrechungen (Einzelheiten s. §§ 169 S. 2, 170 ff GVG und u. Rn 376 ff).

---

38 *Gercke/Heinisch*, NStZ 2012, 300, 304; *Graf*, NZWiSt 2012, 121, 127; aA *Sommer*, StV 2012, 107, 110.
39 BT-Drs. 17/3802, S. 16 u. 21.
40 Vgl. *Baumanns*, Der Beschleunigungsgrundsatz im Strafverfahren, 2011, S. 413 ff; *Falk/Schütz*, Rössner-FS, S. 753; *Kolleck-Feser*, Verfahrensverzögerungen im Strafverfahren und die Untätigkeitsbeschwerde der Staatsanwaltschaft, 2015, S. 146 f.
41 BGHSt 52, 110, 118 f; BGH wistra 2011, 386.

XI. Das Gebot eines fairen Strafverfahrens, Art. 20 III GG, Art. 6 I EMRK

28 In zunehmendem Maße greift die Rspr zur Begründung von Rechten bzw Pflichten der am Strafverfahren Beteiligten direkt auf den **Grundsatz des „fair trial"**, dh auf das Gebot eines fairen Strafverfahrens, zurück. Diesen Grundsatz kann man – wie der BGH[42] – als eine Konsequenz des Rechtsstaatsprinzips begreifen, oder man kann zu seiner Begründung auf eine Gesamtschau der Art. 1 I, 2 II 2, 20 III, 101 I 2, 103 I GG, Art. 6 I 1 EMRK verweisen[43].

Völlig offen ist allerdings bis heute die Reichweite dieses Prozessrechtsgrundsatzes, also insbes. die Frage, in welchen Fällen er ein bestimmtes Prozessverhalten vorschreibt und welche prozessualen Konsequenzen im Einzelfall gezogen werden müssen. Zu Recht wird inzwischen auch vom BGH davor gewarnt, mithilfe einer ausufernden Anwendung derart vager Verfassungsprinzipien die Bindung an das positive Recht zu lockern und damit einer unsicheren Rechtsanwendung Vorschub zu leisten[44]. Deshalb begründet ein Verstoß gegen diesen Grundsatz jedenfalls **idR kein Prozesshindernis**[45] (ausf. dazu Rn 289c).

Beispielhaft seien nur einige Entscheidungen herausgegriffen, in denen aus dem fair-trial-Grundsatz folgende konkrete Rechtsfolgen abgeleitet wurden[46]:

BGH StV 2010, 285: Das Verbot, den Beschuldigten über die wahren Hintergründe seiner Festnahme zu täuschen; **BGHSt 53, 294:** Ein Beweisverwertungsverbot bei heimlicher akustischer Überwachung eines Ehegattengespräches im Besucherraum einer U-Haftanstalt; **BVerfG StV 2008, 1:** Als Subjekt des Verfahrens muss dem Beschuldigten auch praktisch die Möglichkeit gegeben werden, zur Wahrung seiner Rechte aktiv auf den Gang und das Ergebnis des Verfahrens Einfluss zu nehmen; **BVerfGE 39, 238, 243:** Das Recht des Beschuldigten, sich im Strafverfahren von einem Rechtsanwalt seines Vertrauens verteidigen zu lassen; **EGMR StV 2003, 257** *(Allan/UK)*: Verbot der staatlichen Ausforschung eines Beschuldigten durch einen Polizeispitzel als Zellengenossen[47]; **BVerfG NStZ 1995, 555; BGHSt 38, 214, 220: BGH NStZ 2013, 604:** Das Schweigerecht des Beschuldigten; **EGMR StV 1997, 617** *(van Mechelen/NL)*: Das Recht des Angeklagten, den als Zeuge auftretenden V-Mann vor Gericht möglichst direkt befragen zu können; **EGMR NJOZ 2017, 544:** Wenn ein Zeuge, dessen Aussage als belastender Beweis verwendet werden soll, in der Hauptverhandlung nicht erscheinen kann, ist zu prüfen (i) ob ein triftiger Grund für das Nichterscheinen vorlag, ob (ii) die Aussage die einzige oder entscheidende Grundlage für die Verurteilung war, und (iii) ob es ausgleichende Faktoren für die Verletzung des Konfrontationsrechts in der Hauptverhandlung gab (Einzelheiten Rn 124, 422); **BGHSt 60, 276:** Die rechtsstaatswidrige Provokation einer Straftat durch Angehörige von Strafverfolgungsbehörden oder von ihnen gelenkte Dritte hat regelmäßig ein Verfahrenshindernis zur Folge (sehr str. Einzelheiten Rn 288); **BGHSt 46, 93, 100:** Die Notwendigkeit, dem unverteidigten Beschuldigten bereits im Ermittlungsverfahren einen Pflichtverteidiger zu bestellen, damit dieser dem richterlich zu vernehmenden Belastungszeugen Fragen stellen kann; **EGMR NJW 2004, 43** *(Böhmer/BRD)*:

---

42 BGHSt 32, 345, 350; 37, 10, 13.
43 BVerfG NJW 2001, 2245; vert. *Brunhöber*, ZIS 2010, 761; *Moosbacher*, GA 2018, 195; *Jahn*, ZStW 127 (2015), 549; *F.-C. Schroeder*, in: Roth, S. 183; SK-StPO-*Rogall*, Vor § 133 Rn 101 ff.
44 BGHSt 40, 211, 217 f.
45 BGHSt 42, 191, 193; dazu *Beulke/Satzger*, JuS 1997, 1074.
46 Vert. *Gaede*, Fairness als Teilhabe, 2007; MüKo-StPO-*Gaede*, Art. 6 EMRK Rn 97 ff; *Hörnle*, Rechtstheorie 35 (2004), 175; *Renzikowski*, Lampe-FS, S. 791; *Rzepka, D.*, Zur Fairness im deutschen Strafverfahren, 2000.
47 Mit Anm. *Gaede*; dazu auch *Esser*, JR 2004, 98; s. aber auch EGMR NJW 2010, 213 *(Bykov/RUS)*.

Das Verbot des Widerrufs einer Strafaussetzung zur Bewährung wegen einer neuen Straftat, für die der Beschuldigte noch nicht rechtskräftig verurteilt worden ist.

XII. Der Grundsatz des gesetzlichen Richters, Art. 101 GG

Ausnahmegerichte sind unzulässig. Niemand darf seinem gesetzlichen Richter ent-   **29** zogen werden. Gerichte für besondere Sachgebiete können nur durch Gesetz errichtet werden, Art. 101 GG. Der **Grundsatz des gesetzlichen Richters** fordert also objektive und generelle Regelungen hinsichtlich der Zuständigkeit der Strafgerichte[48]. Die Aburteilungsbefugnis soll von vornherein feststehen, damit Manipulationen in diesem Bereich ausgeschlossen werden[49]. Dementsprechend regeln die StPO und das GVG die **örtliche**, **sachliche** und **funktionelle** Zuständigkeit (Einzelheiten dazu Rn 34 ff).

XIII. Der Grundsatz des rechtlichen Gehörs, Art. 103 I GG

Vor Gericht hat jedermann **Anspruch auf rechtliches Gehör**, Art. 103 I GG. Inhalt   **30** dieses Anspruchs ist es, dass dem Betroffenen Gelegenheit gegeben werden muss, sich dem Gericht gegenüber zu den ihm gegenüber erhobenen Vorwürfen zu äußern, Anträge zu stellen und Ausführungen zu machen, und dass das Gericht seine Ausführungen zur Kenntnis nehmen und in Erwägung ziehen muss[50]. Der Grundsatz des rechtlichen Gehörs hat in einer Reihe von Vorschriften der StPO seine Ausgestaltung gefunden: So gebührt zB dem Angeklagten stets das letzte Wort, § 258 II StPO, und dem Verurteilten steht in Form der sog. **Anhörungsrüge** ein besonderer Rechtsbehelf gegen rechtskräftige Entscheidungen zur Verfügung, wenn in der Revisionsinstanz das rechtliche Gehör verletzt wurde, § 356a StPO[51] (als weitere Fälle s. ua §§ 33, 33a, 115, 136, 163a I, 201, 243 V, 257, 265 StPO); dazu Rn 120, 313.

Lösung Fall 4: Die Antwort ergibt sich aus der Auflistung in Rn 15.   **31**

Lösung Fall 5: Die Einleitung eines Ermittlungsverfahrens gegen A steht nicht im Belieben   **32** der Ehefrau E. Die Polizei ist dazu verpflichtet, ihr Wissen an die zuständige StA weiterzuleiten (§ 163 StPO). Diese muss (**Legalitätsprinzip**) die Straftat (versuchter Mord/Totschlag) verfolgen (§ 152 II StPO); Einzelheiten s. Rn 17.

Lösung Fall 6:   **33**

a) A weiß nunmehr seit 12 Jahren (1997–2009) von dem gegen ihn laufenden Verfahren. Angesichts des Umstandes, dass das Gericht einen schweren Schuldvorwurf sowieso verneint, liegt hier ein eklatanter Verstoß gegen das Beschleunigungsgebot (Art. 20 III GG) vor. Nach der aktuellen Rspr ist die Kompensation einer überlangen Verfahrensdauer grundsätzlich nur

---

48 BVerfGE 95, 322, 327.
49 Vert. *Sowada*, S. 136.
50 BVerfGE 6, 19, 20; 64, 135, 144; BVerfG NJW 2004, 1519; KG StV 2016, 545.
51 Vert. *Eschelbach/Geipel/Weiler*, StV 2010, 325; *Lohse*, StraFo 2010, 433; *Wohlers*, JZ 2011, 78.

im Sinne der **Vollstreckungslösung** vorzunehmen. Ausnahmsweise kann die Fortsetzung des Verfahrens in Extremfällen aus Rechtsstaatsgrundsätzen jedoch gänzlich unzulässig sein. In einem parallelen Fall sah das LG zu Recht diese Grenze als erreicht an und war der Ansicht, es müsse das Verfahren einstellen. Der BGH (BGHSt 46, 159) hat diese Lösung für ganz außergewöhnliche Sonderfälle gebilligt (zur prozessualen Umsetzung der Einstellung s. Rn 287, 290 ff). Einzelheiten s. Rn 26.

b) A kann – nach Abschluss des Strafverfahrens (vgl § 201 III 2 GVG) – in einem gesonderten Zivilprozess vor dem OLG (§ 201 I GVG) eine Entschädigungsklage anstrengen und für jedes Jahr der *Verzögerung* (- die nicht identisch ist mit der Verfahrensdauer! -) grundsätzlich 1200 € Entschädigung für erlittene immaterielle Nachteile geltend machen (§ 198 I, II GVG). Das OLG könnte angesicht der vorliegenden besonders langen Prozessdauer von über zehn Jahren auch von einem höheren Wert ausgehen, § 198 II 4 GVG, zB – in Anlehnung an die Rechtsprechung des EGMR – von 1500 € jährlich. Im Fall eines Freispruchs ist keine ausreichende Wiedergutmachung auf andere Weise (§ 199 III GVG) denkbar, da das Strafgericht die unangemessene Dauer des Verfahrens nicht im Rahmen der Vollstreckungslösung berücksichtigen kann (s. Fall 6a) und eine bloße Feststellung der Verzögerung im freisprechenden Urteil in einem derart eklatanten Fall überlanger Verfahrensdauer zur Kompensation nicht ausreichen dürfte. Voraussetzung der Entstehung des Entschädigungsanspruchs ist allerdings eine Rüge der Verzögerung im Strafverfahren (§ 198 III GVG). Wenn A sich die spätere Geltendmachung eines Entschädigungsanspruchs offen halten will, muss er (zB vertreten durch B) im laufenden Verfahren eine Verzögerungsrüge (§ 198 III GVG) erheben. Einzelheiten s. Rn 26a.

§ 3   Gericht, Gerichtsaufbau und Zuständigkeit

Fall 7:

a) Schildern Sie kurz die wichtigsten sachlichen Zuständigkeiten für die Aburteilung in Strafsachen.

b) Wer entscheidet über die Rechtsmittel gegen Urteile im Strafverfahren? **Rn 60**

Fall 8: A hat sich wegen Einbruchsdiebstahls (§§ 242, 243 I Nr 1 StGB) strafbar gemacht. Die StA erwartet eine Freiheitsstrafe von bis zu zwei Jahren und klagt beim Strafrichter an. Dieser schätzt den Fall entsprechend ein und erlässt einen Eröffnungsbeschluss (§ 203 StPO). In der Hauptverhandlung ergibt sich, dass A schon mehrfach einschlägig vorbestraft ist, sodass nach Ansicht des Strafrichters die Strafe bei mindestens 3 Jahren liegen dürfte. Darf der Strafrichter entsprechend entscheiden, oder muss er die Sache an das Schöffengericht verweisen? **Rn 61**

Fall 9: Gegen A ist von der Strafkammer in der Besetzung von drei Berufsrichtern und zwei Schöffen in der Hauptverhandlung gegen die Stimmen von zwei Berufsrichtern Haftbefehl erlassen worden (§§ 112, 125 II StPO). Während einer mehrtägigen Hauptverhandlungsunterbrechung (§ 229 StPO) drängen dieselben zwei Berufsrichter auf Aufhebung des Haftbefehls, weil dessen Voraussetzungen zumindest jetzt nicht mehr erfüllt seien (§ 120 StPO). Geht das ohne Beteiligung der Schöffen? Hinweis: Für die Aufhebungsentscheidung ist die Strafkammer zuständig (§ 126 StPO). Sie entscheidet mit der absoluten Mehrheit der Stimmen (§ 196 I GVG). **Rn 62**

I. Die Neutralität des Richters

In einem demokratischen Rechtsstaat ist die Macht auf drei Gewalten verteilt: Legislative, Exekutive und rechtsprechende Gewalt. Letztere ist den Richtern anvertraut, Art. 92 GG.

Die Strafgerichte (Bundesgerichtshof sowie die Strafgerichte der Länder, nämlich OLG, LG und AG) setzen sich aus Berufsrichtern (Volljuristen, die die Befähigung zum Richteramt haben und als Richter ernannt sind, §§ 5, 8 ff DRiG) und teilweise zusätzlich aus Schöffen (Laienrichter, § 31 I StPO, §§ 30 ff GVG) zusammen.

Spätestens mit Erlass des Eröffnungsbeschlusses (s. Rn 2) trägt das Gericht bis zur Beendigung des Hauptverfahrens die Hauptverantwortung für den weiteren Verfahrensfortgang. Während der Staatsanwalt weisungsgebunden ist (§ 146 GVG, s. Rn 85) und trotz seiner Objektivitätsverpflichtung (§ 160 II StPO, dazu Rn 79) verstärkt die belastenden Momente in das Verfahren einbringt und der Verteidiger einseitig zugunsten des Beschuldigten tätig wird (dazu Rn 147 ff), ist der Richter ein „neutraler Urteiler"[1]. Seine Neutralität wird insbes. durch folgende Absicherungen gewährleistet:

- Der Richter ist **unabhängig** und nur dem Gesetz unterworfen, Art. 97 I GG. Man unterscheidet zwischen sachlicher und persönlicher Unabhängigkeit. Die *sachliche Unabhängigkeit* spiegelt sich vor allem in der völligen Trennung von Verwaltungsbehörden und einer damit Hand in Hand gehenden Weisungsfreiheit wider[2]. Grenzen setzen dem Richter insoweit nur die allgemeinen Gesetze (so darf er zB keine Urkundenfälschung iSv § 267 StGB durch nachträgliche Abänderung der Urteilsformel im Hauptverhandlungsprotokoll begehen[3]), ferner einzelne spezielle Verfahrensregeln (zB die Bindung an eine Verständigung, § 257c I, IV StPO, dazu Rn 395b, oder die Bindungswirkung des Untergerichts durch eine Revisionsentscheidung, § 358 StPO, dazu Rn 573). Besondere Schranken setzt dem Richter letztlich auch der Straftatbestand der Rechtsbeugung, § 339 StGB. Die *persönliche Unabhängigkeit* betrifft den ebenfalls sehr wichtigen Schutz des Richters vor Entlassung, Versetzung, Amtsenthebung etc (vgl Art. 97 II, 98 GG, §§ 16 ff GVG).
- Der Richter wird generell **gesetzlich bestimmt**, Art. 101 GG (Einzelheiten Rn 29 ff).
- Der Richter ist **unparteilich**[4]. Die Unparteilichkeit garantieren die Vorschriften über den Richterausschluss und die Richterablehnung (§§ 22 ff StPO, dazu Rn 63 ff)[5].

---

1 *Zaczyk*, Beulke-FS, S. 69; i.d.S. auch BVerfG NJW 1981, 912, 913; *Bosch*, Jura, 2015, 56.
2 BVerfG NJW 1956, 137.
3 BGH wistra 2015, 439.
4 BVerfG NJW 1967, 1123.
5 S. auch *Bockemühl*, 40. Strafverteidigertag, S. 253.

II. Der Grundsatz des gesetzlichen Richters

34 Gem. Art. 101 I 2 GG darf niemand seinem gesetzlichen Richter entzogen werden. Dabei versteht man unter **„gesetzlichem Richter"** den durch das Gesetz und die das Gesetz ergänzenden Geschäftsverteilungspläne der Gerichte allgemein und im Voraus bestimmten Richter. Art. 101 I 2 GG gewährt also einen **grundrechtsähnlichen Anspruch**[6] darauf, dass der Staat durch das Strafverfahrens- und Gerichtsorganisationsrecht im Vorhinein für jeden denkbaren Rechtsfall **abstrakt** regelt, welches Gericht in der Sache zu befinden hat (s.a. § 16 S. 2 GVG).

35 Das deutsche Gerichtsverfassungsrecht hat hierfür höchst unterschiedliche Kriterien gewählt (zB Deliktscharakter, Strafwartung, Bedeutung des Falles), die nicht immer eine mathematisch exakte Beantwortung der Zuständigkeitsfrage erlauben. Sofern unterschiedliche Antworten denkbar erscheinen, ist es zweifelhaft, ab wann eine Fehleinschätzung seitens eines Strafverfolgungsorgans (insbes. seitens der StA als Anklagebehörde) als Verstoß gegen den Grundsatz des gesetzlichen Richters eingestuft werden muss. Mit der ganz hA sollte man eine Verletzung des Art. 101 I 2 GG ablehnen, falls die gesetzwidrige Bestimmung des Spruchkörpers auf einem **bloßen Verfahrensirrtum** beruht (error in procedendo). Nur bei einer **objektiv willkürlichen** Maßnahme, dh einer solchen, die auf völlig sachfremden Erwägungen beruht, liegt eine Entziehung des gesetzlichen Richters vor[7].

Der gesetzliche Richter kann sich auch aus Regelungen jenseits des eigentlichen Prozessrechts ergeben.

Beispiel (nach BGHSt 61, 296): In einem Strafverfahren vor dem LG hat sich die Beweisaufnahme unvorhergesehen über Monate in die Länge gezogen. Während einer Unterbrechung der Hauptverhandlung (§ 229 StPO, Rn 381) hat die beisitzende Richterin R ein Kind zur Welt gebracht. Zwei Wochen nach der Geburt wird das Urteil unter Mitwirkung der R verkündet.

Lösung: Hier hat eine Richterin mitgewirkt, für die nach den Regeln des MuSchG (iVm entsprechenden Landesgesetzen) ein Dienstleistungsverbot bis zum Ablauf von 8 Wochen nach der Geburt bestand. Das Gericht war nicht ordungsgemäß besetzt. Der Beschuldigte ist seinem gesetzlichen Richter entzogen worden. Hierauf könnte eine Revision gegen das Urteil gestützt werden (§ 338 Nr. 1 StPO, Rn 566)[8].

III. Arten der Zuständigkeiten[9]

1. Sachliche Zuständigkeit

36 Die sachliche Zuständigkeit betrifft die Frage, **welches Gericht** (zB AG, LG) für die Strafsache **in erster Instanz zuständig** ist. Gibt es innerhalb eines Gerichts **mehrere Spruchkörper** (einzelne Abteilungen), die jeweils erstinstanzlich tätig werden kön-

---

6 BVerfGE 40, 356, 360 f; BVerfG StV 2005, 1.
7 BVerfGE 30, 165, 167; BVerfG StV 2009, 673; BGHSt 43, 53, 55 m. Anm. *Renzikowski*, JR 1999, 166; BGHSt 47, 116, 119; BGH StV 2016, 622 m. Bespr. *Kudlich*, JA 2016, 551.
8 Zust. *Jäger*, JA 2017, 312; *Jahn*, JuS 2017, 277; *Norouzi*, v. Heintschel-Heinegg-FS, S. 349; *Wolf-Doettinchem*, JA 2018, 432.
9 Überblick bei *Satzger*, Jura 2016, 621.

nen, so betrifft die sachliche Zuständigkeit auch die Frage, welcher dieser Spruchkörper zuständig ist, sofern sie **unterschiedliche Rechtsfolgengewalt** haben (zB Einzelrichter und Schöffengericht beim AG). Gem. § 6 StPO ist die sachliche Zuständigkeit in jeder Lage des Verfahrens von Amts wegen zu prüfen. Gem. § 269 StPO darf sich allerdings ein Gericht nicht deshalb für unzuständig erklären, weil die Sache vor ein Gericht niederer Ordnung gehöre, es sei denn, für die Zuständigkeit des höheren Gerichts fehlt jeder sachliche Grund (Willkürgrenze, s.o. Rn 35). Hält das Gericht, bei dem Anklage erhoben ist, die sachliche Zuständigkeit eines Gerichts höherer Ordnung für begründet, so verfährt es vor der Eröffnung des Hauptverfahrens gem. § 209 II StPO, vor Beginn der Hauptverhandlung gem. § 225a I StPO und in der Hauptverhandlung gem. § 270 I StPO.

2. Örtliche Zuständigkeit

Die örtliche Zuständigkeit (§§ 7 ff StPO) betrifft die Auswahl unter mehreren sachlich **37** zuständigen Gerichten nach örtlichen Gesichtspunkten. Sie ist gem. § 16 StPO nur bis zur Eröffnung des Hauptverfahrens von Amts wegen zu prüfen. Danach darf das Gericht seine Unzuständigkeit lediglich auf Einwand des Angeklagten aussprechen, den dieser auch nur bis zum Beginn seiner Vernehmung zur Sache in der Hauptverhandlung geltend machen kann.

3. Funktionelle Zuständigkeit

Die funktionelle Zuständigkeit wird im Gesetz nicht erwähnt. Unter dieser Bezeich- **38** nung werden alle Zuständigkeitsprobleme zusammengefasst, die nicht durch die Regeln über die sachliche und örtliche Zuständigkeit gelöst werden, also zB:
- **Zuständigkeit des Rechtsmittelgerichts**[10]
- Zuständigkeitsverteilung zwischen Spruchkörpern mit **gleicher Strafgewalt**, zB allgemeine Strafkammer oder Wirtschaftsstrafkammer[11] (s. dazu § 6a StPO)
- **Aufgabenverteilung innerhalb der Spruchkörper** (zB Verhandlungsleitung des Vorsitzenden gem. § 238 I StPO)
- Zuständigkeit des Ermittlungsrichters im Ermittlungsverfahren (zB bei Erlass eines Haftbefehls gem. § 125 StPO).

IV. Die Zuständigkeit in erster Instanz und die Besetzung der Spruchkörper

Die sachliche Zuständigkeit der Gerichte wird durch das Gesetz über die Gerichtsver- **39** fassung (GVG) bestimmt (§ 1 StPO).

---

10 BGHSt 25, 51, 53; LR-*Erb*, Vor § 1 Rn 9.
11 BGH StV 2009, 509; KK-*Scheuten*, § 1 Rn 4; aA *M-G/Schmitt*, Vor § 1 Rn 4.

1. Das Amtsgericht

Das Amtsgericht (AG) ist gem. § 24 I GVG insbes. zuständig, **wenn nicht**

– die zwingende Zuständigkeit des Schwurgerichts oder der Staatsschutzkammer oder des OLG begründet ist (Nr 1) oder
– eine höhere Strafe als **vier** Jahre Freiheitsstrafe zu erwarten ist (Nr 2) oder
– die StA wegen der **besonderen Schutzbedürftigkeit** von Verletzten der Straftat, die als Zeugen in Betracht kommen, des **besonderen Umfangs** oder der **besonderen Bedeutung** des Falles Anklage beim LG erhebt (Nr 3)[12].

Die Spruchkörper des AG sind der **Strafrichter** und das **Schöffengericht**. Diese Spruchkörper haben nur eine erstinstanzliche Zuständigkeit.

a) Der **Strafrichter** entscheidet als Einzelrichter über die leichtere Kriminalität, und zwar wenn gem. § 24 I Nr 1–3 GVG das AG überhaupt zuständig ist **und darüber hinaus** es sich gem. § 25 GVG um **Vergehen** handelt, die

– im Wege der **Privatklage** verfolgt werden (dazu § 374 StPO) oder
– bei denen eine höhere Strafe als Freiheitsstrafe von **zwei** Jahren nicht zu erwarten ist.

Im Einzelfall kann sich die Straferwartung als falsch herausstellen. Dann reicht die Strafgewalt des Einzelrichters bis zu **vier** Jahren Freiheitsstrafe, § 24 II GVG. Nur **insoweit** ist der Einzelrichter also auch für die Verhängung höherer Strafen (bis zu vier Jahren) zuständig. Hat also der Strafrichter als Einzelrichter bereits einen Eröffnungsbeschluss erlassen (s. Rn 2 und Rn 357), so kommt danach eine Verweisung der Sache an das Schöffengericht wegen einer früheren irrtümlich zu geringen Straferwartung nicht mehr in Betracht. Stellt sich hingegen erst in der Hauptverhandlung heraus, dass es sich um ein **Verbrechen** handelt, so muss an das Schöffengericht (bei einer Straferwartung von bis zu vier Jahren) bzw. das LG (über vier Jahre) verwiesen werden[13].

40 b) Das **Schöffengericht** ist gem. § 29 I GVG besetzt mit einem Berufsrichter und zwei ehrenamtlichen Richtern (Schöffen; Einzelheiten zu deren Auswahl s. §§ 31 ff GVG). De lege ferenda ist die Aufrechterhaltung der Laienbeteiligung in Form der Schöffen umstritten[14]. Bei besonders umfangreichen Sachen kann – idR auf Antrag der StA – ein weiterer Berufsrichter hinzugezogen werden, § 29 II GVG, sog. **erweitertes Schöffengericht**. Bei Entscheidungen außerhalb der Hauptverhandlung wirken die Schöffen nicht mit, § 30 II GVG. Zur Frage, ob den Schöffen ein Akteneinsichtsrecht zusteht, s. Rn 408.

---

12 Vert. *Heghmanns*, DRiZ 2005, 288.
13 S/S/W-StPO-*Spiess*, § 25 GVG Rn 3; aA *Pschorr*, JR 2017, 391.
14 *Börner*, StraFo 2012, 434; *Duttge*, JR 2006, 358; *Hillenkamp*, Kaiser-FS, S. 1437; *Jäger*, DFT, S. 251; *Lilie*, Rieß-FS, S. 303; *Rönnau*, JuS 2016, 500; *ders.*, Schlothauer-FS, S. 367; zur Situation in Japan *Kato*, in: Entwicklungslinien, S. 139; *Kato, Hokei Ronshu*, The Journal of the Faculty of Law, Aichi University, Nr 170, Februar 2006, S. 1.

Das Schöffengericht entscheidet über die mittlere Kriminalität. Dabei ist die sachliche Zuständigkeit nicht positiv geregelt, sondern ergibt sich nach § 28 GVG aus einer **negativen Abgrenzung**. Es ist zuständig, wenn die Zuständigkeit des AG gem. § 24 I Nr 1–3 GVG überhaupt gegeben ist (insbes. Straferwartung unter vier Jahren) **und darüber hinaus** der Strafrichter gem. § 25 GVG **nicht zuständig** ist (insbes. bei einer Straferwartung über zwei Jahren).

Kommt von vornherein nur eine Freiheitsstrafe unter zwei Jahren in Betracht, ist eine Anklage beim Schöffengericht willkürlich (s. Rn 35).

Vereinfachend dargestellt entscheidet also der **Strafrichter** idR bei **Vergehen** mit einer Straferwartung **bis zu zwei Jahren**, das **Schöffengericht** bei **Vergehen** mit einer Straferwartung **von zwei bis zu vier Jahren** sowie bei **Verbrechen mit einer Straferwartung bis zu vier Jahren**.

2. Das Landgericht

a) Die Spruchkörper beim LG heißen **Strafkammern**. Für **erstinstanzliche Entscheidungen** zuständig ist die **große Strafkammer**. Gemäß § 76 I 1 GVG ist sie mit drei Berufsrichtern und zwei Schöffen besetzt. Bei Entscheidungen außerhalb der Hauptverhandlung wirken die Schöffen nicht mit (§ 76 I 2 GVG). Bei Eröffnung des Hauptverfahrens (§ 76 II 1 GVG) oder spätestens bei Anberaumung eines Termins zur Hauptverhandlung (§ 76 II 2 GVG) hat die Kammer (außerhalb der Hauptverhandlung, also ohne Beteiligung der Schöffen aber im Beisein aller **drei Berufsrichter**)[15] stets darüber zu beschließen, wie sie **in der Hauptverhandlung** (nur dort!) besetzt ist. Im **Regelfall** ist in reduzierter Besetzung, nämlich lediglich mit **zwei Berufsrichtern** zu verhandeln (§ 76 I 4 GVG). Nur in den in § 76 II 3 Nr 1–3 GVG abschließend genannten Fällen ist die Dreierbesetzung auch in der Hauptverhandlung zwingend. Der Mitwirkung dreier Berufsrichter bedarf es demnach ua, wenn die große Strafkammer als Schwurgericht zuständig ist (s.u. Rn 43), wenn zu erwarten ist, dass die Unterbringung des Täters in der Sicherungsverwahrung angeordnet oder vorbehalten wird, oder wenn die **Dreierbesetzung nach dem Umfang oder der Schwierigkeit der Sache notwendig** erscheint. Letzteres ist gem. § 76 III GVG regelmäßig der Fall, wenn die Hauptverhandlung voraussichtlich mehr als zehn Tage dauern wird oder die große Strafkammer als Wirtschaftskammer zuständig ist (s.u. Rn 43). Im Übrigen steht dem Gericht insofern ein weiter **Beurteilungsspielraum** zu, der erst überschritten ist, wenn die Besetzungsentscheidung **objektiv willkürlich** erscheint[16]. Der Besetzungsbeschluss ist nicht selbstständig anfechtbar, sondern nur mit einer auf § 338 Nr 1 (iVm §§ 222a, 222b) StPO gestützten Verfahrensrüge. § 76 IV, V GVG enthalten Regelungen zur nachträglichen Änderung der Besetzungsentscheidung bzw zur Neuentscheidung über die Besetzung nach Zurückweisung durch das Revisionsgericht sowie nach Aussetzung der Hauptverhandlung.

41

---

15 BGHSt 60, 248.
16 BGHSt 44, 328, 334 f; BGH StV 2010, 228; NStZ 2011, 52; *Kissel/Mayer*, § 76 Rn 5.

42   b) Die sachliche Zuständigkeit der (großen) Strafkammer umfasst insbes. folgende Fallgruppen:

– alle Verbrechen, bei denen weder das AG noch das OLG zuständig ist (§ 74 I 1 GVG), dh insbes. Verbrechen, bei denen eine höhere Freiheitsstrafe als vier Jahre zu erwarten ist (§ 74 I 1 GVG iVm § 24 I Nr 2 GVG)

– alle sonstigen Straftaten (also insbes. Vergehen), bei denen eine höhere Strafe als vier Jahre Freiheitsstrafe zu erwarten ist (§ 74 I 2 Alt. 1 GVG)

– bei Vergehen und Verbrechen, bei denen die StA wegen der besonderen Schutzbedürftigkeit von Verletzten der Straftat, die als Zeugen in Betracht kommen, des besonderen Umfangs oder der besonderen Bedeutung des Falles Anklage beim LG erhebt (§ 74 I 2 Alt. 2 GVG iVm § 24 I 1 Nr 3, 2 GVG).

Eine „besondere Bedeutung" kommt einem Fall dann zu, wenn er sich aus tatsächlichen oder rechtlichen Gründen aus der Masse der durchschnittlichen Strafsachen nach oben abhebt[17]. Sie kann sich insbes. ergeben aus dem Ausmaß der Rechtsverletzung, den Auswirkungen der Straftat sowie dem Interesse der Medien und der Öffentlichkeit[18], der hervorgehobenen beruflichen Stellung des Angeklagten[19] und aus dem Bedürfnis, dass die rasche Klärung durch den BGH ermöglicht werden soll[20]. Die nicht willkürliche Fehleinschätzung der Bedeutung durch die StA und das eröffnende Gericht bildet aber keinen Revisionsgrund (s.o. Rn 35)[21].

43   c) Von der allgemeinen großen Strafkammer sind die **besonderen (großen) Strafkammern** zu unterscheiden, die für bestimmte Deliktsgruppen zuständig sind, die sich aber in Besetzung und Strafkompetenz nicht von der allgemeinen Strafkammer unterscheiden.

aa) Dabei handelt es sich zunächst um das **Schwurgericht**[22], das gem. § 74 II GVG für die dort aufgelisteten Kapitaldelikte (zB Mord/Totschlag, Körperverletzung, Freiheitsberaubung, Vergewaltigung, jeweils mit Todesfolge) zuständig ist. Auch hier wirken jeweils zwei Laienrichter als „Schöffen" mit[23].

bb) Für Wirtschaftsstrafsachen ist gem. § 74c GVG eine Strafkammer als **Wirtschaftsstrafkammer** zuständig[24]. Diese kann auch für mehrere LG-Bezirke gemeinsam zuständig sein (§ 74c III GVG).

cc) Für **Staatsschutzdelikte** schließlich ist gem. § 74a GVG bei den Landgerichten, in deren Bezirk ein OLG seinen Sitz hat, eine (Sonder-)Strafkammer für den gesamten OLG-Bezirk zuständig.

3. Das Oberlandesgericht

44   Die Spruchkörper beim OLG (Berlin: KG) heißen **Senate**. In erster Instanz entscheidet das OLG mit drei bzw fünf Berufsrichtern (Einzelheiten s. § 122 II GVG). Die erstinstanzliche Zuständigkeit der OLGe (nur derjenigen, in deren Bezirken die jewei-

---

17 Umfassend *Sowada*, S. 527 ff.
18 BGHSt 44, 34, 36; OLG Jena NStZ 2016, 375.
19 OLG Zweibrücken StraFo 2003, 242 m. Anm. *Michel.*
20 BGHSt 43, 53, 58 m. insoweit krit. Anm. *Renzikowski*, JR 1999, 168 u. *Bernsmann*, JZ 1998, 631.
21 Zust. insoweit: BGHSt 57, 3 m. Anm. *F.C. Schroeder*, JR 2012, 266.
22 *M. Huber*, JuS 2009, 406.
23 Die Bezeichnung „Geschworene" wurde 1972 aufgegeben, vgl. *Jänicke/Peters*, Jura 2016, 17.
24 Vert. *Bock*, Ad Legendum 2014, 9.

lige Landesregierung ihren Sitz hat) umfasst alle in § 120 I GVG aufgezählten **Staatsschutzdelikte** sowie solche des § 120 II GVG (zB Mordtaten oder Brandstiftungen, die bestimmt und geeignet sind, den Bestand der Bundesrepublik Deutschland zu beeinträchtigen – wird auch bei **rechtsextremistischen Taten** bejaht), wenn der Generalbundesanwalt wegen der besonderen Bedeutung die Verfolgung übernimmt, sog. **Evokationsbefugnis**[25].

Das in Bayern aufgrund der Sonderregelung des § 9 EGGVG errichtete **Bayerische Oberste Landesgericht** (BayObLG) wurde zwischenzeitlich aufgelöst, nunmehr aber erneut errichtet.

4. Das Problem der sog. „beweglichen Zuständigkeit"

Es wurde bereits hervorgehoben (s.o. Rn 34), dass der „gesetzliche Richter" zwar für 45 jeden denkbaren Rechtsfall im Vorhinein objektiv feststehen muss (Art. 101 I GG), dass aber andererseits unser Prozessrecht der StA in beschränktem Umfang eine Wahlmöglichkeit hinsichtlich des Spruchkörpers einräumt, bei dem sie Anklage erheben will. Es handelt sich insbes.[26] um folgende Fallgruppen:

Gem. §§ 24 I Nr 3, 74 I 2 GVG kann die StA wegen besonderer Bedeutung des Falles statt beim AG die Anklage beim LG (große Strafkammer) erheben (s.o. Rn 42).

Bei Staatsschutzdelikten iSd § 74a GVG sowie bei einigen anderen schweren Straftaten hängt die erstinstanzliche Zuständigkeit des OLG davon ab, dass der Generalbundesanwalt wegen „besonderer Bedeutung" die Verfolgung übernimmt (s.o. Rn 44).

Seit langem wird darüber gestritten, ob diese Wahlmöglichkeiten mit Art. 101 I 2 GG, § 16 S. 2 GVG (gesetzlicher Richter) im Einklang stehen. Das BVerfG[27] hat die Zuständigkeitsregelung für verfassungskonform erachtet[28].

Zur Begründung wird darauf verwiesen, dass

– der StA kein Ermessen zustehe. Falls die Voraussetzungen vorlägen, sei die StA verpflichtet, bei dem höheren Gericht anzuklagen, sodass eine „Wahlmöglichkeit" gerade nicht bestehe.
– die Entscheidung der StA der uneingeschränkten (kein Beurteilungsspielraum der StA!) gerichtlichen Kontrolle gem. § 209 StPO unterliege, wonach das Gericht, bei dem die Klage eingereicht worden sei, das Hauptverfahren auch bei einem niedrigeren eröffnen bzw einem höherem Gericht vorlegen könne.

Keinen Fall der „beweglichen Zuständigkeit" stellt die gem. §§ 30 II, 76 I 2 GVG gegebene Möglichkeit dar, außerhalb der Hauptverhandlung ohne Mitwirkung der Schöffen zu entscheiden (s.o. Rn 40 f). Da Art. 101 I 2 GG verlangt, dass der zuständige Richter frei von subjektiver Wertung vorherbestimmbar ist[29], müssen die §§ 30 II, 76 I 2 GVG verfassungskonform dahingehend ausgelegt werden, dass es nach Beginn der Hauptverhandlung nicht zur freien Disposition des Gerichts steht, ob innerhalb

---

25 BGHSt 46, 238, 250 f (Fall *Eggesin*) m. Bespr. *Schroeder*, JR 2001, 391 und *Welp*, NStZ 2002, 1; BGHSt 53, 128, 140; BGH NStZ 2008, 146 m. Bespr. *Jahn*, JuS 2008, 274.
26 Weiterführend *Ignor*, Schlothauer-FS, S. 117.
27 BVerfGE 9, 223, 226; 22, 254, 260.
28 Krit u.a. *Eisenberg*, NStZ 1996, 265; *Hellmann*, Rn 389; *Sowada*, S. 590; *Theile*, Heinz-FS, S. 892.
29 BVerfGE 95, 322, 330.

oder außerhalb der Hauptverhandlung entschieden wird. Vielmehr muss die Entscheidung im **Regelfall innerhalb der Hauptverhandlung** getroffen werden, es sei denn zwingende Gründe (zB extreme Eilbedürftigkeit) bedingen eine Entscheidung außerhalb der Hauptverhandlung[30]. Nach entgegenstehender – in jüngerer Rechtsprechung herrschender – Ansicht ist jedoch über Verhängung oder Aussetzung etc der Untersuchungshaft außerhalb der Hauptverhandlung zu entscheiden[31].

5. Verbindung

46 Zusammenhängende Sachen, die jede für sich zur Zuständigkeit von Gerichten verschiedener Ordnung gehören würden, können verbunden bei dem Gericht anhängig gemacht werden, dem die **höhere Zuständigkeit** zukommt (§ 2 I StPO). Erst recht können Strafsachen verbunden werden, die in die Zuständigkeit desselben oder eines gleichrangigen Gerichts fallen.

Der für die Verbindung erforderliche **Zusammenhang** kann sein

– ein **persönlicher** Zusammenhang, dh eine Person wird mehrerer Straftaten beschuldigt, § 3 Alt. 1 StPO
– ein **sachlicher** Zusammenhang, dh bei einer Tat werden mehrere Personen als Täter, Teilnehmer oder der Begünstigung, Strafvereitelung oder Hehlerei beschuldigt, § 3 Alt. 2 StPO
– ein **kombinierter** Zusammenhang, der in § 3 StPO nicht ausdrücklich genannt, aber vom Zweck der Vorschrift mit umfasst wird[32].

Beispiel: Wird A wegen Totschlags und B wegen Beihilfe hierzu vor dem Schwurgericht angeklagt (sachlicher Zusammenhang), so kann auch ein unabhängig davon von A begangener einfacher Diebstahl wegen des persönlichen Zusammenhangs vor diesem Schwurgericht angeklagt werden.

Miteinander verbundene Verfahren können aus Gründen der Zweckmäßigkeit auch jederzeit wieder getrennt werden (§ 2 II StPO). Es muss sich bei den abgetrennten Teilen aber stets um selbstständige prozessuale Taten (s. Rn 20 und Rn 512) handeln[33].

---

30 BGHSt 43, 91 m. Anm. *Dehn*, NStZ 1997, 607; OLG Koblenz StV 2010, 36 und 37 m. zust. Anm. *Sowada*; KG StV 2016, 171; *Katholnigg*, § 30 Rn 3; *Kunisch*, StV 1998, 687; *Schlothauer*, StV 1998, 144; *Müller, R.*, Zur Frage der richterlichen Zuständigkeit bei Entscheidungen zwischen Beginn und Ende der strafprozessualen Hauptverhandlung, 2003; für eine ausnahmslose Mitwirkungspflicht der Schöffen bei Haftentscheidungen nach Eröffnung der Hauptverhandlung *Helm*, JA 2006, 302; *Sowada*, NStZ 2001, 169.
31 BVerfG NJW 1998, 2962; BGH JR 2011, 361 m. zust. Anm. *Krüger*, NStZ 2012, 342; OLG Hamburg NJW 1998, 2988; OLG Köln NStZ 2009, 589 m. Anm. *Krüger* u. *Sowada*, StV 2010, 37; OLG Thür. StV 2010, 34; LG Berlin StV 2014, 403; *Börner*, ZStW 122 (2010), 157, 193 f; *Kissel/Mayer*, § 30 Rn 16; differenzierend LR-*Hilger*, § 125 Rn 16a; *Mosbacher*, JuS 2011, 713.
32 S. zB *M-G/Schmitt*, § 3 Rn 4.
33 BGH NStZ 2002, 105; vert. *Rotsch/Sahan*, JA 2005, 801.

V. Die Zuständigkeit in Rechtsmittelsachen

1. Das LG als Rechtsmittelinstanz

a) Berufung (§§ 312 ff StPO)

Gegen die (immer erstinstanzlichen) **Urteile des AG** (des Strafrichters und des Schöf- **47** fengerichts) ist Berufung zulässig (§ 312 StPO), in Bagatellfällen allerdings erst nach **Annahme** durch das Berufungsgericht (§ 313 StPO). Über die Berufung entscheidet das LG.

Die Berufungszuständigkeit liegt bei der sog. **kleinen Strafkammer** (§ 74 III iVm § 76 I 1 GVG). Diese ist mit einem Berufsrichter und zwei Schöffen besetzt. Seit 1993 ist die kleine Strafkammer auch als Berufungsinstanz gegen Schöffengerichtsurteile zuständig. Bei Berufungen gegen Urteile des erweiterten Schöffengerichts (§ 29 II GVG; s. Rn 40) ist ein zweiter Berufsrichter hinzuzuziehen (§ 76 VI 1 GVG), der außerhalb der Hauptverhandlung – genauso wie die Schöffen (§ 76 I 2 GVG) – nicht mitentscheidet, § 76 VI 2 GVG.

Die maximale Strafkompetenz der Strafkammer als Berufungsgericht entspricht der des AG (4 Jahre, s. Rn 39, 40)[34].

b) Beschwerde (§§ 304 ff StPO)

Aus § 76 I 1 iVm § 73 GVG folgt, dass über Beschwerden gegen Verfügungen des **48** Richters beim AG und gegen Entscheidungen des AG (des Strafrichters wie auch des Schöffengerichts) stets die **große Strafkammer** entscheidet[35]. Da die Entscheidung außerhalb einer Hauptverhandlung ergeht (§ 309 I StPO), wirken die Laienrichter hieran nicht mit (§ 76 I 2 GVG).

2. Das OLG als Rechtsmittelinstanz

a) Wenn das OLG als Revisions- oder Beschwerdeinstanz tätig wird, entscheidet ein **49** **Senat** (§ 116 I GVG) in der Besetzung von drei Berufsrichtern (§ 122 I GVG).

b) Für **Revisionen** ist das OLG zuständig, wenn ein Berufungsurteil der Strafkammer **50** angefochten werden soll (§ 121 I Nr 1b GVG).

Ferner ist das OLG zuständig für die **Sprungrevision** (§ 335 StPO) **gegen** erstinstanzliche **Urteile des AG** (§§ 335 II StPO, 74 III, 121 I Nr 1b GVG).

Ausnahmsweise ist das OLG für die Revision gegen ein erstinstanzliches Urteil der großen Strafkammer zuständig, nämlich dann, wenn sich das Rechtsmittel ausschließlich auf die Verletzung von Landesrecht stützt (§ 121 I Nr 1c GVG).

---

34 OLG Celle StraFo 2018, 120.
35 *M-G/Schmitt*, § 76 GVG Rn 16.

51   c) Ferner ist das OLG zuständig für die Überprüfung von Entscheidungen des LG, die mit der einfachen Beschwerde (§ 304 StPO), der sofortigen Beschwerde (§ 311 StPO) und der weiteren Beschwerde (§ 310 StPO) angefochten werden (§ 121 I Nr 2 GVG; zu weiteren Beschwerdezuständigkeiten s. § 121 I Nr 3 GVG).

52   d) Will das OLG bei seiner Entscheidung von einer solchen eines anderen OLG oder des BGH abweichen, so hat es – in den von § 121 II GVG gezogenen Grenzen – die Sache dem BGH vorzulegen[36]. Durch diese **Vorlagepflicht** soll eine einheitliche Rechtsprechung gewährleistet werden.

3.   Der BGH als Rechtsmittelinstanz

53   a) Die Spruchkörper beim BGH heißen **Senate** (§ 130 GVG). Sie entscheiden über Revisionen in der Besetzung von fünf Mitgliedern (§ 139 I GVG).

54   b) Gem. § 135 I GVG ist der BGH in Strafsachen zunächst zuständig für **Revisionen** gegen Urteile des OLG in erster Instanz (Staatsschutzdelikte etc, s. Rn 44). Ferner ist er gem. § 135 I GVG iVm § 121 I Nr 1c GVG zuständig für Revisionen gegen (die immer erstinstanzlichen) Urteile der großen Strafkammer des LG, sofern die Revision nicht ausschließlich auf die Verletzung von Landesrecht gestützt wird. Da insbes. das StGB und die StPO Bundesgesetze sind, ist für Revisionen gegen Urteile der großen Strafkammer in aller Regel der BGH zuständig.

Es fällt auf, dass für **schwere Straftaten** nach der erstinstanzlichen Entscheidung nur mehr **eine** Rechtskontrolle durch den BGH stattfindet, während für **leichtere Kriminalität** ein **dreistufiger Gerichtszug** mit einer **zweiten Tatsacheninstanz** zur Verfügung steht. Dies wird damit gerechtfertigt, dass von der großen Strafkammer in Anbetracht ihrer Besetzung mit drei Berufsrichtern und der notwendigen Mitwirkung eines Verteidigers (§ 140 I Nr 1 StPO) eine besonders zuverlässige Tatsachenfeststellung erwartet werden kann. Zur Sicherung der Einheitlichkeit der Rechtsanwendung genügt dann in der Tat die Möglichkeit der Revision zum BGH. In manchen Verfahren erweist sich die Beschränkung auf eine Tatsacheninstanz aber als durchaus problematisch. Andererseits wäre bei den meisten Mammutverfahren die Gewährung einer zweiten Tatsacheninstanz praktisch nicht realisierbar. Die zusätzliche Instanz bei kleineren Delikten führt auch durchaus nicht zu längerem Prozessieren in diesem Bereich. Ganz im Gegenteil gelangen die Amtsgerichte häufig gerade angesichts der notfalls zur Verfügung stehenden zweiten Tatsacheninstanz auf Grund einer „weniger aufwändigen" Verhandlung zu einer schnellen Entscheidung, die dann von den Beteiligten zumeist akzeptiert wird. Vor allem ist die Quote von Berufungen gegen Urteile des Einzelrichters sehr gering[37].

Der BGH ist gem. § 135 II GVG ferner zuständig für bestimmte **Beschwerden**. Dann entscheidet der Senat in der Regel in der Besetzung von drei Mitgliedern (§ 139 II GVG).

55   c) Beim BGH ist ein **Großer Senat** für Strafsachen gebildet worden (§ 132 I GVG). Er besteht idR aus dem Präsidenten des BGH und je zwei Mitgliedern der Strafsenate (§ 132 V GVG). Gem. § 132 II GVG entscheidet der Große Senat insbesondere dann, wenn ein Strafsenat von der Entscheidung eines anderen Senats oder des Großen Senats abweichen will[38].

---

36 BGHSt 61, 166.
37 Vert. *Schünemann*, Geppert-FS, S. 649, 661 ff.
38 Zu Binnendivergenzen der BGH-Senate: BGH JR 2018, 149; *Fischer*, Schlothauer-FS, S. 471; *Lorenz*, JR 2018, 128.

Übersicht 1: Gerichtsaufbau in Strafsachen (Erwachsenenstrafrecht)

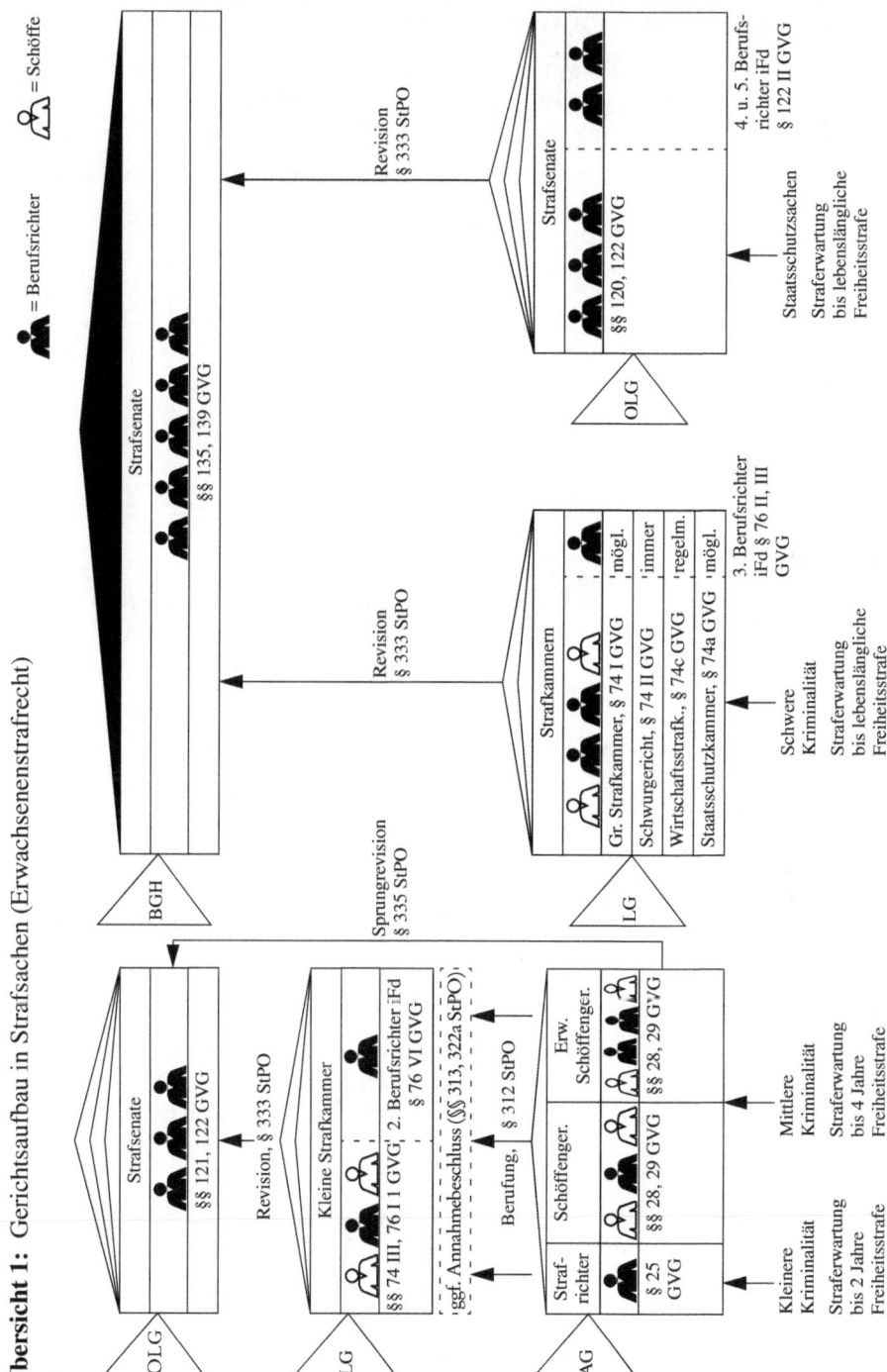

56 Ferner bestehen beim BGH die **Vereinigten Großen Senate**, die aus dem Präsidenten des BGH und den Mitgliedern der Großen Senate für Strafsachen und für Zivilsachen zusammengesetzt sind (§ 132 V 3 GVG). Diese entscheiden gem. § 132 II GVG, wenn ein Strafsenat von der Entscheidung eines Zivilsenats, des Großen Senats für Zivilsachen oder der Vereinigten Großen Senate selbst abweichen will.

Der gesamte Gerichtsaufbau ist der **Übersicht 1** auf der vorigen Seite zu entnehmen.

VI. Die örtliche Zuständigkeit

57 Zur Bestimmung des „gesetzlichen Richters" (Art. 101 I 2 GG) sind auch Regelungen über die örtliche Zuständigkeit (sog. **Gerichtsstand**) erforderlich. Diese finden sich in den §§ 7 ff StPO. Zur Ermittlung des Gerichtsstandes stellt das Gesetz verschiedene Anknüpfungspunkte zur Verfügung. Man unterscheidet:

1. Ordentliche Gerichtsstände

a) Tatort (§ 7 StPO)

Der Gerichtsstand ist bei dem Gericht begründet, in dessen Bezirk die Straftat begangen ist, § 7 I StPO. **Tatort** ist jeder Ort, an dem wenigstens eine Tathandlung erfolgte oder an dem der Erfolg eingetreten ist bzw (bei versuchten Straftaten) nach dem Plan des Täters hätte eintreten sollen (§ 9 I StGB).

b) Wohnsitz bzw Aufenthaltsort (§ 8 StPO)

Der Gerichtsstand ist auch bei dem Gericht begründet, in dessen Bezirk der Angeschuldigte zur Zeit der Erhebung der Klage seinen **Wohnsitz** hat, § 8 I StPO. Hat der Angeschuldigte keinen Wohnsitz im Geltungsbereich der StPO, begründet auch der gewöhnliche **Aufenthaltsort** oder, wenn ein solcher nicht bekannt ist, der letzte Wohnsitz einen Gerichtsstand, § 8 II StPO. Für deutsche Beamte im Ausland gibt es besondere Regeln (s. § 11 StPO).

c) Ergreifungsort (§ 9 StPO)

Der Gerichtsstand des **Ergreifungsortes** spielt vor allem in den Fällen eine Rolle, in denen der Tatort nicht zu ermitteln ist (zB Raub während einer Autofahrt), oder bei Auslandstaten. „Ergreifung" ist jede gerechtfertigte Festnahme, auch durch Privatpersonen (s. § 127 StPO), zum Zweck der Strafverfolgung[39].

d) Mehrere Gerichtsstände

Häufig sind mehrere der aufgelisteten Gerichtsstände einschlägig. Dann kann die StA nach ihrem **Ermessen** bei dem einen oder anderen der örtlich zuständigen Gerichte

---

39 *M-G/Schmitt*, § 9 Rn 2.

Anklage erheben. Dadurch wird Art. 101 I 2 GG nicht verletzt, da sich die StA von sachlichen Gesichtspunkten leiten lassen muss[40].

Ist bereits an verschiedenen Orten Anklage erhoben worden, dann gebührt demjenigen Gericht der Vorzug, das die Untersuchung **zuerst eröffnet** hat, § 12 I StPO. Unter „Eröffnung der Untersuchung" ist idR der Erlass des Eröffnungsbeschlusses (§ 203 StPO) zu verstehen[41].

2. Außerordentliche Gerichtsstände

a) Gerichtsstand des Zusammenhangs

Für Strafsachen, die iSd § 3 StPO zusammenhängen (dazu Rn 46) und die einzeln   **58**
betrachtet nach den Vorschriften der §§ 7 ff StPO der Zuständigkeit verschiedener Gerichte unterfallen würden, ist ein – gemeinsamer – Gerichtsstand bei jedem Gericht begründet, das für eine der Strafsachen zuständig ist, § 13 I StPO. Falls die einzelnen Sachen bereits bei verschiedenen Gerichten anhängig sind, kommt die Verbindung durch Vereinbarung der Gerichte (auf entsprechende Anträge der beteiligten Staatsanwaltschaften) zustande, § 13 II 1 StPO. Wenn sich die beteiligten Gerichte nicht einigen können, entscheidet auf Antrag der StA oder eines der Angeschuldigten das gemeinschaftliche obere Gericht über die Verbindung, § 13 II 2 StPO.

b) Gerichtsstand der gerichtlichen Bestimmung

aa) Ist eine örtliche Zuständigkeit nach §§ 7–11 StPO nicht gegeben, bestimmt der BGH das   **59**
zuständige Gericht (§ 13a StPO[42]). Keine gesetzliche Zuständigkeitsvorschrift ist zB dann einschlägig, wenn eine Straftat im Ausland begangen wurde und unbekannt ist, an welchem Ort sich der Täter in der Bundesrepublik aufhält.

bb) Bei Kompetenzkonflikten entscheidet das gemeinschaftliche obere Gericht über die Zuständigkeit (§ 14 StPO).

cc) Ist das zuständige Gericht tatsächlich (zB durch Krankheit) oder rechtlich (zB wegen Ausschlusses nach §§ 22 ff StPO, dazu u. Rn 63 ff) verhindert, oder ist durch die Verhandlung eine Gefahr für die öffentliche Sicherheit zu befürchten (zB Androhung eines terroristischen Anschlags[43]), so bestimmt das nächsthöhere Gericht die Zuständigkeit (§ 15 StPO).

Lösung Fall 7:   **60**

a) Stark vereinfacht ergeben sich folgende sachliche Zuständigkeiten in Strafsachen:

Beim **AG** entscheidet der Strafrichter als Einzelrichter in Fällen der leichteren Kriminalität, dh bei Vergehen mit einer Straferwartung bis zu zwei Jahren Freiheitsstrafe (§§ 24 I, 25 Nr 2 GVG), das Schöffengericht in Fällen der mittleren Kriminalität, dh bei Straftaten mit einer

---

40 BGHSt 9, 367, 369; OLG Hamm StV 1999, 240 m. Bespr. *Heghmanns*, StV 2000, 277; *Rotsch*, ZIS 2006, 17.
41 Zu Ausnahmen s. *M-G/Schmitt*, § 12 Rn 3; Radtke/Hohmann-*Kronthaler*, § 12 Rn 8 ff.
42 Gem. BVerfGE 20, 336 mit Art. 101 I 2 GG vereinbar.
43 Vgl BGH JR 2002, 432 m. Anm. *Best*.

Straferwartung bis zu vier Jahren Freiheitsstrafe (§§ 24 I Nr 2, 25, 28 GVG). Das Schöffengericht ist idR mit einem Berufsrichter und zwei Schöffen besetzt (§ 29 I GVG).

Über die Fälle der schwereren und schwersten Kriminalität, dh bei Straftaten mit einer Straferwartung über vier Jahre Freiheitsstrafe oder bei Kapitaldelikten entscheidet in erster Instanz die große Strafkammer beim LG (§ 74 GVG). In den in § 76 II 3 Nr 1–3 GVG abschließend genannten Fällen verhandelt sie mit drei Berufsrichten und zwei Schöffen, andernfalls mit lediglich zwei Berufsrichtern (vgl § 76 II 4 GVG). Zwingend ist die Dreierbesetzung in der Hauptverhandlung ua, wenn die Strafkammer als Schwurgericht tätig ist (vgl § 76 II 3 Nr 1 GVG, Kapitaldelikte iSv § 74 II GVG), sowie bei umfangreichen, schwierigen Fällen (vgl § 76 II 3 Nr 3, III GVG). Außerhalb der Hauptverhandlung entscheidet die große Strafkammer immer in der Besetzung mit drei Berufsrichtern ohne Schöffen (§ 76 I 2 GVG).

Das **OLG** entscheidet erstinstanzlich in einer Reihe von Staatsschutzdelikten und bei einigen anderen schweren Delikten, deren Verfolgung der Generalbundesanwalt wegen der besonderen Bedeutung des Falles übernommen hat (§ 120 GVG). Die Senate sind dann mit drei bzw fünf Berufsrichtern besetzt (§ 122 II GVG).

b) Gegen die **immer erstinstanzlichen** Urteile der **AGe** (Einzelrichter oder Schöffengericht) gibt es nach Maßgabe der §§ 312 ff StPO das Rechtsmittel der **Berufung**, über das die Strafkammer beim LG entscheidet (§ 74 III GVG). Sie ist idR mit einem Berufsrichter und zwei Schöffen besetzt, sog. kleine Strafkammer (§ 76 I 1 GVG).

Gegen **erstinstanzliche** Urteile des **LG** (große Strafkammer) und des **OLG** gibt es **nur** das Rechtsmittel der **Revision** (§ 333 StPO), über das idR ein Senat des BGH (§ 135 I GVG) in der Besetzung mit fünf Berufsrichtern (§ 139 I GVG) entscheidet.

Gegen **zweitinstanzliche** Urteile des **LG** (kleine Strafkammer) steht ebenfalls das Rechtsmittel der **Revision** zur Verfügung (§ 333 StPO). Revision kann an Stelle der Berufung auch sofort gegen erstinstanzliche Urteile des AG eingelegt werden, sog. **Sprungrevision** (§ 335 StPO). Über diese Revisionen entscheidet ein Senat des OLG (§ 121 I Nr 1 GVG) in der Besetzung mit drei Berufsrichtern (§ 122 I GVG).

Einzelheiten s.o. Rn 36 ff.

61   **Lösung Fall 8:** Hier hat der Staatsanwalt bei einer (damaligen) Straferwartung von bis zu 2 Jahren Freiheitsstrafe zu Recht beim Strafrichter Anklage erhoben (§§ 24 I Nr 2, 25, 28 GVG). Auch der entsprechende Eröffnungsbeschluss war rechtmäßig. Nach Eröffnung des Hauptverfahrens steht dem Einzelrichter jedoch in Fällen der vorliegenden Art, bei denen sich neue Straferschwerungsgründe ergeben haben, ein Strafrahmen von bis zu 4 Jahren zur Verfügung (§ 24 II GVG). Deshalb wäre eine Verweisung iSv § 270 I StPO an das Schöffengericht unzulässig. Einzelheiten s.o. Rn 36, 39.

62   **Lösung Fall 9:** Innerhalb der Hauptverhandlung müssten gem. § 76 I 1 GVG die Schöffen mitentscheiden. Damit hätten die beiden Berufsrichter keine Mehrheit. Bei Entscheidungen außerhalb der Hauptverhandlung wirken die Schöffen nicht mit (§ 76 I 2 GVG), mit der Folge, dass die beiden „U-Haft-Gegner" ihren anders denkenden Kollegen überstimmen könnten. Nach hA ist über die Haftfrage im Regelfall außerhalb der Hauptverhandlung zu entscheiden. Die Aufhebung des Haftbefehls wäre somit möglich. Richtiger Ansicht zufolge muss hingegen innerhalb der Hauptverhandlung entschieden werden, also unter Einbeziehung der Schöffen, weil hier keine zwingenden Gründe für ein anderweitiges Vorgehen sprechen. Einzelheiten s.o. Rn 45.

§ 4 Ausschließung und Ablehnung des Richters

Fall 10:

a) A ist wegen Betruges zulasten der X-GmbH vor dem Schöffengericht angeklagt. Bei einem der Schöffen handelt es sich um den Gesellschafter G der geschädigten GmbH, der zugleich deren alleiniger Geschäftsführer ist. Kann A gegen die Mitwirkung des G etwas unternehmen?

b) Wie wäre der vorliegende Fall zu beurteilen, wenn der Betrug zulasten einer KG begangen worden wäre und es sich bei G um einen Kommanditisten handeln würde? **Rn 77**

Fall 11: A wird von der Strafkammer – unter Mitwirkung des Berufsrichters R – verurteilt. Seiner Revision wird stattgegeben und die Sache an eine andere Strafkammer zurückverwiesen, deren Vorsitzender inzwischen R geworden ist. A möchte in der erneuten Hauptverhandlung gegen die Mitwirkung des R vorgehen. Mit Erfolg? **Rn 78**

Die Mitwirkung eines parteiischen Richters stellt eine Gefahr für eine wahre und gerechte Urteilsfindung dar. Das Gesetz sieht deshalb vor, dass Personen, bei denen die Gefahr einer Voreingenommenheit besteht, nicht als Richter fungieren dürfen (s. auch Art. 101 I 2 GG). Dabei wird zwischen der **Ausschließung** von Richtern (vgl §§ 22 und 23 StPO) und der Richter**ablehnung** (§ 24 StPO) unterschieden. Die Ausschließung greift unmittelbar kraft Gesetzes ein, während die Richterablehnung einen entsprechenden Ablehnungsantrag voraussetzt. Richter iSd §§ 22 ff StPO sind sowohl die **Berufsrichter** als **auch** die **Schöffen** (§ 31 I StPO). 63

I. Ausschließung von Richtern, §§ 22, 23 StPO

1. In den im Gesetz aufgelisteten Fallgruppen der **Ausschließung** eines Richters ist die Gefahr der Voreingenommenheit so nahe liegend, dass der Gesetzgeber eine generelle Unvereinbarkeit mit der Richtertätigkeit im jeweiligen Verfahren festgelegt hat. Wirkt der kraft Gesetzes ausgeschlossene Richter dennoch mit – etwa weil er den Ausschließungsgrund nicht erkennt –, ist damit der **absolute Revisionsgrund** des § 338 Nr 2 StPO erfüllt. 64

2. Im Einzelnen handelt es sich um folgende Fallgruppen: 65

a) Der Richter ist **selbst verletzt** (§ 22 Nr 1 StPO), dh die Tat, durch die der Richter verletzt wurde, ist Gegenstand des Verfahrens, in dem dieser nun zu entscheiden hat. Dabei muss es sich um eine **unmittelbare** Verletzung des Richters durch die Straftat handeln, denn anderenfalls würde jedes Strafverfahren mit erheblichen Unsicherheiten belastet[1].

Bei Vermögensdelikten gegenüber **juristischen Personen** (GmbH, AG, rechtsfähiger Verein etc) sind **nur diese selbst unmittelbar verletzt**, während ihre Mitglieder (Gesellschafter) als nur mittelbar Betroffene nicht dem Ausschließungsgrund des § 22 Nr 1 StPO unterfallen[2]. Daran

---

1 BGH NStZ 2009, 342; *Volkmer*, NStZ 2009, 371; krit. *Roxin/Schünemann*, § 8 Rn 2.
2 RGSt 37, 414, 415; 69, 219, 220; BGHSt 1, 298, 299; Radtke/Hohmann-*Alexander*, § 22 Rn 16.

ändert sich auch nichts, wenn das Mitglied der juristischen Person an deren Willensbildung, zB als Aufsichtsratsmitglied, (maßgeblich) beteiligt ist[3].

Anders ist die Rechtslage bei Vermögensstraftaten gegenüber **Personengesellschaften** (BGB-Gesellschaft, OHG, KG). Werden diese geschädigt, so sind damit auch die **Gesellschafter unmittelbar verletzt**, da das Gesellschaftsvermögen, wenn auch gesamthänderisch gebunden, doch zum persönlichen Vermögen der Gesellschafter zählt[4]. Dies hat zur Konsequenz, dass der allein vertretungsberechtigte, beherrschende Gesellschafter einer geschädigten GmbH nicht kraft Gesetzes als Richter ausgeschlossen ist, während der Kommanditist einer Publikums-KG mit geringer Beteiligung am Gesellschaftsvermögen und keinerlei Einfluss auf die Geschäftsführung vom Ausschluss erfasst wird. Dieses wenig überzeugende Ergebnis wird dadurch erträglich, dass gegenüber mittelbar geschädigten Richtern die Möglichkeit der Ablehnung gem. § 24 II StPO bleibt[5] (dazu u. Rn 68).

66 b) Der Richter weist **enge familiäre Beziehungen** (zB Ehegatte, Lebenspartner, Elternteil, Kind) zum Beschuldigten oder zum Verletzten auf (§ 22 Nr 2, 3 StPO)[6].

67 c) Der Richter war **bereits mit der Sache befasst**, §§ 22 Nr 4 und 5, 23 StPO. Der Begriff der „Sache" ist weit auszulegen[7]. Sachidentität kann zum einen durch die Identität des Strafverfahrens, zum anderen durch die Identität der Tat hergestellt werden[8]. Dieselbe Sache liegt danach vor, wenn der Richter im selben Verfahren, welches die strafrechtliche Verfolgung einer bestimmten Straftat zum Gegenstand hat (= gesamtes Erkenntnis- und Vollstreckungsverfahren), in einer der im Gesetz genannten Funktionen tätig geworden (§§ 22 Nr 4, 23 StPO; Hauptfall: Mitwirkung in niedrigerer Instanz) oder als Zeuge oder Sachverständiger vernommen worden ist (§ 22 Nr 5 StPO; s. auch Rn 182).

II. Ablehnung wegen Besorgnis der Befangenheit, § 24 II StPO

68 Ein Richter kann auch wegen Besorgnis der Befangenheit abgelehnt werden (§ 24 I 2. Alt. StPO). Wegen Besorgnis der Befangenheit findet die Ablehnung statt, wenn ein Grund vorliegt, der geeignet ist, Misstrauen gegen die Unparteilichkeit eines Richters zu rechtfertigen (§ 24 II StPO).

§ 24 I StPO lässt sowohl beim „ausgeschlossenen" als auch beim „befangenen" Richter einen Ablehnungsantrag zu. Dem lässt sich entnehmen, dass der Gesetzgeber die Ausschließung auf einer Ebene mit der Ablehnung wegen Befangenheit angesiedelt hat. Ausschließungsgründe sind lediglich **verdichtete** Befangenheitsgründe, bei denen sich eine Einzelfallprüfung erübrigt, weil der Gesetzgeber eine Vorabwertung vorgenommen hat[9].

---

3 RGSt 67, 219, 220.
4 RGSt 37, 414, 415.
5 Vgl auch BGHSt 43, 16 m. Anm. *Laubenthal/Baier*, JR 1998, 299; BGHSt 51, 100, 109.
6 *Ellbogen/Schneider*, JR 2012, 188 (Ausweitung auf Staatsanwalt de lege ferenda).
7 BGH NStZ 2011, 106; BGH NStZ 2014, 44; *Joecks*, StPO, § 22 Rn 7.
8 BGH NStZ 2007, 711.
9 *Arzt, G.*, Der befangene Strafrichter, 1969, S. 17 f; *Herzog*, StV 1999, 457.

1. Begriff der Befangenheit

Die gesetzliche Definition in § 24 II StPO besagt zwar, was Bezugspunkt der Be- **69**
sorgnis sein muss (nämlich die Unparteilichkeit), bestimmt aber nicht, auf wessen
Blickrichtung es ankommt. Der betreffende Richter selbst wird sich häufig nicht für
befangen halten. Eine tatsächliche Voreingenommenheit wird man daher nur selten
feststellen können und wird deshalb auch nicht gefordert[10]. Da nach § 24 II StPO bereits ein Grund ausreicht, der „Misstrauen" gegen die Unparteilichkeit rechtfertigt,
muss es auf die „Empfängerperspektive", dh zumeist auf die Sicht des Angeklagten
ankommen. Entscheidend ist, ob dieser Anlass zum Misstrauen hat. Um aber die
Schwelle der Befangenheit nicht zu weit unten anzusetzen, sodass bereits jede skepti-
sche Bemerkung eine Ablehnung begründen könnte, müssen Überempfindlichkeiten
des Angeklagten unbeachtlich bleiben. Man wird daher darauf abstellen müssen, ob
der **durchschnittliche Beobachter**, der sich in die Rolle des Angeklagten versetzt,
bei verständiger Würdigung der Umstände den Verdacht hegen würde, es bestehe
eine Voreingenommenheit[11]. Damit wird der „vernünftig denkende" bzw „verständige" oder „besonnene" Angeklagte zum Leitbild[12].

Beispiele, in denen **Befangenheit bejaht** wurde[13]: **70**

BGH MDR 1958, 741: In einem Totschlagsverfahren sagt der Richter zum Angeklagten, es
möge ihm „seine tote Frau nachts vor Augen treten".

BGH StV 1986, 369: Richter geht mit dem Angeklagten Tennis spielen und anschließend zum
Essen.

BayObLG NJW 1993, 2948: Gerichtsvorsitzender sagt zum Angeklagten: „Nach Aktenlage
lügen Sie unverschämt."

OLG Frankfurt StV 2001, 496: Erlass eines vorläufigen Berufsverbots im Zwischenverfahren
ohne vorherige Anhörung des Angeschuldigten. In diesem Fall wird die schwierige Grenzziehung
zwischen hinzunehmenden Verfahrensfehlern (diese können gerügt oder auf sie kann uU ein
Rechtsmittel gestützt werden) und schweren Verfahrensfehlern deutlich. Letztere lassen ein Wei-
terwirken des Entscheidungsträgers als inakzeptabel erscheinen. Zumindest bei schweren Grundrechtseingriffen ohne Beachtung der verfahrensrechtlichen Schutzvorschriften oder bei einem
Vorgehen, das den Anschein der **Willkür** erweckt (beides dürfte im Fall des OLG Frankfurt erfüllt
sein), sollte eine Befangenheit des Entscheidungsträgers bejaht werden[14].

OLG Brandenburg StV 1997, 455: Nach einem Gerichtsbeschluss entgegen dem Antrag der
Verteidigung sagt der Vorsitzende: „Ihre erste Niederlage, Herr Verteidiger".

LG Mainz StV 2004, 531: Richter erklärt am Telefon gegenüber dem Verteidiger, die Einlassung
des Beschuldigten in der Hauptverhandlung sei „schwachsinnig" und der Sachverständige, der im
vorbereitenden schriftlichen Gutachten diese Aussage gestützt hat, müsse sich „für die Hauptverhandlung warm anziehen".

---

10 BGHSt 24, 336, 338; OLG Karlsruhe NJW 1995, 2503.
11 Vgl BGHSt 1, 34, 39; BGH StV 2015, 737; *Klemke/Elbs*, Rn 712; *Malek*, Rn 128.
12 BGHSt 43, 16, 18; BGH NStZ 2016, 218 m. Bespr. *Kudlich*, JA 2016, 395; OLG Celle StV 2015, 210
    m. krit. Anm. *Barton*; *Fahl*, JA 1998, 187; *Ignor*, ZIS 2012, 228, 231 f.
13 KMR-*Bockemühl*, § 24 Rn 10 ff; *Zwiehoff*, Der Befangenheitsantrag im Strafverfahren, 2. A. 2013.
14 BGH NStZ 2010, 342 m. zutreffender, krit. Bespr. *Jahn*, JuS 2010, 270; BGH StV 2015, 5; vert. KMR-
    Bockemühl, § 24 Rn 25; *Meyer-Goßner*, 50 Jahre BGH-Prax-FS, S. 635; *Semmler, W.*, Prozeßverhalten
    des Richters unter dem Aspekt des § 24 II StPO, 1994.

KG StV 2005, 490: Der Vorsitzende entgegnet auf die den Tatvorwurf bestreitende Einlassung des Angeklagten: „Dann will ich es Ihnen mal erklären, denn Sie waren es."

BGH StV 2006, 59: Mehrere Beweisanträge zur Schuldunfähigkeit des Angeklagten wurden gestellt, die Verhandlung wird daraufhin für eine Stunde unterbrochen. Auf Hinweis eines Verteidigers, dass die Unterbrechung zu kurz sei, erklärt der Vorsitzende noch vor der Beratung: „Meinen Sie, dass wir die Anträge noch schneller ablehnen können?"

LG Dortmund NJW 2007, 3013: Schöffin weigert sich aus weltanschaulichen Gründen, in der Hauptverhandlung ihr Kopftuch abzunehmen.

BGH NStZ 2016, 218[15]**:** Vorsitzender Richter einer Strafkammer veröffentlicht auf Facebook ein Bild, auf dem er ein T-Shirt mit der Aufschrift trägt: „Wir geben Ihrer Zukunft ein Zuhause: JVA" – kommentiert mit „Das ist mein ‚Wenn Du rauskommst, bin ich in Rente'-Blick".

BGH NStZ 2016, 58[16]**:** Während der Hauptverhandlung mit langer Beweisaufnahme schreibt beisitzende Richterin mit privatem Handy eine kurze SMS als Reaktion auf einen stumm geschalteten Anruf von zu Hause zwecks Regelung der Kinderbetreuung („bin in Sitzung").

BGH StraFo 2018, 188: Im Urteil eines früheren Verfahrens, in dem der jetzige Angeklagte als Zeuge ausgesagt und der jetzige Gerichtsvorsitzende als Richter mitgewirkt hatte, wurde der Zeuge als „impertinent" klassifiziert.

▶ Beispielsfall bei *Beulke*, Klausurenkurs III, Rn 58a.

2. Besondere Fallgruppen

a) Spannungen Gericht – Beschuldigter

71 Spannungen zwischen dem Gericht und dem Beschuldigten sind ein Paradebeispiel für Besorgnisse über die Unparteilichkeit. Zu beachten ist dabei, dass es der Beschuldigte nicht in der Hand haben darf, einen Richter gezielt aus dem Verfahren herauszukatapultieren[17], deshalb sind zB Beleidigungen des Beschuldigten gegenüber dem Gerichtsvorsitzenden nicht ausreichend[18]. Der beleidigte Richter kann erst dann mit Erfolg abgelehnt werden, wenn er auf diese Beleidigungen unsachgemäß reagiert, so zB wenn der Richter vom Angeklagten als „Scheißer" beschimpft wird und der Richter den Angeklagten sodann einen „Gangster" nennt[19].

b) Spannungen Verteidiger – Gericht

72 Die Rspr erkennt idR Spannungen zwischen Verteidiger und Gericht nicht als Befangenheitsgrund an, weil ein „vernünftiger" Angeklagter nicht ohne Weiteres von den Spannungen zwischen seinem Verteidiger und dem Richter auf eine Voreingenommenheit ihm selbst gegenüber schließen könne[20]. Die jüngere Rechtsprechung lenkt

---

15 Zust. *Eibach/Wölfel*, Jura 2016, 907; *Ihwas*, StV 2016, 539; *Kudlich*, JA 2016, 395; s. auch *Mosbacher*, JuS 2016, 706, 709.
16 Krit. *Höltkemeier/Henft*, Jura 2016, 529; *Jäger*, JA 2015, 949; zust. *Satzger*, Jura 2016, 112.
17 KK-*Scheuten*, § 24 Rn 6; KMR-*Bockemühl*, § 24 Rn 11.
18 KG JR 1966, 229: „Sie sind ein Psychopath".
19 AG Oldenburg StV 1990, 259.
20 BGH StV 1986, 281; OLG Hamm JR 2006, 437, dazu *Zwiehoff*, JR 2006, 415; krit. *Latz*, Richter II-FS, S. 357.

etwas ein für den Fall, dass für den Angeklagten „viel auf dem Spiel steht"[21], bei besonders schweren Zerwürfnissen[22] oder wenn der Richter auf Verhaltensweisen des Verteidigers unsachgemäß reagiert[23].

c) Mitwirkung an Vorentscheidungen

Ein Richter ist nur unter den engen Voraussetzungen des § 23 StPO kraft Gesetzes von   **73**
der weiteren Mitwirkung ausgeschlossen (insbes. wegen Mitwirkung in niedrigerer
Instanz; s.o. Rn 67). Das wirft die Frage auf, ob für die in § 23 StPO nicht aufgelisteten Fälle auf das Recht der Ablehnung wegen Befangenheit iSv § 24 II StPO zurückgegriffen werden kann mit der Folge, dass im Regelfall bei Vorbefassung **in derselben Sache** eine Ablehnung Erfolg haben muss. Eine derartige Lösung wird jedoch von der Rspr abgelehnt. Ein vernünftig abwägender Angeklagter habe keinen Grund zur Besorgnis, denn auch ein vorbefasster Richter sei verpflichtet, sich nicht von der früheren Entscheidung beeinflussen zu lassen, sondern ausschließlich auf Grund des in dem neuen Verfahren vorliegenden Beweisstoffes zu entscheiden: „Mit der gewissenhaften Erfüllung dieser Pflichten können die Beteiligten rechnen"[24]. Hierbei soll es keinen Unterschied ausmachen, ob der Richter bei einer vorläufigen Entscheidung im Ermittlungsverfahren oder bei einem auf Grund einer Hauptverhandlung gefällten Urteil mitwirkte.

Besorgnis der Befangenheit wurde von der Rspr zB **abgelehnt** bei vorheriger Mitwirkung

- als **Ermittlungsrichter**, selbst wenn er einen Haftbefehl gem. §§ 112, 125 StPO erlassen hat[25]
- als Richter, der den **Eröffnungsbeschluss** (§§ 203, 207 StPO) erlassen hat[26]
- als Richter, der einen Antrag des Beschuldigten auf Verfahrenseinstellung nach §§ 153, 153a StPO abschlägig beschieden hat[27]
- als Richter an einem Urteil über dieselbe Tat gegen einen anderen Beteiligten in einem abgetrennten Verfahren[28]
- als Richter an einem in der Revision aufgehobenen Urteil **nach Zurückverweisung** gem. § 354 II StPO[29], es sei denn, es seien besondere Gesichtspunkte erkennbar, die die Unparteilichkeit des Richters zweifelhaft erscheinen lassen, wie zB ein abträgliches Werturteil über die Persönlichkeit des Angeklagten in den Gründen des vorangegangenen Urteils[30] (zur Zurückverweisung s.u. Rn 573).

Diese restriktive Rspr bzgl der Vorbefassung im Rahmen einer **vorangegangenen**   **74**
Urteilsfällung ist abzulehnen, denn sie berücksichtigt nicht, dass die Ausschließungs-

---

21 BGH StV 1988, 417.
22 OLG Braunschweig StraFo 1997, 76.
23 LG Frankfurt StV 1990, 258: „Ich frage mich, Herr Rechtsanwalt, wo Sie das Recht gelernt haben.";
    BGH NStZ 1993, 339: „Unverschämtheit"; BGH wistra 2005, 109: „widerwärtig"; OLG Brandbg
    StV 2007, 121: „Mein 5jähriger Sohn benimmt sich vernünftiger als Sie."; nicht ausreichend: BGH
    wistra 2011, 71: „Mandeln Sie sich nicht so auf"; ausf. *Beulke*, S. 211.
24 RGSt 59, 409, 410; BGH StraFo 2018, 188 (anders bei sachlich ungerechtfertigtem Werturteil).
25 RGSt 61, 415; BGHSt 9, 233; anders aber: EGMR EuGRZ 1993, 122 ff *(Hausschildt/Dänemark)*.
26 BVerfGE 30, 149, 155; abl. *Wohlers*, Roxin II-FS, S. 1313.
27 OLG Düsseldorf StraFo 1999, 347.
28 BGHSt 50, 216, 221; EGMR NJW 2011, 3633 *(Kriegisch/Deutschland)*; vgl aber auch BGH NStZ 2011,
    44; BGH HRRS 2012, Nr 292.
29 BGHSt 21, 142, 145; BGH wistra 2007, 426; aA KMR-*Bockemühl*, § 23 Rn 2.
30 BGHSt 24, 336, 338.

gründe nach §§ 22, 23 StPO nur gesteigerte Ablehnungsgründe sind, sodass die Verneinung einer Ausschließung noch keine zwangsläufige Entscheidung über die Ablehnung beinhaltet. Auch ein „vernünftiger" bzw „verständiger" Angeklagter wird zumeist Zweifel an der Unvoreingenommenheit hegen, wenn er erneut einem Richter gegenübersitzt, der schon einmal in derselben Sache in einer Hauptverhandlung abschließend über ihn entschieden hat. Es ist psychologisch auch für einen Richter kaum möglich, die Vorgänge und Eindrücke in den beiden Verhandlungen strikt voneinander zu trennen und nur auf Grund der neuen Verhandlung zu urteilen[31].

Entsprechend der Rspr sollte hingegen die Voreingenommenheit durch Vorbefassung im Rahmen von **Zwischenentscheidungen** behandelt werden, so zB bei Erlass eines Haftbefehls nach Erhebung der Anklage oder bei Erlass eines Eröffnungsbeschlusses. Hier bejaht der Richter nur einen bestimmten Verdachtsgrad und schließt eine spätere „Korrektur" nicht aus; die richterliche Überzeugungsbildung hat für ihn also keinen endgültigen Charakter. Auch die Mitwirkung an früheren Zwischenentscheidungen kann hingegen ausnahmsweise die Besorgnis der Befangenheit gem. § 24 II StPO begründen, wenn besondere Umstände hinzutreten, so zB, wenn die Entscheidungen abwegig sind oder sogar den Anschein von Willkür erwecken oder wenn das Verhalten des Richters vor der Hauptverhandlung besorgen lässt, dass er nicht mehr unvoreingenommen an die Sache herangehen wird, weil er bereits von der Schuld des Angeklagten überzeugt zu sein scheint[32].

▶ Beispielsfall bei *Beulke*, Klausurenkurs III, Rn 57.

III. Verfahren

75 1. Ein Richter kann sowohl in den Fällen, in denen er von der Ausübung des Richteramtes kraft Gesetzes ausgeschlossen ist, als auch wegen Besorgnis der Befangenheit abgelehnt werden, § 24 I StPO. Das Ablehnungsgesuch ist bei dem Gericht, dem der Richter angehört, anzubringen, § 26 I StPO. Ablehnungsberechtigt sind neben dem Beschuldigten auch die StA und der Privatkläger (vgl § 24 III 1 StPO).

2. Die Ablehnung eines nach §§ 22, 23 StPO **ausgeschlossenen** Richters ist – solange er mit der Sache befasst ist – im Prinzip ohne zeitliche Beschränkung möglich[33]. Das Gericht kann dem Antragsteller allerdings nach § 26 I 2 StPO aufgeben, ein in der Hauptverhandlung (mündlich) angebrachtes Ablehnungsgesuch innerhalb einer angemessenen Frist schriftlich zu begründen.

Wird der Richter wegen der **Besorgnis der Befangenheit** abgelehnt, so muss die Ablehnung im ersten Rechtszug bis zum Beginn der Vernehmung des ersten Angeklagten zur Person erfolgen, wenn der Ablehnungsgrund dem Ablehnenden zu diesem Zeitpunkt bereits bekannt ist, in der Hauptverhandlung über die Berufung oder die Revision bis zum Beginn des Vortrags des Berichterstatters, § 25 I 1 StPO. In den übrigen Fällen ist der Ablehnungsantrag unverzüglich nach Bekanntwerden der Ablehnungsgründe zu stellen (§ 25 II 1 StPO), wobei unter „unverzüglich" wie im Zivilrecht „ohne schuldhaftes Zögern" zu verstehen ist[34]. Jedoch kommt auch Äußerungen eines Richters, die nicht unverzüglich zu einem Ablehnungsgesuch geführt haben, für die Beur-

---

31 Vert. KMR-*Bockemühl*, § 24 Rn 23; *Tsambikakis*, Schlothauer-FS, S. 171.
32 Vgl BGHSt 48, 4, 8.
33 *M-G/Schmitt*, § 25 Rn 1.
34 BGHSt 21, 334, 339; BGH NStZ 2006, 644, 645.

teilung eines späteren Ablehnungsgesuches dann Bedeutung zu, wenn dieses frühere präkludierte Geschehen dem weiteren, grundsätzlich berechtigten Ablehnungsgesuch ein erhöhtes Gewicht verleiht[35]. Nach dem letzten Wort des Angeklagten ist eine Ablehnung nicht mehr möglich, § 25 II 2 StPO.

3. Der Ablehnungsgrund ist (ggf innerhalb der nach § 26 I 2 StPO gesetzten Frist) **glaubhaft zu machen**, § 26 II StPO, im Fall des § 25 II StPO zusätzlich die Unverzüglichkeit der Antragstellung. Der abgelehnte Richter hat sich über den Ablehnungsgrund dienstlich zu äußern, § 26 III StPO.

Mit welchen Mitteln sich das entscheidende Gericht Kenntnis von den maßgeblichen Tatsachen verschafft, bleibt seinem pflichtgemäßen Ermessen überlassen. Eine förmliche Beweisaufnahme über das Ablehnungsgesuch findet nicht statt[36].

4. Werden die genannten Verfahrensvorschriften nicht eingehalten, weil die Ablehnung verspätet ist, ein Grund zur Ablehnung oder ein Mittel zur Glaubhaftmachung nicht oder nicht innerhalb der nach § 26 I 2 StPO gesetzten Frist angegeben wird oder durch die Ablehnung das Verfahren offensichtlich nur verschleppt oder nur verfahrensfremde Zwecke verfolgt werden sollen, so ist der Antrag vom Gericht **zwingend** als unzulässig zu verwerfen, § 26a I Nrn 1-3 StPO[37]. Bei dieser Entscheidung aus formalen Erwägungen darf der abgelehnte Richter **mitwirken**, § 26a II 1 StPO. Nach Ansicht der Rspr wird eine „völlig ungeeignete" Begründung des Ablehnungsgesuchs dem Fehlen einer Begründung gleichgestellt. Dies muss aber allein schon wegen der Mitwirkung des auszuschließenden Richters, der nicht entgegen Art. 101 I 2 GG zum „Richter in eigener Sache" werden soll, äußerst restriktiv gehandhabt werden[38].

5. Über die Begründetheit eines **zulässigen** Antrags entscheidet das Gericht hingegen **ohne Mitwirkung** des abgelehnten Richters, § 27 I StPO. Letzterer wird durch einen anderen (gesetzlichen) Richter ersetzt. Dies gilt nicht nur für die Richter beim AG (§ 27 III StPO), sondern für alle Berufsrichter[39]. Wird ein Ablehnungsgesuch gegen mehrere Richter einer Strafkammer gleichzeitig und aus demselben Grund eingereicht, so wird darüber durch einen einheitlichen Beschluss entschieden[40]. Die Schöffen wirken bei der Entscheidung über das Ablehnungsgesuch nicht mit (§ 27 II StPO iVm § 76 I 2 GVG bzw § 27 III StPO). Zum Fall der Ablehnung von Schöffen s. § 31 StPO.

6. Eine **Anfechtung** des ablehnenden Beschlusses ist im Wege der sofortigen Beschwerde **zulässig** (§ 28 II 1 StPO). Betrifft die Entscheidung einen **erkennenden Richter**, so kann sie **nur zusammen mit dem Urteil** angefochten werden, § 28 II 2 StPO. „Erkennend" ist ein Richter, der zur Mitwirkung in der Hauptverhandlung berufen ist, dh in der ersten Instanz jedes Gerichtsmitglied ab Erlass des Eröffnungsbeschlusses[41]. **76**

---

35 BGH StV 2004, 356 m. zust. Bespr. *Kudlich*, JuS 2004, 834.
36 BGH NStZ 2007, 51.
37 Vgl BGH NStZ 2011, 294; BGH StV 2018, 475.
38 BVerfG StV 2005, 478 m. Anm. *Meyer-Goßner*; BGHSt 50, 216 m. Bespr. *Güntge*, JR 2006, 363 und *Kudlich*, JA 2006, 253; BGH StV 2016, 271; vert. *Gaede*, HRRS 2005, 319; *Röhling*, JA 2009, 720.
39 SK-StPO-*Rudolphi*, § 27 Rn 3 ff.
40 BGHSt 44, 26, 27 m. Anm. *Zieschang*, StV 1999, 467; vert. *Deiters*, Tolksdorf-FS, S. 201.
41 BGH NJW 1952, 234; OLG Hamm NStZ-RR 2002, 238.

7. Der Richter hat die Pflicht, seinerseits einen Sachverhalt **anzuzeigen**, der zur Ausschließung oder Ablehnung führen könnte, § 30 StPO. Ein unmittelbares Selbstablehnungsrecht besteht nicht.

77   **Lösung Fall 10:**

a) Der Schöffe G könnte gem. § 22 Nr 1 iVm § 31 I StPO von der Ausübung des Richteramtes **kraft Gesetzes ausgeschlossen** sein. Dies setzt jedoch voraus, dass er durch die Straftat des A selbst **unmittelbar** verletzt ist. Davon ist nicht auszugehen, denn unmittelbar durch die Straftat geschädigt ist nur das Vermögen der X-GmbH, die nach § 13 I GmbHG als juristische Person ausgestaltet und deren Vermögen gem. § 13 II GmbHG von dem ihrer Gesellschafter getrennt ist. G ist auch nicht deswegen unmittelbar Verletzter, weil er als Geschäftsführer der X-GmbH allein zu deren Vertretung nach außen gem. § 35 I GmbHG berechtigt ist. § 22 Nr 1 StPO greift daher nicht ein. Durch die Tat des A ist das Vermögen des G jedoch mittelbar verringert worden. Diese Tatsache ist geeignet, Misstrauen gegen die Unparteilichkeit des G zu rechtfertigen, sodass A den G wegen Besorgnis der Befangenheit ablehnen kann, § 24 II iVm § 31 I StPO.

b) Hier ist G als Kommanditist **unmittelbar** geschädigt, dh G ist gem. § 22 Nr 1 iVm § 31 I StPO bereits kraft Gesetzes von der Ausübung des Richteramtes ausgeschlossen.

Einzelheiten s. Rn 65.

78   **Lösung Fall 11:** A könnte R gem. § 24 I StPO ablehnen, wenn R von der Ausübung des Richteramtes ausgeschlossen wäre (§§ 22 f StPO). Der Ausschließungsgrund der Vorbefassung mit der Angelegenheit kommt hier nicht in Betracht, denn § 23 StPO benennt gerade nicht den Fall, dass der Richter **in derselben Instanz** bereits entschieden hat. Für den Fall, dass die Sache gem. § 354 II StPO zurückverwiesen wird, sieht das Gesetz keinen Richterausschluss vor. Nach der Rspr darf im Regelfall auch nicht auf die Befangenheitsregelung des § 24 II StPO zurückgegriffen werden, denn ein vernünftig abwägender Angeklagter habe keinen Grund anzunehmen, der Richter werde sich durch seine Mitwirkung am früheren Urteil beeinflussen lassen. Der Gesetzgeber habe diese Vorbefassung bewusst nicht in den Ablehnungskatalog des § 23 StPO aufgenommen (BGHSt 21, 142, 145). Mit der hA im Schrifttum ist hingegen eine **Befangenheit** iSv § 24 II StPO zu bejahen, weil aus der Sicht eines verständigen durchschnittlichen Beobachters, der sich in die Rolle des Angeklagten versetzt, die frühere Urteilsfällung befürchten lässt, der Richter werde nicht mehr unbefangen entscheiden.

Einzelheiten s. Rn 73 f.

§ 5   Die Staatsanwaltschaft

Fall 12:

a) Staatsanwalt X ermittelt gegen A, dem Landesverrat (§ 94 StGB) vorgeworfen wird. Der Vorwurf erscheint bei Zugrundelegung der höchstrichterlichen Rechtsprechung begründet. X hält jedoch das Verhalten des A entgegen dieser Ansicht für straflos und möchte das Verfahren einstellen. Wäre diese Entscheidung rechtmäßig?

b) Kann sein Vorgesetzter dies verhindern? **Rn 98**

Fall 13:

a) Dem Staatsanwalt S vertraut sein langjähriger Freund F unter dem Siegel absoluter Verschwiegenheit zur Erleichterung des Gewissens an, dass er vor Jahren seine erste Ehefrau ermordet habe, die bislang als vermisst gilt.

b) In seiner Freizeit besucht der Staatsanwalt S das Lokal „Feierabend" und stellt fest, dass dort im „Weinzimmer" Straftaten iSv § 180a StGB (Ausbeutung von Prostituierten) begangen werden.

Muss S in beiden Fällen ein Ermittlungsverfahren einleiten? **Rn 99**

Fall 14: Staatsanwalt X wird in der Verhandlung als Zeuge darüber vernommen, was der Beschuldigte B ihm während einer Vernehmung im Laufe des Ermittlungsverfahrens gesagt hat. B möchte X nunmehr wegen Befangenheit ablehnen. Mit Erfolg? **Rn 100**

I. Aufgaben der Staatsanwaltschaft

Die StA hat drei Hauptfunktionen: Sie ist **„Herrin des Ermittlungsverfahrens"**, **Anklagevertreterin** im Zwischen- und Hauptverfahren und **Strafvollstreckungsbehörde**.   79

1. Vorverfahren

Nach § 152 I StPO steht der StA die **alleinige Anklagebefugnis** zu. Sie ist, soweit nicht gesetzlich ein anderes bestimmt ist, **verpflichtet**, wegen aller verfolgbaren Straftaten einzuschreiten, sofern zureichende tatsächliche Anhaltspunkte vorliegen (§ 152 II StPO). Informationen erhält die StA, indem sie die Anzeige einer Straftat oder einen Strafantrag entgegennimmt (§ 158 I StPO) oder indem sie auf anderem Wege – insbes. durch polizeiliche Mitteilung – von dem Verdacht einer Straftat erfährt. Zur Entschließung darüber, ob die öffentliche Klage zu erheben ist, hat sie den **Sachverhalt** (selbst oder durch die Polizei) **zu erforschen** (§§ 160 I, 163 StPO). Die StA hat dabei nicht nur die zur Belastung, sondern auch die zur Entlastung dienenden Umstände zu ermitteln (**Verpflichtung zur Objektivität**) und für die Erhebung der Beweise Sorge zu tragen, deren Verlust zu besorgen ist (§ 160 II StPO). Zu diesem Zweck ist die StA befugt, von allen Behörden Auskunft zu verlangen und Ermittlungen jeder Art entweder selbst vorzunehmen oder durch die Behörden und Beamten des Polizeidienstes vornehmen zu lassen, soweit nicht andere gesetzliche Vorschriften ihre Befugnisse besonders regeln, § 161 I 1 StPO; sog. **Ermittlungsgeneralklausel**[1]. Die StA muss die datenschutzrechtlichen Verwendungsregeln beachten, § 160 IV StPO (§ 161 I 3 StPO/EDatschG). Gem. § 161a StPO kann sie zum Zwecke der Ermittlung **Zeugen und Sachverständige vernehmen**. Vor der Anklageerhebung ist auch der Beschuldigte zu vernehmen (§ 163a StPO). Erachtet die StA die Vornahme einer richterlichen Untersuchungshandlung vor Anklageerhebung für erforderlich, so stellt sie beim AG die entsprechenden Anträge, über die der Ermittlungsrichter ent-

---

1   Dazu *Hefendehl*, StV 2001, 700.

scheidet (§ 162 I StPO); gemeint sind insbes. **Zwangsmaßnahmen** wie Durchsuchung (§§ 102 ff StPO), Beschlagnahme (§§ 94 ff StPO) und Untersuchungshaft (§§ 112 ff StPO). Bestimmte Zwangsmaßnahmen darf die StA bei Gefahr im Verzuge uU auch allein anordnen, wie zB die Beschlagnahme (§ 98 I 1 StPO), bzw zunächst allein anordnen und später durch das Gericht bestätigen lassen, wie zB die Telefonüberwachung (§ 100e I 2, 3 StPO). Gem. §§ 153 ff StPO kann die StA das Verfahren aus Opportunitätsgründen einstellen (dazu u. Rn 333 ff). Aus diesen Kompetenzen ergibt sich, dass die StA **Herrin des Ermittlungsverfahrens** ist[2]. Als solche trägt sie die **Gesamtverantwortung** für eine rechtsstaatliche, faire und ordnungsgemäße Durchführung des Verfahrens, auch soweit es durch die Polizei geführt wird (**Leitungs- und Kontrollbefugnis**)[3].

Bieten die Ermittlungen genügenden Anlass zur Erhebung der öffentlichen Klage, so **muss** die StA sie durch Einreichung einer Anklageschrift bei dem zuständigen Gericht erheben (§ 170 I StPO) bzw Antrag auf Erlass eines Strafbefehls stellen (§ 407 I StPO). Andernfalls stellt sie das Verfahren ein (§ 170 II 1 StPO).

2. Hauptverhandlung, Rechtsmitteleinlegung

Gem. § 226 I StPO ist ein Beamter der StA in der **Hauptverhandlung** ununterbrochen anwesend. Der Staatsanwalt verliest zunächst die Anklageschrift (§ 243 III StPO). Während der Beweisaufnahme steht ihm das Fragerecht (§ 240 II 1 StPO) und das Beweisantragsrecht (§§ 244 ff StPO) zu[4]. Gem. § 258 I StPO hält der Staatsanwalt nach dem Schluss der Beweisaufnahme seinen Schlussvortrag (Plädoyer). Schließlich kann die StA **Rechtsmittel** einlegen, und zwar auch **zu Gunsten** des Angeklagten (§ 296 StPO).

3. Strafvollstreckung, Verfahrensregister, Mitteilungspflichten

Nach § 451 StPO erfolgt die **Strafvollstreckung** durch die StA als Vollstreckungsbehörde.

Bei allen Strafverfahren gegen einen bestimmten Beschuldigten werden gem. §§ 492 ff StPO die Einleitung des Verfahrens sowie die Verfahrenserledigung und die wichtigsten Daten über den Beschuldigten und die Tat in ein **länderübergreifendes staatsanwaltschaftliches Verfahrensregister** (SISY = staatsanwaltschaftliches Informationssystem) eingetragen[5]. Außerdem treffen die StA bestimmte **Mitteilungs- und Berichtspflichten** nach dem Justizmitteilungsgesetz (JuMiG) vom 18.6.1997[6]. Entsprechende Verwaltungsvorschriften finden sich in der „Anordnung über Mittei-

---

2 BGH NJW 2007, 2269, 2273; zum Ganzen *Carsten/Rautenberg*, Die Geschichte der Staatsanwaltschaft in Deutschland bis zur Gegenwart, 3. A. 2015; *Heghmanns*, GA 2003, 433; Heghmanns/Scheffler-*Jahn*, II Rn 12; *Kretschmer*, Jura 2004, 452; *Theiß*, Rn 26.
3 BGHSt 57, 1, 2; BGH NJW 2009, 2612; *Vogel/Brodowski*, StV 2009, 632.
4 Zu (außergerichtlichen) staatsanwaltschaftlichen Ermittlungen nach Anklageerhebung s. nur KK-*Schneider*, § 202 Rn 9 f; aA SK-*Weßlau*, § 151 Rn 7.
5 Vgl *Kalf*, StV 1997, 610; *Kestel*, StV 1997, 266; *Lemke*, NStZ 1995, 484; *Schneider*, NJW 1996, 302.
6 BGBl 1997 I, S. 1430.

lungen in Strafsachen" v. 1.8.2015 (MiStra[7]). Zum Bundeszentralregister, das der Generalbundesanwalt führt, s.u. Rn 510.

II. Organisation der Staatsanwaltschaft

Die StA ist parallel zu den Gerichten organisiert. Aufbau und sachliche Zuständigkeit ergeben sich aus den §§ 141–142a GVG. Die örtliche Zuständigkeit der Staatsanwälte wird durch diejenige des Gerichts bestimmt, bei dem die StA errichtet wurde (§ 143 I GVG).

80

1. Auf Bundesebene ist parallel zum BGH die **Bundesanwaltschaft** etabliert worden, mit dem **Generalbundesanwalt** (derzeitiger Amtsinhaber: *Dr. Peter Frank*) an der Spitze (§ 142 I Nr 1 GVG). Ihm sind weitere Bundesanwälte zugeordnet.

Die Bundesanwaltschaft erfüllt zum einen die klassische Aufgabe einer „Staatsanwaltschaft beim BGH", dh sie vertritt die Anklage bei allen Verfahren, die vor dieses Gericht gelangen (s. §§ 135, 121 II GVG). Zum anderen eröffnet § 142a GVG eine **Sonderzuständigkeit** der Bundesanwaltschaft für die Fälle der **erstinstanzlichen Zuständigkeit der Oberlandesgerichte** (s. § 120 I, II GVG, dazu o. Rn 44), dh insbes. bei Staatsschutz- und Terrorismussachen sowie sonstiger länderübergreifender Schwerkriminalität. Wenn der Generalbundesanwalt gem. § 142a GVG beim OLG das Amt der StA ausübt, wird die Strafverfolgung eine solche des Bundes, deren Aburteilung gleichwohl durch Gerichte der Länder erfolgt (§ 120 VI GVG iVm Art. 96 V GG). Im Falle der „normalen" Delinquenz gibt es keine bundesweit operierende StA, da die Strafverfolgung insoweit Ländersache ist. Zwischen der Bundesanwaltschaft und den Staatsanwaltschaften der Länder an den Oberlandes- und Landgerichten besteht keinerlei Über-/Unterordnungsverhältnis.

Durch Vereinbarungen der Landesjustizminister bzw -senatoren wurden zwei länderübergreifende Institutionen geschaffen: Die **Zentralstelle in Ludwigsburg** dient der Erfassung und Aufklärung nationalsozialistischer Gewalttaten. Hat die Zentralstelle ihre Ermittlungen abgeschlossen, klagt sie nicht selbst an, sondern gibt die Strafsache zwecks Anklage an die StA des für den Wohnort des Täters örtlich zuständigen Gerichts weiter[8].

Zu Bestrebungen der Schaffung einer europäischen Staatsanwaltschaft s. Rn 10o[9].

2. Auf Landesebene ist die StA wie folgt aufgebaut:

a) Der **Generalstaatsanwalt beim OLG** mit den ihm unterstellten Staatsanwälten (§ 142 I Nr 2 GVG) ist – parallel zum Gerichtsaufbau – zuständig in erster Instanz für die Staatsschutzdelikte des § 120 GVG, soweit der Generalbundesanwalt die Sache gem. § 142a II GVG an die Landesstaatsanwaltschaft abgegeben hat. Ferner ist er zuständig für die Rechtsmittel an das OLG, also insbes. für die Revision.

81

b) Die sachliche Zuständigkeit der Staatsanwaltschaften bei den **Landgerichten**, denen jeweils ein **Leitender Oberstaatsanwalt** vorsteht, orientiert sich ebenfalls am Gerichtsaufbau, umfasst also die Ausübung aller staatsanwaltschaftlichen Tätigkeiten am LG als erst- und zweitinstanzlichem Strafgericht (§ 142 I Nr 2 iVm §§ 73 ff GVG). Entsprechend der Konzentration der Wirtschaftsstrafsachen bei einem Landgericht für mehrere LG-Bezirke gem. § 74c III GVG können auch **Schwerpunkt-**

---

7 Abgedruckt in: *Schönfelder*, Ergänzungsband Nr 90 c.
8 *Rückerl, A.*, NS-Verbrechen vor Gericht, 2. A. 1984, S. 142; *Kuchenbauer*, NJW 2009, 14.
9 Zur Einführung: *Brodowski*, StV 2017, 684; *Magnus*, HRRS 2018, 143.

staatsanwaltschaften zur Bekämpfung der Wirtschaftskriminalität gebildet werden (§ 143 IV GVG).

c) Auf der Ebene des Amtsgerichts existiert die **Amtsanwaltschaft**, § 142 I Nr 3 GVG. Nach den Regeln des Landesrechts ist ihre Zuständigkeit jedoch sehr begrenzt, nämlich auf bestimmte, zur Zuständigkeit des Einzelrichters gehörende Delikte. Entgegen der Konzeption des § 142 I Nr 3 GVG wird ein großer Teil der staatsanwaltschaftlichen Funktionen beim AG von der StA beim LG mit ausgeübt.

III. Funktionsweise der Staatsanwaltschaft

82 Die Funktionsweise der StA wird durch ihren monokratischen und hierarchischen Aufbau bestimmt.

1. Gesetzliche Vertretung durch jeden Staatsanwalt

Besteht die StA eines Gerichts – wie in aller Regel – aus mehreren Beamten, so handeln die dem Behördenleiter beigeordneten Staatsanwälte als dessen Vertreter. Sie sind, wenn sie für ihn auftreten, **zu allen Amtsverrichtungen** desselben ohne den Nachweis eines besonderen Auftrags **berechtigt** (§ 144 GVG). Daraus folgt, dass Prozesshandlungen eines Staatsanwalts (zB seine Zustimmung zur Einstellung des Verfahrens nach §§ 153 ff StPO) auch dann im „Außenverhältnis" voll wirksam sind, wenn sie im „Innenverhältnis" gegen eine bindende Weisung verstoßen.

2. Devolutions- und Substitutionsrechte

83 Aus dem monokratischen Aufbau der StA erklärt sich auch, dass kein Staatsanwalt für eine Strafsache endgültig zuständig sein muss, vielmehr innerhalb der StA beliebige Veränderungen der Zuständigkeit vorgenommen werden können.

Auf Grund des **Devolutionsrechts** sind die ersten Beamten der StA bei den Oberlandesgerichten (die Generalstaatsanwälte) und den Landgerichten (die Leitenden Oberstaatsanwälte) befugt, bei allen Gerichten ihres Bezirks die Amtsverrichtungen der StA **selbst zu übernehmen** (§ 145 I 1. Alt. GVG). Dem Justizminister steht ein solches Übernahmerecht mangels Staatsanwaltseigenschaft nicht zu[10].

Auf Grund des **Substitutionsrechts** sind die ersten Beamten der StA bei den Oberlandesgerichten und den Landgerichten befugt, bei allen Gerichten ihres Bezirks mit der Wahrnehmung der Amtsverrichtungen einen **anderen** als den zunächst zuständigen Beamten **zu beauftragen** (§ 145 I 2. Alt. GVG). Es kann sogar eine andere StA beauftragt werden[11]. Dieses Substitutionsrecht hat auch der Justizminister[12].

---

10 *Roxin*, 150 Jahre Staatsanwaltschaft Berlin, 1996, S. 27; vert. *Beulke*, Hessisches Ministerium der Justiz (Hrsg), Staatsanwaltschaft, S. 55 und *Markwardt*, ebd., S. 23.
11 BGH NStZ 1998, 309.
12 *M-G/Schmitt*, § 147 GVG Rn 1.

3. Das Weisungsrecht

a) Grundlagen

Die Beamten der StA haben den dienstlichen Anweisungen ihres Vorgesetzten nach- **84**
zukommen (§ 146 GVG)[13]. Welcher Vorgesetzte weisungsbefugt ist, ergibt sich aus
der Zuweisung des Aufsichts- und Leitungsrechts in § 147 GVG. Danach haben ein
Weisungsrecht:

– der Bundesjustizminister gegenüber dem Generalbundesanwalt und den Bundesanwälten, § 147 Nr 1 GVG – der Landesjustizminister gegenüber allen staatsanwaltlichen Beamten des Landes, § 147 Nr 2 GVG	sog. **externes** Weisungsrecht (§ 147 Nr 1 und 2 GVG)
– der Generalbundesanwalt gegenüber den Bundesanwälten, analog § 147 Nr 3 GVG – der Generalstaatsanwalt gegenüber den anderen Staatsanwälten beim OLG und gegenüber den untergeordneten Staatsanwälten beim LG und AG, § 147 Nr 3 GVG – der leitende Oberstaatsanwalt der StA beim Landgericht gegenüber den Beamten der StA seines Bezirks, § 147 Nr 3 GVG	sog. **internes** Weisungsrecht (§ 147 Nr 3 GVG)

b) Grenzen des Weisungsrechts

Zwar ist der Staatsanwalt grundsätzlich gem. § 146 GVG an die **Weisungen** seines **85**
Vorgesetzten **gebunden**, nach dem Rechtsstaatsprinzip (Art. 20 III GG) dürfen jedoch
nur **rechtmäßige** Weisungen ergehen. Rechtswidrig sind insbes. Weisungen, die gegen das Legalitätsprinzip (s.o. Rn 17) oder ein gesetzliches Verbot (zB § 344 StGB:
Verfolgung Unschuldiger; § 258a StGB: Strafvereitelung im Amt) verstoßen, oder
solche, die mit einer Überschreitung des Beurteilungsspielraums oder mit einem Ermessensfehler behaftet sind. Nach den allgemeinen beamtenrechtlichen Regeln (vgl
§§ 63 II 1, 2 BBG, 36 II 1, 2 BeamtStG) kann der Staatsanwalt über die Rechtmäßigkeit oder Rechtswidrigkeit einer Weisung nicht frei entscheiden, vielmehr hat er seine
Bedenken dem unmittelbaren Vorgesetzten vorzutragen. Wird die Anordnung aufrechterhalten, so hat er sich, wenn seine Bedenken gegen ihre Rechtmäßigkeit fortbestehen, an den nächsthöheren Vorgesetzten zu wenden. Bestätigt dieser die Anordnung, so **muss** er sie ausführen, es sei denn, das ihm aufgetragene Verhalten ist
strafbar, stellt eine **Ordnungswidrigkeit** dar oder **verletzt** die **Menschenwürde**.
Der Gesichtspunkt der Menschenwürde wird im Strafverfahren, bei dem es häufig für
den Betroffenen um existenzbedrohende Maßnahmen geht, besonders aktuell. Man
wird jedem Staatsanwalt, der glaubt, eine Entscheidung nicht mit seinem Gewissen
vereinbaren zu können, das Recht einräumen müssen, die Sache abgeben zu dürfen.
Das Ermessen des Vorgesetzten im Rahmen seines Devolutions- bzw Substitutionsrechts gem. § 145 GVG reduziert sich in einem solchen Fall entsprechend. Dies darf
für den Staatsanwalt auch keine beamtenrechtlichen Konsequenzen haben. De facto
bedeutet das, dass hinsichtlich individueller Entscheidungen des Staatsanwalts gegen

---

13 Zur Grundsatzdiskussion: *Dallmeyer*, Neumann-FS, S. 1287; *Magnus*, GA 2014, 390.

dessen Willen keine Weisungen ergehen können, dass dann vielmehr der **Konflikt durch Ausübung des Devolutions- und Substitutionsrechts gelöst werden muss**[14]. Die hM im Schrifttum hält hingegen im Rahmen der Rechtmäßigkeit jede Weisung nicht nur für zulässig, sondern meint auch, dass der Staatsanwalt ihr Folge leisten müsse[15].

86 c) Besonderheiten bestehen für die Situation der **Hauptverhandlung**, denn hier müssen viele Entscheidungen getroffen werden, die den unmittelbaren Eindruck der Hauptverhandlung voraussetzen. Aus dem in § 261 StPO verankerten Unmittelbarkeitsprinzip folgt, dass insoweit das Recht des Sitzungsstaatsanwalts auf eine eigenverantwortliche Entscheidung besonders extensiv gehandhabt werden muss. Entsprechend der hier vertretenen Lösung (s.o. Rn 85) kann der Vorgesetzte zwar jede Weisung erteilen – zB nachdem er sich durch den Vortrag des bzw der Sitzungsstaatsanwälte ins Bild gesetzt hat –, im Konfliktfall muss der Sitzungsstaatsanwalt jedoch immer die Möglichkeit haben, der Weisung nicht nachzukommen. Dann kann der Vorgesetzte ggf von seinen Devolutions- und Substitutionsrechten Gebrauch machen. Für die konkrete Ausgestaltung des Schlussplädoyers dürfen nach heute schon herrschender Meinung überhaupt keine Weisungen erteilt werden[16].

87 d) Vereinfacht lassen sich Aufbau und Funktionsweise der StA graphisch wie in der **Übersicht 2** darstellen.

Übersicht 2: Aufbau und Funktionsweise der Staatsanwaltschaft

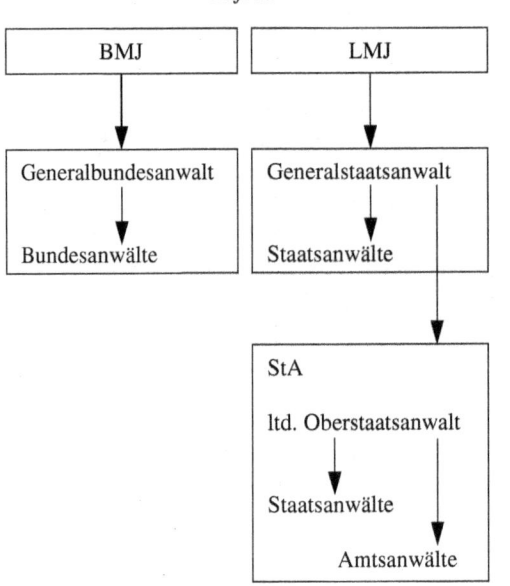

Aufbau · *Rechte der Vorgesetzten*

Dienstaufsicht, § 147 GVG
externes Weisungsrecht, § 146 GVG
Substitutionsrecht, § 145 GVG

Dienstaufsicht, § 147 GVG
internes Weisungsrecht, § 146 GVG
Substitutionsrecht, § 145 GVG
Devolutionsrecht, § 145 GVG

---

14 Ebenso *Kretschmer*, Jura 2004, 452; ähnlich *Roxin/Schünemann*, § 9 Rn 13; *Rüping*, Rn 70; s. auch *Trentmann*, JR 2015, 571; 2016, 229.
15 Vgl nur *Fezer*, Fall 2 Rn 17 ff; LR-*Franke*, § 146 GVG Rn 33.
16 *Roxin/Schünemann*, § 9 Rn 13; *Böhm*, DRiZ 2000, 255.

IV. Stellung der Staatsanwaltschaft

1. Die Staatsanwaltschaft zwischen Verwaltung und Rechtspflege

Zum einen sprechen der hierarchische Aufbau, die Weisungsgebundenheit des einzel- **88** nen Staatsanwalts sowie das Devolutions- und Substitutionsrecht des Vorgesetzten dafür, dass es sich bei der StA um ein **Organ der Exekutive** handelt[17]. Zum anderen sind die dargelegten Grenzen der Weisungsgebundenheit, die in § 150 GVG normier- te Unabhängigkeit der StA von den Gerichten, ihre Verpflichtung zur Objektivität bei der Wahrnehmung der Ermittlungsaufgaben (§ 160 II StPO) und insbes. die weit rei- chenden Einstellungsmöglichkeiten gem. §§ 153 ff StPO (s. Rn 333 ff) starke Argu- mente für eine Einordnung als **Organ der Rechtspflege**[18] bzw **Wächter des Geset- zes**[19]. **Richtigerweise wird man mit der wohl hL von einer Zwitterstellung** der StA ausgehen müssen[20], wobei die Komponente als Organ der Rechtspflege überwiegt.

De lege ferenda wird iSd Gewaltenteilung gefordert, das externe Weisungsrecht der Justizminister transparenter zu gestalten und uU sogar Einzelfallweisungen gänzlich zu unterbinden[21].

2. Die Bindung der Staatsanwaltschaft an Präjudizien

Gem. § 152 II StPO besteht für den Staatsanwalt eine **Pflicht zum Einschreiten**, **89** wenn zureichende tatsächliche Anhaltspunkte vorliegen, dass eine verfolgbare straf- bare Handlung begangen wurde. Bei hinreichendem Tatverdacht **muss** gem. § 170 I StPO Anklage erhoben werden (**Legalitätsprinzip**). Offen bleibt dabei jedoch, wer über die Rechtsfrage entscheidet, ob das fragliche Verhalten eine „verfolgbare straf- bare Handlung" darstellt. So entsteht das Problem, ob sich die StA auf den Standpunkt stellen kann, ein bestimmtes Verhalten sei aus Rechtsgründen nicht strafbar, folglich auch nicht anzuklagen, obwohl die Rspr dieses Verhalten für strafbar hält. Umgekehrt kann auch der Fall eintreten, dass die StA eine Tat anklagen möchte, hinsichtlich derer nach der Rechtsauffassung der Gerichte nur ein Freispruch in Frage kommt.

Für den letzteren Fall dürfte es der StA nicht verwehrt sein, eine hergebrachte Ge- richtspraxis zur Überprüfung zu stellen. Sonst hätten die Gerichte mangels Anklage überhaupt nicht die Gelegenheit, eine einmal etablierte Rechtsprechung zu korrigie- ren. Aus Sicht des Beschuldigten stellt es zwar eine nicht unerhebliche Belastung dar, sich dem gerichtlichen Verfahren stellen zu müssen[22], das Erfordernis des Eröffnungs- beschlusses (§ 203 StPO) bietet jedoch ausreichenden Schutz.

Problematisch ist dagegen die erste Fallgruppe, in der die StA entgegen der Rspr die **90** Strafbarkeit verneint. Die **im Schrifttum** wohl schon hL **lehnt die Bindung des**

---

17 So BVerfGE 103, 142, 156; BVerfG NJW 2002, 815; krit. *Schaefer*, Hamm-FS, S. 643.
18 BGHSt 24, 170, 171; *Heghmanns/Herrmann*, Rn 4; *Lilie*, Mehle-FS, S. 359; *Rautenberg*, NJ 2003, 169.
19 BVerfGE 133, 168, 220; *Fünfsinn*, Schlothauer-FS, S. 95.
20 *Kelker*, ZStW 118 (2006), 389; s. ferner *Kühne*, Rn 133: „Zwischenrolle"; *Peters*, § 23 II: „Doppelrolle".
21 *Altvater*, Miebach-FS, S. 4; *Löbbert*, ZRP 2015, 161; *Reuter*, ZRP 2011, 104; 65. DJT Beschlüsse C VI.
22 Zutreffend *Hillenkamp*, JuS 2003, 164; *Kühne*, Rn 143.

Staatsanwalts an die höchstrichterliche Rechtsprechung ab[23]. Dafür spricht, dass die StA gem. § 150 GVG vom Gericht unabhängig ist und als Herrin des Ermittlungsverfahrens im Rahmen des ihr eingeräumten Beurteilungsspielraums frei über die Erhebung der Anklage bzw die Einstellung des Verfahrens entscheiden kann. Einen Verstoß gegen das Legalitätsprinzip (§§ 152 II, 170 I StPO) könnte man mit der Begründung ablehnen, dieses komme nur zum Tragen, sofern auch nach Ansicht der Anklagebehörde eine verfolgbare Straftat vorliegt.

Zutreffend **befürworten** jedoch die **Rspr**[24] und ein großer Teil des Schrifttums[25] die **Bindungswirkung**. Die rechtsprechende Gewalt ist nach Art. 92 GG den Gerichten übertragen. Im Widerspruch dazu wäre diesen wegen des Anklagemonopols der StA die Möglichkeit genommen, über ein Rechtsverhältnis abschließend zu entscheiden, wenn es der StA freistünde, ein Verfahren wegen einer Sache einzustellen, in der es – den von der StA ermittelten Sachverhalt unterstellt – nach der Auffassung der Gerichte zu einer Verurteilung kommen müsste. Dies würde auch dem Sinn des § 170 I StPO widersprechen, nach dem „Anlass zur Erhebung der öffentlichen Klage" dann gegeben ist, wenn eine hinreichende Wahrscheinlichkeit der Verurteilung besteht. Außerdem wäre die Gleichheit vor dem Gesetz (Art. 3 I GG) gefährdet, wobei insbes. die Weisungsunterworfenheit der StA Anreiz zu Missbräuchen geben könnte. Ergänzend ist schließlich noch auf den Gewaltenteilungsgrundsatz hinzuweisen, nach dem es nur dem Gesetzgeber obliegt, einer festen Rechtsprechung durch Änderung des Gesetzes die Grundlage zu entziehen. Für die Unabhängigkeit der StA (§ 150 GVG) bleibt im Rahmen der Beurteilung von Tatsachenfragen genügend Raum. Ihr steht es im Übrigen frei, ihre Rechtsauffassung im gerichtlichen Verfahren zu vertreten und ggf Freispruch aus Rechtsgründen zu beantragen.

Auf der Grundlage dieser Auffassung stellt sich aber noch das Anschlussproblem, **wann** eine Rechtsprechung als **hinreichend gefestigt** anzusehen ist, damit eine Bindungswirkung eintritt. Hier sollte man den Handlungsspielraum des Staatsanwalts eher großzügig bemessen und eindeutige BGH-Urteile bzw eine ständige unangefochtene Rechtsprechung unterer Gerichte fordern. Sind diese Anforderungen nicht erfüllt, hat die StA die Frage der Strafbarkeit selbst zu entscheiden[26].

3. Anklagepflicht bei „außerdienstlicher" Kenntniserlangung?

91 Aus dem Legalitätsprinzip ergibt sich auch das Problem der Anklagepflicht bei **außerdienstlicher Kenntniserlangung**. Da der Staatsanwalt immer einschreiten muss, sofern „zureichende Anhaltspunkte" für die Begehung einer Straftat vorliegen (§ 152 II StPO) und seine Erforschungspflicht auch dann bejaht wird, wenn er „auf anderem Wege" als durch Anzeige von dem Verdacht einer Straftat Kenntnis erlangt (§ 160 I StPO), spricht vieles dafür, darunter auch die außerdienstliche Kenntniserlangung zu fassen. Andererseits ist nach heutigem Verständnis des Berufsbeamtentums auch dem

---

23 SK-StPO-*Weßlau/Deiters*, § 152 Rn 18; *Hellmann*, Rn 66; *Kretschmer*, Jura 2004, 452; *Roxin/Schünemann*, § 9 Rn 14; *Rüping*, Rn 69.
24 BGHSt 15, 155; OLG Zweibrücken wistra 2007, 275 m. Bespr. *Jahn*, JuS 2007, 691.
25 Vgl KK-*Moldenhauer*, § 170 Rn 6; *Heinrich/Reinbacher*, Problem 8 Rn 19; *Kühne*, Rn 144.
26 BGHSt 15, 155, 158.

Beamten eine rechtlich geschützte Privatsphäre zuzubilligen. In Teilen des Schrifttums wird ua mit diesem zuletzt aufgeführten Argument die Pflicht zum Einschreiten generell verneint[27]. Im Hinblick auf die überragende Bedeutung des Legalitätsprinzips, das der Durchsetzung des staatlichen Strafanspruchs, dem Schutz der Allgemeinheit vor Straftaten und insbes. der Gleichheit vor dem Gesetz zu dienen bestimmt ist, erscheint jedoch mit der herrschenden Rspr und Lehre eine **Abwägung im Einzelfall** angemessen[28]. Dabei ist zum einen die **Intensität der Verknüpfung mit der Privatsphäre** des Staatsanwalts, zum anderen die **Schwere des Vergehens** und der **Grad der Gefährdung der Allgemeinheit** bei Unterlassen des Einschreitens zu berücksichtigen. Im Ergebnis ist die Anklagepflicht bei privater Kenntniserlangung zumindest immer dann zu bejahen, wenn es sich um **schwerwiegende** Straftaten handelt, die **„die Belange der Öffentlichkeit ... in besonderem Maße berühren"**[29], wie zB bei Mord, räuberischer Erpressung, Rauschgifthandel. Im Schrifttum wird zT vertreten, dass die Anklagepflicht nur bei den Katalogtaten des § 138 StGB[30] bzw der §§ 100a II, 100b II, 100c I Nr. 1[31] StPO oder aber bei Verbrechen iSv § 12 I StGB[32] bestehe. Diese Pflicht zum Tätigwerden gilt sowohl für die Staatsanwälte als auch für die gem. § 163 StPO ebenfalls dem Legalitätsprinzip unterstehenden Polizeibeamten[33].

▶ Beispielsfall bei *Beulke*, Klausurenkurs III, Rn 104.

4. Ablehnung des Staatsanwalts

Während man früher in dem **befangenen Staatsanwalt** kaum ein Problem sah, da dieser ohnehin weitgehend als von Berufs wegen befangen eingestuft wurde, hat sich heute das Leitbild eines Staatsanwalts durchgesetzt, der das Strafverfahren unabhängig und objektiv betreibt. Dann ist es konsequent, an einen Ausschluss des Staatsanwalts zu denken, wenn er im Einzelfall dieser Vorstellung nicht gerecht wird und zumindest der Anschein entsteht, dass er gegenüber dem Beschuldigten voreingenommen agiert. Dabei ist die Frage, ob es überhaupt ein Ablehnungsrecht geben kann, von dem Problem zu trennen, wie ein solches realisiert werden sollte. **92**

a) Sachliche Berechtigung eines Ablehnungsrechts

Die Ausschließungs- und Ablehnungsregeln der §§ 22 ff StPO gelten nach dem Wortlaut des Gesetzes nur für Richter (bzw Schöffen, § 31 I StPO) und Sachverständige (§ 74 StPO). Dies hat seinen guten Grund, denn dem **Staatsanwalt** wird eine – wenn auch gem. § 160 II StPO eingeschränkte – **Einseitigkeit** zugestanden. Der Staatsanwalt darf zunächst einmal von der für den Beschuldigten denkbar ungünstigsten **93**

---

27 SK-StPO-StGB-*Hoyer*, § 258a Rn 6; *Laubenthal*, Weber-FS, S. 109; *Pawlik*, ZStW 111 (1999), 354.
28 BGHSt 5, 225, 229; 12, 277, 280 f; *Fischer*, § 258a Rn 4a; *Lackner/Kühl*, § 258a Rn 4.
29 RGSt 70, 251 f.
30 MüKo-StGB-*Cramer*, § 258a Rn 7; LR-*Erb*, § 160 Rn 29a; *Geppert*, Jura 1982, 139, 148; *Roxin/Schünemann*, § 39 Rn 3; *Volk/Engländer*, § 8 Rn 11.
31 *Kramer*, Rn 177; S/S/W-StGB-*Jahn*, § 258a Rn 8.
32 *Hellmann*, Rn 52.
33 BGHSt 38, 388; BGH StV 1989, 16; BGH wistra 2000, 92; OLG Karlsruhe NStZ 1988, 503; OLG Koblenz StV 1999, 541; s.a. *Wessels/Beulke/Satzger*, AT Rn 1184.

möglichen Tatkonstellation ausgehen. In der Hauptverhandlung muss der Staatsanwalt die Anklage verlesen (§ 243 III StPO) und damit zum Ausdruck bringen, dass er dem Angeklagten ein bestimmtes Verhalten vorwirft, während das Gesetz ihn nicht verpflichtet, alle fern liegenden Zweifel an dem Anklagevorwurf darzulegen.

Andererseits ist der Staatsanwalt allein der Wahrheit und Gerechtigkeit verpflichtet. Auch geht es nicht um die Überführung eines Schuldigen um jeden Preis, vielmehr soll die Schuld nur in einem fairen, rechtsstaatlichen Verfahren nachgewiesen werden. Deshalb muss der Staatsanwalt zwar nicht als ein Prozessorgan fungieren, das in allen Stadien des Verfahrens strikte Neutralität an den Tag legt und das jeden Verdacht einer Voreingenommenheit vermeidet[34], eine Grenze ist jedoch erreicht, wenn sich der Verdacht aufdrängt, der Staatsanwalt agiere **ausschließlich zu Lasten oder zu Gunsten des Beschuldigten und er sei zu einer objektiven Würdigung des Ergebnisses der Ermittlungen nicht mehr bereit**. Die Situation ist also nicht direkt mit der des Richters vergleichbar, ähnelt ihr aber in manchen Bereichen[35]. Deshalb kann der **Rechtsgedanke** der §§ 22 ff StPO herangezogen werden.

Dies ist für die **Ausschließungsgründe** des § 22 StPO in ihrer Funktion als verdichtete Befangenheitsgründe (s.o. Rn 68, 74) in weiten Teilbereichen heute allgemein anerkannt, insbes. in den Fällen, dass der Staatsanwalt

– durch die Straftat selbst verletzt ist (§ 22 Nr 1 StPO),
– mit der (dem) Beschuldigten verheiratet oder verwandt ist (§ 22 Nr 2 u. 3 StPO),
– früher in der Sache Verteidiger war (§ 22 Nr 4 Alt. 4 StPO).

Hingegen darf der Staatsanwalt auch dann das Verfahren weiter betreuen, wenn er bereits früher in der Sache als Staatsanwalt oder Polizeibeamter tätig geworden ist. § 22 Nr 4 Alt. 1 u. 2 StPO können also nicht analog herangezogen werden[36].

Darüber hinaus kann auch der Rechtsgedanke des **Ablehnungsgrundes** (nicht des Verfahrens) **der Besorgnis der Befangenheit** (§ 24 StPO) herangezogen werden, sofern die oben geschilderte „gesteigerte Befangenheit" des Staatsanwalts erkennbar ist, dh zu befürchten ist, dass er zu einer objektiven Wertung des Ermittlungsergebnisses außer Stande sein wird.

94   Neben der hier vertretenen eingeschränkten Analogie zu §§ 22 ff StPO werden in der Literatur andere dogmatische Begründungen für die Unzulässigkeit der Mitwirkung eines befangenen Staatsanwalts vorgeschlagen, etwa

– die Ableitung aus dem ungeschriebenen rechtsstaatlichen Verfahrensprinzip des „fair trial"[37] oder
– die Heranziehung des § 11 AGGVG Baden-Württemberg, der bestimmte Ausschlussgründe für Staatsanwälte normiert (so früher auch §§ 7 ff AGGVG Niedersachsen), als „allgemeine Richtlinien"[38] oder

---

34 Wie hier BVerfG NJW 2001, 1121, 1128.
35 S. auch *Schaefer*, Rieß-FS, S. 491.
36 Weiterführend SK-StPO-*Rudolphi*, Vor § 22 Rn 22 ff; *Pfeiffer*, Rebmann-FS, S. 359 ff.
37 So *Arloth*, NJW 1985, 417, 418; *Egon Müller*, JuS 1989, 311.
38 So etwa OLG Stuttgart NJW 1974, 1394, 1395; *Roxin/Schünemann*, § 9 Rn 15.

– eine Rechtsanalogie über die §§ 22 ff StPO hinaus zu den §§ bzw Art. 20 ff VwVfG des Bundes und der Länder, also den Ausschließungsgründen für Verwaltungsbeamte[39] oder

– zusätzlich eine Rechtsanalogie zu den §§ 138a, 138b StPO[40].

b) Der Zeugenstaatsanwalt

Der BGH hat bisher einen Befangenheitsgrund vor allem anerkannt, wenn der Staats-   **95**
anwalt im selben Verfahren **als Zeuge** aufgetreten ist[41]. Beim Zeugenstaatsanwalt bestehen **Bedenken** insbes. hinsichtlich der **Objektivität der Würdigung der eigenen Aussage**, etwa im Schlussplädoyer.

Allerdings betont der BGH inzwischen stärker, dass es nicht in der Hand des Angeklagten stehen dürfe, mithilfe geeigneter Beweisanträge gerade den mit der Sache von Anfang an befassten und somit besonders gut eingearbeiteten Anklagevertreter aus dem Verfahren zu entfernen. Der erste Senat des BGH hat deshalb zu erkennen gegeben, dass er der Rechtsprechung zur Befangenheit des Staatsanwalts skeptisch gegenüber stehe[42]. Zumindest ist der als Zeuge tätig gewordene Staatsanwalt nicht pauschal von der weiteren Mitwirkung am Verfahren ausgeschlossen, sondern **nur insofern, als seine Tätigkeit in unlösbarem Zusammenhang mit der Zeugenaussage steht**[43]. Das bedeutet vor allem, dass im staatsanwaltlichen Schlussplädoyer die Zeugenaussage des Staatsanwalts von einem anderen Staatsanwalt gewürdigt werden muss. Keines anderen Staatsanwalts bedarf es, wenn der Sitzungsvertreter lediglich zu technischen Vorgängen oder zu sonstigen unbedeutenden Nebenfragen vernommen worden ist[44].

c) Verfahrensmäßige Realisierung des Ablehnungsrechts

Da in der StPO das Recht der Ablehnung des Staatsanwalts nicht geregelt worden ist,   **96**
fehlen dementsprechend auch Vorschriften über dessen Durchführung.

aa) Zunächst kann der Beschuldigte den Dienstvorgesetzten bitten, den befangenen Staatsanwalt gem. § 145 GVG durch einen anderen Staatsanwalt zu ersetzen[45].

bb) Im Schrifttum wird eine analoge Heranziehung der §§ 22 ff StPO auch bzgl des Verfahrens angeregt[46]. Das läuft jedoch auf eine nicht gewünschte Kontrollbefugnis des Gerichts über den Staatsanwalt hinaus.

cc) Das LG Mönchengladbach[47] hat dem fair-trial-Gebot eine Verpflichtung des Gerichts entnommen, auf Ablösung und Ersetzung des Staatsanwalts gem. § 145 GVG hinzuwirken. Dies führt jedoch ebenfalls zu einer gerichtlichen Kontrolle der StA, die § 150 GVG gerade verbietet und die auch nicht erstrebenswert ist.

dd) Andere[48] wollen § 23 EGGVG heranziehen, indem sie die Ablehnung der Auswechslung des Staatsanwalts als (vor dem OLG) anfechtbaren Justizverwaltungsakt einstufen. Abgesehen davon, dass es sich bei der Ersetzung bzw Nichtersetzung nur um eine „innerbehördliche Maßnahme"

---

39 *Böttcher*, Roxin-FS, S. 1335.
40 So *Krey*, I Rn 178.
41 BGH NStZ 1983, 135; 1994, 194; BGH StV 1989, 240.
42 BGH NStZ 1989, 583; StV 2008, S. 337 m. krit. Bespr. *Kelker*, StV 2008, 381.
43 BGH NStZ 2007, 419; BGH BeckRS 2018, 2815.
44 BGHSt 14, 265.
45 BGH NStZ <M> 1989, 14; OLG Zweibrücken NStZ-RR 2000, 348.
46 *Frisch*, StV 1993, 613.
47 StV 1987, 333.
48 *Bottke*, StV 1986, 120, 123; *Hilgendorf*, StV 1996, 50; *Roxin/Schünemann*, § 9 Rn 15.

und nicht um eine „Regelung mit unmittelbarer Auswirkung auf die Rechte des Betroffenen" handelt[49], führt dies zu einer unvertretbaren Verzögerung des Verfahrens. Selbst bei einer analogen Heranziehung von § 29 II StPO (Weiterverhandlungsmöglichkeit) bliebe das Instrument des § 23 EGGVG zu schwerfällig und würden notwendige Entscheidungen in der Hauptverhandlung gelähmt.

97   ee) **De lege lata** hilft nur der Umweg über das Revisionsrecht. In Übereinstimmung mit Rspr[50] und hL[51] ist in der weiteren Mitwirkung des zu Recht abgelehnten Staatsanwalts ein **Revisionsgrund iSv § 337 StPO** zu sehen, wobei auch insoweit nicht auf die Differenzierung zwischen „ausgeschlossenem" und „befangenem" Staatsanwalt zurückgegriffen werden sollte. Für den Zeitraum der Geltendmachung des Ablehnungsrechts wird man hingegen § 25 StPO analog heranziehen können (insbes. unverzügliche Geltendmachung der Ablehnung). Der Weg über das Revisionsrecht kann allerdings zu der unbefriedigenden Situation führen, dass das Gericht erster Instanz mangels eines eigenen Zurückweisungs- bzw Kontrollrechts uU „sehenden Auges" ein fehlerhaftes, auf eine Revision hin aufzuhebendes Urteil erlassen muss.

98   **Lösung Fall 12:**

a) Der Staatsanwalt unterliegt dem **Legalitätsprinzip** (§§ 152 II, 170 I StPO). Bei der Anklagepflicht ist er auch an die höchstrichterliche Rechtsprechung gebunden (BGHSt 15, 155 f; aA die hL). Eine Einstellung gem. § 170 II StPO wäre also rechtswidrig; Einzelheiten s.o. Rn 89.

b) Wenn der Staatsanwalt glaubt, die höchstrichterliche Rechtsprechung nicht mit seinem Gewissen vereinbaren zu können, muss er die Sache dem Vorgesetzten vortragen. Dieser kann die Ermittlungen gegen A an sich ziehen und die Anklage selbst vertreten, sog. **Devolutionsrecht** gem. § 145 I 1. Alt. GVG. Ferner kann er das Ermittlungsverfahren einem anderen Staatsanwalt übertragen, sog. **Substitutionsrecht** gem. § 145 I 2. Alt. GVG. Schließlich besteht die Möglichkeit, die Weisung zu erteilen, das Delikt anzuklagen (§ 170 I StPO iVm § 146 GVG). Wenn X glaubt, dieser Weisung nicht nachkommen zu können, hat er das Recht, insoweit den Gehorsam zu verweigern (sehr str.; anders die hA). Einzelheiten s.o. Rn 85.

99   **Lösung Fall 13:** Bei **privater Kenntniserlangung** besteht für den Staatsanwalt eine Anklagepflicht (§§ 152 II, 170 I StPO) nur, wenn es sich um **schwerwiegende Straftaten** handelt, die die Belange der Öffentlichkeit in besonderem Maße berühren (alternativ: wenn eine Katalogtat iS der §§ 138 StGB, 100a II, 100b II oder 100c I Nr. 1[52] StPO vorliegt). Die in diesem Zusammenhang vorzunehmende Gesamtabwägung führt hier zu dem Ergebnis, dass im **Fall a** die Gleichheit vor dem Gesetz und der Anspruch der Gemeinschaft auf Ahndung schwerster Verbrechen den Vorrang vor dem Schutz der Privatsphäre des S haben müssen, dieser also zur Einleitung eines Ermittlungsverfahrens verpflichtet ist. **Fall b:** Zutreffend hat der BGH eine Pflicht zum Tätigwerden abgelehnt (BGH StV 1989, 16 – betraf einen Polizeibeamten). Im „**Weinzimmerfall**" hatte das RG noch im entgegengesetzten Sinne entschieden (RGSt 70, 251 ff). Einzelheiten s. Rn 91.

100   **Lösung Fall 14:** Staatsanwalt X ist auf Grund der **Zeugenvernehmung** von der weiteren Mitwirkung als Anklagevertreter zumindest insoweit ausgeschlossen, als es um die Würdigung seiner Zeugenaussage geht (BGH NStZ 1983, 135). Dies ergibt sich aus einer Heranzie-

---

49 Vgl OLG Hamm NJW 1969, 808.
50 BGH NStZ 1983, 135; 1991, 595.
51 *Kretschmer*, Jura 2004, 452; *Pawlik*, NStZ 1995, 309; *Schlüchter/Duttge*, S. 24.
52 Für § 100a II StPO: *Kramer*, Rn 177; für § 100c I Nr 1 iVm § 100b II StPO: S/S/W-StGB-*Jahn*, § 258a Rn 8.

hung des Rechtsgedankens der §§ 22 ff StPO. Bzgl des Verfahrens verbietet sich allerdings eine Analogie zu §§ 22 ff StPO, vielmehr steht für die **Durchsetzung der Ablehnung** nur das **Revisionsrecht** zur Verfügung. Bei entsprechender Rüge wäre eine auf den Fehler der weiteren Mitwirkung des X (auch bzgl der Würdigung der eigenen Zeugenaussage) gestützte Revision begründet, sofern das Urteil auf dem Verfahrensfehler beruht (§ 337 StPO). Einzelheiten s. Rn 97.

§ 6   Die Polizei als Helfer der Staatsanwaltschaft

Fall 15: Bankräuber B hat sich mit einer Geisel in der Bank verschanzt und verlangt freien Abzug mit der Geisel sowie der Beute. Staatsanwalt S weist die Polizisten an, den B bei Verlassen der Bank niederzuschießen. Ist die Weisung rechtmäßig? **Rn 109**

I.   Grundsätze der Weisungsbefugnis

Die StA kann die gem. § 160 StPO erforderlichen Ermittlungen selbst vornehmen, ist   **101** dazu aber idR schon aus Kapazitätsgründen nicht in der Lage. Sie braucht deshalb Beamte, die dies für sie erledigen. Unser Strafprozessrecht hat jedoch keine eigene „Staatsanwaltspolizei" geschaffen, vielmehr ist die StA insoweit auf die **Behörden und Beamten des allgemeinen Polizeidienstes** angewiesen (§ 161 StPO).

Die Organisation der Polizei ist gem. Art. 30, 70 ff GG Ländersache (vgl zB das BayPOG und das POG NRW). Ausnahmsweise sind auch Bundesbehörden mit polizeilichen Aufgaben betraut: An erster Stelle ist das **Bundeskriminalamt** zu nennen, das mit der Bekämpfung länderübergreifender und internationaler Kriminalität befasst ist (Rechtsgrundlage: BKA-Gesetz[1]). Das BKA ist zugleich Nationales Zentralbüro der Internationalen Kriminalpolizeilichen Organisation/Interpol und zuständige nationale Stelle für Europol. Das BKA hat insbes. Informationen zentral zu sammeln und auszuwerten sowie kriminaltechnische Untersuchungen und Forschungen anzustellen, einschließlich der Erstellung von Gutachten auf Verlangen der Strafverfolgungsorgane. Das BKA übernimmt nur ausnahmsweise die polizeilichen Aufgaben bei der Strafverfolgung selbst, insbes. bei internationaler Kriminalität inkl. des internationalen Terrorismus und bei Angriffen auf Mitglieder von Verfassungsorganen oder ausländische Diplomaten. In einem **Informationssystem** deutscher Sicherheitsbehörden (Polizeibehörden und Nachrichtendienste) werden beim BKA sämtliche Erkenntnisse zum **internationalen Terrorismus** zentral zusammengeführt.[2] Ansonsten beschränkt sich das BKA auf die Koordination der Länderpolizeien: Die Länder unterhalten ihrerseits **Landeskriminalämter** zur Förderung der bundesweiten Zusammenarbeit bei der Verbrechensbekämpfung. Das **Bundesamt für Verfassungsschutz** dient der Bekämpfung verfassungsfeindlicher Bestrebungen (Rechtsgrundlage: Gesetz über die Zusammenarbeit des Bundes und der Länder in Angelegenheiten des Verfassungsschutzes[3]). Ihm stehen jedoch keine polizeilichen Eingriffsbefugnisse zu (sog. Trennungsgebot), es hat vielmehr allein die Aufgabe, Informationen zu sammeln und auszuwerten. Ergeben sich dabei Hinweise auf die Erfüllung von Straftatbeständen (vgl §§ 80 ff StGB), hat das Bundesamt die Angelegenheit an die zuständige Strafverfolgungsbehörde (zB BKA oder LKA) abzugeben. Ferner ist in diesem Zusammenhang noch auf

---

1   Abgedruckt in *Sartorius I* Nr 450; vert. *Baum/Schantz*, ZRP 2008, 137.
2   Gemeinsame-Dateien-Gesetz (GDG), BGBl I 2006, 3409; dazu *Ruhmannseder*, StraFo 2007, 184.
3   Abgedruckt in *Sartorius I* Nr 80.

die **Bundespolizei** (s. dazu das Bundespolizeigesetz[4]) hinzuweisen. Schließlich findet eine internationale Kooperation statt, insbes. im Rahmen des Schengener Informationssystems (SIS)[5] und bei Europol (Einzelheiten Rn 10o).

102   Die Polizei ist nicht wie die StA dem Justiz-, sondern dem **Innenministerium** unterstellt. Diese Aufteilung beinhaltet eine gewollte Machtbegrenzung der StA. Um ihre Schlagkraft im Interesse der Verbrechensbekämpfung nicht zu sehr zu schwächen, hat man der StA jedoch eine **Weisungsbefugnis** gegenüber der Polizei eingeräumt (§ 161 I StPO), die sie als Ausfluss ihrer Gesamtverantwortung für das Ermittlungsverfahren und im Interesse seiner rechtsstaatlichen und fairen Durchführung verantwortungsbewusst ausüben muss[6]. Die Weisungsbefugnis besteht gegenüber **allen** Polizeibeamten, allerdings mit folgender Differenzierung:

Bestimmte Polizeibeamte sind sog. **Ermittlungspersonen** (früher: „Hilfsbeamte"[7]) der StA. Sie haben nach der StPO eine Reihe besonderer Befugnisse; dabei haben sie allen **Anordnungen** der StA Folge zu leisten (§ 152 GVG). Das Landesrecht bestimmt, wer Ermittlungsperson der StA ist (vgl in Bayern § 1 Verordnung über die Ermittlungspersonen der Staatsanwaltschaft, *Ziegler/Tremel* Nr 755: „Ermittlungspersonen" sind alle Polizeibeamten ab dem Dienstgrad eines Polizeimeisters, aber auch andere Beamte zB der Finanz-, Forst-, Jagd- und Fischereiverwaltung). § 161 I 2 StPO spricht insoweit von (Ermittlungs-)**Aufträgen** des Staatsanwalts an die Polizei.

Die **übrigen Polizeibeamten** sind ebenfalls verpflichtet, dem **Ersuchen** der StA zu entsprechen, § 161 I 2 StPO. Der Begriff „Ersuchen" wird vom Gesetz gebraucht, da hinsichtlich dieser Beamten kein unmittelbares Über-/Unterordnungsverhältnis besteht.

Alle Polizeibeamten haben die datenschutzrechtlichen Verwendungsregelungen zu beachten (§§ 161 I 3, II; 163 I 3 StPO/EDatschG).

II.   Die Rolle der Polizei

103   1. Die Polizei hat eine **Doppelfunktion**, sie wird präventiv und repressiv tätig:
- **präventiv** zur Verhinderung von Störungen der öffentlichen Sicherheit (wozu insbes. auch Straftaten gehören) und Ordnung, zB durch Streifengänge, allgemeine Observationen etc. Dieser Teil ihrer Tätigkeit ist in den **Polizei- und Sicherheitsgesetzen der Länder** geregelt.
- **repressiv** zur Aufklärung bereits begangener Straftaten. Hierfür sind die Vorschriften des Strafprozessrechts (insbes. **StPO, GVG**) einschlägig.

Das Weisungsrecht der StA gegenüber der Polizei gem. § 161 I StPO iVm § 152 GVG bezieht sich nur auf die **repressive Tätigkeit** (Beispiel: Anordnung der Festnahme des Täters). Streitig ist das Verhältnis zwischen repressiver und präventiver Tätigkeit, wenn sich beide Bereiche überschneiden. In Teilen des Schrifttums wird die Ansicht

---

4 Abgedruckt in *Sartorius I* Nr 90.
5 BGBl II 1993, S. 1010, 1061; dazu *Wahl*, in Epiney/Theuerkauf, S. 79.
6 BGH NStZ 2009, 648 m. Anm. *Grasnick*, NStZ 2010, 158; MüKo-StPO-*Brocke*, § 152 GVG Rn 1 ff.
7 Geändert durch das 1. JuMoG (BGBl I 2004, 2198); s. *Knauer/Wolf*, NJW 2004, 2932.

vertreten, dass bei Bestehen eines Anfangsverdachts hinsichtlich der Begehung einer Straftat ein Rückgriff auf die Normen der Gefahrenabwehr immer ausgeschlossen ist[8]. Die herrschende Ansicht stellt darauf ab, ob der **Schwerpunkt des polizeilichen Eingreifens** auf dem Gebiet der Gefahrenabwehr (dann Polizeirecht) oder der repressiven Tätigkeit (dann Strafverfahrensrecht) liegt[9]. Im Falle der Anordnung einer Geiselbefreiung wurde deshalb angenommen, dass der Schutzaspekt zugunsten der Geisel überwiegt, sodass insoweit der Schusswaffengebrauch nicht durch die StA angeordnet werden darf[10]. Ebenso überwiegt der präventive Bereich, wenn eine bestimmte Vernehmungstechnik angeordnet wird, um einen mutmaßlichen Kindesentführer zur Preisgabe des Verstecks zu bewegen (*Fall Gäfgen*, dazu auch Rn 119, 134a, 289b u. 482). In jüngster Zeit hat sich der **BGH** jedoch der Meinung angeschlossen, **dass beide Aufgabenbereiche gleichberechtigt nebeneinander stehen**, sodass es bei einer sog. Gemengelage ausreicht, dass die Maßnahme entweder durch eine polizeirechtliche oder eine strafprozessuale Ermächtigungsgrundlage gedeckt ist[11]. Der Sache nach läuft das auf ein Wahlrecht der Polizei hinaus, das jedoch die Gefahr heraufbeschwört, dass die Polizei die den Beschuldigten und mittelbar alle Bürger schützenden prozessualen Normen unterlaufen kann (so zB im Falle der Durchsuchung [Rn 255] die richterliche Anordnunsbefugnis nach § 105 StPO [Rn 258]). Die Rspr meint, einer missbräuchlichen, bewussten Umgehung strafprozessualer Voraussetzungen bzw der Aushöhlung von Beschuldigtenrechten auf dem Wege der Anerkennung von Beweisverwertungsverboten (u. Rn 454) entgegenwirken zu können. Das überzeugt jedoch nicht, denn die dort befürwortete vage Abwägungstheorie (u. Rn 458) ermöglicht de facto jedes kriminalpolitisch für opportun gehaltene Ergebnis.

Beispiel nach BGHSt 62, 123[12]**:** Die Polizei ermittelt gegen A wegen Verdachts des Heroinhandels (strafbar nach BtMG). Eine Telefonüberwachung des bereits als „Beschuldigten" geführten A ergab, dass A an einem bestimmten Tag Rauschgift von den Niederlanden nach Deutschland transportieren sollte. Dies wollte die Polizei für einen Zugriff auf A nutzen. Es erschien ihr notwendig zu verhindern, dass Betäubungsmittel in erheblichem Umfang in Deutschland in Umlauf gerieten; zugleich waren die Beamten an der Sicherung etwaiger Beweise für ein Strafverfahren gegen A interessiert. Da der noch in Marokko befindliche Hintermann/Mitbeschuldigte nichts von den Ermittlungen erfahren sollte, wurde die Verkehrspolizei eingeschaltet, die das mit polizeilichem Peilsender versehene Fahrzeug des A unter der Legende einer Verkehrskontrolle inspizieren sollte. Die Einholung eines richterlichen Durchsuchungsbeschlusses wurde „in Fortsetzung der üblichen Praxis" für nicht erforderlich gehalten. Als A an einer Baustelle die vorgeschriebene Geschwindigkeit überschritt, wurde er angehalten und der Wagen mit Hilfe der Kriminalbeamten und unter Einschaltung eines Drogenspürhundes durchsucht. Es wurden 8 kg Kokain gefunden. Nunmehr wurde A vorläufig festgenommen. Im gesamten weiteren Verfahren machte A von seinem Aussageverweigerungsrecht gem. § 136 StPO (Rn 116) Gebrauch. War der Einsatz rechtmä-

---

8 *Gubitz*, NStZ 2016, 128; KK-StPO-*Schoreit*, § 152 Rn 18c; *Rössner/Safferling*, Problem 9.
9 MüKo-StPO-*Kölbel*, § 160 Rn. 10.
10 Im Ergebnis ebenso B/H/K/M-*Heckmann*, 3. Teil, Rn 14; AK-*Achenbach*, § 163 Rn 11.
11 BGH NStZ-RR 2016, 176 m. krit. Bespr. *Mosbacher*, JuS 2016, 706; BGH NStZ 2018, 296 m. Bspr. *Jäger*, JA 2018, 551; BGH BeckRS 2018, 3121.
12 M. Bespr. *Albrecht*, HRRS 2017, 446 („fehlerhafte Kategorisierung"); *Brodowski*, JZ 2017, 1119 („Rosinentheorie statt Schwerpunkttheorie"); *Löffelmann*, JR 2017, 588; *Mitsch*, NJW 2017, 3124 („missbräuchliche Gesetzesumgehung"); *Mosbacher*, JuS 2018, 129; *Schiemann*, NStZ 2017, 651; s. auch *Altvater*, Schlothauer-FS, S. 3; *Börner*, StraFo 2018, 1; *Herzog*, Schlothauer-FS S. 37; *Nowrousian*, NStZ 2018, 254; S/S/W-StPO-*Ziegler*, § 161 Rn 28.

ßig? Kann das gefundene Rauschgift im Strafverfahren gegen A als Beweismittel herangezogen werden?

Lösung: Nach wohl herrschender und überzeugender Ansicht ist bzgl der Frage, ob sich die Rechtmäßigkeit des polizeilichen Vorgehens aus dem Polizeirecht oder dem Strafprozessrecht ergibt, auf den **Schwerpunkt der polizeilichen Tätigkeit** abzustellen. Hier sollte zwar auch verhindert werden, dass Betäubungsmittel in erheblichem Umfang in Deutschland in Umlauf gerieten, **vorrangig** ging es aber um die Aufklärung der Rauschgiftdelikte. Es gelten deshalb die strafprozessualen Regeln (§§ 102 ff StPO). Für die vorprogrammierte Durchsuchung hätte es gem. § 105 StPO einer richterlichen Anordnung bedurft (vgl Rn 208). Ihr Fehlen könnte sich auf die Verwertung des beschlagnahmten Rauschgifts als Beweismittel durch Annahme eines Beweisverwertungsverbotes auswirken (Rn 454). Demgegenüber stufte der BGH das Vorgehen, das **„jedenfalls auch"** der Abwehr einer gegenwärtigen Gefahr diente, als eine vom Polizeirecht (hier § 37 I Nr. 1, 3 HessSOG) gedeckte Maßnahme der Gefahrenabwehr ein, die keinem Richtervorbehalt unterliegt. Dass A auch bereits Beschuldigter iSd StPO war, sodass auch die unter Richtervorbehalt stehenden §§ 102, 105 StPO ein Vorgehen gegen ihn ermöglicht hätten, stehe der Rechtmäßigkeit dieser doppelfunktionalen Maßnahme nicht entgegen, **denn die polizeilichen und die strafprozessualen Eingriffsermächtigungen seien gleichwertig. De facto kann die Polizei nach dieser Ansicht wählen, welchen Weg sie gehen will.** Hier habe sich die Polizei für das polizeirechtliche Vorgehen entschieden, um die laufenden Ermittlungen nicht vorzeitig offenbaren zu müssen (sog. **legendierte Kontrolle**). Dass die auf präventiv-polizeilicher Grundlage **rechtmäßig** gewonnenen Beweismittel im Strafverfahren verwendet werden dürfen, ergibt sich nach Ansicht des BGH aus der speziellen Regelung des § 161 II 1 StPO, die nach den Grundsätzen des „hypothetischen Ersatzeingriffs" die Verwendung präventiv erlangter Erkenntnisse im Strafverfahren auch ohne Einhaltung der formellen Voraussetzungen der StPO gestattet, sofern es um die Strafverfolgung von Taten geht, aufgrund derer eine solche Maßnahme nach der StPO hätte angeordnet werden dürfen (Verdacht einer schweren Straftat). Insofern werde also nur auf die materiell-rechtlichen Voraussetzungen der Beweisgewinnung abgestellt (Rn 233c). Ein (selbstständiges) Beweisverwertungsverbot (Rn 457) komme nicht in Betracht, denn die gefahrenabwehrrechtliche Maßnahme sei nicht etwa gezielt gewählt worden, um den Richtervorbehalt zu umgehen. Die Durchsuchung sei also rechtmäßig und der Tatnachweis könne mittels des gefundenen Rauschgifts geführt werden. Im Ergebnis duldet der BGH damit eine – vom Gesetzgeber gebilligte[13] – strukturelle Umgehung des Richtervorbehalts ebenso wie den hieran im Fall noch angeschlossenen Verstoß gegen § 136 I 1 StPO mit dem Gebot, den Tatvorwurf bereits in der ersten Vernehmung vollständig offenzulegen, und eine Verletzung des Grundsatzes der Aktenwahrheit und -vollständigkeit (§§ 163 II 1, 168b I StPO). Grundsätzlich muss sich aus den Akten ergeben, welche konkreten Ermittlungsmaßnahmen durchgeführt worden sind und welchen Erfolg sie gehabt haben. Das ist hier unterblieben. Dies stellt einen Verstoß gegen den fair-trial-Grundsatz dar, der nach Ansicht des BGH dann nicht zu einem Beweisverwertungsverbot führt, wenn innerhalb angemessener Zeit die Vorgänge nachträglich aktenkundig gemacht und der Verteidiger und der Beschuldigte informiert werden.

104 2. Die Beamten des Polizeidienstes (Ermittlungspersonen der StA und sonstige Polizeibeamte) werden nicht nur auf Wunsch der StA tätig, sondern auch aus eigenem Antrieb, sofern sie entsprechende Wahrnehmungen machen (zur privaten Kenntniserlangung s.o. Rn 91), uU bewirkt durch eine Anzeige, die auch direkt bei der Polizei angebracht werden kann (§ 158 I StPO). Gem. § 163 I 1 StPO ist es ihre Aufgabe, **von sich aus Straftaten zu erforschen**. Dabei hat die Polizei alle keinen Aufschub gestatteten Anordnungen zu treffen, um die Verdunkelung der Sache zu verhindern (§ 163 I 1 StPO).

---

13 Vgl. BR-Drucks. 275/07, 148.

Lange Zeit war umstritten, in welchem Umfang die Polizei zu diesem Zweck Maßnahmen treffen durfte, für die keine ausdrücklichen gesetzlichen Befugnisse existierten, da § 163 StPO aF nur eine Aufgabenzuweisung, aber keine Eingriffsbefugnis enthielt.

Das Problem hatte sich inzwischen allerdings nicht unerheblich entschärft, weil weite Bereiche der von der Polizei gewünschten und durchgeführten Maßnahmen speziell geregelt worden sind, so die sog. **Rasterfahndung**, bei der bestimmte existierende Dateien nach kriminalistischen Gesichtspunkten maschinell ausgewertet werden (§§ 98a – 98c StPO), die **Observation** durch Bildaufnahmen und sonstige technische Mittel (§ 100h StPO), die **längerfristige Beobachtung** (§ 163f StPO), die **Online-Durchsuchung** (§ 100b StPO), der sog. **Lauschangriff**, bei dem das nichtöffentlich gesprochene Wort abgehört und auf Tonträger aufgenommen werden darf (§§ 100c, 100e, 100f StPO), der Einsatz **Verdeckter Ermittler** (§§ 110a ff StPO), die sog. **Schleppnetzfahndung**, bei der Daten vorübergehend gespeichert und ausgewertet werden, die bei Grenzkontrollen und Kontrollstellen nach § 111 StPO anfallen (§ 163d StPO) und die Errichtung und Auswertung eines länderübergreifenden staatsanwaltlichen Verfahrensregisters (§§ 492 ff StPO).

Mit dem StVÄG 1999 hat der Gesetzgeber eine **Ermittlungsgeneralklausel** geschaffen (§§ 161 I, 163 I StPO). Die StPO folgt zwar auch weiterhin dem Prinzip der Einzeleingriffsermächtigung für grundrechtsrelevante Ermittlungsmaßnahmen, jedoch erscheint eine abschließende gesetzliche Beschreibung und Regelung aller im Einzelfall denkbaren Ermittlungsmaßnahmen angesichts der sich ständig ändernden Erscheinungsformen der Kriminalität und immer neuer Aufklärungsmöglichkeiten kaum möglich. Eine Generalklausel für Maßnahmen, die weniger intensiv in die Grundrechte des Bürgers eingreifen, war daher unverzichtbar. Die §§ 161 I, 163 I StPO erteilen der StA sowie ihren Ermittlungspersonen ausdrücklich das Recht (sie sind **„befugt"**), die **erforderlichen Ermittlungsmaßnahmen** selbst vorzunehmen. Die Vorschrift kann keinen Ersatz für eine verfassungsrechtlich oder strafprozessual erforderliche Einzeleingriffsermächtigung für „tiefer" in Grundrechte eingreifende Maßnahmen darstellen. Da nach dem Willen des Gesetzgebers schon für eine längerfristige Observation des Beschuldigten, eine Durchsuchung oder eine Beschlagnahme eine Einzeleingriffsermächtigung angezeigt ist, können nur solche Grundrechtseingriffe als von §§ 161 I, 163 I StPO gedeckt angesehen werden, die in ihrer verfassungsrechtlichen und strafprozessualen Bedeutung unterhalb der Schwelle derartiger Ermittlungshandlungen liegen. Dies kann zB bei der Einholung von Erkundigungen im Umfeld einer gesuchten Person oder bei einer kurzfristigen Überwachung des Beschuldigten der Fall sein[14].

In welchen rechtlichen Grenzen die von der Polizei **präventiv** gewonnenen Daten im Rahmen der repressiven Strafverfolgung genutzt werden dürfen, ist bis heute noch nicht endgültig geklärt. Nach herrschender Ansicht ist im Prinzip der generelle Transfer der polizeilichen Daten in das Strafverfahren aus allgemeinen Erwägungen unbegrenzt möglich. Angesichts der häufigen Untrennbarkeit des präventiven vom repressiven Vorgehen dürfte dies zwar weitgehend zutreffen, kann aber andererseits von vornherein nur unter dem Vorbehalt gelten, dass mit dem „Ausweichen" auf das Polizeirecht keine speziellen Eingriffsvoraussetzungen der StPO umgangen werden dürfen[15]. Dies bestätigt die heutige (partielle) gesetzliche Regelung. Gemäß dem Grundsatz des „hypothetischen Ersatzeingriffs" dürfen nach § 161 II StPO (§§ 161 III, 163 I 3 StPO/EDatschG) die aufgrund **anderer Gesetze** gewonnenen personenbezogenen Daten, sofern sie aus Maßnahmen resultieren, die nur beim Verdacht bestimmter Straftaten zulässig sind, ohne Einwilligung des Betroffenen nur zur Aufklärung solcher Straftaten verwendet werden, zu deren Aufklärung

105

---

14 BT-Drucks. 14/1484, S. 20, 23; *Lesch*, 3/29; *Lilie*, ZStW 111 (1999), 807; krit. *Hefendehl*, GA 2011, 209; vgl auch BVerfG NJW 2009, 1405 (Abfrage von Kreditkartendaten).
15 *Schnarr*, StraFo 1998, 217.

eine solche Maßnahme auch nach den Regeln der StPO angeordnet werden darf[16] (s. Rn 233c, 266). Für den speziellen Bereich präventiv-polizeilicher Erkenntnisse aus einem Einsatz technischer Mittel zur Eigensicherung bei nicht offenen Ermittlungen in oder aus **Wohnungen** bestimmt § 161 III StPO (§ 161 IV StPO/EDatschG), dass eine Verwendung im Strafverfahren nur zulässig ist, wenn das AG die Rechtmäßigkeit der Maßnahme festgestellt hat[17]. Näher zu Präventivstrategien Rn 311.

106 Die gesetzliche Regelung geht davon aus, dass der Polizei nur das Recht und die Pflicht des **ersten Zugriffs** zukommt und sie den Vorgang anschließend **unverzüglich der StA weiterleitet**, die daraufhin die Leitung des Ermittlungsverfahrens übernimmt, § 163 I, II 1 StPO. Die Realität ist hingegen dadurch gekennzeichnet, dass in der weit überwiegenden Anzahl der Fälle (insbes. in den weniger wichtigen) die Polizei die Ermittlungen selbstständig bis zur Anklagereife führt und erst dann die Sache an die StA weiterleitet, zumal die StA häufig weder über die personellen Ressourcen noch über die fallbezogenen Informationen verfügt, um ihrer Aufgabe als „Herrin des Ermittlungsverfahrens" ausreichend nachzukommen[18].

III. Zwangsrechte der Polizei

107 Die Polizei hat zur Erfüllung ihrer Aufgaben bedeutende Zwangsrechte:

1. **Alle Polizeibeamten** sind zB befugt
   - zur vorläufigen Festnahme gem. §§ 127 I 1, II, 163b I 2 StPO,
   - zur Vornahme erkennungsdienstlicher Maßnahmen (§§ 81b, 163b I 3 StPO),
   - zur Identitätsfeststellung (§ 163b StPO),
   - zur Herstellung von Bildaufnahmen und zum Einsatz sonstiger technischer Mittel (§ 100h StPO),
   - zur Vernehmung von (freiwillig) erschienenen und aussagebereiten Beschuldigten, Zeugen und Sachverständigen (vgl §§ 163 I, III 2, VI, 163a I, IV StPO).

108 2. **Nur die Ermittlungspersonen der StA** (und auch diese z.T. nur bei „Gefahr in Verzug", dh bei Besorgnis der Beweisverschlechterung, an Stelle des vorrangig zuständigen Staatsanwalts bzw des Ermittlungsrichters) sind zB befugt zur **Anordnung**
   - körperlicher Untersuchungen (einschließlich Blutprobenentnahmen) beim Beschuldigten (§ 81a II StPO, zur Sonderregelung für Blutprobenentnahme bei Verdacht von Trunkenheitsfahrten im Straßenverkehr s. § 81a II 2 StPO sowie u. Rn 241),
   - körperlicher Untersuchungen von Zeugen (§ 81c V StPO),
   - von Beschlagnahmen (§ 98 I StPO) und Durchsuchungen (§ 105 I 1 StPO),
   - der Einrichtung von Kontrollstellen (§ 111 II StPO),
   - der Ausschreibung zur Fahndung (§ 131 I StPO),
   - einer verbindlichen Ladung und Vernehmung von zur Aussage verpflichteten Zeugen aufgrund eines Auftrags der Staatsanwaltschaft (§ 163 I, III-V StPO).

---

16 BGHSt 62, 123 m. Bespr. *Ahlbrecht*, HRRS 2017, 446 u. *Brodowski*, JZ 2017, 1119; *Löffelmann*, JR 2017, 588; *Mitsch*, NJW 2017, 3124; *Mosbacher*, JuS 2018, 129; *Schiemann*, NStZ 2017, 651, 657; vert. *Engelhardt*, Verwendung präventivpolizeilich erhobener Daten im Strafprozess, 2011.
17 Vgl SK-StPO-*Wolter*, § 100c Rn 23 ff; *Brodersen*, NJW 2000, 2538; *Sinn*, Jura 2003, 812.
18 Krit. dazu *Ambos*, Jura 2003, 674; *Lilie*, ZStW 106 (1994), 625.

Lösung Fall 15: Ein Schusswaffeneinsatz allein zur Befreiung von Geiseln wäre eine präventivpolizeiliche Maßnahme. Insoweit darf der Staatsanwalt keine Weisung erteilen (*M-G/Schmitt*, § 161 Rn 13). Anders ist zu entscheiden, wenn sich der Räuber nach Tatbegehung verschanzt und es nunmehr nur um seine Festnahme geht. Dann kann der Staatsanwalt gem. § 161 StPO die Festnahme und nach richtiger Ansicht sogar den Schusswaffeneinsatz befehlen (ebenso *Roxin/Schünemann*, § 9 Rn 20). Im vorliegenden Fall sind beide Bereiche tangiert. Nach einer Ansicht kommt es darauf an, dass das **Schwergewicht** bei der Geiselbefreiung, also der **präventiven Funktion** des Schusswaffeneinsatzes liegt. Deshalb darf der Staatsanwalt diese Weisung nicht erteilen. Der BGH stuft neuerdings die polizeirechtlichen und die strafprozessualen Möglichkeiten als gleichwertig ein. Bei einem solchen „Wahlrecht" dürfte wohl auch der Staatsanwalt die Weisung zum Schusswaffengebrauch erteilen (Lösung insoweit aber derzeit noch nicht gesichert); Einzelheiten s.o. Rn 103. | **109**

§ 7 Der Beschuldigte, seine Vernehmung (Grundzüge) und seine Rechte und Pflichten

Fall 16: Der Beschuldigte A legt bei seiner ersten Vernehmung durch die Kriminalpolizei, bei der er nicht über sein Schweigerecht belehrt wird, ein Geständnis ab. In der Hauptverhandlung lässt er sich nicht zur Sache ein. Kann die frühere Aussage im Urteil verwertet werden? **Rn 128**

Fall 17: In einem Großhandelsbetrieb stellt der Eigentümer E fest, dass etwa 10 000 € in der Kasse fehlen. E ruft die Polizei, worauf Kriminalkommissar K in dem Betrieb erscheint, um die Angelegenheit aufzuklären.

a) Als K auf den Prokuristen P trifft, erklärt dieser ihm, ohne befragt worden zu sein, dass er das Geld aus der Kasse genommen habe.

b) K befragt alle 30 Mitarbeiter des Betriebs nacheinander, ob sie etwas wüssten. P bekennt dabei seine Täterschaft.

c) Schon als E die Polizei rief, hat er Strafanzeige gegen P erstattet, den er als Täter in Verdacht hat. Als P befragt wird, gesteht er gegenüber K die Tat.

d) Auf Grund eines anonymen Hinweises aus der Belegschaft auf die Täterschaft des P ordnet die StA die Durchsuchung der Wohnung des P an. K leitet die Durchsuchung. Beweismittel werden zwar nicht gefunden, während der Durchsuchung bespricht jedoch K die Angelegenheit mit P und dieser räumt seine Täterschaft ein.

In allen Varianten des Falles wird das Verfahren „gegen Unbekannt" geführt. Eine Beschuldigtenbelehrung unterbleibt. P widerruft später sein Geständnis. Kann die frühere Aussage durch Zeugenvernehmung des K in das Strafverfahren eingeführt und für die Urteilsfindung verwertet werden? **Rn 129**

I. Begriff des Beschuldigten

1. Die StPO bezeichnet denjenigen, gegen den das Strafverfahren betrieben wird, je nach Lage des Verfahrens unterschiedlich: | **110**

Beschuldigter ist er während des gesamten Verfahrens[1], er heißt jedoch

Angeschuldigter, wenn gegen ihn die öffentliche Klage erhoben ist (§ 157 1. Alt. StPO), dh wenn die Anklageschrift eingereicht worden ist (§ 170 I StPO) und

Angeklagter, wenn die Eröffnung des Hauptverfahrens beschlossen ist (§ 157 2. Alt. StPO).

Während der Beschuldigte im gemeinrechtlichen Strafprozess noch als Objekt des Verfahrens eingestuft wurde, ist er nunmehr **Verfahrenssubjekt**, das mit erheblichen Rechten ausgestattet ist (s.u. Rn 115 ff) und den Verfahrensgang beeinflussen kann[2]. Gerade diese **rechtlich geschützte Position** des Beschuldigten macht es erforderlich, fassbare Kriterien für die Begründung der Beschuldigtenstellung herauszuarbeiten, um zu verhindern, dass die Strafverfolgungsorgane einem Verdächtigen die Beschuldigteneigenschaft „vorenthalten", um so die ihm zustehenden Rechte zu unterlaufen[3]. Leider ist der Begriff des Beschuldigten weder in § 157 StPO noch anderswo in der StPO definiert. Diese Aufgabe fällt deshalb Rspr und Schrifttum zu.

111 2. Denkbar ist es, die Beschuldigtenstellung einer Person allein vom objektiv gegen sie bestehenden Tatverdacht abhängig zu machen[4]. Da jedoch auch das Gesetz in den §§ 55, 60 Nr 2 StPO davon ausgeht, dass es tatverdächtige Zeugen gibt, dh der bloße Tatverdacht gegen eine Person diese nicht automatisch zum Beschuldigten macht, muss nach zutreffender und ganz hA zum Tatverdacht ein **Willensakt der Strafverfolgungsbehörde hinzutreten, in dem zum Ausdruck kommt, dass sie das Strafverfahren gegen den Verdächtigen als Beschuldigten betreiben will**[5] (subjektiv-objektive Beschuldigtentheorie). Unzweifelhaft liegt dieser Willensakt dann vor, wenn ein **förmliches Strafverfahren** gegen eine Person als Beschuldigten eingeleitet oder sie ausdrücklich als Beschuldigter vernommen wird. Die Verfolgungsbehörde ist **verpflichtet**, einen Verdächtigen formell zum Beschuldigten zu erklären, wenn die gegen ihn vorliegenden Verdachtsmomente sich zu einem hinreichend konkreten **Anfangsverdacht** verdichtet haben (§ 152 II StPO), dh **wenn konkrete tatsächliche Anhaltspunkte vorliegen, die nach den kriminalistischen Erfahrungen die Beteiligung des Betroffenen an einer verfolgbaren Straftat als möglich erscheinen lassen**[6]. Hierbei steht der Strafverfolgungsbehörde nach heute hA ein **Beurteilungsspielraum** zu[7] (vert. Rn 311). Zwecks Vorbereitung dieser Entscheidung sind in sehr eingeschränktem Maße sog. „Vorermittlungen" zulässig (s. dazu Rn 113, 311).

---

1 BGHSt 26, 367, 371.
2 BVerfG StV 2001, 601; BGHSt (GrS) 50, 40, 48.
3 Vert. *Gerson*, Das Recht auf Beschuldigung, 2016.
4 So *Grünwald*, S. 78; zT auch *Roxin*, Schöch-FS, S. 823.
5 BGHSt 10, 8, 12 m. Bespr. *Schumann*, GA 2010, 699; BGHSt 37, 48, 51; *Geppert*, Schroeder-FS, S. 675; *Rogall*, Frisch-FS, S. 1199.
6 BGH StV 1988, 441; LR-*Beulke*, § 152 Rn 22; *Jahn*, Institut für Kriminalwissenschaften und Rechtsphilosophie (Hrsg), S. 545; s. auch *Fischer*, Kühne-FS, S. 203, 212.
7 BGHSt 38, 214, 228; *Beulke*, StV 1990, 180; Einzelheiten bei *Kröpil*, Jura 2012, 833; *Roxin*, Schöch-FS, S. 823; SK-StPO-*Rogall*, Vor § 133 Rn 9 ff; SK-StPO-*Wohlers/Albrecht*, § 163a Rn 35; *Fincke*, ZStW 95 (1983), 918 f; *Steinberg*, JZ 2006, 1045; *Zabel*, ZIS 2014, 340.

Inzwischen ist allgemein anerkannt, dass die Begründung der Beschuldigteneigen- **112** schaft auch **konkludent** zum Ausdruck kommen kann[8]. Insoweit ist der **Rechtsgedanke des § 397 I AO** heranzuziehen[9]. Dementsprechend wird ein Verdächtiger dann unabhängig vom Willen der Strafverfolgungsorgane konkludent zum Beschuldigten erklärt, wenn gegen ihn eine **Maßnahme** angeordnet oder beantragt wird, die **nur gegen einen Beschuldigten zulässig** ist, wie zB Haftbefehl (§§ 112 ff StPO)[10], vorläufige Festnahme (§ 127 II StPO)[11], Untersuchungen und erkennungsdienstliche Behandlung nach §§ 81a, 81b StPO[12] oder Antrag auf Vernehmung eines Zeugen durch den Ermittlungsrichter in dieser Sache[13].

Mit den genannten Grundsätzen nicht zu lösen sind jedoch diejenigen Fälle, in denen sich infolge der Ermittlungen der Tatverdacht auf eine oder mehrere Personen konzentriert, es aber an Zwangsmaßnahmen fehlt, die diese konkludent zu Beschuldigten erklären könnten. Nach der Rspr erhält ein Verdächtiger auch dann den Status eines Beschuldigten, wenn ihm dieser **willkürlich vorenthalten** wird, um Beschuldigtenrechte zu umgehen[14]. Das Erfordernis des Willensaktes eines Strafverfolgungsorganes wird somit ab einem bestimmten Verdachtsgrad für die Begründung der Beschuldigtenstellung aufgegeben. An dessen Stelle tritt eine Wertung nach objektiven Kriterien. Diese Inkonsequenz ist zum Schutz der Beschuldigtenrechte durchaus akzeptabel.

Als Herrin des Ermittlungsverfahrens hat die StA im Rahmen ihrer Leitungs- und Kontrollbefugnisse (o. Rn 79, 102) darauf hinzuwirken, dass dem Status des zu Vernehmenden und etwaigen daraus abzuleitenden Belehrungspflichten gerade auch bei Ermittlungen der Polizei Rechnung getragen wird[15].

Beispiel (nach BGHSt 51, 367)[16]: Ehefrau G und Tochter J sind plötzlich spurlos verschwunden. Nach mehreren Monaten verdichtet sich bei der Kriminalpolizei immer mehr der Verdacht, dass der Ehemann A beide getötet hat. Um in dieser „Vermisstensache" Klarheit zu bekommen, vernimmt die Polizei in einer fast 10-stündigen, nur von kurzen Pausen unterbrochenen „Zeugenvernehmung" den A. Hierbei werden ihm die „Schwachstellen" seiner bisherigen Auskünfte in eindringlicher Form vorgehalten und er wird aufgefordert, eventuell zu sagen, wo die Leichen sind, und es wird die Zustimmung zur Untersuchung seines Hauses mit Leichensuchhunden gefordert, die A auch erteilt.

Lösung: Da es der Polizei erkennbar insbesondere darum geht, den A mit Ungereimtheiten seines bisherigen Aussageverhaltens und zuletzt direkt mit dem Vorwurf von Tötungsverbrechen zu konfrontieren, ist angesichts der Stärke des Tatverdachts und der Begleitumstände der Vernehmung (Leichensuchhunde) die Vorenthaltung der Beschuldigteneigenschaft willkürlich. Hier liegt also keine „Zeugen-", sondern eine „Beschuldigtenvernehmung" vor. A hätte gem. § 136 StPO

---

8 BGH NStZ 2015, 291 m. Anm. *Heintschel-Heinegg*, JA 2015, 393; *Mosbacher*, JuS 2015, 701.
9 BGHSt 38, 214, 228; BGH NStZ 1997, 398 m. zust. Anm. *Rogall*.
10 Vgl dazu OLG Frankfurt StV 1988, 119.
11 S. AG Hameln StV 1988, 382.
12 OLG Karlsruhe Justiz 1986, 143 f; KMR-*Pauckstadt-Maihold*, Vor § 133 Rn 4.
13 BGH NJW 2003, 3142.
14 BGHSt 10, 8, 12; BGH NStZ-RR 2012, 49; OLG Nürnberg BeckRS 2014, 01452 m. Bespr. *Jahn*, JuS 2014, 563; s.a. BVerfG StV 2001, 257; krit. *Rogall*, S. 26.
15 BGH NJW 2009, 2612.
16 Bespr. *Deiters*, ZJS 2008, 93; *Jahn*, JuS 2007, 962; *Mitsch*, NStZ 2008, 49; *Roxin*, JR 2008, 16.

über den Tatvorwurf und das Recht der Verteidigerkonsultation belehrt werden müssen (zur Verwertungsproblematik s.u. Rn 117, 136 und 156).

▶ Weiterer Beispielsfall bei *Beulke*, Klausurenkurs III, Rn 331.

113 3. Häufig ist die Frage, ob eine bestimmte Person, die sich den Strafverfolgungsorganen gegenüber äußert, als Beschuldigter eingestuft werden muss, auch deshalb schwer zu beantworten, weil der eigentlichen Beschuldigtenvernehmung uU noch „Vorstadien" der Ermittlungstätigkeit vorausgehen können:

Bei sog. **Spontanäußerungen** – das sind Äußerungen, die gegenüber einem hinzukommenden Strafverfolgungsorgan **ohne Befragung** erfolgen – fehlt es an einer „Beschuldigteneigenschaft", sodass auch keine speziellen Beschuldigtenrechte eingreifen.

Bei der sog. **informatorischen Befragung** werden die Strafverfolgungsorgane zwar aktiv, sie verdächtigen aber noch keine konkrete Person, sondern orientieren sich erst über das Geschehen, zumeist unmittelbar nach Ankunft am Tatort. Mangels eines hinreichend konkreten Anfangsverdachts handelt es sich dabei noch nicht um eine Beschuldigtenvernehmung[17]. In welchem Ausmaß die Beschuldigtenrechte eingreifen, ist im Einzelfall umstritten.

Erst wenn sich (zB auf Grund einer informatorischen Befragung) ein **hinreichend konkreter Anfangsverdacht** (dazu ausführlich Rn 311) ergibt, wird die Beschuldigteneigenschaft durch ausdrücklichen oder schlüssigen Willensakt der Strafverfolgungsorgane begründet. Es gelten dann die Regeln über die Beschuldigtenvernehmung[18].

114 4. Der Anfangsverdacht (**Möglichkeit** der Tatbegehung) ist nicht identisch mit den **intensiveren** Verdachtsgraden, die an anderen Stellen von der StPO gefordert werden.

Ein **hinreichender** Tatverdacht ist Voraussetzung der Anklageerhebung (§ 170 I iVm § 203 StPO); unter hinreichendem Tatverdacht ist die **Wahrscheinlichkeit** zu verstehen, dass der Beschuldigte eine strafbare Handlung begangen hat und verurteilt werden wird (dazu Rn 357).

Ein **dringender** Tatverdacht ist Voraussetzung einer Reihe einschneidender Zwangsmaßnahmen wie zB der Verhängung von U-Haft (§ 112 I 1 StPO). Dringender Tatverdacht ist gegeben, wenn nach dem gegenwärtigen Stand der Ermittlungen die **hohe Wahrscheinlichkeit** besteht, dass der Beschuldigte Täter oder Teilnehmer einer Straftat ist (dazu Rn 210).

Somit entsteht – dem Verdachtsgrad nach – die folgende Stufenleiter[19].

---

17 BGH NStZ 1983, 86; SK-StPO-*Rogall*, Vor § 133 Rn 42; enger AG Bayreuth StV 2004, 370; *Koch*, JA 2004, 558.
18 BGHSt 38, 214, 217 f; BayObLG wistra 2005, 239; *Herrmann*, Moos-FS, S. 229, 232.
19 Vert. *Schulz, L.*, Normiertes Misstrauen, 1998.

Übersicht 3: Verdachtsformen

Vermutungen	Anfangsverdacht **Möglichkeit** der Tatbegehung (Tatsachen/Indizien liegen vor)	hinreichender Tatverdacht **Wahrscheinlichkeit,** dass der Beschuldigte eine strafbare Handlung begangen hat und verurteilt werden wird	dringender Tatverdacht **hohe Wahrscheinlichkeit,** dass der Beschuldigte eine strafbare Handlung begangen hat
Ermittlungsverfahren unzulässig (dazu s. Rn 311)	**Pflicht** zur Einleitung eines Ermittlungsverfahrens, § 152 II StPO (Beurteilungsspielraum)	**Pflicht** zur **Anklageerhebung,** § 170 I StPO	Bestimmte Zwangsmaßnahmen werden zulässig, zB U-Haft, § 112 I 1 StPO

II. Die Vernehmung des Beschuldigten (Grundzüge)

1. Verfahrensstadium

Die Vernehmung des Beschuldigten ist geregelt in §§ 133–136a StPO. Diese Vorschriften gelten unmittelbar aber **nur** für die **richterliche** Vernehmung. Für Vernehmungen durch **Polizei** und StA gelten sie (teilweise) kraft **Verweisung in § 163a III, IV StPO.** Die Vernehmung des Beschuldigten kann in verschiedenen Verfahrensstadien stattfinden, insbes. **115**

– im Ermittlungsverfahren durch die Polizei, § 163a IV iVm § 136 StPO, durch die StA, § 163a III iVm § 136 StPO, durch den Ermittlungsrichter, §§ 115 II, III, 128, 136, 162 I StPO (zum Umfang der Erscheinungspflicht s. Rn 313, 315)
– in der Hauptverhandlung, § 243 V iVm § 136 II StPO.

Der Beschuldigte ist spätestens vor dem Abschluss der Ermittlungen zu vernehmen, es sei denn, dass das Verfahren zur Einstellung führt. In einfachen Sachen genügt es, dass ihm Gelegenheit gegeben wird, sich schriftlich zu äußern, § 163a I StPO.

2. Vernehmungsbegriff

Unter einer Vernehmung ist eine Befragung zu verstehen, die von einem Staatsorgan in amtlicher Funktion mit dem Ziel der Gewinnung einer Aussage durchgeführt wird[20]. Nach diesem sog. **formellen Vernehmungsbegriff** liegt keine Vernehmung vor, wenn die Frageperson nach außen hin keine amtliche Eigenschaft aufweist, wenn

---

20 BGHSt (GrS) 42, 139, 145; 55, 314.

es sich also zB um eine Privatperson handelt, die im Auftrag der Polizei recherchiert (s.a. Rn 480a)[21].

Demgegenüber wird im Schrifttum zT ein **materieller** Vernehmungsbegriff vertreten, der immer dann zur Annahme einer Vernehmung führt, wenn eine Person zur Entäußerung von Wissen durch ein dazu rollenmäßig befugtes Prozessorgan, das nicht notwendig als solches nach außen hin erkennbar geworden sein muss, veranlasst wird[22]. Diese Auffassung konnte sich aber bisher nicht durchsetzen. Eine derart weite Definition des Vernehmungsbegriffs führte dazu, dass jedes verdeckte Recherchieren direkt dem strengen Maßstab des § 136 StPO unterfiele, was wiederum den V-Mann-Einsatz in kriminalpolitisch nicht wünschenswertem Ausmaß in Frage stellte.

▶ Beispielsfall bei *Beulke*, Klausurenkurs III, Rn 153.

3. Vernehmungsablauf

116 Stets hat die Vernehmung nach demselben, in § 136 StPO festgelegten Muster abzulaufen:

(1) Zunächst ist dem Beschuldigten zu eröffnen, **welche Tat ihm zur Last gelegt wird** und (außer bei polizeilicher Vernehmung, § 163a IV StPO[23]) **welche Strafvorschriften** in Betracht kommen (§ 136 I 1 StPO).

(2) Dann ist er auf sein **Aussageverweigerungsrecht** hinzuweisen (§ 136 I 2 HS 1 StPO). Zu den Wirkungen einer unterlassenen Belehrung s. Rn 117.

(3) Ferner ist er darauf hinzuweisen, dass es ihm freisteht jederzeit, auch schon vor seiner Vernehmung, einen von ihm zu wählenden **Verteidiger zu befragen** (§ 136 I 2 HS 2 StPO). Möchte der Beschuldigte vor seiner Vernehmung einen Verteidiger befragen, sind ihm Informationen zur Verfügung zu stellen, die es ihm erleichtern, einen Verteidiger zu kontaktieren. Auf bestehende anwaltliche Notdienste ist dabei hinzuweisen (§ 136 I 3, 4 StPO).

(4) Er ist ferner darüber zu belehren, dass er im Falle der notwendigen Verteidigung die **Bestellung eines Pflichtverteidigers** (dazu Rn 165 ff) beanspruchen kann, dessen Kosten er allerdings im Falle einer Verurteilung zu tragen hat (Einzelheiten s. § 136 I 5 HS 2 StPO)[24].

(5) Die eigentliche Vernehmung beginnt mit der **Vernehmung zur Person.**

(6) Die **Vernehmung zur Sache** soll dem Beschuldigten Gelegenheit geben, die gegen ihn vorliegenden Verdachtsgründe zu beseitigen und die zu seinen Gunsten sprechenden Tatsachen geltend zu machen, § 136 II StPO.

(7) Außerhalb der Hauptverhandlung ist er ferner darüber zu belehren, dass er zu seiner Entlastung einzelne **Beweiserhebungen** beantragen kann, § 136 I 5 HS 1 StPO.

---

21 BGH NStZ 2011, 596; zust. ua *Sternberg-Lieben*, Jura 1995, 306.
22 So zB LR-*Gless*, § 136 Rn 12; *Dencker*, StV 1994, 674.
23 BGHSt 62, 123 Rn 47.
24 Dazu *Eisenberg*, JR 2013, 442, 448.

Vernehmungen sind zu **protokollieren** (richterliche: § 168 StPO, staatsanwaltliche und polizeiliche[25]: § 168b II StPO; eingeschränkte Protokollierungspflicht innerhalb der Hauptverhandlung: § 273 StPO, s. auch Rn 393).

Ab dem Jahre 2020 wird eine Aufnahme der Vernehmung des Beschuldigten in Bild und Ton (audiovisuelle Aufzeichnung/**Videovernehmung**) stets zulässig sein (§ 136 IV 1 StPO [Kann-Regelung, also fakultativ]). In besonderen Fallgruppen (insbes. in Totschlagsverfahren) „ist" dann die Vernehmung des Beschuldigten in Bild und Ton aufzuzeichnen (Einzelheiten s. § 136 VI 2 StPO).

Der Strafrechtsausschuss der Bundesrechtsanwaltskammer hat sich zugunsten einer noch umfassenderen Einführung einer (gleichwohl partiellen) gesetzlichen Pflicht zur audio-visuellen Aufzeichnung der Vernehmung ausgesprochen[26].

III. Die unterlassene Belehrung nach § 136 StPO

1. Der unterlassene Hinweis auf das Aussageverweigerungs- und Verteidigerkonsultationsrecht nach § 136 I 2 StPO

Wird der Hinweis auf das Aussageverweigerungsrecht nach § 136 I 2 StPO unterlassen (absichtlich oder versehentlich), so war lange Zeit streitig, ob die Aussage anschließend verwertet werden kann.

117

Der BGH[27] sah früher in § 136 StPO eine bloße Ordnungsvorschrift, deren Missachtung die spätere Verwertung der ohne vorherige Belehrung gemachten Aussage des Beschuldigten nicht hinderte. Lediglich bei Verletzung der Belehrungspflicht in der Hauptverhandlung (§ 243 IV 1 StPO) bejahte er ein Beweisverwertungsverbot[28].

Nach ganz herrschender, zutreffender und inzwischen auch vom BGH geteilter Ansicht ist hingegen die ohne Belehrung zu Stande gekommene Einlassung des Beschuldigten **zumindest so lange unverwertbar, als nicht von einer Kenntnis des Beschuldigten von dem Aussageverweigerungsrecht auszugehen ist**[29].

Nach Ansicht des BGH steht einer Verwertung des Vernehmungsinhalts insbes. dann nichts im Wege, wenn

- sich nicht klären lässt, ob der Hinweis gegeben worden ist oder nicht[30] (problematisch; s. auch u. Rn 143).
- der Beschuldigte seine Rechte gekannt hat[31] (was die Belehrungspflicht jedoch nicht entfallen lässt[32]). Im Zweifel ist vom Fehlen der Kenntnis auszugehen.
- dem Beschuldigten ein Verteidiger zur Seite steht und dieser der Verwertung ausdrücklich zustimmt oder zumindest bis zum Abschluss der Vernehmung des An-

---

25 BGH NStZ 1995, 353; S/S/W-StPO-*Sing*, §168b Rn 2.
26 S. *Brauneisen/Nack/Park*, NStZ 2011, 310; *Eser u.a.*, GA 2014, 1; *Neuhaus*, StV 2015, 185, 189.
27 BGHSt 22, 170, 173; 31, 395, 398.
28 BGHSt 25, 325, 331.
29 So BGHSt 38, 214, 220; AG Berlin-Tiergarten StraFo 2018, 68; s.a. S/S/W-StPO-*Eschelbach*, § 136 Rn 67; *Hoven*, JA 2013, 368; *Lesch*, JA 1995, 157; *Roxin*, JZ 1992, 923.
30 BGH StraFo 2012, 63; dagegen LR-*Gless*, § 136 Rn 78; einschränkend auch BGH StV 2007, 65.
31 Ablehnend MüKo-StPO-*Schuhr*, § 136 Rn 56.
32 BGHSt 47, 172, 173; BGH StV 2013, 485 m. Anm. *Neuhaus* u. Bespr. *Jahn*, JuS 2012, 658 u. *Jäger*, JA 2013, 155; *Geppert*, Otto-FS, S. 913.

geklagten (§ 257 StPO) nicht spezifiziert begründet widerspricht, sog. **Wider-spruchslösung** (str.[33]; s. auch Rn 150, 460a).

▶ Beispielsfall bei *Beulke*, Klausurenkurs III, Rn 151a.

Wie beim Unterlassen des Hinweises auf das Schweigerecht des Beschuldigten greift auch bei **Nichtbelehrung über das Verteidigerkonsultationsrecht** ein Verwertungs-verbot ein[34] (s. Rn 13 und Rn 156, 469).

Konsequenterweise bleibt deshalb eine Aussage des Beschuldigten auch dann unver-wertbar, wenn ihm willkürlich die Beschuldigteneigenschaft vorenthalten, er aber als Zeuge darauf hingewiesen worden ist, dass er sich nicht selbst belasten müsse, § 55 StPO (s.u. Rn 195). Da bei dieser Belehrung immer noch der Hinweis auf das Vertei-digerkonsultationsrecht fehlt, kann sie die eigentliche Beschuldigtenbelehrung iSv § 136 StPO nicht ersetzen[35] (zur speziellen V-Mann-Problematik u. Rn 481d).

Das Schweigerecht des Beschuldigten und das Recht, einen Verteidiger zu konsultieren, hängen eng zusammen und sichern seine verfahrensmäßige Stellung als Beteiligter und nicht als Objekt des Verfahrens in ihren Grundlagen. Wenn der Beschuldigte nach ent-sprechender Belehrung den Wunsch nach einer Verteidigerkonsultation zum Ausdruck bringt und sich entscheidet, jedenfalls bis zum Erscheinen eines Verteidigers von sei-nem Schweigerecht Gebrauch zu machen, so ist die Vernehmung sofort zu unterbre-chen. Wenn er dennoch zur Sache befragt wird, sind seine Angaben im Regelfall unver-wertbar – nur ausnahmsweise kann von einer Sinnesänderung und einer nunmehr gewollten Aussage ohne Beistand durch einen Verteidiger ausgegangen werden[36]. Das-selbe sollte gelten, wenn gegenüber dem Beschuldigten, der einen Verteidiger wünscht, der von § 136 I 4 StPO geforderte Hinweis auf den Verteidigernotdienst unterbleibt.

Ob ein Beweisverwertungsverbot eingreift, wenn der Beschuldigte entgegen § 136 I 5 StPO nicht darüber belehrt wird, dass er in den gesetzlich aufgelisteten Fällen einen Pflichtverteidiger beanspruchen kann, wird derzeit lebhaft diskutiert. Erste Stellung-nahmen aus der Praxis verneinen ein solches Verwertungsverbot[37]. Das erscheint je-doch nicht sachgerecht, denn das Verteidigerkonsultationsrecht ist für den mittellosen Beschuldigten nach deutschem Recht nur über den Pflichtverteidiger zu verwirkli-chen. Die einschlägige Belehrung ist für die Subjektstellung des Beschuldigten ge-nauso bedeutsam wie der Hinweis auf das Recht der Hinzuziehung eines Verteidigers und die Ermöglichung der Verteidigerkonsultation[38].

---

33 Vert. BGH StV 2006, 396 m. zust. Anm. *Schlothauer*; vert. *Eisenberg*, Rn 426 ff.
34 *M-G/Schmitt*, § 136 Rn 21; *S/S/W-StPO-Eschelbach*, § 136 Rn 71; vert. *Beckemper*, Durchsetzung des Verteidgerkonsultationsrechts und die Eigenverantwortlichkeit des Beschuldigten, 2002, S. 63; s. auch *v. Stetten*, Beulke-FS, S. 1053.
35 BGHSt 51, 367.
36 BGHSt 58, 301 m. Bespr. *Eisenberg*, StV 2013, 779; *Deiters*, ZJS 2014, 126; *Jäger*, JA 2013, 793; *Jahn*, JuS 2013, 1047; *Wohlers*, JR 2014, 128; s. auch *S/S/W- StPO-Eschelbach*, § 136 Rn 73 ff; KMR-*Pauckstadt-Maihold*, § 136 Rn 31.
37 BGH StraFo 2018, 219; OLG Köln JR 2016, 264; *M-G/Schmitt*, § 136 Rn 21; OK-StPO-*Monka*, § 136 Rn 24.
38 *S/S/W-StPO-Eschelbach*, § 136 Rn 75, 76; *Heinrich/Reinbacher*, Problem 27 Rn 12; *Neuhaus*, Schlot-hauer-FS, S. 245.

Ein Verwertungsverbot greift hingegen nicht ein, wenn der Beschuldigte entgegen § 136 I 5 Alt. 2 StPO nicht darüber informiert wird, dass er im Falle der Verurteilung die Kosten für einen Pflichtverteidiger selbst zu tragen hat (dazu unten Rn 156).

2. Hinweis über Ausmaß der Beschuldigung, § 136 I 1 StPO

Bei der Vernehmung durch Polizei/StA oder Richter muss dem Beschuldigten gem. § 136 I 1 StPO der Tatvorwurf in groben Zügen so weit erläutert werden, dass er sich sachgerecht verteidigen kann, jedoch nicht so weit, dass die Aufklärung des Sachverhalts und damit die Effektivität der Strafverfolgung darunter leiden (Beurteilungsspielraum)[39] Derzeit noch ungeklärt ist die Rechtsfolge, wenn die Grenzen des Beurteilungsspielraums überschritten werden, der Beschuldigte also zwar grundsätzlich darüber informiert wird, dass ein Strafverfahren eingeleitet worden ist und dass ihm ein Aussageverweigerungsrecht zusteht (s.o. 1.), die Belehrung über den **konkreten** Tatvorwurf aber nicht den gesetzlichen Anforderungen des § 136 I 1 StPO entspricht.

Beispiel (nach BGH JuS 2012, 658): A – gegen den schon häufiger wegen Körperverletzungen zum Nachteil seiner Ehefrau ermittelt wurde – steht in Verdacht, diese erschlagen und die Sterbende unter einem Auto versteckt zu haben, damit die Tat nicht zu schnell entdeckt wird. In Unkenntnis des tatsächlichen Todeseintritts wird er fünf Stunden lang – ohne Verteidiger – von der Polizei vernommen. Zwar wird er dabei zu Beginn ordnungsgemäß über sein Schweige- und Anwaltskonsultationsrecht belehrt. Obwohl der Polizei zu diesem Zeitpunkt der Tod des Opfers bereits bekannt ist, wird A trotz mehrfacher Nachfrage, ob seine Frau noch lebe, aber nicht eröffnet, dass sie verstorben ist und deshalb wegen eines Tötungsdelikts gegen ihn ermittelt wird. A erfährt nur, dass er „seiner Frau etwas Schlimmes angetan" habe und dass es darum in der Beschuldigtenvernehmung gehe.

Lösung: Verstöße gegen § 136 I 1 StPO iVm § 163a IV 1 StPO werden in Bezug auf die Aussagefreiheit zumeist nicht dieselbe Tragweite aufweisen wie solche gegen die Belehrungspflichten im Sinne von § 136 I 2 StPO. Deshalb verbietet sich in diesem Fall eine generelle Bejahung[40] eines Beweisverwertungsverbotes – ebenso aber auch dessen prinzipielle Ablehnung[41]. Vielmehr kommt es für die Verwertbarkeit auf das Ausmaß der Beeinträchtigung der Aussagefreiheit im Einzelfall an. Entgegen der Ansicht des BGH, der ein Beweisverwertungsverbot im Fall ablehnte, spricht hier vieles dafür, dass die defizitäre Aufklärung des A über die vorgeworfene Tat Auswirkungen auf sein Aussageverhalten (zB Verteidigerhinzuziehung) gehabt hat: Die Verteidigung gegen eine Körperverletzung ist wesensmäßig etwas anderes als diejenige gegen ein Tötungsdelikt[42]. Erschwerend kommt der vom BGH nicht aufgeworfene Umstand hinzu, dass vorliegend seitens der vernehmenden Polizeibeamten bewusst täuschend vorgegangen wurde, indem sie – in Kenntnis aller Umstände – das wahre Tatausmaß fünf Stunden lang trotz Nachfrage verschwiegen haben. Bei solchen Überschneidungen mit verbotenen Vernehmungsmethoden iSv § 136a StPO (dazu u. Rn 130 ff) ist ein Beweisverwertungsverbot geradezu zwingend[43].

---

39 BGHSt 62, 123 Rn 47-49.
40 So aber SK-*Wohlers/Albrecht*, § 163a Rn 64, 70.
41 In diesem Sinne KK-*Diemer*, § 136 Rn 27.
42 So auch *Jahn*, JuS 2012, 658.
43 LR-*Gless*, § 136 Rn 103; SK-StPO-*Rogall*, § 136 Rn 97; *M-G/Schmitt*, § 163a Rn 4b.

3. Spontanäußerungen, informatorische Befragungen

118 **Spontanäußerungen** oder **informatorische Befragungen** (zu den Begriffen s. Rn 113) sind gerade dadurch gekennzeichnet, dass zunächst noch nicht feststeht, wer als Beschuldigter in Betracht kommt. Da es sich somit nicht um Beschuldigtenvernehmungen handelt, besteht auch **keine Belehrungspflicht**[44].

Im Anschluss an ein Spontangeständnis ergibt sich jedoch regelmäßig hieraus die Pflicht zur Belehrung. Denn würden sich die Verfolgungsbehörden über eine beträchtliche Zeitspanne hinweg Einzelheiten der Tat berichten lassen, ohne den Aussagenden zu belehren, käme dies einer gezielten Umgehung der Belehrungspflichten gleich[45].

Von der Belehrungspflicht ist die Frage der **Verwertungsmöglichkeit** zu unterscheiden.

Alle Äußerungen, die gegenüber einem Strafverfolgungsorgan ohne Befragung, also **spontan** erfolgen, können **uneingeschränkt verwertet** werden[46].

Bei Aussagen des Beschuldigten, die im Rahmen zulässiger **informatorischer Befragungen** gemacht werden, muss hingegen dasselbe gelten wie bei der eigentlichen Beschuldigtenvernehmung, denn auch hier wird der Befragte auf Initiative der Strafverfolgungsorgane hin tätig. Zwar trifft die Polizei keine Belehrungspflicht, gleichwohl läge bei einer Verwertung eine Selbstbelastung vor, zu der sich der spätere Beschuldigte uU für verpflichtet gehalten hat. Die Interessenlage entspricht also der der eigentlichen Vernehmung, sodass – entgegen der hA – die Aussage **nicht verwertet** werden darf[47]. Nur in extremen Ausnahmefällen „vernehmungsähnlicher Situationen" spricht sich auch die Rspr für ein Beweisverwertungsverbot aus (zB: Polizist hört bei ärztlicher Untersuchung mit[48]).

4. Problem der sog. qualifizierten Belehrung

119 Wird bei einer ersten Vernehmung die Belehrung unterlassen, bei einer weiteren dagegen vorgenommen, und sagt der Beschuldigte hierauf zur Sache aus, so stellt sich die Frage, ob das Ergebnis der späteren Vernehmung verwertet werden darf. Während der BGH dies früher bejahte[49], wurde von der hA schon lange eine **qualifizierte Belehrung** verlangt, in der der Vernehmungsbeamte zusätzlich darauf hinweisen muss, dass die bisherige Aussage nicht verwertet werden darf[50]. Dem hat sich inzwischen auch

---

44 BGHSt 38, 214, 228; SK-StPO-*Rogall*, Vor § 133 Rn 46.
45 BGH NJW 2009, 3589 m. Anm. *Meyer-Mews*.
46 BGH StV 1990, 194 m. abl. Anm. *Fezer*; OLG Köln StraFo 1998, 21.
47 LG Nürnberg StV 1994, 123; LG Heilbronn StV 2005, 380; AG München StV 1990, 104; AG Delmenhorst StV 1991, 254; SK-StPO-*Wohlers/Albrecht*, § 163a Rn 49; *Eisenberg*, Rn 509a; *Fezer*, Fall 3 Rn 52; *Schaal*, Beweisverwertungsverbot bei informatorischer Befragung im Strafverfahren, 2002; *Schlothauer*, Rn 59; aA BGHSt 38, 214, 228; BGH <D> MDR 1970, 14; SK-*Rogall*, Vor § 133 Rn 47; *Arloth*, S. 41; *Geppert*, Oehler-FS, S. 323 f; *Kindhäuser*, § 6 Rn 30; *Kramer*, Rn 28c; *Lesch*, 3/66; *Rüping*, Rn 100.
48 BGH NJW 2018, 1986 m. insoweit zust. Anm. *Jahn*.
49 BGHSt 22, 129, 134.
50 *Geppert*, Meyer-GedSchr. S. 93; LR-*Gless*, § 136 Rn 106; *Schünemann*, MDR 1969, 101 ff.

die Rspr angeschlossen[51]. Merkwürdigerweise meint sie aber, dass ein Verstoß gegen diese Verpflichtung leichter einzustufen sei als das gänzliche Unterlassen einer Beschuldigtenbelehrung. Anders als dort (s.o. Rn 117) bejaht die Rspr deshalb bei unterbliebener qualifizierter Belehrung kein generelles Beweisverwertungsverbot, sondern **wägt** das Gewicht des Verfahrensverstoßes **im Einzelfall** gegen das Interesse an der Sachaufklärung **ab**. Diese halbherzige Lösung verdient jedoch keine Zustimmung[52]. Beide Verfahrensverstöße weisen den gleichen Schweregrad auf. Auch die unterlassene qualifizierte Belehrung muss **stets die Unverwertbarkeit** der Aussage zur Folge haben, denn der Laie kann regelmäßig nicht einschätzen, inwieweit er durch seine frühere Aussage bereits „festgelegt" ist. Darüber hinaus ist eine qualifizierte Belehrung nicht nur im Bereich von Verletzungen des § 136 I 2 StPO, sondern generell als Voraussetzung für die Verwertbarkeit späterer Aussagen zu fordern, wenn die frühere Aussage unter Verstoß gegen Verfahrensnormen (zB gegen § 136a StPO) zustande kam (s. auch Rn 142, 483).

IV. Weitere Rechte des Beschuldigten

Die einzelnen Rechte und Pflichten des Beschuldigten während des gesamten Verfahrens werden in den anderen Abschnitten des vorliegenden Buches im jeweiligen Sachzusammenhang behandelt. Nur auf die wichtigsten sei bereits an dieser Stelle hingewiesen. **120**

1. Anspruch auf rechtliches Gehör

Das in Art. 103 I GG verbürgte Grundrecht auf **rechtliches Gehör** hat in der StPO eine vielfache spezialgesetzliche Ausprägung erfahren, zB in §§ 33 I, III, 136 I, 201 I, 243 V, 257 I, 258 I, II, 265, 356a StPO. Grundsätzlich ist der Beschuldigte **vor** jeder nachteiligen gerichtlichen Entscheidung innerhalb und außerhalb der Hauptverhandlung anzuhören (§ 33 I, III StPO).

2. Recht auf Verteidigung

Gem. § 137 I 1 StPO hat der Beschuldigte das Recht, **in jeder Verfahrenslage einen Verteidiger hinzuzuziehen** (vgl auch § 136 I 2-5 StPO; zum Beweisverwertungsverbot vgl Rn 117, 156, 469). In den Fällen der notwendigen Verteidigung nach §§ 140 f StPO hat er sogar einen Anspruch gegen den Staat auf Beiordnung eines Pflichtverteidigers (Einzelheiten s.u. Rn 147 ff). **121**

---

51 BGHSt 53, 112; BGH NStZ 2009, 649 m. Anm. *Grasnick*, NStZ 2010, 158; OLG Hamm StV 2010, 5.
52 Ebenso: OLG München StraFo 2009, 206; HK-*Ahlbrecht*, § 136 Rn 23; *Gless/Wennekers*, JR 2009, 383; *Jahn*, JuS 2009, 468; *Neuhaus*, StV 2010, 45; *Roxin*, HRRS 2009, 186; aA: *Hinderer*, JA 2012, 115; KK-*Diemer*, § 136 Rn 27a; *M-G/Schmitt*, § 136 Rn 9; s.a. *Rogall*, Geppert-FS, S. 519; Fall bei *Engländer*, Rn 263.

3. Recht auf Hinzuziehung eines Dolmetschers bei Festnahme

Ist ein festgenommener Beschuldigter der deutschen Sprache nicht hinreichend mächtig oder hör- oder sprachbehindert, so ist er nach § 114b II 3 StPO darauf hinzuweisen, dass er gem. § 187 I 1-3 GVG die Dienste eines Dolmetschers oder Übersetzers unentgeltlich in Anspruch nehmen darf.

4. Recht auf Unterrichtung der konsularischen Vertretung, § 114b II 4 StPO iVm Art. 36 I b) 3 WÜK

121a Wird ein ausländischer Staatsangehöriger festgenommen, so ist er gem. § 114b II 4 StPO iVm Art. 36 I b) 3 des Wiener Konsularrechtsübereinkommens bereits bei der Festnahme unverzüglich über sein Recht auf **Unterrichtung der konsularischen Vertretung** seines Heimatstaates zu belehren, damit diese ihn bei der effektiven Wahrnehmung der eigenen Verteidigungsrechte unterstützen kann[53] (Einzelheiten zu Belehrungspflichten bei der Festnahme u. Rn 221, zur Frage eines Verwertungsverbotes u. Rn 469a).

5. Anwesenheitsrechte

122 Gem. § 230 I StPO darf eine erstinstanzliche Hauptverhandlung nur gegen einen anwesenden Angeklagten durchgeführt werden (für die Berufungshauptverhandlung gilt § 329 StPO, dazu u. Rn 556). Damit kommt sowohl eine **Anwesenheitspflicht** als auch ein **Anwesenheitsrecht**[54] des Angeklagten zum Ausdruck. Das Anwesenheitsrecht des Angeklagten in der Hauptverhandlung ist ein aus Art. 103 I GG fließendes essentielles Recht, das unverzichtbar zu einem rechtsstaatlichen Verfahren gehört (s.a. Art. 14 IIId IPBPR). Ausnahmevorschriften wie zB §§ 231 II, 231a, 231b, 231c, 232, 247 StPO, die ein Verhandeln in Abwesenheit des Angeklagten erlauben, sind daher eng auszulegen, gewähren dem entscheidenden Gericht gleichwohl einen Beurteilungsspielraum[55].

Beispielsweise umfasst die zulässige **Entfernung des Angeklagten nach § 247 StPO** während der **Vernehmung** eines Zeugen nicht die Verhandlung über die Entlassung des Zeugen. Hierbei muss der Angeklagte wieder anwesend sein, um von seinem rechtlichen Gehör (§ 248 S. 2 StPO) in Form von Fragen oder Anträgen Gebrauch machen zu können[56]. Allerdings nimmt die Rspr – bei Verstoß gegen diese Vorgabe – eine Heilung des Verfahrensfehlers an, wenn der Angeklagte bei seiner nachträglichen Unterrichtung (§ 247 S. 4 StPO) mitteilt, keine Fragen mehr an den Zeugen stellen zu wollen, oder wenn eine Befragung durch erneute Ladung ermöglicht wird[57]. Auch wenn bei einer Zeugenvernehmung in Abwesenheit des Angeklagten ein Beweismittel in

---

53 BVerfG NJW 2007, 499 m. zust. Bespr. *T. Walter,* JR 2007, 99.
54 Vert. *Beining,* JuS 2016, 515; *Beukelmann,* NJW-Spezial 2018, 312.
55 BGHSt 59, 187, 192; vert. *Laue,* JA 2010, 294; *Malek,* Rn 270 f; *Mosbacher,* JuS 2014, 705.
56 BGH (GrS) 55, 87 m. zust. Anm. *Fezer; Mosbacher,* JuS 2011, 137; BGH StV 2012, 519; iE ebenso: *Bung,* HRRS 2010, 50; *Eisenberg,* StV 2009, 344; *Schlothauer,* StV 2009, 228.
57 BGH NStZ 2011, 534.

Augenschein genommen wird, tritt Heilung ein, sofern dem Angeklagten das Objekt später im Rahmen seiner Unterrichtung erneut gezeigt wird[58].

Obwohl eine restriktive Auslegung der Vorschriften, die eine Ausnahme von der Anwesenheit des Angeklagten vorsehen, geboten ist, hält der 1. Strafsenat des BGH zu Unrecht ein eigenmächtiges „Sich-Entfernen" iSv § 231 II StPO für gegeben, wenn der Angeklagte einen ernsthaften Suizidversuch unternimmt, der zu seiner Verhandlungsunfähigkeit führt[59].

Bei Verstößen gegen das Anwesenheitsrecht in der Hauptverhandlung kommt der **absolute Revisionsgrund** des § 338 Nr 5 StPO in Betracht[60] (s. auch u. Rn 382, 566).

Auch bei der ermittlungs**richterlichen Vernehmung** von **Zeugen und Sachverständigen** ist dem Beschuldigten gem. § 168c II StPO die Anwesenheit zur Sicherstellung der Waffengleichheit zwischen Anklage und Beschuldigtem grundsätzlich gestattet – jedoch mit Ausnahme der Fälle des § 168c III, IV StPO. Allein das Vorliegen eines Ausschlussgrundes gem. § 168c III StPO macht aber die Benachrichtigung des Beschuldigten vom Termin (§ 168c V StPO) nicht entbehrlich, denn sie dient der Wahrung seiner Rechte auch über die Ermöglichung der Anwesenheit hinaus[61]. Bei rechtswidriger Versagung der Anwesenheit bzw bei Verletzung der Benachrichtigungspflicht entsteht richtiger Ansicht nach ein Beweisverwertungsverbot dergestalt, dass ohne Einverständnis des Angeklagten oder seines Verteidigers weder das Protokoll gem. § 251 StPO in die Hauptverhandlung eingeführt (s.u. Rn 411 ff) noch der Ermittlungsrichter vernommen werden darf[62]. Der BGH vertritt hingegen, dass die Verletzung des Konfrontationsrechts des Angeklagten mit einem Belastungszeugen nach Art. 6 III d) EMRK allein durch eine vorsichtige Beweiswürdigung kompensiert werden kann[63] (dazu ausführlich Rn 124).

6. Beweisantragsrechte

In der Hauptverhandlung steht dem Angeklagten das Recht zu, **Beweisanträge** zu stellen, die nur unter den Voraussetzungen der §§ 244 III-V, 245 StPO abgelehnt werden dürfen. Auch im Ermittlungs- und Zwischenverfahren können Beweisanträge gestellt werden, vgl §§ 166 I, 201 I StPO (Einzelheiten u. Rn 434 ff). 123

Der Angeklagte hat jedoch in der Hauptverhandlung laut Rspr **keinen Anspruch** auf Verlesung einer eigenen schriftlichen Erklärung durch das Gericht im Wege des Urkundsbeweises[64]. Einem entsprechenden Antrag wird nicht die Qualität eines Beweisantrags iSd § 244 III StPO zuerkannt, da die Einlassung des Angeklagten kein Beweismittel im technischen Sinne sei (u. Rn 179). Die gesetzlich vorgesehene Form der Einlassung des Angeklagten durch mündliche Befragung gem. § 243 V 2, § 136 II StPO solle nicht auf diese Weise umgangen werden (s.a. Rn 203, 371 – zum Äußerungsrecht des Verteidigers für den Beschuldigten u. Rn 159).

---

58 BGHSt 54, 184; BGH NStZ 2014, 223.
59 BGHSt 56, 298 m. Bespr. *Mosbacher*, JuS 2012, 136; abl. Anm. *Putzke*, ZJS 2012, 383; *Trüg*, NJW 2011, 3256; vert. *Eisenberg*, NStZ 2012, 63; überzeugender: LG München I StraFo 2011, 95 (Pilgerreise nach Mekka als Entschuldigungsgrund).
60 OLG Köln StV 2014, 206.
61 BGH StV 2011, 336.
62 BGHSt 26, 332, 334; 51, 150, 155 unter Verweis auf EGMR JR 2006, 289, 291; MüKo-StPO-*Gaede*, Art. 6 EMRK Rn 262; einschr. OLG München NStZ 2015, 300 m. zust. Anm. *Mosbacher*.
63 BGH NStZ 2017, 602 unter Verweis auf EGMR StV 2017, 213 *(Schatschaschwili/BRD)*; zust. *Arnoldi*, NStZ 2018, 55; *Lohse*, JR 2018, 183; *M-G/Schmitt*, Art. 6 EMRK Rn 22 f; krit. *Esser*, NStZ 2017, 604; *Schumann*, HRRS 2017, 354; *Swoboda*, Eisenberg-FS, 2019 (im Erscheinen).
64 BGHSt 52, 175 m. abl. Anm. *Bosch*, JA 2008, 825; *Mosbacher*, JuS 2009, 124.

7. Fragerecht

124 Der Angeklagte hat in der Hauptverhandlung gem. § 240 II 1 iVm I StPO das Recht, **Fragen** an Zeugen und Sachverständige zu stellen. Dagegen ist die wechselseitige Befragung von Mitangeklagten nicht gestattet (§ 240 II 2 StPO).

Nach Art. 6 III d) EMRK hat jeder Angeklagte das Recht, Fragen an die Belastungs-zeugen zu stellen oder stellen zu lassen. Dieses **Konfrontations- und Fragerecht** spielt in der Rechtsprechung des EGMR eine wichtige Rolle. Im Hinblick auf ein kontradiktorisches Verfahren muss der Beschuldigte die Belastungszeugen im Laufe des Verfahrens mindestens einmal konfrontieren können, um sie zu befragen oder durch seinen Verteidiger befragen zu lassen und gegebenenfalls die Glaubwürdigkeit der Zeugen in Zweifel zu ziehen. Dies kann in der Hauptverhandlung oder auch bereits im Ermittlungsverfahren erfolgen[65]. Ist die Konfrontation in der Hauptver-handlung nicht möglich, so ist eine Beweisverwertung nur unter Beachtung enger Vorgaben zulässig. Nach der neueren Rspr. des EGMR im Fall *Schatschaschwili/ Deutschland*[66] wird in drei Stufen geprüft, ob ein Strafverfahren trotz Verletzung des Konfrontationsrechts insgesamt noch als fair bewertet werden kann:

(1) Es muss einen triftigen Grund für die Abwesenheit bzw. Geheimhaltung der Identität des Zeugen geben.

(2) Ferner muss bewertet werden, ob die Aussage die einzige oder entscheidende Grundlage der Beweisführung darstellt.

(3) Schließlich ist eine **Gesamtbetrachtung der Fairness** vorzunehmen, bei der entscheidend ist, ob es für die Unmöglichkeit der konfrontativen Befragung ausgleichende Faktoren gab.

Gegenüber früheren Prüfungsvorgaben des EGMR ist diese Dreistufenprüfung in der Form flexi-bilisiert, da die Gesamtfairness nicht mehr automatisch negiert wird, nur weil es für das Nicht-erscheinen des Zeugen in der Hauptverhandlung keinen triftigen Grund gibt oder die Verurteilung zentral auf der bemakelten Zeugenaussage aufbaut. Die drei Prüfungsstufen hängen vielmehr voneinander ab und bedingen und beeinflussen sich gegenseitig.

Zentral ist die **Gesamtbetrachtung auf der dritten Prüfungsstufe**. Je gewichtiger die Zeugenaussage für das Urteil, desto wichtiger ist, ob die Verletzung des Konfronta-tionsrechts des Angeklagten in der Hauptverhandlung im Verlauf des gesamten Er-kenntnisverfahrens insgesamt ausgeglichen werden konnte. Der EGMR hat als Aus-gleichsfaktoren Konfrontationsmöglichkeiten im Vorverfahren, Videoaufzeichnungen der früheren Vernehmung und eine vorsichtige Beweiswürdigung anerkannt. Darauf aufbauend lässt der BGH nunmehr generell eine vorsichtige Würdigung des nicht konfrontierten Zeugenbeweises ausreichen[67]. Nicht mehr aufrechterhalten wird die Beweiswürdigungslösung in ihrer früheren Ausprägung, wonach bei einem Verstoß gegen das Konfrontationsrecht die Zeugenaussage immer durch andere gewichtige Gesichtspunkte außerhalb der Aussage bestätigt werden musste, damit das Verfahren

---

65 EGMR StV 1997, 617 *(van Mechelen/NL)*; BGH NStZ 2004, 505; S/S/W-StPO-*Satzger*, Art. 6 EMRK Rn 59; s. auch *Beulke*, Rieß-FS, S. 3; *Gaede*, in: 35. Strafverteidigertag, S. 299; *Renzikowski*, Mehle-FS, S. 529; *Satzger*, Gutachten, C47; *Weigend*, Wolter-FS, S. 1145.

66 EGMR EuGRZ 2016, 511 = StV 2017, 213 m. Bespr. *Satzger*, Jura 2016, 1083; *Dionysopoulou*, ZIS 2017, 629; *Thörnich*, ZIS 2017, 39.

67 BGH NStZ 2018, 51 m. Bespr. *Gaede*, StV 2018, 175; *Mosbacher*, JuS 2017, 746.

in seiner Gesamtheit als fair betrachtet werden konnte. Solch pauschale Beweisregeln widersprechen dem Grundsatz der freien richterlichen Beweiswürdigung (§ 261 StPO, s. Rn 490). Verbleiben letztlich Zweifel, ist nach dem Grundsatz „in dubio pro reo" freizusprechen[68] (s.a. Rn 171, 429).

8. Das „nemo-tenetur-Prinzip"

Von nicht minder großer Bedeutung als die genannten aktiven Teilhaberechte ist für die Waffengleichheit des Beschuldigten, dass er in keiner Weise verpflichtet ist, an seiner eigenen Überführung mitzuwirken – **nemo tenetur se ipsum accusare** (niemand ist verpflichtet, sich selbst zu belasten). Wichtigster Ausdruck dieses aus dem allgemeinen Persönlichkeitsrecht des Beschuldigten (Art. 2 I iVm Art. 1 I GG) sowie dem Rechtsstaatprinzip (Art. 20 III GG) abzuleitenden Grundsatzes[69] ist die Wahlmöglichkeit des Beschuldigten, auszusagen oder die **Einlassung zu verweigern**, § 136 StPO. Gleichzeitig verbietet der Grundsatz den staatlichen Behörden, eine aktive Selbstbelastung zu erzwingen, vgl ua § 136a StPO (u. Rn 130 ff). Nimmt der Beschuldigte sein Schweigerecht in Anspruch, dh verweigert er in vollem Umfang die Aussage, dürfen hieraus im Urteil keine für ihn nachteiligen Schlüsse gezogen werden[70] (u. Rn 495). Dies gilt auch für das sonstige prozessuale Verhalten des Angeklagten, soweit es mit seinem Schweigerecht untrennbar zusammenhängt. So darf zB die Weigerung des Beschuldigten, seinen Arzt oder seinen Verteidiger von der Schweigepflicht zu entbinden (§ 53 II StPO), nicht als Indiz für die Berechtigung des Tatvorwurfs gewertet werden[71].

Auch wenn der Beschuldigte von seinem Schweigerecht keinen Gebrauch macht, trifft ihn keine prozessuale Verpflichtung, die Wahrheit zu sagen[72]. Ob man dieses Selbstbegünstigungsprivileg als **„Lügerecht"** bezeichnen soll[73], ist letztlich nur eine terminologische Frage. Jedenfalls ist die **Lüge** des Beschuldigten **sanktionslos**, es sei denn, dass durch sie die Tatbestände der §§ 145d, 164, 185 ff StGB erfüllt werden, indem der Beschuldigte beispielsweise eine bis dahin unverdächtige Person bewusst wahrheitswidrig der Straftat bezichtigt (§ 164 I StGB)[74]. Auch ist es dem Gericht

125

---

68 BGHSt 49, 112 *(Motassadeq)* m. Anm. *Müller*, JZ 2004, 926; *Kudlich*, JuS 2004, 929.
69 Vert. EGMR NJW 2011, 201 *(Krumpholz/A)*; BVerfGE 56, 37, 43; BGHSt 38, 214, 220; 52, 11; BGH NJW 2018, 1986 m. Anm. *Jahn*; *Arslan*, ZStW 127 (2015), 1111; *Bosch*, S. 24; *Bung*, Schlothauer-FS, S. 29; *Eidam*, Die strafprozessuale Selbstbelastungsfreiheit am Beginn des 21. Jahrhunderts, 2007; *Esser*, JR 2004, 98; *Gleß*, Beulke-FS, S. 723; *Huber*, JuS 2007, 711; *Kasiske*, StV 2014, 423; *Kölbel*, S. 21 ff; *Matt*, Neumann-FS, S. 1325; *Nieto/Blumenberg*, Beulke-FS, S. 855; *Ransiek/Winsel*, GA 2015, 620; *Rogall*, S. 104; *ders.*, Beulke-FS, S. 973; *Torka*, Nachtatverhalten und Nemo tenetur, 2000; *Wohlers*, Küper-FS, S. 691.
70 BGHSt 20, 281, 282 f; OLG Brandenburg NStZ-RR 2015, 53.
71 BGHSt 45, 363, 364; 45, 367; *Kühne*, JZ 2000, 684; zu einem eingeschränkteren Verständnis des nemo-tenetur-Grundsatzes vgl KMR-*Pauckstadt-Maihold*, § 136 Rn 27; *Böse*, GA 2002, 98; *Verrel*, NStZ 1997, 361, 415; zum Schutz juristischer Personen *Arzt*, JZ 2003, 456; *Queck*, Die Geltung des nemo-tenetur-Grundsatzes zugunsten von Unternehmen, 2005, S. 306; *von Freier*, ZStW 122 (2010), 117.
72 BGHSt 3, 149, 152.
73 So *Fezer*, Stree/Wessels-FS, S. 681; *Rogall*, S. 54.
74 BGH JR 2015, 489 m. krit. Anm. *Löffelmann*.

nicht verwehrt, bei Bekanntwerden einer Lüge des Beschuldigten dessen allgemeine Glaubwürdigkeit in Frage zu stellen[75].

9. Recht auf informationelle Selbstbestimmung

126 Jeder Bürger hat grundsätzlich das Recht, über die Verwendung seiner personenbezogenen Daten selbst zu entscheiden[76]. Eingriffe in dieses **Grundrecht auf informationelle Selbstbestimmung** bedürfen einer speziellen Eingriffsermächtigung[77]. So ist zB die Anlegung einer Strafakte durch Polizei und StA durch §§ 152 ff StPO gerechtfertigt und der Einsatz technischer Mittel bei der Observation durch § 100h StPO gestattet. Die Ermittlung und Aufbewahrung von Erkenntnissen über die Zusammensetzung des Blutes des Beschuldigten, insbes. die Ergebnisse der sog. DNA-Analyse – sog. genetischer Fingerabdruck –, sind durch §§ 81e–g StPO legitimiert (s. Rn 242 ff). §§ 32f, 474 ff StPO regeln die Erteilung von Auskünften und die Akteneinsicht (zB durch andere Gerichte, Staatsanwaltschaften, Behörden, Privatpersonen), soweit sie nicht aus systematischen Gründen in anderen Zusammenhängen normiert sind (vgl nur für das Akteneinsichtsrecht des Verteidigers bzw des Beschuldigten § 147 StPO). §§ 32f, 483 ff StPO bestimmen, unter welchen Voraussetzungen und in welchen Grenzen personenbezogene Daten, die in einem Strafverfahren erhoben wurden, für Zwecke der (künftigen) Strafverfolgung in Dateien verarbeitet und für welche Zwecke sie übermittelt und verwendet werden dürfen[78].

10. Information über Akteninhalt

Dem Beschuldigten, der keinen Verteidiger hat, räumt § 147 IV StPO ein Recht zur Akteneinsicht sowie zur Besichtigung amtlich verwahrter Beweisstücke ein, soweit dies zu einer angemessenen Verteidigung erforderlich ist, der Untersuchungszweck in diesem oder einem anderen Strafverfahren nicht gefährdet werden kann und überwiegende schutzwürdige Interessen Dritter nicht entgegenstehen (s. auch u. Rn 160).

11. Begrenzung der Beschuldigtenrechte durch ein allgemeines strafprozessuales Missbrauchsverbot

126a Die StPO enthält neben Einzelregelungen wie §§ 26a I Nr 3, 138a I Nr 2, 241, 244 III 2 Var. 6 StPO keine allgemeine Missbrauchsklausel nach dem Vorbild des § 242 BGB. Deshalb wird im Schrifttum teilweise vertreten, dass jenseits der extra normierten Konstellationen kein allgemeines, ungeschriebenes Verbot der miss-

---

75 LR-*Hanack*, § 136 Rn 42 (25. A.); zurückhaltender: LR-*Gless*, § 136 Rn 65; ganz abw. *Fezer*, Stree/Wessels-FS, S. 683.
76 BVerfGE 65, 1 (Volkszählungsurteil); BVerfG StV 2007, 421.
77 Vert. *Hauck*, S. 299 ff; *Mansdörfer*, ZStW 123 (2011), 570; *Wolter*, ZStW 107 (1995), 793.
78 Dazu BVerfG StV 2002, 577; *Hilger*, StraFo 2001, 109.

bräuchlichen Handhabung gewährter prozessualer Rechte anzuerkennen ist[79]. Dem ist nicht zuzustimmen. Die in der StPO bereits berücksichtigten Einzelfälle bestätigen vielmehr den gesetzgeberischen Willen, dass man sich auf jedes Recht nur solange berufen darf, als man es nicht missbraucht[80]. Deshalb darf die Abwehr grob missbräuchlichen Verhaltens im Wege richterlicher Rechtsfortbildung konkretisiert werden. Wo diese Grenzziehung im Einzelnen verläuft, ist aber schon deshalb höchst umstritten, weil Beschuldigtenrechte in gewissem Umfang auch entsprechende Missbrauchsmöglichkeiten decken[81]. Nach der heute vom BGH verwandten Formel ist ein Missbrauch prozessualer Rechte anzunehmen, **wenn ein Verfahrensbeteiligter die ihm durch die StPO eingeräumte Möglichkeit zur Wahrung seiner verfahrensrechtlichen Belange benutzt, um gezielt verfahrensfremde oder verfahrenswidrige Zwecke zu verfolgen**[82]. Insoweit gilt es jedoch, einem „Missbrauch der Missbrauchskontrolle" vorzubeugen. Deshalb darf unter die Formel der Rspr regelmäßig nicht bereits widersprüchliches, sondern erst spezifisch **arglistiges Verhalten** des **Beschuldigten** subsumiert werden[83]. Beim **Verteidiger** ergibt sich aus dessen besonderer Stellung und Aufgabe im Strafverfahren (eingeschränkte Organtheorie), dass unzulässiges Handeln sogar nur im Falle der **Prozesssabotage** angenommen werden kann[84].

V. Pflichten des Beschuldigten

Grundsätzlich ist der Beschuldigte nicht verpflichtet, **aktiv** zur Sachaufklärung beizutragen[85]. Andererseits trifft ihn jedoch die Pflicht, die mit dem Strafverfahren notwendigerweise verbundenen Beeinträchtigungen hinzunehmen. Hierzu einige wichtige Beispiele: **127**

1. Duldung von Zwangsmaßnahmen

Es besteht die Pflicht, **Zwangsmaßnahmen** zu erdulden, wie zB die Untersuchungshaft nach §§ 112 ff StPO oder die (Wahl-)Gegenüberstellung nach § 58 II StPO[86].

---

79 *Eisenberg*, Rn 174; *Gaede*, StraFo 2007, 29; *Ignor*, Schlüchter-FS, S. 39; *Jahn/Schmitz*, wistra 2001, 328; *Kühne*, Rn 293; *Roxin/Schünemann*, § 19 Rn 13; SK-*Wohlers*, Vor § 137 Rn 63; *Weßlau*, Lüderssen-FS, S. 787.
80 BVerfG NJW 2009, 1469 Rn 47; BGHSt (GrS) 51, 298; vert. *Pfister/Beulke*, Jahn/Nack II, S. 74; MüKo-StPO-*Kudlich*, Einl. Rn 342; *Kudlich/Oğlakcioğlu*, Yenisey-FS, S. 935.
81 *Beulke*, S. 203; *ders.*, in: *Kühne/Miyazawa*, S. 143; *Eckhart Müller*, I. Roxin-FS, S. 629; *ders.*, Beulke-FS, S. 889, 900; s.a. *Landau*, in: Jahn/Nack II, S. 71.
82 BGHSt 38, 111, 113; 51, 88, 93; OLG Oldenburg NJW 2018, 641; ähnlich *Fahl*, S. 68 ff, 124 ff; *Kudlich*, Strafprozeß und allgemeines Mißbrauchsverbot, 1998; *M-G/Schmitt*, Einl. Rn 111; *Pfister*, StV 2009, 550; *Roxin*, Hanack-FS, S. 15; *Satzger/Hanft*, NStZ 2007, 185; s.a. *Hassemer*, Meyer-Goßner-FS, S. 127.
83 OLG Hamm StraFo 2009, 287; *Beulke*, StV 1994, 572, 575; *ders.*, StV 2009, 554; aA. BGH StV 2009, 169 m. abl. Anm. *Beulke/Witzigmann*, StV 2009, 394; BGH NStZ 2012, 583 m. Anm. *Knauer*.
84 BGH NStZ 2009, 692; *Beulke*, Amelung-FS, S. 543; aA: *Roxin*, Hanack-FS, S. 1, 14.
85 BGHSt 45, 367, 368.
86 BGHSt 39, 96, 98 f ; BGH JR 2011, 119 m. Anm. *Eisenberg*; *Odenthal, H.-J.*, Die Gegenüberstellung im Strafverfahren, 3. A. 1999.

C

2. Pflicht zum Erscheinen

Neben der Anwesenheitspflicht in der Hauptverhandlung (§ 230 StPO) besteht für den Beschuldigten auch die Verpflichtung, im Ermittlungsverfahren zu **Vernehmungen** vor dem **Ermittlungsrichter** (§ 133 I StPO) und der **StA** (§ 163a III 1 StPO) **zu erscheinen**. Er kann gem. §§ 134, 135 StPO (ggf iVm § 163a III 2 StPO) zwangsweise **vorgeführt** werden. Dies ist auch dann zulässig, wenn der Beschuldigte bereits ausdrücklich erklärt hat, nicht zur Sache aussagen zu wollen (str.[87]). Dem Richter bzw Staatsanwalt darf nämlich nicht die Möglichkeit genommen werden, sich bereits im Ermittlungsverfahren einen persönlichen Eindruck vom Beschuldigten zu verschaffen. Zudem kann der Vernehmungstermin auch noch einem vom Aussageverhalten des Beschuldigten unabhängigen Zweck, wie etwa einer Gegenüberstellung, dienen[88]. Eine Pflicht, vor der Polizei zu erscheinen, besteht für den Beschuldigten nach wie vor nicht[89] (anders seit dem Jahr 2017 für den Zeugen: § 163 III 1 StPO, u. Rn 188).

128   **Lösung Fall 16:**   Die unterbliebene Belehrung gem. §§ 136, 163a IV 2 StPO hat nach inzwischen nahezu übereinstimmender Ansicht in Rspr und Lehre auch dann ein **Verwertungsverbot** zur Folge, wenn es sich um eine **polizeiliche** Vernehmung handelt (s. nur BGHSt 38, 214, 218). Dieses Verwertungsverbot ergibt sich aus dem Zweck des § 136 StPO, wonach der Beschuldigte frei darüber entscheiden können soll, ob er sich selbst belasten möchte. Das Verwertungsverbot könnte entfallen, wenn A sein Schweigerecht kannte. Dafür bestehen hier aber keine Anhaltspunkte. Einzelheiten s.o. Rn 117.

129   **Lösung Fall 17:**

a) Bei sog. **Spontanäußerungen** ist eine Beschuldigtenbelehrung (insbes. über das Schweigerecht) schon faktisch unmöglich. Es liegt keine Vernehmung iSv §§ 136, 163a IV 2 StPO vor. Es besteht Einigkeit, dass die Spontanäußerung auf dem Wege der Vernehmung des K als Zeuge in das Verfahren eingeführt und uneingeschränkt verwertet werden kann (vgl BGH NStZ 1990, 43).

b) Hier sind zwar alle befragten Mitarbeiter in bestimmtem Umfang tatverdächtig, die Ermittlungen haben sich jedoch noch nicht auf einen oder mehrere Verdächtige konzentriert, vielmehr soll durch die Befragung sämtlicher Mitarbeiter erst erforscht werden, gegen wen ggf als Beschuldigten zu ermitteln ist. Da bisher ein Willensakt der Polizei fehlt, die Befragten zu Beschuldigten zu erklären, und das Unterlassen dieser Erklärung nicht willkürlich ist, handelt es sich noch nicht um Beschuldigtenvernehmungen, sondern um **informatorische Befragungen** von Verdächtigen, bei denen keine Belehrungspflicht gem. § 163a IV 2 iVm § 136 I 2 StPO besteht. Ob in diesem Fall die Aussage trotz fehlender Belehrung später verwertet werden kann, ist derzeit sehr umstritten. Die herrschende Rspr und Lehre sprechen sich für eine Verwertbarkeit aus. Nach richtiger Ansicht gebietet die Interessenlage jedoch die Unverwertbarkeit. Anderenfalls könnte die Belehrungspflicht zu leicht umgangen werden. Die frühere Aussage darf also nicht durch Zeugenvernehmung des K in das Strafverfahren eingeführt und für die Urteilsfindung verwertet werden.

c) Hier erfolgte die Vernehmung des P auf Grund einer gegen ihn erstatteten Strafanzeige. Leitet die Strafverfolgungsbehörde auf Grund einer solchen Anzeige Ermittlungen ein, so

---

87 Siehe *M-G/Schmitt*, § 133 Rn 7 mwN.
88 BGHSt 39, 96, 98.
89 S/S/W-StPO-*Ziegler*, § 163a Rn 18.

bringt sie damit konkludent zum Ausdruck, dass sie das Verfahren gegen den Betroffenen als Beschuldigten betreibt. Derjenige, gegen den sich die Anzeige richtet, ist also stets Beschuldigter und zwingend als solcher zu vernehmen (*M-G/Schmitt*, Einl. Rn 77; aA *Kohlhaas*, NJW 1965, 1254, 1255; vgl dazu auch noch u. Rn 311). P hätte also über seine Rechte belehrt werden müssen, §§ 136, 163a IV 2 StPO. Wenn er sein Schweigerecht nicht kannte, so ist die ohne Belehrung zu Stande gekommene Aussage unverwertbar.

d) In dieser Fallvariante ist es fraglich, ob P bereits Beschuldigter ist, mit der Folge, dass es sich bei dem Gespräch mit K nicht nur um eine informatorische Befragung, sondern um eine Vernehmung iSv § 136 StPO mit entsprechender Belehrungspflicht handeln würde. P könnte durch die Durchsuchungsanordnung konkludent zum Beschuldigten erklärt worden sein. Gem. § 102 StPO kann eine Durchsuchung zwar bereits gegen einen Verdächtigen, der noch nicht Beschuldigter sein muss (*M-G/Schmitt*, § 102 Rn 3), und gem. § 103 StPO auch gegen Unverdächtige angeordnet werden. Hieraus kann jedoch nicht geschlossen werden, eine Durchsuchungsanordnung besage generell nichts über die Begründung der Beschuldigtenstellung (so aber *Rogall*, S. 25). Aus den Umständen des Einzelfalles kann sich durchaus ergeben, dass die Strafverfolgungsbehörde das Verfahren gegen den Betroffenen als Beschuldigten betreibt (BGHSt 38, 214, 228). Das ist hier der Fall, denn es lagen auf Grund des anonymen Hinweises konkrete Anhaltspunkte für die Täterschaft des P vor und diese waren auch ursächlich für die Zwangsmaßnahme. K hätte den P also belehren müssen. Bei fehlender Belehrung und entsprechender Unkenntnis seitens des P kann die Aussage nicht verwertet werden (wie o. c).

Weitere Einzelheiten zur Fallproblematik s.o. Rn 110–113, 117 ff.

§ 8   Die verbotenen Vernehmungsmethoden

Fall 18: Der des Mordes beschuldigte A hatte in den letzten 30 Stunden vor dem Geständnis keine Gelegenheit zum Schlafen. Kann sein Geständnis verwertet werden? **Rn 145**

Fall 19: A steht in dringendem Tatverdacht, einen Mord begangen zu haben. Die Polizei konnte ihm die Tat bisher nicht nachweisen. Zwecks Überführung des A wirbt sie den Mithäftling M an, der A über das Tatgeschehen aushorchen soll. M wird auf die Zelle des A gelegt und schleicht sich in dessen Vertrauen ein, indem er zum Schein einen gemeinsamen Fluchtplan entwirft. In der sich einstellenden Vertrauensatmosphäre gesteht A dem M die Tat. M gibt die Information an die Polizei weiter. Kann die Aussage des A durch Vernehmung des M in den Prozess gegen A eingeführt werden? **Rn 146**

I.   Grundlagen, § 136a StPO

1. Der aus dem Rechtsstaatsprinzip und Art. 6 I 1 EMRK abzuleitende Grundsatz des   **130** „fair trial" sowie das Gebot der Achtung der Menschenwürde verbieten es, die Wahrheit um jeden Preis zu ermitteln[1]. Im Gegensatz zu früheren Jahrhunderten stehen wir

---

1 BGHSt 5, 332, 333; 38, 215, 219; BGH NStZ 1993, 142.

nicht mehr auf dem Standpunkt, dass „der Zweck die Mittel heiligt". Der Einsatz von Gewalt, Täuschung und Folter muss auch dann verboten bleiben, wenn damit ein gefährlicher Straftäter überführt werden könnte (näher Rn 134a).

Gem. § 136a StPO darf die **Freiheit der Willensentschließung und der Willensbetätigung** des Beschuldigten nicht beeinträchtigt werden, wobei die Aufzählung der verbotenen Vernehmungsmethoden in § 136a I StPO nicht abschließend ist[2]. Das Verbot des Einsatzes dieser Vernehmungsmethoden gilt ohne Rücksicht auf die Einwilligung des Beschuldigten, § 136a III 1 StPO. Geschützt werden soll der Beschuldigte sowohl vor der Abgabe einer inhaltlich fehlerhaften Aussage („Wie" – insoweit unstreitig) als auch davor, dass er sich überhaupt gegenüber den Strafverfolgungsorganen zu einer Stellungnahme motivieren lässt („Ob"[3]).

131 2. Die in § 136a StPO aufgeführten Verbote beziehen sich nur auf **Vernehmungen** (zum Begriff s. Rn 115).

Hierzu zählen auch die sog. **informatorischen Befragungen** im Anfangsstadium der Ermittlungen (s. hierzu o. Rn 113). Diese stellen zwar keine Beschuldigtenvernehmungen dar, für sie gelten jedoch die Verbote des § 136a StPO entsprechend[4]. § 136a StPO kann auch nicht dadurch umgangen werden, dass die Vernehmung nicht offen als solche deklariert, sondern verdeckt durchgeführt wird (s.u. Rn 481e).

Die in § 136a StPO angesprochenen verbotenen Methoden betreffen nicht den Fall, dass ein **privater Dritter** (beispielsweise ein vom Opfer bezahlter Privatdetektiv) **ohne amtlichen Auftrag** unter Anwendung von Zwang, Täuschung etc ein Geständnis des Beschuldigten erlangt. Dieser Dritte darf über seine Erkenntnisse von den Strafverfolgungsbehörden vernommen, das Geständnis also mittelbar verwertet werden. Erst bei **Verstößen gegen die Menschenwürde** (zB Folterungen) sowie dann, wenn sich die Strafverfolgungsbehörden des **Privatmannes als Werkzeug** bedienen, wird ein **umfassendes Verwertungsverbot** anerkannt[5] (s. auch o. Rn 115 und u. Rn 479, 480a).

3. Das Verbot des § 136a StPO gilt entsprechend auch für **Zeugenvernehmungen** (§ 69 III StPO) und für **Sachverständige** (§§ 72, 69 III StPO).

II. Fallgruppen der verbotenen Vernehmung

Von den in § 136a StPO aufgelisteten verbotenen Vernehmungsmethoden sollen im Folgenden einige näher erläutert werden:

---

2 BGHSt 5, 332, 334.
3 Insoweit aA *Lesch*, 3/85.
4 Ebenso AG Freising StV 1998, 121; *Joerden*, JuS 1993, 928; aA offenbar BGH <D> MDR 1970, 14.
5 BGHSt 34, 362, 363; VGH Rheinl-Pfalz NJW 2014, 1434; S/S/W-StPO-*Eschelbach*, § 136a Rn 13; strikter AK-*Kühne*, § 136a Rn 13; diff. *Stoffer*, Rn 219 ff.

1. Ermüdung

Lang anhaltende Vernehmungen mit **Ermüdungseffekten** sind im Rahmen der krimi-   **132**
nalistischen Tätigkeit unvermeidlich und stellen ein zulässiges polizeitaktisches Mittel dar. § 136a I 1 StPO ist erst erfüllt, wenn der Beschuldigte durch die Vernehmung
selbst oder auf Grund anderer Umstände so ermüdet ist, dass seine Willensfreiheit
beeinträchtigt wird[6]. Davon ist auszugehen, wenn der Beschuldigte die letzten 30
(und mehr!) Stunden vor dem Geständnis keine Gelegenheit zum Schlafen hatte[7]. Es
ist weder erforderlich, dass der Vernehmende den Zustand der Ermüdung vorsätzlich
herbeigeführt hat, noch, dass ihm das Vorliegen einer Ermüdung überhaupt bekannt
war[8]. Ist dem Beschuldigten Gelegenheit zum Schlafen gegeben worden, die er lediglich nicht nutzen konnte (zB wegen seiner Aufregung), so greift § 136a StPO nicht
ein[9].

2. Verabreichung von Mitteln

Verabreichung von Mitteln ist die Einführung von festen, flüssigen oder gasförmi-   **133**
gen Stoffen in den Körper, zB in Form von Spritzen, Tabletten, Speisen etc. Verbotene
Mittel iSd § 136a I StPO sind berauschende, betäubende, hemmungslösende, ein-
schläfernde Stoffe, insbes. Alkohol und Rauschgift. Die Vernehmung ist auch dann
unzulässig, wenn der Beschuldigte selbst diese Mittel zu sich genommen hat[10]. Demgegenüber ist die Verabreichung von Mitteln, die der Stärkung oder Erfrischung dienen und von Kaffee, Tee oder Zigaretten grundsätzlich ebenso wenig untersagt wie die
Weigerung, sie dem Beschuldigten zu geben[11].

3. Quälerei/Drohung

Quälerei ist die Zufügung lang andauernder oder wiederkehrender körperlicher oder   **134**
seelischer Schmerzen oder Leiden, zB Dunkelhaft, Scheinerschießungen etc.

Verboten ist auch die **Drohung** mit verfahrensrechtlich unzulässigen Maßnahmen,
§ 136a I 3 StPO. Drohung ist die Inaussichtstellung einer in der konkreten Situation
prozessual unstatthaften Maßnahme und eine dadurch für den Bedrohten entstehende
Zwangslage, die ihm eine sofortige Entscheidung abnötigt[12].

BGH StV 2004, 636: Das Gericht erklärt dem Angeklagten, er werde in Haft genommen, falls er
nicht gestehe, sondern den geplanten Beweisantrag stelle und die Hauptverhandlung deshalb
ausgesetzt werden müsse – der BGH bejahte eine unzulässige Drohung iSv § 136a I 3 StPO.

---

6 BGHSt 1, 376, 379.
7 BGHSt 13, 60, 61; BGHSt 60, 50 m. Bespr. *Jäger*, JA 2015, 312; *Jahn*, JuS 2015, 279.
8 BGHSt 1, 376, 379; 12, 332, 333.
9 BGHSt 38, 291, 292.
10 LG Marburg StV 1993, 238; aA *Pluisch*, NZV 1994, 52.
11 BGHSt 5, 290.
12 BGHSt 17, 14, 20 f; *Eisenberg*, JR 2013, 233.

BGHSt 15, 187: Der Angeklagte hatte den von ihm besonders geliebten drei Jahre alten Sohn nach einem Streit mit seiner Ehefrau und seinen Schwiegereltern getötet. Bei seinen Vernehmungen ist ihm angedroht worden, ihn zur Leiche seines Kindes zu führen, wenn er nicht angebe, wie er die Tat ausgeführt habe. Unter Tränen bat er, dies nicht zu tun. Dennoch wurde er in die Leichenhalle gebracht und trotz seines Widerspruchs zur Leiche geführt, wo er schreiend zusammenbrach. Anschließend legte er ein umfassendes schriftliches Geständnis ab – der BGH sah § 136a StPO als erfüllt an.

Im Gegensatz hierzu dürfte es in aller Regel zulässig sein, dem Beschuldigten die Leiche gem. § 88 S. 2 StPO oder Fotografien des Opfers zu zeigen, wenn damit kein ähnlich großer seelischer Druck ausgeübt wird. In Extremfällen kann jedoch auch dadurch § 136a I 1 StPO in der Variante der Quälerei erfüllt sein.

134a   Der *Fall Gäfgen*[13] entfachte die Diskussion, ob der Einsatz der Folter in Ausnahmesituationen zulässig sein kann. Der wegen erpresserischen Menschenraubes vorläufig festgenommene Angeklagte nannte den Aufenthaltsort des entführten und aus Sicht der Beamten noch lebenden Kindes, nachdem ihm von dem vernehmenden Polizeibeamten angedroht worden war, ihm andernfalls schwere Schmerzen zuzufügen. Wenn bei der Androhung von Folter präventive Zwecke überwiegen, so handelt es sich um eine polizeirechtliche Frage (dazu o. Rn 103). Wenn es den Verfolgungsbehörden in erster Linie um die Aufklärung eines Verbrechens geht, so richtet sich die Zulässigkeit nach § 136a StPO. In beiden Fällen ist unstreitig bereits die **Androhung von Folter** eine unzulässige Vernehmungsmethode. Nichtsdestotrotz wird für bestimmte Extremfälle (zB Gefährdung der Stadt Heidelberg) erwogen, eine Ausnahme vom absoluten Folterverbot zu machen, wenn sie das einzige Mittel darstellt, Menschenleben zu retten (präventive Folter). Argumentativ wird hierfür auf eine gesetzliche Wertungslücke verwiesen, die durch eine teleologische Reduktion des Folterverbots mittels einer Abwägung zwischen den kollidierenden Grundrechten zu Gunsten der akut bedrohten Menschenwürde geschlossen werden müsse[14]. Andere Befürworter des relativen Folterverbotes greifen zur Vermeidung der Strafbarkeit der handelnden Amtsträger auf die Rechtfertigungstatbestände des StGB (§§ 32, 34 StGB) zurück[15]. Richtigerweise muss die Frage nach der Zulässigkeit von Folter auch in Ausnahmefällen kategorisch verneint werden. Dies gebietet bereits der Wortlaut der von ihrem Zweck losgelösten, unbedingten gesetzlichen Folterverbote im Grundgesetz (Art. 104 I 2 GG), Polizeirecht, Strafprozessrecht (§ 136a StPO) und internationalen Recht (zB Art. 3, 15 EMRK, UN-Anti-Folterkonvention) einerseits und die prinzipielle Unantastbarkeit der Menschenwürde andererseits, die keine Abwägung mit anderen Rechtsgütern, auch nicht – wie in diesem Fall – mit dem Leben zulässt[16]. Der Strafverfolgungsbeamte, der einen entsprechenden Foltereinsatz anordnet und durchführt, macht sich strafbar (insbes. wegen Nötigung)[17]. Vgl Rn 103, 119, 289b, 482.

---

13 EGMR (GrK) NJW 2010, 3145 m. krit. Anm. *Weigend*, StV 2011, 325; zuvor: EGMR NStZ 2008, 699 m. Bespr. *Jäger*, JA 2008, 678; BVerfG NJW 2005, 656; LG Frankfurt/M StV 2003, 325 m. Anm. *Weigend*, StV 2003, 436; OLG Frankfurt/M BeckRS 2012, 15152 m. Bespr. *Jahn*, JuS 2013, 273.

14 *Amelung*, JR 2012, 18; *Brugger*, JZ 2000, 165, 167; *Miehe*, NJW 2003, 1219.

15 *Erb*, Jura 2005, 24; *ders.*, Seebode-FS, S. 99; *Jerouschek/Kölbel*, JZ 2003, 613; *Lackner/Kühl*, § 32 Rn 17a; diff. *Fahl*, JR 2004, 182; *Herzberg*, JZ 2005, 321, für Entschuldigung: *Ambos*, ZStW 122 (2010), 504.

16 Ebenso *Beutler, B.*, Strafbarkeit der Folter zu Vernehmungszwecken, 2006; s. ferner *Brodowski*, JuS 2012, 980, 983; *Gaede*, Camprubi (Hrsg) S. 155 ff; *Hamm*, NJW 2003, 946; *Jäger*, Herzberg-FS, S. 539; *Jeßberger*, Jura 2003, 711; *Kinzig*, ZStW 115 (2003), 791; *Kreuzer*, Nitschke (Hrsg), S. 35; *Lüderssen*, S. 283 ff; *Neuhaus*, GA 2004, 521; *Prittwitz*, Herzberg-FS, S. 515; *Roxin*, Eser-FS, S. 461; *Schaefer*, StV 2004, 212; *Schild*, in: *Gehl*, Folter, S. 59.

17 LG Frankfurt/M NJW 2005, 692 (Fall *Daschner*) m. abl. Anm. *Götz*, NJW 2005, 953; dazu auch *Saliger*, in: 29. Strafverteidigertag, S. 195; *Satzger*, Jura 2009, 759; *Roxin*, Nehm-FS, S. 205.

4. Täuschung

a) Grundsätzliches

Vergleicht man die **Täuschung** mit den übrigen in § 136a I StPO aufgeführten ver- **135**
botenen Vernehmungsmethoden, erkennt man, dass diese nicht dieselbe „Qualität"
aufweist. Häufig stellt eine Täuschung nicht ohne weiteres eine Verletzung der
Menschenwürde des Beschuldigten (Zeugen) dar und auch der Verstoß gegen das
„fair-trial-Prinzip" tritt hier nicht so klar zu Tage wie in den übrigen Alternativen des
§ 136a I StPO. Gleichwohl hat sich der Gesetzgeber zu Gunsten eines **uneingeschränkten Täuschungsverbotes** ausgesprochen. Da das Täuschungsverbot jedoch
in den Kernbereich kriminalistischer Tätigkeit hineinwirkt, ist es **restriktiv auszulegen**[18].

Eindeutig verboten ist das **bewusste Vorspiegeln von falschen Tatsachen**, so zB die
unrichtige Behauptung, „der andere Beteiligte sei bereits verhaftet" oder „man habe
ihn – den Beschuldigten – bei der Tatbegehung beobachtet" oder „der Mittäter habe
bereits gestanden" oder es lägen so viele Beweismittel vor, dass der Beschuldigte
„keine Chance hat"[19]. Unzulässig ist auch die falsche Behauptung, es liegen ausreichende Anhaltspunkte für einen Mordvorwurf vor, obwohl selbst die Ermittlungsbehörden bisher nicht von Mordmerkmalen ausgegangen sind[20].

Verboten ist ferner die **bewusst falsche Darstellung der Rechtslage**, so zB die falsche Behauptung, Schweigen gelte als Schuldbeweis.

b) Kriminalistische List

Erlaubt ist hingegen **kriminalistische List**, so zB Fangfragen[21]. Das darf aber nicht **136**
dahingehend missverstanden werden, dass geringfügige Täuschungen erlaubt, grobe
Täuschungen hingegen verboten seien[22]. Verfehlt ist auch die im Schrifttum zu fin-
dende Ansicht, das listige Vorgehen stelle zwar eine Täuschungshandlung iSv § 136a
StPO dar, ein Beweisverwertungsverbot sei aber in der Regel abzulehnen, weil die
Willensbeeinträchtigung bei geringfügigen Täuschungshandlungen nicht erheblich
genug sei[23]. Das Täuschungsverbot gilt vielmehr **absolut**[24].

BGHSt 37, 48: Die Polizei findet einen menschlichen Körper mit abgetrenntem Kopf und vernimmt den Tatverdächtigen in einer angeblichen „Vermisstensache". Diese **bewusste Irrefüh-
rung** des Beschuldigten stellt eine Überschreitung der Grenzen erlaubter kriminalistischer List
dar (s. auch Rn 112).

BGHSt 34, 362: Dem Beschuldigten, der sich in Untersuchungshaft befindet, wird ein **Mithäftling** „auf die Zelle gelegt", der von der Polizei gezielt als „Spion" eingesetzt wird. Nachdem
dieser Geheimhaltung garantiert hat, gesteht der Beschuldigte ihm gegenüber die Tat. Die wahr-

---

18 OLG Köln GA 1973, 119, 120; diff. *Krack*, NStZ 2002, 120; *Nowrousian*, NStZ 2015, 625.
19 BGHSt 35, 328, 330; *Weigend*, Jura 2002, 207.
20 BGH NStZ 2017, 241; dazu *Weidemann*, JA 2018, 460, 462.
21 Ebenso *Erb*, Otto-FS, S. 876; KMR-*Pauckstadt-Maihold*, § 136a Rn 14; abl. *Lesch*, ZStW 111 (1999),
644.
22 Ebenso AK-*Kühne*, § 136a Rn 41.
23 *Puppe*, GA 1978, 289; anhand von Fallgruppen: *Soiné*, NStZ 2010, 596.
24 *Beulke*, StV 1990, 180, 182; *Grünwald*, S. 71; FG Mecklenburg-Vorpommern wistra 2003, 473.

heitswidrige Behauptung, ein die Verschwiegenheit garantierender Mithäftling zu sein, stellt eine **Täuschungshandlung** dar, die wegen des entsprechenden Auftrags dem Staat zugerechnet wird. Zutreffend bejaht deshalb der BGH den Verstoß gegen § 136a StPO[25]. Nicht überzeugend ist allerdings, dass der BGH hier von verbotenem „Zwang" iSv § 136a StPO ausgeht. Nicht die an sich zulässige U-Haft war kausal dafür, dass der Angeklagte sein Schweigen brach, sondern die Täuschungshandlung des Spitzels[26].

Keine Täuschung liegt hingegen vor, wenn der Mithäftling von sich aus tätig wird und dem „Zellengenossen" absolutes Stillschweigen über intern abgegebene Geständnisse vortäuscht. Die Ermittlungsbehörden sind nicht verpflichtet, eine derartige private Informationsbeschaffung zu unterbinden. Wenn sich ihre Tätigkeit auf die Entgegennahme der Information beschränkt, greift kein Beweisverwertungsverbot ein[27] (vert. Rn 131 u. 478 ff).

c) Vorsatzlose Täuschungen

137 Nach Ansicht der Rspr und hL wird ein **vorsatzloses** Verhalten seitens der Strafverfolgungsbehörde nicht als Täuschung iSv § 136a StPO eingestuft[28].

Der hM ist im Grundsatz zuzustimmen. Dem Begriff der Täuschung wohnt ein „finales Element" inne[29], das es rechtfertigt, die unvorsätzliche Irrtumserregung nicht dem § 136a I 1 StPO unterfallen zu lassen. Dies kann jedoch nur gelten, solange der Vernehmende den von ihm fahrlässig verursachten Irrtum des Beschuldigten (Zeugen) und dessen Relevanz für das Aussageverhalten nicht erkennt. Nicht zulässig kann es jedoch sein, die so geschaffene Fehlvorstellung wissentlich auszunutzen. In diesem Fall trifft den Vernehmungsbeamten eine Aufklärungspflicht aus Ingerenz, entsprechend dem Rechtsgedanken bei den Unterlassungsdelikten im Strafrecht[30].

d) Hör- und Stimmenfalle

138 aa) Zu den unzulässigen Täuschungen gehört auch die sog. **Hörfalle**, bei der der Beschuldigte (konkludent) darüber getäuscht wird, dass er vernommen wird.

Beispiel: In einer Vernehmungspause verlässt der Polizist ostentativ den Raum, damit der Beschuldigte Gelegenheit erhält, „unbeobachtet" mit einem Dritten zu sprechen. Tatsächlich hört der Vernehmende die belastende Äußerung durch die angelehnte Tür mit. Hier wird der Beschuldigte über den Vernehmungscharakter getäuscht. Diese Hörfalle ist eine verbotene Täuschungshandlung[31].

BGHSt 33, 217: Der Telefonanschluss des Beschuldigten wurde zulässigerweise überwacht. Um ihn zu einer belastenden Äußerung zu motivieren, rief die Polizei bei der Ehefrau an und kündigte die alsbaldige Verhaftung des B an. Daraufhin telefonierte B mit dem Mittäter C und äußerte in diesem Gespräch Belastendes. Hier liegt keine Hörfalle vor, da es sich nicht um eine Vernehmung, sondern um eine zulässige Telefonüberwachung handelt. Die Aussage ist verwertbar.

bb) Verboten ist auch die **„Stimmenfalle"**, bei der der Beschuldigte durch Täuschung zum Sprechen gebracht wird, um ihn mittels seiner Stimme zu überführen.

---

25 AA *Lesch*, GA 2000, 365; *Schneider*, NStZ 2001, 8.
26 Ebenso *Fezer*, JZ 1987, 937; dazu auch *Fahl*, JA 1998, 754; *Seebode*, JR 1988, 427.
27 BGH NStZ 2017, 593 m. Bespr. *Jäger*, JA 2017, 715.
28 BGHSt 31, 395, 400; BGH StV 1989, 515 m. abl. Anm. *Achenbach*; BGH NStZ 2004, 631; abw. LG Regensburg StV 2012, 332; *Eisenberg*, Rn 662 ff; *Hellmann*, Rn 468; *Ransiek*, StV 1994, 345.
29 AA LR-*Gless*, § 136a Rn 49.
30 Ebenso *Günther*, StV 1988, 421, 423.
31 Ebenso *Eisenberg*, Rn 638; KK-*Diemer*, § 136a Rn 6; LR-*Gless*, § 136 Rn 93 u. § 136a Rn 44; s.a. *Beulke*, StV 1990, 184.

BGHSt 34, 39 ff: Der Beschuldigte wurde verdächtigt, im Rahmen der Schleyer-Entführung den erpresserischen, auf Tonband aufgenommenen Anruf getätigt zu haben. Der Beschuldigte befand sich in anderer Sache in Haft. Da er sich weigerte, zwecks Stimmenvergleichs zu sprechen, verlegte man ihn in eine andere Anstalt, wo der Anstaltsleiter mit ihm ein Eingangsgespräch führte, das auf Tonband aufgenommen wurde.

Lösung: Zutreffend hält der BGH das Ergebnis des Stimmenvergleichs für unverwertbar, wobei er allerdings zur Begründung auf die Verletzung des verfassungsrechtlich verbürgten Persönlichkeitsrechts am eigenen Wort verweist. Sachgerechter erscheint eine direkte Subsumtion unter § 136a StPO[32]. Das Vorgehen lässt sich auch nicht nach den Vorschriften des großen bzw kleinen Lauschangriffs (§ 100c StPO bzw § 100f StPO – dazu u. Rn 265 f, 455, 472) rechtfertigen, wenn die Äußerung – wie vorliegend – von staatlicher Seite mit Hilfe einer Täuschung aktiv provoziert wird[33].

Beispiel: A wurde von Frau F verdächtigt, sie vergewaltigt zu haben. Da A bei der Tatausführung maskiert war, kannte die F nur seine Stimme. Die Polizei bat deshalb die F, zum Polizeirevier zu kommen und dort vom Nachbarzimmer aus ein Gespräch zu belauschen, das A mit dem Polizisten P führte. Kann die Aussage der F, dass sie die Stimme wieder erkennt, im Urteil als Beweismittel verwertet werden?

Lösung: Da hier eine Vernehmungssituation durch zusätzliche Maßnahmen (angebliches „Gespräch", Verstecken der F im Nebenzimmer) vertuscht wurde, liegt ebenfalls eine unzulässige „Stimmenfalle" vor, sodass § 136a StPO eingreift[34].

Erfolgt der Stimmenvergleich durch den Zeugen auf **private** Initiative desselben (Bsp.: Der Zeuge gibt sich fälschlicherweise als Vertreter aus und verwickelt den Beschuldigten in ein „Verkaufsgespräch"), so fehlt es an einem dem Staat zurechenbaren Verhalten, sodass mangels Vernehmungscharakters keine dem § 136a StPO unterfallende Täuschung angenommen werden kann (vert. unten Rn 478).

cc) Das heimliche **Anhören** eines Gesprächs, das der Beschuldigte in der Öffentlichkeit führt (zB Mithören beim Kaufmann) durch Strafverfolgungsorgane, fällt schon deshalb nicht unter § 136a StPO, weil ebenfalls keine Vernehmung vorliegt. Auch für das bloße **Betrachten** des Beschuldigten kommt es darauf an, ob es innerhalb einer Vernehmungssituation stattfindet, dann ist § 136a StPO zu beachten, oder außerhalb, dann steht nach den Regeln des Augenscheinsbeweises die Ermittlungshandlung im freien Ermessen der Strafverfolgungsbehörde[35] (s.u. Rn 204). Ob auch im letzteren Fall in besonderen Konstellationen (zB durch Polizei inszenierte Begegnung des Raubopfers mit dem Beschuldigten) von einer unzulässigen „Betrachtungsfalle" (§ 136a StPO analog) gesprochen werden kann, ist noch völlig ungeklärt[36].

---

32 SK-StPO-*Schlüchter*, § 261 Rn 33; *Beulke*, StV 1990, 183; *Wolfslast*, NStZ 1987, 106; s.a. SK-StPO-*Rogall*, § 58 Rn 52.
33 *Jäger*, S. 45 f, 174 f.
34 Missverständlich, aber de facto wohl eher für Verwertbarkeit: BGHSt 40, 66, 69; wie hier *Achenbach/Perschke*, StV 1994, 577; *Eisenberg*, NStZ 1994, 599; *Freund*, JuS 1995, 394; *Schneider*, GA 1997, 381; abw. *Sternberg-Lieben*, Jura 1995, 299. Zur gesamten Problematik *Ackemann, U.*, Rechtmäßigkeit und Verwertbarkeit heimlicher Stimmvergleiche im Strafverfahren, 1997.
35 *M-G/Schmitt*, § 86 Rn 1 ff.
36 S. auch *Haas*, GA 1997, 368; *Lesch*, GA 2000, 361.

e) Einschaltung eines V-Mannes

Das bloße Verschweigen der amtlichen Eigenschaft eines verdeckt ermittelnden Polizeibeamten ist schon deshalb keine Täuschung iSv § 136a I 1 StPO, weil § 110a StPO dieses Vorgehen deckt[37]. Eine entsprechende Wertung ist auf den sonstigen V-Mann zu übertragen, dessen allgemeine Legitimation sich aus § 163 I StPO ergibt (str., s. Rn 424)[38]. Eine „qualifizierte" Täuschung des Beschuldigten – die über das bloße Verschweigen der amtlichen Eigenschaft hinausgeht (zB das gezielte Aushorchen durch Mithäftling, s. Rn 136) – ist indes auch dem im staatlichen Auftrag handelnden VE/V-Mann verboten[39] (eingehend zur V-Mann-Problematik u. Rn 481a ff, dort auch weitere Ausführungen zu den „Mithörfällen").

5. Zwang

139 **Zwang** ist gegenüber dem Beschuldigten nur zulässig, wenn das Strafverfahrensrecht eine entsprechende Eingriffsnorm zur Verfügung stellt (Einzelheiten in den Kapiteln über Zwangsmittel, §§ 11 und 12). Im Übrigen ist Zwang verboten. War die Zwangsmaßnahme zwar **objektiv** rechtswidrig, wurde sie aber **nicht gezielt** zur Herbeiführung einer Aussage eingesetzt (zB Beschwerdegericht hebt Haftbefehl mangels Fluchtgefahr später auf), so dürfen nach Ansicht der Rspr die während der Zwangsmaßnahme gemachten Aussagen verwertet werden[40].

Die zwangsweise Verabreichung von Brechmitteln zwecks Leerung des Mageninhalts ist hingegen, da es sich insoweit um keine Vernehmung handelt, kein Problem des § 136a StPO, sondern des § 81a StPO (dazu u. Rn 241). Zur Folter s.o. Rn 134a.

6. Versprechen eines gesetzlich nicht vorgesehenen Vorteils

140 Diese Alternative betrifft insbes. den Fall, dass die Strafverfolgungsbehörden dem Beschuldigten für ein Geständnis einen günstigeren Verlauf des weiteren Strafverfahrens in Aussicht stellen (Verzicht auf Haftbefehl[41], Gewährung mildernder Umstände, Einstellung etc).

a) Hinweise auf **mögliche** Folgen des Aussageverhaltens sind erlaubt, da es sich hierbei nicht um Versprechen, sondern um Belehrungen handelt[42]. ZB darf das Gericht für den Fall eines Geständnisses in Aussicht stellen, dass eine zu verhängende Freiheitsstrafe die Grenze von 3 Jahren nicht übersteigen wird (BGH StV 1999, 407).

b) **Feste Zusagen** für den weiteren Verfahrensgang sind jedenfalls dann unzulässig, wenn der **Zusagende nicht die Kompetenz besitzt**, in dieser Situation bereits end-

---

37 Abw. *Kahlo*, Wolff-FS, S. 153.
38 BGHSt 44, 129, 133.
39 EGMR StV 2003, 257 *(Allan/GB)*; abzulehnen deshalb: EGMR (GrK) NJW 2010, 213 *(Bykov/RUS)* m. krit. Anm. *Esser/Gaede/Tsambikakis*, NStZ 2011, 140, 143; krit. auch *Jäger*, Wolter-FS, S. 949.
40 BGH StV 1996, 73 m. abl. Anm. *Fezer* und *Bung*, StV 2008, 495.
41 OLG Köln StV 2014, 272.
42 BVerfG NStZ 1987, 419; BGHSt 1, 387, 388; 20, 268.

gültig über die zugesagte Vergünstigung zu entscheiden (zB der Polizist verspricht für den Fall eines Geständnisses eine Bewährungsstrafe).

c) Im Übrigen ist die Zulässigkeit von Zusagen umstritten. Die hA vertitt den Standpunkt, dass **Vorteile auch ausgehandelt werden dürfen**. Diese Rechtsansicht findet nun in der gesetzlichen Regelung der Verständigung in § 257c StPO Bestätigung. Es ist unserem Rechtssystem durchaus nicht fremd, dass sich ein Beschuldigter durch sein Aussageverhalten, vor allem durch ein Geständnis, bestimmte Vergünstigungen verschafft (vgl ferner § 31 BtMG, § 46b StGB dazu Rn 342). Soweit die Gewährung von Vorteilen im Ermessen der Strafverfolgungsbehörden steht (zB die Einstellung nach §§ 153 ff StPO), sind diese „gesetzlich vorgesehen", auch wenn von dem eingeräumten Ermessen taktisch Gebrauch gemacht wird, um den Beschuldigten zu einem Geständnis zu veranlassen. Dies gilt allerdings nur insoweit, als die StA den ihr eingeräumten Handlungsspielraum nicht überschreitet. Wird dem Beschuldigten zB zugesagt, das Verfahren bzgl aller bisher unbekannten Taten, über die er ein Geständnis ablegt, einzustellen (§ 154 I Nr 1 StPO; s.u. Rn 339), so ist dies unzulässig, da sich eine Aussage über den Schuldumfang der bisher unbekannten Taten im Voraus nie treffen lässt[43]. Zu den inhaltlichen Grenzen einer Verständigung s. auch Rn 394 ff.

7. Sonstige verbotene Vernehmungsmethoden

Da § 136a StPO **keine abschließende Regelung** enthält, können auch noch weitere Vernehmungsmethoden als unzulässig eingestuft werden, sofern die Freiheit der Willensentschließung und Willensbetätigung durch Anwendung dieses Mittels erheblich beeinträchtigt wird.

141

Davon ist vor allem beim Einsatz eines **Lügendetektors** (Polygraphen), welcher unbewusste Reaktionen des Vernommenen aufzeichnet, auszugehen, weil hier die Einflussmöglichkeit des Betroffenen praktisch völlig aufgehoben ist und dadurch der Kernbereich der Menschenwürde verletzt wird[44]. Zudem widerspräche die Anwendung dieses technischen Hilfsmittels dem „nemo-tenetur-Prinzip" (s.o. Rn 125). Auch **mit Einwilligung** des Beschuldigten darf der Lügendetektor **nicht verwendet** werden, da sonst mittelbarer Druck auf jeden leugnenden Beschuldigten ausgeübt werden könnte[45]. In der jüngsten Rechtsprechung hat sich die Begründung für die Ablehnung des mit Einwilligung des Beschuldigten vorgenommenen Polygraphentests im Strafverfahren etwas verlagert. Zunächst hat das BVerfG die Rechtsfrage für offen erklärt[46]. Sodann hat der BGH zwar die verfassungsrechtlichen Bedenken sowie den möglichen Verstoß gegen § 136a StPO analog verworfen, jedoch gleichzeitig unter Hinweis auf kritische Stimmen in der psychologischen Wissenschaft[47] die Validität

---

43 *Volk*, NJW 1996, 879: „Kronzeugenregelung praeter legem".
44 BGHSt 5, 332, 333; *Nestler*, JA 2017, 10.
45 BVerfG NJW 1982, 375; OLG Karlsruhe StV 1998, 530; SK-StPO-*Rogall*, § 136a Rn 76; *Frister*, ZStW 106 (1994), 303; dagegen AG Bautzen BeckRS 2017, 138202; *Amelung*, NStZ 1982, 38; *Putzke*, NJW-Aktuell 2013, 14; *Putzke/Scheinfeld*, Rn 183; *Prittwitz*, MDR 1982, 886.
46 BVerfG StraFo 1998, 16; BVerfG NStZ 1998, 523.
47 Vgl statt aller *Rill/Gödert/Vossel*, MschrKrim 2003, 165.

der Ergebnisse in Frage gestellt. Da mit dem Test keine bedeutsamen Beweise erbracht werden könnten, sei ein entsprechender Beweisantrag vom Gericht gem. § 244 III 2 4. Var. StPO wegen **völliger Ungeeignetheit** des Beweismittels (vgl Rn 444) abzulehnen[48].

▶ Beispielsfall bei *Beulke*, Klausurenkurs III, Rn 552.

III. Folgen des Verstoßes gegen § 136a StPO

142 1. Aussagen, die unter Verletzung des Verbotes des § 136a StPO zu Stande gekommen sind, **dürfen nicht verwertet werden**. Das ist ein allgemeiner Grundsatz, den § 136a III 2 StPO bereits voraussetzt. Die Bedeutung dieser Vorschrift liegt darin, dass sie die Verwertung **auch bei Zustimmung des Beschuldigten** verbietet.

Trotz des eindeutigen Wortlauts wird jedoch in Teilen der Literatur eine teleologische Reduktion von § 136a III 2 StPO in Fällen erwogen, in denen eine Verwertung ausschließlich zu Gunsten des Angeklagten in Betracht kommt und dieser freiwillig und ernsthaft iRe Beweisantrags auf den Schutz des § 136a StPO verzichtet, da ihm eine effektive Verteidigung sonst verwehrt bliebe[49]. Der BGH hat sich dieser (problematischen) Konstruktion bisher noch nicht angeschlossen[50].

2. Eine Aussage ist nur dann unverwertbar, wenn sie auf der Anwendung der verbotenen Vernehmungsmethode **beruht**. Der Kausalitätsnachweis wird dem Beschuldigten jedoch insofern abgenommen, als es ausreicht, dass die Ursächlichkeit der angewandten Vernehmungsmethode für die Aussage nicht auszuschließen ist[51] (zum hypothetischen Ersatzeingriff s.u. Rn 483).

Davon zu unterscheiden ist die mögliche **Kausalität zwischen** der durch eine verbotene Vernehmungsmethode gewonnenen **Aussage und** dem späteren **Urteil**, die für den Erfolg einer Revision notwendig ist (§ 337 I StPO). Diese Kausalität kann insbes. durch fehlerfreie Wiederholung der Vernehmung beseitigt werden.

Voraussetzung der Verwertbarkeit einer zweiten Vernehmung ist, dass die verbotene Vernehmungsmethode nicht mehr fortwirkt, die Willensfreiheit des Beschuldigten also nicht mehr beeinträchtigt ist[52]. Insofern dürfte aber das Nichtfortwirken des Verstoßes gegen § 136a I StPO idR nur in Betracht kommen, wenn der Beschuldigte im Wege einer sog. **qualifizierten Belehrung** bei der späteren Vernehmung darüber in Kenntnis gesetzt worden ist, dass seine bisherige Aussage nicht verwertet werden darf[53] (s.a. Rn 119, 134a, 483).

---

48 BGHSt 44, 308, 315 m. Anm. *Amelung*, JR 1999, 382; BGH NStZ 2011, 474 m. abl. Bespr. *Putzke*, ZJS 2010, 557; *Kargl/Kirsch*, JuS 2000, 537; KMR-*Paulckstadt-Maihold*, § 136a Rn 21; krit. *Meyer-Mews*, NJW 2000, 916; *Stübinger*, ZIS 2008, 538; aA AG Bautzen BeckRS 2017, 138202; *Putzke/Scheinfeld/ Klein/Undeutsch*, ZStW 121 (2009), 607; *Putzke*, ZAP 2015, 279.
49 *Roxin/Schäfer/Widmaier*, Strauda-FS, S. 435; ebenso: *Amelung*, Prinzipien, S. 54 f; *Erb*, GA 2017, 113; *Jahn*, Gutachten, C 113.
50 Offengelassen in BGH StV 2008, 113 m. Anm. *Roxin*; *Jahn*, JuS 2008, 1121.
51 BGHSt 5, 290, 291; 13, 60, 61; abzulehnen daher: BGHSt 55, 314, 318 ff m. zutr. krit. Bespr. *Heghmanns*, ZIS 2011, 98, 99; *Mosbacher*, JuS 2011, 137, 141.
52 BGHSt 22, 129, 133 f; 37, 48, 53.
53 Offengelassen durch BGHSt 53, 112, 116; in diese Richtung BGHSt 52, 11, 24; OLG Frankfurt StV 1998, 119; LG Frankfurt aM StV 2003, 325 (Fall *Gäfgen*).

3. Hinsichtlich der Anwendung der verbotenen Vernehmungsmethode selbst muss **143** nach hM der **volle Nachweis durch den Beschuldigten** im Wege des **Freibeweises** erbracht werden (dazu u. Rn 180). Der Grundsatz **„in dubio pro reo" gilt nicht**[54]. Da dieser Nachweis für den Beschuldigten in vielen Fällen kaum zu führen sein wird, dürfen hieran jedoch keine zu hohen Anforderungen gestellt werden. Es muss ausreichen, dass der Beschuldigte Umstände nachweist, die Zweifel aufkommen lassen, ob die Vernehmungsmethoden rechtmäßig waren[55] (zB Misshandlungsspuren am Körper).

4. Sehr strittig ist, ob das Verwertungsverbot auch **Fernwirkungen** aufweist, dh ob **144** auch all das unverwertbar ist, was erst auf Grund der unverwertbaren Aussage ermittelt werden konnte, so zB wenn das erpresste Geständnis zur Auffindung belastender Unterlagen geführt hat. Die amerikanische Lehre der **„fruit of the poisonous tree"** (Früchte des verbotenen bzw vergifteten Baumes) bejaht solche Fernwirkungen. Die hA in der Bundesrepublik lehnt sie ab und will das Verwertungsverbot nur auf das unmittelbar durch die verbotene Vernehmungsmethode erlangte Beweismittel erstrecken (Einzelheiten u. Rn 482).

Lösung Fall 18: Hier ist von einer **Unverwertbarkeit** des Geständnisses gem. § 136a StPO **145** wegen der Ermüdung des zu Verhörenden auszugehen (BGHSt 13, 60, 61); Einzelheiten s. Rn 132.

Lösung Fall 19: Die Vorspiegelung, bei M handele es sich um einen „normalen" Mithäft- **146** ling, der zudem ein besonderes Vertrauen verdiene (s. Fluchtplan), ist eine Täuschungshandlung des M gegenüber A. Hätte die Polizei den A auf diese Weise selbst vernommen, läge eine **Täuschungshandlung iSv §§ 136a, 163a IV 2 StPO** vor. Da § 136a StPO nicht dadurch umgangen werden kann, dass Privatpersonen in die Ermittlung eingeschaltet werden, muss sich die Polizei das Verhalten des M zurechnen lassen. Die Aussage des A darf deshalb **nicht verwertet** und dementsprechend auch nicht über die Vernehmung des Zeugen M in das Verfahren eingeführt werden (iE ebenso BGHSt 34, 362 ff, der hier allerdings „Zwang" iSv § 136a StPO bejaht). Wenn das Geständnis gegenüber M das einzige Beweismittel bliebe (zB wenn A im Prozess schweigt und weitere Indizien nicht existieren), müsste A freigesprochen werden. Einzelheiten s. Rn 136.

---

54 BGHSt 16, 164, 166 f; BGH NStZ 2008, 643; OLG Hamburg NJW 2005, 2326 (Fall *Motassadeq*).
55 Ähnlich: *Ambos*, StV 2009, 151; *Jahn*, Gutachten, C 108; LR-*Gless*, § 136a Rn 78; *Paulus*, Seebode-FS, S. 277, 293; *Roxin/Schünemann*, § 45 Rn 63.

§ 9 Der Verteidiger

Fall 20: Frau A wird angeklagt, in angetrunkenem Zustand mit ihrem PKW einen Fußgänger tödlich verletzt und sich dann unerlaubt vom Unfallort entfernt zu haben. Frau A teilt ihrem Verteidiger V mit, nicht sie, sondern ihr Ehemann E habe den Unfall während einer Fahrt verursacht, die er gemeinsam mit seinem Freund F unternommen habe. Sie, A, wolle ihren Ehemann „decken", da er als Berufskraftfahrer den Lebensunterhalt der Familie bestreite. V stellt in Kenntnis des gegenteiligen Willens der A in der Hauptverhandlung einen Beweisantrag auf Vernehmung des F als Zeugen dafür, dass E das Fahrzeug gelenkt habe. War er dazu berechtigt? **Rn 177**

Fall 21: Jurastudent A wurde dabei ertappt, als er heimlich einen „Schönke/Schröder" aus der Universitätsbibliothek „mitgehen" ließ. Gegenüber seinem Verteidiger V gesteht A die Diebstahlsabsicht.

a) V erklärt wahrheitswidrig vor Gericht, er sei auf Grund einer glaubwürdigen Versicherung des A ihm gegenüber überzeugt, A habe das Buch nur benutzen und am nächsten Tag zurückstellen wollen.

b) V teilt dem Gericht im Schlussplädoyer mit, A habe ihm gegenüber eingestanden, dass er das Buch behalten wollte. Er bittet in Anbetracht der Jugend des A um eine milde Strafe.

c) V rät dem A, sich vor Gericht dahin einzulassen, er habe das Werk nur während einer zweiwöchigen Hausarbeit benutzen und dann wieder zurückbringen wollen.

d) V klärt den A darüber auf, dass bei den meisten beweglichen Sachen, so auch bei Büchern, die vorübergehende Besitzanmaßung nicht strafbar sei (furtum usus); als Diebstahl werde nur die als dauernd gewollte Enteignung bestraft.

e) V beantragt den Freispruch des A mit der – zutreffenden – Begründung, der Nachweis der Zueignungsabsicht des A sei von der Anklage nicht geführt worden.

War das Verhalten des V zulässig? **Rn 178**

I. Der Verteidiger als Beistand des Beschuldigten

147 Jeder Beschuldigte kann sich in jeder Lage des Verfahrens des Beistandes eines **Verteidigers** bedienen, § 137 I 1 StPO.

Die Zahl der gewählten Verteidiger darf drei nicht übersteigen, § 137 I 2 StPO. Zu Verteidigern können die bei einem deutschen Gericht zugelassenen Rechtsanwälte sowie die Rechtslehrer an deutschen Hochschulen iSd Hochschulrahmengesetzes (dh auch Fachhochschullehrer) gewählt werden, sofern sie die Befähigung zum Richteramt haben (Assessorexamen), § 138 I StPO. Andere Personen können nur in Ausnahmefällen mit Genehmigung des Gerichts (das nach pflichtgemäßem Ermessen entscheidet) zugelassen werden, § 138 II 1 StPO[1].

Obwohl Gericht und Staatsanwalt die belastenden und entlastenden Umstände gleichermaßen ermitteln müssen (§§ 160 II, 244 II StPO), ist der erforderliche Schutz des Beschuldigten (die **materielle Verteidigung**) erst dann sichergestellt, wenn sich ein eigens für die Verteidigung ausersehener Prozessbeteiligter, der im Verfahren formell

---

1 OLG Koblenz NStZ-RR 2008, 179; vert. *Lehmann*, JR 2012, 287; *Egon Müller*, Rüßmann-FS, S. 1043; *Nestler*, Kohlmann-FS, S. 653.

besonders hervortritt, um die Belange des Beschuldigten kümmert **(formelle Verteidigung)**. Dies ergibt sich bereits aus dem gem. Art. 2 I iVm Art. 20 III GG verfassungsrechtlich abgesicherten Recht des Beschuldigten auf ein faires, rechtsstaatliches Verfahren. Der Beschuldigte ist im Rechtsstaat nicht nur Objekt des Verfahrens, sondern Verfahrenssubjekt, dh es muss ihm die Möglichkeit eingeräumt werden, das Verfahren maßgebend zu beeinflussen (s.o. Rn 110). Die Wahrheit darf nicht um jeden Preis ermittelt werden[2].

Auch Art. 6 III c) EMRK gewährt jedem Angeklagten das Recht, „den Beistand eines Verteidigers seiner Wahl zu erhalten und, falls er nicht über die Mittel verfügt, unentgeltlich den Beistand eines Pflichtverteidigers zu erhalten, wenn dies im Interesse der Rechtspflege erforderlich ist".

Waffengleichheit zwischen den staatlichen Strafverfolgungsorganen und dem Beschuldigten ist zwar in unserem Strafverfahren, das nicht nach den Regeln des Parteiprozesses organisiert ist, nicht immer voll zu realisieren, bleibt aber ein im Grundsatz anzustrebendes Verfahrensziel[3]. Der Beschuldigte selbst kann schon deshalb kein ausreichendes Gegengewicht zum staatlichen Strafverfolgungsapparat bilden, weil er als Betroffener die Souveränität eines taktisch geschickt vorgehenden Prozessbeteiligten verliert. Außerdem verfügt er selten über die nötigen Rechtskenntnisse und ist uU als Untersuchungshäftling in seinen Aktionsmöglichkeiten eingeschränkt. Der Verteidiger muss dies ausgleichen, indem er zB den Schuldvorwurf vorbehaltlos in Frage stellt und zu Gunsten des Beschuldigten jede schwache Stelle kenntlich macht. Der Verteidiger kann den Beschuldigten meist nicht im zivilrechtlichen Sinne „vertreten", so muss zB der Beschuldigte idR in der erstinstanzlichen Hauptverhandlung persönlich anwesend sein, § 230 StPO. Eine Vertretung ist nur in einigen gesetzlich geregelten Sonderfällen möglich (s. §§ 145a, 234, 329 II, 350 II, 387 I, 411 II StPO). Darum ist der Verteidiger nicht Vertreter, sondern **Beistand** des Beschuldigten[4].

148

Im Einzelnen hat der Verteidiger als Helfer des Beschuldigten also insbes. folgende Funktionen:

149

– Beratung des Beschuldigten über das materielle und formelle Recht
– Äußerung für den Beschuldigten (zB Würdigung von dessen „guten Seiten")
– Ausübung prozessualer Rechte, die sowohl dem Beschuldigten als auch dem Verteidiger zustehen (zB Stellung von Beweisanträgen)
– Vertretung des Beschuldigten, soweit möglich oder soweit vorgeschrieben[5]
– Wahrnehmung spezifischer Verteidigerrechte.

Vorgeschrieben ist die Wahrnehmung der Rechte für den Beschuldigten zB bei der uneingeschränkten Akteneinsicht (§ 147 I StPO); Verfahrensrechte, die nur dem Verteidiger und nicht dem Beschuldigten selbst zustehen, enthalten ua § 145 III StPO (Verlangen auf Unterbrechung der Hauptverhandlung zwecks Vorbereitung der Verteidigung), § 239 StPO (Kreuzverhör) sowie § 240 II 2 StPO (Befragung von Mitangeklagten).

---

2 BGHSt 38, 215, 219.
3 EGMR NJW 2000, 2883 *(Nicolova/Bulgarien)*; BVerfGE 63, 45, 61; *Arnold*, StV 2015, 588, 590; *Beulke*, S. 37 ff; *Beulke/Ruhmannseder*, Rn 10 ff; LR-*Esser*, Art. 6 EMRK Rn 202 ff; *Safferling*, NStZ 2004, 181.
4 OLG Celle NStZ 1988, 426; aA *Spendel*, Kohlmann-FS, S. 683.
5 Vert. *Schlothauer*, Beulke-FS, S. 1023.

- Aufklärung des Geschehens (zB eigene Ermittlungen)
- Bemühen um eine Beilegung des Strafverfahrens im Wege der Einstellung gem. §§ 153a ff StPO oder um eine „Verständigung" mit der StA und dem Gericht nach § 257c StPO sowie Mitwirkung im Rahmen eines Täter-Opfer-Ausgleichs.

II. Der Verteidiger als Organ der Rechtspflege

1. Organtheorie

150 Die Rechtsstellung des Strafverteidigers ist sehr umstritten[6]. Nach hA nimmt der Verteidiger über die Funktion als Beistand hinaus **auch öffentliche** (nicht: staatliche) **Funktionen** wahr, die – verkürzt – mit der § 1 BRAO entlehnten Formel umschrieben werden, der Verteidiger sei Beistand und **„Organ der Rechtspflege"**[7].

Die öffentlichen Funktionen resultieren aus der Bedeutung des Verteidigers für den dialektischen Prozess der Wahrheitsfindung: Da ein rechtsstaatliches Verfahren zumindest bei gravierender Anklage ohne Mitwirkung eines Verteidigers unmöglich ist, **garantiert der Verteidiger die rechtsstaatliche Strafrechtspflege**[8]. Nur vordergründig agiert er ausschließlich gegen das (Verfolgungs-) Interesse des Staates. In Wirklichkeit kommt die einseitige Unterstützung und damit herbeigeführte Waffengleichheit auch der Allgemeinheit zugute, denn als demokratische Gemeinschaft – zugleich auch als Gruppe potenzieller Beschuldigter – will sie die Justizförmigkeit des Verfahrens gewahrt wissen. Fehlt der rechtskundige Helfer, wird dem Richter eine Parteirolle aufgedrängt. Er muss seine weitgehend neutrale Rolle aufgeben und dem Beschuldigten zu Hilfe kommen. Sowie aber das Prinzip der Arbeitsteilung durchbrochen wird, verringert sich die Gewähr für ein gerechtes Ergebnis.

Die hL sieht somit zu Recht den Verteidiger als eine Instanz, die, gerade durch ihre einseitige Tätigkeit, auch im Interesse aller Bürger darüber wacht, dass alle Verfahrensvorschriften beachtet werden, und dafür sorgt, dass in einem fairen Prozess um die materielle Wahrheit gerungen wird. Trotz ihrer Parteilichkeit dient die Verteidigung daher **zumindest auch öffentlichen Interessen**.

Damit die Organeigenschaft nicht zum Einfallstor für die Beschneidung legitimer Befugnisse des Beschuldigten und seines Beistands wird, muss die Ausrichtung auf die öffentlichen Interessen von vornherein begrenzt sein, und zwar zum einen auf die **Effektivität der Verteidigung** und zum anderen auf die **Effektivität der Rechts-**

---

6 Zur Einführung statt aller: *Beulke*, S. 50 ff, 143 ff, 258 ff; *ders.*, Schlothauer-FS, S. 315; *Bosch*, Jura 2012, 938; *Jahn*, Bastille, S. 94; *ders.*, StV 2014, 40.

7 RG JW 1926, 2756; BVerfGE 34, 293, 300; BVerfG NJW 2006, 3197, 3198; BGHSt 9, 20, 22; 46, 36, 43 m. Anm. *Streng*, JZ 2001, 205; BGH NStZ 2006, 510; OLG Frankfurt StV 2001, 407; OLG Frankfurt NJW 2013, 1107 f; OLG Karlsruhe StV 2014, 551; SK-StPO-*Rogall*, Vor § 133 Rn 95; *Dahs*, Rn 11; *Dölling-Weiler*, § 137 Rn 4; *Fahl*, JA 2004, 708; *Geppert*, Rudolphi-FS, S. 643; *Gössel*, ZStW 94 (1982), 5, 29 ff; *Kato*, in: *Kühne/Miyazawa*, S. 168; *Kühne*, Rn 178; *Lesch*, 3/172; *Marxen*, BT, S. 146; *Egon Müller*, NStZ-RR 1998, 65; *Roxin*, Hanack-FS, S. 1; *Schroeder/Verrel*, Rn 91; grundlegend auch *Eckhart Müller*, NJW 2009, 3745; *Roxin/Schünemann*, § 19 Rn 3 ff.

8 BGH NStZ 2011, 294, 295; vert. *Basdorf*, StV 2010, 414; *Beulke*, S. 81; *Hamm*, StV 2010, 418; *Walter*, Strafverteidigung vor neuen Herausforderungen, 2008, S. 329, 342.

pflege in ihrem „**Kernbereich**" (sog. **eingeschränkte Organtheorie**[9]; Beispielsfall bei *Beulke*, Klausurenkurs III, Rn 241).

Auf der Basis der **(eingeschränkten) Organtheorie** kann also vom Verteidiger maximal verlangt werden:

- **positiv:** eine möglichst intensive Gegenwehr gegen die Strafverfolgungsorgane (**Effektivität der Verteidigung**);
- **negativ:** ein Unterlassen des „Missbrauchs" seiner Rechte iS eines „Zu-weit-Gehens" (Grenze: der **Kernbereich** der **Effektivität** der **Rechtspflege** darf nicht in Frage gestellt werden; zB: der Verteidiger darf nicht lügen, s.u. Rn 176). Im Schrifttum wird diese Konsequenz zum Teil nicht der Organstellung des Verteidigers, sondern einem allgemeinen **Missbrauchsprinzip** (vgl Rn 126a) entnommen[10].

Eine darüber hinausgehende **allgemeine** Pflicht der Gewährleistung eines „sachdienlichen" und „in prozessualen Bahnen" verlaufenden Verfahrens trifft den Verteidiger hingegen nicht[11], und es darf ihm auch keine Kooperationsbereitschaft mit anderen Verfahrensbeteiligten aufgedrängt werden. Selbst ein allgemeines Verbot der Konfliktverteidigung existiert nicht[12]. Deshalb legitimiert die (eingeschränkte) Organtheorie insbes. **nicht**[13]:

- eine **allgemeine Hinweispflicht** seitens des Verteidigers gegenüber dem Gericht zur Einhaltung der Rechtmäßigkeit des Verfahrens[14];
- die **Übertragung gerichtlicher Aufklärungspflichten** auf den Verteidiger. So darf zB (entgegen der hA) im Falle der Nichtbelehrung des Beschuldigten durch die Polizei das Beweisverwertungsverbot nicht davon abhängig gemacht werden, dass der Verteidiger bis zum Abschluss der Vernehmung des Angeklagten in der Hauptverhandlung der Verwertung (uU sogar spezifiziert begründet) **widerspricht**[15] (s. Rn 117, 460a);
- die **Beschränkung** von Rechten des **Beschuldigten**. Dementsprechend kann zB auch bei exzessiver Handhabung des Beweisantragsrechts durch den Beschuldigten das Gericht nicht verlangen, dass der Beschuldigte in Zukunft seine Beweisanträge nur noch über den Verteidiger stellt[16];
- **Informationspflichten** seitens des Verteidigers gegenüber **anderen Verfahrensbeteiligten**, so zB gegenüber einem neu bestellten Pflichtverteidiger[17].

---

9 Vert. *Beulke*, in: *Kühne/Miyazawa*, S. 137; *Beulke/Ruhmannseder*, Rn 14; zust. OLG Frankfurt NStZ 1981, 144; *Arapidou, E.*, Die Rechtsstellung des Strafverteidigers, 1997, S. 137; *Dornach, M.*, Der Strafverteidiger als Mitgarant eines justizförmigen Strafverfahrens, 1994; *Jolmes, A.*, Der Verteidiger im deutschen und österreichischen Strafprozess, 1982, S. 69; *Klesczewski*, Rn 124; *Senge*, NStZ 2002, 225; *v. Stetten*, StV 1995, 609; ähnlich *Hellmann*, Rn 490; krit. *Grüner*, S. 15 ff; *Wolf*, S. 19 ff; zu ihm *Beulke*, StV 2007, 261.
10 S. insbes. *Roxin*, Hanack-FS, S. 14; hiergegen *Beulke*, Roxin-FS, S. 1183; *ders.*, Amelung-FS, S. 543.
11 KMR-*Hiebl*, Vor § 137 Rn 10; aA BGH NStZ 2009, 207; OLG Hamburg NStZ 1998, 586 m. Anm. *Kudlich*.
12 IE ebenso: *Arnold*, ZIS 2017, 621; MüKo-StPO-*Gaede*, Art. 6 EMRK Rn 171; *König*, StV 2017, 188; *Salditt*, AnwBl 2009, 805; aA LG Wiesbaden StV 1995, 239; *Dahs*, Nehm-FS, S. 243; *Fischer*, StV 2010, 423.
13 Weiterführend *Dornach*, NStZ 1995, 57.
14 BGH StV 2008, 227.
15 AA BGHSt 38, 214, 220; 39, 349; 42, 15, 22 f; 52, 38; 52, 48 (konsularischer Beistand) m. krit. Bespr. *Weigend*, StV 2008, 39 u. *Velten*, ZJS 2008, 76; *Ignor*, Rieß-FS, S. 185; wie hier ua LR-*Gleß*, § 136 Rn 82; SK-StPO-*Rogall*, Vor § 133 Rn 182; SK-*Wohlers/Albrecht*, § 163a Rn 69; *Fahl*, JA 1996, 749; *Fezer*, JZ 2007, 723; *Gaede*, HRRS 2007, 405; *Heinrich*, ZStW 112 (2000), 398; *Roxin*, Hanack-FS, S. 21; *Ventzke*, StV 1997, 543.
16 So auch HK-*Julius*, § 244 Rn 16; aA BGHSt 38, 111, 114 m. Anm. *Maatz*, NStZ 1992, 513; *Fezer*, Weber-FS, S. 475; *Roxin*, Hanack-FS, S. 20; *Scheffler*, JR 1993, 170; *Widmaier*, NStZ 1992, 519; s.a. BayObLG NStZ 2004, 647 m. Bespr. *Kudlich*, HRRS 2005, 10.
17 AA KG JR 1981, 86; dazu *Beulke*, JR 1982, 45.

2. Parteiinteressenvertretertheorie

151 In Teilen des Schrifttums wird die Organeigenschaft des Verteidigers gänzlich abgelehnt und dieser als reiner **Parteiinteressenvertreter** eingestuft[18]. Verteidigung im materiellen Sinne sei eine Entscheidung, die allein beim Beschuldigten liege. Er habe seine Interessen **autonom** zu definieren. Der Verteidiger habe ihm dazu lediglich Hilfestellung zu leisten. Eine darüber hinausgehende Ausrichtung auf öffentliche Zwecke verwische nur die natürlichen Gegensätze und führe zu ungerechtfertigten Eingriffen in die Befugnisse sowohl des Beschuldigten als auch des Verteidigers.

Diese Theorie ist **abzulehnen**: Angesichts der regelmäßigen Unerfahrenheit des Beschuldigten im Umgang mit den Strafverfolgungsbehörden erscheint es nicht sachgerecht, ihn die Verteidigungsstrategie „autonom", dh notfalls auch gegen den Willen des Verteidigers abschließend bestimmen zu lassen. Es sollte also auch in Zukunft an der Unabhängigkeit des Verteidigers vom Beschuldigtenwillen festgehalten werden. Damit ist durchaus zu vereinbaren, dass die Entscheidungsprärogative so lange beim Beschuldigten liegt, wie der Verteidiger dies für noch verantwortbar hält[19]. Auch die weitere unumgängliche Konsequenz der reinen Parteiinteressenvertretertheorie, dass dem Verteidiger alles erlaubt sein muss, was der Beschuldigte selbst ohne Bestrafung tun darf, geht fehl. Dem Verteidiger wäre danach nämlich insbes. gestattet zu lügen und Beweisquellen zu trüben. Die **Wahrheitspflicht** gehört jedoch zu den „essentials" der Strafverteidigung. Die Interessenvertretertheorie macht den Verteidiger im Extremfall zum **„Spießgesellen"** des Mandanten.

151a Eine gemäßigte Form der Interessenvertretertheorie stellt die **Vertragstheorie** *Lüderssens* dar, wonach sich der Verteidiger ebenfalls grundsätzlich nach den Wünschen seines Mandanten zu richten hat, ihm aber der Rückgriff auf das Mittel der Lüge versperrt bleibt[20]. Diese Ansicht ist jedoch mit dem derzeitigen Recht des Pflichtverteidigers, der notfalls auch gegen den Willen des Beschuldigten (dazu u. Rn 165 ff) bestellt werden darf, unvereinbar. Selbst einem Rechtsanwalt darf zwangsweise ein Pflichtverteidiger bestellt werden[21].

3. Verfassungsrechtlich-prozessuale Theorien

151b Eine in letzter Zeit stärker favorisierte Betrachtungsweise stellt die verfassungsrechtliche Garantie des Art. 2 I GG iVm dem aus dem Rechtsstaatsprinzip ableitbaren fairen Verfahren (s.o. Rn 28) in den Vordergrund: Jede Prozesshandlung sei danach statthaft, solange sie vom Verteidigungszweck getragen werde und kein ausdrückliches gesetzliches Verbot entgegenstehe[22]. Die Aussagekraft dieser Lösung ist jedoch äußerst gering. Der Begriff „Prozesshandlung" lässt zB völlig offen, wo die Grenze

---

18 *Bernsmann*, StraFo 1999, 226; *Ostendorf*, NJW 1978, 1349; *Wolf*, S. 426; s. auch *Thomas*, Müller-Symp, S. 39.
19 Vgl *Wahle*, Hanack-FS, S. 11; s.a. *Pananis*, StraFo 2012, 121.
20 LR-*Lüderssen/Jahn*, Vor § 137 Rn 33 ff; *Lüderssen*, StV 1999, 537; ähnlich *Jahn*, JR 1999, 1; *ders.*, StV 2000, 431; ausf. dazu Widmaier-*Saliditt*, § 1 Rn 1, 33 ff.
21 BVerfG NJW 1998, 2205.
22 Statt aller *Bernsmann*, StraFo 1999, 226; *ders.*, StV 2006, 342; *Bosch*, Jura 2012, 938; *Paulus*, NStZ 1992, 305, 310; Ziegert-*Ignor/Danckert*, S. 17; im Ansatz ähnlich auch Radtke/Hohmann-*Reinhart*, § 137 Rn 10; *Schnarr*, G. Schäfer-FS, S. 66; SK-StPO-*Wohlers*, Vor § 137 Rn 27 ff.

zur Strafbarkeit gem. § 258 StGB liegt (Wahrheitspflicht des Verteidigers?). Auch die viel zurückhaltendere Lösung, der Verteidiger dürfe alle Befugnisse ausüben, die abschließend im Gesetz aufgezählt seien[23], verbietet sich, da die Rechte des Verteidigers weitgehend gerade keine gesetzliche Ausprägung gefunden haben, sondern allgemeinen Prinzipien entnommen werden müssen, so zB das Recht, dem Zeugen zur Geltendmachung seines Zeugnisverweigerungsrechts zu raten.

III. Vertrauensbeziehung zwischen Verteidiger und Mandant

1. Geschäftsbesorgungsvertrag und Unabhängigkeit

Der Wahlverteidiger ist mit dem Beschuldigten durch einen privatrechtlichen Vertrag verbunden, der eine **Geschäftsbesorgung** oder die Leistung von Diensten zum Gegenstand hat[24]. Trotz dieser Vereinbarung und der Bezahlung durch den Mandanten ist der Verteidiger von diesem **unabhängig**[25]. Lediglich wenn es das Gesetz ausdrücklich vorsieht (zB bei der Rechtsmitteleinlegung gem. § 297 StPO; s.a. § 302 II StPO), geht der Mandantenwille vor. Die Unabhängigkeit vom Mandantenwillen äußert sich zB darin, dass der Verteidiger **gegen den Willen des Beschuldigten** Beweisanträge stellen kann[26] und auch gegen dessen Willen auf Freispruch plädieren darf[27]. Falls der Beschuldigte eine andere Verteidigung wünscht, als der Verteidiger bereit ist zu praktizieren, bleibt ihm nur die – beim Wahlverteidiger uneingeschränkte – Möglichkeit, das Verteidigungsverhältnis aufzulösen und ggf einen anderen Rechtsanwalt zu beauftragen. Im Regelfall trifft der Verteidiger jedoch mit dem Mandanten Absprachen über die Zweckmäßigkeit der Vornahme bzw Nichtvornahme einzelner Prozesshandlungen[28]. Nur ein enges Vertrauensverhältnis zwischen beiden gewährleistet eine effektive Verteidigung.

152

2. Geheimnissphäre Verteidiger/Beschuldigter

Nach § 53 I Nr 2 StPO ist der Verteidiger des Beschuldigten zur Verweigerung des Zeugnisses über das, was ihm in dieser Eigenschaft anvertraut worden oder bekannt geworden ist, berechtigt. Dieses Zeugnisverweigerungsrecht erlischt weitgehend, wenn er von der Verpflichtung zur Verschwiegenheit entbunden worden ist, § 53 II 1 StPO. Zur Notwendigkeit einer teleologischen Reduktion der Norm im Hinblick auf Verteidigungsinterna s.u. Rn 184.

152a

Das Zeugnisverweigerungsrecht wird flankiert durch das Verbot, durch staatliche Ermittlungsmaßnahmen Informationen über diese Geheimsphäre zu erlangen (s.u. Rn 232a ff). Ermittlungsmaßnahmen, die sich gegen den Strafverteidiger richten und voraussichtlich Erkenntnisse erbringen würden, über die dieser das Zeugnis verwei-

---

23 So *Wolf*, S. 294; dazu *Beulke*, StV 2007, 261 u. *Egon Müller*, JR 2003, 51.
24 OLG Hamburg wistra 2004, 39; SK-StPO-*Wohlers*, § 137 Rn 4; Palandt-*Sprau*, § 675 Rn 23.
25 BGH StV 1993, 564.
26 BVerfG NJW 1995, 1952; OLG Celle NStZ 1988, 426; sehr str. aA zB *Wolf*, S. 379.
27 Vert. *Beulke*, S. 129 ff, 131.
28 Weiterführend *Rieß*, Müller-Symp, S. 1.

gern dürfte, sind unzulässig, § 160a I 1 StPO; dennoch erlangte Erkenntnisse dürfen nicht verwertet werden, § 160a I 2 StPO[29]. Allerdings entfällt das Erhebungs- und Verwertungsverbot grundsätzlich, wenn bestimmte Tatsachen den Verdacht begründen, dass der Strafverteidiger an der Tat oder an einer Begünstigung, Strafvereitelung oder Hehlerei beteiligt ist, § 160a IV 1 StPO (vgl aber auch Rn 155)[30].

3. Kontaktrecht

153 Ein Vertrauensverhältnis zwischen Verteidiger und Beschuldigtem ist nur herstellbar, wenn uneingeschränkte und vor allem nach außen abgeschirmte Kontaktmöglichkeiten bestehen. Das **Kontaktrecht** zählt sozusagen zu den „**Grundrechten**" einer am Rechtsstaatsprinzip orientierten Verteidigung[31]. Deshalb wird dem Beschuldigten während des gesamten Verfahrens freier, unüberwachter mündlicher und schriftlicher Verkehr mit seinem Verteidiger gewährt, und zwar sowohl für den Fall, dass er inhaftiert ist (§ 148 I StPO), als auch für den Fall, dass er sich in Freiheit befindet. Letzteres wird von § 148 I StPO („auch") vorausgesetzt.

§ 148 StPO gilt auch für **Anbahnungsgespräche**, die der Begründung eines Mandantenverhältnisses vorausgehen, sofern sie dem wirklichen oder mutmaßlichen Willen des Beschuldigten entsprechen[32]. Das gilt nicht nur für den unmittelbaren Kontakt von Verteidiger und Beschuldigtem, sondern auch für Telefongespräche, die der Mandatsanbahnung dienen[33]. Gem. § 148 II StPO soll die Unüberwachbarkeit des Schriftverkehrs durch richterliche Anordnung eingeschränkt werden, wenn der Inhaftierte einer Straftat nach §§ 129a, 129b StGB dringend verdächtig ist. Weitere Sonderregelungen enthalten die §§ 31 ff EGGVG (sog. **Kontaktsperre**). Greift keine dieser Ausnahmebestimmungen, darf sich eine Briefkontrolle nur darauf beziehen, ob es sich wirklich um einen Schriftwechsel mit dem Verteidiger handelt. Dies ist ohne Kenntnisnahme des Inhalts anhand von äußeren Merkmalen festzustellen[34]. Wird hiergegen verstoßen, so darf der Inhalt des unzulässigerweise geöffneten Briefes im Rahmen eines Strafverfahrens gegen den Beschuldigten nicht verwertet werden[35]. Wie sich aus § 119 IV 1 StPO ergibt, wird der Schutz der Kommunikation des Beschuldigten mit seinem Verteidiger auch durch § 119 I StPO nicht eingeschränkt, der Kommunikationsbeschränkungen zu Lasten von Untersuchungsgefangenen zur Abwehr einer Flucht-, Verdunkelungs- oder Wiederholungsgefahr zulässt (s.u. Rn 229)[36].

154 In diese Geheimsphäre darf auch nicht im Wege der **Beschlagnahme von Unterlagen** (zB Briefe zwischen Verteidiger und Beschuldigtem; einschlägige Aufzeichnungen im Notebook des Verteidigers) eingegriffen werden (§ 97 I Nr 1 StPO)[37]. Verteidigungsunterlagen sind selbst dann beschlagnahmefrei, wenn sie sich nicht beim Vertei-

---

29 BGH StV 2014, 388.
30 Zum Geheimnisschutz nach Eintritt der Rechtskraft s. *Beulke*, Fezer-FS, S. 3; *Beulke/Ruhmannseder*, StV 2011, 252, 254; *Bosbach*, Ungeschriebene strafprozessuale Zeugnisverweigerungsrechte im Bereich der Rechtsberatung, 2008.
31 BVerfG NJW 2012, 2790; *Beulke*, Jura 1986, 645.
32 BGH NStZ 2016, 740; HK-*Julius*, § 148 Rn 7; LR-*Lüderssen/Jahn*, § 148 Rn 7; krit. OLG Hamm StV 2010, 586 m. Anm. *Bung*; *Joecks*, StPO, § 148 Rn 4.
33 BGH NJW 2014, 1314 m. Anm. *Roggan* u. *Scharenberg*, StV 2014, 391.
34 OLG Frankfurt/M StV 2005, 228; *Egon Müller/Schmidt*, NStZ 2007, 385; vgl auch BVerfG StV 2010, 162.
35 LG München I StV 2005, 28.
36 BVerfG NJW 2012, 2790; vgl auch BGH StV 2011, 744; LG Dresden StV 2011, 744.
37 BGH StV 2015, 339; Vert. *Beulke*, Lüderssen-FS, S. 693; *Beulke/Ruhmannseder*, StV 2011, 180, 182 f.

diger, sondern beim Beschuldigten befinden[38]. Das betrifft richtiger (allerdings sehr umstrittener) Ansicht nach auch die Ergebnisse von sog. „Internal Investigations" (dazu Rn 249 u. 481)[39]. Leider hat das BVerfG der Gegenansicht inzwischen Verfassungskonformität attestiert[40]. Allerdings hat die hA § 97 II 2 StPO schon immer entnommen, dass eine Beschlagnahme zulässig ist, wenn der Verteidiger einer Teilnahme oder Begünstigung, Strafvereitelung oder Hehlerei verdächtig ist[41]. Die in früheren Auflagen aus einem Vorrang des § 148 StPO entnommene Gegenmeinung[42] muss auf Grund der Schaffung des § 160a StPO als überholt angesehen werden, da dieser die Frage nun bedauerlicherweise iSd hL regelt (s.o. Rn 152a).

Beschlagnahmefreiheit im Mandatsverhältnis kann daher erst recht nicht **der Verteidiger** für sich beanspruchen, wenn er sich bei Gelegenheit der Verteidigung selbst strafbar macht (zB gem. § 185 StGB): §§ 97 I Nr 1, 148 StPO greifen **nur im Strafverfahren gegen den Mandanten** bzw **zu dessen Gunsten** und nicht zu Gunsten des Verteidigers, wenn dieser selbst Beschuldigter ist[43].

Anders als bei der Beschlagnahme ist aber die Rechtslage bei der Überwachung des Fernmeldeverkehrs zwischen Verteidiger und Beschuldigtem **zu bewerten.** Im Strafverfahren gegen den Mandanten darf der Überwachungsmöglichkeit des § 100a StPO nicht dem Geheimnisschutz nach § 148 StPO vorgehen. Aufgrund der im Vergleich zur schriftlichen Äußerung höheren Sensibilität und Schutzwürdigkeit des Vertrauens in die Unantastbarkeit des Geheimbereichs verdient das fernmündlich gesprochene Wort noch größeren Schutz als das schriftlich geäußerte. Dieser verstärkte Schutz kommt bereits dadurch zum Ausdruck, dass schon beim Beschuldigten selbst eine Telefonüberwachung nur unter den engen Voraussetzungen des § 100a StPO zulässig ist, insbes. bedarf es des Verdachts einer „Katalogtat" (s.u. Rn 254). Wegen des Vorranges des § 148 StPO sind Telefongespräche zwischen Verteidiger und Beschuldigtem aber auch im Falle des Verdachts einer Katalogtat nicht überwachbar. Das muss auch gelten, wenn der Verteidiger im Verdacht steht, zu Gunsten des Beschuldigten eine Begünstigung, Strafvereitelung oder Hehlerei begangen zu haben. Diese, vom BGH[44] zur alten Rechtslage anerkannte Privilegierung des mündlichen Kontakts zwischen Verteidiger und Beschuldigtem, hat auch nach der Neufassung des § 160a StPO (s.o. Rn 152a) Gültigkeit[45]. Schließlich zählt das BVerfG den mündlichen Kontakt zwischen Verteidiger und Mandant zum unantastbaren Kernbereich privater Lebensgestaltung[46], so dass ein Erhebungs- und Verwertungsverbot iSv § 100d I, II StPO besteht. Selbst der Vorwurf einer Beteiligung des Strafverteidigers an der Vortat (§ 160a IV 1 Var. 1 StPO) berechtigt nach zutreffender, wenngleich (nach wie vor) umstrittener Ansicht nicht zur Telefonüberwachung[47].

155

---

38 BVerfG NJW 2002, 2458; BGHSt 44, 46, 48; SK-StPO-*Wohlers*, § 148 Rn 28; *Kudlich*, JuS 2005, 760.
39 LG Braunschweig NZWiSt 2016, 37 m. Anm. *Jahn/Kirsch* u. *Ballo*, wistra 2016, 42; s.a. LG Mannheim wistra 2012, 400; *Gercke*, Wolter-FS, S. 933; a.A. LG Hamburg StV 2011, 148; LG Stuttgart becklink 2010, 426; vert. *Boerger/Grützner/Momsen*, CCZ 2018, 50; *Frank/Vogel*, NStZ 2017, 313; *Klengel/Buchert*, NStZ 2016, 383; *Stoffer*, passim.
40 BVerfG BeckRS 2018, 14189.
41 BGH NJW 1982, 2508; *M-G/Schmitt*, § 97 Rn 37.
42 S.a. *Beulke*, S. 210; *ders.*, Jura 1986, 642, 645.
43 BGHSt 53, 257 m. insoweit zust. Anm. *Gössel* NStZ 2010, 288; *Ruhmannseder*, NJW 2009, 2647 u. *Wohlers*, JR 2009, 523; krit. Bespr. *Barton*, JZ 2010, 102; *Kühne*, HRRS 2009, 547; *Mosbacher*, JuS 2010, 127; BVerfG StV 2010, 666 m. krit. Anm. *Norouzi*; vert. *Beulke*, Lüderssen-FS, S. 693, 710; *Beulke/Ruhmannseder*, Rn 502; *Heinrich/Reinbacher*, Problem 15 Rn 16.
44 BGHSt 33, 347.
45 *Beulke*, Fezer-FS, S. 3; *M-G/Schmitt*, § 100a Rn 21; ähnlich KK-*Griesbaum*, § 160a Rn 20; SK-StPO-*Wolter*, § 100a Rn 85; § 160a Rn 10; *Knierim*, StV 2008, 599; *Roxin/Schünemann*, § 36 Rn 12; s.a. *Puschke/Singelnstein*, NJW 2008, 113, 117.
46 BVerfG 109, 279; s.a. BVerfG NJW 2007, 2749 und 2752.
47 *Beulke/Ruhmannseder*, Rn 513; *dies.*, StV 2011, 180, 186; *Eisenberg*, Rn 377 ff, 2489; *Bosbach*, Rn 563; aA BGHSt 33, 347, 348 f (zur alten Rechtslage) sowie (nunmehr) *M-G/Schmitt*, § 100a Rn 21.

IV. Rechte des Verteidigers

156 Von den Rechten, die dem Verteidiger zur Gewährleistung einer wirksamen Gegenwehr gegen die staatlichen Strafverfolgungsinstanzen zustehen, sind ferner besonders hervorzuheben:

1. Anwesenheitsrechte

Der Verteidiger darf bei jeder **richterlichen Vernehmung des Beschuldigten** anwesend sein (§ 168c I StPO), ebenso bei dessen Vernehmungen durch den **Staatsanwalt** (§§ 163a III 2, 168c I StPO) und seit dem Jahre 2017 auch bei dessen **polizeilichen Vernehmungen** (§§ 163a IV 3, 168c I StPO). Dem Verteidiger steht hingegen kein Anwesenheitsrecht bei der Exploration durch einen Sachverständigen zu, auch wenn dieser uU vernehmungsähnlicher Charakter zukommen kann[48].

Bei **Zeugenvernehmungen** hat der Verteidiger nur dann ein Anwesenheitsrecht, wenn sie vom **Richter** durchgeführt werden (§ 168c II StPO)[49]. Entsprechendes gilt für die Anwesenheit bei einer Augenscheinseinnahme (§ 168d StPO). Auf die Vernehmung eines **Mitbeschuldigten** ist § 168c II StPO nach richtiger Ansicht analog anwendbar, sodass der Verteidiger auch dabei anwesend sein darf[50].

Nicht geregelt sind die Konsequenzen bei Missachtung der sich aus § 168c V StPO ergebenden Pflicht, die zur Anwesenheit Berechtigten vom Vernehmungstermin zu benachrichtigen. Im Hinblick auf den Schutzbereich der Norm und die besondere Bedeutung richterlicher Vernehmungen für die spätere Beweisgewinnung muss das **Unterlassen der Benachrichtigung** ein **Verwertungsverbot** zur Folge haben[51]. Der BGH hingegen hält bei vorsichtiger Beweiswürdigung eine Beweisverwertung für denkbar. Auch will er ein etwaiges Verwertungsverbot zudem von einem rechtzeitigen Widerspruch des Verteidigers (Rn 150, 460a) abhängig machen[52]. Das richtigerweise anzunehmende Verwertungsverbot sollte nicht nur bzgl des Beschuldigten gelten, der ohne Verteidiger von dem Ermittlungsrichter vernommen worden ist, sondern auch für eine Verwertung seiner Aussage gegenüber einem Mitbeschuldigten, sog. **Drittwirkung**[53].

In der **Hauptverhandlung** hat der Verteidiger ein unbeschränktes Anwesenheitsrecht (arg. §§ 137, 138a ff StPO), das auch nicht durch die Verhängung sitzungspolizeilicher Maßnahmen (zB Entfernung aus dem Sitzungszimmer oder Ordnungshaft gem. §§ 177, 178 GVG) wegen Ungehorsams oder Ungebühr vor Gericht unterlaufen wer-

---

48 BGH NStZ 2008, 229; BGH StV 2003, 537 m. Anm. *Barton.*
49 AA *Stoffers*, NJW 2013, 1495.
50 OLG Karlsruhe StV 1996, 302 m. zust. Anm. *Rieß; Küpper/Mosbacher*, JuS 1998, 690; *Larsen*, Müller-FS, S. 3 ff; aA BGHSt 42, 391, 393 m. zust. Anm. *Theisen*, JR 1998, 168 u. abl. Anm. *Fezer*, JZ 1997, 1019; BGH StV 2002, 584 m. Anm. *Wohlers*; OLG Köln NStZ 2012, 174; *Rüping*, Rn 131.
51 BGH NJW 2003, 3142; zweifelnd: BGHSt 53, 191; s.a. OLG München NStZ 2015, 300 m. Anm. *Mosbacher.*
52 BGH NStZ 2017, 601; dazu *Lohse*, JR 2018, 183; *Esser*, NStZ 2017, 604
53 *Mosbacher*, JuS 2009, 696; *Weßlau*, StV 2010, 43; aA BGHSt 53, 191 m. abl. Anm. *Fezer*, NStZ 2009, 524 u. *Gless*, NStZ 2010, 98; krit. auch *Kudlich*, JR 2009, 303 u. JA 2009, 660.

den darf[54]. Strittig ist dagegen, ob dem Verteidiger aus sitzungspolizeilichen Gründen die Mitnahme eines Mobiltelefons in die Hauptverhandlung untersagt werden darf, um so eine befürchtete Kontaktaufnahme des inhaftierten Beschuldigten zu Dritten zu unterbinden[55].

Verweigern die Strafverfolgungsorgane dem Beschuldigten vor oder während seiner Vernehmung die gewünschte **Kontaktaufnahme** mit dem gewählten Verteidiger, so ist die Aussage des Beschuldigten **unverwertbar**[56]. Ein Beweisverwertungsverbot greift auch dann ein, wenn der Beschuldigte nicht oder nur unzureichend über sein Recht zur Verteidigerkonsultation – inklusive der Möglichkeit der Bestellung eines – möglicherweise kostenpflichtigen – Pflichtverteidigers (§ 136 I 5 2. Alt. StPO) – belehrt worden ist[57] oder wenn die Strafverfolgungsbehörden dem Beschuldigten nicht in ausreichendem Maße „erste Hilfe" bei der Herstellung des Kontaktes zum Verteidiger leisten[58], so zB, wenn sie entgegen § 136 I 3 StPO keine Informationen zur Verfügung stellen, die es dem Beschuldigten erleichtern, einen Verteidiger zu kontaktieren, oder wenn sie den von § 136 I 4 StPO geforderten Hinweis auf beste-hende anwaltliche Notdienste unterlassen, obwohl der Beschuldigte, der den Beistand durch einen Verteidiger wünscht, erkennbar nicht in der Lage ist, ohne Unterstützung durch die Vernehmungsbeamten den Kontakt zu einem Anwalt herzustellen. Der un-terlassene Hinweis auf die Kostenfolge der Pflichtverteidigerbestellung im Falle einer Verurteilung (§ 136 I 5 Alt. 2 letzter HS StPO) dürfte hingegen kein Beweisver-wertungsverbot zur Folge haben (Rechtslage insoweit ungeklärt s. auch Rn 13 u. Rn 117, 171, 469).

2. Beweisanträge

Der Verteidiger hat ein **eigenes Beweisantragsrecht**[59].   **157**

3. Ermittlungen

Der Verteidiger hat das Recht, neben den anderen Strafverfolgungsorganen selbst den **Sach-**   **158**
verhalt zu ermitteln, zB durch Befragung von Zeugen[60].

---

54 OLG Hamm JZ 2004, 205 m. Anm. *Jahn* u. *Leuze*, StV 2004, 101.
55 So OLG Stuttgart NJW 2011, 2899 m. abl. Anm. *Michalke* u. *Kühne* StV 2012, 720; zust. *Mosbacher*, JuS 2012, 138.
56 BGHSt 38, 372, 373 m. zust. Anm. *Roxin*, JZ 1993, 426 und *Rieß*, JR 1993, 334.
57 BGHSt 47, 172, 174; 233, 235; *Geppert*, Otto-FS, S. 913; *Widmaier*, Schäfer-FS, S. 76.
58 BGHSt 42, 15, 20; 47, 233, 235 m. abl. Anm. *Roxin*, JZ 2002, 898; BGH NStZ 2006, 114 m. abl. Anm. *Bosch*, JA 2006, 408 u. *Jahn*, JuS 2006, 272; BGH NStZ 2006, 236; vert. KMR-*Pauckstadt-Maihold*, § 136 Rn 36 ff; *Beulke*, NStZ 1996, 257; *Beulke/Barisch*, StV 2006, 569; *Corell*, StraFo 2011, 34; *Heinrich/Reinbacher*, Problem 27 Rn 4; *Verrel*, S. 137.
59 BGH NStZ 2009, 581; *Jahn*, Hassemer-FS, S. 1029; *Schlothauer*, Beulke-FS, S. 1029.
60 BGHSt 46, 1, 4; *Beulke/Ruhmannseder*, Rn 84 ff; *Bockemühl*, JSt 2010, 59; *Hoffmann/Maurer*, NJW 2018, 257; *Rückel*, Strafverteidigung und Zeugenbeweis, 1988, Rn 8 ff.

4. Äußerungsrechte

159 Der Verteidiger kann sich in jeder Lage des Verfahrens **für den Beschuldigten äußern**, § 137 StPO. Soweit zur Verteidigung erforderlich, darf er im Rahmen des Prozessvortrags auch ehrenrührige Tatsachen behaupten, selbst wenn es ihm nicht möglich ist, den Wahrheitsbeweis zu erbringen, § 193 StGB[61]. Haltlose Beleidigungen der anderen Prozessbeteiligten sind jedoch nicht gestattet[62]. Gleiches gilt für ehrverletzende Äußerungen über andere Prozessbeteiligte gegenüber dem Mandanten, denn die Vertrauensbeziehung zwischen Mandant und Verteidiger begründet – jedenfalls für Letzteren – keine „beleidigungsfreie Sphäre"[63].

Weitgehend ungeklärt ist noch, in welchem Maße der Beschuldigte auf eigenen Wunsch seine Einlassung durch eine Erklärung des Verteidigers ersetzen kann, die dieser im Namen des Beschuldigten abgibt. Die Rspr steht dem derzeit noch eher skeptisch gegenüber[64]. Es scheint sich jedoch die Ansicht durchzusetzen, dass die **Verlesung** einer schriftlichen Erklärung **durch den Verteidiger**, die dieser im Namen des Beschuldigten abgibt, zumindest dann als **mündliche** Einlassung des Beschuldigten zu werten ist, wenn der Beschuldigte sie nach Verlesung und auf Nachfrage des Gerichts, ob er die Einlassung als eigene gelten lassen möchte, genehmigt[65]. Im Interesse eines wirksamen Beschuldigtenschutzes muss das Gericht sogar eine sog. „qualifizierte" Belehrung über die prozessualen Konsequenzen der Zustimmung vornehmen[66]. IRd Beweiswürdigung ist zu bedenken, dass einer vom Verteidiger verlesenen schriftlichen Einlassung des Angeklagten uU nur ein verminderter Beweiswert zukommt[67] (zur Verlesung von Erklärungen des Beschuldigten durch das Gericht o. Rn 123).

In der **Hauptverhandlung** steht dem Verteidiger das Recht zu, **Fragen** an den Angeklagten, die Zeugen und die Sachverständigen zu stellen (§ 240 II StPO). Nach der Vernehmung des Angeklagten und nach jeder Beweiserhebung ist dem Verteidiger auf Verlangen Gelegenheit zu geben, sich dazu zu erklären (§ 257 II StPO)[68]. Die Erklärungen dürfen jedoch den Schlussvortrag nicht vorwegnehmen (§ 257 III StPO). In besonders umfangreichen Verfahren vor dem LG und dem OLG (bei Einverständnis des Gerichts auch in allen übrigen Verfahren) erhält der Verteidiger auf seinen Antrag Gelegenheit, vor der Vernehmung des Angeklagten für diesen eine Erklärung abzugeben, sog. **opening statement**, als Entgegnung auf die Verlesung der Anklage (Einzelheiten s. § 243 V 3 StPO). Nach Schluss der Beweisaufnahme hält der Verteidiger sein Abschlussplädoyer (§ 258 StPO)[69].

---

61 BVerfG NJW 2000, 199; LG Düsseldorf StV 2002, 660 m. Anm. *Fahl*, JA 2003, 452.
62 OLG Jena NJW 2002, 1890; s.a. Cramer/Cramer/*Krekeler*, A, Rn 42, S. 22; vert. zum Verhältnis von Ehrenschutz und Strafverteidigung: *Beulke*, Müller-FS, S. 45 ff; *Beulke/Ruhmannseder*, Rn 296 ff; *Klemke/Elbs*, Rn 195 f.
63 BGHSt 53, 257 (dazu bereits oben Rn 154); BVerfG StV 2010, 666; *Gaede*, I.-Roxin-FS, S. 569.
64 BGH NStZ 2006, 408; BGH NStZ 2008, 349 m. abl. Anm. *Schlösser*, NStZ 2008, 310; vgl auch *Klemke/Elbs*, Rn 451.
65 BGH StV 2007, 620, 621; BGH StV 2009, 454; KMR-*Eschelbach*, § 243 Rn 12; *von der Meden*, NStZ 2018, 77; *Park*, StV 2001, 589; *Schäfer*, Dahs-FS, S. 455; *Schlothauer*, Beulke-FS, S. 1030.
66 Vert. *Beulke*, Strauda-FS, S. 87; aA: BVerfG BeckRS 2008, 40234; *Detter*, Rissing-van Saan-FS, S. 97, 105; *Pfister*, Miebach-FS, S. 25.
67 BGH NStZ 2008, 476; KG NStZ 2010, 533.
68 Vgl dazu *Witting*, StraFo 2010, 133, 136 f.
69 *Barton/Jost/Jahn*, S. 343; *Jahn*, JuS 2002, 1212; *Kudlich*, JA 2006, 463.

5. Akteneinsicht, § 147 StPO

Zu den wichtigsten Rechten des Verteidigers gehört das in § 147 StPO geregelte **160** **Akteneinsichtsrecht**. Der Beschuldigte selbst hat nur eine eingeschränkte Möglichkeit, den Akteninhalt kennenzulernen. Für den Regelfall sollte man deshalb zwischen dem verteidigten (dazu a) und dem unverteidigten (dazu b) Beschuldigten unterscheiden.

a) Akteneinsicht im Falle des verteidigten Beschuldigten

aa) Im Prinzip hat der Verteidiger ein uneingeschränktes Akteneinsichtsrecht (§ 147 I StPO). In **gegenständlicher Hinsicht** bezieht sich das Akteneinsichtsrecht auf **alle** Akten und Beweismittel, die dem Gericht vorgelegt worden sind oder gem § 199 II 2 StPO im Falle einer Anklage vorzulegen wären. Auch willkürlich zurückgehaltene Dokumente werden folglich erfasst (**materieller Aktenbegriff**)[70]. Zu den Akten gehören außerdem **Bild-, Video- und Tonbandaufnahmen** nebst hiervon gefertigten Verschriftungen, sofern der Vorwurf in tatsächlicher oder rechtlicher Hinsicht (auch) auf sie gestützt wird[71].

Einsicht in elektronische Akten wird durch Bereitstellen des Inhalts der Akte zum Abruf gewährt; Einsicht in Akten, die in Papierform vorliegen, wird im Regelfall (anders zB beim Verteidiger) durch Einsichtnahme in die Akte in Diensträumen gewährt (Einzelheiten in § 32f StPO). Entscheidungen über die **Form** der Gewährung der Akteneinsicht sind nicht anfechtbar, § 32f III StPO[72] (zur Anfechtbarkeit der Entscheidung über das **Ausmaß** s. Rn 162).

Die Einsichtnahme darf nicht auf Akten beschränkt werden, die für die Beurteilung der Schuld- oder Rechtsfolgenfrage erheblich sind[73]. Das uneingeschränkte Akteneinsichtsrecht bezieht sich auch auf **beigezogene Akten**[74]. Ferner zählen die von der Polizei angelegten **Spurenakten**, in die zB bei öffentlichen Fahndungen Hinweise aus der Bevölkerung aufgenommen werden, zu den Akten iSv § 147 StPO. Die gegenteilige Auffassung der Rspr, die die polizeilichen Spurenakten nicht unter § 147 StPO subsumiert, vielmehr zur Durchsetzung der Einsichtnahme allenfalls im Einzelfall den Rechtsschutz nach §§ 23 ff EGGVG gewährt[75], ist als nicht sachgerecht und zu schwerfällig abzulehnen[76].

Nicht zu den Akten gehören behörden- oder gerichtsinterne Unterlagen (zB polizeiliche Arbeitsvermerke, Handakten der StA, Notizen der Richter)[77].

Nach heute ganz herrschender Ansicht darf der Verteidiger seinen Mandanten (unter Beachtung der datenschutzrechtlichen Vorgaben des § 32f V StPO) sowohl mündlich als auch durch Überlassung von Fotokopien oder der elektronischen Fassung als pdf-Datei über den Akteninhalt **umfas-**

---

70 BVerfG StV 2017, 361; LR-*Lüderssen/Jahn*, § 147 Rn 23 ff; SK-StPO-*Wohlers*, § 147 Rn 24 ff.
71 BGH StV 2010, 228, 229 m. Anm. *Stuckenberg* u. Bespr. *Wohlers/Schlegel*, NStZ 2010, 486; OLG Celle NStZ 2016, 305 m. Anm. *Knauer/Pretsch*; *Wettley/Nöding*, NStZ 2016, 633; zum Anspruch auf Kopie OLG Karlsruhe StV 2013, 74 m. krit Anm. *Beulke/Witzigmann*.
72 HansOLG Hamburg wistra 2018, 229; *Gerson*, StraFo 2017, 402.
73 BGHSt 37, 204, 206.
74 BGHSt 42, 71, 73; HK-*Julius*, § 147 Rn 5.
75 BVerfGE 63, 45; BGHSt 30, 131.
76 *Beulke*, Dünnebier-FS, S. 285; Radtke/Hohmann-*Hohmann*, § 147 Rn 10; *Kettner*, Der Informationsvorsprung der StA im Ermittlungsverfahren, 2002; *Velten*, Befugnisse der Ermittlungsbehörden zu Information und Geheimhaltung, 1995.
77 HK-*Julius*, § 147 Rn 7; LR-*Lüderssen/Jahn*, § 147 Rn 31 f; SK-StPO-*Wohlers*, § 147 Rn 32 ff.

send informieren, sofern die Überlassung selbst nicht eine neue strafbare Handlung darstellt (dazu u. Rn 176b). Lediglich **drohende Zwangsmaßnahmen**, die einen **Überraschungseffekt** haben sollen, dürfen **nicht mitgeteilt** werden (sehr str.[78]). Die durch die Akteneinsicht gewonnenen Informationen dürfen nur zu Verteidigungszwecken verwendet werden.

161 bb) In **zeitlicher Hinsicht** besteht jedoch eine wichtige Abstufung: **Nach Abschluss der Ermittlungen** (gem. § 169a StPO in den Akten zu vermerken) ist das Akteneinsichtsrecht grundsätzlich **unbeschränkbar** (arg. e contrario aus § 147 II StPO). Auch im Zwischenverfahren (Rn 352) ist Akteneinsicht zu gewähren[79]. Während des Ermittlungsverfahrens kann Akteneinsicht hingegen verwehrt werden, wenn sie den Untersuchungszweck gefährden würde (§ 147 II 1 StPO).

Nach § 147 II 2 StPO gilt für den Fall, dass die Ermittlungen noch nicht abgeschlossen sind, Folgendes:

- Wenn sich der Beschuldigte in Untersuchungshaft befindet oder diese zumindest im Fall der vorläufigen Festnahme beantragt ist, sind dem Verteidiger die Informationen in geeigneter Weise zugänglich zu machen, die für eine Rechtmäßigkeitsprüfung der Freiheitsentziehung wesentlich sind; **in der Regel muss insoweit** (also nur bzgl dieser Informationen) **Akteneinsicht gewährt werden**, § 147 II 2 StPO. Der Verteidiger muss also zu diesem Zeitpunkt mindestens denselben Informationsstand haben wie der Haftrichter. Wenn die StA aus ermittlungstaktischen Gründen Beweismittel zurückhalten will, darf aus Gründen der Waffengleichheit darauf kein Haftbefehl gestützt werden.
- Auch der in Untersuchungshaft befindliche, unverteidigte (s. aber § 140 I Nr 4 StPO, dazu Rn 166) Beschuldigte kann gem. § 147 IV StPO (dazu u. b) Akteneinsicht beantragen – der verteidigte Beschuldigte zusätzlich über seinen Verteidiger gem. § 147 I StPO. Auf beide Rechte ist der Inhaftierte gem. § 114b II 1 Nr 7, II 2 StPO hinzuweisen. Mit diesen Regelungen, die zT auf Art. 4 II a) der RL 2012/13/EU[80] zurückgehen, hat der Gesetzgeber einem jahrelangen Streit zwischen EGMR und deutschen Gerichten um das Akteineinsichtsrecht des in U-Haft befindlichen Beschuldigten ein Ende gesetzt[81].
- Ist der Haftbefehl schon erlassen, der Beschuldigte aber noch flüchtig, soll es nach der wenig überzeugenden Rspr wie bisher möglich sein, dem Verteidiger die Akteneinsicht gem. § 147 II 1 StPO zu verweigern[82].

---

78 Ausführlich *Beulke*, S. 89 ff, 148 f; *ders.*, StV 1994, 575; *Beulke/Ruhmannseder*, Rn 42 ff; abw. *Fezer*, Fall 4 Rn 29; *Kindhäuser*, § 7 Rn 14; *Roxin/Schünemann*, § 19 Rn 68; *Sommer*, Kapitel 3, Rn 669.

79 BGH StV 2018, 136.

80 Vom 22.5.2012, ABl 2012 L 142/1; hierzu *Esser*, Wolter-FS, S. 1328.

81 Vgl EGMR StV 2001, 201 ff *(Lietzow/BRD; Schöps/BRD; Garcia Alva/BRD)*; EGMR StV 2008, 475 *(Mooren/BRD)* m. Anm. *Pauly*; EGMR NStZ 2009, 164 *(Falk/BRD)*; vert. LR-*Esser*, Art. 5 EMRK Rn 340 ff; für die hieran anschließende deutsche Rspr s. BVerfG StV 2006, 281; OLG Hamm StV 2002, 318 m. Anm. *Deckers*; AG Halle StraFo 2018, 112; *Beulke/Witzigmann*, NStZ 2011, 254, 259; *Herrmann*, StRR 2010, 4, 8; *Jahn*, I.-Roxin-FS, S. 585; *Kempf*, StV 2001, 207.

82 BVerfG NStZ-RR 1998, 108; KG StraFo 2012, 15 m. abl. Anm. *Herrmann* u. *Börner*, StV 2012, 361 u. zust. Anm. *Peglau*, JR 2012, 231; OLG München StV 2009, 538 m. abl. Anm. *Wohlers*; aA *Beulke/Witzigmann*, NStZ 2011, 254, 257 f.

Dieselben Erwägungen wie in Fällen der U-Haft hat das BVerfG inzwischen auf andere grundrechtsrelevante Zwangsmaßnahmen übertragen. Wenn die Strafverfolgungsorgane zB eine Wohnungsdurchsuchung vornehmen (§ 102 StPO) oder das Telefon abhören (§ 100a StPO) und der Beschuldigte sich nachträglich im Wege der Beschwerde dagegen wehrt (s. Rn 326), so darf die Beschwerdeentscheidung erst ergehen, nachdem Akteneinsicht gewährt wurde[83].

Die Einsicht in **Protokolle über die Vernehmung des Beschuldigten**, bestimmte richterliche Vernehmungen sowie in Sachverständigengutachten darf dem Verteidiger in keinem Verfahrensstadium versagt werden (§ 147 III StPO).

cc) **Zuständig** für die Entscheidung über die Akteneinsicht ist im Ermittlungsverfahren die StA, ab Eingang der Anklageschrift beim Gericht dessen Vorsitzender (§ 147 V 1 StPO).

dd) Gegen die **Ablehnung** der Akteneinsicht durch die **StA** (§ 147 V 1 HS 1 StPO) besteht nach § 147 V 2 StPO ein gesetzliches **Anfechtungsrecht** in folgenden drei Fällen: **162**

- Die StA hat den Abschluss der Ermittlungen in den Akten vermerkt (vgl § 169a StPO),
- es handelt sich um besondere Aktenteile iSd § 147 III StPO oder
- der Beschuldigte befindet sich in dieser Sache[84] in Haft.

Zuständig ist nach §§ 147 V 2 letzter HS iVm 162 I 1, III 1 StPO vor Erhebung der öffentlichen Klage (Einreichen der Anklageschrift s. Rn 319) der Ermittlungsrichter beim Amtsgericht, danach das mit der Sache befasste Gericht. Gegen eine die Versagung der Akteneinsicht bestätigende gerichtliche Entscheidung kann nach hM Beschwerde gem. § 304 StPO eingelegt werden[85].

Jenseits der in § 147 V 2 StPO speziell vorgesehenen Fälle gewährt die hA gegen die Ablehnung der Akteneinsicht durch die StA keinen Rechtsschutz[86]. Ein Antrag auf gerichtliche Entscheidung gem. § 23 EGGVG soll unzulässig sein, da die o.g. Vorschriften den Antrag auf eine gerichtliche Entscheidung abschließend regeln. Selbst im Fall einer willkürlichen Verweigerung der Akteneinsicht wird Rechtsschutz höchstens in analoger Anwendung des § 147 V 2 StPO gewährt[87]. Im Schrifttum verlangen viele eine generelle gerichtliche Überprüfbarkeit der staatsanwaltschaftlichen Entscheidung[88] (s.a. u. Rn 321 ff).

ee) Erfolgt die **Ablehnung** der Akteneinsicht durch den **Richter** (§ 147 V 1 HS 2 StPO), so kann dagegen **Beschwerde** gem. § 304 StPO eingelegt werden[89].

---

83 BVerfG NStZ 2007, 274; ebenso BVerfG NStZ-RR 2013, 379; LG Berlin StV 2010, 352 m. Anm. *Mosbacher*, JuS 2010, 693 f (Wohnungsdurchsuchung); BVerfG NStZ-RR 2008, 16 (Telefonüberwachung); s.a. *Börner*, NStZ 2007, 680; *ders.*, NStZ 2010, 417; *Park*, StV 2009, 276.
84 BGH StV 2012, 321 m. abl. Anm. *Tsambikakis*; *M-G/Schmitt*, § 147 Rn 39; aA (zu Recht) LG München I, StV 2006, 11; LR-*Lüderssen/Jahn*, § 147 Rn 160b.
85 OLG Karlsruhe NStZ 2016, 126; LR-*Lüderssen/Jahn*, § 147 Rn 161, 167.
86 BGH NStZ-RR 2009, 145.
87 OLG Saarbrücken NStZ-RR 2008, 48; aA LG Neubrandenburg NStZ 2008, 655.
88 Statt aller HK-*Julius*, § 147 Rn 26; *Welp*, StV 1989, 194; s.a. *Schlothauer*, StV 2001, 192 und 614.
89 OLG Brandenburg JR 1996, 169 m. abl. Anm. *Krack*; aA OLG Frankfurt StV 2004, 362 m. abl. Anm. *Lüderssen*; OLG Hamm StraFo 2004, 419 m. abl. Anm. *Fischer*.

b) Akteneinsichtsrecht des unverteidigten Beschuldigten

162a Der Beschuldigte, der keinen Verteidiger hat, ist in entsprechender Anwendung des Akteneinsichtsrechts des Verteidigers (Rn 160 f) befugt, die Akten einzusehen und unter Aufsicht amtlich verwahrte Beweisstücke zu besichtigen, soweit der Untersuchungszweck auch in einem anderen Strafverfahren nicht gefährdet werden kann und überwiegende schutzwürdige Interessen Dritter nicht entgegenstehen. Werden die Akten nicht elektronisch geführt, können ihm an Stelle der Einsichtnahme in die Akten in den Diensträumen Kopien aus den Akten bereitgestellt werden (§ 147 IV StPO). Dies ist Ausfluss seines Informationsanspruches, der auch in Art. 6 III EMRK zum Ausdruck kommt[90].

Nach der gesetzlichen Konzeption soll dem Beschuldigten dieses zum 1.1.2018 in Kraft getretene, im Vergleich zum bisher bestehenden Auskunftsrecht ausgeweitete, aber immer noch im Vergleich zum Verteidiger beschränktere **eigene Akteneinsichtsrecht** aber nur zustehen, wenn er unverteidigt ist. Der verteidigte Beschuldigte kann ein umfassendes Recht auf Information im Regelfall nach wie vor **nur** durch den Verteidiger ausüben. Das wird zu Recht als nicht mehr zeitgemäß eingestuft[91]. Sinnvoll wäre es, das eigene Akteneinsichtsrecht als Minimum seiner Beschuldigtenrechte auch dem verteidigten Beschuldigten zu gewähren. In Ausnahmefällen, wenn nur der Beschuldigte selbst den Akteninhalt verstehen kann, muss ihm nach hA auch schon heute im Zusammenwirken mit dem Verteidiger volle **Miteinsicht** eingeräumt werden[92]. Wenn der Beschuldigte einen Antrag auf Gewährung von Akteneinsicht stellt, der an den speziellen Anforderungen des § 147 IV StPO scheitert, einem entsprechenden Antrag des Verteidigers hingegen stattgegeben werden müsste, so liegt ein Fall notwendiger Verteidigung nach § 140 II StPO vor (unten Rn 167).

6. Rechtsmittel

163 Für den Beschuldigten, allerdings nicht gegen dessen Willen, kann der Verteidiger **Rechtsmittel** einlegen, § 297 StPO.

V. Pflichten des Verteidigers

164 Auf der Pflichtenseite sind im Verhältnis Verteidiger – Mandant vor allem die Pflicht zur **ordnungsgemäßen Geschäftsbesorgung** (§ 675 iVm § 242 BGB), die **Verschwiegenheitspflicht** (§ 203 StGB, § 43a II BRAO) und die **Treuepflicht** zu nennen. Gegenüber den anderen am Strafverfahren Beteiligten trifft den Verteidiger die Pflicht, die **Funktionstüchtigkeit der Rechtspflege in ihrem Kernbereich** zu respektieren (s.o. Rn 150), wozu insbes. die **Wahrheitspflicht** und die **Pflicht** gehören, **keine Beweismittel zu verfälschen**. In der Hauptverhandlung besteht für den Strafverteidiger Robenpflicht[93].

---

90 Vgl EGMR NStZ 1998, 429 *(Foucher/Frankreich)* m. zust. Anm. *Deumeland.*
91 Knierim-*Knierim*, Kap 19 Rn 46.
92 OLG Köln StV 1999, 12.
93 OLG München NStZ 2007, 120; LG Mannheim NJW 2009, 1094; vert. *Beulke*, Hamm-FS, S. 21; *Weihrauch*, Müller-FS II, S. 753.

VI. Notwendige Verteidigung – Pflichtverteidigung

1. Begriff

In Fällen besonders schwerwiegender Anklagen (zB Verbrechen) oder gravierender **165** Defizite des Beschuldigten (zB geistige Gebrechen) bestimmt die StPO, dass im Strafverfahren immer ein Verteidiger mitwirken muss, sog. **notwendige Verteidigung**. Wenn in einem solchen Fall der Beschuldigte einen Verteidiger gewählt hat, ist den gesetzlichen Anforderungen Genüge getan. Der **Wahlverteidiger** ist dann zugleich ein notwendiger Verteidiger. Hat der Beschuldigte hingegen keinen Verteidiger gewählt – meist weil ihm die finanziellen Mittel fehlen – wird ihm von Amts wegen ein Verteidiger beigeordnet (§ 141 StPO) – der sog. **Pflichtverteidiger**. Die Begriffe „notwendiger Verteidiger" und „Pflichtverteidiger" sind also nicht deckungsgleich, jeder „Pflichtverteidiger" ist aber zugleich ein „notwendiger Verteidiger"[94].

2. Ausmaß der notwendigen Verteidigung

Regelungen über die notwendige Verteidigung finden sich über das gesamte Verfah- **166** rensrecht verstreut (ua §§ 140, 118a II 3–5, 350 III, 364a, 364b, 408b, 418 IV StPO, 68 JGG, 60 OWiG). Die unionsrechtlichen Vorgaben (insbes. in der Prozesskostenhilfe-Richtline aus dem Jahr 2016) sind damit noch nicht ausreichend erfüllt[95].

a) Die in der Praxis **wichtigste Norm** ist **§ 140 StPO**. Dessen Abs. 1 listet Fallgruppen auf, in denen Verteidigungsdefizite des Beschuldigten unterstellt werden. Danach ist die Mitwirkung des Verteidigers zB notwendig, wenn:

– die Hauptverhandlung im ersten Rechtszug vor dem **OLG** oder dem **LG** stattfindet (Nr 1),
– dem Beschuldigten ein **Verbrechen** zur Last gelegt wird (Nr 2),
– gegen den Beschuldigten **Untersuchungshaft** (§§ 112, 112a StPO) oder einstweilige Unterbringung (§§ 126a, 275a V StPO) **vollstreckt** wird (Nr 4)[96] oder
– dem **Verletzten** nach den §§ 397a II, 406h III, IV StPO ein **Rechtsanwalt beigeordnet** ist (Nr 9).

b) Für alle durch § 140 I StPO und sonstige spezielle Vorschriften noch nicht erfass- **167** ten Strafverfahren gilt § 140 II StPO als Auffangtatbestand. Danach ist ein Fall notwendiger Verteidigung gegeben, wenn wegen der **Schwere der Tat** oder wegen der **Schwierigkeit der Sach- oder Rechtslage** die Mitwirkung eines Verteidigers geboten erscheint **oder** weil der Beschuldigte sich **nicht selbst verteidigen** kann.

aa) Bei der **Schwere der Tat** ist nicht auf die Schwere der Rechtsgutsverletzung, sondern auf die **zu erwartende Strafe** abzustellen[97]. Richtigerweise wird das Kriterium der Tatschwere dabei

---

94 Zum Überblick: *Schlothauer*, Rn 191 ff; zur Reform: *Graalmann-Scheerer*, StV 2011, 696.
95 Richtlinie über Prozesskostenhilfe für verdächtige und beschuldigte Personen im Strafverfahren v. 4.11.2016, ABl EU 2016 L 297/1; dazu *Schlothauer/Neuhaus/Matt/Brodowski*, HRRS 2018, 55; *Schlothauer*, StV 2018, 169.
96 Zur Umsetzung in der Praxis: *Jahn*, StraFo 2014, 177.
97 *M-G/Schmitt*, § 140 Rn 23; SK-StPO-*Wohlers*, § 140 Rn 33 mwN.

schon dann zu bejahen sein, wenn überhaupt Freiheitsstrafe zu erwarten ist[98]. Demgegenüber stellt die hA auf eine bestimmte Höhe der zu erwartenden Freiheitsstrafe ab. Nach inzwischen gefestigter Rspr genügt eine Straferwartung von etwa einem Jahr Freiheitsstrafe[99]. Neben der deliktsbezogenen Straferwartung sind auch sonstige schwerwiegende Nachteile im Fall einer Verurteilung zu berücksichtigen[100].

bb) Zu den Fällen der **Schwierigkeit der Sach- oder Rechtslage** gehören zB Verfahren, bei denen die dem Verteidiger vorbehaltene volle Aktenkenntnis unerlässlich ist[101], Sachverständige hinzugezogen werden[102], eine kontroverse Rechtsprechung oder eine nicht ausgetragene Rechtsfrage relevant werden könnte[103] bzw die StA aufgrund abweichender Würdigung der Sach- oder Rechtslage Berufung gegen ein freisprechendes Urteil einlegt[104]. In der Revisionshauptverhandlung ohne Anwesenheit des Angeklagten muss bei Ausbleiben des Wahlverteidigers ein Verteidiger beigeordnet werden[105]. Ob regelmäßig bereits die Erörterung einer Verständigung Anlass zur Beiordnung eines Verteidigers gem. § 140 II Var. 2 StPO gibt, ist von der Rspr. noch nicht abschließend geklärt[106]. Eine notwendige Verteidigung iSv § 140 II StPO muss nach zutreffender Ansicht zumindest dann angenommen werden, wenn im konkreten Einzelfall eine Einigung über für den Angeklagten weitreichende Rechtsfolgen angestrebt wird[107].

cc) Schließlich liegt ein Fall notwendiger Verteidigung vor, wenn ersichtlich ist, dass der Beschuldigte sich **nicht selbst verteidigen kann**. Das kann zB der Fall sein bei körperlichen oder geistigen Gebrechen[108], wenn der Angeklagte nicht lesen und schreiben kann[109] oder sich der Verletzte auf eigene Kosten des Beistandes eines Rechtsanwaltes in der Hauptverhandlung bedient[110]. Ist der Beschuldigte hör- oder sprachbehindert, so **ist** ihm auf Antrag ein Verteidiger beizuordnen (§ 140 II 2 StPO).

Dem der Gerichtssprache nicht mächtigen Beschuldigten räumt § 187 GVG in ausdrücklicher Normierung der in Art. 6 IIIe) EMRK festgeschriebenen Rechte unabhängig von seiner finanziellen Lage für das gesamte Verfahren die Möglichkeit der kostenlosen Hinzuziehung eines Dolmetschers ein. Bei schwerwiegenden Tatvorwürfen ergibt sich idR aus den fehlenden Sprachkenntnissen auch die Unfähigkeit, sich selbst zu verteidigen. Dafür genügen fehlende Deutschkenntnisse allein aber nicht, da diese durch Einschaltung eines Dolmetschers kompensiert werden können[111].

---

98 *Beulke*, Jugendverteidigung, S. 170 ff; *ders.*, Jugendverteidigung II, S. 45; *Herrmann*, StV 1996, 400.
99 OLG Frankfurt StV 2001, 106 (auch bei Bewährung); OLG Naumburg StV 2018, 143.
100 LG Berlin StV 2005, 15 (Nichtverlängerung der Aufenthaltsgenehmigung); OLG Saarbrücken StRR 2014, 145 (Bewährungswiderruf in anderer Sache); LG Mainz NZV 2009, 404 (Arbeitsplatzverlust eines Berufskraftfahrers bei Fahrerlaubnisentziehung).
101 OLG Köln StV 2012, 719.
102 OLG Braunschweig StV 2008, 590.
103 KG NJW 2008, 3449; OLG Brandenburg NJW 2009, 1287; LG Hannover StV 2018, 155.
104 OLG Dresden StV 2015, 541; OLG Hamm NStZ-RR 2018, 116; Fall bei *Putzke/Scheinfeld*, Rn 322.
105 BGH NStZ 2015, 47.
106 OLG Naumburg NStZ 2014, 116 m. abl. Anm. *Wenske* sowie *Peglau*, jurisPR-StrafR 6/2014 Anm. 2; OLG Bamberg StV 2015, 539 m. krit. Anm. *König/Harrendorf*; *Ruhs*, NStZ 2016, 706; *Satzger*, Jura (JK) 2016, 327, § 140 II StPO; *M-G/Schmitt*, § 257c Rn 24.
107 S/S/W-StPO-*Beulke*, § 140 Rn 44; *Jahn/Müller*, NJW 2009, 2625, 2627; diff. auch *Schneider*, NStZ 2014, 252, 260 u. *Wenske*, NStZ 2014, 117, 118; de lege ferenda bei Verständigungsgesprächen: LR-*Lüderssen/Jahn*, § 257c Nachtr. Rn 41; *Theile*, NStZ 2012, 666, 670.
108 OLG Düsseldorf StV 2002, 236 (Betäubungsmittelabhängigkeit); OLG Hamm NJW 2003, 3286 (hohes Alter und Betreuung); LG Hildesheim StV 2008, 132 (Legasthenie).
109 OLG Celle StV 1994, 8; LG Dortmund StV 2018, 155.
110 KG StV 2012, 714; S/S/W-StPO-*Beulke*, § 140 Rn 33; LR-*Lüderssen/Jahn*, § 140 Rn 36; zurückhaltender: HansOLG Hamburg StV 2017, 149 m. krit. Anm. *Beulke/Sander*.
111 BGHSt 46, 178, 186 m. Anm. *Tag*, JR 2002, 124; überzeugender: LG Mainz StraFo 2018, 113; vert. *Schmidt*, Vert., Rn 319 ff.

3. Pflichtverteidigerbestellung

a) Hat der Beschuldigte keinen Wahlverteidiger, so wird im Falle der notwendigen **168**
Verteidigung der Pflichtverteidiger durch den **Vorsitzenden des Gerichts**, bei dem
die Sache entweder anhängig zu machen ist oder bei dem sie bereits anhängig ist,
bestellt, § 141 IV StPO.

b) Der Beschuldigte hat ein **Mitspracherecht** bei der **Auswahl** des Pflichtverteidigers: Gem. § 142 I 1 StPO soll ihm Gelegenheit gegeben werden, sich zur Person
des zu bestellenden Verteidigers zu äußern. Der Vorsitzende ist verpflichtet, den vorgeschlagenen Verteidiger zu bestellen, wenn kein wichtiger Grund entgegensteht
(§ 142 I 2 StPO)[112]. Im Hinblick auf die Frage, ob ein solcher wichtiger Grund zu
bejahen ist, kommt dem zuständigen Gerichtsvorsitzenden ein Beurteilungsspielraum
zu, der nur eingeschränkt revisibel ist. Es ist dabei zwischen dem Recht des Beschuldigten, einen rechtskundigen Verteidiger seines Vertrauens zu erlangen, und dem
Anspruch auf ein faires, zügiges Verfahren, das durch einen konfliktbeladenen oder
auswärtigen Verteidiger gefährdet würde, abzuwägen[113].

Einen Rechtsanspruch auf Bestellung des vorgeschlagenen Verteidigers hat der Beschuldigte
nicht[114]. Ebenso wenig existiert ein genereller Vorrang ortsansässiger Verteidiger[115].

c) Die **Ablehnung der Pflichtverteidigerbestellung** kann vom Beschuldigten gem. § 304 I
StPO im **Beschwerdewege** angefochten werden, und zwar auch, wenn der Ablehnungsbeschluss
während der Hauptverhandlung ergangen ist; § 305 S. 1 StPO steht nicht entgegen[116]. Die Gegenmeinung will während der Hauptverhandlung nur eine Anrufung des Gerichts gem. § 238 II StPO
zulassen[117]. Zum Rechtsschutz im Ermittlungsverfahren s.u. Rn 321 ff.

4. Rücknahme der Pflichtverteidigerbestellung

a) Nach § 143 StPO ist die Bestellung eines Verteidigers **zurückzunehmen**, wenn **169**
demnächst ein anderer Verteidiger gewählt wird und dieser die Wahl annimmt. Nach
hM[118] ist die Bestellung auch zu widerrufen, wenn ein **„wichtiger Grund"** vorliegt.

Ein „wichtiger Grund" liegt insbes. vor, wenn ein **Interessenkonflikt** vorliegt[119] oder wenn das
Vertrauensverhältnis zwischen Mandant und Verteidiger **gestört** ist. Die bloße Behauptung
fehlenden Vertrauens reicht dabei nicht, vielmehr ist ein substantiiertes Vorbringen dahingehend
zu verlangen, dass vom Standpunkt eines vernünftigen und verständigen Beschuldigten aus das
Vertrauensverhältnis endgültig zerstört ist[120]. Dies ist beispielsweise der Fall, wenn der Verteidiger sich in keiner Weise oder unzureichend um Kontaktaufnahme mit dem inhaftierten oder untergebrachten Beschuldigten bemüht (etwa bei fehlendem Besuch in der U-Haft über einen länge-

---

112 BVerfGE 9, 36, 38; BGH NJW 2001, 237.
113 BGHSt 48, 170, 175; OLG Stuttgart StV 2018, 144.
114 BGHSt 43, 153.
115 Vgl aber OLG Oldenburg StV 2010, 351, 352; OLG Köln NStZ-RR 2011, 49; *Lehmann*, NStZ 2012, 188.
116 OLG Düsseldorf StV 2001, 609; KG StV 2010, 63; SK-StPO-*Frisch*, § 305 Rn 23.
117 OLG Koblenz NStZ-RR 1996, 206.
118 BVerfGE 39, 238, 244; OLG Frankfurt StV 1995, 11; *Kett-Straub*, NStZ 2006, 361.
119 BGH NStZ 2016, 115.
120 BGHSt 39, 310, 315; BGH JR 1996, 124 m. Anm. *A. Müller*; BGH StV 2009, 5.

ren Zeitraum)[121]. Die Praxis verfährt hier oft zu restriktiv. Verlangt der Beschuldigte mit den beteiligten Anwälten den Austausch des Pflichtverteidigers und ist dies weder mit einer Verfahrensverzögerung noch mit Mehrkosten für die Staatskasse verbunden, muss dem stattgegeben werden[122]. Gibt das Gericht dem Antrag nicht statt, erklärt der Verteidiger aber, nicht weiter mitzuwirken, liegt keine ausreichende Verteidigung vor[123].

Sehr problematisch ist, ob ein „wichtiger Grund" bejaht werden kann, wenn der Verteidiger sich nach Ansicht des Gerichts als **unfähig** erweist. Da es eine Kontrolle des Gerichts über die Verteidigungsstrategie auch bei der Pflichtverteidigung nicht geben darf[124], ist dies abzulehnen. Die Gefahr eines Missbrauchs der Richtermacht praeter legem gegenüber konfliktsuchenden Verteidigern ist zu groß (vgl Rn 126a, 150, 174). Die Rspr hält den Widerruf der Pflichtverteidigerbestellung aus Gründen der gerichtlichen Fürsorgepflicht in Extremfällen dennoch für geboten, wenn klar erkennbar ist, dass der Verteidiger den Angeklagten nicht sachgemäß verteidigen kann[125]. Auch wenn der Verteidiger nur **unwillig** ist, dh ernsthaft und definitiv eine sachgerechte Verteidigung verweigert, soll nach Ansicht der Rspr eine Entpflichtung zulässig sein[126], wobei von einem Schweigen des Verteidigers allein noch nicht auf seine Verhandlungsunwilligkeit geschlossen werden darf[127].

Von der wohl hL wird der Standpunkt vertreten, der **Widerruf der Pflichtverteidigerbestellung** aus „wichtigem Grund" richte sich allein nach den Regeln der Ausschließung des Verteidigers, §§ 138a ff StPO[128] (dazu u. Rn 172). Auch die Rspr wendet die §§ 138a ff StPO auf den Pflichtverteidiger an, allerdings wahlweise neben der Rücknahmemöglichkeit gem. § 143 StPO analog[129]. Richtiger Ansicht nach gelten jedoch die §§ 138a ff StPO nur für den Wahlverteidiger[130].

b) Zuständig für die Zurücknahme (wenn ein Wahlverteidiger eintritt) oder den Widerruf (aus wichtigem Grund) der Pflichtverteidigerbestellung ist der **Gerichtsvorsitzende**[131]. Die Entscheidung ist gem. § 304 StPO im Wege der Beschwerde anfechtbar (str., s.o. Rn 168). Auch der Pflichtverteidiger hat, da er selbstständig öffentliche Funktionen wahrnimmt, ein Beschwerderecht (sehr str.[132]).

▶ Beispielsfall bei *Beulke*, Klausurenkurs III, Rn 242.

5. Der „Sicherungsverteidiger"

170 Die Notwendigkeit der Rücknahme der Pflichtverteidigerbestellung bei Eintritt eines Wahlverteidigers (§ 143 StPO) wird nach hA für den Fall verneint, **dass der Wahlverteidiger keine ausrei-**

---

121 OLG Braunschweig StV 2012, 719; LG Köln StV 2015, 544; LG München I StV 2015, 27; LG Ingolstadt StV 2015, 27.
122 OLG Karlsruhe NStZ 2017, 304; KG NStZ 2017, 305.
123 BGH NJW 1993, 340.
124 BGH StV 2000, 402 m. Anm. *Stern*.
125 KG StV 1993, 236; 2009, 572 m. abl. Anm. *Weigend*; OLG Stuttgart StV 2002, 473; *Hilgendorf*, NStZ 1996, 4; *Meyer-Goßner*, 50 Jahre BGH-Prax-FS, S. 627; abw. *Barton*, S. 160, 218; *Beulke*, S. 129; *Seier*, Hirsch-FS, S. 992; vert. MüKo-StPO-*Gaede*, Art. 6 EMRK Rn 218; *Theiß, Chr.*, Die Aufhebung der Pflichtverteidigerbestellung de lege lata und de lege ferenda, 2004; *Weigend*, Schlothauer-FS, S. 191.
126 OLG Frankfurt NStZ-RR 1997, 77; LG Berlin StV 2011, 665.
127 OLG Oldenburg StV 2018, 148.
128 *Kett-Straub*, NStZ 2006, 363; *Roxin/Schünemann*, § 19 Rn 54; *Seier*, Hirsch-FS, S. 988.
129 BGHSt 42, 94, 95 f m. zT krit. Anm. *Weigend*, NStZ 1997, 47; OLG Hamburg NStZ 1998, 586.
130 Ebenso BVerfGE 39, 238, 245.
131 *M-G/Schmitt*, § 143 Rn 1.
132 Zust. HK-*Julius*, § 143 Rn 10; abl. *M-G/Schmitt*, § 143 Rn 7; OLG Frankfurt NStZ-RR 1996, 272 (nur in Fällen der Willkür).

chende Gewähr dafür bietet, dass das Verfahren zum Abschluss gebracht werden kann[133]. Für diesen Fall agiert dann also neben dem Wahlverteidiger ein zusätzlicher Pflichtverteidiger. Im Einzelfall wird eine solche „Doppelbesetzung" auch von Anfang an durch den Gerichtsvorsitzenden angeordnet. Die StPO sieht gleichzeitige Wahl- und Pflichtverteidigung eigentlich nur beim **Ausbleiben des Wahlverteidigers** vor (§ 145 I 1 StPO). Entsprechendes muss jedoch auch in ähnlich gelagerten Konstellationen gelten, vor allem in sog. Mammutprozessen (zB Terroristenverfahren) hätte sonst der Verteidiger die Macht, das Verfahren durch Niederlegung des Mandats „platzen zu lassen". Das Gericht ist also befugt, zur Sicherung des Verfahrens neben dem Wahlverteidiger einen Pflichtverteidiger (einen sog. **Sicherungsverteidiger**) zu bestellen[134]. Der dem Beschuldigten neben dem Wahlverteidiger aufgedrängte Pflichtverteidiger sollte allerdings der Vorbeugung vor extremen Missbräuchen vorbehalten bleiben.

6. Zeitpunkt der Bestellung

a) Vor Erhebung der Anklage erfolgt die Bestellung des Pflichtverteidigers durch den Gerichtsvorsitzenden **auf Antrag der StA**[135]. Die StA ist verpflichtet, diesen – für das Gericht grundsätzlich bindenden[136] – Antrag zu stellen, sobald abzusehen ist, dass ein Fall notwendiger Verteidigung vorliegt (§ 141 III 2 StPO[137]). Da der StA bei der Entscheidung über die Stellung des Antrags ein nicht umfassend gerichtlich überprüfbarer Beurteilungsspielraum zusteht, wird in der Praxis letztlich doch nicht bei jedem Verdacht eines Kapitaldelikts sofort ein Pflichtverteidiger bestellt[138]. Aus rechtsstaatlichen Gründen sollte – entgegen der hA – auch dem Beschuldigten die Befugnis zur Stellung eines Antrags zustehen[139].

171

b) Eine besondere Konstellation besteht im Falle einer **richterlichen Vernehmung** (des Beschuldigten oder eines Zeugen). Dann bestellt das Gericht, bei dem die (richterliche) Vernehmung durchzuführen ist, einen Verteidiger, wenn die Staatsanwaltschaft dies beantragt oder wenn die Mitwirkung eines Verteidigers aufgrund der Bedeutung der Vernehmung zur Wahrung der Rechte des Beschuldigten geboten erscheint, § 141 III 4 StPO. Damit ist eine Verteidigerbestellung von Amts wegen vorgesehen, die auch dann eingreift, wenn die StA keinen Beiordnungsantrag stellen sollte. Auch insoweit muss das Gericht dem Antrag der Staatsanwaltschaft entsprechen, wenn diese den Antrag stellt. Die Bestellung gilt nur für den Zeitraum der Vernehmung. Relevant wird die Verteidigerbestellung vor allem, wenn ein **Belastungszeuge** im Ermittlungsverfahren vom Richter vernommen wird, demgegenüber der Beschuldigte ein Konfrontationsrecht hat, das im Falle des Ausschlusses des Beschuldigten von der Vernehmung (§ 168c III StPO, s. Rn 122) nur von seinem Verteidiger

133 BVerfGE 39, 246.
134 BGHSt 15, 306, 309; OLG Karlsruhe StV 2001, 557; OLG Düsseldorf NStZ 2010, 231; dazu *Beulke*, S. 239 ff; *ders.*, JR 1982, 45; *ders.*, StV 1990, 365; *Knell-Saller, I.*, Der Sicherungsverteidiger, 1994; generell abl. *Fezer*, Fall 4 Rn 43; s.a. OLG Hamm StV 2011, 660.
135 BGH NJW 2015, 3383 m. krit. Anm. *Müller-Jacobsen* u. Bespr. *Mosbacher*, JuS 2016, 127, 130; richtig hingegen LG Limburg StV 2013, 625.
136 OLG Oldenburg NStZ 2009, 527 m. Bespr. *Kröpil*, Jura 2010, 765; OLG Naumburg StV 2018, 138.
137 BGHSt 47, 172, 176; vgl auch *Beulke*, Jugendverteidigung, S. 187.
138 BGHSt 47, 172, 176; s. auch *Eisenberg*, DRiZ 2011, 365; *ders.*, JA 2012, 452; SK-StPO-*Wohlers*, § 141, Rn 7 f.
139 S/S/W-StPO-*Beulke*, § 141 Rn 18; LR-*Lüderssen/Jahn*, § 141 Rn 24; aA BGH StV 2016, 133 (nur Anregung) m. abl. Anm. *Neuhaus* u. Bespr. *Mosbacher*, JuS 2016, 130.

wahrgenommen werden kann, um über ihn das Fragerecht (vgl § 141 III StPO, Art. 6 IIId EMRK) des Beschuldigten zu gewährleisten (zur EGMR-Rspr Fall *Schtschaschwili/BRD* s. Rn 124). Für **Beschuldigtenvernehmungen** dürfte die Verteidigerstellung zumeist ebenso indiziert sein, weil im Falle einer späteren Hauptverhandlung Protokolle richterlicher Vernehmungen erweitert verlesen werden dürfen (§ 254 StPO, s. Rn 412 ff)[140]. Ungeklärt sind derzeit die Rechtsfolgen, wenn das Gericht die eigentlich gebotene Verteidigerbestellung unterlässt. Im Falle der Zeugenvernehmung im Ermittlungsverfahren, an der der Beschuldigte nicht teilnehmen darf, bestand schon nach früherer Rspr eine Verpflichtung zur vorherigen Pflichtverteidigerbestellung. Wenig überzeugend ist allerdings, dass bei Missachtung dieser Pflicht kein Beweisverwertungsverbot (s.u. Rn 454 ff) eingreifen soll, sondern die gewonnenen Beweise nur besonders kritisch zu würdigen seien, sog. „Beweiswürdigungslösung"[141]. Jedenfalls im Anwendungsbereich des § 141 II 4 StPO sollte die eigentlich gebotene, jedoch unterlassene Pflichtverteidigerbestellung ein Beweisverwertungsverbot zur Folge haben.

c) In Fällen der Vollstreckung von **Untersuchungshaft** sowie der einstweiligen Unterbringung ist unverzüglich ein Pflichtverteidiger zu bestellen (§ 141 III 4 StPO). In der Praxis wird dies zumeist der Verteidiger sein, der bereits bei der richterlichen Vernehmung gem. § 141 III 4 StPO (dazu oben b) bestellt worden ist. Es bedarf aber eines gesonderten Bestellungsaktes[142].

Insoweit ist umstritten, ab wann von einer Vollstreckung iSv § 141 III 4 StPO iVm § 140 I Nr 4 StPO gesprochen werden kann: Die vorläufige Festnahme (§ 127 StPO) des Beschuldigten soll hierfür nach allgemeiner Ansicht[143] noch nicht ausreichen. Richtigerweise ist dies jedoch anders, wenn der Beschuldigte aufgrund eines bestehenden Haftbefehls ergriffen wird, weil dann mit dem Realakt der Festnahme die angeordnete Maßnahme bereits vollstreckt wird[144]. Nach Ansicht des BGH ist indes auch in diesem Fall erst mit Aufrechterhaltung der Haft gem. § 115 IV 1 StPO, d.h. wenn der Haftbefehl nach Verkündung durch den Richter nicht außer Vollzug gesetzt wird, eine Vollstreckung im Sinne des § 140 I Nr 4 StPO gegeben[145]. Auf diese Weise wird der StA für den Zeitraum ab Ergreifung des Beschuldigten bis zu seiner richterlichen Vorführung ein – zu missbräuchlicher Handhabung geradezu einladender – Beurteilungsspielraum hinsichtlich der Beantragung einer Pflichtverteidigerbestellung eingeräumt. Das Recht des Beschuldigten auf effektive Verteidigung und Selbstbelastungsfreiheit droht dem zum Opfer zu fallen[146].

---

140 Vert. S/S/W-StPO-*Beulke*, § 141 Rn 17; *Burhoff*, Reform, Rn 109; Knierim-*Knierim/Oehmichen*, Kap 17 Rn 101; *Schlothauer*, StV 2017, 557.
141 BGHSt 46, 93, 99; dazu *Eisele*, JR 2004, 12; *Gless*, NJW 2001, 3606; *Hamm*, Lüderssen-FS, S. 717; *Schlothauer*, StV 2001, 127; *Sowada*, NStZ 2005, 1; *Walther*, GA 2003, 204; *Widmaier*, 50 Jahre BGH-Wiss-FG, S. 1043; wie hier AG Hamburg StV 2004, 370; *Fezer*, JZ 2007, 725; *Mehle, B.*, Zeitpunkt und Umfang notwendiger Verteidigung im Ermittlungsverfahren, 2006, S. 332.
142 S/S/W-StPO-*Beulke*, § 141 Rn 19; *Schlothauer*, StV 2017, 557.
143 *M-G/Schmitt*, § 141 Rn. 5e; *Bittmann*, NStZ 2010, 13, 15.
144 Strafrechtsausschuss der BRAK, StV 2010, 544, 546; S/S/W-StPO-*Beulke*, § 141 Rn 9, 20 f; *Deckers*, StraFo 2009, 441, 443; MüKo-StPO/*Thomas/Kämpfer*, § 140 Rn. 17; *von Stetten*, MAH Strafverteidigung, § 16 Rn 12; aA *Brocke/Heller*, StraFo 2011, 1, 7; *Michalke*, NJW 2010, 17; *Wohlers*, StV 2010, 151, 152.
145 BGHSt 60, 38 Rz. 10 m. insoweit zust. Anm. *Knauer*, NStZ 2014, 724 und m. abl. Bespr. *Eisenberg*, StV 2015, 180; *Kasiske*, HRRS 2015, 69, 70.
146 *Bosch*, JK 2015, S. 423, § 140 I Nr. 4 StPO; *Wohlers*, JR 2015, 281; s. ferner BGHSt 46, 93, 99.

Zwischen der Notwendigkeit möglichst frühzeitiger Bestellung einerseits und dem zugunsten des Beschuldigten grundsätzlich bestehenden Anhörungs- und Auswahlrecht (§ 142 I StPO, vgl Rn 168) andererseits ergibt sich nicht selten ein Spannungsverhältnis. Dem ist dadurch Rechnung zu tragen, dass ein späterer Wechsel des Pflichtverteidigers auch ohne Vorliegen von Widerrufsgründen (s.o. Rn 169) ermöglicht wird[147]. Wird dem Beschuldigten gem. § 140 I Nr 4 StPO ein Verteidiger für die Dauer der U-Haft bestellt, endet die Bestellung nicht automatisch mit der Entlassung des Beschuldigten; es bedarf vielmehr eines gerichtlichen Aufhebungsbeschlusses[148].

d) Nach Einreichung der Anklageschrift wird dem noch unverteidigten Angeschuldigten durch den Vorsitzenden des für das Hauptverfahren zuständigen Gerichts ein Verteidiger bestellt, sobald er gem. § 201 StPO zur **Erklärung über die Anklageschrift aufgefordert** worden ist (§ 141 I StPO). Ergibt sich erst später, dass ein Verteidiger notwendig ist, wird er sofort bestellt (§ 141 II StPO).

e) Stellt sich erst **während der Hauptverhandlung** die Notwendigkeit der Verteidigung heraus, muss nach der Bestellung des Pflichtverteidigers die Hauptverhandlung ausgesetzt oder zumindest in ihren wesentlichen Abschnitten (insbes. Vernehmung des Angeklagten, Beweisaufnahme) wiederholt werden (s. § 145 II StPO)[149].

VII. Ausschluss des Verteidigers

Das Gesetz sieht in den §§ 138a ff StPO die Möglichkeit der **Ausschließung** des Verteidigers in einer Reihe von Fällen vor, in denen er seine **Beistandsfunktion missbraucht**[150]. Nach § 138a I Nr 3 StPO ist ein Verteidiger zB von der Mitwirkung im Verfahren auszuschließen, wenn er dringend verdächtig ist, eine Handlung begangen zu haben, die für den Fall der Verurteilung des Beschuldigten eine **Strafvereitelung** (uU durch die Verteidigung selbst) darstellen würde[151]. Ein Mitbeschuldigter kann nicht Verteidiger eines anderen Beschuldigten sein. Die Unvereinbarkeit ergibt sich aus der Rechtsstellung des Verteidigers; daher bedarf es in der Hauptverhandlung keiner Ausschließung gem. § 138a StPO. Die Zurückweisung des mitbeschuldigten Verteidigers erfolgt hier durch das erkennende Gericht (§§ 146, 146a StPO entsprechend)[152].

172

Das **Ausschlussverfahren** ist in § 138c StPO geregelt. Die Entscheidung über den Ausschluss hat grundsätzlich das **OLG** zu treffen, ausnahmsweise der BGH, vgl § 138c I StPO. Zur Antragsberechtigung vgl § 138c II StPO; zur Aufhebung der Ausschließung s. § 138a III StPO.

---

147 OLG Düsseldorf StV 2010, 350; OLG Koblenz StV 2011, 349; LG Stendal StV 2015, 543; *Deckers*, StraFo 2009, 441, 444; *Herrmann*, StraFo 2011, 133, 136 ff; *Jahn*, Rissing-van Saan-FS, S. 275, 284 ff; *Schlothauer*, Samson-FS, S. 709, 711 ff; *Schlothauer/Weider/Nobis*, Rn 282 ff u. 340 ff.
148 OLG Hamburg StV 2015, 535.
149 BGH NStZ 2009, 650.
150 *Beulke/Ruhmannseder*, Rn 514 ff; *Burhoff*, StRR 2012, 404.
151 Vgl BGH NStZ 2006, 510 (Fall *Zündel*).
152 BGH StV 1996, 469; OLG Hamm NStZ-RR 2008, 252 (anders im Ermittlungsverfahren).

VIII. Gemeinschaftliche Verteidigung

173 Gem. § 146 StPO ist es grundsätzlich verboten, dass ein Verteidiger mehrere Beschuldigte vertritt (**Verbot der gemeinschaftlichen Verteidigung**). Das soll den Beschuldigten vor Gefährdungen durch Interessenkonflikte des Verteidigers bewahren, denn bei Verfahren gegen mehrere Beteiligte besteht häufig die Gefahr gegenseitiger Schuldzuweisungen. Verboten ist:

– die gemeinschaftliche Verteidigung mehrerer an **einer** Tat im prozessualen Sinne (§ 264 StPO) Beteiligter, sofern die Verfahren **gleichzeitig** (in einem Verfahren) durchgeführt werden, § 146 S. 1 StPO

– die gemeinschaftliche Verteidigung mehrerer an **einer** Tat (§ 264 StPO) Beteiligter, wenn die Verfahren **getrennt**, aber **parallel** durchgeführt werden (§ 146 S. 1 StPO), und zwar ohne Prüfung einer konkreten Interessenkollision[153]

– die gemeinschaftliche Verteidigung mehrerer Angeklagter, denen **unterschiedliche Taten** im prozessualen Sinne vorgeworfen werden, gegen die aber – aus welchen Gründen auch immer – in **einem** Verfahren vorgegangen wird, § 146 S. 2 StPO.

Vertreten verschiedene Rechtsanwälte derselben Kanzlei zwei Beschuldigte in identischen Verfahren, liegt darin kein Verstoß gegen § 146 StPO, selbst wenn sie ihr Verteidigungsverhalten abstimmen (sog. **Sockelverteidigung**)[154]. Ebenso zulässig ist die **sukzessive** (einander nachfolgende) Verteidigung mehrerer an einer Tat im prozessualen Sinne Beteiligter, zB wenn der eine Tatbeteiligte in der ersten Instanz, der andere in der zweiten Instanz verteidigt wird und zu diesem Zeitpunkt das Mandatsverhältnis zum ersten Beteiligten endgültig aufgehoben worden ist[155]. Allein auf Grund der abstrakten Gefahr einer Interessenkollision darf die Bestellung eines vom Beschuldigten bezeichneten Rechtsanwalts nicht abgelehnt werden[156]. Zu beachten ist allerdings, dass die prozessual zulässige sukzessive Verteidigung gleichwohl materiell-rechtlich als strafbarer Parteiverrat (§ 356 StGB) eingestuft werden muss, wenn bei zwei an derselben Tat Beteiligten die Verteidigung des einen den Interessen des anderen zuwiderläuft[157].

IX. Strafbarkeit des Verteidigers

1. Strafvereitelung

174 Strafverteidigung ist häufig eine gefährliche Gratwanderung zwischen erlaubtem und strafbarem Tun. Wenn der Verteidiger besonders erfolgreich agiert, so kann das die Verwirklichung des staatlichen Strafanspruchs nachhaltig erschweren, uU sogar gänzlich unmöglich machen. Dies ist jedoch gerade die Aufgabe des Strafverteidigers (s.o. Rn 147). Solange er sich **prozessual zulässiger Mittel** bedient, kann deshalb die Beeinträchtigung des staatlichen Strafanspruchs **nicht** als **Strafvereitelung** eingestuft werden. Es entfällt bereits der Tatbestand des § 258 StGB[158]. Eine **unzulässige** Straf-

---

153 *Beulke*, NStZ 1985, 289; Einzelheiten KMR-*Wohlers*, § 146 Rn 1.
154 LG Frankfurt NStZ-RR 2008, 205; vert. *Eckart Müller*, StV 2001, 649.
155 OLG Jena NJW 2008, 311.
156 BGHSt 48, 170, 174 f.
157 OLG Stuttgart NStZ 1990, 542 m. zust. Anm. *Geppert*; vert. *Beulke/Ruhmannseder*, Rn 203 ff.
158 Ebenso OLG Düsseldorf StV 1998, 65 und die hL; für Rechtfertigungsgrund *Müller*, StV 1981, 95.

verteidigung kann hingegen eine Bestrafung des Verteidigers gem. § 258 StGB zur Folge haben, wenn dadurch die Bestrafung des Beschuldigten (Mandanten) vereitelt wurde bzw werden sollte und die restlichen Voraussetzungen des Straftatbestandes – insbes. Vorsatz bzgl der Vortat – erfüllt sind.

Was nun erlaubt und was verboten ist, wann also eine „Vereitelungshandlung" vorliegt, ergibt sich jedoch **nicht** aus § 258 StGB, vielmehr verweist dieser Paragraph auf das Prozessrecht; er ist „akzessorisch"[159]. Die Zurückverweisung auf das Prozessrecht ist leider wenig ergiebig, da dort ebenso ausdrückliche Regelungen über die Grenzen der Verteidigerbefugnisse fehlen. Diese können nur allgemeinen Erwägungen über Aufgabe und Rechtsstellung des Verteidigers entnommen werden[160]. Daher besteht bis heute Unklarheit über die rechtliche Zulässigkeit vieler Verhaltensweisen. In diesem Zusammenhang ist streitig, ob ein „Verbot verteidigungsfremden Verhaltens" existiert, bei dem sich der Beistand nur den äußeren Anschein der Verteidigung gibt, bzw, ob „Konfliktverteidigung" verboten ist (generell zum Missbrauchsverbot s. oben Rn 126a, 150)[161].

Nach der hier vertretenen **eingeschränkten Organtheorie** (s.o. Rn 150 f) ergeben sich für den Verteidiger vor allem folgende **Schranken**: **175**

– Alles, was er sagt, muss wahr sein **(Wahrheitspflicht)**, allerdings muss er nicht alles sagen, was er weiß[162]. Umstände, die seinem Mandanten schaden könnten, darf und muss er verschweigen[163].

– Es ist ihm **verboten, Beweismittel und Spuren zu beseitigen oder zu verfälschen**[164].

Darüber hinaus arbeiten Rspr und Schrifttum eher mit einem Fallkatalog als mit generellen Abgrenzungskriterien[165]. **176**

Verboten sind zB:

– Erfinden von Lügen für den Angeklagten und Rat zur Lüge[166]
– Verleitung des Zeugen zu unwahren Aussagen[167]

---

159 BGHSt 38, 345, 347 m. Anm. *Beulke*, JR 1994, 116; vert. *Beulke*, S. 98; *Beulke/Ruhmannseder*, Volk-FS, S. 45; s.a. *Danckert/Bertheau*, Hanack-FS, S. 31; *Ignor*, Schlüchter-FS, S. 42; *Kempf*, StV 2003, 79.
160 Krit. *Jahn*, ZRP 1998, 103; *Schnarr*, G. Schäfer-FS, S. 66 f.
161 BGH NStZ 2006, 510 (Fall *Zündel*); BGH StraFo 2009, 158 m. abl. Anm. *Bockemühl*; BGH NStZ-RR 2009, 207; *J. Heinrich*, Konfliktverteidigung im Strafprozess, 2. A. 2016; krit: *Jahn*, JZ 2006, 1134; LR-*Lüderssen/Jahn*, § 138a Rn 64a; s. auch OLG Koblenz StraFo 2018, 23.
162 *Dahs*, StraFo 2000, 181; s.a. *Beulke/Ruhmannseder*, Rn 17; *Satzger*, Jura 2007, 759.
163 Dazu ausf. *Bottke*, ZStW 96 (1984), 726; *Herdegen*, StraFo 2008, 137.
164 RGSt 50, 346, 366; OLG Hamm DAR 1960, 19.
165 Übersicht bei LR-*Lüderssen/Jahn*, § 138a Rn 35 ff; *Beulke*, S. 149 ff; *Beulke/Ruhmannseder*, Rn 622 ff; *Meyer-Goßner*, 50 Jahre BGH-Prax-FS, S. 636; *Müller-Dietz*, Jura 1979, 242 ff; *Müller/Gussmann*, Berufsrisiken; OK-StGB-*Ruhmannseder*, § 258 Rn 23.2; *Wolf*, S. 313; s.a. *Paulus*, NStZ 1992, 305; *Winkler*, Die Strafbarkeit des Verteidigers jenseits von § 258 StGB, 2005; *Wohlers*, StV 2001, 420; *Zeifang*, Die eigene Strafbarkeit des Strafverteidigers im Spannungsfeld zwischen prozessualem und materiellem Recht, 2004.
166 BGHSt 2, 375, 378; BGH NStZ 1999, 188 m. Anm. *Beulke*, Roxin-FS, S. 1174 u. *Widmaier*, 50 Jahre BGH-Wiss-FG, S. 1051; OLG Frankfurt NStZ 1981, 144; OLG Nürnberg, NJW 2012, 1895 m. Anm. *Ruhmannseder*; *Dahs*, Rn 43; *Engländer*, Rn 71; *Roxin/Schünemann*, § 19 Rn 14; *Salditt*, StV 1999, 61; neuerdings str.; abw. zB *Bernsmann*, StraFo 1999, 230; *Sommer*, Kapitel 1, Rn 181 ff; SK-StPO-*Wohlers*, Vor § 137 Rn 72, 74, 96; *Wohlers*, Beulke-FS, S. 1067; s.a. LR-*Lüderssen/Jahn*, Vor § 137 Rn 133h.
167 BGHSt 31, 10, 12 f.

- Benennung eines zum Meineid entschlossenen Zeugen[168]
- Lügen in Anträgen des Verteidigers und in Ausführungen während der Hauptverhandlung[169] (str.)
- Stellung von Beweisanträgen, die eine Straftat darstellen[170].

Erlaubt sind zB:

- Darlegung der Rechtslage
- Rat an den Beschuldigten, zu schweigen[171]
- Beratung, wie die jeweils geschilderte Tatversion rechtlich zu beurteilen ist
- Rat, vom Aussage- oder Zeugnisverweigerungsrecht Gebrauch zu machen[172]
- Freispruchsantrag bei vom Verteidiger für schuldig gehaltenen Angeklagten, wenn Schuldnachweis nach Ansicht des Verteidigers im Verfahren nicht erbracht worden ist[173]
- Vereinbarung einer Schmerzensgeldzahlung an den Geschädigten, um ihn zu einer entlastenden Aussage zu motivieren, auch wenn der Verteidiger es für möglich hält, dass die entlastende Aussage vielleicht unwahr ist[174].

2. Geldwäsche

176a Beim Strafverteidiger kann im Einzelfall die Situation entstehen, dass dem Mandanten im Grunde genommen nur Geld zur Verfügung steht, das von begangenen Straftaten herrührt. Dann entsteht die Frage, ob sich der Verteidiger bei Entgegennahme von Honorarzahlungen wegen Geldwäsche gem. § 261 StGB strafbar macht. Da § 261 StGB nach hL auch eingreift, wenn das Geld über eine Bank dem Verteidiger zugeführt wird und da § 261 V StGB im subjektiven Tatbestand sogar Leichtfertigkeit ausreichen lässt, scheint eine Strafbarkeit des Verteidigers gem. § 261 StGB geradezu ein berufstypisches Risiko darzustellen, sofern es sich um Mandanten handelt, denen eine der in § 261 StGB aufgelisteten Katalogtaten (zB alle Verbrechen!) vorgeworfen wird. Man diskutiert deshalb seit längerem lebhaft, auf welche Weise dieses Risiko eingeschränkt werden kann, denn es scheint wenig opportun, bestimmten Gruppen von Straftätern eine effektive Strafverteidigung schon wegen der Schwierigkeiten der Honorarzahlung zu verweigern.

In früherer Rspr hat der **BGH**[175] die Regelung des § 261 StGB noch für grundsätzlich mit Art. 12 GG vereinbar und auch **für den Verteidiger anwendbar** erklärt. Inzwischen hat jedoch **BVerfGE 110, 226**[176] anerkannt, dass § 261 StGB tatsächlich einen **schwerwiegenden Eingriff** in das Grundrecht auf freie Berufsausübung (Art. 12 GG) darstellt, da das Risiko, sich durch die Entgegennahme von Honorarzahlungen straf-

168 BGHSt 29, 99, 107.
169 OLG Frankfurt NStZ 1981, 144; OLG Bamberg StV2014, 8; LG Augsburg StV 2014, 21 (Fall *Lucas*) m. Anm. *Tsambikakis* u. Bespr. *Fahl*, StV 2015, 51 mit Erwiderung *Kempf*, StV 2015, 55.
170 BGHSt 47, 238 sowie *Stegbauer*, JR 2003, 74.
171 BGH <H> MDR 1982, 970.
172 BGHSt 10, 393, 394.
173 RGSt 66, 316, 325.
174 BGHSt 46, 53, 54 m. zust. Anm. *Beulke*, Roxin-FS, S. 1176; *Cramer/Papadopoulos*, NStZ 2001, 148; *Widmaier*, 50 Jahre BGH-Wiss-FG, S. 1063; krit. *Fezer*, JZ 2007, 668; *Scheffler*, JR 2001, 294; diff. *Stoffer*, Rn 346 ff.
175 BGHSt 47, 68.
176 S. a. *Müssig*, wistra 2005, 201; *Wohlers*, JZ 2004, 678; *Matt*, GA 2002, 137.

bar zu machen, das Recht des Verteidigers, seine berufliche Leistung in angemessenem Umfang wirtschaftlich zu verwerten, **gefährdet**. Das habe jedoch nicht zur Folge, dass der Verteidiger von der Strafdrohung des **§ 261 II Nr 1 StGB** völlig freigestellt sei. Die Vorschrift sei vielmehr **verfassungskonform** dahingehend **auszulegen**, dass der **subjektive Tatbestand** der Geldwäsche **nur bei positiver Kenntnis** des Verteidigers hinsichtlich der strafbaren Herkunft der finanziellen Mittel (Absicht) Anwendung finde. Demgegenüber scheitere eine Strafbarkeit wegen Geldwäsche im subjektiven Tatbestand, wenn lediglich dolus eventualis oder Fahrlässigkeit vorliege (§ 261 V StGB sei somit von vornherein nicht anwendbar). Deshalb müsse die StA bei Prüfung eines möglichen Anfangsverdachts auf die verfassungsrechtlich garantierten Rechte besonders Rücksicht nehmen, sodass die Übernahme eines Wahlmandats wegen einer in § 261 I 2 StGB aufgeführten Katalogtat **grundsätzlich keinen Anfangsverdacht** begründe.

Der Anfangsverdacht setze insoweit auf Tatsachen beruhende greifbare Anhaltspunkte für die Annahme voraus, dass der Verteidiger zum Zeitpunkt der Honorarannahme bösgläubig war, wofür zB die **außergewöhnliche Höhe** des Honorars oder die **Art und Weise der Erfüllung** der Honorarforderung sprechen könne[177].

Nach der Rspr des **BVerfG** muss auch **§ 261 I 1 StGB** entsprechend restriktiv ausgelegt werden (zB indem auch dort eine besondere Vorsatzform gefordert wird), weil sonst eine verfassungsrechtlich nicht hinnehmbare Gefährdung entstünde, dass die **BVerfGE 110, 26** tragenden, die Belange und **die spezifische Situation von Strafverteidigern in den Blick nehmenden Erwägungen** nicht in ausreichendem Maße Berücksichtigung finden[178].

3. Andere Straftatbestände

Der Strafverteidiger ist selbstverständlich auch an alle anderen Strafgesetze gebunden. So darf er zB keine Urkundenfälschung begehen, § 267 StGB. Gleichwohl ergibt sich immer wieder die Frage, ob die legitime Verteidigertätigkeit eine restriktive Auslegung der jeweils in Frage kommenden Straftatbestände bedingt. So ist zB strittig, ob sich der Strafverteidiger gem. § 184b II, V StGB strafbar macht, wenn er kinderpornografisches Material an einen Mandanten gibt, der prüfen soll, ob es sich um die Bilder iSd Anklage handelt und wenn er einen Sachverständigen zur Prüfung des Materials einschaltet. Obwohl im Prinzip Einigkeit herrscht, dass der Verteidiger die im Wege der Akteneinsicht gewonnene Erkenntnisse an seinen Mandanten weitergeben und durch Berufshelfer auswerten darf, zieht die Rspr im Interesse eines umfassenden Verbots der Verbreitung kinderpornografischer Schriften sehr enge Grenzen und pönalisiert die Weitergabe[179]. **176b**

Lösung Fall 20: Als Verteidiger (s. § 137 StPO) ist V nach ganz herrschender Ansicht vom Willen der Beschuldigten A **unabhängig**. Der Beweisantrag (vgl § 244 III, VI StPO) des V ist deshalb zulässig und wirksam, auch wenn Frau A damit nicht einverstanden ist. Dass solche Konflikte in der Praxis gleichwohl so gut wie nie auftreten, liegt an der Pflicht des Verteidigers, **177**

---

177 BVerfG StV 2005, 195; vgl zum Ganzen auch OK-StGB-*Ruhmannseder*, § 261 Rn 41 ff.
178 BVerfG StV 2016, 15.
179 Einzelheiten bei BGH NStZ 2014, 514 m. zutr. krit. Bespr. durch *Barton*, StRR 2013, 347; *Jahn*, JuS 2014, 1046 u. *Ziemann*, StV 2014, 299; OLG Frankfurt NJW 2013, 1107; *Fischer*, § 184b Rn 43; verteidigerfreundlicher: *Beulke/Witzigmann*, Schiller-FS, S. 49; *Meyer-Lohkamp/Schwerdtfeger*, StV 2014, 772.

zu seinem Mandanten ein Vertrauensverhältnis aufzubauen. V muss daher sein Vorgehen zunächst mit Frau A besprechen. Bei Nichteinigung ist eine Auflösung des Mandats zu erwägen. Einzelheiten s. Rn 152.

178   **Lösung Fall 21:**

a) Der Verteidiger darf nichts Unwahres sagen (**Verbot der Lüge**), deshalb durfte er auch nicht behaupten, A habe ihm gegenüber gesagt, dass er das Buch nicht habe behalten wollen (str.).

b) Der Verteidiger darf nicht alles sagen, was er weiß; ihn trifft die **Verschwiegenheitspflicht** bzgl aller Umstände, die dem Mandanten schaden könnten und die dieser nicht offenbaren möchte. V durfte daher dem Gericht nicht das Eingeständnis des A mitteilen, er hat sich uU sogar wegen Verletzung von Privatgeheimnissen (§ 203 StGB) strafbar gemacht.

c) Ein Verteidiger darf für den Beschuldigten **keine Lügen erfinden** (str.). V hat daher pflichtwidrig gehandelt, als er dem A riet, auszusagen, er habe das Buch zurückbringen wollen.

d) V war berechtigt, dem A die Abgrenzung zwischen Diebstahl und strafloser Gebrauchsanmaßung zu erklären. Die Einschaltung eines Strafverteidigers dient in legitimer Weise auch dem Zweck, Defizite hinsichtlich der **Rechtskenntnisse** beim Beschuldigten auszugleichen.

e) Hier durfte V trotz seines Wissens um die Zueignungsabsicht des A Freispruch mangels Schuldnachweises beantragen. Verurteilt werden darf nach der StPO eben nicht schlechthin der „Schuldige", sondern nur der, dessen Schuld in der Hauptverhandlung mit prozessordnungsgemäßen Mitteln in einem rechtsstaatlichen Verfahren **nachgewiesen** worden ist.

Weitere Einzelheiten s. Rn 174 ff.

§ 10   Die Beweismittel

Fall 22:

a) Welche Beweismittelarten gibt es?

b) Welche Arten des Beweisverfahrens werden unterschieden? Wie wird in der Hauptverhandlung die Anwendung einer unzulässigen Vernehmungsmethode iSv § 136a StPO bei der polizeilichen Vernehmung festgestellt? **Rn 205**

Fall 23: A ist wegen eines Diebstahls angeklagt, den er gemeinsam mit seinem Bruder B begangen haben soll. B war früher Mitangeklagter, später ist jedoch sein Verfahren abgetrennt worden. Kann das Gericht den B als Zeugen im Strafverfahren gegen A vernehmen? **Rn 206**

Fall 24: A und M stehen in Verdacht, gemeinschaftlich einen Diebstahl begangen zu haben. Zunächst wurde gegen beide ein einheitliches Ermittlungsverfahren durchgeführt. Später wird das Verfahren gegen M abgetrennt und dieser rechtskräftig zu einer Freiheitsstrafe verurteilt. Im Verfahren gegen A soll nunmehr E, die Ehefrau des M, als Zeugin darüber vernommen werden, ob sie beobachtet hat, wie A und M gemeinsam mit Diebeswerkzeugen versehen fortgingen. Kann sich E auf ein Zeugnisverweigerungsrecht berufen? **Rn 207**

I. Die Beweismittelarten

Das Strafverfahrensrecht regelt folgende Beweismittel[1]:

179

- den **Zeugenbeweis** (§§ 48 ff StPO),
- den **Sachverständigenbeweis** (§§ 72 ff StPO),
- den **Urkundenbeweis** (§§ 249 ff StPO) und
- den **Augenscheinsbeweis** (§ 86 StPO).

Zeugen- und Sachverständigenbeweis werden als **persönliche** Beweismittel oder Personalbeweis zusammengefasst, Augenscheins- und Urkundenbeweis als **sachliche** Beweismittel oder Sachbeweis.

Kein Beweismittel im eigentlichen, engeren Sinne ist die **Einlassung des Angeklagten** bzw des Mitangeklagten (vgl § 244 I StPO, wonach die Beweisaufnahme der Vernehmung des Angeklagten folgt). Da jedoch die Aussage des Angeklagten im Rahmen der freien richterlichen Beweiswürdigung Berücksichtigung findet, spricht man von einem **Beweismittel im weiteren Sinne**.

Weitere Beweismittel sind in der StPO nicht vorgesehen (sog. **numerus clausus** der Beweismittel).

II. Das Streng- und das Freibeweisverfahren

Die Art und Weise, wie mit den oben genannten Beweismitteln der Sachverhalt aufzuklären ist, wird von der StPO, insbes. in §§ 239 ff, umfassend geregelt.

180

Dieses sog. **Strengbeweisverfahren** kann man als Sachverhaltsaufklärung innerhalb der Hauptverhandlung unter Beschränkung auf die gesetzlich zugelassenen Beweismittel im Rahmen eines förmlichen Beweisverfahrens kennzeichnen. Es bezieht sich nur auf die **Schuld- und Rechtsfolgenfrage**. Dabei muss die zu beweisende Tatsache zur vollen Überzeugung des Gerichts feststehen (zur Beweisaufnahme in der Hauptverhandlung ausf. u. Rn 402 ff).

Davon zu unterscheiden ist das **Freibeweisverfahren**. Dieses gilt für die Schuld- und Rechtsfolgenfrage bis zur Eröffnung des Hauptverfahrens (Bsp.: Der Staatsanwalt ruft bei der Freundin des Beschuldigten an und lässt sich dessen Alibi bestätigen) und vor allem hinsichtlich der Klärung **prozessualer Fragen** (Bsp.: Klärung der Verhandlungsfähigkeit des Angeklagten). Das Freibeweisverfahren kennt keine Bindung an die gesetzlichen Beweismittel, die Vorschriften über die Art der Beweiserlangung gem. §§ 239 ff StPO finden keine Anwendung und überdies genügt oftmals ein geringerer Grad an Überzeugung seitens des Gerichts, nämlich eine Glaubhaftmachung im Sinne einer „Wahrscheinlichmachung". Es bleibt dem pflichtgemäßen Ermessen des Richters überlassen, *wie* er sich die Überzeugung von den Voraussetzungen für bestimmte Prozesshandlungen verschaffen will[2] – nicht jedoch, *dass* er dies tun muss:

---

1 Instruktiv: *Huber*, JuS 2010, 1056.
2 BGHSt 16, 164, 166; 46, 349, 351.

Auch wenn sich die Beweiserhebung nach den Grundsätzen des Freibeweises richtet, ändert dies nichts an der Aufklärungspflicht des Gerichts (§ 244 II StPO)[3].

Im Einzelfall kann zweifelhaft sein, ob es sich bei der aufzuklärenden Tatsache um eine prozessuale oder um eine Schuld- und Straffrage handelt, so zB bei der Frage, ob ein Einsatz verbotener Vernehmungsmethoden iSv § 136a StPO vorliegt (s.o. Rn 130 ff, 143). Während Rspr und hL von einer Verfahrensfrage ausgehen, sodass die Regeln des Freibeweises eingreifen[4], will eine beachtliche Mindermeinung wegen der rechtsstaatlichen Bedeutung dieser Kernvorschrift[5] bzw wegen des angeblich „doppelrelevanten" Charakters der Tatsache[6] (s. auch u. Rn 296) die Regeln des Strengbeweises eingreifen lassen.

III. Der Zeugenbeweis (§§ 48 ff StPO)

1. Der Begriff des Zeugen

181 **Zeuge** im Sinne der §§ 48 ff StPO ist eine Person, die in einer nicht gegen sie selbst gerichteten Strafsache ihre **Wahrnehmungen über Tatsachen** durch Aussage kundgeben soll[7]. Jeder Mensch ist **zeugnisfähig**, auch Kleinkinder und Geisteskranke.

Soll eine Person nur betrachtet werden (zB hinsichtlich erlittener Verletzungen), so ist sie Augenscheinsobjekt und nicht Zeuge. Gleichgültig ist, ob der Zeuge über den Tathergang etwas aussagen kann oder nur über andere Wahrnehmungen. Auch das, was der Zeuge von einer anderen Person gehört hat, ist eine Tatsache. Man spricht dann von einem **„Zeugen vom Hörensagen"** (näher u. Rn 422). Auch Aussagen über den Lebenswandel einer Person gehören zur Wahrnehmung (sog. **Leumundszeugen**). Keine Tatsachen sind Rechtsmeinungen und Werturteile. Gegenstand des Zeugenbeweises sind jedoch Schlüsse, die sich jedem Menschen als selbstverständlich aufdrängen und die neben reinen Wahrnehmungen fast stets bei der Entstehung des Bildes mitwirken, das man sich von einem Vorkommnis macht, zB „ob eine Person sinnlos betrunken gewesen, ob ein Fuhrmann schnell gefahren ist"[8].

2. Andere Verfahrensbeteiligte als Zeugen?

182 a) Sofern ein **Richter** in derselben Sache als Zeuge vernommen wird, tritt eine Ausschließung kraft Gesetzes ein (§ 22 Nr 5 StPO).

Zur Vermeidung von Missbräuchen kann ein Beweisantrag auf Vernehmung eines mitwirkenden Richters bereits dann zurückgewiesen werden, wenn der Richter dienstlich erklärt, dass er zu der Beweistatsache nichts bekunden könne[9]. Dienstliche Wahrnehmungen, die die laufende Hauptverhandlung und das anhängige Verfahren betreffen, führen ebenfalls nicht zum Ausschluss gem. § 22 Nr 5 StPO[10].

---

3 BGH StV 2012, 3.
4 BGHSt 16, 164, 167; SK-StPO-*Rogall*, § 136a Rn 101; s.a. *Engländer*, Rn 208.
5 *Eisenberg*, Rn 707; *Kühne*, Rn 760; AK-*Schöch*, § 244 Rn 13.
6 OLG Hamm StV 1999, 360; LR-*Gleß*, § 136a Rn 80.
7 RGSt 52, 289.
8 RGSt 37, 371.
9 BGHSt 7, 330, 331; BGH StV 2004, 355; *Beulke*, Amelung-FS, S. 543, 552; *Pauly*, DAV-FS, S. 731.
10 BGHSt 39, 239, 241; 44, 4, 9; 47, 270.

b) Der **Staatsanwalt** kann in derselben Sache auch Zeuge sein. Ob und in welchem **183** Umfang er danach weiter am Verfahren mitwirken kann, hängt davon ab, worauf sich seine Zeugenaussage bezieht. Ist er zB über Fragen vernommen worden, die für den Tatnachweis relevant sind, muss im Schlussplädoyer ein anderer Staatsanwalt seine Aussage würdigen[11]. Einzelheiten zum „Zeugenstaatsanwalt" s. Rn 95.

c) Der **Verteidiger** kann in derselben Sache auch Zeuge sein[12]. Auch Interna des **184** Verteidiger-/Mandantenverhältnisses können Gegenstand einer Zeugenvernehmung des Strafverteidigers sein, sofern der Beschuldigte diesen von der Verschwiegenheitspflicht entbindet (§ 53 II 1 StPO, dazu Rn 194; s.a. Rn 152a)[13]. Ein hierauf gründender Ausschluss des Verteidigers ist unmöglich, da § 138a StPO die Ausschließungsgründe abschließend auflistet und die Zeugeneigenschaft dort nicht berücksichtigt ist (s.o. Rn 172). Angesichts der Stellung des Verteidigers als unabhängigem Organ der Rechtspflege muss § 53 II 1 StPO allerdings dahingehend teleologisch reduziert werden, dass der Verteidiger nicht dazu gezwungen werden kann, eigene Überlegungen und Recherchen, die er im Rahmen der Mandatsarbeit angestrengt hat, zu offenbaren[14].

d) Der **Mitbeschuldigte** – ebenso natürlich der Beschuldigte selbst – scheidet in **185** derselben Sache als Zeuge aus.

Zweifelhaft erscheint, ob der Mitbeschuldigte einer Tat zum Zeugen werden kann, wenn das **Verfahren gegen ihn abgetrennt** worden ist oder wenn gegen ihn von vornherein in einem **getrennten Verfahren** vorgegangen wird.

aa) Die Rspr und ein Teil des Schrifttums vertreten einen **formellen Mitbeschuldigtenbegriff**. Für sie kommt es allein darauf an, ob in demselben Verfahren gegen die Mitbeschuldigten vorgegangen wird.

Solange die Verfahren miteinander verbunden sind (§§ 2, 3, 237 StPO), ist daher eine Zeugenvernehmung des Mitbeschuldigten immer unzulässig[15]. Dieses Hindernis für die Zeugenrolle entfällt jedoch nach einer Trennung der Verfahren[16].

Eine weitere Differenzierung nimmt die Rspr für den Fall **vorübergehender** Abtrennung vor, die erfolgt, um den Mitangeklagten zeitweilig zum Zeugen zu machen:
– Sofern der frühere Mitangeklagte und zwischenzeitliche Zeuge zu Umständen gehört wird, die mit der ihm selbst vorgeworfenen Tat in keinem Zusammenhang stehen, ist die Vernehmung zulässig[17].
– Bzgl gemeinschaftlich begangener Taten darf der Mitbeschuldigte dagegen trotz Abtrennung nicht vernommen werden, da er sonst als Zeuge in seinem eigenen Verfahren fungieren würde[18].

---

11 BGH BeckRS 2018, 2815.
12 BGH NStZ 1985, 514; vert. *Beulke/Ruhmannseder*, Rn 456 ff.
13 BGH StV 2010, 287 m. krit. Bespr. *Bosbach*, StraFo 2011, 172; aA BGH NStZ 2008, 115 m. abl. Anm. *Beulke/Ruhmannseder*, StV 2008, 284.
14 *Beulke*, ZIS 2011, 324; *Lammer*, Wolter-FS, S. 1031; *Matt*, Widmaier-FS, S. 851, 859; *Schäfer*, Hanack-FS, S. 77, 89; für ein eigenständiges Schweigerecht de lege ferenda: *Beulke*, I.-Roxin-FS, S. 555.
15 BGHSt 27, 139, 141; BGH wistra 2011, 115.
16 BGH StV 1984, 361; zust. zB *Hellmann*, Rn 720; HK-*Gercke*, Vor § 48 Rn 8; SK-*Rogall*, § 52 Rn 51 ff.
17 BGHSt 10, 8, 11; 38, 96, 98.
18 BGHSt 24, 257; BGH StV 1984, 186.

bb) Ein Teil des Schrifttums plädiert für eine **materielle Betrachtungsweise** und behandelt jeden Verdächtigen einer Tat im prozessualen Sinne ohne Rücksicht auf seine formale Stellung im Verfahren als Beschuldigten. Er scheide deshalb als Zeuge aus[19].

cc) Stellungnahme: Die Ansicht der Rspr kann nicht überzeugen, da es nicht in das Belieben der Strafverfolgungsorgane gestellt werden darf, welche Rechte der Betroffene hat. Der materielle Beschuldigtenbegriff erweist sich als unvereinbar mit den §§ 55, 60 StPO, die von der Existenz eines Zeugen ausgehen, der der (Mit-)Begehung der Tat verdächtig ist, ohne dadurch zugleich zum Beschuldigten geworden zu sein. Daher ist der sog. **formell-materiellen Auffassung** zu folgen[20], die den Willensakt der Strafverfolgungsbehörde zur Ingangsetzung eines Ermittlungsverfahrens (= **formelles** Element) als den Zeitpunkt ansieht, ab dem der Betreffende nur noch als Mitbeschuldigter und nicht mehr als Zeuge gehört werden darf (s.o. Rn 111), unabhängig von der formalen Verfahrensrolle des Betreffenden (= **materielles** Element). Der (frühere) Mitbeschuldigte kann hingegen als Zeuge vernommen werden, wenn das Verfahren gegen ihn beendet ist (insbes. durch Aburteilung oder endgültige Einstellung), denn nunmehr verliert er seine besondere Schutzwürdigkeit[21].

186   e) **Privatkläger** können nicht Zeugen sein.

f) Der **Nebenkläger** kann Zeuge sein (§ 397 I 1 StPO), auch der Antragsteller im Adhäsionsverfahren gem. §§ 403 ff StPO.

g) Der **Sachverständige** kann ebenfalls Zeuge sein (§ 74 I 2 StPO). Zur Abgrenzung s. Rn 197.

3.   Die Pflichten des Zeugen

187   a) Der ordnungsgemäß geladene Zeuge muss vor dem **Richter** (§§ 48 I 1, 51 StPO), der **StA** (§ 161a I 1, II StPO) und (seit der Neuregelung im Jahre 2017) auch vor der **Polizei** (§ 163 III 1 StPO) **erscheinen**. Eine Erscheinungspflicht bei der Polizei besteht aber nur bei **Ermittlungspersonen der StA** (Rn 102) und wenn der Ladung ein Auftrag der StA zugrunde liegt, § 163 III 1 StPO. Notfalls können Ordnungsmittel festgesetzt und die zwangsweise Vorführung angeordnet werden.

Die Erscheinungspflicht besteht auch, wenn die StA selbst den Zeugen zur (polizeilichen) Vernehmung durch eine Ermittlungsperson der StA lädt. Es genügt, dass der Vernehmungsleiter eine Ermittlungsperson der StA ist. Sind die engen Voraussetzungen des § 163 III 1 StPO (Ermittlungsperson der StA und Ladung entsprechend dem Auftrag der StA) nicht erfüllt, so ist eine Aufforderung eines Polizeibeamten an den Zeugen, sich zur Vernehmung zur Verfügung zu stellen, unverbindlich und der Zeuge braucht ihr nach wie vor nicht Folge zu leisten. Wenn der Zeuge auf eine nicht verpflichtende polizeiliche Ladung oder von sich aus erscheint, ist jeder Polizeibe-

---

19 *Prittwitz, C.*, Der Mitbeschuldigte im Strafprozeß, 1984, S. 139 ff; *Roxin/Schünemann*, § 26 Rn 5 f.
20 *Lenckner*, Peters-FS, S. 333, 336; *Lesch*, JA 1995, 157; *Schlüchter*, Rn 478 ff.
21 Nach BGH NJW 2005, 2166 gilt das auch, wenn nur der Schuldspruch rechtskräftig ist, die Strafhöhe jedoch noch festgesetzt werden soll; vert. *Mitsch*, Lenckner-FS, S. 721.

amte zur Vernehmung berechtigt. Ob ein Beweisverwertungsverbot (Rn 457) eingreift, wenn der Zeuge über die angebliche Eigenschaft des Polizeibeamten als Ermittlungsperson der StA oder einen angeblich bestehenden Ladungsauftrag der StA getäuscht wird, ist derzeit noch nicht geklärt[22].

b) Weiterhin ist der Zeuge gegenüber dem **Gericht**, der **StA** und der **Polizei** (dort aber nur bei **Ermittlungspersonen der StA** [Rn 102] und wenn der Ladung ein Auftrag der StA zugrunde liegt) verpflichtet, über den Gegenstand der Vernehmung **auszusagen**, §§ 48 I 2, 70 ggf iVm §§ 161a I 1, II, 163 III StPO. **188**

Er unterliegt dabei der **Wahrheitspflicht**. Dies ergibt sich bereits aus der Strafbarkeit wegen falscher Zeugenaussage vor dem Richter nach §§ 153 ff StGB[23] (s. auch Rn 196), gilt aber auch im Übrigen, §§ 57 S. 1, 64 StPO.

Ausnahmsweise entfällt die Aussagepflicht, wenn Zeugnisverweigerungspflichten oder Zeugnisverweigerungsrechte eingreifen (dazu Rn 190 f). Bei Befragung durch Polizeibeamte, die keine Ermittlungspersonen der StA sind (Rn 102) sowie bei polizeilicher Befragung von Zeugen, deren Ladung kein Auftrag der StA zugrunde liegt, ist eine Zeugenaussage ebenfalls nicht erzwingbar (vgl § 163 III StPO).

c) Zeugen werden nur **vereidigt**, wenn es das Gericht wegen der ausschlaggebenden Bedeutung der Aussage oder zur Herbeiführung einer wahren Aussage nach seinem **Ermessen** für notwendig hält, § 59 I 1 StPO. **189**

Die Nichtvereidigung ist daher der Regelfall. Indem der Vorsitzende den Zeugen entlässt, hat er im Rahmen seiner Sachleitungsbefugnis eine konkludente Vorabentscheidung dahingehend getroffen, dass vom Regelfall nicht abgewichen werden, es also bei der Nichtvereidigung bleiben soll. Ist ein Verfahrensbeteiligter damit nicht einverstanden, kann er das (gesamte) Gericht anrufen, das dann durch Beschluss gem. § 238 II StPO über die Vereidigung entscheidet (s.u. Rn 373, 375). Nach derzeitiger – im Einzelnen noch umstrittener – höchstrichterlicher Rspr verliert der Beschuldigte die Möglichkeit, seine Revision auf die fehlerhafte Handhabung des § 59 StPO zu stützen, wenn er von seinem Anrufungsrecht keinen Gebrauch macht[24] (zur Protokollierungspflicht der Entscheidung über die Vereidigung u. Rn 393).

Das Gesetz sieht in § 60 StPO **Vereidigungsverbote** vor,

– wenn die Person **eidesunmündig**, dh unter 18 Jahre alt ist, oder die Person **eidesunfähig** ist, dh wegen mangelnder Verstandesreife oder Verstandesschwäche Wesen und Bedeutung des Eides nicht versteht (§ 60 Nr 1 StPO)[25];
– wenn die Person **tatverdächtig** ist oder wenn der Verdacht besteht, dass sie eine Begünstigung, Strafvereitelung oder eine Hehlerei bzw eine Teilnahme an diesen Delikten begangen hat, bzw wenn bereits eine entsprechende Verurteilung vorliegt (§ 60 Nr 2 StPO)[26].

---

22 Gegen ein Beweisverwertungsverbot *Soiné*, NStZ 2018, 141, 144.
23 Ausf. Dölling-*M. Heinrich*, § 153 StGB Rn 11 ff.
24 BGHSt 50, 282 m. zust. Bespr. *Kudlich*, JA 2006, 494; BGH NStZ 2009, 647; einschränkend: BGH NStZ 2009, 343; vert. *Diehm*, StV 2007, 444; *Klemke*, StV 2006, 158.
25 Vert. *Kett-Straub, G.*, Die Pflichten minderjähriger Zeugen in der Hauptverhandlung des Strafverfahrens, 2003, S. 172.
26 BGHSt 34, 68; BGH StV 1990, 484; Fall bei *Engländer*, Rn 83.

Auch haben die in § 52 I StPO genannten Angehörigen des Beschuldigten das Recht, die Beeidigung zu verweigern (sog. **Eidesverweigerungsrecht**). Darüber sind sie zu belehren (§ 61 StPO)[27].

4. Einschränkung der Aussagepflicht bei Richtern, Beamten etc

190 a) Richter dürfen über Vorgänge im Rahmen einer geheimen Beratung und Abstimmung keine Aussage machen, sog. **Beratungsgeheimnis**[28] (§§ 43, 45 I 2 DRiG).

b) Richter, Beamte und andere Personen des öffentlichen Dienstes benötigen nach Maßgabe des Beamtenrechts eine **Aussagegenehmigung**, wenn sie als Zeugen über Umstände gehört werden, auf die sich ihre Amtsverschwiegenheit bezieht (§ 54 I StPO).

§ 54 StPO schafft ein Beweiserhebungsverbot. Wird der Zeuge dennoch vernommen und sagt er ohne Genehmigung aus, so ist die Aussage jedoch verwertbar. Die Versagung der Aussagegenehmigung ist nur unter den Voraussetzungen der § 68 BBG, § 37 IV BeamtStG zulässig, nämlich wenn die Aussage dem Wohl des Bundes oder Landes Nachteile bereiten oder die Erfüllung öffentlicher Aufgaben ernstlich gefährden oder erheblich erschweren würde. Die Behörde muss auch die Bedeutung der gerichtlichen Wahrheitsfindung für die Sicherung der Gerechtigkeit und das Gewicht des Freiheitsanspruchs des Beschuldigten angemessen berücksichtigen[29]. Wenn die Versagung fehlerhaft oder nicht ausreichend begründet erscheint, muss das Gericht selbst mittels einer Gegenvorstellung auf die Erteilung der Aussagegenehmigung hinwirken. Dies gebietet die richterliche Aufklärungspflicht[30]. Gegen die Versagung können die Verfahrensbeteiligten im Verwaltungsrechtsweg vorgehen[31]. Gericht und StA ist dieser Weg allerdings versperrt[32] (Einzelheiten str.; s.a. unten Rn 329, 428).

5. Zeugnisverweigerungsrechte

191 **Zeugnisverweigerungsberechtigt** sind[33]:

a) nahe **Angehörige** des Beschuldigten, § 52 I StPO, nämlich

– Verlobte
  Sehr strittig ist, ob „noch" Verheiratete ein Verlöbnis iSd § 52 I StPO mit einem neuen Partner eingehen können. Dies verneint die überwiegende Rspr[34]. Da es hier jedoch nur auf die psychische Konfliktsituation des Zeugen ankommt, sollte die zivilrechtliche Unwirksamkeit eines Verlöbnisses seitens eines Verheirateten keine Rolle spielen und die Zeugnisverweigerung auch in diesem Fall möglich sein. Für dauerhafte nichteheliche Lebensgemeinschaften sollte die Vorschrift analog gelten (ebenfalls sehr str.[35]).

---

27 BGH StV 2008, 563.
28 Vert. OLG Naumburg NJW 2008, 3585 (Fall *Görgülü*) m. Anm. *Mandla*, ZIS 2009, 143.
29 BGHSt 32, 115, 124; BVerfGE 57, 250, 283 ff.
30 BGHSt 33, 178, 180.
31 BVerwGE 66, 39; BGH NJW 2007, 3010.
32 So wohl auch BGH NJW 2007, 3010, 3012; aA *Ellbogen*, NStZ 2007, 310.
33 Vert. *Eckstein*, S. 100 ff.
34 BGH NStZ 1983, 564; aA LG Heidelberg StV 1981, 616; LR-*Ignor/Bertheau*, § 52 Rn 5.
35 Wie hier *Hillenkamp*, JuS 1997, 821, 830; aA *Bosch*, Jura 2012, 33; *Herold*, JA 2014, 374; *J. Kretschmer*, JR 2008, 55; guter Beispielsfall bei *Hellmann*, Fallsammlung, Klausur Nr 6, Rn 417.

- Ehegatten, und zwar auch nach der Scheidung; bei einer in Deutschland nach islamischem Recht geschlossenen Ehe besteht aber kein Zeugnisverweigerungsrecht (auch nicht nach § 52 I StPO analog; zudem keine Umdeutung in ein Verlöbnis)[36]
- Verwandte in gerader Linie und in der Seitenlinie bis zum dritten Grad (§ 1589 BGB)
- Verschwägerte in gerader Linie und in der Seitenlinie bis zum zweiten Grad (§ 1590 BGB)
- eingetragene Lebenspartner, auch wenn die Lebenspartnerschaft nicht mehr besteht.

Richtet sich ein einheitliches Verfahren gegen mehrere **Mitbeschuldigte** und steht der Zeuge auch nur zu einem in einem Angehörigenverhältnis nach § 52 StPO, so ist er zur Verweigerung des Zeugnisses hinsichtlich aller Beschuldigten berechtigt, sofern der betreffende Sachverhalt auch seinen Angehörigen betrifft[37]. Der Zeuge kann nämlich nur einheitlich aussagen, sodass sein Zeugnisverweigerungsrecht einheitlich wirkt. Ferner besteht die Gefahr von Falschaussagen und der „Familienfrieden" wird tangiert. Diese Überlegungen gelten auch, wenn das Verfahren gegen den Angehörigen abgetrennt wurde. Es reicht also, wenn die Verfahren auch nur vorübergehend verbunden waren[38]. Auch eine Einstellung des Verfahrens gegen den Angehörigen gem. § 170 II StPO, die keinerlei Rechtskraft entfaltet (s.u. Rn 320), führt nicht zum Wegfall des Zeugnisverweigerungsrechts[39]. 192

Nach früherer Rspr bestand das Zeugnisverweigerungsrecht sogar noch, wenn der Angehörige zur Zeit der Zeugenvernehmung verstorben oder das gegen ihn betriebene Strafverfahren bereits rechtskräftig abgeschlossen war[40]. Inzwischen entscheidet der BGH anders. Nach **rechtskräftigem** Freispruch oder **rechtskräftiger** Verurteilung des Mitbeschuldigten (und Angehörigen) entfalle weitgehend der Sinn des Zeugnisverweigerungsrechts[41]. Ebenso wird entschieden, wenn der „Angehörigen-Mitbeschuldigte" verstorben ist[42] oder das Verfahren nach § 154 StPO eingestellt wird[43] (s.u. Rn 339). Diese Lösung ist jedoch nicht sachgerecht, denn das Interesse am Schutz des innerfamiliären Friedens kann nach wie vor so ausgeprägt sein, dass es uU das Interesse an der Durchführung des Strafverfahrens überwiegt[44].

▶ Beispielsfall bei *Beulke*, Klausurenkurs III, Rn 605

Das Zeugnisverweigerungsrecht schließt nicht aus, das **äußere Erscheinungsbild** eines Zeugen für die Urteilsfindung zu verwerten (zB Bluterguss im Gesicht der von ihrem Zeugnisverweigerungsrecht Gebrauch machenden angehörigen Opferzeugin darf als Augenscheinsbeweis verwertet werden)[45]. 192a

Die zur Verweigerung des Zeugnisses berechtigten Personen sind vor jeder Vernehmung über ihr Zeugnisverweigerungsrecht zu **belehren** (§ 52 III StPO). Die Beleh- 193

---

36 BGH NStZ-RR 2018, 20.
37 BGHSt 34, 215, 216.
38 BGH StV 2012, 193 m. Bespr. *Kudlich*, JA 2012, 233 u. *Schwan/Andrzejewski*, HRRS 2012, 507; krit. *Schmitt*, Kühne-FS, S. 333.
39 BGH NStZ 2012, 221; problematisch BGH NStZ 1998, 469 m. Bespr. *Radtke*, NStZ 1999, 481.
40 BGHSt 34, 215, 216.
41 BGHSt 38, 96, 101.
42 BGH NStZ 1992, 291; *Schroeder/Meindl*, Fall 6, S. 74.
43 BGHSt 54, 1; dazu *Bertheau*, StV 2010, 611; *Bosch*, JA 2009, 826; *Satzger*, Schöch-FS, S. 913.
44 Wie hier wohl *Eisenberg*, Rn 1221a.
45 BGH NStZ-RR 2005, 257; *M-G/Schmitt*, § 52 Rn 23; Radtke/Hohmann-*Otte*, § 52 Rn 30; aA LR-*Ignor/Bertheau*, § 52 Rn 24.

rung darf dabei nicht einem Sachverständigen übertragen werden[46]. **Unterbleibt die Belehrung, ist die Aussage unverwertbar** (s.u. Rn 461).

194 b) Ein Zeugnisverweigerungsrecht haben ferner Personen, bei denen ein **Geheimnisschutz für ihre Berufsausübung** unumgänglich ist (sog **Berufsgeheimnisträger**, § 53 StPO). Das Gesetz listet die einzelnen Berufsgruppen auf, insbes.:

- Geistliche (§ 53 I 1 Nr 1 StPO)
- Verteidiger (§ 53 I 1 Nr 2 StPO)
- Rechtsanwälte, Steuerberater, Ärzte, Psychologische Psychotherapeuten (§ 53 I 1 Nr 3 StPO)
- Mitglieder von Beratungsstellen für Schwangere (§ 53 I 1 Nr 3a StPO)
- Drogenberater (§ 53 I 1 Nr 3b StPO)
- Abgeordnete (§ 53 I 1 Nr 4 StPO)
- Mitarbeiter von Presse und Rundfunk (§ 53 I 1 Nr 5 StPO). Auch selbst recherchiertes Material und berufsbezogene Informationen werden erfasst (s. § 53 I 2 u. 3 StPO)[47].

Gem. § 53a StPO steht das Zeugnisverweigerungsrecht auch Hilfspersonen der Berufsgeheimnisträger zu, damit nicht § 53 StPO durch Vernehmung der Gehilfen umgangen wird. Voraussetzung ist ein unmittelbarer Zusammenhang zwischen der Tätigkeit der Hilfsperson und derjenigen des Berufsgeheimnisträgers.

Darüber hinaus kann sich in eng umgrenzten Ausnahmefällen ein Zeugnisverweigerungsrecht auch bei den Berufsgruppen, die nicht eigens erwähnt sind, unmittelbar aus der Verfassung ergeben[48]. Dies wurde zB bejaht für eine in einer Anlaufstelle für sexuell missbrauchte Frauen tätige Psychologin[49] und verneint bei Betreuern einer „Babyklappe"[50]. Den im Rahmen einer Mediation tätigen Personen steht ein Zeugnisverweigerungsrecht nur dann zur Seite, wenn es sich um eine der oben genannten gesetzlich erfassten Berufsgruppen handelt[51]. Auch den bei einem Unternehmen angestellten Juristen mit Rechtsanwaltszulassung (sog. **Syndikusanwälte**) steht nach inzwischen ausdrücklicher gesetzlicher Regelung, die der Rspr. des EuGH entspricht[52], bzgl. der Unternehmensinterna kein Zeugnisverweigerungsrecht zu, § 53 I Nr 3 StPO.

Ein Zeugnisverweigerungsrecht unmittelbar aus der Verfassung wird in Einzelfällen auch dann anerkannt, wenn das Beweisthema der Zeugenvernehmung in den Kernbereich privater Lebensgestaltung eingreift, Art. 1 I iVm Art. 2 I GG. Ein derartiger Eingriff kommt zB in Betracht, wenn der ehemalige Mandant im Verfahren gegen seinen Verteidiger über Interna des Mandats aussagen soll[53] (vgl auch Rn 152a).

Eine **Belehrungspflicht** über das Zeugnisverweigerungsrecht gem. § 53 StPO ist **nicht vorgesehen**. Es ist allein Sache des Arztes usw, ob er sich nach Abwägung widerstreitender Interessen zur Aussage entschließt. Davon zu trennen ist die Frage eines Vernehmungs- und Verwertungsver-

---

46 BGH NJW 1996, 206 m. Anm. *Wohlers*, StV 1996, 192; BGH StV 1997, 231.
47 Vert. *Heinrich*, Rengier-FS, S. 397; *Rogall*, Eisenberg-FS, S. 583; *Rotsch, F.*, Der Schutz der journalistischen Recherche im Strafprozeßrecht, 2000; *Ignor/Sättele*, ZRP 2011, 69; *Stefanopoulou*, JR 2012, 63.
48 BVerfG StV 1998, 355 m. Anm. *Kühne*.
49 LG Freiburg NJW 1997, 813; krit. *Baier*, JR 1999, 495; *Hecker*, JR 1999, 428.
50 LG Köln JR 2002, 171 m. zust. Anm. *Neuheuser*; SK-StPO-*Rogall*, § 53 Rn 129; aA *Beulke*, Herzberg-FS, S. 622; *ders.*, Schünemann-FS , S. 85; *Riekenbrauk*, ZfJ 2003, 136.
51 Mediationsverfahren-*Eisele*, § 30 Rn 53; *Mühlfeld*, Mediation im Strafrecht, 2002, S. 192.
52 EuGH NJW 2010, 3557 *(Akzo Nobel Chemicals Ltd)* m. krit. Bespr. *Moosmayer*, NJW 2010, 3548; krit. *Beulke/Lüdtke/Swoboda*, S. 31 ff; *Schemmel/Ruhmannseder/Witzigmann*, Kap. 7 Rn 9 ff.
53 *Beulke*, Fezer-FS, S. 3; abl. OLG Koblenz NStZ-RR 2008, 283 m. krit. Bespr. *Bosbach*, NStZ 2009, 177; vgl zum Ganzen *Beulke/Ruhmannseder*, Rn 460 ff.

botes. Wenn der Zeuge unter Verstoß gegen seine Geheimhaltungspflicht (§ 203 StGB) ohne Genehmigung des Beschuldigten (§ 53 II 1 StPO) aussagt, so darf diese Aussage nicht verwertet werden. Die gegenteilige Ansicht der Rspr[54] ist abzulehnen (ausf. u. Rn 462)[55].

Bestimmte Berufsgeheimnisträger, insbesondere Strafverteidiger und Ärzte, können von ihrer Verschwiegenheitsverpflichtung gegenüber ihrem Mandanten bzw Patienten von diesem **entbunden** werden. Konsequenterweise entfällt dann auch das Zeugnisverweigerungsrecht dieser Berufsgeheimnisträger (**§ 53 II 1 StPO**).

Die Frage der **Entbindungsberechtigung** stellt sich – angesichts einer im Regelfall klaren Rechtslage – vorrangig bei Kapitalgesellschaften, deren Geschäftsführer bzw deren geschäftsführender Vorstand nach der Tat wechselt oder an dessen Stelle ein Insolvenzverwalter tritt: In diesem Fall ist höchst umstritten, wer anschließend hinsichtlich des für die Gesellschaft tätigen Berufsgeheimnisträgers entbindungsberechtigt sein soll – der alte oder der neue Organwalter. Richtigerweise können nur beide zusammen den Berufsgeheimnisträger wirksam von der Verschwiegenheitspflicht entbinden: Der aktuelle Organwalter handelt im Interesse der Gesellschaft, die den Berufsgeheimnisträger mandatiert hat; der frühere Organwalter hingegen hat ein schutzwürdiges Interesse daran, dass Informationen, die er bei seiner Tätigkeit für die Gesellschaft dem Berufsgeheimnisträger im Rahmen des von § 53 StPO geschützten Vertrauensverhältnisses preisgegeben hat, nicht gegen ihn verwendet werden[56].

c) Ein **Auskunftsverweigerungsrecht** haben schließlich Zeugen **bzgl solcher Fragen**, deren Beantwortung für sie selbst oder einen Angehörigen die Gefahr heraufbeschwören würde, wegen einer Straftat oder einer Ordnungswidrigkeit verfolgt zu werden (§ 55 I StPO), wobei streitig ist, ob sich dieses Recht auch auf juristische Personen erstreckt[57]. Bei wahrer Aussage muss sich ein auf konkrete Tatsachen gestützter – allerdings sehr niedrig anzusetzender (vgl o. Rn 111) – Anfangsverdacht iSd § 152 II StPO ergeben[58]. Bloße Vermutungen oder rein denktheoretische Möglichkeiten reichen nicht aus[59]. Es genügt jedoch, dass die Antwort „als Teilstück in einem mosaikartigen Beweisgebäude" zu einer Belastung des Zeugen beitragen könnte **(Mosaiktheorie)**. Gleichwohl berechtigt § 55 StPO nur **ausnahmsweise** zu einer **umfassenden Verweigerung** der Auskunft[60]. Straftaten, die erst durch die Aussage selbst begangen wurden (Beispiel: der Zeuge entlastet wahrheitswidrig den Angeklagten), begründen kein Auskunftsverweigerungsrecht des Zeugen gem. § 55 StPO[61]. Der Zeuge ist über sein Recht zur Verweigerung der Auskunft zu belehren (§ 55 II StPO). Unterbleibt dies, ist die Aussage gleichwohl verwertbar, da § 55 StPO nur dem Schutz des Zeugen, nicht des Angeklagten dient (**„Rechtskreistheorie"**[62]; dazu ausf. Rn 464).

195

---

54 BGHSt 9, 59.
55 Guter Überblick über die Zeugnisverweigerungsrechte der StPO bei *Kudlich/Roy*, JA 2003, 565.
56 OLG Düsseldorf wistra 1993, 120; *Beulke*, Achenbach-FS, S. 39; *Feigen/Livonius*, Wolter-FS, S. 891, 896 ff; *Krause*, NStZ 2012, 663; aA OLG Nürnberg StV 2011, 142 m. abl. Anm. *Dierlamm* u. zust. Bespr. *Peters/Klingberg*, ZWH 2012, 11; OLG Köln StV 2016, 8 m. krit. Anm. *Gatzweiler/Wölky*; OLG Hamm NStZ 2018, 421 m. Anm. *Bittmann*; *M-G/Schmitt*, § 53 Rn 46a; SK-StPO-*Wohlers*, § 97 Rn 30; vert. *Städler*, Die Auswirkungen eines Personenwechsels bei Vertretungsorganen von GmbH und AG auf die Entbindungsberechtigung nach § 53 Abs. 2 S. 1 StPO, 2012.
57 Generell befürwortend *Schuler*, JR 2003, 265; dagegen *Arzt*, JZ 2003, 456.
58 Vgl BVerfG NJW 2002, 1411; SK-StPO-*Rogall*, § 55 Rn 34.
59 BGH NStZ 2017, 546.
60 BVerfG wistra 2010, 299 (abl. im konkr. Fall).
61 BGH NStZ 2013, 238.
62 BGHSt GrS 11, 213, 218.

Das Verweigerungsrecht besteht nicht (mehr), wenn die Gefahr der Verfolgung zweifellos entfällt, wenn offensichtlich Rechtfertigungs- oder Entschuldigungsgründe vorliegen oder der Zeuge wegen Rechtskraft nicht erneut verfolgt werden darf[63].

6. Der Gang der Zeugenvernehmung

196 a) Vor der Vernehmung sind die Zeugen zur Wahrheit zu ermahnen, auf die Möglichkeit der Vereidigung hinzuweisen und über die strafrechtlichen Folgen einer unrichtigen oder unvollständigen Aussage zu belehren. Im Falle der Vereidigung sind die Zeugen über die Bedeutung des Eides sowie über die Möglichkeit der Wahl zwischen dem Eid mit religiöser oder ohne religiöse Beteuerung zu belehren, § 57 StPO. Der Staatsanwalt und die Ermittlungspersonen der StA, die Zeugen im Rahmen des Ermittlungsverfahrens vernehmen, ermahnen diese ebenfalls zur Wahrheit, §§ 161a I 2, 163 III 2 StPO. Zur eidlichen Vernehmung sind sie jedoch nicht berechtigt, §§ 161a I 3, 163 III 3 StPO, dh der Staatsanwalt und die Ermittlungspersonen der StA dürfen keine Eide abnehmen, und der Zeuge, der bei ihnen die Unwahrheit sagt, macht sich auch nicht gem. § 153 StGB strafbar.

Das Unterlassen der Belehrung nach § 57 StPO führt zu keinem Verwertungsverbot, da es sich um einen Schutz allein zu Gunsten des Zeugen handelt. Liegt in dem Unterlassen jedoch zugleich eine Verletzung der Aufklärungspflicht nach § 244 II StPO, weil nicht auszuschließen ist, dass der Zeuge bei entsprechendem Hinweis etwas anderes gesagt hätte, dann kann darauf die Revision gestützt werden[64].

Sofern Zeugnis- und Auskunftsverweigerungsrechte in Betracht kommen, ist auch auf diese hinzuweisen (§§ 52 III, 55 II StPO).

b) Die Zeugen sind einzeln und in Abwesenheit der später zu hörenden Zeugen zu vernehmen (§ 58 I StPO).

c) Die Zeugen sind zunächst zur Person zu vernehmen (§ 68 StPO, insbes. ist nach Name, Alter, Beruf, Wohnort und Beziehung zum Beschuldigten bzw Verletzten zu fragen; zu Einschränkungen beim V-Mann s.u. Rn 423 ff).

d) Die Vernehmung des Zeugen zur Sache gliedert sich in zwei Teile:
– Zunächst ist der Zeuge zu veranlassen, das, was ihm vom Gegenstand seiner Vernehmung bekannt ist, im Zusammenhang anzugeben (sog. **Berichtsteil** gem. § 69 I StPO)[65].
– Zur weiteren Aufklärung und zur Vervollständigung der Aussage sowie zur Erforschung des Grundes, auf dem das Wissen des Zeugen beruht, sind nötigenfalls Fragen zu stellen (**Verhör** nach § 69 II StPO).

Die Vorschriften des § 136a StPO über verbotene Vernehmungsmethoden gelten für die Vernehmung des Zeugen entsprechend (§ 69 III StPO).

Fragen nach Tatsachen, die dem Zeugen oder dessen Angehörigen zur Unehre gereichen können oder deren persönlichen Lebensbereich betreffen, sollen nur gestellt werden, wenn es unerlässlich ist (§ 68a I StPO)[66].

e) Der Zeuge ist einzeln zu vereidigen, und zwar nach seiner Vernehmung im sog. **Nacheid** (§ 59 II 1 StPO). Die Vereidigung erfolgt, soweit nichts anderes bestimmt ist, nur in der Hauptverhandlung (§ 59 II 2 StPO). Im vorbereitenden Verfahren ist die Vereidigung nur unter den besonderen Voraussetzungen des § 62 StPO zulässig, insbes. bei Gefahr im Verzug.

---

63 BGH NStZ 2007, 278; *M-G/Schmitt*, § 55 Rn 8.
64 Abl. KMR-*Neubeck*, § 57 Rn 6; KK-*Senge*, § 57 Rn 8.
65 S. dazu BGH NStZ 2011, 422.
66 Vert. *Schöch*, Wolter-FS, S. 1095.

Über die Vereidigung entscheidet der Vorsitzende zunächst allein, obwohl der Gesetzeswortlaut auf die Entscheidung des „Gerichts" abstellt. Diese Frage gehört also zu seiner **Sachleitungsbefugnis** iSv § 238 I StPO[67]. Wird die Anordnung als unzulässig beanstandet, entscheidet das Gericht, § 238 II StPO (zur Sachleitungsbefugnis s.u. Rn 372 ff).

f) Weigert sich der Zeuge, auszusagen oder den Eid zu erbringen, so kommt im Rahmen der gerichtlichen Aufklärungspflicht (§ 244 II StPO) die Anordnung der „Erzwingungsmaßnahmen" Ordnungsgeld, Ordnungshaft oder **Beugehaft** in Betracht, § 70 StPO. Die Anordnung von Beugehaft steht in besonderem Maße unter der Prämisse der **Verhältnismäßigkeit**[68].

g) Der Zeuge wird nach dem Gesetz über die Entschädigung von Zeugen und Sachverständigen entschädigt (§ 71 StPO).

7. Zeugenschutz

In jüngster Zeit setzt sich immer mehr die Ansicht durch, dass der Zeuge nicht nur Objekt der Beweisaufnahme, sondern auch Verfahrenssubjekt ist. Seine Rechte, zB das Recht auf Leben und körperliche Unversehrtheit (Art. 2 II 1 GG), das Persönlichkeitsrecht oder das Recht auf informationelle Selbstbestimmung (Art. 2 I iVm Art. 1 I GG), müssen staatlich geschützt werden[69]. Neben den verfassungsrechtlichen Schutzpflichten besteht auch eine aus §§ 223, 251 StPO abgeleitete **Fürsorgepflicht** des Gerichts gegenüber Zeugen; der Tatrichter ist ua verpflichtet zu prüfen, ob einem Zeugen auf Grund persönlicher Belange das Erscheinen in der Hauptverhandlung oder die Aussage überhaupt zuzumuten ist[70]. Als besonders schutzbedürftig werden angesehen:

196a

– Personen, die bei Erfüllung ihrer Zeugenpflichten mit einem Angriff auf ihre Rechtsgüter oder auf Rechtsgüter einer ihnen nahe stehenden Person zu rechnen haben, zB V-Leute (**„gefährdete Zeugen"**),
– Zeugen, die nach ihren früheren Aussagen Opfer von Straftaten gegen die sexuelle Selbstbestimmung geworden sind (**„Opferzeugen"**) sowie
– **minderjährige Zeugen** in Strafverfahren wegen Gewaltverbrechen und Straftaten gegen die sexuelle Selbstbestimmung auch dann, wenn sie als Opfer ausscheiden.

Die Strafprozessordnung enthält keinen eigenen Abschnitt über Zeugenschutz, vielmehr wurden die Vorschriften in den jeweiligen Verfahrensabschnitt eingefügt, in dem sie wirksam werden sollen. ZB ist es Zeugen nach § 68 I 2, II StPO gestattet, den Wohnort zu verschweigen oder nach § 68 III StPO die Identität geheim zu halten. Unter den Voraussetzungen des § 247 StPO kann der Angeklagte, unter denen der §§ 171b, 172 GVG die Öffentlichkeit ausgeschlossen werden. § 241a I StPO überträgt die Vernehmung minderjähriger Zeugen allein dem Vorsitzenden.

Mit dem **Zeugenschutzgesetz aus dem Jahre 1998** ist der Einsatz der Videotechnik als Beweismittel und als Vernehmungsmöglichkeit eingeführt worden[71] (vgl §§ 58a, 168e, 247a, 255a StPO; Einzelheiten s. Rn 430 ff). Ferner wurden Regelungen zum Zeugen- und Verletztenbeistand getroffen, die das **2. OpfRRG**[72] vom 29.7.2009 weiter ausgebaut hat. In § 68b I 1 StPO ist das aus dem fair-trial-Grundsatz abgeleitete Recht jedes Zeugen normiert, sich **auf eigene Kosten** der Hilfe eines **anwaltlichen Beistandes** zu bedienen[73]. § 68b II StPO sieht vor, dass dem Zeugen für

---

67 BGHSt 1, 216; BGH NStZ 2005, 340.
68 BGH NStZ-RR 2012, 114; KG NStZ 2011, 652.
69 BGH NStZ-RR 2009, 247; vgl auch SK-StPO-*Rogall*, Vor § 48 Rn 67 ff; *Saditt*, Kohlmann-FS, S. 667.
70 BGH NStZ 1984, 31; *Franke*, StraFo 2000, 298.
71 *Beulke*, ZStW 113 (2001), 709; *Wasserburg*, Richter II-FS, S. 547.
72 BGBl I 2009, S. 2280; dazu befürwortend: *Böttcher*, Schöch-FS, S. 929; krit. *Bung*, StV 2009, 430; *Schroth*, NJW 2009, 2916; s.a. *Bittmann*, JuS 2010, 219; *Hilger*, GA 2009, 657; *Weigend*, Schöch-FS, S. 947.
73 BVerfGE 38, 105, 112; BVerfG StraFo 2010, 243.

die Dauer der Vernehmung sogar ein **Rechtsanwalt auf Staatskosten** beizuordnen ist, wenn der Zeuge ausnahmsweise seine Befugnisse (zB die Zeugnis- und Aussageverweigerungsrechte) bei der Vernehmung nicht selbst wahrnehmen und seinen schutzwürdigen Interessen nicht auf andere Weise Rechnung getragen werden kann (Subsidiaritätsklausel). Der Rechtsbeistand hat keine weitergehenden Befugnisse als der Zeuge[74]. Er hat deshalb kein selbstständiges Antragsrecht sowie kein Anwesenheitsrecht vor und nach der Vernehmung. Während der Zeugenvernehmung ist ihm die Anwesenheit so lange gestattet, als nicht Tatsachen die Annahme rechtfertigen, dass er die geordnete Beweiserhebung nicht nur unwesentlich beeinträchtigt[75] (Einzelheiten vgl § 68b I 2–4 StPO). Nach hA hat der Zeugenbeistand auch kein eigenes Akteneinsichtsrecht, es finden lediglich §§ 475, 477 II 1 StPO Anwendung[76]. Handelt es sich bei dem Zeugen zugleich um den Verletzten der Tat, sind die besonderen Opferrechte zu beachten, die im Jahre 2013 nochmals durch das **Gesetz zur Stärkung der Rechte von Opfern im Strafverfahren** (StORMG)[77] und 2015 durch das **3. Opferrechtsreformgesetz**[78] ausgeweitet worden sind (vgl §§ 397a, 406f, 406g l StPO; s. Rn 596, 602 ff und mit dem Jahr 2018 das erweiterte Akteneinsichtsrecht des Verletzten in § 406e StPO[79]).

IV. Der Sachverständigenbeweis (§§ 72 ff StPO)

1. Allgemeines

197 Der **Sachverständige** besitzt bzgl der zu beweisenden Einzeltatsachen eine dem Richter fehlende, besondere Sachkunde. Diese Kenntnisse befähigen ihn, über Tatsachen oder Erfahrungssätze Auskunft zu erteilen oder einen bestimmten Sachverhalt zu beurteilen. Durch die Beauftragung unterscheidet er sich vom **sachverständigen Zeugen**. Unter Letzterem versteht man einen Zeugen, der von Tatsachen oder Zuständen berichten kann, zu deren Wahrnehmung zwar besondere Sachkunde erforderlich ist, bei dem aber der spezielle Gutachtenauftrag fehlt und auf den gem. § 85 StPO die Vorschriften über den Zeugenbeweis anwendbar sind. Im Gegensatz zum Sachverständigen ist der sachverständige Zeuge nicht auswechselbar, da nur er über die eigenen Beobachtungen berichten kann.

Beispiel: Ein am Unfallort zufällig anwesender Arzt schildert in der Hauptverhandlung die Verletzungen des Opfers. Trotz besonderer Sachkunde ist er mangels Auftrag nicht als Sachverständiger, sondern als Zeuge zu vernehmen, § 85 StPO[80].

198 Die Tatsachen, die der Sachverständige seinem Gutachten zugrundelegt, werden als **Anknüpfungstatsachen** bezeichnet. Sofern es sich nicht um vom Gericht vorgegebene Tatsachen handelt, unterteilen sie sich wiederum in zwei Gruppen:

---

74 B VerfGE 38, 105, 116; weiterführend: *Dahs*, Puppe-FS, S. 1545; *Park*, Dencker-FS, S. 233.
75 AG Berlin-Tiergarten wistra 2011, 155; krit. zum Ausschluss: *Matt/Dierlamm/Schmidt*, StV 2009, 715.
76 BGH NStZ-RR 2010, 246; KG StV 2010 m. abl. Anm. *Koch*; *M-G/Schmitt*, § 68b Rn 5; *Roxin/Schünemann*, § 26 Rn 68; hiergegen KK-*Senge*, § 68b Rn 8; *Schlag*, Müller-FS, S. 29; *Schmidt*, Müller-FS II, S. 663; weiterführend: *Dahs*, NStZ 2011, 200.
77 BGBl I 2013, S. 1805; dazu *Deutscher*, StRR 2013, 324.
78 BGBl I 2015, S. 2525; dazu *Ferber*, NJW 2016, 279.
79 Zum Opferschutz s. ferner u.a. *Beulke*, Schroeder-FS, S. 663; *Jung*, GA 1998, 313; *Kett-Straub*, ZIS 2017, 341; *Kölbel*, ZStW 119 (2007), 334; *Weigend*, Gutachten C zum 62. DJT 1998; *ders.*, Streng-FS, S. 781; *Buhlmann*, Die Berücksichtigung des Täter-Opfer-Ausgleichs als Verfahrensgrundsatz?, 2005; *Holz*, Justizgewähranspruch des Verbrechensopfers, 2007.
80 Vert. SK-StPO-*Rogall*, § 85 Rn 17 ff.

Zunächst gibt es Tatsachen, welche der Sachverständige nur auf Grund seiner besonderen Sachkunde erkennen kann. Dies sind sog. **Befundtatsachen**, die im Wege der gutachtlichen Stellungnahme des Sachverständigen in die Hauptverhandlung eingeführt werden.

Beispiel: Der Bericht des Gerichtsmediziners über das Sektionsergebnis oder Darlegungen des Psychiaters über Gehirnanomalien des Angeklagten.

Davon zu unterscheiden sind Tatsachen, die zwar rein tatsächlich der Sachverständige festgestellt hat, die grundsätzlich aber auch das Gericht selbst mit den diesem zur Verfügung stehenden Erkenntnismitteln hätte feststellen können. Dies sind die sog. **Zusatztatsachen**, die nicht Bestandteil des Sachverständigengutachtens sind und daher im Wege des Zeugenbeweises in das Verfahren eingeführt werden.

Beispiel: Während der psychiatrischen Untersuchungen berichtet die 8-jährige Zeugin über sexuelle Handlungen, die ihr Vater an ihr vorgenommen hat[81].

Sofern die Tatsachen offenkundig sind oder sich das Gericht anderweitig von der Richtigkeit überzeugt, entstehen keine besonderen Probleme, der Sachverständige darf im Gutachten von diesen Tatsachen ausgehen. Im Übrigen muss der Sachverständige bzgl der Zusatztatsachen wie ein Zeuge vernommen werden. Im Einzelfall kann die Differenzierung relevant werden, zB wenn ein Angehörigenzeuge gegenüber dem Sachverständigen Zusatztatsachen bekundet und später wirksam von seinem Zeugnisverweigerungsrecht Gebrauch macht. Dann darf auch die vom Sachverständigen eingebrachte diesbezügliche Aussage nicht verwertet werden[82] (s. auch u. Rn 420a).

2. Die Bestellung und Leitung des Sachverständigen

Da der Sachverständige die dem Gericht im Einzelfall fehlende Sachkunde ausgleichen soll, wird er nach § 73 StPO in der Regel vom **Gericht** beauftragt. Man bezeichnet ihn deswegen auch als einen **„Gehilfen des Gerichts"**, obwohl diese Formulierung missverständlich ist, denn stets bleibt der Sachverständige Beweismittel. Im **Ermittlungsverfahren** kann die Bestellung des Sachverständigen bereits durch den **Staatsanwalt** erfolgen (§§ 161a I 2, 73 StPO). Der Richter bzw im Ermittlungsverfahren der Staatsanwalt hat, soweit ihm dies erforderlich erscheint, die Tätigkeit des Sachverständigen zu leiten (§ 78 StPO)[83]. 199

Ein Sachverständiger kann aus denselben Gründen, die zur Ablehnung eines Richters berechtigen (s.o. Rn 63 ff), **abgelehnt** werden (§ 74 I 1 StPO). Entsprechende Anwendung finden dabei §§ 22 Nr 1–4, 24 (zB irritierende Facebookposts[84]) StPO. Zu beachten ist, dass die gesetzlichen Ausschlussgründe des § 22 StPO beim Sachverständigen nur zu einem Ablehnungsrecht führen. Ist die Ablehnung erfolgreich, scheidet der Sachverständige nur in dieser Funktion aus. Seine „latente Zeugeneigenschaft"

---

81 BGH NStZ 1992, 295.
82 BGHSt 46, 189, 192; vert. *Toepel*, S. 374.
83 LG Kiel NStZ 2007, 169; s.a. *Brüning*, StV 2008, 100; *Müller*, Lüke-FS, S. 493; *Ulrich*, Rn 149 ff; *Wolf*, ZWH 2012, 125; *Zwiehoff*, S. 18 ff.
84 LG Leipzig StV 2018, 277.

kann hingegen wie bei anderen Verfahrensbeteiligten (zB Richtern und Staatsanwälten) dann „wiederaufleben"[85].

In der Regel ist die Bestellung eines Sachverständigen nicht obligatorisch, vielmehr hat das Gericht einen **Beurteilungsspielraum** hinsichtlich der Einschätzung, ob es selbst über eine ausreichende Sachkunde verfügt (zB bzgl der Beurteilung der Glaubwürdigkeit eines Zeugen). In einigen Ausnahmefällen sieht das Verfahrensrecht die Mitwirkung eines Sachverständigen zwingend vor (vgl nur §§ 87 I, 231a III 1, 246a, 415 II, V, 454 II StPO). Im Übrigen kann **im Einzelfall** die richterliche Aufklärungspflicht gem. § 244 II StPO die Hinzuziehung eines Sachverständigen erfordern, zB bei Verdacht auf erhebliche Sexualanomalien[86], zur Vornahme einer Schriftvergleichung[87] oder zur Glaubwürdigkeitsprüfung kindlicher oder psychisch kranker Zeugen, wenn besondere Zweifel an der Wahrheit der Aussage auftauchen[88]. Für die Beurteilung der Schuldfähigkeit des Angeklagten bedarf es auch in Kapitalstrafsachen nur bei Vorliegen besonderer Umstände eines Sachverständigengutachtens[89].

Welcher Sachverständige als sachkundig eingestuft und deshalb ausgewählt wird, unterfällt ebenfalls dem Beurteilungsspielraum des Richters[90]. So kann er zur Beurteilung der Schuldfähigkeit eines Angeklagten bei nicht krankhaften Zuständen sowohl einen Psychiater als auch einen Psychologen auswählen[91], bei geistigen Erkrankungen jedoch nur einen Psychiater[92].

3. Die Erstellung des Sachverständigengutachtens

200 Die fachliche Durchführung der Untersuchung obliegt allein dem Sachverständigen; das Gericht ist nicht befugt, ihm fachliche Weisungen zu erteilen[93]. Der Sachverständige hat dieselben Pflichten wie ein Zeuge (§ 72 StPO), dh er muss vor Gericht und StA erscheinen, sein **Gutachten wahrheitsgemäß erstellen** und ggf beeiden. Eine Pflicht, der Ernennung überhaupt Folge zu leisten, besteht aber nur in Ausnahmefällen (§ 75 StPO). Im Übrigen steht dem Sachverständigen ein dem Zeugnisverweigerungsrecht entsprechendes Gutachtenverweigerungsrecht zu (§ 76 StPO).

Eine eigentliche **Vernehmung** des Beschuldigten oder eines Dritten darf der Sachverständige nicht vornehmen, da dies den Strafverfolgungsbehörden vorbehalten ist. Auch der psychiatrische Sachverständige darf den Beschuldigten oder Zeugen nicht vernehmen, vielmehr mit ihm zum Zwecke der Exploration nur Gespräche führen (str.[94]).

Strittig ist das Ausmaß der **Belehrungspflichten** durch den Sachverständigen:

201 Den **Beschuldigten** muss der Sachverständige (als Gehilfe des Gerichts) darauf hinweisen, dass dieser zur aktiven Teilnahme an den Gesprächen nicht verpflichtet ist (Belehrung analog § 136

---

85 BGHSt 20, 222; BGH NStZ-RR 2010, 210; SK-StPO-*Rogall*, § 85 Rn 33; *Fezer*, JR 1990, 397; abl. LR-*Krause*, § 74 Rn 36; *Eisenberg*, Rn 1561 f.
86 BGHSt 23, 176, 188 (Fall *Bartsch*).
87 KG StraFo 2009, 154.
88 BGH NStZ 2010, 100; vert. *Kett-Straub*, ZStW 117 (2005), 354; *Pfister*, in: *Deckers/Köhnken*, S. 102 ff; zum Ganzen: *Schreiber/Rosenau*, in: *Venzlaff/Foerster*, S. 154 ff.
89 BGH StV 2008, 245; BGH StV 2008, 618 m. Anm. *Erb*; BGH NStZ-RR 2009, 115.
90 Für ein Beschwerderecht: *Eisenberg*, Rn 1548 ff.
91 BGH NStZ 1990, 400; vert. *Tondorf/Tondorf*, Rn 214 ff.
92 BGH NJW 2002, 1813; Einzelheiten bei LR-*Krause*, § 73 Rn 9.
93 BGH NStZ 2003, 101; vert. *Foerster*, StV 2008, 217.
94 Wie hier *M-G/Schmitt*, § 80 Rn 2; aA *Fincke*, ZStW 86 (1974), 656, 664.

StPO)[95]. Die überwiegende Rspr hat jedoch bisher eine Belehrungspflicht des Sachverständigen gegenüber dem Beschuldigten abgelehnt[96].

Beim **zeugnisverweigerungsberechtigten Zeugen** ergibt sich die Belehrungspflicht aus § 81c III 2 HS 2 iVm § 52 III StPO. Die Belehrung ist aber nach Ansicht der Rspr von demjenigen vorzunehmen, der die Untersuchung angeordnet hat (s.o. Rn 193).

Das Verbot des Einsatzes unzulässiger Vernehmungsmethoden (§ 136a StPO – s.o. Rn 130 ff) muss auch für den Sachverständigen entsprechend gelten[97].

Das Gutachten kann im Ermittlungsverfahren je nach Anordnung des Richters mündlich oder schriftlich erstattet werden (§ 82 StPO). In der Hauptverhandlung ist das Gutachten idR **mündlich** vorzutragen. Das Gesetz sieht jedoch in abschließend aufgezählten Ausnahmefällen auch die Möglichkeit der Verlesung von Gutachten vor (§ 256 StPO; s.u. Rn 417).

4. Auswertung des Gutachtens

Das Gericht hat im Rahmen der freien richterlichen Beweiswürdigung (§ 261 StPO; s.u. Rn 490 ff) das Gutachten zu werten. Eine „automatische" Übernahme darf nicht erfolgen, vielmehr muss sich das Gericht durch den Sachverständigen sachkundig machen und über das Ergebnis **in eigener Verantwortung** befinden[98]. In den Urteilsgründen sind die wesentlichen tatsächlichen Grundlagen des Gutachtens und die daraus vom Sachverständigen gezogene Schlussfolgerung insoweit mitzuteilen, als dies zum Verständnis des Gutachtens und zur Beurteilung seiner gedanklichen Schlüssigkeit erforderlich ist[99].   **202**

V. Der Urkundenbeweis (§§ 249 ff StPO)

Eine **Urkunde im strafprozessualen Sinn** bezeichnet **Schriftstücke mit einem verlesbaren Gedankeninhalt**. Auch elektronische Dokumente sind Urkunden, soweit sie verlesbar sind, § 249 I 2 StPO[100]. Demnach unterfallen Beweiszeichen mangels Verlesbarkeit nicht dem Urkundenbegriff, obwohl sie Urkunden iSd § 267 StGB darstellen. Allerdings geht der prozessuale Urkundenbegriff über den des materiellen Strafrechts insoweit hinaus, als ein Aussteller nicht erkennbar sein muss. **Der Urkundenbeweis besteht in der Erfassung des gedanklichen Inhalts eines Schriftstücks oder eines elektronischen Dokuments durch Verlesen** (§ 249 StPO). Geht es dagegen lediglich um das **äußere Erscheinungsbild** der Urkunde (= Schriftstück), handelt es sich um ein **Augenscheinsobjekt**, so zB im Fall der richterlichen Schriftverglei-   **203**

---

95 Im Ergebnis ebenso *Roxin/Schünemann*, § 27 Rn 16; diff. *Steinberg/Kreuzner*, JuS 2011, 624.
96 BGH JZ 1969, 437; BGH StV 1995, 565.
97 BGHSt 11, 211, 212; *Dippel, K.*, Die Stellung des Sachverständigen im Strafprozeß, 1986, S. 163 ff; *Hellmann*, Rn 752; *Toepel*, S. 391.
98 BGHSt 7, 238, 239.
99 BGHSt 12, 311, 315; BGH NStZ 2013, 55; zu Glaubwürdigkeitsgutachten BGHSt 45, 165, 167 m. Anm. *H.E. Müller*, JZ 2000, 267; BGH NStZ 2008, 116; *Erb*, Stöckel-FS, S. 181; *Fischer*, Widmaier-FS, S. 191; *Jansen*, Rn 31 ff; zu Standards bei sonstigen psychologischen/psychiatrischen Gutachten BGHSt 49, 347; *Boetticher/Nedopil/Bosinski/Saß*, NStZ 2005, 57; mit Entgegnung *Eisenberg*, NStZ 2005, 304; *Schoreit*, StV 2004, 284 u. *Tondorf*, StV 2004, 279; *Tondorf/Tondorf*, Rn 67.
100 Dazu *Brodowski*, S. 83; *Jahn/Brodowski*, Rengier-FS, S. 409; *Weiß*, wistra 2018, 245.

chung[101]. Das Gesetz enthält keine allgemeinen Regelungen darüber, in welchen Fällen der Urkundenbeweis **zulässig** ist. Daraus wird allgemein gefolgert, dass er **immer dann zulässig ist, wenn ihn das Gesetz nicht ausdrücklich untersagt**[102]. So wird zB die Möglichkeit der Heranziehung von Protokollen früherer Vernehmungen in der Hauptverhandlung durch §§ 251 ff StPO begrenzt (dazu u. Rn 410 ff). **Ausmaß** und **Notwendigkeit** des Urkundenbeweises ergeben sich aus der richterlichen Aufklärungspflicht (§ 244 II StPO)[103]. Wie der Urkundenbeweis zu führen ist, bestimmt § 249 I 1 StPO, idR durch Verlesen des Schriftstücks oder des elektronischen Dokuments. Die jüngste Rspr des BGH lässt den Urkundenbeweis auch ausnahmsweise nach den Regeln des Augenscheins (s. Rn 204) zu, wenn der gedankliche Inhalt der Urkunde quasi durch einen Blick auf diese erfasst wird[104]. Nach der – inzwischen zu großer praktischer Bedeutung gelangten – Ausnahmevorschrift des § 249 II StPO kann zumeist auf die Verlesung verzichtet werden, wenn die Richter und Schöffen vom Wortlaut der Urkunde Kenntnis genommen haben und auch die übrigen Beteiligten hierzu Gelegenheit hatten (sog. **Selbstleseverfahren**)[105].

VI. Der Augenscheinsbeweis (insbes. §§ 86 ff, 225 StPO)

204 Beweis durch **Augenschein** ist die **sinnliche Wahrnehmung von Personen oder Sachen durch Sehen, Hören, Befühlen, Schmecken oder Riechen**[106]. So gehört zur Augenscheinseinnahme zB eine Ortsbesichtigung, das Betrachten der Tatwaffe oder das Anschauen eines Fotos oder eines Filmes. Auch der Mensch ist Augenscheinsobjekt, wenn er nur betrachtet werden soll. Nach hA ist auch das Hören eines Tonbandes als Augenscheinseinnahme zu werten[107].

Fotografien einer Radarüberwachungsanlage, die sowohl das Bild des Fahrers als auch technische Aufzeichnungen (Angaben über Zeit, Geschwindigkeit etc) enthalten, sind insgesamt nicht im Wege des Urkundenbeweises durch Verlesen, sondern durch Augenscheinsbeweis mittels Betrachten in die Hauptverhandlung einzuführen[108].

Über die Einnahme eines Augenscheins enthält die StPO nur wenige besondere Bestimmungen (vgl §§ 81a, 81c, 87 ff StPO). Im Übrigen beschränkt sich das Verfahrensrecht zumeist auf die Regelung von Formalia (vgl §§ 86, 168, 249 StPO).

Die Augenscheinseinnahme ist nach dem **Ermessen** des Gerichts in jeder Verfahrenslage zulässig. Der Grundsatz der **Unmittelbarkeit** der Beweisaufnahme gilt insoweit nicht, dh es können auch **Augenscheinsgehilfen** eingesetzt werden. Dies kommt insbes. in Betracht, wenn der Augenschein an schwer zugänglichen Stellen einzunehmen ist[109]. Die Augenscheinseinnahme kann auch durch einen beauftragten oder ersuchten

---

101 BGH StV 1999, 359.
102 BGHSt 39, 305, 306.
103 BGHSt 52, 175.
104 BGH JR 2013, 380 m. Anm. *Gössel* u. *Mosbacher*, JuS 2014, 702.
105 Zur Vertiefung *Eisenberg*, Rn 2000 ff.
106 BGHSt 18, 51, 53.
107 BGHSt 14, 339.
108 BayObLG NStZ 2002, 388 m. Anm. *Keiser*, JR 2003, 77.
109 Vgl *M-G/Schmitt*, § 86 Rn 4.

Richter (zum Begriff s.u. Rn 370) vorgenommen werden, und zwar auch während der Hauptverhandlung[110]. Die Verfahrensbeteiligten haben jedoch weit reichende Anwesenheitsrechte (§§ 168d, 225, 247 StPO). Beweisanträge auf Einnahme eines Augenscheins können unter den erleichterten Voraussetzungen des § 244 V 1 StPO abgelehnt werden (s.u. Rn 449)[111].

Lösung Fall 22:   205

a) Das Strafverfahren kennt folgende Beweismittel:
- Zeugen, §§ 48 ff StPO
- Sachverständige, §§ 72 ff StPO
- Urkunden, §§ 249 ff StPO
- Augenschein, insbes. §§ 86 ff StPO.

Die Einlassung des Beschuldigten ist ein Beweismittel iwS.

b) Die Sachverhaltsaufklärung **innerhalb der Hauptverhandlung** unterliegt bzgl der **Schuld- und Rechtsfolgenfrage** den Regeln des sog. **Strengbeweisverfahrens**. Im Übrigen gilt das **Freibeweisverfahren**, das insbes. keine Bindung an die gesetzlich zugelassenen Beweismittel (vgl §§ 239 ff StPO) kennt. Es gilt vor allem hinsichtlich der Klärung prozessualer Fragen außerhalb und innerhalb der Hauptverhandlung. Nach hA handelt es sich bei der Aufklärung des Verstoßes gegen § 136a StPO um die Feststellung eines Verfahrensfehlers, der den Regeln des Freibeweises unterliegt. Deshalb liegt es im pflichtgemäßen Ermessen des Gerichts, wie es sich die Überzeugung darüber verschaffen will, ob eine unzulässige Vernehmungsmethode angewandt wurde. Es kann zB eine schriftliche dienstliche Stellungnahme des Polizeibeamten anfordern. Einzelheiten s. Rn 180.

Lösung Fall 23: Vor Verfahrensabtrennung konnte B unstrittig nicht als Zeuge vernommen   206
werden, da ein **Mitangeklagter** nie Zeuge sein kann. Nach endgültiger Trennung der Strafverfahren verliert B nach Ansicht der Rspr sowie eines Teils der Lehre die Mitbeschuldigtenqualität und wird zum Zeugen, der nunmehr als solcher vernommen werden kann, sog. formelle Betrachtungsweise. Im Schrifttum wird hingegen auch vertreten, jeder Verdächtige erlange automatisch die (Mit-)Beschuldigtenqualität und scheide dann bereits als Zeuge aus, sog. materielle Betrachtungsweise. Dies ist richtig, sofern der Verdächtige durch Willensakt der Strafverfolgungsbehörden zum Beschuldigten gemacht worden ist, sog. formell-materielle Betrachtungsweise. Ein manipulierter Rollentausch (Mitbeschuldigter – Zeuge) ist damit ausgeschlossen. B kann daher – entgegen der Ansicht der Rspr – nicht als Zeuge vernommen werden. Einzelheiten s. Rn 185.

Lösung Fall 24: E stand hier zunächst ein **Zeugnisverweigerungsrecht** gem. § 52 I StPO zu,   207
da es sich bei dem Mitbeschuldigten M um ihren Ehemann handelt und der Schutz des familiären Friedens, den § 52 I StPO vornehmlich im Auge hat, auch eine Aussage über einen anderen Mitbeschuldigten erfasst, sofern die Aussage auch den Angehörigen betrifft. Das ist hier der Fall. Auch nach Abtrennung des Verfahrens bestand das Zeugnisverweigerungsrecht fort.

Ob das auch gilt, wenn das Verfahren gegen den „Angehörigen-Mitbeschuldigten" bereits **rechtskräftig abgeschlossen** ist, ist str. Nach zutreffender früherer Rspr greift im Interesse des Schutzes des Familienfriedens auch insoweit das Zeugnisverweigerungsrecht des § 52 I StPO ein. Demgegenüber verneint der BGH nunmehr ein solches, da er jetzt das Strafverfolgungsinteresse gegen den „Nichtangehörigen-Mitbeschuldigten" höher bewertet. Einzelheiten s. Rn 192.

---

110 RGSt 47, 100, 104.
111 Zur Vertiefung *Eisenberg*, Rn 2220 ff; *Geppert*, Jura 1996, 307.

§ 11 Die Untersuchungshaft

Fall 25: A gerät in den dringenden Verdacht, eine Untreue in einem besonders schweren Fall (§ 266 I, II iVm § 263 III StGB) begangen zu haben. Der Staatsanwalt beantragt während des Ermittlungsverfahrens den Erlass eines Haftbefehls. Angesichts des Umstandes, dass außer der zu erwartenden Freiheitsstrafe von drei bis vier Jahren keine weiteren Anhaltspunkte dafür bestehen, dass sich A dem Verfahren durch Flucht entziehen werde, hat das zuständige Gericht Bedenken, den Haftbefehl zu erlassen. Wer hat wie zu entscheiden? **Rn 230**

Fall 26: Im Jahre 1965 wird bekannt, dass A – der Bürgermeister eines Kleinstädtchens – im Jahre 1942 als SS-Mann in Russland leitend an einer Massenerschießung von Kriegsgefangenen teilgenommen hat. Die StA beantragt den Erlass eines Haftbefehls gegen A. Darf der Haftbefehl erlassen werden? **Rn 231**

Fall 27: A gerät in den Verdacht, mehrere Diebstähle begangen zu haben. Als die StA Anklage erhebt, erlässt der mit der Sache befasste Amtsrichter einen Haftbefehl, der sofort vollzogen wird. Was kann der Angeschuldigte A gegen den Haftbefehl unternehmen? **Rn 231a**

I. Ziele der Untersuchungshaft

208 Wenn einem noch nicht rechtskräftig Verurteilten die Freiheit genommen wird, geraten zwei Grundpositionen unserer Rechtsordnung miteinander in Konflikt: der **Freiheitsanspruch** des betroffenen Bürgers, der bis zu einer rechtskräftigen Verurteilung als unschuldig zu gelten hat, und das **Erfordernis einer effektiven Strafrechtspflege** (Sicherung der **Anwesenheit** des Beschuldigten, der **ordnungsgemäßen Tatsachenermittlung** und der **Vollstreckung**). Ein Ausgleich zwischen diesen gegenläufigen Interessen kann nur anhand einer Orientierung an den Grundsätzen der Verfassung, insbes. dem Rechtsstaatsprinzip und dem aus ihm resultierenden Verhältnismäßigkeitsgrundsatz, gefunden werden. Untersuchungshaft ist keine antizipierte Strafhaft. Sofern auch ohne die Verhängung von Untersuchungshaft der staatliche Strafverfolgungsanspruch problemlos durchgesetzt werden kann, hat der Beschuldigte aufgrund der Unschuldsvermutung grundsätzlich einen Anspruch, die Rechtskraft des Urteils in Freiheit zu erwarten[1] (zum **Europäischen Haftbefehl** s. Rn 10j u. 10k)[2]. Deshalb ist es als positives Zeichen zu deuten, dass die U-Haft-Ziffer (Untersuchungsgefangene pro 100 000 Einwohner) in Deutschland in den letzten Jahrzehnten – mit Ausnahme des Wohnungseinbruchsdiebstahls – abgenommen hat[3].

---

1 Vgl BVerfG StV 2008, 25; OLG Oldenburg StV 2008, 84; s.a. *Eidam*, HRRS 2013, 292.
2 Vert. *König*, Untersuchungshaft, 2011; *Münchhalffen/Gatzweiler*, Das Recht der Untersuchungshaft, 2009; *Schlothauer/Weider/Nobis*, Untersuchungshaft, 5. Aufl. 2016; s.a. *Graf*, JA 2012, 262; *Huber*, JuS 2009, 994; *Schultheis*, NStZ 2011, 621 u. 682.
3 *Heinz*, KIS Kriminalität und Kriminalitätskontrolle in Deutschland, Version 2017, S. 151; *Jehle*, Schöch-FS, S. 839; *Nobis*, StraFo 2012, 45; *Schöch*, I.-Roxin-FS, S. 697.

II. Materielle Voraussetzungen der Anordnung von Untersuchungshaft

Der Erlass eines Haftbefehls, der in jedem Verfahrensstadium zulässig ist, setzt gem. **209**
§ 112 I StPO voraus:

– einen **dringenden Tatverdacht** und
– einen **Haftgrund**.

Ferner darf die Untersuchungshaft zu der Bedeutung der Sache und der zu erwartenden Strafe bzw Maßregel **nicht außer Verhältnis stehen**.

1. Dringender Tatverdacht, § 112 I 1 Alt. 1 StPO

Ein **dringender Tatverdacht** liegt vor, wenn nach dem aktuellen Stand der Ermittlun- **210**
gen die **hohe Wahrscheinlichkeit** besteht, dass der Beschuldigte Täter oder Teilnehmer einer strafbaren Handlung ist[4].

Da die Verhängung der Untersuchungshaft uU schon in einem sehr frühen Stadium des Strafverfahrens in Betracht kommt und sich zu diesem Zeitpunkt der spätere Verfahrensablauf noch nicht verlässlich abschätzen lässt, kann nicht auf die Wahrscheinlichkeit einer späteren Verurteilung abgestellt werden. Es muss vielmehr genügen, dass auf Grund der bisherigen Ermittlungsergebnisse die Wahrscheinlichkeit hoch ist, dass der Verfolgte sich **schuldig gemacht** hat[5] (str.). Im Einzelfall kann deshalb der hinreichende Tatverdacht iSd § 170 I StPO (Wahrscheinlichkeit späterer Verurteilung) noch nicht vorliegen, der dringende Tatverdacht iSv § 112 I 1 StPO hingegen zu bejahen sein. Im Zeitpunkt der Anklageerhebung ist jedoch der dringende Tatverdacht iSv § 112 I 1 StPO stets stärker als der hinreichende Tatverdacht iSv § 170 I StPO (vgl die Übersicht o. Rn 114).

Sind dringende Gründe für die Annahme vorhanden, dass jemand eine rechtswidrige Tat im Zustand der **Schuldunfähigkeit** oder der verminderten Schuldfähigkeit (§§ 20, 21 StGB) begangen hat, besteht die Möglichkeit der **einstweiligen Unterbringung** gem. § 126a StPO.

2. Haftgrund, § 112 I 1 Alt. 2 StPO

Folgende vier **Haftgründe** kommen in allen Verfahren in Betracht: **211**

– **Flucht** oder **Fluchtgefahr**, § 112 II Nr 1, 2 StPO
– **Verdunkelungsgefahr**, § 112 II Nr 3 StPO
– **Verdacht eines Kapitaldelikts**, § 112 III StPO
– **Wiederholungsgefahr**, § 112a StPO.

Speziell für das beschleunigte Verfahren:

– **Fernbleibegefahr**, § 127b II StPO.

---

4 Vgl *M-G/Schmitt*, § 112 Rn 5; HK-*Posthoff*, § 112 Rn 4; Radtke/Hohmann-*Tsambikakis*, § 112 Rn 21.
5 BGH <Pf> NStZ 1981, 94.

a) Flucht oder Fluchtgefahr

212 Der Haftgrund der **Flucht** besteht, wenn auf Grund bestimmter Tatsachen festgestellt wird, dass der Beschuldigte flüchtig ist oder sich verborgen hält (§ 112 II Nr 1 StPO).

Der Haftgrund der **Fluchtgefahr** ist gegeben, wenn auf Grund bestimmter Tatsachen unter Würdigung der Umstände des Einzelfalls die Gefahr besteht, dass der Beschuldigte sich dem Strafverfahren entziehen wird (§ 112 II Nr 2 StPO). Zu beachten ist, dass es der Gesetzeswortlaut verbietet, den Haftgrund der Flucht bzw Fluchtgefahr aus bloßen Vermutungen abzuleiten, vielmehr bedarf es in beiden Fällen **bestimmter** (einschlägiger) **Tatsachen**, die – für den unbefangenen Beobachter nachvollziehbar – eine solche Gefahr belegen.

Das Gericht hat eine auf den jeweiligen Einzelfall bezogene **Gesamtabwägung** anzustellen, in die es neben der Schwere der Beschuldigung und der Höhe der konkret zu erwartenden Strafe auch andere Gesichtspunkte mit einbeziehen muss, wie etwa ob und in welchem Umfang dem Beschuldigten die ihn belastenden Beweise bekannt sind oder ob er ein Geständnis abgelegt hat[6]. Ferner hat es die Persönlichkeit des Beschuldigten und dessen private Verhältnisse (Vorleben, familiäre Bindungen, finanzielle Lage etc) in Rechnung zu stellen[7]. Wenn ein Ausländer die Absicht hat, im Ausland zu bleiben, begründet dies allein noch nicht stets eine Fluchtgefahr[8]. Mangels eines empirisch bewiesenen Zusammenhangs zwischen Straferwartung und Flucht darf die Fluchtgefahr entgegen der leider bei vielen Ermittlungsrichtern noch immer zu beobachtenden Praxis **nicht allein** mit einer zu erwartenden **hohen Freiheitsstrafe** (zB über 4 Jahre) **begründet** werden[9]. Die Erwartung, der Beschuldigte werde sich dem Verfahren entziehen, muss wahrscheinlicher sein als das Gegenteil[10]. Die Fluchtgefahr wird als der bei weitem bedeutendste Haftgrund in ca. 90% aller Haftbefehle bejaht[11].

b) Verdunkelungsgefahr

213 Gem. § 112 II Nr 3 StPO besteht **Verdunkelungsgefahr**, wenn auf Grund bestimmter Tatsachen das Verhalten des Beschuldigten den dringenden Verdacht begründet, er werde

– Beweismittel vernichten, verändern, beiseite schaffen, unterdrücken oder fälschen oder
– auf Beschuldigte, Zeugen oder Sachverständige in unlauterer Weise einwirken oder
– andere zu solchem Verhalten veranlassen

---

6 OLG Koblenz StV 2003, 171.
7 OLG Düsseldorf StV 1994, 85 u. 86 ; s.a. OLG München ZJS 2017, 246 m. Anm. *Brüning*.
8 OLG Dresden StV 2005, 224; LG Oldenburg StV 2011, 34; aA OLG Köln NStZ 2003, 219 m. krit. Anm. *Dahs/Riedel*, StV 2003, 416; s.a. *Esser*, in: Joerden/Szwarc: Europäisierung des Strafrechts, S. 233.
9 KG StV 2012, 350; OLG Hamm NStZ-RR 2010, 158; LR-*Hilger*, § 112 Rn 39; *Münchhalffen/Gatzweiler*, Rn 188 ff.
10 *M-G/Schmitt*, § 112 Rn 17; strenger SK-StPO-*Paeffgen*, § 112 Rn 24 (hochgradig wahrscheinlich).
11 *Jehle*, Schöch-FS, S. 839, 844; *Schöch*, Lackner-FS, S. 1007.

und wenn deshalb die Gefahr droht, dass die Ermittlung der Wahrheit erschwert wird[12].

c) Verdacht eines Kapitaldelikts, § 112 III StPO

Nach dem **Wortlaut** des § 112 III StPO darf Untersuchungshaft auch in den Fällen   **214**
angeordnet werden, in denen zwar **kein** Haftgrund nach § 112 II StPO besteht (dh der
Beschuldigte weder flüchtig noch Flucht- oder Verdunkelungsgefahr anzunehmen ist),
in denen der Beschuldigte aber unter dem dringenden Verdacht steht, eine **Katalogtat**
gem. § 112 III StPO (zB Mord/Totschlag) begangen zu haben.

§ 112 III StPO erscheint rechtspolitisch bedenklich. Dadurch, dass ein bestimmter Haftgrund
nicht vorliegen muss, kann die Untersuchungshaft auch dann angeordnet werden, wenn zwar ein
Beschuldigter der Tat dringend verdächtig ist, andererseits aber die Strafverfolgung oder die
Strafvollstreckung nicht gefährdet erscheint, das Erfordernis einer effektiven Strafrechtspflege
also gar nicht tangiert ist. Erfreulicherweise hat das BVerfG[13] die Norm im Wege der **verfassungskonformen Auslegung** korrigiert und entschieden, dass eine Untersuchungshaft nach
§ 112 III StPO – entgegen seinem ausdrücklichen Wortlaut – nur dann angeordnet werden darf,
wenn zu dem dringenden Tatverdacht hinsichtlich einer in § 112 III StPO genannten Katalogtat
der Haftgrund der Flucht- oder der Verdunkelungsgefahr hinzutritt. Allerdings stellt das BVerfG
in diesen Fällen an den Nachweis des Haftgrundes nicht so hohe Anforderungen wie im Rahmen
des § 112 II StPO. Daher müssen nicht notwendigerweise bestimmte Tatsachen zum Beleg der
Flucht- oder Verdunkelungsgefahr angeführt werden, sondern es wird bereits als ausreichend erachtet, wenn **nach den konkreten Umständen des Einzelfalles eine Flucht- oder Verdunkelungsgefahr nicht auszuschließen** ist oder wenn ernstlich zu befürchten ist, dass der Beschuldigte ähnliche Taten wiederholen wird[14]. Liegt jedoch im konkreten Fall trotz des Verdachts eines
Kapitaldelikts eine Flucht eher fern, so kann die Aussetzung des Vollzugs des Haftbefehls gem.
§ 116 StPO (s. Rn 228) angeordnet werden[15].

d) Wiederholungsgefahr, § 112a StPO

Ferner existiert für einen bestimmten – einer kontinuierlichen Erweiterung wie zB   **215**
um Fälle erfolgsqualifizierter Nachstellung (§ 238 II, III StGB) ausgesetzten[16] – Bereich der – gegenüber § 112 StPO subsidiäre (vgl § 112a II StPO) – Haftgrund der
Wiederholungsgefahr, § 112a I StPO. Die hiernach angeordnete Untersuchungshaft
stellt kein Mittel der Verfahrenssicherung, sondern eine **vorbeugende Maßnahme
zum Schutz der Rechtsgemeinschaft** vor weiteren erheblichen Straftaten dar[17]. Bei
Beurteilung der Wiederholungsgefahr gem. § 112a I Nr 2 StPO müssen daher auch
Taten einbezogen werden, die Gegenstand **anderer**, auch rechtskräftig abgeschlos-
sener Verfahren sind oder waren, § 112a I 2 StPO. Diese Taten sind allerdings nur
einzubeziehen, wenn sie neben dem Bestehen eines dringenden Tatverdachts den er-

---

12 OLG Frankfurt StV 2009, 652.
13 BVerfGE 19, 342, 350.
14 BGH NJW 2017, 341 m. Anm. *Peglau*; *M-G/Schmitt*, § 112 Rn 38; s.a. LG Berlin StraFo 2010, 420
    m. zutr. krit. Anm. *Eisenberg*.
15 OLG Frankfurt StV 2000, 374 (Fall *Weimar*); OLG Karlsruhe StV 2010, 30.
16 Zur sog. „Deeskalationshaft": *Krüger*, NJ 2008, 150; *Knauer/Reinbacher*, StV 2008, 377.
17 BVerfGE 19, 342, 349 f; OLG Karlsruhe StraFo 2010, 198.

forderlichen Schweregrad aufweisen und die Rechtsordnung **schwerwiegend beeinträchtigen**[18].

e) Hauptverhandlungshaft, § 127b StPO

215a Wenn im beschleunigten Verfahren (u. Rn 530 ff) die Durchführung der Hauptverhandlung binnen einer Woche nach der Festnahme zu erwarten ist und auf Grund bestimmter Tatsachen zu befürchten ist, dass der Festgenommene im Falle seiner Freilassung der Hauptverhandlung fernbleiben wird, darf schließlich, ohne dass die Haftgründe a)–d) vorlägen, gem. § 127b II StPO ein Haftbefehl ergehen[19].

f) Ausbleiben des Angeklagten, § 230 II StPO

Das Gericht kann einen auf die Dauer der Hauptverhandlung beschränkten Haftbefehl erlassen, wenn der Angeklagte trotz ordnungsgemäßer Ladung, welche einen Hinweis auf die Folgen des § 230 II StPO enthalten muss (§ 216 I StPO), unentschuldigt ausgeblieben ist und ein Vorführungsbefehl zur Sicherung der Durchführung der Hauptverhandlung nicht ausreicht, § 230 II StPO[20]. Eines zusätzlichen Haftgrundes nach a)-d) bedarf es auch hier nicht.

3. Verhältnismäßigkeitsgrundsatz

216 Gem. § 112 I 2 StPO darf Untersuchungshaft generell nicht angeordnet werden, wenn sie zu der Bedeutung der Sache und der zu erwartenden Strafe oder Maßregel der Besserung und Sicherung **außer Verhältnis steht**[21]. Die Einhaltung des Grundsatzes der Verhältnismäßigkeit stellt allerdings **keine positive Voraussetzung** der Verhängung von Untersuchungshaft dar. Vielmehr beinhaltet die (feststehende) Unverhältnismäßigkeit einen Haftausschließungsgrund. Als solcher ist die Unverhältnismäßigkeit nur dann relevant, wenn sie positiv feststeht, nicht schon, wenn die Verhältnismäßigkeit zweifelhaft erscheint. Für den Bereich der Kleinkriminalität enthält § 113 StPO gesetzliche Konkretisierungen des Grundsatzes der Verhältnismäßigkeit.

4. Privatklagedelikte

217 Ob bei der Verfolgung von **Privatklagedelikten** Untersuchungshaft angeordnet werden darf, ist umstritten. Die besseren Gründe sprechen gegen die Zulässigkeit des Erlasses eines Haftbefehls, da dem Beschuldigten seine Freiheit nicht genommen werden darf, wenn an der Strafverfolgung ohnehin kein öffentliches Interesse besteht[22].

5. Antragsdelikte

218 Ist im Rahmen der Verfolgung eines **Antragsdelikts** ein Haftbefehl erlassen worden, ohne dass bisher ein Strafantrag vorlag, dann muss der Antragsberechtigte über den Erlass des Haftbefehls

---

18 OLG Hamburg BeckRS 2017, 118720; OLG Hamm NStZ-RR 2015, 115.
19 Dazu krit. HK-*Lemke*, § 127b Rn 2; LR-*Hilger*, § 127b Rn 7; *Hellmann*, NJW 1997, 2145; *Herzog*, StV 1997, 215; *Meyer-Goßner*, ZRP 2000, 348; *Stintzing/Hecker*, NStZ 1997, 569; *Wenske*, NStZ 2009, 63.
20 Näher *Beining*, JuS 2016, 515.
21 Vert. *Hellmann*, JuS 1999, 264; *Neumann*, I.-Roxin-FS, S. 659.
22 Ebenso OLG Karlsruhe GA 1974, 221.

sofort informiert werden. Zugleich ist er davon zu unterrichten, dass der Haftbefehl aufgehoben wird, wenn er den Strafantrag nicht innerhalb einer vom Richter zu bestimmenden Frist stellt. Die Frist soll nicht länger als eine Woche betragen. Wird innerhalb dieser Frist kein Strafantrag gestellt, dann muss der Haftbefehl aufgehoben werden (§ 130 StPO).

III. Formelle Voraussetzungen der Anordnung der Untersuchungshaft und Vollstreckung des Haftbefehls

1. Schriftlicher Haftbefehl

Die Untersuchungshaft wird gem. § 114 StPO durch einen **schriftlichen Haftbefehl** **219** angeordnet[23]. In dem Haftbefehl ist der Beschuldigte aufzuführen, ferner die Tat, der Haftgrund und in der Regel auch die Tatsachen, aus denen sich der dringende Tatverdacht und der Haftgrund ergeben (§ 114 II StPO).

2. Zuständigkeit zum Erlass eines Haftbefehls

Der Haftbefehl darf grundsätzlich nur durch einen **Richter** erlassen werden (Art. 104 **220** II 1 GG).

a) **Vor Erhebung der öffentlichen Klage** erlässt der **Richter bei dem AG**, in dessen Bezirk ein Gerichtsstand begründet ist oder der Beschuldigte sich aufhält, **auf Antrag der StA** den Haftbefehl (§ 125 I StPO mit weiteren Einzelheiten). Unter den Voraussetzungen des § 162 I 2 StPO kann die StA den Antrag auch bei dem Amtsgericht stellen, in dessen Bezirk sie ihren Sitz hat. Dieser Amtsrichter wird als **Ermittlungsrichter** bezeichnet.

b) **Nach Erhebung der öffentlichen Klage** liegt die Zuständigkeit für den Erlass eines Haftbefehls bei dem **Gericht, das mit der Sache befasst ist**, wenn Revision eingelegt ist, bei dem Gericht, dessen Urteil angefochten wird (§ 125 II 1 StPO). In dringenden Fällen kann der Vorsitzende den Haftbefehl auch allein erlassen (§ 125 II 2 StPO). Ein Antrag der StA ist nach Klageerhebung nicht mehr erforderlich, wohl aber ihre Anhörung (s. § 33 StPO).

c) Für die **weiteren Entscheidungen** (Aufhebung der U-Haft, Haftverschonung etc) ist vor Erhebung der öffentlichen Klage das Gericht zuständig, das den Haftbefehl erlassen hat (§ 126 I StPO), danach idR das Gericht, das mit der Sache befasst ist (§ 126 II, III StPO).

d) Im **Vollstreckungsverfahren** ist gem. § 457 StPO die StA zum Erlass eines **Vollstreckungshaftbefehls** befugt.

---

23 **Muster eines Haftbefehls** bei *Haller/Conzen*, Kap. 8 Rn 1153; *Kroiß/Neurauter*, Nr. 30.

3. Verhaftung des Beschuldigten

221 Der Haftbefehl wird durch die **Verhaftung** des Beschuldigten vollstreckt. Die Verhaftung geschieht durch die sog. **Ergreifung**. Bei der Verhaftung muss dem Beschuldigten eine Abschrift des Haftbefehls ausgehändigt werden und er ist unverzüglich und schriftlich über seine Rechte zu belehren (Einzelheiten bei §§ 114a, 114b StPO). Diese Belehrung erfolgt im Regelfall durch die Polizei. Einem verhafteten Beschuldigten ist unverzüglich Gelegenheit zu geben, einen Angehörigen oder eine Vertrauensperson zu benachrichtigen, sofern der Zweck der Untersuchung dadurch nicht gefährdet wird, § 114c I StPO. Nach der Verhaftung ist der Beschuldigte gem. § 115 I StPO **unverzüglich** dem **zuständigen Gericht vorzuführen**. Die Vorführung hat ohne schuldhaftes Zögern, spätestens jedoch am Tag nach der Ergreifung stattzufinden (§ 115 II StPO, Art. 104 III GG). Zuständig ist das Gericht, das den Haftbefehl erlassen hat (§ 126 I StPO). Kann der Beschuldigte nicht spätestens am Tag nach der Ergreifung dem zuständigen Gericht vorgeführt werden (zB wegen zu großer Entfernung), so ist er gem. § 115a StPO hilfsweise dem Gericht des nächsten AG vorzuführen[24].

4. Weitere Tätigkeit des Haftgerichts

222 Gem. § 115 II StPO hat das **Gericht** den Beschuldigten unverzüglich nach der Vorführung, spätestens am nächsten Tag, über den Gegenstand der Beschuldigung **zu vernehmen**.

Schließlich muss das Gericht **über das weitere Schicksal des Haftbefehls entscheiden**. Dafür muss die Staatsanwaltschaft dem Gericht einen wahren Sachverhalt unterbreiten, und aus den Akten muss sich ergeben, welche konkreten Ermittlungsmaßnahmen durchgeführt wurden und welchen Erfolg sie hatten[25]. Dem Beschuldigten und seinem Verteidiger sind dieselben Informationen wie dem Gericht zugänglich zu machen (§ 147 II 2 StPO, dazu Rn 161).

Für das Gericht bestehen folgende Möglichkeiten:

– **Aufrechterhaltung** des Haftbefehls. In diesem Fall ist der Beschuldigte gem. § 115 IV StPO über die einschlägigen Rechtsbehelfe zu belehren (dazu Rn 223) und seine Angehörigen oder eine Person seines Vertrauens ist zu benachrichtigen, § 114c II StPO (zur notwendigen Verteidigung s. Rn 166),
– **Aufhebung** des Haftbefehls, § 120 StPO (dazu Rn 225) oder
– **Außervollzugsetzung** des Haftbefehls, § 116 StPO (dazu Rn 228).

5. Überhaft

Wenn sich der Beschuldigte zum Zeitpunkt des Erlasses eines Haftbefehls bereits in **anderer Sache** (also wegen einer anderen Tat im prozessualen Sinne, s.o. Rn 20) in Untersuchungshaft oder in Strafhaft (auf Grund eines rechtskräftigen Urteils) befindet, so spricht man von **Überhaft**[26].

---

24 Vert. *Schröder*, StV 2005, 241; *Zieschang*, Uni-Würzburg-FS, S. 665.
25 BGHSt 62, 123; dazu *Mosbacher*, JuS 2018, 129, 131.
26 *Schlothauer/Weider/Nobis*, Rn 738; s. auch KG NStZ-RR 2017, 287.

IV. Rechtsbehelfe gegen den Haftbefehl

Als Rechtsbehelfe stehen dem Verhafteten die **Haftbeschwerde** (§§ 304 ff StPO)[27] oder der **Antrag auf Haftprüfung** (§ 117 I StPO) zur Verfügung, um eine Aufhebung des Haftbefehls oder Haftverschonung zu erreichen.   **223**

1. Haftbeschwerde gem. § 304 I StPO

Das Verfahren der Haftbeschwerde unterliegt der allgemeinen Regelung der **Beschwerde** nach §§ 304 ff StPO (vgl hierzu Rn 577 ff). Das Gericht kann der Beschwerde entweder abhelfen oder sie dem **Beschwerdegericht** vorlegen (**Devolutiveffekt**). Gegen die Entscheidung des Beschwerdegerichts ist dann die weitere Beschwerde gem. § 310 StPO zulässig.

Neben dem Antrag auf Haftprüfung (dazu Rn 224) ist die Beschwerde unzulässig, § 117 II 1 StPO. Diese **Subsidiarität der Haftbeschwerde** gilt auch, wenn der Haftprüfungsantrag erst nach Einreichung der Beschwerde gestellt wird. Gegen die Entscheidung, die im Haftprüfungsverfahren ergeht, ist jedoch die Beschwerde möglich, § 117 II 2 StPO.

2. Antrag auf Haftprüfung gem. § 117 I StPO

Solange der Beschuldigte in Untersuchungshaft ist, kann er ferner jederzeit die gerichtliche Prüfung beantragen, ob der Haftbefehl aufzuheben oder dessen Vollzug nach § 116 StPO auszusetzen ist, § 117 I StPO, sog. **Haftprüfung**. Auf Antrag des Beschuldigten oder nach Ermessen des Gerichts wird gem. § 118 I StPO auf Grund einer mündlichen Verhandlung entschieden, wobei es sich auch um eine Videovernehmung handeln kann, bei der sich der Beschuldigte an einem anderen Ort befindet (Einzelheiten § 118a II 2 StPO)[28]. Über den Antrag nach § 117 I StPO entscheidet das **Haftgericht** (§ 126 StPO). Der Antrag auf Haftprüfung entfaltet daher **keinen Devolutiveffekt**. Der Beschuldigte kann den Antrag jederzeit und wiederholt stellen. Allerdings kann der Beschuldigte nicht jedes Mal eine mündliche Verhandlung über seinen Antrag herbeiführen (vgl § 118 III StPO).   **224**

Nach einer **Haftdauer** von insgesamt **sechs Monaten** prüft das **OLG** gem. § 121 StPO **von Amts wegen**, ob die Untersuchungshaft fortgesetzt werden darf (s. dazu Rn 227). Von Amts wegen findet eine Haftprüfung darüber hinaus statt bei Erlass des Eröffnungsbeschlusses (§ 207 IV StPO) und bei der Urteilsfällung (§ 268b StPO).

---

27 **Muster einer Haftbeschwerde** bei Barton/Jost/*Zwiehoff*, S. 401.
28 Dazu *Schlothauer*, StV 2014, 55.

V. Aufhebung des Haftbefehls

225 Die Zuständigkeit hinsichtlich der Aufhebung des Haftbefehls beurteilt sich nach § 126 StPO (s. Rn 220).

1. Aufhebung des Haftbefehls nach § 120 I StPO

226 Der Haftbefehl ist gem. § 120 I 1 StPO aufzuheben, sobald die **Voraussetzungen** der Untersuchungshaft **nicht mehr vorliegen** oder sich ergibt, dass die Fortsetzung der Untersuchungshaft unverhältnismäßig wäre.

Eine Aufhebung sieht das Gesetz namentlich für die Fälle vor, dass der Beschuldigte **freigesprochen** oder die **Eröffnung des Hauptverfahrens abgelehnt** oder das Verfahren nicht bloß vorläufig **eingestellt** wird (vgl § 120 I 2 StPO). Der Freispruch muss nicht rechtskräftig sein, § 120 II StPO. Nach der Aufhebung des Haftbefehls in der Hauptverhandlung ist der Angeklagte sofort freizulassen[29].

2. Aufhebung des Haftbefehls nach § 120 III StPO

Der Haftbefehl ist nach § 120 III 1 StPO auch aufzuheben, wenn die **StA** es **vor** Erhebung der öffentlichen Klage **beantragt**. Die Regelung erscheint systemgerecht, da vor Erhebung der öffentlichen Klage der Haftbefehl nur auf Antrag der StA erlassen werden darf (s. Rn 220). Da die Entscheidung des Gerichts nur noch aus rein formalen Gründen ergehen muss, kann die StA gem. § 120 III 2 StPO mit dem Antrag auf Aufhebung des Haftbefehls gleichzeitig die Freilassung des Beschuldigten anordnen.

3. Aufhebung des Haftbefehls nach § 121 StPO

227 Schließlich ist der Haftbefehl gem. § 121 II StPO aufzuheben, wenn der Vollzug der Untersuchungshaft **wegen derselben Tat**[30] bereits **sechs Monate** andauert, keine Aussetzung des Haftbefehls in Betracht kommt und nicht eine der gesetzlichen Ausnahmen vorliegt. Diese **Ausnahmen** sind:

- Es ist ein auf Freiheitsstrafe oder eine freiheitsentziehende Maßregel erkennendes **Urteil** ergangen (§ 121 I 1. Alt. StPO).
- Die **besondere Schwierigkeit** oder der **besondere Umfang der Ermittlungen** oder ein anderer **wichtiger Grund** lassen das Urteil noch nicht zu und rechtfertigen die Fortdauer der Haft (§ 121 I 2. Alt. StPO). Ob eine Ausnahme vorliegt, entscheidet idR das **OLG** (§ 122 StPO). Bejaht es einen solchen Ausnahmegrund, ordnet es die Fortdauer der Untersuchungshaft an, andernfalls hebt es den Haftbefehl auf.

Im Rahmen der Auslegung des § 121 I StPO spielt vor allem das Grundrecht der Freiheit der Person (Art. 2 II 2 und 3 iVm 104 GG) eine bedeutsame Rolle. Der Freiheitsanspruch des Beschuldigten ist dem legitimen Anspruch der staatlichen Gemeinschaft auf vollständige Aufklärung der Tat und rasche Bestrafung des Täters entgegenzuhal-

---

29 LG Berlin NStZ 2002, 497.
30 Dazu *Schwarz*, NStZ 2018, 187.

ten[31]. Der Freiheitsanspruch erlangt mit zunehmender Fortdauer der U-Haft steigendes Gewicht. Das Verfassungsrecht bedingt deshalb eine restriktive Interpretation des § 121 I StPO[32] (s. zum Beschleunigungsgrundsatz Rn 26). Dem Grundrechtseingriff in die Freiheit der Person ist bei längerer Untersuchungshaft namentlich durch „erhöhte Anforderungen an die Begründungstiefe" von Haftfortdauerentscheidungen Rechnung zu tragen[33].

Hier seien nur einige wenige Gesichtspunkte angeführt[34]:

Die **Schwere** der dem Beschuldigten vorgeworfenen **Tat** ist bei § 121 I StPO ohne Bedeutung[35].

Die U-Haft darf nicht aufrecht erhalten werden, um den dringenden Tatverdacht hinsichtlich weiterer Straftaten aufzuklären, die bisher nicht Gegenstand des Haftbefehls sind[36].

Verfahrensverzögerungen, die aus der Sphäre der Strafverfolgungsorgane stammen und deshalb dem Staat zuzurechnen sind, legitimieren jedenfalls bei erheblichen objektiven Pflichtverletzungen keine Fristverlängerung[37].

Die **Überlastung des Gerichts oder der StA** kommt nur dann als wichtiger Grund für den Vollzug der U-Haft über sechs Monate hinaus in Betracht, wenn sie nur **kurzfristig** ist und weder voraussehbar noch vermeidbar war[38].

VI. Aussetzung des Vollzugs der U-Haft, § 116 StPO

Der Richter **muss** den Vollzug eines Haftbefehls, der lediglich wegen **Fluchtgefahr** gerechtfertigt ist, aussetzen, wenn weniger einschneidende Maßnahmen (zB bestimmte Anweisungen, **Kaution**) die Erwartung hinreichend begründen, dass der Zweck der Untersuchungshaft auch durch sie erreicht werden kann, § 116 I 1 StPO (sog. **Haftverschonung**). Durch den Haftverschonungsbeschluss wird der Haftbefehl **nicht aufgehoben**. Dieser bleibt bestehen, der Beschuldigte wird lediglich nicht inhaftiert.

228

Zur Aussetzung im Fall der Verdunkelungs- und Wiederholungsgefahr sowie der Schwere der Tat s. § 116 II, III StPO.

VII. Vollzug der Untersuchungshaft

1. Grundsätzliche Regelung

Mit der Föderalismusreform 2006 ist die Gesetzgebungskompetenz des Bundes für das Recht des **Untersuchungshaftvollzugs** auf die **Länder** übergegangen. Seitdem besteht eine (konkurrierende) Kompetenz des Bundes gem. Art. 74 I Nr 1 GG nur noch für das gerichtliche Verfahren (ohne das Recht des Untersuchungshaftvollzugs).

229

---

31 BVerfGE 19, 342, 347; 20, 45, 49; BVerfG NJW 2006, 668 ff m. Anm. *Jahn*, NJW 2006, 652.
32 BVerfG StV 2013, 640; 2014, 35; vgl auch OLG Dresden NJW 2010, 952 m. krit. Bespr. *Fahl*, ZIS 2009, 452; KG StV 2015, 42.
33 BVerfGE 103, 21, 35; BGH JR 2013, 419; BGH NStZ-RR 2015, 221; *Scheinfeld*, GA 2010, 684.
34 *M-G/Schmitt*, § 121 Rn 17 ff; Radtke/Hohmann/*Tsambikakis*, § 121 Rn 17 ff.
35 OLG Thür. StraFo 2004, 318.
36 BVerfG NStZ 2002, 100; OLG Bamberg StV 2002, 608.
37 BVerfG StV 2006, 703; 2007, 644; BVerfG JR 2014, 488; einschr. *Kröpil*, JR 2014, 724.
38 BVerfG BeckRS 2017, 136740; BGHSt 38, 43, 45; OLG Bremen StV 2016, 824.

Deshalb war eine umfassende Neuregelung auch des Bundesrechts zur Untersuchungshaft erforderlich, die am 1.1.2010 in Kraft getreten ist[39]. Der überwiegende Inhalt des § 119 StPO aF sowie der diese Norm konkretisierenden Untersuchungshaftvollzugsordnung (UVollzO), welche in der Vergangenheit die Aufgaben und Befugnisse der Vollzugsanstalt regelten, ist inzwischen in allen Bundesländern in **Landesgesetzen** normiert[40].

Allerdings ist der früher in Form einer Generalklausel gefasste Bereich von **Beschränkungen**, welche **zur Erreichung des Zwecks der Untersuchungshaft** erforderlich sind (§ 119 III Alt. 1 StPO aF), in der **Bundeskompetenz** verblieben[41]. Deshalb enthält auch die Neufassung des **§ 119 StPO** einige Regelungen über den Vollzug der Untersuchungshaft in Form eines nicht abschließenden **Katalogs von Beschränkungen** (zB Besuchsverbote, getrennte Unterbringung mehrerer Beschuldigter oder Kontaktverbote zu anderen Inhaftierten, vgl § 119 I 2 StPO), welche (ausschließlich) zur Abwehr einer Flucht-, Verdunkelungs- oder Wiederholungsgefahr angeordnet werden dürfen (§ 119 I 1 StPO)[42]. Zuständig für die Anordnung dieser Beschränkungen ist das in § 126 StPO bezeichnete Gericht. Bei akuter Gefährdung des Untersuchungshaftzwecks besteht eine (subsidiäre) Eilkompetenz der StA oder der Vollzugsanstalt, § 119 I 3 u. 4 StPO; die Anordnung ist dann dem Gericht binnen drei Werktagen zur Genehmigung vorzulegen.

Neben den Beschränkungsmöglichkeiten in § 119 StPO finden sich für Terrorismusverfahren Sonderregelungen im sog. Kontaktsperregesetz (§§ 31 ff EGGVG).

2. Rechtsschutz im Untersuchungshaftvollzug

229a Da die Anordnung von Beschränkungen, die zur Zweckerreichung der Untersuchungshaft erforderlich sind (§ 119 III Alt. 1 StPO aF), weiterhin in § 119 StPO bundesrechtlich geregelt ist, und nur solche Beschränkungen, die zur Aufrechterhaltung der Ordnung und Sicherheit in der Vollzugsanstalt dienen (§ 119 III Alt. 2 StPO aF) auf Grundlage landesgesetzlicher Regelungen erfolgen, ist auch bzgl des Rechtsschutzes zu differenzieren:

a) Beschränkungen nach § 119 StPO nF (zur Erreichung des Zwecks der Untersuchungshaft)

Gegen **gerichtlich** angeordnete Beschränkungen nach § 119 I StPO steht im Regelfall das Rechtsmittel der **Beschwerde** an die nächsthöhere Instanz offen, § 304 StPO. Ist ausnahmsweise eine Beschwerde nicht zulässig – zB wenn das OLG oder der Ermittlungsrichter beim BGH die Entscheidung getroffen hat (vgl § 304 IV 2 Nr 1, V StPO) – kann eine (erneute) gerichtliche Entscheidung durch das anordnende Gericht (§ 126 StPO) beantragt werden, § 119 V StPO.

Handelt es sich nicht um eine gerichtliche Entscheidung, sondern um **Ausführungsmaßnahmen der StA, ihrer Ermittlungspersonen oder der Vollzugsanstalt** (§ 119 II 2 StPO), so kann das

---

39 Vert. *Bittmann*, NStZ 2010, 13; *ders.*, JuS 2010, 510; *Brocke/Heller*, StraFo 2011, 1; *Michalke*, NJW 2010, 17; SK-StPO-*Paeffgen*, § 119 Rn 1 ff; *Weider*, StV 2010, 102.
40 *Arloth*, Strafvollzugsgesetze, 3. A. 2011; *Köhne*, JR 2012, 14.
41 BGH NJW 2012, 1158; *Nestler*, HRRS 2010, 546.
42 BVerfG NStZ-RR 2015, 79; OLG Düsseldorf NStZ-RR 2014, 218, 746; KG StV 2010, 370; *König*, NStZ 2010, 185; vert. Ostendorf-U-Haft/*Schady*, § 6 Rn 1 ff; *Pohlreich*, NStZ 2011, 560.

Haftgericht (§ 126 StPO) angerufen werden, § 119 V StPO. Gegen dessen Entscheidung steht wiederum die Beschwerde nach § 304 StPO offen.

b) Landesgesetzlich geregelte Beschränkungen (zur Aufrechterhaltung der Ordnung und Sicherheit in der Vollzugsanstalt)

Gegen eine **behördliche Entscheidung oder Maßnahme** der Vollzugsanstalt, deren Rechtsgrundlage den **landesrechtlichen Untersuchungshaftvollzugsgesetzen** zu entnehmen ist, kann eine gerichtliche Entscheidung beantragt werden, § 119a I 1 StPO[43]. Gleiches gilt für den Fall, dass die Vollzugsanstalt eine (behördliche) Entscheidung trotz entsprechenden Antrags unterlässt, nach Ablauf von drei Wochen, § 119a I 2 StPO. Ein **Antrag auf gerichtliche Entscheidung** nach § 119a I StPO ist zB denkbar, wenn mit der Vollzugsanstalt über Essens- oder Schließzeiten gestritten wird, soweit direkte Bezüge zum Zweck der Untersuchungshaft nicht erkennbar sind[44]. Zuständig ist das Haftgericht, § 126 StPO. Gegen dessen Entscheidung kann Beschwerde nach § 304 StPO eingelegt werden, und zwar auch durch die Vollzugsanstalt (Einzelheiten s. § 119a III StPO).

> **Lösung Fall 25:** Für den Erlass des **Haftbefehls** ist während des Ermittlungsverfahrens (vor Erhebung der öffentlichen Klage) der **Ermittlungsrichter** beim AG zuständig (§ 125 I StPO). Ob der Haftbefehl erlassen werden kann, richtet sich nach §§ 112 ff StPO. Danach müssen ein **dringender Tatverdacht** und ein **Haftgrund** vorliegen. Ferner darf die Unverhältnismäßigkeit der U-Haft einer Anordnung nicht entgegenstehen. Von einem dringenden Tatverdacht (hohe Wahrscheinlichkeit der Tatbegehung im Zeitpunkt der Anordnung der Maßnahme) ist hier auszugehen. Als Haftgrund kommt nur Fluchtgefahr (§ 112 II Nr 2 StPO) in Betracht. Diese könnte allein durch die zu erwartende hohe Strafe (drei bis vier Jahre) begründet werden. In der Praxis wird dies vielfach für ausreichend erachtet, eine Abwägung weiterer Umstände soll dann entfallen. Diese Ansicht ist jedoch abzulehnen, da das Gesetz stets eine **Gesamtabwägung** verlangt. Der Haftbefehl darf mit dieser Begründung nicht erlassen werden. Einzelheiten s.o. Rn 212.
>
>   **230**
>
> **Lösung Fall 26:** In Frage kommt nur ein Haftbefehl gem. § 112 III StPO (**Kapitaldelikt**), da keine Tatsachen erkennbar sind, aus denen sich Flucht- oder Verdunkelungsgefahr ergibt. Dringender Tatverdacht ist bzgl §§ 211/212 StGB gegeben. Angesichts der dem A vorgeworfenen Taten erscheint § 112 III StPO seinem Wortlaut nach erfüllt. Dennoch darf das Haftgericht keine U-Haft anordnen, weil hier in Anbetracht der konkreten Umstände auszuschließen ist, dass sich A dem Strafverfahren durch Flucht entziehen wird (**verfassungskonforme Auslegung** des § 112 III StPO nach BVerfGE 19, 342, 350). Einzelheiten s.o. Rn 214.
>
>   **231**
>
> **Lösung Fall 27:** A hat die Möglichkeit, **Beschwerde** (§ 304 I StPO) beim AG als dem Gericht, von dem die angefochtene Entscheidung (Haftbefehl, § 114 I StPO) erlassen wurde, einzulegen, § 306 I StPO. Gem. § 306 II StPO wird der Amtsrichter, sofern er ihr nicht selbst abhilft, die Beschwerde dem LG als zuständigem Beschwerdegericht (§ 73 GVG) vorlegen. Bleibt sie erfolglos, so steht A die weitere Beschwerde nach § 310 I StPO offen. A kann auch **Haftprüfung** gem. § 117 I StPO beantragen. Über die Haftprüfung entscheidet hier gem. § 126 II 1 StPO der Richter selbst, über die Beschwerde hingegen das LG (Devolutiveffekt). Wählt A den Weg der Haftprüfung, wird die Beschwerde unzulässig, § 117 II 1 StPO. Einzelheiten s.o. Rn 223 f.
>
>   **231a**

---

43 OLG Koblenz BeckRS 2017, 146280.
44 BVerfG StV 2013, 521 m. Bespr. *Morgenstern*, StV 2013, 529; vert. *Grube*, StV 2013, 534.

§ 12 Sonstige wichtige Zwangsmittel (Grundrechtseingriffe)

Fall 28:

a) Nennen Sie die wichtigsten Zwangsmittel zum Zwecke der Durchführung des Strafverfahrens. Wo sind sie geregelt?

b) Unmittelbar nachdem A in der belebten Fußgängerzone die Rufe „Hilfe, Überfall!" gehört hat, läuft B – aus Richtung der Rufe kommend – in schnellem Tempo mit einer Tasche an ihm vorbei. A vermutet in B den Straftäter und nimmt ihn fest. In Wirklichkeit hat B mit dem Überfall nichts zu tun, sondern gehört einem privaten Kurierdienst an und ist deshalb in Eile. Strafbarkeit des A?

c) B ist tatsächlich der Straftäter und setzt sich gegen die Festnahme durch A zur Wehr. Als letztes Mittel, um B an der Flucht zu hindern, versetzt A dem B einen Faustschlag, sodass B bewusstlos zu Boden sinkt. Strafbarkeit des A? **Rn 268**

Fall 29: A wird verdächtigt, mit Rauschgift zu handeln. Der ihn festnehmende Polizist P hat beobachtet, wie A etwas heruntergeschluckt. Da er vermutet, es handele sich um eine in Plastik verschweißte Crack-Portion, fordert P den A auf, ein gesundheitlich ungefährliches Brechmittel zu nehmen. Als A dies verweigert, veranlasst P das Einführen des Brechmittels durch einen Arzt mittels einer Magensonde. Tatsächlich wird dadurch das erwartete Rauschgiftpäckchen zu Tage gefördert. War das Vorgehen der Strafverfolgungsorgane rechtmäßig? **Rn 269**

Fall 30:

a) Die Ermittlungen der Polizei weisen auf einen unbekannten Porschefahrer aus dem Raum München als Täter einer Vergewaltigung mit anschließender Tötung des Opfers hin. Die Polizei „bittet" daraufhin sämtliche ca 750 männliche Halter von PKW der Marke Porsche mit Münchener Kennzeichen zur „freiwilligen" Blutprobe zum Zwecke einer DNA-Vergleichsanalyse mit Spermien, die beim Opfer gefunden wurden, und droht für den Fall der Weigerung die zwangsweise Blutentnahme gem. § 81a StPO an. Als A sich weigert, wird zwangsweise eine Blutprobe entnommen und sein Blut molekulargenetisch untersucht. War dieses Vorgehen rechtmäßig? **Rn 270**

b) Gegen A wird wegen eines Mordes ermittelt. Er soll sein Opfer mittels eines großen Prügels erschlagen haben. Er bestreitet den Vorwurf. Da keine weiteren Beweismittel zur Verfügung stehen, wird während eines zweiwöchigen Krankenhausaufenthaltes sein Einzelzimmer rund um die Uhr mittels einer „Wanze" technisch überwacht. Auch sein Telefonanschluss wird abgehört. Eines Abends erhält A von seiner Arbeitskollegin einen Anruf, in dem sie davon berichtet, von der Polizei über ihn ausgefragt worden zu sein, insbesondere ob er „aggressiv sei und seine Hasen selbst schlachte". Unmittelbar im Anschluss an dieses Telefonat führt A ein erregtes Selbstgespräch und ruft dabei: „Sehr aggressiv, sehr aggressiv, sehr aggressiv! In den Kopf hätt' ich ihn schießen sollen, in den Kopf hätt' ich ihn schießen sollen, selber umgebracht ... in den Kopf hätt' ich ihn schießen sollen!" Das Gericht stützt die Verurteilung des A auf dieses aufgezeichnete Selbstgespräch. Ist das zulässig? **Rn 270**

Fall 31: Ein Briefwechsel zwischen dem Beschuldigten und dessen Verteidiger wird beim Beschuldigten beschlagnahmt. Ist diese Maßnahme rechtmäßig? **Rn 271**

Fall 32: Gegen E, der in U-Haft genommen worden ist, läuft ein Ermittlungsverfahren wegen zahlreicher Einbrüche. Kriminalkommissar K erhält eines späten Abends telefonisch den anonymen Hinweis, dass die Beute aus den Diebstählen im Zimmer des E innerhalb der elterlichen Wohnung unter dem Fußboden versteckt sei und dass in den nächsten Stunden ein weiterer Tatbeteiligter die Beute holen und an einen anderen Ort verbringen soll. Da zur Abendzeit keine richterliche Anordnung mehr herbeigeführt werden kann und auch kein ermittlungsrichterlicher Bereitschaftsdienst besteht – zur Einrichtung eines solchen hatte sich in der Kleinstadt bisher noch keine Notwendigkeit ergeben – begibt sich K sofort selbst zur Wohnung der Eltern des E, um das Zimmer des E zu durchsuchen. Die Eltern sind damit jedoch nicht einverstanden und sperren das Zimmer des E ab. K erklärt daraufhin den Eltern den gesamten Sachverhalt und weist sie darauf hin, dass er die Zimmertür notfalls zwangsweise öffnen muss. Da die Eltern nicht einlenken, bricht er die Tür auf und durchsucht das Zimmer, wo er die Beute findet. Auf dem Revier fertigt er eine umfangreiche Dokumentation über den gesamten Vorgang an. Rechtmäßigkeit der Maßnahme? **Rn 272**

I.   Allgemeines

1.   Überblick

Neben der Untersuchungshaft (§§ 112 ff StPO – dazu Rn 208 ff) sind an wichtigen Zwangsmitteln zu nennen: **232**

- längerfristige Observation, §§ **163f**, 101 StPO (Rn 233e),
- vorläufige Festnahme, §§ **127**, 127b StPO (Rn 234),
- Unterbringung zur Beobachtung des Beschuldigten, § **81** StPO (Rn 240),
- körperliche Untersuchung, Blutprobe, § **81a** StPO (Rn 241),
- DNA-Analyse, §§ **81e**-f StPO; DNA-Identitätsfeststellung und Speicherung von DNA-Identifizierungsmustern, § **81g** StPO; Reihengentests, § **81h** StPO (Rn 242),
- Lichtbilder und Fingerabdrücke, § **81b** StPO (Rn 243),
- Untersuchung von Dritten, § **81c** StPO (Rn 244),
- Sicherstellung (Beschlagnahme), §§ **94 ff, 111b ff** StPO (Rn 245),
- Zwangseingriffe im Zusammenhang mit der Telekommunikation (Inhalt der Gespräche), §§ **100a**, 100d, 100e, 101 StPO (Rn 253 ff),
- Auskunft über Telekommunikationsverbindungen, Erhebung von Verkehrsdaten, technische Ermittlungen bei Mobilfunkgeräten, Bestandsdatenauskunft etc., §§ **100g, 100i, 100j**, 101 StPO (Rn 254a),
- Online-Durchsuchung, §§ **100b**, 100d, 100e, 101 StPO (Rn 254e),
- Durchsuchung, §§ **102 ff** StPO (Rn 255),
- Identitätsfeststellung, §§ **163b**, 163c StPO (Rn 259),
- Ausschreibung zur Fahndung, §§ **131** ff StPO (Rn 259a),
- Rasterfahndung, §§ **98a**, 98b, 101 StPO (Rn 262),
- Einsatz technischer Mittel (zB Bildaufnahmen, §§ **100h I Nr 1**, 101 StPO; Rn 263),
- Einsatz sonstiger besonderer für Observationszwecke bestimmter technischer Mittel (zB Bewegungsmelder), §§ **100h I Nr 2**, 101 StPO (Rn 264),
- Kleiner Lauschangriff, §§ **100f**, 101 StPO (Rn 265),
- Großer Lauschangriff, §§ **100c**, 100d, 100e , 101 StPO (Rn 266),
- Einsatz Verdeckter Ermittler, §§ **110a ff** StPO (Rn 267).

Eine **Kumulation** der verschiedenen Zwangsmaßnahmen ist möglich, stellt aber ihrerseits wiederum eine besondere Beeinträchtigung dar, die unter dem Gesichtspunkt des für alle Zwangsmaßnahmen geltenden **Verhältnismäßigkeitsgrundsatzes** zusätzlicher Würdigung bedarf. Im Einzelfall kann daher eine sog. „Totalüberwachung" problematisch sein[1].

Insbes. die wachsende Zahl und Eingriffsintensität **heimlicher Ermittlungsmethoden** (s. Rn 233e, 251, 253 ff, 254a, 254e, 261, 262, 263 ff, 265, 266, 267) wird in der Lit. daher kritisch gesehen. Es gilt zu hinterfragen, welcher Sicherungssysteme (Richtervorbehalt, erhöhte Eingriffsvoraussetzungen, Kernbereichsschutz, Stärkung von Verteidigungsrechten im Ermittlungsverfahren) **verdeckte Ermittlungsmaßnahmen** bedürfen, damit der staatliche Informationsvorsprung kompensiert und ein faires Verfahren gewährleistet werden kann[2]. Um die Inanspruchnahme von Rechtsschutz durch den Betroffenen in diesem Bereich überhaupt erst zu ermöglichen, regelt § 101 IV-VI StPO eine **Benachrichtigungspflicht** durch die Ermittlungsbehörden nach Beendigung verdeckter Ermittlungsmaßnahmen. Inhaltlich umfasst diese Benachrichtigung Anordnung und Durchführung der Maßnahme sowie den Hinweis auf die Möglichkeit **nachträglichen Rechtsschutzes gem. § 101 VII 2 StPO** innerhalb einer zweiwöchigen Frist (zum Rechtsschutz im Ermittlungsverfahren Rn 321 ff).

Bei allen Zwangsmitteln wird geregelt, **wer zu deren Anordnung befugt ist**. Dies können sein:

- **alle Polizeibeamten** (s. Rn 107)
- die **Ermittlungspersonen der StA**, also spezielle Polizeibeamte (s. Rn 102, 108)
- die **StA** (s. Rn 79 ff)
- das **Gericht**[3], und zwar im Regelfall im Ermittlungsverfahren der **Ermittlungsrichter** (zumeist der Ermittlungsrichter beim AG, s. insb. §§ 162 I 1, 125 I StPO und Rn 316) und nach Erhebung der öffentlichen Klage (Einreichen der Anklageschrift, s. Rn 291) das Gericht, das mit der Sache befasst ist (s. insbes. §§ 162 III, 125 II StPO).

2. Ermittlungsmaßnahmen bei Zeugnisverweigerungsberechtigten

a) Berufsgeheimnisträger, § 53 StPO

232a   Das Zeugnisverweigerungsrecht aus § 53 StPO wird flankiert durch § 160a StPO: Hiernach genießen **Berufsgeheimnisträger** in den Grenzen ihres Zeugnisverweigerungsrechts[4] besonderen Schutz vor Ermittlungsmaßnahmen (s. Rn 152 ff), wobei der Gesetzgeber differenziert:

- **Geistliche, Verteidiger**, sonstige **Rechtsanwälte** und **Abgeordnete** werden von gegen sie gerichteten Ermittlungsmaßnahmen gleich welcher Art freigestellt, § 160a I 1 StPO. Dennoch erlangte Erkenntnisse dürfen nicht verwendet werden (**absolutes** Erhebungs- und **Verwendungsverbot gem. § 160a I 2 StPO**). Das Verwendungsverbot betrifft nicht nur die direkte Verwertung als Beweismittel, vielmehr dürfen auch die gefundenen Spuren nicht zur Auffindung anderer Beweismittel benutzt werden (**Verbot des sog. Spurenansatzes** – anders als

---

1 BVerfG NJW 2005, 1338; BGHSt 46, 266, 277; *Steinmetz*, NStZ 2001, 344; vert. *Gercke*, Mehle-FS, S. 219; *Malek/Wohlers*, Rn 11 ff; *Puschke*, Die kumulative Anordnung von Informationsbeschaffungsmaßnahmen im Rahmen der Strafverfolgung, 2006; *Sinn*, Jura 2003, 812.
2 Vert. *Heghmanns*, Eisenberg-FS, S. 511; *Schünemann*, GA 2008, 314; *Zöller*, StraFo 2008, 15.
3 Zum Zweck des Richtervorbehalts: *Lilie*, ZStW 111 (1999), 807; *Putzke*, StraFo 2016, 1.
4 Vert. hierzu *Bertheau*, StV 2012, 303.

bei „einfachen" Beweisverwertungsverboten; zB bei Beschlagnahme von Verteidigerunterlagen (Rn 154)[5].

– Bei sonstigen Berufsgeheimnisträgern, insbes. **Medizinern** und **Journalisten** (vgl § 53 I 1 Nr 3–3b, 5 StPO), stehen Ermittlungsmaßnahmen, die das Zeugnisverweigerungsrecht betreffen, unter einem besonderen Verhältnismäßigkeitsvorbehalt. Insbes. wenn keine Straftat von erheblicher Bedeutung vorliegt, ist die Ermittlungsmaßnahme zu unterlassen (**relatives** Erhebungs- und **Verwertungsverbot** gem. § 160a II 1 u. 3 StPO).

Im Schrifttum wird teils zu Recht gefordert, die Differenzierung zwischen den verschiedenen Berufsgeheimnisträgern aufzuheben[6]. Das BVerfG bestätigte indes die Verfassungskonformität der derzeitigen Regelung[7].

Der besondere **Schutz** der Berufsgeheimnisträger **entfällt**, wenn bestimmte Tatsachen den Verdacht begründen, dass die zeugnisverweigerungsberechtigte Person an der Tat oder an einer Begünstigung, Strafvereitelung oder Hehlerei beteiligt ist, § 160a IV 1 StPO (zum Verteidiger s. Rn 154 f).   **232b**

Nach ausdrücklicher Regelung des § 160a V StPO bleiben neben dem Schutz des für alle Zwangsmittel geltenden § 160a StPO im Sonderfall der **Beschlagnahme** (s. Rn 245, 248), der **Online-Durchsuchung** (s. Rn 254e, 316, 327a), des **großen Lauschangriffs** (s. Rn 266) sowie partiell auch bei der **Erhebung von Verkehrsdaten** (s. Rn 254a) die Spezialvorschriften § 97 StPO bzw § 100d V StPO (s. Rn 254e, 266) bzw § 100g IV StPO unberührt.

b) Der angehörige Zeuge, § 52 StPO

§ 97 I Nr 1 StPO sieht ein **Beschlagnahmeverbot** für schriftliche Mitteilungen zwischen **angehörigen Zeugen** (§ 52 StPO, s. Rn 191) und dem Beschuldigten vor. Die **Online-Durchsuchung** (Rn 254e) sowie der **große Lauschangriff** (Rn 266) dürfen gegenüber angehörigen Zeugen im Regelfall zwar durchgeführt werden (**kein Beweiserhebungsverbot**). Die gewonnenen Erkenntnisse sind jedoch nur verwertbar, wenn dies unter Berücksichtigung der Bedeutung des zugrunde liegenden Vertrauensverhältnisses nicht außer Verhältnis zum Interesse an der Erforschung des Sachverhalts oder der Ermittlung des Aufenthaltsortes eines Beschuldigten steht, § 100d V 2 StPO. Dieses **relative Beweisverwertungsverbot** entfällt aber wiederum im Fall des Teilnahme-, Begünstigungs-, Strafvereitelungs- oder Hehlereiverdachts, § 100d V 3 iVm § 160a IV StPO[8]. Finden eine Telekommunikationsüberwachung (Rn 253), eine Online-Durchsuchung (Rn 254e) oder ein großer Lauschangriff (Rn 266) unter Verletzung des **Kernbereichs privater Lebensgestaltung** statt, greift ein **generelles Beweiserhebungs- und Beweisverwertungsverbot** ein, § 100d I-IV StPO[9].   **233**

Im Übrigen sind die Ergebnisse aus Ermittlungsmaßnahmen gegen angehörige Zeugen des Beschuldigten (§ 52 StPO, s. Rn 191) **grundsätzlich verwertbar** (Beispiel: Der wegen Bankraubs Verdächtige A wird von Kriminalkommissar K beschattet. Während eines Spaziergangs erzählt A seiner Ehefrau E von der Höhe der Beute. Bzgl. dieser, auch von K gehörten Äußerung kann K im Strafverfahren gegen A als Zeuge vernommen und seine Aussage für eine Verurteilung des A verwertet werden.). Auch aus § 160a StPO ist kein besonderer Schutz des angehörigen Zeugen ableitbar. § 160a StPO betrifft nur die vom Gesetzgeber herausgegriffenen Berufsgeheimnisträger (Rn 232a), nicht hingegen angehörige Zeugen. Wegen der speziellen Schutzwürdigkeit gerade der Berufsgeheimnisträger ist auch eine **analoge Anwendung des § 160a StPO auf angehörige**

---

5 BVerfG BeckRS 2018, 14189 (Rn 101); *M-G/Schmitt*, § 160a Rn 4.
6 *J. Kretschmer*, HRRS 2010, 551, 554; *Müller-Jacobsen*, NJW 2011, 257.
7 BVerfG StV 2012, 257, 262 ff m. Anm. *Gercke* u. *Sachs*, JuS 2012, 374.
8 Vert. BGHSt 54, 69, 100.
9 *M-G/Schmitt*, § 100d Rn 4 ff.

Zeugen nicht geboten[10]. Ein Beweisverwertungsverbot kann insofern allenfalls auf eine von Verfassungs wegen verbotene Verletzung des **Kernbereichs privater Lebensgestaltung** (im Beispiel nicht tangiert, dazu Rn 470 ff) oder auf die **gezielte Umgehung des Zeugnisverweigerungsrechts** durch die Ermittlungsbehörden gestützt werden (Rn 481 f).

3. Der hypothetische Ersatzeingriff

233a Eine Reihe von Zwangseingriffen ist nur im Falle des Verdachts der Begehung bestimmter schwerer Straftaten zulässig. Der Kanon dieser sog. **Katalogtaten** ist wiederum je nach Eingriffsintensität des betreffenden Zwangsmittels unterschiedlich, dh je tiefer die Strafverfolgungsorgane in den Grundrechtsbereich des Betroffenen eindringen, desto gravierender muss der Tatvorwurf sein. So ist zB das Abhören des Telefons nur bei Verdacht von Katalogtaten gem. § 100a II StPO zulässig (s. Rn 254) und eine Online-Durchsuchung nur bei Katalogtaten nach § 100b II StPO gerechtfertigt (s. Rn 254e). Das Strafverfahrensrecht geht davon aus, dass die Strafverfolgungsorgane die ihnen gesetzten Eingriffsgrenzen respektieren. Ist dies bei einem konkreten Eingriff nicht der Fall, ist das Beweismittel rechtswidrig gewonnen und es muss entschieden werden, ob daraus ein Beweisverwertungsverbot resultiert (Einzelheiten Rn 454 ff). Obwohl ein solches Beweisverwertungsverbot zumeist nicht ausdrücklich gesetzlich geregelt ist, wird es derzeit von der ganz hA zumindest für den Fall anerkannt, dass die Strafverfolgungsorgane das Zwangsmittel eingesetzt haben, ohne dass der Tatverdacht bezüglich einer Katalogtat vorgelegen hat (dies ist zB bei der Telekommunikationsüberwachung unstrittig, s. Rn 475)[11]. Das kann im Einzelfall bedeuten, dass der Tatnachweis überhaupt nicht mehr zu erbringen ist. Angesichts dieser Gefahr wird die Frage bedeutsam, ob es für die Rechtmäßigkeit des Vorgehens ausreicht, dass irgendeine Katalogtat vorgelegen hat, notfalls also auch eine andere als diejenige, von der die Strafverfolgungsbehörde im Zeitpunkt der Durchführung des Zwangseingriffs irrtümlich ausgegangen ist, sog. **hypothetischer Ersatzeingriff**.

Der Begriff des hypothetischen Ersatzeingriffs wird auch noch in anderem Zusammenhang gebraucht, nämlich wenn es darum geht, in welchem Maße Beweismittel verwertet werden können, die zufällig im Rahmen von Zwangsmaßnahmen gefunden werden (sog. **Zufallsfunde**). Ferner wird der Begriff relevant, wenn außerhalb eines Strafverfahrens **präventiv gewonnene Erkenntnisse** in ein Strafverfahren eingeführt werden sollen. Die beiden zuletzt angesprochenen Problembereiche sind seit 1.1.2008 teilweise gesetzlich geregelt. Im Einzelnen gilt danach Folgendes:

233b **(1) Klausel des hypothetischen Ersatzeingriffs für Zufallsfunde**

Personenbezogene Daten, die aufgrund einer Maßnahme nach der StPO, die nur bei Verdacht bestimmter Straftaten zulässig ist, erlangt wurden, dürfen im Regelfall ohne Einwilligung des Betroffenen zu Beweiszwecken in anderen Strafverfahren (gegen den Beschuldigten und gegen Dritte) nur zur Aufklärung solcher Straftaten verwendet werden, zu deren Aufklärung eine solche Maßnahme nach den Regeln der StPO hätte

---

10 BVerfG StV 2011, 261 m. Anm. *Jäger*.
11 BGHSt 31, 304, 309; 32, 68, 70; *Leitner/Michalke*, Rn 116.

angeordnet werden dürfen, § 477 II 2 StPO[12]. Darüber hinaus gibt es allerdings in Sonderfällen weitere Verwertungsmöglichkeiten, so zB gem. § 477 II 3 StPO zur Abwehr einer erheblichen Gefahr für Leib, Leben oder Freiheit einer Person oder die öffentliche Sicherheit (s.auch die Sonderregelung in § 100e VI Nr. 1 StPO für Daten aus bestimmten geheimen Ermittlungsmaßnahmen, wie zB der Online-Durchsuchung und der akustischen Wohnraumüberwachung; weitere Änderungen sind geplant in § 479 III StPO/EDatschG).

(2) Klausel des hypothetischen Ersatzeingriffs für präventive Erkenntnisse   233c

Personenbezogene Daten, die aufgrund *anderer* Gesetze gewonnen wurden (zB präventiv durch die Polizei[13] oder durch Nachrichtendienste), dürfen, sofern sie aus Maßnahmen resultieren, die nur bei Verdacht bestimmter Straftaten zulässig sind, ohne Einwilligung des Betroffenen im Regelfall nur zur Aufklärung solcher Straftaten verwendet werden, zu deren Aufklärung eine solche Maßnahme auch nach den Regeln der StPO hätte angeordnet werden dürfen, § 161 II 1 StPO (s. Rn 105; nach EDatschG: § 161 III StPO).

(3) Generelle Anwendung des Grundsatzes des hypothetischen Ersatzeingriffs   233d

Ob der Grundsatz des hypothetischen Ersatzeingriffs jenseits dieser geregelten Spezialfälle ganz generell die unzutreffende Bejahung der materiellen Voraussetzungen eines Zwangseingriffs seitens der Strafverfolgungsorgane „heilen" kann, ist noch nicht endgültig geklärt. Teilweise bejaht der BGH dies[14]. So hält er zB die aus einer Telekommunikationsüberwachung gem. § 100a StPO gewonnenen Erkenntnisse auch dann für verwertbar, wenn zwar das die Telekommunikationsüberwachung anordnende Gericht lediglich den Verdacht bezüglich einer Tat bejaht hat, die nicht dem Katalog des § 100a II StPO unterfällt, es sich jedoch nachträglich herausstellt, dass auch der Verdacht einer anderen Straftat bestanden hätte, die zu den Katalogtaten zählt[15] (dazu Rn 475). Diese hypothetischen Erwägungen verwirft die Rspr erst dann, wenn die Strafverfolgungsorgane „willkürlich" handeln[16] bzw. wenn sie einen Zuständigkeitsvorbehalt (zB den des Richters bei der Wohnungsdurchsuchungsanordnung gem. § 105 StPO, s. Rn 258b) „in grober Verkennung des Rechts" missachten[17]. Eine solch weite Anwendung des Grundsatzes des hypothetischen Ersatzeingriffs ist jedoch problematisch, weil damit die vom Gesetzgeber geforderte – und im konkreten Strafverfahren (anders als in den oben unter [1] und [2] behandelten gesetzlichen Sonderfällen) auch mögliche – sorgfältige ex ante Prüfung umgangen wird[18] (Einzelheiten s. Rn 258, 475 u. va Rn 483).

---

12 Vert. BGHSt 53, 64, 67; *Allgayer/Klein*, wistra 2010, 130; *Singelnstein*, ZStW 120 (2008), 854.
13 BGHSt 62, 123 (dazu Rn 105).
14 Vgl BGH NStZ 1989, 375; 2016, 551 m. Anm. *Schneider*; BGH StV 2017, 498; abw. BGHSt 31, 304, 306 (fehlende richterliche Anordnung bei der Telekommunikationsüberwachung); s.a. BGHSt 59, 292 m. krit. Anm. *Jäger*, JA 2015, 72 u. *Jahn*, JuS 2015, 180.
15 BGHSt 48, 240; *Mosbacher*, JuS 2008, 126.
16 BGHSt 41, 30; 51, 285; OLG Düsseldorf NStZ 2017, 177 m. Anm. *Radtke*.
17 BGHSt 51, 285; 61, 266.
18 Ebenso iE BGH NStZ 2012, 104, 105; *Jahn*, Gutachten, C 74 ff; *Park*, Rn 384, 388; vert. *Beulke*, ZStW 103 (1991), 657; *Kudlich*, Wolter-FS, S. 995.

II. Längerfristige Observation, § 163f iVm § 101 StPO

233e   Liegen zureichende tatsächliche Anhaltspunkte dafür vor, dass eine Straftat von erheblicher Bedeutung begangen worden ist, so darf eine planmäßig angelegte Beobachtung des Beschuldigten angeordnet werden, die entweder durchgehend länger als 24 Stunden dauern oder an mehr als zwei Tagen stattfinden soll (sog. **längerfristige Observation**, vgl § 163f I 1 StPO). Andere, den Betroffenen weniger belastende Maßnahmen müssen erheblich weniger Erfolg versprechen (Subsidiaritätsklausel). Erfolgt die Observation unter **Einsatz technischer Mittel**, müssen zusätzlich die Voraussetzungen des § 100h I Nr 2, II 2 Nr 2 StPO erfüllt sein (s. Rn 264). Gem. § 163f III 1 StPO ist das Gericht, bei Gefahr im Verzug die StA und ihre Ermittlungspersonen (s. Rn 102) anordnungsbefugt. Die Maßnahme ist auf höchstens drei Monate zu befristen, § 163f III 3 iVm § 100e I 4 StPO. Die Verlängerung der Maßnahme ist zulässig, soweit die Voraussetzungen der Anordnung unter Berücksichtigung der gewonnenen Ermittlungsergebnisse fortbestehen, § 163f III 3 iVm § 100e I 5 StPO. An die längerfristige Observation von **Nichtbeschuldigten** stellt § 163f I 3 StPO demgegenüber höhere Anforderungen. Die grenzüberschreitende Observation im **Schengener Rechtsraum** wird durch Art. 40 SDÜ ermöglicht.

Kurzfristige Überwachungen des Beschuldigten werden auf Grund der geringen Eingriffsintensität bereits von der Ermittlungsgeneralklausel der §§ 161 I, 163 I StPO gedeckt (s. Rn 104).

III. Vorläufige Festnahme, §§ 127, 127b StPO

234   Für den Fall, dass der Erlass eines Haftbefehls nicht abgewartet werden kann, gewährt § 127 StPO das Recht der **vorläufigen Festnahme**. Bedeutung erlangt diese Vorschrift insbes. als Rechtfertigungsgrund für die mit der Festnahme verbundenen Delikte (§§ 223, 239, 240 StGB).

1. Das „Jedermann"-Festnahmerecht, § 127 I 1 StPO

Wird jemand auf frischer Tat betroffen oder verfolgt, so ist, wenn er der Flucht verdächtig ist oder seine Identität nicht sofort festgestellt werden kann, **jedermann** (jeder Bürger und jeder Amtsträger) befugt, ihn auch ohne richterliche Anordnung vorläufig festzunehmen, § 127 I 1 StPO.

a) Voraussetzungen

235   aa) Der Täter muss **„auf frischer Tat betroffen oder verfolgt"** werden.

Tat iSd § 127 I 1 StPO ist eine strafbare Handlung (auch ein strafbarer Versuch), nicht aber eine Ordnungswidrigkeit. Das Fehlen eines Strafantrages hindert die vorläufige Festnahme nicht, § 127 III 1 StPO.

Auf frischer Tat betroffen ist derjenige, der bei Verwirklichung des Straftatbestandes oder unmittelbar danach am Tatort oder in dessen unmittelbarer Nähe gestellt wird. Auf frischer Tat verfolgt wird der Täter, wenn er sich bereits vom Tatort entfernt hat und mit seiner Verfolgung auf Grund konkreter, auf ihn hinweisender Anhaltspunkte (zB Tatspuren) unverzüglich begonnen wird.

Umstritten ist, ob § 127 I 1 StPO voraussetzt, dass die Tat (von dem Festgenommenen) **wirklich** (zumindest tatbestandsmäßig und rechtswidrig) **begangen** wurde[19], oder ob es genügt, dass die erkennbaren objektiven Umstände einen **dringenden Tatverdacht** nahe legen[20]. Für die zweite Auffassung wird angeführt, dass das Festnahmerecht nicht dem Eigeninteresse des Privaten diene, sondern dem öffentlichen Interesse an der Strafverfolgung. Da der Privatmann bei der Festnahme eine öffentliche Aufgabe erfülle, erscheine es unbillig, ihm das Risiko eines schuldlosen Irrtums aufzubürden.

Diese Ansicht ist jedoch **abzulehnen**, denn sie nimmt dem unschuldig Festgenommenen das Notwehrrecht gegen den freiheitsbeschränkenden Angriff. Das Risiko für den Festnehmenden im Falle eines schuldlosen Irrtums ist auch bei der Forderung einer wirklich begangenen Straftat begrenzt. Solange nämlich objektive Umstände den Tatverdacht nahe legen, befindet sich der Festnehmende in einem unvermeidbaren Irrtum über das Vorliegen der tatsächlichen Voraussetzungen eines Rechtfertigungsgrundes (**Erlaubnistatbestandsirrtum**), sodass seine Vorsatzschuld entfällt und er nicht nach §§ 239, 240 StGB bestraft werden kann[21]. Lediglich beim Zufügen von Körperverletzungen zwecks Festnahme verbleibt ein Strafrisiko wegen fahrlässiger Tatbegehung (§ 229 StGB); hier dürfte es jedoch vielfach an einer Sorgfaltspflichtverletzung fehlen. Im Übrigen ist eine strengere Haftung sachgerecht: Wer sich nicht sicher ist, dass wirklich eine Straftat begangen worden ist, sollte die Festnahme den Behörden überlassen[22].

▶ Beispielsfall bei *Beulke*, Klausurenkurs III, Rn 391.

bb) Weiterhin ist für das Festnahmerecht ein sog. **Festnahmegrund**, nämlich entweder Fluchtverdacht oder Unmöglichkeit der Identitätsfeststellung erforderlich. **Fluchtverdacht** ist gegeben, wenn nach dem erkennbaren Verhalten des Täters vernünftigerweise davon ausgegangen werden kann, dass dieser sich dem Strafverfahren entziehen werde, wenn er nicht alsbald festgenommen wird. **Nicht erforderlich** ist hingegen, dass **Fluchtgefahr** iSd § 112 II Nr 2 StPO (Voraussetzung der Verhängung von Untersuchungshaft) vorliegt, denn diese diffizile Frage kann nicht in der Augenblickssituation des § 127 StPO beantwortet werden, in der es auf schnelles Handeln ankommt[23]. **236**

Auf den Festnahmegrund der Identitätsfeststellung können sich lediglich Private berufen; Amtsträger müssen nach § 163b I StPO vorgehen, § 127 I 2 StPO (vgl u. Rn 259). Dieser Festnahmegrund entfällt, wenn sich der Betroffene ausweisen kann.

b) Umfang des Festnahmerechts

§ 127 I StPO gewährt ein Recht zur Festnahme und beinhaltet damit seinem Wortlaut nach lediglich eine Rechtfertigung der Freiheitsberaubung und der Nötigung. Allerdings wird von § 127 StPO **auch** die **Anwendung physischer Gewalt** gedeckt, soweit sie verhältnismäßig und für die Festnahme erforderlich ist, wie beispielsweise festes Zupacken oder Festhalten am Boden[24], nicht jedoch lebensgefährliches Wür- **237**

---

19 OLG Hamm NJW 1977, 590, 591; *M-G/Schmitt*, § 127 Rn 4; *Kühl*, § 9 Rn 86; *Otto*, Jura 2003, 685; *Roxin/Schünemann*, § 31 Rn 4; *Volk/Engländer*, § 10 Rn 67; wohl auch OLG Celle BeckRS 2015, 00003 m. Bespr. *Jahn*, JuS 2015, 565 u. *Satzger*, Jura 2015, 1261; vert. *Sickor*, JuS 2012, 1074.
20 BGH NJW 1981, 745, 746; OLG Hamm NStZ 1998, 370; SK-StPO-*Paeffgen*, § 127 Rn 10; *Fincke*, GA 1971, 41; *Hellmann*, Rn 266; *Kargl*, NStZ 2000, 8; *Roxin*, AT I, § 17 Rn 24 f; für das Erfordernis eines „über vernünftige Zweifel erhabenen" Verdachts: *Bülte*, ZStW 121 (2009), 377, 400.
21 Vgl *Wessels/Beulke/Satzger*, AT, Rn 760 f.
22 Zur gesamten Problematik s. *Engländer*, Rn 129; *Hillenkamp/Cornelius*, AT, Problem 8, S. 67.
23 BGH <D> MDR 1970, 197; LR-*Hilger*, § 127 Rn 21.
24 BGHSt 45, 378; *Börner*, GA 2002, 276; *Mitsch*, JuS 2000, 848; s.a. *Schröder*, Jura 1999, 10.

gen[25]. Der Schusswaffengebrauch zum Zwecke der Festnahme kann – mit Ausnahme von Warnschüssen – nicht auf § 127 I StPO gestützt werden[26].

Da § 127 I StPO einen schwereren Eingriff in die Fortbewegungsfreiheit des Verdächtigen gestattet, werden von der Vorschrift zugleich mildere Mittel wie die Wegnahme von Sachen zur Identitätsfeststellung oder zur Verhinderung der Flucht gedeckt[27].

2. Das Festnahmerecht für StA und Polizei gem. § 127 II StPO

238 Die StA und **alle** Beamten des Polizeidienstes können ihr Festnahmerecht bei Gefahr im Verzuge neben § 127 I StPO auch auf § 127 II StPO stützen. Erforderlich ist dann, dass die **Voraussetzungen eines Haftbefehls** (dringender Tatverdacht, Haftgrund) oder eines Unterbringungsbefehls vorliegen. Gefahr im Verzug ist gegeben, wenn das Abwarten des Erlasses des richterlichen Haft- oder Unterbringungsbefehls die Festnahme gefährden würde[28]. Wenn es bei der polizeilichen Festnahme zu einem Schusswaffeneinsatz kommt, so richtet sich dessen Zulässigkeit nach den Polizeigesetzen der Länder[29].

3. Das Festnahmerecht für StA und Polizei gem. § 127b I StPO

Der StA und der Polizei steht ein Festnahmerecht auch dann zu, wenn die Voraussetzungen aus § 127 I und II StPO (s.o.) nicht vorliegen, aber die unverzügliche Entscheidung im **beschleunigten Verfahren** (dazu u. Rn 530 ff) wahrscheinlich ist und die Gefahr besteht, der Beschuldigte werde der Hauptverhandlung fernbleiben, § 127b I StPO. Im Anschluss an die Festnahme kann die sog. **Hauptverhandlungshaft** angeordnet werden, § 127b II StPO (s.o. Rn 215).

4. Richtervorführung

239 Nach der Festnahme muss der Festgenommene in jedem Fall **unverzüglich dem Richter vorgeführt** werden, es sei denn, er wurde bereits zuvor freigelassen, § 128 I 1 StPO. Hält der Richter die Festnahme für nicht gerechtfertigt, lässt er den Festgehaltenen frei, andernfalls ergeht ein Haftbefehl, § 128 II StPO. Grundlage der Untersuchungshaft ist also auch in dieser Konstellation der richterliche Haftbefehl.

IV. Unterbringung zur Beobachtung des Beschuldigten, § 81 StPO

240 Zur Vorbereitung eines Gutachtens über den psychischen Zustand des Beschuldigten kann das Gericht nach Anhörung eines Sachverständigen und des Verteidigers anordnen, dass der Beschuldigte in ein **öffentliches psychiatrisches Krankenhaus** gebracht und dort **beobachtet** wird, § 81 I StPO. Die Unterbringung darf die Dauer von

---

25 BGHSt 45, 378, 381.
26 *Marxen*, Fall 11b, S. 95.
27 KK-*Schultheis*, § 127 Rn 29; krit. *Wagner*, ZJS 2011, 465, 473.
28 *M-G/Schmitt*, § 127 Rn 19.
29 BGH JR 2000, 297 m. Anm. *Ingelfinger*; OLG Karlsruhe Justiz 2011, 221.

insgesamt sechs Wochen nicht überschreiten, § 81 V StPO. Besonders bedeutsam ist angesichts der Schwere des Eingriffs die Beachtung des Grundsatzes der Verhältnismäßigkeit[30]. Unzulässig ist eine Unterbringung deshalb zB, wenn der Beschuldigte die für die geplante Untersuchung durch einen psychiatrischen Sachverständigen unbedingt erforderliche Zusammenarbeit mit diesem verweigert.

Die Gutachten sollen dazu dienen, Aufschluss über die **Schuldfähigkeit** oder **Verhandlungsfähigkeit** des Beschuldigten oder, wenn es sich um ein Verfahren gegen einen Jugendlichen oder Heranwachsenden handelt, über dessen **Reifegrad**, § 73 JGG, zu bringen. Nicht zulässig ist hingegen die Unterbringung zur Prüfung der Glaubwürdigkeit[31]. § 81 StPO beinhaltet lediglich eine Rechtfertigung bzgl der mit der Unterbringung verbundenen Freiheitsberaubung und der Beobachtung. Daher müssen weiter reichende Untersuchungen, die für die Begutachtung erforderlich werden, gesondert nach § 81a StPO angeordnet werden[32].

V. Körperliche Untersuchung, Blutprobe, § 81a StPO

Eine **körperliche Untersuchung** des Beschuldigten darf zur Feststellung von Tatsachen angeordnet werden, die für das Verfahren von Bedeutung sind. Zu diesem Zweck sind Entnahmen von Blutproben und andere körperliche Eingriffe, die von einem Arzt nach den Regeln der ärztlichen Kunst zu Untersuchungszwecken vorgenommen werden, ohne Einwilligung des Beschuldigten zulässig, wenn kein Nachteil für seine Gesundheit zu befürchten ist, § 81a I StPO.

241

Im Einzelfall kann zweifelhaft sein, ob eine Untersuchung iSv § 81a StPO oder eine Durchsuchung iSv § 102 StPO (dazu u. Rn 256) vorliegt. Entscheidend ist, ob die **Beschaffenheit des Körpers** bzw einzelner Körperteile (zB Blut, Magensaft) festgestellt werden soll (dann Untersuchung) oder ob **am Körper** bzw in zugänglichen natürlichen Körperöffnungen (zB Mund, Scheide, After) nach Gegenständen gesucht werden soll (dann Durchsuchung)[33]. Wird **im Körper** nach Gegenständen gesucht (zB nach verschluckten Beweismitteln), so liegt eine Untersuchung iSv § 81a StPO zumindest dann vor, wenn zum Schutz des Betroffenen der Einsatz eines Arztes erforderlich ist[34].

Die Anordnung steht dem **Richter**, bei Gefährdung des Untersuchungserfolges durch Verzögerung auch der StA und – nachrangig (s. Rn 108) – ihren Ermittlungspersonen (§ 152 GVG, s. Rn 102) zu, § 81a II 1 StPO. Ausnahmsweise bedarf es keiner richterlichen Anordnung, wenn bestimmte Tatsachen den Verdacht begründen, dass ein bestimmtes Straßenverkehrsdelikt begangen worden ist, § 81a II 2 StPO.

Gerade bei der Blutprobenentnahme ist die frühzeitige Einschaltung des Richters (jetzt nur noch jenseits der in § 81a II 2 StPO aufgelisteten Straßenverkehrsdelikte) besonders bedeutsam, da – ebenso wie bei der Wohnungsdurchsuchung (dazu Rn 258) – eine zeitgleiche Einholung von richterlichem Rechtsschutz gegen Maßnahmen der Polizei oder StA wegen der raschen Erledigung faktisch unmöglich ist, der Betroffene im Regelfall also nur nachträglich die Rechtmäßigkeit der Maßnahme gerichtlich überprüfen lassen kann[35]. Angesichts der Schwere des Grundrechtseingriffs sind an die Annahme der Gefahr im Verzug **strenge Anforderungen**

---

30 BVerfG NJW 2002, 283; KMR-*Bosch*, § 81 Rn 23 ff; s.a. *Eisenberg*, NStZ 2015, 433.
31 BGH JR 1955, 472; Radtke/Hohmann-*Beukelmann*, § 81 Rn 6.
32 HK-*Brauer*, § 81 Rn 20; *Kühne*, Rn 473.
33 S. LR-*Krause*, § 81a Rn 19; anders *Bosch*, Jura 2014, 50 f; KMR-*Bosch*, § 81c Rn 10.
34 *Geppert*, JK 1997, StPO § 81a/2.
35 BVerfG NJW 2007, 1345.

zu stellen. Regelmäßig müssen die Strafverfolgungsbehörden versuchen, eine (zur Not auch fernmündlich, ohne vorherige Aktenvorlage erfolgende)[36] Anordnung des zuständigen Richters zu erlangen, bevor sie selbst eine Blutentnahme anordnen. Die bei Straftaten im Zusammenhang mit Alkohol und Drogen typischerweise bestehende **abstrakte Gefahr**, dass durch den körpereigenen Abbau der Nachweis der Tatbegehung erschwert oder sogar verhindert wird, **genügt** für sich allein genommen noch **nicht**, um eine Gefährdung des Untersuchungserfolges zu begründen[37]. Vielmehr hat eine auf den **Einzelfall** bezogene, in den Ermittlungsakten zu dokumentierende **Prognose** zu erfolgen, wie lange der Eingriff durch die Herbeiführung einer richterlichen Entscheidung tatsächlich verzögert würde. Wann insoweit noch von einer die Eilkompetenz begründenden Verzögerung ausgegangen werden kann, ist in Rspr und Lehre höchst umstritten[38]. Zumindest bei behauptetem Nachtrunk bzw sehr geringer Intoxikation ist wegen der konkreten Gefahr des Beweisverlustes die Annahme von Gefahr im Verzug weiterhin gerechtfertigt[39]. Zur Notwendigkeit der Einrichtung eines richterlichen Eil- und Notdienstes für die Nachtzeit sowie zum Fall des „unwilligen" Ermittlungsrichters s. Rn 258; zum Beweisverwertungsverbot bei Missachtung des Richtervorbehalts s. Rn 477.

Eine (richterliche oder polizeiliche) Anordnung nach § 81a StPO ist allerdings nur erforderlich, wenn der Beschuldigte nicht bereits wirksam in die körperliche Untersuchung **eingewilligt** hat[40]. Ob es im Fall der **freiwilligen** Duldung der Maßnahme einer Belehrung über das bestehende Weigerungsrecht bedarf – die § 81a StPO ausdrücklich nicht vorschreibt – ist str. Z.T. wird angenommen, dass ohne umfassende Belehrung nicht wirksam eingewilligt werden könne[41]. Aus dem Fehlen der Belehrung wird ein Beweisverwertungsgebot abgeleitet[42].

Lehnt der Beschuldigte nicht nur die Untersuchung ab, sondern weigert er sich bereits, den Arzt aufzusuchen, oder versucht er, sich zu entfernen, kann er – gestützt auf § 81a StPO – zwangsweise dem nächsten geeigneten und erreichbaren Arzt oder Krankenhaus zugeführt werden[43]. Ergeht eine entsprechende Eilanordnung, legitimiert diese nach hM auch die später erfolgende Entnahme einer Blutprobe, sodass der anordnende Polizist nicht erneut versuchen muss, den Ermittlungsrichter zu erreichen[44].

Auch bei § 81a StPO gilt (wie bei allen Zwangsmitteln): Für den Beschuldigten besteht **keine Pflicht zur aktiven Mitwirkung**, er muss die Maßnahme lediglich **dulden**[45]. Daher ist er zB nicht verpflichtet, sich einem Alkoholtest durch Blasen in das Prüfröhrchen zu unterziehen[46], während er die zwangsweise Blutentnahme dulden muss. Ebenso wenig ist ein Beschuldigter, der im Verdacht steht, einen Beutel mit Betäubungsmitteln verschluckt zu haben, dazu verpflichtet, Brechmittel zu schlucken.

---

36 B VerfG NStZ 2011, 289; *Fickenscher*, JR 2010, 403; *Kudlich*, JA 2010, 752; krit. *Trück*, JZ 2010, 1106.
37 SchlHolstOLG StraFo 2010, 194; KG NStZ 2010, 468; OLG Bamberg DAR 2011, 268.
38 Überblick bei *Ebert*, ZIS 2010, 249; *Ernst*, Jura 2011, 94; *Kraft*, JuS 2011, 591; *Pichon*, HRRS 2011, 472.
39 OLG Bamberg NZV 2010, 583; OLG Bamberg DAR 2011, 268.
40 OLG Hamm StRR 2011, 198; vert. *Murmann*, in: Heghmanns/Scheffler, III Rn 309 ff.
41 AG Frankfurt/M. BA 2010, 435; *M/G-Schmitt*, § 81a Rn 4; aA LG Saarbrücken NStZ-RR 2009, 55.
42 *Böse*, JZ 2015, 653; S/S/W-StPO-*Bosch*, § 81a Rn 11; *Geppert*, NStZ 2014, 481; diff. *Eisenberg*, Rn 162; *Cierniak/Herbst*, NZV 2012, 409.
43 OLG Dresden NJW 2001, 3643; s.a. *Rogall*, JuS 1992, 551, 554.
44 KG NStZ 2010, 468; OLG Bamberg DAR 2011, 268; *Brocke/Herb*, NStZ 2009, 671, 673; aA OLG Hamm NJW 2009, 242, 244; *Fickenscher/Dingelstadt*, NStZ 2009, 124, 126.
45 *Naucke*, Hamm-FS, S. 505; aA *Lesch*, 4/Rn 66 ff; zum Streitstand: *Ransiek*, GA 2015, 620; *Rössner/Safferling*, Problem 5.
46 *Schöch*, BA 1997, 169; kritisch insoweit *Ransiek/Winsel*, GA 2015, 620.

Ein zwangsweiser **Brechmitteleinsatz** mittels Magensonde verstößt nach Ansicht des EGMR gegen Art. 3 EMRK[47].

VI. DNA-Analyse, §§ 81e–f StPO; DNA-Identitätsfeststellung und Speicherung von DNA-Identifizierungsmustern, § 81g StPO; Reihengentests, § 81h StPO

1. Problemlage

Die DNA-Analyse (molekulargenetische Untersuchung), mit deren Hilfe der relativ sichere   **242**
Nachweis geführt werden kann, dass Haare, Sperma, Hautpartikel etc, die zB am Tatort oder am
Körper des Opfers gefunden wurden, von einer bestimmten Person stammen, ist inzwischen ge-
setzlich geregelt, wobei §§ 81e, 81f StPO die DNA-Analyse zur Aufklärung einer konkreten
Straftat in einem **anhängigen** Strafverfahren betreffen, während § 81g StPO Sonderregelungen
für **zukünftige** Strafverfahren enthält. Der Richter muss sich stets bewusst sein, dass die DNA-
Analyse lediglich eine statistische Wahrscheinlichkeitsaussage enthält, die eine Würdigung aller
Umstände keinesfalls überflüssig macht[48]. Ferner ist zu beachten, dass die DNA-Analyse in voller
Überprüfungstiefe ausgeschöpft werden muss, wenn ausgeschlossen werden soll, dass nahe
Familienangehörige des Beschuldigten ebenfalls als Täter in Betracht kommen.

2. Regelungen für das laufende Strafverfahren

Grundlage einer molekulargenetischen Untersuchung ist stets ein Vergleichsmateri-   **242a**
al, das die Strafverfolgungsbehörden auf unterschiedlichem Wege erlangt haben können. Häufig wird entsprechendes Material bei einer körperlichen Untersuchung des
Beschuldigten gewonnen, für deren Zulässigkeit § 81a StPO den Maßstab bildet
(s. Rn 241). In § 81e I iVm § 81f StPO ist normiert, dass das derart gewonnene Material von einem **Sachverständigen molekulargenetisch untersucht** werden darf,
um ein DNA-Identifizierungsmuster, die Abstammung und das Geschlecht festzustellen und diese Feststellungen mit Vergleichsmaterial abzugleichen (zumeist um zu ermitteln, ob es vom Beschuldigten oder Verletzten stammt), soweit dies zur Erforschung des Sachverhalts erforderlich ist. Andere Feststellungen dürfen nicht erfolgen
– darauf gerichtete Untersuchungen sind unzulässig. Auch Vergleichsmaterial, das
durch die Untersuchung von Dritten gem. § 81c StPO gewonnen (s. Rn 244) oder
anderweitig aufgefunden wurde (zB Zigarettenkippe), kann entsprechenden molekulargenetischen Untersuchungen unterzogen werden (Einzelheiten s. § 81e II StPO).

Erklären sich die Betroffenen mit der Untersuchung des Materials **schriftlich** einverstanden, kann diese ohne jegliche Anordnung durchgeführt werden. Ansonsten bedarf

---

47 EGMR NJW 2006, 3117 *(Jalloh/BRD)* m. Bespr. *Safferling*, Jura 2008, 100; *Schumann*, StV 2006, 661
u. *Schuhr*, NJW 2006, 3538; ebenso OLG Frankfurt NJW 1997, 1647 m. Anm. *Weßlau*, StV 1997, 341;
Renzikowski, Amelung-FS, S. 669; *Zaczyk*, StV 2002, 122; für Zulässigkeit hingegen OLG Bremen
NStZ-RR 2000, 270; KG JR 2001, 163; *Fahl*, JuS 2001, 47; zum Strafbarkeitsrisiko des Arztes: BGHSt
55, 121 m. Bespr. *Brüning*, ZJS 2010, 549; *Eidam*, NJW 2010, 2599 u. *Krüger/Kroke*, Jura 2011, 289;
vert. *Rössner/Safferling*, Problem 6; *N.I. Schlothauer*, Strafbarkeit ärztlicher Brechmittelvergabe, 2010.
48 BGHSt 38, 320 ff; 56, 72; BGH StraFo 2010, 343 m. Anm. *Neuhaus*; BGH StV 2014, 588 u. 591.

es einer **richterlichen** Anordnung. Bei Gefahr im Verzug (s. hierzu Rn 258) entscheidet die StA oder ihre Ermittlungspersonen (s. Rn 102), § 81f I 1 StPO.

242b   Zu den großen Streitfragen der jüngeren Vergangenheit gehören Zulässigkeit und verfassungskonforme Durchführung von **Reihengentests**. Dabei werden größere Personengruppen, die Merkmale aufweisen, welche vermutlich auf den Täter zutreffen (zB alle jungen Männer eines größeren Dorfes) aufgefordert, sich einem Gentest zu unterziehen. Zumeist werden von den Personen, auf die die Prüfungsmerkmale zutreffen (zB Alter, Geschlecht, Haar- oder Augenfarbe), Speichelproben genommen.

Weitgehend ist diese Problematik heute in § 81h StPO gesetzlich geregelt. Demnach ist es bei bestimmten Delikten (zB Tötungs- und Sexualdelikten) zulässig, auf **freiwilliger** Grundlage Körperzellen zu entnehmen und diese einem Gentest zu unterziehen, soweit dies zur Feststellung erforderlich ist, ob das Spurenmaterial von einer der teilnehmenden Personen stammt, und die Maßnahme insbes. im Hinblick auf die Anzahl der von ihr betroffenen Personen nicht außer Verhältnis zur Tat steht, § 81h I StPO. Neben der geforderten **schriftlichen Einwilligung** (§ 81h I StPO) bedarf es der **schriftlichen gerichtlichen** Anordnung (§ 81h II StPO).

Im Jahre 2017 ist das Problem der Verwertung eines sog. **Beinahetreffers**, der im Rahmen einer DNA-Reihenuntersuchung (Massenscreening) gewonnen wurde, einer neuen gesetzlichen Regelung zugeführt worden. Dabei wird die Erkenntnis zufällig gewonnen, dass das Spurenmaterial zwar nicht mit dem des untersuchten Probanden übereinstimmt, dass es sich aber höchstwahrscheinlich um einen Verwandten von ihm handeln muss. Nunmehr wird nach einer Entanonymisierung der Proben diese als Ausgangspunkt für weitere Ermittlungsmaßnahmen gegen den mutmaßlichen Täter genutzt und in das Strafverfahren gegen ihn eingeführt. Nach der früheren Rspr des BGH[49] verstieß die Verwendung der Daten der Angehörigen gegen die insoweit eindeutige gesetzliche Zweckbindung und damit – mangels einer gesetzlichen Grundlage für den Eingriff – gegen Art. 2 I, 6 I GG. § 81h I StPO dehnt nunmehr die Verwertbarkeit ausdrücklich auf Verwandte aus, aber nur solche in gerader Linie (Eltern, Kinder, Großeltern, Enkel, Urgroßeltern, Urenkel) oder in der Seitenlinie (voll- und halbbürtige Geschwister, Nichten, Neffen) bis zum dritten Grad (nicht Cousins, Cousinen)[50]. Zum Ausgleich sind die Belehrungspflichten gegenüber Teilnehmern der Reihenuntersuchung ausgeweitet worden (§ 81h IV StPO).

242c   Weiterhin ungeklärt ist, ob die gesetzliche Regelung auch einen **zwangsweisen Massentest** zulässt. Von einer freiwilligen Mitwirkung kann streng genommen bereits dann nicht mehr die Rede sein, wenn die Strafverfolgungsorgane ersatzweise einen Zwangseingriff in Aussicht stellen. Die Praxis behilft sich damit, Personen, die sich weigern, als Beschuldigte zu behandeln und ihnen auf Grundlage des § 81a StPO Körperzellen zu entnehmen. Richtigerweise ist jedoch mangels Konkretisierung des Verdachts auf eine bestimmte Person keiner der Aufgeforderten Beschuldigter. Eben-

---

49 BGH NStZ 2013, 242; zust. *Jahn*, JuS 2013, 470; *Löffelmann*, JR 2013, 277; *Swoboda*, StV 2013, 461; abl. *Magnus*, ZRP 2015, 13; *Rogall*, JZ 2013, 874; s.a. *Bosch*, Jura 2015, 1260.
50 Vert. Knierim-*Knierim*, Kap 18 Rn 51; *Niedernhuber*, JA 2018, 169.

so wenig wird dieser Status allein durch die Verweigerung der Köperzellenentnahme erlangt[51]. Dies gilt selbst dann, wenn sich der Kreis der grundsätzlich Verdächtigen durch die freiwillige Mitwirkung von Vielen nunmehr auf einige Wenige verengt hat[52].

Dennoch ist ein „informatorischer" genetischer Fingerabdruck erzwingbar, da § 81e I 1 StPO auch die Analyse von Blut zulässt, das einem Nichtbeschuldigten entnommen wurde (§ 81c II StPO; dazu u. Rn 244). Auf den Rechtsgedanken des § 55 StPO (keine Mitwirkung an Selbstbelastung; s.o. Rn 195) kann sich der Betroffene nicht berufen[53]. Aus rechtsstaatlichen Gründen darf – entsprechend der heutigen Regelung in § 81h I StPO – die Maßnahme im Hinblick auf die Anzahl der von ihr betroffenen Personen nicht außer Verhältnis zur Schwere der Tat stehen. Dh de facto, dass der Personenkreis überschaubar sein muss[54]. Die Überschaubarkeit ist jedenfalls garantiert, wenn ein großer Reihengentest mit freiwilliger Mitwirkung durchgeführt wurde und schließlich nur die verbliebenen „Unfreiwilligen" zwangsweise getestet werden[55].

3. Regelungen für zukünftige Strafverfahren

§ 81g StPO eröffnet die Möglichkeit, dem Beschuldigten in einem anhängigen Verfahren, das **242d** eine Straftat „von erheblicher Bedeutung", eine Straftat „gegen die sexuelle Selbstbestimmung" (§ 81g I 1 StPO) oder die „wiederholte Begehung sonstiger Straftaten" (§81g I 2 StPO) zum Gegenstand hat, im Falle der Wiederholungsgefahr (Negativprognose) zum Zweck der Identitätsfeststellung in einem anderen, **zukünftigen Strafverfahren** Körperzellen zu entnehmen, um ein **DNA-Identifizierungsmuster** zu erstellen. Gegenüber bereits wegen einer Straftat iSv § 81g I StPO **rechtskräftig Verurteilten** – also außerhalb eines anhängigen Strafverfahrens – erklärt § 81g IV StPO bei einer Negativprognose die Entnahme von Körperzellen und deren molekulargenetische Untersuchung zum Zweck der künftigen Identitätsfeststellung für zulässig[56].

Die erstellten DNA-Identifizierungsmuster werden in einer beim BKA als zentraler Verbunddatei eingerichteten **DNA-Analyse-Datei (DAD)** gespeichert (Grundlage: § 81g V StPO iVm § 2 IV BKAG). Wird der Beschuldigte rechtskräftig freigesprochen, entfällt der erforderliche Verdacht mit der Folge, dass ein Anspruch auf Löschung des DNS-Musters aus der DNA-Analyse-Datei besteht[57].

---

51 BVerfG NJW 1996, 3071; *Kerner/Trüg*, Weber-FS, S. 457; *Rogall*, NStZ 1997, 400.
52 LR-*Krause*, § 81h Rn 7; *J. Kretschmer*, HRRS 2012, 185, 187; aA HK-*Brauer*, § 81h Rn 13.
53 *M-G/Schmitt*, § 81c Rn 21; KK-*Senge*, § 81c Rn 10; aA *J. Kretschmer*, HRRS 2012, 185, 189.
54 *Pommer*, JA 2007, 621; generell abl. KMR-*Bosch*, § 81g Rn 2; *Saliger/Ademi*, JuS 2008, 193; *Satzger*, JZ 2001, 639; krit. auch SK-StPO-*Rogall*, § 81c Rn 15; s.a. *Rössner/Safferling*, Problem 7; *Naucke*, Hamm-FS, S. 504.
55 So im Ergebnis auch *Rogall*, Schroeder-FS, S. 709.
56 BVerfG StV 2017, 497; BGH NStZ 2016, 112 m. Bespr. *Mosbacher*, JuS 2016, 129; BGH StV 2017, 498; *Fröba*, StraFo 2010, 483.
57 LG Oldenburg StV 2013, 145.

VII. Lichtbilder und Fingerabdrücke, § 81 b StPO

243 Soweit es für die Durchführung des Strafverfahrens oder des Erkennungsdienstes **notwendig** ist, dürfen **Lichtbilder und Fingerabdrücke** des Beschuldigten auch gegen seinen Willen aufgenommen und Messungen und ähnliche Maßnahmen an ihm vorgenommen werden, § 81b StPO[58].

Diese Norm nimmt eine Zwitterstellung ein, denn einerseits dient sie repressiven Zwecken – Durchführung des Strafverfahrens (1. Alt.) – andererseits aber auch präventiven Zwecken – Erkennungsdienst (2. Alt.). Demzufolge ist auch der Rechtsschutz unterschiedlich ausgestaltet (s. dazu Rn 328).

§ 81b StPO enthält – parallel zu § 81a StPO – auch die Rechtsgrundlage für die Anwendung unmittelbaren Zwanges zum Zweck der Durchführung erkennungsdienstlicher Maßnahmen, sodass die Norm zB die zwangsweise Veränderung der Haar- und Barttracht für eine Gegenüberstellung erlaubt[59]. Der Grundsatz der Verhältnismäßigkeit muss allerdings stets gewahrt bleiben, weshalb zB eine mehrstündige Ingewahrsamnahme des Betroffenen unzulässig ist[60].

VIII. Untersuchung von Dritten, § 81 c StPO

244 1. Andere Personen als Beschuldigte dürfen gem. § 81c I StPO ohne ihre Einwilligung nur unter folgenden Voraussetzungen untersucht werden:

Sie müssen als **Zeugen** in Betracht kommen (**Zeugengrundsatz**).

Dabei genügt es, wenn von ihnen lediglich die Aussage erwartet werden kann, nichts beobachtet zu haben (Bsp.: bewusstlose Opfer). Aber auch solche Personen, die nicht in der Lage sind, überhaupt eine Aussage zu machen, wie beispielsweise Säuglinge, können ohne ihre Einwilligung bzw gegen die ihres gesetzlichen Vertreters, § 81c III 2 StPO, nach § 81c I StPO untersucht werden, sofern sie als Zeugen in Betracht kämen, wenn sie vernehmungsfähig wären[61].

Jedoch steht den Zeugen, die nach § 52 StPO (nicht §§ 53, 53a, 55 StPO[62]) zeugnisverweigerungsberechtigt sind, ein damit korrespondierendes **Untersuchungsverweigerungsrecht** zu (§ 81c III 1 StPO), über das sie zu belehren sind (§ 81c III 2 iVm § 52 III 1 StPO), und zwar unabhängig von der Belehrung über das Zeugnisverweigerungsrecht gem. § 52 III 1 StPO[63].

Die Untersuchung darf allein dem Finden von **Spuren** und Tatfolgen **am** Körper des Zeugen dienen (**Spurengrundsatz**).

Spuren sind Veränderungen am Körper, die Rückschlüsse auf den Täter und die Tatausführung zulassen. Unter Tatfolgen versteht man all jene durch die Tat verursachten Veränderungen am Körper, die derartige Rückschlüsse nicht ermöglichen[64].

---

58 Vert. OVG Sachsen-Anhalt StV 2011, 391; LG Regensburg StV 2012, 8; *Frister*, Amelung-FS, S. 603.
59 BVerfGE 47, 239.
60 BVerfG StV 2011, 389.
61 *Joecks*, StPO § 81c Rn 8.
62 *M-G/Schmitt*, § 81c Rn 23.
63 BGH NStZ 1996, 275 m. Anm. *Dölling*, NStZ 1997, 77.
64 LR-*Krause*, § 81c Rn 14 f.

Wie sich aus der in § 81c I StPO gewählten Formulierung ergibt, wonach Zeugen nur untersucht werden dürfen, soweit zur Erforschung der Wahrheit festgestellt werden muss, ob sich „an" ihrem Körper eine bestimmte Spur oder Folge einer Straftat befindet, beschränkt sich die Untersuchung der potenziellen Zeugen allein auf die Körperoberfläche samt natürlicher Körperöffnungen. § 81c I StPO **ermächtigt** daher **nicht zu körperlichen Eingriffen.** So darf zB nicht zwangsweise der Magen des Zeugen ausgepumpt oder eine Röntgenaufnahme gemacht werden[65].

2. Ohne Beachtung des Zeugen- und Spurengrundsatzes sind bei Dritten ohne deren Einwilligung Untersuchungen zur Feststellung der Abstammung sowie die **Entnahme von Blutproben** unter den Voraussetzungen des § 81c II StPO zulässig.

IX. Sicherstellung, Beschlagnahme, §§ 94 ff, 111b ff StPO

1. Systematik

Die StPO kennt zwei Anwendungsbereiche der Sicherstellung, wobei nach der jeweiligen Zweckbestimmung unterschieden wird: **245**

– Mit der **Sicherstellung von Beweismitteln** (§§ 94 ff StPO) soll ein Beweisverlust verhindert und so die Durchführung des Strafverfahrens gesichert werden.
– Hingegen ist die **Beschlagnahme zur Sicherung der Einziehung oder Unbrauchbarmachung von Gegenständen** (§§ 111b ff StPO) darauf gerichtet, die möglicherweise im Urteil zu verhängenden Rechtsfolgen gem. §§ 73 ff StGB zu sichern.
– Eine Besonderheit gilt für die **Sicherstellung von Führerscheinen** (§ 94 III StPO). Zwar geht es darum, das Dokument zu beschlagnahmen, um dessen spätere Einziehung nach § 69 III 2 StGB zu gewährleisten; dennoch richtet sich die Beschlagnahme nach §§ 94 ff StPO und nicht – wie bei sonstigen Einziehungsgegenständen – nach §§ 111b ff StPO (Einzelheiten Rn 250). Die Ausnahme wird damit begründet, dass es beim Führerschein allein auf die tatsächliche Sicherstellung der Urkunde und nicht wie im Rahmen der §§ 111b ff StPO auf die Verhinderung einer rechtsgeschäftlichen Verfügung ankommt[66].

2. Sicherstellung von Beweismitteln, insbes. durch Beschlagnahme, §§ 94 ff StPO

a) Befindet sich der Gegenstand[67] im Gewahrsam einer Person und ist diese bereit,   **246** ihn **freiwillig** herauszugeben, so genügt für die Sicherstellung eine **Inverwahrungsnahme**, ein Realakt, der von allen Strafverfolgungsbeamten vorgenommen werden darf (§ 94 I StPO).

---

65 KK-*Senge*, § 81c Rn 4.
66 *Roxin/Schünemann*, § 34 Rn 2; vert. *Hammer/Schuster/Weitner*, Rn 364, 366; *Huber*, JuS 2014, 215; *Park*, Rn 444.
67 Zur Beschlagnahme im EDV-Bereich vgl *Beulke/Ruhmannseder*, Rn 505 ff; *Schnabl*, Jura 2004, 379; s. auch u. Rn 253b.

247 b) Ist der Gewahrsamsinhaber nicht zur freiwilligen Herausgabe bereit, bedarf es der **förmlichen Beschlagnahme** (§ 94 II StPO), dh der Gegenstand wird nach ausdrücklicher Anordnung weggenommen bzw durch andere Maßnahmen wie zB Versiegelung, Absperrung oder Erlass von Betretungsverboten bei Räumen und Grundstücken sichergestellt. Auch Behördenakten können beschlagnahmt werden[68].

Die Beschlagnahme wird durch den Richter angeordnet, bei Gefahr im Verzug durch die StA oder deren Ermittlungspersonen (s. Rn 102), § 98 I 1 StPO (s. auch u. Rn 258). Erfolgt die Beschlagnahme in Redaktionsräumen, greift auf Grund der besonderen Schutzwürdigkeit der Pressefreiheit (Art. 5 I 2 GG) gem. § 98 I 2 StPO immer der Richtervorbehalt.

– Bleibt ein Beschlagnahmeversuch erfolglos, weil der Gegenstand nicht auffindbar ist und der Gewahrsamsinhaber die Sache nicht ausliefert, kann die Herausgabe gem. § 95 II StPO durch Ordnungs- und Zwangsmittel erzwungen werden. Gegenüber zeugnisverweigerungsberechtigten Personen ist dies jedoch unzulässig (§ 95 II 2 StPO); ebenso gegenüber dem Beschuldigten (nemo tenetur se ipsum accusare)[69].
– Mit Sicherstellung, durch die der Gegenstand in staatliche Obhut gelangt, entsteht ein öffentlich-rechtliches Verwahrungsverhältnis, das von § 133 StGB erfasst wird. Zugleich tritt, sofern eine Beschlagnahme erfolgte, Verstrickung ein, die nach § 136 StGB geschützt ist.

c) Beschlagnahmeverbote

248 aa) Ein **Beschlagnahmeverbot** besteht für Akten oder andere in amtlicher Verwahrung befindliche Dokumente, wenn die oberste Dienstbehörde erklärt, das Bekanntwerden ihres Inhalts würde dem Wohl des Bundes oder eines deutschen Landes Nachteile bereiten (§ 96 StPO, sog. **Sperrerklärung**). Im Gegensatz zum Verwaltungsprozess[70] (vgl dazu § 99 II VwGO) ist eine Überwindung dieser Sperrerklärung durch Überlassung der geheimhaltungspflichtigen Unterlagen an das zur Geheimhaltung verpflichtete Gericht ohne Akteneinsicht für den Betroffenen (sog. **„in camera"-Verfahren**) im Strafprozess nicht möglich[71].

bb) In § 97 StPO sind weitere **Beschlagnahmeverbote** enthalten, die an die **Zeugnisverweigerungsrechte** der §§ 52, 53, 53a StPO anknüpfen und den Zweck haben, die Umgehung derselben zu verhindern, denn sie können nur dann wirksam geschützt werden, wenn auch die Surrogate der zu Recht verweigerten Aussagen nicht dem Zugriff der Strafverfolgungsbehörden ausgesetzt sind[72]. Nicht beschlagnahmt werden dürfen:

– Schriftliche Mitteilungen zwischen dem Beschuldigten und einer Person, die nach § 52 StPO (Angehörige) oder § 53 I Nr 1–3b StPO (zB Seelsorger, Verteidiger, Rechtsanwälte, Ärzte) das Zeugnis verweigern darf (§ 97 I Nr 1 StPO),
– Aufzeichnungen einer Vertrauensperson iSv § 53 I Nr 1–3b StPO über die ihr vom Beschuldigten anvertrauten Mitteilungen (§ 97 I Nr 2 Alt. 1 StPO) sowie
– andere Umstände (§ 97 I Nr 2 Alt. 2 StPO) oder Gegenstände (§ 97 I Nr 3 StPO), auf die sich das Zeugnisverweigerungsrecht einer Vertrauenspersonen iSv § 53 I Nr 1–3b StPO erstreckt.

---

68 BGHSt 38, 237, 239; OLG Jena NJW 2001, 1290; SK-StPO-*Wohlers*, § 94 Rn 21 ff, 23.
69 Vert. *Jahn*, Roxin II-FS, S. 1358.
70 S. BVerfGE 101, 106.
71 BVerfG NStZ 2013, 379; BGH NJW 2000, 1661.
72 OLG Celle NStZ 1989, 385; *Beulke/Ruhmannseder*, Rn 491.

Bei mehreren Mitbeschuldigten darf keine Verfahrenstrennung mit dem Ziel vorgenommen werden, das Beschlagnahmeverbot gegenüber dem ausgeschiedenen Mitbeschuldigten im Verfahren gegen den verbleibenden Mitbeschuldigten entfallen zu lassen[73] (s. auch o. Rn 185, 192).

Voraussetzung der Beschlagnahmeverbote des § 97 StPO ist, dass sich die Gegenstände im Zeitpunkt der Beschlagnahme im **Gewahrsam des Zeugnisverweigerungsberechtigten** befinden (§ 97 II 1 StPO). Nach dem Wortlaut der Norm könnten also im Gewahrsam des Beschuldigten befindliche Mitteilungen des **Verteidigers** beschlagnahmt werden. Dennoch nimmt die hM insofern zu Recht ein Beschlagnahmeverbot an, da § 97 II 1 StPO durch § 148 StPO ergänzt wird, der den unkontrollierten schriftlichen und mündlichen Verkehr zwischen Beschuldigtem und Verteidiger gewährleistet[74] (s. Rn 154; vgl zum Spezialfall des Beschlagnahmeschutzes bei Abgeordneten § 97 IV StPO[75] und bei Medienmitarbeiten § 97 V StPO).

Nach hM greifen sämtliche Verbotstatbestände des § 97 I StPO nur ein, wenn sich das Ermittlungsverfahren gegen diejenige Person richtet, zu welcher das durch § 53 StPO gesetzlich geschützte Vertrauensverhältnis des Berufsgeheimnisträgers besteht. Eine Beschlagnahme von Unterlagen, die sich im Gewahrsam eines Rechtsanwalts befinden, soll daher möglich sein, wenn der Mandant in dem Verfahren, in dessen Rahmen die Beschlagnahme stattfindet, nicht Beschuldigter ist. Von Relevanz ist diese Fallkonstellation insbesondere, wenn ein Rechtsanwalt ein Unternehmen vertritt und sodann ein Strafverfahren gegen einen Angehörigen dieses Unternehmens eingeleitet wird. Die StA darf dann nach (abzulehnender) hM die Unterlagen im Gewahrsam des Rechtsanwalts beschlagnahmen (dazu auch Rn 154 u. Rn 481)[76].

Das Beschlagnahmeverbot entfällt, wenn bestimmte Tatsachen den Verdacht begründen, dass die zur Verweigerung des Zeugnisses berechtigte Person an der **Tat** oder an einer **Begünstigung**, **Strafvereitelung** oder **Hehlerei** beteiligt ist oder wenn es sich bei den zu beschlagnahmenden Gegenständen um Deliktsgegenstände (sog. producta et instrumenta sceleris) handelt, § 97 II 2 StPO (zum Strafverteidiger s. Rn 154). **249**

cc) Besteht bzgl bestimmter Schriftstücke offensichtlich und nach außen erkennbar ein Beweisverwertungsverbot (Rn 454 ff), so dürfen sie nicht beschlagnahmt werden[77]. Kann dies erst nach Durchsicht der Papiere geklärt werden, werden diese zunächst sichergestellt (Beschlagnahme oder Mitnahme zur Durchsicht[78]) und anschließend erfolgt die Durchsicht durch die StA oder auf deren Anordnung durch ihre Ermittlungspersonen (§ 110 I StPO).

dd) Über die im Gesetz ausdrücklich genannten Fälle hinaus kann sich ein Beschlagnahmeverbot aus **verfassungsrechtlichen Gründen** ergeben. Hierzu zählen neben Verstößen gegen das Verhältnismäßigkeitsprinzip[79] auch Fälle, in denen die Verwertung Art. 1 und 2 GG verletzen würde, zB beim Tagebuch mit intimen Aufzeichnungen[80]. Ebenso wird aus § 97 StPO analog iVm Art. 2 I, 20 III GG zur Sicherung einer effektiven Verteidigung (vgl auch Art. 6 III EMRK) und zum Schutz vor Selbstbezichtigungen (nemo-tenetur-Grundsatz) ein Beschlagnahmeverbot für

---

73 BGHSt 43, 300, 304 m. Anm. *Rudolphi*, NStZ 1998, 472; OLG München NStZ 2006, 300.
74 LG München I NStZ 2001, 612; *Beulke*, Lüderssen-FS, S. 693, 714; *Mehle/Mehle*, NJW 2011, 1639.
75 Vert. BVerfGE 108, 251; zur Novellierung: *Rogall*, Miebach-FS, S. 37.
76 LG Hamburg StV 2011, 148 m. Anm. *Jahn/Kirsch*; *von Galen*, NJW 2011, 945 u. *Schuster*, NZWiSt 2012, 28; LG Bochum NStZ 2016, 500; MüKo-StPO-*Hauschild*, § 97 Rn 8, 64; *Goeckenjan*, Samson-FS, S. 641, 654; als verfassungskonform bestätigt von BVerfG BeckRS 2018, 14189; aA LG Mannheim wistra 2012, 400; LG Braunschweig NZWiSt 2016, 37 m. Anm. *Jahn/Kirsch*; *Gercke*, Wolter-FS, S. 933; *Beulke*, Lüderssen-FS, S. 693, 705 f; *Schemmel/Ruhmannseder/Witzigmann*, 7. Kap. Rn 37; *Wessing*, ZWH 2012, 6, 10; s.a. *Erb*, Kühne-FS, S. 171; *Schröder/Kroke*, wistra 2010, 466.
77 LG Saarbrücken NStZ 2016, 751.
78 *M-G/Schmitt*, § 110 Rn 2.
79 LR-*Schäfer*, § 94 Rn 35; *Fezer*, Fall 7 Rn 32; s.a. BVerfG NStZ-RR 2004, 83, 84.
80 *Roxin/Schünemann*, § 34 Rn 25 mwN.

solche Unterlagen abgeleitet, die sich ein Beschuldigter selbst zur Vorbereitung seiner Verteidigung in dem gegen ihn laufenden Strafverfahren angefertigt hat, obwohl diese keine Mitteilung iSv § 97 I Nr 1 StPO sind und sich entgegen § 97 II 1 StPO im Gewahrsam des Beschuldigten befinden[81]. Problematisch ist jedoch, dass erst anhand des Inhalts festgestellt werden kann, ob diese Beweismittel unverwertbar sind (vgl Rn 454 ff). Es besteht daher kein Beschlagnahme-, sondern allein ein (selbstständiges) Verwertungsverbot[82].

d)   Besondere Formen der Beschlagnahme

250   **aa) Führerscheine.** Führerscheine, die der Einziehung unterliegen, können ebenfalls gem. §§ 94 ff StPO beschlagnahmt werden, § 94 III StPO. Da der Richter ferner die Möglichkeit hat, gem. § 111a StPO vorläufig die Fahrerlaubnis zu entziehen, ist zu unterscheiden:

Der **Führerschein** als **Dokument** kann gem. § 94 III StPO **beschlagnahmt** werden. Gem. § 98 I 1 StPO kann dies bei Gefahr im Verzug, etwa bei der Gefahr einer weiteren Trunkenheitsfahrt[83], durch die StA und ihre Ermittlungspersonen (s. Rn 102) angeordnet werden.

Die **Fahrerlaubnis** als **behördliche Berechtigung** kann nur durch den **Richter vorläufig entzogen** werden, § 111a StPO; die endgültige Entziehung im Urteil erfolgt gem. § 69 III 2 StGB. Die vorläufige Entziehung der Fahrerlaubnis durch den Richter wirkt zugleich als Anordnung oder Bestätigung der **Beschlagnahme** (§ 111a III StPO).

251   **bb) Postbeschlagnahme.** Die Beschlagnahme von **Briefen, Postsendungen** und **Telegrammen** an den bzw vom Beschuldigten ist nur unter den in § 99 StPO genannten Voraussetzungen zulässig. Die Regelung greift jedoch nur, sofern sich die zu beschlagnahmende Post im Postbetrieb, dh im Gewahrsam der Post befindet; ansonsten richtet sich die Beschlagnahme nach §§ 94 ff StPO.

Zur **Anordnung** der Postbeschlagnahme ist wegen der Grundrechtsrelevanz (Art. 10 GG) in erster Linie der Richter befugt, bei Gefahr im Verzug auch die StA, keinesfalls aber deren Ermittlungspersonen (s. Rn 102), § 100 I StPO. Um das Postgeheimnis hinsichtlich des restlichen Briefverkehrs zu wahren, obliegt es allein dem Postunternehmen, die potentiell relevanten Sendungen **auszusortieren** und der anordnenden Stelle zu übergeben[84]. Die **Öffnung** der beschlagnahmten Post steht grds dem Gericht zu, welches die Befugnis jedoch in Eilfällen der StA übertragen kann, § 100 III StPO.

Zur Beschlagnahme von **E-Mails** s. Rn 253b.

3.   Sicherstellung von Einziehungsgegenständen

252   Gegenstände, die der Einziehung (§§ 73 ff StGB) unterliegen, werden gem. §§ 111b ff StPO sichergestellt[85].

---

81 BGHSt 44, 46, 48; OLG München JR 2007, 336 m. Anm. *Satzger*; *Engländer*, Rn 141.
82 *Satzger*, JA 1999, 632.
83 BGHSt 22, 385.
84 BGH StV 2008, 225.
85 Vert. *Rönnau*, S. 116 ff; vgl auch *Janssen*, Gewinnabschöpfung im Strafverfahren, 2008; *Reichhart*, Die Vermögensabschöpfung im Strafverfahren, 2008.

X. Zwangseingriffe im Zusammenhang mit der Telekommunikation, §§ 100a, 100d, 100e, 100g, 100i, 100j, 101 StPO

1. Systematik

§ 100a StPO gibt den Strafverfolgungsbehörden die Befugnis zur **Überwachung** und **Aufzeichnung der Telekommunikation** und rechtfertigt damit einen erheblichen Eingriff in die durch Art. 10 GG geschützte Privatsphäre nicht nur des Beschuldigten, sondern auch unbeteiligter Dritter, insbes. seiner Gesprächspartner. Ferner kann die Überwachung **auch gegen Dritte** gerichtet werden, von denen anzunehmen ist, dass sie Nachrichten für den Beschuldigten in Empfang nehmen oder weitergeben (sog. Nachrichtenmittler) oder dass deren Anschluss vom Beschuldigten benutzt wird, § 100a III StPO. Der Begriff der Telekommunikation wird in § 3 Nr 22 TKG[86] als technischer Vorgang des Aussendens, Übermittelns und Empfangens von Nachrichten jeglicher Art in der Form von Zeichen, Sprache, Bildern oder Tönen mittels Telekommunikationsanlagen definiert.

253

Ist Gegenstand des Beweises kein direktes Telefongespräch, sondern ein sog. „**Raumgespräch**", dh ein Gespräch, das nur deshalb abgehört werden konnte, weil der Überwachte unbeabsichtigt die Verbindung aufrechterhalten hat, zB weil er den Hörer nicht richtig aufgelegt hat, ist dieser Abschnitt nicht als Telekommunikation zu werten, sodass sich die Abhörberechtigung darauf nicht mehr bezieht und deshalb alle Erkenntnisse insoweit unverwertbar sind[87].

Von den „Raumgesprächen" sind die sog. „**Hintergrundgeräusche und -gespräche**" abzugrenzen. Hierbei handelt es sich um während des Telefonats mit Dritten geführte Gespräche oder sonstige im Raum vernehmbare Geräusche. Sie dürfen mit aufgezeichnet und – jedenfalls im Verfahren gegen den Telefonierenden – verwertet werden[88]. Etwas anderes gilt nur, wenn die Maßnahme von vornherein gezielt zur Umgehung der Voraussetzungen des großen Lauschangriffs (§ 100c StPO, s. Rn 266) verwendet wird.

2. Sonderprobleme der modernen Kommunikationsmittel

a) Sprachnachrichten

Der Anwendungsbereich des § 100a StPO erstreckt sich nicht nur auf die herkömmlichen Formen des Telefonierens und Fernschreibens, sondern umfasst jegliche Art der elektronischen Nachrichtenübermittlung[89]. Nach § 100a StPO kann daher auch auf Sprachnachrichten zugegriffen werden, die in einem sog. **Mailboxsystem** eingehen, gespeichert und schließlich abgerufen werden[90]. Dagegen greift § 100a StPO nicht mehr ein, wenn ein Telefongespräch bereits endgültig abge-

253a

---

86 Abgedruckt unter Sartorius (Ergänzungsband) Nr 920.
87 BGHSt 31, 296; aA BGH StV 2003, 483 m. abl. Anm. *Weßlau*; vgl hierzu auch *Braum*, JZ 2004, 128; *Engländer*, Rn 148; *Fezer*, NStZ 2003, 625; *Gercke*, JR 2004, 347; *Koch*, JA 2004, 707.
88 BGH StV 2009, 398 m. abl. Bespr. *Prittwitz*, StV 2009, 437.
89 BGH StV 1997, 398 m. Anm. *Kudlich*, JuS 1998, 209; krit. *Valerius*, Ermittlungen der Strafverfolgungsbehörden in den Kommunikationsdiensten des Internet, 2004, S. 95.
90 BGH StV 1997, 398; LG Mannheim StV 2002, 242 m. Anm. *Jäger*; *Gercke*, StraFo 2003, 76.

schlossen ist, die Nachrichten aber noch im Empfangsgerät (Anrufbeantworter) gespeichert sind. Dann steht der Weg der Sicherstellung und Beschlagnahme gem. §§ 94 ff StPO offen (vgl Rn 246 u. Rn 254b)[91]. Die Durchsicht und Auswertung allgemein zugänglicher Internetforen wie zB **Facebook, offener Internet-Chats** bzw offener Newsgroups ist bereits durch die allgemeine Ermittlungsgeneralklausel der §§ 161, 163 StPO (dazu Rn 103 ff) legitimiert (**sog. Internet-Aufklärung**). Müssen jedoch Passwörter und Zugangsschlüssel überwunden werden, so greifen die Telekommunikationsüberwachungsvorschriften der §§ 100a, 100b StPO ein[92]. Auch das **Surfverhalten** eines Beschuldigten unterfällt bei einer weiten Auslegung des Begriffs der Telekommunikation, wie sie vom BVerfG bestätigt wurde, dem Anwendungsbereich des § 100a StPO[93].

b) E-Mails

253b Für die rechtliche Einordnung der **Überwachung von E-Mails/MMS etc** sind **5 Phasen**[94] zu unterscheiden:

(1) Entwurf der E-Mail auf dem Computer des Absenders
(2) Das Absenden der Nachricht bis zum Ankommen im Speicher des Mailbox-Betreibers (Providers),
(3) das Ruhen der Nachricht auf dem Speicher des Providers,
(4) das Abrufen der Nachricht durch den Empfänger und
(5) (a) die Speicherung der Nachricht auf dem Computer des Empfängers bzw
    (b) das Verbleiben der Nachricht auf dem Provider-Server nach Kenntnisnahme durch den Empfänger.

Wenn in Phase (1) die Strafverfolgungsbehörden **offen** auf das lokale Endgerät des Empfängers zugreifen, fällt das unstreitig nicht unter den Schutz der Telekommunikation. Die §§ 100a, 100b StPO (s. Rn 253) sind also nicht einschlägig. Folglich können der Datenträger und die hierauf gespeicherten Daten – unter Beachtung des Grundsatzes der Verhältnismäßigkeit[95] – nach §§ 94 ff StPO beschlagnahmt werden (s. Rn 245)[96], wobei bzgl der beschlagnahmten Daten nur eine analoge Anwendung der Vorschriften in Betracht kommt, weil es sich insoweit nicht um „Gegenstände" (s. Rn 246) handelt[97]. Zumeist dürfte der ganze Rechner beim Beschuldigten beschlagnahmt werden[98]. Zu beachten ist dann insbes. Art. 13 GG bzgl des Schutzes der Wohnung (s. Rn 255 ff) sowie das Recht auf informationelle Selbstbestimmung (Art. 2 I iVm 1 I GG) bzgl der Kenntnisnahme der privaten Daten. Sofern aber in dieser Phase der Zugriff **heimlich** von außen erfolgt, handelt es sich um eine sog. Online-Durchsuchung nach § 100b StPO, die eigenen Regeln unterliegt (dazu Rn 254e).

Für die (2) und (4) Phase gelten unstreitig die erhöhten Eingriffsvoraussetzungen des § 100a StPO, da hier eindeutig ein Telekommunikationsvorgang vorliegt[99]. Str. ist allerdings, ob dieser erhöhte Schutz schon im Falle einer E-Mail an sich selbst gilt[100].

---

91 Konsequente Fortsetzung von BVerfGE 115, 166 (Fall *Bargatzky*).
92 *M/G-Schmitt*, § 100a Rn 7; vert. *Neuhöfer*, JR 2015, 21; *Sönke*, ZJS 2015, 156.
93 BVerfG NJW 2016, 3508 zu LG Ellwangen StraFo 2013, 380; *Singelnstein/Derin*, NJW 2017, 2646, aA *Albrecht/Braun*, HRRS 2013, 500; *Hiéramente*, HRRS 2016, 448, *M/G Schmitt*, § 100a Rn 7e.
94 Grundlegend: KMR-*Bär*, § 100a Rn 27; OK-StPO-*Graf*, § 100a Rn 53; *Hauck*, S. 391 ff; *Klesczewski*, ZStW 123 (2011), S. 737, 744 ff; *Zimmermann*, JA 2014, 321.
95 BGH NStZ 2010, 345.
96 BVerfGE 115, 166 (Fall *Bargatzky*); LG Hanau NJW 1999, 3647; *Kudlich*, JA 2000, 227; *Weßlau*, ZStW 113 (2001), 681; *Keiser*, JA 2001, 662.
97 Zum Analogieproblem: LR-*Hauck*, § 100a Rn 73; *Jahn*, JuS 2009, 1048; SK-StPO-*Wolter*, § 100a Rn 32.
98 Vert. *Zerbes*, NStZ 2015, 425.
99 *Brodowski*, JR 2011, 533.
100 Dafür: *Vassilaki*, JR 2000, 446; dagegen zutreffend *Roxin/Schünemann*, § 36 Rn 5.

Befinden sich die E-Mails dagegen bereits auf einem Datenträger des Empfängers [Phase (5a)], ist die Telekommunikation in jedem Fall abgeschlossen, das Fernmeldegeheimnis gem Art. 10 I GG also nicht mehr betroffen.

In hohem Maße umstritten ist jedoch zunächst die Einordung der Phase (3), also der **Zugriff auf ein E-Mail-Postfach auf dem Mailserver eines Providers**, bevor der Empfänger die E-Mail abgerufen hat. Da der Übertragungsvorgang der E-Mail hier kurzzeitig durch die Speicherung unterbrochen wird, sollen – mangels Telekommunikationsvorgangs – nach Ansicht des BGH die Eingriffsvoraussetzungen der Sicherstellung (§ 94 StPO) iVm der Postbeschlagnahme (§ 99 StPO) in entsprechender Anwendung genügen, um auf E-Mails in der Online-Mailbox zugreifen zu dürfen[101]. Dieser rechtlichen Bewertung hat sich inzwischen auch das BVerfG im Ergebnis angeschlossen: Es unterstellt zwar auch diese Phasen der E-Mail-Übermittlung dem Schutz von Art. 10 I GG: Die besondere Schutzbedürftigkeit der Grundrechtsträger iSv Art. 10 I GG werde durch die mangelnde Beherrschbarkeit der E-Mail aufgrund der Einschaltung eines Dritten (des Providers) in den Telekommunikationsvorgang ausgelöst. Trotzdem sollen die Eingriffsvoraussetzungen der §§ 94 ff StPO – zumindest bei einem **offenen Zugriff** auf die Mailbox im Rahmen einer Wohnungsdurchsuchung[102] (s.a. Rn 255) – ausreichend sein, um das Fernmeldegeheimnis verfassungsgemäß zu beschränken, solange eine umfassende Einzelfallprüfung der Verhältnismäßigkeit erfolgt[103]. Dem BVerfG ist insoweit zuzustimmen, als die Übermittlung der E-Mail als einheitlicher Telekommunikationsvorgang vom Absenden bis zum Empfang (Phasen 2–4) auch zweckmäßigerweise einheitlich dem Schutz des Art. 10 GG zu unterstellen ist. Die technisch notwendige Zwischenspeicherung beim Provider in Phase (3) ist diesem Übertragungsvorgang wesensimmanent. Konsequenterweise muss jedoch – bei einheitlichem Schutzniveau – auch einheitlich in Phase 2-4 die hohe Eingriffsschwelle des § 100a StPO Anwendung finden[104]. Die Ansicht der Rspr (selbst in der zurückhaltenden Variante des BVerfG), die Lösung über §§ 94 ff StPO zu suchen, birgt demgegenüber die Gefahr, das Schutzniveau bei der E-Mail-Kommunikation insgesamt abzusenken, da in eine notwendige Phase der Übermittlung unter erleichterten Voraussetzungen eingriffen werden kann. Erst recht muss der **heimliche Zugriff** am Maßstab des § 100a StPO gemessen werden[105].

Für die Phase (5b) gelten nach Ansicht der Rspr und eines Teils der Lehre[106] (anders aber das BVerfG und die hA)[107] dieselben Grundsätze wie für Phase (1) und (3), dh die §§ 94 ff StPO finden entsprechende Anwendung. Im Gegensatz zu Phase (3) erscheint dieses Ergebnis bei Phase (5b) auch sachgerecht, denn die spezifischen Gefahren einer räumlich distanzierten Kommunikation bestehen hier nicht mehr: Ab dem Zeitpunkt der Kenntnisnahme entscheidet der Empfänger selbst darüber, ob und wie er den Kommunikationsinhalt speichert und archiviert. Anders als das BVerfG annimmt, liegt deshalb kein von Art. 10 I GG geschützter Bereich mehr vor. Die Phasen (1) und (5a) sowie (5b) können also gleich behandelt werden.

---

101 BGH NStZ 2009, 397 m. zust. Anm. *Bär* u. abl. Anm. *Gercke*, StV 2009, 624; LG Ravensburg NStZ 2003, 325; *Löffelmann*, AnwBl 2006, 600.
102 *Kasiske*, StraFo 2010, 228; *Klein*, NJW 2009, 2996; *Krüger*, MMR 2009, 680; s.a. *Bär*, ZIS 2011, 53.
103 BVerfG StV 2009, 617; zust. *Putzke/Scheinfeld*, Rn 274.
104 LG Hamburg StV 2009, 70 m. zust. Bespr. *Gaede*, StV 2009, 96; SK-StPO-*Wolter*, § 100a Rn 38; *Beulke/Meininghaus*, Widmaier-FS, S. 63; *Jahn*, JuS 2009, 1048; *Kudlich*, GA 2011, 193, 203; *Meininghaus F.*, Der Zugriff auf E-Mails im strafrechtlichen Ermittlungsverfahren, 2007, S. 250.
105 BGHSt 62, 22 m. Anm. *Löffelmann*, JR 2018, 44; aA LG Mannheim StV 2011, 352 m. abl. Anm. *Kelnhofer/Nadeborn*.
106 VGH Kassel MMR 2009, 714; *Krüger*, MMR 2009, 680.
107 BVerfGE 124, 43, 56; LG Hamburg StV 2009, 70 m. zust. Anm. *Gaede*; *Jahn*, JuS 2009, 1048; *Zimmermann*, JA 2014, 321, 325.

3.   Voraussetzungen des § 100a StPO

254   a) Die Überwachung der Telekommunikation ist nur bei dem auf bestimmte Tatsachen begründeten **Verdacht**[108] der in § 100a II StPO enumerativ aufgelisteten schweren Straftaten, den sog. **Katalogtaten** (zB Mord/Totschlag, Raub) zulässig, und nur, wenn die Tat auch im Einzelfall schwer wiegt, § 100a I Nr 1 und 2 StPO.

b) Die Anordnung der Überwachung kommt ferner nur dann in Frage, wenn die Erforschung des Sachverhalts oder die Ermittlung des Aufenthaltsortes des Beschuldigten auf andere Weise aussichtslos oder wesentlich erschwert wäre, **Subsidiaritätsgrundsatz** (§ 100a I Nr 3 StPO).

c) Die **Quellen-TKÜ** löst das Problem der heute üblichen Verschlüsselung von Kommunikationsinhalten, indem sie die Kommunikation vor der Verschlüsselung (bei der Versendung) oder nach ihrer Entschlüsselung (bei ihrem Empfang) ausleitet[109]. § 100a I 2 StPO gestattet also die Infiltration des IT-Systems mittels einer staatlichen Überwachungssoftware (sog. „Staatstrojanern")[110], wobei es sich im Regelfall um die laufende Kommunikation (Echtzeit) handelt. Ausnahmsweise dürfen auf dem informationstechnischen System des Betroffenen gespeicherte Inhalte und Umstände der Kommunikation auch dann überwacht und aufgezeichnet werden, wenn sie auch während des laufenden Übertragungsvorgangs im öffentlichen Telekommunikationsnetz in verschlüsselter Form hätten überwacht und aufgezeichnet werden können; stets darf aber nur Kommunikation erfasst werden, die sich nach Anordnung der Maßnahme ereignet, § 100a I 3,V Nr. 1 b) StPO. Für davon nicht abgedeckte Eingriffe in das Kommunikationssystem gelten die strengeren Regeln der Online-Durchsuchung (Rn 254e). In § 20l II BKAG findet sich seit 1.1.2009 eine spezifische Rechtsgrundlage zur Quellen-TKÜ mittels Spionagesoftware für den präventiv-polizeilichen Bereich[111].

d) Die Maßnahme der Telekommunikationsüberwachung ist unzulässig, sofern tatsächliche Anhaltspunkte für die Annahme vorliegen, dass hierdurch allein Erkenntnisse aus dem **Kernbereich privater Lebensgestaltung** erlangt würden, § 100d I StPO. Wurden solche dennoch erlangt, besteht ein Verwertungsverbot und die Aufzeichnungen sind unverzüglich zu löschen, § 100d II StPO.

Personenbezogene Daten, die anlässlich einer Telekommunikationsüberwachung hinsichtlich einer **anderen Straftat** (= Tat im prozessualen Sinne, vgl Rn 512 ff)[112] des Beschuldigten oder eines Dritten gewonnen wurden (sog. **Zufallsfunde**), dürfen im Regelfall nur dann verwertet werden, wenn es sich um Katalogtaten iSv § 100a II StPO handelt, § 477 II 2 StPO (§ 479 II StPO/EDatschG); s.a. Rn 233b u. Rn 475 f.

---

108   BGH JR 2011, 404 (kein bestimmter Verdachtsgrad, aber hinreichende Tatsachenbasis); vert. *Eisenberg*, JA 2017, 462; *Fischer/Hoven* (Hrsg.), Verdacht, 2016.
109   *Niederhuber*, JA 2018, 169 f; Knierim-*Knierim/Oehmichen*, Kap 20 Rn 12.
110   Dazu *Freiling/Safferling/Rückert*, JR 2018, 9; *Roggan*, StV 2017, 821.
111   Vert. *Zabel*, JR 2009, 453; *Gercke*, StraFo 2014, 94, 95.
112   OLG Hamm wistra 2014, 39.

e) Eine Ausnahme von der Möglichkeit der Überwachung Dritter muss dann gemacht werden, wenn der **Verteidiger** des Beschuldigten als Nachrichtenmittler etc in Betracht kommt. Andernfalls liefe die in § 148 StPO enthaltene Rechtsgarantie des unüberwachten mündlichen Verkehrs zwischen Verteidiger und Beschuldigtem weitgehend leer (Einzelheiten Rn 155).

f) Gestattet der Anschlussbenutzer einem Polizeibeamten das Mithören eines Telefongesprächs, ohne dass der Gesprächspartner davon Kenntnis hat, so liegt keine Überwachung der Telekommunikation im Sinne von § 100a StPO vor, weil das Fernmeldegeheimnis nicht gilt[113] (s.a. Rn 481g).

g) Die Überwachung wird auf Antrag der StA durch das Gericht angeordnet, bei Gefahr im Verzug auch durch die StA. Allerdings tritt deren Anordnung außer Kraft, wenn nicht innerhalb von drei Werktagen eine gerichtliche Bestätigung ergeht, § 100e I StPO. Von der Überwachung sind die Betroffenen nachträglich zu benachrichtigen, § 101 IV-VII StPO.

4. Erhebung von Verkehrsdaten

Benötigen die Strafverfolgungsorgane nur Informationen über die früheren oder zukünftigen (auch in Echtzeit erfassten) Telekommunikationsverbindungen, dh also nicht über den Inhalt der Kommunikation, sondern über die dabei anfallenden **Verkehrs- und Bestandsdaten** (zB Nummer des Angerufenen, Standortdaten bei Handy, Beginn und Ende der Verbindung), so können sie unter den Voraussetzungen der §§ 100g, 100i und 100j StPO entsprechende Erhebungen vornehmen. Das BVerfG hatte in einer **grundlegenden Entscheidung zur Vorratsdatenspeicherung vom 2.3.2010**[114] **und zur Zuordnung von IP-Adressen vom 24.1.2012**[115] die frühere gesetzliche Regelung teilweise für **verfassungswidrig** erklärt. Inzwischen hat der Gesetzgeber die verfassungsrechtlichen Vorgaben in den genannten Vorschriften umgesetzt.

254a

Begründen bestimmte Tatsachen den Verdacht, dass jemand als Täter oder Teilnehmer eine Straftat von auch im Einzelfall erheblicher Bedeutung oder eine Straftat mittels Telekommunikation begangen hat, so dürfen ohne Wissen des Betroffenen **Verkehrsdaten** (§§ 96 I, 113a–113g TKG) erhoben werden, soweit dies zur Erforschung des Sachverhalts oder zur Ermittlung des Aufenthaltsorts des Beschuldigten erforderlich ist (Einzelheiten s. § 100g I StPO)[116]. Als solche **Telekommunikationsverbindungsdaten** kommen insbes. in Betracht die rückwirkende Abfrage von gespeicherten Verbindungsdaten, die Erhebung der Verbindungsdaten aktueller Telekommunikationsverbindungen in Echtzeit oder die gebündelte Anfrage künftig anfallender Verbindungsdaten[117]. Bei mobilen Anschlüssen geht es vor allem um die **Ermittlung der Standortdaten**, und zwar derzeitige sowie frühere, auch unabhängig davon, ob telefoniert wurde oder nicht. Erfasst wird auch das Verwenden von „stillen SMS"

---

113 BGHSt 39, 335; aA *Eisenberg*, Rn 638; s.a. EGMR StV 2004, 1; *Gaede*, StV 2004, 46.
114 BVerfGE 125, 260 m. Bespr. *Gercke*, StV 2010, 281; *Klesczewski*, JZ 2010, 629; *Löffelmann*, JR 2010, 225; s.a. *Hornung/Schnabel*, DVBl 2010, 824; *Roßnagel*, NJW 2010, 1238.
115 BVerfGE 130, 151.
116 Vert. *Bär*, NZWiSt 2017, 81; s. aber OVG Münster BeckRS 2017, 114873: Unionsrechtswidrigkeit.
117 S/S/W-StPO-*Eschelbach*, § 100g Rn 1; s. ferner u.a. *Singelnstein*, NStZ 2012, 593.

zur Standortbestimmung[118] sowie die Erhebung der IP-Adresse im Wege des **IP-Tracking**[119].

Die Strafverfolgungsbehörden arbeiten zunehmend mit sog. **Funkzellenabfragen**, bei denen sämtliche Verbindungsdaten, die im fraglichen Zeitraum in der entsprechenden Funkzelle eines Mobilfunknetzes anfallen, daraufhin untersucht werden, ob sie zum Tatnachweis beitragen können (zB welche Mobilfunkteilnehmer haben sich zum Zeitpunkt eines Banküberfalls in der Funkzelle des Tatortes befunden). Rechtsgrundlage für solche Eingriffe in den Telekommunikationsverkehr ist § 100g III StPO[120].

Gem. § 101a I iVm § 100a IV StPO u. § 113c TKG sind die Telekommunikationsanbieter zur Mitwirkung an der Weitergabe der Verkehrsdaten verpflichtet.

Für die Anordnung der Maßnahme ist das Gericht zuständig (s. Rn 232) auf Antrag der StA (§§ 101a I iVm 100e I 1 StPO), bei Gefahr im Verzug wird nach der Art der Daten differenziert, § 101a I 2 iVm § 100g II, III 2 StPO[121].

254b Wollen die Strafverfolgungsorgane lediglich auf die Verbindungsdaten (also nicht auf den Inhalt eines Gesprächs) von Telekommunikationsgeräten zugreifen, die sich **bereits auf dem Endgerät** befinden (zB: Polizeibeamter findet beim Beschuldigten ein Handy und erfragt durch Knopfdruck die letzten zehn Verbindungen), so ist strittig, ob damit der Schutzbereich des § 100g StPO tangiert ist. Wenn das der Fall wäre, hätte eine solche Maßnahme in materieller Hinsicht zur Voraussetzung, dass es sich um eine der in § 100g StPO geregelten Fallgruppen handelt, insbes. also um den Verdacht einer Straftat von auch im Einzelfall erheblicher Bedeutung oder einer Straftat, die mittels Kommunikation begangen worden wäre (vgl § 100g I 1 StPO), und in formeller Hinsicht wäre die Anordnungsbefugnis des Gerichts und die differenzierte Regelung bzgl einer Eilzuständigkeit der StA bei Gefahr im Verzug (s. Rn 254a) zu beachten (der Polizeibeamte dürfte also die Handy-Abfrage nicht vornehmen). Nach hA **endet** jedoch der Schutzbereich des Art. 10 GG grundsätzlich in dem Moment, in dem die Nachricht bei dem Empfänger angekommen und der Übertragungsvorgang beendet ist[122]. Die gespeicherten personenbezogenen Verbindungsdaten werden nicht durch Art. 10 GG, sondern allein durch das Recht auf informationelle Selbstbestimmung (Art. 2 I iVm Art. 1 I GG) geschützt. Eingriffe in dieses Recht unterfallen dementsprechend nicht den Schutzvorschriften der StPO über die Telekommunikationsverbindungen. Wollen die Strafverfolgungsorgane zwangsweise auf die Daten zurückgreifen, so steht dafür der Weg der Sicherstellung und Beschlagnahme (§§ 94 ff StPO; s. Rn 246) zur Verfügung. Der Polizeibeamte kann also das Handy bei Gefahr im Verzug selbst beschlagnahmen (s. Rn 247) und unmittelbar die Handynummern abfragen.

5. IMSI-Catcher bei Handys

254c Gemäß § 100i StPO dürfen sog. **I** (International) **M** (Mobile) **S** (Subscriber) **I** (Identity)-Catcher eingesetzt werden, mithilfe derer die zu einem aktiv geschalteten Mobiltelefon gehörende Geräte- und Kartennummer sowie dessen Standort ermittelt werden können. Dies ermöglicht es den Strafverfolgungsorganen auch bei Handys, bei denen die Rufnummer oder eine andere Kennung des Anschlusses unbekannt ist, die Telekommunikationsüberwachung nach § 100a StPO vorzubereiten bzw die notwendigen

---

118 *Krüger*, ZJS 2012, 606.
119 BGH wistra 2015, 395; aA *Krause*, NStZ 2016, 139.
120 Vert. *Roericht*, Kriminalistik 2017, 175; *Singelnstein*, JZ 2012, 601.
121 *M-G/Schmitt*, § 101a Rn 4.
122 BVerfGE 115, 166 m. Bespr. *Jahn*, JuS 2006, 491 u. *Brüning*, ZIS 2006, 237.

Informationen zur Ermittlung des Standorts der Zielperson zu gewinnen[123]. Nach dem BVerfG fällt dabei die Erhebung von Daten nicht in den Schutzbereich des Art. 10 GG, sondern tangiert gegebenenfalls nur das Recht auf informationelle Selbstbestimmung (Art. 2 I iVm 1 I GG) und das Grundrecht der allgemeinen Handlungsfreiheit (Art. 2 I GG)[124].

6. Bestandsdatenauskunft

Gem. § 100j I 1 StPO dürfen im Rahmen der Ermittlungen gegen einen Beschuldigten (bei Bejahung eines Anfangsverdachts, s. Rn 114) von den Telekommunikationsdiensten Auskunft über die nach den §§ 95 und 111 TKG erhobenen, für die Abrechnung benötigten Daten verlangt werden. Zu diesen sog. **Bestandsdaten** zählen u.a. Name und Anschrift des Anschlussinhabers, dessen Geburtsdatum, die Gerätenummer der dem Nutzer überlassenen Mobilfunkgeräte sowie bei Festnetzanschlüssen die Anschrift, an welcher dieser Anschluss betrieben wird[125]. Unter engeren Voraussetzungen dürfen auch **Zugangssicherungscodes** wie Passwörter, PIN und PUK erfragt werden, § 100j I 2 StPO. **254d**

Zur Anordnung der Auskunft über **dynamische IP-Adressen** (sog. Telefonnummer des Computers) s. § 100j II StPO[126].

Die Zuständigkeit für die Anordnung dieser Maßnahmen ist in § 100j III StPO geregelt.

XI. Online-Durchsuchung, §§ 100b, 100d, 100e, 101 StPO

Von einer **Online-Durchsuchung** spricht man, wenn Behörden zum Zwecke der Strafverfolgung, der Gefahrenabwehr oder der nachrichtendienstlichen Informationsbeschaffung heimlich einen mit dem Internet verbundenen Computer mittels technischer Vorrichtungen (zB Trojaner- und Backdoor-Programme) durchsuchen. Es geht nicht um eine Erfassung der Kommunikation nach Anordnung der Maßnahme (wie bei der Telekommunikationsüberwachung und der Quellen-TKÜ, dazu Rn 254), sondern um eine Totalausforschung auch bzgl älterer Daten. Lange Zeit fehlte eine strafprozessuale Eingriffsermächtigung. Deshalb ging der BGH zwischenzeitlich zu Recht davon aus, dass eine derartige Maßnahme zu Zwecken der Strafverfolgung unzulässig ist[127]. Überdies hat das BVerfG einschlägige Regelungen des nordrhein-westfälischen Polizeirechts für verfassungswidrig erklärt[128]. Im Jahre 2017 wurde in § 100b StPO eine entsprechende Ermächtigung für die Strafverfolgungsorgane geschaffen. Unter engen gesetzlich geregelten Voraussetzungen darf danach ohne Wissen des Betroffenen mit technischen Mitteln in ein von dem Betroffenen genutztes informationstech- **254e**

---

123 Vert. *Harnisch/Pohlmann*, HRRS 2009, 202; *Ruhmannseder*, JA 2007, 47; *ders.*, JA 2009, 57, 61.
124 BVerfG NJW 2007, 351 mit Anm. *Heintschel-Heinegg*, JA 2007, 75.
125 Vert. *Hauck*, StV 2014, 360.
126 Vert. S/S/W-StPO-*Eschelbach*, § 100j Rn 11.
127 BGHSt 51, 211 m. zust. Anm. *Cornelius*, JZ 2007, 798; dazu auch *Kudlich*, StV 2012, 564; *Valerius*, JR 2007, 275; anders noch BGH StV 2007, 60 m. krit. Anm. *Beulke/Meininghaus*.
128 BVerfGE 120, 274; *Wegener/Muth*, Jura 2010, 847; *Werkmeister/Pötters*, JuS 2012, 223.

nisches System eingegriffen und Daten daraus erhoben werden[129]. Die Maßnahme richtet sich gegen eine bestimmte Zielperson. Andere Personen können mitbetroffen sein. Auch für den präventiv-polizeilichen Bereich haben inzwischen der Bundesgesetzgeber (§ 20k BKAG) sowie die Bundesländer (zB Art. 34d BayPAG) eine Befugnis zur Online-Durchsuchung geschaffen.

Die Online-Durchsuchung ist nur zulässig, wenn bestimmte Tatsachen den Verdacht begründen, dass jemand als Täter oder Teilnehmer eine der in § 100b II StPO enumerativ aufgelisteten besonders schweren Straftaten, den sog. **Katalogtaten** (zB Mord/Totschlag, Bandendiebstahl, Raub) begangen hat, und nur, wenn die Tat auch im Einzelfall besonders schwer wiegt, § 100b I Nr 1 u. 2 StPO.

Die Anordnung der Überwachung kommt ferner nur dann in Frage, wenn die Erforschung des Sachverhalts oder die Ermittlung des Aufenthaltsortes des Beschuldigten auf andere Weise aussichtslos oder wesentlich erschwert wäre (**Subsidiaritätsgrundsatz**, § 100b I Nr 3 StPO).

Die Online-Durchsuchung ist unzulässig, wenn tatsächliche Anzeichen dafür vorliegen, dass hierdurch **allein** Erkenntnisse aus dem **Kernbereich privater Lebensgestaltung** erlangt würden, § 100d I StPO. Generell ist, soweit möglich, technisch sicherzustellen, dass Daten, die den Kernbereich privater Lebensgestaltung betreffen, nicht erhoben werden, § 100d III 1 StPO. Wurden solche dennoch erlangt, besteht ein Verwertungsverbot (§ 100d II 1 StPO), und Aufzeichnungen über diese Erkenntnisse sind unverzüglich zu löschen oder von der StA dem anordnenden Gericht zur Entscheidung über die Verwertbarkeit und Löschung der Daten vorzulegen, § 100d III 2 StPO.

Für die Zeugnisverweigerungsberechtigten nach § 53 StPO gilt ein absolutes **Beweiserhebungs- und Beweisverwertungsverbot**, für die von §§ 52, 53a StPO erfassten Personen ein durch Verhältnismäßigkeitserwägungen eingeschränktes **Beweisverwertungsverbot**, § 100d V 1, 2 StPO. Beide werden jedoch für den Fall eingeschränkt, dass bestimmte Tatsachen den Verdacht begründen, dass die zeugnisverweigerungsberechtigte Person an der Tat oder an einer Begünstigung, Strafvereitelung oder Hehlerei beteiligt ist, § 100d V 3 iVm § 160a IV StPO. Die Anwendbarkeit dieser Einschränkung auf den Strafverteidiger ist in Rspr. und Lit. noch nicht abschließend geklärt (s. Rn 155).

Über die Möglichkeit der Verwendung der im Wege einer zulässigen Online-Durchsuchung gewonnen Erkenntnisse **in anderen Strafverfahren** enthält § 100e VI Nr 1 StPO (§ 479 III StPO/EDatschG) eine Sonderregelung. Sie dürfen verwertet werden, sofern wegen einer Straftat ermittelt wird, aufgrund derer eine Maßnahme nach § 100b StPO angeordnet werden könnte. Noch weiter reichende Verwertungsmöglichkeiten bestehen **zum Zwecke der Gefahrenabwehr** (Einzelheiten § 100e VI Nr 2 StPO, s. dazu auch Rn 101)[130].

---

129 Vert. *Freiling/Safferling/Rückert*, JR 2018, 9.
130 Vgl hierzu BVerfGE 109, 279, 318.

Eine Ausnahme von der Möglichkeit, dass durch die Online-Untersuchung außer einer Zielperson auch andere Personen mitbetroffen sein dürfen, muss dann gemacht werden, wenn der **Verteidiger** des Beschuldigten als Nachrichtenmittler etc in Betracht kommt. Wird dies für die Strafverfolgungsorgane erkennbar, muss die Online-Durchsuchung insoweit sofort eingestellt werden. Andernfalls liefe die in § 148 StPO enthaltene Rechtsgarantie des unüberwachten mündlichen und schriftlichen Verkehrs zwischen Verteidiger und Beschuldigtem weitgehend leer (Einzelheiten Rn 155).

Die Online-Durchsuchung wird auf Antrag der StA durch die **Staatsschutzkammer** beim LG (§ 74a IV GVG) angeordnet, in dessen Bezirk die StA ihren Sitz hat, bei Gefahr im Verzug auch durch deren Vorsitzenden, § 100e II 1, 2 StPO. Allerdings tritt dessen Anordnung außer Kraft, wenn nicht innerhalb von drei Werktagen eine Bestätigung durch die Kammer ergeht, § 100e II 3 StPO. Von der Online-Durchsuchung sind die Zielperson sowie die erheblich mitbetroffenen Personen nachträglich zu benachrichtigen, § 101 IV 1 Nr 4 StPO.

Von der Online-Durchsuchung ist die Konstellation zu unterscheiden, dass im Rahmen einer Durchsuchung die Ermittlungsbeamten bei der Durchsicht des **Computers des Betroffenen** auf einen Rechner an einem entfernten Ort zugreifen können (sog. **Fernzugriff** bzw. **Onlinesichtung**). Dies wird durch **§ 110 III StPO** gestattet, wenn andernfalls der Verlust der gesuchten Daten zu besorgen ist[131].

Zur akustischen Wohnraumüberwachung s. Rn 266.

XII. Durchsuchung, §§ 102 ff StPO

1. Ziel und Objekt der Durchsuchung

Unter Durchsuchung ist das Suchen nach Personen, Beweismitteln sowie Gegenständen, die als Einziehungsobjekte in Betracht kommen, zu verstehen. Objekt der Durchsuchung können Wohnungen und andere Räumlichkeiten (sog. Haussuchung)[132] und bewegliche Sachen, aber auch Personen selbst sein (zur Online-Durchsuchung vgl Rn 254e). Je nachdem, ob eine Durchsuchung bei einem **Verdächtigen** oder einem **Unverdächtigen** durchgeführt werden soll, sind die Anforderungen, die an die Rechtmäßigkeit der Durchsuchung gestellt werden, unterschiedlich.

255

a) Durchsuchung beim Verdächtigen, § 102 StPO

Bei demjenigen, der als Täter oder Teilnehmer einer Straftat verdächtig ist (der einfache Anfangsverdacht genügt, nicht hingegen vage Vermutungen, die erst durch die Ergebnisse der Durchsuchung bestätigt werden sollen[133], s. Rn 114), kann eine Durch-

256

---

131 *Gercke*, StraFo 2009, 271; *Herrmann/Soiné*, NJW 2011, 2922, 2925; *Zerbes*, NStZ 2015, 425, 428; *Zimmermann*, JA 2014, 321, 322; Fall bei *Puschke* in: Coester-Waltjen IV, S. 192 ff.
132 Zum Überblick: *Heuchemer*, NZWiSt 2012, 137; *Hoffmann-Holland/Koranyi*, ZStW 125 (2014), 837; *Huber*, JuS 2013, 408; *Kraatz*, JA 2012, 510; *Walther*, JA 2010, 32.
133 BVerfG StV 2010, 665; BVerfG NJW 2018, 1240 m. Bespr. *Muckel*, JA 2018, 556.

suchung der Wohnung und anderer Räume sowie seiner Person und der ihm gehörenden Sachen sowohl zur Ergreifung (**Ergreifungsdurchsuchung**) als auch dann vorgenommen werden, wenn zu vermuten ist, dass die Durchsuchung zum Auffinden von Beweismitteln führen werde (**Ermittlungsdurchsuchung**), § 102 StPO. Nur zur Ausforschung darf eine Durchsuchung nicht angeordnet werden[134].

Durchsucht werden dürfen im Rahmen des § 102 StPO sowohl die Wohnung und andere Räume, die der Verdächtige tatsächlich innehat, als auch ihm gehörende, dh in seinem (Mit-) Gewahrsam stehende Sachen[135]. Ebenso ist die Durchsuchung seiner Person gestattet. Darunter ist insbes. die Suche **am** Körper inkl. der natürlichen Körperöffnungen oder an der Kleidung, die er trägt, zu verstehen. § 102 StPO legitimiert auch den Einsatz von Zwang zwecks Durchsuchung der Körperöffnung, zB das gewaltsame Öffnen der Mundhöhle[136]. Die Suche **im** Körper stellt eine körperliche Untersuchung dar und richtet sich allein nach §§ 81a ff StPO (vgl o. Rn 241).

Angesichts des hohen Werts der Integrität der Wohnung ist gerade bei Wohnungsdurchsuchungen der **Grundsatz der Verhältnismäßigkeit** in besonderem Maße zu berücksichtigen. Es darf kein ganz besonders geringer Grad des Anfangsverdachts (s. Rn 114) vorliegen und die Aufklärung der Umstände, denen die Durchsuchung gilt, darf nicht ohne weiteres auf anderem Wege möglich sein[137]. Von der Einhaltung des Grundsatzes der Verhältnismäßigkeit hat sich der Richter auf Grund eigenverantwortlicher Prüfung der Ermittlungen zu überzeugen[138].

b) Durchsuchung bei anderen Personen, § 103 StPO

257 Im Gegensatz zur Durchsuchung beim Verdächtigen ist hier das Ziel der Durchsuchung beschränkt. So ist die **Ergreifungsdurchsuchung** nur zur Ergreifung eines Beschuldigten und die **Ermittlungsdurchsuchung** nur zum Auffinden **bestimmter** Gegenstände und Spuren zulässig, § 103 I 1 StPO.

Während bei § 102 StPO die **Vermutung** genügt, dass die Durchsuchung zur Auffindung des gesuchten Gegenstandes oder der gesuchten Person führen wird, ist im Rahmen des § 103 I 1 StPO erforderlich, dass **konkrete Tatsachen** für diese Annahme vorliegen. Die allgemeine Aussicht, relevante Beweismittel zu finden, genügt hingegen nicht[139].

§ 103 StPO gestattet ausdrücklich nur die Durchsuchung von Räumen. Deshalb ist zweifelhaft, ob im Rahmen von § 103 StPO auch eine Personendurchsuchung zulässig ist. Dies kann man aus § 81c StPO folgern, denn wenn § 81c StPO schon den weitaus stärkeren Eingriff der körperlichen Untersuchung bei anderen Personen als dem Beschuldigten erlaubt, dann muss erst recht auch der vergleichsweise mildere Eingriff mittels Durchsuchung dieser Personen zulässig sein[140].

2. Anordnung und Durchführung der Durchsuchung

258 Dem Gewicht des Eingriffs und der verfassugsrechtlichen Bedeutung des Schutzes der räumlichen Privatsphäre entspricht es, dass Art. 13 II HS 1 GG die Anordnung einer Durchsuchung einer Wohnung grundsätzlich dem Richter vorbehält. Der prä-

---

134 LG Bremen StV 2002, 536; vgl auch BVerG NJW 2007, 1117 (Fall *Cicero*) m. Anm. *Brüning*, wistra 2007, 333.
135 Vgl SK-StPO-*Wohlers*, § 102 Rn 7.
136 OLG Celle NStZ 1998, 87; abw. SK-*Rogall*, § 81a Rn 25.
137 BVerfG NJW 2018, 1240; StV 2015, 614; LG Görlitz, StraFo 2016, 70.
138 BVerfG wistra 2008, 339.
139 BVerfG wistra 2016, 149; BGH StV 2002, 62; *Beulke/Ruhmannseder*, Rn 472.
140 *M-G/Schmitt*, § 103 Rn 3.

ventive Richtervorbehalt zielt auf eine vorbeugende Kontrolle der Maßnahme durch eine unabhängige und neutrale Instanz. Nur bei Gefahr im Verzug darf die Wohnungsdurchsuchung auch durch die in den Gesetzen vorgesehenen anderen Organe angeordnet werden, Art. 13 II HS 2 GG. Nach dem Strafprozessrecht dürfen Durchsuchungen generell nur durch den Richter, bei „Gefahr im Verzug" auch durch die StA und – nachrangig – deren Ermittlungspersonen (§ 152 GVG, s. Rn 102) angeordnet werden, § 105 I StPO. Angesichts des Verfassungsrangs dieses Richtervorbehalts stellt das BVerfG **erhöhte Anforderungen** an Dokumentation und Begründung der Eilzuständigkeit. Danach sind reine Spekulationen, hypothetische Erwägungen oder lediglich auf kriminalistische Alltagserfahrung gestützte, fallunabhängige Vermutungen als Grundlage der Annahme von Gefahr im Verzug nicht ausreichend[141]. Den Strafverfolgungsorganen steht auch kein Ermessens- oder Beurteilungsspielraum zu[142]. Die Strafverfolgungsorgane können den Richtervorbehalt auch nicht dadurch umgehen, dass sie den Eingriff als Maßnahme der (auch ohne richterlicher Anordnung zulässigen) polizeilichen Gefahrenabwehr umfunktionieren, zB, indem sie im Wege einer sog. **„legendierten Kontrolle"** den PKW des wegen der Begehung von Rauschgiftdelikten Verdächtigen im Rahmen einer initiierten Verkehrskontrolle nach Rauschgiften durchsuchen, von denen Gefahren für die Bevölkerung ausgehen oder die zur Begehung von Straftaten oder Ordnungswidrigkeiten gebraucht werden könnten[143] (dazu bereits Rn 103 ff u. 233c). Ferner dürfen sie die Regelzuständigkeit des Richters nicht unterlaufen, indem sie mit dem Antrag an den Ermittlungsrichter so lange abwarten, bis die Gefahr eines Beweismittelverlusts tatsächlich eingetreten ist[144]. Aus der Begründung des Durchsuchungsbeschlusses muss erkennbar sein, ob die Ermittler den Versuch unternommen haben, den Ermittlungsrichter zu erreichen. Damit korrespondiert eine verfassungsrechtliche Verpflichtung der Gerichte, dessen Erreichbarkeit zB durch Einrichtung eines Eil- oder Notdienstes zu sichern[145]. Allerdings ist ein nächtlicher Bereitschaftsdienst des Ermittlungsrichters von Verfassungs wegen erst dann gefordert, wenn hierfür ein praktischer Bedarf besteht, der über den Einzelfall hinausgeht[146]. Ist durch die StA oder deren Ermittlungspersonen nicht vor Anordnung der Durchsuchung versucht worden, den zuständigen Ermittlungsrichter telefonisch zu erreichen, obwohl dies theoretisch möglich gewesen wäre, ist „Gefahr im Verzug" iSd § 105 StPO abzulehnen[147]. Nach Ansicht des BVerfG ist Gefahr im Verzug auch dann abzulehnen, wenn der zuständige Richter schon mit der Sache befasst war oder zwar **erreichbar**, aber **nicht willens oder nicht in der Lage** ist (zB: „ohne Aktenkenntnis kann ich nichts anordnen"), so rechtzeitig zu entscheiden, dass ein drohender Beweis-

---

141 BVerfGE 103, 142, 155; BVerfG wistra 2014, 266.
142 BVerfG NStZ 2003, 319; *Schoch*, Jura 2010, 22, 28.
143 Problematisch deshalb BGHSt 62, 123 m. zutr. Kritik von *Mosbacher*, JuS 2018, 129; s. auch *Herzog*, Schlothauer-FS, S. 37; *Mitsch*, NJW 2017, 3124.
144 BGH StV 2012, 1 m. Bespr. *Mosbacher*, JuS 2012, 138; vgl aber auch BGH wistra 2010, 231 m. Bespr. *Jahn*, JuS 2010, 653.
145 BVerfG StV 2006, 676; *Krehl*, NStZ 2003, 461; anders bei § 81a II StPO: OLG Celle StraFo 2010, 463.
146 BVerfG StV 2005, 483.
147 Brandenburgisches VerfG StV 2003, 207; LG Berlin StV 2008, 244; zurückhaltender OLG Bamberg NZV 2010, 310; s.a. BayObLG JR 2003, 300 m. krit. Anm. *Krehl*.

verlust abgewendet werden kann[148]. Eine Ausnahme kommt nach dem Judikat des BVerfG nur dann in Betracht, wenn nachträglich neue Umstände eintreten bzw. bekannt werden, die ein sofortiges Tätigwerden erfordern.

Das BVerfG erachtet es zudem aus Gründen des effektiven Rechtsschutzes[149] (Einzelheiten s. Rn 322 ff) für erforderlich, dass der bei Gefahr im Verzug handelnde Beamte darlegt und dokumentiert, aus welchen Gründen er eben diese angenommen hat. Um die Nachprüfung der die Annahme einer „Gefahr im Verzug" tragenden Gründe zu gewährleisten, hat der Betroffene das Recht, die Herausgabe des vollständigen Durchsuchungsbeschlusses zu verlangen[150].

Der Zweck des Richtervorbehalts hat Auswirkungen auch auf den Zeitraum, innerhalb dessen die Durchsuchung vollzogen werden darf. Wie lange ein Durchsuchungsbeschluss konkrete Maßnahmen trägt, ist einzelfallabhängig, wobei insbes. die Art des Tatverdachts, die Schwierigkeit der Ermittlungen und die Dauerhaftigkeit der tatsächlichen Beurteilungsgrundlage zu berücksichtigen sind. Der Durchsuchungsbeschluss tritt spätestens mit Ablauf eines halben Jahres außer Kraft („Verfallsdatum") und macht die dennoch durchgeführte Durchsuchung rechtswidrig[151].

Aufgrund einer Annexkompetenz zu § 105 StPO können vorbereitende oder begleitende Rechtseingriffe (zB gewaltsames Öffnen der Wohnung) zur Durchsetzung der Durchsuchung erfolgen. Eine präventive Verhaftung des Beschuldigten bis zum Abschluss der Durchsuchung („**Durchsuchungshaft**"), die ausschließlich dem Zweck dient, das Beiseiteschaffen von Beweismitteln und Vermögenswerten durch den Beschuldigten zu verhindern, ist hiervon jedoch ebenso wenig wie durch andere Eingriffsgrundlagen der StPO gedeckt[152]. Auch der Erlass eines richterlichen Haftbefehls wegen Verdunkelungsgefahr (§ 112 II Nr 3 StPO, s. Rn 213) dürfte im Regelfall daran scheitern, dass mildere Maßnahmen zur Verfügung stehen (Stubenarrest, Telefonsperre), um den Beschuldigten von der Behinderung der Zwangsmaßnahme abzuhalten.

a) Bestimmtheit der Durchsuchungsanordnung

258a   Auf Grund des gewichtigen Eingriffs jeder Durchsuchung in Art. 13 GG trifft den anordnenden Richter – als Kontrollorgan der Verfolgungsorgane – die Pflicht, durch geeignete Formulierung des Durchsuchungsbeschlusses – im Rahmen des Möglichen – sicherzustellen, dass der Grundrechtseingriff angemessen begrenzt wird sowie messbar und kontrollierbar bleibt. Der Tatvorwurf muss konkretisiert und mit tatsächlichen Angaben belegt, die Beweismittel, denen die Durchsuchung gilt, sollen so weit wie möglich, dh zumindest der Gattung nach, beschrieben und die von der Maßnahme betroffenen Räume bezeichnet werden[153].

b) Verwertungsverbot bei Verstoß gegen § 105 I 1 StPO?

258b   Ob Beweismittel aus Durchsuchungen **ohne richterliche** Anordnungen verwertbar sind, wenn das Fehlen einer Gefahr im Verzug offensichtlich war, ist sehr umstritten. Während der BGH früher einem Beweisverwertungsverbot eher skeptisch gegenüber stand[154], erkennt nunmehr auch die Rspr an, dass ein bei der Durchsuchung gefun-

---

148 BVerfGE 139, 245 m. Anm. *Bittmann*, NJW 2015, 2794 u. *Jahn*, JuS 2015, 1135 sowie *Putzke*, ZJS 2015, 623; OLG Oldenburg NStZ 2016, 747; LG Berlin NStZ 2010, 415 m. abl. Anm. *Hofmann*; *Ernst*, Jura 2011, 94, 99; *Grube*, NStZ 2015, 534; *Mosbacher*, JuS 2010, 131; *Park*, StV 2016, 68; aA BGH NStZ 2006, 114; *M-G/Schmitt*, § 105 Rn 2; diff. SK-StPO-*Wohlers*, § 105 Rn 37.
149 BVerfG StV 2004, 633.
150 BGH NStZ 2003, 273.
151 BVerfGE 96, 44, 52 ff.
152 LG Frankfurt NJW 2008, 2201 m. zust. Bespr. *Jahn*, JuS 2008, 649.
153 BVerfGE 96, 44, 51; 103, 142, 151; BVerfG StV 2018, 133 u. 361; LG Limburg StV 2016, 350.
154 BGH NStZ 1989, 375 m. weitgehend zust. Anm. *Roxin*; *Lesch*, 4/107.

denes Beweismittel unverwertbar ist, wenn die StA oder ihre Ermittlungspersonen (s. Rn 102) **absichtlich** oder **objektiv willkürlich** (= grob fahrlässig) das Richterprivileg umgehen[155]. Auch wenn die Justizverwaltung es unterlässt, einen richterlichen Eil- oder Notdienst zu installieren, obwohl dies in Anbetracht der Häufigkeit solcher Begebenheiten erforderlich wäre, führt dieser organisatorische Mangel zur Rechtswidrigkeit der Durchsuchung und zur Unverwertbarkeit der dabei aufgefundenen Beweismittel[156]. Diese Rspr ist insgesamt zu befürworten. Auch nach dem Grundsatz des hypothetischen Ersatzeingriffs kann dann dieser Verfahrensfehler nicht „geheilt" werden, da § 105 StPO eine vorherige gerichtliche Überprüfung gewährleisten will (dazu Rn 233a). Jedenfalls bei absichtlicher Missachtung der Richterzuständigkeit muss es deshalb auch für den Fall beim Beweisverwertungsverbot verbleiben, dass sich nachträglich herausstellt, dass auf Grund veränderter Umstände zum Zeitpunkt der Durchsuchung zufällig Gefahr im Verzug vorgelegen hat[157] (s. auch Rn 233a ff, 483).

Fehlt es dagegen nur an der Dokumentation einer (mündlichen) **richterlichen** Durchsuchungsanordnung, steht dies der Beweisverwertung **nicht entgegen**[158]. Allein die Tatsache, dass der Angeklagte von der Möglichkeit keinen Gebrauch gemacht hat, gegen die Zwangsmaßnahme gerichtliche Rechtsbehelfe geltend zu machen (§ 98 II 2 StPO analog; dazu Rn 322 ff), entbindet das erkennende Gericht in der Hauptverhandlung nicht von der Verpflichtung, die Verwertbarkeit der durch eine Durchsuchung gewonnenen Beweise zu prüfen[159]. Eine Einwilligung in die ansonsten rechtswidrige Durchsuchung macht die Maßnahme nur dann rechtmäßig, wenn der Betroffene über alle Umstände informiert wird, also auch darüber, dass eine Durchsuchung gegen seinen Willen nicht durchgesetzt werden könnte und dass eine Verweigerung der Einwilligung keine negativen Konsequenzen hätte[160]. Ob die Rspr auch dieses Verwertungsverbot von einem rechtzeitigen Widerspruch seitens des Verteidigers in der Hauptverhandlung abhängig macht, ist derzeit noch nicht abschließend geklärt (zur generellen Problematik s. Rn 460a)[161].

c) Durchsuchungsverbote?

Die Vorschriften über die Durchsuchung enthalten keine dem § 97 StPO oder den §§ 52 ff StPO entsprechenden Normen (dazu s.o. Rn 248). Deshalb dürfen auch bei Personen, die zeugnisverweigerungsberechtigt sind, Durchsuchungen durchgeführt werden. Die zu beschlagnahmenden Gegenstände unterliegen jedoch dem Verbot des § 97 StPO, sodass die Durchsuchung nach erkennbar beschlagnahmefreien Gegenständen unzulässig ist[162].
258c

d) Zufallsfunde

Werden bei der Durchsuchung Gegenstände gefunden, die in keiner Beziehung zu der Untersuchung stehen, die aber auf die Begehung einer **anderen Tat** hindeuten, so können sie nach § 108 StPO einstweilen in Beschlag genommen werden. So wird vermieden, dass die Beamten vor Be-
258d

---

155 BVerfG NJW 2006, 2684; BGHSt 51, 285 m. zust. Anm. *Brüning*, HRRS 2007, 250 u. *Roxin*, NStZ 2007, 616; BGHSt 61, 266; BGH StV 2016, 539 m. Anm. *Burhoff*, StRR 2016, 11 u. *Jäger*, JA 2016, 710; LG Ansbach StraFo 2018, 21; LG Hamburg StraFo 2018, 22; AG Pirmasens StV 2017, 25; *Wohlers*, StV 2008, 434; s.a. *Beulke*, ZStW 103 (1991), 673; für ein generelles Verwertungsverbot *Hüls*, ZIS 2009, 160; *Ransiek*, StV 2002, 565.
156 OLG Hamm NStZ 2010, 165 m. Anm. *Rabe von Kühlwein* u. Bespr. *Jahn*, JuS 2010, 83.
157 BGH NStZ 2012, 104, 105; S/S/W-StPO-*Hadamitzky*, § 105 Rn 44; *Schneider*, Miebach-FS, S. 46.
158 BGH NStZ 2005, 392; OLG Bamberg StV 2010, 621 (zu § 81 II StPO); aA *Harms*, StV 2006, 215.
159 BGH NStZ 2009, 648.
160 AG Kehl StV 2017, 23.
161 Offen gelassen von BGHSt 51, 285, 296; dagegen BGHSt 61, 266; vert. *Trück*, NStZ 2011, 202, 207.
162 OLG Frankfurt/M NStZ-RR 2005, 270; KMR-*Hadamitzky*, § 103 Rn 7.

weismitteln, die auf eine strafbare Handlung hindeuten, die Augen verschließen müssen, nur weil die Durchsuchung anlässlich eines anderen Verfahrens zur Auffindung anderer Beweismittel angeordnet worden ist. § 108 StPO kann aber dann nicht eingreifen, wenn ein Beschlagnahmeverbot bzgl der gefundenen Sachen besteht. Ebenso wenig ist § 108 StPO einschlägig, wenn die Beamten gezielt nach den Gegenständen gesucht haben, da sie dann ihren Charakter als **Zufallsfunde** einbüßen[163]. Die Verwertung der zulässig beschlagnahmten Zufallsfunde ist nach allgemeinen Grundsätzen uneingeschränkt möglich (Ausnahmeregelungen in § 108 II und III StPO). War bereits die ursprüngliche Durchsuchungsanordnung rechtswidrig, so wendet die Rspr auch für die Frage der Verwertbarkeit von Zufallsfunden die sog. Abwägungslehre an, dh sie wägt das Strafverfolgungsinteresse mit dem betroffenen Individualinteresse im Einzelfall ab (u. Rn 458). Ein Beweisverwertungsverbot sei grundsätzlich nur dann notwendige Folge einer fehlerhaften Durchsuchung, wenn die zur Fehlerhaftigkeit führenden Verfahrensverstöße schwerwiegend waren oder bewusst oder willkürlich begangen wurden[164]. Zur anderweitigen Lösung im Rahmen von rechtswidriger Telekommunikationsüberwachung s. Rn 476.

XIII. Identitätsfeststellung, §§ 163b, 163c StPO

259 Für die Zwecke der Strafverfolgung ermächtigen die §§ 163b, 163c StPO die StA und die Beamten des Polizeidienstes zur **Feststellung der Identität** von Verdächtigen und Unverdächtigen. Dabei werden unterschiedliche Anforderungen an die Zulässigkeit der Maßnahmen gestellt, je nachdem, ob es sich um Verdächtige oder Unverdächtige handelt. Um die Feststellung zu ermöglichen, darf der Betroffene maximal 12 Stunden festgehalten werden, § 163c II StPO.

XIV. Fahndung, §§ 131 ff StPO

259a § 131 StPO gestattet die Fahndung nach dem Beschuldigten mit dem Ziel der Festnahme. Die **Ausschreibung zur Fahndung** (früher geregelt als „Steckbrief") ist zulässig, wenn ein Haftbefehl (§ 114 StPO) oder ein Unterbringungsbefehl (§ 126a StPO) vorliegt bzw dessen Erlass bei Vorliegen der Voraussetzungen nicht abgewartet werden kann. Erfolgt die Maßnahme auf Grundlage des **§ 131 I StPO**, so handelt es sich zunächst um eine **behördeninterne** Fahndungsausschreibung. Bei Straftaten von erheblicher Bedeutung kann diese gem. **§ 131 III StPO** auch in der Form der sog. **Öffentlichkeitsfahndung** (zB über Rundfunk, Fernsehen und Internet[165]) erfolgen. Aufgrund ihrer erheblichen Eingriffsintensität und Breitenwirkung ist die Öffentlichkeitsfahndung zusätzlich an eine Subsidiaritätsklausel gebunden, § 131 III 1 HS 2 StPO.

§ 131a StPO regelt die Fahndung nach dem Beschuldigten oder einem Zeugen mit dem Ziel der Aufenthaltsermittlung, § 131b StPO die Fahndung nach dem Beschuldigten oder einem Zeugen durch Veröffentlichung von Abbildungen[166].

---

163 *Beulke/Ruhmannseder*, Rn 478; vert. *Wolter*, Rudolphi-Symp, S. 49 ff.
164 BVerfG NJW 2009, 3225.
165 Dazu OLG Celle NJW-RR 2008, 1262 u. *Pätzel*, DRiZ 2001, 24, 31.
166 Zur gesamten Regelung aus verfassungsrechtlicher Sicht krit. *Ranft*, StV 2002, 38.

XV. Kontrollstellen, § 111 StPO

Bei Verdacht bestimmter schwerer Straftaten können auf öffentlichen Straßen und Plätzen etc **Kontrollstellen** eingerichtet werden, wenn Tatsachen die Annahme rechtfertigen, dass diese Maßnahme zur Ergreifung des Täters oder zur Sicherstellung einschlägiger Beweismittel führen kann, § 111 I 1 StPO. Werden Kontrollstellen eingerichtet, ist **jedermann**, der sie passiert, verpflichtet, seine Identität feststellen und sich sowie seine Sachen durchsuchen zu lassen, § 111 I 2 StPO. | **260**

§ 111 StPO ermöglicht somit dadurch, dass alle dort Passierenden kontrolliert werden dürfen, eine Art generelle Überprüfung, wie wir sie mit dem Begriff **„Razzia"** verbinden. Ansonsten enthält die StPO jedoch keine Norm, die speziell zu Razzien ermächtigt[167].

XVI. Schleppnetzfahndung, § 163d StPO

Die im Rahmen einer grenzpolizeilichen Kontrolle oder einer Kontrollstelle nach § 111 StPO anfallenden **Daten über Personen**, die den Suchkriterien (zB: männlicher Täter, blond, 1,80 m) entsprechen, ohne dass sie selbst verdächtig sein müssen, dürfen gem. § 163d StPO **gespeichert** und dann in einen **computergesteuerten Abgleich** mit bisherigen Daten der Strafverfolgungsbehörden gebracht werden. Mithilfe dieses Abgleichs soll der Verdächtige aus dem Kreis der Unverdächtigen filtriert werden. | **261**

XVII. Rasterfahndung, §§ 98a, 98b, 101 StPO

Unter **Rasterfahndung** iSv §§ 98a, 98b StPO versteht man einen automatisierten Vergleich personenbezogener Daten, die – für **andere Zwecke** als für die Strafverfolgung erhoben – in Dateien **anderer Stellen** als den Strafverfolgungsbehörden gespeichert sind, mithilfe fallspezifischer kriminalistischer Prüfkriterien (sog. Raster). Ziel ist es, den Kreis der Personen zu ermitteln, die das **„Verdächtigenprofil"** erfüllen. Zur Wahrung des Grundrechts auf informationelle Selbstbestimmung[168] verlangt § 98a StPO daher einen **Anfangsverdacht** iSd § 152 II StPO hinsichtlich einer schwerwiegenden, durch § 98a I 1 StPO **katalogisierten Tat** (zB Straftaten gegen Leib und Leben). Nach Ansicht des BVerfG ist die Rasterfahndung nur bei konkreter Gefahr für hochrangige Rechtsgüter zulässig[169]. Weiterhin enthält § 98a I 2 StPO eine **Subsidiaritätsklausel**, sodass bei jeder Rasterfahndung zu prüfen ist, ob „die Erforschung des Sachverhalts oder die Ermittlung des Aufenthaltsortes des Täters auf andere Weise erheblich weniger Erfolg versprechend oder wesentlich erschwert wäre". | **262**

Nach (kritikwürdiger) Ansicht des BVerfG soll jedoch keine Rasterfahndung iSd §§ 98a, 98b StPO vorliegen, wenn Strafverfolgungsbehörden von privaten Stellen bei einer gezielten, konkret täterbezogenen Anfrage **Auskünfte zu speziellen Täter-Daten** erhalten (im konkreten Fall: Ab-

---

167 Einzelheiten bei *Kühne*, Rn 379 f.
168 Vgl BVerfGE 65, 1 ff.
169 BVerfG NJW 2006, 1939 m. Bespr. *Bausback*, NJW 2006, 1922; *Kett-Straub*, ZIS 2006, 447.

frage bei Kreditkarteninstituten, welche Karteninhaber eine bestimmte Überweisung auf das Konto des Betreibers einer kinderpornografischen Internetseite vorgenommen haben). Hier erfolge gerade nicht die für die Rasterfahndung typische Übermittlung der Gesamtdateien an die Verfolgungsbehörden zum weiteren Abgleich mit anderen Datenbeständen. Aufgrund der deutlich geringeren Eingriffsintensität sei somit die Ermächtigung der Ermittlungsgeneralklausel (§ 161 StPO) einschlägig[170].

XVIII. Einsatz technischer Mittel, §§ 100c-100f; 100h, 101 StPO

1. Bildaufnahmen (§ 100h I 1 Nr 1 StPO)

263 a) **Bildaufnahmen des Beschuldigten** (zB Videoüberwachung seiner Haustür) dürfen außerhalb von Wohnungen ohne sein Wissen hergestellt werden, wenn die Erforschung des Sachverhalts oder die Ermittlung des Aufenthaltsortes des Täters auf andere Weise weniger Erfolg versprechend oder erschwert wäre. § 100h I 1 Nr 1 StPO kommt nicht zuletzt als Rechtsgrundlage für die Herstellung von Bildmaterial im Rahmen der Verkehrsüberwachung in Betracht[171].

b) Richtet sich die Maßnahme **gegen Dritte**, so ist sie nur zulässig, wenn die Erforschung des Sachverhalts oder die Ermittlung des Aufenthaltsortes des Täters auf andere Weise **erheblich weniger Erfolg versprechend** oder **wesentlich erschwert** wäre, § 100h II 2 Nr 1 StPO. Sind Dritte unvermeidbar betroffen, so darf die Maßnahme ohne weitere Einschränkungen durchgeführt werden, § 100h III StPO.

2. Sonstige besondere für Observationszwecke bestimmte technische Mittel (§ 100h I 1 Nr 2 StPO)

264 a) **Gegen den Beschuldigten** dürfen außerhalb von Wohnungen sonstige besondere für Observationszwecke bestimmte technische Mittel zur Erforschung des Sachverhalts oder zur Ermittlung des Aufenthaltsortes des Täters (zB **Bewegungsmelder, Peilsender, Nachtsichtgeräte**) verwendet werden, wenn eine **Straftat von erheblicher Bedeutung** Gegenstand der Untersuchung ist **und** wenn die Erforschung des Sachverhalts oder die Ermittlung des Aufenthaltsortes des Täters **auf andere Weise weniger Erfolg versprechend oder erschwert wäre**, § 100h I 1 Nr 2, 2 StPO. Zulässig ist auch der Einsatz des **satellitengestützten Ortungssystems GPS**, mit dessen Hilfe insbes. bei überwachten Fahrzeugen, deren jeweilige Geschwindigkeit, Fahrbewegungen, Standorte sowie Standzeiten lückenlos nachvollzogen werden können[172]. Längerfristige Observationen unterfallen zusätzlich den Voraussetzungen des § 163f StPO (s. Rn 233e).

---

170 BVerfG NJW 2009, 1405 (Mikado) m. Bespr. *Jahn*, JuS 2009, 664.
171 BVerfG NJW 2010, 2717; OLG Jena NJW 2010, 1093; krit. *Roggan*, NJW 2010, 1042.
172 EGMR NJW 2011, 1333 *(Uzun/BRD)*; BVerfG NJW 2005, 1338; BGHSt 46, 266; abl. *Bernsmann*, StV 2001, 382; *Kühne*, JZ 2001, 1148.

b) Richtet sich die Maßnahme gezielt **gegen Dritte**, insbes. gegen Kontaktpersonen des Beschuldigten (zB Verwandte, Freunde), so sind die Voraussetzungen des § 100h II 2 Nr 2 StPO zu beachten.

Sind Dritte **unvermeidbar** betroffen, so dürfen die Maßnahmen stets durchgeführt werden, sofern die Voraussetzungen des § 100h I 1 Nr 2, 2 StPO bzgl des Beschuldigten erfüllt sind, § 100h III StPO.

3. Abhören und Aufzeichnung des nichtöffentlich gesprochenen Wortes, sog. Lauschangriff (§§ 100c, 100d; 100f StPO)

a) Der „kleine" Lauschangriff, §§ 100f, 101 StPO

Der kleine Lauschangriff ist in § 100f StPO geregelt. Er betrifft nur das **außerhalb** **265** **von Wohnungen** nichtöffentlich gesprochene Wort. Der „kleine" Lauschangriff **auf den Beschuldigten** setzt neben den Anforderungen der Subsidiaritätsklausel (Ermittlungen auf **andere Weise aussichtslos** oder **wesentlich erschwert**) den durch bestimmte Tatsachen begründeten Verdacht voraus, dass jemand eine in § 100a II StPO bezeichnete **Katalogtat** begangen hat (§ 100f I StPO). Damit knüpft die Regelung eng an die Telekommunikationsüberwachung gem. § 100a StPO an (dazu Rn 254), sodass auch die Auslegung nach den hierzu entwickelten Grundsätzen erfolgen kann[173].

Unter die Fallgruppe des „kleinen Lauschangriffs" fällt auch das Abhören in einem Besuchsraum einer Untersuchungshaftvollzugsanstalt[174] sowie in einem Pkw des Beschuldigten[175].

Über den Wortlaut hinaus enthält § 100f I StPO eine konkludente Ermächtigung für solche vorbereitenden oder begleitenden Maßnahmen, die mit dem Abhören typischerweise unerlässlich verbunden sind oder nur geringfügig in Rechte des Betroffenen eingreifen, zB das Öffnen eines Pkw, um „Wanzen" anzubringen[176].

Für den Lauschangriff gelten bei gezielten Maßnahmen **gegen Dritte** die besonderen Voraussetzungen des § 100f II StPO. Sind Dritte unvermeidbar betroffen, müssen nur die geringeren Voraussetzungen gegenüber dem Beschuldigten (§ 100f I StPO) erfüllt sein, § 100f III StPO[177].

Die Maßnahme darf nur auf Antrag der StA durch das Gericht (s. Rn 232), bei Gefahr im Verzug (vgl Rn 238) auch durch die StA angeordnet werden, § 100f IV iVm § 100e 1 1, 2 StPO. Sie ist zunächst auf höchstens drei Monate zu beschränken (§§ 100f IV, 100e I 3, 4 StPO); unterbleibt dies, begründet der Verstoß jedoch nach Ansicht des BGH kein Verwertungsverbot[178].

Bedeutsam ist das in § 477 II 2 StPO (§ 479 II 1 StPO/EDatschG) ausgesprochene **Verwertungsverbot**: Personenbezogene Daten, die durch den Lauschangriff nach § 100f I StPO erlangt worden sind, dürfen **in anderen Strafverfahren** zu Beweiszwecken nur verwendet werden, soweit sich bei Gelegenheit der Auswertung Erkenntnisse ergeben, die zur Aufklärung einer in § 100a II StPO bezeichneten Straftat

---

173 *Hilger*, NStZ 1992, 462.
174 BGHSt 44, 138 (Fall *Safwan Eid*) m. Anm. *Duttge*, JZ 1999, 261 u. *Roxin*, NStZ 1999, 150.
175 BGH JR 1998, 162; BGH NStZ 2012, 277.
176 BGH JR 1998, 162 m. Anm. *Heger*; *Gropp*, JZ 1998, 501; *Martensen*, JuS 1999, 433; *Schneider*, NStZ 1999, 388; noch weitergehend *Lesch*, 4/116.
177 Für eine verfassungskonforme Restriktion mittels § 97 StPO analog: *Duttge*, JZ 1999, 264.
178 BGHSt 44, 243, 248 m. iE zutr. Kritik von *Fezer*, JZ 1999, 526; *Malek/Wohlers*, Rn 567 u. *Wolters*, JR 1999, 524.

(Katalogtat bei der Telekommunikationsüberwachung, s.o. Rn 254) benötigt werden (s. auch oben Rn 233b).

b)   Der „große" Lauschangriff, §§ 100c, 100d, 100e, 101 StPO

266   Der sog. große Lauschangriff betrifft das Abhören und Aufzeichnen von Gesprächen **in Wohnungen**, § 100c I StPO. Die Ermächtigung für die Regelung ergibt sich aus Art. 13 III-VI GG.

Das BVerfG hat in einer **grundlegenden Entscheidung vom 3.3.2004**[179] die frühere einfach-gesetzliche Regelung teilweise für **verfassungswidrig** erklärt. Inzwischen hat der Gesetzgeber die verfassungsrechtlichen Vorgaben in den §§ 100c, 100d, 100e StPO umgesetzt[180].

Die Abhörmaßnahme hat gem. § 100c I StPO zur Voraussetzung, dass jemand ver-dächtigt wird, eine der gesetzlich aufgelisteten, **besonders schweren** Katalogtaten (zB Mord, Bandendiebstahl, schwerer Raub, vgl §§ 100c I Nr. 1 iVm 100b II StPO) begangen zu haben, die Tat **auch im Einzelfall besonders schwer wiegt** und anzu-nehmen ist, dass durch die Überwachung Äußerungen des Beschuldigten erfasst wer-den können, die für die Erforschung des Sachverhalts oder die Ermittlung des Aufent-haltsortes eines Mitbeschuldigten von Bedeutung sind, **und** Letzteres **auf andere Weise unverhältnismäßig erschwert** oder **aussichtslos wäre**.

Gem. § 100d IV 1 StPO darf die Wohnraumüberwachung nur angeordnet werden, soweit auf Grund tatsächlicher Anhaltspunkte, insbesondere zu der Art der zu überwa-chenden Räumlichkeiten und dem Verhältnis der zu überwachenden Personen zuein-ander, anzunehmen ist, dass durch die Überwachung Äußerungen, die dem **Kernbe-reich privater Lebensgestaltung** (Art. 13 I GG iVm Art. 1 I und 2 I GG) zuzurechnen sind, **nicht erfasst** werden (negative Kernbereichsprognose). Soweit sich **während der Überwachung** Anhaltspunkte dafür ergeben, dass Äußerungen, die dem Kernbe-reich privater Lebensführung zuzurechnen sind, erfasst werden, ist das Abhören und Aufzeichnen **unverzüglich zu unterbrechen** (§ 100d IV 2 StPO) und die entspre-chenden Aufzeichnungen sind **unverzüglich zu löschen**, § 100d II 2 StPO. Erkennt-nisse über solche Äußerungen dürfen **nicht verwertet** werden, § 100d II 1 StPO, und zwar auch nicht im Wege eines Spurenansatzes[181] (s. Rn 476).

Ob der persönliche Kernbereich betroffener Personen gefährdet wird, ist stets für den **jeweiligen Einzelfall** zu entscheiden. So gehört zB auch ein **Krankenzimmer** zu dem durch § 100d I StPO geschützten Wohnbereich. Wenn der Beschuldigte dort mit Dritten über Straftaten gegen fremde Rechtsgüter spricht, dürfte dies zwar verwertet werden, da insofern der Kernbereich privater Le-bensgestaltung doch noch nicht betroffen ist, führt er jedoch bzgl Einzelheiten, die im Zusam-menhang mit Straftaten stehen, ein Selbstgespräch, so ist dies einem Gespräch mit einem anderen nicht gleichzustellen, sodass seine Angaben dann dem unantastbaren Kernbereich privater Lebensgestaltung zuzurechnen sind und demgemäß nicht verwertet werden dürfen[182] (zum Selbst-gespräch im PKW s. Rn 472).

---

179   BVerfGE 109, 279 m. Bespr. *Lepsius*, Jura 2005, 433, 586; *Löffelmann*, ZStW 118 (2006), 358.
180   Gesetz vom 24.6.2005, BGBl. I, S. 1841; hierzu *Krehl/Eidam*, Institut für Kriminalwissenschaften und Rechtsphilosphie, S. 140; *Löffelmann*, NJW 2005, 2033.
181   BVerfGE 109, 279, 332; s.a. *Haverkamp*, Jura 2010, 492.
182   BGHSt 50, 206 m. Anm. *Ellbogen*, NStZ 2006, 179 u. *Lindemann*, JR 2006, 191; vert. *Traub*, Die Verwertung von Selbstgesprächen im Strafverfahren, 2015.

Der „große" Lauschangriff wird gem. § 100e II StPO durch die **Staatsschutzkammer** beim LG (§ 74a IV GVG) angeordnet, bei Gefahr im Verzug durch den Vorsitzenden. Die Maßnahme ist zunächst auf einen Monat zu befristen, kann aber mehrfach um jeweils einen Monat verlängert werden.

Für die Zeugnisverweigerungsberechtigten nach § 53 StPO gilt ein absolutes **Beweiserhebungs- und Beweisverwertungsverbot,** für die von §§ 52, 53a StPO erfassten Personen ein durch Verhältnismäßigkeitserwägungen eingeschränktes **Beweisverwertungsverbot,** § 100d V 1, 2 StPO. Beide werden jedoch für den Fall eingeschränkt, dass bestimmte Tatsachen den Verdacht begründen, dass die zeugnisverweigerungsberechtigte Person an der Tat oder an einer Begünstigung, Strafvereitelung oder Hehlerei beteiligt ist, § 100d V 3 iVm § 160a IV StPO. Die Anwendbarkeit dieser Einschränkung auf den Strafverteidiger ist in Rspr. und Lit. noch nicht abschließend geklärt (s. Rn 155).

Über die Möglichkeit der Verwendung der im Wege eines zulässigen großen Lauschangriffs gewonnen Erkenntnisse **in anderen Strafverfahren** enthält § 100e VI Nr 1 StPO (§ 479 III StPO/ EDatschG) eine Sonderregelung. Sie dürfen verwertet werden, sofern wegen einer Straftat ermittelt wird, auf Grund derer eine Maßnahme nach § 100c StPO angeordnet werden könnte. Noch weiter reichende Verwertungsmöglichkeiten bestehen **zum Zwecke der Gefahrenabwehr** (Einzelheiten § 100e VI Nr 2 StPO, s. dazu auch oben Rn 101)[183]. Zu beachten ist ferner, dass die meisten Landespolizeigesetze (ähnlich § 16 BKAG) Ermächtigungen für den „großen" Lauschangriff **zu Präventivzwecken** enthalten. Solche Daten dürfen in ein **Strafverfahren** eingeführt werden, wenn es sich um einen Straftatvorwurf handelt, bei dem der „große" Lauschangriff nach § 100c StPO hätte angeordnet werden dürfen (insoweit identisch mit der generellen Regelung in § 161 II StPO, s.o. Rn 105) oder zur Ermittlung des Aufenthalts einer solchen Straftat beschuldigten Person, § 100e VI Nr 3 StPO (s. auch oben Rn 233c)[184]. Ferner ist zu beachten, dass derartige Erkenntnisse zumindest nach Ansicht der Rspr schon immer zum Anlass weiterer Ermittlungen genommen werden konnten[185] (krit. zu dieser Fernwirkungsproblematik Rn 476, 482)[186].

XIX. Mauterfassungssystem

Informationen aus dem **Mauterfassungssystem** auf den Autobahnen dürfen ausschließlich zur Durchführung der Mauterhebung verwendet werden, vgl §§ 4 II, 7 II ABMG. Ausnahmen dieser abschließenden Zweckbindung, die eine Datenverwendung auch für Zwecke der Strafverfolgung erlauben, sind nicht vorgesehen[187].

266a

---

183 Vgl hierzu BVerfGE 109, 279, 318.

184 Vert. BVerfGE 130, 1; BGHSt 54, 69, 87 m. Kritik von *Wolter,* Roxin II-FS, S. 1245, 1260.

185 BGH StV 1996, 185 (Blockhüttenfall) m. abl. Anm. *Köhler* u. *Welp,* NStZ 1995, 602.

186 Vert. SK-*Wolter,* § 100c Rn 51; *Eisenberg,* NStZ 2002, 638; *Krause,* Hanack-FS, S. 221; *Meyer/Hetzer,* NJW 1998, 1017, 1024; zur Kritik *Momsen,* ZRP 1998, 459; *Roxin/Schünemann,* § 36 Rn 49.

187 LG Magdeburg NJW 2006, 1073 m. Anm. *Bosch,* JA 2006, 747; AG Friedberg NStZ 2006, 517 (Ausnahme bei Verzicht); aA AG Gummersbach NStZ 2004, 168 m. abl. Anm. *Göres,* NJW 2004, 195; vert. *Kudlich,* in: Vieweg/Gerhäuser (Hrsg), Digitale Daten in Geräten und Systemen, 2010, S. 137, 146 ff.

XX. Einsatz Verdeckter Ermittler, §§ 110a ff iVm 101 StPO

267 Verdeckte Ermittler sind (inländische[188]) Polizeibeamte, die unter einer ihnen verliehenen, auf Dauer angelegten, veränderten Identität (Legende) ermitteln, § 110a II 1 StPO.

Das Merkmal „auf Dauer" dient der Abgrenzung des Verdeckten Ermittlers zu den sog. „nichtöffentlich ermittelnden Polizeibeamten" (NOEP), die nicht den §§ 110a ff StPO unterfallen (dazu u. Rn 424). Bei der Dauerhaftigkeit handelt es sich aber um ein rein zeitliches Kriterium. Sie beurteilt sich vielmehr nach dem jeweiligen Ermittlungsauftrag, also danach, ob dieser unter Würdigung der gesamten Umstände über wenige, konkrete Ermittlungshandlungen hinausgeht, ob die Täuschung einer unbestimmten Vielzahl von Personen über die Identität des Beamten und ob zum Schutz desselben seine Geheimhaltung auch für die Zukunft erforderlich werden wird[189].

Sie dürfen nur in folgenden, in § 110a I StPO (alternativ) genannten **Fallgruppen** zur Aufklärung von Straftaten eingesetzt werden:

– Es liegen zureichende tatsächliche Anhaltspunkte dafür vor, dass eine der aufgelisteten Straftaten (**Katalogtaten**) von erheblicher Bedeutung begangen wurde und die Aufklärung auf andere Weise aussichtslos oder wesentlich erschwert wäre.
– Zur Aufklärung von **Verbrechen**, soweit auf Grund bestimmter Tatsachen die Gefahr der **Wiederholung** besteht und die Aufklärung auf andere Weise aussichtslos oder wesentlich erschwert wäre.
– Zur Aufklärung von **Verbrechen**, wenn die besondere Bedeutung der Tat den Einsatz gebietet und **andere Maßnahmen aussichtslos** wären.

Über den Einsatz des Verdeckten Ermittlers entscheidet die Polizei, wobei sie der Zustimmung der StA bedarf, § 110b I StPO. Einsätze, die sich gegen einen bestimmten Beschuldigten richten oder bei denen der Verdeckte Ermittler eine Wohnung betritt, die nicht allgemein zugänglich ist, bedürfen der Zustimmung des Gerichts (s. Rn 232), § 110b II StPO[190].

Verdeckte Ermittler dürfen unter Verwendung ihrer Legende eine Wohnung mit dem Einverständnis des Berechtigten betreten, § 110c S. 1 StPO. Weiterhin ungeklärt ist das Problem, ob der VE sog. **milieubedingte Straftaten** begehen darf, um seine Legende in der Szene aufrechtzuerhalten. Der § 110c S. 3 StPO verweist insofern nur auf die Befugnisse der StPO und „anderer Rechtsvorschriften", räumt dem VE also keine Sonderrechte ein[191] (s.a. Rn 288).

Zu den Problemen des Einsatzes von V-Männern iwS s.u. Rn 423 ff; zur Verwertbarkeit von Erkenntnissen der Verdeckten Ermittler und V-Männer s.u. Rn 481a ff.

---

188 BGH StV 2007, 561; *Barczak*, StV 2012, 182; KMR-*Bockemühl*, § 110a Rn 16.
189 BGHSt 41, 64, 65 m. Anm. *Beulke/Rogat*, JR 1996, 520; vert. *Schneider*, NStZ 2004, 359.
190 Vert. BGHSt 42, 103.
191 *Gropp*, ZStW 105 (1993), 421; *Hettinger*, S. 87; *Lesch*, StV 1993, 94 ff; *Soiné*, NStZ 2003, 225.

Lösung Fall 28:   **268**

a) Die Antwort ergibt sich aus der Auflistung Rn 232.

b) In Betracht kommt eine Strafbarkeit des A wegen Freiheitsberaubung (§ 239 StGB) und Nötigung (§ 240 StGB). Er könnte jedoch gerechtfertigt sein. Nach richtiger Auffassung scheidet indes eine Rechtfertigung auf Grund des **Festnahmerechts des § 127 StPO** aus, weil B die **Tat nicht begangen** hat (aA BGH NJW 1981, 745 und die hL). Eine Strafbarkeit des A scheitert gleichwohl, weil er sich in einem unvermeidbaren Erlaubnistatbestandsirrtum befand, der seine Vorsatzschuld entfallen lässt.

c) Hinsichtlich §§ 239, 240 StGB ist A nach § 127 I StPO gerechtfertigt. Die von ihm gleichzeitig begangene Körperverletzung (§ 223 StGB) ist indes nicht von § 127 StPO gedeckt, da § 127 StPO nur die zwangsläufig mit jeder Festnahme verbundenen Körperverletzungen kleineren Ausmaßes erfasst. A ist jedoch nach **§ 32 StGB** gerechtfertigt, denn B musste die nach § 127 StPO gerechtfertigte Festnahme dulden, sodass seine Abwehr einen rechtswidrigen Angriff darstellte, den A nicht anders abwenden konnte (vgl OLG Düsseldorf NJW 1991, 2716). Einzelheiten s. Rn 234 ff.

Lösung Fall 29: Es handelt sich um eine Suche nach Gegenständen im Körper, für die zum   **269** Schutz des Betroffenen der Einsatz eines Arztes erforderlich ist und die deshalb als **Untersuchung** iSv § 81a StPO und nicht als Durchsuchung iSv § 102 StPO einzustufen ist. Das Einführen des Brechmittels verlangt von A kein aktives Tun (zu dem er auch nicht verpflichtet wäre), sondern vielmehr die Duldung der Maßnahme. Obgleich die Maßnahme von einem Arzt vorgenommen wurde und im konkreten Fall keine Gesundheitsgefahr bestand, ist sie nach hM nicht von **§ 81a StPO** gedeckt, da sie gegen das Verbot unmenschlicher, erniedrigender Behandlung (Art. 3 EMRK) verstößt (EGMR NJW 2006, 3117 *[Jalloh/BRD]*). Überdies dürfte der Brechmitteleinsatz im konkreten Fall unverhältnismäßig gewesen sein, da es lediglich um die Überführung eines Kleindealers ging (LR-*Krause*, § 81a Rn 52). Einzelheiten s. Rn 241.

Lösung Fall 30:   **270**

a) Die Anordnung einer Blutprobenentnahme zum Zwecke der **DNA-Analyse** ist gegenüber dem Beschuldigten nach § 81a I iVm § 81e I 1 StPO zulässig. Mangels konkreter tatsächlicher Anhaltspunkte für eine Täterschaft des A ist dieser kein Beschuldigter und erlangt diese Stellung auch nicht durch die Verweigerung der Blutentnahme. Insofern hat die Polizei auf eine falsche Rechtsgrundlage verwiesen. Rechtsgrundlage ist aber auch nicht § 81h StPO, da der Betroffene nicht einwilligt. Auch bei anderen Personen als Beschuldigten sind aber zwangsweise Blutentnahmen unter den Voraussetzungen des § 81c II StPO zulässig. Da es sich um ein Kapitaldelikt handelt und die Anzahl der von der Maßnahme betroffenen Personen überschaubar ist, bleibt auch der Verhältnismäßigkeitsgrundsatz gewahrt. Deshalb ist der **„informatorische" genetische Fingerabdruck** hier gem. § 81c II iVm § 81e I StPO rechtmäßig. Einzelheiten s. Rn 242.

b) Das aufgezeichnete Selbstgespräch könnte einem Beweisverwertungsverbot unterliegen. Das von A genutzte Einzelzimmer im Krankenhaus ist als Wohnung iSv § 100c I StPO einzustufen. Ihm kommt typischerweise die Funktion als Rückzugsbereich der privaten Lebensgestaltung zu, womit es Art. 13 I GG unterfällt, dessen Kernbereich absolut geschützt ist (vgl BVerfGE 109, 279). Es gelten deshalb die besonderen Schranken des § 100d I, IV StPO. Da es bei dem Selbstgespräch des A an einer Kommunikation fehlte und die Informationen nicht an einen Gesprächspartner weitergegeben werden sollten, ist der **absolut geschützte Kernbereich** privater Lebensgestaltung betroffen, dem einfachgesetzlich in § 100d II 1 StPO durch ein **Beweisverwertungsverbot** Rechnung getragen wird. Das LG hätte die Aufzeichnungen daher nicht zu Lasten des A in den Prozess einführen dürfen. Einzelheiten s. Rn 266.

271 **Lösung Fall 31:** Grundsätzlich unterliegt der Schriftwechsel zwischen dem Beschuldigten und seinem Verteidiger einem **Beschlagnahmeverbot** nach §§ 97 I Nr 1, 53 I Nr 2 StPO. Die Besonderheit dieses Falles besteht darin, dass sich die Mitteilungen im Zeitpunkt der Beschlagnahme nicht im Gewahrsam des Zeugnisverweigerungsberechtigten, also des Verteidigers, befanden. Nach dem Wortlaut des § 97 II 1 StPO war somit die Beschlagnahme zulässig. Dennoch nimmt aber die hM in dieser Konstellation zutreffend ein Beschlagnahmeverbot an, das sich aus dem Vorrang des § 148 StPO ergibt. Einzelheiten s. Rn 248.

272 **Lösung Fall 32:** Die Maßnahme könnte gem. § 102 StPO (**Durchsuchung** beim Verdächtigen) zulässig sein. Danach kann die Durchsuchung der Wohnung des **einer Straftat Verdächtigen** sowohl zum Zwecke der Ergreifung als auch dann vorgenommen werden, wenn zu vermuten ist, dass sie zur Auffindung von Beweismitteln führen werde. Hingegen ist die **Durchsuchung bei anderen Personen** nur unter den engeren Voraussetzungen des § 103 StPO zulässig. Hier liegt eine Konstellation vor, die dem § 102 StPO unterfällt, denn Wohnungen und Räume iSv § 102 StPO sind alle Räumlichkeiten, die der Verdächtige innehat, gleichgültig, ob er Allein- oder Mitinhaber ist, sodass die tatsächliche Mitinhaberschaft der Räume durch die Eltern der Anwendung von § 102 StPO nicht entgegensteht (BGH NStZ 1986, 84 f). Gem. § 105 I StPO kann die Durchsuchung nur durch den Richter, bei Gefahr im Verzug auch durch die StA und ihre Ermittlungspersonen angeordnet werden. Angesichts des Verfassungsrangs des Richtervorbehalts stellt das BVerfG erhöhte Anforderungen an die Begründung der Gefahr im Verzug. Im Regelfall muss versucht werden, vor der Durchsuchung den zuständigen Ermittlungsrichter zumindest telefonisch zu erreichen. Nur wenn dies nicht möglich erscheint, kann die StA oder deren Ermittlungsperson die Durchsuchung selbst anordnen. Hier bestand kein ermittlungsrichterlicher Notdienst, sodass K keinen Richter mehr erreichen konnte. Da es sich um eine Kleinstadt handelt, bei der die Kriminalitätsrate offensichtlich so gering ist, dass sich die Notwendigkeit eines richterlichen Bereitschaftsdienstes bisher noch nicht ergeben hat, liegt auch kein Organisationsmangel der Justizverwaltung vor. Die Hinweise auf das Versteck sowie den unmittelbar drohenden Verlust der Beweisstücke waren sehr konkret. Auch das merkwürdige Verhalten der Eltern sprach dafür, dass der anonyme Hinweis zutraf. Nur ein schnelles Einschreiten konnte die Gefahr des Beweismittelverlustes beseitigen. Aufgrund der Gefahr im Verzug durfte deshalb die Durchsuchungsanordnung durch den Kriminalkommissar K, eine Ermittlungsperson der StA, (konkludent) ergehen. Ein entsprechender Hinweis an die Eltern ist auch erfolgt, ebenso wie die spätere Dokumentation des gesamten Vorganges. Die Durchsuchung war also rechtmäßig. Auch das Aufbrechen der Tür ist von der Durchsuchungsanordnung gedeckt, denn diese ermächtigt auch dazu, die Durchsuchung mit Zwangsmaßnahmen durchzusetzen. Einzelheiten s. Rn 255 ff.

§ 13 Die Prozessvoraussetzungen

Fall 33:

a) Welche Prozessvoraussetzungen kennen Sie?

b) Welche Art von Entscheidung ergeht, wenn sich das endgültige Vorliegen eines Prozesshindernisses herausstellt? **Rn 293**

Fall 34: A steht wegen Trunkenheit im Verkehr (§ 316 StGB) vor Gericht (Strafrichter). Ein Eröffnungsbeschluss ist nicht erlassen worden. Als dies in der Hauptverhandlung während der Beweisaufnahme bemerkt wird, verkündet der Strafrichter den Eröffnungsbeschluss. A verzichtet auf die Einhaltung der Ladungsfrist (§ 215 StPO iVm § 217 III StPO). Kann der Strafrichter die Hauptverhandlung nun fortsetzen und ein Urteil verkünden? **Rn 294**

Fall 35: Der als verdeckter Ermittler agierende Polizist P wirkt sechs Monate auf A ein, ihm Kokain aus dem Ausland zu besorgen. A – bisher unbestraft – weigert sich zunächst, kann aber auf Dauer der Verlockung durch die bei diesen Taten als Gewinn in Aussicht gestellten „enormen Geldbeträge" nicht widerstehen. Kann A wegen unerlaubter Einfuhr von Betäubungsmitteln bestraft werden? **Rn 295**

I.   Allgemeines

1. **Prozessvoraussetzungen**, auch Verfahrensvoraussetzungen genannt, sind Bedingungen für die Zulässigkeit eines Urteils in der Sache selbst, also einer **Verurteilung** oder eines **Freispruchs (Sachurteil).** Zumeist handelt es sich um Bedingungen, die positiv gegeben sein müssen. Man spricht dann von **positiven Prozessvoraussetzungen** (zB der Strafantrag bei den Antragsdelikten). **Negative Prozessvoraussetzungen** nennt man dagegen solche Umstände, die gerade nicht vorliegen dürfen (zB die anderweitige Rechtshängigkeit, die entgegenstehende Rechtskraft). Die negativen Prozessvoraussetzungen werden häufig auch als **Verfahrenshindernisse** oder **Prozesshindernisse** bezeichnet[1].

273

2. Das Wesen der Prozessvoraussetzungen liegt darin, dass mit ihnen die **Zulässigkeit** des gesamten Strafverfahrens steht und fällt. Fehlt eine positive Prozessvoraussetzung oder liegt ein Verfahrenshindernis vor, darf keine Sachentscheidung ergehen, vielmehr ist das Verfahren anderweitig zu beenden – zumeist durch Einstellung, die, wenn sie in Urteilsform erfolgt, ein **Prozessurteil** darstellt (s. dazu Rn 290 ff).

3. Verfahrensvoraussetzungen sind grundsätzlich **in jedem Stadium des Verfahrens von Amts wegen zu prüfen,** also von der Einleitung des Ermittlungsverfahrens durch die StA oder die Polizei bis hin zum rechtskräftigen Abschluss des Verfahrens. Ist die Tat zB von einem schuldlos handelnden Kind begangen worden, darf der Staatsanwalt das Ermittlungsverfahren überhaupt nicht in Gang setzen. Ist das Ermittlungsverfah-

---

1   Vert. *Krack*, GA 2003, 536; *Meyer-Goßner*, S. 1 ff; SK-StPO-*Paeffgen*, Anhang § 206a, Rn 1 ff; *Rieß*, 50 Jahre BGH-Wiss-FG, S. 809.

ren dennoch bereits eingeleitet, muss es umgehend eingestellt werden. Auch in der Rechtsmittelinstanz sind die Prozessvoraussetzungen zu beachten, ohne dass es einer entsprechenden Rüge bedürfte (gesetzliche Ausnahme zB § 16 StPO)[2].

4. Die Prüfung der Prozessvoraussetzungen erfolgt idR im sog. **Freibeweisverfahren**, also ohne Bindung an die von der StPO zugelassenen Beweismittel[3] (s. auch o. Rn 180).

5. Umstritten ist die Frage, inwieweit der Grundsatz **„in dubio pro reo"** auf Prozessvoraussetzungen anzuwenden ist. Während dies früher eher abgelehnt wurde, bejaht die Prozessrechtswissenschaft heute zu Recht dessen Anwendbarkeit, wobei aber auf die Besonderheiten der jeweiligen Prozessvoraussetzung abgestellt wird[4].

Beispiel: Es lässt sich mangels genauer Bestimmung des Tatzeitpunktes nicht klären, ob eine Straftat verjährt ist.

Hier sind die tatsächlichen Voraussetzungen eines Prozesshindernisses (§ 78 StGB) zweifelhaft. Der Gedanke der Rechtssicherheit bedingt eine Heranziehung des in-dubio-pro-reo-Grundsatzes. Das Verfahren muss eingestellt werden. Der BGH warnt jedoch vor einer schablonenhaften Anwendung des Zweifelssatzes auf andere Prozessvoraussetzungen[5].

In dubio pro reo gilt außerdem für die Frage der anderweitigen Rechtshängigkeit, des Verbrauchs der Strafklage und für das Vorliegen eines Strafantrages nach §§ 77 ff StGB (dazu Rn 283).

6. Mit den Prozessvoraussetzungen dürfen nicht verwechselt werden:

– die **objektiven Bedingungen der Strafbarkeit**, die dem materiellen Recht angehören, und
– die Prozess**handlungs**voraussetzungen, die nur die Zulässigkeit bzw Wirksamkeit einzelner Prozesshandlungen betreffen (s. Rn 296 ff).

II. Die wichtigsten Prozessvoraussetzungen im Einzelnen

1. Eingreifen der deutschen Gerichtsbarkeit

274 Die in §§ 18–20 GVG genannten Personen (sog. **Exterritoriale**), zB Diplomaten, sind von der deutschen Gerichtsbarkeit befreit. Gegen sie darf kein Strafverfahren durchgeführt werden. Das Gleiche soll gelten, wenn das deutsche Strafrecht gem. §§ 3 ff StGB nicht anwendbar ist[6].

---

2 ZB BGH NStZ 2014, 664; einschränkend *Meyer-Goßner*, NStZ 2003, 169.
3 BGHSt 46, 349, 351; krit. *Roxin/Schünemann*, § 21 Rn 23.
4 BGHSt 46, 349, 352 m. Anm. *Verrel*, JR 2002, 212; BGH NStZ 2010, 160; LR-*Stuckenberg*, § 206a Rn 37 ff; KK-*Schneider*, § 206a Rn 10; vert. *Meyer-Goßner*, S. 60 ff; *Schwabenbauer*, Der Zweifelssatz im Strafprozessrecht, 2012, S. 97 ff.
5 BGHSt 18, 274, 277; 47, 138, 147.
6 BGHSt 34, 1, 3; OLG Saarbrücken NJW 1975, 506, 509.

2. Rechtsweg nach § 13 GVG

Der Rechtsweg nach § 13 GVG muss gegeben sein, es muss sich also um eine **Straf-** **275**
sache handeln. Bei Zusammenhang mit Straftaten können im Strafverfahren auch
Ordnungswidrigkeiten abgeurteilt werden (§ 82 OWiG).

3. Sachliche und örtliche Zuständigkeit des Gerichts

Einzelheiten s.o. Rn 36 ff.

4. Strafmündigkeit

Kinder unter 14 Jahren sind gem. § 19 StGB **schuldunfähig** und damit auch nicht **276**
strafmündig.

5. Verhandlungsfähigkeit

Die **Verhandlungsfähigkeit** entspricht nicht der Prozessfähigkeit im Zivilprozess- **277**
recht und setzt nicht die bürgerlich-rechtliche Geschäftsfähigkeit voraus[7]. Sie wird
definiert als die **Fähigkeit des Beschuldigten, in oder außerhalb der Verhandlung
seine Interessen vernünftig wahrzunehmen, die Verteidigung in verständlicher
und verständiger Weise zu führen und Prozesserklärungen abzugeben und ent-
gegenzunehmen**[8]. Stellt sich eine dauernde Verhandlungsunfähigkeit bereits im
Ermittlungsverfahren heraus, so kann die StA das sog. **Sicherungsverfahren** gem.
§§ 413 ff StPO einleiten mit dem Ziel der selbstständigen Anordnung von Maßregeln
der Besserung und Sicherung. Wenn sich die dauernde Verhandlungsunfähigkeit erst
nach Eröffnung des Hauptverfahrens herausstellt, ist das Verfahren einzustellen und
ggf ein neues Sicherungsverfahren einzuleiten[9] (str.).

6. Keine Immunität

Die **Immunität von Abgeordneten** steht grundsätzlich der Strafverfolgung für die **278**
Dauer des Mandats entgegen. Das bestimmen Art. 46 II und IV GG für Mitglieder des
Bundestages und § 152a StPO iVm den entsprechenden Vorschriften der Landesver-
fassungen für die Mitglieder der Länderparlamente. Zu beachten ist jedoch, dass die
Strafverfolgung vom Parlament, dessen Effektivität die Immunität schützen soll, ge-
nehmigt werden kann (vgl Art. 46 II GG)[10].

---

7 BGH NStZ-RR 2004, 341.
8 BGHSt 41, 16, 18; BGH NStZ 2017, 490; krit. *Rath*, GA 1997, 214.
9 BGHSt 46, 345 m. zust. Anm. *Gössel*, JR 2001, 521; LG Wuppertal StraFo 2015, 151; zu Problemen
   der Feststellung: OLG München StV 2014, 466 m. Anm *Bosbach/Eckstein*; *Satzger*, Jura 2015, 115.
10 LR-*Beulke*, § 152a Rn 4.

7. Keine anderweitige Rechtshängigkeit

279 Das Verfahren darf noch nicht bei einem anderen Gericht rechtshängig sein. Die **Rechtshängigkeit** tritt **mit Erlass des Eröffnungsbeschlusses** ein[11], weil erst ab diesem Zeitpunkt die öffentliche Klage nicht mehr durch die StA zurückgenommen werden kann, § 156 StPO.

8. Keine entgegenstehende Rechtskraft

280 Die Tat (im prozessualen Sinne) darf noch **nicht rechtskräftig abgeurteilt** sein, da es andernfalls zu einer gem. Art. 103 III GG verbotenen Doppelbestrafung kommen könnte **(ne bis in idem)**. Es darf auch **kein anderweitiger Strafklageverbrauch** (zB nach §§ 153a I 5, 211 StPO) eingetreten sein (s.a. Rn 502, 507)[12].

Art. 103 III GG schützt einen im **Ausland** verurteilten bzw dort von einem Strafvorwurf rechtskräftig freigesprochenen Deutschen allerdings nicht vor einer (nochmaligen) Bestrafung im **Inland** (s. dazu auch § 153c II StPO). Auf Grund völkerrechtlicher Vereinbarung gilt der ne-bis-in-idem-Grundsatz jedoch ausnahmsweise auch im Verhältnis zu ausländischen Urteilen oder anderen ausländischen **gerichtlichen** Entscheidungen, so zB für die Staaten der EU gemäß Art. 50 GRC, Art. 54 SDÜ (s. Rn 10m-n).

9. Keine Strafverfolgungsverjährung

281 Die **Strafverfolgungsverjährung** (§§ 78 ff StGB) stellt ein Verfahrenshindernis dar[13] (s. auch Rn 8).

10. Keine Niederschlagung des Verfahrens

282 Eine Niederschlagung des Verfahrens (Abolition) gibt es in zwei Formen: Die **Einzelabolition** betrifft nur ein bestimmtes Verfahren; sie ist verfassungsrechtlich unzulässig. Die **Massenabolition**, auch **Amnestie** genannt, ist die Gewährung von Straffreiheit für eine unbestimmte Vielzahl von Straftaten durch Straffreiheitsgesetz. Die Amnestie stellt sowohl einen materiell-rechtlichen Strafaufhebungsgrund als auch ein Verfahrenshindernis dar[14] (str.).

11. Strafantrag, Ermächtigung, Strafverlangen (§§ 77 ff StGB)

283 Bei einigen Straftatbeständen sind **Strafantrag** (näher dazu Rn 309), Ermächtigung oder Strafverlangen Voraussetzung für die Strafverfolgung, zB bei §§ 104a, 194 IV, 247, 248a StGB.

Bei den **absoluten (bzw. reinen) Antragsdelikten** setzt die Strafverfolgung immer einen Strafantrag voraus (zB §§ 247[15], 248b StGB). Bei den **relativen Antragsdelikten** kann der Strafantrag entfallen, wenn die Strafverfolgungsbehörde wegen des **besonderen öffentlichen Interesses** an

---

11 BGHSt 29, 341, 343; aA *Roxin/Schünemann*, § 40 Rn 10: Einreichen der Anklageschrift.
12 Zum Verbot paralleler Ermittlungsverfahren statt aller: *Lucke*, HRRS 2014, 407.
13 Vgl S/S-*Sternberg-Lieben/Bosch*, Vorbem. § 78 Rn 3; *Meyer*, JA 2014, 342.
14 BGHSt 24, 262, 265.
15 Instruktiv BGH NStZ-RR 2017, 211 m. Bespr. *Jahn*, JuS 2017, 472.

der Strafverfolgung ein Einschreiten von Amts wegen für geboten hält (so insbes. bei den Körperverletzungen nach §§ 223, 229 StGB, vgl § 230 StGB; aber zB auch §§ 248a, 303c StGB), so trifft die StA diese Entscheidung eigenverantwortlich; das Gericht hat das besondere öffentliche Interesse (inhaltlich) nicht nachzuprüfen[16].

Zu der Prozessvoraussetzung des öffentlichen Interesses an der Strafverfolgung bei Privatklagedelikten (§ 376 StPO) s. Rn 591.

12. Vorliegen eines wirksamen Eröffnungsbeschlusses

Fehlt ein schriftlich abgesetzter **Eröffnungsbeschluss** gänzlich oder leidet er an so schweren Mängeln, dass er unwirksam ist, liegt ein Prozesshindernis vor. Grundsätzlich muss dann das Verfahren eingestellt werden[17]. Zweifelhaft ist, ob dieser Verfahrensfehler geheilt werden kann, indem der Eröffnungsbeschluss nachgeholt wird bzw die Mängel beseitigt werden.   **284**

a) Nachholen des fehlenden (oder grob fehlerhaften) Eröffnungsbeschlusses

Tritt das Fehlen (oder der schwere Mangel) **vor** Beginn der Hauptverhandlung zu Tage, kann das Gericht den Eröffnungsbeschluss nach allgemeiner Ansicht noch nachträglich erlassen[18]. Heftig umstritten ist aber die Frage, ob der Eröffnungsbeschluss auch noch **nach** Beginn der Hauptverhandlung nachgeholt werden kann. Die gegensätzlichen Positionen erklären sich im Wesentlichen aus der unterschiedlichen Beurteilung der Schutzwürdigkeit des Beschuldigten.

Der BGH und ein Teil des Schrifttums lassen das Nachholen des Eröffnungsbeschlusses noch **während** der **Hauptverhandlung** zu[19]. Dies gilt jedoch nicht für die Rechtsmittelinstanz[20].

Zutreffend spricht sich die wohl hL[21] **gegen die Nachholbarkeit** des Eröffnungsbeschlusses aus, denn es darf nicht eine vom Gesetz ausdrücklich vorgesehene rechtsstaatliche Sicherung aufgegeben werden, ohne dass dafür ein Bedürfnis besteht. Außerdem ist zu bedenken: Da es sich um eine Entscheidung in der Hauptverhandlung handelt, müssten eigentlich die Schöffen mitwirken. Über den Eröffnungsbeschluss im Zwischenverfahren wird hingegen ohne sie entschieden. Wenn die hM das Problem löst, indem sie bei Nachholung des Eröffnungsbeschlusses von einer Unterbrechung der Hauptverhandlung und einer Entscheidung ohne Schöffenmitwirkung ausgeht (AG/Schöffengericht: ein Berufsrichter; LG/Große Strafkammer: drei Berufsrichter; s. Rn 40 u. 41)[22], stellt dies eine Umgehung der §§ 30 II, 76 I 2 GVG dar (s. **Fall 9** mit Rn 62). Nach richtiger Ansicht ist daher das Verfahren gem. § 260 III StPO durch Urteil einzustellen (s. Rn 290). Da es sich um ein behebbares Prozesshindernis handelt, tritt durch das Einstellungsurteil allerdings kein Strafklageverbrauch ein (s.u. Rn 503), deshalb hat die StA das Recht, erneut Klage zu erheben[23].

---

16 BGHSt 16, 225, 230; *Fischer*, § 230 Rn 3; sehr str. aA LG München I StV 1990, 400; *Fezer*, Fall 1 Rn 67 f; *Mitsch*, JA 2014, 1, 3.
17 BGH NStZ 2018, 155.
18 OLG Düsseldorf MDR 1970, 783.
19 BGHSt 29, 224, 228; 50, 267, 269; BGH StV 2015, 743; *Schroeder/Meindl*, Fall 1, Rn 15.
20 BGHSt 33, 167, 168; OLG Zweibrücken NStZ-RR 2009, 287.
21 HK-*Julius*, § 207 Rn 17; SK-StPO-*Paeffgen*, § 203 Rn 4; Radtke/Hohmann-*Reinhart*, § 207 Rn 16.
22 BGHSt 60, 248.
23 Zum Ganzen *Rössner/Safferling*, Problem 11.

b) Beseitigung von „leichteren" Fehlern des Eröffnungsbeschlusses

Weist der Eröffnungsbeschluss nur **leichtere** Fehler auf, so bleibt er wirksam und (zunächst) bindend. Die Fehler können dann in der Hauptverhandlung geheilt werden[24] (s. auch u. Rn 362).

13. Vorliegen einer wirksamen Anklage

285 In allen Fällen muss eine **wirksame Anklage** gem. § 200 I StPO vorliegen. Auch hier wird zwischen **Unwirksamkeit** und **bloßer Fehlerhaftigkeit** unterschieden. Ob Unwirksamkeit gegeben ist, richtet sich nach der Funktion der Anklageschrift:

– In ihrer **Umgrenzungsfunktion** bestimmt sie den Prozessgegenstand. Die Umgrenzungsfunktion ist Folge des Gebots „ne bis in idem" (Art. 103 III GG). **Bleibt unklar, auf welche Person und welchen konkreten Sachverhalt sich die Anklage bezieht und welchen Umfang die Rechtskraft einer entsprechenden Verurteilung hätte**, liegt eine **unwirksame Anklage** vor[25]. Selbst bei solch wesentlichen Mängeln kann aber nach teils vertretener Auffassung in der Hauptverhandlung erster Instanz eine **Nachbesserung** stattfinden[26]. Dies ist jedoch abzulehnen, vielmehr gilt dasselbe wie beim Eröffnungsbeschluss (Rn 284), dh es fehlt eine nicht nachholbare Prozessvoraussetzung[27].

– Die **Informationsfunktion** der Anklageschrift besteht darin, dem Beschuldigten und dem Gericht das für die Verteidigung und die Durchführung des Verfahrens notwendige Wissen über den konkreten Tatvorwurf und die rechtliche Bewertung durch die StA zu vermitteln. Sie gewährleistet den Anspruch des Beschuldigten auf rechtliches Gehör aus Art. 103 I GG. Mängel, die die Informationsfunktion betreffen (zB Unvollständigkeit des wesentlichen Ergebnisses der Ermittlungen), führen **nicht zur Unwirksamkeit** der Anklage und stellen kein Verfahrenshindernis dar. Sie können nach hA in der Hauptverhandlung geheilt werden, und zwar idR durch richterlichen Hinweis gem. § 265 StPO[28]. Bemerkt das Gericht allerdings den Fehler bereits im Zwischenverfahren, so soll und darf es den Erlass des Eröffnungsbeschlusses ablehnen, sofern die StA eine Nachbesserung ablehnt[29] (str.).

Besondere Probleme wirft § 200 I StPO nach Fortfall der „fortgesetzten Tat" beim Vorwurf vieler gleich gelagerter Taten auf, die nunmehr einzeln umschrieben werden müssen. Zur Vermeidung von Lücken in der Strafverfolgung ist nach der neueren Rspr die **Umgrenzungsfunktion** bei Serientaten aus dem **Sexualbereich** bereits dann erfüllt, wenn in der Anklage das Tatopfer, die Art und Weise der Tatbegehung in ihren Grundzügen, ein bestimmter Tatzeitraum und die Zahl der

---

24 OLG Karlsruhe JR 1991, 37.
25 BGHSt 57, 88 m. Anm. *Wenske*, NStZ 2013, 351 u. *Trück*, ZHW 2012, 384; BGH NJW 2018, 878; LG Cottbus StV 2014, 332 m. Anm. *Eisenberg*, StV 2014, 724; *Weitner/Schuster*, JA 2014, 612.
26 *M-G/Schmitt*, § 200 Rn 26; *Pfeiffer*, § 200 Rn 10.
27 OLG Oldenburg StV 2010, 511; LR-*Stuckenberg*, § 200 Rn 88; SK-StPO-*Paeffgen*, § 200 Rn 29; *Geppert*, NStZ 1996, 62; *Schäpe, M.*, Die Mangelhaftigkeit von Anklage und Eröffnungsbeschluss und ihre Heilung im späteren Verfahren, 1997, S. 75 f.
28 BGHSt 56, 183, 185; aA OLG Schleswig NStZ-RR 1996, 111; *Klemke/Elbs*, Rn 581 f.
29 LR-*Stuckenberg*, § 200 Rn 86.

den Gegenstand des Vorwurfs bildenden Straftaten mitgeteilt werden[30]. Auch in **Wirtschafts-strafverfahren** deutet sich in der jüngsten Rspr eine solche Vorgehensweise an[31] (s. auch u. Rn 522). Im Gegenzug wird in diesen Verfahren der **Informationsfunktion** eine gesteigerte Bedeutung zugemessen. So ist das Gericht zB verpflichtet, dem Angeklagten und seinem Verteidiger zu verdeutlichen (s. dazu u. Rn 384), welchen Geschehensablauf es dem weiteren Verfahren zugrundelegen will, sobald sich die Möglichkeit der Präzisierung einer zunächst nicht individualisierten Einzeltat ergibt[32].

14. Tod des Angeklagten als Verfahrenshindernis

Allgemein anerkannt ist, dass nach dem **Tod des Angeklagten** keine Sachentscheidung mehr ergehen darf. Str. ist aber, ob das Verfahren von selbst endet[33] oder ob es – wie die hA annimmt – eines förmlichen, konstitutiven Einstellungsbeschlusses (§ 206a StPO) bedarf[34].   **286**

15. Überlange Verfahrensdauer als Verfahrenshindernis?

Ob eine **überlange Verfahrensdauer** (von der Einleitung des Ermittlungsverfahrens bis zum rechtskräftigen Abschluss) in Extremfällen bei Verschulden der Justiz ein **Verfahrenshindernis** sein kann, ist strittig. Der BGH hält die völlige Einstellung des Verfahrens im Regelfall nicht für sachgerecht und vollzieht den Ausgleich der Belastungen eines langen Verfahrens mithilfe der sog. **Vollstreckungslösung** (Einzelheiten s.o. Rn 26 f).   **287**

16. Tatprovokation durch polizeiliche Lockspitzel als Verfahrenshindernis?

In Fällen, in denen der Täter von einem **polizeilichen Lockspitzel (agent provocateur)** in unzulässiger Weise zur Tat bewegt wurde und diese nur auf Grund eines nachhaltigen Drängens beging (zu den Grenzen zulässigen polizeilichen Verhaltens Rn 424), ist die Frage berechtigt, ob der Staat seinen **Strafanspruch** nicht dadurch **verwirkt**, dass er selbst den Täter zu einer Straftat veranlasst. Eine Verurteilung könnte hier als Verstoß gegen das Verbot des venire contra factum proprium, also des widersprüchlichen Verhaltens, und sogar als rechtsstaatswidrig einzustufen sein. Vieles spricht deshalb für die Annahme eines Prozesshindernisses[35]. Das BVerfG[36] hat schon früh für Ausnahmefälle ein aus Art. 1 I GG und dem Rechtsstaatsprinzip abzuleiten-   **288**

---

30 BGHSt 40, 44, 46; BGH NStZ 2011, 47; restriktiv: BGH NStZ 2012, 168.
31 BGHSt 56, 183; BGH NStZ 2008, 351 m. krit. Anm. *Krehl*, NStZ 2008, 525; abw. BGH wistra 2010, 66.
32 BGHSt 44, 153, 156 f; BGH NJW 1999, 802; s. auch BGH StV 1998, 474 m. Anm. *Hefendehl*; zusammenfassend *Altvater*, 50 Jahre BGH-Prax-FS, S. 495.
33 So noch BGH NStZ 1983, 179.
34 BGHSt 45, 108, 110; BGH StraFo 2016, 25; *Kühl*, Meyer-Goßner-FS, S. 715; *Heger*, GA 2009, 45; vgl auch *Mitsch*, NJW 2010, 3479.
35 So zB *Dencker*, Dünnebier-FS, S. 447; *Güntge*, Ostendorf-FS, S. 387; *Jahn/Kudlich*, JR 2016, 54; *Herzog*, StV 2003, 410; *Lüderssen*, 50 Jahre BGH-Wiss-FG, S. 883; *Meglalu*, JA 2018, 342; *Wolfslast, G.*, Staatlicher Strafanspruch und Verwirkung, 1995, S. 216 ff.
36 BVerfG NJW 1995, 651.

des Verfahrenshindernis anerkannt. Auch der EGMR ging in ständiger Rspr von einem Verbot staatlichen Strafens aus[37]. Der BGH hat in einigen früheren Entscheidungen ebenfalls ein Prozesshindernis befürwortet[38].

Seit BGHSt 32, 345 ff vertrat der BGH jedoch die Ansicht, dass eine **polizeiliche Tatprovokation nur** als **Strafmilderungsgrund** auf Strafzumessungsebene zu berücksichtigen ist (**Strafzumessungslösung**)[39]. Das BVerfG stimmte dem weitgehend zu, verwies aber zusätzlich auf die Möglichkeit der Annahme eines Beweisverwertungsverbots (dazu s. Rn 454)[40].

Die deutsche BGH-Rspr iSd Strafzumessungslösung hat der EGMR in der Entscheidung *Furcht/Deutschland* ausdrücklich für konventionswidrig erklärt und ein **Beweisverwertungsverbot oder eine gleich wirksame Maßnahme** gefordert (zur Bindungswirkung der EGMR-Urteile für deutsche Gerichte s. Rn 9)[41]. Die darauf reagierende Rspr des BGH ist gespalten. Während zB der erste Strafsenat auch angesichts der neueren Rspr des EGMR an der Strafzumessungslösung bei konventionswidriger Tatprovokation festhält[42], steht der zweite Strafsenat auf dem Standpunkt, dass die rechtsstaatswidrige Provokation einer Straftat durch Angehörige von Strafverfolgungsbehörden oder von ihnen gelenkte Dritte regelmäßig ein **Verfahrenshindernis (und nicht nur ein Beweisverwertungsverbot)** zur Folge hat[43]. Welche Richtung die zukünftige höchstrichterliche Rechtsprechung endgültig einnehmen wird, ist derzeit (Juli 2018) noch nicht prognostizierbar[44].

Zur Begründung wird seitens der **Befürworter** der Strafzumessungslösung vorgetragen:

– Die dem Schutz des Staates anvertrauten Rechtsgüter dürfen nicht „zur Disposition" des Lockspitzels gestellt werden. Ein Verfahrenshindernis muss an (klar zu bestimmende) Tatsachen anknüpfen und darf nicht erst durch eine Wertung des gesamten Tatgeschehens nach umfassender Prüfung auf Grund einer Hauptverhandlung zu ermitteln sein. Die Gegenmeinung kann nicht klar genug abgrenzen, in welchen Fällen die Einflussnahme eines agent provocateur so stark ist, dass ein Verfahrenshindernis angenommen werden kann.
– Wenn man schon im Rahmen einer Gesamtschau ermittelt, ob rechtsstaatlich zwingende Folgerungen nicht gezogen worden sind oder rechtsstaatlich Unverzichtbares preisgegeben wurde, so sind dabei auch die Erfordernisse einer funktionstüchtigen Strafrechtspflege einzubeziehen.

---

37 EGMR StV 1999, 127 *(Teixeira de Castro/Portugal)* m. Anm. *Kempf* u. *Sommer*, NStZ 1999, 48; EGMR NJW 2009, 3565 *(Ramanauskas/Litauen)*; s.a. *Esser/Gaede/Tsambikakis*, NStZ 2011, 140, 142; *Esser*, in: 35. Strafverteidigertag, S. 197; *Gaede/Buermeyer*, HRRS 2008, 279; *Kinzig*, StV 1999, 288.
38 Unter anderem BGH NJW 1981, 1626.
39 Vert. zB *M-G/Schmitt*, Einl. Rn 148a.
40 BVerfG NJW 2015, 1083 m. Anm. *Jäger*, JA 2015, 473; *Jahn*, JuS 2015, 659 u. *Satzger*, Jura 2015, 660.
41 EGMR StV 2015, 405 *(Furcht/Deutschland)* m. Anm. *Pauly* u. *Sinn/Maly*, NStZ 2015, 379; *Petschke*, JR 2015, 88 u. *Meyer/Wohlers*, JZ 2015, 761.
42 BGHSt 60, 238; vgl. auch BGHSt 45, 321 m. krit. Anm. *Endriss/Kinzig*, NStZ 2000, 271; *Kudlich*, JuS 2000, 951; *Roxin*, JZ 2000, 369; *Sinner/Kreuzer*, StV 2000, 114; BGH NStZ 2014, 277 m. Anm. *Jahn*, JuS 2014, 371; *Eisenberg*, Rn 1035; *I. Roxin*, Neumann-FS, S. 1359; *Swoboda*, Eisenberg-FS II (im Erscheinen); zust. jedoch *Lesch*, JR 2000, 43 sowie *Gottschalk*, StudZR 2013, 49.
43 BGHSt 60, 276 m. Anm. *Eisenberg*, NJW 2016, 98; *Jäger*, JA 2016, 308; *Jahn/Kudlich*, JR 2016, 54; *Mitsch*, NStZ 2016, 66; *Mosbacher*, JuS 2016, 127; *Satzger*, Jura 2016, 574; s. auch *Eisenberg*, GA 2014, 107.
44 *Schünemann*, GA 2018, 181, 192 plädiert für eine Bestrafung von Täter u. Anstifter (Gleichbehandlungslösung); ebenso *Roxin/Schünemann*, § 37 Rn 8.

Das Rechtsstaatsprinzip schütze nicht nur Belange des Beschuldigten, sondern auch das Interesse an einer der materiellen Gerechtigkeit dienenden Strafverfolgung.

Die **Gegner** der Strafzumessungslösung tragen insbes. vor:

– Die Rspr des EGMR hat klargestellt, dass auch eine erhebliche Milderung der Strafe keine vollständige Wiedergutmachung iSd Art. 41 EMRK darstellt. Die Einhaltung der Mindeststandards der Konvention in der Auslegung durch den EGMR (Art. 1, 19 EMRK) wird durch die Strafzumessungslösung nicht gewährleistet. Die Beschränkung der Folgen auf ein Beweisverwertungsverbot oder auf einen Verzicht speziell auf die Angaben des agent provocateur im Strafverfahren würde nur ein einzelnes Beweismittel annullieren. Die Fälle der den Art. 6 I 1 EMRK verletzenden rechtsstaatswidrigen Tatprovokation betreffen hingegen die Tat als solche. Die Rechtsfigur des Verfahrenshindernisses ist zwar im Verfahrensrecht nicht definiert, es handelt sich aber um eine anerkannte dogmatische Kategorie. Eine Gesamtschau ist auch bei anderen Verfahrensvoraussetzungen oder Verfahrenshindernissen nötig, so zB beim Vorliegen eines besonderen öffentlichen Interesses an der Strafverfolgung eines relativen Antragsdelikts (s. Rn 283).

Die Ablehnung eines Verfahrenshindernisses bewirkt allerdings nicht zwangsläufig die Bestrafung des Angestifteten. Selbst wenn im Regelfall die Tatprovokation ein bloßer Strafzumessungsfaktor sein sollte, müsste in Extremfällen zu Gunsten des „Verführten" zumindest ein (gesetzlich nicht geregelter) **Schuld- bzw Strafausschließungsgrund** anerkannt werden[45]. Wie die Rechtsprechung des EGMR rechtstechnisch in deutsches Recht transferiert wird, erscheint zweitrangig. Jedenfalls darf es keine Verurteilung geben, wenn der Staat selbst der Verursacher einer Straftat ist, die der Beschuldigte sonst gar nicht begangen hätte!

▶ Beispielsfall bei *Beulke*, Klausurenkurs III, Rn 474.

17. Verfahrenshindernis begrenzter Lebenserwartung?

Im *Fall Honecker* hat der BerlVerfGH die Fortführung der Hauptverhandlung untersagt, weil der Angeklagte den Abschluss des Verfahrens nicht mehr erleben würde[46]. Ein solches Verfahrenshindernis besteht jedoch nicht, insbes. weil auch das Feststellungs- und Aufklärungsinteresse der Rechtsgemeinschaft schützenswert erscheint (s. **Fall 1** mit Rn 12)[47]. Eine Ausdehnung des von ihm befürworteten Verfahrenshindernisses auf den Fall hohen Alters des Beschuldigten (ohne konkrete Todeserwartung) hat auch der BerlVerfGH abgelehnt[48]. Ist hingegen auf Grund des schlechten Gesundheitszustandes des Beschuldigten mit an Sicherheit grenzender Wahrscheinlichkeit dessen Tod gerade durch das Strafverfahren zu erwarten, so besteht ein aus Art. 2 II S. 1 GG ableitbares Verfahrenshindernis[49].

289

---

45 *Beulke*, StV 1990, 183; iE ebenso SK-*Wolter*, § 110c Rn 9a ff; SK-StPO-*Paeffgen*, Anhang zu § 206a Rn 25 ff; *Hellmann*, Rn 171; *Renzikowski*, Keller-GedSchr, S. 197; *Roxin*, Kreuzer-FS, S. 675; *I. Roxin*, S. 31 ff; *Wolter*, 50 Jahre BGH-Wiss-FG, S. 963, 980. Zur gesamten Problematik Körner/Patzak/Volkmer/*Patzak*, Vorbem. §§ 29 ff Rn 166 ff; *Rössner/Safferling*, Problem 4.
46 BerlVerfGH NJW 1993, 515, 517.
47 Abw. *Limbach, B.*, Der drohende Tod als Strafverfahrenshindernis, 1998.
48 JR 1994, 382.
49 BVerfG NJW 2002, 51; BVerfG EuGRZ 2009, 645.

18. Verfahrenshindernis wegen Verstoßes gegen das Verhältnismäßigkeitsprinzip?

289a In den Fällen der Spionage (§ 99 StGB) für die DDR durch ehemalige DDR-Bürger hat das BVerfG unter bestimmten Voraussetzungen ein Verfahrenshindernis aus dem verfassungsrechtlichen Grundsatz der Verhältnismäßigkeit, der seinerseits im Rechtsstaatsprinzip verankert ist, abgeleitet[50]. Diese Ansicht ist abzulehnen. Ein solches Verfahrenshindernis verträgt sich nicht mit der Forderung, dass über das Vorliegen oder Nichtvorliegen eines Verfahrenshindernisses einfach zu befinden sein muss (s. Rn 288). Jede für „unangemessen" gehaltene Strafverfolgung könnte nach freiem Belieben der Gerichte unterbleiben. Wie die Richter im Minderheitsvotum zutreffend festgestellt haben, kommt ein solches Verfahrenshindernis in seinen Wirkungen einer Amnestie bzw einer Abolition gleich. Das Verfahrenshindernis der Amnestie zu schaffen, ist aber allein Sache des Gesetzgebers[51].

19. Verfahrenshindernis wegen Androhung der Folter?

289b Wurde dem Beschuldigten bei einer polizeilichen Vernehmung die Anwendung von Folter angedroht, so verstößt dieses Vorgehen zwar gegen Art. 104 I 2 GG sowie Art. 3 EMRK. Indes führt dies lediglich zu einem aus § 136a StPO resultierenden Verwertungsverbot der hierdurch gewonnenen Aussage, nicht jedoch zu einem Verfahrenshindernis[52] (s. Rn 134a).

20. Verfahrenshindernis aus Gründen des fairen Verfahrens?

289c Derzeit noch ungeklärt ist, ob in absoluten Ausnahmefällen ein Verfahrenshindernis auch aus einem Verstoß gegen den **fair-trial-Grundsatz** (s. Rn 28) abgeleitet werden kann. Entzündet hat sich die Diskussion an einem Fall, in dem ein Beamter wegen einer Straftat angeklagt wurde, die im Zusammenhang mit seiner Dienstausübung stand und zu der er sich als Angeklagter vor Gericht nur beschränkt einlassen konnte, weil ihm keine umfassende beamtenrechtliche Aussagegenehmigung (s. Rn 190) erteilt wurde. Angesichts der Unmöglichkeit umfassender Verteidigung hatte das Landgericht Berlin ein Verfahrenshindernis bejaht[53]. Der BGH hat zwar die gegen das Urteil eingelegten Revisionen aus formalen Gründen verworfen, in einem obiter dictum aber ausführlich zu der hier aufgeworfenen Problematik Stellung genommen. Für den Fall, dass die durch die Sperrerklärung eingetretene **Beschränkung der Verteidigungsmöglichkeiten in ihrem Kernbereich** nicht durch andere „Abhilfemaßnahmen" aufgefangen werden kann, erwägt er einerseits ein **Verfahrenshindernis**,

---

50 BVerfGE 92, 277.
51 Ebenso *Lampe*, 50 Jahre BGH-Wiss-FG, S. 449; *Schlüchter/Duttge*, NStZ 1996, 457; *Volk*, NStZ 1995, 367; eher skeptisch auch BayObLG NJW 1996, 669; zur Problematik der verfassungsrechtlich abgeleiteten Verfahrenshindernisse generell *Hillenkamp*, NJW 1989, 2841.
52 LG Frankfurt StV 2003, 327 (Fall *Gäfgen*); offen gelassen von BVerfG NJW 2005, 656.
53 Zust. *Niehaus*, NStZ 2008, 355.

andererseits lässt er aber durchscheinen, dass selbst in diesem Extremfall eine Kompensation iSd **„Beweiswürdigungslösung"** (s. Rn 171) genügen kann[54].

Auch im Rahmen der **Verständigung** (§ 257c StPO) wird aus fair-trial-Gesichtspunkten die Bejahung eines **Verfahrenshindernisses** erwogen, wenn die StA sich nicht an ihre zulässige Zusage hält, eine Teileinstellung beim Gericht zu beantragen (§ 154 II StPO) oder in anderen Ermittlungsverfahren von der Verfolgung abzusehen (§ 154 I StPO) (Einzelheiten hierzu Rn 396e).

III. Folgen des Fehlens von Prozessvoraussetzungen

Welche Folgen das Vorliegen von Prozesshindernissen bzw das Fehlen von Prozessvoraussetzungen hat, hängt zum einen von dem Stadium ab, in dem sich das Verfahren befindet, zum anderen davon, ob das Prozesshindernis endgültig ist oder nicht. Nur vorübergehende bzw behebbare Prozesshindernisse sind zB die Immunität, uU die Verhandlungsunfähigkeit und nach hM auch das Fehlen eines wirksamen Eröffnungsbeschlusses. **290**

1. Vorverfahren

Besteht ein **endgültiges** Prozesshindernis und erkennt dies die StA im Ermittlungsverfahren, stellt sie das Verfahren nach **§ 170 II StPO** ein. Bei nur **vorübergehenden** Verfahrenshindernissen kann sie das Verfahren gem. **§ 205 StPO analog** vorläufig einstellen. Im Falle der Abwesenheit oder sonstiger persönlicher Verhinderung des Beschuldigten für längere Zeit kommt die vorläufige Einstellung gem. § 154f StPO als lex specialis vor Anklageerhebung in Betracht.

2. Zwischenverfahren

Nach Erhebung der öffentlichen Klage (Einreichung der Anklageschrift) hat das Gericht zu entscheiden, ob ein Hauptverfahren eröffnet wird, § 199 StPO. Dabei hat es die Prozessvoraussetzungen von Amts wegen zu prüfen. Liegt ein **endgültiges** Verfahrenshindernis vor, beschließt das Gericht, das **Hauptverfahren nicht zu eröffnen** (§ 204 StPO), wenn nicht die StA bis dahin schon das Verfahren gem. § 170 II StPO unter Rücknahme der Anklage (§ 156 StPO) eingestellt hat. Bei einem nur **vorübergehenden** Prozesshindernis kann das Gericht das Verfahren nach **§ 205 StPO direkt oder analog** vorläufig einstellen. Besonderheiten gelten für die Fälle der Unzuständigkeit, vgl §§ 209, 209a StPO. **291**

---

54 BGH NJW 2007, 3010 m. zust. Anm. *Wohlers*, JR 2008, 127; s.a. *Jahn*, JuS 2007, 1058; *Laue*, ZStW 120 (2008), 246.

3. Hauptverfahren

292 Im Hauptverfahren ist es bei **vorübergehenden**, voraussichtlich behebbaren Prozesshindernissen sinnvoll, das Verfahren nur auszusetzen bzw zu unterbrechen (§ 228 StPO). Das Verfahren kann aber auch nach § 205 StPO analog vorläufig eingestellt werden.

Welche Entscheidung bei Feststellung eines **endgültigen** Prozesshindernisses zu ergehen hat, richtet sich danach, ob schon eine Hauptverhandlung stattfindet oder nicht.

Vor bzw außerhalb der Hauptverhandlung muss das Verfahren durch **Beschluss** eingestellt werden (§ 206a StPO).

Beispiel: Der Eröffnungsbeschluss ist erlassen. Im Zuge der Vorbereitung der Hauptverhandlung arbeitet der Gerichtsvorsitzende nochmals die Akte durch und stellt fest, dass die Straftat verjährt ist. Nunmehr darf der Vorsitzende den Termin zur Hauptverhandlung nicht mehr anberaumen, vielmehr ist das Verfahren gem. § 206a StPO durch Gerichtsbeschluss einzustellen.

Während der Hauptverhandlung ist das Verfahren idR durch **Urteil** gem. § 260 III StPO (Prozessurteil) einzustellen.

Ausnahme: Statt der Einstellung hat grundsätzlich ein Urteil in der Sache zu ergehen, wenn bereits feststeht, dass der Angeklagte mangels Tatnachweises freizusprechen wäre, weil nur damit der Vorwurf strafbaren Verhaltens eindeutig zurückgenommen wird[55].

Besonderheiten bestehen ferner bei sachlicher und funktioneller Unzuständigkeit (vgl nur §§ 225a, 269, 270 StPO).

Wurde das Strafverfahren aufgrund **irrtümlicher Annahme des Vorliegens eines Verfahrenshindernisses** eingestellt, stellt sich die Frage, ob bzw wie die Rechtskraft des Einstellungsbeschlusses bzw -urteils durchbrochen werden kann. Zumindest für den Fall der **Beschluss**einstellung aufgrund einer Manipulation durch den Angeklagten (zB der Angeklagte hat seinen **Tod vorgetäuscht**) hält der BGH eine Fortsetzung des alten Verfahrens in dem Verfahrensstand, in welchem es sich vor der Einstellung befand, nach dem Rechtsgedanken der Wiederaufnahme zuungunsten des Angeklagten (§ 362 StPO; s.u. Rn 586) für zulässig[56]. Auch bei der irrtümlichen **Urteils**einstellung wird im Schrifttum eine Rechtskraftdurchbrechung diskutiert (Einzelheiten str.)[57].

293 | **Lösung Fall 33:**

a) Besonders wichtige Prozessvoraussetzungen sind (s. Rn 273 ff):
- sachliche und örtliche Zuständigkeit des Gerichts
- Strafmündigkeit
- Verhandlungsfähigkeit
- keine anderweitige Rechtshängigkeit
- keine entgegenstehende Rechtskraft
- keine Strafverfolgungsverjährung
- wirksamer Strafantrag bei Antragsdelikten
- wirksame Anklage und wirksamer Eröffnungsbeschluss.

---

55 BGHSt 46, 131, 136 (dort auch zu Ausnahmen); weitergehend *Krack*, JR 2001, 424; *Sternberg-Lieben*, ZStW 108 (1996), 721; diff. *Meyer-Goßner*, S. 27 ff.
56 BGHSt 52, 119 m. zust. Anm. *Kühl*, NJW 2008, 1009 u. *Rieß*, NStZ 2008, 296; krit. *Jahn*, JuS 2008, 459 u. *Ziemann*, HRRS 2008, 364.
57 Vert. SK-StPO-*Frister*, Vor § 359 Rn 17.

b) Die Rechtsfolge des endgültigen Vorliegens von Prozesshindernissen hängt vom Verfahrensstadium ab:
– Im **Vorverfahren** erfolgt Einstellung gem. § 170 II StPO.
– Im **Zwischenverfahren** wird der Erlass des Eröffnungsbeschlusses abgelehnt, § 204 StPO.
– Im **Hauptverfahren** wird außerhalb der Hauptverhandlung das Verfahren gem. § 206a StPO durch Beschluss eingestellt, während der Hauptverhandlung ist das Verfahren idR durch Urteil gem. § 260 III StPO einzustellen.

Einzelheiten s. Rn 290 ff.

Lösung Fall 34: Zunächst fehlte die Prozessvoraussetzung des wirksamen Eröffnungsbeschlusses (§ 207 StPO). Der BGH (BGHSt 29, 224 ff) hat jedoch die **Nachholung des Eröffnungsbeschlusses** in der ersten Instanz zugelassen, sodass der Strafrichter bei Verzicht auf die Einhaltung der Ladungsfrist (§ 217 StPO) die Hauptverhandlung fortsetzen und ein Urteil fällen durfte. Auch wenn das Gericht erst in der Hauptverhandlung entscheide, behalte es seine Kontrollkompetenz und ein Einstellungsurteil könne den Makel der Hauptverhandlung sowieso nicht mehr beseitigen. Schutzwürdige Belange des Beschuldigten seien gewahrt, da er die Anklageschrift kenne.

Diese Argumente überzeugen nicht, denn das Gericht ist bei schon begonnener Hauptverhandlung eher als sonst geneigt zu eröffnen (*Roxin/Schünemann*, § 42 Rn 13). Die Schutzfunktion des Eröffnungsbeschlusses ist also nur bei „Rückspulung" des Verfahrens zu erreichen. Das Verfahren muss hier nach richtiger Ansicht durch Urteil eingestellt werden (§ 260 III StPO). Die StA kann erneut Anklage erheben. Einzelheiten s. Rn 284.

Lösung Fall 35: Bei Tatprovokation durch einen **Lockspitzel** wird von einer Mindermeinung in der Lit. und nach der Rspr des 2. Strafsenats des BGH ein **Verfahrenshindernis** bejaht. Trotz der Entscheidung des EGMR *(Furcht/Deutschland)* geht die überwiegende Rspr hingegen nach wie vor von einer **Strafmilderungsmöglichkeit** aus. Nur in Extremfällen ist danach auch an einen Schuldausschließungsgrund zu denken. Angesichts der Intensität der Einwirkung des P erscheint eine bloße Strafmilderung nicht akzeptabel. Es darf keine Verurteilung geben, wenn der Staat selbst der Verursacher einer Straftat ist, die der Beschuldigte sonst gar nicht begangen hätte! Einzelheiten s. Rn 288.

294

295

§ 14 Die Prozesshandlungen

Fall 36:
a) Das AG erlässt einen Strafbefehl gegen A. Nach Erlass, aber noch vor Zustellung des Strafbefehls geht bei der Geschäftsstelle des AG folgender Schriftsatz des A ein: „Für den Fall, dass ein Strafbefehl ergangen ist oder noch ergehen sollte, lege ich bereits jetzt dagegen Einspruch ein." Als ihm später der Strafbefehl zugestellt wird, unternimmt A nichts mehr, da er der Ansicht ist, sein Schreiben beinhalte einen wirksamen Einspruch. Hat er Recht?
b) Wie ist es, wenn der Strafbefehl erst später erlassen worden ist? **Rn 307**

Fall 37: A ist wegen Diebstahls (§ 242 StGB) vor dem AG angeklagt. Er bestreitet die Tat. In seinem Schlussplädoyer bittet er um Freispruch und stellt hilfsweise – für den Fall, dass das Gericht den Tatnachweis doch für erbracht hält – einen Antrag auf Vernehmung seines Freundes F, der ihm für den Tatzeitpunkt ein Alibi verschaffen könne. Ist der Antrag zulässig? **Rn 308**

I. Begriff

296   Über eine allgemein anerkannte Definition des Begriffs „**Prozesshandlung**" konnte bisher keine Einigkeit erzielt werden. Die hM versteht hierunter **alle prozessual rele-vanten Betätigungen, gleich welcher Art**[1]. Andere stufen nur solche Erklärungen als Prozesshandlungen ein, die eine Rechtsfolge im Prozess willensgemäß auslösen[2]. Für die Lösung konkreter Rechtsprobleme sind diese Differenzen nicht relevant. Ent-scheidend sind vielmehr die allgemeinen Wirksamkeitsvoraussetzungen[3]. Bestimm-te Prozesshandlungen haben auch Auswirkungen materiell-rechtlicher Natur (zB die rechtmäßige Untersuchungshaft als Rechtfertigungsgrund für §§ 239, 240 StGB). Hierfür wurde der Begriff „doppelrelevante" bzw „doppelfunktionelle" Prozesshand-lungen geprägt[4].

Im Anschluss an *Goldschmidt, J.*, Der Prozeß als Rechtslage, 1925, S. 364 ff, kann man die Pro-zesshandlungen unterteilen in **Erwirkungshandlungen**, bei denen die Rechtsfolge nicht unmit-telbar herbeigeführt wird, sondern die einen anderen zu einem bestimmten Prozessverhalten ver-anlassen sollen (zB Beweisanträge), und in **Bewirkungshandlungen**, bei denen die Rechtsfolge unmittelbar eintritt (zB Rechtsmittelverzicht). Rechtliche Konsequenzen sind an diese Differen-zierung nicht geknüpft[5].

II. Wirksamkeitsvoraussetzungen

1. Voraussetzungen beim Prozesssubjekt

297   a) Voraussetzung für die Wirksamkeit der vom **Beschuldigten** vorgenommenen Pro-zesshandlungen ist seine **Verhandlungsfähigkeit**. Die Verhandlungsfähigkeit des Be-schuldigten ist demnach sowohl Prozesshandlungsvoraussetzung als auch Prozess-voraussetzung (vgl o. Rn 277).

b) Im Unterschied dazu führt die Verhandlungsunfähigkeit „amtlicher" Prozess-rechtssubjekte (des **Richters** oder des **Staatsanwalts**) aus Gründen der Rechtssicher-heit nicht zur Unwirksamkeit der von ihnen vorgenommenen Prozesshandlungen. Eine Unwirksamkeit ist in diesen Fällen nur dann anzunehmen, wenn ein offensicht-licher Widerspruch zu rechtsstaatlichen Grundprinzipien vorliegt[6].

2. Inhalt der Prozesshandlung

298   Abgesehen von speziellen gesetzlichen Regelungen werden an den Inhalt von Pro-zesshandlungen folgende Anforderungen gestellt:

---

1   Vgl BGHSt 26, 384, 386; *M-G/Schmitt*, Einl. Rn 95.
2   *Roxin/Schünemann*, § 22 Rn 1.
3   Ebenso *Ranft*, Rn 1322.
4   *Niese*, Doppelfunktionelle Prozeßhandlungen, 1950.
5   Vgl LR-*Kühne*, Einl. Abschn. K Rn 13; *Grunst*, S. 230.
6   *Schlüchter*, Rn 137 f.

a) Das prozessuale Verhalten muss einen **erkennbaren Erklärungswert** besitzen. Entscheidend ist der objektive Erklärungswert, der uU durch Auslegung festzustellen ist[7]. Entsprechend dem in § 300 StPO für den speziellen Fall der Rechtsmitteleinlegung anerkannten Grundsatz[8] kommt es nicht auf die uU irrtümliche Wortwahl an, sondern darauf, was der Erklärende nach Maßgabe seines gesamten prozessinternen Verhaltens eigentlich erstrebt.

b) Aus Gründen der Rechtssicherheit dürfen Prozesshandlungen grundsätzlich nicht von Bedingungen abhängig gemacht werden (sog. **Bedingungsfeindlichkeit** von Prozesshandlungen). Die öffentlich-rechtliche Natur des Verfahrens verlangt den zweifelsfreien Bestand der Erklärung und damit Sicherheit über das Verfahrensstadium. Deshalb darf zB die Einlegung des Rechtsmittels der Revision nicht an die Bedingung geknüpft werden, dass auch die StA gegen das Urteil mit der Revision vorgehe[9]. Unzulässige Bedingungen führen grundsätzlich zur Unwirksamkeit der jeweiligen Prozesshandlung[10].   **299**

Von diesem Grundsatz werden jedoch Ausnahmen gemacht, wenn es sich bei der in der Erklärung enthaltenen Bedingung um eine sog. **Rechtsbedingung** bzw um eine sog. **innerprozessuale Bedingung** handelt. Die durch diese innerprozessuale Bedingung erzeugte Ungewissheit ist mit den Interessen des Gerichts und des Angeklagten vereinbar, weil im Lauf des Rechtsstreits durch das Gericht verbindlich geklärt wird, ob die gesetzte Bedingung eingetreten ist. Aus diesem Grund ist bspw ein sog. **Eventualbeweisantrag** zulässig. Es handelt sich um einen im Schlussplädoyer des Staatsanwalts oder Verteidigers gestellten Antrag auf Erhebung eines weiteren Beweises für den Fall, dass das Gericht nicht in der in erster Linie beantragten Weise (zB Freispruch) entscheiden sollte. Da der Bedingungseintritt (Verurteilung) hier ausschließlich in der Hand des Gerichts liegt, führt die bedingte Antragsstellung nicht zu Unklarheiten[11]. Um einen Missbrauch des Beweisantragsrechts zu vermeiden, muss sich die unter Beweis gestellte Behauptung allerdings inhaltlich auf die Entscheidung beziehen, die zur Bedingung des Antrags gemacht wird. Daher darf zB der Antrag auf Vernehmung eines Alibizeugen nicht von der Ablehnung der beantragten Strafaussetzung zur Bewährung abhängig gemacht werden[12]; wohl aber davon, dass der Angeklagte nicht freigesprochen wird (s.a. Rn 452).

3. Widerruflichkeit der Prozesshandlungen

Bzgl der **Widerruflichkeit** bzw **Unwiderruflichkeit** von Prozesshandlungen existieren in einzelnen Bereichen ausdrückliche Regelungen oder die Lösung ergibt sich aus der Natur der Sache[13]:   **300**

---

7 BGHSt 46, 131, 134.
8 OLG Bamberg NStZ-RR 2018, 56.
9 BGH NStZ 2014, 55; vgl a. BGHSt 5, 183, 184.
10 LR-*Kühne*, Einl. Abschn. K Rn 29.
11 BGHSt 32, 10, 13; BGH NStZ 1995, 98.
12 BGHSt 40, 287, 289; *Ingelfinger, R.*, Rechtsprobleme bedingter Beweisanträge im Strafprozess, 2002.
13 Einzelheiten s. *M-G/Schmitt*, Einl. Rn 112 ff.

- **Urteile** und **urteilsähnliche Entscheidungen** (zB Strafbefehl) sind idR unwiderruflich.
- **Gerichtliche Beschlüsse** sind zumeist widerruflich (vgl § 306 II StPO), idR jedoch diejenigen nicht, die mit der sofortigen Beschwerde angefochten werden können (vgl § 311 III StPO), sowie der Eröffnungsbeschluss[14].
- **Einfache** andere Prozesserklärungen sind im Zweifel widerruflich, so zB der Antrag auf Aussetzung der Hauptverhandlung bei nicht eingehaltener Ladungsfrist, § 217 II StPO.
- Sonstige **prozesstragende** und **prozessbeendende** Erklärungen sind im Zweifel unwiderruflich. So ist die Rücknahme des Rechtsmittels unwiderruflich[15] (str., s. Rn 544); ebenso der Rechtsmittelverzicht[16] sowie die Zustimmung der StA zu dem Verständigungsvorschlag des Gerichts (Rn 395a)[17].

4. Nichtvorliegen von Willensmängeln

301 Inwieweit **Willensmängel** zur Unwirksamkeit von Prozesshandlungen führen, ist umstritten.

a) Im Falle der **Täuschung** und der **Drohung** wird in der Literatur zum Teil eine Unwirksamkeit dadurch bedingter Prozesshandlungen bejaht. Dieses Ergebnis soll sich aus § 136a StPO herleiten lassen, der insoweit einen allgemeinen Rechtsgedanken beinhalte[18]. Der BGH lehnt diese Ansicht jedoch zu Recht ab und geht aus Gründen der Rechtssicherheit vom Grundsatz der Unbeachtlichkeit von Willensmängeln aus. Auch die Rspr erkennt aber im Einzelfall Ausnahmen von diesem Grundsatz an[19]. Derartige Ausnahmen kommen insbes. dann in Betracht, wenn im konkreten Fall das Gebot der Gerechtigkeit den Vorrang vor dem Prinzip der Rechtssicherheit beansprucht[20].

b) Auch sonstige Willensmängel (**Irrtum**) haben keinen Einfluss auf die Wirksamkeit von Prozesshandlungen. Die Vorschriften des BGB über die Anfechtung von Willenserklärungen (vgl §§ 119 ff BGB) sind auf Prozesshandlungen nicht anwendbar[21]. So kann zB ein Rechtsmittelverzicht oder eine Rechtsmittelrücknahme nicht wegen Irrtums angefochten werden[22].

Deshalb ist es auch für das **Gericht** nicht möglich, seine Entscheidungen jenseits der vom Prozessrecht ausdrücklich oder stillschweigend vorgesehenen Korrekturmöglichkeiten wegen Irrtums rückgängig zu machen. So kann zB das Gericht einen **Eröffnungsbeschluss** (§ 207 StPO) nach Erlass nicht mit der Begründung aufheben, es habe sich über den Verdachtsgrad (§ 203 StPO) geirrt. Wird ein hinreichender Tatverdacht später auf Grund neuen Wissens verneint, ist der Angeklagte freizusprechen[23].

---

14 LR-*Stuckenberg*, § 207 Rn 45.
15 BGHSt 10, 245, 247; BGH NStZ 2016, 563.
16 BGHSt 45, 51, 53.
17 BGHSt 57, 273 m. Anm. *Kudlich*, NStZ 2013, 119.
18 So *Roxin/Schünemann*, § 22 Rn 7.
19 BGHSt 45, 51, 53.
20 BGHSt 17, 14, 18; zT krit. SK-StPO-*Frisch*, § 302 Rn 25.
21 RGSt 57, 83.
22 BGH StV 1999, 411; BGH NStZ 2006, 351; vgl auch *Eisenberg/Müller*, Jura 2006, 54.
23 OLG Frankfurt JR 1986, 470 m. Anm. *Meyer-Goßner*; SK-*Frisch*, Vor § 304 Rn 35; *Rieß*, Lüderssen-FS, S. 749; anders hingegen LG Nürnberg-Fürth NStZ 1983, 136; LG Kaiserslautern StV 1999, 13; LG Konstanz JR 2000, 306 m. zust. Anm. *Hecker*; *Ulsenheimer*, NStZ 1984, 440.

Jedoch kann sich nach Auffassung der Rspr – entschieden für den praktisch wichtigen Bereich des Rechtsmittelverzichts[24] – die Unwirksamkeit von Prozesshandlungen, die auf Willensmängeln beruhen, daraus ergeben, dass das Gericht die ihm obliegende **prozessuale Fürsorgepflicht** verletzt hat. Diese Pflicht, die sich aus dem Gebot des „fair trial" ableitet, erstreckt sich nämlich auch darauf, durch Willensmängel beeinflusste Prozesshandlungen zu verhindern (s. dazu auch Rn 383). Auch wenn das Gericht durch objektiv unrichtige Erklärungen – sei es auch irrtümlich – die Fehlvorstellungen beim Beschuldigten hervorgerufen hat, ist die Prozesshandlung unwirksam[25].

5. Form

Prozesshandlungen können sowohl in einem aktiven Tun als auch in einem Unterlassen liegen, sie können ausdrücklich oder auch konkludent[26] vorgenommen werden. Die ausdrücklichen Prozesshandlungen erfolgen mündlich, schriftlich oder auch durch Erklärung zu Protokoll. Welche **Form** eingehalten werden muss, bestimmt sich grundsätzlich nach der jeweils anwendbaren gesetzlichen Regelung.   **302**

Fehlt eine besondere gesetzliche Regelung, so erfolgen in der Hauptverhandlung vorgenommene Prozesshandlungen **mündlich** (Mündlichkeitsprinzip)[27], außerhalb der Hauptverhandlung ist **Schriftlichkeit** erforderlich. Die entsprechenden Erklärungen müssen nach § 184 GVG in der Gerichtssprache Deutsch erfolgen.

Sieht das Gesetz **Schriftform** vor, so ist – entgegen § 126 I BGB – eine eigenhändige Unterschrift des Erklärenden nicht unbedingt erforderlich[28]. Als ausreichend wird es angesehen, wenn dem Dokument sowohl dessen Inhalt als auch die Person des Erklärenden hinreichend zuverlässig entnommen werden kann[29]. Der Schriftform genügt im Regelfall auch ein **Telefax, Telebrief, Computerfax, Fernschreiben** oder auch ein **Telegramm**. Eine **telefonische Erklärung** genügt den Anforderungen der Schriftlichkeit dagegen auch dann **nicht**, wenn auf der Empfängerseite schriftliche Aufzeichnungen angefertigt werden[30]. § 32a StPO, der den bisherigen § 41a StPO ersetzt[31], sieht die Möglichkeit der **elektronischen Übermittlung** von Dokumenten vor, wenn diese mit einer qualifizierten elektronischen Signatur versehen sind. Eine **einfache E-Mail**, die nicht qualifiziert elektronisch signiert ist, genügt hingegen mangels ausreichend sicherer Identifizierung des Absenders auch nach neuem Recht nicht[32].

---

24 BGHSt 18, 257, 259; 45, 51; OLG Düsseldorf StraFo 2012, 105.
25 BGHSt 46, 257, 258 m. zust. Anm. *Hamm*, NStZ 2001, 494; BGH wistra 2011, 236; OLG Köln StV 2014, 207.
26 BGH StV 2017, 791.
27 Ggf auch durch konkludentes Verhalten, BGH NStZ 2005, 47 (Kopfnicken); s. aber LG Hamburg StraFo 2018, 228 (Dulden ist keine konkludente Zustimmung).
28 BVerfGE 15, 288, 291; BGH NStZ 2002, 558; OLG München NJW 2008, 1331.
29 BGHSt 2, 77, 78; OLG Brandenburg NStZ-RR 2013,288.
30 BGHSt 30, 64, 66 mwN; aA LG Münster NJW 2005, 166 mit Anm. *Kudlich*, JuS 2005, 660.
31 S. Gesetz zur Einführung der elektronischen Akte in der Justiz und zur weiteren Förderung des elektronischen Rechtsverkehrs vom 5.7.2017, BGBl. 2017 I, S. 2208.
32 OLG Oldenburg NJW 2009, 536.

III. Fristen

1. Begriffe und Allgemeines

303 Unter einem **Termin** versteht man einen bestimmten **Zeitpunkt** für den Beginn einer Prozesshandlung (zB der Hauptverhandlung nach § 213 StPO). Als **Frist** bezeichnet man dagegen einen bestimmten **Zeitraum**, innerhalb dessen eine bestimmte Prozesshandlung vorzunehmen ist. Es gibt gesetzliche Fristen und solche, die vom Richter festgesetzt worden sind. Die Fristberechnung erfolgt grundsätzlich nach §§ 42, 43 StPO.

2. Folgen einer Fristversäumung

304 a) Im Falle der **Versäumung einer sog. absoluten Ausschlussfrist** kann die entsprechende Prozesshandlung nicht nachgeholt werden. Eine Wiedereinsetzung in den vorigen Stand kommt nicht in Betracht.

Wichtige Beispiele: Versäumung der Strafantragsfrist des § 77b I 1 StGB; Versäumung des Einwandes der funktionellen Unzuständigkeit gem. § 6a S. 3 StPO; Versäumung des Einwandes der örtlichen Unzuständigkeit nach § 16 S. 3 StPO.

b) Handelt es sich um die **Versäumung gesetzlicher Fristen** und liegt auch keine absolute Ausschlussfrist vor, kann unter bestimmten Voraussetzungen die Wiedereinsetzung in den vorigen Stand gewährt werden (s. dazu u. 3). Das Verfahren wird dann in das Stadium zurückversetzt, in dem es sich befunden hätte, wenn die Frist nicht versäumt worden wäre. Im Falle einer stattgebenden Entscheidung über den Wiedereinsetzungsantrag wird also die Rechtslage hergestellt, die bestanden hätte, wenn die versäumte Prozesshandlung rechtzeitig vorgenommen worden wäre.

Wichtige Beispiele: Versäumung der Berufungseinlegungsfrist, § 314 I StPO; Versäumung der Revisionseinlegungsfrist, § 341 I StPO; Versäumung der Einspruchsfrist gegen einen Strafbefehl, § 410 I 1 StPO.

Merke: Auch bei Versäumung der Wiedereinsetzungsfrist des § 45 I 1 StPO kann Wiedereinsetzung beantragt werden.

c) Im Falle der Versäumung richterlicher Fristen (= Fristen, die das Gericht auf Grund gesetzlicher Ermächtigung selbst festsetzen kann, vgl zB §§ 123 III, 201 I StPO) kann zum einen das Gericht selbst die Frist verlängern oder neu gewähren, zum anderen kommt auch hier eine Wiedereinsetzung in den vorigen Stand in Betracht[33].

3. Wiedereinsetzung in den vorigen Stand, §§ 44 ff StPO

305 Gem. § 44 S. 1 StPO ist auf Antrag demjenigen, der ohne Verschulden verhindert war, eine Frist einzuhalten, **Wiedereinsetzung in den vorigen Stand** zu gewähren. In der

---

33 Vgl *M-G/Schmitt*, Vor § 42 Rn 7, § 44 Rn 3.

Praxis haben die Vorschriften über die Wiedereinsetzung in den vorigen Stand (§§ 44–47 StPO) insbes. bei der Versäumung von Rechtsmittelfristen große Bedeutung[34].

a) Zulässigkeit des Antrags

(1) Nach § 45 II 2 iVm I StPO ist die versäumte Handlung binnen einer Woche nach Wegfall des Hinderungsgrundes **nachzuholen**.

(2) Der **Antrag** auf Wiedereinsetzung ist innerhalb der **Wochenfrist** des § 45 I 1 StPO bei dem Gericht anzubringen, bei dem die Frist wahrzunehmen gewesen wäre, oder bei dem Gericht, das über den Wiedereinsetzungsantrag entscheidet, vgl § 45 I 2 iVm § 46 I StPO.

(3) Schließlich ist der **Hinderungsgrund** ausreichend glaubhaft zu machen. Die eigene Erklärung des Antragstellers reicht nur ausnahmsweise zur Glaubhaftmachung aus, wenn andere Mittel nicht zur Verfügung stehen[35].

b) Begründetheit des Antrags

Nach § 44 S. 1 StPO ist materielle Voraussetzung der Wiedereinsetzung, dass der Antragsteller **ohne Verschulden** an der Einhaltung der Frist verhindert war.

306

Verzögerungen im Rahmen der **Postbeförderung** sind unverschuldet[36]. Selbst in Zeiten starker Postbeanspruchung (zB vor Feiertagen) kann der Bürger auf eine regelmäßige Postbeförderung vertrauen[37]; ebenso auf das Funktionieren des Empfangsgerätes bei Telefax[38].

Das Verschulden des **Verteidigers** oder dessen Kanzleipersonals ist dem Beschuldigten grundsätzlich nicht zurechenbar[39] (zum **Scheinverteidiger** s. Rn 544). Eine Ausnahme wird jedoch dann gemacht, wenn dem Beschuldigten die Unzuverlässigkeit des Verteidigers bekannt war oder er mit der Nichteinhaltung der Frist durch den Verteidiger rechnen musste und ihm damit ein Mitverschulden anzulasten ist[40]. Anderen Verfahrensbeteiligten als dem Beschuldigten wie zB dem Privatkläger, dem Nebenkläger und dem Antragsteller im Klageerzwingungsverfahren wird jedoch nach hM das Verschulden ihres Vertreters als eigenes Verschulden zugerechnet[41]. Als Begründung wird insoweit ein aus § 85 II ZPO folgender allgemeiner Verfahrensgrundsatz herangezogen.

Das Verschulden eingeschalteter **Privatpersonen** wird nicht zugerechnet, wenn der Beschuldigte bei deren Auswahl und Überwachung die erforderliche Sorgfalt aufgewandt hat; so ist zB eine Wiedereinsetzung in den vorigen Stand möglich, wenn der Ehegatte schuldhaft die Zusage nicht eingehalten hat, für den Beschuldigten Rechtsmittel einzulegen[42].

Liegt der Wiedereinsetzungsgrund in einem dem Gericht zuzuschreibenden Fehler (zB verspätete Revision, weil das Urteil entgegen § 145a III 2 StPO ohne gerichtliche Benachrichtigung nur dem Angeklagten und nicht dem Verteidiger zugestellt worden ist)[43], so ist aus dem Grundsatz fairer Verhandlungsführung (s.o. Rn 28) abzuleiten, dass das Gericht den Betroffenen darüber belehren muss[44].

---

34 Zur Übersicht s. *Saenger*, JuS 1991, 842; AnwK-StPO/*Rotsch*, § 44 Rn 1 ff.
35 BVerfG NJW 1995, 2545; BGH NStZ 2006, 54.
36 BVerfGE 62, 334; BGH NJW 1978, 1488.
37 BVerfG NJW 1992, 1952.
38 BVerfG NJW 1996, 2857; BGH NStZ 2008, 705.
39 BGHSt 14, 306, 308; OLG Hamm NStZ-RR 2010, 245.
40 BGH NStZ 1997, 560; OLG Köln StraFo 2012, 224; LG Berlin NStZ 2005, 655; *Engländer*, Rn 313 f.
41 BGHSt 30, 309, 310.
42 OLG Zweibrücken StV 1992, 360.
43 OLG München StV 2009, 401; s.a. OLG Stuttgart StV 2011, 85; OLG München StV 2011, 86 m. Anm. *Bockemühl*.
44 BVerfG wistra 2006, 15; s.a. OLG Oldenburg NStZ 2012, 51.

307   **Lösung Fall 36:**

a) Nach einhelliger Ansicht kann der Beschuldigte gegen den Strafbefehl (§ 407 StPO) schon vor dessen Zustellung **Einspruch** (§ 410 StPO) einlegen. Fraglich ist, ob die Einspruchseinlegung auf Grund der in ihr enthaltenen Bedingung unwirksam ist. Im Grundsatz gilt, dass Prozesshandlungen nicht an **Bedingungen** geknüpft werden dürfen, da dies zu Rechtsunsicherheit führen würde. Anders ist es hingegen, wenn die Bedingung aus Sicht des Gerichts zu keinerlei Unsicherheit führen kann, weil sie an gerichtsbekannte Umstände anknüpft (Rechts- oder innerprozessuale Bedingung). Hier hat das Gericht den Strafbefehl selbst erlassen; es handelt sich daher um eine **innerprozessuale Bedingung**, die nach allgemeiner Ansicht zulässig ist. Der Einspruch ist damit wirksam.

b) Anders ist der Fall zu beurteilen, wenn der Strafbefehl im Zeitpunkt der Einspruchseinlegung noch gar nicht erlassen worden ist, da gegen eine erst zukünftige Entscheidung kein Rechtsmittel bzw kein Rechtsbehelf eingelegt werden kann. Sollte die in diesem Fall erforderliche Wiederholung der Rechtsbehelfseinlegung nicht mehr fristgerecht erfolgen, so kommt eine **Wiedereinsetzung in den vorigen Stand** in Betracht. Ein Verschulden iSv § 44 StPO wäre hier zu verneinen, vielmehr resultiert aus der richterlichen Fürsorgepflicht eine Verpflichtung des Richters, den Beschuldigten über die Unwirksamkeit seiner „vorsorglichen" Rechtsbehelfseinlegung zu unterrichten. Einzelheiten s. Rn 299, 301.

308   **Lösung Fall 37:** Der Beweisantrag (§ 244 III StPO) könnte **unzulässig bedingt** und damit unwirksam sein. Auch hier besteht jedoch aus Sicht des Gerichts keine Unsicherheit über den Stand und die Lage des Verfahrens, da es sich bei der Bedingung (= Verurteilung des A) um einen innerprozessualen Vorgang, nämlich um die Entscheidung des Gerichts, handelt. Auf diese Art „bedingte" Beweisanträge (sog. **Eventualbeweisanträge**) sind daher zulässig und kommen in der Praxis auch häufig vor. Einzelheiten s. Rn 299.

§ 15   Das Ermittlungsverfahren

Fall 38:

a) Wer leitet das Ermittlungsverfahren ein?

b) Auf welchem Wege wird das Ermittlungsverfahren abgeschlossen? **Rn 330**

Fall 39: Gegen A läuft ein Ermittlungsverfahren wegen Betruges zum Nachteil des B. Die StA lädt B zur Zeugenvernehmung. Als B schriftlich erklärt, er habe an der Strafverfolgung kein Interesse, und Staatsanwalt S deshalb befürchtet, B werde der Zeugenladung nicht nachkommen, beantragt S die richterliche Vernehmung des B. Der zuständige Ermittlungsrichter lehnt die Vernehmung des B mit dem Hinweis ab, die StA könne ebenso gut selbst tätig werden. Darf er dies? **Rn 331**

Fall 40: Gegen A wird wegen des Verdachts der Strafvereitelung ein Ermittlungsverfahren eingeleitet. Im Laufe dieses Verfahrens wird eine Durchsuchung seiner Wohnung angeordnet und durchgeführt. A ist empört: Die Voraussetzungen für die Anordnung einer Durchsuchung hätten nicht vorgelegen. Welche Möglichkeiten hat A, die Rechtmäßigkeit der Durchsuchungsanordnung gerichtlich überprüfen zu lassen, wenn die Durchsuchung

– vom Ermittlungsrichter

– von der StA bzw deren Ermittlungspersonen angeordnet wurde? **Rn 332**

I. Die Einleitung des Ermittlungsverfahrens

Das Strafverfahren beginnt mit dem staatsanwaltlichen Ermittlungsverfahren (auch **309** Vorverfahren genannt). Nach dem Legalitätsprinzip ist die StA verpflichtet, das Ermittlungsverfahren einzuleiten, wenn zureichende tatsächliche Anhaltspunkte vorliegen (§ 152 II StPO; ausf. dazu Rn 17, 79). Zur Ingangsetzung des Verfahrens existieren zwei Möglichkeiten:

1. Die Einleitung durch Strafanzeige oder Strafantrag

a) **Jeder Bürger** hat gem. § 158 I StPO das Recht – nicht jedoch die Pflicht – eine Straftat zur **Anzeige** zu bringen. Bei erst bevorstehenden Straftaten kann nach § 138 StGB sogar eine Anzeigepflicht bestehen. Unter einer **Strafanzeige** versteht man die Mitteilung eines Sachverhalts an die Strafverfolgungsbehörden, der nach Ansicht des Mitteilenden Anlass zur Strafverfolgung gibt[1]. Strafanzeigen können bei der StA, der Polizei und den Amtsgerichten mündlich (also auch telefonisch) oder schriftlich angebracht werden (§ 158 I 1 StPO). Eine **gutgläubig** erstattete Strafanzeige zieht, selbst wenn sie sich später nicht bestätigt, keine Schadensersatzpflicht nach sich[2].

b) Ferner kann jeder Bürger gem. § 158 I StPO **Strafantrag iwS** stellen. Ein solcher liegt vor, wenn der Betreffende über die bloße Anzeige hinaus erkennen lässt, dass er die Straftat verfolgt wissen möchte. Unter **Strafantrag ieS** versteht man den Antrag des Berechtigten iSd Antragsdelikte (§§ 77–77d StGB) auf Strafverfolgung[3]. Der Strafantrag ieS kann bei einem Gericht bzw der StA schriftlich oder zu Protokoll gestellt werden, bei einer anderen Behörde nur schriftlich angebracht werden (§ 158 II StPO). **Nur** der **Strafantrag ieS** kann also die Prozessvoraussetzung des gestellten Strafantrags bei den Antragsdelikten erfüllen (vgl Rn 283). Die beiden Arten von Strafanträgen müssen daher klar voneinander **abgegrenzt** werden. Die Notwendigkeit der Differenzierung zwischen Strafantrag iwS (jedes Strafverlangen) und Strafantrag ieS (der Verletzte eines Antragsdelikts fordert Bestrafung des Täters) ergibt sich zudem aus §§ 171 S. 2, 172 I 1 StPO, die davon ausgehen, dass der Antragsteller nicht unbedingt der Verletzte iSd §§ 77 ff StGB sein muss (vgl Rn 320 u. 345).

2. Die Einleitung des Ermittlungsverfahrens von Amts wegen

In vielen Fällen – in denen weder eine Anzeige noch ein Strafantrag vorliegt – erhal- **310** ten die Strafverfolgungsbehörden durch **amtliche Wahrnehmung** Kenntnis vom Verdacht einer Straftat (vgl § 160 I StPO „auf anderem Wege"). Selbst bei Antragsdelikten iSd §§ 77 ff StGB ist die Einleitung des Verfahrens von Amts wegen vor Stellung des Strafantrags möglich.

---

1 *Joecks*, StPO, § 158 Rn 2; *M-G/Schmitt*, § 158 Rn 2.
2 BVerfGE 74, 257, 259 m. Bespr. *Fahl*, JuS 1995, 1067.
3 *Böhme/Lahmann*, JuS 2016, 234; *Bosch*, Jura 2013, 368; *Kett-Straub*, JA 2011, 694; *Loose/Hensler*, JuS 2018, 346; *Mitsch*, JA 2014, 1; *Ruppert*, JA 2018, 107.

Dabei kann es sich zum einen um **eigene Wahrnehmungen des Staatsanwalts** handeln.

Zum anderen teilen die Behörden und die Beamten des **Polizeidienstes**, die nach § 163 StPO die Aufgabe haben, Straftaten von Amts wegen zu erforschen, ihre Beobachtungen unverzüglich der StA mit (§ 163 II 1 StPO; weitere Einzelheiten zur Polizei als Strafverfolgungsorgan s. Rn 101 ff).

Auch der **Ermittlungsrichter** (dazu Rn 316) kann der Erste sein, der von der Begehung einer Straftat von Amts wegen Kenntnis erlangt, zB im Rahmen einer ermittlungsrichterlichen Zeugenvernehmung. Er gibt die Strafverfolgung ebenfalls an die StA weiter (§ 167 StPO). Nur in Eilfällen kann er als Vertreter der StA (als sog. **Notstaatsanwalt**) tätig werden (§ 165 StPO).

Bei **privater Kenntniserlangung** von dem Verdacht einer strafbaren Handlung besteht ein Verfolgungszwang nur dann, wenn es sich um eine **schwerwiegende Straftat** handelt (dazu Rn 91, 104).

3. Der Anfangsverdacht

311 Materielle Voraussetzung der Einleitung eines Ermittlungsverfahrens gegen einen bestimmten Beschuldigten ist das Bestehen eines Anfangsverdachts. Ein solcher **Anfangsverdacht** ist dann gegeben, wenn **tatsächliche Anhaltspunkte** vorliegen, **die nach den kriminalistischen Erfahrungen die Beteiligung des Betroffenen an einer verfolgbaren strafbaren Handlung als möglich erscheinen lassen.** Erforderlich sind demgemäß **konkrete Tatsachen** (vgl § 152 II StPO „zureichende tatsächliche Anhaltspunkte"), während bloße **Vermutungen nicht** ausreichen. Bzgl der Frage, ob die Verdachtsmomente für die Einleitung eines Ermittlungsverfahrens ausreichen, steht der StA ein **Beurteilungsspielraum** zu[4]. Dieser Spielraum ist erst dann überschritten, wenn „bei voller Würdigung auch der Belange einer funktionstüchtigen Strafrechtspflege die Einleitung der Ermittlungen gegen den Beschuldigten nicht mehr verständlich ist"[5]. Ein Anfangsverdacht für die Begehung einer Straftat kann auch durch ein legales Verhalten begründet werden, wenn weitere Anhaltspunkte hinzutreten (Fall *Edathy* : erlaubter Besitz sexualbezogener Bilder als Indiz für strafbare Kinderpornografie?)[6]. Die Diskussion, wann tatsächliche Anhaltspunkte zureichend sind, ist noch nicht abgeschlossen. Mit Sicherheit kann die allgemeine Lebenserfahrung nicht ausreichen, dass Menschen aus diesem Milieu/Umfeld/Konsumverhalten etc. gehäuft Straftaten der verdächtigten Art begehen[7].

---

4 BGHSt 38, 214, 228; krit. *Kröpil*, Jura 2012, 833.
5 BGH StV 1988, 441; OLG Dresden StV 2001, 581 m. Anm. *Thode*.
6 BVerfG NJW 2014, 3085 Rn 40; zum Fall ferner: *Eibach/Ruhs*, Jura 2015, 718; *Fischer*, Die Zeit Nr. 10 v. 27.2.2014, S. 4; *Hoven*, NStZ 2014, 361; *Satzger*, Beulke-FS, S. 1009; *Treutmann*, ZStW 128 (2016), 446; s.a. LG Regensburg StV 2015, 159.
7 Mustergültig: AG Saalfeld NJW 2001, 3642; dazu *Kühne*, GA 2013, 39, 43.

Zusammenfassend hat der Anfangsverdacht folgende Bedeutungen[8]:

- Mit dem Anfangsverdacht und dem daran anknüpfenden Verhalten der Strafverfolgungsorgane ist die Entstehung der Beschuldigtenstellung verbunden (ausf. Rn 111 ff) und damit auch die Entstehung der dem Beschuldigten zustehenden Rechte (s. Rn 120 ff).
- Zahlreiche Zwangsmaßnahmen knüpfen an den Anfangsverdacht an (s. Rn 232 ff), womit auch Eingriffe in Grundrechte ermöglicht werden.
- Die Amtsperson, die den Anfangsverdacht feststellen muss und ihn falsch bewertet, könnte strafrechtliche Sanktionen erwarten (§ 258a StGB – §§ 344, 164 StGB).
- Die Einleitung von Ermittlungen auf Grund eines Anfangsverdachts kann für den Beschuldigten auch faktische Auswirkungen in seinem sozialen Umfeld haben.

Liegt der Anfangsverdacht vor, ergibt sich daraus die Pflicht zum Einschreiten. Die in der Praxis bei spektakulären Verfahren immer beliebter werdenden **Vorermittlungen** zwecks Klärung, ob die Einleitung eines Ermittlungsverfahrens geboten ist, sind der StPO fremd und sollten auf die Fallgruppen beschränkt bleiben, in denen den Strafverfolgungsorganen die Bejahung eines Anfangsverdachts entweder aus rechtlichen oder tatsächlichen Gründen gänzlich unmöglich ist[9]. Eine Vernehmung des Beschuldigten im technischen Sinne durch Polizei, StA oder Richter (Rn 115 ff und Rn 313 ff) ist in diesem Stadium nicht zulässig. Es bleibt deshalb gegenüber dem „u.U. Verdächtigen" für Polizei und StA nur der Ausweg der – auf freiwilliger Basis erfolgenden – informatorischen Befragung (s. Rn 104, 113, 118). Es dürfen aber durch die Beibehaltung des Stadiums der Vorermittlungen keine Beschuldigtenrechte, wie zB das Aussageverweigerungsrecht oder das Verteidigerkonsultationsrecht gem. §§ 136 I 2, 137 StPO, unterlaufen werden. Ist der „Strafverdacht" konkret genug, muss deshalb zB bei der ersten „Anhörung" des Verdächtigen eine Belehrung gem. § 136 StPO erfolgen[10]. Grundrechtseingriffe sind in dieser Phase stets unzulässig, deshalb kann die StA auch keine Zwangsmittel anwenden und auch keine ermittlungsrichterliche Vernehmung gem. § 162 StPO (zB des „u.U. Verdächtigen") beantragen[11].

Ein Ermittlungsverfahren kann auch gegen **Unbekannt** geführt werden. Es ist also nicht unbedingt erforderlich, dass sich der Anfangsverdacht gegen eine bestimmte Person richtet[12].

II. Die Durchführung des Ermittlungsverfahrens

Die StA leitet das Ermittlungsverfahren und ist daher **„Herrin des Vorverfahrens"**. 312
Um entscheiden zu können, ob die öffentliche Klage zu erheben ist, hat sie den **Sachverhalt zu erforschen** (§ 160 I StPO). Dabei hat sie nicht nur die der Belastung, sondern auch die der Entlastung des Beschuldigten dienenden Umstände zu ermitteln

---

8 Näher *Eisenberg/Conen*, NJW 1998, 2241; s. auch *Bockemühl*, StraFo 2016, 60.
9 *M-G/Schmitt*, § 152 Rn 4b; KMR-*Eschelbach*, Vor § 213 R n 35; LR-*Beulke*, § 152 Rn 33; *Böse*, ZStW 119 (2007), 848; *Jahn*, in: Institut für Kriminalw., S. 545; *Pfordte*, StraFo 2016, 53; *Rieß*, Otto-FS, S. 955, 964; *Senge*, Hamm-FS, S. 701; *Weßlau, E.*, Vorfeldermittlungen, 1989.
10 FG Mecklenburg-Vorpommern wistra 2003, 473.
11 *Wölfl*, JuS 2001, 478; aA LG Offenburg NStZ 1993, 506.
12 LG Baden-Baden NStZ-RR 2000, 52; *M-G/Schmitt*, § 152 Rn 5.

sowie für die Erhebung der Beweise Sorge zu tragen, deren Verlust zu besorgen ist (§ 160 II StPO)[13].

1. Die Vernehmung des Beschuldigten, § 163a StPO

313 Der **Beschuldigte** ist als Ausdruck seines Rechts auf rechtliches Gehör (s. Rn 30) spätestens vor dem Abschluss der Ermittlungen **zu vernehmen**, es sei denn, das Verfahren führt zur Einstellung (§ 163a I 1 StPO). In einfachen Verfahren genügt es, wenn dem Beschuldigten Gelegenheit gegeben wird, sich schriftlich zu äußern (§ 163a I 3 StPO). In jedem Fall ist der Beschuldigte so früh wie möglich über die Einleitung eines Ermittlungsverfahrens gegen ihn zu benachrichtigen[14]. Beantragt der Beschuldigte zu seiner Entlastung die Aufnahme von Beweisen, so sind sie zu erheben, wenn sie von Bedeutung sind (§ 163a II StPO). Bzgl der Notwendigkeit der Beweiserhebung steht der StA ein Beurteilungsspielraum zu.

Der **Beschuldigte** ist **verpflichtet**, auf Ladung **vor der StA zu erscheinen** (§ 163a III 1 StPO). Zu einer Einlassung zur Sache selbst ist er nicht verpflichtet, er ist vielmehr auf sein Schweigerecht hinzuweisen (vgl §§ 163a III 2, 136 I 2 StPO)[15].

Der Beschuldigte ist **nicht** verpflichtet, (mit oder ohne Ladung) **vor der Polizei** zu erscheinen, weil § 163a IV 2 StPO nicht auf den für die StA geltenden § 163a III 1 StPO verweist[16].

2. Die Vernehmung von Zeugen und Sachverständigen, §§ 161a I, 163 III 1, 73 StPO

314 **Zeugen** und Sachverständige sind **verpflichtet**, auf Ladung **vor der StA zu erscheinen und zur Sache auszusagen** bzw ihr Gutachten zu erstatten (§ 161a I StPO). Der Sachverständige wird im Ermittlungsverfahren durch den Staatsanwalt ausgewählt (§ 161a I 2 iVm § 73 StPO). Eine Erscheinungspflicht des Zeugen vor der **Polizei** ist im Jahre 2017 teilweise (bei Ermittlungspersonen der StA/im Auftrag der StA) eingeführt worden (§ 163 III 1 StPO, Einzelheiten Rn 187).

Im Fall einer Ladung im Auftrag der StA entscheidet die StA gem. § 163 IV 1 StPO, ob zB Zeugnis- oder Auskunftsverweigerungsrechte in Betracht kommen (§ 163 IV 1 Nr. 1 StPO), ob Vorkehrungen für die Anonymisierung des Zeugen getroffen werden müssen (§ 163 IV 1 Nr. 2 StPO), ob ein Zeugenbeistand zu bestellen ist (§ 163 IV 1 Nr. 3 StPO) oder im Fall des unentschuldigten Ausbleibens des Zeugen, ob Maßregeln nach §§ 51, 70 StPO zu treffen sind (§ 163 IV 1 Nr. 4 StPO; Haftentscheidungen trifft aber ausschließlich das nach § 162 StPO zuständige Gericht). Alle anderen Entscheidungen darf gem. § 163 IV 2 StPO die die Vernehmung leitende Person treffen. Gegen Entscheidungen der StA oder der Ermittlungsperson kann gerichtliche Entscheidung beim nach § 162 StPO zuständigen Gericht beantragt werden (§ 163 V 1 StPO). Die Regelungen über Zeugen aus §§ 48 ff StPO gelten nach § 163 III 2 StPO entsprechend, soweit keine

---

13 Vert. SK-*Wohlers/Deiters*, § 160 Rn 27 ff.
14 *Egon Müller*, Koch-FS, S. 191 ff.
15 Zur Vertiefung SK-StPO-*Wohlers/Albrecht*, § 163a Rn 3 ff; *Kempf*, DAV-FS, S. 592.
16 S/S/W-StPO-*Ziegler*, § 163a Rn 18.

Spezialregelungen eingreifen. Die geladene Person hat, sofern notwendig, das Recht, einen Dolmetscher zur Vernehmung hinzuzuziehen (§§ 163 VII StPO iVm 185 I, II GVG). Für die Vernehmung von Sachverständigen sind in § 163 VI StPO besondere Belehrungsvorgaben niedergelegt.

Weitere Einzelheiten zum Zeugen und zum Sachverständigen Rn 179 ff.

3. Die Durchführung sonstiger Ermittlungen

Sonstige Ermittlungen lässt der Staatsanwalt idR durch die Behörden und Beamten des **Polizeidienstes** durchführen (§ 161 I 1 Alt. 2 StPO; s.o. Rn 101 ff). Er dürfte sie zwar auch selbst vornehmen (§ 161 I 1 Alt. 1 StPO), ist dazu aber zumeist zeitlich nicht in der Lage.

315

4. Die Einschaltung des Ermittlungsrichters

Erachtet die StA die Vornahme einer **gerichtlichen Untersuchungshandlung** vor Erhebung der öffentlichen Klage für erforderlich, stellt sie den Antrag auf Vornahme der begehrten Maßnahme bei dem AG, in dessen Bezirk sie oder ihre den Antrag stellende Zweigstelle ihren Sitz hat (§ 162 I 1 StPO). Gerichtliche Vernehmungen und Augenscheinnahmen kann die StA nach pflichtgemäßem Ermessen auch bei dem Gericht beantragen, in dessen Bezirk die entsprechende Untersuchungshandlung durchzuführen ist[17] (Einzelheiten § 162 I 3 StPO). Zuständig ist der **Ermittlungsrichter** (vgl § 21e I 1 GVG).

316

Der Beschuldigte ist **verpflichtet** (ggf. auf schriftliche Ladung), vor dem **Richter** zu **erscheinen** (Einzelheiten s. §§ 133 ff StPO). Auch der **Zeuge** ist verpflichtet, zu dem zu seiner Vernehmung bestimmten Termin vor dem **Richter** zu erscheinen (s. §§ 48 ff StPO).

Die Einschaltung des Ermittlungsrichters kommt aus zwei Gründen in Betracht, nämlich zur Anordnung von Zwangsmitteln einerseits und zur Beweissicherung andererseits:

a) Zwangsmittel

Bei einer Reihe von Ermittlungshandlungen (nämlich den gravierenderen **Zwangsmitteln**) verlagert das Strafverfahrensrecht die Anordnungskompetenz vom Staatsanwalt auf einen unabhängigen Richter[18] (Einzelheiten s.o. Rn 208 ff).

Beachte: In vielen Fällen haben die StA und häufig auch ihre Ermittlungspersonen (Rn 102) jedoch wiederum eine „Eilkompetenz" bei „Gefahr im Verzug" (vgl nur § 98 I StPO).

Die Fälle der notwendigen Einschaltung des Ermittlungsrichters sind im Strafverfahrensrecht abschließend aufgelistet. Hinzu kommen noch einige wenige Spezial-

---

17 LG Nürnberg NStZ-RR 2008, 313.
18 Zum Richtervorbehalt: *Amelung, K.*, Rechtsschutz gegen strafprozessuale Grundrechtseingriffe, 1976; *Brüning, J.*, Der Richtervorbehalt im strafrechtlichen Ermittlungsverfahren, 2005; *Nelles, U.*, Kompetenzen und Ausnahmekompetenzen in der StPO, 1980.

zuweisungen an andere Spruchkörper, wie zB im Fall der Online-Durchsuchung (§§ 100b, 100e II 1 StPO) oder des „großen" Lauschangriffs (§§ 100c, 100e II 1 StPO, s.o. Rn 254e, 266). Im Übrigen verbleibt es bei der allgemeinen Zuständigkeit des Staatsanwalts gem. §§ 160, 161 StPO.

Die wichtigsten dieser Maßnahmen, deren **Anordnung** grundsätzlich (also jenseits einer zum Teil bestehenden Eilkompetenz von StA oder Ermittlungspersonen) dem Ermittlungsrichter vorbehalten bleibt, sind:

- DNA-Analyse, §§ 81e, 81f StPO,
- Beschlagnahme, §§ 94 II, 98 StPO,
- Überwachung der Telekommunikation, §§ 100a, 100e I StPO,
- „kleiner" Lauschangriff, §§ 100f I, IV, 100e I StPO,
- Durchsuchung, §§ 102 ff, 105 StPO,
- vorläufige Entziehung der Fahrerlaubnis, § 111a StPO,
- Untersuchungshaft, §§ 112 ff, 125 StPO.

Beachte: Ein Verdeckter Ermittler (s. Rn 267) darf gegen einen bestimmten Beschuldigten oder bei Betreten einer Wohnung nur mit **Zustimmung** des Gerichts eingesetzt werden, Einzelheiten s. § 110b StPO.

b)   Beweissicherung

317   Darüber hinaus kann die StA auch deshalb ein Interesse an einer möglichst frühzeitigen Einbeziehung des Ermittlungsrichters haben, weil die dort gemachten Zeugenaussagen für das Verfahren „**sicherer**" sind. Dies ist vor allem von Bedeutung, wenn der vom Richter vernommene Beschuldigte oder Zeuge später in der Hauptverhandlung ausfällt.

So können richterliche Vernehmungen des **Angeklagten** zum Zwecke der Beweisaufnahme über ein Geständnis **verlesen** werden, § 254 StPO.

Die Vernehmung eines **Zeugen, Sachverständigen** oder eines **Mitbeschuldigten** darf in bestimmten Fällen durch Verlesung der Niederschrift über seine frühere richterliche Vernehmung ersetzt werden, zB wenn dem Zeugen das Erscheinen in der Hauptverhandlung wegen großer Entfernung nicht zugemutet werden kann (§ 251 II Nr 2 StPO).

Bei einem Zeugen, der erst in der Hauptverhandlung gem. **§ 252 StPO** von seinem **Zeugnisverweigerungsrecht** Gebrauch macht, bejaht die Rspr im Falle der früheren polizeilichen oder staatsanwaltlichen Vernehmung über den Wortlaut des § 252 StPO hinaus ein Verwertungsverbot, sodass auch die früheren Vernehmungspersonen nicht als Zeugen (sog. Zeugen vom Hörensagen) vernommen werden dürfen. Im Falle einer früheren richterlichen Vernehmung soll hingegen die Vernehmung der (richterlichen) Verhörsperson über die vor ihr gemachten Aussagen zulässig sein (Einzelheiten Rn 418 ff). In der Praxis wird deshalb bei Angehörigen, die zu einer belastenden Aussage gravierenden Inhalts bereit sind, von der StA zumeist sofort der Ermittlungsrichter eingeschaltet.

c)   Prüfungskompetenz des Richters

318   Bei **Zwangsmitteln**, bei denen ein Richtervorbehalt besteht, ist der Umfang der vom Ermittlungsrichter durchgeführten Prüfung **unbegrenzt**, so zB beim Erlass eines Haftbefehls. Ihm sind daher alle für seine Entscheidung maßgeblichen, bis dato angefallenen Ermittlungsergebnisse mitzuteilen, damit er seiner Funktion als Kontrollorgan der Strafverfolgungsbehörden gerecht werden kann[19]. Unterbleibt dies, kann er die beantragte Maßnahme ablehnen[20]. Wird der Richter hingegen von der StA, die ebenso allein handeln könnte, zwecks stärkerer **Beweissicherung** eingeschaltet, so hat er über die Notwendigkeit, die Angemessenheit und die Zweckmäßigkeit der vom Staatsanwalt beantragten Maßnahme nicht zu entscheiden, da die StA auch bei Einschaltung des Ermittlungsrichters Herrin des Vorverfahrens bleibt[21]. Der Ermittlungsrichter hat **lediglich zu prüfen**, ob die beantragte Handlung nach den Umständen des Einzelfalls **gesetzlich zulässig** ist (§ 162 II StPO). Deshalb darf der Ermittlungsrichter zB die beantragte Vernehmung nicht allein deshalb ablehnen, weil die StA diese gem. §§ 161a I, 163a III StPO in gleicher Weise selbst vornehmen könnte[22]. Eine Grenze ist erreicht, wenn der Verhältnismäßigkeitsgrundsatz verletzt wird[23].

III. Der Abschluss des Ermittlungsverfahrens

Das Ermittlungsverfahren endet entweder durch Erhebung der öffentlichen Klage oder durch Einstellung. **319**

1. Die Erhebung der öffentlichen Klage

Dem Legalitätsprinzip entsprechend muss die StA im Regelfall **öffentliche Klage erheben**, wenn die Ermittlungen dazu genügenden Anlass bieten (§ 170 I StPO), dh wenn mit einer Eröffnung des Hauptverfahrens durch das Gericht zu rechnen ist. Voraussetzung ist damit das Bestehen eines **hinreichenden Tatverdachts** (§ 203 StPO; s.o. Rn 114). Die Erhebung der öffentlichen Klage erfolgt idR durch **Einreichung einer Anklageschrift** bei dem zuständigen Gericht (§ 170 I StPO).

Die Anklageschrift muss **inhaltlich bestimmten Anforderungen** genügen, damit der Beschuldigte weiß, wogegen er sich zu verteidigen hat. Gem. §§ 199 II, 200 StPO muss die Anklageschrift enthalten[24]

- den Angeschuldigten
- die Tat, die ihm zur Last gelegt wird, insbesondere Zeit und Ort ihrer Begehung
- die gesetzlichen Merkmale der Straftate(n)
- die anzuwendenden Strafvorschriften

} **Anklagesatz** (§§ 200 I 1, 243 III 1 StPO)

---

19 BGH StV 2010, 553, 554; *Schäfer*, Roxin II-FS, S. 1299.
20 BGHSt 42, 103.
21 KG JR 1965, 268.
22 LG Stuttgart NStZ-RR 2011, 279; *Geppert*, DRiZ 1992, 407; abw. LG Köln NStZ 1989, 41.
23 *Boetticher/Landau*, 50 Jahre BGH-Prax-FS, S. 559; *Brüning/Wenske*, ZIS 2008, 340.
24 **Musteranklageschriften:** *Bischoff/Janzen*, JA 2018, 57; *Brunner*, Rn 193a f; *Brunner/v. Heintschel-Heinegg*, 1. Kap. Rn 18; *Ernemann*, S. 4; *Graf*, Muster 59 ff; *Heller/Hagemeyer*, JA 2017, 535, 622, 703; *Hombrecher*, JA 2011, 57; *Klesczewski/ Schößling*, Rn 49; *Kroiß/Neurauter*, Nr 36; *Kühne*, Rn 579; *Soyka*, Rn 226 ff; *Vollmer/Heidrich*, Rn 238 f; Vordermayer/v. Heintschel-Heinegg-*Eschelbach*, 4. Teil Kap. 1 Rn 82; *Wolters/Gubitz*, Rn 181.

Neben dem Fall der Einreichung einer Anklageschrift kann die öffentliche Klage auch durch einen **Antrag auf Erlass eines Strafbefehls** erhoben werden (§ 407 I 4 StPO).

Ferner existieren noch besondere Formen der Klageerhebung, zB Antrag auf Aburteilung im beschleunigten Verfahren (§ 417 StPO), Antrag im vereinfachten Jugendstrafverfahren (§ 76 JGG)[25] und Antrag im Sicherungsverfahren bei Schuldlosigkeit des Beschuldigten gem. § 20 StGB, insbes. mit dem Ziel der Unterbringung in einem psychiatrischen Krankenhaus (§ 413 StPO).

Erwägt die StA, die öffentliche Klage zu erheben, vermerkt sie den Abschluss der Ermittlungen in den Akten (§ 169a StPO). Dieser **Abschlussvermerk** hat insbes. die Wirkung, dass spätestens jetzt auf Antrag der StA der Pflichtverteidiger zu bestellen ist (§ 141 III 3 StPO) und dass uneingeschränkte Akteneinsicht gewährt werden muss (§ 147 II StPO).

2. Die Einstellung des Verfahrens

320 Die Einstellung des Verfahrens kommt in Betracht:

a) Gem. § 170 II StPO mangels Tatverdachts

Wenn die Ermittlungen keinen genügenden Anlass zur Erhebung der öffentlichen Klage bieten, dh wenn **kein hinreichender Tatverdacht** iSd § 203 StPO gegeben ist, ist das Verfahren gem. § 170 II StPO einzustellen[26]. **§ 170 II StPO** erfasst also die **Einstellung** des Verfahrens unter Beachtung des **Legalitätsprinzips**.

Nach § 170 II StPO ist einzustellen, wenn

- der Sachverhalt keinen Straftatbestand iwS (Tatbestandsmäßigkeit, Rechtswidrigkeit, Schuld usw) erfüllt,
- sich kein hinreichender Tatverdacht gegen einen bestimmten Beschuldigten ergeben hat (weil sich die Unschuld des Beschuldigten herausgestellt hat oder weil die Tat dem Beschuldigten nicht nachgewiesen werden kann oder weil der Täter nicht ermittelt werden konnte) oder
- Verfahrenshindernisse vorliegen bzw Verfahrensvoraussetzungen fehlen (o. Rn 273 ff).

Die **Einstellung nach § 170 II StPO** hat **keinen Strafklageverbrauch** zur Folge. Da keine Rechtskraft eintritt, kann das Verfahren jederzeit – selbst bei gleicher Sach- und Rechtslage – wieder aufgenommen werden.

Die StA hat den Beschuldigten nach § 170 II 2 StPO von der Einstellung in Kenntnis zu setzen. Gem. § 171 StPO ist auch der Antragsteller (s.o. Rn 309) über die Einstellung zu informieren[27].

---

25 Diemer/Schatz/Sonnen-*Schatz*, § 76 Rn 1 ff; MüKo-StPO-*Kaspar*, § 76 JGG Rn 1 ff.
26 OLG Bremen StV 2018, 268: Die Einstellung bedarf einer nachvollziehbaren Begründung.
27 **Muster einer Einstellungsverfügung gem. § 170 II StPO:** *Ernemann*, S. 13; *Heghmanns/Herrmann*, Rn 634 ff; *Kroiß/Neurauter*, Nr 32.

b) Gem. §§ 153 ff StPO aus Opportunitätsgründen

Wird der hinreichende Tatverdacht bejaht, so ist im Regelfall die Erhebung der öffentlichen Klage zwingend geboten. Jedoch kann die StA von den ihr aus **Opportunitätsgründen** gewährten Einstellungsmöglichkeiten Gebrauch machen (s.u. Rn 333 ff).

Zur Reform des Ermittlungsverfahrens s.u. Rn 397.

IV. Rechtsschutz im Ermittlungsverfahren

1. Rechtsschutz gegen das Ermittlungsverfahren an sich

Gegen Handlungen der StA, die nur **Einleitung, Ablauf** und **Beendigung** des Ermittlungsverfahrens betreffen, hat der Beschuldigte **keine Rechtsschutzmöglichkeiten** (hM)[28]. Begründet wird dies zumeist damit, dass diese Handlungen sog. „**Prozesshandlungen**" darstellten, gegen die die StPO keinen Rechtsschutz vorsehe und die mangels Regelungscharakters auch keine Justizverwaltungsakte iSv § 23 EGGVG seien. Dies entspricht auch der Rechtslage bei den dem Endurteil vorausgehenden Entscheidungen, die gem. § 305 StPO ebenfalls nicht der Anfechtung unterliegen. Zwar kann auch die bloße Einleitung eines Ermittlungsverfahrens einen Grundrechtseingriff darstellen; Art. 19 IV GG garantiert aber nicht „sofortigen", sondern nur Rechtsschutz „innerhalb angemessener Zeit", welchen der Beschuldigte im Laufe des Verfahrens, namentlich durch Rechtsmittel gegen ein belastendes Endurteil, erlangen kann[29].

321

So sind zB der Anfechtung entzogen: die Eröffnung bzw Fortführung des Ermittlungsverfahrens[30], die Ablehnung der Bekanntgabe der Verdachtsmomente[31], die Einstellung des Ermittlungsverfahrens gem. §§ 153 ff StPO (anstatt gem. § 170 II StPO)[32] sowie die Verweigerung der staatsanwaltschaftlichen Zustimmung zu einer Verfahrenseinstellung nach §§ 153 ff StPO[33]. Auch die Auswahl des Sachverständigen durch die StA soll unanfechtbar sein[34].

Die Rechtspraxis, wonach dem Beschuldigten auch bei verzögerter Behandlung des Ermittlungsverfahrens die Hände gebunden waren[35], ist seit der gesetzlichen Einführung der **Verzögerungsrüge gem. §§ 198 III, 199 I, II GVG** zumindest teilweise überholt. Zwar stellt die Verzögerungsrüge keinen Rechtsbehelf dar, sondern lediglich eine anspruchswahrende Rügeobliegenheit des Beschuldigten. Um ihn jedoch gegenüber überlangen Ermittlungsverfahren nicht vollkommen schutzlos zu stellen, kann er – sofern er von seiner Rügeobliegenheit Gebrauch gemacht hat – eine angemessene

---

28 BVerfG NStZ 2004, 447; OLG Frankfurt/M. NStZ-RR 2005, 13; *Kissel/Mayer*, § 23 EGGVG Rn 32; *Nelles*, NK 2006, 68; krit. *Kölbel*, JR 2006, 322.
29 BVerfG NStZ 1985, 228; OLG Karlsruhe NStZ 1998, 315; abw. *Beckemper*, NStZ 1999, 221; *Eisenberg/ Conen*, NJW 1998, 2241, 2247 ff; *Heinrich*, NStZ 1996, 110.
30 OLG Jena NStZ 2005, 343.
31 BVerfG NStZ 1984, 228.
32 KG StraFo 2010, 428.
33 OLG Hamm NStZ 1985, 472.
34 OLG Schleswig StV 2000, 543 m. abl. Anm. *Wagner*; aA *Eisenberg*, Rn 1548 f.
35 OLG Hamm NStZ 1983, 38.

Entschädung der materiellen und immateriellen Schäden fordern, die ihm infolge unangemessener Dauer des Ermittlungsverfahrens entstanden sind (dazu Rn 26a).

2. Rechtsschutz gegen Zwangsmaßnahmen im Ermittlungsverfahren

322 Gegen Zwangsmaßnahmen stehen auch schon im Ermittlungsverfahren Rechtsbehelfe zur Verfügung. Allerdings gibt es keine zentrale Vorschrift in der StPO, die alle denkbaren Konstellationen abdeckt. Das führte zu einer derart unübersichtlichen Rechtslage[36], dass das BVerfG einen Verstoß gegen das aus Art. 19 IV GG resultierende Gebot einer möglichst wirksamen gerichtlichen Kontrolle strafrechtlicher Eingriffe (**effektiver Rechtsschutz**) annahm und Veränderungen anmahnte[37]. Daraufhin bemühte sich die Rspr um Transparenz und Klarstellung, sodass zwischenzeitlich tatsächlich von einer Vereinfachung des Rechtsschutzsystems gesprochen werden konnte. Im Jahre 2008 wurde jedoch für **verdeckte Ermittlungsmaßnahmen** eine Sonderregelung bzgl des Rechtsschutzes eingeführt (§ 101 VII StPO), so dass jetzt erneut Klärungsbedarf besteht (dazu Rn 327a)[38].

a) Durchführung der Zwangsmaßnahme steht bevor oder dauert noch an:

Hier ist zu unterscheiden, wer die jeweilige Maßnahme angeordnet hat:

323 **aa) Anordnung durch die StA bzw deren Ermittlungspersonen oder die Polizei.** Geht es um die **Anordnung** der Maßnahme **als solche**, die durch die StA, deren Ermittlungspersonen (s.o. Rn 102, 108) oder die Polizei entweder in eigener oder in (hilfsweiser) Eilkompetenz erfolgt ist, sieht die StPO nur in einigen Fällen ausdrücklich die Anrufung des Gerichts vor, zB in den §§ 98 II 2, 161a III 1 StPO. Seit langem ist jedoch anerkannt, dass wegen der Rechtsschutzgarantie des Art. 19 IV GG alle nicht vom Richter angeordneten Zwangsmaßnahmen einer gerichtlichen Kontrolle unterliegen müssen. Daher ist **§ 98 II 2 StPO analog** anzuwenden, soweit die StPO gegen eine Zwangsmaßnahme keine Anrufung des Gerichts vorsieht[39]. Im Vorverfahren ist für diese Entscheidung der Ermittlungsrichter zuständig. Das ist idR der Richter am Amtsgericht (§ 21e I 1 GVG; vgl Rn 316). Gegen eine Ablehnung des Antrags ist **Beschwerde** nach § 304 StPO zum LG zulässig[40] (Einzelheiten zur Beschwerde s. Rn 577 ff).

Wendet sich der Betroffene gegen die **Art und Weise der Durchführung der Maßnahme**, ist ebenfalls § 98 II 2 StPO (analog) anzuwenden, weil der Richter im Rahmen der Kontrolle der Anordnung als solcher auch die Modalitäten des Vollzugs regeln kann[41].

---

36 Zur Kritik *Bachmann, G.*, Probleme des Rechtsschutzes gegen Grundrechtseingriffe im strafrechtlichen Ermittlungsverfahren, 1993.
37 BVerfGE 96, 44 ff.
38 Zum Überblick: *Amelung*, 50 Jahre BGH-Wiss-FG, S. 911; *Burghardt*, JuS 2010, 605; *Engländer*, Jura 2010, 414; SK-StPO-*Wohlers/Deiters*, § 160 Rn 53 ff.
39 OLG Oldenburg NStZ 1990, 504; OLG Braunschweig NStZ 1991, 551; *Fezer*, Rieß-FS, S. 93.
40 Vgl *M-G/Schmitt*, § 98 Rn 31; *Hellmann*, Rn 213.
41 BGHSt 28, 206, 209; OLG Karlsruhe NStZ 1995, 48.

bb) Anordnung durch den Richter. Gegen Anordnungen des Richters als solche, **324**
die im Vorverfahren der Ermittlungsrichter erlässt, ist grundsätzlich die Beschwerde
gem. § 304 StPO statthaft. Das gilt auch, wenn die richterlichen Anordnungen Vorgaben zum Vollzug des Zwangsmittels enthalten.

Wendet sich der Betroffene **gegen die Art und Weise der Durchführung** der vom
Richter angeordneten und von der StA (bzw der Polizei) vollzogenen Maßnahme,
stand ihm nach der früher hA der Rechtsweg gem. §§ 23 ff EGGVG zum OLG offen.
Nach richtiger Ansicht erscheint auch hier die analoge Anwendung des § 98 II 2 StPO
sachgerecht[42]. Die Begründung ergibt sich aus den grundsätzlichen Erwägungen gegen eine Rechtswegspaltung[43].

b) Zwangsmaßnahme ist erledigt

In vielen Fällen wird die Zwangsmaßnahme sofort nach ihrer Anordnung durchge- **325**
führt, sodass dem Betroffenen die vorherige Anrufung des Richters nicht möglich ist.
Von besonderer Bedeutung ist daher für den Betroffenen, ob er nachträglich die
Rechtmäßigkeit der Maßnahme vom Richter überprüfen lassen kann. Dabei ist wieder
zu unterscheiden, wer die Maßnahme angeordnet hat:

aa) Anordnung durch die StA, deren Ermittlungspersonen oder die Polizei. Da **325a**
StA und Polizei zur „öffentlichen Gewalt" iSv Art. 19 IV GG zählen, ist gegen deren
Anordnungen auch nach Erledigung Rechtsschutz zu gewähren.

Wendet sich der Betroffene gegen die **Anordnung als solche**, gilt § 98 II 2 StPO
analog[44].

Aber auch wenn er gegen die **Art und Weise der Durchführung** vorgehen will, ist
§ 98 II 2 StPO (analog) anzuwenden[45].

bb) Anordnung durch den Richter. Gegen Anordnungen des Richters als solche **326**
ist grundsätzlich die Beschwerde gem. **§ 304 StPO** der statthafte Rechtsbehelf[46].

Demgegenüber sollte nach früher hM dem von der Maßnahme Betroffenen jeglicher Rechtsschutz gegen die richterliche Anordnung als solche versagt sein, wenn sich diese erledigt hatte,
weil die Maßnahme „prozessual überholt" war. Dies wurde aus der Systematik der StPO gefolgert, der die (nachträgliche) Feststellung der Rechtswidrigkeit einer bereits erledigten Maßnahme
fremd sei. Die Regelungen in § 113 I 4 VwGO und § 28 I 4 EGGVG enthielten keinen allgemeinen Rechtsgedanken[47]. Der Ausschluss der Beschwerde gegen erledigte Anordnungen von
Zwangsmaßnahmen stehe nicht in Widerspruch zum GG, da Art. 19 IV GG keinen Rechtsschutz
gegen Rechtsprechungsakte garantiere[48]. Diese Lösung berücksichtigt jedoch nicht in ausreichendem Maße das Rehabilitationsinteresse des Beschuldigten.

---

42 BVerfG NJW 2002, 1410.
43 Dazu *Laser*, NStZ 2001, 124.
44 Ständige Rspr seit BGHSt 28, 57, 58.
45 BGHSt 44, 265, 270 mit Anm. *Eisele*, StV 1999, 298; OLG Karlsruhe BeckRS 2013, 07756;
   M-G/Schmitt, § 98 Rn 23; *Murmann/Grassmann*, S. 10; *Radtke*, JR 1999, 436.
46 BVerfGE 96, 27, 41 m. Anm. *Amelung*, JR 1997, 384 u. *Fezer*, JZ 1997, 1062; BVerfG NJW 1998, 2131;
   Achenbach, JuS 2000, 27; *Roxin*, StV 1997, 654.
47 BGHSt 28, 57, 58; 37, 79, 84.
48 BVerfGE 49, 329, 340.

Wendet sich der Betroffene **gegen die Art und Weise der Durchführung** der vom Richter angeordneten und von der StA (bzw der Polizei) zu vollziehenden bzw vollzogenen Maßnahme, ist **§ 98 II 2 StPO (analog)** heranzuziehen[49].

In Anbetracht der engen Verzahnung von „Ob" und „Wie" einer Maßnahme darf allerdings die Bedeutung der Kontrolle der Vollzugsmodalitäten durch den anordnenden Richter nicht überschätzt werden, da es häufig gerade er war, der bereits mit der Anordnung ein (möglicherweise fehlerhaftes) Vollzugsprogramm vorgegeben hat. Dies spricht dafür, gegen die gerichtliche Entscheidung nach § 98 II 2 StPO analog die Beschwerde zum LG nach § 304 StPO zuzulassen[50]. Auf diese Weise wird letztlich die gesamte Überprüfungszuständigkeit der Zwangsmaßnahme beim LG konzentriert.

327 **cc) Rechtsschutzinteresse.** Da nachträglicher Rechtsschutz nach Erledigung der Maßnahme nicht mehr in der Aufhebung der beanstandeten Maßnahme, sondern nur noch in der Feststellung ihrer Rechtswidrigkeit bestehen kann, ist der Feststellungsantrag nur zulässig, wenn der Betroffene ein **besonderes Rechtsschutzinteresse** an der nachträglichen Feststellung der Rechtswidrigkeit hat. Dieses Grunderfordernis für nachträglichen Rechtsschutz ergibt sich aus dem allgemeinen Rechtsgedanken des § 28 I 4 EGGVG, der nach hM auch bei der Anwendung des § 304 bzw § 98 II 2 (analog) StPO zum Tragen kommt[51]. Allein die schlüssige Behauptung irgendeiner Grundrechtsverletzung reicht dafür nicht aus[52]. Dies gilt gleichermaßen für richterlich angeordnete Maßnahmen, gegen die das BVerfG – wie gesehen – auch nach Erledigung einen nachträglichen Rechtsschutz für möglich hält[53] (s.o. Rn 326). Erfasst werden sollen alle Zwangseingriffe, bei denen die direkte Belastung durch den angegriffenen Hoheitsakt typischerweise beendet ist, bevor eine gerichtliche Entscheidung durch die zuständige Instanz erlangt werden kann[54].

Auf der Basis der jüngeren Rspr sind folgende Fallgruppen zu merken:
- Bei **tiefgreifenden Grundrechtseingriffen** ist das Rechtsschutzinteresse immer dann gegeben, wenn die direkte Belastung der erledigten Ermittlungsmaßnahme nach dem typischen Verfahrensablauf auf eine Zeitspanne beschränkt ist, in welcher der Betroffene eine gerichtliche Entscheidung in der Regel nicht erlangen kann. Davon ist zB bei Eingriffen in die körperliche Unversehrtheit[55] und bei Anordnung einer Durchsuchung von Wohn- und Geschäftsräumen auszugehen[56], insbes. auch dann, wenn Medienunternehmen betroffen sind, sodass ein Eingriff in Art. 5 I 2 GG hinzukommt[57], nicht jedoch bei einer Beschlagnahme[58]. Wann im Übrigen ein Grundrechtseingriff in diesem Sinn als „tiefgreifend" eingestuft werden kann, ist nach wie vor unklar und wurde vom BVerfG bis heute noch nicht endgültig geklärt. Zunächst hatte es vorrangig darauf abgestellt, ob das GG die Anordnung vorbeugend dem Richter vorbe-

---

49 BGHSt 45, 183, 186 m. zust. Anm. *Amelung*, JR 2000, 479; BGH NJW 2000, 84; *Bachmann*, NJW 1999, 2415; *Eisele*, StV 1999, 298; *Fezer*, NStZ 1999, 151; guter Beispielsfall bei *Hellmann*, Fallsammlung, Klausur Nr 3 Rn 265 ff; **Musterantrag** bei *Lemke-Küch*, Rn 113.
50 So auch *Amelung*, JR 2000, 481; *Eisele*, StV 1999, 298, 300; offen gelassen von BGHSt 45, 183, 186.
51 Vgl BGHSt 28, 57, 58; abw. *Burghardt*, StV 2010, 605, 606; SK-StPO-*Frisch*, § 304 Rn 55; *Roxin/Schünemann*, § 29 Rn 21 ff.
52 BGHSt 37, 79, 83; abw. AK-*Maiwald*, § 100b Rn 10.
53 BVerfGE 96, 27.
54 Dazu SK-StPO-*Wohlers/Deiters*, § 160 Rn 69 f, 81 ff; *Bachmann*, NJW 1999, 2415.
55 BVerfG NJW 2007, 1117; OLG Celle StV 2012, 524.
56 BVerfGE 96, 27; BVerfG wistra 2008, 463.
57 BVerfG NJW 1998, 2131; 2007, 1117 (Fall *Cicero*).
58 OLG Frankfurt/M NStZ-RR 2003, 175; vgl aber auch AG Bremen StV 2012, 14.

halten habe. Danach wären daneben noch die Freiheitsentziehung (Art. 104 II, III GG)[59] sowie der „große Lauschangriff" (Art. 13 III GG) erfasst. Dies stellt aber keine sinnvolle Umgrenzung dar. Inzwischen wird mehr auf das konkrete Ausmaß der mit dem Grundrechtseingriff verbundenen Belastungen abgestellt[60]. Dazu gehört unstreitig jede auf Willkür beruhende Entscheidung wie zB eine willkürliche Umgehung des Richtervorbehalts bei der Blutentnahme nach § 81a StPO (s.o. Rn 241)[61].

– **Wiederholungsgefahr** kommt in Betracht, wenn sie substantiiert vorgetragen wird; vage Befürchtungen reichen nicht aus[62].

– Ein **Rehabilitierungsinteresse** wegen fortdauernder Diskriminierung wird von der Rspr zutreffend für den Beschuldigten regelmäßig verneint (es sei denn, es handelt sich um einen tiefgreifenden Grundrechtseingriff, s.o.), weil dieses Interesse auch im weiteren Verlauf des Verfahrens durch Einstellung, Nichteröffnung des Hauptverfahrens oder Freispruch befriedigt werden kann[63]. Anderes gilt grundsätzlich für den Nichtbeschuldigten, der keine anderweitige Rehabilitationsmöglichkeit hat.

– Die Absicht, in einem späteren Verfahren **Amtshaftungsansprüche** geltend zu machen, genügt idR nicht[64] (str.).

Diese Fallgruppen entsprechen denjenigen, die im Verwaltungsprozessrecht für das bei Fortsetzungsfeststellungsklagen gem. § 113 I 4 VwGO zu verlangende Feststellungsinteresse herausgearbeitet wurden[65]. Das BVerfG hat in neuerer Zeit angedeutet, dass das Rechtsschutzinteresse unter Verwirkungsgesichtspunkten entfallen könne, wenn die erheblich verspätete Geltendmachung des nachträglichen Rechtsschutzes (Zeitmoment) und das nicht nachvollziehbare Untätigbleiben (Umstandsmoment) gegen **Treu und Glauben** verstoßen[66].

c) Sonderregelung des § 101 VII StPO bei verdeckten Ermittlungsmaßnahmen

Im Sonderfall der verdeckten Ermittlungsmaßnahmen (zB Telefonüberwachung, Online-Durchsuchung, Lauschangriff, Einsatz eines Verdeckten Ermittlers; abschließende Auflistung in § 101 I StPO) gibt es für die Betroffenen (Einzelheiten zum Personenkreis s. § 101 IV 1 StPO) eine abschließende Spezialregelung zur nachträglichen Überprüfung der Rechtmäßigkeit der Maßnahmen in § 101 VII 2 StPO. Die Norm entwickelt nach hA eine **Sperrwirkung gegenüber den allgemeinen Rechtsbehelfen** nach § 98 II 2 StPO analog und § 304 StPO (s. Rn 322–327) – unabhängig davon, ob sich das Rechtsschutzbegehren gegen die Anordnung als solche oder gegen die Art und Weise des Vollzugs der Maßnahme richtet[67]. Im Unterschied zur allgemeinen Regelung muss hier trotz der bereits eingetretenen Erledigung der Maßnahme seitens des Betroffenen **kein spezielles Rechtsschutzinteresse** (s. Rn 327) **nachgewiesen** werden, vielmehr wird ein solches vom Gesetzgeber unwiderlegbar vermutet, weil die in § 101 I StPO genannten verdeckten Ermittlungsmethoden üblicherweise mit tiefen Grundrechtseingriffen einhergehen. Im Gegenzug besteht eine **Ausschlussfrist von zwei Wochen** zur Geltendmachung des Rechtsschutzbegehrens. Diese Frist beginnt mit der Benachrichtigung durch die Strafverfolgungsbehörden über die verdeckte Ermittlung, § 101 IV, VII 2 StPO (dazu o. Rn 232). Unterbleibt die Benachrichtigung,

327a

---

59 Vgl BGHSt 44, 171; s. aber auch OLG Hamm NJW 1999, 229.
60 *Fezer*, JR 1997, 1064; s.a. *Burhoff*, Ermittlungsverfahren, Rn 1438 ff.
61 BVerfG JR 2007, 516; OLG Celle StV 1997, 625.
62 BGHSt 36, 30, 32; 37, 79, 82.
63 BGHSt 37, 79, 83.
64 KG NStZ 1997, 563.
65 Siehe nur *Kopp/Schenke*, VwGO, § 113 Rn 136 ff.
66 BVerfG NStZ 2009, 166.
67 BGHSt 53, 1; *Eisenberg*, Rn 2552; *Engländer*, Jura 2010, 414, 417; aA *Löffelmann*, StV 2009, 379; *Burghardt*, HRRS 2009, 567; *ders.*, JuS 2010, 605, 608.

wird die Frist nicht in Gang gesetzt (Einzelheiten zur Benachrichtigung vgl § 101 IV 3–5, V, VI StPO).

Zuständig für die Entscheidung über einen Antrag gem. **§ 101 VII 2 StPO ist vor Erhebung der öffentlichen Klage** sowie danach, wenn keine Benachrichtigung des Betroffenen stattgefunden hat, **das für die Anordnung der verdeckten Ermittlungsmaßnahme** ursprünglich **zuständige Gericht**; bei Maßnahmen ohne Richtervorbehalt (zB § 100h StPO) das Gericht am Sitz der zuständigen StA, § 101 VII 1 StPO. In der Regel wird also der **Ermittlungsrichter beim Amtsgericht** (§ 162 I StPO) mit dem Antrag zu befassen sein. Lediglich im Fall der Online-Durchsuchung sowie des großen Lauschangriffs ist eine spezielle Kammer des LG gem. § 100e II 1 StPO iVm § 74a IV GVG zuständig. **Nach Erhebung der öffentlichen Klage** und erfolgter Benachrichtigung entscheidet das mit der Sache befasste, also das **erkennende Gericht**, § 101 VII 4 StPO. Ist der Antrag bereits vor Klageerhebung gestellt, aber bis dahin noch nicht entschieden worden, tritt ein Zuständigkeitswechsel zum erkennenden Gericht ein[68].

Gegen die gerichtliche Entscheidung steht dem Betroffenen die fristgebundene (§ 311 II StPO) **sofortige Beschwerde** offen, § 101 VII 3 StPO. Diese geht in der Regel zum **LG**, im Fall der Online-Durchsuchung (§ 100b StPO) sowie des großen Lauschangriffs (§ 100c StPO) und bei Entscheidung des LG als erkennendem Gericht (§ 101 VII 4 StPO) zum **OLG** (Einzelheiten zur Beschwerde u. Rn 577 ff). Hierbei ist für den Fall, dass auch nach Klageerhebung das erkennende Gericht über den Antrag entschieden hat (§ 101 VII 4 StPO), die sofortige Beschwerde sogar neben Rechtsmitteln gegen das Urteil des gleichen Gerichts in der Hauptsache statthaft[69].

Bzgl. des **Anwendungsbereichs** von § 101 VII 2 StPO ist noch nicht höchstrichterlich geklärt, ob die Norm auch in den Fällen greifen soll, in denen der Betroffene noch während der Durchführung der verdeckten Ermittlungsmaßnahme davon Kenntnis erlangt und Rechtsschutz begehrt. Fraglich ist also, ob § 101 VII StPO die Beendigung der angegriffenen Maßnahme voraussetzt. Die Formulierung in § 101 VII 2 StPO („*auch* nach Beendigung") könnte insoweit für die Einschlägigkeit dieser Norm auch **vor Erledigung der Maßnahme** sprechen[70]. Ein eindeutigeres Wortlautargument lässt sich jedoch aus § 101 IV 2 StPO ableiten, in dem diese Überprüfungsmöglichkeit ausdrücklich als „*nachträglicher* Rechtsschutz nach Abs. 7" bezeichnet wird. Gegen eine Einbeziehung noch nicht erledigter Maßnahmen in den Anwendungsbereich von § 101 VII 2 StPO sprechen zudem Historie und Systematik der Norm: Sie enthält mit Ausschlussfrist und unwiderlegbar vermutetem Rechtsschutzbedürfnis dem ausdrücklichen Willen des Gesetzgebers zufolge[71] spezielle Regelungen für nachträglichen Rechtsschutz, auf den sie deshalb sinnvoller Weise zu begrenzen ist. Bei **noch andauernden** verdeckten Ermittlungsmaßnahmen muss somit auf die **allgemeinen Rechtsschutzregeln** zurückgegriffen werden[72] (s.o. Rn 322 ff).

327b

> Vereinfachend sollte sich der Student für die Falllösung folgende **Faustregel** merken:
> – Alle **Anordnungen des Ermittlungsrichters** werden mit der **Beschwerde** gem. **§ 304 StPO** angefochten.
> – Bei allen **Entscheidungen und Verhaltensweisen der StA** sowie der **Ermittlungspersonen** der StA (Rn 102) und der **Polizei** kann gem. **§ 98 II 2 StPO** direkt oder analog der

---

68 BGHSt 53, 1, 4 f; aA HK-*Gercke*, § 101 Rn 18; SK-*Wolter*, § 101 Rn 43.
69 BGHSt 54, 30; OLG Celle NStZ 2013, 60; *M-G/Schmitt*, § 101 Rn 25c; aA SK-StPO-*Wolter*, § 101 Rn 42.
70 HK-*Gercke*, § 101 Rn 16; *M-G/Schmitt*, § 101 Rn 25; *Böse*, Amelung-FS, S. 565, 576 Fn 54.
71 BT-Drs. 16/5846, S. 62.
72 KK-*Bruns*, § 101 Rn 34; *Engländer*, Rn 179; *Glaser*, Der Rechtsschutz nach § 98 II 2 StPO, 2008, S. 52 f; *Singelnstein*, NStZ 2009, 481.

Ermittlungsrichter angerufen werden. Gegen dessen Entscheidung ist dann **Beschwerde** gem. § 304 StPO zulässig.
– Bei **verdeckten Ermittlungsmaßnahmen** gem. § 101 I StPO, die sich **bereits erledigt** haben, gibt es nach der **Sonderregelung des § 101 VII 2 StPO** ein Recht zur Anrufung des Gerichts (vor Klageerhebung ist dies im Regelfall der **Ermittlungsrichter**) und gegen dessen Entscheidung das Recht der **sofortigen Beschwerde**.

Eine detaillierte graphische Darstellung des Rechtsschutzsystems im Ermittlungsverfahren ergibt sich aus **Übersicht 4** (S. 240). **327c**

3. Rechtsschutz gegen sonstige Maßnahmen

Im Ermittlungsverfahren gibt es noch eine Reihe weiterer Maßnahmen, die zwar nicht als „klassische" Zwangsmaßnahmen bezeichnet werden können, die aber anders als die Prozesshandlungen eine abschließende Regelung treffen. Soweit diese Maßnahmen Justizverwaltungsakte iSv § 23 EGGVG darstellen, können sie entsprechend angegriffen werden. **328**

Im Einzelnen gilt Folgendes:

a) Presseerklärungen der StA

Nach Ansicht des BGH und des BVerwG ist hiergegen der Verwaltungsrechtsweg gegeben, da die StA bei der Abgabe von Presseerklärungen nicht „spezifisch" auf dem Gebiet der Strafrechtspflege tätig werde[73]. Richtigerweise ist jedoch der Rechtsweg gem. §§ 23 ff EGGVG zum OLG als dem sachnäheren Gericht gegeben[74].

b) Erkennungsdienstliche Maßnahmen gem. § 81b StPO

§ 81b Alt. 2 StPO („für Zwecke des Erkennungsdienstes") stellt einen Fremdkörper in der StPO dar. Materiell handelt es sich um Polizeirecht (s.o. Rn 243). Gegen entsprechende Maßnahmen kann daher nur auf dem Verwaltungsrechtsweg, § 40 VwGO, vorgegangen werden[75] (str.). Erfolgt die Maßnahme gem. § 81b Alt. 1 StPO für die Zwecke der Durchführung des (konkreten) Strafverfahrens, gilt hingegen § 98 II 2 StPO analog[76] (str.).

c) Sperrerklärung nach § 96 StPO

Eine Sperrerklärung wird teilweise als Maßnahme einer Justizbehörde auf dem Gebiet der Strafrechtspflege angesehen, die somit vom Beschuldigten gem. § 23 EGGVG angegriffen werden könne[77]. Nach richtiger Ansicht ist hingegen der Verwaltungsrechtsweg gegeben, weil die Sperrerklärung kein „spezifischer" Akt der Strafrechtspflege ist und präventive Zwecke im Vordergrund stehen[78]. **329**

---

73 BGH StV 2018, 208; BVerwG NStZ 1988, 513; *Lehr*, NJW 2013, 728, 733.
74 OLG Stuttgart NJW 2001, 3797; OLG Hamm NStZ 2017, 663; *Roxin/Schünemann*, § 18 Rn 23; vert. zur Zulässigkeit solcher Presseerklärungen: *Conrad/Brost*, StraFo 2018, 45; *Gounalakis*, NJW 2012, 1473; *Müller*, GA 2016, 702; *Raschke*, ZJS 2011, 38; *Rodenbeck*, StV 2018, 255; *Schnoor/Giesen/Addicks*, NStZ 2016, 256; *Weigend*, in: 30. Strafverteidigertag, S. 311; *Zabel*, GA 2011, 347.
75 BVerwG StV 2012, 7; OLG Celle wistra 2012, 363; *Waszczynski*, JA 2013, 60.
76 OLG Koblenz StV 2002, 127; *Krach*, JR 2003, 140.
77 OLG Celle NStZ 1991, 145; VG München NStZ 1992, 452; *Fezer*, 7 Rn 15.
78 BGHSt 44, 107, 116; BVerwGE 69, 192, 196 f; 75, 1; KK-*Greven*, § 96 Rn 34; *Geppert*, Jura 1992, 241; diff. *M-G/Schmitt*, § 96 Rn 14.

Übersicht 4: Rechtsschutzsystem im Ermittlungsverfahren

Rechtsschutz gegen

- Zwangsmaßnahmen
- Ermittlungsverfahren als solches

Zwangsmaßnahmen

- nach Erledigung
- vor Erledigung

nach Erledigung:

Spezialfall: Verdeckte Ermittlungsmaßnahmen, § 101 I StPO → zweiwöchige Ausschlussfrist → § 101 VII StPO → Rechtsschutzinteresse wird unterstellt → **In der Regel: Ermittlungsrichter beim AG (als Anordnungsgericht), dagegen sofortige Beschwerde zum** LG

Allgemeine Zwangsmaßnahmen

- vom Richter angeordnet
  - gegen Art und Weise der Durchführung → § 98 II 2 StPO direkt oder analog → **Ermittlungsrichter beim AG, dagegen Beschwerde zum** LG
  - gegen Anordnung → § 304 StPO → LG
- von der StA angeordnet
  - gegen Art und Weise der Durchführung → § 98 II 2 StPO direkt oder analog → **Ermittlungsrichter beim AG, dagegen Beschwerde zum** LG
  - gegen Anordnung → § 98 II 2 StPO direkt oder analog

Zusätzliche Voraussetzung: Rechtsschutzinteresse

vor Erledigung:

- vom Richter angeordnet
  - gegen Art und Weise der Durchführung → § 98 II 2 StPO direkt oder analog → **Ermittlungsrichter beim AG, dagegen Beschwerde zum** LG
  - gegen Anordnung → § 304 StPO → LG
- von der StA angeordnet
  - gegen Art und Weise der Durchführung → § 98 II 2 StPO direkt oder analog → **Ermittlungsrichter beim AG, dagegen Beschwerde zum** LG
  - gegen Anordnung → § 98 II 2 StPO direkt oder analog

Ermittlungsverfahren als solches → kein Rechtsschutz

240

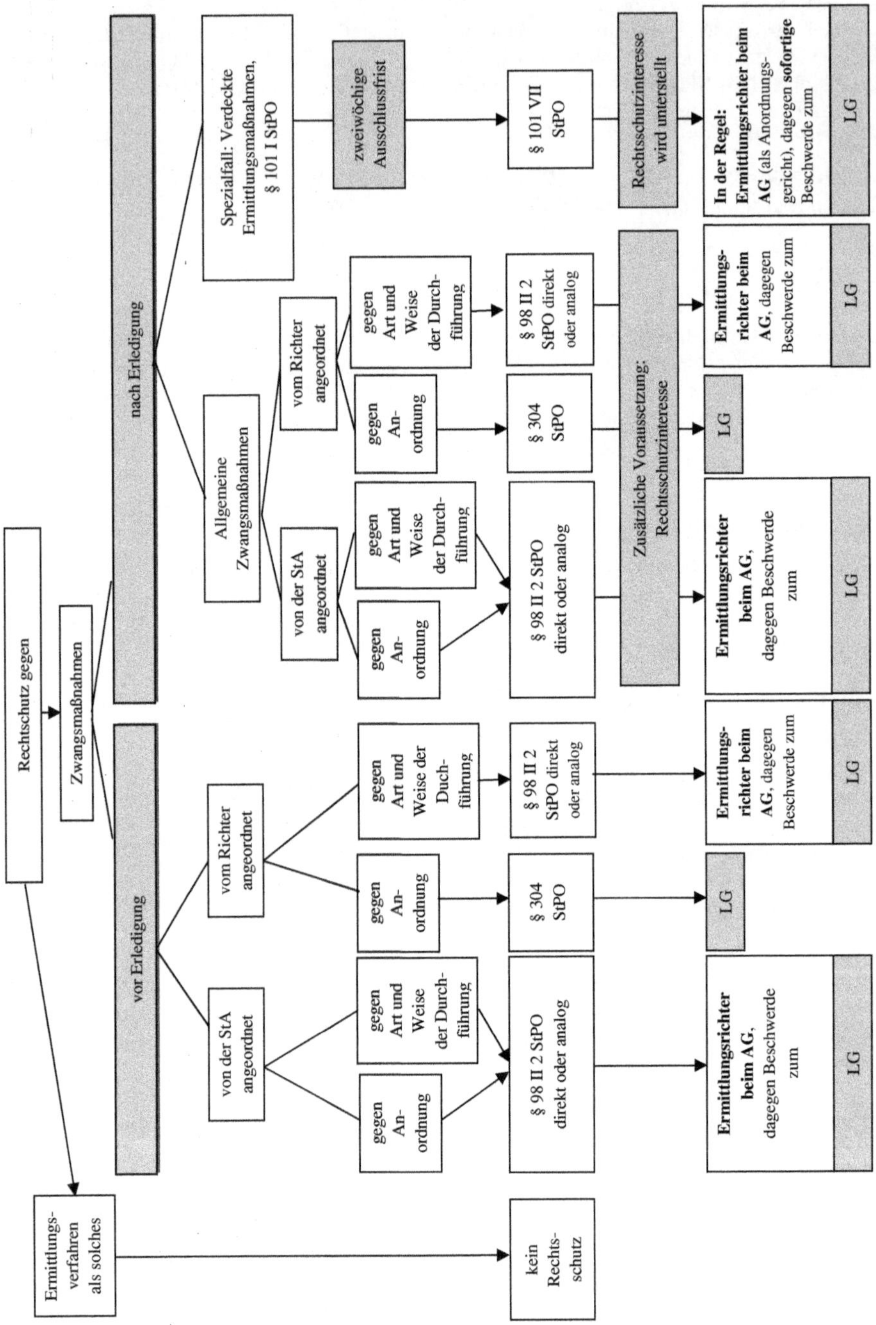

Lösung Fall 38:

330

a) Als **Herrin des Ermittlungsverfahrens** leitet nach der Konzeption der StPO im Regelfall die StA das Ermittlungsverfahren ein, und zwar entweder auf Grund einer Anzeige bzw eines Strafantrages (§ 158 StPO) oder von Amts wegen (§ 160 I StPO). In Eilfällen kann auch die Polizei (§ 163 StPO) oder der Ermittlungsrichter (§ 165 StPO) das Ermittlungsverfahren initiieren. In der Praxis wird das Ermittlungsverfahren idR von der Polizei in Gang gesetzt, die erst nach Abschluss der polizeilichen Ermittlungen die Sache an die StA weitergibt.

b) Das Ermittlungsverfahren **endet** durch Erhebung der öffentlichen Klage (idR gem. § 170 I StPO oder nach § 407 I StPO) oder durch Einstellung mangels hinreichenden Tatverdachts gem. § 170 II StPO bzw aus Opportunitätsgründen gem. §§ 153 ff StPO, 31a, 37 BtMG, 45 JGG.

Einzelheiten s. Rn 309 ff, 319 ff.

Lösung Fall 39: Wenn die StA die Vornahme einer **gerichtlichen Ermittlungshandlung** beantragt (§ 162 I 1 StPO), darf der Ermittlungsrichter, sofern die StA ebenso hätte allein handeln können, nur die **rechtliche Zulässigkeit, nicht hingegen die Zweckmäßigkeit** dieser Maßnahme prüfen, § 162 II StPO. Hier hätte die Vernehmung statt vom Gericht auch vom Staatsanwalt vorgenommen werden können. Bei beiden besteht eine Pflicht zu erscheinen und auszusagen (§§ 48, 51 StPO einerseits und § 161a StPO andererseits). Zwar ist hier von der Einschaltung des Richters kein zusätzlicher Erkenntniswert zu erwarten, die richterliche Vernehmung wird dadurch jedoch nicht unzulässig. Sachfremde Erwägungen und Ermessensfehler dürfen nämlich nicht geprüft werden. Da im vorliegenden Fall die Einschaltung des Ermittlungsrichters auch nicht offensichtlich unverhältnismäßig ist, durfte der Ermittlungsrichter die Vernehmung des B nicht ablehnen. Einzelheiten s. Rn 318.

331

Lösung Fall 40: Bei der Wohnungsdurchsuchung handelt es sich um eine **Zwangsmaßnahme** iSv § 102 StPO. Die Anordnungskompetenz liegt beim Richter, bei Gefahr im Verzug auch bei der StA und ihren Ermittlungspersonen (§ 105 I StPO). Hier ist die Maßnahme bereits durchgeführt, also Erledigung eingetreten.

332

Sofern der **Richter** eine Zwangsmaßnahme angeordnet hat, gab es gegen die Anordnung als solche nach früher hM **keinen Rechtsschutz**, weil die Maßnahme prozessual überholt sei. Nach neuerer Rspr besteht nunmehr – wie vor der Erledigung – die Möglichkeit der Beschwerde gem. § 304 StPO. Sofern die **StA** oder deren **Ermittlungspersonen** die Durchsuchung angeordnet haben, gilt **§ 98 II 2 StPO analog**, dh A kann jederzeit die gerichtliche Entscheidung beantragen.

In beiden Varianten (Anordnung durch Richter/StA) ist aber zu beachten, dass bei bereits durchgeführten Maßnahmen, bei denen es begriffsnotwendig nur noch um die **Feststellung** ihrer Rechtswidrigkeit gehen kann, ein **besonderes Rechtsschutzinteresse** erforderlich ist. Im Falle „tiefgreifender" Grundrechtseingriffe, wie dem der Durchsuchung einer Wohnung (Art. 13 GG), wird ein besonderes Rechtsschutzinteresse bejaht, wenn sich die Belastung auf eine Zeitspanne beschränkt, in der eine gerichtliche Entscheidung nicht zu erlangen ist.

Einzelheiten s. Rn 321 ff.

§ 16 Die Einstellung des Verfahrens aus Opportunitätsgründen

Fall 41:

a) Der unbescholtene Rentner A, dem Mitte des Monats keine Geldmittel mehr zur Verfügung stehen, entwendet im Supermarkt eine Packung Suppenwürfel (§ 242 StGB, Strafantrag nach § 248a StGB wird gestellt). A bittet die StA um Einstellung des Strafverfahrens. Wer wird darüber wie entscheiden?

b) Erst in der Hauptverhandlung stellt das Gericht das Verfahren aus Opportunitätsgründen ein, wobei es weder Auflagen noch Weisungen festsetzt. Später stellt sich heraus, dass A vorbestraft war und er außerdem bei der Tat eine Pistole mit sich führte. Kann die StA das Verfahren neu aufrollen? **Rn 343**

I. Allgemeines

333 Die der StA und dem Gericht eingeräumten Einstellungsmöglichkeiten lassen sich nach unterschiedlichen Kriterien systematisieren. Grundlegend ist vor allem die Differenzierung zwischen der Einstellung unter Beachtung des **Legalitätsprinzips** (§ 170 II StPO) und der nach **Opportunitätsgrundsätzen** (ua §§ 153 ff StPO, 31a, 37 BtMG, 45, 47 JGG). Bei Letzterer sind wiederum die Einstellungen **ohne belastende Maßnahmen** (insbes. §§ 153, 154 ff StPO, 45 I, 47 I Nr 1 JGG) von solchen zu unterscheiden, die **mit belastenden Rechtsfolgen** verknüpft sind (insbes. §§ 153a StPO, 45 III JGG). Ferner kann man nach dem Grund für die Berücksichtigung von Opportunitätsgesichtspunkten unterteilen, wie dem der Geringfügigkeit der Straftat bzw dem der mangelnden Schwere (§§ 153, 153a StPO), des Übergewichts anderer Straftaten (§§ 154, 154a StPO) oder wegen sonstiger Besonderheiten der Tat, die das staatliche Interesse an der Strafverfolgung zurücktreten lassen (zB §§ 153c, 154b, 154c StPO)[1].

II. Einstellung nach § 153 StPO: geringe Schuld und kein öffentliches Interesse

1. Einstellung durch die StA, § 153 I StPO

334 Gem. § 153 I StPO kann die **StA** ein Verfahren, das ein **Vergehen** zum Gegenstand hat, einstellen, wenn die **Schuld** des Täters als **gering** anzusehen wäre **und kein öffentliches Interesse** an der Verfolgung besteht.

---

1 Vert. LR-*Beulke*, § 152 Rn 39; *Beulke*, v. Heintschel-Heinegg-FS, S. 33; *Brüning*, Ostendorf-FS, S. 123; *Duttge*, Beulke-FS, S. 689; *Deiters*, Legalitätsprinzip und Normgeltung, 2006; *Döhring, S.*, Ist das Strafverfahren vom Legalitätsprinzip beherrscht?, 1999; *Erb, V.*, Legalität und Opportunität, 1999; *Hein*, JuS 2013, 899; *Knauer*, ZStW 120 (2008), 826; *Kudlich*, ZRP 2015, 10; *Nestler*, JA 2012, 88; Widmaier/*Schlothauer*, § 3 Rn 135 ff; *Trüg, G.*, Lösungskonvergenzen trotz Systemdivergenzen im deutschen und US-amerikanischen Strafverfahren, 2003; *Weigend*, ZStW 109 (1997), 103; SK-StPO-*Weßlau*, Vor §§ 151 ff Rn 7 ff; zur praktischen Bedeutung: *Heinz*, Das strafrechtliche Sanktionensystem und die Sanktionierungspraxis in Deutschland 1882–2012, Version 1/2014; Internetveröffentlichung, http://www.ki.uni-konstanz.de/kis.

a) Es muss sich um ein **Vergehen** handeln (§ 12 II StGB: Mindestmaß der Freiheitsstrafe unter einem Jahr oder Geldstrafe).

b) Die **Schuld** des Täters **wäre** als **gering** anzusehen.

Die Betonung liegt auf dem Wort „wäre". Damit kommt zum Ausdruck, dass die Schuld nicht nachgewiesen werden muss, sondern die Strafverfolgungsbehörden berechtigt sind, weitere Recherchen zu unterlassen. Hinsichtlich des Verdachtsgrades muss deswegen die bloße Wahrscheinlichkeit der Verurteilung – auf der Basis des bisherigen Ermittlungsstandes – ausreichen (so auch die hM[2]). Wenn der bisherige Verlauf des Ermittlungsverfahrens den Anfangsverdacht **widerlegt** hat, darf nicht nach § 153 I StPO, vielmehr muss nach § 170 II StPO eingestellt werden.

Die zu unterstellende Schuld ist **gering**, wenn sie bei einem Vergleich mit Vergehen **gleicher Art** deutlich unter dem Durchschnitt liegt. Zur Bestimmung des Maßes der Schuld sind die Kriterien des § 46 II 2 StGB zu berücksichtigen[3].

c) Das **öffentliche Verfolgungsinteresse** muss (von Anfang an) fehlen. Hierbei ist weitestgehend auf die **Strafzwecke** abzustellen[4]. Die StA muss sich also fragen, ob entweder aus spezial- oder aus generalpräventiven Gründen oder aber zum Schuldausgleich eine Fortsetzung des Verfahrens notwendig erscheint. Hierbei ist der StA ein relativ weiter Beurteilungsspielraum eingeräumt.

Hinweis: Da die unbestimmten Rechtsbegriffe „geringe Schuld" und „öffentliches Interesse" bereits eine wertende Tätigkeit erfordern, steht der StA – entgegen dem Wortlaut („kann") – kein darüber hinausgehendes Entscheidungsermessen zu, dh sie **muss** einstellen, wenn sie diese Merkmale bejaht[5].

d) Die Entscheidung kann gem. § 153 I 1 StPO grundsätzlich nur mit **Zustimmung des Gerichts** ergehen. § 153 I 2 StPO macht hiervon jedoch eine wichtige Ausnahme für Vergehen, die nicht mit einer im Mindestmaß erhöhten Strafe bedroht sind und bei denen die durch die Tat verursachten Folgen gering sind.

Unter einer im Mindestmaß erhöhten Strafe versteht man eine Strafe, die zwingend höher ist als die in §§ 38, 40 StGB vorgesehene Mindeststrafe (Freiheitsstrafe: ein Monat; Geldstrafe: fünf Tagessätze), so zB beim Wohnungseinbruchdiebstahl in eine dauerhaft genutzte Privatwohnung, § 244 I Nr 3, IV StGB.

Von geringen Tatfolgen spricht man in Fällen, die sich nach einem Geldwert berechnen lassen, im Schadensbereich bis ca. 50 €[6].

e) Die **Zustimmung des Beschuldigten** ist nicht erforderlich, selbst von seiner vorherigen Anhörung kann abgesehen werden[7].

---

2 HK-*Gercke*, § 151 Rn 3; SK-*Weßlau*, § 153 Rn 16; aA *Kühne*, Rn 586, der die „Gewissheit der Verurteilung" verlangt.
3 Vert. *Hoven*, JuS 2014, 975; zum „Prominentenstrafrecht": *Jahn/Meinecke*, Schlothauer-FS, S. 129.
4 Vert. *Magnus*, GA 2012, 621; *Metzger*, Stöckel-FS, S. 287; *F.-C. Schroeder*, Amelung-FS, S. 125; *Wessels/Beulke/Satzger*, AT Rn 21 ff.
5 Siehe LR-*Beulke*, § 153 Rn 38.
6 OLG Zweibrücken NStZ 2000, 536; KK-*Schoreit*, § 153 Rn 43.
7 Krit. *Hawickhorst*, StraFo 2016, 141.

f) Die Entscheidung gem. § 153 I StPO erwächst **nicht** in **Rechtskraft**, und zwar selbst dann nicht, wenn die Entscheidung mit richterlicher Zustimmung ergangen ist. Eine Verfahrensfortsetzung ist daher auch ohne neue Beweismittel und Tatsachen möglich[8].

g) Betrifft die Tat ein **Privatklagedelikt** nach § 374 I StPO, kommt die Anwendung des § 153 I StPO nicht in Betracht, weil der StA bei diesen Delikten nur dann die Verfahrensherrschaft zukommt, wenn sie zuvor das öffentliche Interesse gem. § 376 StPO bejaht hat. Dieses fehlt bei § 153 I StPO aber gerade (s.o. c). Wird das öffentliche Interesse verneint, so hat die StA das Verfahren gem. § 170 II StPO einzustellen und den Verletzten auf den Privatklageweg zu verweisen (s.u. Rn 591). Dagegen ist es der StA nicht verwehrt, bei Vorliegen eines Privatklagedelikts § 153a StPO anzuwenden, denn hier hat sie das öffentliche Interesse an der Strafverfolgung bejaht (s.u. Rn 337), womit die Möglichkeit des Offizialverfahrens nach § 376 StPO eröffnet wird, in dem gerade über die Anwendung des § 153a StPO das öffentliche Interesse beseitigt werden kann[9].

Stellt die prozessuale Tat **sowohl** ein **Privatklagedelikt als auch** ein **Offizialdelikt** dar, kann das Offizialdelikt nach § 153 I StPO eingestellt werden, was zur Folge hat, dass auch das Privatklagedelikt von der Einstellung erfasst wird und nicht mehr im Privatklageverfahren weiterverfolgt werden darf (str.)[10]. Das ist die zwingende Konsequenz daraus, dass eine einheitliche Tat im prozessualen Sinne (vgl hierzu Rn 512) nur einheitlich eingestellt werden kann. Auf den Privatklageweg kann die StA nur dann verweisen, wenn sie das Offizialdelikt gem. § 170 II StPO einstellt[11]. Entsprechendes gilt bei der Einstellung nach § 153a StPO.

▶ Beispielsfall bei *Beulke*, Klausurenkurs III, Rn 514 f.

2. Einstellung durch das Gericht, § 153 II StPO

335 a) Ist die öffentliche Klage durch Einreichung der Anklageschrift erhoben, geht die Verfahrensherrschaft auf das **Gericht** über. Nunmehr kann das Gericht das Verfahren unter denselben Voraussetzungen wie vorher die StA in jeder Lage des Verfahrens (auch erst in der Hauptverhandlung, im Berufungs, Revisions- oder Wiederaufnahmeverfahren) einstellen. Als weitere Wirksamkeitsvoraussetzungen müssen die Zustimmung der StA und des Angeschuldigten hinzutreten (§ 153 II 1 StPO; zu Ausnahmen s. § 153 II 2 StPO).

b) Die im Beschlusswege ergehende Entscheidung (§ 153 II 3 StPO) ist weder durch die StA noch seitens des Angeschuldigten anfechtbar (§ 153 II 4 StPO). Die Beschwerde gem. § 304 StPO ist jedoch zulässig, wenn eine der prozessualen Voraussetzungen fehlte, zB wenn die Tat ein Verbrechen ist oder der Angeklagte bzw die StA nicht zugestimmt haben[12].

336 c) Im Gegensatz zu § 153 I StPO wird dem Beschluss gem. § 153 II StPO eine **beschränkte Rechtskraft** zuerkannt, deren Umfang jedoch sehr umstritten ist.

---

8 HK-*Gercke*, § 154a Rn 13; *Engländer*, Rn 109; aA AG Verden StV 2011, 616; *Schott*, StV 2016, 450.
9 HK-*Gercke*, § 153a Rn 9.
10 LR-*Beulke*, § 153 Rn 12 f.
11 M-G/*Schmitt*, § 153 Rn 5.
12 BGHSt 47, 270 m. iE zust. Anm. *Radtke*, JR 2003, 127; KG VRS 2014, 201; LG Limburg wistra 2012, 363.

Denkbar wäre zunächst, die Wiederaufnahme des Ermittlungsverfahrens davon abhängig zu machen, dass **neue Tatsachen oder Beweismittel** beigebracht sind, die geeignet sind, die Verurteilung wegen eines **Verbrechens** zu begründen, § 373a I StPO analog. Damit würde man jedoch den Beschuldigten in noch stärkerem Maße schützen als im Falle des § 153a StPO (dazu u. III.), bei dem – trotz Erbringung erheblicher Leistungen – für eine Wiederaufnahme keine neuen Tatsachen oder Beweismittel erforderlich sind.

Man könnte deshalb an eine Heranziehung des § 153a I 5 StPO denken und verlangen, dass sich die Tat nunmehr als **Verbrechen** darstellen müsse[13]. Zur Begründung wird auf den aus dem Rechtsstaatsprinzip (Art. 20 III GG) ableitbaren Vertrauensschutz des Beschuldigten verwiesen, der daraus resultieren soll, dass ein unabhängiges Gericht mit der Möglichkeit umfangreicher Beweisaufnahme und wechselseitiger Kontrolle durch alle Verfahrensbeteiligten (Zustimmung von StA und Angeklagtem) entschieden hat. Außerdem wird darauf verwiesen, dass sich im Einzelfall nur schwer feststellen lassen wird, welche Tatsachen bekannt waren oder nicht. Da bei der Einstellung nach § 153a StPO der Beschuldigte eine Leistung erbringt, bei der nach § 153 II StPO hingegen nicht, erscheint jedoch eine Gleichbehandlung nicht sachgerecht.

Angemessen erscheint es deshalb, in Analogie zu §§ 174 II, 211 StPO, 45 III 4, 47 III JGG, für die Durchbrechung der Rechtskraft nach einer Einstellung gem. § 153 II StPO **neue Tatsachen oder Beweismittel** zu fordern, auf Grund derer die Schuld nun nicht mehr als gering anzusehen bzw das öffentliche Verfolgungsinteresse zu bejahen wäre. Der zusätzlichen Heraufstufung vom Vergehen zum Verbrechen bedarf es nicht. Allerdings legitimiert allein schon die Bewertung der Tat als Verbrechen die Fortführung des Verfahrens, auch wenn keine neuen Tatsachen oder Beweismittel vorliegen (also lediglich ein **Subsumtionsirrtum** zu korrigieren ist, dem die StA oder das Gericht früher erlag), weil Verbrechen in keinem Fall in den Anwendungsbereich des § 153 II StPO fallen sollen[14].

▶ Beispielsfall bei *Beulke*, Klausurenkurs III, Rn 516.

d) Im Privatklageverfahren wird § 153 II StPO (ebenso § 153a II StPO) durch die Spezialvorschrift des § 383 II StPO verdrängt, wonach das Gericht ohne Zustimmung des Privatklägers oder des Beschuldigten das Verfahren einstellen kann, wenn es die Schuld des Täters für gering hält.   **336a**

III. Einstellung nach § 153a StPO: keine schwere Schuld und bei Gegenleistung entfallendes öffentliches Interesse

Die Einstellungsmöglichkeit gem. § 153a StPO unterscheidet sich von der gem. § 153 StPO insbes. durch das **öffentliche Interesse** an der Strafverfolgung. Während bei § 153 StPO das öffentliche Interesse von Anfang an fehlt, ist es bei § 153a StPO zunächst gegeben, wird jedoch durch Erbringung von Gegenleistungen kompensiert. Die Einstellung nach § 153a StPO spielt in der Praxis eine bedeutende Rolle. Auch bei § 153a StPO ist zwischen der Einstellung im Ermittlungsverfahren (§ 153a I StPO) und nach Anklageerhebung (§ 153a II StPO) zu differenzieren: **337**

13 BGHSt 48, 331 m. krit. Anm. *Beulke*, JR 2005, 37; *Heghmanns*, NStZ 2004, 633; *Kühne*, JZ 2004, 743; *Norouzi*, JA 2004, 434; OLG Thüringen BeckRS 2015, 05449; ebenso *Heinrich/Reinbacher*, Problem 34 Rn 33; *Radtke, H.*, Zur Systematik des Strafklageverbrauchs verfahrenserledigender Entscheidungen im Strafprozeß, 1994, S. 174 ff; s.a. *Rössner/Safferling*, Problem 30.
14 Ebenso OLG Hamm GA 1993, 231; vert. Heghmanns/Scheffler-*Heghmanns*, VI Rn 219; LR-*Beulke*, § 153 Rn 88; SK-StPO-*Weßlau*, § 153 Rn 57.

1. Einstellung durch die StA, § 153a I StPO

337a **Im Ermittlungsverfahren** kann das Verfahren gem. § 153a I StPO unter folgenden Voraussetzungen eingestellt werden:

a) Es muss sich auch hier um ein **Vergehen** handeln.

b) **Die Schwere der Schuld darf nicht entgegenstehen.** Damit geht das Gesetz vom Vorhandensein eines Schuldgrades aus. Da das Strafverfahren noch nicht durchgeführt worden ist, muss „hinreichender Tatverdacht" (= Wahrscheinlichkeit der Verurteilung) genügen[15]. Eine Einstellung wegen der **Unklarheit der Rechtslage** kommt somit nicht in Betracht[16], bei zweifelhafter Rechtslage besteht kein genügender Anlass zur Klageerhebung und insoweit auch kein kompensierbares Strafverfolgungsinteresse[17]. Durch die negative Formulierung, dass die Schwere der Schuld nicht entgegenstehen darf, kommt zum Ausdruck, dass auch die **mittlere Kriminalität** erfasst wird. In berühmten Wirtschaftsstrafsachen ist diese Lösung sogar bei sehr hohen Schadenssummen gewählt worden (zB „Mannesmann" und „Ecclestone")[18].

337b c) Die dem Beschuldigten auferlegten **Auflagen und Weisungen** müssen geeignet sein, das **öffentliche Interesse** an der Strafverfolgung zu beseitigen.

Im Einzelnen kann die StA dem Beschuldigten insbes. auferlegen (**benannte Auflagen**),

– den **Schaden wieder gutzumachen** (§ 153a I 2 Nr 1 StPO),
– einen **Geldbetrag** zu Gunsten einer gemeinnützigen Einrichtung oder der Staatskasse zu zahlen (Nr 2),
– sonst eine **gemeinnützige Leistung** zu erbringen (Nr 3),
– der **Unterhaltspflicht** in einer bestimmten Höhe nachzukommen (Nr 4),
– sich ernsthaft zu bemühen, einen **Täter-Opfer-Ausgleich** zu erreichen (Nr 5),
– an einem sozialen Trainingskurs teilzunehmen (Nr 6)[19] oder
– an einem **Aufbauseminar** bei einer auf Probe erteilten Fahrerlaubnis (§ 2b StVG) oder im Rahmen des Punktsystems (§ 4 VIII 4 StVG) teilzunehmen (Nr 7).

337c Aus der Formulierung „insbesondere" ergibt sich, dass der Katalog des § 153a StPO **nicht abschließend** ist. StA und Gericht können also weitere Auflagen und Weisungen „erfinden" (**unbenannte Auflagen**)[20]. Das „Auflagenerfindungsrecht" der StA und des Gerichts besteht allerdings nicht schrankenlos; trotz Öffnung des § 153a StPO darf sich der Staatsanwalt daher (noch immer) nicht das Auto waschen oder den Rasen mähen lassen. Die Auflagen und Weisungen müssen einen inneren Zusammenhang mit der in Rede stehenden Tat aufweisen, dürfen keine spezialgesetzlichen Regelungen anderer Rechtsgebiete umgehen und müssen schließlich verfassungs-

---

15 *Deiters/Albrecht*, ZIS 2013, 483; abl. *Hellmann*, Rn 561.
16 So jedoch das LG Bonn NStZ 2001, 375 (Fall *Kohl*) m. krit. Anm. *Beulke/Fahl*, NStZ 2001, 426.
17 *Saliger*, GA 2005, 155.
18 *Beulke*, in: Murmann, S. 45; *ders.*, v. Heintschel-Heinegg-FS, S. 33; *Perron*, ZStrR 125 (2007), 180; *Ulsenheimer*, medstra 2017, 323; *Saditt*, Müller-FS II, S. 611; *Saliger/Sinner*, ZIS 2007, 476; *Scheinfeld*, Herzberg-FS, S. 843; *Wagner*, Eckert-GS, S. 939, 943; krit. *Brüning*, Ostendorf-FS, S. 123; *Duttge*, Beulke-FS, S. 689; *Deiters*, GA 2015, 371; *Weßlau-GD-Weigend*, S. 413; s. auch *Fahl*, JR 2016, 241.
19 Vert. *Busch*, JR 2013, 402.
20 Umfassend *Beulke*, Dahs-FS, S. 209; zum Passauer Modellprojekt s. *Beulke*, Kaiser-FS, S. 1421; *Theerkorn, G.*, Gewalt im sozialen Nahraum, 1995; *Walther*, Vom Rechtsbruch zum Realkonflikt, 2000, S. 363, 366.

rechtlichen Anforderungen genügen[21]. Die Kumulation mehrerer Leistungen ist zulässig[22]. In der Praxis wird von der Auflage der Geldzahlung (Nr 2) am weitaus häufigsten Gebrauch gemacht.

d) Die Entscheidung bedarf der **Zustimmung des Gerichts**. Diese ist jedoch auch hier unter den Voraussetzungen des § 153 I 2 StPO (dazu o. II. 1. d) in den Fällen des § 153a I 2 Nr 1 bis 6 StPO entbehrlich (§ 153a I 7 StPO iVm § 153 I 2 StPO). Das bedeutet: Nur bei Straßenverkehrsseminaren (§ 153a I 2 Nr 7 StPO) sowie den unbenannten Auflagen ist die Zustimmung des Gerichts immer zwingend. Auf Grund dieser Systematik entscheidet in der Praxis die StA weitgehend allein über die Einstellung gem. § 153a I StPO. Insbes. in vielen Wirtschaftsstrafsachen ist das Ermittlungsverfahren maßgeblich durch das Tauziehen zwischen StA und Verteidigung um die Anwendung des § 153a I StPO gekennzeichnet[23].

337d

e) Die Einstellung bedarf der **Zustimmung des Beschuldigten**, § 153a I 1 StPO. Ein Schuldeingeständnis liegt darin nicht[24].

f) Das Verfahren wird zunächst **nur vorläufig** eingestellt (§ 153a I 1 StPO)[25]. Die Einstellung ist weder durch den Beschuldigten noch durch den Verletzten anfechtbar[26] (zum Klageerzwingungsverfahren s. Rn 344 ff). Erfüllt der Beschuldigte die Auflagen oder Weisungen nicht, kann das Verfahren fortgesetzt werden. Hat der Beschuldigte die Auflage oder Weisung hingegen erfüllt, so hat die StA die endgültige Einstellung ausdrücklich auszusprechen[27], und es tritt ein endgültiges **Verfahrenshindernis** ein, dh die Tat iSd § 264 StPO (dazu Rn 512 ff) kann nicht mehr als Vergehen verfolgt werden (**beschränkter Strafklageverbrauch** gem. § 153a I 5 StPO). Stellt sich dagegen nachträglich heraus, dass es sich nicht um ein Vergehen, sondern um ein Verbrechen handelt, so kann das Verfahren wieder aufgenommen werden. Bereits erbrachte Leistungen sind im Fall der Fortsetzung des Verfahrens nicht zurückzuerstatten, sondern iRd Strafzumessung zu berücksichtigen[28].

▶ Beispielsfall bei *Beulke*, Klausurenkurs III, Rn 516.

Wenn der Beschuldigte die Auflage erfüllt, dh einen entsprechenden Geldbetrag gezahlt hat, und im Anschluss daran ein Insolvenzverfahren über sein Vermögen eröffnet wird, stellt sich die Frage, ob der Insolvenzverwalter im Wege der **Insolvenzanfechtung** gem. § 133 InsO die Geldauflage von der Staatskasse wieder **zurückverlangen** kann. Ein Zivilsenat des BGH hat dies bejaht[29]. Dem ist nicht zuzustimmen: Hier müssen die **Wertungen des § 153a I 5 StPO** iVm Art. 20 III GG, 103 III GG den Regeln über die Insolvenzanfechtung vorgehen, um einer zusätzlichen Durchbrechung des beschränkten Strafklageverbrauchs durch die nachträgliche Insolvenzanfechtung vorzubeugen. StA und Gericht sollten jedoch nach Möglichkeit vor Erteilung einer

337e

---

21 LR-*Beulke*, § 153a Rn 69; SK-*Weßlau/Deiters*, § 153a Rn 50; s.a. *Treutmann*, ZStW 128 (2016), 446.
22 *M-G/Schmitt*, § 153a Rn 14.
23 Dazu *Dahs*, NJW 1996, 1192.
24 BVerfG StV 2008, 368; SächsVerfGH StraFo 2009, 108; LR-*Beulke*, § 153a Rn 41; *Hauck*, S. 40.
25 Ggf auch ohne förmlichen Beschluss: LG Kleve StraFo 2011, 93; LR-*Beulke*, § 153a Rn 7, 92 (str.).
26 BVerfG NJW 2002, 815; LR-*Beulke*, § 153a Rn 116.
27 *M-G/Schmitt*, § 153a Rn 45; **Muster einer endgültigen Einstellungsverfügung:** *Göbel*, Rn 129.
28 LR-*Beulke*, § 153a Rn 89; *Krick*, NStZ 2003, 68.
29 BGH NJW 2008, 2506; s.a. BGH StV 2011, 233 und 2015, 443 (Geldstrafe).

Geldauflage den finanziellen Hintergrund des Beschuldigten mitberücksichtigen, um so einen Missbrauch der Auflagenfestsetzung durch den in Zahlungsschwierigkeiten befindlichen Beschuldigten zu Lasten der Insolvenzgläubiger zu verhindern[30].

2. Einstellung durch das Gericht, § 153a II StPO

338 a) § 153a II StPO betrifft – parallel zu § 153 II StPO – die Einstellung durch das Gericht **nach Klageerhebung**. Die Einstellung ist (seit 2017) in allen Instanzen, also auch in der Revisionsinstanz, zulässig. Es müssen die gleichen materiellen Voraussetzungen wie in § 153a I StPO vorliegen. Die StA muss zustimmen, ebenso der Angeschuldigte. Die mit Weisungen bzw Auflagen verbundene Einstellung durch das Gericht erfolgt durch unanfechtbaren Beschluss (§ 153a II 3, 4 StPO).

b) Mit der vollständigen Erfüllung der erteilten Auflagen tritt automatisch ein endgültiges **Verfahrenshindernis** für die Verfolgung als Vergehen ein (§ 153a II 2 iVm I 5 StPO; Einzelheiten zu den Verfahrenshindernissen s. Rn 273 ff). Das Gericht hat einen endgültigen Einstellungsbeschluss zu erlassen, der allerdings nur deklaratorischen Charakter hat.

IV. Einstellung gem. § 154 StPO bzw Beschränkung der Strafverfolgung gem. § 154a StPO bei mehreren Delikten

1. Grundkonzeption

339 Hat der Täter **mehrere Delikte** verwirklicht, verlangt das Legalitätsprinzip, dass wegen jeder dieser Straftaten das Strafverfahren durchgeführt wird. Aus Gründen der Verfahrensökonomie bieten jedoch die §§ 154, 154a StPO Möglichkeiten, vom Legalitätsprinzip abzuweichen, wenn – auf eine Kurzformel gebracht – weitere Delikte desselben Täters neben der Haupttat nicht mehr ins Gewicht fallen.

Dabei differenziert das Gesetz wie folgt:

Handelt es sich bei den verschiedenen Straftatbeständen um **selbstständige Taten im prozessualen Sinn** (§ 264 StPO), so kann die StA oder nach Klageerhebung das Gericht (auf Antrag der StA) das Verfahren bzgl einzelner, für die zu erwartende Strafe nicht beträchtlich ins Gewicht fallender Taten gem. **§ 154 StPO** einstellen.

Beispiel: A hat zunächst im Kaufhaus eine geringwertige Sache entwendet (§§ 242, 248a StGB) und eine Stunde später auf offener Straße einen Raub (§ 249 StGB) begangen. Hier kann das Verfahren wegen des Diebstahls gem. § 154 StPO eingestellt werden, weil wegen des Raubdeliktes eine (ausreichend) hohe Strafe zu erwarten ist.

Handelt es sich bei den verschiedenen Straftaten um **ein- und dieselbe Tat im prozessualen Sinn**, so kann die StA oder ab Klageerhebung das Gericht (mit Zustimmung

---

30 Vgl. *Beulke/Edlbauer*, Mehle-FS, S. 63; *Bittmann*, wistra 2011, 133; *Janca/Schroeder/Baron*, wistra 2015, 409; *Eggers/Reuker*, wistra 2011, 413; *Pfordte*, StV 2010, 591; *Wilk*, wistra 2011, 416.

der StA – nicht einseitig durch das Gericht![31]) bzgl der nicht beträchtlich ins Gewicht fallenden Teile der Tat gem. **§ 154a StPO** auf die Strafverfolgung verzichten.

Beispiel: Zur Begehung eines Mordes (§ 211 StGB) dringt A unberechtigt in ein Gebäude ein (§ 123 StGB). Die Strafverfolgung kann gem. § 154a StPO auf die Begehung des Mordes beschränkt werden.

Weiteres Beispiel: Die StA klagt 100.000 selbstständige Betrugsfälle (Telefonofferten mit Lastschriftverfahren) an. Das Gericht möchte aus Gründen der Prozessökonomie die Strafverfolgung (mit Zustimmung der StA) gem § 154a II StPO lediglich auf den Versuch dieser Taten beschränken, weil sich schon nach Befragung einiger Zeugen herausstellte, dass nur ein Teil der Angerufenen auf die Täuschungshandlungen hereingefallen ist. Der BGH lässt nach neuerer Rspr eine solche Beschränkung zu[32]. Hier ist jedoch § 154a StPO nicht direkt anwendbar, weil es sich bei dem Versuch nicht um „abtrennbare Teile einer Tat" (I 1. Alt.) und auch nicht um „einzelne von mehreren Gesetzesverletzungen" (I 2. Alt) handelt[33]. Diskussionswürdig erscheint allein eine analoge Anwendung des § 154a StPO oder des Grundsatzes in dubio pro reo[34].

Die Teileinstellung gem. **§ 154 II StPO** erwächst in (beschränkter) **Rechtskraft**[35]. Die Beschlussformel ist deshalb so zu fassen, dass kein Zweifel besteht, auf welche Taten der Anklage und welche Angeklagten sie sich bezieht.

Die Teileinstellung gem. **§ 154a II StPO** erwächst hingegen **nicht in Rechtskraft**. Das Gericht kann insoweit in jeder Lage des Verfahrens ausgeschiedene Teile einer Tat oder Gesetzesverletzungen wieder in das Verfahren einbeziehen (Einzelheiten s. § 154a III StPO).

Geht das Gericht bewusst von mehreren Taten im prozessualen Sinne aus und stellt es einige Taten gem. **§ 154 II StPO** ein, obwohl bezüglich des gesamten Anklagevorwurfs nur die Annahme einer Tat im prozessualen Sinne und somit allein die Teileinstellung gem. **§ 154a StPO zulässig** gewesen wäre, so greift gleichwohl die **Rechtskraft** ein. Es besteht ein von Amts wegen zu beachtendes Verfahrenshindernis (s. Rn 273)[36].

2. Strafschärfung durch ausgeschiedene Delikte?

Sehr zweifelhaft ist, ob die nach §§ 154, 154a StPO ausgeschiedenen Delikte bei der Verurteilung **strafschärfend** berücksichtigt werden können. **340**

Der BGH differenziert:

Sofern das Gericht gem. §§ 154, 154a StPO kommentarlos einstellt bzw die Verfolgung beschränkt oder nach einem entsprechenden Vorgehen der StA die Anklage in dem so eingeschränkten Umfang zulässt, darf der Beschuldigte darauf vertrauen, dass ihm die ausgeschiedenen Teile nicht mehr zum Nachteil gereichen (fair-trial-Gedanke).

---

31 BGH NJW 2013, 1545.
32 BGHSt 58, 119; BGH NJW 2014, 2132.
33 *Heghmanns*, ZJS 2013, 423; vert. LR-*Beulke*, § 154a Rn 3 ff.
34 *Beulke/Berghäuser*, Breidling FS, S. 13; *Krell*, NStZ 2014, 686; *M-G/Schmitt*, § 154a Rn 7a.
35 OLG Naumburg StV 2017, 662.
36 Vgl BGH JR 2015, 45 m. Bspr. *Löffelmann*, JR 2015, 15; *Mosbacher*, JuS 2014, 130.

Dies gilt hingegen nicht, wenn der Beschuldigte **ausdrücklich unter Anwendung des § 265 StPO darauf hingewiesen** wird, dass sein aus dem Verfahren ausgeschiedenes Verhalten im Rahmen der Strafzumessung Berücksichtigung findet und darauf eine Strafschärfung gestützt werden kann und wenn das betreffende Tatgeschehen prozessordnungsgemäß festgestellt wird[37].

Vorzugswürdig erscheint demgegenüber die Mindermeinung, die eine strafschärfende Berücksichtigung **generell ablehnt**, denn wenn der Staat glaubt, auf die Verfolgung bestimmter Taten bzw Tatteile nicht verzichten zu können, dann verlangt das Gebot der Fairness auch, dass insoweit die Schuldfeststellung über alle prozessualen Hürden hinweg lückenlos durchgeführt wird[38].

V. Weitere Einstellungsmöglichkeiten

341 Weitere Einstellungsmöglichkeiten bestehen ua in folgenden Fällen[39]:

- wenn das Gericht von Strafe absehen könnte (§ 153b StPO), was zB nach § 46a StGB im Falle des Täter-Opfer-Ausgleichs möglich ist[40]
- bei bestimmten Auslandstaten (§ 153c StPO)[41]
- bei manchen politischen Straftaten (§ 153d StPO)
- bei Staatsschutzdelikten, wenn sich der Agent „rechtzeitig" offenbart (§ 153e StPO)
- bei Straftaten nach dem VStGB, wenn die Verfolgung anderweitig sichergestellt ist (§ 153f StPO; s.o. Rn 11d)
- zu Gunsten von Nötigungs- und Erpressungsopfern (§ 154c StPO)
- bei missbräuchlicher Benutzung der Strafverfolgung zu verfahrensfremden Zwecken (§ 154d StPO)
- im Falle von Drogendelikten bei geringer Menge und „Eigenverbrauchsabsicht" (§ 31a BtMG)
- Absehen von der Verfolgung eines Rauschgiftdelikts, wenn sich der Beschuldigte einer Drogentherapie unterzieht (§ 37 BtMG).

VI. Der Kronzeuge

342 Kronzeuge wird im englischen Strafverfahren ein Zeuge genannt, der für die Anklage, die im Prozess die Krone repräsentiert, als Belastungszeuge auftritt, obwohl er selbst der Beteiligung an der dem Angeklagten vorgeworfenen Straftat verdächtig oder überführt ist. Als Gegenleistung wird dem **Kronzeugen** zugesichert, dass er nicht oder nur wegen einer milder bewehrten Straftat angeklagt wird.

---

37 BGHSt 30, 147, 148 zu § 154a StPO; BGHSt 30, 165, 166; BGH StV 2009, 117 zu § 154 StPO; BGH StV 2011, 399 m. abl. Bespr. *Beulke/Stoffer*, StV 2011, 442; BGH wistra 2016, 502; *Stuckenberg*, StV 2007, 655; vert. LR-*Beulke*, § 154 Rn 56 ff; KK-*Diemer*, § 154 Rn 38.
38 Im Ergebnis ebenso *Eisenberg*, Rn 417; *Staudinger*, StV 2015, 553.
39 Ausführlich *Kühne*, Rn 583–600.
40 Zur Abgrenzung zu § 153a I 1 Nr 5 StPO s. LR-*Beulke*, § 153b Rn 8.
41 Dazu *Bock*, GA 2010, 589.

Im deutschen Strafverfahren bestand für die Bekämpfung des Terrorismus und der organisierten Kriminalität bis 31.12.1999 eine in der Literatur immer wieder kritisierte[42], befristete **Kronzeugenregelung**, die dann aber nicht mehr verlängert wurde[43]. Trotz des generell geltenden Legalitätsprinzips sieht das Gesetz unter dem Aspekt der Aufklärungshilfe an mehreren Stellen Durchbrechungen dieses Grundsatzes vor, um insbes. die Bekämpfung der organisierten Kriminalität zu erleichtern, so zB im Bereich der Verstöße gegen das **Betäubungsmittelgesetz** (§ 31 BtMG) sowie bei **Staatsschutzdelikten** (§ 153e I 2 StPO).

Seit 1.9.2009 existiert eine als allgemeine Strafzumessungsvorschrift ausgestaltete sog. **Große Kronzeugenregelung**, **§ 46b StGB**, die allerdings 2013 schon wieder teilweise eingeschränkt worden ist. Die Vorschrift sieht für den Bereich der mittleren und schweren Kriminalität die Möglichkeit der Strafmilderung per Strafrahmenverschiebung nach § 49 I StGB vor, wenn Straftaten aus dem **Katalog iSv § 100a II StPO** durch freiwillige Wissensoffenbarung über den eigenen Tatbeitrag hinaus aufgedeckt oder sogar verhindert werden, sofern ein Zusammenhang zwischen der Tat des Kronzeugen und der aufgedeckten bzw verhinderten Straftat besteht[44], § 46b I 1 StGB. Der Täter muss sein Wissen jedoch noch vor Eröffnung des Hauptverfahrens (§ 207 StPO) offenbaren, § 46b III StGB[45]. An die Stelle lebenslanger Freiheitsstrafe tritt dann eine Freiheitsstrafe nicht unter 10 Jahren. Bei einem Delikt, das mit zeitiger Freiheitsstrafe bedroht ist und bei dem eine Freiheitsstrafe von nicht mehr als drei Jahren verwirkt ist, kann sogar **gänzlich von Strafe abgesehen** werden, § 46b I 4 StGB. § 153b I StPO erlaubt es der StA in diesen Fällen, bereits das Ermittlungsverfahren gegen den Aufklärungsgehilfen mit Zustimmung des Gerichts wieder einzustellen. Die Gewährung einer **fakultativen Strafmilderung** nach § 46b StGB liegt im pflichtgemäßen Ermessen des Gerichts. Dieses hat bei seiner Entscheidung die Aufklärungsleistung des Kronzeugen gegen die Schwere der von ihm begangenen Straftat und seine dadurch verwirkte Schuld abzuwägen, § 46b II StGB.

Auch die jetzige Kronzeugenregelung wird heftig kritisiert[46]. Bereits ihre rechtspolitische Notwendigkeit wird in Frage gestellt. Zudem wird bezweifelt, ob § 100a II StPO, dessen Straftatenkatalog in seiner Zielsetzung zu einem völlig anderen Zweck konzipiert wurde, zur Abgrenzung der Delikte, bei denen Aufklärungshilfe geleistet werden kann, geeignet ist. Viele fürchten eine Überfrachtung der Kronzeugen-Verfahren, da das Gericht nun zur Beweiserhebung und -würdigung in anderer Sache (dem Verfahren des Belasteten) gezwungen wird, um die geleistete Aufklärungshilfe bewerten zu können. Ferner werden neben Gerechtigkeitsdefiziten durch die Besserstellung besonders tief verstrickter Straftäter mit fataler gesellschaftlicher Signalwirkung der fragliche Wahrheitsgehalt der Kronzeugenaussage und ein erheblicher Machtzuwachs der Verfolgungsbehörden angeprangert. Auch die Rspr steht schon bislang der für Kronzeugen typischen „Aussage gegen Aussage"-Situation kritisch gegenüber und mahnt eine besonders vorsichtige Beweiswürdigung an, wenn eine Verurteilung lediglich auf den Angaben eines tatbeteiligten Zeugen erfolgen soll – insbesondere wenn dieser sich von seiner Aussage Vorteile erhofft[47].

---

42 Zum Streitstand *Hoyer*, JZ 1994, 233; *Jeßberger, F.*, Kooperation und Strafzumessung, 1999; *Kempf*, StV 1999, 67; *Gropp*, in: Hirsch, Erscheinungsformen, S. 459 ff.

43 *Fezer*, Lenckner-FS, S. 681; *Kühne*, Trechsel-FS, S. 719; *Paeffgen*, StV 1999, 627; ausf. *Mehrens, St.*, Die Kronzeugenregelung als Instrument zur Bekämpfung organisierter Kriminalität, 2001.

44 Zu diesem neuen Erfordernis *Peglau*, NJW 2013, 1910.

45 BGHSt 56, 191, 194 (danach: Strafzumessungsgrund gem. § 46 StGB).

46 Statt aller: *Frank/Titz*, ZRP 2009, 137; *Kaspar/Wengenroth*, GA 2010, 453; *König*, NJW 2009, 2481; *Malek*, StV 2010, 200; *Roxin/Schünemann*, § 14 Rn 19 f; *Sahan/Berndt*, BB 2010, 647; *Salditt*, StV 2009, 375; weniger kritisch bis befürwortend: *Heghmanns*, Dencker-FS, S. 155; *Peglau*, wistra 2009, 409; zur neueren Rspr: *Oğlakcioğlu*, StraFo 2012, 89.

47 BGHSt 48, 161; 52, 78 m. Anm. *Stübinger*, JZ 2008, 798; BGH NStZ-RR 2012, 52; vert. *Kölbel/Selter*, JR 2009, 447; *Weider*, Widmaier-FS, S. 599.

343 **Lösung Fall 41:**

a) Da die **Schuld des Täters**, soweit sie einmal festgestellt werden sollte, **gering** ist und das **öffentliche Interesse** an der Strafverfolgung **fehlt**, wird die StA das Verfahren gem. § 153 I StPO einstellen. Da es sich bei § 242 StGB um ein Vergehen handelt, das nicht mit einer im Mindestmaß erhöhten Strafe bedroht ist und weil ferner die Tatfolgen gering sind, kann die Entscheidung ohne gerichtliche Zustimmung ergehen (§ 153 I 2 StPO). Einzelheiten s.o. Rn 334.

b) Die StA kann wegen der inzwischen zu Tage getretenen **neuen Umstände**, die die Tat in einem neuen Licht erscheinen lassen (insbes. Anwendbarkeit des § 244 I Nr 1a StGB), erneut Anklage erheben, wenn die Einstellung gem. § 153 II StPO nicht in **Rechtskraft** erwachsen ist. Trotz Fehlens einer ausdrücklichen gesetzlichen Regelung besteht Einigkeit über die grundsätzliche Rechtskraft des Beschlusses gem. § 153 II StPO, deren Grenzen jedoch umstritten sind. ZT werden § 373a I StPO oder § 153a I 5 StPO analog angewandt. Danach wäre hier Rechtskraft eingetreten, da sich die Tat noch nicht als **Verbrechen** darstellt (vgl §§ 244 I Nr 1a, 12 I StGB). Nach zutreffender Ansicht muss jedoch das Delikt nicht zum Verbrechen hochgestuft werden, sondern es genügen für die Durchbrechung der Rechtskraft **neue Tatsachen** oder **Beweismittel**, auf Grund derer die Schuld nun nicht mehr als gering anzusehen bzw das öffentliche Verfolgungsinteresse zu bejahen wäre (analoge Anwendung der §§ 174 II, 211 StPO, 47 III JGG). Die neu zu Tage getretenen erschwerenden Umstände erlauben es also der StA, die Tat erneut anzuklagen. Einzelheiten s. Rn 336.

§ 17 Das Klageerzwingungsverfahren

Fall 42: M hat ihre Nachbarin A angezeigt. Diese soll ihr 200 € und einer gewissen Frau F ein Fahrrad im Wert von 500 € entwendet haben. Die StA hat das Ermittlungsverfahren wegen beider Taten nach § 170 II StPO eingestellt. Kann M dagegen vorgehen? **Rn 350**

Fall 43: O ist Opfer eines Diebstahls geworden, den A begangen hat. Die StA stellt das Strafverfahren gegen A ein, nachdem A einen festgesetzten Geldbetrag an eine gemeinnützige Einrichtung gezahlt hat. Kann O hiergegen etwas unternehmen? **Rn 351**

I. Die Aufgabe des Klageerzwingungsverfahrens

344 Wenn die StA das Ermittlungsverfahren gem. § 170 II StPO eingestellt hat, kann der Antragsteller, sofern er zugleich Verletzter der Straftat ist, gegen den Einstellungsbescheid im Wege des **Klageerzwingungsverfahrens** vorgehen (§§ 172 ff StPO)[1]. Das Klageerzwingungsverfahren bezweckt zum einen die (gerichtliche) Kontrolle des **Legalitätsprinzips** (dazu Rn 17), zum anderen dient es dem **Schutz des Verletzten**, der ein Interesse daran hat, dass die Straftat, deren Opfer er geworden ist, tatsächlich

---

1 Zum Überblick *Preuß*, Jura 2016, 762.

auch verfolgt wird[2]. Das Klageerzwingungsverfahren wird idR mit dem Ziel betrieben, dass entsprechend dem Wunsch des Verletzten und entgegen der Entscheidung der StA die Anklage erhoben wird (§ 175 StPO). Ausnahmsweise kann es auch lediglich darum gehen, dass überhaupt Ermittlungen aufgenommen werden, welche die StA verweigert (**„Ermittlungserzwingung"**)[3]. Die praktische Bedeutung des Klageerzwingungsverfahrens ist relativ gering, es entfaltet aber durch seine bloße Existenz eine gewisse präventive Wirkung.

II. Voraussetzungen

1. Antrag

Gem. § 172 StPO kann das Klageerzwingungsverfahren nur derjenige betreiben, der **345** den **Antrag** auf Erhebung der öffentlichen Klage iSv § 171 StPO gestellt hat. Ausreichend dafür ist, dass der Betreffende über die bloße Anzeige hinaus zu erkennen gibt, dass er die Straftat verfolgt wissen möchte (s.o. Rn 309)[4].

2. Verletzteneigenschaft

Ferner ergibt sich aus § 172 StPO, dass der Antragsteller zugleich Verletzter sein **346** muss.

Verletzter iSv § 172 I StPO ist jedenfalls derjenige, der durch die behauptete Tat, ihre tatsächliche Begehung unterstellt, **unmittelbar** in einem Rechtsgut beeinträchtigt ist[5]. Dabei ist der Verletztenbegriff weit auszulegen, insbes. weiter als bei der Berechtigung zur Stellung von Strafanträgen in § 77 I StGB. Dennoch wird zB bei einer Straftat zum Nachteil einer GmbH die Verletzteneigenschaft der Gesellschafter – im Gegensatz zur GmbH – verneint[6].

Da durch das Kriterium der Unmittelbarkeit der Rechtsgutsbeeinträchtigung nicht alle Fälle erfasst werden, bei denen eine Antragsbefugnis nach § 172 StPO sachgerecht erscheint (zB nicht Angehörige eines Mordopfers), sieht man heute auch denjenigen als Verletzten an, der durch die behauptete Straftat so beeinträchtigt ist, dass sein Verlangen nach Strafverfolgung einem als berechtigt anzusehenden **Genugtuungsinteresse** (Vergeltungsbedürfnis) entspringt[7].

---

2 Vgl OLG Bremen StV 2018, 268 m. Anm. *Zöller.*
3 KG JZ 1991, 46 m. zust. Anm. *Eisenberg* und *Wohlers,* NStZ 1991, 300; OLG Hamm StV 2002, 128 m. Anm. *Lilie*; abl. OLG München StraFo 2014, 422; KK-*Moldenhauer,* § 175 Rn 3.
4 Nicht ausreichend zB Antrag auf disziplinarrechtliche Prüfung: OLG Koblenz NStZ-RR 2012, 317.
5 OLG Stuttgart NJW 2002, 2893; OLG Celle NJW 2008, 1463; s.a. *Peglau,* JA 1999, 55; *Tiedemann,* Mehle-FS, S. 625.
6 OLG Frankfurt NJW 2011, 691; SK-StPO-*Wohlers,* § 172 Rn 27; anders für die GmbH & Co. KG: OLG Celle wistra 2014, 34.
7 OLG Bremen NJW 1950, 960; *Fezer,* 1 Rn 55; *Maiwald,* GA 1970, 52; abl. OLG Düsseldorf StraFo 2000, 21; zur Darlegungslast *Rackow,* GA 2001, 482.

In jüngster Zeit wird verstärkt auf den **Schutzbereich der verletzten Norm**, dh des vom Täter verwirklichten Straftatbestandes, abgestellt[8].

Eine Kombination all dieser Ansätze erscheint am sachgerechtesten, da jeder Straftatbestand ganz unterschiedliche Interessenlagen betrifft.

3. Einschränkungen

347 Gem. § 172 II 3 StPO ist der Antrag nicht zulässig, wenn das Verfahren ausschließlich eine Straftat zum Gegenstand hat, die vom Verletzten im Wege der Privatklage (§ 374 StPO) verfolgt werden kann[9] (s. Rn 590 ff), oder wenn es sich um eine **Einstellung aus Opportunitätsgründen** gem. §§ 153 ff StPO (s. Rn 333 ff) handelt[10].

III. Verfahren

348 Das Klageerzwingungsverfahren läuft in drei Stufen ab.

– Leistet die StA dem „Antrag auf Erhebung der öffentlichen Klage" (Rn 345) keine Folge oder stellt sie das Ermittlungsverfahren ein, wird dem Antragsteller die Einstellungsverfügung der StA übermittelt, § 171 StPO (erste Stufe).
– Hiergegen ist gem. § 172 I StPO die förmliche Beschwerde beim vorgesetzten Beamten der StA, also idR beim Generalstaatsanwalt (§ 147 Nr 3 GVG), die sog. **Einstellungs- (bzw. Vorschalt-)beschwerde** möglich (zweite Stufe)[11].
– Erteilt der vorgesetzte Beamte einen ablehnenden Bescheid, kann der Verletzte gem. § 172 II 1 StPO innerhalb eines Monats den **Antrag auf gerichtliche Entscheidung** stellen, der den Anforderungen des § 172 III StPO genügen muss[12]. Über diesen Antrag entscheidet gem. § 172 IV StPO das **OLG** (dritte Stufe). Nimmt die StA die Ermittlungen im Vorfeld der Entscheidung wieder auf, bewirkt dies keine Erledigung des Antrags[13].

IV. Dienstaufsichtsbeschwerde

349 Neben dem Klageerzwingungsverfahren bleibt dem Verletzten die Möglichkeit der allgemeinen **Dienstaufsichtsbeschwerde**. Diese ist von der förmlichen Beschwerde des § 172 StPO völlig unabhängig. Mit ihr wendet sich der Verletzte an die vorgesetzte Behörde mit der Bitte um Überprüfung des angeblich rechtswidrigen dienstlichen Verhaltens der StA. Die Dienstaufsichtsbeschwerde ist weder an eine Frist noch an eine bestimmte Form gebunden. Sie kann nicht nur der Verletzte einlegen, sondern auch ein Dritter.

8 KG JR 2001, 480; OLG Celle, NStZ 2007, 483; OLG Stuttgart NStZ-RR 2012, 116; LR-*Graalmann-Scheerer*, § 172 Rn 52; SK-StPO-*Wohlers*, § 172 Rn 27; *Bloy*, JR 1980, 481; *Hefendehl*, GA 1999, 584; *Küpper*, Jura 1989, 282; *Satzger*, JA 1997, 624, 625.
9 Anders beim Zusammentreffen von Offizial- und Privatklagedelikt: OLG Frankfurt NStZ-RR 2006, 47.
10 OLG Stuttgart NStZ 2006, 117; krit. *Roxin/Schünemann*, § 41 Rn 7; zu Ausnahmen: OLG Bamberg, NStZ 2011, 534; HK-*Zöller*, § 172 Rn 11.
11 Einzelheiten bei *Hütwohl*, JuS 2014, 30.
12 BVerfG NStZ 2007, 272; *Krumm*, StraFo 2011, 205; **Muster** bei KMR-*Plöd*, § 172 Rn 64.
13 OLG Bamberg NStZ 1989, 543; HK-*Zöller*, § 172 Rn 25; aA OLG Bamberg NStZ 2010, 590.

Lösung Fall 42: Es ist zu prüfen, ob M gegen die Einstellung des gegen A wegen zweier   **350**
Diebstähle betriebenen Ermittlungsverfahrens im Wege des **Klageerzwingungsverfahrens**
gem. § 172 StPO vorgehen kann. Die Zulässigkeit setzt jeweils voraus, dass M **Verletzte** iSv
§ 172 I StPO ist. Bzgl der entwendeten 200 € ist die Verletzteneigenschaft unproblematisch zu
bejahen. Bzgl des entwendeten Fahrrades sind hingegen keine schutzwürdigen Belange der M
erkennbar, die verletzt worden sein könnten. Sie ist also nicht Verletzte iSv § 172 I StPO. Ein
Klageerzwingungsverfahren wäre insoweit unzulässig. Einzelheiten s. Rn 346.

Lösung Fall 43: Das Verfahren gegen A ist aus **Opportunitätsgründen** gem. § 153a I StPO   **351**
eingestellt worden. Der Zustimmung des Gerichts bedurfte es nicht, § 153a I 7 iVm § 153 I 2
StPO. O kann weder gegen die Einstellung selbst vorgehen, noch das **Klageerzwingungs-**
verfahren durchführen (§ 172 II 3 StPO; Einzelheiten s. Rn 337, 347).

§ 18 Das Zwischenverfahren

Fall 44:

a) Wie wird das Zwischenverfahren eingeleitet?

b) Wie endet es? **Rn 366**

Fall 45: Die StA klagt A, der auf einem Privatparkplatz ein Motorrad scharf überholt und zum
plötzlichen Bremsen gezwungen hat, wegen Nötigung an. Der Richter X lehnt unter Hinweis
auf neuere Rspr durch Beschluss die Eröffnung des Hauptverfahrens gegen A ab, weil er das
Verhalten des A für straflos hält. Nach Pensionierung des X klagt die StA erneut an. Der zuständige Richter Z sieht im Anschluss an entsprechende Urteile aus der jüngeren Rspr § 240 I
StGB als erfüllt an. Kann Z das Hauptverfahren eröffnen? **Rn 367**

I.   Sinn und Zweck des Zwischenverfahrens

Wenn die StA die öffentliche Klage durch Einreichung einer Anklageschrift erhoben   **352**
hat, soll nach der Verfahrenskonzeption der StPO darüber nicht sofort in einer Hauptverhandlung entschieden werden. Vielmehr soll zunächst das für die Hauptverhandlung zuständige Gericht als **eine von der Anklagebehörde unabhängige Instanz** in
einem nichtöffentlichen **Zwischenverfahren** (§§ 199–211 StPO) prüfen, ob tatsächlich **hinreichende Verdachtsgründe** vorliegen. Nur wenn dies der Fall ist, sind dem
Beschuldigten die mit einer öffentlichen Hauptverhandlung verbundenen schweren
Nachteile im persönlichen Bereich zumutbar. Außerdem soll dem Beschuldigten eine
weitere Verteidigungsmöglichkeit an die Hand gegeben werden, da er nach Mitteilung
der Anklageschrift durch Einwendungen und Beweisanträge auf den weiteren Verlauf
des Verfahrens Einfluss nehmen kann. Im Einzelfall mag er mit seinen Wünschen auf
zusätzliche Ermittlungen erst bei einem unabhängigen Richter durchdringen.

Gegen das Institut des Zwischenverfahrens lässt sich einwenden, dass im Falle der Eröffnung des Hauptverfahrens das Gericht **voreingenommen** sei, da es den Angeklagten bereits im Zwischenverfahren für hinreichend tatverdächtig erklärt und sich damit bis zu einem gewissen Grade mit der Anklage identifiziert habe. Das Gericht halte den Tatvorwurf damit für berechtigt. Diese Kritik gipfelte zeitweilig in dem Ruf nach einer Abschaffung des Zwischenverfahrens[1]. Es ist jedoch zu begrüßen, dass sich diese Forderung nicht durchsetzen konnte. Trotz der berechtigten Kritik würde nämlich mit der Abschaffung des Zwischenverfahrens der – nicht nur theoretische – Schutz des Beschuldigten vor einer ungerechtfertigten Hauptverhandlung gänzlich preisgegeben. Erwägenswert erscheint demgegenüber eine personelle Trennung zwischen eröffnendem und erkennendem Gericht[2].

II. Gang des Verfahrens

353 1. **Eingeleitet** wird das Zwischenverfahren von der StA **durch Erhebung der öffentlichen Klage**, und zwar in Form der Einreichung einer Anklageschrift beim zuständigen Gericht (§ 170 I StPO). Der Beschuldigte ist von diesem Zeitpunkt an als **Angeschuldigter** zu bezeichnen (§ 157 StPO). Wenn die StA die öffentliche Klage in Form eines Antrags auf Erlass eines Strafbefehls erhebt (§§ 407 ff StPO), findet ein Zwischenverfahren nicht statt (zu weiteren Formen der Klageerhebung s.o. Rn 319).

Bis zur endgültigen Entscheidung über die Eröffnung des Hauptverfahrens – also auch noch während des Zwischenverfahrens – kann die StA die Anklage zurücknehmen (arg. e contrario § 156 StPO; sog. **Immutabilitätsprinzip**)[3].

354 2. Die Anklageschrift muss **inhaltlich bestimmten Anforderungen** genügen, damit der Beschuldigte weiß, wogegen er sich zu verteidigen hat (§§ 199 II, 200 StPO; Einzelheiten o. Rn 319). Das Vorliegen einer wirksamen Anklageschrift ist eine **Prozessvoraussetzung**, die das Gericht von Amts wegen zu prüfen hat. Bei der Frage der Unwirksamkeit oder bloßen Fehlerhaftigkeit einer Anklage wird einerseits auf die **Umgrenzungsfunktion** und andererseits auf die **Informationsfunktion** abgestellt. Fehlt ein notwendiger (wesentlicher) Teil der Anklageschrift (zB der Tatvorwurf ist nach Ort oder Zeit nicht hinreichend konkretisiert) und ist die StA auch nicht zur „Nachbesserung" bereit, so ist der Erlass des Eröffnungsbeschlusses abzulehnen. Stellt sich dieser Mangel erst in der Hauptverhandlung heraus, kann der Mangel nach hA in der ersten Instanz geheilt werden. In einem späteren Verfahrensstadium muss das Verfahren gem. § 260 III StPO eingestellt werden. Nach der hier vertretenen Ansicht muss bereits in der erstinstanzlichen Hauptverhandlung ein Einstellungsurteil gem. § 260 III StPO ergehen (o. Rn 285)[4].

355 3. Bevor das Gericht endgültig über die Eröffnung des Hauptverfahrens entscheidet, schreibt das Gesetz in § 201 und § 202 StPO weitere Verfahrensschritte vor:

---

1 *Schmidt*, I Rn 161 Fn 285.
2 SK-StPO-*Paeffgen*, Vor § 198 Rn 16; *Roxin/Schünemann*, § 42 Rn 3; LR-*Stuckenberg*, Vor § 198 Rn 20; *Traut/Nickolaus*, StraFo 2012, 51.
3 Vert. *F.C. Schroeder*, GA 2011, 501.
4 Vert. LR-*Stuckenberg*, § 200 Rn 91.

- Der Vorsitzende teilt dem Angeschuldigten die Anklageschrift mit (§ 201 I 1 HS 1 StPO) und fordert ihn auf, innerhalb einer bestimmten Frist zu erklären, ob er Beweisanträge stellen oder Einwendungen vorbringen will (§ 201 I 1 HS 2 StPO). Die Anklageschrift ist auch dem Nebenkläger und dem Nebenklagebefugten, der dies beantragt hat, zu übersenden (§ 201 I 2 StPO).
- Liegt ein Fall der notwendigen Verteidigung vor (§ 140 I, II StPO), dann muss der Vorsitzende dem Angeschuldigten, der noch nicht verteidigt wird, gem. § 141 StPO einen Pflichtverteidiger bestellen.
- Über die Anträge und Einwendungen, die der Angeschuldigte vorbringt, entscheidet nunmehr das Gericht (§ 201 II 1 StPO). Das Gericht kann, um den Sachstand besser aufzuklären, auch von sich aus einzelne Beweiserhebungen anordnen (§ 202 S. 1 StPO). Das Gericht kann aber die Beweiserhebungen ablehnen, wenn sie de facto auf eine Nachholung des durch die StA unsorgfältig betriebenen Ermittlungsverfahrens hinaus liefen[5]. Alle diese Entscheidungen des Gerichts sind unanfechtbar (§ 201 II 2 StPO und § 202 S. 2 StPO).
- Umstritten ist, ob die StA verpflichtet ist, Beweisanordnungen des Gerichts nachzukommen[6].

III. Die abschließende Entscheidung im Zwischenverfahren

Abschließend entscheidet das Gericht in **nichtöffentlicher Sitzung**, ob das Hauptverfahren zu eröffnen oder das Verfahren einzustellen ist.   **356**

1. Zuständigkeit

Zuständig ist grundsätzlich das **Gericht**, das auch für die spätere **Durchführung der Hauptverhandlung** zuständig ist (§ 199 I StPO, zu Ausnahmen s. §§ 209, 209a StPO). Da es sich um eine Entscheidung des Gerichts außerhalb der Hauptverhandlung handelt, **wirken** die **Laienrichter** (Schöffen) daran **nicht mit**, wohingegen alle Berufsrichter (bei der großen Strafkammer des LG: drei Berufsrichter, s. Rn 41)[7] beteiligt sind (§§ 30 II, 76 I 2 GVG).

2. Erlass des Eröffnungsbeschlusses, §§ 203 ff StPO

a) Voraussetzung der Eröffnung

Das Gericht beschließt die **Eröffnung des Hauptverfahrens**, wenn der Angeschuldigte nach den Ergebnissen des bisherigen Verfahrens „**hinreichend verdächtig** erscheint" (§ 203 StPO). Neben dem Beurteilungsspielraum bzgl des hinreichenden Tatverdachts hat das Gericht keinen Entscheidungsspielraum. Der Angeschuldigte erscheint dann einer Straftat hinreichend verdächtig, wenn die **Wahrscheinlichkeit besteht, dass er eine strafbare Handlung begangen hat und verurteilt werden wird**[8] (zu den einzelnen Verdachtsgraden s. auch die Übersicht Rn 114).   **357**

---

5 LG Berlin NStZ 2003, 504 m. zust. Anm. *Lilie*, NStZ 2003, 568; s.a. OLG Nürnberg StraFo 2011, 150.
6 Dafür: *Rieß*, Jura 2003, 735, 739; SK-*Paeffgen*, § 202 Rn 7 (Amtshilfe); dagegen: *M-G/Schmitt*, § 202 Rn 3.
7 BGHSt 60, 248.
8 OLG Bremen StV 2018, 268; *Eisenberg*, JZ 2011, 672.

Gem. § 206 StPO ist das Gericht bei der Beschlussfassung nicht an die Anträge der StA gebunden.

b) Inhalt des Eröffnungsbeschlusses

358 In dem Eröffnungsbeschluss lässt das Gericht die Anklage zur Hauptverhandlung zu und bezeichnet das Gericht, vor dem die Hauptverhandlung stattfinden soll (§ 207 I StPO)[9].

Wenn das Gericht die Anklage nur mit Änderungen zulässt, dann legt es dies im Eröffnungsbeschluss dar, so zB wenn die Tat abweichend von der Anklageschrift gewürdigt wird (zu den Einzelheiten s. § 207 II StPO).

Beispiel: Die StA klagt einen Diebstahl (§ 242 I StGB) an. Das Gericht bejaht bzgl des vorgeworfenen Verhaltens hinreichenden Tatverdacht hinsichtlich eines Betruges (§ 263 I StGB). Hier müsste das Gericht nach § 207 II Nr 3 StPO darlegen, welches andere Strafgesetz angewendet wird. Dazu gehört auch, welche Tatsachen die gesetzlichen Merkmale des anderen Tatbestandes erfüllen[10].

Das Gericht beschließt zugleich von Amts wegen über die Anordnung oder Fortdauer der Untersuchungshaft bzw der einstweiligen Unterbringung, § 207 IV StPO.

c) Anfechtung des Eröffnungsbeschlusses

359 Der Eröffnungsbeschluss kann nach der ausdrücklichen Regelung in § 210 I StPO vom Angeklagten **nicht angefochten** werden. Dies liegt daran, dass die Eröffnungsentscheidung nur eine **vorläufige Tatbewertung** darstellt, die in der Hauptverhandlung und mit den Rechtsmitteln gegen die abschließende Entscheidung ausreichend überprüfbar ist. Auch im Revisionsverfahren ist der Eröffnungsbeschluss insoweit der Prüfung entzogen (§ 336 S. 2 StPO).

Ein unwirksamer oder mit schweren Mängeln behafteter Eröffnungsbeschluss ist seitens der StA im Wege der Beschwerde anfechtbar[11]. Ob in diesen Fällen ausnahmsweise auch der Angeklagte entgegen § 210 I StPO Beschwerde einlegen kann, ist sehr umstritten[12].

d) Die Bindungswirkung des Eröffnungsbeschlusses

360 Grundsätzlich gilt, dass der Angeklagte nach der Eröffnung des Hauptverfahrens ein Recht darauf hat, sich in öffentlicher Verhandlung gegen den Tatvorwurf zu verteidigen und damit zu rehabilitieren. Der Eröffnungsbeschluss ist damit nicht in beliebiger Weise zurücknehmbar.

Wenn sich jedoch nach der Eröffnung ein Verfahrenshindernis herausstellt, dann kann das Gericht das Verfahren außerhalb der Hauptverhandlung gem. § 206a StPO einstellen. Ferner besteht diese Möglichkeit gem. § 206b StPO dann, wenn ein Strafgesetz, das bei Beendigung der Tat gilt, vor der Entscheidung geändert wird und ein Strafverfahren eine Tat zum Gegenstand hat, die nach bisherigem Recht strafbar war, nach dem neuen Recht aber nicht mehr strafbar ist.

---

9 Zum Inhalt generell *Eschelbach*, Richter II-FS, S. 113.
10 BGHSt 23, 304, 305.
11 LG Göttingen NStZ 1989, 88; abl. OLG Frankfurt NStZ-RR 2003, 81; LR-*Stuckenberg*, § 210 Rn 9.
12 Zu Recht dagegen KMR-*Seidl*, § 210 Rn 8; diff. HK-*Julius*, § 210 Rn 3 f; zum Sonderfall des § 33a StPO: KG StV 2016, 545.

Aus der **Bindungswirkung** des Eröffnungsbeschlusses ergibt sich vor allem, dass der Eröffnungsbeschluss nicht etwa deswegen aufgehoben werden kann, weil sich die Beurteilung des hinreichenden Tatverdachts durch das Gericht nach der Eröffnung des Hauptverfahrens geändert hat, dh weil das Gericht den **hinreichenden Tatverdacht nunmehr verneint** (dazu Rn 301).

e) Fehlender Eröffnungsbeschluss

Fehlt ein Eröffnungsbeschluss gänzlich, dann liegt ein **Prozesshindernis** vor   **361** (s. Rn 284). Sehr strittig ist, ob ein fehlender Eröffnungsbeschluss **nachgeholt** werden kann. Nach herrschender Rspr ist eine Nachholung auch noch im Rahmen der erstinstanzlichen Hauptverhandlung (ohne Mitwirkung der Schöffen, s. Rn 356) möglich. Nach der hier vertretenen Ansicht muss hingegen in der Hauptverhandlung ein Einstellungsurteil nach § 260 III StPO ergehen und es bedarf einer Neuanklage (Einzelheiten s. Rn 284).

f) Mangelhafter Eröffnungsbeschluss

Liegt zwar ein Eröffnungsbeschluss vor, ist er jedoch mit Mängeln behaftet, so ist   **362** zwischen gravierenden und weniger gravierenden Mängeln zu differenzieren. **Abgrenzungskriterium** ist in diesem Fall, **inwieweit auf Grund des Eröffnungsbeschlusses mit den darin enthaltenen Informationen eine sachgerechte Verteidigung möglich ist**[13].

Schwere Mängel machen den Eröffnungsbeschluss **unwirksam**, sodass die Rechtslage der des fehlenden Eröffnungsbeschlusses entspricht (s. dazu o. Rn 361).

Weniger gravierende Mängel führen nicht zur Unwirksamkeit des Eröffnungsbeschlusses und damit zum Fehlen einer Prozessvoraussetzung. Mängel dieser Art haben de facto **keine Konsequenzen**. Werden sie in der Hauptverhandlung bemerkt, können sie geheilt werden[14].

Zur Abgrenzung von gravierenden zu weniger schweren Mängeln existiert eine umfangreiche und im Einzelnen sehr umstrittene Kasuistik. So soll zB eine bloß mündliche Beschlussfassung über die Eröffnung des Hauptverfahrens im Regelfall zur Unwirksamkeit führen[15], hingegen soll in der fehlenden Unterschrift des Richters[16] oder in der Beteiligung eines **ausgeschlossenen** Richters (vgl § 22 Nr 2 StPO) kein schwerwiegender Mangel liegen[17]. Letzterer Ansicht ist jedoch angesichts der verletzten Grundgesetznorm des Art. 101 I 2 GG nicht zuzustimmen[18].

---

13 BGH StV 1996, 362.
14 BGH GA 1980, 108, 109.
15 BGH StV 2013, 132 m. insoweit zust. Anm. *Stuckenberg*; BGH NStZ 2018, 155.
16 BGH wistra 2012, 157; OLG Stuttgart NStZ-RR 2010, 157; S/S/W-StPO-*Rosenau*, § 207 Rn 16; aA OLG Zweibrücken StraFo 2008, 470; HK-*Julius*, § 207 Rn 18.
17 BGHSt 29, 351, 355.
18 Ebenso LR-*Stuckenberg* § 207 Rn 67; *Nelles*, NStZ 1982, 96, 102; *Peters*, § 58 III 1c.

3.   Die Ablehnung der Eröffnung des Hauptverfahrens, § 204 StPO

a)   Voraussetzungen

363   Das Gericht beschließt gem. § 204 I StPO iVm § 203 StPO, das Hauptverfahren **nicht** zu eröffnen, wenn es der Ansicht ist, dass

- die dem Angeschuldigten vorgeworfene Tat keinen Straftatbestand erfüllt oder
- Prozessvoraussetzungen fehlen bzw Prozesshindernisse vorliegen oder
- aus tatsächlichen Gründen eine Verurteilung des Angeschuldigten nicht wahrscheinlich erscheint (nur insoweit kommt es auf ein Wahrscheinlichkeitsurteil an).

b)   Inhalt des Ablehnungsbeschlusses

Aus dem Ablehnungsbeschluss des Gerichts muss hervorgehen, ob er auf rechtlichen oder auf tatsächlichen Gründen beruht, § 204 I StPO.

c)   Anfechtung des Ablehnungsbeschlusses

Lehnt das Gericht die Eröffnung des Hauptverfahrens ab, kann die StA dagegen sofortige Beschwerde einlegen (§ 210 II Alt. 1 StPO).

Umstritten ist, welche Möglichkeit die StA hat, wenn das Gericht überhaupt nicht über die Eröffnung des Hauptverfahrens entscheidet. Eine sog. **Untätigkeitsbeschwerde** (s.u. Rn 577) **der StA** kommt hier ausnahmsweise dann in Betracht, wenn das Hinausschieben der Entscheidung einen endgültigen Verfahrensabschluss mit sich ziehen würde, etwa weil die angeklagte Tat zu verjähren droht und dadurch ein Verfahrenshindernis entstünde[19]. Allein die Verzögerung einer zu treffenden Entscheidung kann hingegen nicht mit einer Beschwerde angefochten werden. Zur Möglichkeit der **Verzögerungsrüge** durch den **Beschuldigten** bei Untätigkeit des Gerichts s.o. Rn 26a, 321.

d)   Rechtskraft des Ablehnungsbeschlusses

Ist die Eröffnung des Hauptverfahrens durch einen nicht mehr anfechtbaren Beschluss abgelehnt worden, so kann die Klage gem. § 211 StPO **nur auf Grund neuer Tatsachen oder neuer Beweismittel** wieder aufgenommen werden.

Beispiel[20]: A ist wegen Mordes angeklagt. Das LG lehnt die Eröffnung des Hauptverfahrens mit der Begründung ab, dass die gegen den leugnenden A sprechenden Indizien nicht ausreichen, um einen hinreichenden Tatverdacht zu begründen. Einige Monate später gesteht A gegenüber dem Zeugen Z die Tat. Z berichtet dies der Polizei. Da nunmehr in Gestalt des Zeugen Z neue Beweismittel vorliegen, kann erneut Anklage erhoben werden.

Eine neue **Rechtsansicht** fällt nicht unter „neue Tatsachen und Beweismittel" iSd § 211 StPO. Abgesehen von der Wiederaufnahmemöglichkeit des § 211 StPO tritt ein **Strafklageverbrauch** wie bei einem freisprechenden Urteil ein[21].

---

19 OLG Frankfurt NJW 2002, 453; OLG Dresden NStZ 2005, 652; *Kolleck-Fezer*, Verfahrensverzögerungen im Strafverfahren und die Untätigkeitsbeschwerde der Staatsanwaltschaft, 2015, S. 315.
20 BGH NStZ 2017, 593 (s. auch Rn 136).
21 BGHSt 18, 225 ff; OLG Jena NStZ-RR 1998, 20.

4. Die vorläufige Einstellung des Strafverfahrens

Nach § 205 S. 1 StPO kann das Gericht das Verfahren durch Beschluss **vorläufig einstellen**, wenn der Hauptverhandlung für längere Zeit die Abwesenheit des Angeschuldigten oder ein anderes in seiner Person liegendes Hindernis entgegensteht. Soweit erforderlich, sichert der Vorsitzende die Beweise (§ 205 S. 2 StPO). Eine vorläufige Einstellung kommt zB in Betracht, wenn der Angeschuldigte für einen zumindest noch nicht absehbaren Zeitraum verhandlungsunfähig wird[22]. **364**

Auch bei **allen anderen** nur **vorübergehenden Prozesshindernissen** muss **analog** § 205 StPO das Strafverfahren vorläufig eingestellt werden, so zB wenn ein erforderlicher, aber noch nachholbarer Strafantrag fehlt[23] (str.). Zudem gilt § 205 StPO nicht nur im Zwischenverfahren, sondern analog auch in anderen Verfahrensabschnitten, solange Spezialregelungen fehlen (vgl Rn 290 ff).

Da der Angeklagte nach der Eröffnung des Hauptverfahrens verlangen kann, dass sein Verfahren tatsächlich durchgeführt und beendet wird, findet § 205 StPO keine Anwendung – auch nicht analog –, wenn eine vorübergehende Unmöglichkeit des Tatnachweises vorliegt, also wenn beispielsweise ein wesentlicher Zeuge in absehbarer Zeit nicht zur Verfügung steht[24].

5. Die Einstellung des Verfahrens aus Opportunitätsgründen

Schließlich gibt es auch noch während des Zwischenverfahrens die Möglichkeit einer Einstellung des Verfahrens aus **Opportunitätsgründen** (insbes. §§ 153 ff StPO), wenn die StA und der Angeschuldigte zustimmen (s.o. Rn 333 ff). **365**

Lösung Fall 44: **366**

a) Das Zwischenverfahren (§§ 199–211 StPO) wird von der StA durch Erhebung der öffentlichen Klage in Form der **Einreichung einer Anklageschrift** beim zuständigen Gericht eingeleitet, §§ 170 I, 199 II StPO. Einzelheiten s.o. Rn 353 ff.

b) Das Zwischenverfahren **endet** durch
– Erlass des Eröffnungsbeschlusses (§§ 203, 207 StPO) oder
– Ablehnung der Eröffnung, wenn kein hinreichender Tatverdacht gegeben ist oder ein endgültiges Prozesshindernis vorliegt (§ 204 StPO) oder
– Einstellung bei vorübergehendem Prozesshindernis (§ 205 StPO direkt oder analog) oder
– Einstellung aus Opportunitätsgründen, §§ 153 ff StPO ua.

Einzelheiten s. Rn 356 ff.

Lösung Fall 45: Ist die Eröffnung des Hauptverfahrens durch einen nicht mehr anfechtbaren Beschluss abgelehnt worden, so kann die Klage nur auf Grund neuer Tatsachen oder Beweismittel wieder aufgenommen werden, § 211 StPO. Eine gewandelte Rechtsansicht ist keine neue Tatsache und kein neues Beweismittel. Das spätere Gericht ist daher bei der Entscheidung über die Eröffnung des Hauptverfahrens gem. § 211 StPO an die als falsch erkannte Rechtsauffassung des früheren Gerichts gebunden. Es tritt deshalb **Strafklageverbrauch** ein. Richter Z muss die Eröffnung des Hauptverfahrens erneut ablehnen. Einzelheiten s. Rn 363. **367**

---

22 *Eisenberg*, Ostendorf-FS, S. 289.
23 Zust. *Roxin/Schünemann*, § 42 Rn 15.
24 BGH NStZ 1985, 230; OLG Hamm NJW 1998, 1088; LG Cottbus NStZ-RR 2009, 246; Radtke/Hohmann-*Reinhart*, § 205 Rn 4; aA AK-*Loos*, § 205 Rn 9.

§ 19 Die Vorbereitung und die Durchführung der Hauptverhandlung erster Instanz

Fall 46:

a) Wie gestaltet sich der Ablauf einer erstinstanzlichen Hauptverhandlung in Strafsachen?

b) Wie lange darf eine Hauptverhandlung unterbrochen werden? **Rn 398**

Fall 47: Während der Hauptverhandlung macht sich der Angeklagte A Notizen über die Aussage des Hauptbelastungszeugen Z, was ihm der Gerichtsvorsitzende verbietet. Der Verteidiger V hält das Verbot zwar für rechtswidrig, unternimmt aber nichts. A wird verurteilt. Er legt Revision ein, die er auf das seiner Meinung nach rechtswidrige Verbot des Gerichtsvorsitzenden stützt. Wird er Erfolg haben? **Rn 399**

Fall 48: A ist vor dem Schöffengericht angeklagt. Während der Hauptverhandlung, die sich über zwei Tage erstreckt, ist das Gerichtsgebäude am ersten Tag in der Zeit zwischen 15 und 21.15 Uhr nicht zu betreten, da die Außentür am Gerichtsgebäude versehentlich ins Schloss gefallen ist. Zwar sind ständig Zuhörer anwesend, jedoch kann Z, der ab 16 Uhr zuhören will, keinen Zugang zum Gerichtsgebäude finden. A stützt auf diesen Umstand seine spätere Revision. Zu Recht? **Rn 400**

Fall 49: Gegen A wird wegen zweier selbstständiger Diebstähle ermittelt. Er bestreitet beide Taten.

a) Beide Taten werden zusammen angeklagt. In der Hauptverhandlung einigen sich die Verfahrensbeteiligten (Gericht, StA, A und dessen Verteidiger) darauf, dass das Verfahren wegen der zweiten Tat nach § 154 II StPO eingestellt wird, wenn A die erste Tat gesteht. Dieses Ergebnis wird im Protokoll festgehalten. Daraufhin legt A bzgl der ersten Tat ein umfassendes und glaubwürdiges Geständnis ab. Die StA bereut jedoch diese Vereinbarung, weshalb sie keinen Einstellungsantrag gem. § 154 II StPO bzgl des zweiten Diebstahls stellt.

b) Als wegen der ersten Straftat ein Strafbefehl ergeht, vereinbart A mit der StA, dass er hiergegen keinen Einspruch einlegt. Dafür erhält er die Zusage, dass die StA das Ermittlungsverfahren bzgl der zweiten Tat gem. § 154 I StPO einstellen wird. Nach Eintritt der Rechtskraft des Strafbefehls hält sich die StA jedoch nicht an die Vereinbarung und klagt den zweiten Diebstahl vor dem Strafrichter an. A macht geltend, das Verfahren dürfe nicht durchgeführt werden.

Wie ist die Rechtslage? **Rn 401, 401a**

I. Die Vorbereitung der Hauptverhandlung, §§ 212 ff StPO

1. Terminbestimmung, § 213 I StPO

368 Gem. § 213 StPO bestimmt der Vorsitzende des Gerichts einen **Termin zur mündlichen Hauptverhandlung**[1], wobei ihm ein Ermessensspielraum zusteht[2].

---

1 Krit. zur Hauptverhandlung in der jetzigen Form: *König*, AnwBl 2010, 382; *Schünemann*, StraFo 2010, 90.
2 OLG Frankfurt StV 1998, 13.

In besonders umfangreichen erstinstanzlichen Verfahren vor dem LG oder OLG, in denen die Hauptverhandlung voraussichtlich länger als zehn Tage dauern wird, soll der Vorsitzende den äußeren Ablauf der Hauptverhandlung vor der Terminbestimmung mit dem Verteidiger, der Staatsanwaltschaft und dem Nebenklägervertreter abstimmen, § 213 II StPO.

Im Rahmen der Terminierung muss der Vorsitzende auf unaufschiebbare andere Verpflichtungen des Strafverteidigers Rücksicht nehmen, dh er muss den Zeitplan mit ihm im vertretbaren Rahmen abstimmen. Im Einzelfall kann die Verhinderung des Verteidigers zB die Verlegung eines Termins erforderlich machen, wenn sonst das Recht des Angeklagten auf effektive Verteidigung durch den Rechtsanwalt seines Vertrauens (Art. 6 III c EMRK) verletzt würde und die Gesamtbelastung des Spruchkörpers, berechtigte Interessen anderer Prozessbeteiligter sowie insbes. das Gebot der Verfahrensbeschleunigung (dazu Rn 26) nicht entgegenstehen[3].

2. Anordnung der Ladungen, § 214 I 1 StPO

Der Vorsitzende hat gem. § 214 I 1 StPO die zur Hauptverhandlung erforderlichen **Ladungen anzuordnen**. Die Ladungsfrist bestimmt sich nach § 217 I StPO und beträgt mindestens eine Woche. Die StA bewirkt die **Herbeischaffung der als Beweismittel dienenden Gegenstände**, § 214 IV 1 StPO, ggf kann auch das Gericht dies tun, §§ 214 IV 2, 221 StPO.   **368a**

3. Zustellung des Eröffnungsbeschlusses

Spätestens zusammen mit der Ladung zur Hauptverhandlung ist dem Angeklagten der Eröffnungsbeschluss zuzustellen, § 215 S. 1 StPO.   **368b**

4. Einwendungen gegen Gerichtsbesetzung

Findet die Hauptverhandlung im ersten Rechtszug vor dem LG oder dem OLG statt, ist den Prozessbeteiligten die **Besetzung des Gerichts** spätestens zu Beginn der Hauptverhandlung **mitzuteilen** (§ 222a StPO). Ist diese Mitteilung ordnungsgemäß erfolgt, kann der Einwand, das Gericht sei vorschriftswidrig besetzt, nur bis zum Beginn der Vernehmung des ersten Angeklagten zur Sache in der Hauptverhandlung geltend gemacht werden (Einzelheiten s. § 222b StPO). Unterlässt der Angeklagte diesen Besetzungseinwand, kann er später die Revision nicht mehr mit der fehlerhaften Besetzung des Gerichts begründen (Einzelheiten s. § 338 Nr 1 StPO).   **369**

5. Kommissarische Vernehmungen, Augenschein

Ausnahmsweise können Beweiserhebungen, die grundsätzlich der späteren Hauptverhandlung vorbehalten sind, vorweggenommen werden. Insbes. kann die **kommissarische Vernehmung** eines Zeugen oder Sachverständigen angezeigt sein, wenn diese Beweispersonen wegen Krankheit oder sonstigen nicht zu beseitigenden Hindernissen an der Hauptverhandlung nicht teilnehmen können (§ 223 I StPO) oder wenn sie sehr weit entfernt wohnen und ihnen angesichts des Umfangs der Sache das Erscheinen nicht zugemutet werden kann (§ 223 II StPO).   **370**

---

3 BGH NJW 2018, 1698; KG StV 2009, 577 m. abl. Anm. *Schlothauer*; OLG Frankfurt/M. NStZ-RR 2014, 250 (nicht überzeugend); vert. *Krumm*, StV 2012, 177; *Egon Müller*, Widmaier-FS, S. 357; *Tepperwien*, NStZ 2009, 1, 5.

Die kommissarische Vernehmung erfolgt gem. § 223 I StPO durch einen beauftragten oder ersuchten Richter. Der **beauftragte** Richter ist ein Mitglied des erkennenden Gerichts, wobei es sich um einen oder um mehrere Berufsrichter handeln kann. Der **ersuchte** Richter ist ein Amtsrichter eines anderen Amtsgerichtsbezirks, der im Wege eines **Rechtshilfeersuchens** dort die beantragte Amtshandlung durchführt (§ 157 GVG).

II. Der Gang der Hauptverhandlung im Überblick

371 Die einzelnen Verfahrensabschnitte einer erstinstanzlichen Hauptverhandlung regeln insbes. §§ 243, 244 I StPO:

Die Hauptverhandlung beginnt mit dem **Aufruf der Sache** gem. § 243 I 1 StPO.

Sodann stellt der Vorsitzende die Anwesenheit des Angeklagten, des Verteidigers sowie der herbeigeschafften Beweismittel, insbes. der geladenen Zeugen und Sachverständigen fest, sog. **Präsenzfeststellung**, vgl § 243 I 2 StPO. Die Anwesenheit eines Sitzungsvertreters der StA wird vom Gesetz als selbstverständlich vorausgesetzt, vgl § 226 I StPO.

In der Praxis erfolgt nun die gemeinsame **Belehrung der Zeugen und Sachverständigen**, falls diese nicht zeitlich gestaffelt geladen wurden (§§ 57, 72 StPO). Die Zeugen haben den Sitzungssaal sodann zu verlassen, § 243 II 1 StPO, da sie gem. § 58 StPO einzeln und in Abwesenheit der später zu hörenden Zeugen zu vernehmen sind.

Daran schließt sich die **Vernehmung des Angeklagten zu seinen persönlichen Verhältnissen** nach § 243 II 2 StPO an.

Nunmehr **verliest der Staatsanwalt** gem. § 243 III 1 StPO **den Anklagesatz** (§ 200 I StPO; s. Rn 319).

In Verfahren, in denen **massenweise und gleichförmig begangene Delikte angeklagt** sind, wie etwa bei einer Betrugsserie, kann die Verlesung sämtlicher angeklagter Einzelfälle oder Teilakte viele Stunden oder sogar mehrere Tage dauern, wodurch die Ressourcen aller Verfahrensbeteiligten erheblich belastet werden. Durch eine einschränkende Auslegung des § 200 I 1 StPO kann dem Problem nicht begegnet werden, da die Anklageschrift andernfalls ihrer Umgrenzungs- und Informationsfunktion nicht gerecht würde (s.o. Rn 285)[4]. Nach Ansicht des **Großen Strafsenats** des BGH ist es jedoch möglich, den **Begriff des „Verlesens" iSv § 243 III 1 StPO teleologisch zu reduzieren**: In Verfahren der oben genannten Art soll es genügen, wenn der Anklagesatz in der Hauptverhandlung insofern wörtlich **vorgelesen** wird, als in ihm die **gleichartige Tatausführung**, welche die Merkmale des jeweiligen Tatbestands erfüllt, beschrieben und die **Gesamtzahl der Taten**, der **Tatzeitraum** sowie bei Vermögensdelikten der **Gesamtschaden** bestimmt sind. Eine Verlesung der näheren individualisierenden tatsächlichen Umstände der Einzeltaten oder Einzelakte sei in derartigen Fällen entbehrlich[5].

Der Vorsitzende des Gerichts gibt gem. § 243 IV StPO bekannt, dass Verständigungsgespräche stattgefunden oder nicht stattgefunden haben, und ggf zu welchen Ergebnissen diese geführt haben (Einzelheiten Rn 395).

---

4 AA BGH NStZ 2009, 703 (Anfrage); BGH NStZ-RR 2010, 313 m. krit. Anm. *Lesch* (Vorlage).
5 BGHSt 56, 109 m. zust. Anm. *Gössel*, JR 2011, 546 u. *Mosbacher*, JuS 2011, 710; BGH NStZ 2011, 420; krit. *Börner*, NStZ 2011, 436; *Ziegert*, Schöch-FS, S. 879.

Sodann folgt die **Belehrung des Angeklagten über seine Aussagefreiheit**, dh darüber, dass es ihm freisteht, sich zu der Anklage zu äußern oder nicht zur Sache auszusagen, § 243 V 1 StPO.

Auf Antrag erhält der Verteidiger in besonders umfangreichen erstinstanzlichen Verfahren vor dem LG oder OLG, in denen die Hauptverhandlung voraussichtlich länger als zehn Tage dauern wird, oder nach Absprache mit dem Gericht (s. Rn 159)[6], Gelegenheit, vor der Vernehmung des Angeklagten für diesen eine Erklärung zur Anklage abzugeben, die den Schlussvortrag nicht vorwegnehmen darf, sog. **opening statement** (§ 243 V 3 StPO). Der Vorsitzende kann dem Verteidiger aufgeben, die weitere Erklärung schriftlich einzureichen, wenn ansonsten der Verfahrensablauf erheblich verzögert würde, vgl § 243 V 4 StPO.

Ist der Angeklagte bereit, sich zur Sache einzulassen, so kommt es zur **Vernehmung des Angeklagten zur Sache** selbst, § 243 V 2 StPO. Dem Angeklagten muss dabei zuerst Gelegenheit gegeben werden, sich zusammenhängend zu den Vorwürfen zu äußern. Diese gesetzlich vorgesehene Form der Einlassung kann nach Ansicht der Rspr nicht dadurch umgangen werden, dass der Angeklagte eine Stellungnahme abfasst und sie dem Gericht übergibt mit dem Verlangen, diese im Wege des Urkundsbeweises (s. Rn 123, 203) zu verlesen[7]. Das Gericht ist jedoch grds. verpflichtet, vom Angeklagten erstellte Erklärungen zur Kenntnis zu nehmen[8]. Ferner ist es dem Angeklagten gestattet, seine mündliche Äußerung unter Verwendung von Notizen oder eines Manuskripts abzugeben[9]. Zum Äußerungsrecht des Verteidigers für den Beschuldigten s. Rn 159.

Darauf folgt die **Beweisaufnahme**[10], §§ 244–257 StPO.

Nach Abschluss der von Amts wegen vorgesehenen Beweisaufnahme kann der Vorsitzende eine angemessene **Frist zum Stellen von Beweisanträgen setzen**, § 244 VI 2 StPO (dazu Rn 438).

Ist die Beweisaufnahme endgültig abgeschlossen, so erhalten zuerst der Staatsanwalt und anschließend der Angeklagte bzw dessen Verteidiger zu ihren Ausführungen und Anträgen das Wort (**Schlussplädoyers**), § 258 I StPO (für die Berufungshauptverhandlung s. § 326 S. 1 StPO).

Gem. § 258 II 2. HS, III StPO gebührt dem **Angeklagten** immer das **letzte Wort**.

Beratung und Abstimmung sind geheim (§§ 43, 45 DRiG), und es dürfen daran nur die zur Entscheidung berufenen Richter sowie – nach entsprechender Gestattung seitens des Vorsitzenden – die bei demselben Gericht zu ihrer juristischen Ausbil-

---

6 KMR-*Eschelbach*, § 243 Rn 10.
7 BGHSt 52, 175 m abl. Anm *Bosch*, JA 2008, 825; *Mehle*, DAV-FS, S. 655; *Mosbacher*, JuS 2009, 124; zweifelnd Heghmanns/Scheffler-*Scheffler*, VII Rn 250.
8 BGH NStZ 2013, 59.
9 BGH NStZ 2015, 418.
10 Zu „ausgelagerten" Aufklärungsmaßnahmen BGH NStZ 2010, 53 m. nicht überzeugender Kritik von *Schneider*.

dung beschäftigten Personen teilnehmen, § 193 GVG. Rechtsstudierende, die bei dem Gericht ein Praktikum absolvieren, sind nicht teilnahmeberechtigt (s. Rn 498)[11].

Die Hauptverhandlung schließt mit der auf die Beratung folgenden **Verkündung des Urteils**, § 260 I StPO. Gem. § 268 II StPO wird das Urteil durch die Verlesung der Urteilsformel und durch Eröffnung der Urteilsgründe verkündet. Im Regelfall findet die Urteilsverkündung unmittelbar im Anschluss an die Beratung und Abstimmung statt, § 268 III 1 StPO. Wird nicht spätestens am elften Tag nach Verhandlungsschluss verkündet, ist die Hauptverhandlung von neuem zu beginnen, § 268 III 2 StPO (zu den Ausnahmefällen s. § 268 III 3 iVm § 229 III, IV 2, V StPO).

III. Ausgewählte Probleme der Durchführung der Hauptverhandlung

1. Sachleitungsbefugnis des Gerichtsvorsitzenden

a) Erstentscheidung

372   Nach § 238 I StPO erfolgt die **Leitung der Verhandlung**, die Vernehmung des Angeklagten und die Aufnahme des Beweises durch den **Vorsitzenden** des Gerichts.

Bei einigen besonders wichtigen Entscheidungen sieht das Gesetz die **sofortige Zuständigkeit des gesamten Gerichts** vor, zB beim Beschluss über die Richterablehnung (§ 27 I StPO), die Aussetzung oder längere Unterbrechung der Hauptverhandlung (§ 228 I 1 StPO) sowie die Ablehnung eines Beweisantrags (§ 244 VI 1 StPO).

b) Anrufung des Gerichts

373   Wird eine Anordnung des Vorsitzenden von einer bei der Verhandlung beteiligten Person **als unzulässig beanstandet** (sog. **Zwischenrechtsbehelf**), entscheidet das **Gericht** (§ 238 II StPO).

Herkömmlicherweise differenzierte man zwischen der

– **formellen Verhandlungsleitung**, die ausschließlich die **äußere** Gestaltung der Hauptverhandlung betrifft, zB die Eröffnung und Schließung der Sitzung, kürzere Unterbrechungen, Entlassung von Zeugen etc, und der
– **Sachleitung**, die alle Anordnungen zum Gegenstand hat, die unmittelbar die Endentscheidung beeinflussen können, dh bei denen es denkbar erscheint, dass das Urteil auf ihnen beruht. Dazu gehören insbes. die Vernehmung des Angeklagten und die Beweisaufnahme (s. § 238 I StPO).

Nur bei Letzterer sollte eine Anrufung des Gerichts zulässig sein. Da sich beide Bereiche in der Praxis jedoch nicht trennen lassen, wird an dieser Differenzierung heute zu Recht überwiegend nicht mehr festgehalten, vielmehr werden alle Anordnungen als zur Sachleitung iSd § 238 II StPO gehörig angesehen[12].

---

11 BGHSt 41, 119, 120.
12 *M-G/Schmitt*, § 238 Rn 12 f; *Volk/Engländer*, § 19 Rn 24; abw. BGHSt 10, 202, 207; s.a. *Roxin/ Schünemann*, § 44 Rn 15.

Auch im Fall der Verhandlung vor dem Strafrichter (als Einzelrichter) greift § 238 II StPO ein; der Einzelrichter entscheidet hier erneut allein, nunmehr allerdings in der Form eines Beschlusses[13].

Wird die gem. § 238 II StPO angefochtene Maßnahme durch einen gerichtlichen Be- **374**
schluss bestätigt, kann hiergegen im Regelfall **keine Beschwerde** erhoben werden (§ 305 StPO). Es bleibt nur die Möglichkeit, die Revision auf den geltend gemachten Verfahrensverstoß zu stützen (§§ 337, 338 StPO). Die Beschwerde ist lediglich bei Entscheidungen statthaft, die **keinen inneren Zusammenhang mit der Urteils-fällung** aufweisen (dazu Rn 578).

Der Angeklagte muss sich zumeist sofort entscheiden, ob er rechtswidrige Anordnun- **375**
gen des Vorsitzenden dulden will, denn wer die Anrufung des Gerichts nach § 238 II StPO unterlässt, verschenkt damit häufig auch seine Revisionschancen:

Der **absolute Revisionsgrund** der unzulässigen Beschränkung der Verteidigung liegt nach dem ausdrücklichen Wortlaut des § 338 Nr 8 StPO nur vor, wenn die Rechtsver-letzung durch einen Beschluss des **Gerichts** (nicht eine Entscheidung des Vorsitzen-den) herbeigeführt wurde.

Aber auch jenseits dieses Sonderfalls verliert derjenige, der nicht von seinem Anru-fungsrecht gem. § 238 II StPO Gebrauch macht, nach ständiger Rspr grundsätzlich die Möglichkeit, seine Revision auf die Rechtswidrigkeit der Anordnung zu stützen. Auch die Geltendmachung eines relativen Revisionsgrundes iSd § 337 StPO bleibt dann also nach hA erfolglos[14], wobei sogar die Zulässigkeit der Revision verneint wird[15]. Diese sog. **Rügepräklusion** tritt nach (bisheriger) Rspr insbes. dann nicht ein, wenn der unverteidigte Angeklagte die Möglichkeit des Zwischenrechtsbehelfs gem. § 238 II StPO nicht kannte (Fürsorgepflicht des Gerichts, s.u. Rn 383)[16] oder wenn der Vorsitzende eine von Amts wegen zwingend vorzunehmende Handlung un-terlassen[17] bzw eine zwingende, keinerlei Entscheidungsspielraum gewährende Ver-fahrensvorschrift verletzt hat[18]. Die Rspr zur Rügepräklusion ist abzulehnen, denn der Nichtanrufung des Gerichts ist kein Verzicht auf die Geltendmachung des Rechts zu entnehmen[19]. Auch eine Verwirkung des Rechtsmittels kommt idR nicht in Be-tracht, denn dazu bedürfte es über die bloße Nichtanrufung des Gerichts hinaus eines arglistigen oder treuwidrigen Prozessverhaltens[20], so zB wenn die Gerichtsanrufung nur deshalb unterbleibt, weil der Angeklagte sich einen Fehler für seine Revisionsrüge „aufsparen" will[21].

---

13 OLG Düsseldorf StV 1996, 252; KK-*Schneider*, § 238 Rn 15; aA BayObLGSt 1962, 267.
14 BVerfG JR 2007, 390; BGHSt 1, 322, 325; 55, 65 m. Bespr. *Kudlich*, JA 2010, 669; *Ladiges*, JuS 2011, 226; *Mosbacher*, JuS 2010, 689; BGH StV 2011, 458 m. abl. Anm. *Lindemann*; BGH NStZ 2013, 608.
15 BGHSt 51, 144, 147 mit Anm. *Mosbacher*, JR 2007, 387 u. *Widmaier*, NStZ 2007, 234.
16 OLG Düsseldorf NStZ 1997, 565 m. Anm. *Ebert*; vert. *Bischoff*, NStZ 2010, 77.
17 BGHSt 45, 203, 205; problematisch: BGH NStZ 2008, 582.
18 BGH StV 2012, 202; aA *Mosbacher*, NStZ 2011, 606; KK-*Schneider*, § 238 Rn 35.
19 Anders *Mosbacher*, Widmaier-FS, S. 339; *ders.*, NStZ 2011, 606 (kein Rechtsschutzbedürfnis); gegen ihn: *Bauer*, NStZ 2012, 191; *Ignor/Bertheau*, NStZ 2013, 188; *Lindemann*, StV 2010, 379; *Gaede*, wistra 2010, 210; *Widmaier*, NStZ 2011, 305.
20 LR-*Becker*, § 238 Rn 44; s.a. *Hendrik Schneider*, JuS 2003, 176.
21 AK-*Schöch*, § 238 Rn 43.

2. Öffentlichkeit der Hauptverhandlung, § 169 GVG

a) Grundsatz

376 Die Verhandlung vor dem erkennenden Gericht einschließlich der Verkündung der Urteile und Beschlüsse ist **öffentlich**, § 169 S. 1 GVG, vgl auch Art. 6 I 1, 2 EMRK. Früher diente die Öffentlichkeit vor allem der Kontrolle und dem Schutz vor Willkür seitens der Staatsmacht, während heute das Informationsinteresse der Allgemeinheit im Vordergrund steht[22]. Unter Öffentlichkeit ist zu verstehen, dass jedermann ohne Ansehung seiner Zugehörigkeit zu bestimmten Gruppen der Bevölkerung und ohne Ansehung bestimmter persönlicher Eigenschaften die Möglichkeit hat, an den Verhandlungen der Gerichte als Zuhörer teilzunehmen[23].

Beispiel: Die Hauptverhandlung vor dem AG dauert von 9.00 bis 13.35 Uhr. Am Gerichtseingang befindet sich ein Hinweis: „Das Amtsgericht ist freitags ab 13.00 Uhr geschlossen". Die Tür ist aber offen. Hier ist § 169 GVG verletzt, denn es ist durchaus möglich, dass ein Besucher auf die Richtigkeit des Hinweises vertraut[24].

b) Einschränkungen

377 aa) Von vornherein unterliegt dieses Zugangsrecht aber **Schranken**. So kann der Zutritt unerwachsenen oder solchen Personen versagt werden, die in einer der Würde des Gerichts nicht entsprechenden Weise erscheinen (§ 175 I GVG). „Unerwachsen" ist eine Person, die noch nicht 18 Jahre alt ist **und** der nach ihrem äußeren Erscheinungsbild die für die Teilnahme an der Verhandlung nötige Reife fehlt[25]. Zurückgewiesen oder entfernt werden können auch Zuhörer, gegen die wegen Beteiligung an der Tat, die Gegenstand der Hauptverhandlung ist, ermittelt wird oder die als Zeugen im laufenden Verfahren in Betracht kommen (wegen § 58 I StPO)[26]. Zuhörer, die den **Verhandlungsablauf stören**, können aus dem Sitzungszimmer entfernt werden, § 177 GVG.

bb) Neben diesen unmittelbaren Einschränkungen können **sitzungspolizeiliche Maßnahmen** des Vorsitzenden (§§ 176 ff GVG) und **Anordnungen** des Gerichtspräsidenten auf Grund seines **Hausrechts** (wie zB Ausweiskontrolle, Durchsuchung auf Waffen oder gar Registrieren der Zuhörer) durch Abschreckung potenzieller Besucher auch zu einer **mittelbaren Beschränkung** der Öffentlichkeit führen[27]. Dennoch sind solche Kontrollmaßnahmen zulässig, wenn sie zur Sicherung einer ordnungsgemäßen Verhandlungsdurchführung erforderlich erscheinen[28]. Im Übrigen ist die Herstellung der Öffentlichkeit von vornherein nur im Rahmen der vorhandenen **Raumkapazität** möglich[29]. Auch rechtliche Schranken sind zu beachten, so zB wenn bei einer auswärtigen

---

22 Weiterführend *Bosch*, Jura 2016, 45; *Gierhake*, JZ 2013, 1030.
23 BGHSt 28, 341, 343 ff; vert. *Laue*, in: 33. Strafverteidigertag, S. 135.
24 OLG Zweibrücken StV 1996, 138; s.a. OLG Celle NStZ 2012, 654 m. Bespr. *Mosbacher*, JuS 2013, 133.
25 RGSt 47, 374, 376.
26 BGH NStZ 2001, 163 m. Anm. *Fahl*, JA 2001, 455; BGH StV 2003, 659.
27 VG Wiesbaden StV 2010, 514 m. abl. Bespr. *Klotz*, NJW 2011, 1186 (anlasslose Videoüberwachung); vert. *Milger*, NStZ 2006, 121.
28 BVerfG NJW 2012, 1863; BGHSt 27, 13, 15; 29, 258, 259 ff.
29 BGHSt 21, 72, 73; 27, 13, 14; BGH NJW 2006, 1220.

Augenscheinseinnahme der dortige Hausrechtsinhaber zwar den Verfahrensbeteiligten, nicht jedoch den Zuschauern das Betreten seines Grundstücks gestattet[30].

c) Ausnahmen von der Öffentlichkeit

aa) Die Hauptverhandlung gegen **Jugendliche** ist **nichtöffentlich** (§ 48 I JGG). Bei Heranwachsenden kann die Öffentlichkeit ausgeschlossen werden, wenn dies im Interesse des Heranwachsenden geboten ist (§ 109 I 4 JGG). **378**

bb) In §§ 171a, 171b, 172 GVG sind weitere Ausschließungstatbestände enthalten, insbes. sofern es um die Erörterung schutzwürdiger privater oder öffentlicher Belange geht, die nicht an die Öffentlichkeit dringen sollen, so zB der Ausschluss der Öffentlichkeit zum **Schutz der Intimsphäre** des Zeugen[31].

Die **Verkündung** des Urteils erfolgt stets öffentlich (§ 173 I GVG). Durch besonderen Beschluss kann die Öffentlichkeit allerdings für die Verkündung der **Urteilsgründe** ausgeschlossen werden (vgl § 173 II GVG).

d) Ton- und Filmaufnahmen, Mitschriften

Faktisch sicherlich bedeutsamer als die unmittelbare Teilnahme einzelner Personen ist heute die **Berichterstattung durch die Medien**, welche eine mittelbare Öffentlichkeit herstellt[32]. Ohne diese mediale Vermittlungsmöglichkeit würde der Kontroll- und Informationszweck des verfassungsrechtlichen Öffentlichkeitsgrundsatzes unzureichend umgesetzt werden. Die Zugänglichkeit der Gerichtsverhandlung gerade für Pressevertreter ist daher verfassungsrechtlich von besonderem Gewicht[33]. Insoweit ist in der Rspr des BVerfG anerkannt, dass es zulässig ist, für Medienvertreter in öffentlichkeitswirksamen Verfahren **Platzkontingente** im Gerichtssaal zu reservieren[34]. Reichen diese nicht aus, muss ein **faires Auswahlverfahren** – ggf. unter Differenzierung nach Medienarten (zB Fernsehen, Printmedien, ausländische Medienvertreter bei entsprechenden Bezügen des Falles) – durchgeführt werden[35]. **379**

Rundfunkaufnahmen (Hörfunk/Fernsehen) **während** der Hauptverhandlung sind unzulässig, ebenso sonstige **Ton- und Filmaufnahmen** zum Zwecke der Veröffentlichung (§ 169 I 2 GVG). Dieses Verbot ist verfassungskonform und aus Gründen des Persönlichkeitsschutzes und der Verfahrensfairness auch rechtspolitisch sinnvoll[36].

Seit dem Jahre 2018 kann das Gericht zulassen, dass für **Medienvertreter** eine **Tonübertragung in einen anderen Raum** stattfindet, § 169 I 3 5 GVG[37]. Tonaufnahmen der Verhandlung einschließlich der Verkündung der Urteile und Beschlüsse können zu **wissenschaftlichen und historischen Zwecken** von dem Gericht (zwecks Verwahrung in Bundes- oder Landesarchiven) zuge-

---

30 BGHSt 40, 191, 192.
31 Siehe auch *Beulke*, JR 1982, 309.
32 Vert. LR/*Wickern*, Vor § 169 GVG Rn 14 ff; s.a. *Hassemer*, ZRP 2013, 149; *Heger*, Beulke-FS, S. 759; *Jung*, GA 2014, 257.
33 BVerwG NJW 2015, 807, 809; vert. *Bosch*, Jura 2016, 45; *Kindhäuser*, Wolter-FS, S. 979.
34 BVerfG NJW 1993, 915.
35 EGMR NJW 2013, 521; BVerfG NJW 2013, 1293 m. Anm. *Zuck*; *Frenz*, DVBl. 2013, 721 u. *Kühne*, StV 2013, 417; vert. *von Coelln*, DÖV 2006, 804.
36 BVerfGE 103, 44, 59; *Lilie*, AE-StuM, S. 116; aA *Kaulbach*, JR 2011, 51; s.a. *Hegmann*, DRiZ 2014, 202; *Kühl*, Müller-Dietz-FS, S. 401; *Fink, M.*, Bild- und Tonaufnahmen im Umfeld der strafgerichtlichen Hauptverhandlung, 2007.
37 Zur rechtspolitischen Diskussion: *von Coelln*, AfP 2014, 194; *Exner*, Jura 2017, 770; *Feldmann*, GA 2016, 20; *Kreicker*, ZIS 2017, 85; *Mitsch*, ZRP 2014, 137; *Norouzi*, StV 2016, 590.

lassen werden, wenn es sich um ein Verfahren von herausragender zeitgeschichtlicher Bedeutung für die Bundesrepublik Deuschland handelt, vgl. § 169 II 1, 4 GVG. Zur Wahrung schutzwürdiger Interessen der Beteiligten oder Dritter oder zur Wahrung eines ordnungsgemäßen Ablaufs des Verfahrens können die Aufnahmen jedoch teilweise untersagt werden; vgl § 169 I 4, II 2 GVG. Die Aufnahmen sind nicht zu den Akten zu nehmen und dürfen weder herausgegeben noch für Zwecke des aufgenommenen oder eines anderen Verfahrens genutzt oder verwertet werden, § 169 II 3 GVG. Für die **Verkündung von BGH-Entscheidungen** können **in besonderen Fällen Ton- und Fernseh-Rundfunkaufnahmen sowie Ton- und Filmaufnahmen** zum Zwecke der öffentlichen Vorführung oder der Veröffentlichung ihres Inhalts zugelassen werden, § 169 III 1 GVG[38].

Aufnahmen vor Beginn und nach Ende der Verhandlung sowie während einer **Verhandlungspause** kann der Vorsitzende im Rahmen seiner sitzungspolizeilichen Gewalt (§ 176 GVG) zulassen[39]. Die Ermessensentscheidung des Vorsitzenden über sitzungspolizeiliche Anordnungen hat unter Abwägung der unterschiedlichen kollidierenden Interessen (insbes. Art. 5 I 2 GG und Art. 2 I iVm Art. 1 I GG) den Grundsatz der Verhältnismäßigkeit zu wahren[40]. Das BVerfG erkennt einen Anspruch der Medien auf Filmaufnahmen im Gerichtssaal in den Verhandlungspausen an[41]. Ferner dürfen Fernsehanstalten grds. vor Beginn und am Ende eines jeden Verhandlungstages Filmaufnahmen der im Sitzungssaal anwesenden Verfahrensbeteiligten, einschließlich des Angeklagten, anfertigen und hierbei die Anwesenheit der Mitglieder des Spruchkörpers im Sitzungssaal filmen. Die Gesichter der Angeklagten müssen im Filmmaterial vor Weitergabe an die Medien anonymisiert werden, es sei denn die betroffenen Personen sind mit einer Veröffentlichung ihres Bildes einverstanden[42]. Vor Aufruf der Sache (Rn 371) besteht keine Anwesenheitspflicht des Angeklagten und seines Verteidigers im Gerichtssaal[43].

Fotografien unterfallen nicht § 169 S. 2 GVG. Ihre Zulässigkeit richtet sich nach dem Recht am eigenen Bild (§§ 22 ff KunstUrhG). Sie ist bei Verfahren mit besonderem öffentlichen Interesse zumeist zu bejahen. Der Vorsitzende wird regelmäßig im Rahmen der sitzungspolizeilichen Gewalt (§ 176 GVG) Aufnahmen während der Hauptverhandlung gänzlich verbieten und für die Verhandlungspausen diesbezügliche Beschränkungen anordnen (zB „Verpixelung")[44].

Das Gericht kann Rundfunkaufnahmen sowie Fotografien nur bestimmten Kamera-Teams gestatten, die sich schriftlich verpflichten müssen, ihr Bildmaterial den Konkurrenzunternehmen zur Verfügung zu stellen, sog. **Pool-Lösung**[45].

Ton- und Filmaufnahmen zu justizinternen Zwecken **durch das Gericht** sind zulässig[46]. Insbes. zur Anfertigung des gerichtlichen Protokolls kann der Verlauf der Verhandlung auch mit einem **Tonaufnahmegerät** vorläufig aufgezeichnet werden (§ 168a II 1 StPO), und zwar auch bei Widerspruch des Zeugen[47]. Derzeit findet eine lebhafte rechtspolische Diskussion statt, ob der Gesetzgeber eine audiovisuelle Dokumentation erstinstanzlicher Verfahren von Land- und Oberlandesgerichten einführen soll[48].

---

38 Dazu *Saliger*, JZ 2016, 824.
39 BGHSt 23, 123, 125; s.a. LG Augsburg StV 2013, 202.
40 BVerfGE 119, 309; BVerfG NStZ 1995, 40; BVerfG JR 2014, 491 m. Anm. *Schäfer*; *Eisenberg*, StraFo 2007, 286.
41 BVerfGE 91, 125 (Fall *Honecker, Mielke* etc); zu Recht krit. *Ranft*, Jura 1995, 573, 580.
42 BVerfG NJW 2000, 2890 u. 2008, 977 m abl. Anm. *Schäfer*, JR 2008, 119; BVerfG NJW 2009, 350 (Holzklotz-Fall) m. zust. Bespr. *Muckel*, JA 2009, 829; BVerfG wistra 2012, 145.
43 VerfGH Berlin StraFo 2018, 109.
44 BVerfG NStZ 2004, 161; OLG Bremen StV 2016, 549; KK-*Diemer*, § 169 GVG Rn 13.
45 BVerfG NJW 2001, 1633, NJW 2002, 2021; ausf. zum Ganzen *Lehr*, Dahs-Dona Scripta, S. 267.
46 OLG Bremen NStZ 2007, 481; Einzelheiten *M-G/Schmitt*, § 169 GVG Rn 11, 13.
47 BGHSt 34, 39, 52; *M-G/Schmitt*, § 168a Rn 4; abw. OLG Schleswig NStZ 1992, 399 m. zust. Anm. *Molketin*, NStZ 1993, 145; *Kühne*, StV 1991, 103, 104.
48 Zur Einführung *Mosbacher*, StV 2018, 182; *Serbest*, StraFo 2018, 94; zur Dokumentation der Beschuldigtenvernehmung im Ermittlungsverfahren s. Rn 116.

Tonbandaufnahmen des **Verteidigers** und der **StA** kann der Gerichtsvorsitzende im Rahmen seiner Sachleitungsbefugnis (§ 238 StPO, s. Rn 372 ff) zulassen[49].

Notizen und **Zeichnungen** dürfen sowohl die Prozessbeteiligten als auch die Zuhörer anfertigen; Ausnahmen sind allenfalls aus sitzungspolizeilichen Gründen denkbar. IdR darf es also dem Angeklagten nicht verboten werden, sich in der Hauptverhandlung Aufzeichnungen über Zeugenaussagen zu machen[50]. Um eine Umgehung des Verbots von Ton- und Filmaufnahmen während laufender Hauptverhandlung zu verhindern, kann der Vorsitzende den Pressevertretern die Benutzung von **Laptops** verbieten[51].

In jüngster Zeit scheint sich die Ansicht durchzusetzen, dass sitzungspolizeiliche Anordnungen des Vorsitzenden, die die Medienberichterstattung beschränken, mit der **Beschwerde (§ 304 StPO)** anfechtbar sind[52].

e) Folgen von Verstößen gegen die Vorschriften über die Öffentlichkeit

Eine **unzulässige Beschränkung** der Öffentlichkeit der Hauptverhandlung stellt einen absoluten Revisionsgrund gem. § 338 Nr 6 StPO dar. Zum umgekehrten Fall der **unzulässigen Erweiterung** der Öffentlichkeit s.u. Rn 576. Auf die Frage, ob das Gericht die Öffentlichkeit **schuldhaft** eingeschränkt hat, kommt es nicht an (sehr str.[53]). **380**

f) Vollverschleierung einer Zeugin

Das Gericht kann verlangen, dass die Zeugin ihre Vollverschleierung ablegt[54].

3. Die Unterbrechung und Aussetzung der Hauptverhandlung

Die Hauptverhandlung soll in einem möglichst überschaubaren Zeitraum vonstatten gehen und insbes. nicht durch längere Intervalle unterbrochen werden (**Konzentrationsmaxime**), damit nicht „der Eindruck von der mündlichen Verhandlung abgeschwächt und die Zuverlässigkeit der Erinnerung an die Vorgänge in der Hauptverhandlung beeinträchtigt" werden[55]. **381**

Wichtig ist die Unterscheidung zwischen **Unterbrechung** (§§ 228 I 1 Alt. 2, 229 I StPO) und **Aussetzung** (§§ 228 I 1 Alt. 1, 229 IV StPO) der Hauptverhandlung:

Eine Hauptverhandlung darf **nur bis zu drei Wochen unterbrochen** werden (§ 229 I StPO)[56]. Alles bisher Verhandelte bleibt bei der Unterbrechung existent. Für Großverfahren gilt eine besondere Regelung, die unter bestimmten Voraussetzungen eine einmonatige Unterbrechung (in Krankheitsfällen bis zu 6 Wochen) ermöglicht

---

49 *M-G/Schmitt*, § 169 GVG Rn 12; *Burhoff*, Hauptverhandlung, Rn 2669.
50 BGHSt 1, 322, 323.
51 BVerfG NJW 2009, 352; krit. *Rath*, DRiZ 2014, 8.
52 BVerfG HRRS 2015 Nr. 427; OLG München NStZ 2007, 120; *M-G/Schmitt*, § 176 GVG Rn 16; *Hillenbrand*, StRR 2013, 244; dagegen e contrario ex § 181 I GVG: BVerfGE 119, 309, 317; OLG Hamm NStZ-RR 2012, 118; offen gelassen in BGHSt 44, 23.
53 Wie hier zB *Fezer*, 14 Rn 80; aA BGHSt 21, 72, 74; zum Ganzen *Kudlich*, JA 2000, 970; *Tag, B.*, Die Öffentlichkeit der Hauptverhandlung, 1999.
54 *Nestler*, HRRS 2016, 126.
55 BGHSt 23, 224, 226; s.a. instrukiv hierzu: BGH StV 2014, 2, 3.
56 Krit. *Mandla*, NStZ 2011, 1.

(§ 229 II, III StPO). Bloße **„Schiebetermine"**, die das Verfahren nicht sachlich fördern (dann als sog **Scheintermine** bezeichnet), werden nicht berücksichtigt und setzen keine neue Frist in Gang (zB die ausschließliche Teilverlesung von Briefen oder Registerauszügen)[57].

Übersteigt die Unterbrechung die Höchstdauer von drei Wochen bzw einem Monat, so ist die Hauptverhandlung **ausgesetzt** (§ 228 I 1 Alt. 1 StPO). Bei der Berechnung der Frist werden weder der Tag, an dem die Unterbrechung angeordnet wird, noch derjenige, an dem die Verhandlung wieder aufgenommen wird in die Frist einberechnet[58]. Im Falle der Aussetzung muss die Verhandlung **völlig von neuem beginnen** (§ 229 IV StPO), dh alles, was zuvor verhandelt wurde, gilt als nicht geschehen.

Kommen Zweifel auf, ob das Gericht eine Aussetzung oder eine Unterbrechung angeordnet hat, so gilt: Bei Überschreitung der Unterbrechungsfrist des § 229 StPO ist immer von einer Aussetzung auszugehen[59]. Innerhalb dieser Frist kann es sich sowohl um eine Unterbrechung (das dürfte der Regelfall sein) als auch (zB bei Nichteinhaltung der Ladungsfrist, § 217 II StPO) um eine Aussetzung handeln. Entscheidend ist nicht die Wahl der Bezeichnung durch das Gericht, sondern der ggf durch Auslegung zu ermittelnde Sinn der Erklärung[60].

4.   Die notwendige Anwesenheit von Prozessbeteiligten

382   Alle **Richter** (also auch die Schöffen) müssen in der Verhandlung **ununterbrochen** anwesend sein (§ 226 I StPO). Fällt ein Richter aus, muss die Hauptverhandlung wiederholt werden. Bei Entscheidungen dürfen Richter nur in der gesetzlich bestimmten Anzahl (s.o. Rn 39 ff) mitwirken (§ 192 I GVG). Bei Verhandlungen von längerer Dauer kann der Vorsitzende die Zuziehung von **Ergänzungsrichtern** (oder -schöffen) anordnen[61], die der Verhandlung beizuwohnen und im Falle der Verhinderung eines Richters (Schöffen) für ihn einzutreten haben (§ 192 II, III GVG).

Ein **Beamter der StA** sowie im Regelfall auch ein Urkundsbeamter der Geschäftsstelle muss ununterbrochen anwesend sein (§ 226 I StPO), es muss sich jedoch nicht immer um dieselbe Person handeln. Gemäß § 226 II StPO kann der Strafrichter von der Hinzuziehung eines Urkundsbeamten der Geschäftsstelle absehen.

Die Anwesenheit des **Verteidigers** ist nur im Falle der notwendigen Verteidigung zwingend (s.o. Rn 165 ff).

Für den **Angeklagten** besteht grundsätzlich eine Anwesenheitspflicht während der gesamten Dauer der Hauptverhandlung, also vom Aufruf der Sache bis zur Verkündung des Urteils. § 230 I StPO bestimmt, dass gegen einen ausgebliebenen Angeklagten eine Hauptverhandlung nicht stattfindet, und nach § 231 StPO darf sich der erschienene Angeklagte nicht aus der Verhandlung entfernen. Die Anwesenheit des Angeklagten soll dem Gericht insbes. einen unmittelbaren Eindruck von seiner Person, seinem Auftreten und seinen Erklärungen vermitteln und damit der Erforschung des wahren Sachverhalts dienen[62].

---

57 BGH JR 2009, 347; BGH NStZ 2018, 297 m. Anm. *Gubitz*.
58 BGH NStZ 2017, 424.
59 RGSt 58, 357, 358.
60 BGH NStZ 2008, 113; *Mosbacher*, JuS 2008, 127.
61 Zur Frist: BGH JR 2017, 38 m. Bespr. *Börner*, JR 2017, 16.
62 BGHSt 26, 84, 90.

Die StPO enthält jedoch zahlreiche **Einschränkungen** und **Ausnahmen** von der grundsätzlich bestehenden Anwesenheitspflicht, vgl dazu §§ 231 II – 233, 247, 329 I, 350 II, 387 I, 411 II, 415 StPO[63] (s. Rn 122).

5. Die gerichtliche Fürsorgepflicht

Die einzelnen im Strafverfahrensrecht geregelten Pflichten des Gerichts sind nur spezielle Ausformungen einer **allgemeinen Fürsorgepflicht der Strafverfolgungsorgane**[64], die als **gerichtliche Fürsorgepflicht** im Rahmen der Hauptverhandlung besondere Relevanz erlangt. Sie ist im Rechtsstaatsprinzip (Art. 20 III GG) verankert, das die Gewährleistung eines fairen Strafverfahrens gebietet. Die gerichtliche Fürsorgepflicht wird vor allem relevant, wenn das Gericht merkt, dass der unbeholfene Angeklagte seine Rechte nicht in ausreichendem Maße kennt und deshalb die ihm im Strafverfahren eingeräumten Chancen nicht wahrnimmt. Besondere Beachtung verdient deshalb die Fürsorgepflicht beim **unverteidigten** Angeklagten. Eine spezielle Ausprägung der gerichtlichen Fürsorgepflicht enthält § 265 IV StPO, wonach die Hauptverhandlung auszusetzen ist, falls dies infolge der „veränderten Sachlage" (gemeint ist damit auch eine veränderte Verfahrenslage) zur genügenden Vorbereitung der Verteidigung angemessen erscheint. Zu verweisen ist ferner auf die Amtsaufklärungspflicht gem. § 244 II StPO.

383

Als Konsequenzen der Fürsorgepflicht sind beispielhaft zu erwähnen: die Pflicht, bei Abwesenheit des Wahlverteidigers zu Beginn der Hauptverhandlung etwa 15 Minuten zu warten[65]; die Pflicht, das Verfahren auszusetzen, wenn während der Hauptverhandlung ein neuer Pflichtverteidiger bestellt werden muss, der längere Einarbeitungszeit benötigt[66]; die Pflicht, Verfahrensmängel möglichst zu heilen, und die Verpflichtung, den Angeklagten vor einem vorschnellen Rechtsmittelverzicht zu bewahren[67] (s.a. Rn 301, 368, 395e).

6. Hinweis gem. § 265 I, II StPO/Nachtragsanklage gem. § 266 StPO

a) Der Angeklagte darf nicht auf Grund eines anderen als des in der gerichtlich zugelassenen Anklage angeführten Strafgesetzes verurteilt werden, ohne dass er zuvor auf die **Veränderung des rechtlichen Gesichtspunkts** besonders **hingewiesen** worden wäre, § 265 I StPO (**Beispiel:** vorsätzliche statt fahrlässige Tat, Täterschaft statt Teilnahme, Mittäterschaft statt Alleintäterschaft, Mord statt Totschlag, Unterlassen statt positives Tun). Ebenso ist bei neu zu Tage tretenden Strafschärfungsgründen zu verfahren, vgl § 265 II Nr 1 StPO (**Beispiel:** längere Freiheitsberaubung gem. § 239 III Nr 1 StGB statt Freiheitsberaubung gem. § 239 I StGB). Auch wenn das Gericht von einer in der Verhandlung mitgeteilten vorläufigen Bewertung der Sach- oder Rechtslage abweichen will, bedarf es eines rechtlichen Hinweises, § 265 II Nr 2 StPO (zB

384

---

63 Zur Vereinbarkeit eines Verfahrens in Abwesenheit des Beschuldigten mit Art. 6 EMRK s. EGMR *(Krombach)* NJW 2001, 2387 m. Anm. *Gundel*, NJW 2002, 2380.
64 BGH NStZ 2013, 604 (Ermittlungsrichterin).
65 Vgl nur BGH wistra 1992, 67; OLG Hamm NStZ 2010, 471.
66 BGHSt 58, 296, 299; BGH JR 1998, 251 m. Anm. *Rogat*.
67 OLG München StV 1998, 646; einschr. OLG Hamburg StV 1998, 641 m. Anm. *Rogall*; vert. LR-*Kühne*, Einl. Abschn. I Rn 121 ff; *Maiwald*, Lange-FS, S. 745 ff.

im Falle der Abweichung von einer Absprache s. Rn 396b). Ebenso ist zu verfahren, wenn der Hinweis auf eine veränderter Sachlage zur genügenden Verteidigung erforderlich ist, § 265 II Nr 3 StPO. Die Hinweispflicht auf eine Veränderung des rechtlichen Gesichtspunktes entspringt der richterlichen Fürsorgepflicht und konkretisiert den Anspruch auf rechtliches Gehör (Art. 103 I GG). Bestreitet der Angeklagte, auf die neuen Umstände genügend vorbereitet zu sein, so ist das Verfahren auf seinen Antrag – ohne Ermessen des Gerichtes – auszusetzen (Einzelheiten s. § 265 III StPO[68]; zur Abgrenzung von Aussetzung und Unterbrechung Rn 381).

Über den Gesetzeswortlaut hinaus wird die Hinweispflicht auch bei anderen wesentlichen Veränderungen gegenüber der Anklage bejaht[69], so insbes. bei

– Übergang zu einer anderen nicht gleichartigen Begehungsform **desselben Tatbestandes**, wie zB bei § 211 StGB von den niedrigen Beweggründen zur Heimtücke[70];
– **Änderungen** der **Tatsachengrundlage**, sofern es sich um Umstände handelt, die für die Subsumtion unter die Merkmale des gesetzlichen Straftatbestandes von Bedeutung sind[71], so zB wenn eine Begünstigungshandlung (§ 257 StGB) nicht im Verstecken der Beute, sondern in deren Verarbeitung liegen soll[72].

Unzweifelhaft ist der Hinweis nach § 265 I StPO auch erforderlich, wenn ein milderes Gesetz angewandt werden soll[73].

385 b) Aus dem Anklagegrundsatz (s.o. Rn 18) ergibt sich allerdings, dass ein rechtlicher Hinweis nur ausreicht, wenn es sich noch um die ursprüngliche Anklage handelt (§ 170 I StPO), wie sie durch den Eröffnungsbeschluss (§ 207 StPO) zugelassen worden ist. Dadurch ergibt sich folgendes System:

Betreffen die Veränderungen nur die **angeklagte Tat** im prozessualen Sinne, so darf das Gericht von der Sach- und Rechtslage ausgehen, wie sie sich nach dem Ergebnis der Verhandlung darstellt, § 264 I StPO. Das Gericht ist insbes. nicht an die rechtliche Wertung des Eröffnungsbeschlusses gebunden, § 264 II StPO. Zum Schutz des Angeklagten bedarf es aber bei **Veränderung des sachlichen oder rechtlichen Gesichtspunktes** eines **Hinweises**, § 265 I, II StPO, damit er seine Verteidigung entsprechend gestalten kann.

Führen die neu zu Tage tretenden Gesichtspunkte zur Strafbarkeit wegen einer **anderen Tat** im prozessualen Sinne, so genügt ein Hinweis gem. § 265 I, II StPO nicht mehr, sondern es bedarf einer gesonderten Anklage. Diese ist in der Form der **Nachtragsanklage** gem. § 266 StPO möglich. Sie hat aber ua zur Voraussetzung, dass das Gericht zuständig ist und der Angeklagte zustimmt. Die Verweigerung der Zustim-

---

68 Vert. BGHSt 48, 183, 186 m. Bespr. *Kudlich*, JA 2004, 108; BGH StV 2012, 196 m. Anm. *Ventzke*; *König, F.*, § 265 Abs. 3 StPO, Aussetzungsrecht mit nur geringem Anwendungsbereich?, 1992.
69 Ausführlich KMR-*Stuckenberg*, § 265 Rn 27, 55.
70 BGH StV 2012, 70; s.a. BGH NStZ 2017, 241.
71 BGH NStZ 2005, 111; 2015, 233.
72 Vgl BGHSt 11, 88, 90.
73 BGH NStZ 2018, 159; *M-G/Schmitt*, § 265 Rn 9; *Kudlich/Kraemer*, JA 2004, 108.

mung durch den Angeklagten steht in dessen freiem Belieben und darf deshalb keinesfalls als rechtsmissbräuchlich übergangen werden[74]. Insbesondere verbietet sich eine Umgehung der Nachtragsanklage (§ 266 StPO) über das Institut der Verfahrensverbindung (§ 4 I StPO)[75].

Unter **Tat im prozessualen Sinne** versteht man den von der Anklage und dem Eröffnungsbeschluss umschriebenen **historischen Vorgang, soweit er nach der Auffassung des Lebens eine Einheit darstellt** (ausf. dazu u. Rn 512 ff).

Ob der neu festgestellte historische Vorgang so stark vom ursprünglichen abweicht, dass es sich nicht nur um eine Modifikation derselben Tat, sondern um eine andere Tat iSd § 264 StPO handelt, kann in vielen Fällen zweifelhaft sein. Für die Frage der Wesentlichkeit der Abweichung kommt es darauf an, ob die Tat als einmaliges, unverwechselbares Geschehen, insbes. durch **Ort** und **Zeit** des Vorgangs, des Täterverhaltens, der ihr **innewohnenden Richtung** und des **Objekts** noch wieder zu erkennen ist (s.u. Rn 513). **386**

Beispiele: Mord statt Strafvereitelung durch Wegschaffen der Leiche: Es liegt eine **neue Tat** vor, die nur durch **Nachtragsanklage** einbezogen werden kann[76].

Sexueller Missbrauch von Kindern im Juli statt im Mai: Hier handelt es sich noch um **dieselbe Tat** im prozessualen Sinne, sodass es nur eines **rechtlichen Hinweises** nach § 265 I StPO bedarf[77] (Einzelheiten zur Problematik s.u. Rn 520 f).

7. Fragerechte

a) Grundsatz

Der Vorsitzende hat den beisitzenden Richtern auf Verlangen zu gestatten, Fragen an den Angeklagten, die Zeugen und die Sachverständigen zu stellen (§ 240 I StPO)[78]. Dasselbe hat der Vorsitzende der StA, dem Angeklagten und dem Verteidiger sowie den Schöffen zu gestatten (§ 240 II 1 StPO). **387**

Der **Angeklagte** kann also den Zeugen auch unmittelbar befragen, der Vorsitzende darf ihn nicht auf die indirekte Befragung des Zeugen über seinen Verteidiger verweisen[79] (s.a. oben Rn 124).

Die **unmittelbare** Befragung eines Angeklagten durch einen **Mitangeklagten** ist unzulässig (§ 240 II 2 StPO)[80]. Will ein Angeklagter einen Mitangeklagten befragen, so kann er das entweder durch seinen Verteidiger tun, oder er stellt die Frage dem Vorsitzenden, der sie in diesem Fall an den Mitangeklagten weitergeben muss.

---

74 BGH StraFo 2010, 337; *Jahn/Schmitz*, wistra 2001, 333.
75 BGHSt 53, 108 m. zust. Bespr. *Jahn*, JuS 2009, 563; abweichende Tendenz bei BGH wistra 2008, 193.
76 BGHSt 32, 215, 220.
77 BGHSt 19, 88, 89; s. aber einschränkend BGH StV 2015, 675.
78 Grundlegend *Gaede*, StV 2012, 51.
79 BGH NStZ 1985, 205.
80 Zur Verfassungskonformität: BVerfG NJW 1996, 3408.

b)   Zurückweisung einzelner Fragen

388   Im Falle der Befragung gem. § 240 II StPO (also durch StA, Angeklagten, Verteidiger und Schöffen, **nicht** dagegen durch die **Beisitzer**) kann der Vorsitzende **ungeeignete** oder **nicht zur Sache gehörende Fragen zurückweisen** (§ 241 II StPO).

Ungeeignetheit liegt zB vor, wenn

– eine Frage **wiederholt** wird, die bereits eindeutig beantwortet worden ist[81];
– eine **Suggestivfrage** gestellt wird[82];
– die Frage zur Bloßstellung von Zeugen oder deren Angehörigen geeignet ist und nach § 68a StPO nicht gestellt werden soll[83].

c)   Entziehung des gesamten Fragerechts

389   Die Entziehung des **Fragerechts als Ganzes** ist in der StPO nicht vorgesehen und dementsprechend **unzulässig**. Der Gerichtsvorsitzende kann sich lediglich die Fragen vorher mitteilen lassen[84], allerdings erst, wenn bereits eine Vielzahl als unzulässig zurückgewiesener Fragen gestellt worden ist und der dringende Verdacht einer Wiederholung besteht.

d)   Kreuzverhör

390   Die Vernehmung der von der StA und dem Angeklagten benannten Zeugen und Sachverständigen kann auch auf ihren übereinstimmenden Antrag vom Vorsitzenden dem Staatsanwalt und der Verteidigung überlassen werden (§ 239 I 1 StPO). Dabei vernimmt jeder zunächst „seinen" Zeugen (§ 239 I 2 StPO). Dieses **Kreuzverhör**, das im anglo-amerikanischen Rechtskreis eine bedeutende Rolle spielt, wird bei uns in der Praxis nicht angewandt.

8.   Erklärungsrechte

391   Nach der Vernehmung eines jeden Mitangeklagten und nach jeder einzelnen Beweiserhebung soll der Angeklagte befragt werden, ob er dazu etwas **zu erklären** habe (§ 257 I StPO). Auf Verlangen ist auch dem Staatsanwalt und dem Verteidiger nach der Vernehmung des Angeklagten und nach jeder einzelnen Beweiserhebung Gelegenheit zu geben, sich dazu zu erklären (§ 257 II StPO). Die Erklärungen dürfen den Schlussvortrag nicht vorwegnehmen (§ 257 III StPO).

9.   Schlussvorträge

392   Nach dem Schluss der Beweisaufnahme erhalten zuerst der Staatsanwalt, dann ggf der Nebenkläger und schließlich der Angeklagte bzw sein Verteidiger zu ihren **Plädoyers** das Wort (§ 258 I StPO; zur Reihenfolge in der Berufungshauptverhandlung s. § 326 S. 1 StPO). Dem Staatsanwalt steht das Recht der Erwiderung zu; dem Angeklagten gebührt das **letzte Wort** (§ 258 II StPO bzw § 326 S. 2 StPO). Dies gilt auch dann, wenn ein Verteidiger für ihn auftritt, da es sich bei dem letzten Wort des Angeklagten

---

81 BGHSt 2, 284, 289.
82 LR-*Becker*, § 241 Rn 14.
83 BGHSt 21, 334, 360.
84 BGH NStZ 1982, 158, 159.

um ein höchstpersönliches und daher nicht übertragbares Recht handelt, § 258 III StPO. Tritt das Gericht nach dem „letzten Wort" des Angeklagten wieder in die Hauptverhandlung ein, so ist dem Angeklagten nach Beendigung des neuen Verfahrensabschnitts erneut das letzte Wort zu erteilen. Wird das letzte Wort nicht gewährt, liegt ein Verfahrensverstoß vor, der zwar keinen absoluten Revisionsgrund iSd § 338 StPO darstellt, jedoch kann die Möglichkeit, dass das Urteil auf ihm iSd § 337 I StPO beruht, nur in besonderen Ausnahmefällen ausgeschlossen werden[85], sodass eine hierauf gestützte Revision regelmäßig Erfolg haben wird (vgl Rn 565).

10. Sitzungsprotokoll

Über die Hauptverhandlung ist ein **Protokoll** aufzunehmen und von dem Vorsitzenden und dem Urkundsbeamten der Geschäftsstelle (sofern anwesend) zu unterschreiben, § 271 I 1 StPO. Den notwendigen Inhalt des Protokolls regeln §§ 272, 273 StPO[86]. Der Vorsitzende kann bei Verhandlungen vor dem Amtsgericht (Strafrichter oder Schöffengericht) anordnen, dass an Stelle der Aufnahme der wesentlichen Vernehmungsergebnisse in das Protokoll einzelne Vernehmungen im Zusammenhang auf Tonträger aufgezeichnet werden, § 273 II 2 StPO. Die **Beachtung** der für die Hauptverhandlung vorgeschriebenen **Förmlichkeiten**[87] kann **nur durch das Protokoll bewiesen werden**, § 274 S. 1 StPO. Unter den wesentlichen Förmlichkeiten versteht man alle Vorgänge, die für die Gesetzmäßigkeit des Verfahrens von Bedeutung sein können. Gegen den diese Förmlichkeiten betreffenden Inhalt des Protokolls ist nur der Nachweis der Fälschung zulässig, § 274 S. 2 StPO. Nach st. Rspr kann sich eine Ausnahme zu § 274 StPO ergeben, wenn das Protokoll lückenhaft und in sich widersprüchlich ist; dann entfällt die besondere Beweiskraft des § 274 StPO[88]. Gleiches gilt für den Fall, dass sich eine Urkundsperson nachträglich **zu Gunsten** des Angeklagten vom Protokollinhalt distanziert[89]. **393**

Sinn des § 274 S. 1 StPO ist es, dem Revisionsgericht die Prüfung von Verfahrensrügen zu erleichtern[90]. Sollen nämlich im Revisionsverfahren Verstöße gegen „vorgeschriebene Förmlichkeiten" wie zB gesetzlich vorgeschriebene Belehrungen, die Verlesung des Anklagesatzes oder die Anwesenheit der in § 226 StPO bezeichneten Prozessbeteiligten nachgewiesen werden, so ist dies nur mittels eines einzigen Beweismittels möglich: des Sitzungsprotokolls. § 274 S. 1 StPO stellt damit eine gesetzliche Beweisregel dar (s.u. Rn 564). Die von ihr für das Revisionsverfahren (und nur dafür) angeordnete **Beweiskraft** bedeutet:

– Sind wesentliche Förmlichkeiten im Protokoll enthalten, so gelten sie als geschehen, selbst wenn sie nicht stattgefunden haben (**positive** Beweiskraft).
– Schweigt das Protokoll zu wesentlichen Förmlichkeiten, so gelten sie als nicht erfolgt, auch wenn sie tatsächlich beachtet wurden (**negative** Beweiskraft)[91].

Umstritten ist, ob auch die **Entscheidung über die Vereidigung/Nichtvereidigung** eines Zeugen (§ 59 StPO) eine **wesentliche Förmlichkeit iSd § 274 S. 1 StPO** darstellt – mit der Konsequenz, dass ihr Fehlen in der Revision allein mit dem Schweigen des Protokolls über einen solchen Vorgang begründet werden könnte. Während die Gerichte dies zunächst auch nach der Neufassung

---

85 BGHSt 22, 278, 281; BGH NJW 2018, 414; vert. *Bock*, ZStW 129 (2017), 745.
86 Zur Forderung eines Wortprotokolls *Nestler*, Lüderssen-FS, S. 727; *Pfordte*, 50 Jahre DAI-FS, S. 528.
87 Einzelheiten SK-StPO-*Frister*, § 273, Rn 5 ff.
88 BGH NStZ 2006, 714; OLG Hamburg StV 2004, 298 m. Anm. *Ventzke*; OLG Bamberg NJW 2013, 1251; *Fezer*, Otto-FS, S. 901, 905; restriktiver nunmehr: BGHSt 55, 31.
89 BGHSt (GrS) 51, 298, 308; BGH StV 2015, 100 m. Anm. *Wollschläger*.
90 BGH NJW 1976, 977, 978.
91 BGH StV 2004, 297; vert. *Stuckenberg*, D-F-T S. 135 ff.

des § 59 StPO bejahten[92], obwohl die Nichtvereidigung des Zeugen nunmehr die Regel ist (s.o. Rn 189), scheint sich inzwischen eine ablehnende Haltung durchzusetzen. Hiernach ist für den Regelfall der Nichtvereidigung keine ausdrückliche Entscheidung mehr zu treffen, vielmehr soll die Entlassung des unvereidigten Zeugen durch den Gerichtsvorsitzenden als konkludente Entscheidung über die Nichtvereidigung zu verstehen sein. Entsprechend hält die neuere Rspr den Regelfall der Nichtvereidigung – anders als die seltenere Entscheidung, eine Vereidigung ausnahmsweise vorzunehmen – nicht mehr für protokollierungspflichtig. Einer Aufnahme ins Protokoll bedürfe die Entscheidung über die Nichtvereidigung nur dann, wenn von einem der Verfahrensbeteiligten ein Antrag auf Vereidigung gestellt worden sei[93]. Hat der Angeklagte diesen Antrag in der Hauptverhandlung unterlassen, so bleibt die mit dem Schweigen des Protokolls begründete Revisionsrüge, dass keine Entscheidung über die Nichtvereidigung des Zeugen ergangen ist, selbst dann erfolglos, wenn das Urteil auf der Aussage des nichtvereidigten Zeugen beruht.

Nach § 273 IV StPO darf das Urteil nicht zugestellt werden, bevor das Protokoll fertiggestellt ist. Durch diese Regelung soll sichergestellt werden, dass mit dem Protokoll schon zu Beginn der regelmäßig mit der Urteilszustellung in Lauf gesetzten Revisionsbegründungsfrist (s. Rn 562) eine abgeschlossene Grundlage für die Entscheidung über die Anbringung von Verfahrensrügen vorliegt, die dem Anfechtungsberechtigten während der gesamten Revisionsbegründungsfrist zur Einsichtnahme offensteht[94].

Zur nachträglichen Berichtigung des Protokolls s. Rn 564.

IV. Die Verständigung im Strafverfahren

1. Grundlagen

394 Am 4.8.2009 trat das **„Gesetz zur Regelung der Verständigung im Strafverfahren"** in Kraft[95], welches **„Absprachen"** zwischen den Strafverfolgungsorganen und dem Beschuldigten mit dem Ziel einer vorbesprochenen Verfahrensgestaltung oder -beendigung insbesondere in § 257c StPO vorsieht. Diese Reform ist aber nur der vorläufige Abschluss eines bereits Jahrzehnte andauernden Entwicklungsprozesses. Kontinuierlich ist in der Vergangenheit die Bedeutung einer derartigen Übereinkunft (im Wortlaut des Gesetzes **„Verständigung"**, sonst auch **„Deal"** genannt) gestiegen, die heute als ein eigenständiges Institut des Strafverfahrensrechts eingestuft werden kann und aus der Praxis ungeachtet der teilweise massiven Kritik aus der Wissenschaft nicht mehr wegzudenken ist[96]. Inhalt einer Verständigung ist zumeist die Zusage einer Strafmilderung bzw eines relativ konkret festgesetzten Strafrahmens seitens des Gerichts gegen die Abgabe eines Voll- oder Teilgeständnisses seitens des Angeklagten[97].

---

92 BGH NStZ 2005, 340; BGH StraFo 2005, 244; so auch BT-Drs. 15/1508, S. 23; *M-G/Schmitt* § 59 Rn 12 mwN.
93 BGHSt 50, 282; BGH NStZ 2006, 114; BGH NStZ 2009, 647.
94 BGH wistra 2013, 324.
95 BGBl I 2009, S. 2353.
96 Rechtsvergleichend: *Brodowski*, ZStW 124 (2012), 733; *Trüg*, ZStW 120 (2008), 331 und *Rosenau*, Puppe-FS, S. 1597 (USA); *Jehle/Peters*, in: *Murmann*, S. 59 ff (England/Frankreich/Polen); *González Navarro*, ZStW 123 (2011), 163 (Spanien); *Kato*, in: Rosenau/Kim, S. 31 (Japan); *Maiwald*, Einführung, S. 226 (Italien); *Salditt*, Mehle-FS, S. 581 und *B. Vogel*, GA 2011, 520 (England); *Seiler*, Rn 404 (Österreich); *Wohlers*, StV 2011, 567 (Schweiz).
97 Besonders kritisch insoweit *Hauck*, S. 375 ff.

Diesem steht kein subjektives Recht auf eine Verständigung zu[98]. Vor allem bei komplizierten Sachverhalten wird die verfahrensbeschleunigende Wirkung der Verständigung von vielen geschätzt.

Dennoch war die praeter legem entwickelte Verfahrensweise stets rechtsstaatlichen Bedenken ausgesetzt. Sie bringt den Verfahrensbeteiligten nicht nur bedeutsame Vorteile, sondern birgt auch erhebliche Gefahren in sich (dazu u. Rn 394a). Es wurde daher immer wieder eine gesetzliche Regelung gefordert[99]. Nach verschiedenen lebhaft diskutierten Entwürfen[100] ist es schließlich zur Regelung gekommen.

Insbesondere in **Wirtschaftsstrafverfahren** spielt die Verständigungspraxis heute eine große Rolle[101]. Weite Teile des **Schrifttums**[102] stehen jedoch der Absprache – auch nach deren gesetzlicher Regelung – skeptisch gegenüber, während **Praktiker**[103] nach wie vor ihre Unumgänglichkeit betonen.

Der Rechtskandidat sollte sich jedenfalls einige Haupteinwände gegen die Verständigung (dazu u. 2.) sowie die Kernelemente der Regelung (dazu u. 3., 4., 5.) merken.

2. Einwände gegen die Verständigung

Selbst der Gesetzgeber musste bei Entwicklung des „Gesetzes zur Regelung der Verständigung" zugestehen, dass ein einvernehmlicher Abschluss des Strafverfahrens nicht ohne Weiteres mit den überkommenen Prozessgrundsätzen (o. Rn 15 ff) in Einklang zu bringen ist[104]. Die Ansatzpunkte der Kritik sind entsprechend vielschichtig: **394a**

Absprachen im Strafprozess bergen die Gefahr in sich, dass der Beschuldigte bzw **Angeklagte nur noch als „Objekt"** eines Verfahrens zwischen Richter, StA und Verteidigung behandelt wird[105].

Eine Verletzung des **Legalitätsprinzips** kommt insofern in Betracht, als mit einem Entgegenkommen der Strafverfolgungsorgane uU im Einzelfall eine Preisgabe des an sich indisponiblen staatlichen Strafanspruchs verbunden sein kann. Es ist bedenklich, wenn über die Grenzen des Opportunitätsprinzips (§§ 153 ff StPO) hinaus auch für uU gravierende Straftaten Rechtsfolgen in Aussicht gestellt werden, die in grobem Missverhältnis zum Tatvorwurf stehen. Dies kann dem Erfordernis **schuldangemessenen Strafens** widersprechen (§ 46 StGB).

Bei einer Verständigung besteht die Gefahr, dass das Gericht es vorzieht – trotz evtl. noch bestehender Zweifel an Täterschaft und Schuld des Angeklagten – dem Geständnis Glauben zu schenken, um sich damit eine langwierige Beweisaufnahme zu ersparen. Damit droht eine Verletzung

---

98 BGH NStZ 2015, 537, 539.
99 BGHSt (GrS) 50, 40; *Beulke/Satzger*, JuS 1997, 1072, 1080; krit. *Haas*, Keller-GedSchr, S. 45, 74; *Wehnert*, StV 2002, 222.
100 Vgl ausf. Nachweis in der 10. A.; vert. zum Ganzen: *Huttenlocher, P.*, Dealen wird Gesetz – die Urteilsabsprache im Strafprozess und ihre Kodifizierung, 2007.
101 *Altenhain/ua*, S. 70 ff; *Jahn*, JZ 2011, 340; *ders.*, in: *Kempf/ua*, S. 157.
102 Statt aller: *Bernsmann*, in: Goldbach, S. 21; *Eisenberg*, Rn 42 ff; *Erb*, Blomeyer-GedSchr, S. 743; *Herzog*, GA 2014, 688; *Hettinger*, JZ 2011, 292; *Kreß*, ZStW 116 (2004), S. 172; *Lüderssen*, Hamm-FS, S. 419; *Murmann*, in: 35. Strafverteidigertag, S. 81 ff; *Ransiek*, ZIS 2008, 116; *Rönnau*, JuS 2018, 114; *ders.*, ZIS 2018, 167; *Schünemann*, StraFo 2015, 177; *ders.*, GA 2018, 181;*Weigend*, 50 Jahre BGH-Wiss-FG, S. 1011; aus Praktikersicht: *Kier/Bockemühl*, ÖAnwBl 2010, 402.
103 Vgl ua *Fromm*, ZWH 2015, 4; *M-G/Schmitt*, Einl. Rn 119a.
104 BT-Drs. 16/12310, S. 1; s.a. Überblick bei *Landau*, NStZ 2014, 425, 426; *Weigend*, in: Leblois-Happe/Stuckenberg, S. 199, 204.
105 *König*, NJW 2012, 1915.

der auf die Ermittlung der materiellen Wahrheit gerichteten richterlichen Aufklärungspflicht (**Untersuchungsgrundsatz**).

Da die Verständigungsgespräche – auch nach Legalisierung der Absprache[106] – regelmäßig vor oder außerhalb der Hauptverhandlung stattfinden, begegnet ein solches Vorgehen Bedenken im Hinblick auf die **Grundsätze der Öffentlichkeit, Mündlichkeit und Unmittelbarkeit**. Eine frühzeitige Bindung des Gerichts kann in Widerspruch zum Prinzip der freien richterlichen Überzeugungsbildung treten (§ 261 StPO).

Die Durchführung einer Absprache außerhalb der Hauptverhandlung birgt die Gefahr, dass **Anwesenheits- und Mitwirkungsrechte der Prozessbeteiligten** verletzt werden, insbes. wenn nicht alle Prozessbeteiligten in die Vereinbarung einbezogen werden.

Ausgangspunkt einer Absprache ist die Vermutung der Schuld des Angeklagten. Dieser gerät zugleich unter Druck, sich selbst zu belasten (Verstoß gegen **Unschuldsvermutung, nemo-tenetur-Grundsatz, in-dubio-pro-reo**). Diskutiert wird ferner, ob das Geständnis des Angeklagten wegen des auf ihn ausgeübten Drucks zur Kooperationsbereitschaft nach § **136a StPO** unverwertbar ist.

Neben einer Verletzung von Verfahrensprinzipien wird schließlich vor allem die Gefahr einer **Befangenheit** (§ 24 II StPO) moniert, da der Richter auf Grund der Absprache leicht voreingenommen zu werden droht und sich dann möglicherweise kein objektives Bild mehr verschafft. Diese Gefahr kann sich insbesondere bei gescheiterten Absprachverhandlungen sowie bei „Kronzeugen"-Absprachen zu Lasten von Mitangeklagten auswirken[107].

3. Das Gesetz zur Regelung der Verständigung

a) Systementscheidung des Gesetzgebers und Verfassungsmäßigkeit

395 aa) Trotz oben genannter Einwände (sogar aus den Reihen der Bundesanwaltschaft und des BGH) hat sich der Gesetzgeber für eine Anerkennung der Urteilsabsprache als zulässiges Mittel der Verfahrensgestaltung entschieden. Gleichwohl wurde keine eigenständige Prozessordnung für Verständigungen geschaffen, was eine partielle Neuorientierung von Prozesszielen und -grundsätzen zur Folge gehabt hätte. Stattdessen fand eine **Integration der Verständigung in das bestehende Regelungssystem der StPO** statt. Alle tradierten Prozessgrundsätze, namentlich die **gerichtliche Aufklärungspflicht gem. § 244 II StPO** (s. Rn 21), sollen dem gesetzgeberischen Willen zufolge auch in diesem Bereich uneingeschränkt weiter Geltung beanspruchen (§ 257c I 2 StPO). Abgesprochene Urteile sind folglich weiterhin am **Prozessziel materieller Wahrheitssuche** auszurichten, ein sog. **Konsensprinzip**[108], nach dem die Parteien frei über den dem Urteil zugrunde zu legenden Sachverhalt disponieren können, wurde ganz bewusst **nicht realisiert**. Das bedeutet vor allem, dass das Gericht im Fall eines Geständnisses nicht vorschnell auf eine Urteilsabsprache ausweichen darf, ohne die Anklage zuvor pflichtgemäß anhand weiterer Beweismittel überprüft zu

---

106 Vgl nur *Gierhake*, JZ 2013, 1029; *Malek*, Rn 336; *Marxen*, GA 2013, 99, 104.
107 Bspw. BGH NStZ 2011, 44; BGH StraFo 2012, 222; s. aber auch: BGH wistra 2011, 72 u. BGH StraFo 2012, 137.
108 Vert. *Jahn/Kett-Straub*, StV 2010, 271; *Kudlich*, Schlothauer-FS, S. 335; *Lüderssen*, S. 526 ff; *Theile*, NStZ 2012, 666; krit. *Greco*, GA 2016, 1; SK-StPO-*Frister*, § 244 Rn 27 ff; SK-StPO-*Velten*, § 257c Rn 34 ff; *Weßlau*, Das Konsensprinzip im Strafverfahren, 2002.

haben[109]. Der bloße Abgleich mit der Aktenlage genügt nicht[110]. Die Kritiker der Verständigungsregelung bezweifeln, dass die Praxis diesem Postulat gerecht werden kann[111]. Die Friktionen zwischen Wahrheitsziel und verfahrensökonomischer Beschleunigung würden nicht durch den Gesetzgeber aufgelöst, sondern diese Aufgabe mit all ihren Folgerisiken (eines gesetzeswidrigen Handelns) werde auf die Praxis abgewälzt[112].

bb) Die neue gesetzliche Regelung orientiert sich maßgeblich an den von der bisherigen **höchstrichterlichen Rspr**[113] entwickelten **Mindestbedingungen** für die Zulässigkeit von Verfahrensabsprachen. Deshalb bleibt die einschlägige frühere Rspr weitgehend bedeutsam. Nichtsdestotrotz ist seit Inkrafttreten des Verständigungsgesetzes eine Vielzahl von Entscheidungen zur konkreten Handhabung der neu eingefügten Normen ergangen[114].

Das **BVerfG** hat die gesetzliche Regelung in einer Grundsatzentscheidung vom 19.3.2013 für verfassungskonform erachtet[115]. Der Gesetzgeber sei von Verfassungs wegen nicht gehindert, Absprachen im Strafverfahren mit dem Ziel einer Verfahrensvereinfachung zu legalisieren, sofern durch hinreichende Vorkehrungen sichergestellt werde, dass die verfassungsrechtlichen Anforderungen gewahrt blieben. Allerdings konstatierten die Richter ein erhebliches Vollzugsdefizit in der Justizpraxis. Dies habe zwar „derzeit noch nicht" die Verfassungswidrigkeit der Regelung zur Folge. Der Gesetzgeber sei jedoch berufen, dieser Fehlentwicklung ggf. durch geeignete Maßnahmen entgegenzuwirken, um den Eintritt eines verfassungswidrigen Zustands zu verhindern. Sog. **informelle Verständigungen**, die von den Verfahrensbeteiligten außerhalb des gesetzlichen Regelwerks vorgenommen werden, erklärt das BVerfG in seinem Urteil ausdrücklich für unzulässig. Insoweit komme der Kontrolle durch die StA eine herausgehobene Bedeutung zu: Als „Wächter des Gesetzes" müsse sie einer gesetzwidrigen Verständigung ihre Zustimmung versagen; werde einer – unerkannt – gesetzwidrigen Verständigung dennoch zugestimmt, sei die StA gehalten, gegen das hierauf beruhende Urteil Rechtsmittel einzulegen (sog. Wächterfunktion der StA[116]).

---

109 BVerfGE 133, 168, 204; s.a. BGH StV 2009, 232; BGH StV 2012, 133 u. 653; BGH StV 2013, 194 u. 197; BGH NStZ 2014, 53; KG wistra 2015, 288.
110 So aber noch BGHSt (GrS) 50, 40, 49; hieran festhaltend zB *Schneider*, NStZ 2014, 192, 195.
111 Statt aller: *Fischer*, StraFo 2009, 177, 181; *Kühne*, Rn 749.3 u 749.8; *Murmann*, ZIS 2009, 526, 532; *Roxin/Schünemann*, § 44 Rn 63; *Theile*, MschrKrim 93 (2010), 147, 158; *Trüg*, StV 2010, 528; s. aber auch: *Kröpil*, JR 2010, 96.
112 *Stuckenberg*, ZIS 2013, 212, 218.
113 Grundlegend BGHSt 43, 195; BGHSt (GrS) 50, 40; *Altvater*, Rissing-van Saan-FS, S. 1 ff.; *Meyer*, StV 2015, 790; *Sauer/Münkel*, Absprachen im Strafprozess, 2. A. 2015.
114 Überblick bei *Altvater*, StraFo 2014, 221; *Bittmann*, NStZ 2015, 545; *Norouzi*, Schlothauer-FS, S. 355; *Schneider*, NStZ 2014, 192 u. 252; *Wenske*, DRiZ 2012, 123 u. 198.
115 BVerfGE 133, 168 m. Bespr. *Beulke/Stoffer*, JZ 2013, 662; *Becker*, JA 2017, 641, 642 f; *Fischer*, Kühne-FS, S. 203; *Jahn*, JuS 2013, 659; *Knauer*, NStZ 2013, 433; *König/Harrendorf*, AnwBl 2013, 321; *Kudlich*, ZRP 2013, 162; *ders.*, NStZ 2013, 379; *Landau*, Rössner-FS, S. 829; *Löffelmann*, JR 2013, 333; *Mosbacher*, NZWiSt 2013, 201; *Niemöller*, StV 2013, 420; *Rönnau*, JuS 2018, 114, 117 f; *Scheinfeld*, ZJS 2013, 296; *Schmitt*, Tolksdorf-FS, S. 399; *Schreiber-Klein*, JA 2015, 888; *Stuckenberg*, ZIS 2013, 212; *Trück*, ZWH 2013, 169; *Weigend*, StV 2013, 424.
116 BVerfGE 133, 168, 220; krit. *Stuckenberg*, ZIS 2013, 212, 217; vert. OK-StPO-*Bartel*, RiStBV 147 Rn 20, 26 ff; KK-*Moldenhauer/Wenske*, § 257c Rn 5b; *Schmitt*, Tolksdorf-FS, S. 399, 410; *Hamm*, StV 2013, 652; *Kühne*, Rn 750 f; *Landau*, NStZ 2014, 425; KK-*Moldenhauer/Wenske*, § 257c Rn 5d; *Tsambikakis*, ZWH 2013, 209.

Auch der **EGMR** hält strafprozessuale Absprachen für mit Art. 6 EMRK grundsätzlich kompatibel[117].

b) Kernregelung der Verständigung, § 257c StPO

395a aa) **Zentrale Vorschrift** zur Regelung der Verständigung ist § **257c StPO**. Diese Norm erkennt die Zulässigkeit der verfahrensbeendenden Verständigung ausdrücklich an (§ 257c I 1 StPO) und regelt den Anwendungsbereich (§ 257 II, III StPO).

– Grundvoraussetzung einer zulässigen Verständigung ist, dass **keine unsachgemäße Verknüpfung** zwischen angesonnenem und in Aussicht gestelltem Verhalten stattfinden darf, dh die **Konnexität** zwischen Leistung und Gegenleistung muss gewahrt sein. So darf zB dem Angeklagten keine Strafmilderung in Aussicht gestellt werden, wenn er seine Steuerschulden, die Gegenstand eines anderen Strafverfahrens waren, begleicht[118]. Unzulässig ist ferner die Festlegung einer Strafaussetzung zur Bewährung als Gegenleistung für den Verzicht auf Alibizeugen[119]. Den Gesetzgebungsmaterialien zufolge soll auch die Zusage eines bestimmten Strafrahmens durch das Gericht nicht mit dem generellen Verzicht des Angeklagten auf weitere Beweisanträge verbunden werden dürfen[120]. Ob sich Letzteres durchsetzen wird, erscheint zweifelhaft, denn es steht im Widerspruch zur generellen Zulässigkeit der Verständigung über Prozessverhalten.

– Regelmäßiger und typischer Bestandteil einer Verständigung ist das **Geständnis** des Beschuldigten, auch wenn § 257c II 2 StPO lediglich davon spricht, dass ein Geständnis Bestandteil jeder Verständigung sein „soll". Auf diese Weise stellt der Gesetzgeber klar, dass der Beschuldigte nicht notwendigerweise ein Geständnis ablegen muss, um in den Genuss einer Verständigung zu kommen – andererseits wird die Praxis ein solches vom Beschuldigten auch in Zukunft wohl immer verlangen. Bewusst hat es der Gesetzgeber unterlassen, ein „**qualifiziertes**" **Geständnis** zu fordern, damit der notwendige Beurteilungsspielraum des Tatgerichts nicht durch zusätzlich einschränkende Kriterien wie etwa das der Vollständigkeit oder Nachprüfbarkeit im Einzelfall zu sehr begrenzt wird. Schon aus der gerichtlichen Aufklärungspflicht (s. Rn 395) folgt allerdings, dass **allein** ein **inhaltsleeres Formalgeständnis** bzw ein sog. „**schlankes Geständnis**" keine ausreichende Grundlage für eine Verurteilung sein kann[121]. Das BVerfG fordert deshalb, dass **alle verständigungsbasierten Geständnisse zwingend durch Beweisaufnahme in der Hauptverhandlung** – also nicht etwa durch bloßen Abgleich mit der Aktenlage – **auf ihre Richtigkeit hin zu überprüfen sind**[122].

– Der **Schuldspruch** sowie Maßregeln der Besserung und Sicherung dürfen **nicht** Gegenstand einer Verständigung sein[123], § 257c II 3 StPO. Das bedeutet beispielsweise, dass sowohl der Sachverhalt als auch das Vorliegen qualifizierter Merkmale (zB Beisichführen einer Waffe, bandenmäßiges Vorgehen) der Parteidisposition entzogen sind (Verbot des **fact bargaining**).

– Regelbeispiele wurden hingegen nach Inkrafttreten des Verständigungsgesetzes zunächst als zulässige „Verhandlungsmasse" angesehen, da sie – formal betrachtet – anerkanntermaßen die Strafzumessung betreffen. Angesichts der materiell-rechtlich nahezu äquivalenten Funktion von Regelbeispielen und tatbestandlichen Qualifikationen bzw. Privilegierungen, die ihrerseits als Element des Schuldspruchs unzweifelhaft keiner Verständigung zugänglich sind, entschied

---

117 EGMR *(Natsvlishvili u. Togonidze/Georgien)* NJW 2015, 1745.
118 BGHSt 49, 84, 87; dazu *Beulke/Swoboda*, JZ 2005, 67; Fall jew. bei *Ceffinato*, Jura 2013, 873, 876; *Nistler*, JuS 2009, 916, 917.
119 BGHSt 40, 287, 290.
120 BT-Drs. 16/12310, S. 13; wie hier: *Schlothauer*, Beulke-FS, S. 1023, 1034.
121 *Eschelbach*, Rissing-van Saan-FS, S. 115, 134; OK-StPO-*Eschelbach*, § 261 Rn 15.
122 BVerfGE 133, 168, 209; ebenso BGH NStZ 2017, 173; OK-StPO-*Eschelbach*, § 257c Rn 24.
123 BGH StV 2009, 233; BGH NJW 2011, 1526; vert. *Weider*, Rissing-van Saan-FS, S. 731.

das BVerfG jedoch, dass bei verfassungsorientierter, teleologischer Auslegung des § 257c II 1 StPO auch Regelbeispiele und sonstige Strafrahmenverschiebungen – etwa in Form von Sonderstrafrahmen für besonders oder minder schwere Fälle – nicht der Disposition der Verfahrensbeteiligten unterliegen[124]. Die Ansicht des BVerfG wird seitens des BGH allerdings wieder in Zweifel gezogen, wenn ein minder schwerer Fall eines Delikts in Rede steht[125].

– Zulässiger Bestandteil der Verständigung sind hingegen solche **Rechtsfolgen**, die **Inhalt des Urteils** und der **dazugehörigen Beschlüsse** sein können.

    o Das Gericht darf in den Verständigungsgesprächen eine **Ober- und Untergrenze** der Strafe angeben (§ 257c III 2 StPO), nicht jedoch eine exakte Strafhöhe (**Punktstrafe**)[126]. Für die Festlegung des vorgeschlagenen Strafrahmens gelten die allgemeinen Grundsätze der Strafzumessung (§ 46 StGB). Der in Aussicht gestellte Strafrahmen darf in keinem Fall schuldunangemessen niedrig ausfallen, sonst liegt hierin ein gesetzlich nicht vorgesehener Vorteil (§ 136a I 3 Alt. 2 StPO)[127]. Weiterhin darf das Gericht nicht mit einer in Anbetracht der strafmildernden Wirkung des Geständnisses unverhältnismäßig großen **Sanktionsschere** drohen (zB mit Absprache 3,5 Jahre – ohne Absprache 7–8 Jahre Freiheitsstrafe)[128]. Der Angeklagte hat grds. weder einen Anspruch darauf, dass die gegen ihn zu verhängende Strafe automatisch der Untergrenze des angekündigten Strafrahmens entspricht[129], noch darauf, dass das Gericht eine Strafobergrenze bei Scheitern der Verständigung in Aussicht stellt[130]. Eine Verständigung kann auch in zulässiger Weise erfolgen über die Höhe der Kompensation für eine prozessordnungsgemäß festgestellte überlange Verfahrensdauer, die im Rahmen der Vollstreckungslösung der st. Rspr (s. dazu Rn 26) zu gewähren ist[131].

    o Nach neuer Rechtslage gehört auch die Entscheidung über eine **Strafaussetzung zur Bewährung** (§ 56 StGB) als „Inhalt des Urteils" (§ 267 III 4 StPO) und der „dazugehörigen Beschlüsse" (§ 268a I StPO) zur zulässigen Verhandlungsmasse einer Verständigung[132]. Ist Gegenstand einer Verständigung die Verhängung einer zur Bewährung auszusetzenden Freiheitsstrafe, muss der Angeklagte nach dem Grundsatz des fairen Verfahrens (Art. 20 III GG, Art. 6 I EMRK) vom Gericht auf konkret in Betracht kommende **Bewährungsauflagen** (§ 56b I 1 StGB) hingewiesen werden, bevor er seine bindende Zustimmung zur Verständigung erklärt[133]. Erfolgt kein entsprechender Hinweis und werden anschließend dennoch Bewährungsauflagen verhängt, können diese im Beschwerdeverfahren wirksam angefochten werden[134]. Etwas anderes soll dem BGH zufolge[135] jedoch für Weisungen gem. § 56c StGB gelten, da diese – im Unterschied zu Bewährungsauflagen – keinen Sanktionscharak-

---

124 BVerfGE 133, 168, 210 ff; ebenso OK-StPO-*Eschelbach* § 257c Rn 11.1; *Rössner/Safferling*, Problem Nr. 12, krit. *Schuster*, StV 2014, 109; tendenziell einschränkend auch ein Vorstoß des BGH (NStZ 2013, 540); diesem zust. KK-*Moldenhauer/Wenske*, § 257c Rn 18 u. *Schneider*, NStZ 2014, 192, 195; vert. *Schmitt*, Tolksdorf-FS, S. 399, 403.

125 BGH NStZ 2017, 363, 365; s. auch MüKo-StPO-*Jahn/Kudlich*, § 257c Rn 98.

126 BGHSt 51, 84, 86; BGH NStZ 2011, 231 u. 648; KG wistra 2015, 288.

127 BGH StV 2002, 637.

128 BGH StV 2007, 619; *Kempf*, StV 2009, 269, 270.

129 BGH NStZ 2012, 584; 2013, 417 m. krit. Anm. *Klötzer-Assion/Velke*, ZWH 2013, 427.

130 BGH NStZ 2015, 358, 359; 2013, 671 m. zust. Anm. *Trück*, ZWH 2014, 86; zust. auch *Ziegert*, StraFo 2014, 228, 231 f.

131 BGHSt 61, 43.

132 *Burhoff*, Hauptverhandlung, Rn 192; *M-G/Schmitt*, § 257c Rn 12; Niemöller/Schlothauer/Weider-*Niemöller*, Teil B § 257c Rn 57; krit. *Murmann*, StPO, Rn 275.

133 BGH NStZ 2018, 420.

134 BGHSt 59, 172 m. zust. Anm. *Bachmann*, JR 2014, 357; BGH NStZ-RR 2016, 379; OLG Frankfurt/M. NJW 2015, 1974; offen gelassen in BGH StV 2015, 277; anders bei gescheiterten Verständigungsgesprächen: KG StRR 2014, 306; generell gegen Anfechtbarkeit: OLG Rostock NStZ 2015, 663 m. zust. Anm. *Peglau*, jurisPR-StrafR 13/2015 Anm. 2.

135 BGH NStZ 2015, 179; so bereits *Schneider*, NStZ 2014, 192, 196; offen gelassen durch OLG Frankfurt/M. NJW 2015, 1974.

ter haben, sondern ausschließlich in spezialpräventiver Weise dazu dienen, positiven Einfluss auf die künftige Lebensführung des Verurteilten zu nehmen (vgl. § 56c I 1 StGB).

o Auch die Entscheidung über die **Fortdauer der Untersuchungshaft** (§ 268b StPO) ist – als „dazugehöriger Beschluss" iSv § 257c II 1 StPO – zulässiger Verständigungsgegenstand[136]. Jegliche Vereinbarung über Art und Weise des **Strafvollzugs** stellt hingegen eine Kompetenzüberschreitung seitens des Tatgerichts dar[137].

– Auch **sonstige verfahrensbezogene Maßnahmen** im zugrunde liegenden Erkenntnisverfahren können zum Inhalt der Verständigung werden, § 257c II 1 StPO. ZB können Vereinbarungen über die Form der Beweiserhebung (Videovernehmung etc) getroffen werden[138]. Auch Teileinstellungen innerhalb desselben Verfahrens nach § 154 II StPO und Verfolgungsbeschränkungen gem. § 154a II StPO bleiben zulässiger Verständigungsinhalt im Rahmen von § 257c StPO[139], solange das Gericht den ihm insoweit eingeräumten Beurteilungsspielraum wahrt. Wird dieser überschritten und findet daher in rechtswidriger Weise eine „zu großzügige" Verfolgungsbeschränkung statt, so kann dies im Einzelfall zu einer schuldunangemessen niedrigen Strafe, mithin zu einer unzulässigen Umgehung des Verbots des § 257c II 3 StPO führen[140]. Anderes gilt insbesondere für § 154 I StPO: Das BVerfG wandte sich im Rahmen seiner Grundsatzentscheidung unter Verweis auf den Wortlaut des § 257c I StPO („über den weiteren Fortgang und das Ergebnis *des* Verfahrens") sowie des § 257c II 1 StPO („im zugrunde liegenden Erkenntnisverfahren") gegen bisher für zulässig erachtete **„Gesamtlösungen"**. Hierunter wird die Einbeziehung anderer Verfahren in Verständigungsgespräche verstanden – v.a. in Form der staatsanwaltlichen Zusage, andere bei ihr anhängige Ermittlungsverfahren gem. § 154 I StPO einzustellen. Von Seiten der StA gegebene Versprechen hinsichtlich **anderer** bei ihr anhängiger Ermittlungsverfahren stellen also keinen zulässigen Verständigungsgegenstand iSd § 257c StPO dar und können dementsprechend weder Bindungswirkung iSv § 257c IV, V StPO noch einen schutzwürdigen Vertrauenstatbestand begründen[141]. Allerdings darf die Staatsanwaltschaft anlässlich einer Verständigung lediglich ankündigen, andere bei ihr anhängige Ermittlungsverfahren nach § 154 I StPO einzustellen, solange nicht der Eindruck erweckt wird, dass es sich dabei um einen von der Bindungswirkung der Verständigung erfassten Bestandteil handelt[142]. Gleiches muss für Entscheidungen des Gerichts gelten: Auch dieses darf im Rahmen von Verständigungsgesprächen nurmehr Versprechen im Hinblick auf die aktuelle Prozesssituation des gegenständlichen Erkenntnisverfahrens machen[143]. Unter diesem Aspekt ist zweifelhaft, ob Prozesshandlungen auf Seiten des Beschuldigten (die Rücknahme der Berufung) in einem Parallelverfahren vom Gericht durch eine Strafmilderung honoriert werden dürfen[144].

Daneben soll das **Prozessverhalten** der Verfahrensbeteiligten (zB der Verzicht auf einzelne Beweisanträge, Zusage einer Schadenswiedergutmachung) zulässiger Absprachegegenstand sein, § 257c II 1 StPO aE. Allerdings kann insoweit das Problem fehlender Konnexität relevant werden (s.o.)[145].

---

136 BGH NStZ 2014, 219; s.a. BGH NStZ 2015, 294, 295.
137 BGH NJW 1995, 2568; BT-Drs. 16/12310, S. 13.
138 *Burhoff*, Hauptverhandlung, Rn 176.
139 BVerfG NStZ 2016, 422; BGH StV 2018, 8, 9; OK-StPO-*Eschelbach*, § 257c Rn 16; KK-*Moldenhauer/Wenske*, § 257c Rn 14; aA BGH NStZ 2017, 244 (bei Einstellen wesentlicher Tatteile nach § 154a II StPO).
140 BVerfG NStZ 2016, 422, 425.
141 BVerfGE 133, 168, 214.
142 BGH NStZ 2017, 56 m. Anm. *Bittmann*; s. auch *F. Eckstein*, NStZ 2017, 609.
143 OLG Nürnberg NStZ-RR 2017, 350; *Schneider*, NStZ 2014, 192, 196 f; *Trück*, ZWH 2013, 169, 173.
144 So aber OLG Hamburg NStZ 2017, 307, 309; KG NStZ 2015, 236 m. abl. Anm. *Knauer/Pretsch*; zutr. krit. auch *Mosbacher*, JuS 2015, 701, 702; offen gelassen in BGH NStZ 2016, 177.
145 Krit.: *Murmann*, Roxin II-FS, S. 1385, 1394 f; *M-G/Schmitt*, § 257c Rn 14; *Wenske*, DRiZ 2011, 393, 397.

bb) Die Verständigung entfaltet für das Gericht (erst) **bindende Wirkung**, wenn **An-** **395b** **geklagter** und **StA** dem Vorschlag des **Gerichts**[146] **zustimmen** (§ 257c III 4 StPO). Die Zustimmungserklärung ist als gestaltende Prozesserklärung unanfechtbar und unwiderruflich (s. Rn 300)[147]. Der Nebenkläger ist zwar Verfahrensbeteiligter iSd § 257c I 1 StPO und kann als solcher an den Verständigungsgesprächen teilnehmen, das Zustandekommen einer Verständigung kann er jedoch – ebenso wie der Verteidiger – nicht verhindern. Die Bindungswirkung soll – ausweislich der Gesetzesmaterialien[148] – **nur** für **das erkennende Tatgericht** gelten, **nicht** jedoch für die **Rechtsmittelgerichte** (Berufungs- und Revisionsgerichte) und das Gericht nach Zurückverweisung (§ 354 II, III StPO). Ob jedoch insoweit der Hinweis auf das die Gerichte bindende Verbot der reformatio in peius (§§ 331 I, 358 II StPO) einen ausreichenden Beschuldigtenschutz gewährt, erscheint zweifelhaft, da der Beschuldigte insoweit nur unzureichend geschützt ist, wenn ausschließlich oder ebenfalls die StA Rechtsmittel eingelegt hat[149]. Aus der Regelungssystematik des Gesetzes ergibt sich, dass sich die Bindungswirkung des § 257c IV StPO nicht auf zugesagte Leistungen der StA bezieht[150].

cc) **Kommt eine Verständigung** mangels Geständnisbereitschaft des Angeklagten oder aus anderem Grunde **nicht zustande**, darf der Angeklagte im Regelfall auch nicht auf den hierfür in Aussicht gestellten Strafrahmen vertrauen und das Gericht darf sich nicht für an den in Aussicht gestellten Strafrahmen gebunden halten[151]. Etwas anderes gilt nur, wenn von Seiten des Gerichts ungeachtet der gescheiterten Verständigung ein eigenständiger Vertrauenstatbestand geschaffen wird (zB bei Ablehnung einer Verständigung, da der Angeklagte „sowieso Bewährung" bekommen werde[152]). Will das Gericht sich von dieser Zusage lösen, bedarf es eines expliziten Hinweises gem. § 265 StPO (s. Rn 384). Allerdings darf das Gericht die notwendige Mitwirkung der StA an einer Verständigung iSv § 257c StPO auch nicht mit Hilfe einseitiger verpflichtender Erklärungen umgehen. Die Abgrenzung einer offen gestalteten Verhandlungsführung (unter Abgabe vorläufiger Einschätzungen zur Sach- und Rechtslage) von einer informellen Absprache unter Ausschluss der StA erfordert insoweit eine diffizile Würdigung der konkreten Umstände des Einzelfalls[153].

c) Erörterung des Verfahrensstandes, §§ 160b, 202a, 212, 257b StPO

Für jedes Verfahrensstadium hat der Gesetzgeber zusätzlich eine Norm in die StPO eingefügt, **395c** welche die Möglichkeit einer sog. **Erörterung** des Verfahrenstandes mit den Verfahrensbeteiligten vorsieht, vgl §§ 160b, 202a, 212, 257b StPO. Durch **Betonung kommunikativer Elemente** soll so der Transparenz und Verfahrensförderung gedient werden, ohne jedoch einen Anspruch

---

146 BGH NStZ 2011, 592 (notwendige Einbeziehung aller Richter).
147 BGHSt 57, 273 m. Anm. *Kudlich*, NStZ 2013, 119.
148 BT-Drs. 16/12310, S. 15; aA *Kuhn*, StV 2012, 10.
149 Zur Praxis einer sog. „Sperrberufung" nach einer Verständigung: StA Nürnberg-Fürth StraFo 2014, 426 m. krit. Anm. *Schlothauer*; s.a. *Wenske*, NStZ 2015, 137, 141.
150 BT-Drs. 16/12310, S. 13.
151 BGH NStZ 2018, 232 m. Anm. *Schneider*; BGH NStZ 2018, 419.
152 Vgl BGH StV 2012, 135; s.a. OLG Celle StV 2012, 394 m. Anm. *Schlothauer*.
153 Vert. OLG München StV 2014, 523 m. abl. Anm. *Wenske*; abl. auch *Hillenbrand*, StRR 2014, 105; s.a. BGH StV 2014, 518; KG StRR 2014, 306 m. zust. Anm. *Hillenbrand*.

des Beschuldigten auf derartige Gespräche zu begründen. Im Gegensatz zur Verständigung (§ 257c StPO) entfalten Erörterungen **keine bindende Wirkung**. Auch **müssen** sie **nicht** zwangsläufig **auf eine** einvernehmliche Verfahrenserledigung im Sinne einer **Verständigung (§ 257c StPO) gerichtet sein**. Derartige Rechtsgespräche unterliegen nicht dem Transparenzgebot des § 243 IV 2 StPO (dazu Rn 395d)[154]. Gleichzeitig signalisiert die gesetzgeberische Formulierung als „Kann"-Vorschrift, dass die Frage, ob und mit wem Erörterungen geführt werden, dem pflichtgemäßen Ermessen der StA (§ 160b StPO) bzw. des Gerichts (§§ 202a, 212, 257b StPO) anheim gestellt wird, dh kein gebundener Anspruch der Verfahrensbeteiligten auf Durchführung von oder Teilnahme an Erörterungen besteht[155]. Der durch Verständigungsgespräche außerhalb der Hauptverhandlung – insbesondere bei ausgeschlossenen Mitangeklagten – ggf. entstehende Eindruck einer Voreingenommenheit des Gerichts kann indes zuverlässig nur dadurch verhindert werden, dass auch diese nur in Anwesenheit aller Verfahrensbeteiligten erfolgen[156].

d) Mitteilungs- und Protokollierungspflichten

395d   Der Gesetzgeber hat eine ganze Reihe von **Transparenz- und Dokumentationspflichten** statuiert, die keineswegs als bloße Ordnungsvorschriften verstanden werden dürfen, sondern ihrem Zweck entsprechend (Verhinderung sog. informeller Absprachen) zum „Kern des gesetzlichen Regelungskonzepts" gehören[157]. Gespräche zwischen den Verfahrensbeteiligten, die ausschließlich der Organisation sowie der verfahrenstechnischen Vorbereitung und Durchführung der Hauptverhandlung dienen (zB Abstimmung der Termine), werden mangels Bezug zum Verfahrensergebnis insoweit nicht erfasst. Etwas anderes gilt jedoch für Gespräche, die als Vorbereitung einer einvernehmlichen Verfahrenserledigung verstanden werden können – dh wenn Fragen des prozessualen Verhaltens in Konnex zum Verfahrensergebnis gebracht werden[158]: In der Hauptverhandlung besteht eine **Mitteilungspflicht** des Gerichts, ob der Hauptverhandlung Erörterungen (§§ 202a, 212 StPO; nicht § 160b StPO) vorausgegangen sind, in denen die Möglichkeit einer Verständigung nach § 257c StPO thematisiert wurde, und – wenn ja – welchen Inhalt diese im Wesentlichen hatten (§ 243 IV 1 StPO)[159]. Solche verständigungsbezogenen Erörterungen liegen vor, sobald bei Gesprächen ausdrücklich oder konkludent Fragen des prozessualen Verhaltens eines Verfahrensbeteiligten in einen hinreichend deutlichen Kontext zum Verfahrensergebnis gebracht werden[160]. Neben der Mitteilung von erfolgreichen und gescheiterten[161] Erörterungen erfasst § 243 IV StPO insbesondere auch die Mitteilung, dass keine Verständigungsgespräche stattgefunden haben (sog. **Negativmitteilung**)[162]. Gespräche, die ausschließlich zwischen StA und Verteidigung geführt wurden, unterfallen grundsätzlich nicht der Mitteilungspflicht nach § 243 IV

154 BGH StV 2016, 87 m. krit. Anm. *Kudlich*; s. auch *Fromm*, ZWH 2015, 4, 6; *Isfen*, ZStW 125 (2013), 325; *Salditt*, I. Roxin-FS, S. 687.
155 Vgl. BGH StV 2014, 513; BGH StV 2013, 432; vert. *Salditt*, Tolksdorf-FS, S. 377; *Schneider*, NStZ 2014, 252, 261.
156 BGH StV 2011, 72 (obiter dictum).
157 BVerfGE 133, 168, 222 f; s.a. BVerfG NStZ 2014, 528, 529; BVerfG NStZ 2015, 170 und 172.
158 BVerfGE 133, 168, 216; vert. *Pfister*, StraFo 2016, 187.
159 BGH NStZ 2017, 363; 482; 596; 658; NStZ-RR 2017, 51; wistra 2016, 164 m. Anm. *Kudlich*, JA 2016, 306; StV 2016, 94 u. 95; JR 2016, 143 m. Anm. *Niemöller*; OLG Frankfurt/M. StV 2016, 98; OLG Rostock StV 2016, 100; vert. *Becker*, JA 2017, 641, 645 f; *Walther*, NStZ 2015, 383.
160 S. BGH NStZ 2017, 52 u. 658.
161 BGH NStZ 2016, 228, 229; 2014, 416; 2013, 722 m. Bespr. *Mosbacher*, JuS 2014, 128; OLG München StV 2014, 520.
162 BVerfG NStZ 2014, 592 m. zust. Anm. *Hunsmann* u. krit. Anm. *Klotz*, StV 2015, 1; BVerfG NJW 2014, 3504; KG StV 2014, 522; so zuvor schon: *Schlothauer*, StV 2013, 679; LR-*Becker*, § 243 Rn 52c; SK-StPO-*Frister*, § 243 Rn 43; *Mosbacher*, NZWiSt 2013, 2201, 206; krit. KK-*Schneider*, § 243 Rn 35 u. *Niemöller*, JR 2015, 145; die in BGHSt 58, 315 (abl. Anm. *Schlothauer*, StV 2013, 679) vertretene gegenteilige Auffassung verstößt nach Ansicht des BVerfG gegen das Willkürverbot; zusammenfassend: *Satzger*, Jura (JK) 2015, 222 § 257c StPO.

StPO[163]. Aus Transparenzgründen sollten dem Gericht – obwohl es insoweit keine spezielle Regelung gibt – allerdings auch solche Verständigungsgespräche offengelegt werden[164]. Die Pflicht zur Mitteilung verständigungsbezogener Erörterungen gilt nach § 243 IV 2 StPO auch im weiteren Verlauf der Hauptverhandlung, soweit sich Änderungen gegenüber der Mitteilung nach § 243 IV 1 StPO zu Beginn der Hauptverhandlung ergeben[165]. Dies gilt nicht, sofern außerhalb der Hauptverhandlung Gespräche der Verfahrensbeteiligten über eine Teileinstellung nach § 154 II StPO stattgefunden haben[166].

Außerhalb der Hauptverhandlung ist der wesentliche Inhalt jeglicher Erörterungen **aktenkundig** zu machen (§§ 160b, 202a, 212 StPO); ansonsten wird der wesentliche Ablauf und Inhalt der Erörterungen bzw der Verständigung **ins Protokoll aufgenommen** (§§ 273 I 2, Ia 1 StPO). Auch die Beachtung der Mitteilungspflicht ist gem. § 273 Ia 2 StPO zu protokollieren. Fehlt ein entsprechender Hinweis im Protokoll, belegt dies lediglich, dass eine entsprechende Mitteilung unterblieben ist, nicht jedoch, dass keine Erörterungen außerhalb der Hauptverhandlung stattgefunden haben[167]. Wenn keine Verständigung stattgefunden hat, ist diese Tatsache nach § 273 Ia 3 StPO im Protokoll zu vermerken (**sog. „Negativattest"**[168]). Verhält sich das Hauptverhandlungsprotokoll weder positiv noch negativ zum Vorliegen einer Verständigung, verliert es insoweit seine Beweiskraft: Die Frage ist daher in der Revision **freibeweislich** aufzuklären – namentlich durch Einholung dienstlicher Erklärungen der Verfahrensbeteiligten[169]. Im Hinblick auf den **fair-trial-Grundsatz** hat das BVerfG jedoch darauf hingewiesen, dass nach Durchführung des Freibeweisverfahrens verbleibende Zweifel nicht zulasten des Beschuldigten gehen dürfen, da sie ihre Ursache in einem Verstoß gegen eine gesetzlich angeordnete Dokumentationspflicht finden[170].

Ist dem Urteil eine Verständigung gem. § 257c StPO vorausgegangen, muss das Zustandekommen der Verständigung **in den Urteilsgründen angegeben werden** (§ 267 III 5 StPO), damit die Rechtsmittelgerichte ihrer Kontrollpflicht angemessen nachkommen können. Mit dieser Zielsetzung ist es unvereinbar, wenn der BGH[171] die Angabe des **Inhalts** der Verständigung und der **Umstände** ihres Zustandekommens im Urteil für entbehrlich hält.

Das BVerfG hat Verstöße gegen die Transparenz- und Dokumentationspflichten des Verständigungsgesetzes bewusst **in die Nähe absoluter Revisionsgründe gerückt**[172], um sog. informelle Absprachen endgültig zu unterbinden. Entgegen der früheren Rspr des BGH[173] ist die Verletzung der (Negativ-)Mitteilungspflicht des § 243 IV 1 StPO in der Regel revisibel, da in diesem Fall nach Ansicht des Verfassungsgerichts ein Beruhen des Urteils iSd § 337 StPO auf einem Verstoß gegen § 257c StPO zumeist nicht auszuschließen ist[174]. Gleiches soll auf Grundlage der verfassungsgerichtlichen Rspr gelten, sofern im Protokoll das gem. § 273 Ia 3 StPO erforderliche Negativattest fehlt, obwohl eine Verständigung gem. § 257c StPO nicht zustande gekommen ist[175]. Nur ausnahmsweise könne ausgeschlossen werden, dass das Urteil auf einem entsprechenden

163 BVerfG NStZ 2014, 592, 594; BGH StV 2018, 1; s. auch BGH StraFo 2018, 198.
164 BGH NStZ 2012, 347; OLG München StV 2014, 520; *Pauly*, Rissing-van Saan-FS, S. 425, 431.
165 S. BGH StV 2018, 6; NStZ 2018, 49.
166 BGH NStZ 2018, 49; anders noch BGH NStZ 2016, 171.
167 BVerfGE 133, 168, 217; *M-G/Schmitt* § 243 Rn 18a.
168 BGH NStZ 2016, 118 m. Anm. *Bittmann*; krit. *Niemöller*, Rissing-van Saan-FS, S. 393 ff.
169 BGHSt 56, 3 m. krit. Anm. *W. Bauer*, StV 2011, 340; OLG Zweibrücken NJW 2012, 3193.
170 BVerfG StV 2012, 385 m. Anm. *Niemöller* u. *Knauer/Lickleder*, ZWH 2012, 300; s.a. *Artkämper*, StRR 2012, 164; *Kröpil*, JR 2013, 203; *Ladiges*, JR 2012, 371; *Schwabenbauer*, NStZ 2014, 495.
171 BGHSt 58, 184; BGH NStZ 2011, 170; *M-G/Schmitt*, § 267 Rn 23a; weitergehend: BGH StV 2013, 194.
172 BVerfGE 133, 168; BVerfG NStZ 2014, 528, 529; OLG Nürnberg StV 2015, 282, 283; krit. BGH StV 2016, 81, 84; *Niemöller*, NStZ 2015, 489; *Walther*, NStZ 2015, 383; abgrenzend: BGH NStZ 2013, 724; s. auch *Becker*, JA 2017, 641, 646.
173 ZB BGH NStZ 2014, 221; BGH NStZ-RR 2014, 315.
174 Krit. BGH wistra 2016, 164 m. Anm. *Kudlich*, JA 2016, 306.
175 Anders noch BGH NStZ 2014, 418.

Verfahrensfehler beruhe – nämlich dann, wenn zweifelsfrei feststehe, dass es keinerlei Gespräche gegeben habe, in denen die Möglichkeit einer Verständigung im Raum stand[176]. Die Rüge eines Verstoßes gegen § 243 IV StPO setzt nicht voraus, dass der Verteidiger vom Zwischenrechtsbehelf des § 238 II StPO Gebrauch gemacht hat[177].

e)   Rechtsmittelverzicht

395e   aa) Bereits vor Inkrafttreten der gesetzlichen Regelung der Verständigung wurde der aufgrund einer Urteilsabsprache ausgesprochene **Rechtsmittelverzicht des Angeklagten** als **unwirksam** betrachtet, wenn das Gericht dem Betroffenen nur eine einfache Rechtsmittelbelehrung iSv § 35a StPO aF erteilt hatte. Auf diese Weise versuchte man zu verhindern, dass der Rechtsmittelverzicht zum Gegenstand der Absprache wurde und dafür sorgte, dass der Parteikonsens sich jeglicher Kontrolle durch die Rechtsmittelgerichte entzog. Nach Ansicht des Großen Senats des BGH sollte der Rechtsmittelverzicht jedoch möglich sein, wenn der Angeklagte zuvor vom Gericht im Rahmen einer **qualifizierten Belehrung** darüber aufgeklärt worden war, dass er trotz eines vereinbarten Rechtsmittelverzichts Rechtsmittel einlegen könne[178]. Das Schrifttum stand dieser Lösung weitgehend skeptisch gegenüber[179].

bb) Der Gesetzgeber teilt diese Skepsis. Zwar sieht § 35a S. 3 StPO nun für den Fall der Verständigung ausdrücklich die von der Rspr entwickelte Zusatzbelehrung (**qualifizierte Belehrung**) mit dem Inhalt vor, dass der Beschuldigte trotz der Verständigung frei in seiner Entscheidung ist, ein Rechtsmittel einzulegen. Auf diese Weise soll ihm die bestehende Anfechtungsoption noch einmal ausdrücklich vor Augen geführt werden. Die neue Regelung der Verständigung geht aber noch über das von der Rspr etablierte Schutzniveau hinaus, indem sie **zusätzlich** einen **Rechtsmittelverzicht** im Falle einer erfolgten Verständigung generell **ausschließt** (§ 302 I 2 StPO)[180]. Trotz qualifizierter Belehrung kann der Beschuldigte also bei „abgesprochenen Urteilen" **nicht wirksam auf Rechtsmittel verzichten** – ihm stehen innerhalb der dafür vorgesehenen Fristen grundsätzlich alle Rechtsmittel **uneingeschränkt** zu: Die Einlegung eines Rechtsmittels kann folglich nicht als widersprüchliches (und damit unzulässiges) Verhalten eingestuft werden, nur weil das Urteil auf einer Verständigung beruht[181]. Zur Anwendung von § 302 I 2 StPO auf sog. informelle Verständigungen vgl Rn 396f.

---

176   BVerfGE 133, 168, 223; BVerfG NJW 2014, 3504; NJW 2015, 1235; BGH StV 2018, 13; NStZ 2015, 353 m. Anm. *Feldmann*, NStZ 2015, 474; BGH NJW 2015, 645 m. Anm. *Leitmeier*; vert. *Allgayer*, NStZ 2015, 185.

177   BGHSt 59, 252 m. abl. Anm. *Grube*, NStZ 2014, 603; BGH StV 2016, 94; OLG Hamm StV 2016, 791.

178   BGHSt GrS 50, 40 m. Anm. *Dahs*, NStZ 2005, 580; *Duttge/Schoop*, StV 2005, 421; *Geppert*, JK 10/05, StPO § 302/2; *Rieß*, JR 2005, 430.

179   *Hellmann*, Rn 698; *Satzger*, JA 2005, 684; aus dem älteren Schrifttum *Meyer-Goßner*, NStZ 2004, 216; *Mosbacher* und *Grunst*, NStZ 2004, 52 ff; s. ferner *Bömeke, P.*, Rechtsfolgen fehlgeschlagener Absprachen im deutschen und englischen Strafverfahren, 2001, S. 134; *Erb*, GA 2000, 511; *Fahl*, ZStW 117 (2005), 605; *Heller*, Die gescheiterte Urteilsabsprache, 2004; *Satzger*, JuS 2000, 1157; *Weigend*, StV 2000, 63, 66.

180   Krit. zB *Scheffler/Lehmann*, StV 2015, 123; zu diesen: *Bauer*, StV 2015, 524.

181   BGHSt 57, 3 m. Bespr. *Jahn*, JuS 2012, 470; krit: *Kudlich*, Gutachten, C55; *F.-C. Schroeder*, JR 2012, 266; aA noch: BGH StV 2009, 169 m. abl. Anm. *Beulke/Witzigmann*, StV 2009, 394.

Leider unterläuft die Praxis – mit Billigung des BGH[182] – auch diese Radikallösung, indem sie den Beschuldigten zunächst ein Rechtsmittel einlegen lässt, das er dann verabredungsgemäß unverzüglich (in dem vom BGH entschiedenen Fall: 54 Minuten später) zurücknimmt. Gleiches tut die StA. Auf diese Weise wird vor Ablauf der Rechtsmittelfrist sofortige Rechtskraft herbeigeführt. Eine Umgehung des gesetzlichen Verbots in § 302 I 2 StPO ist rechtsmissbräuchlich, weshalb die Kombination der beiden Erklärungen (Rechtsmitteleinlegung und unverzügliche Rücknahme) als funktionales Äquivalent des Rechtsmittelverzichts nach zutreffender Auffassung ebenfalls unwirksam ist[183].

f) Jugendstrafverfahren

Obwohl § 257c StPO gleichermaßen **im Jugendstrafverfahren** Anwendung findet, wird nach Ansicht des Gesetzgebers der dort tragende Erziehungsgedanke Verständigungen vor dem Jugendgericht regelmäßig als ungeeignet erscheinen lassen[184]. Ob die frühere Rspr noch Gültigkeit hat, dass die Anwendung von Jugendstrafrecht auf Heranwachsende **nicht Gegenstand** einer Absprache sein darf[185], ist derzeit noch nicht geklärt, im Interesse des Erziehungsgedankens sollten entsprechende Absprachen jedoch unzulässig bleiben[186].   **395f**

g) Verständigung zu Lasten Dritter

Von einer **Verständigung zu Lasten Dritter** spricht man, wenn sich die Prozessbeteiligten in einem dem aktuellen Verfahren vorangehenden oder parallelen Strafprozess gegen den späteren Hauptbelastungszeugen im Rahmen einer Verständigung im Gegenzug für eine geständige Einlassung auf ein milderes Strafmaß geeinigt haben. Sagt der Zeuge im anschließenden Verfahren gegen den Dritten aus, ist das erkennende Gericht regelmäßig dazu verpflichtet, die damalige Verständigung im Wege des Strengbeweises in das aktuelle Verfahren einzuführen und bei der Würdigung der Aussage des Belastungszeugen erkennbar miteinzubeziehen. Insbesondere muss im Urteil nachvollziehbar behandelt werden, ob der Zeuge mit Blick auf die ihn betreffende Verständigung irrig hatte glauben können, eine Falschaussage zu Lasten des Angeklagten sei für ihn besser als eine wahre Aussage zu dessen Gunsten[187].   **395g**

4. Bindungswirkung, § 257c IV StPO

a) Als sich die Abprachepraxis vor mehreren Jahrzehnten entwickelte, waren zunächst weder der Angeklagte noch die Strafverfolgungsorgane an eine Absprache gebunden[188]. Das **Risiko der Nichteinhaltung** der Absprache lag allein **beim Angeklagten**[189]. Im Laufe der Zeit akzeptierte aber die Rspr des BGH schon vor der gesetzlichen Neuregelung eine aus dem fair-trial-Grundsatz folgende Bindung des erkennenden Gerichts an die (zulässige) Absprache, es sei denn, es ergaben sich „schwerwiegende neue Umstände"[190] bzw es wurden „bereits vorhandene relevante tatsächliche oder rechtliche Aspekte" übersehen[191].   **396**

---

182 BGHSt 55, 82; krit. ua: *Altvater*, StraFo 2014, 221, 222; *Fischer*, StraFo 2010, 329, 331; *Frisch*, Dencker-FS, S. 95 ff; *Jahn*, JuS 2010, 742; *Malek*, StraFo 2010, 251; *Niemöller*, NStZ 2013, 19, 24 f; *Scheffler/Lehmann*, StV 2015, 123, 128; *Staudinger*, HRRS 2010, 347.
183 Niemöller/Schlothauer/Weider-*Niemöller*, Teil B § 302 Rn 16.
184 BT-Drs. 16/12310, S. 10; *Fahl*, NStZ 2009, 613; *Knauer*, ZJJ 2010, 25; aA: *Nowak*, JR 2010, 248.
185 BGH StV 2001, 555.
186 *Burhoff*, Hauptverhandlung, Rn 193; aA *Artkämper/ua*, Teil 16 Rn 31; *M-G/Schmitt*, § 257c Rn 7.
187 Vgl BGHSt 58, 184; BGH StV 2014, 392; BGH StV 2012, 393, 649 u. 652.
188 BGH NJW 1994, 1293.
189 So das Tatgericht bei BGH StV 2000, 556.
190 BGHSt 43, 195, 210; *Kintzi*, Hanack-FS, S. 185; *Kuckein*, Meyer-Goßner-FS, S. 63 ff; krit. *Satzger*, JA 1998, 98; s. auch BGH StV 2003, 481 m. abl. Anm. *Schlothauer*.
191 BGHSt 50, 40, 50; BGH StV 2009, 239.

396a b) Daran knüpft nun die Regelung des § 257c IV 1 StPO an, wenn sie bestimmt, dass die – vom Gesetz vorausgesetzte – **Bindung** des Tatgerichts an die Verständigung iSv § 257c III 4 StPO **entfällt, wenn rechtlich oder tatsächlich bedeutsame Umstände übersehen** worden sind **oder sich neu ergeben** haben und das **Gericht** – nicht (nur) die Staatsanwaltschaft[192] – deswegen zu der Überzeugung gelangt, dass der in Aussicht gestellte **Strafrahmen nicht mehr tat- oder schuldangemessen** ist. Mit dieser Klausel sollen in erster Linie Fälle erfasst werden, in denen das Gericht zunächst die Sach- oder Rechtslage unzutreffend bewertet und deshalb einen unangemessenen Strafrahmen in Aussicht gestellt, später aber diesen Irrtum erkannt hat. Der Gesetzgeber will so sicherstellen, dass das Gericht nicht sehenden Auges ein falsches bzw ungerechtes Urteil fällen muss. Leider sind die Voraussetzungen des Wegfalls der Bindung so unbestimmt, dass das Vertrauen des Angeklagten in die Wirksamkeit der Absprache und in die Sinnhaftigkeit der von ihm erbrachten (Vor-)Leistungen leicht enttäuscht werden kann. Diese Verunsicherung des Angeklagten wird durch eine zweite Abweichungsmöglichkeit noch verstärkt: Nach § 257c IV 2 StPO **entfällt die Bindungswirkung** auch, **wenn** das **weitere Prozessverhalten des Angeklagten nicht** dem Verhalten **entspricht**, das der **Prognose des Gerichts zugrunde gelegt** worden ist. Zwar ist hier in erster Linie an den billigerweise zu berücksichtigenden Fall zu denken, dass der Angeklagte seine abgesprochene Leistung nicht erbringt – zB wenn er statt des angekündigten vollen Geständnisses nur Teile der Tat eingesteht – es verschwimmen hingegen die Konturen, wenn es um sonstiges, in der Absprache nicht spezifiziertes Prozessverhalten des Angeklagten geht wie zB die Anrufung des Gerichts gem § 238 II StPO (s. Rn 373 ff) oder die Art der Befragung eines Zeugen durch den Angeklagten gem. § 240 II 1 StPO (s.o. Rn 387). Dem Gericht wird so ein ganz erhebliches Druckmittel an die Hand gegeben, um Einfluss auf das Verteidigungsverhalten des Angeklagten zu nehmen[193].

396b c) § 257c V StPO sieht eine **Belehrung** des Angeklagten **über** die **Voraussetzungen und Folgen** einer Abweichung des Gerichts von dem in Aussicht gestellten Ergebnis vor. Die Belehrung stellt eine wesentliche Förmlichkeit dar, die gem. § 273 Ia 2 StPO in das Sitzungsprotokoll aufzunehmen ist. Sie muss gemeinsam mit dem Verständigungsvorschlag – dh vor Zustimmung des Beschuldigten – erteilt werden[194].

Unterbleibt die Belehrung oder wird sie zu spät erteilt (d.h. erst nach Zustimmung des Beschuldigten zur Verständigung), ist – entgegen der früheren Rspr[195] – regelmäßig davon auszugehen, dass das Urteil auf diesem Verfahrensfehler beruht (§ 337 StPO), eine entsprechende Revision also Erfolg hat[196]. Dies gilt ausnahmsweise dann nicht, wenn der Beschuldigte nach den konkreten Feststellungen des Revisionsgerichts auch bei ordnungsgemäßer Belehrung ein Geständnis abgelegt hätte[197]. Überdies führt eine Missachtung der Belehrungspflicht zu einem Beweis-

---

192 BGH NStZ 2017, 373.
193 Krit. auch *Fahl/Geraats*, JA 2009, 791, 796.
194 BGH StV 2018, 11; BeckRS 2018, 4881; NStZ 2015, 358; vgl ferner zur fehlenden Protokollierung der Belehrung: BGHSt 59, 130 m. Anm. *Kudlich*, NStZ 2014, 285.
195 BGH wistra 2011, 73, 74 u. 75, 76.
196 BVerfGE 133, 168, 238; BVerfG NJW 2014, 3506, 3507; 2012, 1058, 1071; BGH NJW-Spezial 2015, 217; StV 2014, 518; 2013, 611; OLG München StV 2014, 79; OLG Köln StV 2014, 80.
197 BVerfG NJW 2014, 3506, 3507; BVerfG StV 2013, 674; BGH NStZ 2013, 728 m. Anm. *Radtke* u. *Eisenberg*, StV 2014, 69; *Jahn*, StV 2011, 497, 501; s. auch BGH NStZ-RR 2017, 120; 151.

verwertungsverbot hinsichtlich eines nach Zustandekommen der Verständigung abgegebenen Geständnisses[198].

Sobald sich das Gericht für eine Abweichung von der Verständigung entschieden hat, muss es dies dem Angeklagten **unverzüglich mitteilen**, § 257c IV 4 StPO. Der entsprechende **Beschluss** – das Entfallen der Bindungswirkung tritt nicht kraft Gesetzes ein[199] – ist vom Gericht durch objektive Umstände zu begründen, da er der revisionsgerichtlichen Kontrolle unterliegt[200]. Eine im Einzelfall möglicherweise aus der veränderten rechtlichen Beurteilung des Tatgeschehens erwachsende Hinweispflicht des Gerichts gem. § 265 II Nr 2 StPO bleibt unberührt von § 257c IV StPO bestehen – auch wenn das Gericht sich nicht von seiner Strafrahmenzusage lösen will[201].

5. Fehlerfolgen der gescheiterten oder missbräuchlichen Absprache

a) Widerruf gem. § 257c IV 1 StPO

Der einzige gesetzlich vorgesehene Fall einer gescheiterten Absprache ist der des **Widerrufs** gem. § 257c IV 1 u. 2 StPO (s.o. Rn 396 ff). Welche **Konsequenzen** sich aus dem Entfallen der Bindungswirkung im Einzelfall ergeben, ist jedoch immer noch ungeklärt. Zu begrüßen ist jedenfalls die Entscheidung des Gesetzgebers, im Falle der Lösung des Gerichts von der Verständigung ein **Beweisverwertungsverbot** für ein vom Angeklagten bereits abgelegtes **Geständnis** zu normieren, § 257c IV 3 StPO. Nur so kann der **Verfahrensfairness** angemessen Rechnung getragen werden[202]. Das gilt nach dem BGH nur dann, wenn es nach dem Scheitern einer Verständigung unter den Voraussetzungen des § 257c IV 1, 2 StPO zu keiner erneuten Verständigung kommt, in deren Folge ein Angeklagter ein gleichlautendes Geständnis ablegen möchte[203]. Bei Abschluss einer erneuten Verständigung dürfe der Angeklagte daher – auch konkludent – auf sein ursprüngliches Geständnis zurückgreifen. Eines Widerspruchs (s.o. Rn 117, 150 u. unten Rn 460a) gegen die Verwertung bedarf es nach einem Widerspruch nicht, da die Folge **kraft Gesetzes** eintritt[204].

396c

Zu der Frage, inwieweit dem Beweisverwertungsverbot aus § 257c IV 3 StPO **Fernwirkung** (s. Rn 144) zuzuerkennen ist, schweigt das Gesetz. Dementsprechend steht zu befürchten, dass die Rspr den von ihr etablierten Spurenansatz (s. Rn 232a, 266) weiterverfolgen und somit alle aufgrund des Geständnisses erlangten Beweise für eine Verurteilung des Angeklagten freigeben wird. Wollte man den Gedanken des fair trial allerdings konsequent umsetzen, müsste zumindest in den Fällen, in denen die Justiz die Verantwortung für den Wegfall der Bindungswirkung trägt (also zB wenn das Gericht relevante tatsächliche oder rechtliche Gesichtspunkte übersehen hat, § 257c IV 1 Var. 1 StPO), ein Beweisverwertungsverbot auch für mittelbar aufgrund des Geständnisses erlangte Beweismittel gelten[205].

Wie mit **sonstigen Leistungen bzw Prozesserklärungen** des Angeklagten (zB Rücknahme von Beweisanträgen, Zustimmung zur Verlesung von Protokollen) zu verfahren ist, die in Erfüllung

---

198 OLG Rostock StV 2014, 81; OLG München StV 2014, 79; anders noch BGH StV 2011, 76, 78.
199 BGHSt 57, 273.
200 *Burhoff*, Hauptverhandlung, Rn 214; *Jahn/Müller*, NJW 2009, 2625, 2629; Niemöller/Schlothauer/Weider-*Niemöller*, Teil B § 257c Rn 113.
201 BGHSt 56, 235; vgl auch BGH StV 2013, 193.
202 Ausf. hierzu *Beulke/Swoboda*, JZ 2005, 67, 73; *Gless*, Schlothauer-FS, S. 433.
203 BGH StV 2018, 10.
204 OK-StPO-*Eschelbach*, § 257c Rn 36; *Velten*, StV 2012, 172, 176.
205 *Jahn/Müller*, NJW 2009, 2625, 2629; *Murmann*, ZIS 2009, 526, 538; *Rogall*, Rengier-FS, S. 435, 442; *Schlothauer/Weider*, StV 2009, 600, 605; aA *Bittmann*, wistra 2009, 414, 416; *M-G/Schmitt*, § 257c Rn 28; speziell zum Jugendstrafverfahren: *Knauer*, ZJJ 2012, 260.

der gescheiterten Verständigung erbracht wurden, ist ebenfalls noch ungeklärt, insbes. ob hier faktisch von einem **status quo ante** auszugehen ist[206], sodass alle Erklärungen hinfällig sind bzw neu abgegeben werden müssen oder ob die Verhandlung auf der Basis des **status quo fortgesetzt** werden kann[207]. Infolge der Verständigung unterlassene Prozesshandlungen dürfen nun jedenfalls nachgeholt werden (zB Beweisanträge)[208]. Sie können vom Gericht nicht als verspätet abgelehnt werden.

b)   Berufung/Revision

Gerade das Rechtsmittelverfahren wirft vor dem Hintergrund des Verständigungsgesetzes viele noch ungeklärte Fragestellungen auf, da die nächsthöhere Instanz und die Gerichte nach Zurückverweisung grundsätzlich nicht an die Verständigung der ersten Tatsacheninstanz gebunden sind[209] (s. Rn 395b).

So kann es ohne Weiteres geschehen, dass trotz einvernehmlicher Verständigung erneut über den Tatvorwurf verhandelt wird. Dies ist namentlich denkbar, wenn die StA Berufung einlegt. Schließlich dürfen Rechtsmittel auch dann eingelegt werden, wenn der Rechtsmittelführer in erster Instanz an einer Verständigung mitgewirkt hat (s. Rn 395e). Entgegen der überwiegend restriktiven Auslegungstendenz in der Rspr[210] ist der **Rechtsgedanke des § 257c IV 3 StPO** hier als Konkretisierung des **fair-trial-**Grundsatzes **verallgemeinerungsfähig:** Wenn das Erfüllungsinteresse des Beschuldigten „enttäuscht" wird – er also letztlich die vom Gericht ursprünglich versprochene Strafmaß„gegenleistung" nicht erhält – muss dies die Rückabwicklung des Verständigungs„geschäfts" zur Folge haben, dh es muss ein Beweisverwertungsverbot hinsichtlich des abgelegten Geständnisses eingreifen[211]. Über das Vorliegen dieses **Beweisverwertungsverbots** ist der Angeklagte vom Berufungsgericht qualifiziert zu belehren[212]. Eine Geständnisverwertung ist nur ausnahmsweise angemessen, wenn (1) das Berufungsgericht den Angeklagten von seiner Verwertungsabsicht unverzüglich zu Beginn der Berufungshauptverhandlung **in Kenntnis setzt,** (2) es im Gegenzug an die erstinstanzliche **Verständigung gebunden** wird und (3) die erstinstanzliche Verständigung **in gesetzmäßiger Weise** zustandegekommen war [213].

Ebenfalls problematisch erscheint es, den Angeklagten an der Wirksamkeit einer bereits erklärten teilweisen Berufungsrücknahme (= Beschränkung der Berufung auf das Strafmaß) festzuhalten, wenn die Prozesserklärung in Erfüllung einer Verständigung vor dem Berufungsgericht erfolgt ist[214], sich das Gericht jedoch anschließend in Anwendung von § 257c IV 1 StPO wirksam von der Bindungswirkung gelöst hat. Unter fair-trial-Gesichtspunkten ist der Angeklagte hier so zu stellen, als habe er die Berufungsbeschränkung nicht erklärt[215]. Gleiches gilt, wenn die Berufungsbeschränkung Teil einer verfahrensfehlerhaft zustandegekommenen Verständigung war und nicht zweifelsfrei festgestellt werden kann, dass die Beschränkungserklärung von der Verletzung

---

206 Hierfür: Niemöller/Schlothauer/Weider-*Weider*, Teil C Rn 78 ff; *Wenske*, DRiZ 2012, 123, 125 f.
207 Hierfür: Niemöller/Schlothauer/Weider-*Niemöller*, Teil B § 257c Rn 130 ff.
208 OK-StPO-*Eschelbach*, § 257c Rn 39.1.
209 Vgl zB BGH NStZ-RR 2013, 373.
210 Vgl zB OLG Nürnberg wistra 2012, 243; anders OLG Düsseldorf StV 2011, 80.
211 SK-*Velten*, § 257c Rn 48; in diese Richtung auch: *Kudlich*, JA 2011, 634; bei Zurückverweisung nach einer Revision: *Schlothauer*, StV 2013, 195, 197.
212 OLG Karlsruhe NStZ 2014, 294, 295 m. zust. Anm. *Moldenhauer*, NStZ 2014, 493 u. krit. Anm. *Norouzi*, StV 2014, 661; OLG Düsseldorf StV 2011, 80 m. krit. Anm. *Kuhn*, StV 2012, 10 u. *Moldenhauer/Wenske*, NStZ 2012, 184; zust. Bespr. *Mosbacher*, JuS 2011, 708; abl. OLG Nürnberg wistra 2012, 243; vert. *Altvater*, StraFo 2014, 221, 222; *El-Ghazi*, JR 2012, 406; *Schneider*, NZWiSt 2015, 1, 4 f; *Wenske*, NStZ 2015, 137, 141 ff.
213 Vgl OLG Karlsruhe NStZ 2014, 294.
214 Zur Zulässigkeit als Gegenstand einer Verständigung in der Berufungsinstanz: OLG Karlsruhe NStZ 2014, 536.
215 OLG Hamburg NStZ 2014, 534, 536 (obiter dictum); für den Fall einer gesetzwidrigen Absprache: KG StV 2012, 654.

von Plichten des Gerichts im Rahmen der Verständigung (zB Verletzung der Dokumentations- und Transparenzpflicht[216] oder Belehrungspflicht nach § 257c V StPO[217]) vollständig unbeeinflusst geblieben ist. Die im Rahmen einer Verfahrensverständigung erfolgte Rücknahme eines Rechtsmittels in einem Parallelverfahren ist als bedingungsfeindliche Prozesserklärung auch dann wirksam[218], wenn man annimmt, dass die Rechtsmittelrücknahme in einem anderen Verfahren kein tauglicher Verständigungsgegenstand ist[219].

Schließlich sind Konstellationen denkbar, in denen sich ein Wegfall der Bindungswirkung als völlig sachwidrig darstellt. Dies ist beispielsweise der Fall, wenn das Revisionsgericht die Entscheidung der Tatsacheninstanz wegen rechtsfehlerhaften Widerrufs der rechtmäßigen Verständigung aufhebt und zurückverweist: Hier muss sich das neue Tatgericht ausnahmsweise doch an die alte Verständigung halten[220].

c) Dissens

Eine Verständigung kann misslingen, weil die Vereinbarung nicht eindeutig ist und die Auffassungen der Beteiligten über den Inhalt der Verständigung auseinandergehen, sog. **Dissens**. Diese Situation wird aufgrund der Pflichten zur Aktenführung und Protokollierung der wesentlichen Punkte vorhergehender Erörterungen bzw der Verständigung selbst (s.o. Rn 395d) nur noch selten entstehen oder zumindest für den Angeklagten schwer nachzuweisen sein – zumal eine Bindungswirkung für heimliche Absprachen außerhalb der dokumentierten Ergebnisse abgelehnt wird (s.u. Rn 396f). Innerhalb dieser Grenzen gebietet jedoch der Grundsatz des fairen Verfahrens auch im Fall des Dissenses die Annahme eines Beweisverwertungsverbotes hinsichtlich des Geständnisses. Kann der Angeklagte wegen anderer Beweismittel gleichwohl verurteilt werden, soll nach Meinung der Rspr zusätzlich eine Strafmilderung in Betracht kommen[221]. | **396d**

Liegt eine **zulässige** und dem Umfang nach völlig **klare** Verständigung vor, hält sich aber das **Gericht** nicht an die Vereinbarung (zB bestraft es höher, ohne dass die Voraussetzungen des § 257c IV 1 oder 2 StPO vorlägen), so hat der Angeklagte aufgrund der vorgeschriebenen Dokumentation aller Vorgänge im Protokoll die Möglichkeit, die **unzulässige Abweichung von der Bindungswirkung im Rechtsmittelverfahren** zu rügen. | **396e**

Hält sich die StA nicht an eine zulässige Verständigung, so ist der Schutz des Beschuldigten nur sehr viel schwieriger sicherzustellen, weil sich die Bindungswirkung des § 257c IV StPO nicht auf Zusagen der StA bezieht (s. Rn 395b). Dieser Fall kann zB eintreten, wenn die StA im laufenden Verfahren im Rahmen einer Verständigung zwischen den Verfahrensbeteiligten zunächst einer Teileinstellung gem § 154 II StPO zustimmt und später trotz des inzwischen abgegebenen Geständnisses den dazu notwendigen Antrag verweigert. In solchen Fällen hilft nur ein Rückgriff auf den Grundsatz des **fairen Verfahrens** (s. Rn 28): Der Angeklagte ist so zu stellen, als hätte die StA ihre Zusage eingehalten[222]. Im laufenden Prozess muss also das durch die Verständigung gebundene Gericht ausnahmsweise ein **Verfahrenshindernis**[223] (s. Rn 289c, 291 ff) bzgl der Taten annehmen, zu deren Einstellung die StA ursprünglich zugestimmt hatte, da es den Antrag der StA gem. § 154 II StPO nicht ersetzen kann. Die Rspr, die dies auch im Grundsatz

---

216 OLG Stuttgart StV 2014, 397; aA OLG Hamburg NStZ 2014, 534; *Wenske*, NStZ 2015, 137, 138.
217 OLG Braunschweig NStZ 2016, 563: „Regelvermutung".
218 BGH NStZ 2016, 177 m. Anm. *Ventzke*; OLG Hamburg NStZ 2017, 307.
219 S. dazu Rn 495a.
220 Niemöller/Schlothauer/Weider-*Weider*, Teil C Rn 57.
221 BGHSt 42, 191, 194, dazu *Beulke/Satzger*, JuS 1997, 1077, 1079.
222 *Lindemann*, JR 2009, 82; KK-*Moldenhauer/Wenske*, § 257c Rn 36; *Sauer*, wistra 2009, 141; SK-*Velten*, § 257c Rn 30.
223 *Eisenberg*, NStZ 2008, 698 Niemöller/Schlothauer/Weider-*Schlothauer*, Teil B § 160b Rn 25 ff u *Niemöller*, Teil B § 257c Rn 39; *Lindemann*, JR 2009, 82.

anerkennt, tendiert allerdings im Einzelfall eher zu einer **Strafzumessungslösung**, dh zur Möglichkeit der Strafmilderung[224].

e) Heimliche (= informelle) Absprache

396f Zu den wesentlichen Zielen der Regelung der Verständigung ist das Anliegen des Gesetzgebers zu zählen, **heimliche (sog. informelle) Absprachen**[225] mit eventuell rechtswidrigem Inhalt zu unterbinden, indem sie für **unzulässig** erklärt werden und ihnen **keine rechtliche Verbindlichkeit** zukommt. Dies hat auch das BVerfG in seinem Grundsatzurteil zum Verständigungsgesetz deutlich hervorgehoben[226]: Weder auf Seiten des Gerichts noch auf Seiten des Beschuldigten ist ein schutzwürdiges Interesse erkennbar, dass rechtswidrig getätigte Zusagen erfüllt werden. Deshalb darf der Beschuldigte unter **fair-trial**-Gesichtspunkten genauso wenig an seinen Teil der rechtswidrigen Zusage gebunden sein wie das Gericht: § 257c IV 3 StPO und § 302 I 2 StPO sollten auch im Fall des heimlichen Deals zu Gunsten des Angeklagten **analog** angewandt werden, so dass sein vereinbartes Geständnis als unverwertbar[227] und ein eventuell erklärter Rechtsmittelverzicht als unwirksam[228] anzusehen sind. Ansonsten bliebe die heimliche Absprache revisionsgerichtlicher Kontrolle entzogen oder doch zumindest – angesichts des verwertbaren Geständnisses – aus Sicht der (hier rechtswidrig handelnden) Verfolgungsbehörden „gefahrlos". Eine analoge Anwendung des § 302 I 2 StPO kommt mangels planwidriger Regelungslücke nach der Rspr jedenfalls nicht in Betracht, wenn die (informelle) Verständigung ohne Beteiligung des Gerichts zustande gekommen ist[229].

In Anknüpfung an die Entscheidung des Verfassungsgerichts belegte das OLG München ein Urteil, welches auf eine informelle Absprache zurückging, sogar mit dem (Ausnahme-)Verdikt der Nichtigkeit, weil es in völliger Missachtung jeglicher gesetzlicher Anforderungen an eine Verständigung ergangen war[230]: Neben der Verletzung sämtlicher Offenlegungs-, Dokumentations-, Hinweis- und Belehrungspflichten hatte das Gericht seine Entscheidung trotz offensichtlich erforderlicher weiterer Aufklärung allein auf die erkennbar ungenügende Einlassung des Angeklagten gestützt, ohne sich über deren sachliche Richtigkeit ein „eigenes Urteil" zu bilden.

Verfahrensbeteiligte, die unter Missachtung der formellen und materiellen Bestimmungen der gesetzlichen Regelung weiterhin heimliche Absprachen realisieren[231], setzen sich einem – im Einzelnen noch völlig ungeklärten – **Strafbarkeitsrisiko** wegen Rechtsbeugung (§ 339 StGB) und uU auch Strafvereitelung (§§ 258, 258a StGB) aus[232].

---

224 BGHSt 37, 10; 52, 165, 172 f.
225 Aus der Praxis hierzu: *Neumann*, NJ 2013, 240; *Schmuck*, SVR 2013, 90.
226 BVerfGE 133, 168, 212 ff; näher hierzu *Beulke/Stoffer*, JZ 2013, 662, 671 f; s.a. BGH StV 2015, 153.
227 OLG Düsseldorf StV 2011, 80; KG StV 2012, 654; SK-StPO-*Velten*, § 257c Rn 32, 49; OK-StPO-*Eschelbach*, § 257c Rn 36.4; aA: BGH NStZ 2014, 353 m. insoweit abl. Anm. *Kudlich*; BGH StV 2010, 673 m. abl. Bespr. *F. Meyer*, HRRS 2011, 17; *Jahn*, StV 2011, 497, 500 f.
228 BVerfGE 133, 168, 213 f; BGHSt 59, 21, 26 m. zust. Anm. *Deiters*, ZJS 2014, 583, *Jäger*, JA 2014, 394; *Kudlich*, JZ 2014, 471 u. *Norouzi*, NJW 2014, 874; krit. Bespr. bei *Trück*, ZWH 2014, 179; s.a. OLG Köln NStZ 2014, 727 m. abl. Anm. *Schneider*, NStZ 2015, 53; OLG München StV 2013, 493; OLG Celle StV 2012, 141 m. zust. Anm. *Meyer-Goßner*; *Schlothauer*, StraFo 2011, 487, 496; *Knauer/Lickleder*, NStZ 2012, 366, 377; *Kudlich*, Gutachten, C56; aA: *Bittmann*, NStZ-RR 2011, 102, 104; *Kirsch*, StraFo 2010, 96, 101.
229 OLG Hamm NStZ 2017, 725.
230 OLG München NJW 2013, 2371 m. zust. Anm. *Förschner*, StV 2013, 502; abl. Anm. *Meyer-Goßner*, StV 2013, 613: abl. ferner *Beulke*, Schlothauer-FS, S. 315; *Leitmeier*, NStZ 2014, 690.
231 Vgl Berichte aus der Praxis bei: *Hamm*, Dencker-FS, S. 147; *Nobis*, StRR 2012, 84.
232 Dazu *Beulke*, Schlothauer-FS, S. 315; *Beulke/Ruhmannseder*, Rn 120 ff; *Dießner*, StV 2011, 43; *Erb*, StV 2014, 103; *Eschelbach*, Paeffgen-FS, S. 637; *Fischer*, Kühne-FS, S. 203, 212; FA-Strafrecht-*Satzger*, 8. Teil Kap 3 Rn 72 ff; Niemöller/Schlothauer/Weider-*Schlothauer*, Teil D Rn 47 ff.

f) Ausübung unzulässigen Drucks in Richtung auf eine Verständigung

Wird im Rahmen der Verständigungsgespräche **unzulässiger Druck** auf den Beschuldigten aus- **396g**
geübt, kann dieser in der Rechtsmittelinstanz einen Verstoß gegen **§ 136a StPO** rügen. Vor diesem Hintergrund ist beispielsweise höchst fragwürdig, ob ein Gericht das Zustandekommen einer
Verständigung davon abhängig machen darf, dass alle Mitangeklagten dem Vorschlag gemeinsam
zustimmen – insbesondere, wenn die Mitangeklagten eng miteinander verwandt sind (Vater, Mut-
ter, Tochter) und somit familiäre Bande eine besondere gegenseitige Rücksichtnahme erwarten
lassen[233]. Allerdings stellt die Rspr an den erforderlichen Nachweis eines unzulässigen Geständ-
nisdrucks extrem hohe Anforderungen: Entsprechende Anhaltspunkte müssen sich aus dem Sitzungsprotokoll ergeben. Jedenfalls einem verteidigten Angeklagten sei zuzumuten, Inhalten einer
Verständigung, die er für unzulässig hält, sogleich zu widersprechen und ggf auf ihre Protokollierung hinzuwirken oder solche Umstände zum Gegenstand eines Ablehungsgesuchs zu
machen[234].

V. Die Neugestaltung der Hauptverhandlung/Vorverlagerung ins Ermittlungsverfahren

Zu den Zentralforderungen früherer Jahrhunderte gehörte die Neugestaltung der Hauptverhand- **397**
lung. Insbes. sollte zwecks besseren Persönlichkeitsschutzes des Angeklagten und der Verstär-
kung der Objektivität der Richter nach anglo-amerikanischem Vorbild eine **Zweiteilung** der
Hauptverhandlung eingeführt werden, sog. **Tat- oder Schuldinterlokut**. Im ersten Teil würde nur
die Frage geklärt, ob der Angeklagte die Tat begangen hat, dies könnte sich in einem Zwischen-
bescheid des Gerichts niederschlagen, und erst im zweiten Teil wäre dann auf das Vorleben des
Angeklagten, seine besonderen persönlichen Verhältnisse sowie auf die nunmehr auszuwählende
Sanktion einzugehen[235].

Von solch weit reichenden Reformgedanken ist man in jüngster Zeit aber abgekommen und bemüht sich nun um eine Modernisierung und Weiterentwicklung des Strafverfahrensrechts unter
Beibehaltung der insgesamt bewährten Strukturen[236]. Zahlreiche Konzepte, v.a. der Diskussions-
entwurf der ehemaligen Regierungsfraktionen und des BMJ für eine Reform des Strafverfahrens[237] aus dem Jahre 2004 laufen darauf hinaus, das Zwischen- und insbes. das Hauptverfahren
zu entlasten. So sollen zB zu Gunsten einer beschleunigten, gestrafften und – so die Hoffnung –
effektiveren Hauptverhandlung wesentliche Elemente der Beweisaufnahme in das **Ermittlungsverfahren vorverlagert** werden. Die vorab gewonnenen Beweisergebnisse sollen mit Hilfe von
Protokollen und Videoaufzeichnungen in die Hauptverhandlung „transferiert"[238] werden. Parallel
dazu sollen auch die Rechte der Verteidigung im Sinne eines partizipatorischen Ermittlungsverfahrens gestärkt werden[239].

---

233 Für Zulässigkeit jedoch BGH NStZ 2015, 537.
234 BGH StV 2010, 293.
235 Siehe dazu Alternativ-Entwurf: Novelle zur Strafprozeßordnung, Reform der Hauptverhandlung, be-
arb. von *J. Baumann* ua, 1985; *Eckstein*, 39. Strafverteidigertag, S. 107; zum AE-Beweisaufnahme GA
2014, 1; *Jahn*, StV 2015, 778; *Kröpil*, Jura 2015, 611; zum AE-Unmittelbarkeit *Freund*, D-F-T, S. 65;
Jahn, Wolter-FS, S. 963; *Stuckenberg*, D-F-T, S. 135.
236 Vert. *Pollähne*, StV 2015, 784; s.a. *Albrecht*, S. 8 ff.
237 StV 2004, 228; s.a. Entwurf für die Reform des strafrechtlichen Ermittlungsverfahren des DAV,
AnwBl. 2006, 24.
238 Kritisch hierzu *Walther*, JZ 2004, 1107; vert. *Beulke*, Rieß-FS, S. 6; *Eschelbach*, 39. Strafverteidigertag, S. 37; *Heghmanns*, JA 2002, 985; *Pollähne*, 39. Strafverteidigertag , S. 45; *Nack/Park/Brauneisen*,
NStZ 2011, 310; *Satzger*, Gutachten, C47; *ders.*, StraFo 2006, 45; *Schöch*, Schlüchter-GS, S. 29;
Weigend, ZStW 113 (2001), 271; *ders.*, Eisenberg-FS, S. 657; *Wohlers*, GA 2005, 11.
239 *Deckers*, StraFo 2006, 269; *Freyschmidt/Ignor*, NStZ 2004, 465; *Schlothauer/Weider*, StV 2004, 504.

Insgesamt sollen die **konsensualen Elemente** des Strafprozesses ausgebaut werden durch eine neue „Kommunikationskultur", die die Transparenz des Strafverfahrens erhöht[240].

Im Jahre 2013 hat das Bundesjustizministerium eine Expertengruppe eingesetzt, eine Reform eines „praxistauglichen und effektiven Strafverfahrens" zu erarbeiten[241]. Ihr Abschlussbericht diente in vielen Teilen als Grundlage des Gesetzes zur effektiveren und praxistauglicheren Ausgestaltung des Strafverfahrens vom 17.8.2017[242]. Grundlegende strukturelle Veränderungen waren damit allerdings nicht verbunden. Weitere Teil-Reformen sind geplant.

398   **Lösung Fall 46:**

a) Die Lösung ergibt sich aus der Auflistung Rn 371.

b) Eine Hauptverhandlung darf im Regelfall bis zu drei Wochen **unterbrochen** (§§ 228 I 1 Alt. 2, 229 I StPO) und kann dann fortgesetzt werden. Übersteigt hingegen die Unterbrechung die Höchstdauer von drei Wochen (Ausn. § 229 II, III StPO), so ist die Hauptverhandlung **ausgesetzt** (§ 228 I 1 Alt. 1 StPO). Bei der Aussetzung muss die Verhandlung völlig von neuem beginnen (§ 229 IV StPO). Einzelheiten s. Rn 381.

399   **Lösung Fall 47:** Verbietet der Vorsitzende dem Angeklagten, ein Protokoll über eine Zeugenaussage anzufertigen, so ist dies eine Maßnahme der Leitung der Hauptverhandlung iSd § 238 I StPO. Der Vorsitzende hat hier seine **Sachleitungsbefugnis** rechtswidrig gehandhabt, da das Verbot jeglicher schriftlicher Aufzeichnungen die Vorbereitung der Verteidigung unangemessen beeinträchtigt. A kann jedoch seine Revision nicht auf § 338 Nr 8 StPO stützen, denn er (bzw sein Verteidiger) hat versäumt, gegen die Anordnung des Vorsitzenden einen **Gerichtsbeschluss** nach § 238 II StPO zu erwirken, der von § 338 Nr 8 StPO ausdrücklich verlangt wird. Nach hA kann A seine Revision auch nicht auf § 337 StPO stützen, da A durch die Nichtanrufung des Gerichts diese Verfahrensrüge verwirkt habe. Nach zutreffender Ansicht besteht hingegen eine derartige Rügepräklusion nicht. Einzelheiten s. Rn 375.

400   **Lösung Fall 48:** Verhandlungen vor dem erkennenden Strafgericht müssen **öffentlich** sein, § 169 GVG. Kommt auf Grund einer nichtöffentlichen Hauptverhandlung ein Urteil zu Stande, so liegt der absolute Revisionsgrund des § 338 Nr 6 StPO vor. Die Öffentlichkeitsgewährung ist jedoch nicht schrankenlos. So liegt zB kein Verstoß gegen § 169 GVG vor, wenn der Gerichtssaal wegen Überfüllung geschlossen ist. Nach der Rspr ist der vorliegende Fall ebenso zu behandeln, wenn das Gericht eine Beschränkung der Öffentlichkeit weder bemerkt hat noch bemerken konnte (BGHSt 21, 72, 74). Diese Auslegung erscheint jedoch problematisch, da es bei § 169 GVG auf die Verschuldensfrage nicht ankommt. Bei nicht nur geringfügigen Zugangshindernissen wird man deshalb unabhängig von deren Erkennbarkeit die Revision gem. § 338 Nr 6 StPO durchgreifen lassen müssen. Einzelheiten s. Rn 376, 380.

401   **Lösung Fall 49:**

a) In der Hauptverhandlung hat eine **Verständigung** gem. § 257c StPO zwischen den Verfahrensbeteiligten stattgefunden. Da diese Absprache zulässig war und auch keine Gründe vorliegen, die ein späteres Abrücken von der Vereinbarung gestatten (§ 257c IV 1 u. 2 StPO), ist die Verständigung für das Gericht bindend. Die StA unterliegt dieser Bindungswirkung jedoch nicht. Gleichwohl ergibt sich aus dem Grundsatz des fairen Verfahrens, dass der Angeklagte

---

240 Vert. *Duttge*, ZStW 115 (2003), 539; *Jahn*, ZStW 118 (2006), 427; *Salditt*, ZStW 115 (2003), 570; *Ignor/Matt*, StV 2002, 102; *E. Müller*, DAV-FS, S. 681; *Schünemann*, GA 2008, 314; *Nestler*, ZIS 2014, 594; *Roxin/Schünemann*, § 69 Rn 1 ff; neuerdings: *Sommer*, StraFo 2017, 481.
241 Dazu *Gössel*, Streng-FS, S. 703; *Löffelmann*, StV 2018, 536; *Momsen*, 40. Strafverteidigertag, S. 83; *Nobis*, StV 2015, 56; *Schlothauer*, StV 2016, 607; *Schünemann*, StraFo 2016, 45.
242 BGBl I 2017, S. 3202; dazu *Basar*, StraFo 2016, 226; *Kudlich*, JR 2016, 514.

so zu stellen ist, als ob die StA ihre Zusage eingelöst hätte. Das Gericht muss also, da es den gem. § 154 II StPO notwendigen Antrag der StA nicht ersetzen kann, konsequenterweise bzgl der für die Teileinstellung vorgesehenen Tat ein Verfahrenshindernis annehmen, dh bzgl dieser Tat das Verfahren durch Urteil einstellen (§ 260 III StPO). Diese Lösung ist in der Rspr bisher allerdings noch nicht anerkannt. Zwar hält sie ein derartiges Verfahrenshindernis als „ultima ratio" für möglich, andererseits entnimmt sie dem fair-trial-Grundsatz vorrangig nur das Gebot einer wesentlichen Strafmilderung. Dies gewährt aber dem Beschuldigten einen zu geringen Schutz vor einer missbräuchlichen Handhabung der konsensualen Möglichkeiten durch die anderen Verfahrensbeteiligten. Einzelheiten s. Rn 290 f; 394 ff.

b) Hier beschränken sich die Kontakte zwischen der StA und dem Beschuldigten auf eine sog. **Erörterung** gem § 160b StPO. Die rechtliche Verbindlichkeit einer Verständigung (§ 257c IV StPO) kommt dem Ergebnis von Erörterungen nicht zu. Gleichwohl ist im Abweichen vom Ergebnis der Erörterung eine Verletzung des Gebots eines fairen Verfahrens (Art. 20 III GG) mit der Folge eines Strafklageverbrauchs zu sehen. Der Strafrichter muss deshalb beschließen, das Hauptverfahren bzgl des zweiten Diebstahls nicht zu eröffnen (§ 204 StPO). Leider würde die Rspr – wie oben unter a) dargelegt – auch insoweit nur zu einer Strafmilderung gelangen. A kann übrigens das alte Strafbefehlsverfahren bzgl des ersten Diebstahls nicht weiterbetreiben, indem er seinen Verzicht auf den Einspruch nachträglich anficht und wegen der inzwischen abgelaufenen Einspruchsfrist einen Antrag auf Wiedereinsetzung in den vorigen Stand stellt. Prozesserklärungen können nämlich grundsätzlich nicht wegen Willensmängeln angefochten werden. Einzelheiten s. Rn 300 f, 394 ff. **401a**

§ 20 Die Beweisaufnahme in der Hauptverhandlung (Allgemeine Grundsätze)

Fall 50:

a) A wird von der großen Strafkammer des LG wegen schweren Raubes (§§ 249, 250 StGB) verurteilt. Der Schöffe S war während der Hauptverhandlung kurz eingenickt. Wäre eine darauf gestützte Revision erfolgreich?

b) Schöffe S hilft in der Hauptverhandlung dem neben ihm sitzenden armamputierten Richter beim Umblättern der Akten. Hierbei liest S teilweise die Anklageschrift mit, um festzustellen, ob das „Ermittlungsergebnis" mit der Einlassung des A und den Aussagen der Zeugen übereinstimmt. Wie wären jetzt die Revisionschancen? **Rn 409**

I. Allgemeine Grundsätze der Beweisaufnahme

1. Die sich unmittelbar an die Vernehmung des Angeklagten anschließende **Beweis-aufnahme** dient der Ermittlung der Tatsachen und Erfahrungssätze, die für die Entscheidung des Gerichts von Bedeutung sind, § 244 II StPO. Es kann sich um äußere (zB Wegnahme) oder innere Tatsachen (zB Zueignungsabsicht) handeln. Dass alle entscheidungserheblichen Tatsachen in der Hauptverhandlung (häufig erneut) ermittelt werden, ist erforderlich, weil nach § 261 StPO das Gericht über das Ergebnis der **402**

Beweisaufnahme nach seiner freien, aus dem **Inbegriff der Verhandlung** geschöpften Überzeugung entscheidet.

403 2. Die Beweisaufnahme ist nach §§ 244–256, 261 StPO geprägt durch:

– den Grundsatz der gerichtlichen Aufklärungspflicht (s.u. Rn 406)
– den Grundsatz der Mündlichkeit (s.u. Rn 407)
– den Grundsatz der Unmittelbarkeit (s.u. Rn 410 ff)
– den Grundsatz der freien richterlichen Beweiswürdigung (s.u. Rn 490 ff)
– den numerus clausus der zugelassenen Beweismittel (s.o. Rn 179).

Diese Grundsätze beziehen sich allerdings nur auf das **Strengbeweisverfahren**, dh sie gelten nur, soweit es um die Schuld- und Rechtsfolgenfrage geht. Für Verfahrensfragen (zB Vorliegen eines Strafantrags) gilt hingegen das **Freibeweisverfahren** (dazu o. Rn 180).

404 3. **Nicht** des Beweises bedürfen alle **offenkundigen** Tatsachen.

Offenkundig sind Tatsachen, die entweder **allgemeinkundig** oder **gerichtskundig** sind.

Allgemeinkundig sind Tatsachen, „von denen verständige Menschen regelmäßig Kenntnis haben oder über die sie sich aus zuverlässiger Quelle ohne besondere Fachkenntnisse sicher unterrichten können"[1]. Dazu zählen zB geschichtliche Daten und physikalische Gesetze[2].

Gerichtskundig sind Tatsachen, von denen das Gericht in amtlicher Eigenschaft, vor allem aus anderen Verfahren, Kenntnis erlangt hat[3].

4. Innerhalb der bedeutsamen Tatsachen wird unterschieden zwischen:

405 **Haupttatsachen**, das sind Tatsachen, die sich direkt unter eine materiell-rechtliche Vorschrift subsumieren lassen (zB: A hat B mit einem Schuss getötet.), und

Indiztatsachen, das sind Tatsachen, die einen Schluss auf Haupttatsachen zulassen (Beispiel: Der mit einem Revolver bewaffnete A verließ fluchtartig den Tatort.). Auch der sog. Alibibeweis ist ein Indizienbeweis (Beispiel: A war zur Tatzeit an einem anderen Ort.).

Hilfstatsachen haben die Beweiskraft von Beweismitteln zum Gegenstand (Beispiel: Der Hauptbelastungszeuge ist nicht glaubwürdig.). Die Begriffe Indiztatsache und Hilfstatsache werden häufig synonym gebraucht.

II. Der Grundsatz der richterlichen Aufklärungspflicht, § 244 II StPO

406 Das Gericht hat die Beweisaufnahme zur Erforschung der Wahrheit **von Amts wegen** auf alle Tatsachen und Beweismittel zu erstrecken, die für die Entscheidung von

---

1 BGHSt 26, 56, 59.
2 S. auch *Keller*, ZStW 101 (1989), 381; BGH BeckRS 2018, 13265 m. Anm. *Eisenberg*, StV 2018 (im Erscheinen).
3 BGHSt 26, 56, 59; s.a. BGH NStZ 2016, 123.

Bedeutung sind (**Untersuchungsgrundsatz** bzw **Ermittlungsgrundsatz**), § 244 II StPO (s. bereits Rn 21).

Die Amtsaufklärungspflicht begründet für die Prozessbeteiligten einen **Anspruch** auf Beweiserhebung. Das Gericht muss alle nicht von vornherein aussichtslosen Schritte unternehmen, um eine möglichst zuverlässige Beweisgrundlage zu erhalten. Weiterhin ergibt sich aus § 244 II StPO die Pflicht, sich um **bestmögliche Beweise** zu bemühen, nicht aber das Verbot, auch mittelbare Beweise zu erheben[4]. Ferner folgt aus § 244 II StPO, dass die Prozessbeteiligten zur Stellung sachdienlicher Anträge zu veranlassen und bei Stellung ihrer Beweisanträge zu unterstützen sind[5]. So besteht für das Gericht zB eine Fragepflicht, wenn die Vermutung nahe liegt, der Antragsteller habe aus Ungeschick, aus Versehen etc den Antrag nicht so genau und vollständig wie möglich gefasst[6]. Diese Pflicht besteht auch gegenüber der StA[7]. Erst wenn die Aufklärungspflicht erfüllt ist, ist Raum für die freie Beweiswürdigung iSd § 261 StPO, die Anwendung des Grundsatzes „in-dubio-pro-reo" und die Wahlfeststellung[8].

In vielen Verfahren entstehen Zweifel über den Umfang der richterlichen Aufklärungspflicht, dh darüber, bis zu welcher Grenze weitere denkbare Beweismittel ausgeschöpft werden müssen. Nach ständiger Rspr des BGH reicht die Pflicht des Gerichts zu umfassender Sachverhaltsaufklärung so weit, wie die Umstände, die dem Gericht bekannt sind oder hätten bekannt sein müssen, zum Gebrauch eines bestimmten weiteren Beweismittels drängen oder ihn nahe legen[9]. Auch wenn das Gericht glaubt, auf der Basis der bisherigen Beweisaufnahme bereits eine Überzeugung vom Sachverhalt gewonnen zu haben, darf es weitere zur Verfügung stehende Beweismittel nicht ungenutzt lassen, **wenn auch nur die entfernte Möglichkeit einer Änderung der durch die erfolgte Beweisaufnahme begründeten Vorstellung von dem Sachverhalt in Betracht kommt**[10]. Die revisionsrechtliche Geltendmachung der Verletzung der tatrichterlichen Verpflichtung aus § 244 II StPO wird als sog. **Aufklärungsrüge** bezeichnet, bei der es sich um die Rüge eines Verfahrensfehlers handelt[11] (s. Rn 562, 564).

III. Der Grundsatz der Mündlichkeit, § 261 StPO

1. Der Mündlichkeitsgrundsatz besagt, dass nur der **mündlich** vorgetragene und erörterte Prozessstoff dem Urteil zugrunde gelegt werden darf (vgl §§ 261, 264 StPO; s. auch Rn 23). **Urkunden** müssen dementsprechend zum Zwecke der Beweiserhebung über ihren Inhalt durch **Verlesen** bekannt gemacht werden, § 249 I 1 StPO. Elektronische Dokumente sind Urkunden, soweit sie verlesbar sind, § 249 I 2 StPO.   **407**

---

4 BVerfGE 57, 250, 277; BVerfG JR 2004, 37 m. Anm. *Böse*; BGH StV 2003, 485.
5 BGHSt 22, 118, 122.
6 Vgl BGH <Pf/M> NStZ 1985, 205, 206.
7 *M-G/Schmitt*, § 244 Rn 35.
8 Vgl hierzu *Wessels/Beulke/Satzger*, AT, Rn 1300 ff.
9 BGH StV 1981, 164; BGH NStZ 2013, 725; s.a. BGH wistra 2013, 322.
10 BGHSt 23, 176, 188; 30, 131, 143; BGH StV 1993, 194.
11 BGH NStZ 2011, 471; *Huber*, JuS 2009, 614, 618.

§ 249 II StPO beinhaltet durch die Möglichkeit der „**Selbstlesung**"[12] von Urkunden durch das Gericht eine Ausnahme vom Mündlichkeitsgrundsatz. Dh, Berufsrichter und Schöffen müssen die Urkunden tatsächlich gelesen haben und den übrigen Beteiligten muss ebenfalls Gelegenheit zur Kenntnisnahme gewährt worden sein[13]. Das Selbstleseverfahren wird **vom Vorsitzenden angeordnet**. Dem können der Staatsanwalt, der Angeklagte oder der Verteidiger widersprechen. Dann entscheidet das Gericht durch Beschluss, der gem. § 305 S. 1 StPO (dazu Rn 578) nicht mit der Beschwerde anfechtbar ist[14]. Darüber hinaus hat die Rspr es schon immer für zulässig erklärt, dass die Verlesung durch einen Bericht des Vorsitzenden über den Urkundeninhalt ersetzt wird, wenn alle Prozessbeteiligten einverstanden sind und die Aufklärungspflicht nicht entgegensteht[15].

Auch offenkundige Tatsachen (s. Rn 404) und Erfahrungssätze (s. Rn 492) müssen in der Hauptverhandlung zur Sprache kommen, es sei denn, es handelt sich – wie idR bei allgemeinkundigen Tatsachen – um Selbstverständlichkeiten, deren Erörterung sich erübrigt[16].

408 2. Zum anderen lassen sich aus dem Mündlichkeitsgrundsatz ebenso wie aus dem Unmittelbarkeitsgrundsatz Anforderungen an die **Verhandlungsfähigkeit** der Richter ableiten:

Nach hA ist bei Mitwirkung eines **tauben** Richters das Gericht nicht vorschriftsmäßig besetzt, sodass der absolute Revisionsgrund nach § 338 Nr 1 HS 1 StPO erfüllt ist[17]. Zu differenzieren ist beim **schlafenden** Richter. Nur wenn der Richter einen nicht unerheblichen Zeitraum fest geschlafen hat, sodass er wesentlichen Vorgängen, die sich während dieses Zeitraums ereigneten, nicht hat folgen können, soll ein Revisionsgrund nach § 338 Nr 1 HS 1 StPO gegeben sein[18]. Sachgerechter erscheint hier allerdings die Anwendung des § 337 StPO[19]. Ist das Tatgericht mit einem **blinden** Richter besetzt, so stellt sich die Frage, ob zum „Inbegriff der Verhandlung" iSd § 261 StPO auch visuelle Eindrücke gehören. Die neuere Rspr bejaht dies und nimmt einen Verstoß gegen den Unmittelbarkeitsgrundsatz bzw eine nicht vorschriftsmäßige Besetzung des Gerichts (§ 338 Nr 1 HS 1 StPO) an[20], wohingegen die frühere Rspr die Mitwirkung eines blinden Richters nur dann für unzulässig hielt, wenn es in der Hauptverhandlung zu einer Augenscheinseinnahme kam[21].

3. Aus dem Mündlichkeitsgrundsatz sowie dem Unmittelbarkeitsgrundsatz lässt sich auch ableiten, dass sich die **Schöffen** ihre Überzeugung allein auf Grund der Hauptverhandlung bilden müssen und deshalb **keine** Einsicht in die **Gerichtsakten** haben dürfen[22]. Von dieser Rechtsansicht scheint der BGH inzwischen im Hinblick auf die Gleichbehandlung von Berufsrichtern und Schöffen abrücken zu wollen und hat die

---

12 Vert. *Kirchner*, StraFo 2015, 52; *Knierim/Rettenmaier*, StV 2006, 155.
13 BGH NStZ 2005, 160 m. Anm. *Kudlich*, JuS 2005, 381; BGH NJW 2010, 3382 m. Bespr. *Mosbacher*, JuS 2011, 137, 141; BGH StraFo 2012, 101 m. Bespr. *Albrecht*, ZIS 2012, 163.
14 BGHSt 57, 306, 308 m. Bespr. *Gössel*, JR 2013, 380 u. *Kudlich*, JA 2012, 954; S/S/W-StPO-*Kudlich/ Schuhr*, § 249 StPO Rn 35 f.
15 BGHSt 1, 94, 96.
16 OLG Thür. StV 2007, 26; KK-*Krehl*, § 244 Rn 132; A/N/M, S. 569 ff.
17 *M-G/Schmitt*, § 338 Rn 13.
18 BGHSt 2, 14, 15.
19 Für beides: *Roxin/Schünemann*, § 46 Rn 38.
20 BVerfG NJW 2004, 2150; BGHSt 34, 236, 238; 35, 164, 166 f.
21 BGHSt 4, 191; 5, 354; 18, 51; s.a. *Lesch*, 2/84 f.
22 RGSt 69, 120; BGHSt 13, 73, 75; KMR-*Stuckenberg*, § 261 Rn 15; *Schünemann*, StV 2000, 164; krit. *Ellbogen*, DRiZ 2010, 136; *Hillenkamp*, Kaiser-FS, S. 1437; *Kühne*, Rn 116.1; *Schreiber*, Welzel-FS, S. 941.

Überlassung von Aktenteilen an die Schöffen (in concreto: Tonbandprotokolle einer Telefonüberwachung) als Hilfsmittel zum besseren Verständnis der Beweisaufnahme in der Hauptverhandlung mit dem Mündlichkeits- und Unmittelbarkeitsgrundsatz für vereinbar erklärt[23].

Lösung Fall 50:   409

a) Ein schlafender Richter kann mit den Grundsätzen der **Mündlichkeit** und **Unmittelbarkeit der Hauptverhandlung** (§ 261 StPO) unvereinbar sein. Deshalb läge ein relativer Revisionsgrund nach § 337 StPO vor (nach hA sogar eine vorschriftswidrige Besetzung des Gerichts iSv § 338 Nr 1 HS 1 StPO), wenn der Richter so fest und lange geschlafen hätte, dass er wesentlichen Vorgängen nicht hätte folgen können. Da aber nach allgemeiner Lebenserfahrung bei längeren und schwierigen Verhandlungen nicht alle Richter jeder Einzelheit folgen können, kann ein nur kurzzeitiges Einnicken keinen beachtlichen Verfahrensverstoß darstellen (so BGHSt 2, 14, 15). Die Revision des A wäre also nicht erfolgreich.

b) Die faktische Gewährung von Akteneinsicht für den Schöffen S stellt nach bisher hA einen Verstoß gegen den Grundsatz der Mündlichkeit und Unmittelbarkeit der Hauptverhandlung dar (BGHSt 13, 73, 75). Ob auf der Basis der neueren Rspr, nach der die Überlassung von Aktenteilen an die Schöffen zulässig sein soll, anders zu entscheiden wäre, erscheint zweifelhaft. Von einer ordnungsgemäßen Gewährung der Akteneinsicht für Schöffen könnte nur gesprochen werden, wenn die Unterlagen beiden Schöffen gleichermaßen zugänglich wären. Deshalb wäre die Revision des A erfolgreich.

Einzelheiten s. Rn 408.

§ 21 Die Unmittelbarkeit der Beweisaufnahme in der Hauptverhandlung, §§ 250 ff StPO

Fall 51: Dem Flensburger F ist während eines Urlaubs im Bayerischen Wald eine Kamera im Wert von 70 € gestohlen worden. In einer Vernehmung durch den Ermittlungsrichter hat F den Aushilfskellner A schwer belastet. A bestreitet die Tat. Außer der Aussage des F gibt es keine Beweismittel. Auf die Zeugenladung zur Hauptverhandlung gegen A erklärt F schriftlich, er wolle nicht kommen, da die Angelegenheit eine so weite Reise nicht lohne. Darf das Gericht in der Hauptverhandlung im Rahmen der Beweisaufnahme über das Tatgeschehen das Protokoll der früheren richterlichen Vernehmung des F verlesen, obwohl A widerspricht? **Rn 431**

Fall 52: A ist angeklagt, mit seiner 17-jährigen Tochter T geschlechtlich verkehrt zu haben (§ 173 I StGB). T ist vom Ermittlungsrichter R vernommen worden, der sie ordnungsgemäß auf ihr Zeugnisverweigerungsrecht hingewiesen hat. Hingegen hat R nicht ausdrücklich dargelegt, dass eine richterliche Vernehmung die Wirkung hat, dass die Aussage auch dann im Rahmen einer Hauptverhandlung gegen A verwertet werden kann, wenn die T in der Hauptverhandlung die Zeugenaussage verweigern sollte. T hat A schwer belastet. In der späteren Hauptverhandlung verweigert T die Aussage. Kann das Gericht seine Verurteilung trotzdem auf die Aussage der T stützen? Wie wäre das prozessual zu bewerkstelligen? **Rn 432**

---

23 BGHSt 43, 36, 39 m. krit. Anm. *Katholnigg*, NStZ 1997, 507.

Fall 53:

a) A hat sich als Beschuldigter eines Betruges (§ 263 StGB) im Rahmen einer von P durchgeführten polizeilichen Vernehmung zur Sache eingelassen und die Tat gestanden. In der Hauptverhandlung verweigert er die Aussage. Das Gericht möchte nunmehr das Protokoll der polizeilichen Vernehmung in der Hauptverhandlung verlesen. Ist das zulässig? Gibt es weitere Möglichkeiten, das polizeiliche Geständnis für die Urteilsfindung heranzuziehen?

b) P ist inzwischen verstorben. Kann das Gericht nunmehr das polizeiliche Vernehmungsprotokoll verlesen?

c) Die Brüder A und B werden beschuldigt, gemeinsam diverse Diebstähle begangen zu haben. Sie werden in getrennten Verfahren angeklagt. In dem gegen A gerichteten Verfahren lässt sich A nach ordnungsgemäßer Beschuldigtenbelehrung umfassend zur Sache ein. Als er in dem Verfahren gegen seinen Bruder als Zeuge gehört werden soll, beruft er sich auf sein Zeugnisverweigerungsrecht gem. § 52 I Nr 3 StPO. Können seine früheren Einlassungen zur Beweisführung im Prozess gegen B verwendet werden? **Rn 433**

I. Grundsatz

410 Der Grundsatz der Unmittelbarkeit der Beweisaufnahme in der Hauptverhandlung ergibt sich insbes. aus §§ 226 I, 250 ff StPO (s.o. Rn 24) und besagt, dass

– die Beweisaufnahme idR vor dem erkennenden Gericht selbst erfolgen muss (**formelle Unmittelbarkeit**) und
– die Beweismittel nicht durch Beweissurrogate ersetzt werden dürfen (**materielle Unmittelbarkeit**)[1].

Besondere Skepsis bringt die StPO dem Beweis mittels **Protokollen** über frühere **Zeugenvernehmungen** entgegen. Die Heranziehung früherer Vernehmungsprotokolle in Form des **Urkundenbeweises** (durch Verlesung gem. § 249 I 1 StPO) hat deshalb eine eingehende gesetzliche Regelung in §§ 250 ff StPO erfahren: Beruht der Beweis einer Tatsache auf der Wahrnehmung einer Person, so ist diese in der Hauptverhandlung zu vernehmen, § 250 S. 1 StPO. Die unmittelbare Vernehmung des Zeugen darf nicht durch Verlesung des über eine frühere Vernehmung aufgenommenen Protokolls oder einer vom Zeugen erstellten Erklärung ersetzt werden, § 250 S. 2 StPO (**Vorrang des Personalbeweises vor dem Urkundenbeweis**).

II. Durchbrechung des Grundsatzes der persönlichen Vernehmung

411 Die StPO sieht einige **Ausnahmen** vom Grundsatz der persönlichen Vernehmung durch das Gericht vor, indem sie zulässt, dass unter bestimmten Voraussetzungen der Urkundenbeweis die persönliche Vernehmung ersetzen kann, weil sonst die Tatsachenfeststellung unmöglich gemacht oder zu sehr erschwert würde[2].

---

1 Vert. *Bürger*, ZStW 128 (2016), 518; *Krüger*, Unmittelbarkeit und materielles Recht, 2014; *ders.*, Rengier-FS, S. 423; *Zerbes*, Schlothauer-FS, S. 299.
2 Vert. *Mosbacher*, NStZ 2014, 1.

1. Verlesung von Protokollen über Vernehmung von Zeugen, Sachverständigen oder Mitbeschuldigten, § 251 StPO

§ 251 StPO enthält eine abschließende Aufzählung der Fälle, in denen auf Grund der **412** Abwesenheit der zu vernehmenden Person in der Hauptverhandlung auf ein **Protokoll einer früheren Vernehmung** bzw. auf eine Urkunde, die eine von der Person erstellte Erklärung enthält, zurückgegriffen werden kann. Dabei unterscheidet das Gesetz zwischen **richterlichen** und **nichtrichterlichen** Vernehmungen. Gemeinsame **unabdingbare Voraussetzung** für die Verlesung aller Protokolle ist aber, dass ggf **bei der früheren Vernehmung ordnungsgemäß über das Zeugnis- und Aussageverweigerungsrecht belehrt** wurde[3].

§ 251 StPO gilt nicht für frühere Vernehmungen des Beschuldigten (im Gegensatz **413** zum **Mit**beschuldigten). Insofern enthält § 254 StPO (dazu Rn 416) eine abschließende Sonderregelung[4].

§ 251 I StPO umfasst als Grundfall sowohl die Protokolle über „einfache", dh **nicht- 414 richterliche** Vernehmungen als auch die Protokolle über richterliche Vernehmungen. Der Spezialfall der Protokolle über **richterliche Vernehmungen** ist in **Abs 2** des § 251 StPO normiert. Dem Grundfall-Spezialfall-Verhältnis entsprechend, finden die Vorschriften des Abs 2 bei richterlichen Vernehmungen **zusätzlich** zu jenen des Abs 1 Anwendung.

(1) Sowohl bei **richterlichen** wie auch bei **nichtrichterlichen Protokollen** über Ver- **414a** nehmungen von Zeugen, Sachverständigen und Mitbeschuldigten und bei Urkunden, die eine von der Aussageperson erstellte Erklärung enthalten, ist eine Verlesung zulässig, wenn

– der Angeklagte einen Verteidiger hat und der **Staatsanwalt**, der (anwesende[5]) **Verteidiger** und der **Angeklagte einverstanden** sind (§ 251 I Nr 1, II Nr 3 StPO) oder
– der Angeklagte keinen Verteidiger hat und nunmehr der **unverteidigte Angeklagte** und der **Staatsanwalt** zustimmen; eine solche einvernehmliche Protokollverlesung ohne Mitwirkung eines Verteidigers ist aber nur dann zulässig, **wenn die Verlesung lediglich der Bestätigung** (nicht des Widerrufs![6]) **eines Geständnisses des Angeklagten dient** (§ 251 I Nr 2 StPO).

Nach der Rspr soll die Zustimmung auch **stillschweigend** erklärt werden können[7], so zB wenn der Verteidiger der Verlesung zustimmt und der Angeklagte dazu schweigt[8]. Dies wird zu Recht kritisiert, da so das Zustimmungserfordernis de facto in eine Widerspruchspflicht umgewandelt wird[9]. Eine **Heilung** durch nachträgliche Zustimmung ist möglich.

---

3 BGHSt 10, 186, 190; Überblick bei *Park*, StV 2000, 218; SK-StPO-*Velten*, § 251 Rn 2 ff.
4 OLG Köln StV 1983, 97; *Ransiek*, Beulke-FS, S. 949.
5 BGH StraFo 2017, 24.
6 S/S/W- StPO-*Kudlich/Schuhr*, § 251 Rn 24.
7 BGHSt 9, 230, 232; BGH StV 1983, 319; vgl. aber auch: BGH StV 2015, 533.
8 BayObLGSt 1978, 17; *M-G/Schmitt*, § 251 Rn 27.
9 Radtke/Hohmann/*Pauly*, § 251 Rn 21; *Schlothauer*, StV 1983, 320.

414b (2) Protokolle über **nichtrichterliche und richterliche Vernehmungen** und **Urkunden**, welche **vom Zeugen, Sachverständigen oder Mitbeschuldigten erstellte Erklärungen** enthalten, dürfen verlesen werden,

– wenn der Zeuge, Sachverständige oder Mitbeschuldigte verstorben ist oder aus einem anderen Grunde in absehbarer Zeit gerichtlich nicht vernommen werden kann (§ 251 I Nr 3 StPO).

Unter der Unmöglichkeit der Vernehmung der Person in absehbarer Zeit sind nur **tatsächliche**, nicht aber **rechtliche** Hindernisse zu verstehen. Deshalb besteht zB keine Verlesungsmöglichkeit, wenn der Zeuge von seinem Recht aus § 55 I StPO Gebrauch macht[10]. Ob Entsprechendes auch gilt, wenn sich der verschwundene Angehörigenzeuge in der Hauptverhandlung gem. § 252 StPO auf sein Zeugnisverweigerungsrecht berufen könnte (dazu Rn 418) ist str.[11].

– soweit das Protokoll oder die Urkunde das Vorliegen oder die Höhe eines Vermögensschadens betrifft (§ 251 I Nr 4 StPO).

414c (3) Protokolle über frühere **richterliche Vernehmungen** sind **zusätzlich** zu den eben genannten Voraussetzungen dann verlesbar, wenn

– dem Erscheinen des Zeugen, Sachverständigen oder Mitbeschuldigten in der Hauptverhandlung für längere oder ungewisse Zeit Krankheit, Gebrechlichkeit oder andere nicht zu beseitigende Hindernisse entgegenstehen (§ 251 II Nr 1 StPO),
– dem Zeugen oder Sachverständigen das Erscheinen in der Hauptverhandlung wegen großer Entfernung unter Berücksichtigung der Bedeutung seiner Aussage nicht zugemutet werden kann (§ 251 II Nr 2 StPO).

Hierbei sind die Bedeutung der Sache, die Wichtigkeit der Aussage und die Notwendigkeit einer beschleunigten Verfahrensdurchführung mit dem Interesse der Beweisperson am Fernbleiben (geographische Lage, persönliche Verhältnisse, Verkehrsverhältnisse) abzuwägen[12].

414d Ob ein Vernehmungsprotokoll gem. § 251 I, II StPO verlesen wird, entscheidet das Gericht durch **Beschluss** (§ 251 IV 1 StPO). Fehlt ein solcher Beschluss, begründet dies regelmäßig die Revision[13].

2. Gedächtnisunterstützung und Widerspruchsbehebung bei Zeugen und Sachverständigen, § 253 StPO

415 Erklärt ein **Zeuge oder Sachverständiger**, dass er sich an eine Tatsache nicht mehr erinnere, kann der entsprechende Teil des Protokolls über seine frühere Vernehmung zur **Unterstützung seines Gedächtnisses** verlesen werden. Dasselbe ist zulässig zur **Beseitigung eines Widerspruchs** zwischen der früheren und der jetzigen Vernehmung (§ 253 StPO).

---

10 BGHSt 51, 325 m. krit. Bespr. *Jahn*, JuS 2007, 868; zust. *Gubitz/Bock*, NJW 2008, 958 u. *M-G/Schmitt*, § 251 Rn 11; zweifelnd: BGHSt 51, 280, 281 f; krit. auch *Hecker*, JR 2008, 121; *Murmann*, StV 2008, 339; vert. *Orend, V.*, Die rechtliche Unmöglichkeit iSd § 251 I Nr 2 StPO am Beispiel dreier Sonderkonstellationen, 2010, S. 61 ff.
11 Dafür: OLG Koblenz StV 2014, 330 mit überzeugender Kritik von *Jäger*, JA 2014, 712.
12 BGH StV 1989, 468; OLG Düsseldorf StV 2000, 8.
13 BGH NJW 2010, 3383 m. zust. Anm. *Krüger*, NStZ 2011, 594; BGH NStZ 2011, 356; BGH NStZ 2015, 476.

Auch in diesem Fall der Verlesung des früheren Protokolls bei Anwesenheit des Zeugen/Sachverständigen wandelt sich der Personalbeweis in einen **Urkundenbeweis** um[14], dh Beweismittel ist das Protokoll und nicht nur das, was der Zeuge oder Sachverständige als Reaktion auf die Verlesung vorträgt. Es handelt sich also **nicht** um eine Spezialregelung des – erst später (s. Rn 421) zu erörternden und im Rahmen der Vernehmung vorrangigen[15] – Vorhalts (str.)[16].

Die Vorschrift ist nur anwendbar, wenn es sich bei dem Zeugen, dessen Gedächtnis unterstützt werden soll, um dieselbe Person handelt, deren Aussage in dem zu verlesenden Protokoll festgestellt wurde – hingegen gilt sie **nicht für Verhörspersonen**, die in der Hauptverhandlung über Bekundungen aussagen, die andere vor ihnen gemacht haben.

Beispiel (nach BGH StV 2013, 545): In einer polizeilichen Beschuldigtenvernehmung durch P belastet der (umfassend belehrte) A seinen Bruder B der Mittäterschaft. In einem gesonderten Strafverfahren gegen B verweigert A als Angehöriger des B die Aussage gem. § 52 I Nr 3 StPO (s. Rn 191). Daraufhin wird P in der Hauptverhandlung als Zeuge vom Hörensagen (s. Rn 422) vernommen. Als P erklärt, er könne sich an den Inhalt der Vernehmung nicht erinnern, wird das von P gefertigte Vernehmungsprotokoll zur Gedächtnisunterstützung gem. § 253 I StPO verlesen. Das war rechtswidrig. Protokolle dürfen nicht zum ergänzenden Urkundenbeweis bei Erinnerungsmängeln der Verhörspersonen benutzt werden. Die Protokolle hätten nur iS des sonstigen Vorhalts (s. Rn 421) vorgehalten werden dürfen. Da es sich in § 253 StPO um eine abschließende Regelung handelt (str.), ist auch keine Verlesung nach § 249 StPO zulässig[17].

3. Geständnisverlesung und Widerspruchsbehebung beim Angeklagten, § 254 StPO

Erklärungen des **Angeklagten**, die in einem **richterlichen Protokoll oder in einer Bild-Ton-Aufzeichnung einer Vernehmung (unabhängig davon, ob die Vernehmung richterlich erfolgte oder nicht**[18]) enthalten sind, können zum Zweck der Beweisaufnahme über ein **Geständnis** verlesen bzw vorgeführt werden, § 254 I StPO. Dasselbe ist zulässig zur Beseitigung eines **Widerspruchs** mit früheren Aussagen, § 254 II StPO.　　416

Voraussetzung ist aber stets, dass es sich um ein Protokoll über die **richterliche** Vernehmung oder eine Bild-Ton-Aufzeichnung einer Vernehmung des Angeklagten (nicht des Zeugen und nicht des Mitangeklagten) handelt. Zwar können auch nichtrichterliche Protokolle verlesen werden, doch nicht zum Zwecke des Urkundenbeweises, dh das Protokoll wird nicht selbst Beweismittel, sondern dient nur als prozessualer Vorhalt, sodass allein der Reaktion des Angeklagten Beweiswert zukommt[19] (s. Rn 421).

Zu beachten ist, dass § 254 StPO nur die Zulässigkeit der **Verlesung** von früheren Aussagen des Beschuldigten regelt, hingegen **kein Verwertungsverbot** enthält (ganz

---

14　BGHSt 11, 338, 341; *Artkämper*, Jura 2008, 579.
15　BGH NStZ 2002, 46.
16　Vergleiche *Rössner/Safferling*, Problem 16 sowie *Schmidt*, II § 253 Rn 5 ff; § 254 Rn 10.
17　*Kölbel*, NStZ 2005, 220, 221; aA *Mosbacher*, NStZ 2014, 1, 4 f; *ders.*, JuS 2014, 701.
18　S/S/W-StPO-*Kudlich/Schuhr*, § 254 Rn 8.
19　*M-G/Schmitt*, § 254 Rn 6 f.

hA). Der frühere Vernehmungsbeamte kann also immer als **Zeuge** vernommen werden. Das ist vor allem für die in der Hauptverhandlung nicht verlesbaren früheren Geständnisse vor Polizeibeamten bzw StA bedeutsam. Anders als der zeugnisverweigerungsberechtigte Zeuge (§ 252 StPO, s. Rn 418) hat der Angeklagte damit keinerlei Möglichkeiten, ein früheres Geständnis durch Berufung auf sein Aussageverweigerungsrecht in der Hauptverhandlung (§ 243 V 1 StPO) zu „annullieren".

4. Behördliche Zeugnisse und Gutachten, ärztliche Atteste, § 256 I StPO

417 Behörden- und Ärzteerklärungen dürfen gem. § 256 I StPO in größerem Umfang verlesen werden. Diese Ausnahme rechtfertigt sich mit der besonderen Autorität von Behörden und Ärzten.

Z.B. dürfen gem. § 256 I Nr 1b StPO Gutachten von allgemein vereidigten Sachverständigen verlesen werden. § 256 I Nr 2 StPO gestattet die Verlesung von ärztlichen Attesten über Körperverletzungen unabhängig vom Tatvorwurf[20] und § 256 I Nr 3 StPO die Verlesung von ärztlichen Berichten zur Entnahme von Blutproben. § 256 I Nr 5 StPO erlaubt die Verlesung von Protokollen sowie von in Urkunden enthaltenen Erklärungen der Strafverfolgungsbehörden über Ermittlungshandlungen, soweit diese nicht eine Vernehmung zum Gegenstand haben[21]. Die Vorschriften schränken das Fragerecht der Verfahrensbeteiligten in erheblichem Umfang ein. Sie müssen deshalb restriktiv gehandhabt werden, will das Gericht nicht Gefahr laufen, seine aus § 244 II StPO resultierende Aufklärungspflicht zu verletzen[22].

III. Aussage eines Zeugen, der sich erst in der Hauptverhandlung auf sein Zeugnisverweigerungsrecht beruft, § 252 StPO

418 1. Die Aussage eines vor der Hauptverhandlung vernommenen Zeugen, der erst in der Hauptverhandlung von seinem Recht, das Zeugnis zu verweigern, Gebrauch macht, **darf** gem. § 252 StPO **nicht verlesen** werden. § 252 StPO betrifft also den Fall, dass ein Zeuge, obgleich ihm ein Zeugnisverweigerungsrecht (hM: nur §§ 52–53a StPO, nicht § 55 StPO; s. Rn 466) zusteht, eine Aussage macht, die protokolliert wird, der Zeuge sich in der Hauptverhandlung dann aber auf sein **Zeugnisverweigerungsrecht** beruft.

419 2. Dem Wortlaut nach besteht nur ein **Verlesungs**verbot, sodass man zB daran denken könnte, die frühere Verhörsperson als Zeuge zu vernehmen, damit sich eine Verlesung erübrigt. Es ist jedoch in Rechtsprechung und Schrifttum heute weitgehend anerkannt, dass aus § 252 StPO ein allgemeines **Verbot der Verwertung** der früheren

---

20 *Krüger*, StV 2018, 316.
21 Für Zulässigkeit der Verlesung eines polizeilichen Tathergangsberichts aus einem gegen Dritte geführten Ermittlungsverfahren: BGH StV 2015, 535; aA: SK-StPO-*Velten*, § 256 Rn 33.
22 OLG Düsseldorf NStZ 2008, 358; SK-*Velten*, § 256 Rn 33; *Krüger*, StV 2015, 546 ff; vgl auch LG Berlin StV 2015, 544: zusätzliche Vernehmung aus § 244 II StPO geboten.

Aussage herzuleiten ist[23]. Das Verwertungsverbot ist nicht davon abhängig, dass irgendein Verfahrensbeteiligter der Verwertung des Beweismittels in der Hauptverhandlung widerspricht[24]. Das Verwertungsverbot bezieht sich auch auf aussagebezogene Schriftstücke und Tonbandprotokolle, die bei der Aussage mit übergeben werden[25]. Verzichtet der Zeuge in der Hauptverhandlung zunächst auf sein Zeugnisverweigerungsrecht, das er dann später aber doch geltend macht, so darf seine bis zu diesem Zeitpunkt getätigte Aussage verwertet werden[26].

3. Das aus § 252 StPO ableitbare Verwertungsverbot soll jedoch nach Ansicht der **420** Rspr und einer Mindermeinung im Schrifttum nur für Vernehmungen durch die **Polizei** oder die **StA** gelten, **nicht** hingegen für **richterliche Vernehmungen**. Ein Verwertungsverbot bestehe bei richterlichen Einvernahmen nicht, sofern der Richter seinerzeit den Zeugen (in dieser Eigenschaft – nicht wenn es sich um eine Beschuldigtenvernehmung handelte![27]) ordnungsgemäß belehrt und der Zeuge diese Belehrung auch verstanden habe[28]. Ursprünglich wurde diese Unterscheidung in erster Linie mit der fehlenden Belehrungspflicht bei der staatsanwaltlichen und polizeilichen Vernehmung begründet. Seit Änderung der StPO durch das StPÄG vom 19.12.1964, durch das die Belehrungspflicht auch für Polizei und StA eingeführt wurde (§§ 161a I 2, 163 III StPO), wird auf die höhere Qualität der richterlichen Vernehmung abgestellt[29]. Die frühere Zeugenaussage vor dem Richter kann dann also durch Vernehmung des Richters als Zeuge in die Urteilsfindung einbezogen werden.

Diese letztlich nur halbherzige Auslegung des § 252 StPO ist abzulehnen. Da Polizei, Staatsanwalt und Richter jeweils dieselben Belehrungspflichten haben und dieselbe Gewähr für einen ordnungsgemäßen Vernehmungsablauf bieten, müssen alle Vernehmungen gleich behandelt werden. In allen Fällen sollte ein **umfassendes Beweisverbot** bejaht werden. Eine „besondere Qualität" richterlicher Vernehmungen im Ermittlungsverfahren existiert nicht[30]. Mit der ganz herrschenden Literaturansicht ist demnach ein uneingeschränktes Verwertungsverbot zu befürworten, das die Vernehmung jeglicher Verhörsperson – also auch die des Richters – ausschließt[31]. Dasselbe gilt bzgl der Vernehmung eines Sachverständigen, der einen zuvor richterlich belehrten Zeugen angehört hat, und zwar gleichgültig, ob es sich um Befund- oder um Zusatztatsachen (s. Rn 198) handelt[32].

---

23 BVerfG NStZ-RR 2004, 18; BGHSt 2, 99, 101; *Braun*, JuS 2016, 406; *El-Ghazi/Merold*, JA 2012, 44; *Mosbacher*, JuS 2013, 132; krit. *Rogall*, Otto-FS, S. 973; Fall bei *Mitsch*, Jura 1998, 306.
24 BGH NStZ 2007, 353 m. Bspr. *Jahn*, JuS 2007, 485; BGH StV 2012, 706; *Eichel*, JA 2008, 631.
25 BGH NStZ 2013, 247 m. Bespr. *Böse*, GA 2014, 266; *Engländer*, Rn 231.
26 BGH NStZ 2015, 656.
27 BGH BeckRS 2017, 136201; S/S/W-StPO-*Kudlich/Schuhr*, § 252 Rn. 22.
28 BGHSt 2, 99, 106.
29 BGHSt 21, 218, 219; 49, 72, 77.
30 Ebenso *Eisenberg*, Rn 128 ff; abw. *Lesch*, JA 1995, 695; 1997, 364.
31 Vgl nur AK-*Meier*, § 252 Rn 11; *Kudlich/Roy*, JA 2003, 565; *Roxin/Schünemann*, § 46 Rn 29; SK-*Velten*, § 252 Rn 4; vert. *El-Ghazi/Merold*, StV 2012, 250.
32 Ebenso bzgl der Zusatztatsachen BGHSt 46, 189, 193; anders bzgl der Befundtatsachen BGHSt 36, 217, 219; vert. *Geppert*, Jura 1988, 365.

420a Teilweise wird vertreten, dass der Zeuge, der in Kenntnis des Zeugnisverweigerungsrechts aussagt, auf das Verwertungsverbot verzichte[33]. Das hätte zur Konsequenz, dass die nach ordnungsgemäßer Belehrung zu Stande gekommene frühere Aussage zwar nicht verlesen werden darf, dass aber die Verhörsperson doch als Zeuge vom Hörensagen vernommen werden kann, und zwar unabhängig davon, ob es sich um eine nicht richterliche oder eine richterliche Vernehmung gehandelt hat. Damit würde man aber dem Schutz der aktuellen familiären Situation, den die §§ 52, 252 StPO bezwecken, nicht in ausreichendem Maße gerecht.

Lebhaft diskutiert wird derzeit, ob eine Verwertung der **vor dem Richter** (zumeist vor dem Ermittlungsrichter) gemachten Aussage durch Vernehmung des Richters als Zeuge vom Hörensagen nur dann zulässig ist, wenn der Zeuge bei der früheren Vernehmung durch den Richter **qualifiziert belehrt** worden ist, dh, dass der Richter ihn nicht nur gem. § 52 III 1 StPO über sein Angehörigenzeugnisverweigerungsrecht belehrt (s. Rn 193), sondern er ihn auch noch zusätzlich darauf hingewiesen hat, dass seine Angaben ungeachtet seines späteren Aussageverhaltens in Durchbrechung eines möglichen Verwertungsverbots nach § 252 StPO gegen den Beschuldigten verwertet werden können. Dem Zeugen soll plastisch vor Augen geführt werden, dass er mit seiner Aussage vor dem Richter das „Dispositionsrecht" verliert, also die Möglichkeit, später wieder alles zu annullieren. Der Sache nach ist das eine Belehrung über die höchstrichterliche Rechtsprechung zu § 252 StPO, die dem Laien zumeist unbekannt sein dürfte.

Der 2. Strafsenat des BGH, der eine solch qualifizierte Belehrung für erforderlich hielt, legte die Sache dem Großen Senat für Strafsachen gem § 132 II, IV GVG zur Entscheidung vor[34]. Der **Große Senat für Strafsachen** sprach sich aber gegen eine qualifizierte Belehrung aus; eine einfache Belehrung nach § 52 III 1 StPO sei ausreichend[35]. Es fehle eine gesetzliche Grundlage für eine qualifizierte Belehrungspflicht, denn ausdrückliche Belehrungen über die Möglichkeit, Angaben von Verfahrensbeteiligten im weiteren Verfahren zu verwerten, seien dem deutschen Strafprozessrecht generell fremd. Auch der Beschuldigte werde im Rahmen der Belehrung, dass er nicht zur Aussage verplichtet ist (§ 136 I 2 StPO, dazu Rn 116) nicht darüber in Kenntnis gesetzt, dass eine einmal gemachte Aussage auch dann gegen ihn verwertet werden kann, wenn er sich später auf sein Aussageverweigerungsrecht beruft. Auch erfordere Art. 6 I und III d EMRK keine derart qualifizierte Belehrung, sofern der Beschuldigte bzw Angeklagte ausreichend Gelegenheit hatte, die Bekundungen in Zweifel zu ziehen[36]. Die Ablehnung einer solchen qualifizierten Belehrung ist jedoch bedauerlich, da dieser zusätzliche Schutzmechanismus zumindest ein kleines „Trostpflaster" zur Abmilderung der verfehlten Rspr zu § 252 StPO wäre. Die sachgerechtere Lösung wäre allerdings ein uneingeschränktes Verwertungsverbot der vom zeugnisverweigerungsberechtigten Zeugen zurückgezogenen Angaben[37].

Parallel sind auch folgende Fälle zu lösen:

(1) Der Zeuge ist bei der Polizei nicht gem. § 52 III StPO ordnungsgemäß belehrt worden. In der Hauptverhandlung möchte er mit dem Tatgeschehen und dem Angeklagten nicht konfrontiert werden. Er macht deshalb von seinem Zeugnisverweigerungsrecht Gebrauch, genehmigt aber die Verwertung der vor der Polizei gemachten Aussage mittels Vernehmung der Verhörsperson. Hier darf zum Schutz der Familie das Recht des § 252 StPO nicht auf dem Wege des Verzichts umgangen werden. Der

---

33 *Schlüchter*, Kernwissen, S. 192.
34 BGH NStZ 2015, 710; ebenso AE-Beweisaufnahme GA 2014, 1, 28; MüKo-StPO-*Ellbogen*, § 252 Rn 54; *Jahn*, JuS 2014, 1138; HK-StPO-*Julius*, § 252 Rn 10; s. auch *Neumann*, ZIS 2016, 121.
35 BGHSt [GrS] 61, 221 m. Anm. *Brand*, NJW 2017, 100; *Satzger*, Jura 2017, 605 u. *Schumann*, JR 2017, 373; s. auch *Mosbacher*, JuS 2015, 704; 2017, 127, 131.
36 S. auch EMGR NJW 2013, 3225, 3226.
37 Krit. deshalb *Beining*, ZJS 2017, 258; *Bosch*, Jura 2015, 220; *El-Ghazi*, JR 2015, 343; *Meyer*, StV 2015, 319.

Unmittelbarkeitsgrundsatz verlangt, dass sich der Zeuge in der Hauptverhandlung durch die Aussage für oder gegen die Geltendmachung des Zeugnisverweigerungsrechts entscheidet. Sein Schutz vor der Konfrontation mit dem Angeklagten ist durch die Möglichkeiten der Videovernehmung ausreichend gewährleistet (s. Rn 430 ff)[38].

(2) Der Zeuge ist bei seiner ermittlungsrichterlichen Vernehmung nicht ordnungsgemäß nach § 52 III StPO belehrt worden. In der Aussage belastet er den Beschuldigten. Zu Beginn der Hauptverhandlung macht er zunächst von seinem Zeugnisverweigerungsrecht Gebrauch. Als er merkt, dass das Gericht den Beschuldigten verurteilen möchte, entschließt er sich zu einer entlastenden Aussage. Es stellt sich die Frage, ob das Gericht, das seiner Aussage in der Hauptverhandlung keinen Glauben schenkt, durch Vernehmung der Verhörsperson aus dem Ermittlungsverfahren auf die frühere belastende Zeugenaussage zurückgreifen kann, obwohl der Zeuge dies nicht wünscht. Der Rückgriff ist möglich, denn wenn der Zeuge in der Hauptverhandlung aussagt, so stellt er sich insgesamt als Beweismittel zur Verfügung. Dies betrifft auch seine früheren Aussagen. Er hat also nur die Wahl, entweder vollständig die Aussage zu verweigern oder Angaben zu machen, nicht aber das Recht, weitergehend auf das Verfahren Einfluss zu nehmen[39].

Merke: Ist das Zeugnisverweigerungsrecht nach § 52 StPO erst **nach** der polizeilichen, staatsanwaltlichen oder richterlichen Vernehmung entstanden (zB durch Heirat der Zeugin und des Angeklagten), darf die Aussage gleichwohl nicht verwertet werden, wenn sich der Zeuge in der **Hauptverhandlung** auf sein Zeugnisverweigerungsrecht beruft. Bei der früheren Vernehmung existierte noch kein Zeugnisverweigerungsrecht, sodass er nicht darüber belehrt werden und entsprechend auch nicht darauf verzichten konnte[40] (s.a. Rn 461).

Nicht einschlägig ist § 252 StPO hingegen in folgender Konstellation: Ein gem. § 53 StPO zeugnisverweigerungsberechtigter Berufsgeheimnisträger (zB ein Arzt) macht im Ermittlungsverfahren eine Aussage (zB zur Krankheitsgeschichte seines nunmehr beschuldigten Patienten) gegenüber einer Verhörsperson (zB Polizeibeamten), nachdem er gem. § 53 II StPO wirksam von seiner Verschwiegenheitspflicht entbunden wurde (s. Rn 194). Wird diese Entbindung später widerrufen, muss der Berufsgeheimnisträger selbst zwar in der Hauptverhandlung nicht als Zeuge aussagen, seine frühere Aussage kann jedoch im Wege des mittelbaren Beweises (Zeuge vom Hörensagen, s.u. Rn 422) über die Vernehmung der früheren Verhörsperson in die Hauptverhandlung eingeführt und im Urteil verwertet werden[41]. Zur Begründung wird angeführt, dass das Zeugnisverweigerungsrecht des § 53 StPO nur den Berufsgeheimnisträger schützt, der sich im Zeitpunkt der Aussage gegenüber der Verhörsperson

---

38 Abw. allerdings BGHSt 45, 203, 205; 57, 254 m. Bespr. *Joecks*, StPO § 252 Rn 14; *Heinrich/Reinbacher*, Problem 38 Rn 13; *Kudlich*, JA 2012, 873; *Mosbacher*, JuS 2013, 131; wie hier SK-StPO-*Rogall*, § 52 Rn 92; *Beulke*, Gollwitzer-Kolloq, S. 1; *Kraatz*, JA 2014, 773; *Roxin*, Rieß-FS, S. 451; *Schmitt*, NStZ 2013, 213; *Sieker, St.*, Ausgewählte rechtliche Probleme des § 252 StPO, 2004, S. 189; *Theile*, ZJS 2013, 128; *Volk*, JuS 2001, 133.
39 BGHSt 48, 294; *Beulke*, Gollwitzer-Kolloq, S. 1; krit. *Eisenberg/Zötsch*, NJW 2003, 3676.
40 BGHSt 22, 219, 220; 27, 231.
41 BGH NStZ 2012, 281 m. abl. Anm. *Geppert*; *Jäger*, JA 2012, 472; *Mitsch*, JR 2012, 431; LR-*Ignor/Bertheau*, § 53 Rn 83; HK-*Julius*, § 252 Rn 4.

aufgrund der Entbindung von der Schweigepflicht in keiner Konfliktsituation befand. Dieses Ergebnis steht auch im Einklang mit der sonstigen Auslegung des § 252 StPO, denn der Beschuldigte hat durch die Abgabe der Entbindungserklärung zugelassen, dass den Strafverfolgungsbehörden sein Geheimnis bekannt wird und kann dies nachträglich ebensowenig „annulieren" wie im Falle der eigenen Aussage gegenüber einem Vernehmungsbeamten (s. Rn 416).

Umstritten ist, ob das Verwertungsverbot des § 252 StPO entfällt, wenn die Angehörigeneigenschaft des Zeugen gezielt zur Vereitelung der Wahrheitsermittlung herbeigeführt worden ist, zB indem der Angeklagte eine Belastungszeugin noch während der Hauptverhandlung zum Schein heiratet (sog. **unlautere Verfahrensmanipulation**). Angesichts des Schutzbereichs der §§ 52, 252 StPO, die im Interesse der Familie auf rein formale Kriterien, wie zB das der Eheschließung, abstellen und die sogar noch die geschiedenen Ehegatten einbeziehen, verbietet sich jede Einzelabwägung. Der Gesetzgeber hat das Ergebnis der Abwägung bereits vorweggenommen und sich gegen die Verlesbarkeit der Aussage entschieden und Entsprechendes muss auch für die Verwertung gelten[42].

Zu beachten ist ferner, dass dieses Verwertungsverbot nur für frühere **Vernehmungen** gilt[43], allerdings nicht nur für förmliche Vernehmungen im Strafverfahren, sondern auch für vernehmungsähnliche Situationen, zB im Sorgerechtsverfahren[44], durch die Jugendgerichtshilfe[45], bei plötzlichem nächtlichen Erscheinen der Polizei an der Wohnungstür[46] oder bei **informatorischer Befragung**[47]. Auch bei einer außergerichtlichen „Vernehmung" des Zeugen durch den Verteidiger des Angeklagten greift § 252 StPO ein, mit der Folge, dass die Angaben des Zeugen gegenüber dem Verteidiger nicht in das Verfahren eingeführt werden dürfen, wenn sich der Zeuge in der Hauptverhandlung auf sein Zeugnisverweigerungsrecht beruft[48].

Eine frühere Vernehmung in diesem Sinne liegt auch vor, wenn der Zeuge, der jetzt von seinem Zeugnisverweigerungsrecht Gebrauch macht, in einem früheren Verfahren ausgesagt hat, in dem **er selbst der Beschuldigte** war. Seine frühere Einlassung darf deshalb gem. § 252 StPO nicht gegen den jetzt angeklagten **Angehörigen** verwendet werden[49].

Das Verwertungsverbot gilt hingegen nicht, wenn ein Zeuge sich gegenüber der Polizei aus **eigener Initiative** geäußert hat[50]. Eine derartige **Spontanäußerung** liegt zB vor, wenn sich die Ehefrau telefonisch an die Polizei wendet und erklärt, ihr Ehemann vergehe sich an der 11-jährigen Tochter. Diese Aussage kann auch dann verwertet werden, wenn die Ehefrau sich später auf ihr Zeugnisverweigerungsrecht beruft[51]. Entsprechendes gilt, wenn die minderjährige Zeugin in der Klinik spontan – ohne danach gefragt zu sein – von den Todesdrohungen ihres Vaters erzählt.

---

42 *Kretschmer*, Jura 2000, 461; anders BGHSt 45, 342, 350 m. zust. Anm. *Eckstein*, JA 2002, 124.
43 BGHSt 40, 211, 213 (Fall *Sedlmayr*).
44 BGHSt 36, 384, 388; BGH NJW 1998, 2229; vgl hierzu auch *Ranft*, StV 2000, 520.
45 BGH NJW 2005, 765.
46 OLG Frankfurt StV 1994, 117.
47 BGHSt 29, 230, 231; OLG Bamberg NStZ-RR 2012, 83.
48 BGHSt 46, 1, 4 m. krit. Anm. *Schittenhelm*, NStZ 2001, 50; *Baier*, JA 2000, 833; *Hammer/Schuster/ Weitner*, Rn 136 f; *Volk*, JuS 2001, 130; krit. *Roxin*, Rieß-FS, S. 459.
49 BGH NStZ-RR 2005, 268.
50 BGH bei *Miebach*, NStZ 1989, 15; OLG Saarbrücken NStZ 2008, 585 m. Anm. *Mitsch*, NStZ 2009, 287; *Kraatz*, Jura 2011, 170, 171 f.
51 BGH NStZ 1986, 232 m. zust. Bespr. *Geppert*, Jura 1986, 366; vgl auch OLG Hamm NStZ 2012, 53 m. Bespr. *Jahn*, JuS 2012, 369; *Mosbacher*, JuS 2012, 134; *Putzke*, ZJS 2012, 838; aA *Eisenberg*, Rn 1275; *Roxin/Schünemann*, § 46 Rn 30.

Auch wenn diese Zeugin später vom Zeugnisverweigerungsrecht Gebrauch macht, kann der Arzt als Zeuge vernommen werden[52] (vgl zur parallelen Situation beim Beschuldigten Rn 113, 118).

Besondere Probleme können sich auch im Falle des Einsatzes eines V-Mannes ergeben, s. dazu Rn 423, 481a ff.

IV. Der Vorhalt

Auch soweit die StPO nicht ausnahmsweise die Verlesung des Protokolls einer früheren Vernehmung gestattet, ist es nach hA zulässig, im Rahmen der Vernehmung des Angeklagten, Zeugen oder Sachverständigen aus früheren Vernehmungsprotokollen oder aus Urkunden zum Zwecke des Vorhalts auszugsweise vorzulesen[53]. Hierbei handelt es sich nicht um eine Form des Urkundsbeweises, sondern ausschließlich um einen von den §§ 251 ff StPO unabhängigen **Vernehmungsbehelf**. Er muss also auch von der Protokollverlesungsmöglichkeit des § 253 StPO unterschieden werden, die sich nach den Regeln des Urkundsbeweises richtet (dazu Rn 415). Der Unmittelbarkeitsgrundsatz soll nicht verletzt sein, weil **Urteilsgrundlage** dann nicht der Inhalt der vorgelesenen Vernehmungsprotokolle werde, sondern die **Reaktion** des Befragten **auf den Vorhalt**[54]. Da es sich nur um einen Vernehmungsbehelf praeter legem handelt, muss daran festgehalten werden, dass wirklich nur Auszüge aus dem früheren Vernehmungsprotokoll vorgehalten werden (Vernehmungsergänzung), wohingegen eine vollständige Wiedergabe des Inhalts des Vorhaltsgegenstandes (**Vernehmungsersetzung**) **unzulässig** bleibt, auch wenn das Gericht versichert, es habe sich nur an der Reaktion des Zeugen auf den Vorhalt orientiert[55].

421

Die Rspr zum Vorhalt erscheint problematisch, denn selbst für den Berufsjuristen – und erst recht für die Laienrichter – dürfte es zumeist unmöglich sein, das Verlesene (als prozessual nicht existent) von der Reaktion des Befragten (als einzig relevantes Beweismittel) zu unterscheiden. Wegen der Unmöglichkeit der Auseinanderhaltens von Vorhalt und Verlesung zum Urkundenbeweis wird deshalb im Schrifttum zu Recht gefordert, dass eine Verlesung auch zum Zwecke des Vorhalts nur in den Fällen der §§ 251 ff StPO zulässig ist. Sollen weitergehende Vorhalte gemacht werden, muss der Richter dies durch formlose Mitteilungen aus dem Akteninhalt bewerkstelligen, ohne das Protokoll wörtlich zu verlesen[56]. In der Praxis ist aber der Vorhalt offensichtlich ein unverzichtbares Instrument.

V. Der Zeuge vom Hörensagen

Der Grundsatz der Unmittelbarkeit hat lediglich im Bereich der Konkurrenz von Personal- und Urkundenbeweis in den §§ 250 ff StPO eine sehr detaillierte Regelung erfahren. Hingegen enthält die StPO **keinen** ausdrücklichen **Vorrang des „nahen"** (unmittelbaren) **vor dem „fernen"** (mittelbaren) **Zeugen**. Dementsprechend muss nicht immer der Zeuge gehört werden, der das Tatgeschehen unmittelbar miterlebt

422

---

52 BGH NStZ 1992, 247.
53 BGHSt 34, 231, 235; BGH NJW 2006, 1529 m. Anm. *Krehl*, ZIS 2006, 168.
54 BGHSt 3, 281, 283; BGH HRRS 2012, Nr 413; OLG Karlsruhe StV 2007, 630.
55 BGHSt 52, 148 m. Bespr. *Mosbacher*, JuS 2008, 688, 689.
56 *Eisenberg*, Rn 868 ff; SK-StPO-*Velten*, § 253 Rn 5 f.

hat, vielmehr kann auch der (mittelbare) Zeuge vernommen werden, der von einem anderen (unmittelbaren) Zeugen eine Tatschilderung vernommen hat, sog. **Zeuge vom Hörensagen.** So kann zB in den in Rn 410 ff geschilderten Fällen des Verbots der Protokollverlesung die Verhörsperson als Zeuge vom Hörensagen darüber vernommen werden, was der Angeklagte oder der Zeuge früher über das Tatgeschehen ausgesagt hat, sofern nicht ausnahmsweise ein Beweisverwertungsverbot (Hauptfall: § 252 StPO) eingreift. Der Zeuge vom Hörensagen ist ein **unmittelbares Beweismittel bzgl der von ihm wahrgenommenen früheren Aussage des anderen Zeugen.** Der Rückgriff auf ihn verletzt nicht den Grundsatz des fairen Verfahrens[57].

Die **Grenze** der **Zulässigkeit** der Heranziehung des Zeugen vom Hörensagen an Stelle des unmittelbaren Zeugen ergibt sich allein aus dem **Grundsatz der richterlichen Aufklärungspflicht**, § 244 II StPO[58] (zu diesem Grundsatz s. Rn 406). Ein Gericht kann gegen den Grundsatz der umfassenden Sachaufklärung verstoßen, wenn es nur einen mittelbaren Zeugen vernimmt, obwohl die Vernehmung des unmittelbaren Zeugen möglich wäre[59]. Auch muss das Gericht den geringeren Beweiswert der Aussage eines mittelbaren Zeugen bei der Beweiswürdigung besonders beachten[60]. Die Unsicherheit des Beweiswerts eines Zeugen vom Hörensagen bedingt, dass das Beweisergebnis zumeist durch andere gewichtige Beweisanzeichen außerhalb der Aussage bestätigt werden muss[61]. Mit der Zahl der „Zwischenglieder" nehmen die Fehlermöglichkeiten zu, und das Gericht muss sich dieser Beweisferne bewusst sein[62].

Teilweise wird die hier skizzierte Position in der Literatur kritisiert[63]. Es wird behauptet, der Zeuge vom Hörensagen dürfe dann nicht vernommen werden, wenn es einen unmittelbaren Zeugen gebe. Begründet wird dies mit § 250 S. 1 StPO, aus dem der allgemeine Grundsatz folge, dass jeweils der tatnächste Zeuge zu vernehmen sei. Dem widerspricht aber die Systematik des Gesetzes. § 250 S. 1 und 2 StPO sind zusammen zu lesen, sodass aus dieser Vorschrift nur ein Vorrang des Personalbeweises gegenüber dem Urkundsbeweis, nicht aber eine Subsidiarität des mittelbaren gegenüber dem unmittelbaren Zeugen entnommen werden kann.

Eine besondere Rechtslage besteht, wenn auf den Zeugen vom Hörensagen deswegen zurückgegriffen werden muss, weil ein zentraler **Belastungszeuge** in der Hauptverhandlung nicht erscheinen kann. Nach der Rspr des EGMR ist dann eine Gesamtbewertung der Verfahrensfairness in Gestalt der sog. **Dreistufenprüfung** vorzunehmen[64]. Dabei ist (1.) zu prüfen, ob ein triftiger Grund für die Abwesenheit des Zeugen vorlag. Weiterhin ist zu entscheiden, ob (2.) die Aussage die einzige oder entscheidende Grundlage der Beweisführung darstellte, und ob (3.) die Unmöglichkeit der konfrontativen Befragung durch andere Faktoren hinreichend ausgeglichen werden konnte, ob also das Verfahren im Wege einer **Gesamtbetrachtung** noch als **insgesamt fair** bezeichnet werden kann. Als Ausgleichsfaktoren spielen Aspekte wie die Möglichkeit der konfrontativen Vernehmung des Hauptbelastungszeugen im Vorverfahren (§ 168c II-IV StPO) eine Rolle, und ob sich das Gericht bei seiner Beweiswürdigung über den verminderten Beweiswert einer

---

57 BVerfG NStZ 1991, 445.
58 BVerfGE 57, 250, 277; BGHSt 6, 209, 210; 36, 159, 162; BGH NStZ 2004, 50 m. Bespr. *Winkler*, JA 2004, 276; gute Darstellung bei *Geppert*, Jura 1991, 538 u. *Wetzel*, Jura 2017, 1024.
59 BGHSt GrS 32, 115, 123; BGH StV 2002, 635; *Detter*, NStZ 2003, 1.
60 BGHSt 17, 382, 385; 34, 15, 18.
61 BVerfG NJW 2001, 2245; BGHSt 42, 15, 25; BGH StV 2016, 774; BGH NStZ-RR 2018, 21.
62 BGHSt 34, 15, 20.
63 *Grünwald*, S. 119; *Peters*, § 39 II; *Seebode*, JZ 1980, 506.
64 EGMR, StV 2017, 213 *(Schatschaschwili/BRD)* m. Bespr. *Satzger*, Jura 2016, 1083; vgl auch BGH JR 2018, 205.

nicht konfrontierten Aussage im Klaren war und ob es davon unabhängige, die Aussage des nicht erreichbaren Zeugen bestätigende Beweise gibt (Einzelheiten s. Rn. 124).

▶ Beispielsfall bei *Beulke*, Klausurenkurs III, Rn 476.

VI. Die V-Mann-Problematik

Besondere Bedeutung kommt dem Grundsatz der Unmittelbarkeit bei der Frage der Verwertbarkeit von Aussagen von Polizeibeamten und sonstigen Helfern der Ermittlungsbehörden zu, die Informationen sammeln und diese an die Ermittlungsbehörden weitergeben.

423

1. Begriffe

Es sind folgende Ermittlungsgehilfen zu unterscheiden:

Informanten sind Personen, die im Einzelfall bereit sind, gegen Zusicherung der Vertraulichkeit den Strafverfolgungsbehörden Informationen zu geben (so die Richtlinie der Justiz- und Innenminister über die Inanspruchnahme von Informanten und den Einsatz von Vertrauenspersonen[65]).

V-Leute (= **Vertrauenspersonen** = **V-Männer**) sind Personen, die, ohne einer Strafverfolgungsbehörde anzugehören, bereit sind, diese bei der Aufklärung von Straftaten auf längere Zeit vertraulich zu unterstützen, und deren Identität grundsätzlich geheim gehalten wird (obige Richtlinie Teil I Nr 2.2)[66].

Verdeckte Ermittler (= **VE**) sind **Beamte des Polizeidienstes**, die unter einer ihnen verliehenen, auf Dauer angelegten, veränderten Identität (Legende) ermitteln (§ 110a II StPO).

Nichtöffentlich ermittelnde Polizeibeamte (= **NOEP**) sind verdeckt ermittelnde Polizeibeamte, die, ohne auf Dauer unter einer Legende aufzutreten, kurzzeitig in eine andere Rolle schlüpfen, zB „Scheinaufkäufer" in BtMG-Fällen.

2. Zulässigkeit des Einsatzes

Nach § 110a I StPO dürfen **VE** bei zureichenden tatsächlichen Anhaltspunkten für eine **Katalogtat** (zB Straftat auf dem Gebiet des unerlaubten Betäubungsmittelverkehrs) von erheblicher Bedeutung oder zur Aufklärung von **Verbrechen** bei auf bestimmten Tatsachen gegründeter **Gefahr der Wiederholung** eingesetzt werden (§ 110a I 1, 2 StPO), jeweils aber nur, soweit die Aufklärung auf andere Weise aussichtslos oder wesentlich erschwert wäre (§ 110a I 3 StPO).

424

Darüber hinaus ist ihr Einsatz auch **allgemein bei Verbrechen** zulässig, wenn deren **besondere Bedeutung** den Einsatz gebietet und **andere Maßnahmen aussichtslos** wären (§ 110a I 4 StPO), s.a. Rn 267, 288.

---

65 Abgedruckt bei *M-G/Schmitt*, Anh. 12, RiStBV Anl. D Teil I Nr 2.1.
66 Weiter und damit auch Verdeckte Ermittler erfassend BGHSt GrS 32, 115, 121.

Die Zulässigkeit des Einsatzes von **V-Männern/V-Leuten/Vertrauenspersonen/Informanten** und sonstigen verdeckt operierenden Ermittlern hat der Gesetzgeber hingegen nicht geregelt. Ein Umkehrschluss aus der Zulässigkeit des VE auf die Unzulässigkeit der Informationsbeschaffung durch V-Männer und Informanten kann aber nicht gezogen werden, da der Gesetzgeber diesen Bereich bewusst offen gelassen hat.

Daher wird die Zulässigkeit des V-Mann-Einsatzes seit Jahrzehnten kontrovers diskutiert. Nach herrschender Ansicht in Deutschland ist der Einsatz von V-Leuten durch die **Ermittlungsgeneralklausel des § 161 I 1 iVm § 163 I 2 StPO** (s. Rn 104) abgedeckt[67]. Teilweise wird dagegen in einem solchen Einsatz ein ungerechtfertigter Eingriff in das Grundrecht auf informationelle Selbstbestimmung (Art. 2 I iVm 1 I GG; daneben Verstöße gegen Art. 6, 13, 20 III GG) gesehen und daher eine **spezielle** gesetzliche Ermächtigung gefordert[68]. Auch unter Verweis auf die EMRK wird die Zulässigkeit des V-Mann-Einsatzes vermehrt in Zweifel gezogen. Die Rspr. des EGMR ist insoweit restriktiver als die deutsche[69].

Schon im Fehlen einer materiell-gesetzlichen, hinreichend bestimmten Einsatzregelung wird im Rückgriff auf Beweise, die V-Leute unter Eingriff in das Privatleben erlangt haben, ein Verstoß gegen Art. 8 I EMRK gesehen. „Privatleben" iSv Art. 8 I EMRK sei weit zu verstehen. Geschützt sei eine Sphäre, innerhalb der das Individuum nach seiner Wahl leben, seine Persönlichkeit entfalten und entwickeln kann. Das erfasse auch die Entwicklung sozialer Kontakte, zB im Geschäftsleben. Gem. Art. 8 II EMRK seien Eingriffe in diese Sphäre gesetzlich zu regeln. Insbesondere müsse vorab eine Entscheidung darüber getroffen worden sein, zu welchen Zwecken, unter welchen Voraussetzungen und in welchem Umfang eine Informationsgewinnung durch V-Leute zulässig ist und wie die gewonnenen Daten verwendet werden dürfen.

Die deutsche Praxis wird auch in näherer Zukunft mit V-Leuten arbeiten und die rechtsstaatlichen Grenzen im Einzelfall aus den Normen der Verfassung, der EMRK und den Grundgedanken des deutschen Strafprozessrechts ableiten. Langfristig wird sich vermutlich die Sichtweise einer Unzulässigkeit des Einsatzes von V-Leuten ohne vorherige spezialgesetzliche Regelung auch in Deutschland durchsetzen, sodass der Gesetzgeber aufgerufen ist, eine solche explizite Rechtsgrundlage zu schaffen.

Schon nach derzeitiger Rechtslage sollte allerdings stets Beachtung finden, dass unser Strafverfahrensrecht das Ergebnis einer genau austarierten Abwägung zwischen den staatlichen Verfolgungsinteressen und dem Freiheitsanspruch des Bürgers ist. Deshalb sind Eingriffsbefugnisse und Zwangsmittel von Polizei, StA und Gericht vielfach eingeschränkt. Diese gesetzliche Ausformulierung der erlaubten Ermittlungseingriffe wäre nicht sinnvoll, wenn den Strafverfolgungsorganen daneben ein beliebiger Rückgriff auf nichtstaatliche Aufklärungsmöglichkeiten offen stünde. Deshalb muss das Rechtsstaatsprinzip (Art. 20 III GG) dem Ausweichen des Staates auf die „private" Informationsbeschaffung Grenzen setzen. Zumindest der längerfristige Einsatz von V-Leuten ist nicht schrankenlos zulässig, sondern nur bei der Bekämpfung und

---

67 BGHSt 32, 115, 121 ff; 45, 321, 324; *M-G/Schmitt*, § 163 Rn 34a; *Heghmanns*, in: Murmann, S. 33, 34 f; *Heinrich/Reinbacher*, Problem 21 Rn 23; *Lesch*, JA 2000, 725.
68 *Gercke*, StV 2017, 615; LR-*Gless*, § 136a Rn 44; KMR-*Bockemühl*, § 110a Rn 5, 9; *Murmann/ Grassmann*, S. 5; Heghmanns/Scheffler-*Murmann*, III Rn 442; *Duttge*, JZ 1996, 556; S/S/W-StPO-*Eschelbach*, § 136 Rn 23; *Lilie*, in: Hirsch, Erscheinungsformen, S. 499 ff; *Malek/Wohlers*, Rn 481; diff. LR-*Erb*, § 163 Rn 65; SK-*Wohlers/Deiters*, § 161 Rn 17.
69 S. nur EGMR NJW 2010, 213, 214.

Aufklärung besonders gefährlicher und schwer aufklärbarer Kriminalität, so zB bei Rauschgifthandel und Bandenkriminalität[70]. Begrenzt sein muss ferner vor allem der Einsatz von **Lockspitzeln**[71], also von V-Leuten, die bewusst andere Personen zur Begehung von strafbaren Handlungen veranlassen. Es ist bereits dargelegt worden, dass die frühere deutsche Rspr zu den Rechtsfolgen rechtswidriger Tatprovokation vom EGMR im Jahr 2014 in *Furcht/Deutschland* für konventionswidrig erklärt wurde, dass aber die darauf reagierende Rspr des BGH derzeit noch gespalten ist und sich die zukünftige Entwicklung in Deutschland nicht voraussagen lässt (Einzelheiten Rn 288). Entsprechendes gilt für die Beantwortung der Frage, wann überhaupt eine rechtswidrige Tatprovokation vorliegt. Unstreitig sollte sein, dass ein Rechtsstaat die Kriminalität nicht selber schaffen darf, die zu bekämpfen zu seinen vorrangigsten, verfassungsrechtlich vorgegebenen Pflichten gehört (s. Rn 3). Deshalb dürfen V-Männer jedenfalls nur dann gezielt gegen Personen eingesetzt werden, wenn gegen diese bereits vorher **ein konkreter Verdacht iSv § 160 StPO** besteht, **Straftaten aus dem Bereich der besonders gefährlichen und schwer aufklärbaren Kriminalität** zu planen oder darin verwickelt zu sein[72]. Wird eine unverdächtige und zunächst nicht tatgeneigte Person zu einer Straftat verleitet, die später seitens des Staates verfolgt wird, so liegt ein Verstoß gegen das Fairnessgebot (Art. 20 III GG, Art. 6 I EMRK, s. Rn 28) vor. Selbst wenn ein Anfangsverdacht besteht, darf die Einwirkung nicht „unvertretbar übergewichtig" sein. Abgewogen werden also das Ausmaß des gegen den Betroffenen bestehenden Verdachts, Art, Intensität und Zweck der Einflussnahme sowie die eigenen, nicht fremd gesteuerten Aktivitäten des Betroffenen[73]. Nach Ansicht des EGMR, der sich der BGH teilweise anzunähern scheint, liegt eine Art. 6 I EMRK verletzende Provokation zB vor, wenn sich die Ermittlungsperson nicht auf eine „weitgehend passive" Strafermittlung beschränkt bzw. wenn sie „Druck ausübt", die Straftat zu begehen[74].

Eine analoge Heranziehung der für die VE geltenden §§ 110a ff StPO auf sonstige V-Leute scheidet hingegen wegen der anderen Qualität der Maßnahme aus (keine vergleichbare Interessenlage). Insbes. sind die formellen Voraussetzungen der §§ 110a ff StPO auf den V-Mann **nicht analog** anwendbar[75].

BGH NJW 1997, 1516: Der nichtöffentlich, aber wegen seines kurzfristigen Einsatzes auch nicht als VE arbeitende Polizeibeamte P begibt sich in die Wohnung des Rauschgifthändlers R und erwirbt dort als Scheinaufkäufer Haschisch im Werte von 950 €. War das zulässig?

Lösung: Wäre P ein VE, benötigte er wegen des Einsatzes in einer Wohnung eine gerichtliche Zustimmung, § 110b II 1 Nr 2 StPO. Zwar gelten für den V-Mann ebenso wie für den NOEP die §§ 110a ff StPO nicht analog. Dennoch kann nicht ohne weiteres von der Rechtmäßigkeit des Vorgehens und der Verwertbarkeit der Beweismittel ausgegangen werden, weil das täuschende

---

70 BVerfGE 57, 250, 284; BVerfG StV 1995, 561; BGHSt GrS 32, 115, 122; BGHSt 41, 42, 43.
71 Vertiefend *Eisenberg*, Rn 1036a; SK-StPO-*Wolter*, § 110c Rn 9a ff; *Kreutzer*, Schreiber-FS, S 255; zum Verhältnis Lockspitzel-EMRK: *Esser*, in: 35. Strafverteidigertag, S. 197; *Greco*, StraFo 2010, 52; *Gaede/Buermeyer*, HRRS 2008, 279; *Renzikowski*, S. 97, 108 ff.
72 BGHSt 47, 44, 48; BGH NStZ 1995, 506; Klausurlösung bei *Meglalu*, JA 2018, 342.
73 BGHSt 60, 276; BGH NStZ 2016, 232.
74 Einzelheiten bei BGH NStZ, 2018, 355 m. Anm. *Esser.*
75 BGHSt 41, 42, 45 m. Anm. *Lilie*, NStZ 1995, 514; zT enger *Zaczyk*, StV 1993, 493.

Element, das jedem Scheinkauf anhaftet (s.o. Rn 138), noch dadurch verstärkt wird, dass er sich auf diese Weise auch Zutritt zu der durch Art. 13 I GG geschützten Wohnung des R erschleicht. Deshalb erscheint in dieser Konstellation eine vorherige richterliche Zustimmung aus Rechtsstaatsgründen erforderlich (vom BGH letztendlich offen gelassen)[76]. Schon jenseits der aus der EMRK ableitbaren Zweifel am Vorgehender Polizei greift also hier ein Beweisverwertungsverbot ein.

▶ Beispielsfall bei *Beulke*, Klausurenkurs III, Rn 475.

3.   Geheimhaltungsinteresse und Unmittelbarkeitsgrundsatz

425 Probleme in Bezug auf den Grundsatz der Unmittelbarkeit entstehen dadurch, dass die Behörde, die sich dieser Personen zur Informationsbeschaffung bedient, ein Interesse an der **Geheimhaltung der Identität** derselben hat, sei es, weil sie diesen Personen die Vertraulichkeit zusichern musste oder sie weiterhin für ihre Zwecke einsetzen möchte, sei es zum Schutz dieser Personen selbst. Daher stellt sich die Frage, ob es eine Möglichkeit gibt, die Aussage der Informanten, V-Männer oder VE in den Prozess einzuführen, ohne dass deren wahre Identität aufgedeckt werden muss. Eine umfassende Regelung dieser Problematik ist bislang nicht vorgenommen worden. Allerdings wird in § 110b III StPO das Geheimhaltungsinteresse hinsichtlich des VE anerkannt und ferner gewährt die allgemeine Zeugenschutzvorschrift des § 68 StPO einige Schutzmechanismen (zB Verschweigen der wahren Identität iSv. § 68 III StPO). Darüber hinaus besteht für V-Männer die Möglichkeit der Videovernehmung gem. §§ 58a, 168e, 247a, 255a StPO, wobei in Ausnahmefällen die Möglichkeiten einer optischen und akustischen Unkenntlichmachung genutzt werden können[77].

4.   Behördliche Sperrung

426 Die StPO erkennt in §§ 54, 68, 96 und in § 110b III StPO Geheimhaltungsinteressen des Staates an, sodass eine **„Sperrung"** eines Ermittlungsgehilfen durch die Behörde für das gerichtliche Verfahren möglich sein muss (s. bereits Rn 190, 248). Zuständig für die Entscheidung ist der (Landes-)Innenminister[78]. Die Sperrung bewirkt, dass die Behörde keine Auskunft über Identität und Aufenthaltsort des Gewährsmannes gibt und ihrem Beamten insoweit die nach § 54 I StPO iVm § 67 III BBG, § 37 III BeamtStG erforderliche Aussagegenehmigung verweigert. Damit wird idR eine gerichtliche Ladung verhindert. Gem. § 110b III 3 iVm § 96 StPO ist in einem Strafverfahren die Geheimhaltung der Identität von VE insbes. dann zulässig, wenn Anlass zu der Besorgnis besteht, dass die Offenbarung

– Leben, Leib oder Freiheit des VE bzw einer anderen Person oder
– die Möglichkeit der weiteren Verwendung des VE gefährden würde.

---

76 Vgl *Frister*, JZ 1997, 1130; *Krey*, Miyazawa-FS, S. 595, 606; *Roxin*, StV 1998, 43.
77 BGHSt 51, 232, 235; BGH NStZ 2005, 43 m. Anm. *Ellbogen*, JA 2005, 334; *Beulke*, ZStW 113 (2001), 726; *Detter*, StV 2006, 544; *Norouzi*, JuS 2003, 434; *Soiné*, NStZ 2007, 247; *Valerius*, GA 2005, 460; *Walter*, StraFo 2004, 224; aA. *Renzikowski*, JZ 1999, 605, 607.
78 BGHSt 41, 36, 39.

Für **Informanten** und **V-Männer** gilt § 110b III 3 StPO nicht, sodass weiterhin nur § 96 StPO (analog) für eine Sperrung dieser Ermittlungsgehilfen maßgeblich ist. Richtigerweise findet die extensive Interpretation des § 110b III 3 StPO aber auch hier Berücksichtigung[79].

5. Der Ermittlungsgehilfe in der Hauptverhandlung

a) Mit der Möglichkeit einer Sperrung ist aber noch nichts darüber ausgesagt, wie weit   **427**
diese reicht, inwiefern das Gericht die behördliche Sperrerklärung überprüfen kann und welche sonstigen Möglichkeiten es gibt, den Geheimhaltungsinteressen des Staates Rechnung zu tragen. Die Behörde kann die Sperrung der Gewährsperson von bestimmten **Bedingungen** abhängig machen, sodass sich nach der von der Rspr herausgearbeiteten Systematik folgende **Stufentheorie** ergibt[80]:

1. Stufe: Äußere Einschränkungen bei der Vernehmung des Ermittlungsgehilfen vor Gericht.

Beispiele: Verschweigen des Wohnortes, § 68 II StPO; Geheimhaltung der Identität (anonymer Zeuge), § 68 III StPO und §§ 110b III 3, 96 StPO[81]; Ausschluss der Öffentlichkeit, § 172 Nr 1a GVG; Videosimultanübertragung, § 247a I 1 StPO (dazu Rn 425 und Rn 430 ff).

2. Stufe: Vernehmung des Ermittlungsgehilfen durch **beauftragten** oder **ersuchten** (zum Begriff s. Rn 370) Richter, §§ 223 f, 251 II Nr 1 StPO.

3. Stufe: Verzicht auf Vernehmung des Ermittlungsgehilfen und **Verlesung polizeilicher Vernehmungsprotokolle** (§ 251 I StPO) bzw Abspielen von Videoaufzeichnungen früherer Vernehmungen (insbes. §§ 58a I 2 Nr 2, 168e S. 4, 255a StPO), soweit durch den Rückgriff auf audiovisuelle Medien nicht die Preisgabe der Identität des Zeugen zu befürchten ist, oder eine Vernehmung der (zumeist polizeilichen) Vernehmungsbeamten als **Zeugen vom Hörensagen.**

Dabei muss die Beweisaufnahme möglichst so erfolgen, wie das vom Gesetz bei regulären Vernehmungen vorgesehen wird, deshalb ist es dem Beschuldigten zB gestattet, einen schriftlichen Fragenkatalog an den V-Mann einzureichen[82].

▶ Beispielsfall bei *Beulke*, Klausurenkurs III, Rn 474.

b) Die Reichweite der behördlichen Sperrung ist also – je nach Geheimhaltungs-   **428**
bedürfnis – unterschiedlich, wobei die Behörde nur die Stufe wählen kann, die das justizielle Interesse an der Wahrheitsermittlung am geringsten beeinträchtigt[83]. Die Behörde muss ihre Entscheidung – soweit aus Geheimhaltungsgründen möglich – begründen, um dem Gericht wenigstens eine Überprüfung auf offensichtliche Fehler zu ermöglichen[84]. Das Gericht trifft (aus § 244 II StPO) auch die Pflicht, eventuell eine

---

79 *Hilger*, NStZ 1992, 524 Fn 154; vgl aber auch BGH StV 2012, 5; VGH Kassel NJW 2014, 240.
80 BGHSt GrS 32, 115; BGHSt 33, 83; 34, 15; 36, 159.
81 Zur Problematik vgl *Krey/Haubrich*, JR 1992, 311; *Lesch*, StV 1995, 542.
82 BGH StV 1993, 171.
83 BVerfGE 57, 250; VGH Kassel StV 2013, 685.
84 BVerfGE 57, 250, 288.

Überprüfung der Behördenentscheidung durch die Behörde zu verlangen[85]. Zunächst muss die Entscheidung der obersten Dienstbehörde herbeigeführt werden, welche die für die Weigerung maßgeblichen Gründe darlegt[86]. Erscheinen die Darlegungen nicht ausreichend, muss das Gericht eine Gegenvorstellung erheben, es sei denn, ein solches formloses Rechtsmittel wäre von vornherein aussichtslos[87].

429 c) Ist der Ermittlungsgehilfe als Zeuge gesperrt und kann das Gericht auch durch eigene Bemühungen die Identität des V-Mannes nicht ermitteln[88], so ist er für das Gericht **unerreichbar** iSv § 244 III 2 StPO[89], wobei es nicht darauf ankommen soll, ob das Gericht die Sperrung durch die Behörde für gerechtfertigt erachtet[90]. In diesen Fällen darf zu Beweissurrogaten (zB Vernehmung der Verhörsperson oder Verlesung der Vernehmung gem. § 251 I Nr 2 StPO) gegriffen werden. Der BGH hat sich einer zurückhaltenderen Rspr des EGMR[91] nicht angeschlossen, allerdings betont, dass die Angaben von Gewährspersonen, deren Identität dem Gericht nicht bekannt ist, regelmäßig nur dann Grundlage einer Verurteilung werden dürfen, wenn sie einer besonders kritischen Prüfung unterzogen wurden und zudem durch andere Beweiszeichen bestätigt werden (s. Rn 288)[92]. Fehlen Letztere, ist nach dem Grundsatz in dubio pro reo freizusprechen[93]. Die Verwendung eines Beweissurrogats ist gänzlich unzulässig, wenn ein Beweiserhebungs- und -verwertungsverbot bzgl der Zeugenaussage besteht, wovon auszugehen ist, wenn die Sperrerklärung **willkürlich oder offensichtlich rechtsfehlerhaft** ist[94]. Zum Beweiswert des Zeugen vom Hörensagen s. Rn 422.

VII. Videoaufnahmen im Rahmen der Zeugenvernehmung

430 Um schutzbedürftige Zeugen zu schonen und insbes. minderjährigen Zeugen, die Opfer von Gewalt- und Sexualstraftaten geworden sind, belastende Mehrfachvernehmungen zu ersparen, hat der Gesetzgeber den Einsatz der Videotechnologie im Rahmen der Zeugenvernehmungen auf eine gesetzliche Grundlage gestellt. Hierbei sind folgende Regelungsbereiche zu unterscheiden[95]:

– Zeitgleiche Bild-Ton-**Übertragung** einer Zeugenvernehmung in der Hauptverhandlung (§ 247a I 1, 2, 3 StPO) – dazu u. 1.

---

85 BGHSt GrS 32, 115, 126; BGHSt 29, 109, 112.
86 Zum Beispiel BGHSt 42, 175, 177 m. Anm. *Geerds*, NStZ 1996, 609.
87 BGHSt 36, 159, 161 f.
88 BGHSt 39, 141 ff m. krit. Anm. *Beulke/Satzger*, JZ 1993, 1012; BGH StV 1993, 113.
89 BGHSt GrS 32, 115, 126.
90 BGHSt 36, 159, 162; anders die frühere Rspr BGHSt 31, 148, 154 ff; 33, 83, 92.
91 EGMR *(van Mechelen/NL)* StV 1997, 617 m. Anm. *Wattenberg/Violet*; dazu auch *Renzikowski*, JZ 1999, 605; *Safferling*, NStZ 2006, 75.
92 BGHSt 49, 112, 118 (Fall *Motassedeq*); vert. *Wohlers*, StV 2014, 563.
93 BGHSt 45, 321, 340; 47, 44, 47; *Wohlers*, Trechsel-FS, S. 822.
94 BGHSt 36, 159, 163; zur Kritik vgl nur KMR-*Lesch*, § 247a Rn 21; *Eisenberg*, Rn 1046; *Geppert*, Jura 1992, 244; *Schroeder/Meindl*, Fall 10, S. 161.
95 Überblick bei *Barton/Keiser*, Verfahrensgerechtigkeit, S. 165; *Beulke*, ZStW 113 (2001), 709; *Diemer*, NJW 1999, 1667; *Kretschmer*, JR 2006, 453; *Leitner*, Videotechnik im Strafverfahren, 2012; *Meyer-Goßner*, Fezer-FS, S. 135 ff; *Swoboda*, Videotechnik im Strafverfahren, 2002; s.a. *Norouzi*, Die Audiovisuelle Vernehmung von Auslandszeugen, 2010.

– Bild-Ton-**Aufzeichnung** einer Zeugenvernehmung ergänzend zur herkömmlichen Protokollierung der Aussage und die Verwertung einer solchen Aufzeichnung in der Hauptverhandlung (§§ 58a, 168e S. 4, 247a I 4 u. 5, 255a StPO) – dazu u. 2.

1. Videosimultanübertragung von Zeugenvernehmungen in der Hauptverhandlung (Videokonferenz)

a) § 247a I 1, 3 StPO ermöglicht, dass sich der Zeuge (gegebenenfalls mit einem **430a** Beistand) während seiner Vernehmung **in der Hauptverhandlung** an einem **anderen Ort** aufhalten kann und seine Vernehmung **zeitgleich** in Bild und Ton in den Sitzungssaal übertragen wird. Dabei verbleiben alle Richter einschließlich des Vorsitzenden sowie die übrigen Verfahrensbeteiligten im Sitzungssaal, von wo aus sie dem Zeugen ihre Fragen stellen (sog. „Englisches Modell")[96]. Andere Formen der audiovisuellen Zeugenvernehmung, insbes. solche, bei denen der Vorsitzende des Gerichts sich mit dem Zeugen außerhalb des Sitzungszimmers befindet und diesen dort befragt (sog. Mainzer Modell), sind nicht zulässig[97]. § 247a StPO ist, ebenso wie die Verlesung nach § 251 StPO, ein Ersatz für die **unmittelbare** persönliche Vernehmung im Gerichtssaal (§ 250 S. 1 StPO) und gehört gesetzessystematisch in die Phalanx der Ausnahmeregelungen zu § 250 StPO (s. Rn 410 ff).

Bedeutsam ist, dass sich der Zeuge während der Vernehmung an einem **anderen Ort** (zB in einem anderen Gerichtszimmer oder in seiner eigenen Wohnung) aufhalten darf. Nach zutreffender Ansicht kann er sogar aus dem Ausland zugeschaltet werden[98]. Die Hauptverhandlung der Zukunft kann für bestimmte Erscheinungsformen der Kriminalität (zB Mafia) von internationalen Videokonferenzen geprägt sein[99].

b) Die Entscheidung des Gerichts, nach § 247a StPO vorzugehen, ist an zwei alternative **Voraussetzungen** geknüpft.

aa) Eine Videovernehmung kommt einmal in Betracht, wenn durch die Gegenwart **430b** der in der Hauptverhandlung Anwesenden während der Vernehmung die **dringende Gefahr** eines **schwerwiegenden Nachteils für das Wohl des Zeugen** besteht, § 247a I 1 HS 1 StPO.

Die Entfernung des Angeklagten aus der Hauptverhandlung gem. § 247 StPO oder die Videovernehmung des Zeugen außerhalb der Hauptverhandlung sind Alternativen zum Schutz des Zeugen, die dem Gericht **gleichrangig** zur Verfügung stehen[100]. IdR wird die Anwendung des § 247a StPO der Entfernung des Angeklagten vorzuziehen sein. § 247 StPO hingegen wird dann in Betracht kommen, wenn der (minderjährige) Zeuge Angst vor der Kamera hat, etwa weil er zuvor Opfer

---

96 Dazu *Bohlander*, ZStW 107 (1995), 82 ff.
97 BGH JR 2017, 174 m. Anm. *Kretschmer*; zum „Mainzer Modell" LG Mainz NJW 1996, 208; *Geppert*, Jura 1996, 550.
98 BGHSt 45, 188 m. Anm. *Duttge*, NStZ 2000, 158; *Schlothauer*, StV 2000, 180 u. *Vassilaki*, JZ 2000, 474; BGHSt 46, 73 m. krit. Anm. *Albrecht*, StV 2001, 364; generell krit. *Malek*, Rn 491.
99 Für Videokonferenzen im Rahmen der Internationalen Rechtshilfe s. § 61c IRG generell bzw §§ 91c I, 91h III IRG für den Bereich der Europäischen Union. Die Regelungen gehen auf Art. 24 der RL 2014/41/EU über die Europäische Ermittlungsanordnung zurück.
100 Vert. *Beulke*, ZStW 113 (2001), 717; *Schmoll, D.*, Videovernehmung kindlicher Opfer im Strafprozeß, 2000, S. 176 ff; zur Kombinationsmöglichkeit beider Maßnahmen: BGH NStZ 2006, 648 m. Anm. *Schuster*, StV 2007, 507; zu den europarechtlichen Vorgaben EuGH StV 2006, 1.

pornographischer Aufnahmen geworden ist[101]. Die in diesem Fall nach § 247 S. 4 StPO gebotene Unterrichtung des vorübergehend entfernten Angeklagten kann auch so erfolgen, dass er das Geschehen mittels Videoübertragung mit verfolgt[102]. Nach Ansicht des 1. Senats des BGH soll der Simultanübertragung sogar der Vorrang gebühren, sofern sie konkret durchführbar ist (teleologische Auslegung des § 247 S. 4 StPO)[103].

430c   bb) Die Anordnung der Videovernehmung eines Zeugen ist auch zulässig, wenn die Voraussetzungen des **§ 251 II StPO** vorliegen und die Videovernehmung für die Erforschung der Wahrheit erforderlich ist, § 247a I 1 HS 2 StPO.

Erfasst werden die Fälle, in denen dem Erscheinen des Zeugen in der Hauptverhandlung ein besonderes Hindernis entgegensteht oder ihm das Erscheinen nicht zuzumuten ist (vgl Rn 414c). Dasselbe gilt bei Zustimmung des Staatsanwalts, Verteidigers und Angeklagten. Die Erforderlichkeitsklausel des HS 2 ist ein Hinweis auf die allgemeine Amtsaufklärungspflicht (§ 244 II StPO, s.o. Rn 406) und stellt klar, dass das Gericht zu prüfen hat, ob nicht etwa das Vorspielen einer Bild-Ton-Aufzeichnung nach § 255a StPO (u. Rn 430k) oder die Verlesung von Vernehmungsprotokollen zur Wahrheitserforschung genügt[104].

430d   cc) Liegen die gesetzlichen Voraussetzungen vor, steht die Durchführung der Videovernehmung im pflichtgemäßen **Ermessen** des Gerichts, das regelmäßig innerhalb der Hauptverhandlung, also unter Mitwirkung der Schöffen zu entscheiden hat (s.o. Rn 45)[105]. Dabei sind der Zeugenschutz, die richterliche Aufklärungspflicht und die Beschuldigteninteressen gegeneinander abzuwägen[106]. Zu bedenken ist, dass nach dem Aufklärungsgebot, welches auch durch das Gebot der Unmittelbarkeit des § 250 S. 1 StPO abgesichert wird, der Richter auch einen persönlichen Gesamteindruck vom Zeugen gewinnen muss, der von Verhaltensweisen mitbestimmt wird, die bei einer Videoübertragung uU nur schwer wahrzunehmen sind. Ebenso dürfen durch die Übertragung die Verteidigungsinteressen des Angeklagten, insbes. sein Anspruch auf rechtliches Gehör und sein Fragerecht (Art. 103 I GG, Art. 6 IIId EMRK) nicht geschmälert werden. Im Zweifel muss die Vernehmung des Zeugen im Gerichtssaal erfolgen[107].

dd) Die Anordnung der Videosimultanübertragung einer Vernehmung ist gem. § 247a I 2 StPO nicht anfechtbar. Der Gesetzgeber wollte mit dieser Ausschlussklausel Rechtsunsicherheiten und Verfahrensverzögerungen vermeiden. Im Zusammenhang mit den Prinzipien der Aufklärungspflicht (§ 244 II StPO) und dem Unmittelbarkeitsgrundsatz des § 250 S. 1 StPO wirft dieser Revisions- und Anfechtungsausschluss (§ 336 S. 2 StPO) einige Fragen auf. So wird grundsätzlich eine Revision zulässig sein müssen, wenn das Tatgericht von unzulässigen Anordnungsvoraussetzungen ausgegangen ist (etwa, der Zeuge würde bei einer Vernehmung im Gerichtssaal nicht die Wahrheit sagen) oder wenn andere mögliche zeugenschützende Maßnahmen bei einer Anordnung nach § 247a I 1 HS 2 StPO nicht angewandt wurden. Ebenso müssen im Rahmen des § 247a I 1 HS 2 StPO die Vorgaben des § 251 II StPO erfüllt sein, denn auf Normen außerhalb des Tatbestandes des § 247a I 1 StPO erstreckt sich der Anfechtungsausschluss nicht. Unanfechtbar bleibt damit größtenteils nur die Ermessensentscheidung des Gerichts, inwieweit bei Vorliegen aller Voraussetzungen die Videovernehmung zur Aufklärung erforderlich, geeignet und ausreichend ist[108].

---

101 *M-G/Schmitt*, § 247a Rn 4; SK-*Frister*, § 247 Rn 13.
102 BGHSt 51, 180, 182.
103 BGH NStZ 2018, 128; krit. *Metz*, NStZ 2017, 446; *Mosbacher*, JuS 2018, 132; *Schneider*, NStZ 2018, 128.
104 BGHSt 46, 73, 76 m. krit. Anm. *Sinn*, JZ 2001, 51.
105 AA BGH StV 2012, 65 m. zu Recht krit. Anm. *Eisenberg*.
106 Vert. BVerfG medstra 2015, 34 m. Anm. *Eisenberg* u. *Hamm*, StV 2015, 139.
107 *Diemer*, NStZ 2001, 395; *Fischer*, JZ 1998, 816.
108 Ausführlich *M-G/Schmitt*, § 247a Rn 13.

2. Videoaufzeichnung von Zeugenvernehmungen und deren Verwertung

Neben der simultanen Videovernehmung ist inzwischen der Zeugenschutz auch durch **430e** die Zulassung von **Videoaufzeichnungen** verbessert worden. Es kann schon im Frühstadium des Strafverfahrens, zB bei der ersten polizeilichen Vernehmung, die Zeugenaussage in Bild und Ton festgehalten und diese **Videokonserve** weitgehend als Ersatz für die **unmittelbare** persönliche Vernehmung des Zeugen in der Hauptverhandlung verwertet werden.

a) Die Aufzeichnung von Vernehmungen außerhalb der Hauptverhandlung erfolgt **430f** nach der Vorschrift des § 58a I StPO, bei richterlichen Vernehmungen im Ermittlungsverfahren nach § 168e S. 4 iVm § 58a I StPO. In der Hauptverhandlung gelten für die Aufzeichnung § 247a I 4, 5 StPO.

aa) **Außerhalb der Hauptverhandlung kann jede Zeugenvernehmung** auf Bild- **430g** Ton-Träger aufgezeichnet werden, § 58a I 1 StPO.

Die Vorschrift ist also nicht auf minderjährige Zeugen oder bestimmte Straftaten und nicht auf schutzbedürftige Zeugen beschränkt. § 58a StPO gilt für richterliche und staatsanwaltschaftliche (s. § 161a I 2 StPO) sowie für polizeiliche (s. § 163 III 2 StPO) Vernehmungen. Im Hinblick auf Beweiskraft und Verwertbarkeit ist die Durchführung einer möglichst tatnahen Erstvernehmung anzustreben (§ 255a I iVm § 251 II; § 255a II StPO; s.u. Rn 430k ff). Allerdings sollte der Sachverhalt schon so weit erforscht sein, dass eine nahezu abschließende Befragung des schutzbedürftigen Zeugen aufgezeichnet werden kann. Andernfalls kann dem Zeugen eine Mehrfachvernehmung bzw ein Erscheinen in der Hauptverhandlung aus Gründen der Sachaufklärung und auf Grund der Gefahr einer Verkürzung der Beschuldigtenrechte nicht erspart werden[109].

Von der Aufzeichnungsmöglichkeit **soll** gem. § 58a I 2 StPO Gebrauch gemacht werden bei

- minderjährigen Opferzeugen unter 18 Jahren (Nr 1) oder
- Zeugen, wenn zu besorgen ist, dass sie in der Hauptverhandlung nicht vernommen werden können, zB weil sie krank oder gefährdet (s. Rn 196a) sind oder weil sie sich im Ausland aufhalten, und die Aufzeichnung zur Wahrheitserforschung erforderlich ist (Nr 2).

Eine Aufzeichnung ist aber erst dann zulässig, wenn zuvor die nach § 52 StPO Zeugnisverweigerungsberechtigten über ihr Recht belehrt worden sind und eine Erklärung abgegeben haben, das Recht nicht in Anspruch nehmen zu wollen. Anderenfalls würde bei laufender Kamera ein Augenscheinsbeweis geschaffen, der – trotz Inanspruchnahme des Zeugnisverweigerungsrechts – gegen den Beschuldigten verwertet werden könnte[110]. In den Fällen des § 252 StPO, also der nachträglichen Geltendmachung des Zeugnisverweigerungsrechts in der Hauptverhandlung (s. Rn 418 ff, 465), darf das Video nicht vorgeführt werden (§ 255a I StPO), und zwar auch dann nicht, wenn mit der Rspr im Falle der früheren richterlichen Vernehmung das Verwertungsverbot des § 252 StPO eingeschränkt und die Vernehmung des Richters als Zeuge vom Hörensagen in der Hauptverhandlung für zulässig erachtet wird[111].

---

109 *Weigend*, Gutachten C zum 62. DJT Fn 204.
110 KK-*Senge*, § 58a Rn 8; *Eisenberg*, Rn 1311a; aA *M-G/Schmitt*, § 58a Rn 8.
111 BGHSt 49, 75 m. zust. Anm. *Norouzi*, JA 2004, 599; *Volk/Engländer*, § 27 Rn 10; krit. *Mitsch*, JuS 2005, 102.

430h bb) Bei einer **ermittlungsrichterlichen Vernehmung** ist es zusätzlich möglich, dass sich der Richter getrennt von den sonstigen Anwesenheitsberechtigten in demselben Raum wie der Zeuge aufhält und dass diese Vernehmung per Video den anderen Verfahrensbeteiligten simultan übertragen wird, § 168e S. 1, 2, 3 StPO. Damit wird eine Konfrontation des Zeugen mit dem der Tat Verdächtigen vermieden. Auch diese Sonderform der **Videosimultanvernehmung** kann **als Konserve** dauerhaft **festgehalten** werden, § 168e S. 4 iVm § 58a StPO. Im Hinblick auf eine spätere Verwertung sind hier allerdings die Anwesenheits-, Informations- und Mitwirkungsrechte von Verteidiger und Beschuldigtem (§§ 147, 168c II, 168e S. 3 StPO) zu beachten (vgl § 255a II StPO, u. Rn 430m).

430i cc) **Innerhalb einer Hauptverhandlung** soll eine Simultanvernehmung (s.o. Rn 430a) unter den Voraussetzungen aufgezeichnet werden, dass der Zeuge möglicherweise in einer weiteren Hauptverhandlung, zB in der Berufungsinstanz, nicht vernommen werden kann und die Aufzeichnung zur Erforschung der Wahrheit erforderlich ist, § 247a I 4 StPO.

Über Wortlaut und Systematik hinausgehend wird § 247a I 4 StPO dahingehend interpretiert, dass er die Voraussetzungen für alle Videoaufzeichnungen innerhalb einer Hauptverhandlung enthält und insoweit eine abschließende Spezialregelung zu § 58a I StPO (s. Rn 430g) darstellt[112].

430j b) Die Frage, wie eine Videokonserve in der Hauptverhandlung **verwertet** werden kann, wird in § 255a StPO beantwortet. Unberührt von § 255a StPO bleibt die Vorführung einer Videoaufnahme als Augenscheinsobjekt zum Beweis anderer, den Inhalt der Aussage selbst nicht betreffender Tatsachen oder zum Zweck des Vorhalts[113].

430k aa) Eine Vorführung ist immer zulässig, wenn entsprechende Protokolle nach §§ 251, 253 StPO verlesen werden dürften, § 255a I StPO. Damit werden die Bild-Ton-Aufzeichnungen den **Vernehmungsprotokollen gleichgestellt** (zu deren Verlesung s.o. Rn 411 ff). § 255a StPO stellt also ebenso wie §§ 247a, 251 ff StPO eine Ausnahmeregelung zu § 250 StPO dar.

430l bb) In Verfahren wegen Straftaten gegen die **sexuelle Selbstbestimmung,** gegen das **Leben,** wegen **Misshandlung von Schutzbefohlenen** oder bei **Straftaten gegen die persönliche Freiheit** gem. §§ 232 ff StGB kann die Aussage eines **Zeugen unter 18 Jahren** in der Hauptverhandlung aufgrund einer entsprechenden Anordnung des Vorsitzenden[114] ersetzt werden, indem die Videoaufzeichnung seiner früheren **richterlichen** Vernehmung vorgeführt wird, § 255a II 1 StPO[115]. Da § 255a II StPO nicht an die Vorschriften der §§ 251, 253 StPO anknüpft, ermöglicht er – für seinen freilich engen Anwendungsbereich – eine **gesteigerte Durchbrechung des Unmittelbarkeitsgrundsatzes**[116].

---

112 *M-G/Schmitt,* § 247a Rn 11; abw. KMR-*Lesch,* § 247a Rn 5.
113 KK-*Diemer,* § 255a Rn 3, 9.
114 BGH NJW 2011, 3382 m. abl. Bespr. *Lickleder/Sturm,* HRRS 2012, 74; *Malek,* Rn 631 f.
115 BGHSt 49, 68, 71 m. Anm. *Kölbel,* NStZ 2005, 220 (uU ergänzend zur persönlichen Vernehmung).
116 *Eisenberg,* Rn 1315; *Rieß,* StraFo 1999, 4.

Dies wird in Kauf genommen, um belastende und schädigende Mehrfachvernehmungen minderjähriger Zeugen zu vermeiden[117]. Voraussetzung ist aber, dass der Angeklagte und sein Verteidiger Gelegenheit hatten, an dieser früheren Vernehmung **mitzuwirken**, § 255a II 1 aE. StPO. Angesichts der Schutzwürdigkeit des Beschuldigten gegenüber nicht hinterfragten Vorwürfen ist im Wege einer verfassungskonformen Auslegung des § 255a II StPO unter Rückgriff auf das Rechtsstaatsprinzip (Art. 20 III GG) zu fordern, dass der Beschuldigte und sein Verteidiger an der Zeugenvernehmung tatsächlich mitgewirkt haben[118], wenn die Verurteilung allein oder maßgeblich auf Grund der Aussage von Zeugen ergehen müsste, denen der Beschuldigte keine Fragen stellen kann[119]. Bei tatsächlicher Mitwirkung des Verteidigers muss vorher Akteneinsicht gewährt worden sein, damit sachdienliche Fragen gestellt werden können[120]. Eine ergänzende Vernehmung des Zeugen ist nach Maßgabe der Amtsaufklärungspflicht zulässig, vgl § 255a II 2 StPO.

cc) § 255a StPO wird durch **§ 58a II 1 StPO** (ggf iVm § 168e S. 4 oder § 247a I 5 StPO) ergänzt[121], wonach eine spätere Verwendung der Videoaufzeichnung nur zum Zwecke der Strafverfolgung (erfasst werden auch andere Strafverfahren, etwa die gegen einen früheren Mitbeschuldigten nach Trennung der Verfahren) und nur insoweit zulässig ist, als dies die Wahrheitserforschung erfordert. Das Gericht hat also im Rahmen seiner Aufklärungspflicht zu prüfen, ob die Verwertung einer Videoaufzeichnung ergiebiger sein wird als die Verlesung eines Vernehmungsprotokolls (s. auch o. Rn 430c zu § 247a I HS 2 StPO). Dies dürfte zumeist der Fall sein. Die Verwendung der Aufzeichnungen außerhalb strafverfahrensrechtlicher Zwecke – zur Therapie oder im Rahmen von Schadensersatz- oder Sorgerechtsverfahren – setzt die Einwilligung des Zeugen voraus[122].

430m

Lösung Fall 51: Der aus dem Grundsatz der Unmittelbarkeit der Beweisaufnahme in der Hauptverhandlung resultierende **Vorrang des Personalbeweises vor dem Urkundenbeweis** (§ 250 StPO) verbietet es idR, die Vernehmung des Zeugen durch die Verlesung eines Protokolls über seine frühere Vernehmung zu ersetzen. Davon macht aber § 251 StPO einige wichtige Ausnahmen für bestimmte Fälle, in denen der Zeuge als unmittelbares Beweismittel nicht mehr zur Verfügung steht. Dabei ist zu unterscheiden, ob es sich um Protokolle über frühere **richterliche** Vernehmungen (§ 251 I, II StPO) oder frühere **nichtrichterliche** Vernehmungen (§ 251 I StPO) handelt. Hier geht es um das Protokoll einer richterlichen Vernehmung. Eine einvernehmliche Verlesung gem. § 251 II Nr 3 StPO scheitert am Widerspruch des Angeklagten. Gem. § 251 II Nr 2 StPO wäre die Verlesung dennoch zulässig, wenn dem Zeugen das Erscheinen in der Hauptverhandlung wegen großer Entfernung unter Berücksichtigung der Bedeutung seiner Aussage nicht zugemutet werden kann. Für eine Pflicht des Gerichts, F persönlich zu vernehmen, spricht, dass es sich bei F um das einzige Beweismittel handelt. Andererseits liegt hier ein so geringer Schaden vor, dass es angesichts der sonst erforderlichen weiten Reise des F (eine kommissarische Vernehmung iSv § 223 StPO ist ebenfalls nicht sinnvoll, da bereits eine Aussage vor einem Richter vorliegt) doch vertretbar erscheint, die Aussage des F durch die Verlesung der früheren richterlichen Vernehmung zu ersetzen. Seit In-Kraft-Treten des ZSchG am 1.12.1998 muss das Gericht ebenfalls die „erweiterte Erreich-

431

---

117 *Eisenberg,* JGG, §§ 33–33b Rn 45 ff; *Hagendorn, N.,* Schutz der Opfer von Gewaltdelikten durch Ausschluß der Öffentlichkeit im Strafverfahren, 1999; *Laubenthal,* JZ 1996, 335; *Laubenthal/ Nevermann-Jaskolla,* JA 2005, 294; *Mildenberger, E.,* Schutz kindlicher Zeugen im Strafverfahren durch audio-visuelle Medien, 1995, S. 37 ff.

118 *Beulke,* ZStW 113 (2001), 713; *Schlothauer,* StV 1999, 47; in diesem Sinne auch der EGMR StV 2002, 289 m. zust. Anm. *Satzger,* JA 2002, 838.

119 Insoweit gilt wieder die Dreistufenprüfung nach EGMR StV 2017, 213 *(Schatschaschwili/Deutschland)* m. Bespr. *Satzger,* Jura 2016, 1083 (s. auch Rn 124, 422).

120 *Beulke,* Gollwitzer-Kolloq, S. 1; *Schlothauer,* StV 2003, 650; abw. BGHSt 48, 268 m. insoweit krit. Anm. *Vogel/Norouzi,* JR 2004, 215.

121 *M-G/Schmitt,* § 255a Rn 5.

122 HK-*Gercke,* § 58a Rn 12.

barkeit" des Beweismittels iSd § 244 III StPO durch die Möglichkeit einer Videosimultanübertragung (Videokonferenz) in die Hauptverhandlung nach §§ 247a I 1 HS 2, 251 II Nr 2 StPO ins Auge fassen. Soweit sich das Gericht aber aus der audiovisuell vermittelten Vernehmung nicht mehr Aufklärungswert verspricht als aus der Verlesung des bereits vorhandenen richterlichen Vernehmungsprotokolls, ist die Videokonferenz nicht „zur Erforschung der Wahrheit erforderlich" (§ 247a I 1 HS 2 StPO), das Gericht darf sich mit der Protokollverlesung zufrieden geben. Einzelheiten s. Rn 414 ff, 430a.

432   **Lösung Fall 52:** Macht der Zeuge erst in der Hauptverhandlung von seinem Zeugnisverweigerungsrecht Gebrauch, darf seine frühere Aussage nicht verlesen werden, § 252 StPO. Die ganz hL entnimmt dieser Regelung nicht nur ein **Verlesungs-**, sondern auch ein umfassendes **Verwertungsverbot.** Deshalb darf auch die frühere Verhörsperson nicht als Zeuge vernommen werden. Dies wird von der Rspr aber nur bzgl früherer polizeilicher oder staatsanwaltlicher Vernehmungen vertreten. Bei der früheren **richterlichen** Vernehmung wird hingegen eine Zeugenvernehmung des Richters für zulässig erachtet, sofern dieser seinerzeit ordnungsgemäß belehrt hatte. Nach der Rspr könnte A, gestützt auf die Aussage des R, verurteilt werden. Diese Ansicht ist abzulehnen, weil das Gesetz eine unterschiedliche Qualität richterlicher und nichtrichterlicher Vernehmungen nicht kennt und weil beim Zeugnisverweigerungsrecht auf Grund enger familiärer Beziehungen der Familienschutz auch im Falle richterlicher Vernehmungen den Strafverfolgungsinteressen vorgeht. Nach Ansicht des **Großen Senats für Strafsachen des BGH** steht einer Verwertung der vor R gemachten Aussage auch nicht entgegen, dass R die T vor ihrer Vernehmung **nicht „qualifiziert" belehrt,** sie also nicht darauf hingewiesen hat, dass ihre Aussage zur Verurteilung des A durch Vernehmung des R in der Hauptverhandlung in das Verfahren gegen A einbezogen und darauf eine Verurteilung des A gestützt werden kann, wenn die T sich in der Hauptverhandlung gegen A auf ihr Zeugnisverweigerungsrecht berufen sollte. Einzelheiten s. Rn 418 ff.

433   **Lösung Fall 53:**

a) Da es sich bei der früheren Vernehmung des Angeklagten A nicht um eine richterliche Vernehmung handelt, darf das Vernehmungsprotokoll in der Hauptverhandlung **nicht verlesen** werden (§ 254 I StPO). Auch wenn A sich nunmehr zulässigerweise auf sein Aussageverweigerungsrecht beruft (§ 243 V 1 StPO), besteht hinsichtlich der polizeilichen Vernehmung jedoch **kein Verwertungsverbot** (anders als in der Konstellation des § 252 StPO, s. Fall 52). Der Polizeibeamte P kann deshalb als Zeuge vernommen werden und über diesen Zeugenbeweis kann das frühere Geständnis in die Urteilsfindung einfließen.

b) Auch nach dem Tode des P erlaubt § 254 StPO dem eindeutigen Wortlaut nach keine Verlesung des **polizeilichen** Protokolls. § 251 I StPO, der für Zeugen, Sachverständige und Mitbeschuldigte gilt, ist für Vernehmungen des **Beschuldigten** nicht einschlägig und darf auch nicht analog herangezogen werden, da § 254 StPO insoweit eine abschließende Regelung enthält. Zutreffend hat deshalb OLG Köln, StV 1983, 97 die Verlesung des polizeilichen Protokolls für unzulässig erklärt. Da P jetzt tot ist und nicht mehr als Zeuge gehört werden kann, gibt es keine Möglichkeit, das polizeiliche Geständnis in die Hauptverhandlung einzubringen. Einzelheiten s. Rn 411–414c, 416.

c) Gemäß § 252 StPO dürfen nach hiesiger Lösung alle früheren Aussagen des A, der sich nunmehr in der Hauptverhandlung gegen B auf sein Zeugnisverweigerungsrecht beruft, weder verlesen noch verwertet werden. Auch die herrschende Ansicht, die eine Verwertung im Falle richterlicher Vernehmungen zulässt (s. Fall 52), gelangt hier zu einem vollständigen Verwertungsverbot, weil die frühere Aussage zwar vor einem Richter gemacht wurde, A jedoch damals nur als Angeklagter gem. §§ 243 V, 136 StPO und nicht als Zeuge gem. § 52 I Nr 3, III StPO belehrt wurde. Einzelheiten s. Rn 420.

§ 22 Der Beweisantrag in der Hauptverhandlung

Fall 54: A ist angeklagt, nach dem Besuch der Diskothek „Kakadu" in erheblich angetrunkenem Zustand einen Passanten niedergeschlagen und schwer verletzt zu haben (§§ 223 ff StGB). Anschließend soll er geflüchtet sein, das Opfer will ihn aber wiedererkannt haben. A bestreitet die Tat. In der Hauptverhandlung stellt A folgende Anträge:

a) Zum Beweis dafür, dass er am Tatabend die Diskothek schon eine Stunde vor der Tatzeit verlassen habe, sei der rothaarige Ire, der neben ihm an der Bar gesessen habe (Name und Anschrift nicht bekannt), als Zeuge zu vernehmen. Das Gericht möchte nicht weiter tätig werden.

b) Zum Beweis dafür, dass er zur fraglichen Zeit im Kino gewesen sei, sei die Kinokassiererin K der „Promenadenlichtspiele", die ihn dort gesehen habe, als Zeugin zu vernehmen. Das Gericht möchte diesen Antrag zurückweisen, weil es unmöglich sei, dass sich eine Kassiererin ein halbes Jahr nach dem fraglichen Zeitpunkt noch an einen einzelnen Kinobesucher erinnere.

c) Außerdem könne es sich bei ihm überhaupt nicht um den gesuchten Betrunkenen handeln, da er an dem fraglichen Abend so gut wie nichts getrunken habe. Zum Beweis dafür, dass er nur drei Bier getrunken habe, benennt er den Wirt der Diskothek, W, als Zeugen. Das Gericht hält die Vernehmung des W für überflüssig, weil drei in der Hauptverhandlung anwesende Zeugen bereits den erheblichen Alkoholkonsum des A bestätigt haben.

Wie ist über die Anträge zu entscheiden? **Rn 453**

I. Einleitung

Die Amtsaufklärungspflicht des Gerichts gem. § 244 II StPO schließt es nicht aus,   **434**
dass auch andere Verfahrensbeteiligte Einfluss auf die Beweisaufnahme nehmen. Wichtigstes Instrument hierfür ist der **Beweisantrag**. Beweisanträge sind vom Gericht nicht nur im Rahmen seiner allgemeinen Aufklärungspflicht zu beachten, sondern ihre Behandlung wurde vom Gesetzgeber in den §§ 244 III–VI, 245, 246 StPO strengen Regeln unterworfen, deren Verletzung in den meisten Fällen zur Aufhebung des Urteils in der Revision führt. Besondere Bedeutung hat das Beweisantragsrecht naturgemäß für den Angeklagten und seinen Verteidiger, doch können Beweisanträge auch vom Staatsanwalt, Nebenkläger und Privatkläger gestellt werden[1].

II. Der Begriff „Beweisantrag" und seine Abgrenzung zum Beweisermittlungsantrag

1. Was unter einem Beweisantrag zu verstehen ist, ist in §§ 244 III-VI, 245 f StPO   **435**
nicht definiert, vielmehr setzt das Gesetz den Begriff des Beweisantrags voraus. Die Rspr nimmt folgende Abgrenzung vor:

---

1 Zur Vertiefung *Beulke*, JuS 2006, 597; *Börner*, StraFo 2014, 133; 2015, 46; *Eisenberg*, Rn 138 ff; *Fezer*, 50 Jahre BGH-Wiss-FG, S. 847 ff; *Gössel*, Gollwitzer-Kolloq, S. 47; *Hamm/Hassemer/Pauly*, Beweisantragsrecht, 2. A., 2007; *Huber*, JuS 2017, 634; *Jahn*, Hassemer-FS, S. 1029; *Krell*, Jura 2012, 355; *Perron, W.*, Das Beweisantragsrecht des Beschuldigten im deutschen Strafprozeß, 1995; *Schellenberg*, S. 149 ff.

Ein **Beweisantrag** ist das Begehren eines Prozessbeteiligten auf eine Beweiserhebung unter bestimmter Angabe der zu beweisenden Tatsache und des zu verwendenden Beweismittels. Er darf nur dann abgelehnt werden, wenn einer der abschließend geregelten Ablehnungsgründe der §§ 244 III-V, 245 II 2, 3 StPO eingreift (Einzelheiten Rn 439 ff).

Unter einem **Beweisermittlungsantrag** versteht man das Verlangen des Antragstellers an das Gericht, in bestimmter Weise ermittelnd tätig zu werden, wobei dem Antrag aber eine oder mehrere der für einen Beweisantrag notwendigen Voraussetzungen fehlen.

Die **Beweisanregung** unterscheidet sich davon lediglich in der Intensität des Begehrens. Mit ihr wird dem Gericht eine Beweiserhebung nur „nahe gelegt" oder „anheim gegeben".

Sowohl über bloße **Beweisermittlungsanträge** als auch über **Beweisanregungen** hat das Gericht allein im Rahmen seiner **Aufklärungspflicht** (§ 244 II StPO) zu entscheiden[2]. Es ist daher – anders als bei Beweisanträgen – nicht an die Ablehnungsgründe der §§ 244 III-V, 245 II 2, 3 StPO gebunden. Ausreichend, aber auch erforderlich ist in diesen Fällen die **Ablehnung durch den Vorsitzenden**, welche gem. § 238 II StPO (dazu Rn 373 ff) beanstandet werden kann[3].

2. Ein Beweisantrag muss immer zwei Elemente enthalten:
– eine **bestimmte Tatsachenbehauptung** und
– ein bestimmt bezeichnetes und von der StPO anerkanntes **Beweismittel**.

a) Tatsachenbehauptung

436   Der Antragsteller muss eine bestimmte **Beweisbehauptung** aufstellen. Es muss sich um **Tatsachen** und nicht nur um bloße Wertungen handeln. Keine Tatsachenbehauptung, sondern eine Wertung liegt zB vor, wenn gesagt wird, der Zeuge werde die „Unglaubwürdigkeit" eines anderen Zeugen beweisen[4].

Nach der Rspr soll eine **bestimmte** Tatsachenbehauptung dann nicht gegeben sein, wenn der Antragsteller nur das von ihm erwartete und erst aus der Vernehmung zu folgernde „Beweisziel" benennt (zB die Entlastung des Angeklagten). Deshalb sind nicht nur abstrakte Gesetzestexte zu wiederholen, sondern stets die konkreten Umstände und Geschehnisse anzugeben, zu denen der Zeuge etwas aus eigener Wahrnehmung bekunden kann[5].

Zur Tatsachenbehauptung gehört, dass der Antragsteller die zu beweisende Tatsache als **feststehend** darstellt, auch wenn er sie selbst subjektiv nur vermutet oder für möglich hält. Äußert er dagegen lediglich offensichtlich **aus der Luft gegriffene Vermutungen**, von denen er hofft, dass sie durch die beantragte Beweiserhebung bestätigt werden, so liegt nur ein **Beweisermittlungsantrag** vor[6]. Maßgebend für die Beurteilung, ob ein solcher Fall anzunehmen ist, ist die Sichtweise eines verständigen Antragstellers[7]. Von einer **„aufs Geratewohl/ins Blaue hinein"** aufgestellten Be-

---

2 BGH NStZ 2012, 280.
3 BGH NStZ 2008, 109; 2009, 401; *Joecks*, StPO, § 244 Rn 34; *M-G/Schmitt*, § 244 Rn 27; krit. Radtke/
   Hohmann-*Kelnhofer*, § 244 Rn 91.
4 BGHSt 37, 162, 164.
5 BGHSt 39, 251, 253 f m. Anm. *Hamm*, StV 1993, 455 u. *Widmaier*, NStZ 1993, 602; BGHSt 43, 321,
   329 (Fall *Wienand*); BayObLG JR 2003, 294 m. zust. Anm. *Ingelfinger*; abl. KK-*Krehl*, § 244 Rn 74.
6 BGH StV 2006, 458; BGH NJW 2012, 2212 m. Bespr. *Mosbacher*, JuS 2012, 707; KG StV 2016, 345;
   vert. *Bach*, Breidling-FS, S. 1.
7 BGH NStZ 2009, 226; BGH StV 2014, 264.

weisbehauptung kann jedoch nicht schon dann gesprochen werden, wenn die unter Beweis gestellte Tatsache objektiv ungewöhnlich oder unwahrscheinlich ist oder andere Möglichkeiten näher gelegen hätten[8].

b) Das bestimmt bezeichnete Beweismittel

Der Antragsteller muss bereits im Beweisantrag ein bestimmtes **Beweismittel** angeben. Es muss ein solches **des Strengbeweises** sein, also entweder dem Augenscheins-, Urkunden-, Sachverständigen- oder Zeugenbeweis zuzuordnen sein (s.o. Rn 179). Soll das Beweismittel erst gesucht werden, so liegt nur ein Beweisermittlungsantrag vor[9]. Für die Annahme eines Beweisantrags reicht es jedoch aus, dass der Antragsteller die **Tatsachen** vorträgt, **die dem Gericht die Auffindung und Identifizierung des Beweismittels ermöglichen**[10]. Schließlich ist noch zu beachten, dass die im Antrag bezeichneten Beweismittel **neu** sein müssen. Ein Antrag auf Wiederholung einer Beweisaufnahme ist lediglich ein Beweisermittlungsantrag[11].

437

Nach neuerer Rspr ist zudem erforderlich, dass der Zusammenhang (**Konnexität**) zwischen Beweistatsache und Beweismittel dargelegt wird. Die fehlende Konnexität soll kein zusätzlicher Ablehnungsgrund sein (dazu Rn 439 ff), vielmehr liegt dann überhaupt kein Beweisantrag vor, sodass für die Erforderlichkeit der Prüfung des Beweisbegehrens § 244 II StPO einschlägig ist (s. Rn 435)[12]. Nach der Rspr zum Konnexitätserfordernis muss der Antrag zB erkennen lassen, weshalb der Zeuge etwas zu dem Beweisthema bekunden können soll, etwa weil er zu einer bestimmten Zeit an einem bestimmten Ort war, eine Akte gelesen hat usw. Fehle die Konnexität, liege nur ein Beweisermittlungsantrag vor[13]. Mit fortgeschrittener Beweisaufnahme soll sich das Konnexitätserfordernis nach neuerer – selbst innerhalb der Senate umstrittener[14] – Rspr des BGH noch verschärfen[15]. Da das Gericht dem bereits erhobenen Beweis somit mehr Gewicht einräumt als dem beantragten, bedeutet dies faktisch eine Umgehung des Verbots der Beweisantizipation[16]. Die Einschränkung des Beweisantragsrechts über das Konnexitätserfordernis ist **insgesamt abzulehnen**, denn sie legt dem Antragsteller eine Begründungspflicht auf, die der Definition des Beweisantrags nicht zu entnehmen ist[17].

III. Zeitpunkt und Form der Stellung von Beweisanträgen

§§ 244, 245 StPO betreffen nur die Beweisaufnahme in der **Hauptverhandlung**. Dort dürfen Beweisanträge uneingeschränkt auch noch nach Abschluss der Beweisaufnahme (s. § 258 I StPO) bis zum Beginn der Urteilsverkündung gestellt werden[18]. Ein

438

---

8 BGH NStZ 2008, 474; BGH StV 2013, 374.
9 Vgl BGHSt 30, 131, 142.
10 Einzelheiten beim Zeugenbeweis str. vgl BGHSt StV 2010, 556; BGH JR 2010, 456 m. krit. Anm. *Popp*.
11 BGH StV 2001, 98 m. Anm. *Fahl*.
12 BGH NStZ 2013, 476; SchlHOLG StV 2014, 276.
13 BGHSt 43, 321, 330 (Fall *Wienand*); BGH StV 2011, 207 m. krit. Anm. *Habetha*, StV 2011, 239; *Schneider*, NStZ 2012, 169; *Ventzke*, NStZ 2011, 301 u. zust. Anm. *Kröpil*, Jura 2012, 459.
14 BGH NStZ 2008, 708 (Rn 8); BGH NStZ 2014, 351 m. Anm. *Ferber*.
15 BGHSt 52, 284 m. abl. Anm. *Beulke/Witzigmann*, StV 2009, 58; BGH StV 2013, 65 m. zutr. krit. Anm. *Trüg*.
16 *Eidam*, JR 2008, 520, 521; *Eisenberg*, ZIS 2008, 469, 470; *Fezer*, HRRS 2008, 457, 459; *Habetha/Trüg*, GA 2009, 406, 420; *Trüg*, StraFo 2010, 139, 143 f; *Ventzke*, StV 2009, 655, 658; nachdenklich auch BGH StV 2015, 82.
17 Wie hier *Herdegen*, NStZ 1999, 180 f; *Jahn*, StV 2009, 663; *Rose*, NStZ 2014, 128.
18 BGHSt 21, 118, 123; BGH NStZ 1992, 346.

Beweisantrag darf gem. § 246 I StPO nicht wegen verspäteten Vorbringens zurückgewiesen werden, weil dieses dem Prinzip der materiellen Wahrheit widersprechen würde. Eine **Präklusion** wie im Zivilprozess kennt das Strafprozessrecht somit nicht[19]. Das gilt auch nach der im Jahre 2017 eingeführten Möglichkeit, dass der Vorsitzende nach Abschluss der von Amts wegen vorgesehenen Beweisaufnahme eine angemessene Frist zum Stellen von Beweisanträgen bestimmen kann, § 244 VI 2 StPO (dazu Rn 452). Der Angeklagte kann auch nach neuer Rechtslage den Zeitpunkt der Beweisantragsstellung dem Verlauf der Beweisaufnahme anpassen[20]. Selbst nach Beginn der Urteilsverkündung und vor deren Abschluss kann die Stellung eines zulässigen Beweisantrags in Betracht kommen[21].

Der Grundsatz der Mündlichkeit erfordert, dass die Beweisanträge **in der Hauptverhandlung mündlich** zu stellen sind, sofern das Gericht nicht nach § 257a StPO Schriftlichkeit angeordnet hat[22]. Der Beweisantrag kann von einer sog. **innerprozessualen Bedingung** abhängig gemacht werden (vgl Rn 299 u. 452).

Nach der Rspr kann das Gericht in der Hauptverhandlung anordnen, dass der Beschuldigte in Zukunft Beweisanträge **nur noch über seinen Verteidiger** stellen darf, wenn der Angeklagte zwecks Verhinderung des ordnungsgemäßen Abschlusses der Hauptverhandlung in exzessiver Weise von seinem Recht, Beweisanträge zu stellen, Gebrauch macht[23] (dazu abl. Rn 150).

IV. Die Ablehnung von Beweisanträgen

1. Systematik der Ablehnungsgründe

439 Das Gesetz unterscheidet zwischen **präsenten** (zum Begriff s. Rn 450) und **nicht präsenten** Beweismitteln. § 245 StPO betrifft die Beweisaufnahme mittels präsenter Beweismittel. Innerhalb der präsenten Beweismittel wird vom Gesetz weiter danach differenziert, um welche Beweismittel es sich handelt und von welchem Beteiligten die Beweismittel beigebracht worden sind (§ 245 I – 245 II StPO). § 244 III–VI StPO betrifft nur die nicht präsenten Beweismittel, wobei die Ablehnungsgründe des § 244 III StPO für alle Beweismittel gelten und in § 244 IV–VI StPO zusätzliche Ablehnungsmöglichkeiten (insbes. für Anträge auf Sachverständigenbeweis und Augenscheinseinnahme) geschaffen wurden (vgl hierzu **Übersicht 5**, S. 333).

2. Die Ablehnungsgründe des § 244 III StPO

a) Unzulässigkeit der Beweiserhebung

440 Gem. § 244 III 1 StPO ist ein Beweisantrag abzulehnen, wenn die beantragte Beweiserhebung **unzulässig** ist. Die Besonderheit dieses Ablehnungsgrundes liegt darin, dass bei seinem Vorliegen der Beweisantrag abgelehnt werden **muss**, während bei den

---

19 Vgl auch BVerfG StV 1992, 307; OLG Köln StV 2002, 238.
20 *M-G/Schmitt*, § 244 Rn 95.
21 BGH NStZ 2007, 112; *Scheffler*, MDR 1993, 3 ff.
22 Vgl OLG Frankfurt NStZ-RR 1998, 210; OLG München StV 2011, 401.
23 BGHSt 38, 111, 114.

übrigen Ablehnungsgründen gem. § 244 III 2 StPO die Zurückweisung im **Ermessen** des Gerichts steht. Unzulässigkeit der Beweiserhebung ist vor allem dann gegeben, wenn das angegebene Beweismittel unter ein Beweismittel- oder Beweisverwertungsverbot fällt[24]. Der Beweisantrag auf Vernehmung eines zeugnisverweigerungsberechtigten Zeugen, der sich im Falle einer Aussage gem. § 203 StGB strafbar machen würde, ist nicht unzulässig[25], denn der Zeuge selbst entscheidet über sein Aussageverhalten und die Aussage ist nach (verfehlter) h.A. verwertbar (s. Rn 462).

b) Offenkundigkeit

Eine Beweiserhebung ist nach § 244 III 2 StPO wegen **Offenkundigkeit** überflüssig, **441** wenn die unter Beweis gestellte Tatsache entweder allgemein- oder gerichtskundig ist (s. Rn 404).

c) Bedeutungslosigkeit

Eine Tatsache ist dann **bedeutungslos** iSv § 244 III 2 StPO, wenn zwischen ihr und **442** dem abzuurteilenden Vorgang kein Zusammenhang erkennbar ist oder die Tatsache trotz eines solchen Zusammenhangs selbst für den Fall ihres Erwiesenseins die Entscheidung in keiner Weise beeinflussen kann[26]. Die Erwartung des Tatgerichts, der Zeuge werde die Beweisbehauptung nicht bestätigen[27] oder unglaubwürdig sein[28] und die bisherige Beweislage werde deshalb unverändert bleiben, stellt eine unzulässige Beweisantizipation dar und rechtfertigt somit nicht die Ablehnung des Antrags wegen Bedeutungslosigkeit. Nach der Ablehnung eines Beweisantrages wegen Bedeutungslosigkeit darf die betreffende Tatsache nur dann zum Nachteil des Angeklagten verwertet werden, wenn das Gericht zuvor auf den Wechsel in der Beurteilung hingewiesen hat[29].

d) Die Tatsache ist schon erwiesen

Dieser Ablehnungsgrund greift nur dann ein, wenn die unter Beweis gestellte Tatsache **443** **positiv erwiesen** ist. Keinesfalls abgelehnt werden darf ein Beweisantrag mit der Begründung, dass das **Gegenteil** der Beweistatsache bereits erwiesen sei[30]. Dies verstieße gegen das **Verbot der Beweisantizipation**, wonach eine Vorwegnahme der Beweiswürdigung unzulässig ist. Ferner lässt sich noch auf die abweichende Regelung beim Beweisantrag auf Vernehmung eines weiteren Sachverständigen verweisen (dazu Rn 448). § 244 IV 2 StPO bestimmt nämlich, dass ein weiterer Sachverständiger nicht eingeschaltet zu werden braucht, wenn durch das frühere Gutachten das **Gegenteil** der behaupteten Tatsache bereits erwiesen ist. Argumentum e contrario: Beim Zeugenbeweis darf nur die unter Beweis gestellte Tatsache selbst (nicht ihr Gegenteil) bereits als erwiesen betrachtet werden.

---

24 BGH HRRS 2011 Nr 130; zu weiteren Fallgruppen s. AK-*Schöch*, § 244 Rn 77 ff.
25 BGH NStZ 2018, 362.
26 BGH NStZ 2018, 111; A/N/M, S. 579.
27 BGH StV 2001, 95; wistra 2014, 280.
28 BGH StV 2008, 288.
29 BGH StV 1992, 147.
30 BGH StraFo 2010, 152; *Mosbacher*, JuS 2008, 127.

e)   Völlige Ungeeignetheit des Beweismittels

444   Ein Beweismittel kann dann als **völlig ungeeignet** zurückgewiesen werden, wenn das Gericht ohne jede Rücksicht auf das bisher gewonnene Beweisergebnis sagen kann, dass sich mit einem solchen Beweismittel das im Beweisantrag in Aussicht gestellte Ergebnis nach sicherer Lebenserfahrung nicht erzielen lässt[31].

Entscheidend ist, dass das Beweismittel entweder „von Natur aus" ungeeignet ist oder dass der Tatrichter die Ungeeignetheit im Wege des Freibeweises oder unter Heranziehung des Akteninhalts feststellen kann. Ein geringer oder zweifelhafter Beweiswert genügt nicht[32], da sonst eine unzulässige antizipierte Beweiswürdigung vorgenommen würde. Die völlige Ungeeignetheit muss sich deshalb aus dem Beweismittel im Zusammenhang mit der Beweisbehauptung selbst und nicht aus dem bisherigen Beweisergebnis ergeben. Unzulässig wäre zB die Zurückweisung eines Beweisantrages mit der Begründung, der Zeuge könne sich an den fraglichen Vorgang nicht erinnern, da dieser lange zurückliege[33], oder der Zeuge werde die Beweisbehauptung nicht bestätigen[34]. Zum Streit um die Ungeeignetheit des sog. Polygraphen (Lügendetektor) als Beweismittel vgl Rn 141.

Ein Zeuge, dem ein **Zeugnisverweigerungsrecht** gem. § 52 I StPO zusteht, ist erst dann ein völlig ungeeignetes (aA unzulässiges oder unerreichbares) Beweismittel, wenn er gegenüber dem erkennenden Gericht, und zwar idR **in der Hauptverhandlung**, von seinem Recht Gebrauch gemacht hat. Nach ständiger Rechtsprechung genügt hingegen die telefonische Berufung auf das Zeugnisverweigerungsrecht, und nur ausnahmsweise ist eine zusätzliche Ladung zur Hauptverhandlung erforderlich[35]. Dasselbe gilt idR bei Bestehen eines **Auskunftsverweigerungsrechts** iSv § 55 StPO[36] (vgl auch Rn 584 [Fall 69]).

f)   Unerreichbarkeit des Beweismittels

445   Ein Beweismittel ist **unerreichbar**, wenn zum einen alle seiner Bedeutung entsprechenden Bemühungen des Gerichts, es herbeizuschaffen, erfolglos geblieben sind und zum anderen keine begründete Aussicht besteht, dass es in absehbarer Zeit als Beweismittel herangezogen werden kann[37] (zu Beweisanträgen auf Vernehmung von Zeugen, deren Ladung im **Ausland** zu bewirken wäre, s. Rn 449[38]). Bei der Entscheidung sind die Bedeutung der Sache und die Wichtigkeit des Beweismittels für das Verfahren gegen das Interesse an einer reibungslosen und beschleunigten Verfahrensdurchführung abzuwägen[39]. Die Unerreichbarkeit eines Zeugen darf allerdings nicht bejaht werden, wenn die Möglichkeit der Vernehmung per Videokonferenz nach § 247a StPO besteht[40] (vgl auch Rn 430e ff).

---

31 BGH StV 2015, 83; NStZ 2016, 116, 117; Radtke/Hohmann-*Kelnhofer*, § 244 Rn 132.
32 BGH StV 2002, 352; StraFo 2012, 63.
33 BGH NStZ 2010, 52; StV 2013, 70; abzulehnen deshalb BGH NStZ 1993, 295.
34 BGH StV 1999, 303.
35 Vgl BGH NStZ 1982, 126; KK-*Krehl*, § 244 Rn 152; zum Streitstand LR-*Becker*, § 244 Rn 236.
36 BGH StV 1986, 282 mit Bejahung eines Ausnahmefalles; M-G/*Schmitt*, § 244 Rn 61.
37 EGMR JR 2015, 95 *(S/BRD)* m. Bespr. *Lohse*, JR 2015, 60; BGH StV 1987, 45; OLG München StV 2009, 9.
38 Vert. BGHSt 55, 11, 21; BGH StV 2010, 561; *Rose*, NStZ 2012, 18.
39 BGHSt 22, 118, 120; 32, 68, 73.
40 BGH StV 2000, 345.

Ein Sonderproblem stellt sich in den Fällen, in denen die Polizei die Preisgabe der Identität eines V-Mannes verweigert. Beim nicht offensichtlich fehlerhaft gesperrten V-Mann darf dieser als ein unerreichbares Beweismittel iSv § 244 III 2 StPO angesehen werden[41] (ausf. Rn 428 f).

g) Verschleppungsabsicht

Die Zurückweisung eines Beweisantrags wegen **Verschleppungsabsicht** ist nur zulässig, wenn folgende drei Voraussetzungen **kumulativ** erfüllt sind[42]:   **446**

– Die Beweisaufnahme kann nach Ansicht des Gerichts nichts Sachdienliches zu Gunsten des Angeklagten erbringen.
– Die begehrte Beweiserhebung würde den Verfahrensabschluss wesentlich hinauszögern. Der BGH erwägt, im Rahmen dieses Kriteriums das Merkmal der „Wesentlichkeit" entfallen zu lassen[43].
– Der Antragsteller ist sich dieser Umstände bewusst, und er bezweckt mit seinem Verlangen ausschließlich eine Verzögerung des Verfahrens.

h) Wahrunterstellung

Eine Beweiserhebung ist überflüssig, wenn die erhebliche, den Angeklagten entlastende Tatsache **als wahr unterstellt** werden kann. Auf Grund der umfassenden Aufklärungspflicht des Gerichts ist dies **nur zulässig**, wenn eine **weitere Klärung des Sachverhalts nicht mehr möglich** ist[44]. Es darf sich nur um **entlastende** Tatsachen handeln, weil belastende Umstände stets bewiesen sein müssen, sofern sie der Urteilsfindung zugrunde gelegt werden sollen[45]. Auch Hilfs- oder Indiztatsachen können als wahr unterstellt werden. Solange daraus keine Schlüsse zu Ungunsten des Angeklagten gezogen werden, ist das Gericht bei der Wertung der als wahr unterstellten Indiztatsachen frei[46]. Wegen des Vorrangs der Aufklärungspflicht ist jedoch eine Wahrunterstellung idR nicht möglich, wenn die unter Beweis gestellte Tatsache die **Glaubwürdigkeit eines Belastungszeugen** in Frage stellen soll, dh das Gericht muss über diese Tatsache Beweis erheben, um sich ein zutreffendes Bild von dem Zeugen machen zu können[47].   **447**

3. Die zusätzlichen besonderen Ablehnungsgründe für Anträge auf Sachverständigenbeweis

Nach § 244 IV 1 StPO kann die Vernehmung eines **Sachverständigen** abgelehnt werden, wenn das Gericht selbst die erforderliche Sachkunde besitzt. Dies gilt nicht nur für den ersten Sachverständigen, sondern auch für weitere. Daher kann das Gericht zB   **448**

---

41 BGHSt 32, 115, 126.
42 BGHSt 29, 149, 151; BGH StV 2011, 397; *Holz*, GA 2016, 637; *Schneider*, FS Geppert, S. 607.
43 BGHSt 51, 333, 338 f m. abl. Anm. *Beulke/Ruhmannseder*, NStZ 2008, 300; BGH NStZ 2011, 646; vert. *Beulke*, Amelung-FS, S. 543; abw. *Niemöller*, NStZ 2008, 181; *ders.*, NStZ 2009, 129; gegen ihn zutr. *M-G/Schmitt*, § 244 Rn 67.
44 BGH NStZ 2011, 106; einschr. KK-*Krehl*, § 244 Rn 184, 194.
45 BGH StV 2007, 512.
46 *M-G/Schmitt*, § 244 Rn 70; abl. SK-StPO-*Frister*, § 244 Rn 190; *Grünwald*, Honig-FS, S. 53 ff; vert. *Veh*, ZIS 2010, 246.
47 BGH StV 2005, 653; *Malek*, Rn 479.

die Anhörung eines weiteren Sachverständigen ablehnen, weil es aufgrund der Anhörung des ersten Sachverständigen (im Strengbeweisverfahren[48], vgl Rn 180) nunmehr über eigene Sachkunde verfügt[49]. Bei Kollegialgerichten ist insoweit die Sachkunde eines Gerichtsmitglieds ausreichend, da dieses seine Sachkunde den anderen vermitteln kann[50].

Überdies kann die Vernehmung eines **weiteren Sachverständigen** gem. § 244 IV 2 StPO auch dann zurückgewiesen werden, wenn durch das frühere Gutachten (nicht durch sonstige Beweismittel[51]) bereits das **Gegenteil** der behaupteten Tatsache erwiesen ist. Hier wird also – anders als bei dem § 244 III 2 StPO unterfallenden Zeugenbeweis (s. Rn 443) – die **Beweisantizipation** ausdrücklich zugelassen. Ein früheres Gutachten iSv § 244 IV 2 StPO kann auch ein gem. § 256 I Nr 2 StPO verlesenes ärztliches Attest sein[52] (s. Rn 417).

Dies gilt gem. § 244 IV 2 HS 2 StPO nicht[53]:
- bei zweifelhafter Sachkunde des Erstgutachters,
- wenn das Erstgutachten von unzutreffenden Anknüpfungstatsachen ausgeht,
- bei Widersprüchen im Erstgutachten und
- wenn der neue Sachverständige über überlegene Forschungsmittel verfügt (zu Mindeststandards für bestimmte psychiatrische und psychologische Gutachten s. Rn 202).

4. Augenscheinsbeweis/Auslandszeuge/Verlesung eines Ausgangsdokuments

449 Die Ablehnung eines Beweisantrags auf Einnahme eines **Augenscheins** steht nach § 244 V 1 StPO im pflichtgemäßen Ermessen des Gerichts[54]. Unter denselben Voraussetzungen kann auch ein Beweisantrag auf **Vernehmung eines Zeugen** abgelehnt werden, dessen **Ladung im Ausland** zu bewirken wäre (§ 244 V 2 StPO). Auch bei einer **elektronisch geführten Akte** kann ein Beweisantrag auf Verlesung eines Ausgangsdokuments nach § 244 V 3 StPO abgelehnt werden, wenn nach pflichtgemäßem Ermessen des Gerichts kein Anlass besteht, an der inhaltlichen Übereinstimmung mit dem übertragenen Dokument zu zweifeln.

Damit ist auch hier eine Beweisantizipation zugelassen, sodass das Gericht einen solchen Beweisantrag mit der Begründung zurückweisen kann, das Gegenteil der behaupteten Tatsache sei bereits erwiesen[55].

---

48 BGH StV 2015, 84 m. Anm. *Niemöller*, NStZ 2015, 16.
49 BGHSt 55, 5; BGH NStZ 2010, 586; *Deckers*, Rissing-van Saan-FS, S. 87; *Eisenberg*, JZ 2010, 474.
50 BGHSt 12, 18, 19.
51 BGHSt 39, 49, 52; BGH StV 2014, 265.
52 BGHSt 52, 323.
53 Weiterführend *Zwiehoff*, S. 79 ff; *Trück*, NStZ 2007, 377.
54 Dazu BGH NZV 2014, 532; OLG Koblenz StV 2013, 553.
55 BGHSt 40, 60, 62 m. Anm. *Perron*, JZ 1995, 210; BGH NJW 2005, 2322 (Fall *Mzoudi*); NStZ 2014, 51 u. 531; zur Verfassungskonformität dieser Auslegung BVerfG StV 1997, 1, 2; krit. *Gless*, Eisenberg-FS, S. 499; *Johnigk*, Rieß-FS, S. 197.

5. Präsente Beweismittel

a) Begriff des präsenten Beweismittels

Präsente Beweismittel iSd § 245 StPO sind Zeugen und Sachverständige, die **geladen** (§§ 214 I, III, 220 I, 38 StPO) worden und auch **erschienen** sind, sowie die dem Gericht vorliegenden Urkunden und Augenscheinsobjekte.   **450**

Übersicht 5: Die Systematik der Ablehnung von Beweisanträgen

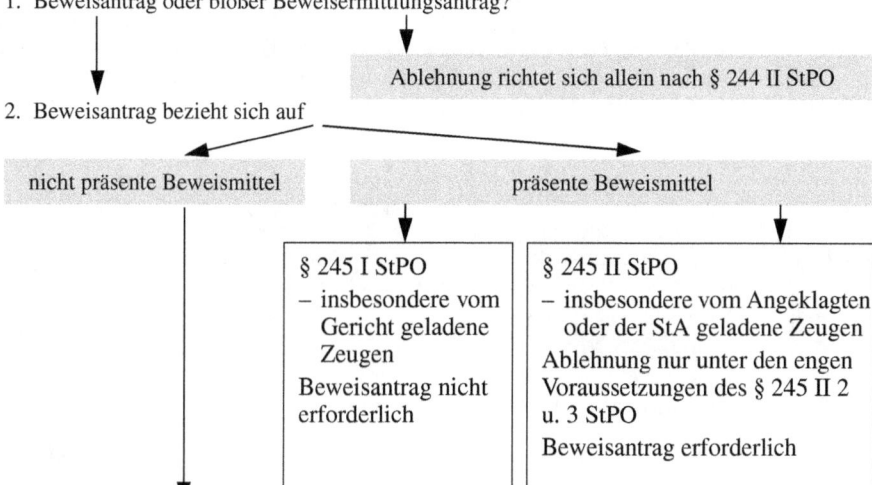

1. Beweisantrag oder bloßer Beweisermittlungsantrag?

Ablehnung richtet sich allein nach § 244 II StPO

2. Beweisantrag bezieht sich auf

nicht präsente Beweismittel

präsente Beweismittel

§ 245 I StPO
– insbesondere vom Gericht geladene Zeugen

Beweisantrag nicht erforderlich

§ 245 II StPO
– insbesondere vom Angeklagten oder der StA geladene Zeugen

Ablehnung nur unter den engen Voraussetzungen des § 245 II 2 u. 3 StPO

Beweisantrag erforderlich

3. Zeugen-, Urkunden-, Sachverständigen-, Augenscheinsbeweis

Es gilt bei diesen Beweismitteln § 244 III StPO:

Ablehnung zwingend:
– im Falle der Unzulässigkeit der Beweiserhebung

Ablehnung möglich bei:
– Offenkundigkeit
– Bedeutungslosigkeit
– Erwiesenheit der Beweistatsache (nicht des Gegenteils)
– völliger Ungeeignetheit des Beweismittels
– Unerreichbarkeit
– Verschleppungsabsicht
– Wahrunterstellung

Im Falle des **Sachverständigenbeweises** bestehen folgende zusätzliche Ablehnungsmöglichkeiten gem. § 244 IV StPO bei:
– eigener Sachkenntnis des Gerichts
– Erwiesenheit des Gegenteils (!) der Beweistatsache

Im Falle des **Augenscheinsbeweises** und beim **Zeugen**, dessen **Ladung im Ausland** zu bewirken wäre, sowie bei Verlesung eines Ausgangsdokuments der elektronisch geführten Akte, gilt zusätzlich § 244 V StPO: Ablehnung steht in den Grenzen der Aufklärungspflicht im Ermessen des Gerichts.

Sind Zeugen und Sachverständige **ohne Ladung** von Verfahrensbeteiligten mit in die Sitzung gebracht worden, so gelten sie als **nicht präsent** iSd Vorschrift. Damit die Beweisaufnahme auf sie erstreckt wird, bedarf es eines Beweisantrages, der unter den regulären Bedingungen des § 244 III-VI StPO abgelehnt werden kann (s. Rn 440 ff).

b)   § 245 I StPO

Sind **Zeugen** und **Sachverständige** vom **Gericht vorgeladen** und **sonstige Beweismittel** vom **Gericht** oder der **StA** herbeigeschafft worden, so muss die Beweisaufnahme gem. § 245 I 1 StPO auch dann auf sie erstreckt werden, wenn **kein** diesbezüglicher **Beweisantrag** gestellt wird. Dies gilt nicht, wenn die Beweisaufnahme unzulässig ist (§ 245 I 1 StPO) oder Angeklagter, Verteidiger und StA mit einem Absehen von der Beweiserhebung einverstanden sind (§ 245 I 2 StPO), wobei das Einverständnis auch schlüssig erteilt werden kann.

c)   § 245 II StPO

451   Wurden die **Zeugen** oder **Sachverständigen** vom **Angeklagten** oder der **StA** geladen (§§ 220 I, 214 III StPO) und sonstige Beweismittel vom Angeklagten herbeigeschafft, so muss die Beweisaufnahme nur auf sie erstreckt werden, wenn ein diesbezüglicher **Beweisantrag** gestellt wird (§ 245 II 1 StPO). Der Beweisantrag darf nur unter den Voraussetzungen des § 245 II 2 oder 3 StPO abgelehnt werden.

V.   Die Verbescheidung von Beweisanträgen

452   Gem. § 244 VI 1 StPO bedarf die Ablehnung von Beweisanträgen eines (begründeten, s. § 34 StPO)[56] **Gerichtsbeschlusses**. Dies gilt auch für Beweisanträge nach § 245 II StPO. Da sich die Ablehnungsgründe vielfach gegenseitig ausschließen, darf die Ablehnung im Regelfall nur auf einen und nicht vorsorglich auf mehrere Ablehnungsgründe gestützt werden[57]. Der ablehnende Beschluss muss im Regelfall spätestens bis zum Schluss der Beweisaufnahme bekannt gegeben werden. Dagegen brauchen sog. **Hilfsbeweisanträge**, also Anträge, bei denen der Antragsteller zu erkennen gibt, er möchte sie erst behandelt wissen, wenn das Gericht sich auf Grund der bisherigen Beweisaufnahme für eine Verurteilung des Angeklagten entschieden hat, erst in den **Urteilsgründen** verbeschieden zu werden[58] (dazu auch Rn 299).

Seit dem Jahr 2017 besteht die gesetzliche Möglichkeit der Fristsetzung zum Stellen von Beweisanträgen: Nach Abschluss der von Amts wegen vorgesehenen Beweisaufnahme (also nicht bereits zu Beginn oder generell am Ende eines jeden Verhandlungstages!) kann (Ermessen!) **der Vorsitzende eine angemessene Frist zum Stellen von Beweisanträgen bestimmen, § 244 VI 2 StPO.** Beweisanträge, die nach Fristablauf gestellt werden, können im Urteil beschieden (abgelehnt) werden; dies gilt nicht, wenn die Stellung des Beweisantrags vor Fristablauf nicht möglich war, § 244 VI 2

---

56   BGH StV 2010, 557; *Malek*, Rn 462; s.a. BGH NStZ 2008, 109 (zum Beweisermittlungsantrag).
57   BGH NStZ 2004, 51.
58   BGHSt 32, 10, 13; BGH StV 2008, 121.

StPO[59]. Die Fristsetzungsmöglichkeit **ist kein zusätzlicher Ablehnungsgrund** für Beweisanträge, sondern bezieht sich auf alle bereits erörterten Fallgruppen[60].

Vorrangig dürfte die Regelung zum Tragen kommen, wenn das Gericht die Stellung von Beweisanträgen in Verschleppungsabsicht (Rn 446) befürchtet. Sie ersetzt eine frühere Rspr des BGH, wonach in dem Fall, dass die Beweisanträge allein der **Prozessverschleppung** dienen sollen und das Verfahren extrem verzögern, regelmäßig ab dem **zehnten Verhandlungstag**[61] die Möglichkeit besteht, den Beteiligten für weitere Beweisanträge eine **Frist zu setzen** und Anträge, die nach Ablauf dieser Frist gestellt werden, nicht durch einen Gerichtsbeschluss, sondern erst in den **Urteilsgründen** zu bescheiden[62]. Diese Rspr ist nunmehr obsolet geworden, kann aber uU bei einer restriktiven Auslegung der neuen Regelung stützend herangezogen werden. Leider enthält nämlich § 244 VI 2 StPO keine nähere Konkretisierung der Ermessensschranken. Die Fristsetzung darf aber keinesfalls zur Regel werden, vielmehr sollte sie auf die (Ausnahme-)Fallgruppe beschränkt bleiben, dass sich in umfangreicheren Verfahren mit mehrtägiger (10 oder mehr?) Hauptverhandlung konkrete Anhaltspunkte dafür ergeben haben, dass die Stellung weiterer Beweisanträge der Verfahrensverzögerung dient – indiziert vorrangig durch das mehrfache Stellen von Beweisanträgen, die von vornherein nichts Sachdienliches zugunsten des Antragstellers erbringen konnten[63]. Eine solche Fristsetzung wird der Vorsitzende auch bereits vor Abschluss der Beweisaufnahme für den späteren Zeitpunkt „ankündigen" (nicht festsetzen!) können, damit sich die Verfahrensbeteiligten darauf einstellen können.

Lösung Fall 54: 453

a) Der Antrag des A, den rothaarigen Iren zu vernehmen, könnte als **Beweisantrag** einzustufen sein, der nur unter den engen Voraussetzungen der §§ 244 III-VI, 245 StPO abgelehnt werden darf. Ein Beweisantrag erfordert

(1) eine bestimmte **Tatsachenbehauptung** und
(2) ein bestimmt bezeichnetes und von der StPO anerkanntes **Beweismittel**.

Anträge, die diesen Erfordernissen nicht genügen, können als **Beweisermittlungsanträge** eingestuft werden, deren Ablehnungsmöglichkeit sich nach § 244 II StPO (richterliche Aufklärungspflicht) richtet. Die Behauptung, A habe die Diskothek bereits eine Stunde vor der Tatzeit verlassen, ist eine Tatsachenbehauptung im geforderten Sinn. Zweifelhaft erscheint, ob das Beweismittel ausreichend bezeichnet ist. Identität und Adresse des rothaarigen Iren werden kaum feststellbar sein. Die Angaben über den Zeugen sind so unzureichend, dass mangels bestimmter Beweismittelbezeichnung lediglich ein Beweisermittlungsantrag vorliegt. Die richterliche Aufklärungspflicht wird hier eine Suche nach dem Iren nicht gebieten. Der Beweisermittlungsantrag kann formlos abgelehnt werden. Einzelheiten s. Rn 435 ff.

b) Zu erwägen ist, ob das Gericht den Beweisantrag wegen **völliger Ungeeignetheit** des Beweismittels (§ 244 III 2 StPO) zurückweisen darf. Dies ist abzulehnen. Das Argument, es sei unmöglich, dass sich die Kassiererin an einen einzelnen Kinobesucher erinnere, stellt eine unzulässige vorweggenommene Beweiswürdigung dar. Dem Antrag ist also stattzugeben. Einzelheiten s. Rn 444.

---

59 Vert. *Mosbacher*, NStZ 2018, 9; *Börner*, StV 2016, 681; *ders.*, JZ 2018, 232; *Hamm*, StV 2018, 525.
60 S/S/W-StPO-*Sättele*, § 44 Rn 129.
61 BGH StV 2009, 581.
62 BGHSt 51, 333 m. Bespr. *Beulke/Ruhmannseder*, NStZ 2008, 300 u. *v. Heintschel-Heinegg*, JA 2008, 75; BGHSt 52, 355; BGH NStZ 2010, 161; *Mosbacher*, Miebach-FS, S. 20, 23.
63 Vert. *Singelnstein/Derin*, NJW 2017, 2646, 2651; *M-G/Schmitt*, § 244 Rn 95a; S/S/W-StPO-*Sättele*, § 244 Rn 129.

c) Die zu beweisende Tatsache ist hier, dass A „so gut wie nichts getrunken" habe. Wenn das Gericht die Vernehmung des W mit der Begründung zurückweisen würde, der Alkoholkonsum sei **bereits hinlänglich festgestellt**, so würde es damit zum Ausdruck bringen, dass seiner Meinung nach **das Gegenteil** der Beweistatsache bereits erwiesen sei. Dies ist nach § 244 III 2 StPO nicht zulässig, da es sich um eine verbotene Beweisantizipation handeln würde. Auch eine Ablehnung des Beweisantrags wegen **Bedeutungslosigkeit** nach § 244 III 2 StPO stellt eine unzulässige Beweisantizipation dar. Dem Antrag ist also stattzugeben. Dies kann formlos geschehen, zB indem der Vorsitzende die Beweisaufnahme anordnet. Nur im Fall der Ablehnung eines Beweisantrages bedarf es eines Gerichtsbeschlusses, § 244 VI 1 StPO. Einzelheiten s. Rn 443, 452.

§ 23 Beweisverwertungsverbote

Fall 55: A ist angeklagt, seine Ehefrau E schwer misshandelt zu haben (§§ 223 ff StGB). Vor dem Ermittlungsrichter, der E nicht auf ihr Zeugnisverweigerungsrecht hingewiesen hat, hat sie die gegen ihren Mann erhobenen Vorwürfe bestätigt. In der Hauptverhandlung verweigert E das Zeugnis. Kann A verurteilt werden, wenn außer der früheren Zeugenaussage der E keine Beweismittel vorhanden sind? **Rn 484**

Fall 56:

a) Die Kriminalpolizei hat A in Verdacht, Rauschgift an die Prostituierte P abgegeben zu haben (§ 29a I Nr 2 BtMG). P wird von der Polizei als Zeugin vernommen, wobei sie zugibt, Rauschgift von A gekauft zu haben (strafbar gem. § 29 BtMG). Über ihr Recht, die Auskunft zu verweigern, ist sie nicht belehrt worden. In der Hauptverhandlung gegen A beruft P sich auf ihr Auskunftsverweigerungsrecht. Kann die Aussage der P vor der Polizei im Urteil verwertet werden?

b) Später wird gegen P Anklage erhoben. Ist die Aussage, die sie früher im Ermittlungsverfahren gegen A gemacht hat, nunmehr im Verfahren gegen sie selbst verwertbar?

c) P wird von vornherein als Beschuldigte vernommen, ohne gem. § 136 StPO belehrt zu werden. Sie räumt gegenüber der Polizei den Kauf des Rauschgifts ein. Kann diese Aussage im Verfahren gegen A verwertet werden? **Rn 485**

Fall 57: A gerät in Verdacht, eine Frau ermordet zu haben. Entscheidendes Beweismittel stellt sein Tagebuch dar, dem er sein beim Anblick von Frauen auftretendes Verlangen, ein Sexual- oder gar Tötungsdelikt zu begehen, anvertraut hat. Kann A auf Grund dieser Aufzeichnungen verurteilt werden? **Rn 486**

Fall 58: A soll ein Kind missbraucht und ermordet haben. Nach einem 24-stündigen pausenlosen Dauerverhör bricht der völlig erschöpfte A zusammen und gesteht die Tat. Dann berichtet A, wo er die Leiche versteckt hat. An der Leiche finden sich seine Fingerabdrücke. Später verweigert A die Aussage. Können das Geständnis sowie die Fingerabdrücke an der Leiche als Beweismittel herangezogen werden? **Rn 487**

I. Grundsätze

1. Funktion der Beweisverbote

Der im Strafprozessrecht geltende Untersuchungsgrundsatz (§ 244 II StPO) erfordert **454** eine umfassende Aufklärung des für die Entscheidung bedeutsamen Sachverhalts. Hierzu müssen grundsätzlich alle erreichbaren Beweismittel herangezogen werden. Mit dieser umfassenden Sachaufklärungspflicht korrespondiert der in § 261 StPO zum Ausdruck kommende Grundsatz der umfassenden Beweiswürdigung, der besagt, dass alle in der Hauptverhandlung gem. § 244 II StPO erhobenen Beweise in die Beweiswürdigung einzubeziehen sind[1]. Andererseits wird jedoch von der StPO keine Wahrheitserforschung um jeden Preis vorgeschrieben[2]. Diese muss vielmehr mit der durch das Grundgesetz festgelegten Wertordnung im Einklang stehen. Insbes. sind die dem staatlichen Handeln durch die Grundrechte gezogenen Schranken auch von den Strafverfolgungsbehörden zu beachten, wobei in erster Linie an den aus Art. 2 I, 20 III GG abzuleitenden Anspruch auf ein rechtsstaatliches Verfahren zu denken ist. Dies hat zur Folge, dass sowohl der Untersuchungsgrundsatz als auch der Grundsatz der umfassenden Beweiswürdigung in bestimmten Fällen zu Gunsten höherwertiger Rechtsgüter und Interessen durch Beweisverbote durchbrochen werden müssen. Beweisverbote sind also Instrumente zur Sicherung der Individualrechte. Die Abwehr von Gefahren für die Wahrheitsermittlung und vor allem die Disziplinierung der Strafverfolgungsorgane sind höchstens Nebenfunktionen[3].

2. Einteilung

a) Beweiserhebungsverbote

Beweisthemaverbote: Durch sie wird die Aufklärung bestimmter Sachverhalte untersagt, wie **455** beispielsweise durch § 100d I StPO bei Erkenntnissen aus dem Kernbereich persönlicher Lebensgestaltung im Rahmen von Maßnahmen nach den §§ 100a bis 100c StPO ([Quellen-]TKÜ, Online-Durchsuchung, akustische Wohnraumüberwachung [großer Lauschangriff]).

Beweismittelverbote: Sie untersagen die Verwendung bestimmter Beweismittel, wogegen die Aufklärung des Sachverhalts mit anderen Beweismitteln zulässig bleibt. Verbotene Beweismittel sind zB gem. §§ 52, 53, 54, 55, 81c III StPO aussage- und untersuchungsverweigerungsberechtigte Personen, die von ihrem Verweigerungsrecht Gebrauch gemacht haben.

Beweismethodenverbote: Diese schließen eine bestimmte Art der Beweisgewinnung aus. Als Beispiel ist hier das Verbot des Einsatzes unzulässiger Vernehmungsmethoden zu nennen (§ 136a I, II StPO).

---

1 LR-*Gollwitzer*, § 261 Rn 56; *M-G/Schmitt*, § 261 Rn 6.
2 BVerfG JZ 2011, 249, 250; BGHSt 14, 358, 365; 52, 11, 17; *Jahn*, StraFo 2011, 117.
3 Vert. *Ambos*, Beweisverwertungsverbote, 2010; *Amelung*, Prinzipien strafprozessualer Beweisverwertungsverbote, 2011; *Beulke*, StV 1990, 180; *Dallmeyer, J.*, Beweisführung im Strengbeweisverfahren, 2002; *Dencker, F.*, Verwertungsverbote im Strafprozeß, 1977; *ders.*, Meyer-Goßner-FS, S. 237; *Eisenberg*, Rn 356; *Gössel*, Hanack-FS, S. 277; *Hauck*, S. 536 ff, 553; *Jahn*, Gutachten, C 66; *Jäger, Chr.*, Beweisverwertung und Beweisverwertungsverbote im Strafprozess, 2003; *Kudlich*, Wolter-FS, S. 995; *Löffelmann*, Die normativen Grenzen der Wahrheitserforschung im Strafverfahren, 2008, S. 292; *Popp*, Grundlagen der Fehlerkorrektur im Strafverfahren, 2005; *Rogall*, ZStW 91 (1979), 1, 16 ff; *Weichbrodt*, Der verbotene Beweis im Straf- und Zivilprozess, 2012; *Wolter*, 50 Jahre BGH-Wiss-FG, S. 963.

b) Beweisverwertungsverbote

Beweisverwertungsverbote schließen bestimmte Beweisergebnisse von der Berücksichtigung im Urteil aus. Wird das Beweismittel dennoch zur Verurteilung herangezogen, liegt ein Verstoß gegen den Grundsatz der freien richterlichen Beweiswürdigung vor (§ 261 StPO, s. Rn 494). Dabei kann die fehlerhafte Beweiserhebung auch bereits im Ermittlungsverfahren stattgefunden haben, so zB wenn bei der ersten polizeilichen Beschuldigtenvernehmung die vorgeschriebene Belehrung über das Aussageverweigerungsrecht (§ 163a IV 2 iVm § 136 I 2 StPO) unterblieben ist, der Schuldspruch im Urteil aber auf diese Aussage gestützt wird (s. Rn 117)[4]. Sofern bzgl eines Beweismittels ein Beweisverwertungsverbot eingreift, ist dies **umfassend** und darf auch nicht durch Rückgriff auf ein anderes Beweismittel umgangen werden. Besteht also beispielsweise hinsichtlich der **Aussage des Beschuldigten** vor der Polizei ein Beweisverwertungsverbot, so ist es auch unzulässig, den Polizeibeamten darüber als **Zeugen** zu vernehmen, was der Beschuldigte seinerzeit gesagt habe (zu den Sonderproblemen der Fernwirkungen und des hypothetischen Ersatzeingriffes s. Rn 483).

3. Gesetzliche Beweisverwertungsverbote

456 Die StPO kennt eine ganze Reihe gesetzlich geregelter Beweisverwertungsverbote: s. insbes. § 100d II 1 (Intimaufzeichnungen bei der Telefonüberwachung, bei der Online-Durchsuchung bzw beim großen Lauschangriff), §§ 108 II, III, 160a I 2, 161 II (Gebot der Verwendung von Zufallsfunden nur für Aufklärung von Straftaten, für die der entsprechende Ermittlungseingriff auch hätte angeordnet werden können), 477 II 2, 3 (§ 479 II 1, 2 StPO/EDatschG) StPO. § 257c IV 3 StPO verbietet die Verwertung eines Geständnisses, das im Rahmen einer Verständigung abgegeben wurde, wenn sich das Gericht später von der Verständigung löst. Ein besonders wichtiges Beweisverwertungsverbot wird in § 136a III 2 StPO für den Fall des Einsatzes **verbotener Vernehmungsmethoden** angesprochen. Es gilt gem. § 69 III StPO auch für die Zeugenvernehmung und ist auch für den Sachverständigen entsprechend anwendbar (s. Rn 130 ff).

Außerhalb der StPO finden sich Beweisverwertungsverbote zB in §§ 169 II 3 GVG, 51 I BZRG, 393 II 1 AO, 97 I 3 InsO, 4 ff StUG, 6 II 3 iVm 7 VI 2 G 10, 4 II, 7 II ABMautG, Art. 13 V 2 GG sowie in Art. 15 VN-Anti-Folter-Übk.

4. Nicht normierte Beweisverwertungsverbote

a) Grundsatz

457 Es ist anerkannt, dass die **Annahme eines Beweisverwertungsverbots nicht** von dessen **ausdrücklicher Normierung** abhängt. Häufig ziehen Verstöße gegen Beweiserhebungs- auch Beweis**verwertungsverbote** nach sich. Diese Folge ist jedoch keineswegs zwingend. **Nicht jede fehlerhafte Beweiserhebung führt zur Unverwert-**

---

4 Vert. *Hombrecher*, JA 2016, 457.

barkeit des erlangten Beweismittels[5]. Umgekehrt ist die Unzulässigkeit der Beweiserhebung nicht unbedingte Voraussetzung für die Annahme eines Verwertungsverbots. Ein solches kann auch der Verwertung rechtsfehlerfrei erlangter Beweise entgegenstehen, so zB im Falle des Verbots der Verwertung bestimmter Kenntnisse aus einer zulässigen Telefonüberwachung (§§ 100d II 1, 161 II [§ 161 III StPO/EDatschG], 477 II 2, 3 [§ 479 II 1, 2 StPO/EDatschG] StPO). Ein Beweisverwertungsverbot, das aus einem Beweiserhebungsverbot resultiert, wird als **unselbstständiges Beweisverwertungsverbot** bezeichnet. Ist hingegen die Beweiserhebung rechtmäßig und nur die Verwertung unzulässig, spricht man von einem **selbstständigen Beweisverwertungsverbot**[6].

Beweisverbote sind – zumindest in ihrer Mehrheit – in erster Linie **Belastungsverbote** für den Beschuldigten. Hingegen kann das Strafverfahren idR einen Hinweis auf dessen Unschuld nicht mit dem Verweis auf schwerwiegende Verfahrensverstöße ignorieren[7].

Eine allgemeine Regel, wann die Verletzung eines Beweiserhebungsverbots zu einem Beweisverwertungsverbot führt, konnte bisher nicht entwickelt werden.

b) Kriterien für die Bestimmung eines Beweisverwertungsverbots

Bei jedem Verstoß gegen eine Verfahrensvorschrift, die die Art der Beweiserhebung regelt, muss im Rahmen einer Einzelfallprüfung festgestellt werden, ob der gewonnene Beweis für die Urteilsfindung verwertbar ist. Umstritten ist dabei, welche Kriterien ausschlaggebend sein sollen: **458**

Zum Teil wird auf den **Schutzzweck** der jeweils verletzten Beweiserhebungsnorm abgestellt[8].

Demgegenüber soll nach der sog. **Abwägungslehre** das staatliche Interesse an der Strafverfolgung im Einzelfall gegen das Individualinteresse des Bürgers auf Wahrung seiner Rechte abgewogen werden, wobei insbes. die Schwere des Delikts und das Gewicht des Verfahrensverstoßes eine Rolle spielen[9].

Im Sinne einer **modifizierten Abwägungslehre** entnimmt auch *Hauck* dem Rechtsstaatsprinzip eine „**normative Fehlerfolgenlehre**", die zur Unverwertbarkeit führt, wenn ihre Verwertung „die Desavouierung des staatlichen Strafanspruchs" bedeuten würde. Besonders gravierende Verstöße führten zu absoluter Unverwertbarkeit, bei weniger gravierenden Fehlern sei eine Abwägung der

---

5 BVerfG JZ 2011, 249; BVerfG NJW 2011, 2783 m. Bespr. *v. Heintschel-Heinegg*, JA 2011, 871; BGHSt 38, 372; abw. *Kühne*, Rn 907.4; einschränkend auch *Wolter*, Feigen-FS, S. 383, 390.
6 Dazu *Duttge*, v. Heintschel-Heinegg-FS, S. 103; *Küpper*, JZ 1990, 416; *Finger*, JA 2006, 529; *Paul*, NStZ 2013, 489.
7 *Brandis, T.*, Beweisverbote als Belastungsverbote aus der Sicht des Beschuldigten, 2001, S. 305; *Erb*, GA 2017, 113; LR-*Gössel*, Einl. Abschn. L Rn 170; *Roxin/Schäfer/Widmaier*, Strauda-FS, S. 435.
8 BGHSt 46, 189, 195; MüKo-StPO-*Kudlich*, Einl. Rn 453; 464; KMR-*Paulus*, § 244, Rn 516 ff; *Frisch*, Rudolphi-Symp. S. 182 ff; *Grünwald*, S. 155; *Rudolphi*, MDR 1970, 93, 97 ff.
9 BVerfGE 130,1 = JR 2012, 211, 213 m. Anm. *Löffelmann*; BGHSt 47, 172, 179; 51, 285; 54, 69, 87; BGH NJW 2015, 2594; NStZ 2016, 112; StV 2018, 72; VGH Rheinl.-Pfalz NJW 2014, 1434; S/S/W-StPO-*Eschelbach*, § 136 Rn 85; KK-*Greven*, Vor § 94 Rn 10; Radtke/Hohmann-*Radtke*, Einl. Rn 76. 84; *M-G/Schmitt*, Einl. Rn 55a; *Rogall*, Hanack-FS, S. 293.

Fehlerhaftigkeit der Beweisgewinnung einerseits und dem öffentlichen Interesse an der Aufklärung des Tatverdachts andererseits vorzunehmen[10].

Teilweise werden die Schutzzwecklehre und die Abwägungslehre je nach Bedarf miteinander kombiniert[11].

Jahn vertritt in Fortentwicklung der Abwägungslehre eine verfassungsrechtlich geprägte **Beweisbefugnislehre**, die als Ermächtigungsgrundlage jeder Beweisverwertung § 244 II StPO versteht. Im Rahmen einer Verhältnismäßigkeitsprüfung wird dabei geprüft, ob die Verwertung eines bestimmten Beweises geeignet, erforderlich und iSd Wechselwirkungslehre im Verhältnis zu den Grundrechten des Beschuldigten auch angemessen ist, um ein bestimmtes Beweisziel zu erreichen[12].

Stellungnahme: Sofern gegen Bestimmungen des Strafverfahrensrechts verstoßen worden ist, wie das bei unselbstständigen Beweisverwertungsverboten regelmäßig der Fall ist, kann die Abwägungslehre nicht richtig sein, weil die Abwägung bereits vom **Gesetzgeber** getroffen wurde. Insofern kann es für die Frage, ob ein Verwertungsverbot eingreift, nur noch auf den **Schutzbereich der betreffenden Norm** ankommen. Liegen hingegen Verstöße gegen aus der Verfassung ableitbare Beweismittelbeschränkungen vor, wie regelmäßig bei selbstständigen Beweisverwertungsverboten, so muss – mangels Wertung durch den Gesetzgeber – auf die **Abwägungslehre** zurückgegriffen werden[13].

c) Rechtskreistheorie

459 Als Versuch einer generellen Problemlösung wird zum Teil auch noch die sog. **Rechtskreistheorie** des BGH angesehen. Nach dieser für den Fall der Verletzung der Belehrungspflicht nach § 55 II StPO entwickelten Theorie hängt die Revisibilität der Verletzung von Beweiserhebungsverboten (und damit im Ergebnis die Verwertbarkeit der Beweise) davon ab, ob die „Verletzung den Rechtskreis des Beschwerdeführers wesentlich berührt oder ob sie für ihn nur von untergeordneter oder keiner Bedeutung ist"[14]. Die Rechtskreistheorie ist jedoch von Anfang an stark kritisiert worden[15] und sollte heute als **allgemeiner Maßstab** zur Bestimmung von Beweisverwertungsverboten **nicht** mehr verwendet werden, da sie nur **Teilaspekte** der Problematik abdeckt[16] (s. insbesondere Rn 464).

▶ Beispielsfall bei *Beulke*, Klausurenkurs III, Rn 149.

Allerdings gibt es in der jüngsten Rspr vielfach wieder Anklänge an die Rechtskreistheorie, so zB wenn sie eine vor der Polizei getätigte Aussage wegen Vereitelung der

---

10 *Hauck*, S. 536, 553.
11 BGHSt 46, 189, 195 f; 58, 84, 94, 96; vert. LR-*Gössel*, Einl. Abschn. L Rn 155.
12 *Jahn*, Gutachten, C 66; zur Kritik: *Beulke*, Jura 2008, 653, 656; *Jäger*, GA 2008, 437; *Rogall*, JZ 2008, 818; s.a. *Amelung*, Informationsbeherrschungsrechte im Strafprozess, 1990; *ders.*, Hilger-FG, S. 327.
13 *Beulke*, ZStW 103 (1991), 657, 663 f; S/S/W-StPO-*Beulke*, Einl. Rn 264, 274; *Eisenberg*, Rn 370; *Sternberg-Lieben*, JZ 1995, 848; der Sache nach ähnlich *Fezer*, 16 Rn 5 ff, 29 ff; vgl auch *Wolter*, in: *Wolter/Riedel/Taupitz*, S. 319.
14 BGHSt (GrS) 11, 213, 215; 38, 214, 220.
15 Siehe *Rudolphi*, MDR 1970, 93, 95 ff; *Fezer*, JuS 1978, 325, 327 ff.
16 Ebenso BGHSt 42, 73, 77; LG Dresden StV 2012, 331; vert. *Neuhaus*, Herzberg-FS, S. 879; *Schwaben, S.*, Die personelle Reichweite von Beweisverwertungsverboten, 2005.

Verteidigerkonsultation zwar hinsichtlich des Vernommenen für unverwertbar erklärt (s. Rn 117), es gleichwohl zulässt, dass diese Aussage für die Verurteilung des **Mit**beschuldigten verwertet werden darf[17]. Entsprechendes soll gelten, wenn eine Beschuldigtenaussage vor dem Ermittlungsrichter bei gleichzeitig versäumter Ladung seines Verteidigers (s. Rn 156) für die Verurteilung des **Mit**beschuldigten verwertet werden soll[18].

d) Überblick über die wichtigsten Fallgruppen der Beweisverwertungsverbote[19]:

– Zeugnisverweigerung durch Angehörigen in der Hauptverhandlung, § 252 StPO (dazu vert. Rn 418 ff),
– Fehlen der Beschuldigtenbelehrung, § 136 I 2 StPO (dazu vert. Rn 116 ff, 150),
– unzulässige Telekommunikationsüberwachung, § 100a StPO (§ 100d II 1 StPO; dazu vert. Rn 254, 475)
– unzulässige akustische Wohnraumüberwachung, § 100c StPO (§ 100d II 1 StPO, dazu vert. Rn 266, 472)
– Eingriffe in die grundrechtlich geschützte Privat- und Intimsphäre des Beschuldigten, Tagebuchaufzeichnungen, private Tonbandaufnahmen (dazu vert. Rn 470 ff),
– Missachtung des Richtervorbehalts aus § 81a II 1 StPO (dazu vert. Rn 241, 477),
– Missachtung des Richtervorbehalts aus § 105 StPO (dazu vert. Rn 103 ff, 258 ff).

5. Widerspruchslösung

Im Jahre 1992 hat sich der BGH der früher schon im Schrifttum hA angeschlossen, **460a** dass ein Unterbleiben der gem. § 136 I 2 StPO zwingend vorgeschriebenen Beschuldigtenbelehrung vor der ersten Vernehmung ein Beweisverwertungsverbot zur Folge hat (Rn 117)[20]. Allerdings nimmt er eine bedeutsame Einschränkung vor: Das Verbot, den Inhalt der ohne Belehrung erfolgten Aussage zur Grundlage des Urteils zu machen, hält er nur für notwendig, wenn der Angeklagte der Verwertung nicht zustimmt bzw zumindest nicht ausdrücklich widerspricht. Zwar wäre es falsch, insoweit von der „Geburtsstunde" der **„Widerspruchslösung"** zu sprechen[21]; sicher ist jedoch, dass diese Entscheidung der Widerspruchslösung und ihrer Verbreitung – trotz beständiger Kritik im Schrifttum – enormen Vorschub geleistet hat: Seitdem verlangt der BGH bei einer **zunehmenden Zahl** von Beweisverwertungsverboten zu ihrer Geltung, dass der Angeklagte der Verwertung des Beweismittels rechtzeitig widerspricht.

Der verteidigte Angeklagte muss dem Gericht also rechtzeitig signalisieren, dass er Einwände gegen die Beweisverwertung erhebt. Das Erfordernis rechtzeitigen Widerspruchs wird darüber hinaus selbst bei einem Angeklagten ohne Verteidiger angewandt, wenn das Gericht den Angeklagten zuvor über die Möglichkeit des Widerspruchs belehrt hat. **Rechtzeitigkeit** des Widerspruchs bedeutet hierbei bis (auch schon vorher[22]) zu dem in **§ 257 StPO genannten Zeitpunkt,**

---

17 BGH NStZ-RR 2016, 377 m. zutr. krit. Bespr. *Jäger*, JA 2017, 74.
18 BGHSt 53, 191 m. krit. Anm. *Gless*, NStZ 2010, 98; aA *Roxin*, Kühne-FS, S. 317; S/S/W-StPO-*Beulke*, Einl Rn 264.
19 Gute Gesamtschau bei *Schroth*, JuS 1998, 969; *Rose/Witt*, JA 1998, 400.
20 BGHSt 38, 214; zum Überblick: *Kröpil*, JR 2012, 451; *Kuhn*, JA 2010, 891.
21 RGSt 50, 364, 365; 58, 100, 101.
22 BGHSt 60, 38; *Radtke*, Schlothauer-FS, S. 453.

also unmittelbar nach Ende der Beweiserhebung, gegen die der Angeklagte sich wendet. Danach wird er mit etwaigen Einwendungen gegen die Beweiserhebung nicht mehr gehört. Es handele sich beim Widerspruch um ein prozessuales Gestaltungsrecht, das geltend gemacht werden müsse, wenn dies erstmals möglich sei. Danach – insbesondere in der Berufungsinstanz – sei der Widerspruch präkludiert[23]. Nach Ansicht des 1. Strafsenats des BGH soll sogar die Pflicht bestehen, die **Angriffsrichtung** des Widerspruchs bis zu diesem Zeitpunkt näher zu begründen („spezifizierter" Widerspruch; welcher Beweis ist warum unverwertbar?)[24]. Keine Anwendung findet die Widerspruchslösung, wenn dem Angeklagten die Verfügungsgewalt über die Verwertbarkeit des Beweismittels nicht zugestanden wird. Dies gilt insbesondere bei verbotenen Vernehmungsmethoden (Arg.: § 136a III StPO), aber auch wenn Rechte Dritter verletzt wurden wie im Falle der Nichtbelehrung eines angehörigen Zeugen nach § 52 III 1 StPO[25]. Nach Ansicht des 2. Senats des BGH kommt ein Absehen vom Widerspruchserfordernis auch bei einem Verstoß gegen das Richterprivileg iR einer Wohnungsdurchsuchung in Betracht (§§ 102, 105 I 1 StPO, s. Rn 258)[26]. Ob sich eine grundsätzliche Abkehr von der Widerspruchslösung in der Rspr durchsetzen wird, erscheint aber derzeit noch völlig unsicher.

Im Schrifttum ist die Widerspruchslösung berechtigterweise auf herbe **Kritik** gestoßen[27]: Sie überträgt dem Verteidiger gerichtliche Aufklärungs- und Fürsorgepflichten, führt ohne gesetzliche Grundlage zur Unbeachtlichkeit schwerster Verfahrensverstöße und verletzt somit das Recht des Angeklagten auf ein faires Verfahren. Dennoch hält das BVerfG die Widerspruchslösung für verfassungskonform[28]. Dementsprechend scheint ihr Siegeszug kaum noch zu stoppen, ist sie doch für die Rspr ein probates Mittel, Fehler der Strafverfolgungsorgane „abzufedern". Vereinzelt wird inzwischen paradoxerweise gar davon ausgegangen, das Tatgericht sei bei fehlendem Widerspruch **verpflichtet**, das rechtswidrig gewonnene Beweismittel bei der Urteilsfindung zu berücksichtigen[29]. Diese verfehlte Schlussfolgerung entstammt der Fiktion, dass die Verteidigung bei Nichterhebung des Widerspruchs gegen die Verwertung eines illegal gewonnenen Beweises auf das durch die Beweiserhebung/-verwertung verletzte Recht des Beschuldigten „verzichtet" hätte. Eine fingierte „Disposition" führt jedoch zu keiner Verwertungs-„Pflicht" für das Gericht, zumal oft auch fraglich sein wird, ob der Verteidiger die Rechtsverletzung überhaupt rechtzeitig erkannt und bewusst auf die Geltendmachung des Rechts verzichtet hat. Von einem Verzicht kann insbes. keine Rede sein, wenn der Verteidiger die Rechtsverletzung in der Sache rügt, aber aufgrund eines Widerspruchs mit der falschen „rechtlichen Angriffsrichtung" mit seinem Widerspruch nicht durchdringt.

Die prominentesten **Anwendungsfelder** der Widerspruchslösung sind ua folgende Fallgruppen von Beweisverwertungsverboten[30]:

– Unterlassen der nach § 136 I 2–4 StPO erforderlichen Belehrungen[31] (s. Rn 117, 150)

---

23 Vgl zB OLG Celle NStZ 2014, 118.
24 BGHSt 52, 38 m. abl. Anm. *Gaede*, HRRS 2007, 402; im Anschluss daran: OLG Frankfurt StV 2011, 611; zu Recht krit. *Bauer*, StV 2011, 635.
25 BGHSt 45, 203, 205.
26 BGHSt 61, 266 m. Anm. *Basdorf*, NStZ 2017, 367; *Heghmanns*, ZJS 2017, 499; *Kudlich*, JA 2017, 390; *Ladiges*, wistra 2017, 323; *Mosbacher*, JuS 2017, 742; *Zopfs*, NJW 2017, 1335.
27 Vgl statt aller *Bockemühl*, KMR § 110b Rn 21; *Fahl*, S. 171; *El-Ghazi*, HRRS 2013, 412; *Heinrich/Reinbacher*, Problem 26 Rn 25; *Jahn*, Gutachten, C 109 ff; *Roxin/Schünemann*, § 24 Rn 34; *Satzger*, in: *Jahn/Nack*, S. 29; *von Schlieffen*, DAV-FS, S. 801; vert. *Maiberg, K.*, Zur Widerspruchsabhängigkeit von strafprozessualen Verwertungsverboten, 2003; *Mosbacher*, Rissing-van Saan-FS, S. 357.
28 BVerfG JR 2012, 211.
29 OLG Frankfurt NStZ-RR 2011, 46 m. krit. Bespr. *Kudlich*, JA 2011, 392 u. HRRS 2011, 114.
30 Ausf. Übersicht bei *Burhoff*, Hauptverhandlung, Rn 3438.
31 BGHSt 38, 214; 42, 15, 22; zur qualifizierten Belehrung (Rn 119) s. *Rogall*, Geppert-FS, S. 545.

- Verstöße gegen die Benachrichtigungspflicht aus § 168c V StPO[32] (s. Rn 122, 156)
- Verletzung der Anordnungsvoraussetzungen des Einsatzes eines Verdeckten Ermittlers, § 110a StPO[33] (s. Rn 481a ff) oder einer Telekommunikationsüberwachung, § 100a StPO[34] (s. Rn 475)
- Missachtung des Richtervorbehalts aus § 81a II StPO[35] (s. Rn 241 u. Rn 477)
- Verletzung des Konfrontationsrechts aus Art 6 III d) EMRK[36] (s. Rn 124).

II. Beweisverwertungsverbote im Zusammenhang mit Zeugnis- bzw Auskunftsverweigerungsrechten, §§ 52 ff, 252 StPO

1. Unterbleiben der Zeugenbelehrung bei Angehörigen nach § 52 III StPO

Die §§ 52–55 StPO (dazu Rn 191 ff) beinhalten einen relativ weitgehenden Schutz   **461**
der Zeugen, denen in bestimmten Bereichen das Recht eingeräumt wird, die Zeugenaussage zu verweigern. Der umfassendste Schutz wird insoweit dem **Angehörigen** nach § 52 I StPO zuteil. So können beispielsweise Ehegatten, Verlobte oder Kinder das Zeugnis verweigern, auch wenn sie die einzigen Tatzeugen (uU auch die Opfer) sind und der Beschuldigte dementsprechend mangels anderer Beweismittel freigesprochen werden muss. Gem. § 52 III 1 StPO sind die zur Verweigerung des Zeugnisses berechtigten Personen vor jeder Vernehmung über ihr Recht zu belehren.

Wird die **Belehrungspflicht** gem. § 52 III 1 StPO, die über §§ 161a I 2, 163 III 2 StPO auch für Zeugenvernehmungen durch StA und Polizei gilt, **verletzt**, ergibt sich aus dem Schutzbereich der Norm („schonende Rücksicht auf die Familienbande"[37]) die **Unverwertbarkeit** der so gewonnenen Aussage[38]. Dies gilt selbst dann, wenn dem Gericht zum Zeitpunkt der Zeugenvernehmung die Angehörigeneigenschaft des Vernommenen noch unbekannt war, zB weil sich der Zeuge zu Unrecht als „mit dem Angeklagten nicht verwandt und nicht verschwägert" bezeichnet hat[39]. Strittig ist, ob dies auch im Falle eines absichtlich geleugneten Verlöbnisses gilt[40].

Das Beweisverwertungsverbot bei unterbliebener Zeugenbelehrung erfährt jedoch eine **wesentliche Einschränkung**: Es gilt nur dann, wenn das Fehlen der Belehrung **ursächlich** dafür war, dass der Zeuge ausgesagt hat. Steht fest, dass er sein Aussage verweigerungsrecht gekannt hat und auch bei ordnungsgemäßer Belehrung ausgesagt hätte, entfällt das Verwertungsverbot, da die Zeugenaussage dann nicht auf der unter-

32 BGHSt 26, 332, 334; BGH NJW 2003, 3142.
33 BGH NStZ-RR 2001, 260.
34 BGH StV 2008, 63.
35 OLG Hamburg NJW 2008, 2597 m. abl. Bespr. *Prittwitz*, StV 2008, 486; OLG Celle, StV 2011, 82; s.a. OLG Hamm NJW 2011, 468; OLG Frankfurt StV 2011, 611 (spezifizierter Widerspruch).
36 BGH NStZ 2017, 602 (sehr str.).
37 BGHSt GrS 11, 213, 216.
38 BGHSt 14, 159, 160; s. auch *Deiters*, Wolter-FS, S. 861 ff.
39 BGH StV 2002, 3.
40 Wohl eher abl. BGHSt 48, 294.

lassenen Belehrung und das auf die Zeugenaussage gestützte Urteil nicht auf einem Verstoß gegen § 52 III StPO beruht[41].

Sehr strittig ist, ob das Verwertungsverbot auch dann eingreift, wenn der Zeuge zu Lebzeiten verhört, dabei aber nicht ordnungsgemäß belehrt worden und dann verstorben ist. Da § 52 StPO nicht nur den Zeugen, sondern die gesamte „Familie" und somit auch den Beschuldigten schützt, muss das Verwertungsverbot über den Tod hinaus wirken[42].

Anders als das Beweisverwertungsverbot bei Verletzung des § 136 I 2 StPO (s. Rn 468) ist das des § 252 StPO auch nach Ansicht der Rspr nicht davon abhängig, dass der verteidigte Angeklagte in der Hauptverhandlung einer Verwertung widerspricht[43].

2. Zeugnisverweigerungsberechtigter (§ 53 StPO) macht sich strafbar (§ 203 StGB)

462   Das **Zeugnisverweigerungsrecht für bestimmte Berufsgruppen** einschließlich der Berufshelfer (§§ 53, 53a StPO) ist in seinem Schutz weitgehend dem Zeugnisverweigerungsrecht der Angehörigen angenähert. Allerdings besteht bei § 53 StPO keine dem § 52 III StPO entsprechende Belehrungspflicht; eine solche kann sich jedoch aus der Fürsorgepflicht des Gerichts ergeben, wenn dem Zeugen sein Weigerungsrecht offensichtlich unbekannt ist[44].

Sagt ein gem. § 53 StPO zeugnisverweigerungsberechtigter Berufsgeheimnisträger unter Verstoß gegen § 203 I StGB vor Gericht aus, so führt dies nach hM **nicht** zur Unverwertbarkeit der Aussage, obwohl der Zeuge sich dadurch strafbar macht[45]. Begründet wird dies damit, dass eine aus § 203 I StGB resultierende Strafbarkeit allein die Risikosphäre des Zeugen betreffe und daher die Aufklärungspflicht des Gerichts aus § 244 II StPO nicht einschränken könne. Diese Auslegung berücksichtigt jedoch nicht genügend die Schutzbelange des Betroffenen. Ein wirkliches Vertrauensverhältnis, das § 53 StPO im Interesse aller Beteiligten schützen möchte, ist nur herstellbar, wenn sich der Betroffene darauf verlassen kann, dass ein „wortbrüchiger" Gesprächspartner vor staatlichen Gerichten kein Gehör finden wird. Aus dem **Schutzbereich der Norm** ergibt sich somit, dass die materielle Rechtswidrigkeit der Aussage auch die prozessuale Unverwertbarkeit zur Folge hat[46].

Auch nach Ansicht der Rspr kann aber die Aussage des Zeugen nicht verwertet werden, wenn ihm das Gericht wissentlich oder unwissentlich die falsche Auskunft erteilt, er sei von der Schweigepflicht entbunden worden[47].

---

41 BGHSt 38, 214, 225; BGH NStZ-RR 2004, 212.
42 Ebenso *Peters*, JR 1969, 428 f; aA BGHSt 22, 35; *Geppert*, Jura 1988, 305, 310.
43 BGHSt 45, 203, 205.
44 *M-G/Schmitt*, § 53 Rn 44.
45 BGHSt 9, 59; 15, 200, 202; BGH NStZ 2018, 362 m. Bespr. *Jäger*, JA 2018, 632; *Hellmann*, Rn 729; weitgehend auch SK-*Rogall*, § 53 Rn 20, 211; *Kudlich/Roy*, JA 2003, 569.
46 *Beulke*, S. 46; *Freund*, GA 1993, 49; *Haffke*, GA 1973, 65; *Klesczewski*, Rn 454; *Rüping*, Rn 490; s.a. *Rössner/Safferling*, Problem 20.
47 BGHSt 42, 73, 76 m. Anm. *Welp*, JR 1997, 35.

3. Verstoß gegen Beschlagnahmeverbote des § 97 I StPO

Ferner ist auf die **Beschlagnahmeverbote des § 97 I StPO** hinzuweisen, die eine   **463**
Umgehung der §§ 52, 53, 53a StPO verhindern sollen. Wird ein Gegenstand unter
Verstoß gegen § 97 I StPO beschlagnahmt, so führt dies unter der Voraussetzung des
§ 97 II 1 StPO zu einem Beweisverwertungsverbot[48].

4. Unterbleiben der Belehrung bei Auskunftsverweigerungsrecht gem. § 55 StPO

Gem. § 55 I StPO kann jeder **Zeuge** die Auskunft auf solche Fragen verweigern, de-   **464**
ren Beantwortung ihn selbst oder einen Angehörigen der **Gefahr** aussetzen würde,
strafrechtlich (oder wegen einer Ordnungswidrigkeit) **belangt zu werden**. Hierüber
ist er zu belehren (§ 55 II StPO). Diese Belehrungspflicht gilt auch für StA und Polizei
(§§ 161a I 2, 163 III 2 StPO).

Bei Verletzung dieser Belehrungspflicht bejaht eine starke Mindermeinung ein Verwertungsverbot, da § 55 StPO auch das Interesse des Angeklagten an einer konflikt-
freien, wahrheitsgemäßen Zeugenaussage schützen solle[49].

Demgegenüber **verneint** die hM zutreffend ein Beweisverwertungsverbot, da § 55 I
StPO allein den Zeugen vor einer Selbstbelastung oder einer Belastung naher An-
gehöriger schützen will, der Rechtskreis des Angeklagten durch die Verletzung der
Belehrungspflicht also nicht berührt ist (**„Rechtskreistheorie"**, s. Rn 459)[50].

▶ Beispielsfall bei *Beulke*, Klausurenkurs III, Rn 607.

Anders ist zu entscheiden, wenn der Zeuge zum **Beschuldigten** wird. Der Verstoß
gegen die Belehrungspflicht führt in einem späteren **Verfahren gegen ihn** zur Unverwertbarkeit der Aussage, da § 55 StPO gerade den Zeugen vor Strafverfolgung
schützen will[51]. Allerdings soll nach neuerer Rspr das Verwertungsverbot – wie bei
§ 136 I 2–4 StPO – nur eingreifen, wenn der Beschuldigte sein Schweigerecht nicht
gekannt hat und er in der Hauptverhandlung der Verwertung widerspricht[52] (zur sog.
Widerspruchslösung s. Rn 117, 150, 460a).

---

48 BGHSt 18, 227, 229; OLG München NStZ 2006, 300; OLG Frankfurt/M. NStZ 2006, 302; KK-*Greven*,
    § 97 Rn 9.
49 *Gössel*, § 25 D Vc ua.
50 BGHSt GrS 11, 213, 218; *M-G/Schmitt*, § 55 Rn 17; *Meurer*, § 32 IV 2c.
51 *M-G/Schmitt*, § 55 Rn 17; SK-StPO-*Rogall*, Vor § 133 Rn 192.
52 BGH NZV 2001, 527; OLG Celle NStZ 2002, 386; zur Bestrafungsmöglichkeit des nichtbelehrten
    Zeugen gem. § 153 StGB siehe OLG Karlsruhe StV 2003, 505 m. überzeugender abl. Anm. *H. Müller*;
    OLG Jena NStZ-RR 2011, 279.

5. Zeugnisverweigerungsrecht in der Hauptverhandlung, § 252 StPO

a) §§ 52–53a StPO

465 Die Aussage eines vor der Hauptverhandlung vernommenen Zeugen, der erst in der Hauptverhandlung von seinem **Recht, das Zeugnis zu verweigern** (§§ 52–53a StPO), Gebrauch macht, darf in der Hauptverhandlung nicht **verlesen** werden (§ 252 StPO). Rspr und Schrifttum leiten aus § 252 StPO ein **Verbot der Verwertung** der früheren Aussage ab. Str. ist allein dessen Umfang. Nach Ansicht der Rspr besteht es nur für polizeiliche und staatsanwaltliche Zeugenvernehmungen, wohingegen die richterliche Vernehmung (durch Anhörung des Richters als Zeuge) verwertbar sein soll[53] (Einzelheiten s. Rn 418 ff).

b) § 55 StPO

466 Sehr str. ist, ob § 252 StPO eingreift, wenn ein nach § 55 StPO auskunftsverweigerungsberechtigter Zeuge in einem früheren Verfahrensstadium nach ordnungsgemäßer Belehrung eine Zeugenaussage gemacht hat und sich in der Hauptverhandlung dann auf sein **Auskunftsverweigerungsrecht** beruft[54]. Dies ist im Ergebnis abzulehnen, denn § 252 StPO erfasst nur den Fall des **Zeugnis**verweigerungsrechts, während es hier um ein **Auskunfts**verweigerungsrecht geht. Auch eine analoge Anwendung des § 252 StPO auf das Auskunftsverweigerungsrecht kommt mangels entsprechender Interessenlage nicht in Betracht. § 55 StPO schützt nur den Zeugen. Sofern dieser ordnungsgemäß belehrt wurde, hat er durch seine Aussage auf den Schutz endgültig wirksam verzichtet. Da jetzt sofort ein Verfahren gegen ihn selbst betrieben werden dürfte, muss die Aussage erst recht im Strafprozess gegen den ursprünglichen Beschuldigten verwertet werden können[55]. Gleiches gilt, wenn sich der Zeuge kurz vor Ende einer Vernehmung vor der Polizei oder dem Staatsanwalt auf sein Aussageverweigerungsrecht nach § 55 StPO beruft; seine bis dahin gemachten Angaben sind verwertbar[56].

Zur Frage, wie die Verwertung prozessual ordnungsgemäß erfolgen kann, muss man Folgendes beachten: Eine **Verlesung des Vernehmungsprotokolls** scheitert idR an § 250 StPO. Die Ausnahme des § 251 I Nr 3 StPO greift nicht ein, weil sie **rechtliche** Vernehmungshindernisse nicht erfasst (vgl Rn 414b). Die Verwertung der früheren Aussage muss dann durch **Vernehmung der früheren Verhörsperson** durchgeführt werden[57] (str.). Nur wenn alle Verfahrensbeteiligten mit der Verlesung einverstanden sind, ist diese gem. § 251 I Nr 1, II Nr 3 StPO (s. Rn 414a) zulässig[58].

III. Schutz des Beschuldigten vor einem Zwang zur Selbstbezichtigung – Grundsatz des „nemo tenetur se ipsum accusare"

467 Es ist ein im Verfassungsrecht (Art. 1 I, 20 III GG) wurzelnder Grundsatz unseres Strafverfahrensrechts, dass der **Beschuldigte nicht gezwungen werden darf, an seiner eigenen Überführung mitzuwirken** (sog. „nemo-tenetur-Prinzip"; s. Rn 125)[59].

---

53 BGHSt 2, 99 ff; lesenswert *Schroeder/Meindl*, Fall 6, S. 71 ff.
54 Dafür *Eisenberg*, Rn 1129; *Geppert*, Jura 1988, 305, 313 ua.
55 Ebenso ua BGHSt 6, 209, 211; 337, 350; BGH NStZ 1998, 46 m. zust. Anm. *Rengier*; KK-*Diemer*, § 252 Rn 7; *Dölling*, NStZ 1988, 6, 8 ff.
56 BGH NStZ 1998, 312.
57 BGH NStZ 1996, 96.
58 BGH NJW 2002, 309.
59 S. BVerfGE 56, 37, 49; BGH NStZ 2013, 604 m. Bespr. *Eisenberg*, StV 2013, 779; ausf. *Rogall, K.*, Der Beschuldigte als Beweismittel gegen sich selbst, 1977.

Auf Grund der überragenden Bedeutung dieses Grundsatzes hat seine Verletzung durch die Strafverfolgungsbehörden ein Beweisverwertungsverbot zur Folge[60].

1. § 136a StPO

Sinnfälliger Ausdruck des nemo-tenetur-Prinzips ist die Aussagefreiheit des Beschuldigten, der die Wahl hat, ob er Angaben machen will oder ob er die Einlassung verweigert. Eine Aussage des Beschuldigten darf weder durch Gewalt erzwungen noch durch Täuschung erschlichen werden. Ein Verstoß hiergegen führt gem. § 136a I, III 2 StPO zu einem Beweisverwertungsverbot (s. Rn 142 ff).

2. Fehlen der Belehrung gem. § 136 I 2 StPO

Gesetzlich nicht geregelt ist die Folge der **Unterlassung einer Belehrung** über das Aussageverweigerungsrecht gem. **§ 136 I 2 StPO**, das ebenfalls zum Kernbereich des nemo-tenetur-Prinzips gehört. Lange Zeit war strittig, ob das Fehlen der Belehrung ein Beweisverwertungsverbot zur Folge hat, sofern die Vernehmung **außerhalb** der Hauptverhandlung stattfand. Inzwischen hat sich auch die Rspr der hA angeschlossen, wonach bei **allen** Vernehmungen ohne vorherige Belehrung ein Verwertungsverbot in Betracht kommt. Allerdings soll dieses **Verwertungsverbot** nach Ansicht der Rspr nur eingreifen, wenn der verteidigte Angeklagte bis zu dem in § 257 StPO genannten Zeitpunkt der Verwertung **widerspricht**[61] (s. Rn 117, 150, 460a). **468**

Die Unverwertbarkeit gilt nicht im Verfahren gegen Dritte, in dem der „Nichtbelehrte" nur Zeuge ist, da die ihm gegenüber unterlassene Belehrung **nicht den Rechtskreis** des jetzigen Beschuldigten **berührt**[62] (vgl auch Rn 459, 464).

3. Verweigerte Verteidigerbefragung

Wird der Beschuldigte vor seiner ersten Vernehmung überhaupt nicht darauf hingewiesen, dass er einen Verteidiger hinzuziehen darf, führt dieser Verstoß gegen § 136 I 2 2. Alt. StPO zu einem Verwertungsverbot[63]. Dasselbe gilt, wenn ihm die gewünschte **Befragung** seines gewählten **Verteidigers verwehrt** wird, worin ein Verstoß gegen §§ 136 I 2 2. Alt., 137 StPO, Art. 6 IIIc EMRK sowie gegen den Grundsatz des fairen Verfahrens zu sehen ist[64]. Ebenso ist zu entscheiden, wenn die Strafverfolgungsbehörden schuldhaft ihren Hilfspflichten bei der Verteidigerkonsultation (§ 136 I 3, 4 StPO) nicht nachkommen (vert. Rn 13, 117 dort auch zur unterlassenen Belehrung über die **469**

60 BGHSt 38, 214, 218 ff, 220; zu den einzelnen Fallgruppen SK-*Rogall*, Vor §§ 133 ff Rn 130 ff; *Verrel*, S. 119 ff.
61 BGHSt 38, 214, 218.
62 BGH StV 1995, 231 m. abl. Anm. *Dencker*; BayObLGSt 1993, 207, 208; abl. auch *Roxin/Schünemann*, § 24 Rn 32.
63 BGHSt 47, 172, 174 (m. Ablehnung im Einzelfall wegen Kenntnis des Rechts) m. Anm. *Beckemper*, JA 2002, 634 u. *Wohlers*, JR 2002, 294; LR-*Gless*, § 136 Rn 96.
64 EGMR NJOZ 2017, 514 *(Dvorski/Kroatien)*; BGHSt 38, 372, 373; BGH NStZ 2008, 643.

Möglichkeit der Pflichtverteidigerbestellung). Auch bei diesem Verwertungsverbot wendet die Rspr die **„Widerspruchslösung"** an[65] (s. dazu Rn 117, 150, 460a).

4. Fehlen der Belehrung gem. § 114b II 4 StPO iVm Art. 36 I b) 3 WÜK

469a Ein ausländischer Staatsangehöriger muss gem. § 114b II 4 StPO iVm Art. 36 I b) 3 des Wiener Konsularrechtsübereinkommens (WÜK) bei seiner Festnahme unverzüglich über sein Recht auf **Unterrichtung der konsularischen Vertretung** seines Heimatstaates belehrt werden[66] (s. Rn 121a, 221). Das Wiener Konsularrechtsabkommen enthält keine ausdrückliche Rechtsfolge für den Fall einer unterlassenen Belehrung, und der IGH hat es den strafverfolgenden Staaten überlassen, die Rechtsfolgen der unterlassenen Belehrung festzulegen, solange sie insgesamt hinreichend effektiv sind[67]. Über diese innerstaatliche Lösung herrschte innerhalb der verschiedenen Senate des BGH bis vor wenigen Jahren heftiger Streit. Während der *1. Senat* die Möglichkeit eines Beweisverwertungsverbotes offen gelassen hatte[68], gelangten der *3. Senat* sowie der *5. Senat* infolge einer (abstrakten) Abwägung der widerstreitenden Interessen zu dem Ergebnis, ein Beweisverwertungsverbot sei generell ausgeschlossen[69]. Stattdessen hat der *5. Senat* eine Kompensation in Form der **Vollstreckungslösung** vorgeschlagen, dh einen Teil der an sich verhängten Strafe für bereits vollstreckt erklärt (s. Rn 26). Das **BVerfG** hat hiergegen wiederum klargestellt, dass eine Vollstreckungslösung nicht im Einklang mit den Vorgaben für eine angemessene Wiedergutmachung für eine unterbliebene Belehrung steht, ein Beweisverwertungsverbot keinesfalls von vornherein ausgeschlossen, aber auch nicht in jedem Fall zwingend ist. Vielmehr sei es verfassungskonform und mit der Rspr des IGH (Fälle *LaGrand* und *Avena*) vereinbar, wenn die deutsche Rspr im Falle der Nichtbelehrung über das Recht auf Unterrichtung der konsularischen Vertretung des Heimatstaates wie bei allen Beweisverwertungsverboten (s. Rn 458) die Verwertbarkeit anhand einer **Abwägung unter Berücksichtigung aller Umstände des Einzelfalls** prüft[70]. Dem vom *1. Strafsenat* propagierten Erfordernis eines auf den konkreten Verfahrensverstoß **spezifizierten Widerspruchs** gegen die Verwertung (s. Rn 460a) wurde von den übrigen Senaten jedenfalls für diejenigen Fälle eine Absage erteilt, in denen die Belehrung auch nicht zu einem späteren Zeitpunkt erfolgt ist[71].

IV. Der Schutz der Intimsphäre – grundrechtliche Verwertungsverbote

1. Die Sphärentheorie des BVerfG und ihre Umsetzung im Strafprozessrecht

470 Im Laufe eines Ermittlungsverfahrens kann es zu diversen **Eingriffen in die Privat- und Intimsphäre** des Beschuldigten kommen. Die wichtigsten Beispiele hierfür sind heimliche Tonbandaufnahmen, heimlich gemachte Fotos oder Filmaufnahmen sowie

---

65 BGHSt 42, 15, 22; BGH StV 2004, 57; krit. dazu *Geppert*, Otto-FS, S. 913; guter Überblick zur Belehrungsproblematik bei *Bernsmann*, StraFo 1998, 77; *E. Müller*, Referat 67. DJT, L9, L12 ff.
66 BVerfG NJW 2007, 499 m. Bespr. *Burchard*, JZ 2007, 891; *Kreß*, GA 2007, 396; *T. Walter*, JR 2007, 99.
67 Vert. LR- *Esser*, EMRK Art. 6 Rn 618.
68 BGHSt 52, 38, 41.
69 BGHSt 52, 48, 55; 52, 110, 116 m. Bespr. *Deiters*, ZJS 2008, 212; *Esser*, JR 2008, 271; *Mosbacher*, JuS 2008, 688, 691; *Paulus/Müller*, StV 2009, 495; *Schomburg/Schuster*, NStZ 2008, 593; *Weigend*, StV 2008, 39.
70 BVerfG StV 2011, 329; BVerfG NJW 2014, 532.
71 BGHSt 52, 48, 53; 52, 110, 113 f; BGH StV 2011, 603, 604.

die Beschlagnahme von Tagebüchern. Die Privatsphäre des Menschen ist jedoch gem. Art. 2 I iVm Art. 1 I GG als Teilbereich des allgemeinen Persönlichkeitsrechts grundrechtlich geschützt. Hierbei sind drei Sphären der Persönlichkeitsentfaltung zu unterscheiden; die Verwertbarkeit gewonnenen Beweismaterials richtet sich danach, auf welcher Stufe der Eingriff der Strafverfolgungsbehörden erfolgte[72].

1. Sphäre, sog. „Sozialbereich" (zB Geschäftsgespräche)
2. Sphäre, sog. „schlichte Privatsphäre" (zB private Gespräche während eines Spaziergangs)
3. Sphäre, sog. „Intimsphäre" (zB eheliches Intimleben im häuslichen Schlafzimmer).

Während die sozialen Kontakte auf der 1. Stufe keinen besonderen Schutz genießen, muss bei der „schlichten Privatsphäre" (2. Stufe) das Strafverfolgungsinteresse gegen den Privatschutz abgewogen werden, wohingegen auf der 3. Stufe Art. 2 I iVm Art. 1 I GG jedem Bürger einen **unantastbaren Kernbereich privater Lebensgestaltung** gewährleistet, der jedem Eingriff der öffentlichen Gewalt entzogen ist. Eine Güterabwägung mit dem staatlichen Strafverfolgungsinteresse findet insoweit nicht statt.

Die Umsetzung dieser sog. Sphären- oder Dreistufentheorie bereitet erhebliche **471** Schwierigkeiten[73]. Die Materie ist inzwischen **teilweise gesetzlich geregelt**, so zB in § 100d StPO gemeinsam für die Telekommunikationsüberwachung (Rn 254), die Online-Durchsuchung (Rn 254e) und den großen Lauschangriff (Rn 266). Danach dürfen Erkenntnisse, die durch Eingriff in den **Kernbereich privater Lebensgestaltung** erlangt wurden, nicht verwertet werden, § 100d II 1 StPO. Andere zulässigerweise erlangte Beweismittel dürfen im **Anlassstrafverfahren** uneingeschränkt verwertet werden. In **Folgestrafverfahren** ist nach der Generalklausel des § 477 II 2 StPO (§ 479 II 1 StPO/EDatschG) eine Verwertung nach den Grundsätzen des hypothetischen Ersatzeingriffs möglich. Sonderregelungen bestehen insoweit zB beim großen Lauschangriff, § 100e VI Nr. 1 iVm § 477 II 4 StPO (§ 479 III StPO/EDatschG). Sind die Eingriffsvoraussetzungen hingegen nicht erfüllt, ist das Beweismittel in der Regel auch dann **unverwertbar**, wenn dies nicht ausdrücklich gesetzlich bestimmt ist[74]. Beim Verstoß gegen formelle Voraussetzungen kommt ebenfalls ein Beweisverwertungsverbot in Frage. Entscheidend ist auch hier der Schutzbereich der Norm.

Im bisher gesetzlich noch nicht geregelten Bereich gelten die alten, von der Rechtsprechung entwickelten Grundsätze fort. Bei der gebotenen **Abwägung** zwischen Grundrechten des Beschuldigten einerseits und den Belangen der Strafrechtspflege andererseits sprechen **für** die Verwertbarkeit insbes. die **Schwere des Tatvorwurfs** sowie die **Unverzichtbarkeit des Beweismittels** und **gegen** die Verwertbarkeit der **Rang des** betroffenen **Grundrechts** sowie die **Schwere des konkreten Eingriffs**[75].

Wichtig sind insbes. folgende Eingriffe in die Privat- und Intimsphäre:

---

72 BVerfGE 34, 238, 245 ff; 109, 279 (großer Lauschangriff); vert. zum Kernbereichsschutz: *Gercke*, GA 2015, 339; *Roxin*, Wolter-FS, S. 1058.
73 *Wolter*, NStZ 1993, 1; *Lindemann*, JR 2006, 191; *Rogall*, Fezer-FS, S. 61.
74 Vgl *M-G/Schmitt*, § 100c Rn 14.
75 Vgl nur BGH JR 1994, 430 m. Anm. *Lorenz*.

2. Lauschangriffe

472 Tonbandaufnahmen, die **unter Beachtung der Vorgaben des § 100c I StPO (großer Lauschangriff) bzw des § 100f StPO (kleiner Lauschangriff)** hergestellt wurden, dürfen im **Anlassverfahren** in der Regel uneingeschränkt verwertet werden. Für **Folgeverfahren** gilt die allgemeine Regelung des § 477 II 2 StPO (s. Rn 471) Erkenntnisse, die durch das Abhören von Gesprächen in einer Wohnung iSv Art. 13 GG gewonnen wurden (großer Lauschangriff, § 100c StPO), sind nicht verwertbar, wenn nur die Voraussetzungen des kleinen Lauschangriffs (§ 100f StPO) beachtet wurden[76]. Ferner besteht ein Beweisverwertungsverbot, wenn der große Lauschangriff entgegen § 100e II 1 StPO nicht von der Staatsschutzkammer angeordnet wurde.[77]

Gemäß § 100d II 1 StPO besteht – wie bereits in Rn 471 dargestellt – für die Telekommunikationsüberwachung (Rn 475), die Online-Durchsung (Rn 254e) sowie den großen Lauschangriff (Rn 266) ein Verwertungsverbot für **Äußerungen**, die dem **Kernbereich privater Lebensgestaltung zuzurechnen** sind. Derzeit fehlt allerdings für den kleinen Lauschangriff (Rn 265) eine entsprechende Regelung (nach EDatschG in § 100f IV StPO geplant). Gleichwohl ist anerkannt, dass der Kernbereich privater Lebensgestaltung von Verfassungs wegen unantastbar ist und bei einem staatlichen Eindringen in diesen Bereich ein (**selbstständiges) Beweisverwertungsverbot eingreift**.

BGHSt 57, 71: Ein in einem **Pkw** geführtes, nach Maßgabe des § 100f StPO abgehörtes **Selbstgespräch** unterliegt einem selbstständigen Beweisverwertungsverbot von Verfassungs wegen, da es nicht dem nur relativ geschützten Bereich des allgemeinen Persönlichkeitsrechts zuzuordnen ist, sondern dem absolut geschützten Kernbereich der Persönlichkeitsentfaltung. Anders als bei der Fixierung von Gedanken in einem Tagebuch (dazu sogleich Rn 473) oder bei einem Zwiegespräch mit einem Dritten, kommt es nicht auf den Inhalt der Gedankenäußerung an. Entscheidend sind vielmehr die **Nichtöffentlichkeit des Ortes der Gedankenäußerung** sowie die **Flüchtigkeit des gesprochenen Wortes**[78].

Zu weiteren Beweisverwertungsverboten bei Lauschangriffen s. Rn 265 f.

3. Längerfristige Observation, § 163f StPO

472a Noch völlig ungeklärt sind die Folgen einer Missachtung der von § 163f StPO für die längerfristige Observation aufgestellten formellen und materiellen **Voraussetzungen** (s. Rn 233a). Zumindest bei bewusster Umgehung des Richtervorbehalts (§ 163f III StPO; Verlängerung der Maßnahme über drei Monate hinaus, § 163f III 3 iVm

---

76 Vgl BGHSt 42, 372, 377; zust. *Wollweber*, NStZ 1997, 351.
77 Vgl *Bludowsky, O.*, Rechtliche Probleme bei der Beweiserhebung und Beweisverwertung im Zusammenhang mit dem Lauschangriff nach § 100c Abs. 1 Nr 3 StPO, 2002, S. 308.
78 BGHSt 57, 71 m. Bespr. *Ernst/Sturm*, HRRS 2012, 374; *v. Heintschel-Heinegg*, JA 2012, 395; *Habetha*, ZWH 2012, 165; *Jahn/Geck*, JZ 2012, 561; *Ladiges*, StV 2012, 517; *Mitsch*, NJW 2012, 1486; *Mosbacher*, JuS 2012, 705; *Warg*, NStZ 2012, 237; *Wohlers*, JR 2012, 386; *Zabel*, ZJS 2012, 563; krit. *Zimmermann*, GA 2013, 162; vgl auch BGHSt 50, 206 (Krankenzimmerfall – dazu Rn 266); zum Ganzen: *Eschelbach/Wasserburg*, Wolter-FS, S. 877 ff; *Hauck*, S. 334 ff.

§ 100e I 4, 5 StPO) ist die Annahme einer Unverwertbarkeit der gewonnenen Beweismittel angemessen (parallel zur Lösung bei § 105 I 1 StPO, s. Rn 258)[79].

4. Tagebuchaufzeichnungen

Bei **Tagebuchaufzeichnungen** ergibt sich die Möglichkeit einer Verwertung im Straf-   **473**
verfahren erst aus einer Abwägung des Schutzes der Persönlichkeitssphäre des Tagebuchverfassers und dem Interesse des Staates an der Strafverfolgung. Aufzeichnungen intimer Art sind häufig nicht zur Kenntnis anderer Personen bestimmt und deshalb zumeist als Beweismittel im Strafverfahren unzulässig. Andererseits genügt allein die Deklarierung als „Tagebuch" noch nicht zur Herbeiführung einer generellen Unverwertbarkeit, denn sonst wäre dem Missbrauch Tür und Tor geöffnet; vielmehr kommt es stets im Sinne der Drei-Sphärentheorie auf den Grad der Intimität des Inhalts an[80].

BGHSt 19, 325: A ist wegen eines **Meineids** angeklagt. Der Tatnachweis lässt sich nur durch Heranziehung seines Tagebuchs erbringen. Kann er verurteilt werden?

Lösung: Zutreffend hat der BGH die Verwertbarkeit **abgelehnt.** Sofern das Tagebuch nicht bloß statistische Aufzeichnungen enthält, ist es dem engeren Bereich der privaten Lebensgestaltung zuzurechnen (2. Stufe). Sodann ist eine Abwägung zwischen dem Interesse des Staates an der Strafverfolgung und dem grundrechtlich gewährleisteten Interesse am Schutz des eigenen Geheimnisbereichs vorzunehmen, die hier angesichts des nicht so bedeutenden Tatunrechts **gegen** eine Verwertbarkeit ausfällt.

BGHSt 34, 397: Der mehrfache **Frauenmörder** vertraut seinem Tagebuch seine Tötungsgelüste an. Kann das beschlagnahmte Tagebuch verwertet werden?

Lösung: Zählte man die Aufzeichnungen über die Tötungsgelüste zum unantastbaren Kernbereich privater Lebensgestaltung, so ergäbe sich daraus ihre Unverwertbarkeit[81]. Sinnvoller erscheint hingegen die Zuordnung der Aufzeichnungen zur schlichten Privatsphäre, sodass auch hier eine Abwägung vorgenommen werden kann, die angesichts des schweren Tatvorwurfs zu Gunsten einer Verwertbarkeit ausfallen muss[82].

5. Foto, Film, Videoaufnahmen

Im Anlassverfahren richtet sich die Zulässigkeit der Verwertung von **Foto- und Filmaufnahmen**   **474**
und sonstigen Observationen unter Einschaltung technischer Mittel durch die Strafverfolgungsbehörden nach § 100h I StPO (dazu Rn 263 ff). Sofern die sehr weiten Eingriffsvoraussetzungen nicht gegeben sind, greift insoweit ein Verwertungsverbot ein.

Über die Verwertung der Aufnahmen in einem **anderen** Verfahren sowie über die Verwertung von **auf anderem Wege hergestellten Aufnahmen** (zB durch polizeilich installierte Videokameras zum Schutz von Gebäuden und öffentlichen Plätzen [Präventivmaßnahme!]) enthält die StPO nach wie vor (die Spezialfälle der §§ 161 II, 477 II StPO [§ 479 II StPO/EDatschG; dazu Rn 105,

---

79 AG Frankfurt/M. StV 2013, 380; einschränkend (Abwägungslösung) HansOLG Hamburg StV 2007, 628.
80 BVerfG StraFo 2008, 421; VerfGH Berlin JR 2010, 339; LG Koblenz NJW 2010, 2227 (Testament).
81 So *Lorenz,* GA 1992, 254 ff; s.a. *Amelung,* NJW 1990, 1753 ff.
82 So iE BGHSt 34, 397; bestätigt von BVerfGE 80, 367; für Verwertbarkeit iE auch *Geppert,* JR 1988, 471; *Heinrich/Reinbacher,* Problem 29 Rn 18; *Rogall,* ZStW 103 (1991), 931 Fn 147; s. ferner BGH NStZ 2000, 383 m. Anm. *Jahn; Schroeder/Meindl,* Fall 5, Rn 39; *Ellbogen,* NStZ 2001, 460.

233b, 233c] sind insoweit nicht einschlägig) keine Regelung, dh es gelten die allgemeinen Grundsätze. Insbes. kommt es dann also auf die Abwägung zwischen der Intensität des Eingriffs in die Privatsphäre einerseits und den Strafverfolgungsinteressen andererseits an[83].

V. Überwachung der Telekommunikation, §§ 100a f StPO

1. Fehlen der Anordnungsvoraussetzungen (Katalogtat/formelle Anordnung)

475 Erkenntnisse aus einer Überwachung der **Telekommunikation** sind unverwertbar, wenn die **materiellen Voraussetzungen** für die Überwachung (insbes. § 100a StPO) nicht gegeben sind, also zB der Verdacht einer Katalogtat fehlt, das Subsidiaritätsprinzip nicht beachtet wurde oder aber die Überwachung aus einem anderen Grund unzulässig war, zB bei einer Überwachung der Telekommunikation zwischen Verteidiger und Beschuldigtem entgegen § 148 StPO[84]. Bei der Prüfung der **materiellen Voraussetzungen** steht dem Anordnenden ein **Beurteilungsspielraum** zu. Nach Ansicht der Rspr soll ein Verwertungsverbot nur bei objektiver **Willkür** oder grober Fehlbeurteilung eingreifen[85]. Ferner soll nach Ansicht der Rspr ein Verstoß gegen die materiellen Voraussetzungen für die Überwachung heilbar sein, wenn es sich bei der angeführten Norm zwar um keine Katalogtat gehandelt hat, gleichzeitig jedoch auch der Verdacht einer anderen Tat bestanden hat, die eine Katalogtat darstellt und die die Anordnung gerechtfertigt hätte[86]. Das ist zweifelhaft, weil die hypothetische Kausalität nicht die sorgfältige ex-ante-Prüfung ersetzen darf (s. Rn 233a und Rn 483)[87].

Kein Verwertungsverbot zur Folge haben hingegen Verstöße gegen die **formellen Voraussetzungen** des § 100e StPO, zB wenn die Anordnung nicht dem Erfordernis der Schriftform (§ 100e III 1 StPO) entspricht oder eine Benachrichtigung nach § 101 IV StPO unterblieben ist[88]. Etwas anderes gilt jedoch dann, wenn eine gerichtliche oder staatsanwaltliche Anordnung gem. § 100e I StPO gänzlich fehlt. Dieser Verstoß führt zu einem Beweisverwertungsverbot[89]. Ebenso ist der Fall zu behandeln, dass ein unzuständiger Richter entschieden hat[90].

Das Beweisverwertungsverbot wegen unzulässiger Telekommunikationsüberwachung muss nach Ansicht der Rspr in der Hauptverhandlung gerügt werden[91]. Diese bereits generell abzulehnende **Widerspruchslösung** (dazu Rn 117, 150, 460a, 469) ist hier zusätzlich im Hinblick auf Art. 10 GG problematisch[92].

---

83 Vgl *Kett-Straub*, ZStW 123 (2011), 110, 118 ff; *Seeber*, StraFo 2010, 265.
84 BGHSt 31, 304, 309; 32, 68, 70; *Joecks*, StPO, § 100a Rn 25 ff; *Meyer-Mews*, StraFo 2016, 133, 177.
85 BGHSt 41, 30, 34 m. krit. Anm. *Bernsmann*, NStZ 1995, 512; *Küpper*, JR 1996, 214; BGHSt 47, 362, 366 m. Anm. *Schlothauer*, StV 2003, 208; vgl auch *Landau/Sander*, StraFo 1998, 397: Maßstab der „verfahrensrechtlichen Nachvollziehbarkeit".
86 BGHSt 48, 240 m. Anm. *Arloth*, NStZ 2003, 609; *Kudlich*, JR 2003, 453.
87 Kritisch auch *Bernsmann/Sotelsek*, StV 2004, 113; *Kinzig*, StV 2004, 560, 565.
88 *Schlüchter*, Rn 354; offen gelassen in BGHSt 31, 304, 308.
89 BGHSt 31, 304, 308 f; aA LG Mannheim StV 2002, 242 m. zutr. krit. Anm. *Jäger*; vgl auch OLG Saarbrücken NStZ 1991, 386 m. Anm. *Krehl*.
90 *Malek/Wohlers*, Rn 446.
91 BGHSt 51, 1, 3; BGH StV 2001, 545 m. abl. Anm. *Ventzke*.
92 *Wollweber*, wistra 2001, 182.

2. Zufallsfunde

Von besonderer Bedeutung im Rahmen des § 100a StPO ist der Problemkreis der **476** sog. **Zufallsfunde**. Darunter versteht man Erkenntnisse, die zwar nicht die Tat betreffen, derentwegen die Telekommunikation angeordnet wurde, die sich aber auf die Begehung anderer Straftaten beziehen. Zunächst einmal gilt: Zufallsfunde auch hinsichtlich Katalogtaten dürfen nicht verwertet werden, wenn die ursprüngliche Telefonüberwachung rechtswidrig angeordnet wurde[93]. Ist hingegen die Telekommunikationsüberwachung rechtmäßig, so gilt gem. § 477 II 2 StPO (§ 479 II StPO/EDatschG), dass Zufallsfunde gegen die von der Anordnung Betroffenen nur zum Nachweis von anderen Katalogtaten nach § 100a II StPO bzw von solchen Nichtkatalogtaten, die mit der in der Anordnung bezeichneten Katalogtat im unmittelbaren Zusammenhang stehen[94], verwertet werden dürfen. Im Übrigen gilt ein Verwertungsverbot, das nicht auf einer unzulässigen Beweisgewinnung beruht. Nach Ansicht der Rspr schließt das Verwertungsverbot es allerdings nicht aus, dass gefundene Spuren weiterverfolgt und dabei andere Beweismittel gewonnen werden, sog. **Spurenansatz**[95]. Diese Lösung ist nach den allgemeinen Regeln über die Fernwirkung von Beweisverwertungsverboten abzulehnen[96] (s. auch Rn 482).

VI. Körperliche Untersuchung, § 81a StPO

Sehr umstritten sind die Rechtsfolgen für den Fall, dass **körperliche Untersuchungen** **477** nicht vollständig im Einklang mit der einschlägigen Bestimmung des § 81a StPO durchgeführt werden. Das bereitet vor allem bei der Blutentnahme nach § 81a I 2 StPO erhebliche Probleme.

Als mögliche Verstöße gegen § 81a StPO kommen zB die Anordnung einer Blutprobenentnahme durch einen Polizisten in Betracht, der nicht Ermittlungsperson der StA ist, oder die Entnahme durch einen Nichtarzt[97]. Mit der ganz hM ist die Annahme eines Beweisverwertungsverbots in diesen Fällen abzulehnen[98]. Maßgeblicher Grund hierfür ist, dass § 81a StPO nur vor gesundheitlichen Schäden bewahren will, mit denen in den erwähnten Fallgruppen nicht zu rechnen ist, so zB wenn der Eingriff durch einen nicht approbierten Arzt oder durch eine Krankenschwester vorgenommen wird[99].

Besonders lebhaft diskutiert wird derzeit der Fall, dass Polizei bzw StA eine Blutentnahme **ohne Einholung** der gem. § 81a I 1 StPO vorgeschriebenen **richterlichen Anordnung** durchführen, obwohl **keine Gefahr im Verzug** vorliegt und der Betroffene auch nicht freiwillig in die Maßnahme einwilligt (Einzelheiten hierzu Rn 241).

93 BGH NStZ 2003, 499.
94 BFH wistra 2013, 402; abw. *Kretschmer*, StV 1999, 221.
95 Vgl BGHSt 27, 355, 358; OLG München wistra 2006, 472; LG Landshut NStZ 1999, 635; zT restriktiver OLG Karlsruhe NJW 2004, 2687 m. zust. Bespr. *Allgayer*, NStZ 2006, 603; *Kudlich*, JuS 2004, 1019.
96 SK-StPO-*Wolter*, § 100a Rn 59; *ders.*, Küper-FS, S. 709.
97 Zu den weiteren Fallgruppen s. LR-*Krause*, § 81a Rn 38 ff.
98 BGHSt 24, 125, 128; OLG Karlsruhe StV 2005, 376 m. abl. Anm. *Dallmeyer*; *Fahl*, JuS 2001, 53; aA zB *Eb. Schmidt*, MDR 1970, 461, 464.
99 S.a. *Beulke*, ZStW 103 (1991), 657, 672.

Der Konflikt zwischen dem Bedürfnis nach schneller Aufklärung und dem Persönlichkeitsschutz des Betroffenen ist allerdings im Jahre 2017 durch den Gesetzgeber erheblich entschärft worden, weil gem. § 81a II 2 StPO die Entnahme einer Blutprobe nunmehr ausnahmsweise **keiner richterlichen Anordnung bedarf**, wenn bestimmte Tatsachen den Verdacht begründen, dass eine Straftat nach §§ 315a I Nr 1, II, III; 315c I Nr 1 a, II, III StGB oder § 316 StGB begangen worden ist. Diese neue Regelung gilt auch für „Altfälle", dh für solche, bei denen die Anordnung der Entnahme der Blutprobe vor dem Inkrafttreten des § 81a II 2 StPO am 24.8.2017 erfolgte, die aber erst ab dem 24.8.2017 abgeurteilt werden. Für prozessuale Regelungen existiert kein Rückwirkungsverbot (s. Rn 8)[100], sodass im Fall der Rechtmäßigkeit der Anordnung am Maßstab des Rechts, das im Aburteilungszeitpunkt gilt, kein revisibler Verfahrensfehler vorliegt.

Jenseits dieser Fallgruppe des Verdachts einer Trunkenheit im Verkehr bleibt aber die Verwertungsproblematik aktuell. Trotz der Stärkung des Richtervorbehalts aus § 81a II 1 StPO durch das BVerfG[101] gelangen die Strafgerichte bisher unter Anwendung der Abwägungslehre zu dem Ergebnis, dass die Blutprobe **grundsätzlich verwertbar** ist, da der in § 81a II 1 StPO enthaltene einfachgesetzliche Richtervorbehalt – anders als derjenige bei der Wohnungsdurchsuchung (§ 105 StPO) – mangels Verankerung in der Verfassung nicht zum rechtsstaatlichen Mindeststandard zu zählen sei[102]. Etwas anderes gilt erst dann, wenn die die Untersuchung oder Blutentnahme anordnende Person **bewusst** gegen § 81a II 1 StPO verstößt, so zB, wenn dem Polizeibeamten völlig egal ist, ob der Richter eine Blutentnahme anordnet[103]. Eine solche **objektiv willkürliche** Vorgehensweise oder eine **gleichwertig gröbliche Verkennung** der Rechtslage verletzt den aus dem Rechtsstaatsprinzip gem. Art. 20 III GG resultierenden Grundsatz des „fair trial". Das so gewonnene **Beweismittel ist unverwertbar**[104], wenn der Angeklagte der Verwertung rechtzeitig (spezifiziert) widerspricht (hierzu Rn 460a).

Demgegenüber hat im Fall des § 81a II 2 StPO eine bewusste Missachtung des Vorrangs der staatsanwaltschaftlichen vor der polizeilichen Anordnungskompetenz kein Beweisverwertungsverbot zur Folge, weil hier allein die innere Organisation der Exekutive – ohne Bezug zu einem Richtervorbehalt – betroffen ist[105].

---

100 OLG Rostock NStZ-RR 2018, 114 m. insoweit zust. Bespr. *Kudlich*, JA 2018, 392; vert. LK-*Dannecker*, § 1 Rn 411 ff.
101 BVerfG NJW 2007, 1345.
102 OLG Bamberg NJW 2009, 2146; KG NStZ 2010, 468; OLG Düsseldorf NZV 2010, 306; LG Itzehoe StV 2008, 457 m. Bespr. *Mosbacher*, JuS 2009, 124; vert. *Metz*, NStZ-RR 2014, 329; *Weinhold*, SVR 2010, 13.
103 OLG Naumburg, StraFo 2016, 22.
104 BGHSt 24, 125, 131; OLG Köln StV 2012, 6; OLG Nürnberg StV 2010, 624; OLG Dresden JR 2010, 87.
105 Beispielhaft OLG Nürnberg NStZ-RR 2017, 286 m. Anm. *Kulhanek*; OLG Rostock NStZ-RR 2018, 114 m. Bespr. *Kudlich*, JA 2018, 392.

VII. DNA-Identitätsfeststellung, § 81g StPO

Auch Fehler bei der Anwendung des § 81g StPO können in künftigen Verfahren die Verwertung des gespeicherten DNA-Identifizierungsmusters gegen den Beschuldigten verbieten. Ein solches Verwertungsverbot wird insbes. dann anzunehmen sein, wenn die Voraussetzungen des Tatbestandes, auf deren Grundlage die Speicherung der DNA-Daten erfolgte, im Nachhinein zu verneinen sind (zB das Vorliegen einer erheblichen Straftat, die Negativprognose, s. Rn 242 ff). Bloße Wertungsfehler bei der Anwendung der in § 81g StPO enthaltenen unbestimmten Rechtsbegriffe genügen dazu aber nicht. Die Tatsachengrundlage muss sich rückblickend anders darstellen[106].   **477a**

VIII. Folgen rechtswidriger Erlangung von Beweismitteln durch Privatpersonen

1. Die die Beweisgewinnung regelnden Vorschriften der StPO richten sich nur an die Strafverfolgungsorgane, nicht dagegen an **Privatpersonen**. Demzufolge sind Beweismittel, die von Privaten in rechtswidriger Art und Weise, zB durch Diebstahl, oder mit den Methoden des § 136a StPO erlangt wurden, **grundsätzlich verwertbar**[107].   **478**

2. Von diesem Grundsatz sind jedoch einige gewichtige Ausnahmen zu machen:

a) Unverwertbar sind Beweismittel, die von **Privatpersonen** durch ein Vorgehen erlangt wurden, das in eklatanter Weise **gegen die Menschenwürde** verstößt, zB wenn der Ehemann des getöteten Opfers vom Täter unter Einsatz von Folter ein Geständnis erpresst (ganz hM[108]; s. auch Rn 131).   **479**

BGHSt 44, 129: A befindet sich im Verlaufe eines gegen sie eingeleiteten Verfahrens wegen Mordes in Untersuchungshaft. Die Mitgefangene S, die sich als **Wahrsagerin** betätigt, spiegelt ihr vor, sie besitze übersinnliche Kräfte und könne die Richter in Richtung auf ein mildes Urteil beeinflussen, sofern A ihr den Tathergang offenbare. Bei mehreren Sitzungen, in deren Verlauf auch Drogen konsumiert werden, gibt A ihre Täterschaft preis. Diese Informationen reicht S – wie schon bei mehreren früheren Fällen – an die Ermittlungsbehörden weiter, um sich im Vollzug Vorteile zu verschaffen.

Hier hat der BGH zutreffend ein Beweisverwertungsverbot angenommen. Selbst wenn davon ausgegangen wird, dass S nicht im zumindest stillschweigenden Auftrag der Ermittlungsbehörden gehandelt hat (zu diesem Fall s.o. Rn 136 und u. Rn 480a), muss hier § 136a StPO analog angewandt werden, da die von S eingesetzten Methoden (Drohung, Täuschung, Verabreichung von Mitteln) grob rechtsstaatswidrig sind und gegen die Menschenwürde verstoßen[109].

---

106 *Eisenberg*, Meyer-Goßner-FS, S. 293, 303 ff.
107 KK-*Senge*, Vor § 48 Rn 52; krit. *Eisenberg*, Rn 395; *Rogall*, ZStW 91 (1979), 1, 41 f; zum Ganzen *Bockemühl, J.*, Private Ermittlungen im Strafprozeß, 1996; *Brunhöber*, GA 2010, 571; *Godenzi, G.*, Private Beweisbeschaffung im Strafprozess, 2008; *Stoffer*, passim.
108 *M-G/Schmitt*, § 136a Rn 3; *Brodag*, Rn 93; differenzierend KK-*Senge*, Vor § 48 Rn 52; *Mende, B.*, Grenzen privater Ermittlungen durch den Verletzten einer Straftat, 2001, S. 244; *Wölfl*, JA 2001, 504; abl. KMR-*Lesch*, § 136a Rn 11.
109 Im Ergebnis ebenso *Eckhardt, S.*, Private Ermittlungsbeiträge im Rahmen der staatlichen Strafverfolgung, 2009, S. 60 ff; *Fahl*, JA 1999, 102; *Hanack*, JR 1999, 348; *Jahn*, JuS 2000, 441; *Mitsch*, NJW 2008, 2295, 2299; *Roxin*, NStZ 1999, 149; abw. *Lesch*, 3/133; Fall bei *Hellmann*, Fallsammlung, Hausarbeit Nr 1, Rn 1 ff.

Diese Grundsätze gelten nach der neueren Rechtsprechung auch für Vernehmungen durch Angehörige ausländischer Staaten (zB bei Folter durch fremde Geheimdienste)[110].

480 b) Auch bei Eingriffen in die Intimsphäre zB mittels **Tonaufnahmen** bzw bei Auswertung des **Tagebuchs** ist es unerheblich, ob der Eingriff durch die Strafverfolgungsorgane oder private Dritte erfolgte[111]. Ob die Verwertung im Strafverfahren zulässig ist, richtet sich nach der Sphärentheorie des BVerfG[112] (vgl auch o. Rn 470). Die Gleichbehandlung mit entsprechenden Maßnahmen der Strafverfolgungsbehörden ist schon deshalb gerechtfertigt, weil der Rechtsverstoß durch Abspielen des Tonbandes bzw Verlesen des Tagebuchs in der Hauptverhandlung wiederholt würde[113].

Nach diesen Regeln ist auch über die Zulässigkeit der Beweisführung mittels **privater Dashcams** (Onboard-Kamera für Videoaufnahmen im Kfz, die das Verhalten der anderen Verkehrsteilnehmer dokumentieren) zu entscheiden. Da die Aufzeichnung auch personenbezogene Daten betrifft, könnte sie einen Eingriff in das allgemeine Persönlichkeitsrecht des Betroffenen aus Art. 2 I iVm Art. 1 I GG in seiner Ausprägung als Recht auf informationelle Selbstbestimmung darstellen. Jedenfalls verstößt eine dauerhafte, nicht anlassbezogene Aufzeichnung regelmäßig gegen § 4 I BDSG (bzw. gegen § 6b I Nr 3 BDSG) und kann deshalb als Ordnungswidrigkeit verfolgt und mit hohen Geldbußen geahndet werden (§ 43 II Nr 1 BDSG).[114] Gleichwohl darf die Dashcam-Aufnahme laut BGH zum Beweis von Unfallvorgängen im Zivilprozess herangezogen werden[115]. Die Datenschutzvorschriften würden nicht auf ein Beweisverwertungsverbot abzielen. Auch stammen die aufgezeichneten Verkehrsvorgänge nicht aus der Intim- oder Privatsphäre, sondern finden für alle gut sichtbar im öffentlichen Verkehr statt. Deswegen sei auch keine Verletzung des Allgemeinen Persönlichkeitsrechts anzunehmen. Auch im Strafverfahren bejaht die Rspr eine Verwertungsmöglichkeit. Sie greift insoweit auf eine Grundrechtsabwägung nach den Regeln der **Sphärentheorie** des BVerfG zurück[116]. Die wohl hA verweist insoweit allerdings auf die **allgemeine Abwägungslehre** (Rn 458). Eine Beweisverwertung der Videoaufnahme im Straf- (oder Ordnungswidrigkeits-)verfahren mittels Augenscheinseinnahme (§ 86 StPO, s. Rn 204) wird von ihr vor allem deswegen bejaht, weil es sich (zB bei der Dokumentation von Verkehrsvorgängen und einer mittelbaren Identifikation des Verkehrsteilnehmers über das Kennzeichen seines Fahrzeugs) um keinen

---

110 OLG Hamburg NJW 2005, 2327 (Fall *Motassadeq*); s.a. EGMR ZIS 2013, 245; *Ambos*, StV 2009, 151, 158; *Barczak*, StV 2012, 182; *Gless*, JR 2008, 317; 325; generell zu Verwertungsverboten bei durch Rechtshilfe eines ausländischen Staates gewonnenen Beweismitteln BGH StV 2014, 193; *Bülte*, ZHW 2013, 219; *Nagler*, StV 2013, 324; *Schuster*, Verwertbarkeit im Ausland gewonnener Beweise im deutschen Strafprozess, 2006, 221.
111 Vgl BGHSt 14, 358, 359 (Tonband); BGHSt 19, 325, 331 (Tagebuch).
112 Dazu LG Zweibrücken NJW 2004, 85; s.a. *Eisenberg*, Rn 387 ff.
113 Ausführlich *Wölfl, B.*, Die Verwertbarkeit heimlicher privater Ton- und Bildaufnahmen im Strafverfahren, 1997, S. 107 ff.
114 OLG Celle NZV 2018, 146.
115 BGH BeckRS 2018, 8602.
116 AG Nienburg DAR 2015, 280 m. Bespr. *Satzger*, Jura 2015, 1394; *Günter*, ZJS 2016, 756, 769; *Cornelius*, NJW 2016, 2282; *Eisenberg*, Rn 402; *Niehaus*, NZV 2016, 551; *Wölky*, StV 2017, 20; s. auch BVerfGE 120, 378 (automatisierte Erfassung von Autokennzeichen).

schwerwiegenden Eingriff in das Persönlichkeitsrecht handelt, der mit dem Interesse der Allgemeinheit an der Aufklärung und Verfolgung von Straftaten (hier zumeist mit dem allgemeinen Interesse an der Effektivität der Verfolgung von erheblichem Fehlverhalten im Straßenverkehr) abgewogen werden muss, und zwar gleichgültig, ob der Aufnehmende die Kamera nur eingeschaltet hat, um mögliche Beweismittel bei einem stets denkbaren eigenen Verkehrsunfall vorzulegen oder ob es ihm um die generelle Möglichkeit gegangen ist, andere Verkehrsteilnehmer bei verkehrsrechtlichen Sachverhalten anzuzeigen[117].

Die Verwertung des Beweismittels ist auf jeden Fall zulässig, wenn der Eingriff des Dritten in die Privatsphäre des Betroffenen **gerechtfertigt** war, zB wenn die heimliche Tonbandaufnahme nicht unbefugt iSd § 201 I StGB war, und dieser Rechtfertigungsgrund zum Zeitpunkt der Einführung des Beweismittels in die Hauptverhandlung noch fortwirkt[118]. Dies ist beispielsweise der Fall, wenn der **Erpresseranruf** privat auf Tonband aufgezeichnet wird, oder wenn eine Dashcam lediglich situationsbezogen (zB sensorgesteuert bei einem eigenen Verkehrsunfall oder bei massiver Verlangsamung des Fahrzeugs) eingesetzt wird.

c) Unverwertbar sind auch Beweismittel, die von Privatpersonen **im gezielten Auftrag der Strafverfolgungsbehörden** rechtswidrig erlangt wurden, dh einem Beweisverwertungsverbot unterfallen würden, hätten die Strafverfolgungsbehörden selbst gehandelt. Nach ganz hM dürfen die Strafverfolgungsbehörden die den Beschuldigten schützenden Bestimmungen der StPO und der EMRK nicht dadurch umgehen, dass sie Dritte veranlassen, zB unter Anwendung der von § 136a StPO verbotenen Methoden, Aussagen vom Beschuldigten oder von Zeugen zu erlangen[119]. **480a**

Im Rahmen der „**Liechtensteiner Steueraffäre**" (und bei vergleichbaren Folgefällen) ist die **Verwertbarkeit von Datenmaterial** in Verfahren wegen mutmaßlicher Steuerhinterziehung problematisch, weil hier in staatlichem Auftrag für hohe Summen Daten über deutsche Staatsbürger, die ihr Geld im Ausland unversteuert angelegt haben, von Informanten auf rechtswidrige Weise erworben wurden. Der Informant macht sich – die Anwendbarkeit deutschen Strafrechts vorausgesetzt – durch Beschaffung der Daten (§ 17 II Nr 1 UWG, § 202a StGB) und deren Weitergabe (§ 17 II Nr 2 UWG) strafbar[120]. Dennoch lässt die Rspr eine Verwertung dieser Beweismittel im Rahmen des Steuerstrafverfahrens (Strafbarkeit gem. §§ 369 ff AO) zu[121]. Das überzeugt nicht. Vielmehr muss das rechtswidrige private Verhalten des Datenanbieters den Strafverfolgungsorganen zugerechnet werden, weil sie die Daten in Kenntnis aller **481**

---

117 OLG Stuttgart NJW 2016, 2280 m. zust. Anm. *Löffelmann*, JR 2016, 661; *M-G/Schmitt*, § 100h Rn 1a; für generelle Zulässigkeit: *Bäumerich*, JuS 2016, 803.
118 LR-*Gless*, § 136a Rn 12; *Beckemper/Wegner*, JA 2003, 510; *Otto*, Kleinknecht-FS, S. 319, 332; *Tenckhoff*, JR 1981, 255, 258; zT abw. BayObLGSt 1994, 6, 8; s.a. *Gropp*, StV 1989, 216, 222; *Kramer*, NJW 1990, 1760.
119 EGMR *(M.M./Niederlande)* StV 2004, 1; dazu *Gaede*, StV 2004, 46; BGHSt 34, 362, 364; OLG Stuttgart NJW 2016, 2280 (Rn 20).
120 Vgl nur *Spernath*, NStZ 2010, 307; aA *Satzger*, Achenbach-FS, S. 447; Fall bei *Fahl*, ZJS 2009, 63.
121 BVerfG JZ 2011, 249 m. Anm. *Wohlers*; *v. Heintschel-Heinegg*, JA 2011, 312; VerfGH Rheinl.-Pf. NJW 2014, 1434 m. Anm. *Wicklein*, StV 2014, 469; LG Düsseldorf wistra 2011, 37; FG Köln ZWH 2011, 33; zust. *Erb*, Roxin II-FS, S. 1103; *Kaiser*, NStZ 2011, 383; *Kelnhofer/Krug*, StV 2008, 660; *Kölbel*, NStZ 2008, 241; *Satzger*, I.-Roxin-FS, S. 421; s.a. *Pawlik*, JZ 2010, 693; *Stoffer*, Rn 321 ff.

Zusammenhänge angekauft haben. Vergegenwärtigt man sich das abgeschlossene System strafprozessualer Beweiserhebungsbefugnisse, das Geldzahlungen zwecks Erlangung von Beweismitteln nicht vorsieht und das jedenfalls jede Mitwirkung an strafbaren Handlungen verbietet (inzwischen steht aufgrund der erklärten generellen Erwerbsbereitschaft sogar eine psychische Beihilfe der staatlichen Ankäufer zu den Taten im Raum), ist eine Verwertung des Datenmaterials abzulehnen[122]. Der fiskalische Zweck heiligt nicht die verfahrenswidrigen Mittel.

Zur Aufdeckung und Aufklärung systematischen Fehlverhaltens in Unternehmen werden vermehrt unternehmensinterne Untersuchungen (**Internal Investigations**) durch nichtstaatliche Institutionen durchgeführt, in deren Rahmen ua Mitarbeiter befragt werden, etwa durch den Compliance-Officer des Unternehmens oder einen von diesem beauftragten Rechtsanwalt[123]. Solange sich das Unternehmen nicht in einer beschuldigtenähnlichen Verfahrensstellung befindet (zB als Nebenbeteiligte im Hinblick auf eine Verbandsgeldbuße nach § 30 OWiG) gewährt die hA keinen Schutz nach § 160a StPO (zur Beschlagnahmeproblematik s. Rn 249); mit Erlangung dieser Rechtsstellung können zwar die Erkenntnisse aus der Internal Investigation nicht mehr zum Nachteil des Unternehmens verwendet werden, § 160a I 2 StPO[124], wohl aber gegen sonstige Personen. Damit werden die Unternehmensangehörigen einer erhöhten Strafverfolgungsgefahr ausgesetzt. Das hat wiederum Auswirkungen auf ihre Mitwirkungsbereitschaft im Rahmen der Befragungen. Sie hängt nicht zuletzt davon ab, ob sie – insbesondere im Falle selbstbelastender Aussagen – vor Sanktionen geschützt sind. Von Seiten des Unternehmens wird daher häufig ein weitgehender Verzicht auf arbeits- und zivilrechtliche Sanktionen erklärt (**Amnestieprogramm**)[125]. Fraglich ist jedoch, inwieweit im Rahmen der Strafverfolgung auf derartige selbstbelastende Aussagen zurückgegriffen werden darf. Nach zutreffender Ansicht steht der **nemo-tenetur-Grundsatz** einer Verwertung im Strafverfahren gegen die Auskunftsperson jedenfalls dann entgegen, wenn die Äußerungen in Erfüllung einer arbeitsrechtlich erzwingbaren Mitwirkungspflicht getätigt wurden. Andernfalls würde das Schweigerecht des Beschuldigten im Strafprozess in inakzeptablem Ausmaß entwertet[126]. Ebenso muss ein **Beweisverwertungsverbot** eingreifen, wenn der Mitarbeiter über das Bestehen einer solchen Mitwirkungspflicht getäuscht wurde (**§ 136a StPO analog**)[127]. Konnte er hingegen frei wählen, ob er im Rahmen der nichtstaatlichen Recherchen aussagen möchte, sind seine Aussagen verwertbar.

122 *Beulke*, Jura 2008, 653, 664; *Gössel*, Puppe-FS, S. 1377; *Hellmann*, Samson-FS, S. 661; *Heine*, Roxin II-FS, S. 1087; *Jahn*, Stöckel-FS, S. 259; *Kauffmann*, JA 2010, 597; *Kühne*, Roxin II-FS, S. 1268; *Ostendorf*, ZIS 2010, 301; *Pitsch, Ch.*, Strafprozessuale Beweisverbote, 2009, 341; *Schünemann*, NStZ 2008, 305; *Sieber*, NJW 2008, 881; *Trüg*, StV 2011, 111.
123 Vert. *Beulke/Ruhmannseder*, Compliance aktuell, 12010; *Bung*, ZStW 125 (2013), 536; *Hamm*, NJW 2010, 1332; *Ignor*, CCZ 2011, 143; *Knauer*, ZWH 2012, 41 u. 81; *Moosmayer*, in: Moosmayer/Hartwig, S. 1 ff; *Ruhmannseder*, I.-Roxin-FS, S. 501; *Sarhan*, wistra 2015, 449; *Theile*, ZStW 126 (2014), 803.
124 BVerfG Beck RS 2018, 14189 (Rn 101 ff).
125 Vert. *Schwinn/Kahlenberg*, CCZ 2012, 81; *Göpfert/Drägert/Woyte*, ZWH 2012, 132; *Gottwald*, Das Amnestieprogramm 2014; *Weiße*, in: Moosmayer/Hartwig, S. 58 ff.
126 BVerfGE 56, 37, 51 (Gemeinschuldnerbeschluss); LAG Hamm CCZ 2010, 237; *Bittmann/Molkenbur*, wistra 2009, 373, 377 f; *Knauer*, NStZ 2013, 192; *Knauer/Buhlmann*, AnwBl 2010, 387, 390; *Momsen*, ZIS 2011, 508, 516; *Pfordte*, DAV-FS, S. 740, 754; *I. Roxin*, StV 2012, 116, 120; für ein Beweisverwertungsverbot mit Fernwirkung: *Böhm*, WM 2009, 1923, 1929; *Gerst*, CCZ 2012, 1; *Theile*, StV 2011, 381, 385 f; diff.: *Anders*, wistra 2014, 329; *Greco*, NStZ 2015, 7; *Momsen*, Rössner-FS, S. 871; aA *Wimmer*, I.-Roxin-FS, S. 537; s.a. *Schall*, Samson-FS, S. 483.
127 *Jahn*, StV 2009, 41, 45.

IX. Spezielle Beweisverwertungsverbote bei verdeckten Ermittlungsmethoden

1. Beweisverwertungsverbote beim Einsatz von Verdeckten Ermittlern

a) Fehlen der allgemeinen Voraussetzungen des Einsatzes von Verdeckten Ermittlern

Die Einsatzvoraussetzungen für den VE sind in den §§ 110a ff StPO niedergelegt   **481a**
(s. Rn 267). Fehlen die **materiellen** Voraussetzungen für einen solchen Einsatz, liegt
insbes. kein Verdacht bzgl einer Katalogtat vor, so ist ein Verwertungsverbot zu bejahen[128]. Nach Ansicht der Rspr soll das Verwertungsverbot jedoch – ebenso wie bei der
Telekommunikationsüberwachung – nur bei objektiver Willkür oder einer unvertretbaren Entscheidung eingreifen[129].

Sind hingegen nur **Formvorschriften** verletzt (zB das Erfordernis der Schriftlichkeit   **481b**
in § 110b I 3 StPO), steht dies einer Verwertbarkeit nicht im Wege[130]. **Mangelt** es
allerdings an einer **staatsanwaltschaftlichen** oder **richterlichen Zustimmung insgesamt**, greift wiederum das Verwertungsverbot ein[131].

Im Falle eines VE-Einsatzes in Wohnungen, bei dem die Mitwirkung des Gerichts erforderlich ist,
genügt zwar bei Gefahr im Verzuge zunächst die Zustimmung der StA, die Maßnahme ist aber zu
beenden, wenn nicht das Gericht binnen drei Tagen zustimmt, § 110b II 4 StPO. **Bzgl der ersten
drei Tage** sind die Formerfordernisse des VE-Einsatzes auch dann erfüllt, wenn der Richter später
nicht zustimmt oder gar nicht angerufen wird. Im Regelfall sind die in den ersten drei Tagen gewonnenen Beweismittel also verwertbar[132].

Ist der Einsatz des VE hinsichtlich eines bestimmten Beschuldigten rechtmäßig und ihm gegenüber von der gerichtlichen Zustimmung gedeckt (§ 110b II 1 Nr 1 StPO), so deckt diese auch den
Eingriff hinsichtlich der notwendig mit ihm zusammentreffenden weiteren Personen. Ob das Beweismittel im Verfahren gegen diese Dritten verwertet werden kann, hängt davon ab, ob auch ihnen
gegenüber – unter dem Gesichtspunkt eines hypothetischen Ersatzeingriffs – die Voraussetzungen
für den VE-Einsatz erfüllt gewesen wären, § 477 II 2, 3 StPO (§ 479 II StPO/EDatschG)[133].

Für Erkenntnisse aus dem Kernbereich privater Lebensgestaltung, die durch eine Maßnahme nach
den §§ 110a ff StPO erlangt wurden, soll de lege ferenda ein Beweisverwertungsverbot eingeführt
werden (§ 110a I 5 iVm § 100d II 1 EDatschG/StPO).

b) Zufallsfunde beim VE-Einsatz

Für **andere** Strafverfahren kann sich bzgl der VE insbes. aus § 477 II 2 StPO (§ 479 II   **481c**
StPO/EDatschG) **ein gesetzliches Beweisverwertungsverbot** ergeben. Danach dürfen die durch den VE erlangten personenbezogenen Daten in anderen Strafverfahren

---

128 AG Koblenz StV 1995, 518; *M-G/Schmitt*, § 110b Rn 11; *Beulke/Rogat*, JR 1996, 520; *v. Stetten, A.*,
    Beweisverwertung beim Einsatz Verdeckter Ermittler, 1999, S. 179.
129 BGHSt 42, 103, 104 m. krit. Anm. *Bernsmann*, NStZ 1997, 250; *Weßlau*, StV 1996, 579.
130 BGH StV 1995, 398.
131 *Pfeiffer*, § 110b Rn 5; *M-G/Schmitt*, § 110b Rn 11; abw. *Jähnke*, Odersky-FS, S. 427, 434 f; *Zaczyk*,
    StV 1993, 496.
132 BGHSt 41, 64, 66; zust. *Beulke/Rogat*, JR 1996, 520; *Rogall*, JZ 1996, 260; abl. SK-StPO-*Wolter*,
    § 100d Rn 6a; *Weßlau*, StV 1995, 506.
133 BGH NStZ 1997, 294.

zu Beweiszwecken nur verwendet werden, soweit sich bei Gelegenheit der Auswertung Erkenntnisse ergeben, die zur Aufklärung einer sog. Katalogtat iSv § 110a I StPO benötigt werden.

c) Fehler bei der konkreten Aufklärungsmaßnahme des VE

481d Im Fall des Einsatzes von VE geht es sehr häufig um die Austarierung des Interessenkonflikts, der sich daraus ergibt, dass einerseits der Einsatz solcher Personen zur Aufklärung von besonders schweren Straftaten zwar in bestimmtem Umfang zulässig ist, dass aber andererseits die Strafverfolgungsorgane durch ein Ausweichen auf „verdeckte" oder „private" Vernehmungsmethoden nicht gezielt die den Beschuldigten oder seine Familie schützenden Normen (insbes. §§ 136, 136a, 52, 252 StPO) unterlaufen dürfen. Mangels klarer gesetzlicher Regelungen über die einzelnen Befugnisse des VE (s. Rn 267) ist hier nahezu alles umstritten, und auch die Rechtsprechung hat noch keinen endgültigen Weg gefunden. Im Einzelnen sind vor allem folgende Problemkreise zu unterscheiden:

aa) Verletzung des § 136 StPO

Wenn ein VE recherchiert, ohne die Befragten über seinen amtlichen Auftrag zu informieren, liegt **kein** Verstoß gegen die Hinweispflicht der §§ 163a IV 2 iVm 136 StPO vor. Eine direkte Verletzung dieser Vorschriften kommt schon deshalb nicht in Betracht, weil der VE sich nicht als Verhörsperson mit **amtlicher** Eigenschaft zu erkennen gibt und es somit am Merkmal der **Vernehmung** fehlt[134] (s. Rn 115). Bei einer nach außen „privat" auftretenden Person weiß der Beschuldigte von vornherein, dass er nicht verpflichtet ist, Belastendes zu offenbaren. Die die Belehrungspflicht begründende Konfliktsituation besteht deshalb nicht. Begibt sich also ein VE in die „Szene" und werden ihm dabei Mitteilungen über früher begangene Straftaten gemacht, so können diese Erkenntnisse verwertet werden. Selbstverständlich gilt das auch für seine Observationen während der Begehung von Straftaten, denn niemand hat einen Anspruch darauf, bei Straftaten unbeobachtet zu bleiben.

bb) Verletzung des § 136a StPO

481e Für den VE sollten – anders als bei rein privat tätig werdenden Dritten (s. Rn 478) – die Regeln des § 136a StPO uneingeschränkt analog angewandt werden. Dabei ist daran zu erinnern, dass das Verschweigen des amtlichen Auftrages allein noch keine Täuschung iSv § 136a StPO darstellt (s. Rn 138). Im Übrigen widerspräche es aber dem Rechtsstaatsprinzip, wenn der mit staatlicher Deckung fungierende VE Aussagen des Verdächtigen durch Zwang, Täuschung oder Drohung etc erwirken dürfte.

cc) Kollision mit §§ 52, 252 StPO

481f Gem. § 252 StPO hat der zeugnisverweigerungsberechtigte Zeuge – insbes. der Angehörige, § 52 StPO – das Recht, die in einer früher durchgeführten Vernehmung gemachte Aussage in der Hauptverhandlung zu annullieren (s.o. Rn 418 ff, 465). Auch das sich aus § 252 StPO ergebende Verwertungsverbot darf durch den Einsatz eines

---

134 BGHSt GrS 42, 139, 145; aA zB *Müssig*, GA 2004, 87.

VE nicht unterlaufen werden. Dadurch werden aber Mitteilungen eines Angehörigen etc gegenüber dem VE nicht stets unverwertbar, denn § 252 StPO greift – ebenso wie § 136 StPO – mangels Vorliegens einer „Vernehmung" ieS nicht direkt ein. Auch eine vernehmungsähnliche Situation kann nicht bejaht werden, weil derjenige, der gegenüber dem VE seinen Angehörigen belastet, von vornherein weiß, dass er dazu nicht verpflichtet ist. Mangels vergleichbarer Interessenlage scheidet also eine pauschale analoge Anwendung des § 252 StPO auf die VE-Angehörigenfälle aus. Schließlich liegt hier zumeist auch keine Täuschungshandlung iSv § 136a StPO vor, denn ein Gesprächspartner des Angehörigen erklärt nicht jeweils schlüssig, er sei kein VE. Die Angaben des Angehörigen gegenüber dem VE sind deshalb im Regelfall durch Vernehmung des VE in der Hauptverhandlung verwertbar[135].

2. Beweisverwertungsverbote beim Einsatz von V-Männern

Neben den Verdeckten Ermittlern gibt es ganz unterschiedliche Formen der Sachverhaltsermittlung mit Hilfe von nicht amtlich auftretenden Personen (dazu bereits ausführlich Rn 424).

Bei den V-Männern fehlt bisher eine spezielle gesetzliche Regelung sowohl bzgl der materiellen als auch bzgl der formellen Erfordernisse. Deshalb ist völlig unklar, ob und in welchem Ausmaße insoweit Beweisverwertungsverbote in Betracht kommen, zB weil der V-Mann zur Aufdeckung nur geringfügiger Kriminalität eingesetzt worden ist oder um die Einsatzbeschränkungen des VE zu umgehen. Die Rechtslage wird seit Jahrzehnten kontrovers diskutiert. Neuerdings scheint vor allem eine restriktive Rspr des EGMR der deutschen Rechtsentwicklung neue Impulse zu geben.

In Deutschland ist nach allgemeiner Ansicht der V-Mann-Einsatz durch die **Ermittlungsgeneralklausel der §§ 161, 163 StPO** (s. Rn 104) abgedeckt (s. Rn 424). Dementsprechend wird es im Regelfall für zulässig gehalten, die vom V-Mann in das Verfahren eingebrachten Erkenntnisse zur Bestätigung des Tatvorwurfs heranzuziehen[136] (zur Tatprovokation durch V-Männer s. Rn 124, 424). Im **überwiegenden Schrifttum** wird hingegen vor allem unter Verweis auf das Rechtsstaatsprinzip (Art. 20 III GG) sowie die EMRK die Zulässigkeit des (nicht rein präventiv ausgerichteten) V-Mann-Einsatzes geleugnet. Die vom V-Mann gewonnenen Erkenntnisse werden für die Begründung des Schuldnachweises für unverwertbar erklärt (Ausmaß der Unverwertbarkeit sehr str.)[137].

Einigkeit sollte darüber bestehen, dass die §§ 136, 136a StPO sowie andere Schutznormen weder durch VE noch durch V-Leute gezielt umgangen werden dürfen. Eine solche gezielte Umgehung ist zB anzunehmen, wenn die Strafverfolgungsorgane zur Aufklärung einer früher begangenen bestimmten Straftat den V-Mann auf den Ver-

---

135 BGHSt 40, 211, 216 (Fall *Sedlmayr*); iE zust. ua *Gollwitzer*, JR 1995, 473; *Hammer/Schuster/Weitner*, Rn 232 f; *Sternberg-Lieben*, JZ 1995, 844; krit. *Ranft*, Rn 1753; *Widmaier*, StV 1995, 621.
136 BGH NJW 1981, 1719; *M-G/Schmitt*, § 163 Rn 34a; s. auch LG Kiel bei *Sickor*, StV 2015, 516.
137 Statt aller S/S/W-StPO-*Eschelbach*, § 136 Rn 26 ff; *Eisenberg*, Rn 636 ff.

dächtigen „ansetzen". Sie müssen sich dann das Tun dieser Personen wie eigenes Verhalten zurechnen lassen, weshalb die §§ 136, 136a StPO analog anwendbar sind[138].

Das BVerfG hat im **Sedlmayr-Fall** in einem obiter dictum festgehalten, dass die heimliche Befragung einer zur Aussageverweigerung berechtigten Zeugin durch einen V-Mann ohne gesetzliche Ermächtigung unzulässig ist und gegen den fair-trial-Grundsatz verstößt; es hat aber offen gelassen, ob sich daraus ein Beweisverwertungsverbot ergibt[139]. Eine analoge Anwendung des § 252 StPO – entsprechend der Rechtslage oben bei § 136 StPO – sei hingegen sachgerecht, wenn der Staat an Stelle der direkten Vernehmung des Angehörigen bewusst den „Umweg" über den „privaten" V-Mann oder den VE gewählt hat, und zwar auch dann, wenn der Zeuge bisher sein Zeugnisverweigerungsrecht noch nicht ausdrücklich ausgeübt hat[140]. Ein gezielter Ausforschungsauftrag an einen Dritten unter Umgehung der Belehrungspflicht des § 52 III StPO muss bewirken, dass Strafverfolgungsorganen das Verhalten des Dritten wie eigenes zugerechnet wird[141].

Einschlägig ist auch folgender **„Mallorca"-Fall** (nach BGHSt 52, 11)[142]:

A gerät in Verdacht, auf Mallorca ein 15-jähriges Mädchen getötet zu haben. Beim Verhör durch Polizist P beruft er sich ausdrücklich auf sein Aussageverweigerungsrecht. Da die Kriminalpolizei über keine anderen Beweismittel verfügt, setzt sie einen Verdeckten Ermittler (VE) auf A an. Dieser trifft auf den in anderer Sache in Haft befindlichen A im Rahmen eines simulierten Gefangenentransportes, ferner besucht VE mehrfach den A während dessen Haftzeit, besorgt ihm nach der Entlassung eine Wohnung und freundet sich mit A an. Als VE unter Hinweis auf das besondere Vertrauensverhältnis den A auffordert, ihm die Wahrheit über den Mordfall zu sagen, gesteht A die Tat.

Lösung: Zwar liegt hier keine Vernehmung vor, der Staat muss sich jedoch das Verhalten des VE wie eigenes zurechnen lassen, da er den VE zwecks Umgehung des Schweigerechts gezielt auf A angesetzt hat. Dieses (skandalöse) Vorgehen muss ein Beweisverwertungsverbot zur Folge haben. Es ergibt sich aus § 136 StPO analog. Eines zusätzlichen Hinweises auf den nemo-tenetur-Grundsatz (so der BGH) bedarf es nicht, weil dieser Gedanke bereits durch § 136 StPO erfasst wird[143],

3. Sonstige Mithörfälle

481g Mehrfach hat sich die deutsche Rspr auch mit Konstellationen beschäftigt, in denen zwar keine VE/V-Männer eingeschaltet wurden, aber gleichwohl auf die Mithilfe privater Dritter zurückgegriffen wurde. Insbes. geht es um das „Mithören" von Gesprächen durch die Polizei, die ein privater Dritter mit den Verdächtigen führt. Auch diese

138 *Beulke*, StV 1990, 180; LR-*Erb*, § 163 Rn 65; *Stoffer*, Rn 186 ff, 480 ff.
139 BVerfG NStZ 2000, 489 m. krit. Anm. *Rogall*; *Lesch*, JR 2000, 334.
140 Abweichend *Arloth*, S. 131.
141 *Engländer*, Rn 232; *Hilger*, Hanack-FS, S. 215.
142 Ganz ähnlich: BGH NStZ 2009, 343 m. Bespr. *Mosbacher*, JuS 2009, 696, 699; BGHSt 55, 138 m. Bespr. *Bosch*, JA 2010, 754; *Jahn*, JuS 2010, 832; *Kretschmer*, HRRS 2010, 343; OLG Zweibrücken NStZ 2011, 113 (Cold-Case-Technik); Fall bei *Satzger*, Jura 2009, 759, 767.
143 Zutreffende Kritik bei *Bosch*, JA 2007, 903; *Duttge*, JZ 2008, 261; *Verrel*, Puppe-FS, S. 1629; iE zust. *Engländer*, Rn 250; *Heinrich/Reinbacher*, Problem 33 Rn 7; *Ostendorf*, Roxin II-FS, S. 1329, 1337 f; *Renzikowski*, JR 2008, 164; *Rogall*, NStZ 2008, 110; *Roxin*, Miebach-FS, S. 41; *Sowada*, Geppert-FS, S. 689; iE eher abl. *Mitsch*, Jura 2008, 211; s.a. LR-*Gless*, § 136a Rn 44.

Fälle sind unter entsprechender Anwendung der in Rn 481a–481f dargelegten Grundsätze zu lösen, wonach eine **analoge Anwendung der §§ 136, 136a, 52, 252 StPO** in Betracht kommt, wenn der Staat durch die Einschaltung des Dritten diese Schutznormen **bewusst unterlaufen** will.

BGHSt GrS 42, 139: Der Polizist P verdächtigt D eines Bankraubes und wendet sich an dessen Freund F um Mithilfe. F, der dazu bereit ist, ruft D an und erwähnt den Bankraub. P hört das Telefongespräch, in dem D tatsächlich gegenüber F alles einräumt, mit Einverständnis des F mit.

Ein Beweisverwertungsverbot wegen Verstoßes gegen die Vorschriften über die Überwachung der Telekommunikation (§§ 100a ff StPO) scheidet aus, da F das Mithören genehmigt hat (Einzelheiten s. Rn 254). Der Verwertung der Aussage des D (durch Vernehmung von F oder P) könnte aber entgegenstehen, dass D nicht gem. §§ 163a IV 2, 136 StPO belehrt worden ist. Eine unmittelbare Anwendung dieser Vorschriften scheitert zwar daran, dass keine förmliche Vernehmung vorliegt. Wenn D am Telefon etwas preisgibt, was eigentlich nicht an die Öffentlichkeit gelangen sollte, so geschieht dies im Prinzip auf eigenes Risiko. So ist er zB nicht davor geschützt, dass F alles weitererzählt. Genauso wäre der Fall zu behandeln, dass F aus eigener Initiative einen Dritten das Gespräch mithören lässt. Aber andererseits dürfen die Strafverfolgungsbehörden die Belehrungspflicht des § 136 StPO nicht **gezielt** dadurch **unterlaufen**, dass sie „private" Vernehmungspersonen einschalten. Eine derart unzulässige Umgehung liegt beim Einsatz des F **mit konkretem Ausforschungsauftrag** vor, sodass gem. § 136 StPO analog die Aussage des D unverwertbar ist. Es liegt eine, nach der jüngeren Rspr des EGMR[144] mit Art. 6 EGMR unvereinbare **„Selbstbelastungsprovokation"** vor[145].

Eines Rückgriffs auf § 136a StPO analog bedarf es hier nicht, denn der Gesprächspartner am Telefon täuscht nicht schlüssig darüber, dass kein anderer mithört. Wer hingegen von einer solchen (schlüssigen) Täuschung ausgeht und damit eine sog. „Hörfalle" bejaht (s. Rn 138), kann das Verwertungsverbot aus § 136a StPO analog ableiten, was am Ergebnis der Unverwertbarkeit des Gesprächs nichts ändert. Die Lösung dieses Falles ist allerdings heftig umstritten. Die im Schrifttum hA bejaht ein Beweisverwertungsverbot[146]. BGHSt GrS 42, 139, 149 hat demgegenüber ein Beweisverwertungsverbot für den Fall, dass es um die Aufklärung einer Straftat von erheblicher Bedeutung geht und die Erforschung des Sachverhalts unter Einsatz anderer Ermittlungsmethoden erheblich weniger Erfolg versprechend oder wesentlich erschwert gewesen wäre, verneint[147].

BGH StV 2012, 129: Um ihrem Ehemann, der wegen eines Verstoßes gegen das Betäubungsmittelgesetz angeklagt ist, die Vergünstigungen des § 31 BtMG zu sichern, erklärt sich die Ehefrau des Angeklagten gegenüber der Polizei aus eigenem Antrieb dazu bereit, den in Untersuchungshaft befindlichen Mitangeklagten zur Rede zu stellen und das Gespräch heimlich aufzuzeichnen. Nachdem das zuständige Gericht gem. § 100f StPO das Abhören und Aufzeichnen des Gesprächs angeordnet hat, besucht die Ehefrau den Mitangeklagten im Gefängnis. Sie spiegelt ihm vor, ihr Ehemann habe ihr vertraulich geschildert, welche Rolle der Mitangeklagte bei der Tat gespielt habe, befragt ihn zum Tatgeschehen und sichert ihm Vertraulichkeit zu. Das Gespräch zeichnet sie heimlich mit einem Abhörgerät auf, welches ihr die Polizei zuvor ausgehändigt hat.

---

144 EGMR StV 2003, 257 *(Allan/UK)* m. Anm. *Gaede*; EGMR StV 2004, 1 m. Bespr. *Gaede*, StV 2004, 46.
145 *Wolter*, ZIS 2012, 238; S/S/W-StPO-*Eschelbach*, § 110a Rn 11.
146 Ua auch *Eisenberg*, Rn 638 ; LR-*Gless*, § 136a Rn 44; *Bernsmann*, StV 1997, 116; *Bosch*, Jura 1998, 236; *Dencker*, StV 1994, 671; *Jäger*, Wolter-FS, S. 947; *Murmann*, StPO, Rn 115; *Jung*, JuS 1994, 618; *Renzikowski*, JZ 1997, 710; *Roxin*, NStZ 1997, 18; *Weßlau*, ZStW 110 (1998), 1.
147 IE ebenso *Engländer*, Rn 250; *Heinrich/Reinbacher*, Problem 31 Rn 16; KMR-*Lesch*, § 136 Rn 30; *Popp*, NStZ 1998, 95; *Rieß*, NStZ 1996, 505; *Seitz*, NStZ 1995, 519.

Auch hier erscheint es sachgerecht, von einer **gezielten Umgehung des § 136 I 2 StPO** auszugehen, die Norm analog anzuwenden und ein Beweisverwertungsverbot zu bejahen[148]. Der BGH ging hingegen abermals von der Verwertbarkeit der Aussagen des Mitangeklagten aus.

▶ Weiterer Beispielsfall bei *Beulke*, Klausurenkurs III, Rn 154.

4. Gesamtschau (fair trial)

481h Sofern Beweismittel im Rahmen von heimlichen Ermittlungsmaßnahmen erlangt werden, rekurriert der BGH – in Anlehnung an die Rspr des EGMR[149] – bei der Bestimmung von Beweisverwertungsverboten zunehmend auf das **Recht auf ein faires Verfahren** (Art. 20 III iVm. Art. 2 I GG; Art. 6 I EMRK; Einzelheiten Rn 28)[150].

Beispielsfall (BGHSt 53, 294): Der marokkanische Staatsangehörige A steht in Verdacht, seine Geliebte G aus Eifersucht ermordet zu haben. Er wird als Beschuldigter festgenommen. Als ihn seine Ehefrau in der Untersuchungshaft besucht, wird den Eheleuten – um ihnen die Sicherheit eines vertraulichen Gesprächs vorzutäuschen – ein separater Besuchsraum zur Verfügung gestellt und auf die übliche Anwesenheit eines Vollzugsbeamten verzichtet. Stattdessen wird das Gespräch ohne ihr Wissen mit technischen Mitteln abgehört und von einer marokkanischen Dolmetscherin im Nebenraum übersetzt. In der Hauptverhandlung erhebt As Verteidiger Widerspruch gegen die Verwertung des aufgezeichneten Gesprächs, in dem A sich seiner Frau gegenüber als Täter zu erkennen gegeben hat.

Lösung: Zwar sollen hier die Voraussetzungen des für U-Haftbesuchsräume einschlägigen kleinen Lauschangriffs (§ 100f StPO) vorliegen und auch der **Kernbereich privater Lebensgestaltung** soll schon aufgrund des Gesprächsinhalts (Straftaten) nicht beeinträchtigt sein. Der BGH sieht zudem weder das **nemo-tenetur-Gebot** noch das **Täuschungsverbot** aus § 136a StPO in einem solchen Ausmaß als verletzt an, dass einer der Verstöße für sich allein genommen bereits die Ableitung eines Beweisverwertungsverbots rechtfertigte. Gleichwohl hält er aber – unter Berücksichtigung der besonderen (zwangsähnlichen) Situation der Untersuchungshaft – aus einer **Gesamtschau** der betroffenen Rechtspositionen des Beschuldigten unter Abwägung mit dem Erfordernis einer funktionstüchtigen Strafrechtspflege den **Grundsatz des fairen Verfahrens** für verletzt und folgert – im Ergebnis sicherlich zutreffend[151] – hieraus ein **Beweisverwertungsverbot**.

X. Reichweite der Beweisverwertungsverbote (Theorie der Früchte des verbotenen Baumes)

482 1. Bis heute ist heftig umstritten, ob den Beweisverwertungsverboten eine **Fernwirkung** zukommt, dh ob (weitere) Ermittlungsergebnisse, die auf Grund eines unverwertbaren Beweismittels erzielt wurden, ebenfalls einem Beweisverwertungsverbot unterliegen (**Beispiel:** Verwertbarkeit von Geschäftsunterlagen, deren geheimen La-

---

148 Ebenso *Eisenberg*, JR 2011, 409; *Roxin*, StV 2012, 131; *Schumann*, JZ 2012, 265; *Wolter*, ZIS 2012, 238; s.a. *Knauer*, JuS 2012, 711, 715; *Kühne*, Wolter-FS, S. 1010, 1014 ff; *Mahlstedt*, Die verdeckte Befragung des Beschuldigten im Auftrag der Polizei, 2011, S. 101 ff.
149 Vgl zB EGMR *(Bykov/Russland)*, JR 2009, 514 m. Bespr. *Gaede*, JR 2009, 493; s.a. *Bock*, D-F-T, S. 99; *Esser*, 35. Strafverteidigertag, S. 197.
150 Vert. *Jäger*, Wolter-FS, S. 947.
151 *Engländer*, JZ 2009, 1179; *Jahn*, JuS 2009, 861; *Klesczewski*, StV 2010, 462; *Roxin*, Geppert-FS, S. 549; *Zuck*, JR 2010, 17; krit. *Hauck*, NStZ 2010, 17; *Rogall*, HRRS 2010, 289; Fall bei *Zimmermann*, JuS 2011, 629, 634.

gerungsort der Beschuldigte unter Folter preisgegeben hat, oder des Verstecks des Erpressungsopfers[152]). Bezüglich der Problemlösung herrscht eine kaum noch zu überschauende Meinungsvielfalt.

Der BGH hat früher allein dem Verwertungsverbot nach § 7 III des Gesetzes zu Art. 10 GG (G 10) – jetzt § 6 II 3 iVm § 7 VI G 10 – eine Fernwirkung zugebilligt[153], bei sonstigen Verstößen eine solche jedoch **verneint** (zum sog. **Spurenansatz** s. Rn 476)[154]. Begründet wird dies damit, dass nicht **ein** Verfahrensverstoß das gesamte Strafverfahren lahm legen dürfe und sich kaum jemals feststellen lasse, ob die Polizei das weitere Beweismittel nicht auch ohne den vorhergehenden Verfahrensverstoß gefunden hätte. Neuerdings ist die Rspr etwas flexibler und spricht sich gegen ein **generelles** Verbot der Berücksichtigung von Fernwirkungen aus[155]. Sie löst das Problem im jeweiligen **Einzelfall** durch **Abwägung** zwischen dem Gewicht des ursprünglichen Verfahrensverstoßes und der Schwere der verfolgten Tat[156].

Eine starke Gegenmeinung hält dagegen in Anlehnung an die amerikanische **„fruit of the poisonous tree doctrine"** auch mittelbar auf Grund eines Verfahrensverstoßes erlangte Beweismittel für unverwertbar, weil sonst der Sinn und Zweck der Beweisverwertungsverbote unterlaufen werden könnte[157]. Dies wird zumindest bei den gesetzlich normierten Beweisverwertungsverboten (s. Rn 456) für richtig erachtet.[158]

Richtig ist es, in erster Linie – nämlich bei allen aus der StPO ableitbaren Beweisverboten – auf den **Schutzbereich der verletzten Strafverfahrensnorm** abzustellen. Da durch die Berücksichtigung der auf Grund eines „verbotenen Beweismittels" erlangten mittelbaren Beweismittel der Verfahrensverstoß zumeist weiter intensiviert wird, ist in der Regel von der Anerkennung der Fernwirkungen auszugehen. Dies betrifft insbes. den für die Praxis besonders wichtigen Bereich der gem. § 136a StPO verbotenen Vernehmungsmethoden, für den eine Fernwirkung gelten muss. Erst bei Beweisverwertungsverboten, die sich aus dem Verfassungsrecht ergeben, lässt sich die Frage nach den Fernwirkungen nur anhand einer Gesamtabwägung beantworten[159].

2. In diesem Zusammenhang wird auch diskutiert, ob eine „an sich" rechtswidrige **483** Beweisverwertung dadurch legitimiert werden kann, dass die Strafverfolgungsorgane bei rechtmäßigem Vorgehen dasselbe Beweisergebnis erlangt hätten. Auch dieses Problem des **hypothetischen rechtmäßigen Ersatzeingriffes** (dazu auch bereits Rn 233a) ist in erster Linie (bei den gesetzlich geregelten sowie den aus der StPO ableitbaren Beweisverwertungsverboten) mithilfe der Lehre vom **Schutzzweck** der verletzten Strafverfahrensnorm zu lösen[160]. So kann bei § 136a StPO das durch eine verbotene Vernehmungsmethode gewonnene **unmittelbare** Beweismittel (zB die durch Folter erlangte Aussage) auch durch hypothetische Erwägungen (zB: „Der Täter hätte sowieso gestanden.") nicht „legalisiert" werden, **mittelbare** Beweismittel

---

152 LG Frankfurt StV 2003, 325 (Fall *Gäfgen*).
153 BGHSt 29, 244, 247.
154 BVerfG NStZ 2006, 46; BGHSt 27, 355, 358; 32, 68, 71; BGH NJW 2006, 1361.
155 OLG Koblenz StraFo 2017, 333; s. auch BGHSt 50, 206.
156 Vgl BVerfGE 130, 1; BGHSt 51, 1; LG Frankfurt/M. StV 2003, 325 m. krit. Anm. *Weigend*, StV 2003, 436; KK-*Senge*, Vor § 48 Rn 45 ff; LR-*Gless*, § 136a Rn 75; *Hellmann*, Rn 484.
157 Vgl zB *Otto*, GA 1970, 289, 294; zur Vertiefung: SK-*Rogall*, § 136a Rn 108 ff; *Eisenberg*, Rn 403; *Fahl*, JuS 1996, 1013 ff; *Gössel*, NStZ 1998, 126; *Wohlers*, Wolter-FS, S. 1181.
158 *Rogall*, Rengier-FS, S. 435.
159 Einzelheiten bei *Beulke*, ZStW 103 (1991), 657 ff.
160 Zum Problem: OLG Hamm StV 2007, 69; OLG Celle NStZ 1989, 385; LG Bremen StV 2006, 571; vert. *Wohlers*, Wolter-FS, S. 1181.

können hingegen herangezogen werden, wenn die Strafverfolgungsorgane dieses Beweismittel sowieso auf legalem Wege gefunden hätten. Bei aus der Verfassung abgeleiteten Beweismittelbeschränkungen ist der Aspekt des hypothetischen rechtmäßigen Ersatzeingriffes Teil der Gesamtabwägung[161].

Ein Nichtfortwirken des Verfahrensverstoßes kommt im Falle der Unverwertbarkeit gem. 136a StPO der Beschuldigten-, Zeugen-, oder Sachverständigenaussage nur in Betracht, wenn zuvor eine **qualifizierte Belehrung** vorgenommen worden ist, dh wenn ausdrücklich auf die Unverwertbarkeit der bisherigen Angaben hingewiesen worden ist[162] (s. Rn 119, 142).

484   **Lösung Fall 55:** E hätte vom Ermittlungsrichter über ihr Zeugnisverweigerungsrecht belehrt werden müssen, § 52 III 1 StPO. Unterbleibt diese Belehrung, so hat das nach hA ein **Beweisverwertungsverbot** zur Folge, sofern der Zeuge (wovon hier auszugehen ist) sein Zeugnisverweigerungsrecht nicht gekannt hat (BGHSt 14, 159, 160). Es darf also weder das Protokoll der richterlichen Zeugenvernehmung verlesen noch der Ermittlungsrichter als Zeuge vernommen werden. Da andere Beweismittel fehlen, muss A freigesprochen werden. Einzelheiten s. Rn 461.

485   **Lösung Fall 56:**

a) P beruft sich zulässigerweise auf ihr Auskunftsverweigerungsrecht iSv § 55 StPO. Wenn eine Verurteilung des A gleichwohl auf ihre Bekundungen gestützt werden soll, so ist das nur zu bewerkstelligen, wenn ihre frühere Aussage vor der Polizei prozessordnungsgemäß in die Hauptverhandlung eingeführt wird. Eine derartige Verwertung der früheren Aussage kommt auf zwei Wegen in Betracht, nämlich entweder durch **Verlesung** des polizeilichen Vernehmungsprotokolls oder durch **Vernehmung** des Verhörsbeamten als Zeugen:

Die **Verlesung** des polizeilichen Vernehmungsprotokolls scheitert bereits an § 250 StPO. Die Ausnahmevorschrift des § 251 I Nr 2 StPO, die in Sonderfällen die Ersetzung der persönlichen Zeugenvernehmung durch die Verlesung des Vernehmungsprotokolls gestattet, greift hier nicht ein, weil sie den Fall **rechtlicher** Vernehmungshindernisse nicht erfasst (s.o. Rn 414b).

Der Zulässigkeit der **Verwertung** durch **Vernehmung der Verhörsperson** könnte § 55 StPO entgegenstehen. Hier ist die nach § 55 II StPO vorgeschriebene Belehrung der Zeugin unterblieben. Auf der Basis der sog. „**Rechtskreistheorie**" entnimmt jedoch die hA dem Verstoß gegen § 55 II StPO im Prozess gegen den Beschuldigten zutreffend kein Beweisverwertungsverbot. Es geht bei § 55 StPO nur um den Zeugenschutz und nicht um den des Beschuldigten. Auch § 252 StPO führt zu keiner Unverwertbarkeit der früheren Aussage, denn er sieht eine rückwirkende Annullierung früherer Zeugenaussagen nur im Fall des **Zeugnis**verweigerungsrechts, nicht hingegen beim **Auskunfts**verweigerungsrecht vor. Hier kann also der vernehmende Polizeibeamte als Zeuge gehört und auf diesem Wege die Aussage der P verwertet werden. Einzelheiten s.o. Rn 464, 466.

b) Wird P später selbst angeklagt, so kann ihre frühere Aussage im **eigenen** Strafprozess nicht verwertet werden. Die unterlassene Belehrung nach § 55 II StPO ist insofern genauso

---

161 Einzelheiten bei *Beulke*, ZStW 103 (1991), 657 ff; *Jäger*, Wolter-FS, S. 947, 958; *Jahn*, Gutachten, C 74 ff; *Ransiek*, Beulke-FS, S. 949; zur Vertiefung: *Kelnhofer, E.*, Hypothetische Ermittlungsverläufe im System der Beweisverbote, 1994; *Schröder, S.*, Beweisverwertungsverbote und die Hypothese rechtmäßiger Beweiserlangung im Strafprozeß, 1992; *Weiler*, NStZ 1995, 98.
162 Vgl LG Frankfurt StV 2003, 325.

zu behandeln wie die unterlassene Beschuldigtenbelehrung gem. § 136 StPO. Einzelheiten s.o. Rn 464.

c) Im Verfahren gegen A kann die Aussage der P trotz des Unterlassens der Belehrung gem. § 136 StPO verwertet werden, da der Verstoß gegen die Belehrungspflicht nicht den Rechtskreis des A berührt. Einzelheiten s.o. Rn 468.

Lösung Fall 57: Die Zulässigkeit des Eingriffs in die Privatsphäre des A richtet sich nach der sog. „Sphärentheorie" des BVerfG (BVerfGE 34, 238, 245 ff). Hier liegt kein Eingriff in den unantastbaren Kernbereich privater Lebensgestaltung vor, vielmehr handelt es sich um einen sonstigen Eingriff in die Privatsphäre, bei dem eine Abwägung des Interesses am Schutz des Privatgeheimnisses mit dem an der Strafverfolgung stattzufinden hat. Angesichts der Schwere des Schuldvorwurfs und der entscheidenden Bedeutung des Beweismittels muss die Verwertbarkeit der Tagebuchaufzeichnungen bejaht werden. Einzelheiten s.o. Rn 473.

486

Lösung Fall 58: Das Geständnis ist unter Einsatz einer verbotenen Vernehmungsmethode erlangt worden (§ 136a StPO) und darf deshalb nicht verwertet werden. Nach der Rspr hat dieses Beweisverwertungsverbot keine **Fernwirkungen**, da zumindest bei gravierenden Delikten das Aufklärungsinteresse vorgeht, sodass die Leiche sowie die Fingerabdrücke als Beweismittel verwertet werden dürfen. Nach der hier vertretenen Lösung bezieht sich das Beweisverwertungsverbot hingegen auch auf alle durch die verbotene Vernehmung mittelbar erlangten Beweismittel. Das Gericht dürfte also auch die Leiche und die Fingerabdrücke nicht zum Tatnachweis heranziehen. Einzelheiten s.o. Rn 482.

487

§ 24 Urteilsfindung und Urteilswirkung

Fall 59: W soll im Auftrag des A Heroin verkauft haben. Im Strafverfahren gegen W macht A unter Berufung auf § 55 StPO keine Aussage. Im Verfahren gegen ihn selbst bestreitet A den angeblichen Auftrag an W. Das Gericht verurteilt A und führt in den Urteilsgründen aus, dass A die Auskunftsverweigerung im Verfahren gegen W belaste, denn wenn es wahr wäre, dass A keinen Handel mit Heroin getrieben hat, hätte er im Verfahren gegen W als Zeuge aussagen können. Wird das Urteil Bestand haben? **Rn 511**

I. Der Begriff des Urteils

Das Urteil ist die formgebundene und mit besonderen Wirkungen versehene Entscheidung des erkennenden Gerichts, die auf Grund einer Hauptverhandlung ergeht und den Verfahrensabschnitt oder Verfahrensteil abschließt[1]. Dem Urteil kommt also prozesserledigende Wirkung zu.

488

Ein **Prozessurteil** erklärt die weitere Fortsetzung des Verfahrens für unzulässig (zB Einstellung gem. § 260 III StPO, wenn eine Prozessvoraussetzung fehlt bzw ein Ver-

---

1 *Peters*, § 52 I 1; s.a. *Ellbogen*, JA 2010, 137.

fahrenshindernis vorliegt), während ein **Sachurteil** zum materiellen Anklagevorwurf Stellung nimmt, indem es entweder freispricht oder verurteilt.

Vom Urteil zu unterscheiden sind
– **Beschlüsse** (prozessbegleitende, zB Entscheidung über Richterablehnung, vgl § 28 StPO, oder prozessbeendende, zB Einstellung gem. § 153 II StPO) und
– **Verfügungen** (prozessbegleitende Einzelanordnungen des Vorsitzenden, zB Entziehung des Wortes gem. § 241 II StPO).

II. Die Grundsätze der Urteilsfindung

489 Die Urteilsfindung durch das erkennende Gericht ist an bestimmte Grundsätze gebunden:

1. Die Beschränkung der Urteilsfindung durch Anklage und Eröffnungsbeschluss

Gegenstand der Urteilsfindung ist die in der Anklage bezeichnete Tat, wie sie sich nach dem Ergebnis der Verhandlung darstellt, § 264 I StPO. Unter der **Anklage** ist der im **Eröffnungsbeschluss** (§ 207 StPO, s. Rn 356 ff) zugelassene **Anklagesatz** (vgl § 200 I 1 StPO) zu verstehen. Tat iSv § 264 StPO ist das gesamte Verhalten des Beschuldigten, soweit es mit dem durch die Strafverfolgungsorgane (in der Anklage, im Eröffnungsbeschluss) bezeichneten Vorkommnis nach der Auffassung des Lebens einen einheitlichen Vorgang bildet (Einzelheiten Rn 512 ff). Das Gericht ist an die Beurteilung der Tat, die dem Eröffnungsbeschluss zu Grunde liegt, nicht gebunden, § 264 II StPO.

Will das Gericht auf Grund eines **anderen** als des in der gerichtlich zugelassenen Anklage angeführten **Strafgesetzes verurteilen** (Fall der Umgestaltung der Strafklage), also den Sachverhalt materiell-rechtlich anders würdigen als im Eröffnungsbeschluss, muss es den Angeklagten aber darauf **hinweisen** und ihm Gelegenheit zur Verteidigung geben (§ 265 I StPO).

Will das Gericht eine **andere prozessuale Tat** als die im Eröffnungsbeschluss gem. § 207 StPO zugelassene in der Hauptverhandlung aburteilen, bedarf es einer **Nachtragsanklage** gem. § 266 StPO (Einzelheiten Rn 384 ff).

2. Der Grundsatz der freien richterlichen Beweiswürdigung

a) Grundlagen

490 Gem. § 261 StPO entscheidet das Gericht über das Ergebnis der Beweisaufnahme nach seiner freien, aus dem **Inbegriff** der Verhandlung gewonnenen Überzeugung; **Grundsatz der freien richterlichen Beweiswürdigung**[2]. Entscheidend ist somit die persönliche Überzeugung des Richters von der Schuld des Angeklagten. Es kommt

---

2 Grundlegend BVerfG JR 2004, 37 m. Anm. *Böse*; *Alexy-Engländer*, S. 85; BGHSt 58, 212; BGH NStZ-RR 2018, 118; *Frisch*, ZIS 2016, 707; *Geipel*, Die Notwendigkeit der Objektivierung der Beweiswürdigung, 2008; *Geppert*, Jura 2004, 105.

darauf an, ob der Tatrichter ohne Bindung an Beweisregeln die **Überzeugung** von einem bestimmten Sachverhalt gewonnen hat. Diese persönliche Gewissheit ist für die Verurteilung notwendig, aber auch genügend. Da der menschlichen Erkenntnis ein absolut sicheres Wissen über den Tathergang wesensimmanent verschlossen bleibt, verhindert die **lediglich theoretische Möglichkeit** eines abweichenden Geschehensablaufs die Verurteilung **nicht**[3]. Auch ein Geständnis des Beschuldigten muss dahingehend hinterfragt werden, ob es mit den Ermittlungsergebnissen zu vereinbaren ist, ob es in sich stimmig ist und die getroffenen Feststellungen trägt[4] – und zwar auch im Falle einer Absprache (s. Rn 394)[5]. **Vernünftige Zweifel** des Richters an der Tatbegehung durch den Angeklagten schließen die Verurteilung aus; in dubio pro reo[6].

Der Grundsatz in dubio pro reo gilt bei der Urteilsfindung nicht für die einzelnen Elemente der Beweiswürdigung wie zB einzelne, entlastende Indiztatsachen. Er findet **erst** dann Anwendung, **wenn** das Gericht die **Beweiswürdigung abgeschlossen** hat und auf Grund des nach der Beweiswürdigung für sich gewonnenen Ergebnisses noch Zweifel an der Schuld des Angeklagten hegt. **Das Gericht muss eine Gesamtabwägung aller für und gegen die Täterschaft sprechenden Umstände vornehmen**[7]. In dubio pro reo ist keine Beweis-, sondern eine Entscheidungsregel[8].

b)   Die Grenzen der freien richterlichen Beweiswürdigung

aa) Der Tatrichter ist an die formale Grenze der **Logik** gebunden. Die Argumentation des Richters muss klar, folgerichtig und frei von Widersprüchen sein.   **491**

bb) **Allgemeingültige und naturwissenschaftliche Erfahrungssätze** sind dem Richter ebenfalls zwingend vorgegeben. Unter Erfahrungssätzen versteht man die auf Grund allgemeiner Lebenserfahrung oder wissenschaftlicher Erkenntnisse gewonnenen Regeln, die keine Ausnahme zulassen und eine an Sicherheit grenzende Wahrscheinlichkeit zum Inhalt haben[9]. Steht eine Tatsache auf Grund eines solchen Erfahrungssatzes fest, ist für eine abweichende richterliche Überzeugungsbildung naturgemäß kein Raum mehr[10]. So ist der Tatrichter zB an den Ausschluss der Vaterschaft auf Grund bestimmter Blutmerkmale ebenso gebunden[11] wie an die Annahme absoluter Fahruntüchtigkeit bei einem BAK-Wert von 1,1‰[12].   **492**

Andererseits darf sich der Richter aber auch nicht an Erfahrungssätze gebunden fühlen, denen keine Allgemeingültigkeit zukommt, wie zB nicht an den Erfahrungssatz,

---

3 BGHSt 10, 208, 211; 51, 324 f; BGH StV 1999, 5 (Fall Weimar); BGH NStZ 2010, 292.
4 BGH StV 2013, 197 u. 684; 2018, 199 m. zutr. krit. Anm. *Eisenberg*; *Eisenberg*, StV 2013, 779; *Kudlich*, JA 2013, 775.
5 BGH StV 2012, 653.
6 BGH NJW 1999, 1562 (Pistazieneisfall) m. Anm. *Fahl*, JA 1999, 925; s.a. KMR-*Stuckenberg*, § 261 Rn 16; *Bender/Nack/Treuer*, Rn 536 ff; *Erb*, Rieß-FS, S. 76; *Freund*, Meyer-Goßner-FS, S. 409; *Jerouschek*, GA 1992, 493, 504; *Stein*, Rudolphi-Symp, S. 233 ff.
7 BGH StV 2014, 720; BGH NStZ-RR 2015, 83.
8 BGH NStZ 2010, 102; BGH NStZ-RR 2013, 20; *Joecks*, StPO, § 261 Rn 24.
9 BGH StV 2000, 69.
10 BGHSt 10, 209, 211.
11 BGHSt 6, 70, 73 ff.
12 BGHSt 37, 89, 91; vert. *Keller*, GA 1999, 255.

dass eine Schwarzfahrt in der S-Bahn idR vorsätzlich erfolgt[13] oder dass Eltern zu Weihnachten ein 6-jähriges Kind nicht bei den Großeltern zurücklassen[14].

493 cc) § 261 StPO verlangt zudem, dass der Tatrichter das gesamte in der Hauptverhandlung ausgebreitete Beweismaterial erschöpfend würdigt (**Gebot der erschöpfenden Beweiswürdigung**). Das gilt insbes., wenn Aussage gegen Aussage steht[15] sowie bei Wiedererkennungsfragen[16] und beim Indizienbeweis[17].

494 dd) Ausnahmsweise enthält das Strafverfahrens- bzw Strafrecht auch **Beweisregeln**, nämlich zB in §§ 274 StPO, 190 StGB, 51 I BZRG.

ee) Beweise, die einem **Beweisverwertungsverbot** unterliegen, dürfen bei der Urteilsfindung nicht berücksichtigt werden (dazu Rn 454 ff).

495 ff) **Nimmt der Beschuldigte seine Rechte wahr**, dürfen daraus keine negativen Schlüsse gezogen werden, weil er anderenfalls mittelbar an der Geltendmachung seiner Rechte gehindert wäre.

Beispielhaft sei erwähnt[18]:

Wenn der Beschuldigte sich **weigert, aktiv** an der Abgabe einer **Speichelprobe mitzuwirken**, so darf dem keine der Verurteilung des Angeklagten dienende Beweisbedeutung beigemessen werden, weil niemand gezwungen ist, sich selbst zu belasten (nemo-tenetur-Prinzip, s. Rn 125)[19].

Aus der **vollständigen** Weigerung des Beschuldigten, in der Hauptverhandlung Einlassungen zu machen, dürfen keine für ihn nachteiligen Schlüsse gezogen werden[20]. Auch Mimik und Gestik dürfen dann nicht zu seinem Nachteil verwertet werden[21] (vgl auch Rn 125).

Das **zeitweise** Schweigen des Beschuldigten (etwa im Ermittlungsverfahren), der erst in der Hauptverhandlung eine entlastende Aussage macht, darf bei der Beweiswürdigung nicht negativ gewertet werden[22].

Anders verhält es sich jedoch, wenn der Angeklagte sich zwar grundsätzlich zur Sache einlässt, aber einzelne Tat- oder Begleitumstände nicht vorbringt oder auf einzelne Fragen keine oder nur unvollständige Antworten gibt. Durch seine grundsätzliche Einlassung macht sich der Angeklagte freiwillig zum Beweismittel und setzt sich damit der freien richterlichen Beweiswürdigung aus. Aus dem sog. „**teilweisen Schweigen**" darf der Richter daher auch für den Angeklagten nachteilige Schlüsse ziehen[23]. Dasselbe gilt, wenn der Beschuldigte umfangreiche, geständige Angaben im Ermittlungsverfahren macht und diese später in der Hauptverhandlung widerruft[24].

---

13 KG StV 2002, 412.
14 BGH StV 1993, 116.
15 BGHSt 44, 256; BGH StV 2018, 193; BGH NStZ-RR 2018, 23; *Barton*, Ostendorf-FS, S. 41; *Deckers*, StraFo 2010, 372.
16 BVerfG StV 2003, 593; BGH StV 2013, 546.
17 Vert. *Huber*, JuS 2016, 218.
18 Einzelheiten s. *Eisenberg*, Rn 899 ff; *Schneider*, Jura 1990, 572 ff.
19 BGHSt 49, 56, 59 m. insoweit zust. Bespr. *Dallmeyer*, JA 2004, 789 u. *Martin*, JuS 2004, 448.
20 BGHSt 25, 365, 368; 34, 324, 326; BGH NStZ 2018, 229.
21 BGH StV 1993, 458; Radtke/Hohmann-*Pegel*, § 261 Rn 48.
22 BGHSt 20, 281, 282 f; BGH NStZ 2016, 59.
23 BGHSt 20, 298, 300; BGH JR 2003, 165 m. Anm. *Jäger* und *Widmaier*, JR 2004, 85; aA SK-StPO-*Rogall*, § 52 Rn 56; *Park*, StV 2001, 591 f; ausf. Schneider, NStZ 2017, 73, 126.
24 BGH NStZ 1998, 209.

Wenn der Angeklagte sich nur zu einem von insgesamt **mehreren** gegen ihn erhobenen **Tatvorwürfen** einlässt und im Übrigen schweigt, sieht der BGH darin kein teilweises Schweigen, sodass daraus wiederum keine Schlüsse gezogen werden dürfen[25].

Auch aus einer sehr späten Stellung eines entlastenden Beweisantrags, der sich auf Fakten stützt, die dem Angeklagten von vornherein bekannt waren bzw die sich ihm von vornherein aufdrängten, darf nicht auf einen Schuldbeweis geschlossen werden[26]. Dasselbe gilt beim Verzicht auf naheliegende Rechtsmittel gegen Zwangsmaßnahmen[27]. Selbst der Widerlegung einer **bewusst wahrheitswidrigen Einlassung** des Beschuldigten kommt nach Ansicht des BGH zunächst nur ein begrenzter Beweiswert für dessen Täterschaft zu, weil auch ein Unschuldiger vor Gericht Zuflucht zu einer Lüge nehmen kann[28]. Sogar ein **Fluchtversuch** darf nicht als Indiz der Täterschaft gewertet werden, da auch ein Unschuldiger den Wunsch haben kann, sich einem Strafverfahren mit ungewissem Ausgang zu entziehen[29].

gg) Auch die Beurteilung der **Glaubwürdigkeit eines Zeugen** bzw der Glaubhaftigkeit seiner Aussage ist „ureigene Aufgabe" des Tatgerichts. Dabei hat das Gericht hinsichtlich der persönlichen Glaubwürdigkeit zu untersuchen, wie und mit welcher Interessenlage der Zeuge das Geschehen wahrgenommen hat oder ob bereits seine Sachverhaltswahrnehmung verzerrt oder später die Erinnerung daran verfälscht wurde. Untersuchungen aus den USA belegen, dass Zeugenaussagen das fehlerträchtigste Beweismittel sind[30]. Die Glaubhaftigkeit der Aussage bemisst sich an einer Reihe von Realitätskriterien, wie zB der Konkretheit und Anschaulichkeit der Sachverhaltsschilderung, dem Detailreichtum der Aussage, der inneren Stimmigkeit und Folgerichtigkeit der Angaben sowie der Darstellung komplexer Vorgänge, abgebrochener Handlungsabläufe und unerwarteter Komplikationen. Ebenfalls bedeutsam sind die Umstände der Aussagegenese und -entwicklung[31]. Eine bindende Beweisregel, dass einem Zeugen generell nicht geglaubt werden könne, weil er in einem anderen Punkt nachweisbar vorsätzlich gelogen habe, besteht nicht[32].

496

Wenn ein **Zeuge** schweigt, ist für die Frage der Beweiswürdigung zu differenzieren, ob er sich dabei auf ein Zeugnisverweigerungsrecht berufen kann oder nicht:

Schweigt ein Zeuge **unberechtigt**, darf dieser Umstand vom Gericht in die Beweiswürdigung einbezogen werden, wenn auch mit der „gebotenen Vorsicht"[33].

Schweigt der Zeuge auf Grund eines **Zeugnisverweigerungsrechts** gem. §§ 52–53a StPO, so ist dieser Umstand der richterlichen Bewertung entzogen. Dem Angeklagten darf durch das berechtigte Schweigen eines Zeugen kein Nachteil entstehen (s. auch Rn 125)[34].

---

25 Vgl BGH JR 2001, 79; BGHSt 32, 140, 145; dazu *Kühl*, JuS 1986, 115, 119; abl. *Rüping*, Rn 102.
26 BGH NStZ 2002, 161.
27 OLG Karlsruhe StV 2003, 609.
28 BGH StV 2001, 439; BGH NStZ-RR 2011, 118.
29 BGH StV 2008, 235.
30 Vert. *Velten*, GA 2015, 387 m. entspr. Nachw.; zum Problem der Aussagevorbereitung der Zeugen: BGH StV 2015, 92 m. Anm. *Eisenberg*.
31 BGH StV 2001, 551; zu den Bewertungsmerkmalen: *Eisenberg*, Rn 1426 ff; *Jahn*, Jura 2001, 450; *Sander*, StV 2000, 45.
32 BGH NStZ 2002, 495.
33 BGH NJW 1966, 211.
34 BGHSt 22, 113; 34, 324, 327; BGH StV 2016, 418.

Das Verhalten des Zeugen, der sich auf § 55 StPO beruft, ist verwertbar[35]; in einem **Verfahren gegen den Zeugen** und späteren Angeklagten können aus dem Verhalten des Zeugen (Berufung auf § 55 StPO) hingegen keine nachteiligen Schlüsse gezogen werden[36].

Wenn ein Zeuge nur **teilweise** aussagt, gelten die Grundsätze wie bei einem nur teilweise aussagenden Angeklagten, die Beweiswürdigung ist insoweit also möglich[37].

496a   hh) **Feststellungen rechtskräftiger Strafurteile** zum früheren Tatgeschehen oder zur Strafzumessung einschließlich der Beweistatsachen, die in einem späteren Verfahren von Bedeutung sein können, **binden** das neu entscheidende Tatgericht **nicht**[38]. Sie können zwar im Wege des Urkundenbeweises (§ 249 I 2 StPO) in die neue Hauptverhandlung eingeführt werden (s. Rn 203), dürfen aber nicht ungeprüft vom Tatgericht übernommen werden.

3. Vorfragenkompetenz

497   Gem. § 262 StPO ist die Entscheidung über ein bürgerliches Rechtsverhältnis, das Vorfrage in einem Strafprozess ist, grundsätzlich Sache des Strafrichters[39]. Für das Verfahren und den Beweis gelten dabei die Vorschriften der StPO, insbes. der Grundsatz der freien richterlichen Beweiswürdigung gem. § 261 StPO. § 262 StPO ist ebenfalls anwendbar bei Vorfragen aus anderen Rechtsgebieten, insbes. dem öffentlichen Recht.

III. Die Beratung und Abstimmung

498   Der Urteilsfindung gehen Beratung und Abstimmung des Gerichts unmittelbar voraus, § 260 I StPO (s. Rn 371). Gesetzliche Regelungen zur Beratung des Gerichts finden sich außer in § 260 I StPO in §§ 192 ff GVG und in §§ 43, 45 DRiG. Tritt das Gericht nach den Schlussvorträgen und der Beratung wieder in die Verhandlung ein, zB zur Erteilung eines Hinweises gem. § 265 StPO (s. Rn 384), so muss es vor der Verkündung des Urteils erneut beraten[40].

Soweit das Gesetz nicht ein anderes bestimmt, entscheidet das Gericht mit der **absoluten Mehrheit** der Stimmen, § 196 I GVG, zB bei der Abstimmung über einen Beweisantrag. Wichtigste **Ausnahme** hiervon ist die Entscheidung über die **Schuldfrage** (zB Täterschaft des Angeklagten) und die **Rechtsfolgen** der Tat (zB Höhe der Freiheitsstrafe), für die es einer Mehrheit von **zwei Dritteln** der Stimmen bedarf, § 263 I StPO[41].

---

35 BGHSt 47, 220, 223; BGH StV 2009, 174; aA KMR-*Neubeck*, § 55 Rn 12; *Rüping*, Rn 179.
36 BGHSt 38, 302, 303 m. Anm. *Dahs/Langkeit*, NStZ 1993, 213; *Rogall*, JR 1993, 380.
37 BGHSt 32, 140, 142; aA *Kühl*, JuS 1986, 115, 121; Beispielsfall bei *Schroeder/Meindl*, Fall 4, S. 40.
38 BGHSt 43, 106, 107; vert. *Welp*, Müller-FS II, S. 765.
39 Zu Ausnahmen s. *M-G/Schmitt*, § 262 Rn 3 f; zur „umgekehrten" Konstellation: *Foerster*, Transfer der Ergebnisse von Strafverfahren in nachfolgende Zivilverfahren, 2008.
40 BGHSt 24, 170, 171; BGH NStZ 2010, 650; Radtke/Hohmann-*Gorka*, § 260 Rn 22.
41 Vert. KMR-*Stuckenberg*, § 263 Rn 5.

IV. Urteilsverkündung

Gem. § 268 StPO wird das Urteil am Schluss der Verhandlung durch den Vorsitzenden **499** (§ 238 I StPO) „im Namen des Volkes" verkündet. Dabei wird die Urteilsformel (Tenor) verlesen und die Urteilsgründe werden ihrem wesentlichen Inhalt nach eröffnet. Nach der Urteilsverkündung ist der Angeklagte gem. § 35a StPO über die zulässigen Rechtsmittel zu belehren.

V. Der Inhalt des Strafurteils

Da die mündliche Bekanntgabe der Urteilsgründe im Anschluss an die Verlesung der Urteilsfor- **500** mel nur vorläufig und unvollständig ist, kommt der Urteilsurkunde besondere Bedeutung zu. Ihr Inhalt ist im Gesetz an verschiedenen Stellen geregelt[42]. Zu den Bestandteilen der Urteilsurkunde gehören[43]:

1. Rubrum

Der **Urteilskopf** (Urteilseingang, Rubrum – von lat. rot, weil früher rot geschrieben) bezeichnet die Urkunde als Urteil. Das Urteil ergeht „im Namen des Volkes", § 268 I StPO. Dann folgen Name und Personalien des Angeklagten (vgl Nr 141, 110 II RiStBV). Gem. § 275 III StPO sind auch der Sitzungstag und die Namen der Personen aufzunehmen, die an der Sitzung teilgenommen haben.

2. Tenor

Der **Tenor** ist der wichtigste Teil des Urteils und enthält in kurz gefasster Form den Ausspruch des Gerichts über Schuld oder Unschuld des Angeklagten sowie die Rechtsfolgen. Die Urteilsformel wird so, wie sie bei der Urteilsverkündung gem. § 268 II StPO verlesen wurde, in die Urteilsurkunde aufgenommen (vgl § 260 II–IV StPO). Zur rechtlichen Bezeichnung der Tat iSv § 260 IV 1 StPO gehören nicht gesetzliche Strafzumessungsregeln, wie zB Regelbeispiele; sie dürfen also nicht in die Urteilsformel aufgenommen werden (eine Ausnahme macht der BGH aber bei der Vergewaltigung nach § 177 II 2 Nr 1 StGB[44]). Die Verwirklichung eines Straftatbestandes mit eigenen Qualifikationsmerkmalen (zB Schwerer Raub unter Verwendung von Waffen, § 250 II Nr 1 StGB) ist hingegen in die Urteilsformel aufzunehmen[45].

---

42 **Musterurteile:** *Brunner/Kunner/Reiher*, S. 114; *Ernemann*, S. 116; *Georgy/Kretschmer/Lorenz*, JA 2013, 623, 691; *Graf*, Muster 87 ff; *Huber/Hofer*, S. 25 ff; *Klesczewski/Schößling*, Rn 78; *Kroiß/Neurauter*, Nr 39; *Kühne*, Rn 1004; *Ludwig/Martini*, JA 2015, 61; *Meyer-Goßner/Appl*, S. 353 ff; *Rösch/Stegbauer*, S. 25 ff; s.a. *Mansdörfer/Timmerbeil*, JuS 2001, 1102; Aufbauschema bei *Ziegler*, Rn 27 ff.
43 Einzelheiten s. *Huber, M.*, S. 26 ff; *Melzer*, JuS 2008, 878; *Schäfer*, Rn 1381 ff; *Vollmer/Heidrich*, Rn 407 ff.
44 BGH NJW 1998, 2987.
45 BGH NStZ 2010, 101; *M-G/Schmitt*, § 260 Rn 25a.

3. Urteilsgründe

Die **Urteilsgründe** legen dar, ob die im Eröffnungsbeschluss bestimmte Tat erwiesen ist und ob sie eine Straftat bildet. Ihr notwendiger Inhalt ergibt sich aus § 267 StPO[46]. Auch wenn der Angeklagte freigesprochen oder das Verfahren gegen ihn eingestellt wird, sind die tatsächlichen und/oder rechtlichen Gründe hierfür in revisionsrechtlich überprüfbarer Weise im Urteil darzulegen[47].

4. Unterschrift

Das Urteil ist von den Berufsrichtern, die bei der Entscheidung mitgewirkt haben, zu **unterschreiben**, der Unterschrift der Schöffen bedarf es nicht, § 275 II 1, 3 StPO.

VI. Die Rechtskraft des Urteils

1. Formelle und materielle Rechtskraft

501 Die Rechtskraft eines Urteils bedeutet **Endgültigkeit und Maßgeblichkeit der gefällten Entscheidung**. Das prozessual ermittelte Ergebnis ist nach Eintritt der Rechtskraft grundsätzlich nicht mehr abänderbar und entfaltet verbindliche Wirkung.

502 a) **Formelle Rechtskraft** tritt ein, wenn das **Urteil** in demselben Verfahren nicht mehr anfechtbar ist, nämlich wenn

– die **Rechtsmittelfrist abgelaufen** ist, ohne dass wirksam ein Rechtsmittel eingelegt wurde; vgl insbes. §§ 314, 319 StPO für die Berufung und §§ 341, 346 StPO für die Revision,
– auf ein Rechtsmittel von allen zur Einlegung Befugten **wirksam verzichtet** wurde oder das eingelegte Rechtsmittel **wirksam zurückgenommen** wurde (vgl § 302 StPO),
– das **Revisionsgericht entschieden** hat, § 354 I StPO.

Die formelle Rechtskraft hat zwei Wirkungen:

– Das Urteil kann **vollstreckt** werden, § 449 StPO.
– Es tritt die **materielle** Rechtskraft (Sperrwirkung) ein (dazu u. b).

503 b) Die **materielle Rechtskraft** setzt die formelle Rechtskraft voraus. Sie bezieht sich auf den **Inhalt der Entscheidung** und besagt, dass eine Tat im prozessualen Sinn (§ 264 StPO), die bereits Gegenstand eines durch Sachurteil abgeschlossenen Verfahrens war, nicht noch einmal Gegenstand eines Strafverfahrens und eines Sachurteils werden darf, sog. **Sperrwirkung**. Dieser Grundsatz des **ne bis in idem** hat sogar Verfassungsrang, Art. 103 III GG. Eine rechtskräftige Entscheidung stellt für spätere Verfahren ein **Verfahrenshindernis** dar[48] (s. Rn 280). Das betrifft sowohl eine Verurteilung als auch einen Freispruch. Nach hA bewirkt auch das Einstellungsurteil als

---

46 Vert. *Appl*, Rissing-van Saan-FS, S. 35; *Rieß*, Rissing-van Saan-FS, S. 492; *Steinberg/M. Rüping*, JZ 2012, 182; zur Unzulässigkeit einer Verweisung auf elektronische Speichermedien: BGHSt 57, 53; *Wollschläger*, StV 2013, 106.
47 BGH NJW 2011, 547; BGH NStZ 2012, 227.
48 BVerfGE 3, 248, 251; BGHSt 5, 323, 328.

reines Prozessurteil (§ 260 III StPO) den Verbrauch der Strafklage, wenn ein **unbehebbares** Prozesshindernis vorliegt, zB Verjährung[49].

Die Rechtskraft umfasst nur den **Tenor** der Entscheidung, nicht die Urteilsgründe.

Beispiel: A wurde rechtskräftig vom Vorwurf des Diebstahls (§ 242 StGB) eines wertvollen Gemäldes freigesprochen. B, der beim Abtransport des Diebesguts den Lieferwagen gesteuert haben soll, wird in einem späteren Verfahren wegen dieser Tat gem §§ 242, 27 StGB verurteilt. In den Urteilsgründen geht das Gericht davon aus, A sei der Täter des Diebstahls, zu dem B Beihilfe geleistet habe.

c) Sehr strittig ist das **Wesen der Rechtskraft**:

Nach der früher vertretenen **materiell-rechtlichen** Rechtskrafttheorie schafft das rechtskräftige Urteil neues materielles Recht. Auch gegenüber dem unschuldig Verurteilten bestehe nunmehr ein materieller Strafanspruch[50]. **504**

Noch heute wird teils behauptet, es entstehe zwar keine materielle Strafbarkeit, der unschuldig Verurteilte erlange jedoch die Stellung eines schuldig Gesprochenen (so die im Anschluss an *Goldschmidt*[51] entwickelte **Gestaltungstheorie**).

Nach heute ganz hA hat das Urteil rein prozessuale Auswirkungen, dh es hat prozessrechtliche Verbindlichkeit (sog. **prozessrechtliche Rechtskrafttheorie**)[52]. Die Vollstreckung eines unrichtigen Urteils ist demnach zwar rechtswidrig, der unschuldig Verurteilte hat jedoch keine Notwehrrechte.

d) Denkbar ist auch eine **Teilrechtskraft**, wenn das Urteil in zulässiger Weise zum Teil angefochten wird oder wenn nur einer von mehreren Mitangeklagten ein Rechtsmittel einlegt (s. Rn 542 f). **505**

2. Beseitigung der Rechtskraft

Eine Beseitigung der Rechtskraft kommt bei Urteilen insbes. in Betracht durch **506**

- Wiederaufnahme des Verfahrens, §§ 359 ff StPO (dazu Rn 585 ff),
- Wiedereinsetzung in den vorigen Stand, §§ 44 ff StPO (dazu Rn 305 ff),
- Aufhebung des Urteils zu Gunsten eines Mitangeklagten durch das Revisionsgericht, § 357 StPO (dazu Rn 575),
- Aufhebung des Urteils durch das BVerfG im Falle einer erfolgreichen Verfassungsbeschwerde[53] (§ 95 II BVerfGG).

3. Nichtige Urteile – Nichturteile

Urteile erwachsen auch dann in Rechtskraft, wenn sie inhaltlich falsch sind oder wenn sie prozessual fehlerhaft zu Stande gekommen sind, und zwar selbst dann, wenn sie **507**

---

49 Abw. *M-G/Schmitt*, Einl. Rn 172; offen gelassen von BGHSt 32, 209, 210.
50 Vgl *Birkmeyer*, Deutsches Strafprozeßrecht, 1898, S. 680.
51 Der Prozeß als Rechtslage, 1925, S. 211 ff; dazu vertiefend *Popp, A.*, Verfahrenstheoretische Grundlagen der Fehlerkorrektur im Strafverfahren, 2005, S. 267; s.a. *Roxin/Schünemann*, § 52 Rn 9.
52 Vgl *Ranft*, Rn 1875.
53 Vert. *Jahn*, ZIS 2009, 511.

damit gegen EU-Recht verstoßen[54]. Der Belastete muss sich mit Rechtsmitteln gegen sie wehren. Dies gilt auch bei schweren Verfahrensverstößen. Hiervon lassen Rspr und hL jedoch aus rechtsstaatlichen Erwägungen in Extremfällen Ausnahmen zu, wenn es unter Berücksichtigung der Belange der Rechtssicherheit und des Rechtsfriedens unter Gerechtigkeitsgesichtspunkten unerträglich wäre, die gerichtliche Entscheidung als richtig zu akzeptieren[55].

Nichtig sind insbes.:

– Urteile, in denen auf eine gesetzlich nicht vorgesehene Sanktion erkannt wird (zB Prügelstrafe),
– Urteile gegen Strafunmündige (zB gegen ein 12-jähriges Kind),
– Urteile gegen eine Person, die an Stelle des Angeklagten in der Hauptverhandlung erschienen ist (str.)[56],
– Urteile, die gegen den Grundsatz „ne bis in idem" verstoßen, sofern sie in einem neuen selbstständigen Verfahren ergangen sind (str.)[57],
– Urteile gegen bereits verstorbene Personen[58],
– Urteile, welche im Rahmen einer unzulässigen kommissarischen Vernehmung ohne öffentliche Hauptverhandlung durch einen örtlich unzuständigen Richter ergehen[59],
– nach Ansicht des OLG München: Urteile, die auf einer, die Regeln des § 257c StPO (s. Rn 394) grundsätzlich missachtenden informellen Absprache beruhen (sehr str.)[60].

Als **Nicht-Urteile** sind Entscheidungen einzustufen, die nicht einmal dem äußeren Anschein nach als Urteile anzusehen sind, zB wenn ein Protokollführer ein Urteil erlässt oder wenn es sich nur um einen Urteilsentwurf handelt.

4. Urteilsberichtigung

508 Bei für alle Beteiligten **offensichtlichen Schreib- und Fassungsfehlern** besteht die Möglichkeit der nachträglichen Berichtigung[61].

5. Keine Ergänzungsklage

509 Für die besondere Fallgruppe der nach der letzten Tatsachenverhandlung eintretenden neuen tatsächlichen Entwicklungen (zB: Das Tatopfer stirbt erst nach Eintritt der Rechtskraft des wegen vorsätzlicher Körperverletzung ergangenen Urteils) wird vereinzelt die Möglichkeit einer **„Ergänzungsklage"** oder **„Vervollständigungsklage"**

---

54 *Satzger*, S. 670 ff.
55 BGHSt 47, 270 m. krit. Anm. *Radtke*, JR 2003, 127.
56 Vert. BVerfG HRRS 2010, Nr 1129 m. Bespr. *Jahn*, JuS 2011, 83; *Heinrich/Reinbacher*, Problem 41 Rn 25; *Roxin/Schünemann*, § 52 Rn 26 f; *Rössner*, 30 Probleme aus dem Strafprozessrecht 2007, Problem 23; *Roxin/Achenbach*, PdW Fall Nr 490; krit. *Meyer-Goßner*, Schlothauer-FS, S. 1349; s.a. BGH NStZ-RR 1996, 9 (richtiger Angeklagter unter falschem Namen: wirksam).
57 BGH NStZ 1984, 279; s.a. OLG Hamm NStZ-RR 2008, 383 m. Bespr. *Mosbacher*, JuS 2009, 124, 126; *Fahl*, JuS 1996, 63.
58 OLG Schleswig NJW 1978, 1016.
59 Vgl OLG Köln NZV 2003, 46.
60 OLG München NJW 2013, 2371 m. zust. Anm. *Förschner*, StV 2013, 502 u. abl. Anm. *Meyer-Goßner*, StV 2013, 613; abl. ferner *Beulke*, Schlothauer-FS, S. 315, 317; *Leitmeier*, NStZ 2014, 690; s. auch *Jahn*, JuS 2013, 659 u. *Kudlich*, NStZ 2013, 379.
61 BGHSt 5, 5, 7; BGH NStZ-RR 2015, 119; *de Vries/Neumann*, DRiZ 2011, 398.

befürwortet[62]. Dies ist jedoch nicht richtig, denn Spätfolgen gehören noch zur Tat im prozessualen Sinne (s. Rn 512), sodass sich die Rechtskraft auch auf sie bezieht. Rechtskraftdurchbrechungen sind nur in wenigen Fallgruppen vom Gesetzgeber anerkannt (insbes. Wiederaufnahme gem. §§ 359 ff StPO, s. Rn 585), die hier nicht einschlägig sind und die wegen ihres Ausnahmecharakters auch nicht analog herangezogen werden dürfen[63].

VII. Bundeszentralregistergesetz

Das Bundeszentralregister ist eine beim Bundesamt für Justiz (Bonn) geführte Kartei (§ 1 BZRG[64]).   **510**

Eingetragen werden ua die wegen einer rechtswidrigen Tat von einem deutschen Gericht gefällten rechtskräftigen Entscheidungen, die auf Strafe lauten, eine Maßregel der Besserung und Sicherung oder eine Verwarnung mit Strafvorbehalt anordnen oder nach § 27 JGG die Schuld eines Jugendlichen oder Heranwachsenden feststellen (vgl § 4 BZRG). Zu weiteren eintragungspflichtigen Tatsachen vgl §§ 5–19 BZRG.

Gem. § 20 BZRG sind die Gerichte und Behörden verpflichtet, der Registerbehörde die einzutragenden Entscheidungen und sonstigen Tatsachen mitzuteilen. Eintragungen über Verurteilungen (§ 4 BZRG) werden nach Ablauf einer bestimmten Frist getilgt (§ 45 BZRG). Die Länge der **Tilgungsfrist** bestimmt sich dabei in erster Linie nach der Höhe der Strafe (§ 46 BZRG).

Wenn die Eintragung über eine Verurteilung bereits getilgt oder zu tilgen ist, dürfen Tat und Verurteilung dem Betroffenen im Rechtsverkehr nicht mehr vorgehalten und nicht zu seinem Nachteil verwertet werden (§ 51 BZRG, Ausnahmen hiervon sind in § 52 BZRG normiert)[65].

Auskunft über den sie betreffenden Inhalt des Zentralregisters erhält auf Antrag jede Person, die das 14. Lebensjahr vollendet hat, § 30 BZRG, sog. **Führungszeugnis**. Darüber hinaus können gem. § 31 BZRG Führungszeugnisse von Behörden zur Erledigung ihrer hoheitlichen Aufgaben angefordert werden. Gem. § 32 II BZRG werden bestimmte Eintragungen nicht in das Führungszeugnis aufgenommen (zB die Verurteilung zu Geldstrafe von nicht mehr als 90 Tagessätzen, wenn im Register keine weitere Strafe eingetragen ist). An Gerichte, Staatsanwaltschaften und gewisse Behörden dürfen unter den Voraussetzungen des § 41 BZRG auch die Eintragungen bekannt gegeben werden, die in ein Führungszeugnis nicht aufgenommen werden (unbeschränkte Auskunft).

> **Lösung Fall 59:** Dem Grundsatz, dass niemand im Strafverfahren gegen sich selbst auszusagen braucht (nemo tenetur se ipsum accusare, vgl o. Rn 125), dass also insoweit ein Schweigerecht besteht (§ 136 StPO), kommt sogar Verfassungsrang zu. Wenn der Beschuldigte von seinem Schweigerecht Gebrauch macht, darf dies konsequenterweise nicht zu seinem Nachteil gewertet werden. Der Grundsatz der freien richterlichen Beweiswürdigung (§ 261 StPO) ist insoweit eingeschränkt. Dies betrifft zunächst die Berufung auf das Aussageverweigerungsrecht im laufenden Verfahren, gilt aber auch für die Geltendmachung des Auskunftsverweigerungsrechts gem. § 55 StPO, sofern der Beschuldigte in einem anderen Verfahren als Zeuge gehört wird. A darf also nicht zur Last gelegt werden, dass er im Verfahren gegen W die Auskunft verweigert hat. Das Urteil kann daher keinen Bestand haben. Einzelheiten s. Rn 495 f.   **511**

---

62 *Roxin* (25.A.), § 50 Rn 17.
63 B VerfGE 65, 377, 381; *Achenbach*, ZStW 87 (1975), 95; *Roxin/Schünemann*, § 52 Rn 15; vert. *Rössner/Safferling*, Problem 25.
64 Abgedruckt in: *Schönfelder* Nr 92.
65 Guter Überblick bei *Krumm*, StraFo 2012, 165; *Kuhn*, JA 2011, 855.

§ 25 Der Begriff der Tat im prozessualen Sinne

Fall 60: A ist eines Vergehens nach § 315c StGB angeklagt, weil er mit einer BAK von 1,5‰ mit seinem Pkw am Straßenverkehr teilgenommen und dabei den Motorradfahrer M bei einem Überholmanöver gefährdet hat. In der Hauptverhandlung stellt sich heraus, dass M auf Grund des Überholmanövers gestürzt ist und einen Armbruch erlitten hat und dass A weitergefahren ist, obwohl er den Sturz des M bemerkt hat. Unter welcher Voraussetzung kann A auch wegen fahrlässiger Körperverletzung (§ 229 StGB) und unerlaubten Entfernens vom Unfallort (§ 142 StGB) verurteilt werden? **Rn 523**

Fall 61: A wird im Jahre 1998 beim Einsatz einer Schusswaffe beobachtet und wegen unerlaubten Besitzes und Führens einer Waffe gem. § 53 WaffG zu einer Geldstrafe verurteilt. Nach Eintritt der Rechtskraft stellt sich heraus, dass A mit dieser Waffe im Jahre 1998 einen Raubüberfall begangen hat. Kann dieser Raubüberfall noch verfolgt werden? **Rn 524**

Fall 62: A gerät in Verdacht, an einem Raubüberfall beteiligt gewesen zu sein. Als neun Tage nach dem Raub Geldscheine aus der Beute bei ihm gefunden werden, die Beteiligung am Raub aber nicht nachgewiesen werden kann, wird er nur wegen Hehlerei bzgl der Geldscheine angeklagt und entsprechend verurteilt. Nach Eintritt der Rechtskraft taucht Beweismaterial für seine Beteiligung am Raub auf. Die StA erhebt Anklage wegen Raubes (§ 249 StGB). Wie wird das Gericht entscheiden? **Rn 525**

I. Die Bedeutung des Tatbegriffs im Strafprozessrecht

512 Der Begriff der Tat im prozessualen Sinne bestimmt den Prozessgegenstand. Er umschreibt, was dem Beschuldigten vorgeworfen wird und in welchem Umfang die Strafverfolgungsorgane gegen ihn vorgehen dürfen.

Der Tatbegriff erlangt vor allem an folgenden Punkten Bedeutung:

– Begrenzung des **Verhandlungsstoffes**: Nach dem Anklagegrundsatz darf das Gericht nur im Rahmen **der angeklagten Tat** tätig werden (§§ 151, 155 I StPO), zB darf sich der Eröffnungsbeschluss nur auf das Verhalten beziehen, das dem Beschuldigten in der Anklageschrift vorgeworfen wird.

– Abgrenzung § 266/§ 265 StPO: Nur die im Eröffnungsbeschluss (§ 207 StPO) bezeichnete Tat ist **Gegenstand der Urteilsfindung** durch das Gericht (§ 264 I StPO). Wenn sich während der Hauptverhandlung ergibt, dass auch noch eine **andere Tat** zweckmäßigerweise in das Verfahren einbezogen werden sollte, ist dazu eine **Nachtragsanklage** (§ 266 StPO) erforderlich. Dagegen genügt ein **Hinweis** nach § 265 I, II StPO, wenn sich im Laufe der mündlichen Verhandlung lediglich die rechtliche oder tatsächliche[1] Betrachtungsweise des Gerichts gegenüber der Würdigung in der Anklageschrift bzw im Eröffnungsbeschluss oder gegenüber einer zuvor in der Verhandlung mitgeteilten vorläufigen Bewertung der Sach- oder Rechtslage ändert oder wenn der Hinweis auf eine veränderte Sachlage zur genügenden Verteidigung des Angeklagten erforderlich ist. Die veränderte Betrachtungsweise muss sich **im Rahmen der angeklagten Tat** bewegen.

---

1 Siehe *M-G/Schmitt*, § 265 Rn 23.

– Umfang der **Rechtskraft**: Nach dem Grundsatz ne bis in idem (Art. 103 III GG) wird durch den Tatbegriff auch der Umfang der Rechtskraft festgelegt. Wenn das Strafverfahren hinsichtlich einer Tat durch rechtskräftiges Urteil oder einem dem Urteil gleichstehenden Strafbefehl (§ 410 III StPO, s. Rn 529)[2] abgeschlossen ist, steht einem erneuten Verfahren ein Prozesshindernis entgegen (zur Ergänzungsklage s. Rn 509).

II. Begriffsbestimmung

Eine Tat im prozessualen Sinne ist das gesamte Verhalten des Beschuldigten, soweit es mit dem durch die Strafverfolgungsorgane (in der Anklage, im Eröffnungsbeschluss oder im Urteil) bezeichneten **geschichtlichen Vorkommnis nach der Auffassung des Lebens einen einheitlichen Vorgang** bildet[3].   **513**

Vielfach wird auch wie folgt definiert: „Zwischen den einzelnen Verhaltensweisen des Täters muss eine innere Verknüpfung bestehen, dergestalt, dass ihre **getrennte Aburteilung** in verschiedenen erstinstanzlichen Verfahren als **unnatürliche Aufspaltung** eines einheitlichen Lebensvorgangs empfunden würde"[4].

Wichtig ist, dass nach diesen Definitionen unter dem geschichtlichen Vorkommnis nicht nur die einzelne von den Strafverfolgungsbehörden aufgelistete Betätigung des Beschuldigten zu verstehen ist, sondern das gesamte Verhalten des Beschuldigten, soweit es mit jener Betätigung verknüpft ist und von einem eingeweihten Beobachter als Einheit verstanden wird[5].

Entscheidende Kriterien für die Bestimmung dessen, was als einheitlicher geschichtlicher Vorgang zu werten ist, sind:

– **Tatort**,
– **Tatzeit**,
– **Tatobjekt** (iSv Objekt des Geschehens),
– **Angriffsrichtung** (Ausmaß der Berücksichtigung sehr str.).

Dieser Tatbegriff ist **nicht** identisch mit dem **Tatbegriff im materiellen Sinne**, der im Rahmen der §§ 52, 53 StGB bei Erfüllung mehrerer Straftatbestände zur Abgrenzung von Tateinheit bzw Gesetzeseinheit einerseits und Tatmehrheit andererseits verwandt wird. Der Tatbegriff im prozessualen Sinne kann als der umfassendere Begriff bezeichnet werden[6].

Dass auch der so definierte Begriff der Tat im prozessualen Sinne mehrdeutig ist, zeigt die schier unübersehbare einschlägige Rechtsprechung. Auch seitens des BGH wird offen eingestanden, dass es keine Begriffsbestimmung der Tat gibt, die eine zwei-

---

2 BGH StV 2013, 141 m. Bespr. *Kudlich*, JA 2012, 710 u. Bespr. *Mitsch*, NZV 2013, 63.
3 BVerfGE 56, 22, 28; BGHSt 35, 60, 62; 45, 211, 212; BGH NStZ 2006, 350 m. Bespr. *Mosbacher*, JuS 2007, 126; BGH wistra 2013, 202; OLG Oldenburg, StraFo 2006, 412 m. Bespr. *Kudlich*, JA 2006, 902; Überblick bei *Huber*, JuS 2012, 208; *Steinberg/Stam*, Jura 2010, 907.
4 BGHSt 41, 385, 388; 49, 359, 362; BGH wistra 2008, 22.
5 Vgl RGSt 56, 324, 325; BGH HRRS 2012, Nr 324; LR-*Gollwitzer*, § 264 Rn 3.
6 Ausf. *Beulke*, 50 Jahre BGH-Wiss-FG, S. 781 ff; *Kretschmer*, JA 2017, 139.

felsfreie Anwendung in jedem denkbaren Fall ermöglicht[7], und dass jeder Einzelfall im Hinblick auf den Gerechtigkeitsgedanken zu hinterfragen ist[8]. Im Rahmen der juristischen Ausbildung kann deshalb das Problem nur durch Veranschaulichung der wichtigsten Fallgruppen erlernt werden[9].

III. Einzelne Fallgruppen

1. Eine Tat iSv § 264 StPO bei Idealkonkurrenz

514   Obgleich zwischen den materiellrechtlichen Begriffen der Idealkonkurrenz bzw Realkonkurrenz (Tateinheit bzw -mehrheit, §§ 52, 53 StGB) einerseits und dem prozessrechtlichen Tatbegriff andererseits streng zu unterscheiden ist, besteht im Regelfall eine Übereinstimmung in dem Sinne, dass das Vorliegen einer Handlung im materiellrechtlichen Sinne **(Idealkonkurrenz)** auch zur Annahme **einer einzigen Tat iSd § 264 StPO** führt[10].

Beispiel: A wirft auf den Kopf des Politikers P einen Farbbeutel, dessen Inhalt dem P in die Augen läuft und dort ein starkes Brennen hervorruft. P stellt einen alle Delikte umfassenden Strafantrag. In der Anklage und im Eröffnungsbeschluss findet sich nur der Vorwurf einer Körperverletzung (§ 223 StGB). Das Gericht darf gleichwohl – nach Erteilung eines entsprechenden rechtlichen Hinweises gemäß § 265 I StPO – wegen Körperverletzung in Tateinheit mit Beleidigung (§§ 223, 185, 52 StGB) verurteilen, da es sich um eine Tat im prozessualen Sinn handelt.

2. Mehrere selbstständige Taten iSv § 264 StPO bei Realkonkurrenz

515   Umgekehrt ist die Annahme von **Realkonkurrenz** ein **Indiz** dafür, dass es sich auch um mehrere Taten iSd § 264 StPO handelt[11].

Beispiel: A begeht einen Raub (§ 249 StGB) und wird deshalb angeklagt. In der Hauptverhandlung ergibt sich, dass er drei Tage nach der vorgeworfenen Tat eine Trunkenheitsfahrt (§ 316 StGB) begangen hat. Die beiden Straftaten stehen in Realkonkurrenz (§ 53 StGB) zueinander, und es handelt sich auch um zwei selbstständige Taten im prozessualen Sinn. Eine Einbeziehung in das laufende Verfahren wäre nur auf dem Wege der Nachtragsanklage gem. § 266 StPO möglich. Das hätte ua zur Voraussetzung, dass A der Einbeziehung zustimmt.

3. Eine prozessuale Tat iSv § 264 StPO trotz Realkonkurrenz

516   Von der Regel, dass in Fällen materiell-rechtlicher Realkonkurrenz von mehreren selbstständigen Taten iSv § 264 StPO auszugehen ist, gibt es gewichtige Ausnahmen[12]. Zu beachten ist vor allem der Fall der **Trunkenheitsfahrt mit Unfall und**

---

7 BGH StV 1985, 181.
8 BGHSt 43, 252, 255.
9 Umfassend KMR-*Stuckenberg*, § 264 Rn 14.
10 BVerfGE 45, 434, 435; BGHSt 26, 284, 285.
11 BGHSt 43, 96, 99; BGHSt 44, 91, 94 m. Anm. *Beulke*, NStZ 1999, 26; BGH NStZ 2012, 461.
12 Vgl *Beulke*, 50 Jahre BGH-Wiss-FG, S. 784 ff; s.a. BGH NStZ 2012, 85 m. Bespr. *Kudlich*, JA 2012, 310; OLG Brandenburg ZWH 2012, 166 m. Anm. *Schuhr*.

anschließender „Fahrerflucht". Hier steht materiellrechtlich § 315c StGB in **Real-konkurrenz** zu § 142 StGB[13]. Gleichwohl bejaht die Rspr zwischen § 315c StGB einerseits und § 142 StGB andererseits **Tatidentität** iSv § 264 StPO[14]. Das hat zB zur Folge, dass bei alleiniger Anklage der Straßenverkehrsgefährdung nach § 315c StGB nach Erteilung eines rechtlichen Hinweises gem. § 265 I StPO auch ein in der Hauptverhandlung festgestelltes unerlaubtes Entfernen vom Unfallort nach § 142 StGB mit abgeurteilt werden kann.

BGH NStZ 1996, 243: Nach einem Überholmanöver auf der Autobahn kommt es anschließend zum Streit am Straßenrand. Während einer 1-2 minütigen Auseinandersetzung nach Wild-West-Manier wird X getötet und Y verletzt. Später wird A wegen der Tötung des X und B wegen der Verletzung des Y angeklagt. In der Hauptverhandlung gelangt das Gericht zu der Ansicht, auch die Verletzung des Y gehe auf das Konto des A. Kann A auch insoweit verurteilt werden?

Lösung: Obwohl materiell-rechtlich mehrere und gegen höchstpersönliche Rechtsgüter gerichtete Straftaten vorliegen, sodass von Realkonkurrenz (§ 53 StGB) auszugehen ist[15], handelt es sich nach der natürlichen Lebensauffassung um ein Geschehen (ein „Handgemenge") iSd § 264 StPO. Das Gericht kann A – nach rechtlichem Hinweis gem. § 265 StPO (s. Rn 384 f) – auch wegen der Körperverletzung gegenüber Y verurteilen.

BGH NJW 2010, 166[16]: Nach einem gemeinsamen Lokalbesuch fahren T und U das Opfer F nach Hause, halten zwischendurch auf einem Waldparkplatz, schlagen ohne Tötungsvorsatz auf F ein und entwenden Bargeld iHv 11 000 €. Sodann lassen sie in einer kalten Winternacht den erheblich verletzten F im Wald zurück in der Annahme, F werde bald gefunden werden. Am nächsten Tag spricht T den U darauf an, in den Wald zu fahren, um nachzusehen, ob F verstorben sei. T sagt, dies sei ihm egal. Wenig später wird der stark unterkühlte, aber noch am Leben befindliche F von einem Jogger gefunden. Zunächst wird nur T angeklagt. Das LG verurteilt ihn – in Übereinstimmung mit dem in der Anklageschrift erhobenen Vorwurf – wegen schweren Raubes in Tateinheit mit gefährlicher Körperverletzung (§§ 250, 224, 52 StGB). Die StA rügt im Rahmen der Revision, dass T nicht zusätzlich wegen eines versuchten Tötungsdeliktes verurteilt worden sei.

Lösung: Da zunächst ein Tötungsvorsatz fehlt, ist T bzgl der Vorgänge am ersten Tattag zu Recht nur wegen schweren Raubes in Idealkonkurrenz mit gefährlicher Körperverletzung verurteilt worden. Erst am nächsten Tag hat er einen Tötungsvorsatz gebildet, sodass nunmehr auch ein Tötungsversuch durch Unterlassen vorliegt. Letzterer steht zu dem vorangegangenen schweren Raub (und der damit verbundenen Körperverletzung) materiellrechtlich in Realkonkurrenz (§ 53 StGB). Gleichwohl hätte – nach einem entsprechenden Hinweis gem. § 265 StPO – eine Aburtei-lung dieses Tatteils erfolgen dürfen, wenn er von der Anklage mit umfasst gewesen wäre. Davon ist hier auszugehen, denn gleiche Angriffsrichtung, zeitliche Nähe und die juristische Verknüp-fung durch die Garantenpflicht aus vorangegangenem rechtswidrigem Tun lassen das Verhalten des T als ein geschichtliches Vorkommnis erscheinen, das nach der Auffassung des Lebens einen einheitlichen Vorgang bildet. Das Gericht hätte deshalb von einer Tat im prozessualen Sinne ausgehen und dementsprechend den T auch wegen der realkonkurrierenden, versuchten Tötung bestrafen müssen.

Ebenfalls „eine Tat" ist zB anzunehmen, wenn der Beschuldigte eine Sache zum Zwecke des Versicherungsbetrugs (§ 263 I, III 2 Nr 5 StGB) zerstört oder in Brand steckt (§§ 306 ff StGB). In diesem Fall sind die nach hA materiell selbstständigen Handlungen (str.) jedenfalls innerlich

---

13 BGHSt 21, 203.
14 BGHSt 23, 141, 147; Saarl. OLG NStZ 2005, 117; s. auch KG StV 2018, 401.
15 Vgl *Wessels/Beulke/Satzger*, AT, Rn 1255.
16 Vollständig abgedruckt in NStZ-RR 2009, 289; s.a. BGH NStZ 2009, 705.

derart miteinander verknüpft, dass der Unrechts- und Schuldgehalt der einen Handlung nicht ohne die Umstände, die zu der anderen Handlung geführt haben, richtig gewürdigt werden kann[17]. Auch wenn also nur der Betrug angeklagt ist, kann – nach Erteilung des Hinweises gem. § 265 StPO – zusätzlich wegen Brandstiftung verurteilt werden[18].

4. Eine Tat trotz völliger Verkennung des Unwertgehalts?

517 Es gehört zu den klassischen Streitfragen des Strafprozessrechts, ob auch dann noch eine Tat im prozessualen Sinne vorliegt, wenn dem Gericht bestimmte Tatsachen unbekannt geblieben sind und es daher den **Unwertgehalt des Geschehens völlig verkannt** hat, so zB wenn der Täter nach früherem Recht wegen „Schießen an bewohnten Orten" (§ 367 I Nr 8 StGB aF) verurteilt wurde und es sich erst nachträglich herausstellte, dass er einen Mord begangen hatte.

a) Die **ältere Rspr** hat auch hier stets eine Tat im prozessualen Sinne und damit Strafklageverbrauch angenommen, weil es sich um ein „einheitliches geschichtliches Vorkommnis" handele und die Subsumtion unter einen Straftatbestand für die Bestimmung der Tat im prozessualen Sinne nicht entscheidend sein solle[19]. Diese Fallgruppe wurde geradezu als Paradebeispiel für die zuweilen krassen Auswirkungen der Lehre vom Verbrauch der Strafklage angeführt, die im Interesse des Rechtsfriedens akzeptiert werden müssten.

518 b) Die **neuere Rspr** entscheidet im entgegengesetzten Sinn und lässt eine erneute Verurteilung zu. Zunächst wurde ein Strafklageverbrauch abgelehnt, wenn der Täter wegen § 129 StGB (Bildung krimineller Vereinigungen) verurteilt worden war und später einzelne während dieser Mitgliedschaft begangene Kapitaldelikte zur Anklage kamen[20]. Im Folgenden wurde diese Ausnahme von der Gleichung „Idealkonkurrenz = eine Tat iSv § 264 StPO" auch auf Fälle übertragen, in denen es im Wesentlichen um die Verkennung der Unrechtsdimension ging, so zB wenn die erste Verurteilung auf unerlaubten Waffenbesitz lautete, der Täter jedoch ein Kapitaldelikt begangen hatte, sog. **prozessrechtliche Lösung**[21]. Später ist der BGH zT zum selben Ergebnis gelangt, indem er zwischen dem Zustands- und dem Dauerdelikt Realkonkurrenz annahm, um dann relativ unproblematisch auch zwei Taten im prozessualen Sinne bejahen zu können, sog. **materiellrechtliche Lösung**[22].

519 c) Die **prozessrechtliche Lösung** verdient Zustimmung, denn die Tat iSv § 264 StPO wird auch durch normative Kriterien geprägt. Der historische Vorgang lässt sich nur dann richtig erfassen, wenn man die **Angriffsrichtung** des Täters in die Betrachtung einbezieht. Dies wird im Fall des Waffenbesitzes besonders deutlich. Trotz zeitlicher Parallelität stuft der Laie den Besitz der Waffe als ein anderes historisches Ereignis ein als beispielsweise deren Benutzung zum Zwecke des Schwiegermuttermordes. Es wäre auch wenig überzeugend, wenn der Täter dadurch, dass er für eine Verurteilung wegen unerlaubten Waffenbesitzes sorgt, sich Straffreiheit für alle Taten verschaffen könnte, die er mit der Waffe begangen hat. Zwar darf die Berücksichtigung der Angriffsrichtung letztendlich nicht bewirken, dass jede neue Tatsache, die eine geänderte juristische Wertung bedingt, die Bejahung einer neuen Tat iSv § 264 StPO zur Folge hat (zB Täuschung iSv § 263 StGB statt Wegnahme iSv § 242 StGB), davon abzuschichten sind aber diejenigen Fallgruppen, in denen die neu festgestellte Angriffsrichtung gegenüber der früher angenommenen ein

17 BGHSt 45, 211, 213 m. Anm. *Kudlich*, JA 2000, 361; zust. *Ranft*, JuS 2003, 417, 421.
18 BGH wistra 2002, 154; BGH StV 2007, 286 (umgekehrter Fall).
19 RGSt 70, 26, 30 f; ebenso LG Freiburg StV 1991, 16.
20 BGHSt 29, 288, 289; 48, 153, 161.
21 OLG Hamm JR 1986, 203; krit. *Mitsch*, MDR 1988, 1005; *Puppe*, JR 1986, 205; *Rackow*, JA 2011, 23, 27; *Werle*, NJW 1980, 2671.
22 BGHSt 36, 151, 153 mit iE zust. Anm. *Mitsch*, JR 1990, 161; BGH StV 1999, 643.

völlig anderes rechtliches Gepräge aufweist. Das hat zur Folge, dass vor allem die Bestrafung wegen eines relativ geringfügigen **Dauerdeliktes** zwar die Bestrafung wegen eines weiteren Teil-aktes dieses Deliktes ausschließt[23], nicht jedoch die erneute Verfolgung des dabei idealkonkur-rierend begangenen schwerwiegenden **Zustandsdeliktes**[24].

5. Alternativität von Handlungsabläufen

Um die Frage, inwieweit die (subjektive) Angriffsrichtung des Täters bei der Bestim-mung der Tat im prozessualen Sinne einbezogen werden muss, geht es auch in den „**Alternativ-Fällen**", in denen der Täter nur entweder die eine oder die andere Straf-tat begangen haben kann, so zB wenn er entweder Dieb oder Hehler, bzw wenn er entweder Räuber oder Begünstiger ist.

520

In der älteren Rspr wurden diese Fallgruppen mit einer rein **faktischen Betrach-tungsweise** gelöst, ohne Rücksicht auf die vorgeworfenen Delikte und die innere Tatseite. Entscheidend war allein, ob die Verknüpfung des Sachverhalts so eng war, dass eine Behandlung in unterschiedlichen Strafverfahren als unnatürliche Aufspal-tung eines zusammengehörenden Geschehens erscheinen würde. Danach wurde die Tatidentität vor allem immer dann bejaht, wenn der Beschuldigte an Stelle des vor-geworfenen ein anderes Vermögensdelikt verübte, das auf **dasselbe Tatobjekt** zielte. Dann galt jede Abweichung vom Anklagevorwurf als „unwesentlich", so zB beim Wechsel vom Diebstahl zur Hehlerei an derselben Sache[25]. Im Steuerrecht knüpft die neuere Rspr hieran an und bejaht eine Tat im prozessualen Sinne auch dann, wenn die Tatalternativen (zB Einreichung einer falschen Steuererklärung einerseits und Nicht-berichtigung der früher eingereichten Steuererklärung andererseits, § 370 I Nr 1 oder Nr 2 AO) zeitlich weit auseinander liegen[26].

Demgegenüber werden in der überwiegenden heutigen Rechtsprechung und Literatur verstärkt **normative** Kriterien herangezogen, indem der „**Zielrichtung des Han-delns**" besondere Bedeutung beigemessen wird[27].

521

Das frühere alleinige Abstellen auf das Tatobjekt hatte zur Folge, dass uU lang ausein-ander liegende Geschehnisse (Beschaffen der Beute einerseits – Verwertung anderer-seits) willkürlich zu einer Einheit verklammert wurden. Dies ist mit dem Verständnis der Tat als einheitlichem historischem Vorgang nicht vereinbar. Auch bei den Alter-nativfällen darf daher nicht nur auf die Identität des **Tatobjekts** abgestellt werden, sondern auch auf die Kriterien des engen **zeitlichen** und **örtlichen** Zusammenhangs und der **gleichwertigen Handlungsrichtung**. Eine gleichwertige „Zielrichtung des Handelns" ist auch hier abzulehnen, wenn die Tat ein **völlig anderes rechtliches Ge-präge aufweist**. Liegt bereits eine rechtskräftige Entscheidung vor und wird nunmehr

---

23 OLG Stuttgart NZV 1997, 243.
24 *Erb*, GA 1994, 265; *ders.*, JR 1995, 169; *Schlehofer*, GA 1997, 114; problematisch BGH NStZ 1996, 41 m. krit. Bespr. *Müller-Christmann*, JuS 1996, 726; Einzelheiten bei *Beulke*, 50 Jahre BGH-Wiss-FG, S. 796; *Paeffgen*, NStZ 2002, 281; s.a. *Hellmann*, Fallsammlung, Klausur Nr 8, Rn 491 ff.
25 RGSt 8, 135, 139 ff; BGH <D> MDR 1954, 17.
26 BGH NStZ 2008, 411 m. zust. Anm. *Leplow*, wistra 2008, 384; krit. *Bauer*, wistra 2008, 374.
27 BGHSt 35, 60, 64; vert. *Otto*, JR 1988, 27; *Paeffgen*, Heinze-GS, S. 615; *Roxin*, JZ 1988, 260; *Wolter*, NStZ 1988, 456.

auf Grund neuer Tatsachen die andere „Verhaltens-Alternative" angenommen und als neue Tat iSv § 264 StPO gewertet, muss die bereits früher ausgesprochene Strafe bei der neuen Verurteilung strafmildernd (iS einer Anrechnung) berücksichtigt werden[28].

BGHSt 32, 215: Laut Anklage hatte X den Y ermordet, und A hatte beim Wegschaffen der Leiche geholfen. A wurde deshalb gem. § 258 StGB angeklagt. Das Schwurgericht kam zum Ergebnis, A habe den Mord selbst verübt und verurteilte gem. § 211 StGB. Der BGH hält dies zu Recht für unzulässig. Hier liegen verschiedene Taten im prozessualen Sinne vor, da die Zielrichtung einer Strafvereitelung (dem Vortäter zu helfen) völlig anders ist als die eines Mordes (ein Leben zu vernichten). A durfte also zunächst noch nicht gem. § 211 StGB verurteilt werden, weil insoweit eine Anklage fehlte[29].

BGHSt 35, 80: A ist wegen Juwelendiebstahls (§ 242 StGB) angeklagt worden. Das LG hat wegen Begünstigung (§ 257 StGB) verurteilt, weil A die Juwelen aufbewahrte. Der BGH hat das Urteil zu Recht aufgehoben. Auch hier ist die „Angriffsrichtung" des Täterverhaltens unterschiedlich, denn § 242 StGB ist ein eigennütziges und § 257 StGB ein fremdnütziges Delikt[30]. Ebenso wurde entschieden bei der Alternative Diebstahl – Hehlerei[31].

Prozessual ist folgendermaßen zu verfahren: Bzgl der nicht angeklagten Alternative der Begünstigung, für die aber ein erstinstanzliches Urteil ergangen ist, ist das Verfahren nunmehr durch Urteil einzustellen (§ 260 III StPO), weil die Prozessvoraussetzung der ordnungsgemäßen Anklage fehlt[32]. Dann kann erneut wegen dieser Alternative Anklage erhoben werden. Bzgl des Juwelendiebstahls muss Freispruch erfolgen, der in Rechtskraft erwächst. Will die StA die Gefahr eines solchen rechtskräftigen Freispruchs vermeiden, so muss sie von vornherein beide Alternativen **wahlweise** anklagen, sofern – wie zB bei Diebstahl und Begünstigung – eine Wahlfeststellung möglich ist[33].

▶ Beispielsfall bei *Beulke*, Klausurenkurs III, Rn 554.

6. Die fortgesetzte Tat

522 Nach der Rspr war die **fortgesetzte Handlung** prozessrechtlich (wie auch nach materiellem Recht) als eine einzige Tat anzusehen. Durch den Beschluss des GrS[34] hat diese Rechtsfigur jedoch de facto jede Bedeutung verloren[35].

In der jüngeren Rspr scheint allerdings die Rechtsfigur der fortgesetzten Tat in verändertem Gewand partiell zurückzukehren, indem bei einigen auf Wiederholung angelegten Verhaltensweisen „Bewertungseinheiten" gebildet werden (zB sukzessive Lieferung von Rauschgift bei konkret verabredeter Gesamtmenge), die dann eine Tat im materiellen Sinne darstellen[36]. Zum Teil wird dazu korrespondierend auch von einer Tat im prozessualen Sinne ausgegangen[37]. Andererseits hält der BGH es jedoch auch für möglich, materielle Bewertungseinheiten in verschiedene Taten

---

28 BGHSt 35, 60, 66; näher dazu *Meyer-Goßner*, Salger-FS, S. 345.
29 Im Ergebnis zust. *Roxin*, JR 1984, 346.
30 Ebenso OLG Frankfurt GA 1988, 374, 376; *Rüping*, Rn 565; einschr. OLG Köln NJW 1990, 587; abl. *Roxin*, JZ 1988, 260, 261.
31 OLG Düsseldorf NStZ-RR 1999, 304; OLG Celle NJW 1988, 1225 m. zust. Anm. *Kröpil*, NJW 1988, 1188 ff; anders aber BGHSt 35, 172, 174; BGH NStZ 1999, 523.
32 So auch BGHSt 35, 80; 38, 172, 173.
33 Vert. *Beulke/Fahl*, Jura 1998, 262; *Dreyer, U.*, Wahlfeststellung und prozessualer Tatbegriff, 1999.
34 BGHSt 40, 138.
35 S. dazu *Wessels/Beulke/Satzger*, AT, Rn 1262 f.
36 BGHSt 41, 385, 394; BGH NStZ 1999, 192.
37 Vgl BGH StV 2002, 235.

im prozessualen Sinne zu stückeln, sofern dieses Ergebnis gerecht erscheint[38]. Insgesamt ist heute noch immer ungeklärt, in welchem Ausmaß die Möglichkeit besteht, „Serienstraftaten" zu einer Einheit zusammenzufassen. Macht man mit der Ablehnung der fortgesetzten Tat ernst, so entstehen kaum lösbare prozessuale Probleme, zB auch bzgl der hinreichenden Konkretisierung der Tat in Anklage und Eröffnungsbeschluss (s. dazu Rn 284 f)[39].

Lösung Fall 60: Wenn die Verwirklichung der Tatbestände des § 229 StGB (fahrlässige Körperverletzung durch Armbruch) sowie des § 142 StGB (unerlaubtes Entfernen vom Unfallort) zu der von der zugelassenen Anklage erfassten Tat iSd § 264 StPO gehören, genügt für eine Einbeziehung in das laufende Verfahren ein Hinweis nach § 265 I StPO auf die neuen Gesichtspunkte, die eine Verurteilung auch nach §§ 229, 142 StGB ermöglichen. Sollte es sich hingegen um eine neue Tat handeln, so wäre eine Nachtragsanklage iSd § 266 StPO erforderlich, deren Zulässigkeit ua von der Zustimmung des A abhinge. Eine Tat im prozessualen Sinn ist das gesamte Verhalten des Beschuldigten, soweit es mit dem durch die Strafverfolgungsorgane (hier in der Anklage und im Eröffnungsbeschluss) bezeichneten **geschichtlichen Vorkommnis** nach der Auffassung des Lebens einen einheitlichen Vorgang bildet. Als Faustregel gilt, dass alle Delikte, die in Idealkonkurrenz stehen, auch eine Tat im prozessualen Sinne bilden. Realkonkurrierende Delikte führen hingegen im Regelfall zur Annahme mehrerer Taten im prozessualen Sinne.

523

Vorliegend steht § 229 StGB mit § 315c StGB in Idealkonkurrenz. Die Straßenverkehrsgefährdung sowie die fahrlässige Körperverletzung gehören dementsprechend zu einer Tat im prozessualen Sinne, dh die Trunkenheitsfahrt und die dabei zugefügte Körperverletzung bilden ein einheitliches geschichtliches Vorkommnis. Das hat zur Konsequenz, dass auch die Körperverletzung idealkonkurrierend zu § 315c StGB als Teil der Tat im prozessualen Sinne mit abgeurteilt werden darf. Erforderlich ist lediglich ein rechtlicher Hinweis gem. § 265 I StPO.

In materiellrechtlicher Hinsicht besteht zwischen der angeklagten Gefährdung des Straßenverkehrs (§ 315c StGB) und dem unerlaubten Entfernen vom Unfallort (§ 142 StGB) wegen der Zäsurwirkung des Unfalls und des dann erst erneut einsetzenden Tatentschlusses nach Ansicht der Rspr Realkonkurrenz. Das spricht für mehrere selbstständige Taten im prozessualen Sinne. Dennoch hat BGHSt 23, 141, 147 eine Tat im prozessualen Sinne bejaht, weil eine Trennung als „unnatürliche Aufspaltung eines einheitlichen Lebensvorgangs empfunden" würde. Mithin unterliegt – nach einem entsprechenden Hinweis gem. § 265 I StPO – auch das unerlaubte Entfernen vom Unfallort der Bewertung des Gerichts. Eine Nachtragsanklage ist nicht erforderlich. Einzelheiten s. Rn 514 ff.

Lösung Fall 61: Der zweiten Verurteilung könnte das Prozesshindernis des Strafklageverbrauchs (ne bis in idem, Art. 103 III GG) entgegenstehen. Das wäre dann der Fall, wenn der Raub zu derselben Tat iSd § 264 StPO gehörte, die bereits mit der ersten rechtskräftigen Verurteilung wegen unerlaubten Besitzes und Führens einer Waffe abgegolten worden wäre. Zwischen dem Waffenbesitz bzw dem Waffenführen einerseits und dem Raub andererseits besteht Idealkonkurrenz, und es handelte sich deshalb nach Ansicht der früheren Rspr bei unbefangener Betrachtung um einen einheitlichen geschichtlichen Vorgang. Deshalb wurde hier ein Strafklageverbrauch angenommen.

524

Nach heutiger herrschender Rspr und Lehre kommt es jedoch für die Bestimmung der Tatidentität iSv § 264 StPO nicht nur auf **Tatort**, **Tatzeit** und **Tatobjekt** an, sondern ebenso auf die **Angriffsrichtung**. Wenn die neu festgestellte Angriffsrichtung gegenüber der früher angenommenen ein völlig anderes rechtliches Gepräge aufweist, ist von einer neuen Tat im

---

38 BGHSt 43, 252, 258 m. Anm. *Erb*, NStZ 1998, 253 u. *Fürstenau*, StV 1998, 482.
39 Vert. *Geppert*, NStZ 1996, 57 ff, 118 ff; *Gubitz*, JR 1998, 491; *Wesemann/Voigt*, StraFo 2010, 452.

prozessualen Sinne auszugehen. Der Raubüberfall hat als wesentlich intensiveres kriminelles Verhalten gegenüber dem unerlaubten Schusswaffenbesitz von seiner Angriffsrichtung her einen völlig anderen Charakter und stellt somit eine neue Tat im prozessualen Sinne dar, die noch verfolgt werden kann (iE ebenso BGHSt 36, 151, 154). Einzelheiten s. Rn 517 ff.

525   **Lösung Fall 62:** Der erneuten Anklage stünde das Prozesshindernis des **Strafklageverbrauchs** (ne bis in idem, Art. 103 III GG) entgegen, wenn es sich bei dem Raub und der Hehlerei um dieselbe Tat iSd § 264 StPO handelte. Fraglich ist, ob beide Verhaltensweisen als ein einheitliches historisches Vorkommnis eingestuft werden können. Die Besonderheit liegt hier darin, dass A **entweder** den Raub **oder** die Hehlerei begangen hat. In diesen „**Alternativfällen**" wurde früher bei Identität des Tatobjekts (hier gegeben) dieselbe Tat iSd § 264 StPO bejaht. Der BGH hat jedoch zu Recht die Tatidentität zwischen Raub und Hehlerei auch bei demselben Tatobjekt verneint und dies vor allem damit begründet, dass das alleinige Abstellen auf das Tatobjekt abzulehnen sei, weil dann uU lang auseinander liegende Geschehnisse (Tat einerseits – Verwertung andererseits) willkürlich zu einer Einheit verklammert würden (BGHSt 35, 60, 64). Bezieht man also neben dem Tatobjekt auch die Kriterien Tatort und Tatzeitpunkt sowie die Angriffsrichtung der Tat (= Zielrichtung des Handelns) in die Wertung mit ein, so ergibt sich, dass der bewaffnete Raubüberfall ein ganz anderes historisches Ereignis darstellt als die Geldscheinaufbewahrung neun Tage später. Die erneute Verurteilung wegen Raubes ist deshalb mit dem ne-bis-in-idem-Grundsatz vereinbar. Da allerdings der Räuber nicht Täter der Hehlerei sein kann, eine von beiden Verurteilungen also logisch unmöglich ist, muss die für die Hehlerei ausgesprochene Strafe bei der Bestrafung wegen Raubes strafmildernd berücksichtigt werden. Einzelheiten s. Rn 521.

§ 26 Besondere Verfahrensarten

Fall 63:

a) Der Geschäftsmann A wird mit 1,1‰ am Steuer seines Wagens von der Polizei gestellt. Die zuständige StA beantragt daraufhin beim Amtsrichter einen Strafbefehl wegen Verstoßes gegen § 316 StGB mit einer Geldstrafe von 80 Tagessätzen à 60 €, die Entziehung der Fahrerlaubnis und eine Sperre (§ 69a I 1 StGB) für deren Neuerteilung von einem Jahr. Der Strafbefehl wird erlassen. Durfte der Strafbefehl ergehen? Was kann A gegen den Strafbefehl unternehmen?

b) Später stellt sich heraus, dass A während der Fahrt fahrlässig einen Unfall mit erheblichem Sachschaden verursacht hat. Kann die StA die Angelegenheit erneut aufgreifen? **Rn 532**

I. Das Strafbefehlsverfahren

1. Zulässigkeit

526   Das **Strafbefehlsverfahren** ist ein summarisches Verfahren, dessen Bedeutung vor allem darin liegt, Fälle minder schwerer Kriminalität schnell und unkompliziert abzu-

handeln[1]. Der Erlass eines Strafbefehls ist gem. § 407 I 1 1. Alt. StPO immer dann zulässig, wenn es sich um vor dem Strafrichter abzuurteilende **Vergehen** – § 12 II StGB – handelt. § 407 I 1 2. Alt. StPO, der auch die der Zuständigkeit des Schöffengerichts unterfallenden Vergehen erfasst, ist durch die Ausweitung der Strafgewalt des Strafrichters durch § 25 GVG obsolet geworden, da nunmehr alle im Strafbefehl möglichen Rechtsfolgen zur Zuständigkeit des Strafrichters gehören.

Ist bei einem Beschuldigten hinsichtlich eines derartigen Delikts ein hinreichender Tatverdacht iSv § 170 I StPO (vgl hierzu o. Rn 114) zu bejahen, kann die StA beim zuständigen Richter Antrag auf Erlass eines Strafbefehls stellen. Der Antrag ist dabei auf bestimmte Rechtsfolgen zu richten, § 407 I 3 StPO. Durch Strafbefehl dürfen gem. § 407 II StPO allein oder nebeneinander nur festgesetzt werden:

– **Geldstrafe**, Verwarnung mit Strafvorbehalt, Fahrverbot, Einziehung, Vernichtung, Unbrauchbarmachung, Bekanntgabe der Verurteilung und Geldbuße gegen eine juristische Person oder Personenvereinigung;
– **Entziehung der Fahrerlaubnis**, bei der die Sperre nicht mehr als zwei Jahre beträgt;
– **Verbot des Haltens oder Betreuens** von sowie des **Handels** oder des **sonstigen berufsmäßigen Umgangs mit Tieren** jeder oder einer bestimmten Art für die Dauer von einem Jahr bis zu drei Jahren;
– **Absehen von Strafe**;
– **Freiheitsstrafe** bis zu einem Jahr, wenn deren **Vollstreckung zur Bewährung** ausgesetzt wird (§§ 56 ff StGB) und der Angeschuldigte einen **Verteidiger** hat (vgl §§ 407 II 2, 408b StPO)[2].

Durch den Strafbefehlsantrag wird die öffentliche Klage erhoben (sonst durch Einreichung der Anklageschrift, § 170 I StPO, s. Rn 319), § 407 I 4 StPO.

Für das Gericht bestehen insbes. folgende Entscheidungsmöglichkeiten:

527

(1) Der Richter verneint den hinreichenden Tatverdacht und lehnt den Erlass des Strafbefehls ab, § 408 II 1 StPO.

(2) Der Richter erlässt den Strafbefehl, wenn keine Bedenken entgegenstehen, § 408 III 1 StPO, dh wenn er den **hinreichenden Tatverdacht bejaht** und die Sanktion für angemessen hält[3]. Von dem Strafbefehlsantrag darf er inhaltlich nicht abweichen.

(3) Der Richter beraumt eine Hauptverhandlung an, § 408 III 2 StPO.

---

1 Überblick bei *Dinter/David*, JA 2012, 281; *Preuß*, ZJS 2017, 176; krit. Ambos, *Jura* 1998, 281.
2 Zur Diskussion über eine Erweiterung des Sanktionsrahmens: *Leipold/Wojtech*, ZRP 2010, 243.
3 Ebenso BerlVerfGH StV 2001, 324; *M-G/Schmitt*, Vor § 407 Rn 1; zT wird über den hinreichenden Tatverdacht hinaus eine „Aktenüberzeugung" von der Strafbarkeit und der Richtigkeit der Sanktion verlangt, vgl *Ebert, A.*, Der Tatverdacht im Strafverfahren, 1999; *Fezer*, ZStW 106 (1994), 21; *Schäfer*, Rn 1175; vermittelnd SK-*Weßlau*, Vor § 407 Rn 16.

Ist ein Hauptverfahren bereits eröffnet, kann ein Strafbefehl nur unter den Voraussetzungen des § 408a StPO erlassen werden (dann ggf auch vom Schöffengericht). Den notwendigen Inhalt des Strafbefehls bestimmt § 409 StPO[4].

2. Rechtsbehelf und Rechtskraft

528 a) Gegen den erlassenen Strafbefehl kann der Angeklagte **innerhalb von zwei Wochen** nach Zustellung schriftlich oder zu Protokoll der Geschäftsstelle **Einspruch** einlegen, § 410 I StPO. Der Einspruch kann auf bestimmte Beschwerdepunkte beschränkt werden (§ 410 II StPO, s. Rn 542), zB auf den Strafausspruch oder auf die Maßregel der Entziehung der Fahrerlaubnis. Über den Einspruch kann in dreifacher Weise entschieden werden:

aa) Er kann durch **Beschluss** ohne Hauptverhandlung **verworfen** werden, wenn er verspätet oder sonst **unzulässig** ist, § 411 I 1 StPO.

bb) Anderenfalls wird Termin zur **Hauptverhandlung** anberaumt, § 411 I 2 StPO. Nach dem Einspruch übernimmt der Strafbefehl die Funktion des **Eröffnungsbeschlusses**[5]. Es schließt sich ein Hauptverfahren an, das grundsätzlich nach den allgemeinen Vorschriften (§§ 212 ff StPO) durchgeführt wird, wobei allerdings die **Unmittelbarkeit der Beweisaufnahme** gem. §§ 411 II 2, 420 I-III StPO und – sofern der Strafrichter den Strafbefehl erlassen hat – das **Beweisantragsrecht** gem. §§ 411 II 2, 420 IV StPO **eingeschränkt** sind. Zum Abschluss der Hauptverhandlung ergeht dann völlig unabhängig vom Strafbefehl das Urteil, soweit Einspruch eingelegt ist, § 411 IV StPO.

Das Verbot der **reformatio in peius**, §§ 331, 358 II StPO (s. Rn 540), findet – abgesehen von dem Fall der Einspruchseinlegung durch den gesetzlichen Vertreter – keine Anwendung[6]. Zu einem Urteil kommt es nicht, wenn der Staatsanwalt die Klage bzw wenn der Beschuldigte den Einspruch vorher **zurückgenommen** hat. Eine Rücknahme ist bis zur Verkündung des Urteils im ersten Rechtszug möglich (§ 411 III StPO), nach Beginn der Hauptverhandlung jedoch nur mit Zustimmung des Angeklagten bzw der StA (§ 411 III 2 StPO iVm § 303 S. 1 StPO)[7].

cc) Hat der Angeklagte seinen Einspruch auf die Höhe der Tagessätze einer festgesetzten Geldstrafe beschränkt, kann das Gericht mit Zustimmung aller Beteiligten ohne Hauptverhandlung durch Beschluss entscheiden; von der Festsetzung im Strafbefehl darf nicht zum Nachteil des Angeklagten abgewichen werden; gegen diesen Beschluss ist sofortige Beschwerde zulässig, § 411 I 3 StPO.

---

4 **Muster eines Strafbefehls** ua bei: *Kroiß/Neurauter*, Nr 35; *Graf*, Muster 55; *Haller/Conzen*, Kap. 6, Rn 832; *Soyka*, Rn 285.
5 OLG Düsseldorf StV 1989, 473.
6 LR-*Gössel*, § 410 Rn 4; einschr. *Roxin/Schünemann*, § 68 Rn 12; vert. *Rössner/Safferling*, Problem 25.
7 Lehrreich *Fahl*, JuS 1997, 261.

b) Soweit gegen einen Strafbefehl nicht rechtzeitig Einspruch eingelegt worden ist, **529** steht er einem rechtskräftigen Urteil gleich (**Rechtskraft des Strafbefehls** gem. § 410 III StPO).

Eine Neubeurteilung der Tat iSv § 264 StPO ist nach Eintritt der Rechtskraft nur unter **Wiederaufnahmegesichtspunkten** denkbar. In Anlehnung an eine frühere Rechtsprechung enthält § 373a StPO einen **zusätzlichen Wiederaufnahmegrund zu Ungunsten** des Angeklagten,

– wenn **neue Tatsachen oder Beweise** vorliegen,
– die das Delikt nunmehr zum **Verbrechen** erheben.

II. Das beschleunigte Verfahren

1. Voraussetzungen

Das beschleunigte Verfahren ist eine besondere Verfahrensart, die in einfach liegenden **530** Fällen eine Aburteilung ermöglichen soll, die der Tat auf dem Fuße folgt[8].

Das Verfahren sieht sich starker rechtsstaatlicher Kritik vonseiten der Wissenschaft ausgesetzt, insbes. soweit ein „besonders" beschleunigtes Verfahren angewandt wird, das uU bereits innerhalb von 24 Stunden zu einer Aburteilung führt[9].

Die Durchführung des beschleunigten Verfahrens setzt gem. § 417 StPO voraus:

(1) Erstinstanzliche **Zuständigkeit des AG** (also des Strafrichters, § 25 GVG, oder des Schöffengerichts, § 24 GVG).

(2) Schriftlicher oder mündlicher **Antrag der StA** auf Aburteilung im beschleunigten Verfahren (sog. Schnellantrag).

Bei Erfüllung aller sonstigen Voraussetzungen ist die StA **verpflichtet**, den Antrag zu stellen. Dieser Antrag ist eine Verfahrensvoraussetzung, die entfällt, wenn die StA den Antrag zurücknimmt, was nach umstrittener Ansicht auch noch nach Durchführung der Beweisaufnahme möglich ist[10].

(3) Eignung zur sofortigen Verhandlung auf Grund einfachen Sachverhalts oder klarer Beweislage.

Gemeint ist damit, dass die Hauptverhandlung sofort oder in erheblich kürzerer Zeit als im Normalverfahren durchgeführt und aller Erwartung nach innerhalb eines Termins abgeschlossen werden kann. Die Hauptverhandlung soll daher innerhalb von ein bis zwei Wochen durchgeführt werden[11].

---

8 Einzelheiten s. *Gössel*, Stöckel-FS, S. 245; *Loos/Radtke*, NStZ 1995, 569; 1996, 7; *Ranft*, Jura 2003, 382; *Schröer, E.*, Das beschleunigte Strafverfahren gem. §§ 417 ff StPO, 1998; *Wieneck*, JuS 2018, 249.
9 Vgl die Beispiele bei *Bielefeld*, DRiZ 1998, 429; zur Kritik *Ambos*, Jura 1998, 281, 289; *Scheffler*, Meurer-GedSchr, S. 437.
10 BayObLG NJW 1998, 2152 m. abl. Anm. *Schröer*, NStZ 1999, 213; zust. *Fülber/Putzke*, DRiZ 1999, 196.
11 Vgl OLG Düsseldorf StV 1999, 202; OLG Stuttgart NJW 1999, 3134 m. Anm. *Radtke*, JR 2001, 133 und *Scheffler*, NStZ 1999, 268; Einzelheiten bei KMR-*Metzger*, § 418 Rn 16.

(4) Bei dem Beschuldigten muss es sich um einen **Erwachsenen** oder um einen **Heranwachsenden** handeln (auch wenn bei Letzterem materiell-rechtlich Jugendstrafrecht Anwendung finden sollte, vgl § 109 I 1 und II 1 JGG[12]). Gegen Jugendliche ist das beschleunigte Verfahren gem. § 79 II JGG unzulässig.

2. Besonderheiten des beschleunigten Verfahrens

a) Wegfall des Zwischenverfahrens (einschließlich des Eröffnungsbeschlusses)

531 Entscheidet sich die StA für einen Antrag auf Aburteilung des Beschuldigten im beschleunigten Verfahren, wird gem. § 418 I StPO die Hauptverhandlung sofort oder in kurzer Frist durchgeführt, ohne dass es einer Entscheidung über die Eröffnung des Hauptverfahrens bedarf. Das Zwischenverfahren entfällt also vollständig (Beschleunigungseffekt).

b) Entbehrlichkeit einer schriftlichen Anklage

Nach § 418 III 1 StPO bedarf es keiner Anklageschrift. Ausreichend ist nach § 418 III 2 StPO, dass die Anklage bei Beginn der Hauptverhandlung mündlich erhoben und ihr wesentlicher Inhalt in das Sitzungsprotokoll aufgenommen wird.

c) Beschränkung der Rechtsfolgenkompetenz

Gem. § 419 I 2 StPO darf von den Hauptstrafen nur **Geldstrafe** und **Freiheitsstrafe bis zu einem Jahr** verhängt werden. Unzulässig ist die Verhängung einer Maßregel der Besserung und Sicherung mit Ausnahme der Entziehung der Fahrerlaubnis (§ 69 StGB), § 419 I 2, 3 StPO.

d) Entbehrlichkeit einer Ladung des Beschuldigten bzw Verkürzung der Ladungsfrist

Gem. § 418 II 1 StPO bedarf es einer Ladung des Beschuldigten nur dann, wenn er sich nicht freiwillig zur Hauptverhandlung stellt oder nicht dem Gericht vorgeführt wird. Ist eine Ladung erforderlich, beträgt die Ladungsfrist nach § 418 II 3 StPO 24 Stunden.

e) Besonderheiten der Hauptverhandlung

Gem. § 420 I, II StPO sind die Verlesungsmöglichkeiten erweitert (Einschränkung des Unmittelbarkeitsgrundsatzes). Findet das Verfahren vor dem Strafrichter statt, so darf dieser Beweisanträge ablehnen, ohne an die Ablehnungsgründe des § 244 III-V StPO (s.o. Rn 440 ff) gebunden zu sein.

f) Vorläufige Festnahme/Hauptverhandlungshaft

§ 127b I StPO erleichtert die vorläufige Festnahme gegenüber § 127 II StPO (s. Rn 238), und § 127b II StPO sieht mit der sog. **„Hauptverhandlungshaft"** einen neuen Haftgrund neben § 112 StPO vor (s. Rn 215).

---

12 *Schaffstein/Beulke/Swoboda*, Rn 858.

g) Notwendige Verteidigung im beschleunigten Verfahren

Um eine angemessene Verteidigung des Angeklagten im beschleunigten Verfahren zu sichern, sieht § 418 IV StPO einen Fall der notwendigen Verteidigung vor, wenn die Straferwartung Freiheitsstrafe von mindestens sechs Monaten beträgt[13]. Ein Verstoß gegen § 418 IV StPO stellt einen absoluten Revisionsgrund iSd § 338 Nr 5 StPO dar[14].

Lösung Fall 63:   532

a) Der Erlass des **Strafbefehls** durch den Strafrichter (§§ 24 I, 25 Nr 2 GVG) war hier gem. § 407 I StPO zulässig. Es lag hinsichtlich des Vergehens des § 316 StGB ein **hinreichender Tatverdacht** vor, da sich A mit 1,1‰ bereits im Bereich der absoluten Fahruntüchtigkeit befand (BGHSt 37, 89 ff). Die festgesetzten Rechtsfolgen (Geldstrafe, Entziehung der Fahrerlaubnis, Sperre) durften durch Strafbefehl verhängt werden, § 407 II StPO.

Nach Erlass des Strafbefehls wäre es dem A möglich, durch rechtzeitige **Einspruchseinlegung** (§ 410 I StPO) das Strafbefehlsverfahren in ein normales Hauptverfahren überzuleiten, § 411 I 2 StPO. Tut er dies nicht, so tritt bzgl des Strafbefehls **Rechtskraft** ein, § 410 III StPO.

b) Wenn sich – wie hier – das Geschehen nachträglich rechtlich anders darstellt (§ 315c StGB an Stelle von § 316 StGB, uU zusätzlich § 142 StGB), wirft das die Frage einer erneuten Strafverfolgung auf. Da die gesamte Autofahrt eine Tat im prozessualen Sinne darstellt (§ 264 StPO, s.o. Rn 516), steht an und für sich die **Rechtskraft des Strafbefehls** (§ 410 III StPO) einer erneuten Strafverfolgung entgegen. Zu prüfen bleibt lediglich, ob auf Grund der neuen Erkenntnisse eine Rechtskraftdurchbrechung in Betracht kommt. Heute ist dieses Problem abschließend im **Wiederaufnahmerecht** geregelt, § 373a StPO. Da hier zwar **neue Tatsachen** vorliegen, diese jedoch **nicht** geeignet sind, die Verurteilung wegen eines **Verbrechens** zu begründen (sowohl § 315c StGB als auch § 142 StGB sind ebenfalls Vergehen), ist eine Wiederaufnahme unzulässig. Die StA kann also den Fall nicht erneut aufgreifen. Einzelheiten s. Rn 526, 529.

§ 27 Rechtsmittel. Allgemeine Grundsätze

Fall 64:

a) Welche Arten von Rechtsbehelfen kennen Sie?

b) Was versteht man unter einem Rechtsmittel und welche Wirkungen sind allen Rechtsmitteln immanent?

c) Wie unterscheiden sich die Rechtsmittel hinsichtlich ihres Prüfungsumfanges? **Rn 545**

---

13 Zum Prognosezeitpunkt OLG Braunschweig StV 2006, 519.
14 OLG Frankfurt StV 2001, 342.

Fall 65: A wird wegen Betruges (§ 263 StGB) angeklagt. Das Gericht spricht ihn frei. Aus den Urteilsgründen ergibt sich, dass das Gericht offen gelassen hat, ob überhaupt eine tatbestands-mäßige, rechtswidrige Handlung vorliegt, jedenfalls könne A mangels Schuldfähigkeit gem. § 20 StGB nicht zur Verantwortung gezogen werden. A legt gegen das Urteil Revision ein, weil er wegen erwiesener Unschuld freigesprochen werden möchte. Ist die Revision zulässig? **Rn 546**

Fall 66: A wird vom Schöffengericht wegen fahrlässiger Körperverletzung gem. § 229 StGB zu einer Geldstrafe verurteilt. Auf seine Berufung hin erkennt die Strafkammer auf eine Straf-barkeit wegen schwerer Körperverletzung gem. § 226 I StGB und setzt eine Geldstrafe in Höhe der Erstverurteilung fest. Zulässig? **Rn 547**

I. Überblick

1. Arten der Rechtsbehelfe

533 Die Rechtsbehelfe werden herkömmlicherweise in zwei Gruppen unterteilt, nämlich in die ordentlichen einerseits sowie die außerordentlichen Rechtsbehelfe andererseits, wobei Letztere die Besonderheit aufweisen, dass sie die Rechtskraft durchbrechen.

Zu den **ordentlichen** Rechtsbehelfen gehören:

- Berufung, §§ 312–332 StPO;
- Revision, §§ 333–358 StPO;
- Beschwerde, §§ 304–311a StPO.

Sie werden als **Rechtsmittel** bezeichnet (§§ 296 ff StPO).

Ein ordentlicher Rechtsbehelf ist auch der **Einspruch** gegen einen Strafbefehl (§ 410 StPO; dazu Rn 528).

Zu den **außerordentlichen** Rechtsbehelfen gehören:

- Wiedereinsetzung in den vorigen Stand (§§ 44–47 StPO; dazu Rn 305 ff);
- Wiederaufnahme des Verfahrens (§§ 359–373a StPO; dazu Rn 585 ff);
- Verfassungsbeschwerde gem. Art. 93 I Nr 4a GG, §§ 90 ff BVerfGG.

Hinzuweisen ist noch auf die Individualbeschwerde gem. Art. 34 f EMRK (dazu Rn 9 ff).

2. Devolutiv-/Suspensiveffekt

534 Den **Rechtsmitteln** der StPO ist – im Gegensatz zu den übrigen Rechtsbehelfen – ge-meinsam, dass sie das Verfahren in eine höhere Instanz bringen, sog. **Devolutiveffekt**. Weiterhin haben sie – mit Ausnahme der Beschwerde (§ 307 I StPO) – einen **Suspen-siveffekt**. Nach § 316 StPO bzw § 343 StPO wird nämlich durch rechtzeitige Einle-gung der Berufung bzw Revision der Eintritt der Rechtskraft des Urteils gehemmt, dh das Urteil darf noch nicht vollstreckt werden.

3. Funktionen der Rechtsmittel[1]

Die drei Rechtsmittel weisen in Voraussetzungen und Ziel zT erhebliche Unterschiede auf. **535**

– Mit der **Berufung** (§§ 312–332 StPO) werden erstinstanzliche **Urteile** in **tatsächlicher und rechtlicher** Hinsicht überprüft. Die Berufungsinstanz ist also eine **zweite Tatsacheninstanz**, in der auch neue Tatsachen und Beweismittel angeführt werden können.
– Die **Revision** (§§ 333–358 StPO) wendet sich gegen erst- und zweitinstanzliche **Urteile**. Allerdings kann sie nur darauf gestützt werden, dass das angefochtene Urteil in **rechtlicher** Hinsicht fehlerhaft ist (s. §§ 337, 338 StPO).
– Mit der **Beschwerde** (§§ 304–311a StPO) werden **Beschlüsse** und **Verfügungen** in **rechtlicher und tatsächlicher** Hinsicht überprüft.

II. Gemeinsame Grundsätze der Rechtsmittel

Die Rechtsmittel weisen einige Gemeinsamkeiten auf, die in den §§ 296–303 StPO geregelt sind. **536**

1. Allgemeine Zulässigkeitsvoraussetzungen

a) Statthaftigkeit

Das Rechtsmittel der **Berufung** ist statthaft gegen (erstinstanzliche) Urteile des Strafrichters und des Schöffengerichts, § 312 StPO.

Das Rechtsmittel der **Revision** ist statthaft gegen alle Urteile mit Ausnahme der Revisionsurteile selbst, §§ 333, 335 StPO.

Die **Beschwerde** richtet sich gegen Beschlüsse des Gerichts oder Verfügungen des Vorsitzenden nach Maßgabe der §§ 304, 305 ff StPO.

Auch wenn eine Entscheidung in der **falschen Form** ergangen ist (zB Urteil statt Beschluss oder umgekehrt), sollen den Rechtsmittelberechtigten nach hM ausschließlich die Rechtsmittel zur Verfügung stehen, die im Falle **ordnungsgemäßer Entscheidung** statthaft wären[2]. Zur Begründung wird auf § 300 StPO verwiesen, der klarstellt, dass ein Irrtum in der Bezeichnung des zulässigen Rechtsmittels unschädlich ist. In der Regel erscheint es jedoch unbillig, wenn dem Rechtsmittelberechtigten Nachteile daraus erwachsen, dass er sich bei der Wahl des Rechtsmittels an der vom Gericht (fälschlicherweise) gewählten Entscheidungsform orientiert. Daher sollte ihm in derartigen Fällen die Wahl gelassen werden, welches Rechtsmittel er einlegen möchte[3].

---

1 Zur Systematik *Lesch*, JA 2004, 679; zur Rechtsmittelreform vgl statt aller *Dahs*, NStZ 1999, 321; *Hauck*, in: Gropp/ua, S. 201; *Laufhütte*, NStZ 2000, 449; *Lilie*, Gutachten D zum 63. DJT; *Rieß*, JZ 2000, 813.
2 BGHSt 8, 383, 384; 25, 242; *Kühne*, Rn 1026; s.a. LR-*Jesse*, Vor § 296 Rn 43.
3 So anscheinend auch KG NJW 1993, 673 u. 947; aA *Volk/Engländer*, § 34 Rn 8 (Umdeutung).

b) Beschwer

537 aa) Gemeinsame Zulässigkeitsvoraussetzung aller Rechtsmittel ist, dass ein **Rechts-schutzinteresse** besteht: Derjenige, der ein Rechtsmittel für sich oder einen Dritten einlegt, muss geltend machen, dass er bzw der Dritte **beschwert** ist.

Der **Beschuldigte** (und mit ihm sein gesetzlicher Vertreter sowie der Verteidiger) ist immer dann beschwert, wenn die Entscheidung **zu seinem Nachteil** ergangen ist, so zB wenn er verurteilt worden ist.

Die **StA** kann von den Rechtsmitteln sowohl zu Gunsten als auch zu Ungunsten des Beschuldigten Gebrauch machen, vgl § 296 II StPO. Sie ist also immer beschwert, wenn sie geltend macht, die Entscheidung sei unrichtig.

Privat- und Nebenkläger können hingegen kein Rechtsmittel zu Gunsten des Beschuldigten einlegen (s. auch Rn 592, 596).

bb) Für die Frage, ob eine Beschwer vorliegt, kommt es allein auf den Urteils**tenor** an. Es genügt also nicht, wenn nur die Urteilsgründe den Beschuldigten belasten[4]. Deshalb ist ein Rechtsmittel gegen ein freisprechendes Urteil auch dann unzulässig, wenn in der Urteilsbegründung hervorgehoben wird, der Angeklagte werde nur **aus Mangel an Beweisen freigesprochen**[5]. Ebenso ist zu entscheiden, wenn im Urteil offen gelassen wird, ob der Angeklagte eine tatbestandsmäßige, rechtswidrige Handlung begangen hat, da jedenfalls feststeht, dass er zum Tatzeitpunkt schuldunfähig war[6].

cc) Fehlt die Beschwer, ist das Rechtsmittel als **unzulässig** (nicht als unbegründet) zu verwerfen[7].

Ein berechtigtes Rechtsschutzinteresse fehlt, wenn die Rechtsmittelbefugnis **rechtsmissbräuch-lich** gehandhabt wird[8]. Der sich in der Rspr abzeichnenden Tendenz, eine derartige **Verwirkung des Rügerechts** in zunehmendem Maße zu bejahen, ist entschieden entgegenzutreten. Bei der Annahme unzulässiger Rechtsausübung ist **größte Zurückhaltung** geboten, um zu verhindern, dass die Rechte der Verfahrensbeteiligten gesetzeswidrig beschnitten werden[9] (Einzelheiten Rn 126a).

c) Anfechtungsberechtigung

538 Zur Einlegung von Rechtsmitteln sind insbes. befugt:

– die **StA,** und zwar auch zu Gunsten des Beschuldigten, § 296 I und II StPO,
– der **Beschuldigte,** § 296 I StPO,

---

4 BGH NJW 2016, 728 (Fall Mollath) m. Anm. *Michalke* u. Bespr. *Jahn*, JuS 2016, 180; *Satzger*, Jura 2016, 956 (s. auch Rn 25).
5 BGHSt 7, 153; abw. *Krack*, S. 180; einschränkend auch EGMR StV 2016, 1 (Cleve/Deutschland) m. Anm. *Stuckenberg* u. Bespr. *Satzger*, Jura 2016, 111.
6 BGHSt 16, 374; zur Beschwer bei Prozessurteilen: BGH NStZ 2011, 2310.
7 BGHSt 16, 374, 376; 28, 327, 330; zT aA KMR-*Plöd*, Vor § 296 Rn 14; *Ranft*, Rn 1918.
8 BGH NStZ-RR 2008, 85; BGH StV 2008, 123 m. abl. Anm. *Ventzke*; BGH StV 2009, 169.
9 *M-G/Schmitt*, § 337 Rn 47; *Beulke/Witzigmann*, StV 2009, 394; s.a. BGH NJW 2012, 468; vert. *Fahl*, S. 624 ff.

– der **Verteidiger**, jedoch nicht gegen den ausdrücklichen Willen des Beschuldigten, § 297 StPO,
– der **gesetzliche Vertreter**, auch gegen den Willen des Beschuldigten, § 298 StPO,
– der **Privatkläger** (an Stelle der StA), wenn im Privatklagewege vorgegangen wird, § 390 I StPO,
– der **Nebenkläger**, soweit er durch die Entscheidung in seiner Stellung als Nebenkläger beschwert ist, §§ 395 IV 2, 400, 401 I 1 StPO.

d) Sonstige Zulässigkeitsvoraussetzungen

Die sofortige Beschwerde (§ 311 II StPO), die Berufung (§ 314 StPO) sowie die Revision (§ 341 StPO) müssen **binnen einer Woche** eingelegt werden. Die einfache Beschwerde ist unbefristet. **539**

Alle Rechtsmittel werden im Strafrecht beim Gericht, dessen Entscheidung angefochten werden soll (**iudex a quo** – nicht beim Rechtsmittelgericht, iudex ad quem), eingelegt, und zwar zu **Protokoll** der **Geschäftsstelle** oder **schriftlich**[10], §§ 306 I, 314, 341 StPO.

Die Berufung **kann** „gerechtfertigt" (**begründet**) werden, § 317 StPO, eine Begründungspflicht besteht hingegen nicht. Demgegenüber **muss** die Revision begründet werden, § 344 StPO (Einzelheiten Rn 562). Bei der Beschwerde existiert wiederum keine Begründungspflicht.

2. Verbot der reformatio in peius

a) Grundsatz

Ein Urteil, gegen das das Rechtsmittel der Berufung oder Revision eingelegt worden ist, darf in Art und Höhe der Rechtsfolgen der Tat nicht zum Nachteil des Angeklagten geändert werden (**Verbot der reformatio in peius**), wenn **540**

– lediglich der Angeklagte oder
– zu seinen Gunsten die StA oder
– sein gesetzlicher Vertreter

das Rechtsmittel eingelegt hat (§§ 331 I, 358 II 1 StPO). Der Angeklagte soll bei der Entscheidung, ob er ein Rechtsmittel einlegt, nicht durch die Befürchtung beeinträchtigt werden, es könne ihm dadurch ein Nachteil entstehen[11].

Hat die **StA** ein Rechtsmittel zu Ungunsten des Angeklagten eingelegt, kann die angefochtene Entscheidung nicht nur zu Ungunsten, sondern auch zu Gunsten des Beschuldigten abgeändert oder aufgehoben werden, § 301 StPO.

---

10 Dazu, was „schriftlich" sein kann, OK-StPO-*Eschelbach*, § 314 Rn 8 ff.
11 BGHSt 11, 319, 323; ausf. *Hamm*, Hanack-FS, S. 369 ff; SK-StPO-*Frisch*, § 331 Rn 1.

b) Einschränkungen

541 Das Verbot der reformatio in peius unterliegt insbes. folgenden zwei wichtigen Einschränkungen:

Verboten sind nur nachteilige Änderungen in „Art und Höhe der **Rechtsfolgen** der Tat" (§§ 331 I, 358 II 1 StPO), dh Änderungen des Schuldspruchs bleiben möglich[12]. Ist zB der Angeklagte wegen Diebstahls zu einer Geldstrafe von 20 Tagessätzen verurteilt worden und hat nur er Berufung eingelegt, so kann das Gericht gleichwohl den Schuldspruch in eine Verurteilung wegen Raubes ändern, allerdings darf es bei der Strafzumessung die Geldstrafe von 20 Tagessätzen nicht überschreiten.

Das Verbot der reformatio in peius steht der Anordnung der Unterbringung in einem **psychiatrischen Krankenhaus** oder einer **Entziehungsanstalt** nicht entgegen, §§ 331 II, 358 II 2 StPO[13].

3. Teilanfechtung

a) Trennbarkeitsformel

542 Es ist sowohl bei der Berufung (§ 318 StPO) als auch bei der Revision (§ 344 StPO) sowie beim Einspruch gegen einen Strafbefehl (§ 410 II StPO) möglich, die Anfechtung auf bestimmte Beschwerdepunkte zu beschränken (Teilanfechtung). Zulässig ist dies jedoch nur, wenn „Gegenstand der Anfechtung ein solcher Teil der Entscheidung ist, der **losgelöst und getrennt** von dem nicht angefochtenen Teil des Urteils eine in sich **selbstständige Prüfung und Beurteilung** zulässt" (sog. **Trennbarkeitsformel**[14]).

Gem. § 318 S. 2 StPO führt die Berufung, wenn sie ohne Beschränkung erklärt wird, zur Überprüfung des gesamten Inhalts des Urteils. Wenn die Berufung zwar auf einen Teil beschränkt wird, diese Beschränkung aber unwirksam ist, gilt das Urteil als insgesamt angefochten. Für die Revision sowie den Einspruch gegen einen Strafbefehl wird § 318 S. 2 StPO entsprechend angewandt.

b) Besonders wichtige Beispiele für eine von der Rspr für zulässig erachtete Teilanfechtung sind:

– Jeder Angeklagte hat die Möglichkeit, unabhängig von Mitangeklagten Rechtsmittel einzulegen.
– Jeder Angeklagte kann sein Rechtsmittel auf einzelne Taten im prozessualen Sinn beschränken (sog. vertikale Beschränkung).
– Berufung und Revision können auf das Strafmaß beschränkt werden (**Strafmaßberufung, Strafmaßrevision**), denn die Schuldfrage kann in der Regel von der Frage der Strafzumessung getrennt werden (sog. horizontale Beschränkung[15]).

---

12 BGHSt 14, 5, 7; HK-*Rautenberg*, § 331 Rn 10; abl. OK-StPO-*Eschelbach*, § 331 Rn 12 ff; vgl auch *Brand/Reschke*, JZ 2011, 1102.
13 Vert. *Kretschmer, J.*, StV 2010, 161; *Wohlers*, GA 2001, 196.
14 BGHSt 10, 100; BGH StV 2018, 265, 400; zum Überblick *Altmann*, JuS 2008, 790.
15 BGHSt 29, 359; 62, 155; S/S/W-StPO-*Momsen*, § 344 Rn 6; vert. *Dreyer*, NStZ 2018, 312; *Fischer*, in: 33. Strafverteidigertag, S. 87.

– Auch innerhalb des Rechtsfolgenausspruchs kann eine Teilanfechtung zulässig sein. Hervorzuheben ist insbes. die in der Praxis sehr häufige Beschränkung des Rechtsmittels auf die Strafaussetzung zur Bewährung[16].

c) Teilrechtskraft

Die wirksame Teilanfechtung hat zur Folge, dass der nicht angefochtene Urteilsteil in **Teilrechtskraft** erwächst[17].

543

Beispiel: Der auf Grund eines Verkehrsunfalls wegen fahrlässiger Tötung verurteilte A legt Berufung ein, die er auf das Strafmaß beschränkt. Er ist der Ansicht, die gegen ihn verhängte kurzfristige Freiheitsstrafe sei unzulässig. Wenn er in der Berufungshauptverhandlung vorträgt, er sei gar nicht der Fahrer gewesen, so kann er hiermit nicht gehört werden. Der Schuldspruch ist in Rechtskraft erwachsen. Das Berufungsgericht hat nur noch – unter Beachtung des Verbots der reformatio in peius – die Rechtsfolgen festzusetzen.

4. Rücknahme, Verzicht

Gem. § 302 I 1 StPO können die **Rücknahme** eines Rechtsmittels sowie der **Verzicht** auf die Einlegung eines Rechtsmittels auch vor Ablauf der Frist zu seiner Einlegung wirksam erfolgen[18]. Ein von der StA zu Gunsten des Beschuldigten eingelegtes Rechtsmittel kann jedoch ohne dessen Zustimmung nicht zurückgenommen werden, § 302 I 2 StPO. Hat die Entscheidung über das Rechtsmittel auf Grund mündlicher Verhandlung zu erfolgen, kann es nach Beginn der Hauptverhandlung nur mit Zustimmung des Gegners zurückgenommen werden, § 303 S. 1 StPO.

544

Rücknahme und Verzicht können als Prozesshandlungen weder von Bedingungen abhängig gemacht noch widerrufen werden[19]. Im Falle der notwendigen Verteidigung (s. Rn 165) ist der vom Angeklagten ohne Mitwirkung eines Verteidigers ausgesprochene Rechtsmittel**verzicht** unwirksam[20]. Das gilt auch bei der Mitwirkung eines Anwaltes, dem die Lizenz entzogen war, sog. „**Scheinverteidiger**"[21]. Der Wirksamkeit eines Rechtsmittelverzichts steht allerdings nicht entgegen, dass eine Rechtsmittelbelehrung unterblieben ist[22]. Weitere Einzelheiten zum Problem der Wirksamkeit, Anfechtung oder Rücknahme von Prozesshandlungen, s. Rn 296 ff, 395e.

Lösung Fall 64:

545

a) Man unterscheidet die ordentlichen und die außerordentlichen Rechtsbehelfe. Die **ordentlichen** Rechtsbehelfe sind
– **Berufung** (§§ 312–332 StPO),
– **Revision** (§§ 333–358 StPO) und
– **Beschwerde** (§§ 304–311a StPO).
– **Einspruch** gegen einen **Strafbefehl** (§ 410 StPO).

---

16 BGHSt 24, 164, 165; 47, 32, 35.
17 BayObLG NStZ 2000, 275 m. Anm. *Kudlich*; s.a. BGHSt 54, 135, 137 m. Anm. *Maier*, NStZ 2010, 650.
18 Krit. hierzu *Erb*, GA 2000, 511.
19 BGHSt 10, 245, 247; KG NStZ 2007, 541 (Ausnahmen); *Bischoff*, JuS 2018, 670; abw. *Niemöller*, StV 2010, 598 u. StV 2011, 54; gegen diesen: *Meyer-Goßner*, StV 2011, 53; Einzelheiten str.
20 OLG Naumburg, StraFo 2011, 517; anders für Rücknahme: OLG Koblenz NStZ 2007, 55.
21 BGHSt 47, 238, 240 m. zust. Anm. *Beulke/Angerer*, NStZ 2002, 443.
22 BGH NStZ 2006, 351.

Zu den **außerordentlichen** Rechtsbehelfen, welche die Rechtskraft durchbrechen, gehören
- Wiedereinsetzung in den vorigen Stand (§§ 44–47 StPO),
- Wiederaufnahme des Verfahrens (§§ 359–373a StPO),
- Verfassungsbeschwerde (Art. 93 I Nr 4a GG, §§ 90 ff BVerfGG).

b) Die Rechtsbehelfe Berufung, Revision und Beschwerde werden unter dem Oberbegriff „Rechtsmittel" zusammengefasst. Alle Rechtsmittel weisen den **Devolutiveffekt** auf, dh das Verfahren wird in eine höhere Instanz gebracht. Die Berufung und die Revision sind darüber hinaus durch den **Suspensiveffekt** gekennzeichnet, dh die Rechtskraft der Entscheidung wird gehemmt (§§ 316, 343 StPO). Bei der Beschwerde fehlt hingegen der Suspensiveffekt (§ 307 I StPO).

c) Die **Berufung** führt zur Überprüfung des angefochtenen Urteils in **tatsächlicher und rechtlicher** Hinsicht **(zweite Tatsacheninstanz)**. Bei der **Revision** wird das angefochtene Urteil hingegen nur in **rechtlicher** Hinsicht überprüft. Die **Beschwerde**, die sich gegen Beschlüsse und Verfügungen richtet, führt wiederum zu einer Überprüfung in **rechtlicher und tatsächlicher** Hinsicht. Einzelheiten s. Rn 534 f.

546 **Lösung Fall 65:** Die Revision des A ist unzulässig, da es an einer **Beschwer** des A fehlt. Gegen ein freisprechendes Urteil steht auch dann kein Rechtsmittel zur Verfügung, wenn die Urteilsgründe Aussagen enthalten, die den Angeklagten belasten. Der Angeklagte mag zwar ein Interesse daran haben, wegen erwiesener Unschuld freigesprochen zu werden. Aufgabe des Strafverfahrens ist es jedoch nur zu klären, ob sich der Angeklagte einer Straftat schuldig gemacht und ggf welche Strafe er verwirkt hat. Wenn feststeht, dass eine Verurteilung aus einem bestimmten Grund ausscheidet, bedarf es keiner uU uferlosen Beweisaufnahme, um zu klären, ob ein Schuldspruch auch aus anderen Gründen nicht in Betracht kommt. Einzelheiten s. Rn 537.

547 **Lösung Fall 66:** Da nur A Berufung eingelegt hat, könnte die erfolgte Abänderung der Verurteilung zu seinen Lasten (Ersturteil: fahrlässige Körperverletzung; Berufungsurteil: schwere Körperverletzung) gegen das **Verbot der reformatio in peius** (§ 331 I StPO) verstoßen. Allerdings ist das Berufungsgericht hier lediglich in der Schuldfrage abgewichen, während das Strafmaß unverändert blieb. Dies ist zulässig, obwohl auf diese Weise in der zweiten Instanz eine Strafe festgesetzt wurde, die in § 226 StGB gar nicht vorgesehen ist. Einzelheiten s. Rn 540 ff.

§ 28 Die Berufung

Fall 67: A wird vom Strafrichter zu einer Geldstrafe von 20 Tagessätzen verurteilt. Innerhalb einer Woche nach Urteilsverkündung erklärt er schriftlich: „Ich fechte das Urteil an." Später äußert er sich nicht mehr. Welches Rechtsmittel hat er eingelegt? **Rn 558**

I. Statthaftigkeit und Funktion der Berufung

548 Die Berufung ist gem. § 312 StPO zulässig gegen die (immer erstinstanzlichen) **amtsgerichtlichen** Urteile, also gegen die Urteile des **Strafrichters** und des **Schöffenge-**

richts. Erstinstanzliche Urteile des LG (Strafkammer) oder des OLG (Strafsenat) können nicht mit der Berufung, sondern nur mit der Revision angefochten werden.

Die Berufung führt – im Gegensatz zur Revision – zu einer Überprüfung der angefochtenen Entscheidung in rechtlicher **und** tatsächlicher Hinsicht. Die Berufungsinstanz ist also eine **zweite Tatsacheninstanz**, in der nicht nur geprüft wird, ob das Urteil erster Instanz in sachlicher und rechtlicher Hinsicht richtig ist, sondern in der auch neue Tatsachen und Beweismittel eingeführt werden können, § 323 III StPO.

II. Annahme der Berufung

Gem. § 313 StPO bedarf **die Berufung** einer vorherigen **Annahme durch das Gericht**, wenn es sich um eine der folgenden Fallgruppen handelt: **549**

- Die erkannte Rechtsfolge ist **Geldstrafe von nicht mehr als 15 Tagessätzen** oder Verwarnung mit entsprechendem Strafvorbehalt (§ 59 StGB) oder Geldbuße (nach OWiG), § 313 I 1 StPO. Dies gilt für Berufungen des Angeklagten und der StA gleichermaßen.
- **Freispruch** oder **Verfahrenseinstellung**, wenn die StA eine Geldstrafe von nicht mehr als 30 Tagessätzen beantragt hatte, § 313 I 2 StPO. Nicht anwendbar ist § 313 I 2 StPO für Berufungen der StA, wenn diese in der erstinstanzlichen Hauptverhandlung Freispruch beantragt hatte und nun zB auf Grund neuer Beweise in die Berufung gehen möchte[1].

Die Berufung wird angenommen, wenn sie **nicht offensichtlich unbegründet** ist, § 313 II 1 StPO[2]. Über die Annahme entscheidet das Berufungsgericht durch Beschluss, der grundsätzlich unanfechtbar ist, § 322 S. 1, 2 StPO. Allerdings kann der Beschluss mit der Begründung, dass gar kein Fall der Annahmeberufung vorgelegen habe, mit der sofortigen Beschwerde (§ 322 II StPO analog) angefochten werden, so zB wenn die Voraussetzungen des § 313 I StPO nicht gegeben sind, weil der Angeklagte zu mehr als einer Geldstrafe von fünfzehn Tagessätzen verurteilt worden ist[3]. Im Falle der Annahme bedarf der Beschluss keiner Begründung, § 322a S. 3 StPO. Wird die Berufung nicht angenommen, so wird sie in dem Beschluss **als unzulässig verworfen**, § 313 II 2 StPO.

III. Zuständigkeit

Funktionell zuständig für die Entscheidung über die Berufung ist die **kleine Strafkammer** des Landgerichts, die mit dem Vorsitzenden und zwei Schöffen besetzt ist, §§ 74 III, 76 I 1 GVG. Handelt es sich um eine Berufung gegen ein Urteil des erwei-   **550**

---

1 OLG Karlsruhe StV 1997, 69; KMR-*Brunner*, § 313 Rn 4; LR-*Gössel*, § 313 Rn 36; HK-*Rautenberg*, § 313 Rn 6; abw. *M-G/Schmitt*, § 313 Rn 4a f; *Ebert*, JR 1998, 265.
2 Einzelheiten bei *Fezer*, NStZ 1995, 265; zur verfassungskonformen Auslegung BVerfG NJW 1996, 2785.
3 OLG Hamburg JR 1999, 479 m. zust. Anm. *Gössel*; SK-StPO-*Frisch*, § 322a Rn 11.

terten Schöffengerichts (§ 29 II GVG), ist ein zweiter Berufsrichter hinzuzuziehen (§ 76 III 1 GVG).

IV. Einlegung der Berufung

551 Die Berufung muss **binnen einer Woche** nach Verkündung des Urteils beim Ausgangsgericht (**iudex a quo**) schriftlich[4] oder zu Protokoll der Geschäftsstelle eingelegt werden, § 314 I StPO. Hat die Verkündung des Urteils nicht in Anwesenheit des Angeklagten stattgefunden, beginnt für diesen die Frist idR mit der Zustellung, § 314 II StPO[5]. Durch rechtzeitige Einlegung der Berufung wird die Rechtskraft des Urteils, soweit es angefochten ist, gehemmt (§ 316 I StPO – **Suspensiveffekt**). Die Berufung kann sich auf die **Anfechtung einzelner Punkte** des Urteils beschränken, § 318 StPO (s.a. Rn 542). Wird sie nicht oder nicht wirksam beschränkt, führt sie zur Überprüfung des gesamten Urteils. Eine Begründung der Berufung ist im Strafprozess nicht erforderlich, aber zulässig, § 317 StPO.

Die Berufung muss nicht von Beginn an als solche bezeichnet werden. Nach der Rspr des BGH ist es zulässig, dass ein Urteil zunächst unter Vorbehalt der späteren Wahl des Rechtsmittels zur Fristwahrung angefochten wird[6]. Unterbleibt die genaue Bezeichnung bis zum Ablauf der **Revisionsbegründungsfrist** (§ 345 StPO), wird das Rechtsmittel als **Berufung** behandelt, weil es sich hierbei um das umfassendere Rechtsmittel handelt[7]. Überdies ist es zulässig, dass ein Beschwerdeführer, der zunächst Berufung eingelegt hat, innerhalb der Revisionsbegründungsfrist noch zur Revision übergeht[8] und umgekehrt[9]. Wegen dieses Wahlrechts darf das Berufungsverfahren während des Laufs der Revisionsbegründungsfrist nicht durchgeführt werden[10].

V. Entscheidungen

1. Rechtzeitigkeitsprüfung durch das Gericht des ersten Rechtszuges

552 Das Gericht des ersten Rechtszuges hat zu prüfen, ob die Berufung rechtzeitig eingelegt worden ist. Bejaht es eine verspätete Einlegung, hat es das Rechtsmittel als unzulässig zu verwerfen (§ 319 I StPO). Andere Zulässigkeitsgesichtspunkte als den der Rechtzeitigkeit prüft das Gericht des ersten Rechtszuges nicht.

---

4 Zu der Bandbreite der Schriftlichkeit s. OK-StPO-*Eschelbach*, § 314 Rn 8 ff.
5 Einzelheiten SK-StPO-*Frisch*, § 314 Rn 26 ff.
6 BGHSt 2, 63, 66.
7 BGHSt 2, 63, 71; vgl auch OLG Bamberg NStZ-RR 2018, 56.
8 BGHSt 5, 338, 340; Einzelheiten bei *M-G/Schmitt*, § 335 Rn 2 ff.
9 OLG München wistra 2010, 240.
10 OLG Frankfurt NStZ 1991, 506; aA OLG Oldenburg NStZ 2012, 54.

2. Vorprüfung durch das Berufungsgericht

Gem. § 322 I 1 StPO kann das Berufungsgericht die Berufung ohne Hauptverhand- **553**
lung durch Beschluss als unzulässig verwerfen, wenn es die **Zulässigkeitsvorausset-**
zungen für nicht gegeben erachtet (insbes. Statthaftigkeit, Form, Frist, Beschwer).

3. Entscheidung über Annahme der Berufung

Bejaht das Berufungsgericht die allgemeinen Zulässigkeitsvoraussetzungen, entscheidet es ggf über die Annahme der Berufung gem. §§ 313, 322a StPO.

4. Einstellung des Verfahrens (vor Beginn der Hauptverhandlung)

Das Berufungsgericht kann das Verfahren durch Beschluss **einstellen**, wenn sich **außerhalb der** **554**
Hauptverhandlung ein **Verfahrenshindernis** herausstellt. Das ergibt sich aus § 206a StPO, der
in jedem Verfahrensabschnitt, also auch im Berufungsverfahren gilt[11]. Auch die Möglichkeit der
Einstellung aus Opportunitätsgründen (§§ 153 ff StPO) besteht seitens des Berufungsgerichts,
sofern die StA und der Angeklagte dem zustimmen (Einzelheiten Rn 333 ff).

5. Berufungshauptverhandlung

Der **Gang der Hauptverhandlung** entspricht grundsätzlich dem in der ersten Instanz **555**
(Einzelheiten s. §§ 323, 324, 325, 326 StPO).

6. Ausbleiben des Angeklagten und/oder seines Verteidigers, § 329 StPO

Die Folgen eines **Ausbleibens des Angeklagten und/oder seines Verteidigers** sind **556**
seit 2015[12] in § 329 StPO geregelt. Auf diese Folgen ist der Angeklagte bereits in der
Ladung ausdrücklich hinzuweisen, § 323 I 2 StPO.

a) Die früher bestehende Möglichkeit der Verwerfung der Berufung ohne Hauptverhandlung, wenn statt des Angeklagten in der Berufungshauptverhandlung nur
dessen mit schriftlicher Vollmacht versehener Verteidiger erschienen ist, ist weggefallen, nachdem der EGMR sie für konventionswidrig (Verstoß gegen Art. 6 I und
IIIc EMRK) erklärt hatte[13]. Nunmehr **findet die Hauptverhandlung auch ohne ihn**
statt, soweit die Anwesenheit des Angeklagten nicht erforderlich ist und er durch
einen Verteidiger mit nachgewiesener Vertretungsvollmacht[14] **vertreten wird,**

---

11 BGHSt 24, 208, 212; 32, 275, 290; LG Oldenburg StV 2018, 480; LR-*Stuckenberg*, § 206a Rn 17; aA
 OLG Celle NStZ 2008, 118; *M-G/Schmitt*, § 206a Rn 6 f; vert. KK-*Schneider*, § 206a Rn 4.
12 Gesetz zur Stärkung des Rechts des Angeklagten auf Vertretung in der Berufungshauptverhandlung und
 über die Anerkennung von Abwesenheitsentscheidungen in der Rechtshilfe v. 17.6.2015, BGBl I 2015,
 1332; dazu statt aller: *Frisch*, NStZ 2015, 69; *Spitzer*, StV 2016, 48.
13 EGMR NStZ 2013, 350 *(Neziraj/Deutschland)*: dazu statt aller: *Ast*, JZ 2013, 780; *Engel*, ZJS 2013,
 339; *Esser*, StV 2013, 331; *Hüls/Reichling*, StV 2014, 242; *Mosbacher*, NStZ 2013, 312; *Zehetgruber*,
 HRRS 2013, 397.
14 KG StraFo 2018, 71 (nicht vom Verteidiger selbst unterschrieben).

§ 329 II 1 Alt. 1 StPO. Der Verteidiger muss grundsätzlich bereit sein, den Beschuldigten zu vertreten, ohne dass es dazu einer ausdrücklichen Erklärung des Verteidigers bedürfte[15]. Über die Frage, in welchen Fallgruppen das Berufungsgericht nach wie vor wegen „Erforderlichkeit der Anwesenheit" das Erscheinen des Angeklagten trotz Anwesenheit des bevollmächtigten Verteidigers verlangen darf bzw muss, herrscht derzeit noch Unklarheit[16]. Das OLG Hamburg ist der Ansicht, dass das Berufungsgericht nur dann auf die Anwesenheit des Angeklagten verzichten darf, wenn sich Fragen der Tatschuld und der Strafe gar nicht oder nicht mehr stellen[17].

b) Im Gegenzug sind die Möglichkeiten der Verwerfung der Berufung ohne Hauptverhandlung erweitert worden. Nach wie vor ist die Regelung unterschiedlich, je nachdem, ob der Angeklagte selbst oder die StA Berufung eingelegt hat. Die einzelnen Fallgestaltungen sind jetzt jedoch sehr unübersichtlich geregelt. Merken sollte man sich folgende, **besonders wichtige Konstellationen**:

– Hat der **Angeklagte Berufung eingelegt** und sind bei Beginn eines Hauptverhandlungstermins (also auch eines Fortsetzungstermins!) weder der Angeklagte noch sein Verteidiger mit nachgewiesener Vollmacht erschienen und wurde das Ausbleiben nicht genügend entschuldigt[18], so hat das Gericht eine Berufung des Angeklagten ohne Verhandlung zur Sache (also durch **Prozessurteil**) zu verwerfen, § 329 I 1 StPO. Der Sache nach handelt es sich bei der Verwerfung um eine Urteilsart, die dem Versäumnisurteil im Zivilprozess ähnelt[19]. Das Gericht hat die Berufung des Angeklagten auch dann durch Prozessurteil zu verwerfen, wenn es die Anwesenheit des Angeklagten in der Berufungshauptverhandlung trotz Vertretung durch einen Verteidiger für erforderlich hält, der Angeklagte jedoch trotz Ladung und Anordnung des persönlichen Erscheinens im Fortsetzungstermin unentschuldigt nicht erscheint, § 329 IV StPO.

– Hat die **StA Berufung eingelegt** und bleibt der Angeklagte bei Beginn der Hauptverhandlung unentschuldigt aus und ist die Anwesenheit des Angeklagten nicht erforderlich, so kann auch ohne den Angeklagten und ohne einen mit nachgewiesener Vollmacht versehenen Verteidiger verhandelt werden, § 329 II 1 Alt. 2, V StPO. In diesem Fall kann eine Berufung der StA idR auch ohne Zustimmung des Angeklagten zurückgenommen werden, § 329 V 2 StPO (zur sonstigen Regelung s. §§ 302 I, 303 StPO, u. Rn 544).

– **Unabhängig davon, wer die Berufung eingelegt hat**, ist die Berufung ohne Hauptverhandlung zu verwerfen, wenn sich Verteidiger und/oder Angeklagter in der Hauptverhandlung **ohne genügende Entschuldigung entfernen oder wenn der Verteidiger nicht mehr zur Vertretung bereit ist**; zu Einzelheiten § 329 I 2 Nr 1-3 StPO.

---

15 OLG Hamm StV 2018, 150.
16 Zu „erforderlich" im Lichte von Art. 6 EMRK *Böhm*, NJW 2015, 3132, 3133; *Sommer*, StV 2016, 55; *Weißer/Göhler*, JuS 2016, 532, 536 ff.
17 OLG Hamburg NStZ 2017, 607 m. abl. Anm. *Gerson*, StraFo 2016, 522 sowie *Hüls*, StV 2018, 146.
18 Vgl hierzu BayObLG JR 2000, 80 m. Anm. *Rosenau* sowie *Kudlich*, JA 2000, 588; OLG Bamberg SVR 2013, 238; OLG Hamm NStZ 2014, 421.
19 *Kindhäuser*, § 30 Rn 26; *Roxin/Schünemann*, § 54 Rn 22 ff; *Schroeder/Verrel*, Rn 315.

7. Entscheidungen des Berufungsgerichts auf Grund der Hauptverhandlung

Das Berufungsgericht verwirft die Berufung durch Urteil als **unzulässig**, wenn sich erst im Laufe der Hauptverhandlung herausstellt, dass die Zulässigkeitsvoraussetzungen nicht gegeben sind.   **557**

Ist die Berufung zulässig und stellt sich **im Laufe der Hauptverhandlung** heraus, dass eine **Prozessvoraussetzung fehlt**, ist das Verfahren durch Urteil einzustellen, § 260 III StPO[20].

Ist die Berufung zulässig und **begründet**, hebt das Berufungsgericht das erstinstanzliche Urteil auf und **entscheidet selbst in der Sache**, § 328 I StPO[21]. Die Berufung ist dann begründet, wenn das Berufungsgericht die angefochtene Entscheidung für unrichtig hält und im Schuldspruch oder hinsichtlich der Rechtsfolgen zu einer anderen Entscheidung gelangt als das Erstgericht. Möglich ist auch, dass die Berufung nur zT begründet ist. Das Urteil wird dann teilweise aufgehoben.

Hebt das Berufungsgericht das Ersturteil auf, so gilt dies nur für denjenigen Angeklagten, der Berufung eingelegt hat oder zu dessen Gunsten Berufung eingelegt worden ist. **Für andere Mitangeklagte** hat die Berufungsentscheidung keine Bedeutung[22].

Stellt sich heraus, dass das erstinstanzliche Gericht seine Zuständigkeit zu Unrecht angenommen hat, so hebt das Berufungsgericht das Ersturteil auf und verweist die Sache an das zuständige Gericht, § 328 II StPO.

Hält das Berufungsgericht dagegen das erstinstanzliche Urteil für richtig, wird die zulässige Berufung als **unbegründet** verworfen[23].

Lösung Fall 67: A hat innerhalb der Wochenfrist nach Verkündung des Urteils (§§ 314, 341   **558** StPO) entweder **Berufung** (§§ 312 ff StPO) oder **Revision** in Form der sog. Sprungrevision (§ 335 StPO) eingelegt. Die Berufung bedarf zu ihrer Zulässigkeit nicht der Annahme, da A zu mehr als 15 Tagessätzen verurteilt ist, § 313 I 1 StPO. Dass er zunächst zwischen beiden Rechtsmitteln noch keine Wahl getroffen hat, ist unschädlich, da ihm die Entscheidung bis zum Ablauf der **Revisionsbegründungsfrist** (ein Monat idR ab Zustellung des Urteils, § 345 StPO) offen steht (BGHSt 2, 63, 66). Dies wird vor allem damit gerechtfertigt, dass der Verurteilte zumeist erst anhand der schriftlichen Urteilsgründe feststellen kann, welche Mängel das Urteil aufweist. Insbes. werden Verfahrensverstöße häufig erst aus den schriftlichen Urteilsgründen ersichtlich. Wenn er sich gar nicht festlegt, wird das Rechtsmittel als **Berufung behandelt**. Hätte A innerhalb der Revisionsbegründungsfrist sein Rechtsmittel als „Revision" konkretisiert und begründet, hätte er in zulässiger Weise Revision eingelegt; Einzelheiten s.o. Rn 549, 551.

---

20 Zum Vorliegen eines Prozesshindernisses bei unzulässiger Berufung s. BGHSt 16, 115, 117; 22, 213, 215.
21 OLG Karlsruhe NStZ-RR 2014, 17; **Muster:** *Kroiß/Neurauter*, Nr 41.
22 *Mitsch*, BrandOLG-FS, S. 379.
23 Vert. *Mansdörfer/Timmerbeil*, JuS 2001, 1209.

§ 29 Die Revision

Fall 68: A ist vor der großen Strafkammer, die als Schwurgericht tagt, angeklagt, ihre zwei Kinder ermordet zu haben. Während der Hauptverhandlung wird ein Ortstermin durchgeführt, an dem viele Berichterstatter der Massenmedien anwesend sind, die Ton-, Fernseh- und Rundfunkaufnahmen anfertigen, ohne dass das Gericht dagegen einschreitet. A wird zu lebenslanger Freiheitsstrafe verurteilt. Sie möchte wissen, wie sie sich gegen das Urteil wehren kann und ob die „Beeinträchtigungen" durch die Massenmedien ihr Rechtsmittel begründen. **Rn 576**

I. Statthaftigkeit und Funktion der Revision[1]

559 Die Revision ist gem. §§ 333, 335 StPO zulässig gegen alle erstinstanzlichen Urteile (des AG, LG und OLG) und gegen alle Berufungsurteile (der kleinen Strafkammer des LG). Da gegen die erstinstanzlichen Urteile des AG wahlweise auch die Berufung zulässig ist, nennt man die Revision gegen diese Urteile **Sprungrevision** (§ 335 StPO).

Die Zulässigkeit der Sprungrevision wird von der Annahmeberufung nicht berührt, dh auch in den Bagatellfällen, in denen eigentlich die Voraussetzungen des § 313 StPO gegeben sind, muss der Beschwerdeführer nicht zunächst abwarten, bis über die Annahme der Berufung entschieden worden ist. Rechtsfragen können stets auch sofort mit der Sprungrevision geklärt werden[2].

Während die Berufung eine zweite Tatsacheninstanz eröffnet, sind in der Revisionsinstanz Tatsachenfeststellungen von der Überprüfung ausgeschlossen. Das Revisionsgericht prüft nur, ob das Urteil **verfahrensrechtlich ordnungsgemäß zustande gekommen** und ob das **materielle Recht richtig angewandt** worden ist. Zweck der Revision ist sowohl die Wahrung der Rechtseinheit als auch die Verwirklichung von Einzelfallgerechtigkeit.

II. Zuständigkeit

560 Funktionell zuständig für die Entscheidung über die Revision ist das **OLG**, das mit drei Berufsrichtern besetzt ist (§§ 116 I, 122 I GVG), bei Revisionen gegen

---

1 Zum Überblick: *Basdorfer*, NStZ 2013, 186; *Bock*, JA 2011, 134; *Huber*, JuS 2009, 521 u. 614; *Wolters/ Janko*, JuS 2004, 584 u. 684; zur Vertiefung: *Brößler/Kunnes*, Strafprozessuale Revision, 9 A. 2015; *Dahs*, Rn 885 ff; *Dahs/Dahs*, Rn 1 ff; *Detter*, Revision im Strafverfahren, 2011; *Hamm*, Die Revision in Strafsachen, 7. A. 2010; *Hombrecher*, JA 2015, 140; *Kempf/Schilling*, NJW 2012, 1849; *Knauer*, NStZ 2016, 1; *Krause, D.*, Die Revision im Strafverfahren, 5. A. 2001; *Kroiß/Neurauter*, Nr 42; *Norouzi*, StV 2015, 773; *Rieß/Herdegen*, in: Brüssow ua, § 13 Rn 1 ff; *Russack*, Die Revision in der strafrechtlichen Assessorklausur, 12. A. 2018; *Schlothauer/Weider/Wollschläger*, Verteidigung in Revisionsverfahren, 3. A. 2018; *Vollmer/Heidrich*, Rn 565 ff; *Walter*, ZStW 128 (2016), 824; *Weidemann/Scherf*, Die Revision im Strafrecht, 3. A. 2017 sowie *Barton*, Fezer-FS, S. 333; *Meyer-Goßner/Cierniak*, StV 2000, 696; *Neuhaus*, Herzberg-FS, S. 871; *Weidemann*, JA 2016, 774; 2017, 380, 938; *Weitner/Schuster*, JA 2016, 60 u. 142; *Westphal*, Strafrechtliche Musterklausuren für die Assessorprüfung, 7. A. 2015.
2 KG JR 1999, 125; OLG Hamm NJW 2003, 3286; *Roxin/Achenbach*, PdW, Fall Nr 454; SK-*Frisch*, § 335 Rn 27; HK-*Temming*, § 335 Rn 2; aA *M-G/Schmitt*, § 335 Rn 21; *Lesch*, 2/76.

- Berufungsurteile des LG, § 121 I Nr 1b GVG,
- erstinstanzliche Urteile des AG (Sprungrevision), §§ 335 II StPO, 74 III, 121 I Nr 1b GVG,
- erstinstanzliche Urteile des LG, wenn die Revision ausschließlich auf die Verletzung einer in den Landesgesetzen enthaltenen Rechtsnorm gestützt wird, § 121 I Nr 1c GVG.

Hingegen ist der **BGH** in der Besetzung mit fünf Berufsrichtern (§§ 130, 139 I GVG) funktionell zuständig für die Entscheidung über die Revision gegen erstinstanzliche Urteile des LG (sofern nicht das OLG entscheidet, s. dazu o.) und des OLG, § 135 I GVG. Außerdem ist er zuständig für die Entscheidung über Vorlagen gem. § 121 II GVG.

III. Die Einlegung der Revision

Die Revision muss bei dem Gericht, dessen Urteil angefochten wird **(iudex a quo)**, binnen einer Woche nach Verkündung des Urteils zu Protokoll der Geschäftsstelle oder schriftlich[3] eingelegt werden, § 341 I StPO. Hat die Verkündung nicht in Anwesenheit des Angeklagten stattgefunden, so beginnt für diesen die Frist im Regelfall mit der Zustellung, § 341 II StPO. Durch die rechtzeitige Einlegung der Revision wird die Rechtskraft des Urteils, soweit es angefochten ist, gehemmt (§ 343 I StPO – **Suspensiveffekt**). 561

IV. Begründung der Revision

Der Revisionsführer muss einen Revisionsantrag stellen und diesen begründen, § 344 I StPO. Die **Revisionsbegründung** muss innerhalb eines Monats nach Ablauf der Rechtsmittelfrist ebenfalls beim iudex a quo angebracht werden, § 345 I 1 StPO. War zu dieser Zeit das Urteil noch nicht zugestellt – was inzwischen wohl schon dem Regelfall entspricht – so **beginnt die Frist mit der Zustellung**, § 345 I 2 StPO. Bei umfangreichen Verfahren bedingt der Grundsatz des fairen Verfahrens die Notwendigkeit der Angleichung der Revisionsbegründungsfrist an die sehr viel längeren Urteilsabsetzungsfristen (vgl § 275 I StPO[4]). Die Revisionsbegründung muss entweder zu Protokoll der Geschäftsstelle oder schriftlich abgegeben werden. Im letzteren Fall ist erforderlich, dass ein **Rechtsanwalt** die Revisionsschrift **unterzeichnet** (§ 345 II StPO)[5]. Nach Ansicht der Rspr soll die Unterschrift des Verteidigers allerdings nur dann ausreichen, wenn er die volle Verantwortung für den Inhalt der Schrift übernimmt[6], sich also zB nicht von deren Inhalt distanziert[7]. 562

---

3 Zu der Bandbreite von Schriftlichkeit s. S/S/W-StPO-*Momsen*, § 341 Rn 25 f.
4 Einzelheiten bei *Geipel*, StraFo 2011, 9; *Hillenkamp*, S. 68; s. auch ÖstVerfGH NStZ 2000, 668 m. Anm. *Hillenkamp*; *Grabenwarter*, NJW 2002, 109; abl. die hM: *M-G/Schmitt*, § 345 Rn 2, Vor § 42 Rn 5.
5 OLG Nürnberg NStZ-RR 2007, 151 (wellenförmige Linie nicht ausreichend).
6 BGHSt 25, 272, 273; BGH NJW 2014, 2664; dagegen *Beulke*, S. 138 ff.
7 BVerfG StV 2016, 769.

Mit dem Revisionsantrag muss der Beschwerdeführer erklären, inwieweit er das Urteil anfechte und seine Aufhebung begehre, § 344 I StPO, dh aus dem Antrag muss sich der Umfang der Revision ergeben. Aus der Revisionsbegründung muss ferner hervorgehen, ob das Urteil wegen einer **Verletzung einer Rechtsnorm über das Verfahren** oder wegen **Verletzung einer anderen Norm** angefochten wird, § 344 II 1 StPO. Bei der **Verfahrensrüge** müssen **die den Mangel enthaltenden Tatsachen angegeben** werden, § 344 II 2 StPO. Dieses hat so vollständig und genau zu geschehen, dass das Revisionsgericht allein auf Grund der Revisionsbegründungsschrift überprüfen kann, ob ein Verfahrensfehler vorliegt, wenn die Tatsachen bewiesen werden[8]. Für einen erschöpfenden Vortrag sind dabei auch diejenigen Verfahrenstatsachen vorzutragen, die einer erhobenen Rüge entgegenstehen könnten[9]. Sind nach dem Sachvortrag mehrere Verfahrensmängel in Betracht zu ziehen, muss der gerügte Verfahrensverstoß, also die **Angriffsrichtung**, klar bestimmt werden[10]. Ist die Begründung für den Verfahrensmangel nicht aus sich heraus schlüssig, so ist die Revision unzulässig[11]. In der Praxis werden damit die Anforderungen an eine zulässige Revisionsbegründung sehr hoch geschraubt[12]. Das BVerfG ist jedoch der Ansicht, dass diese wenig beschuldigtenfreundliche Sichtweise von Verfassungs wegen nicht zu beanstanden sei, dass insbes. kein Verstoß gegen Art. 2 I, 19 IV, 20 III GG vorliegt[13]. Die Gründe für das Beruhen des Urteils auf dem behaupteten Verfahrensfehler (s. Rn 565) müssen in der Revisionsbegründung nicht dargelegt werden[14].

Die ordnungsgemäß eingereichte Revisionsschrift wird dem Gegner des Beschwerdeführers zugestellt, der binnen einer Woche eine Gegenerklärung einreichen kann. Die Staatsanwaltschaft gibt eine Gegenerklärung ab, wenn das Urteil wegen eines Verfahrensmangels angefochten wird und anzunehmen ist, dass durch die Gegenerklärung die Prüfung erleichtert wird, § 347 I StPO.

V. Die Revisionsgründe

1. Gesetzesverletzung

563   Eine Revision kann nur darauf gestützt werden, dass das Urteil auf einer **Verletzung des Gesetzes** beruht, § 337 I StPO. Das bedeutet, dass nur **Rechtsfragen** revisibel sind, nicht dagegen Tatfragen. Der Revisionsführer wird dementsprechend keinen Erfolg haben, wenn er vorträgt, er habe die Tat nicht begangen, sei also unschuldig, oder das Gericht habe zu Unrecht einem Belastungszeugen geglaubt und die Entlastungszeugen in ihrer Bedeutung zu gering eingestuft. Er dürfte nicht einmal, selbst wenn Videoaufnahmen von Zeugen- oder Beschuldigtenvernehmungen vorhanden wären[15], die vom Tatgericht hierauf gestützten Sachverhaltsfeststellungen zur Überprüfung stellen. Die Beweiswürdigung ist grundsätzlich Sache des Tatgerichts[16]. Auch neue Beweismittel, zB weitere Zeugen, können im Revisionsverfahren nicht mehr

---

8 BGH StV 2011, 207; BGH wistra 2014, 39, 40; vert. *El-Ghazi*, ZStW 125 (2014), 862; *Widmaier*, StraFo 2006,437.
9 BGH StV 2015, 87 m. Anm. *Ventzke*; BGH NStZ 2015, 98.
10 *Norouzi*, NStZ 2013, 203.
11 BGH NJW 1998, 2229; vert. *Cirener*, NStZ-RR 2012, 65 u. 103.
12 Zu zusätzlichen Einlegungsbeschränkungen für die StA aus der RiStBV s. *Graalmann-Scheerer*, Schlothauer-FS, S. 485, 487 f.
13 BVerfGE 112, 185 ff; *Dallmeyer*, JA 2005, 768; *Güntge*, JR 2005, 496; *Kuckein*, NStZ 2005, 697.
14 BGH StV 2011, 462.
15 Zum Rekonstruktionsverbot *Wollschläger*, Schlothauer-FS, S. 517; *Wehowsky*, NStZ 2018, 177.
16 BGH NJW 2016, 262; vert. *Erb*, GA 2012, 79; HK-*Temming*, vor §§ 333 ff Rn 9 ff.

benannt werden. Das Revisionsgericht stellt den vom Tatgericht festgestellten Sachverhalt nicht in Frage; eine Wiederholung bzw Ergänzung der Beweisaufnahme scheidet aus (**Verbot der Rekonstruktion der Beweisaufnahme**)[17].

Das Gesetz ist verletzt, wenn eine Rechtsnorm nicht oder nicht richtig angewendet worden ist, § 337 II StPO. **Gesetz** iSv § 337 StPO ist jede Rechtsnorm, § 7 EGStPO. Dazu gehören nicht nur formelle und materielle Gesetze des Bundes (und damit auch die EMRK, vgl Rn 9) und der Länder, sondern auch Gewohnheitsrecht, allgemeine Regeln des Völkerrechts und Staatsverträge, soweit sie innerstaatliches Recht geworden sind. Keine Rechtsnormen sind dagegen interne Dienstvorschriften und Verwaltungsanordnungen.

Die revisiblen Gesetzesverletzungen können entweder Verfahrensrecht oder sachliches (materielles) Recht betreffen. Dementsprechend wird zwischen der **Verfahrens-** und der **Sachrüge** unterschieden, § 344 II 1 StPO.

2. Die Verfahrensrüge

a) Verfahrensverstoß

Wendet sich der Revisionsführer gegen die prozessordnungswidrige Art und Weise des Zustandekommens des angefochtenen Urteils, so liegt eine **Verfahrensrüge** vor. Zum Verfahrensrecht gehören alle Vorschriften, die festlegen, auf welchem Weg der Richter zu seinem Urteil zu gelangen hat, gleichgültig wo sie normiert sind, während alle anderen Vorschriften dem sachlichen Recht angehören[18]. Einzelheiten der Abgrenzung von Sach- u. Verfahrensrüge sind str.[19] Verletzt ist das Verfahrensrecht, wenn eine gesetzlich vorgeschriebene Handlung unterblieben oder fehlerhaft vorgenommen worden ist bzw wenn die Handlung überhaupt unzulässig war[20]. In der Revisionsbegründung müssen die den Verfahrensmangel enthaltenden Tatsachen angegeben werden, § 344 II 2 StPO (s. Rn 562). Die Urteilsprüfung erstreckt sich nur auf diese Tatsachen, § 352 I StPO. Eine Verfahrensrüge kann also nur dann Erfolg haben, wenn die gerügten Vorgänge ohne inhaltliche Rekonstruktion der in der Hauptverhandlung durchgeführten Beweisaufnahme belegt werden können (**Rekonstruktionsverbot**)[21].

564

Der Verfahrensmangel muss **bewiesen** werden. Die Beobachtung **der für die Hauptverhandlung vorgeschriebenen Förmlichkeiten** kann **nur durch das Protokoll** bewiesen werden, § 274 StPO (Einzelheiten s. Rn 393)[22]. Nur wenn es ausnahmsweise

---

17 BGHSt 43, 212, 214; BGH NStZ 2012, 344; OLG Hamburg StV 2012, 74 m. Anm. *Wilhelm*, s.a. *Fischer*, Paulus-FS, S. 53; *Norouzi*, in: 34. Strafverteidigertag, S. 215; *Rieß*, Fezer-FS, S. 455; *Rosenau*, Widmaier-FS, S. 521; *Ventzke*, HRRS 2010, 461; Beispiele zum Umfang der Revisibilität bei *Karl*, Die Bedeutung der Abgrenzung von Tat- und Rechtsfrage in der strafprozessualen Revision, 2016, S. 185 ff.
18 BGHSt 19, 273, 275.
19 BGH NJW 2005, 518; *Barton*, JuS 2007, 977; *El-Ghazi*, HRRS 2014, 350; *Hamm*, Rissing-van Saan-FS, S. 195; *Schäfer*, Rieß-FS, S. 477.
20 *M-G/Schmitt*, § 337 Rn 9.
21 *Mosbacher*, JuS 2014, 702.
22 *Schäfer*, 50 Jahre BGH-Prax-FS, S. 707; *Kahlo*, Meyer-Goßner-FS, S. 447.

nicht zur Verfügung steht (zB verloren gegangen ist) bzw missverständlich ist[23] oder wenn es um sonstige Verfahrensmängel geht (zB Täuschung iSv § 136a StPO bei Geständnis im Ermittlungsverfahren, das in die Hauptverhandlung eingeführt und im Urteil verwertet worden ist), steht das Freibeweisverfahren zur Verfügung[24]. Der Grundsatz in dubio pro reo gilt in jedem Fall nicht. Kann also letztlich nicht geklärt werden, ob ein Verfahrensverstoß vorliegt, ist von einem rechtmäßigen Verfahren auszugehen[25] (vgl aber auch Rn 143, 180).

Nach früherer höchstrichterlicher Rechtsprechung durfte eine nachträglich vorgenommene Protokollberichtigung einer (zulässigen) Verfahrensrüge nicht den Boden entziehen[26]. Trotz der späteren Berichtigung war also weiterhin von der früheren Protokolllage auszugehen (**Verbot der Rügeverkümmerung**). Das führte im Extremfall dazu, dass ein Revisionsgericht sehenden Auges ein Urteil aufheben und zur erneuten Verhandlung zurückverweisen musste, obwohl der formale Fehler gar nicht stattgefunden hatte, sondern lediglich das Hauptverhandlungsprotokoll fehlerhaft war. De-facto führte die erneute Verhandlung zumeist zur Bestätigung des alten Urteils.

Inzwischen hat der Große Senat des BGH[27] entschieden, dass das Revisionsgericht angesichts der auch ihm obliegenden Wahrheitspflicht sowie zur Vermeidung ungerechtfertigter Verfahrensverzögerungen eine nachträgliche Berichtigung des Protokolls grundsätzlich auch dann berücksichtigen muss, wenn der Verfahrensrüge auf diesem Wege die Grundlage entzogen wird. Voraussetzung ist jedoch, dass das vom Großen Senat vorgegebene **Berichtigungsverfahren** eingehalten wurde: Grundlage jeder Protokollberichtigung ist die sichere Erinnerung der Urkundspersonen, deren dienstliche Stellungnahmen dem Beschwerdeführer zwecks Gewährung rechtlichen Gehörs zuzuleiten sind. Widerspricht dieser der Berichtigung in substantiierter Weise, sind ggf weitere Verfahrensbeteiligte zu befragen und es bedarf eines begründeten Berichtigungsbeschlusses. Das Revisionsgericht überprüft die Beachtlichkeit der Protokollberichtigung im Rahmen der Verfahrensrüge im Freibeweisverfahren. Im Zweifel gilt die ursprüngliche Protokollfassung[28].

Trotz Bestätigung ihrer Verfassungsmäßigkeit durch das BVerfG[29] kann dieser Rspr jedoch nicht gefolgt werden[30]. Die damit befürwortete Relativierung des § 274 StPO stellt einen Dammbruch dar, der zur Entwertung der Beweiskraft des Protokolls führen dürfte. Der Beschwerdeführer hat ein Recht, auf den unveränderten Bestand seiner Rüge zu vertrauen (s.a. u. Rn 565 zur bewusst unwahren „Protokollrüge" und Rn 566 zur Relativierung der absoluten Revisionsgründe). Zutreffend hält der BGH deshalb im Regelfall unverändert an der Beweiskraft des Protokolls fest; insbesondere dann, wenn das vom Großen Senat vorgegebene Verfahren zur nachträglichen Protokollberichtigung nicht eingehalten wurde[31].

---

23 BGH StV 1999, 189 m. Anm. *Ventzke*; BGH StV 2002, 525 m. krit. Anm. *Köberer*.
24 BGH NStZ 2009, 105; s.a. OLG München StV 2010, 126.
25 BGHSt 16, 164, 167; BGH StV 2008, 567.
26 BGHSt 2, 125; 10, 145; zur Protokollberichtigung insges. *M-G/Schmitt*, § 271 Rn 21 ff.
27 BGHSt (GrS) 51, 298 m. krit. Anm. *Hamm*, NJW 2007, 3166; *Kudlich*, JA 2007, 822; *Leitner*, StraFo 2008, 51; *Schumann*, JZ 2007, 927 und *Wagner*, GA 2008, 442; s.a. *Bosch*, JA 2006, 578; *Fezer*, StV 2006, 290; *Gemählich*, Stöckel-FS, S. 225; *Jahn/Widmaier*, JR 2006, 166; *Park*, StV 2005, 257.
28 BGHSt 51, 298, 315 f; BGH StV 2010, 675; BGH StraFo 2011, 356 m. krit. Bespr. *Ventzke*, HRRS 2011, 338; BGH StV 2011, 267; LG Köln, StV 2011, 405.
29 BVerfGE 122, 248 (beachtlich das Sondervotum der Richter *Voßkuhle/Osterloh/Di Fabio*); zust. *Fahl*, JR 2009, 259; *Globke*, GA 2010, 399; krit. *Jahn*, JuS 2009, 564; *Kudlich/Christensen*, JZ 2009, 943.
30 *Bertheau*, NJW 2010, 973; *Beulke*, Böttcher-FS, S. 17; *Ignor*, NJW 2011, 1537, 1541; *Schlothauer*, Hamm-FS, S. 655; *Schünemann*, StV 2010, 538.
31 BGHSt 54, 37 m. krit. Anm. *F.C. Schroeder*, JR 2010, 135; BGHSt 55, 31 m. Anm. *Güntge*, JR 2010, 540; vgl auch *Dehne-Niemann*, JA 2012, 59; *Ziegert*, Volk-FS, S. 901, 914.

b) Relative Revisionsgründe

Eine begründete Revision setzt neben der Feststellung eines Verfahrensverstoßes vor- **565** aus, dass das Urteil auf der Verletzung des Gesetzes **beruht**, § 337 I StPO, dh Gesetzesverletzung und Urteil müssen in einem ursächlichen Zusammenhang stehen[32]. Dies ist bereits dann der Fall, wenn **nicht auszuschließen** ist, dass die Verurteilung des Angeklagten auf dem Verfahrensfehler beruht[33]. Ein Beweis des Zusammenhangs ist also nicht erforderlich, vielmehr genügt die **Möglichkeit**, dass das Urteil bei richtiger Anwendung des Gesetzes anders ausgefallen wäre[34]. Es darf sich aber nicht nur um eine „rein theoretische" Möglichkeit handeln[35].

Zu erinnern ist daran, dass nach hA im Fall des Verfahrensverstoßes durch die Verhandlungsleitung des Vorsitzenden die Revision uU nur zulässig ist, wenn der Angeklagte während der Hauptverhandlung einen Gerichtsbeschluss gem. § 238 II StPO herbeigeführt hat[36] (s. Rn 375; dort auch zur eigenen Gegenmeinung). Unzulässig ist auch die sog. **Protokollrüge**, dh mit dem bloßen Hinweis auf einen sich aus dem Hauptverhandlungsprotokoll ergebenden Verfahrensfehler kann die Revision nicht begründet werden. Vielmehr muss der Verfahrensverstoß selbst als geschehen behauptet werden, da das Urteil nicht auf der falschen Protokollierung, sondern nur auf einem Verfahrensfehler beruhen kann[37]. Allerdings steht die Rspr auf dem Standpunkt, dass es **rechtsmissbräuchlich** und damit unzulässig sein soll, wenn ein Verteidiger unter Berufung auf die Beweiskraft eines Hauptverhandlungsprotokolls einen Verfahrensverstoß als geschehen rügt bzw eine solche Verfahrensrüge aufrechterhält, sofern er weiß – und es auch allgemein evident ist –, dass der Verfahrensverstoß in Wirklichkeit nicht stattgefunden hat[38]. Dies überzeugt nicht[39]. Das Verhandlungsprotokoll schafft eine eigene prozessuale Wahrheit. In Verbindung mit der Möglichkeit nachträglicher Protokollberichtigung (s.o. Rn 564) führt die verfehlte Rspr dazu, dass dem Angeklagten wesentliche Rügemöglichkeiten entzogen sind.

c) Absolute Revisionsgründe

Bei einigen besonders gravierenden Verfahrensmängeln hat der Gesetzgeber in § 338 **566** StPO eine **unwiderlegliche Vermutung** für den **Kausalzusammenhang** zwischen Gesetzesverletzung und Urteil aufgestellt. Bei diesen sog. **absoluten Revisionsgründen** entfällt also die Beruhensprüfung, dh die aufgelisteten Verfahrensverstöße führen immer zur Begründetheit der Revision, s. § 338 Nr 1–8 StPO, denn bereits durch den Verstoß verliert das Verfahren „das Signum der Rechtsstaatlichkeit"[40].

---

32 BGH NStZ 2018, 111.
33 BGHSt 51, 367; 57, 306, 309; BGH NJW 2018, 414; OLG Oldenburg StV 2018, 13.
34 BGHSt 1, 346, 350; 22, 278, 280; *Ostendorf*, Rn 426.
35 BGHSt 14, 265, 268; 18, 290, 295; vert. SK-StPO-*Frisch*, § 337 Rn 186 ff.
36 BGH NStZ 2009, 51; 2013, 608.
37 BGHSt 7, 162, 163; BGH StV 2012, 73 m. Anm. *Beckemper*, ZJS 2012, 286.
38 BGHSt 51, 88 m. zust. Bespr. *Fahl*, JR 2007, 34; *Satzger/Hanft*, NStZ 2007, 185; *Valerius*, Paulus-FS, S. 175; *Winkler*, Tolkstorf-FS S. 425; zum Strafbarkeitsrisiko des Verteidigers wegen (versuchter) Strafvereitelung (§ 258 StPO): LG Augsburg NJW 2012, 93; *Beulke*, in: 36. Strafverteidigertag Hannover, 16.-18. März 2012, Berlin, 2013, S. 171; *Jahn/Ebner*, NJW 2012, 30.
39 *Beulke*, S. 157; *ders.*, Amelung-FS, S. 543, 557; *Dahs*, NStZ 2007, 241; *Gaede*, StraFo 2007, 29; *Jahn*, JuS 2007, 91; *Kempf*, Hassemer-FS, S. 1052; *Kudlich*, in: Gesetzlichkeit und Strafrecht, S. 233, 254; *Lindemann*, StV 2007, 152.
40 *Schünemann*, JA 1982, 128.

Besonders wichtige **absolute Revisionsgründe**[41]: Vorschriftswidrige Gerichtsbesetzung (Nr 1); Mitwirkung eines kraft Gesetzes ausgeschlossenen oder berechtigterweise wegen Besorgnis der Befangenheit abgelehnten Richters (Nr 2, 3); Unzuständigkeit (Nr 4); Abwesenheit notwendiger Beteiligter in der Hauptverhandlung, zB StA, Angeklagter, notwendiger Verteidiger (Nr 5); Verletzung der Öffentlichkeit (Nr 6); Fehlen der Entscheidungsgründe, worunter die Rspr auch das Fehlen einer von mehreren richterlichen Unterschriften subsumiert[42] (Nr 7); Beschränkung der Verteidigung durch Gerichtsbeschluss, zB im Fall des § 238 II StPO (Nr 8).

Die Rspr relativiert allerdings die absoluten Revisionsgründe zunehmend[43]. Insbes. der Wirkungsbereich der in den Nrn 5, 6 und 8 des § 338 StPO genannten Revisionsgründe hat durch diese Rspr wesentliche Einschränkungen erfahren. So wird zB für § 338 Nr 5 StPO verlangt, dass der notwendige Beteiligte in **wesentlichen Teilen** der Hauptverhandlung gefehlt hat[44]. Für § 338 Nr 6 StPO wird gefordert, dass die Beschränkung der Öffentlichkeit dem Verantwortungsbereich des Gerichts zuzurechnen war (s. Rn 400). Besonders schwerwiegend wird der Geltungsbereich der Nr 8 eingeschränkt, die wie ein relativer Revisionsgrund behandelt wird. Aus der Formulierung „in einem für die Entscheidung wesentlichen Punkt" wird gefolgert, dass die gerichtliche Sachentscheidung in irgendeiner Form mit der unzulässigen Beschränkung der Verteidigungsrechte in Zusammenhang stehen, auf ihr also „beruhen" muss[45].

3. Die Sachrüge

567 **Bei sachlich-rechtlichen Mängeln** kann dem Urteil ohne weiteres entnommen werden, ob das Ergebnis auf der falschen Rechtsauffassung beruht. Deshalb verlangt das Gesetz vom Revisionsführer nur, dass sich aus seiner Revisionsbegründung ergibt, dass er die Verletzung sachlichen Rechts rügt, § 344 II 1 StPO. Das Revisionsgericht prüft die Rechtsfragen dann umfassend, einschließlich der auch hier relevant werdenden Beruhensproblematik. Üblich ist in der Praxis die Formulierung: **„Gerügt wird die Verletzung sachlichen Rechts".**

Da die Sachrüge keine Begründungspflicht statuiert, kann auch eine fehlerhafte Begründung nicht zur Unzulässigkeit der Revision führen[46].

Bei der Sachrüge prüft das Gericht insbes.[47] (s. auch die Checkliste in Rn 614):

a) die Tragfähigkeit der Beweiswürdigung (sog. Darstellungsrüge), dh vor allem, ob
   – die Urteilsfeststellungen nicht widersprüchlich, unklar oder lückenhaft sind[48],
   – kein Verstoß gegen Denkgesetze und gesicherte Erfahrungssätze und auch,

---

41 Umfassend *Barton*, Mehle-FS, S. 17; *Kudlich*, Fezer-FS, S. 435; SK-StPO-*Frisch*, § 338 Rn 9 ff.

42 BGHSt 46, 204; BGH StV 2010, 618; s.a. OLG Hamm NStZ-RR 2009, 24; OLG Köln NStZ-RR 2011, 348 (Sachrüge, wenn alle Unterschriften fehlen oder keine ordnungsgemäße Unterschrift).

43 S.a. *Baier*, JA 2004, 16.

44 BGHSt 26, 84, 91; 51, 81 m. zust. Anm. *H.E. Müller*, JR 2007, 79; BGH StV 2011, 211 m. krit. Anm. *Kudlich*; s.a. KMR-*Eschelbach*, § 226 Rn 37.

45 BGHSt 30, 131, 135; BGH StV 2008, 123 m. krit. Anm. *Ventzke*; BGH NStZ 2010, 530.

46 OLG Oldenburg StV 2009, 69 m. iE zust. Bespr. *Jahn*, JuS 2009, 270; *Momsen*, GA 1998, 488; aA hM: RGSt 40, 99.

47 Einzelheiten bei *M-G/Schmitt*, § 337 Rn 20 ff; HK-*Temming*, § 337 Rn 16 ff; *Schmidt-Hieber*, JuS 1988, 710 ff.

48 BGH NStZ 2010, 407; BGH NStZ 2011, 302; BGH NStZ-RR 2018, 120.

- kein Zirkelschluss vorliegt (aus der Aussage selbst wird auf ihre Glaubhaftigkeit geschlossen[49]),
- die Gesamtwürdigung überzeugend ist[50];

b) die richtige Anwendung des materiellen Rechts auf den festgestellten Sachverhalt (Auslegung des Gesetzes/Subsumtion), und zwar
  - bzgl der Schuldfrage (umfasst Tatbestandsmäßigkeit, Rechtswidrigkeit, Schuld, Strafaufhebungs- und Strafausschließungsgründe, Privilegierungen, Qualifikationen etc),
  - bzgl des Rechtsfolgenausspruchs, insbes. bei der Strafzumessung[51] (zB ob die Höhe der Freiheitsstrafe oder eine Ablehnung der Strafaussetzung zur Bewährung richtig begründet worden ist).

VI. Entscheidungen[52]

1. Vorprüfung durch den iudex a quo

Der iudex a quo prüft, ob Frist und Form eingehalten wurden. Ist das nicht der Fall, wird die Revision durch Beschluss des iudex a quo als **unzulässig** verworfen, § 346 I StPO. Soweit die Revision aus einem anderen Grund, als dem in § 346 I StPO genannten, als unzulässig zu verwerfen ist (zB wegen eines wirksamen Rechtsmittelverzichts), steht die Befugnis hierzu allein dem Revisionsgericht zu[53].

568

2. Vorprüfung durch das Revisionsgericht

a) Entscheidung bei unzulässigem Rechtsmittel

Nachdem dem Revisionsgericht die Akten vorgelegt worden sind, prüft es nochmals die Zulässigkeitsvoraussetzungen. Sind die Bestimmungen über die Einlegung und Begründung der Revision nicht beachtet, kann das Revisionsgericht das Rechtsmittel **durch Beschluss als unzulässig** verwerfen, § 349 I StPO. Es muss von dieser Möglichkeit aber keinen Gebrauch machen, stattdessen kann es auch durch Urteil (also auf Grund einer Hauptverhandlung) entscheiden, § 349 V StPO. Diese Regelung entspricht der bei der Berufung.

569

b) Verwerfung als offenkundig unbegründet, § 349 II StPO

Anders als das Berufungsgericht (Ausnahme: § 313 II StPO, s.o. Rn 549) hat das Revisionsgericht die Möglichkeit, das Rechtsmittel auf Antrag der StA beim Revisionsgericht durch einstimmigen Beschluss als **offenkundig unbegründet** zu verwerfen, § 349 II StPO. Diese **Beschlussverwerfung** bezweckt die Entlastung der Gerichte durch schnelle Erledigung aussichtsloser Revisionen. Diese viel kritisierte Regelung[54] ist vom **BVerfG**[55] für **verfassungsrechtlich unbedenklich und vom EGMR**[56] **für konventionskonform** erklärt worden. Das Revisionsgericht verwirft die

---

49 BGH StV 2005, 487.
50 BGH NStZ-RR 2018, 20, 21; *Barton*, in: 28. Strafverteidigertag, S. 195; *Gericke*, Tolksdorf-FS, S. 243.
51 BGH NJW 2009, 1979, 1983 f.
52 Zur Tenorierung der Revisionsentscheidung vert.: *Martini*, JA 2014, 137.
53 BGH wistra 2009, 201; 2011, 314; NStZ-RR 2016, 24.
54 Statt aller s. die zutr. Kritik bei *Wohlers*, Schlothauer-FS, S. 505.
55 BVerfG JR 2015, 92 m. Anm. *Allgayer*, JR 2015, 64.
56 EGMR JR 2015, 95.

Revision dann als offenkundig unbegründet, wenn für jeden Sachkundigen ohne längere Prüfung erkennbar ist, dass die Revisionsrügen das Rechtsmittel nicht begründen können[57]. Das ist insbes. dann der Fall, wenn die aufgeworfenen Rechtsfragen keine neuen Gesichtspunkte enthalten, sondern zweifelsfrei beantwortet werden können, weil sie bereits durch höchstrichterliche Rechtsprechung hinreichend geklärt sind. Heftig umstritten ist die Handhabung dieser Beschlussverwerfung und zwar insbes. über die Frage, wieviele Richter sich vertieft in den Fall einzulesen haben (Berichterstatter und Vorsitzender [Vier-Augen-Prinzip] oder alle fünf Senatsmitglieder [**Zehn-Augen-Prinzip**])[58].

c) Urteilsaufhebung durch Beschluss

570 Erachtet das Revisionsgericht die zu Gunsten des Angeklagten eingelegte Revision **einstimmig für begründet**, so kann es das angefochtene Urteil durch **Beschluss aufheben**, § 349 IV StPO.

d) Einstellung

Wie das Berufungsgericht, so kann auch das Revisionsgericht das Verfahren unter den Voraussetzungen der §§ 153 II, 153a II, 154 II, 154a II StPO in jeder Lage **einstellen**[59]. Das Gericht kann das Verfahren nach § 206a StPO auch außerhalb der Hauptverhandlung einstellen, wenn sich ein Verfahrenshindernis herausstellt[60].

3. Die Hauptverhandlung vor dem Revisionsgericht

571 Wird im Revisionsverfahren nicht durch Beschluss entschieden, so kommt es zu einer **Hauptverhandlung**, deren Gestaltung sich nach §§ 350, 351 StPO bestimmt[61].

4. Entscheidungen des Revisionsgerichts auf Grund der Hauptverhandlung

572 Sind die Vorschriften über die Einlegung der Revision nicht beachtet worden, muss das Revisionsgericht die Revision durch Urteil als **unzulässig** verwerfen.

Ist die Revision zulässig und stellt sich im Laufe der Hauptverhandlung heraus, dass eine **Prozessvoraussetzung fehlt**, ist das Verfahren durch Urteil **einzustellen**, § 260 III StPO. Sehr umstritten ist, ob das Vorliegen eines Prozesshindernisses auch dann zur Einstellung zwingt, wenn die Zulässigkeitsvoraussetzungen der Revision nicht erfüllt sind[62].

Hält das Revisionsgericht das angefochtene Urteil für rechtsfehlerfrei, verwirft es die Revision als **unbegründet**[63].

---

57 BGH StV 2005, 3; *Meyer-Goßner*, DAV-FS, S. 668; *Rosenau*, ZIS 2012, 195.
58 BGH NJW 2016, 343: kein Anspruch auf Zehn-Augen-Prinzip; dazu insbes. *Brodowski*, HRRS 2013, 409; *Fischer*, NStZ 2013, 425; *ders.*, Beulke-FS, S. 709; *Fischer/Eschelbach/Krehl*, StV 2013, 395; *Meyer-Goßner*, Tolksdorf-FS, S. 323; *Mosbacher*, NJW 2014, 124; *Wohlers*, Schlothauer-FS, S. 505.
59 Zu § 154a II: *Heghmanns*, Beulke-FS, S. 771.
60 BGHSt 24, 208, 212.
61 Vert. *Rissing-van Saan*, StraFo 2010, 359.
62 S. dazu BGHSt 16, 115, 117; vert. SK-StPO-*Paeffgen*, § 206a Rn 8.
63 Zur Urteilsbegründung vert. *Fezer*, HRRS 2010, 281; *Wohlers*, JZ 2011, 78.

Erachtet das Revisionsgericht die Revision dagegen für **begründet**, so **hebt** es das angefochtene **Urteil auf**, soweit sich der absolute oder relative Revisionsgrund auswirken konnte, § 353 I StPO[64]. Außerdem werden die dem Urteil zugrunde liegenden tatsächlichen Feststellungen aufgehoben, allerdings nicht in ihrer Gesamtheit, sondern nur, soweit sie durch die Gesetzesverletzung betroffen werden, § 353 II StPO.

5. Zurückverweisung im Falle der Begründetheit der Revision

Grundsätzlich **verweist** das **Revisionsgericht** die Sache zur erneuten Entscheidung an die **Vorinstanz zurück**, § 354 II StPO, und zwar an einen anderen Spruchkörper desselben Gerichts oder an ein anderes Gericht gleicher Ordnung. Das Untergericht ist insoweit an die rechtliche Beurteilung des Revisionsgerichts gebunden, als diese der Aufhebung des Urteils zu Grunde liegt, § 358 I StPO. Zum Problem der Mitwirkung eines Richters bei der erneuten Entscheidung, der bereits beim früheren Urteil beteiligt war, s. Rn 73 f.

573

In Ausnahmefällen kann das Revisionsgericht auch selbst eine **eigene Entscheidung** treffen. Die wichtigste Fallgruppe ist in § 354 I StPO geregelt. Danach ist erforderlich:

- Urteilsaufhebung wegen sachlich-rechtlicher Mängel bzw Vorliegen eines Verfahrenshindernisses sowie
- Erkennung auf Freispruch oder auf eine absolut bestimmte Strafe bzw Einstellung (bei Verfahrenshindernis), ohne dass es weiterer tatsächlicher Erörterungen bedarf oder
- Übereinstimmung mit dem Antrag der StA auf die gesetzlich niedrigste Strafe oder das Absehen von Strafe.

Eine weitere mögliche Entscheidung des Revisionsgerichts ist die sog. **Schuldspruchberichtigung** (zB Körperverletzung mit Todesfolge statt einfacher Körperverletzung). Das Gesetz sieht diese Möglichkeit zwar nicht ausdrücklich vor, Rspr und hL lassen sie jedoch in entsprechender Anwendung des § 354 I StPO zu[65].

574

Gem. § 354 Ia S. 1 StPO kann die Revision auch als unbegründet verworfen werden, obwohl bei der Zumessung der Rechtsfolge eine Gesetzesverletzung festgestellt wurde, sofern die verhängte Rechtsfolge angemessen ist[66]. Nach § 354 Ia S. 2 StPO kann das Revisionsgericht ferner auf Antrag der StA die Strafe auch selbst angemessen herabsetzen, sofern dem Angeklagten Gelegenheit zur Äußerung gegeben worden ist[67], wobei das Gericht auf Grund einer Hauptverhandlung durch Urteil entscheidet, § 349 V StPO[68]. Bei Fehlern des Tatgerichts im Rahmen der Kompensation einer überlangen Verfahrensdauer (o. Rn 26) wendet die Rspr § 354 Ia S. 2 StPO entsprechend an, dh das Revisionsgericht legt das richtige Maß der Kompensation dann selbst fest, statt unter erneuter Verzögerung zurückzuverweisen[69]. Eine **Kombination** aus Schuldspruchberichtigung (§ 354 I StPO entsprechend) und Strafzumessungsentscheidung gem. § 354 Ia StPO ist unzulässig – dies ergibt sich aus einer **verfassungskonformen Auslegung** des § 354 Ia StPO, weil

---

64 BGH NJW 2003, 597.
65 BGH NJW 1993, 2188; Einzelheiten bei *Beulke*, Schöch-FS, S. 963; einschr. SK-StPO-*Wohlers*, § 354 Rn 30 ff.
66 BGHSt 49, 371; BGH JR 2011, 177; StV 2011, 136 m. krit. Anm. *Gaede*; *Leipold*, StraFo 2006, 305; *Paster/Sättele*, NStZ 2007, 609; s.a. OLG Köln NStZ-RR 2016, 181.
67 *Huber*, JuS 2004, 970; *Maier/Paul*, NStZ 2006, 82.
68 BGH NStZ 2005, 705; aA BGH NStZ 2006, 465 (Beschluss gem § 349 IV StPO).
69 BGH StV 2009, 692.

sonst das Revisionsgericht, ohne die Tatsachen selbst geprüft zu haben, zu einer umfassenden Neuentscheidung käme[70].

6. Revisionserstreckung auf Mitangeklagte, § 357 StPO

575 Die Aufhebung des Urteils durch das Revisionsgericht zu Gunsten eines Angeklagten erstreckt sich auch auf **Mitangeklagte**, die keine Revision eingelegt haben, sofern

- der Nichtrevident durch **dasselbe Urteil** verurteilt worden ist,
- es sich um **dieselbe Tat** im prozessualen Sinne handelt und
- die Revision wegen **sachlich-rechtlicher Fehler** erfolgreich war oder eine von Amts wegen zu beachtende Verfahrensvoraussetzung fehlt, die auch für den Nichtrevidenten von Bedeutung sein kann[71].

Die Mitangeklagten werden so behandelt, als hätten sie gleichfalls Revision eingelegt. Hier tritt eine **nachträgliche Rechtskraftdurchbrechung** ein. Sie scheidet hingegen aus, wenn das Revisionsgericht wegen eines sonstigen Verfahrensverstoßes aufhebt, s. § 357 StPO[72]. Im Zusammenhang mit der Kompensation rechtsstaatswidriger Verfahrensverzögerung (Rn 26) findet § 357 StPO ebenfalls keine Anwendung[73].

576 Lösung Fall 68: Die Angeklagte A, die vom LG, das als Schwurgericht tagte, zu einer lebenslangen Freiheitsstrafe verurteilt worden ist, kann gegen das Urteil nur Revision einlegen (§ 333 StPO). Über die Revision entscheidet der **BGH** (§ 135 I GVG). Die Revision der A muss binnen **einer Woche** beim LG eingelegt werden (§ 341 StPO), und sie ist binnen eines Monats (zumeist nach Zustellung des Urteils) zu begründen (§ 345 I StPO), und zwar entweder in einer vom Verteidiger unterzeichneten Schrift oder zu Protokoll der Geschäftsstelle, § 345 II StPO.

Die Angeklagte erhebt hier die **Verfahrensrüge**. Aus der Revisionsbegründung muss dies hervorgehen, § 344 II 1 StPO („Gerügt wird die Verletzung formellen Rechts."). Ferner müssen die die Verletzung einer Rechtsnorm über das Verfahren enthaltenden **Tatsachen** angegeben werden (§ 344 II 2 StPO). Die Angeklagte muss hier also darlegen, dass die Vorschriften über die **Öffentlichkeit der Hauptverhandlung** verletzt worden sind, indem das LG nicht verhindert hat, dass während der Hauptverhandlung, und zwar konkret während der Augenscheinseinnahme, Ton-, Fernseh- und Rundfunkaufnahmen gefertigt wurden. Dies könnte einen Verstoß gegen § 169 S. 2 GVG darstellen. Damit wird die Revision insgesamt **zulässig**.

Die Revision ist **begründet**, wenn ein Revisionsgrund gem. §§ 337, 338 StPO vorliegt. In Betracht kommt zunächst der **absolute Revisionsgrund** des § 338 Nr 6 StPO. Sollte er erfüllt sein, erübrigt sich die bei den sonstigen Revisionsgründen gem. § 337 StPO erforderliche Prüfung, ob das Urteil auf dem Verfahrensfehler beruht. Das Gericht hat hier nicht beachtet, dass nach § 169 S. 2 GVG in der Hauptverhandlung Ton-, Fernseh- und Rundfunkaufnahmen

---

70 B VerfGE 118, 212 im Anschluss an *Ignor*, Dahs-FS, S. 281, 308; BGH StV 2008, 176; zust. *Beulke*, Schöch-FS, S. 963, 972 ff; *Gaede*, GA 2008, 394; *Hamm*, StV 2008, 205; *Schuhr*, Stöckel-FS, S. 323, 331.
71 BGHSt 10, 137, 141.
72 *Zopfs*, GA 1999, 482 ff; vert. SK-StPO-*Wohlers*, § 357 Rn 20; KMR-*Momsen*, § 357 Rn 4 ff; *Basdorf*, Meyer-Goßner-FS, S. 665; *Meyer-Goßner*, Roxin-FS, S. 1345.
73 BGH StV 2009, 682.

zwecks Veröffentlichung unzulässig sind. Dies könnte einen Verstoß gegen die Vorschriften über die Öffentlichkeit des Verfahrens beinhalten. Die Rspr lässt hier jedoch § 338 Nr 6 StPO **nicht** eingreifen, weil § 169 GVG nur verhindern wolle, dass „die Tätigkeit des Gerichts hinter verschlossenen Türen in ein Dunkel gehüllt und dadurch Missdeutungen und Argwohn ausgesetzt ist" (so RGSt 70, 109, 112). Im vorliegenden Fall gehe es aber nicht um eine derartige **Beschränkung**, sondern um eine durch § 169 S. 2 GVG verbotene **Erweiterung** der Öffentlichkeit. Einer Erweiterung der Öffentlichkeit komme nicht die überragende Bedeutung für die gesetzmäßige Strafrechtspflege zu wie einer Beschränkung. Die unzulässige Erweiterung der Öffentlichkeit stelle deshalb keinen Revisionsgrund iSv § 338 Nr 6 StPO dar (BGHSt 36, 119, 122 [Fall *Weimar*]; BGH StV 2016, 788; zustimmend *Bosch*, Jura 2016, 45, 50).

Diese Ansicht wird vom herrschenden Schrifttum zutreffend abgelehnt, denn dem in § 169 S. 2 GVG enthaltenen Verbot von Rundfunk- und Fernsehaufnahmen in der Hauptverhandlung kommt derselbe Rang zu wie dem Verbot unrechtmäßiger Beschränkung der Öffentlichkeit, weil in beiden Fällen die **Gefahr der Beeinflussung der Richter** wächst, und zwar im Fall der Nichtöffentlichkeit die Gefahr der Beeinflussung durch staatliche Organe und im Fall der „zu großen Öffentlichkeit" die Gefahr der Beeinflussung durch die Wirkung der Massenmedien. Nach richtiger Ansicht ist die Revision somit gem. § 338 Nr 6 StPO begründet (ebenso *Roxin/Schünemann*, § 47 Rn 26; *Alwart*, JZ 1990, 883, 895; KMR-*Momsen*, § 338 Rn 73; s.a. BVerfG NJW 2001, 1633; *Rössner/Safferling*, Problem 26). Das Urteil des LG ist aufzuheben (§ 353 I StPO) und die Sache an eine andere Kammer des Gerichts, dessen Urteil aufgehoben wird, zurückzuverweisen (§ 354 II StPO).

Wer mit der Rspr § 338 Nr 6 StPO ablehnt, muss im Verstoß gegen § 169 S. 2 GVG eine Gesetzesverletzung iSv **§ 337 StPO** sehen. Ob ein relativer Revisionsgrund gegeben ist, hängt dann allein davon ab, ob das Urteil auf der eigentlich unzulässigen Berichterstattung beruht. Dies hat der BGH im Fall Weimar verneint (BGH, aaO). Einzelheiten s. Rn 565.

§ 30 Die Beschwerde

Fall 69: A ist wegen Wohnungseinbruchdiebstahls (§ 244 StGB) vor dem Schöffengericht angeklagt. In der Hauptverhandlung beantragt er, seinen Nachbarn N zum Nachweis zu vernehmen, dass dieser und nicht er am Tatort gewesen sei und daher nur N als Täter in Betracht komme. Das Gericht lehnt die Vernehmung des N mit der Begründung ab, es handele sich um ein völlig ungeeignetes Beweismittel, da N auf telefonische Rückfrage hin erklärt habe, er wolle nicht aussagen. A legt gegen die Entscheidung Beschwerde ein. Wer wird wie entscheiden? **Rn 584**

I. Statthaftigkeit, Funktion der Beschwerde, Beschwerdeberechtigung

Die Beschwerde (§§ 304–311a StPO) ist statthaft gegen   **577**

– alle **Beschlüsse**, die von den Gerichten im ersten Rechtszug oder im Berufungsverfahren erlassen wurden,
– alle **Verfügungen** des Vorsitzenden, des Richters im Vorverfahren und eines beauftragten oder ersuchten Richters,

soweit das Gesetz diese Beschlüsse oder Verfügungen nicht ausdrücklich einer Anfechtung entzieht, § 304 I StPO.

Man unterscheidet die

- **einfache** (fristlose) Beschwerde (§ 304 StPO),
- **sofortige** (befristete) Beschwerde (§ 311 StPO),
- **weitere** Beschwerde (§ 310 StPO).

Mit der Beschwerde begehrt der Beschwerdeführer die Aufhebung oder die Vornahme einer Entscheidung. Sie führt zur Überprüfung der angegriffenen Entscheidung in rechtlicher und tatsächlicher Hinsicht. Das **Verbot der reformatio in peius** gilt mangels ausdrücklicher gesetzlicher Regelung für die Beschwerde **nicht**[1]. Die Beschwerde bringt die Sache in eine höhere Instanz **(Devolutiveffekt)**. Im Gegensatz zu Revision und Berufung kommt der Beschwerde jedoch grundsätzlich kein **Suspensiveffekt** zu, § 307 I StPO (Ausnahme zB § 81 IV 2 StPO). Möglich ist allerdings, dass entweder das Gericht, dessen Entscheidung angefochten wird (iudex a quo), oder das Beschwerdegericht (iudex ad quem) die **Aussetzung der Vollziehung** anordnet, § 307 II StPO.

Eine reine **Untätigkeitsbeschwerde** ist der Strafprozessordnung grundsätzlich fremd[2]. Das **Unterlassen einer rechtlich gebotenen Entscheidung**, auch wenn sie von Amts wegen zu treffen ist, kann daher nur ausnahmsweise mit einer Beschwerde angefochten werden[3]. Voraussetzung hierfür ist, dass die unterlassene Entscheidung selbst anfechtbar wäre und der Unterlassung die Bedeutung einer Sachentscheidung im Sinne einer endgültigen Ablehnung zukommt (siehe auch o. Rn 363). Inwiefern für eine Untätigkeitsbeschwerde des Beschuldigten neben der nunmehr gesetzlich geregelten Möglichkeit einer Verzögerungsrüge (§ 198 III GVG; Rn 26a) weiterhin Raum bleibt, ist noch ungeklärt[4].

Beschwerdeberechtigt sind neben StA, Beschuldigtem etc nach § 304 II StPO auch Zeugen, Sachverständige und andere „Betroffene", dh Personen, die durch die richterliche Entscheidung in der Wahrnehmung geschützter Rechte und Interessen beschränkt werden[5].

II. Ausschluss der Beschwerde

578 **Entscheidungen der erkennenden Gerichte** (zum Begriff s. Rn 76)**, die der Urteilsfällung vorausgehen, unterliegen nicht der Beschwerde**, § 305 S. 1 StPO.

---

1 Anders BVerfG wistra 2006, 57 (Beschwerde gegen einen Haftverschonungsbeschluss).
2 BGH NJW 1993, 1279; HK-*Rautenberg*, § 304 Rn 1; aA *Hoffmann*, NStZ 2006, 256; s.a. EMRK *(Kudla/ Polen)* NJW 2006, 2389 (betrifft Zivilverfahren).
3 *OLG Hamburg* StraFo 2012, 37; *M-G/Schmitt*, § 304 Rn 3.
4 Gegen die Statthaftigkeit der Untätigkeitsbeschwerde: OLG Düsseldorf, Beschl. v. 15.2.2012 – II-8 WF 21/12, 8 WF 21/12; OLG Brandenburg, Beschl. v. 6.1.2012 – 13 WF 235/11 und *Graf*, NZWiSt 2012, 121, 123; aA *Kotz*, StRR 2012, 207; *Kolleck-Feser*, Verfahrensverzögerungen im Strafverfahren und die Untätigkeitsbeschwerde der Staatsanwaltschaft, 2015, S. 145 ff.
5 BGHSt 27, 175.

Ausgenommen hiervon sind Entscheidungen über Verhaftungen[6], die einstweilige Unterbringung, Beschlagnahmen, die vorläufige Entziehung der Fahrerlaubnis, das vorläufige Berufsverbot oder die Festsetzung von Ordnungs- oder Zwangsmitteln sowie alle Entscheidungen, durch die dritte Personen betroffen werden, § 305 S. 2 StPO. **S. 2** enthält **keine abschließende Aufzählung**. So ist zB auch eine Maßnahme nach dem in S. 2 nicht erwähnten § 81a StPO, die durch das erkennende Gericht angeordnet wird, mit der Beschwerde anfechtbar, wobei nach hM die Maßnahme an Schwere einem der in S. 2 bezeichneten Zwangseingriffe gleichkommen muss[7].

§ 305 StPO entzieht also all diejenigen Entscheidungen des erkennenden Gerichts der Beschwerde, die der Urteilsfindung vorausgehen, in einem **inneren, sachlichen Zusammenhang** mit der Urteilsfällung stehen, ausschließlich der Vorbereitung des Urteils dienen, im Rahmen der Berufung oder Revision überprüft werden können und schließlich keine weiteren Verfahrenswirkungen äußern[8]. Entscheidungen des Gerichtsvorsitzenden sind unter denselben Voraussetzungen der Anfechtung entzogen[9]. Unstrittig ist § 305 S. 1 StPO zB im Falle der **Zurückweisung eines Beweisantrags** erfüllt. Neben den Rechtsmitteln gegen das Urteil ist hier eine zusätzliche (sofortige) Kontrolle nicht nötig.

In vielen Fallgruppen ist es allerdings streitig, ob ein innerer Zusammenhang mit der Urteilsfällung iSv § 305 S. 1 StPO besteht. So wird nach richtiger – wenn auch innerhalb der Rspr umstrittener – Ansicht die Anfechtungsmöglichkeit zB bejaht, wenn das Gericht in der Hauptverhandlung folgende Anträge ablehnt:

– Bestellung eines Pflichtverteidigers (vgl Rn 168),
– Terminverlegung, sofern Anhaltspunkte für eine rechtsfehlerhafte Ermessensausübung des Vorsitzenden bestehen[10],
– Akteneinsicht des Verteidigers (vgl Rn 162).

Unzulässig sind Beschwerden gegen Beschlüsse und Verfügungen des BGH und weitgehend auch gegen Beschlüsse und Verfügungen des OLG (Einzelheiten s. § 304 IV StPO)[11]. Ebenfalls nur ausnahmsweise zulässig ist die Beschwerde gegen Verfügungen des Ermittlungsrichters des BGH und des OLG (§ 304 V StPO). Weitere Fälle, in denen die Beschwerde ausgeschlossen ist, sind ua Entscheidungen nach §§ 28 I, 46 II, 153 II 4, 201 II 2, 310 II StPO.

III. Zuständigkeit

Zuständiges Beschwerdegericht ist entweder das **LG** gem. § 73 I GVG – und zwar **579** gem. § 76 I GVG die **große Strafkammer**[12] – oder das **OLG** gem. §§ 120 III, IV, 121 I Nr 2 GVG oder der **BGH** gem. § 135 II GVG.

---

6 Vert. *M. Vormbaum*, Dencker-FS, S. 343.
7 OLG Düsseldorf StraFo 2011, 505; SK-*Rogall*, § 81a Rn 151; *Weidemann*, S. 168.
8 OLG Köln StV 1991, 552 m. krit. Anm. *Müller*; *M-G/Schmitt*, § 305 Rn 1.
9 *M-G/Schmitt*, § 305 Rn 3; HK-*Rautenberg* § 305 Rn 4; str.
10 LG Braunschweig StV 2014, 335; *M-G/Schmitt*, § 213 Rn 8.
11 Zur Fairnessproblematik s. *Lang*, Breidling-FS, S. 199.
12 OLG Köln StV 1993, 462.

IV. Einlegung der Beschwerde

580 Die Beschwerde ist bei dem Gericht, dessen Entscheidung angefochten wird (**iudex a quo**), schriftlich[13] oder zu Protokoll der Geschäftsstelle einzulegen, § 306 I StPO. Eine Begründung der Beschwerde ist nicht vorgeschrieben. Die einfache Beschwerde ist – im Gegensatz zur sofortigen Beschwerde – unbefristet.

V. Entscheidungen

1. Entscheidungen des iudex a quo

581 Wenn das Gericht, dessen Entscheidung angefochten wird, die einfache Beschwerde für **begründet** erachtet, hat es ihr **abzuhelfen**, § 306 II 1. HS StPO. Andernfalls muss es die Beschwerde sofort, spätestens aber vor Ablauf von drei Tagen, dem zuständigen Beschwerdegericht vorlegen, § 306 II 2. HS StPO. Auch die unzulässige Beschwerde darf der iudex a quo nicht als unzulässig verwerfen[14], er muss sie jedoch als Gegenvorstellung prüfen[15].

2. Entscheidung des Beschwerdegerichts

Liegen die Zulässigkeitsvoraussetzungen der Beschwerde nicht vor, muss der iudex ad quem die Beschwerde **als unzulässig verwerfen**. Hält das Beschwerdegericht die Beschwerde für **zulässig und begründet**, so **entscheidet** es grundsätzlich **in der Sache selbst**, § 309 II StPO, und zwar auch in Ermessensfragen[16]. Die Entscheidung hat bindende Wirkung, solange sich der zu beurteilende Sachverhalt nicht ändert[17]. Nur ausnahmsweise verweist das Beschwerdegericht die Sache zurück, so zB wenn die angefochtene Entscheidung nicht von dem gesetzlich vorgesehenen Spruchkörper getroffen worden und dieser Mangel im Beschwerdeverfahren nicht auszugleichen ist[18].

VI. Sofortige Beschwerde

582 Die **sofortige Beschwerde** unterscheidet sich dadurch von der einfachen Beschwerde, dass sie **befristet** ist. Sie muss innerhalb einer Woche beim iudex a quo eingelegt werden, § 311 II StPO. Anders als bei der einfachen Beschwerde hat der iudex a quo nur ausnahmsweise die Möglichkeit, der Beschwerde abzuhelfen, nämlich nur bei Verletzung des rechtlichen Gehörs zum Nachteil des Beschwerdeführers, § 311 III StPO.

---

13 Zu der Bandbreit von Schriftlichkeit s. S/S/W-StPO-*Hoch*, § 306 Rn 7.
14 RGSt 43, 179, 180; Radtke/Hohmann-*Merz*, § 306 Rn 6; vert. *Park*, Schlothauer-FS, S. 143.
15 *M-G/Schmitt*, § 306 Rn 12.
16 KG StV 2016, 171; *M-G/Schmitt*, § 309 Rn 4; LR-*Matt*, § 309 Rn 7.
17 OLG Braunschweig StV 2016, 102 mit zust. Anm. *Weidemann*.
18 BGHSt 28, 312, 313; vert. AnwK-StPO-*Rotsch/Gasa*, § 309 Rn 7.

Eine Beschwerde ist im Normalfall eine einfache Beschwerde. Nur, wenn es im Gesetz ausdrücklich angeordnet ist (zB § 28 II 1 StPO), handelt es sich um eine sofortige Beschwerde.

VII. Weitere Beschwerde, § 310 StPO

Die weitere Beschwerde, das Rechtsmittel gegen die Entscheidungen des Beschwerdegerichts, ist nur in Ausnahmefällen zulässig. Sie kann gem. § 310 I StPO nur eingelegt werden gegen Beschwerdeentscheidungen des LG oder des nach § 120 III GVG zuständigen OLG, sofern sie **Verhaftungen** oder die **einstweilige Unterbringung** betreffen, also bei besonders schwerwiegenden Maßnahmen. Andere Entscheidungen, die auf eine Beschwerde ergangen sind, können nicht mit der weiteren Beschwerde angefochten werden, § 310 II StPO.

583

Lösung Fall 69: Die Ablehnung des in der Hauptverhandlung gestellten **Beweisantrages** erfolgt durch **Beschluss** (§ 244 VI StPO). Gegen Beschlüsse ist dem Grundsatz nach das Rechtsmittel der Beschwerde statthaft, § 304 I StPO. Bei einer Ablehnung eines Beweisantrages handelt es sich jedoch unstrittig um eine Entscheidung des erkennenden Gerichts, die im Sinne von § 305 S. 1 StPO **der Urteilsfindung vorausgeht**, die also nicht der Beschwerde unterliegt. Das LG wird die Beschwerde als **unzulässig** verwerfen.

Das erkennende Gericht kann inzwischen die Hauptverhandlung fortsetzen, ggf sogar ein Urteil fällen (vgl § 307 I StPO). A wird dadurch nicht schutzlos. Er kann zB Berufung (§ 312 StPO) einlegen und in der Berufungshauptverhandlung seinen Beweisantrag wiederholen. Diesem Antrag wäre gem. § 244 III 2 StPO auch stattzugeben, denn der Umstand, dass N fernmündlich die Geltendmachung seines Auskunftsverweigerungsrechts gem. § 55 I StPO angekündigt hat, macht ihn nicht zum völlig ungeeigneten Beweismittel. Erst eine Befragung in der Hauptverhandlung kann endgültig Klarheit bringen, ob der Zeuge zu allen oder zu einzelnen Fragen die Auskunft verweigern möchte. A könnte unter Stützung auf diesen Verfahrensfehler gegen das Urteil auch sofort Sprungrevision (§ 335 StPO) einlegen. Da das Urteil auf dem Verstoß gegen § 244 III 2 StPO beruht, wird die Sprungrevision Erfolg haben, § 337 StPO. Einzelheiten s. Rn 578, 444.

584

§ 31 Die Wiederaufnahme des Verfahrens

Fall 70: Frau R ist rechtskräftig wegen Mordes zu einer lebenslangen Freiheitsstrafe verurteilt worden. Nach den Feststellungen des Urteils hat sie ihren Ehemann getötet, den Kopf vom Rumpf abgetrennt und später den Kopf im Küchenherd vollständig verbrannt. Jahre später wird der Schädel in einem ausgetrockneten Teich gefunden. Was kann Frau R unternehmen? (Fall *Maria Rohrbach*) **Rn 589**

I.   Bedeutung

585   Das Institut der **Wiederaufnahme des Verfahrens** ist eine der wichtigsten Möglichkeiten, um die materielle Rechtskraft zu durchbrechen. Der materiellen Rechtskraft bedarf es, um den **Rechtsfrieden** zu gewährleisten. Andererseits drängt der Gesichtspunkt der **Gerechtigkeit**, der ebenfalls vom Rechtsstaatsprinzip umfasst wird[1], den Gedanken des Rechtsfriedens bzw der Rechtssicherheit ausnahmsweise in den Hintergrund, wenn es sich um ein rechtskräftiges Urteil handelt, das unerträgliche Fehler enthält, sodass es niemand verstünde, wenn weiterhin der einmal gefällte Richterspruch aufrechterhalten würde[2]. Dementsprechend darf eine Wiederaufnahme nur in ganz **eng gesteckten Grenzen** möglich sein. Der Gesetzgeber hat daher die Wiederaufnahmegründe in einer abschließenden Aufzählung von Fallgruppen (insbes. §§ 359, 362 StPO) festgelegt. Geregelt ist die Wiederaufnahme nur bei **Urteilen**; die analoge Anwendbarkeit der §§ 359 ff auf Beschlüsse ist str.[3] (s. auch Rn 292).

II.   Wiederaufnahmegründe

586   Die abschließenden (s.o. Rn 7) Wiederaufnahmegründe sind in solche zu Gunsten und zu Ungunsten des Angeklagten unterteilt[4]. Eine Wiederaufnahme **zu Gunsten des Verurteilten** kann nur aus den in § 359 Nr 1–6 StPO genannten Gründen erfolgen. In der Praxis besonders bedeutsam ist – neben der Fallgruppe des Vorbringens unechter oder verfälschter Urkunden, § 359 Nr 1 StPO[5] – die Fallgruppe des § 359 Nr 5 StPO, die eine Wiederaufnahme zulässt, wenn **neue Tatsachen oder Beweismittel** beigebracht werden, die allein oder in Verbindung mit den früher erhobenen Beweisen die Freisprechung des Angeklagten oder in Anwendung eines milderen Strafgesetzes eine geringere Bestrafung oder eine wesentlich andere Entscheidung über eine Maßregel der Besserung und Sicherung zu begründen geeignet sind.

Unter **Tatsachen** iSv § 359 Nr 5 StPO versteht man konkrete Vorgänge der Gegenwart und Vergangenheit, die dem Beweis zugänglich sind, nicht dagegen die Änderung von angewendeten Gesetzen oder der Rechtsprechung[6]. **Beweismittel** sind die förmlichen Beweismittel der StPO (dazu Rn 179). Sowohl Tatsachen als auch Beweismittel sind **neu**, wenn sie entweder erst nach dem Urteil eingetreten sind oder dem erkennenden Gericht vorher nicht bekannt waren oder das erkennende Gericht von

---

1   BVerfGE 33, 367, 383; 38, 105, 115.
2   Zum Fehlerspektrum vgl. *Brinkmann*, Zum Anwendungsbereich der §§ 359 ff StPO, 2017.
3   Dafür LG Hannover JR 1997, 123 m. Anm. *H.E. Müller*; *Schall*, Stree/Wessels-FS, S. 735; *Hellmann*, Rn 955; LR-*Matt*, Vor § 304 Rn 62; *Trepper, Th.*, Zur Rechtskraft strafprozessualer Beschlüsse, 1996; abl. OLG Hamburg StV 2000, 568; LR-*Gössel*, Vor § 359 Rn 58; SK-StPO-*Frisch*, Vor § 304 Rn 28; s.a. LR-*Beulke*, § 153a Rn 142; bei Einstellungen nach §§ 153, 153a StPO kommt sie nicht in Betracht, da schon die notwendige Beschwer fehlt, LG Baden-Baden NStZ 2004, 513; aA *Böse*, JR 2005, 12.
4   Einzelheiten bei: *Eschelbach*, Stöckel-FS, S. 199; *Eschelbach/Geipel/Meller*, GA 2018, 238; *Hanne, N.*, Rechtskraftdurchbrechung von Strafentscheidungen im Wechsel der politischen Systeme, 2005, S. 161; *Marxen/Tiemann*, Die Wiederaufnahme in Strafsachen, 3. Aufl. 2014; *Noak*, JA 2005, 539; Beck'sches Formularbuch-*Strate*, Kap. X; *Waßmer*, Jura 2002, 454.
5   Dazu OLG Nürnberg (Fall *Mollath*) NJW 2013, 2692 m. Bespr. *Mosbacher*, JuS 2014, 127.
6   BVerfGE 12, 338, 340; BGHSt 39, 75, 79 f (Fall *v. Ossietzky*); hierzu *Gössel*, NStZ 1993, 565; *Joerden*, JZ 1994, 582 und *Brauns*, JZ 1995, 492.

ihnen kein Gebrauch gemacht hat[7]. Eine neue Tatsache ist zB ein neuer Entlastungs-
zeuge – dessen Existenz dem Beschuldigten auch schon während der Hauptverhandlung bekannt gewesen sein kann[8] –, ein Geständnis der Tat durch einen Dritten oder
ein neues Sachverständigengutachten mit neuen Befundtatsachen[9]. Auch im Widerruf
eines früheren Geständnisses des Beschuldigten ist eine neue Beweistatsache zu sehen[10], die allerdings eine erweiterte Darlegungspflicht mit sich bringt, dh dass der
Beschuldigte ein schlüssiges und naheliegendes Motiv für das falsche Geständnis
darlegen muss[11].

Eine Wiederaufnahme **zuungunsten** des Angeklagten ist nur unter den engen Voraussetzungen des § 362 StPO zulässig. Hervorzuheben ist hier vor allem der Wiederaufnahmegrund des § 362 Nr 4 StPO, nach dem ein neues Verfahren eingeleitet
werden kann, wenn von dem Freigesprochenen ein glaubwürdiges **Geständnis** der
Straftat abgelegt wird. Wichtig ist ferner, dass das **Beibringen neuer Tatsachen
und Beweismittel**, welches gem. § 359 Nr 5 StPO die Wiederaufnahme zu Gunsten
des Verurteilten zulässt (s.o.), bei den Wiederaufnahmegründen **zuungunsten** des
Angeklagten **fehlt**. Reformvorschläge, unter besonderen Bedingungen eine Rechtskraftdurchbrechung zulasten eines Freigesprochenen einzuführen, wenn später neue
(besonders glaubhafte) Beweismittel einen Tatnachweis ermöglichen, haben sich bisher nicht durchgesetzt[12].

Lücken bestehen hinsichtlich des Wiederaufnahmegrundes des § 362 Nr 2 StPO, wonach das
Verfahren wiederaufgerollt werden kann, wenn der Zeuge sich einer **vorsätzlichen falschen
Aussage** zu Gunsten des Angeklagten schuldig gemacht hat. Da die Wiederaufnahme nach § 364
S. 1 StPO in diesem Fall nur zulässig ist, wenn wegen dieser Tat eine rechtskräftige Verurteilung
ergangen ist, schützt die Vorschrift Straftäter, die ihren Freispruch herbeiführen, indem sie die für
sie günstige Zeugenaussage durch so massiven Druck (zB Todesdrohung) herbeiführen, dass der
Zeuge seinerseits gem. § 35 I 1 StGB im **entschuldigenden Notstand** handelt und folglich nicht
bestraft werden kann. Da auch eine analoge Anwendung der Vorschriften des Wiederaufnahmerechts scheitert (s. Rn 585), kann dem Missstand nur durch Gesetzesänderung begegnet
werden[13].

Im **Sonderfall des Strafbefehlsverfahrens** existiert die zusätzliche Wiederaufnahmemöglichkeit
zu Ungunsten des Verurteilten gem. § 373a StPO[14] (dazu Rn 529). Ein weiterer Wiederaufnahmegrund ergibt sich aus § 79 I BVerfGG insbes. für den Fall, dass das Strafurteil auf einer
Norm beruht, die für verfassungswidrig erklärt worden ist (zB relevant geworden nach der
„Sitzblockadenentscheidung"[15] des BVerfG zu § 240 StGB).

---

7 BVerfG StV 2003, 225; BVerfG SVR 2015, 36; OLG Stuttgart NStZ-RR 2012, 290.
8 OLG Düsseldorf NStZ 1993, 504.
9 OLG Hamm StV 2003, 231.
10 BGH NJW 1977, 59; KMR-*Eschelbach*, § 359 Rn 132; AnwK-StPO-*Rotsch*, § 359 Rn 24.
11 BGH NStZ 2006, 468; vert. *Eisenberg*, JR 2007, 360; *Hellebrand*, NStZ 2008, 374.
12 Vgl Bundesratsentwurf BR-Drs. 655/07; *Letzgus*, Geppert-FS, S. 785; abl. *Bohn*, Die Wiederaufnahme
   des Strafverfahrens zuungunsten des Angeklagten vor dem Hintergrund neuer Beweise, 2016; *Grünewald*, ZStW 120 (2008), 545; OK-StPO-*Singelnstein*, § 362 Rn 11; *Marxen/Tiemann*, ZIS 2008, 188;
   Pabst, ZIS 2010, 126; rechtsvergleichend: *Swoboda*, HRRS 2009, 188, 193 ff.
13 KG JZ 1997, 629 m. Anm. *Marxen*; LR-*Gössel*, § 362 Rn 6.
14 Einzelheiten bei *Weber-Klatt, K.*, Die Wiederaufnahme von Verfahren zu Ungunsten des Angeklagten, 1997, S. 322; s. auch *Possienke*, Die Regelung des § 373a StPO im Lichte des Grundgesetzes und
   als mögliche Leitlinie einer Reform des Wiederaufnahmerechts, 2016.
15 BVerfGE 92, 1; zum notwendigen Vortrag im Wiederaufnahmeantrag: KG NStZ 2013, 125.

III. Verfahren

587 Zuständig für die Entscheidungen im Wiederaufnahmeverfahren ist idR ein anderes Gericht mit gleicher sachlicher Zuständigkeit als das Gericht, gegen dessen Entscheidung sich der Wiederaufnahmeantrag richtet (§ 367 I 1 StPO iVm § 140a GVG).

1. Prüfung der Zulässigkeit gem. §§ 366–368 StPO

Zunächst prüft das Wiederaufnahmegericht gem. § 368 StPO im sog. **Aditionsverfahren** die Zulässigkeit des gestellten Antrags (§ 366 StPO) in Bezug auf die vorgeschriebene Form und Angabe eines gesetzlichen Wiederaufnahmegrundes sowie auf Schlüssigkeit des Antrags. In welchem Umfang an dieser Stelle bereits eine vorweggenommene Beweiswürdigung vorgenommen werden muss, ist sehr umstritten. Nach herrschender Ansicht ist im Rahmen der Schlüssigkeit zunächst zu prüfen, ob vom Standpunkt des erkennenden Gerichts aus dessen Entscheidung bei Berücksichtigung der neuen Beweise anders ausgefallen wäre. Dabei wertet das Wiederaufnahmegericht die beigebrachten Beweismittel insoweit, als es ohne förmliche Beweisaufnahme möglich ist[16]. Hierbei gilt der Grundsatz in-dubio-pro-reo nicht[17]. Trotzdem genügen im Falle des § 359 Nr 5 StPO bereits „ernsthafte Zweifel" an der Richtigkeit der Verurteilung in tatsächlicher Hinsicht, bzw reicht es aus, dass die den Schuldspruch tragenden Feststellungen des Urteils „erschüttert" werden[18]. Zum Teil wird im Schrifttum darauf abgestellt, ob die „konkrete Möglichkeit" des Erreichens eines zulässigen Wiederaufnahmeziels gegeben ist[19]. Unstreitig bleibt jedenfalls die klassische Beweiswürdigung, zB die Entscheidung über die Glaubwürdigkeit einer Zeugenaussage, den späteren Stadien des Wiederaufnahmeverfahrens vorbehalten[20]. Der Antrag auf Wiederaufnahme kann auch noch nach der Strafvollstreckung und sogar nach dem Tode des Verurteilten gestellt werden (§ 361 StPO)[21].

Für die Zulässigkeit der Wiederaufnahme sind insbes. folgende Einschränkungen bedeutsam:

– Eine Wiederaufnahme des Verfahrens zu dem Zweck, eine **andere Strafbemessung** auf Grund desselben Strafgesetzes herbeizuführen, ist bei allen Wiederaufnahmegründen nicht zulässig (§ 363 I StPO)[22].
– Eine Wiederaufnahme des Verfahrens zu dem Zweck, eine Milderung der Strafe wegen **verminderter** Schuldfähigkeit (§ 21 StGB) herbeizuführen, ist gleichfalls ausgeschlossen (§ 363 II StPO).

Bei Unzulässigkeit wird der Antrag gem. § 368 I StPO verworfen, bei Zulässigkeit ergeht ein sog. **Zulassungsbeschluss**.

2. Prüfung der Begründetheit gem. §§ 369, 370 StPO

588 Ist ein Zulassungsbeschluss ergangen, so wird im sog. **Probationsverfahren** die **Begründetheit** des Antrags geprüft. Soweit erforderlich, nimmt ein von dem Wiederaufnahmegericht beauftragter Richter eine Beweisaufnahme über den Wiederaufnahmegrund vor (§ 369 StPO)[23]. Dann entscheidet das Wiederaufnahmegericht selbst über die Begründetheit. Der Antrag ist gem. § 370 I

---

16 OLG Karlsruhe NStZ-RR 2005, 179; OLG Koblenz NStZ-RR 2005, 272.
17 BGHSt 39, 75, 85; BGH NStZ 2000, 218.
18 OLG Rostock NStZ 2007, 357; KK-*Schmidt*, § 368 Rn 9; SK-*Frister*, § 359 Rn 57.
19 KMR-*Eschelbach*, § 359 Rn 209 f; *Wasserburg/Eschelbach*, GA 2003, 335, 350.
20 BVerfG NStZ 1995, 43; OLG München StRR 2010, 386.
21 S. zB LG Köln NJW 1998, 2688 (Fall *Beck*) m. Anm. *Gribbohm*, NStZ 1999, 99.
22 S. dazu BGHSt 48, 153, 156 m. krit. Bspr. *Ziemann*, JR 2006, 409; *Marxen/Tiemann*, StV 1992, 534; *Rieß*, Gössel-FS, S. 657.
23 Dazu BVerfG StV 2003, 223.

StPO insbes. dann als unbegründet zu verwerfen, wenn die darin aufgestellten Behauptungen keine genügende Bestätigung gefunden haben. „Genügend bestätigt" ist das Wiederaufnahmevorbringen iSv § 359 Nr 5 StPO, wenn es – analog zu § 170 I StPO – **„hinreichend wahrscheinlich" erscheint, dass in der neuen Hauptverhandlung eine für den Verurteilten günstige Entscheidung ergeht**[24].

Bei dieser Entscheidung ist der Grundsatz „in dubio pro reo" nicht direkt anwendbar. Bloße Zweifel an der Richtigkeit des alten Urteils begründen keine Wiederaufnahme. Gleichwohl ist es problematisch daraus abzuleiten, im Zweifel bleibe die Rechtskraft bestehen, denn der Grundsatz „in dubio pro reo" findet mittelbar sehr wohl Beachtung, wenn es um die Beurteilung des Ausgangs der neuerlichen Hauptverhandlung geht[25]. So genügt es beispielsweise, wenn ein Sachverständiger im Begründetheitsverfahren nicht ausschließen kann, dass ein biologisches Merkmal des § 20 StGB im Tatzeitpunkt vorlag und der Verurteilte deshalb möglicherweise schuldlos gehandelt hat[26]. Sofern das Wiederaufnahmegericht den Antrag für begründet hält, ordnet es die Wiederaufnahme des Verfahrens und die Erneuerung der Hauptverhandlung an, § 370 II StPO. Wenn dieser Beschluss rechtskräftig wird, versetzt er das Verfahren in den Zustand der Rechtshängigkeit zurück. Dann entfällt auch die Zulässigkeit der weiteren Vollstreckung des Urteils.

3. Erneute Hauptverhandlung gem. §§ 370 II, 373 StPO

Einem positiven Wiederaufnahmebeschluss folgt idR eine **neue Hauptverhandlung** vor dem gem. § 140a GVG zuständigen Gericht. Eine solche findet nicht statt, wenn der Verurteilte bereits verstorben ist. In diesem Fall kann das Wiederaufnahmeverfahren sowieso nur zum vollen Freispruch führen, andernfalls wäre der Antrag abzulehnen (§ 371 I StPO). Die neue Hauptverhandlung ist auch entbehrlich, wenn für einen sofortigen Freispruch genügend Beweise vorliegen, § 371 II StPO. Ansonsten ist das Urteil völlig neu zu finden, wobei jetzt wiederum der Grundsatz „in dubio pro reo" direkt gilt. Zu beachten bleibt, dass gem. § 373 II StPO auch im Wiederaufnahmeverfahren das Verbot der reformatio in peius eingreift. Das bedeutet, dass das Urteil nicht zum Nachteil des Beschuldigten verändert werden darf, wenn die Wiederaufnahme ausschließlich zu seinen Gunsten beantragt worden ist. Eine Unterbringung in einem psychiatrischen Krankenhaus oder einer Entziehungsanstalt bleibt jedoch möglich, § 373 II 2 StPO.

Lösung Fall 70: Die Verurteilte R kann einen auf § 359 Nr 5 StPO gestützten Wiederaufnahmeantrag stellen. Es ist hier sowohl eine **neue Tatsache** (der Kopf ist nicht im Ofen verbrannt worden) als auch ein **neues Beweismittel** (Kopf als Augenscheinsobjekt) beigebracht worden. Es erscheint **hinreichend wahrscheinlich**, dass in einer neuen Hauptverhandlung eine für die Verurteilte günstige Entscheidung ergeht. Dies genügt, den Wiederaufnahmeantrag als zulässig (§§ 366 ff StPO) und begründet (§§ 369, 370 StPO) zu erachten. Der tatsächliche Ausgang der erneuten Hauptverhandlung (§§ 370 II, 373 StPO) ist dadurch aber keineswegs präjudiziert, denn trotz des Wiederauftauchens des Kopfes ist es nicht ausgeschlossen, dass das Gericht in der neuen Hauptverhandlung wiederum zu dem Schluss kommt, Frau R habe ihren Mann getötet. Im konkreten Fall (*Maria Rohrbach*; dazu eingehend *Peters, K.*, Fehlerquellen im Strafprozeß, Bd. 1, 1970, S. 105 ff) wurde die Angeklagte in der erneuten Hauptverhandlung nach dem Grundsatz „in dubio pro reo" freigesprochen. Einzelheiten s. Rn 585 ff.

589

---

24 OLG Frankfurt StV 1996, 138 (Fall *Weimar*); *M-G/Schmitt*, § 370 Rn 4; *Wasserburg*, Die Wiederaufnahme des Strafverfahrens, 1983, S. 196 f.
25 LR-*Gössel*, § 370 Rn 23; *Kühne*, Rn 1122; zum Problem s. noch *Peters*, § 76 V 3b bb; *Roxin/Schünemann*, § 57 Rn 15 und *Schünemann*, ZStW 84 (1972), 870, 876 ff.
26 OLG Stuttgart StV 1990, 539; zust. *Stern*, NStZ 1993, 414.

§ 32 Das Privatklage-, Nebenklage- und Adhäsionsverfahren sowie sonstige Rechte des Verletzten

Fall 71:

a) A fährt seine langjährige Freundin B mit seinem Pkw nach Hause. Er hält auf einem Parkplatz, wo er zudringlich wird und B bedrängt, mit ihm geschlechtlich zu verkehren. Taxifahrer T eilt B zu Hilfe. A versucht daraufhin, mit seinem Auto zu fliehen. Dabei fährt er versehentlich T an, der nicht unerhebliche Verletzungen erleidet. Die StA klagt A wegen sexueller Nötigung und fahrlässiger Körperverletzung an. B will sich aktiv am Gerichtsverfahren beteiligen. Was kann sie unternehmen?

b) In der Hauptverhandlung wird A zu einer Freiheitsstrafe von zwölf Monaten verurteilt, die zur Bewährung ausgesetzt wird. B, die inzwischen als eine selbstständige Verfahrensbeteiligte fungiert, ist nunmehr der Meinung, A sollte freigesprochen werden. Kann sie ein Rechtsmittel einlegen, um dieses Ziel zu erreichen? **Rn 606**

I. Das Privatklageverfahren

1. Privatklagedelikte

590   Bei der **Privatklage** kann im Gegensatz zum Offizialverfahren eine Straftat von Privatpersonen verfolgt werden. Eine öffentliche Klage wird bei den sog. **Privatklagedelikten** von der StA nur erhoben, wenn dies im öffentlichen Interesse liegt (§ 376 StPO). Die Privatklagedelikte sind in § 374 I StPO aufgelistet[1].

Erheben kann die Privatklage nur der **Verletzte** iSv § 374 StPO, also derjenige, der durch die behauptete Tat, ihre tatsächliche Begehung unterstellt, unmittelbar in einem der durch die Privatklagedelikte geschützten Rechtsgüter beeinträchtigt ist (Ausnahme: § 374 II StPO; zum Verletztenbegriff s. Rn 346).

2. Einleitung und Durchführung einer Privatklage

591   **a)** Besteht Verdacht auf Vorliegen eines Privatklagedelikts, gibt es zwei mögliche Vorgehensweisen.

– Im Regelfall bringt der Verletzte das Privatklagedelikt zunächst nur zur Anzeige und stellt die ggf erforderlichen Strafanträge. Die StA prüft dann, **ob ein öffentliches Interesse an der Verfolgung von Amts wegen besteht (§ 376 StPO)**. Dieses wird idR vorliegen, wenn der Rechtsfrieden über den Lebenskreis des Verletzten hinaus gestört ist und die Strafverfolgung ein gegenwärtiges Anliegen der Allgemeinheit darstellt (so RiStBV 86 II). Bejaht die StA das öffentliche Interesse an der Strafverfolgung, so erhebt sie die öffentliche Klage, § 376 StPO. Andernfalls stellt sie das Ver-

---

1   Vert. *Bartsch*, ZJS 2017, 40, 167; SK-StPO-*Velten*, § 376 Rn 3; *Schöch*, Rieß-FS, S. 507; *Schroth/ Schroth*, Die Rechte des Verletzten im Strafprozess, 3. A. 2018; *Schünemann*, Hamm-FS, S. 687.

fahren gem. **§ 170 II StPO wegen Vorliegens eines Verfahrenshindernisses** für das Offizialverfahren ein und verweist den Verletzten auf den Privatklageweg[2].

– Denkbar ist aber auch, dass der Verletzte oder die in § 374 II, III StPO genannten Personen **ohne** eine vorgängige Anrufung der StA Privatklage vor dem zuständigen Gericht (§ 374 I StPO) erheben.

b) Trifft ein Privatklagedelikt mit einem **Offizialdelikt** im Rahmen einer Tat im prozessualen Sinn zusammen, so ist die Privatklage ausgeschlossen. Das Privatklagedelikt ist – ohne Rücksicht auf das öffentliche Interesse – zusammen mit dem Offizialdelikt zu verfolgen.

Beispiel: Um seine Ware weiter anpreisen zu können, stellt der Vertreter A seinen Fuß in die Wohnungstür der F, drängt die F in den Flur zurück und betritt gegen ihren Willen den Hausflur. F stellt Strafantrag. Das in Idealkonkurrenz mit dem Offizialdelikt der Nötigung (§ 240 StGB) verwirklichte Privatklagedelikt des Hausfriedensbruchs (§ 123 StGB) ist vorliegend ohne Prüfung des öffentlichen Interesses iSv § 376 StPO zu verfolgen.

c) Der Privatkläger übernimmt weitgehend die **Stellung der StA**. Dadurch wird die StA jedoch nicht von dem Verfahren ausgeschlossen, vielmehr kann sie in **jeder Lage** des Verfahrens bis zum Eintritt der Rechtskraft des Urteils durch eine ausdrückliche Erklärung **die Verfolgung übernehmen** (§ 377 II 1 StPO).   **592**

d) Der Privatklageweg kann in den Fallgruppen des § 380 I StPO jedoch erst beschritten werden, nachdem von einer durch die Landesjustizverwaltung zu bezeichnenden Vergleichsbehörde die **Sühne erfolglos** versucht worden ist.

e) Das Akteneinsichtsrecht des Privatklägers ist ab dem 1.1.2018 in § 385 III StPO neu geregelt worden.

f) Dem Privatkläger stehen dieselben Rechtsmittel zu, die in dem Verfahren auf erhobene öffentliche Klage der StA zustehen (§ 390 I 1 StPO), allerdings **nur zulasten**, nicht zu Gunsten des Beschuldigten[3].

II. Das Nebenklageverfahren

1. Begriff und Funktion

Die **Nebenklage** (§§ 395–402 StPO) gibt dem durch eine der in § 395 StPO genann-   **593** ten Straftaten Verletzten die Möglichkeit, sich der von der StA erhobenen öffentlichen Klage anzuschließen. Der Nebenkläger kann nicht von sich aus ein Verfahren in Gang setzen. Er kann lediglich einem bereits eingeleiteten Offizialverfahren beitreten; insofern ist die Nebenklage **akzessorisch** zur öffentlichen Klage[4]. Bei der Ausübung seiner Rechte ist der Nebenkläger allerdings von der StA unabhängig. Durch den

---

2 *Joachimski/Haumer*, S. 100; Radtke/Hohmann-*Merz*, § 376 Rn 5.
3 OLG Hamburg NJW 1958, 1313; KMR-*Stöckel*, § 390 Rn 5.
4 Vgl *Gollwitzer*, Schäfer-FS, S. 65.

Anschluss als Nebenkläger erlangt der Verletzte ein umfassendes Teilnahmerecht am Verfahren, so zB das Frage- und Beweisantragsrecht (§ 397 I 3 StPO)[5].

In erster Linie dient die Nebenklage dem **persönlichen Genugtuungs- und Restitutionsinteresse** des Verletzten. Ihm werden Mitwirkungsrechte in einem Strafverfahren gegeben, in dem es um eine ihn persönlich besonders intensiv berührende Tat geht. Das ist auch ein entscheidender Unterschied zur Privatklage (§§ 374 ff StPO), die zumindest de facto hauptsächlich der Entlastung der Justiz dient. Bei der Nebenklage soll dagegen der Verletzte seine Sühneinteressen bzw sein Vergeltungsbedürfnis verfolgen und an der Seite der StA die Bestrafung des Beschuldigten betreiben können[6].

Gleichzeitig hat das Institut der Nebenklage – ähnlich wie das Klageerzwingungsverfahren – **Kontroll- und Aufklärungsfunktion**: Mit der Nebenklage hat der Gesetzgeber dem Verletzten ein Instrumentarium an die Hand gegeben, das letztlich auch dem Vorwurf vorbeugen soll, die StA betreibe die Verfolgung einer Straftat nicht mit genügendem Nachdruck[7]. So dient die Nebenklage auch der privaten Kontrolle staatsanwaltlicher Tätigkeit.

In jüngerer Zeit ist der Gedanke der **Schutzfunktion** im Hinblick auf den **Verletzten** mehr und mehr in den Vordergrund getreten[8], nicht zuletzt infolge der Umsetzung der EU-Richtlinie über Mindeststandards für die Rechte und den Schutz von Opfern von Straftaten vom 25.10.2012[9] sowie mehrere Opferrechtsreformgesetze (dazu bereits Rn 196a).

2. Anschlussbefugnis

594 a) Anschlussberechtigt ist, wer (möglicherweise)[10] Verletzter einer der in § 395 StPO genannten Straftaten ist. Der **Verletztenbegriff** ist genauso zu verstehen wie beim Klageerzwingungsverfahren (s. Rn 346). Insbes. wird demjenigen Verletzten der Anschluss als Nebenkläger ermöglicht, der Opfer einer Tat gegen die sexuelle Selbstbestimmung (I Nr 1) oder einer (vorsätzlichen) Körperverletzung (I Nr 3) geworden ist. In Todesfällen eröffnet § 395 II Nr 1 StPO eine Nebenklagebefugnis für Eltern, Kinder, Geschwister und den Ehegatten sowie den eingetragenen Lebenspartner eines durch eine rechtswidrige Tat Getöteten.

Im Zuge des 2. OpfRRG wurde § 395 III StPO zum allgemeinen **Auffangtatbestand** für Opfer von im Einzelfall besonders schwerwiegenden Taten umgestaltet: Insbes. bei fahrlässiger Körperverletzung (§ 229 StGB), Beleidigung (§ 185 StGB), Wohnungseinbruchsdiebstahl (§ 244 I Nr 3, IV StGB) und Raub (§ 249 StGB), grundsätzlich jedoch auch bei allen anderen Delikten, ist eine Nebenklage des Verletzten nun

5 BGH NStZ 2011, 713; einschränkend: BGH NStZ 2010, 714 m. zu Recht abl. Anm. *Bock*, HRRS 2011, 119; vgl auch *Senge*, Rissing-van Saan-FS, S. 657, 664 ff.
6 *Fabricius*, NStZ 1994, 260.
7 *Gollwitzer*, Schäfer-FS, S. 65.
8 *Jahn*, Lüderssen.-Symp., S. 143; *Safferling*, ZStW 122 (2010), 87, 95; *Schünemann*, NStZ 1986, 193 ff.
9 ABl. EU 2012, L 315/57.
10 BGH NStZ-RR 2008, 352.

zulässig, wenn dies **aus besonderen Gründen**, namentlich wegen der schweren Folgen zur Wahrnehmung seiner Interessen geboten erscheint[11].

b) Der Anschluss ist in **jeder Lage des Verfahrens** zulässig, § 395 IV 1 StPO. Er   **595**
kann noch zur **Einlegung von Rechtsmitteln** nach ergangenem Urteil erfolgen,
§ 395 IV 2 StPO. Die Anschlusserklärung ist auch ohne vorherigen Strafantrag zulässig[12]. Der Anschluss erfolgt durch eine schriftliche Anschlusserklärung, § 396 I 1
StPO. Nach der Anschlusserklärung prüft das Gericht, bei dem das Verfahren anhängig ist (bei Anschließung durch Rechtsmitteleinlegung das Rechtsmittelgericht)[13],
die formelle Anschlussbefugnis.

Im Fall des § 395 III StPO entscheidet das Gericht zusätzlich darüber, ob der Anschluss aus den dort genannten Gründen geboten ist, § 396 II 2 StPO. Hier ergehen
also eigentlich **zwei Beschlüsse**. Zum einen wird – wie bei allen anderen Straftaten
auch – die formelle Anschlussbefugnis geprüft. Wird sie verneint und der Anschluss
nicht zugelassen, steht dem Verletzten wie sonst auch die Beschwerde gem. § 304 I
StPO zu[14]. Dagegen ist die Entscheidung hinsichtlich des Vorliegens der „besonderen
Gründe" iSv § 395 III StPO gem. § 396 II 2 StPO unanfechtbar. In der Praxis werden
diese Beschlüsse zumeist zu einer Einheit zusammengefasst. Trotz Ablehnung des
Antrags in der ersten Instanz besteht in der Rechtsmittelinstanz ein neues Antragsrecht auf Nebenklagezulassung[15].

3. Die Rechte des Nebenklägers

a) Der Nebenkläger hat insbes. ein **Recht auf Anwesenheit** in der Hauptverhandlung, das gem.   **596**
§ 397 I 1 StPO auch dann gilt, wenn er als Zeuge vernommen werden soll. §§ 58 I, 243 II 1 StPO,
die das Anwesenheitsrecht des Zeugen normalerweise einschränken, gelten daher nicht. Die weiteren Rechte des Nebenklägers in der Hauptverhandlung zählt § 397 I 3–4 StPO abschließend auf.

b) Ein eigenes Akteneinsichtsrecht steht dem Nebenkläger nach Maßgabe des § 406e StPO zu.

c) § 397a I StPO ermöglicht bei bestimmten schweren Nebenklagedelikten, unabhängig von den
wirtschaftlichen Voraussetzungen der Prozesskostenhilfe (§ 397a II StPO), die Bestellung eines
„Opferanwalts auf Staatskosten". Dies gilt auch für die Angehörigen eines Getöteten, § 395 II
Nr 1 StPO. § 397a I StPO ist lex specialis zu § 68b StPO (dazu Rn 196a). Bereits vor Erhebung
der öffentlichen Klage kann sich das nebenklageberechtigte Opfer (bzw können sich dessen Hinterbliebene) anwaltlich vertreten lassen, auch wenn es den Anschluss als Nebenkläger nicht oder
noch nicht erklärt hat (§ 406g StPO; dazu Rn 604)[16]. Inzwischen gibt es in Deutschland Verfahren
mit mehr als 80 Nebenklägern. In diesem Zusammenhang wird die Möglichkeit einer Gruppenvertretung durch einen Anwalt oder eine Anwaltsgruppe für mehrere Nebenkläger diskutiert[17].

---

11 BGH JR 2012, 392 m. Anm. *Schiemann*; krit. *Barton*, JA 2009, 753, 755; *Bung*, StV 2009, 430,
    435; *Jahn*, Lüderssen-Symp, S. 143; *Jahn/Bung*, StV 2012, 754; *Herrmann*, ZIS 2010, 236, 241 f;
    LR-*Wenske*, § 395 Nachtr. Rn 9 f; *Wenske*, JR 2014, 169.
12 BGH NStZ 1992, 452.
13 Vgl *M-G/Schmitt*, § 396 Rn 8; HK-*Weißer*, § 396 Rn 7.
14 Herrschende Ansicht, vgl *M-G/Schmitt*, § 396 Rn 19.
15 *Beulke*, DAR 1988, 118; KMR-*Stöckel*, § 395 Rn 17; abw. OLG Düsseldorf NStZ-RR 1996, 310.
16 Vert. *Barton*, StraFo 2011, 161.
17 OLG Köln StV 2014, 277; *Pues*, StV 2014,304.

d) Der Nebenkläger ist unabhängig von der StA zur **Einlegung von Rechtsmitteln** befugt, § 401 I StPO. Er kann das Urteil jedoch nicht mit dem Ziel anfechten, dass gegen den Angeklagten eine höhere Strafe oder sonst eine andere Rechtsfolge verhängt wird, § 400 I 1. Alt. StPO. Unzulässig ist das Rechtsmittel auch, wenn es das Ziel verfolgt, die Verurteilung des Angeklagten wegen einer Gesetzesverletzung zu erreichen, die nicht zum Anschluss als Nebenkläger berechtigt[18], § 400 I 2. Alt. StPO. Mangels Beschwer kann der Nebenkläger weder Entscheidungen über eine eventuelle U-Haft des Beschuldigten oder deren Fortdauer anfechten[19], noch (anders als der StA, vgl § 296 II StPO) ein Rechtsmittel zu Gunsten des Angeklagten einlegen[20].

III. Das Adhäsionsverfahren

1. Begriff und Bedeutung

597 Das **Adhäsions- oder Anhangsverfahren** gibt dem Verletzten einer Straftat die Möglichkeit, seine bürgerlich-rechtlichen Ansprüche, die ihm aus einer Straftat erwachsen und die er an sich vor dem Zivilgericht verfolgen müsste, im Strafverfahren durchzusetzen (vgl §§ 403–406c StPO)[21].

2. Voraussetzungen für das Adhäsionsverfahren, § 403 StPO

598 Im Rahmen des Adhäsionsverfahrens kann der **Verletzte** nur einen aus der Straftat erwachsenen **vermögensrechtlichen Anspruch**, der **nicht anderweitig gerichtlich anhängig** gemacht ist, geltend machen, § 403 StPO. Gemeint sind zB Schadensersatz- und Schmerzensgeldansprüche nach §§ 823 ff iVm § 253 II BGB. Die Ansprüche müssen zur **Zuständigkeit** der **ordentlichen Gerichte gehören**. Allerdings ist die Geltendmachung von Ansprüchen, für die ausschließlich das Arbeitsgericht (vgl § 2 I Nr 3d ArbGG) zuständig ist, ausgeschlossen[22]. Im Verfahren vor dem AG können die Ansprüche ohne Rücksicht auf den Wert des Streitgegenstandes geltend gemacht werden, § 403 2. HS StPO.

Im Verfahren muss ein entsprechender Antrag gestellt werden, § 404 StPO, der inhaltlich den Anforderungen einer Klageerhebung im Zivilverfahren (§ 253 II Nr 2 ZPO) entsprechen muss[23]. **Antragsberechtigt** sind der aus der Straftat Verletzte[24] sowie dessen Erben, § 403 StPO. Der Antrag muss sich unmittelbar gegen den **Beschuldigten** richten.

---

18 Zum deshalb beschränkten Prüfungsumfang: BGHSt 43, 15; OLG Hamm NStZ-RR 2012, 22 m. krit. Anm. *Wenske*, JR 2014, 170; LR-*Hilger*, § 400 Rn 18 ff; *Kampf*, JuS 2012, 521; HK-*Weißer*, § 400 Rn 17 ff; *Schmid*, NStZ 2011, 611, 612.
19 OLG München StV 2014, 28.
20 BGHSt 37, 136, 137; OLG Rostock NStZ 2013, 126; aA *Altenhain*, JZ 2001, 799; *Bock*, JR 2013, 428; *Heidemeier, J.*, Sinn und Zweck der Nebenklage, 1985, S. 299; *Noack*, ZIS 2014, 189; allgemein zur Revision des Nebenklägers: *Eicker*, JA 2018, 298.
21 Einzelheiten bei *H. Feigen*, Otto-FS, S. 879; *J. Ph. Feigen*, Adhäsionsverfahren in Wirtschaftsstrafsachen, 2012; *Greiner*, ZRP 2011, 132; *Haller*, NJW 2011, 970; *Krey/Wilhelmi*, Otto-FS, S. 933; *Weiner/Ferber*, Handbuch des Adhäsionsverfahrens, 2008.
22 KMR-*Stöckel*, § 403 Rn 10.
23 Vgl hierzu *Meier/Dürre*, JZ 2006, 18, 20.
24 Zum Verletztenbegriff: OLG Jena NJW 2012, 547; *M-G/Schmitt*, § 403 Rn 2; *Grau/Blechschmidt/ Frick*, NStZ 2010, 662, 664.

Daher kann bei einem Verkehrsunfall der nach § 115 VVG (früher: § 3 PflVG) mithaftende Haftpflichtversicherer nicht in Anspruch genommen werden.

3. Prozessuale Wirkung/Verfahren

Nach § 404 II 1 StPO hat die Antragstellung dieselben Wirkungen wie die Erhebung der Klage im Zivilrechtsstreit. Die Wirkungen der **Rechtshängigkeit** treten gem. § 404 II 2 StPO mit Eingang des Antrags bei Gericht ein. Im Adhäsionsverfahren gelten neben der StPO bestimmte Vorschriften der ZPO, so zB diejenigen zum Anerkenntnis[25] (s. § 406 II StPO) und zur vorläufigen Vollstreckbarkeit (s. § 406 III 1 StPO). Die Beweisaufnahme richtet sich jedoch nach §§ 226–276 StPO. Insbes. die Aufklärung des gesamten Sachverhalts von Amts wegen (vgl § 244 II StPO) ist für den aus der Straftat Verletzten von großem Vorteil.

599

4. Die Entscheidung des Gerichts

a) Absehen von einer Entscheidung

Das Gericht sieht von einer Entscheidung ab, wenn

600

- der Antrag **unzulässig** ist (zB bei anderweitiger Rechtshängigkeit), § 406 I 3 1. Alt. StPO;
- der Angeklagte **weder** einer Straftat **schuldig gesprochen** noch eine Maßregel der Besserung und Sicherung verhängt wird, § 406 I 1 StPO;
- es den Antrag für ganz oder teilweise **unbegründet** hält, § 406 I 3 2. Alt. StPO;
- sich der Antrag zur Entscheidung im Strafverfahren **nicht eignet**, § 406 I 4 StPO. Der Antrag ist insbes. dann nicht zur Erledigung im Strafverfahren geeignet, wenn seine weitere Prüfung das Verfahren erheblich verzögern würde, § 406 I 5 StPO[26].

„Absehen von einer Entscheidung" in diesen Fällen bedeutet, dass das Gericht den Antrag weder ablehnt noch verwirft. Das Absehen hat zur Folge, dass die Rechtshängigkeit endet, **ohne dass rechtskräftig über die Ansprüche entschieden wird**. Der Verletzte kann den Anspruch anderweit geltend machen, § 406 III 3 StPO.

b) Stattgebende Entscheidung

Ist der Adhäsionsantrag nach dem Ergebnis der Hauptverhandlung **begründet**, dann gibt ihm das Gericht **im Strafurteil** statt, § 406 I 1 StPO. Gem. § 406 I 2 StPO kann sich die Entscheidung auf den **Grund** oder einen **Teil** des geltend gemachten Anspruchs beschränken; § 318 ZPO gilt entsprechend[27]. Das Gericht kann sich demnach darauf beschränken, lediglich die Schadensersatzpflicht des Angeklagten festzustellen, und von einer Entscheidung über die Höhe des Betrages gem. § 406 I 4 StPO absehen[28]. Die Verhandlung über die Höhe des Betrages nach § 304 II ZPO findet dann vor dem zuständigen Zivilgericht statt, § 406 III 4 StPO.

601

Nach § 406 III 1 StPO steht die Entscheidung über den Adhäsionsantrag einem im bürgerlichen Rechtsstreit ergangenen Urteil gleich. Für den **Eintritt der Rechtskraft** gelten die Regeln der **StPO**, für die **Wirkung der Rechtskraft** hingegen die der **ZPO**[29].

---

25 BGH StraFo 2005, 381.
26 OLG Celle StV 2007, 293.
27 S. BGHSt 47, 378, 379 m. zust. Anm. *Groß*, JR 2003, 258.
28 Vgl HK-*Pollähne*, § 406 Rn 4.
29 Vgl BGH NJW 2015, 1252; KMR-*Stöckel*, § 406 Rn 23; *Foerster*, JZ 2013, 1143.

IV. Sonstige Rechte des Verletzten

1. Allgemeines

602 Gem. §§ 406d – 406h StPO ist der durch die Straftat Verletzte – unabhängig von einer möglichen Beteiligung am Strafprozess als Nebenkläger oder als Antragsteller in einem Adhäsionsverfahren – **selbstständiger Prozessbeteiligter**. Der Begriff des Verletzten ist im Rahmen der §§ 406d ff StPO in gleicher Weise zu definieren wie im Klageerzwingungsverfahren gem. § 172 StPO[30] (s. Rn 346).

2. Die wichtigsten besonderen Rechte des Verletzten

603 a) Die wichtigste, aber auch umstrittenste Befugnis des Verletzten[31] ist sein **Akteneinsichtsrecht**[32], das er selbst, sofern er nicht durch einen Rechtsanwalt vertreten wird (vgl § 406e III 1, 2 StPO) oder über einen Rechtsanwalt (vgl § 406e I 1 StPO) ausüben kann. Voraussetzung dieses Akteneinsichtsrechts ist grundsätzlich, dass der Verletzte (dazu auch Rn 346) ein **berechtigtes Interesse** darlegt. Gem. § 406e II 1 StPO ist die Einsichtnahme zwingend zu versagen, wenn überwiegende schutzwürdige Interessen des Beschuldigten oder anderer Personen entgegenstehen[33]. Nach § 406e II 2, 3 StPO kann die Einsichtnahme versagt werden, wenn der *Untersuchungszweck* des laufenden Verfahrens oder eines anderen Strafverfahrens gefährdet erscheint. Gleiches gilt, wenn das Verfahren durch die Einsichtnahme erheblich verzögert würde und die StA den Abschluss der Ermittlungen in den in § 395 StPO genannten Fällen noch nicht in den Akten vermerkt hat. Von einer Gefährdung des Untersuchungszweckes ist in der Regel auszugehen, wenn es sich bei dem Verletzten um einen Zeugen handelt, der in der Hauptverhandlung zu hören ist. Bei ihm muss ausgeschlossen werden, dass er seine Aussage dem Akteninhalt anpasst. Das weitergehende Akteneinsichtsrecht des Beschuldigten bzw seines Verteidigers gem. § 147 StPO (dazu Rn 126 u. 160) steht damit im Einklang, weil die Schutzwürdigkeit des Zeugen nicht der des Angeklagten entspricht[34].

Über die Gewährung der Akteneinsicht entscheidet im Ermittlungsverfahren die StA, § 406e IV 1 Alt. 1 StPO. Gegen ihre Entscheidung kann immer der Ermittlungsrichter angerufen werden, §§ 406e IV 2, 162 I StPO. Dessen Entscheidung ist nach § 406e IV 4 StPO unanfechtbar, solange die Ermittlungen noch nicht abgeschlossen sind (s. Rn 319). Nach Abschluss der Ermittlungen kann die Entscheidung des Ermittlungsrichters im Wege der Beschwerde (§§ 304 ff StPO, s.o. Rn 577 ff) angefochten werden. Im Zwischen- und Hauptverfahren entscheidet über die Gewährung der Akteneinsicht des Verletzten der Vorsitzende des mit der Sache befassten Gerichts,

---

30 OLG Koblenz StV 1988, 332 m. Anm. *Schlothauer*; aA HansOLG Hamburg wistra 2012, 397; OLG Stuttgart ZWH 2014, 40; KMR-*Stöckel*, Vor § 406d Rn 10; vert. SK-StPO-*Velten*, Vor §§ 406d-406h Rn 5; *Walther*, JR 2008, 405.
31 Für sonstige Personen/Institutionen gilt § 475 StPO.
32 Vert. *Asholt*, ZStW 126 (2014), 925; *Baumhöfener/Daber/Wenske*, NStZ 2017, 562; *Esser*, GA 2010, 65; *Hellmann*, NStZ 1996, 556; *Lauterwein*, Akteneinsichtsrecht und -auskünfte für den Verletzten, Privatpersonen und sonstige Stellen, §§ 406e und 475 StPO, 2011; *Schöch*, Streng-FS, S. 743.
33 Dazu BVerfG NJW 2007, 1052; BGH StV 2012, 327; OLG Braunschweig NStZ 2016, 629 m. Anm. *Schöch*; *Koch*, Hamm-FS, S. 289.
34 Wie hier AG Saalfeld NStZ 2005, 656; enger: OLG Hamburg StV 2015, 484.

§ 406e IV 1 Alt. 2 StPO. Gegen dessen Entscheidung ist immer die Beschwerde gem §§ 304 ff StPO eröffnet[35]. Will sich der Verletzte einer Straftat gegen die unbeschränkte Akteneinsicht an den Beschuldigten (s. Rn 161) wehren, kann er in entsprechender Anwendung von § 147 V 2 StPO gerichtliche Entscheidung nach Maßgabe des § 162 StPO beantragen[36].

b) Dem Verletzten ist, soweit es ihn betrifft, auf Antrag die **Einstellung des Ver-** **604** **fahrens, der Ort und Zeitpunkt der Hauptverhandlung** sowie die gegen den Angeklagten **erhobenen Beschuldigungen** und der **Ausgang des gerichtlichen Ver-** **fahrens mitzuteilen**, § 406d I StPO. Bei Vorliegen bestimmter Sexual- oder Gewaltdelikte und in sonstigen Fällen eines berechtigten Interesses des Opfers ist auf Antrag die Verhängung bzw Beendigung freiheitsentziehender Maßnahmen, eine Flucht des Beschuldigten oder Verurteilten aus einer freiheitsentziehenden Maßnahme und das Ausmaß der Maßnahmen, die zum Schutz des Verletzten deswegen gegebenenfalls getroffen worden sind, sowie die erstmalige Gewährung von Vollzugslockerungen oder Urlaub mitzuteilen. Der Verletzte ist nach der Urteilsverkündung oder Einstellung des Verfahrens – und im Fall, dass U-Haft zu erwarten ist, schon bei Anzeigeerstattung – über seine Informationsrechte zu belehren, Einzelheiten s. § 406d II, III StPO.

c) Gem. § 406f StPO kann sich der Verletzte im Strafverfahren des **Beistands eines** **Rechtsanwalts** bedienen. Dieser hat (ebenso wie inzwischen auch der Verteidiger des Beschuldigten, vgl Rn 156) – selbst bei der polizeilichen Vernehmung seines Mandanten ein Anwesenheitsrecht, § 406f I 2 StPO.

d) Nach § 406f II StPO kann der Verletzte, wenn er als **Zeuge** vernommen wird, beantragen, dass einer **Person seines Vertrauens** gestattet wird, **bei der Vernehmung** **anwesend** zu sein. Nach § 406g I 1 StPO können sich Verletzte des Beistands eines psychosozialen Prozessbegleiters bedienen[37].

e) § 406h StPO räumt dem **nebenklageberechtigten Verletzten** bzw dessen Hinterbliebenen (vgl § 395 II Nr 1 StPO) das Recht auf **Zuziehung eines Rechtsbeistands** mit erweiterten Befugnissen ein[38]. Diese Befugnisse werden unabhängig davon gewährt, ob der Verletzte tatsächlich später als Nebenkläger auftritt oder nicht.

f) Dem Verletzten gegenüber bestehen umfangreiche **Hinweispflichten** auf seine Befugnisse innerhalb und außerhalb des Strafverfahrens, §§ 406i, 406j StPO[39].

3. Sonstiger Schadensausgleich

– Die Entschädigung für Opfer von Gewalttaten regelt das **Opferentschädigungsge-** **605** **setz**[40], nach dessen § 1 Opfer bestimmter Straftaten bei gesundheitlichen und wirtschaftlichen Folgen der Tat Leistungen nach dem Bundesversorgungsgesetz erhalten.

---

35 BT-Drs. 16/12098, S. 35 f; OK-StPO-*Weiner*, § 406e Rn 6.
36 OLG Stuttgart NJW 2006, 2565.
37 Krit. *Neuhaus*, StV 2017, 55.
38 Vgl *Beulke*, DAR 1988, 114, 118; krit. *Kempf*, StV 1987, 215, 218; *Weider*, StV 1987, 317, 318.
39 Weitere Nachweise zur Reformdebatte o. Rn 196a Fn 76 ff.
40 BGBl I 1985, 1.

– Nach dem **Opferanspruchssicherungsgesetz**[41] erhält die iSv § 172 I StPO verletzte Person zur Sicherung ihrer Schadensersatzansprüche gegen den Tatbeteiligten ein gesetzliches Pfandrecht an Erlösen, die der Tatbeteiligte durch die Vermarktung der Tat in den Medien erlangt hat[42].

606 **Lösung Fall 71:**

a) B kann den Anschluss als **Nebenklägerin** erklären (§§ 395, 396 StPO), um ihr persönliches Genugtuungsinteresse zu befriedigen und um auf eine Bestrafung des A hinzuwirken. § 177 StGB gehört zu den Katalogtaten des § 395 I StPO (Nr 1). Einzelheiten s. Rn 594.

b) Nach hA kann der Nebenkläger nie Rechtsmittel zu Gunsten des Angeklagten einlegen, weil ihm insoweit die **Beschwer** fehlt. Einzelheiten s. Rn 596.

§ 33 Die Verfahrenskosten

Fall 72:

a) A verursacht fahrlässig einen Verkehrsunfall, bei dem zwei Menschen ums Leben kommen. Die Polizei lässt eine Blutalkoholbestimmung bei A vornehmen, bei der sich herausstellt, dass A zum Unfallzeitpunkt eine BAK von 1,1‰ hatte. A wird vom AG zu zwei Jahren Freiheitsstrafe verurteilt. Gegen das Urteil legt A Revision ein mit der zutreffenden Begründung, während der gesamten Dauer der Hauptverhandlung sei durch ein grobes Verschulden des Gerichts der Sitzungssaal für die Öffentlichkeit nicht zugänglich gewesen (§ 338 Nr 6 StPO). Das Revisionsgericht hebt das erstinstanzliche Urteil auf und verweist zurück. Eine andere Abteilung des AG bestätigt durch rechtskräftiges Urteil die ursprüngliche Entscheidung. Wer trägt welche Verfahrenskosten?

b) Wer bezahlt den Verteidiger? **Rn 611**

I.   Kostenbegriff

607 Gem. § 464a I 1 StPO sind **Kosten** der Oberbegriff für **Gebühren** und **Auslagen** der Staatskasse.

Gebühren sollen die Kosten des jeweiligen Verfahrens in pauschalierter Form abgelten. In Strafsachen bemessen sich die Gerichtsgebühren nach der rechtskräftig erkannten Strafe, Vorbem. 3.1. Anlage 1 GKG. Unter Nr 3110 ff der Anlage 1 GKG sind die auf die einzelnen Gebührentatbestände entfallenden Gebührenbeträge bzw -sätze aufgeführt. So werden zB derzeit für eine Hauptverhandlung im ersten Rechtszug bei Verurteilung zu einer Freiheitsstrafe bis zu zwei Jahren 420 € erhoben (Nr 3112 Anlage 1 GKG).

---

41 BGBl I 1998, 905.
42 Näher *Nowotsch*, NJW 1998, 1831; *Lüderssen*, StV 1999, 65.

Auslagen der Staatskasse bemessen sich nach den tatsächlich aufgewendeten Geldbeträgen. Sie dürfen nur in den gesetzlich normierten Fällen der Nr 9000 ff Anlage 1 GKG erhoben werden. Zu den Auslagen der Staatskasse zählen zB Postzustellungskosten (Nr 9002 Anlage 1 GKG) und Entschädigungen für Zeugen und Sachverständige (Nr 9005 Anlage 1 GKG). Zu Letzteren gehören auch die Kosten einer Blutalkoholbestimmung.

Nicht zu den eigentlichen Kosten des Verfahrens zählen die **notwendigen Auslagen eines Beteiligten**. Beispielhaft nennt § 464a II StPO als solche notwendigen Auslagen eines Beteiligten Entschädigungen für Zeitversäumnis und **Rechtsanwaltskosten**[1]. Die einzelnen Vorschriften, die die Kostenträgerschaft festlegen, enthalten über die notwendigen Auslagen eines Beteiligten jeweils besondere Regelungen (vgl § 467 I StPO).

II. Kostenträger

1. Der Verurteilte als Kostenträger

Gem. § 465 StPO trägt idR der wegen einer Tat Verurteilte oder der einer Maßregel der Besserung und Sicherung Unterstellte die Kosten des Verfahrens. Auch seine notwendigen Auslagen (insbes. Verteidigerkosten, auch bei Pflichtverteidigung)[2] hat er selbst zu tragen[3].   **608**

Die Zuweisung der Kostenlast an den Verurteilten wird teils mit dem Verschuldensprinzip, teils mit dem Veranlassungsgrundsatz, teils mit rein fiskalischer Notwendigkeit legitimiert[4]. Nach hA hat der Verurteilte durch die objektiv rechtswidrige Erfüllung eines Straftatbestandes die Strafverfolgung gegen sich verursacht und dadurch die Verfahrenskosten **veranlasst**[5]. Die Kritiker dieser Konzeption, die de lege ferenda eine Entlastung von der Kostentragungspflicht insbes. mit dem Argument einer Resozialisierungserleichterung für den Straftäter fordern[6], konnten sich bisher nicht durchsetzen.

2. Der Staat als Kostenträger

Bei **Freispruch, Ablehnung der Eröffnung des Hauptverfahrens und Verfahrenseinstellung** fallen die Kosten des Verfahrens (§ 464a I StPO) und die notwendigen Auslagen des Angeschuldigten (§ 464a II StPO) gem. § 467 I StPO der **Staatskasse** zur Last[7].   **609**

---

1 Vert. *Mertens/Stuff/Mück*, Verteidigervergütung, 2. A. 2016.
2 Vgl BVerfG NJW 2003, 196.
3 KK-*Gieg*, § 465 Rn 3.
4 Vert. SK-StPO-*Degener*, Vor § 464 Rn 8.
5 BVerfGE 18, 302, 304; BGHSt 25, 109, 118.
6 *Hassemer*, ZStW 85 (1973), 651; *Magold*, Die Kostentragungspflicht des Verurteilten, 2009, S. 185.
7 Diese hat keine Möglichkeit, dem Honoraranspruch des Pflichtverteidigers eine Aufrechnung mit Forderungen gegen den Mandanten entgegenzuhalten: BVerfG StraFo 2009, 274 m. Bespr. *Beulke/Edlbauer*, Mehle-FS, S. 63, 72.

Von dem Grundsatz der Kostenfreiheit des Angeschuldigten, gegen den die Unschuldsvermutung nicht widerlegt werden konnte, gibt es Ausnahmen:

Beispiel für eine **zwingende** Ausnahme: Bei einer (endgültigen) Einstellung gem. § 153a StPO werden die notwendigen Auslagen des Angeschuldigten der Staatskasse nicht auferlegt, § 467 V StPO.

Beispiel für eine **fakultative** Ausnahme: Stellt das Gericht das Verfahren nach einer Vorschrift ein, die dies nach seinem Ermessen zulässt (insbes. § 153 StPO), so kann es davon absehen, die notwendigen Auslagen des Angeschuldigten der Staatskasse aufzuerlegen, § 467 IV StPO[8].

III. Kosten im Rechtsmittelverfahren

610 Die Kosten eines zurückgenommenen oder erfolglos eingelegten Rechtsmittels treffen gem. § 473 I 1 StPO den, der es eingelegt hat. **Erfolglos** ist ein **Rechtsmittel**, wenn es als unzulässig oder unbegründet verworfen wird oder wenn es zu dem gleichen bzw im Wesentlichen gleichen Ergebnis führt wie in der ersten Instanz[9].

611 **Lösung Fall 72:**

a) Da A letztlich rechtskräftig **verurteilt** worden ist, trägt er gem. § 465 I 1 StPO die **Kosten des Verfahrens**. Kosten des Verfahrens sind die Gebühren und Auslagen der Staatskasse, § 464a I 1 StPO. Dabei bildet das Verfahren der Tatsacheninstanz vor und nach dem Revisionsrechtszug kostenrechtlich eine Einheit. Zu den Kosten gehören gem. § 464a I 2 StPO auch die Auslagen, die durch die Vorbereitung der öffentlichen Klage entstanden sind. Das sind hier zB die Kosten der Blutalkoholbestimmung.

Da das Tatgericht iE das ursprüngliche Strafmaß bestätigt, trägt der Angeklagte gem. § 473 I 1 StPO trotz Aufhebung des Ersturteils durch das Revisionsgericht auch die **Kosten des Revisionsverfahrens**. A muss also die gesamten (Gerichts-)Kosten tragen (BGHSt 18, 231, 233; *M-G/Schmitt*, § 473 Rn 8; krit. *Roxin/Schünemann*, § 59 Rn 8; *Warburg*, NJW 1973, 23).

b) Bei den Aufwendungen des A für seinen **Verteidiger** handelt es sich nicht um Kosten iSv §§ 464 ff StPO, sondern um sog. **notwendige Auslagen**, § 464a II Nr 2 StPO. Diese muss der verurteilte A ebenfalls tragen. Einzelheiten s. Rn 607 ff.

---

8   Zur verfassungsrechtlichen Problematik s. BVerfGE 82, 106 m. abl. Anm. *Paulus*, NStZ 1990, 600; BVerfG StV 1993, 138.
9   BGHSt 18, 231, 234.

§ 34 Hinweise zur Bearbeitung strafprozessualer Fallfragen

In der ersten juristischen Staatsprüfung werden strafprozessuale Fälle zumeist nur als **612** Annex zum umfangreicheren materiell-rechtlichen Teil gestellt. Allgemeine Aufbauregeln erscheinen insoweit nicht sinnvoll, da sich erst aus der speziellen Aufgabenstellung ergibt, welche Probleme erörtert werden sollen. Die im Buch behandelten 72 Fragen und Antworten erscheinen mir für die verschiedenen Vorgehensweisen beispielhaft. Sehr beliebt sind beispielsweise die folgenden Fragen[1]:

– „Darf das (angeblich rechtswidrig erlangte) Beweismittel verwertet werden?" – vgl **Fall Nr 2** (Rn 13), **16** (Rn 128), **17** (Rn 129), **19** (Rn 146), **56** (Rn 485), **57** (Rn 486) oder
– „Kann sich der Zeuge auf ein Zeugnisverweigerungsrecht berufen?" – vgl **Fall Nr 24** (Rn 207) oder
– „Kann das Protokoll der früheren Vernehmung (zB durch Polizei, StA, Ermittlungsrichter) in der Hauptverhandlung verlesen werden?" – vgl **Fall Nr 51** (Rn 431), **53** (Rn 433).

Der Erarbeitung eines allgemein gültigen Aufbauschemas stehe ich selbst im Bereich der Überprüfung eines **Rechtsmittels** skeptisch gegenüber. Immerhin existieren hier bestimmte, bei allen Rechtsmitteln ähnlich gelagerte Probleme, die vom Studierenden zu behandeln sind, wobei zumeist keine feste Reihenfolge vorgeschrieben ist (jenseits der Differenzierung zwischen Zulässigkeit und Begründetheit des Rechtsmittels). Die Lösungen der **Fälle Nr 67** (Rn 558), **68** (Rn 576) und **69** (Rn 584) zeigen insofern besonders anschaulich, wie man im Einzelfall vorgehen kann. Für die Examensklausur kann man sich folgende **Checkliste** einprägen[2]:

A. Revision

I. Zulässigkeit   **613**

1) Statthaftigkeit
    a) § 333 StPO   }   Rn 536, 559
    b) § 335 StPO [Sprungrevision]

2) Anfechtungsberechtigung
    – Angeklagter § 296 I StPO
    – StA § 296 I StPO
    – Verteidiger § 297 StPO   }   Rn 538
    – gesetzlicher Vertreter § 298 I StPO
    – Privatkläger § 390 I StPO
    – Nebenkläger § 401 I StPO
    – Einziehungsberechtigter § 437 I StPO

---

1 S.a. *Arzt*, S. 142; *Fahl*, JA 2006, 34; *Murmann/Grassmann*, S. 1; *Norouzi*, JuS 2007, 98.
2 Besonders lehrreicher Beispielsfall: *Klesczewski/Knaupe*, JA 2017, 434.

3) Beschwer   Rn 537

4) Form und Frist der Revisionseinlegung
   (beim iudex a quo)
   a) Form, § 341 StPO
      – zu Protokoll der Geschäftsstelle oder
      – schriftlich oder   Rn 539, 561
      – Sonderfall § 299 StPO
        [in Haft befindlicher Beschuldigter]
   b) Frist, § 341 StPO [eine Woche]

5) Weder Rücknahme noch Verzicht   Rn 544

6) Form und Frist der Revisionsbegründung
   a) Form, § 345 II StPO
      – zu Protokoll der Geschäftsstelle oder
      – schriftligt, bei Beschuldigtem nur mit Unterzeichnung
        durch Rechtsanwalt oder   Rn 562
      – Sonderfall § 299 StPO
   b) Frist, § 345 I StPO
      ein Monat

7) Inhaltliche Anforderungen a.d. Revisionsbegründung (§ 344 StPO)
   a) Umfang der Anfechtung, uU auch nur   Rn 542, 562
      Teilanfechtung und Angabe der begehrten
      Entscheidung (= Anträge iSv § 344 I StPO)
   b) Verfahrensrügen
      – Behauptung einer Verletzung
        von Rechtsnormen, § 344 II 1 StPO   Für die Zulässig-
      – Angabe der Tatsachen, § 344 II 2 StPO   keit der Revision
        Die Tatsachen müssen auch die   genügt **eine** in   Rn 562
        Prüfung des Beruhens ermöglichen.   zulässiger Weise
   c) Sachrügen, § 344 II 1 StPO   erhobene Rüge.
      (im Regelfall wird die „allgemeine
      Sachrüge" erhoben)

614 II. Begründetheit

1) Vorliegen aller Prozessvoraussetzungen (Prüfung von Amts wegen),
   insbes.
   – keine entgegenstehende Rechtskraft
   – wirksame Anklage
   – wirksamer Eröffnungsbeschluss   Rn 273 ff
   – Strafantrag
   – keine Verjährung

2) Umfang der weiteren Prüfungskompetenz
   (nur zur Klarstellung, kann uU weggelassen werden)
   – erneute Erläuterung der Anträge, § 352 StPO   Rn 563 ff
   – Auflistung der einzelnen zulässig erhobenen und
     im Folgenden zu prüfenden Rügen

3) Verfahrensrügen — Rn 564
  a) Ausgangsbasis: die gerügten Tatsachen, § 352 I StPO — Rn 562
  b) Gesetzesverletzung und Beruhensproblematik — Rn 563 ff
    aa) absolute Revisionsgründe, § 338 StPO
      (Beruhen immer gegeben)
      – fehlerhafte Gerichtsbesetzung, Nr 1
      – Mitwirkung eines ausgeschlossenen oder
        befangenen Richters, Nr 2 und 3
      – Unzuständigkeit des Gerichts, Nr 4 — Rn 566
      – Abwesenheit von Verfahrensbeteiligten, Nr 5
      – Verstöße gegen Öffentlichkeitsgrundsatz, Nr 6
      – Fristüberschreitung bei Urteilsabsetzung, Nr 7
      – unzulässige Verteidigerbeschränkung, Nr 8

    bb) relative Revisionsgründe, § 337 StPO (Beruhen
      bedarf positiver Feststellung) — Rn 565
      besonders häufig sind zu prüfen Verstöße gegen
      (Auswahl rein subjektiv):
      – Art. 20 III GG, 6 I EMRK — Prozess-
      – Art. 101 GG — grundsätze
      – Art. 103 I GG — Rn 11, 15 ff
      – Art. 6 III a)–e) EMRK
      – § 52 StPO — Rn 193, 465
      – § 53 StPO — Rn 194
      – § 55 StPO — Rn 194, 466
      – § 60 StPO — Rn 187 ff
      – § 81a StPO — Rn 241
      – § 100a StPO — Rn 253
      – § 136 StPO — Rn 117 ff, 150, 468
      – § 136a StPO — Rn 142, 467
      – § 140 StPO — Rn 165 ff
      – § 161 StPO — Rn 79, 103, 105, 127, 424, 456 ff, 481
      – § 161a StPO — Rn 187 f
      – § 163 StPO — Rn 103, 108, 187 f, 424, 481
      – § 163a StPO — Rn 127
      – § 200 StPO — Rn 285, 354
      – § 207 StPO — Rn 284, 361 f
      – § 244 II StPO — Rn 406
      – § 244 III – VI StPO — Rn 434 ff
      – § 250 StPO — Rn 410 ff
      – § 252 StPO — Rn 418 ff, 465
      – § 257c StPO — Rn 396 ff
      – § 261 StPO — Rn 490 ff
      – § 264 StPO — Rn 512 ff
      – § 265 StPO — Rn 384 ff

4) Sachrügen (inkl. Beruhensprüfung)
   insbes.
   a) Rechtsfehler bei der Beweiswürdigung
      aa) Rechtsfehler bei der Feststellung und Würdigung
          der Tatsachen,
          insbes.
          – Widersprüchlichkeit
          – keine Geschlossenheit und Klarheit der Darstellung
            des Sachverhalts
          – lückenhafte Feststellungen
          – fehlende Nachvollziehbarkeit
          – Verstoß gegen Denkgesetze
          – Zirkelschluss (uU Unterfall des Verstoßes
            gegen Denkgesetze)
          – Verstoß gegen Erfahrungssätze
          – Außerachtlassen nahe liegender Geschehensalternativen   Rn 567
          – Beweistatsachen passen auch zu Alternativhypothesen
          – unzutreffender Maßstab der Überzeugungsbildung
      bb) Fehlerhafte Gesamtwürdigung in dem Sinne, dass der
          Schuldspruch auf einer tragfähigen Beweisgrundlage
          aufbaut und die objektiv hohe Wahrscheinlichkeit
          die Richtigkeit des Beweisergebnisses ergibt
   b) Fehlerhafte rechtliche Subsumtion auf der Basis des
      festgestellten Sachverhalts (inkl. Missachtung des Grundsatzes
      in dubio pro reo)
   c) Fehlerhafte Strafzumessung
      aa) Falsche Strafrahmenbestimmung
      bb) Falsche Festlegung der konkreten Strafe (Strafzu-
          messung ieS)
      cc) Falsche Entscheidung über Strafaussetzung zur
          Bewährung, Maßregeln der Besserung und
          Sicherung etc (Strafzumessung iwS)

615   III. Annex

ZT wird weitergehend gefragt: „Wer entscheidet wie?". Dann sind insbes. noch zu behandeln:

1) **Zuständigkeit** für die Entscheidung über die Revision
   – Vorprüfung durch den iudex a quo, § 346 StPO (s. Rn 568)
   – das zuständige Revisionsgericht (iudex ad quem, s. Rn 560)

2) **Entscheidungsmöglichkeiten** (die folgende Aufzählung ist nicht abschließend, vgl Rn 569 ff):
   – Verwerfung als unzulässig oder unbegründet oder

   – Aufhebung des Urteils und Entscheidung in der   Für die endgültige
     Sache selbst, § 354 I StPO (s. Rn 573) oder   Entscheidung ist das Verbot
   – Aufhebung des Urteils und Zurückverweisung,   der reformatio in peius,
     § 354 II, III StPO (s. Rn 573) oder   § 358 II StPO, zu beachten
   – Schuldspruchberichtigung oder eigene Strafzumessung   (s. Rn 540 f).
     nach § 354 Ia S. 2 StPO (s. Rn 574)

3) **Entscheidungsform:** Urteil oder Beschluss (s. Rn 290 ff, 569 ff).

B. Besonderheiten bei anderen Rechtsmitteln

Die Prüfung der Erfolgsaussichten anderer Rechtsmittel (Berufung und Beschwerde) **616** wird im Examen höchst selten verlangt. Jenseits der revisionsrechtlichen Besonderheiten kann dann die Checkliste oben A. entsprechend herangezogen werden. Zusätzlich ist vor allem zu beachten:

Beim Rechtsmittel der **Berufung** besteht die besondere Zulässigkeitsvoraussetzung der **Berufungsannahme** bei Bagatellstrafen, § 313 StPO (s. Rn 549).

Die **Beschwerde** ist häufig durch Spezialregelungen **ausgeschlossen**. Besondere Bedeutsamkeit erlangt insoweit § 305 StPO, wonach die **Entscheidungen der erkennenden Gerichte, die der Urteilsfällung vorausgehen**, weitgehend nicht der Beschwerde unterliegen (s. Rn 578).

Bei **Berufung** und **Beschwerde** erfolgt in der Rechtsmittelinstanz eine völlig neue Überprüfung in tatsächlicher und rechtlicher Hinsicht (s. Rn 535, 548, 581). Auf die Rügen des Rechtsmittelführers kommt es deshalb nicht an. Sinnvollerweise hat sich der Bearbeiter jedoch damit auseinanderzusetzen.

C. Übungsfälle zur Vertiefung

I. Übungsbücher für das Referendarexamen   **617**

Arzt, Die Strafrechtsklausur, 7. A. 2006, S. 154 ff.

Beulke, Klausurenkurs im Strafrecht III, 5. A. 2018

Engländer, Examens-Repetitorium Strafprozessrecht, 9. A. 2018

Heinrich/Reinbacher, Examinatorium Strafprozessrecht, 2. A. 2017

Hellmann (Hrsg), Fallsammlung zum Strafprozessrecht, 3. A. 2008

Mitsch/Ellbogen, Fälle zum Strafprozessrecht, 2012

Murmann, Prüfungswissen Strafprozessrecht, 3. A. 2015

Rössner/Safferling, 30 Probleme aus dem Strafprozessrecht, 3. A. 2017

Roxin/Achenbach, Prüfe dein Wissen, Strafprozessrecht, 16. A. 2006

Schuster/Weitner, StPO-Fallrepetitorium, 7. A. 2017

Tofahrn, Strafprozessrecht, 3. A. 2016

II. Zeitschriften

Zeitschrift	Jahrgang	Seite	Autor	Thema
Ad Legendum	2012	393 ff	Niehaus	Gerichtszuständigkeiten, Beweisverwertungsverbot bei Verstoß gegen den Richtervorbehalt des § 105 I 2 StPO

Zeit-schrift	Jahr-gang	Seite	Autor	Thema
Jura	1981	271 ff	Pfeifer	Berufung, Anfechtung von nichtigen Urteilen, Nichturteile, ne bis in idem, Rechtskraft als Verfahrenshindernis, Verbot der reformatio in peius, Verfahrenseinstellung gem. § 153 StPO
	1982	214 ff	Grebing	Rechtsschutz gegen erledigte Anordnungen von Durchsuchungen und Beschlagnahmen
	1984	147 ff	Paulus	Revisionsbegründung, Beschlagnahme, Aufklärungsrüge, V-Mann, Telefonüberwachung und Zufallsfunde
	1986	549 ff	Geerds	Voraussetzungen der Anklageerhebung gem. § 170 I StPO, Pflicht zum Einschreiten bei privater/dienstlicher Kenntniserlangung von Straftaten durch den Staatsanwalt
	1986	605 ff	Mitsch	Revisionsbegründung, Fehlen eines Strafantrags, § 238 II StPO, Beweisverwertungsverbot wegen Verletzung von § 136 StPO u. § 252 StPO
	1987	47 ff	Geerds	Abgrenzung Sachverständiger – sachverständiger Zeuge
	1987	210 ff	Geerds	Durchsuchung, Beschlagnahme, Störung der Amtshandlung
	1987	317 ff	Geerds	vorläufige Festnahme gem. § 127 StPO, Untersuchungshaft, Identitätsfeststellung gem. §§ 163 b, c StPO u. § 81b StPO
	1987	434 ff	Geerds	Richterablehnung gem. § 24 StPO
	1988	145 ff	Geerds	Beweisanträge in der Hauptverhandlung
	1988	263 ff	Geerds	Revisionsbegründung, Abwesenheit des Verteidigers in der Hauptverhandlung, Mitwirkung des als Zeuge vernommenen Staatsanwalts als Sitzungsvertreter
	1988	383 ff	Geerds	Revisionsbegründung, Öffentlichkeit der Hauptverhandlung, Entfernenlassen des Verteidigers aus der Hauptverhandlung
	1993	381 ff	Mitsch	Verfahrenshindernis „ne bis in idem", Wiederaufnahmeverfahren
	1998	306 ff	Mitsch	Revisionsbegründung, Nichtverlesen des Anklagesatzes, Teilnahme eines Jurastudenten während seines Praktikums an der Urteilsberatung, § 252 StPO, Verwertungsverbot bei Verletzung des § 203 I Nr 1 StGB und Nichtgeltendmachung des § 53 I Nr 1 StPO, Rügepräklusion wegen Nichtgeltendmachung des § 238 II StPO
	1998	649 ff	Saal	Revisionsbegründung, Besetzungsrüge bei Mitwirkung eines blinden Richters, Belehrungspflicht bei § 53 StPO, Strafbarkeit des Zeugen gem. § 203 StGB
	2001	472 ff	Hantschel	Verdeckte Videoüberwachung, Wohnungsbegriff, Doppelfunktionalität von polizeilichen Maßnahmen

Zeit-schrift	Jahr-gang	Seite	Autor	Thema
	2002	203 ff	Weigend	Belehrungspflichten bei der Vernehmung, Beweisverbot nach § 252 StPO, Täuschungsverbot nach § 136a StPO, Unmittelbarkeitsgrundsatz, Beweisantragsrecht
	2002	568 ff	Morgen-stern	Verwertungsverbot bei Verstoß gegen §§ 136 I, 163a IV StPO
	2003	568 ff	Holland/ Hoffmann	Untersuchungshaft bei Jugendlichen, verdeckte Haft-gründe
	2004	64 ff	Safferling	Beweisverwertungsverbote: Verwertung von Raum-gesprächen
	2004	423 ff	Ellbogen	Strafprozessuale Zwangsmaßnahmen, §§ 94 ff StPO – Beschlagnahme, § 111b StPO – Sicherstellung; Antrag auf richterliche Entscheidung nach §§ 98 II 2 bzw 111e II 3 StPO
	2006	627 ff	Ellbogen	Gefahr im Verzug, Wechsel der Sitzungsstaatsanwalt-schaft, Zufallsfunde, Beweisverbote, Beweisantrag, Zeugenvernehmung eines Richters, letztes Wort, Revision
	2007	224 ff	Swoboda	Zeugnisverweigerungsrecht (§ 52 StPO) bei nicht-ehelicher Lebensgemeinschaft bzw Verlobung, Belehrungspflicht
	2008	625 ff	Morgen-stern	Brechmitteleinsatz
	2009	147 ff	Putzke	Strafantrag, Verletztenbegriff
	2012	404 ff	Martini/ Neumann/ Spörer	Verfahren vor dem IGH, Völkerrecht
JuS	1984	124 ff	Golla	Telefonüberwachung, Zufallsfunde, Raumgesprächs-aufzeichnungen, § 252 StPO, richterliche Vernehmung
	1987	51 ff	Nelles	Zwangsmittel, Rechtsschutz gegen Durchsuchungs-befehle
	1989	311 ff	Müller	§ 55 StPO, Befangenheit des Staatsanwalts
	1991	664 ff	Rössner/ Engelking	Revisionsprüfung, Vergleich im Strafverfahren
	1993	935 ff	Werle	Durchsuchung, Beschlagnahme, Fernmelde-überwachung, Vorgehen gegen Haftbefehl
	1999	264 ff	Hellmann	Untersuchungshaft (insbes. Haftgründe u. Verhältnis-mäßigkeit)
	1999	903 ff	Fahl	Tat im prozessualen Sinne, Wahlfeststellung
	2001	47 ff	Fahl	Körperliche Untersuchung gem. § 81a StPO
	2001	589 ff	Welp	Berufung und Revision
	2002	1212 ff	Jahn	Schlussvortrag des Strafverteidigers nach § 258 StPO
	2003	157 ff	Hillen-kamp	Rechtliche Stellung und Organisation der StA, Bindung der StA an Präjudizien

Zeit-schrift	Jahr-gang	Seite	Autor	Thema
	2004	508 ff	Bischoff	Berücksichtigung einer Nachtragsanklage
	2006	345 ff	Ellbogen	Großer Lauschangriff, Revision
	2006	431 ff	Lewinski	Polizeiliche Vernehmung, Zeuge vom Hörensagen, § 252 StPO
	2007	138 ff	Kretsch-mer	Grundfragen zum Strafprozessrecht
	2009	51 ff	Meier/Homuth	Absolute und relative Revisionsgründe, Rüge-präklusion, Antragsformulierung
	2009	227 ff	Knauer	Durchsuchung (§ 102 StPO), Beschlagnahme (§ 94 StPO), DNA-Analyse (§§ 81a ff StPO)
	2009	430 ff	Weßlau/Otto	Öffentlichkeitsmaxime, Strafzumessung, Beweis-antragsrecht
	2011	624 ff	Steinberg/Kreuzner	Begründetheit der Revision, Belehrungspflicht des Sachverständigen gem. § 136 I 2 StPO analog, Beweisverbote
	2012	437 ff	Ambos/Bock	Europäischer Haftbefehl, Auslieferung deutscher Staatsangehöriger
	2012	711 ff	Knauer	Befangenheit des Staatsanwalts, Öffentlichkeit der Hauptverhandlung, Beweiserhebung durch Private
	2013	829 ff	Eger	Verwertung heimlich aufgezeichneter Gespräche von Zeugen, die von ihrem Zeugnisverweigerungsrecht Gebrauch machen
	2015	253 ff	Glossner	Verbot der Mehrfachverteidigung, Verfahrens-einstellung gem. §§ 170 II und 153a StPO, Beschwerde gegen Verfahrenseinstellung
	2016	533 ff	Weißer/Göhler	Europäisches Strafrecht: Doppelbestrafungsverbot und Berufungsverwerfung
	2016	1099 ff	Jänicke	Umfang der Ermittlungspflicht eines Staatsanwalts
	2017	658 ff	Meglalu/Berrer	Aufbau und Prüfung einer Revision: Fristberechnung, Beweiserhebungsverbote, Beweisverwertungsverbote
	2018	451 ff	Conrad	Aufbau einer Revisionsprüfung, zwangs-weise Verabreichung eines Brechmittels im Ermittlungsverfahren
JA	1998	754 ff	Fahl	Beweisverwertungsverbot, Aushorchen in der U-Haft
	2001	662 ff	Keiser	Rechtsschutzmöglichkeiten im Ermittlungsverfahren, Überwachung der Telekommunikation, Durchsuchung und Beschlagnahme
	2002	415 ff	Momsen/Molden-hauer	Revisionsbegründung, Deal
	2002	964 ff	Weide-mann	Revisionseinlegung und Wiedereinsetzung, Rechtsmittelverzicht und Eröffnungsbeschluss

Zeit-schrift	Jahr-gang	Seite	Autor	Thema
	2003	328 ff	Weide-mann	Verfahrens- und Verwertungsfragen (Zeugeneigenschaft der StA, Verstoß gegen Belehrungspflicht bei Eides-verweigerungsrecht, Verstoß gegen § 60 StPO, Verstoß gegen § 258 II iVm § 337 I StPO, Verletzung der Aufklärungspflicht durch Nichtverlesung einer Urkunde, Brechmitteleinsatz)
	2003	688 ff	Kropp	Zuständigkeit, Voraussetzungen und Verbote eines Durchsuchungs- und Beschlagnahmebeschlusses
	2004	303 ff	Fisch	Ausbleiben eines Zeugen in der Hauptverhandlung, (nachträgliche) Berufung auf ein Zeugnis- bzw Untersuchungsverweigerungsrecht
	2005	429 ff	Kudlich	Revision
	2007	354 ff	Wolter	Auskunft über Verbindungsdaten (§ 100g StPO), Beschlagnahme §§ 94 ff StPO
	2008	605 ff	Wolter	Datenübermittlung durch die Strafverfolgungsbehörden zu präventiv-polizeilichen Zwecken § 1 StPO
	2009	271 ff	Burchard	Zeugnisverweigerungsrecht des angehörigen Zeugen (§ 52 StPO) gegenüber Mitangeklagten, § 252 StPO bei Vernehmung des Ermittlungsrichters, Abspielen eines Vernehmungsvideos nach § 255a StPO
	2009	703 ff	Kudlich	Erfolg einer Verfahrensrüge, Selbstleseverfahren und Protokollierungspflicht (§ 249 II StPO)
	2010	52 ff	Weide-mann	Fälle zur Revision
	2010	191 ff	Krumdiek	Durchsuchung, (Post-)Beschlagnahme, Beschlagnahmeverbote, Haftbefehl
	2011	23 ff	Rackow	Einstellung gem. § 153a StPO u. Strafklageverbrauch, Verletzteneigenschaft iRd § 172 StPO, Haftbefehl, Verteidigerausschluss, § 252 StPO
	2012	115 ff	Hinderer	Beschuldigtenvernehmung
	2012	857 ff	Hütwohl	Revision
	2013	667 ff	Bock	Anfangsverdacht, hinreichender Tatverdacht, Wohnungsdurchsuchung, Beschlagnahme, § 97 StPO, Klageerzwingungsverfahren, Befangenheit des Richters, Beweisantrag, Rechtsmittel
	2014	59 ff	Weitner/ Schuster	Formale Fragen
	2014	512 ff	Kubiciel/ Stam	Lauschangriff, verbotene Vernehmungsmethoden durch Abhören des Besuchsgespräches des U-Häftlings mit seiner Ehefrau
	2016	435 ff	Schöpe	Erlass eines Haftbefehls, effektive Strafverteidigung, Wiedereinsetzung in den vorherigen Stand
	2016	505 ff	Ibold	Reichweite des Verwertungsverbotes des § 252 StPO
	2016	745 ff	Rienhoff	Das Verbot der gemeinschaftlichen Verteidigung § 146 StPO, sukzessive Verteidigung

Zeit-schrift	Jahr-gang	Seite	Autor	Thema
	2016	911 ff	Gerhold/ El-Ghazi	Revisionsrecht
	2017	938 ff	Weideman	Verbotene Vernehmungsmethoden, Richtervorbehalt bei Durchsuchungen, Verlesung eines Verteidiger-Schriftsatzes, Einvernehmliche Verlesung eines Attests, Reichweite des § 252 StPO, Richterlicher Augenschein
	2018	39 ff	Wieneck	Verwertbarkeit von privaten Videoaufzeichnungen
	2018	57 ff	Bischoff/ Janzen	Anklageschrift, Strafbefehl
	2018	342 ff	Meglalu	Tatprovokation
	2018	432 ff	Wolf-Doettin-chem	Vorschriftsgemäße Besetzung des Gerichts, bei Mutterschutz einer Richterin, Recht auf den gesetzli-chen Richter, Nichtteilnahme einer Staatsanwältin an einigen Hauptverhandlungsterminen
	2018	460 ff	Weide mann	Fälle mit Lösungen zur strafprozessualen Revision – Verfahrens- und Verwertungsfragen
Krimi-nalistik	2012	689 ff	Keller	Identitätsfeststellung bei Zeugen und Verdächtigen, Durchsuchung, Schusswaffengebrauch gegen Sachen, Gegenüberstellung
	2014	131 ff	Martin	Wohnraumüberwachung, Verwertbarkeit dabei gewonnener Telefongespräche
StudZR	2012	115 ff	Hinderer	Beschuldigtenvernehmung
StV	2009	206 ff	Knierim	Fallrepetitorium zur Wohnraumüberwachung und anderen verdeckten Eingriffen nach neuem Recht
ZJS	2010	752 ff	Scheffler/ Halecker/ Mauske	Verfahrenseinstellung aus Opportunitätsgründen, Sprungrevision, Notwendige Verteidigung
	2012	365 ff	Steinberg/ Mathieu/ Horn	Verwertbarkeit von Tagebuchaufzeichnungen, analoge Anwendung von § 136a StPO bei Befragungen durch Private
	2016	628 ff	Kasiske	Vorlesungsverbot aus § 154 StPO, Verwertungsverbot wegen Verstoß gegen ein Beschlagnahmeverbot, Verwertungsverbot wegen Verstoß gegen den nemo-tenetur-Grundsatz
	2016	756 ff	Günther/ Selzer	Beweisverwertungsverbot

Sachverzeichnis

Die Angaben beziehen sich auf die Randnummern.
Halbfette Ziffern bezeichnen die Hauptfundstellen.

Abhörgeräte   232, **265**
Ablehnung
– von Beweisanträgen   439
– des Eröffnungsbeschlusses   363
– der Klageerhebung   344 ff
– von Richtern   68 ff
– des Sachverständigen   199
– des StA   92 ff
Abolition   282
Absehen von Strafe und Einstellung   333 ff
Absolute Antragsdelikte   16, 283, 309
Absolute Revisionsgründe   566
Absprachen   140, **394 ff, 507**
Abstimmung des Gerichts   371, **498**
Abwägungslehre (Beweisverwertungsverbote)   458
Abwesenheit des Beschuldigten   101, **122**, 215a, 290, 364, **556**
Adhäsionsverfahren   597 ff
Aditionsverfahren (Wiederaufnahme)   587
Agent provocateur   288
Akkusationsprinzip s. Anklagegrundsatz
Akten
– Auskunft   126, 603
– Begriff   160
– Beschlagnahmefreiheit   248
Akteneinsichtsrecht
– Anfechtung der Nichtgewährung   162, 603
– des Beschuldigten   126, 160
– bei Grundrechtseingriff   161
– des Nebenklägers   596
– bei Untersuchungshaft   161
– des unverteidigten Beschuldigten   162a
– des Verletzten   603 f
– des Verteidigers   28, 126, **160 ff**, 319
– des Zeugenbeistandes   196a
Aktenkenntnis der Schöffen   408
Allgemeingültige Erfahrungen   492
Allgemeinkundig   404
Alternativität von Handlungsabläufen und Tatbegriff   520
Amnestie   282, 481
Amtsanwaltschaft   81
Amtsermittlungsgrundsatz
– bei Prozessvoraussetzungen   273

– als Verfahrensgrundsatz   21, **406**
Amtsgericht   39 f
Anbahnungsverhältnis   153
Andere Strafverfahren, Verwendung von Daten   233b
Anfangsverdacht   111, 113 f, 195, **311**
Anfechtung
– von Ermittlungshandlungen   321 ff
– des Eröffnungsbeschlusses   359
– von Urteilen und Beschlüssen   47 ff, 533 ff
Anfechtungsberechtigung s. Rechtsmittel
Angehörige s. Zeugnisverweigerungsrechte
Angeklagter (Begriff)   110
Angeschuldigter (Begriff)   110
Angriffsrichtung (Tatbegriff)   513 ff
Anhangsverfahren s. Adhäsionsverfahren
Anhörung des Beschuldigten   30, **120**
Anhörungsrüge   30
Anklage   18, 489
Anklagebefugnis   79, 319
Anklagegrundsatz   18, 385
Anklagesatz   19, 319, 371
Anklageschrift   19, **285, 319**, 354 f, 531
– Informationsfunktion   285, 354
– notwendiger Inhalt   319
– Umgrenzungsfunktion   285, 354
Anklagezwang   17, 89 ff, 319
Anknüpfungstatsachen   198
Annahme der Berufung   549, 559
Annexkompetenz
– der EU   10a, 10d
– bei Zwangsmaßnahmen   237, 253c, 256, 258, 265
Anrufung des Gerichts
– gegen Verhandlungsleitung in der Hauptverhandlung   373 ff
Anschlussbefugnis (Nebenklage)   594 f
Anspruch auf Strafverfolgung   17, 344 ff
Antizipierte Rechtshilfe   11d
Antragsdelikte   4, **16**, 218, 283, **309**
Anwaltlicher Notdienst   13
Anwalts-GmbH   173
Anwesenheit der Prozessbeteiligten   24, 371, **382**, 394a

Anwesenheitsrechte
– des Beschuldigten 122, 208, 382
– des Nebenklägers 596
– des Verteidigers 156, 382
– des Zeugenbeistands 196a
Anzeige 79, 309
Ärztliche Atteste 417
Audiovisuelle Aufzeichnung 116, 379
Aufenthaltsort (Gerichtsstand) 57
Aufgaben des Strafprozessrechts 3 ff
Aufhebung des Haftbefehls **225 ff**
Aufklärungspflicht
– bei Verständigung 395
– richterliche 150, **406**, 422, 435
– der StA 312 ff
Aufklärungsrüge 406
Auflagen (§ 153a StPO) 337 ff
Aufruf der Sache 371
Audio-visuelle Vernehmung
– des Beschuldigten 116
– des Zeugen 430 ff
Augenschein
– als Beweismittel 138, **204**
– und Beweisantrag 449
– bei präsenten Beweismitteln 439
– in der Hauptverhandlung
  (Öffentlichkeit) 377
– Zeugnisverweigerungsrecht 192a
Augenscheinsgehilfe 204
Ausbleiben des Angeklagten
– bei Berufungshauptverhandlung 556
– in der Hauptverhandlung 215a, **382**
– bei Vernehmungen 127
Ausgelagerte Aufklärungsmaßnahmen 79,
  371
Auskünfte über Strafverfahren 126
Auskunftsverweigerungsrecht **195**
– Belehrungspflicht 195
– in der Hauptverhandlung 418, 466
– Rechtskreistheorie 459
– Verwertbarkeit bei Nichtbelehrung 464
Ausländische Beweismittel 479
Auslagen der Staatskasse 607
Auslandszeuge 430a, **449**
Ausnahmegerichte 29
Aussage gegen Aussage 342, 493
Aussagegenehmigung 190
Aussagepflicht 188, 190 ff
Aussageverweigerungsrecht
  s. auch Auskunftsverweigerungsrecht
– Anraten durch Verteidiger 176
– Belehrungspflicht 116, 371

– Beweiswürdigung 22, 125, 495, 511
– Verwertbarkeit bei Nichtbelehrung **117**,
  468
Ausschließung von Richtern 64 ff
Ausschluss
– der Beschwerde 578
– der Öffentlichkeit 377 ff, 427
– des Verteidigers 172
Ausschlussfrist 304
Aussetzung
– der Hauptverhandlung 26, **381**
– des Vollzugs der U-Haft 228
Außerdienstliche Kenntniserlangung und
  Anklagezwang 91
Außerordentliche Gerichtsstände 58
Äußerungsrechte
– des Beschuldigten 30, 120, 371
– des Verteidigers 159
Autobahnmaut 253d
Autonomie des Beschuldigten 151

Bargatzky 253b
Bayerisches Oberstes Landesgericht **44**
Beauftragter Richter 204, **370**
Bedeutungslosigkeit beim Beweisantrag
  442
Bedingungen bei Prozesserklärungen 299
Befangenheit **68 ff**
Befundtatsachen 198
Begründung
– der Berufung 539, 551
– der Rechtsmittel 539
– der Revision 393, 539, **562**
Behördliche Sperrung
– beim Angeklagten 289c
– der Akten 248
– Anfechtung 329
– bei V-Mann 426 ff
– des Zeugen 190
Behördliche Zeugnisse 417
Beinahetreffer 242b
Belehrung
– des Beschuldigten **117**, 150, 371, 481d,
  481g
– durch den Sachverständigen 193, 201
– qualifizierte Belehrung **119**, 134a, 142,
  395e, 483
– über das Recht auf Unterrichtung der
  konsularischen Vertretung 121a, 469a
– über Wahrheitspflicht beim Zeugen 196
– über Zeugnisverweigerungsrechte
  191 ff, 371, 412, 420, 481 f

Benachrichtigungspflicht
- bei verdeckten Ermittlungsmaßnahmen 232
- bei U-Haft 222
- konsularische Vertretung 121a, 469a
Beratung des Gerichts 371, 498
Berichtigung
- Hauptverhandlungsprotokoll 564
- Urteil 508
Berufung 47, 536 ff, **548 ff**
Beruhen beim Verfahrensfehler 565
Beschlagnahme 79, 108, 232, **245 ff**
- im Telekommunikationsverkehr 253 ff, **254a**
- von Verteidigerunterlagen 154
Beschlagnahmeverbote 248
- und Verwertbarkeit 463
Beschleunigtes Verfahren 530 ff
Beschleunigungsgebot 26, 26a
Beschlüsse
- Anfechtung 536, **577**
- außerhalb der Hauptverhandlung 40 f, 45
- Definition 488
- Rechtskraft 292, 363, 585
Beschlussverwerfung
- Nichtannahme der Berufung 549
- bei der Revision 569
Beschränkte Rechtskraft
- der Ablehnung des Eröffnungsbeschlusses 363
- gerichtlicher Einstellungen 335 f
- des Strafbefehls 529
Beschränkung des Rechtsmittels 542
Beschuldigtenvernehmung
  s. Vernehmung des Beschuldigten
Beschuldigter **110 ff, 313, 316**
Beschwer 537
Beschwerde 48, 51, 54, 322 ff, **533 ff, 577 ff**
Besetzung des Gerichts (Einwendungen) 369
Besondere (große) Strafkammer 43
Besonderes öffentliches Interesse
  s. öffentliches Interesse
Besonderes Rechtsschutzinteresse 327
Besorgnis der Befangenheit **68 ff**, 93, 566, 569
Bestandsdatenauskunft 254c
Bestimmtheit der Durchsuchungsanordnung 258
Betrachten 138
Bewegliche Zuständigkeit 45

Beweisanregung 435
Beweisantizipation **442 f**, 448 f
Beweisantrag 123, 157, 299, 313, 368, **434 ff**
- Ablehnung 439 ff
- Augenschein 449
- Auslandszeugen 449
- Bedeutungslosigkeit 442
- Bedingung **299**, 452
- Begriff 435
- Fristsetzung 371, 438, 452
- Konnexität 437
- Offenkundigkeit 441
- präsente Beweismittel 450 f
- Sachverständige 448
- Stellung über den Verteidiger 150, 438
- Tatsache erwiesen 443
- Unerreichbarkeit des Beweismittels 445
- Unzulässigkeit der Beweiserhebung 440
- völlige Ungeeignetheit des Beweismittels 444
- Verbescheidung 452
- Verschleppungsabsicht 446
- vor der Hauptverhandlung 116, 313, **355**, 368
- vorgeladene Beweismittel 450 f
- Wahrunterstellung 447
- Zeitpunkt der Stellung 438
Beugehaft 196
Beweisaufnahme 402 ff
Beweisbefugnislehre 458
Beweisbehauptung 436
Beweiserhebungsverbote 232a, 455
Beweisermittlungsantrag 435
Beweismethodenverbote 455
Beweismittel 179 ff
- Arten 179
- beim Beweisantrag 437
- Strengbeweis/Freibeweis 180
- Wiederaufnahmeverfahren 585 ff
Beweismittelverbote 455
Beweisregeln 22, 494
Beweissurrogate 410 ff
Beweisthemaverbote 455
Beweisverbote, Beweisverwertungsverbote 22, 232a ff, 396c, **454 ff**, 494
- Auskunftsverweigerungsrecht 464 ff
- Berufsgeheimnisträger 232a ff
- Beschlagnahmeverbote 463
- Beweisbefugnislehre 458
- Beweiswürdigungslösung 156, 171
- Durchsuchungsanordnung 258

- Foto, Film, Video   474
- Funktion   454
- gesetzliche   456
- hypothetischer Ersatzeingriff   233a ff, 483
- Informationsberherrschungsrecht   458
- körperliche Untersuchung   477
- Kriterien   457 f
- Lauschangriff   265 f
- Privatpersonen   478 ff
- Rechtskreistheorie   459
- Reichweite   482
- Schutz der Intimsphäre   470
- Steuerdaten-CDs   481
- Tagebuch   473, 480
- Telefonüberwachung   475
- Tonbandaufnahmen   472
- unterbliebene Belehrung des Beschuldigten   117, 468
- unterbliebene Belehrung des Zeugen   461
- unzulässige Vernehmungsmethoden   467
- V-Mann   481a ff
- Verdeckte Ermittlungen   481a ff
- Verständigung   396c
- verweigerte Verteidigerbefragung   13, 156, 469
- Zeugnisverweigerungsrechte   461 ff
Beweiswürdigung   490 ff
Beweiswürdigungslösung   171, 289c
Bewertungseinheit   522
Bildaufnahmen
- als Ermittlungshandlung   107, 232, **263**
- in der Hauptverhandlung   379
Bindung
- an eine Verständigung   395b, **396 ff**
- der StA an Präjudizien   89 f
Binnendivergenzen, BGH-Senat   57
Blinder Richter   408
Blockhüttenfall   266
Blutprobe   232, **241**, **477**
Brechmittel   241, 269
Briefbeschlagnahme   251
Bundesamt für Verfassungsschutz   101
Bundesanwaltschaft   80
Bundesgerichtshof   53 ff
Bundeskriminalamt   101, 265
Bundeszentralregister   510
Bürgerliche Rechtsstreitigkeiten   497

Charta der Grundrechte der EU   10a, 10m-n
Cicero   256, 327
Cold-Case-Technik   481d

Dashcam   480
Datei
- Abgleich   262
- Bundeszentralregister   510
- DDR Unrecht   80
- DNA   242c
- NS-Taten   80
- staatsanwaltschaftliches Register   79, 104
- Terrorismus   101
- Verwertung in anderen Strafverfahren   233b
Darstellungsrüge   567
Datenabgleich   262
Datenkauf   481
Deal s. Absprachen
Deeskalationshaft   215
Den Haag   11, 11a
Deutsche Gerichtsbarkeit   274
Devolutionsrecht   83
Devolutiveffekt   534
DNA-Analyse   242 ff
DNA-Identitätsfeststellung   242, **477a**
Dolmetscher   167
Doppelbestrafung   280
Doppelrelevante (doppelfunktionelle) Tatsachen   180, **296**
Dreistufentheorie des BVerfG   470 ff
Dringender Tatverdacht   114, **210**
Drohung   134
Durchbrechung der Rechtskraft   7, 506, **585 ff**
Durchsicht von Papieren   249
Durchsuchung   79, 129, 232, 253c, **255 ff**
Durchsuchungshaft   258
Durchsuchungsverbote   258

Effektivität der Strafrechtspflege   3 ff
Ehrenrührige Tatsachen   159
Eidespflicht   189
Eidesunmündigkeit   189
Eidesverweigerungsrechte   189
Einfache Beschwerde   **577**, 582
Eingeschränkte Organtheorie   **150**, 175
Eingetragene Lebenspartner   66, **191**, 594
Eingriffsbefugnis für Polizei   104
Einigung s. Absprachen
Einlassung des Angeklagten   123, 179, 371
- durch Verteidiger   159
Einspruch   528
Einstellung
- im Berufungsverfahren   **554**, 556

– durch StA im Ermittlungsverfahren 79, 290, **320 f**
– und Insolvenzanfechtung 337e
– im Hauptverfahren 292, **335**, 338
– nach dem Legalitätsprinzip 320
– aus Opportunitätsgründen 73, **333 ff**, 365
– im Revisionsverfahren 570, 572
– durch Urteil 292, 354, **488 ff**
– bei Verfahrenshindernissen 290 ff
– Verfahrenskosten 609
– im Zwischenverfahren 291, **364 f**
Einstellungsurteil 292, 354, **488**
Einzelrichter 39
Einziehungsgegenstände 252
Elektronische Akte **160 ff**, 203, 393
E-Mail 253b, 302
Entbindung von der Schweigepflicht **125**, 184
Entschädigung des Opfers 4, 605
Entschädigung bei überlanger Verfahrens-dauer 26a
Entziehung der Fahrerlaubnis 250
Entziehung des Fragerechts 389
Erfahrungssätze 407, 492
Erfolglosigkeit eines Rechtsmittels 610
Ergänzungsklage 509
Ergänzungsrichter 382
Ergänzungsschöffe 382
Ergreifung 221
Ergreifungsdurchsuchung 256
Ergreifungsort 57
Erhebung der öffentlichen Klage **319**, 353
Erkennender Richter 76
Erkennungsdienstliche Maßnahmen **107**, 243
Ermächtigung 283
Ermächtigungsdelikte 16
Ermittlungen
– bei Berufsgeheimnisträger 232a ff
– durch Polizei 104
– durch StA 315
– durch Verteidiger 149, 158
Ermittlungsdurchsuchung 256 f
Ermittlungserzwingungsverfahren 17, 344
Ermittlungsgeneralklausel 79, **104**
Ermittlungsgrundsatz 21
Ermittlungspersonen der StA **102**, 108, 241, 246 f
Ermittlungsrichter **220**, 316
Ermittlungsverfahren 2, 79, 111 ff, 280, 290, **309 ff**, 344 ff
Ermüdung 132

Eröffnungsbeschluss **489**, 531
– als Abschluss des Zwischenverfahrens 2, 357
– als Prozessvoraussetzung 284
– Anfechtung 359
– Fehler **284**, 361 f
– Folgen bei Fehlen 284, 292
– Inhalt 358
– Irrtum bei Erlass **301**, 360
– Rücknahme 301, **360**
Erörterung 395c
Ersatzverteidiger 170
Erscheinungspflicht des Beschuldigten
– bei Polizei 313
– bei richterlicher Vernehmung 316
– bei StA 313
Erscheinungspflicht des Zeugen
– bei Polizei 314
– bei richterliche Vernehmung 316
– bei StA 314
Erste Hilfe bei der Verteidigerkonsultation **13**, 156
Erster Zugriff durch Polizei 106
Ersuchter Richter 204, **370**
Erweitertes Schöffengericht 40
Erwiesenheit der Tatsache beim Beweis-antrag 443
Eurojust 10o
Europäische Gemeinschaft/Union 10 ff
Europäischer Gerichtshof 10 ff
Europäischer Gerichtshof für Menschen-rechte 9
Europäischer Haftbefehl 10j
Europäische Menschenrechtskonvention (EMRK) 1, **9 ff**
– Akteneinsichtsrecht des Beschuldigten 160
– Beistand eines Verteidigers 9a, **147**
– Dolmetscher 9a, **167**
Europäische Staatsanwaltschaft 10o
Europol **10o**, 101
Eventualbeweisantrag 299, 452
Externes Weisungsrecht 84
Exterritoriale 274

Facebook-Benutzerkonto 253a
Faires Verfahren (fair trial) 9a, **28**, 94, 96, 130, 135, 151b, 196, 289c, 340, 394a, 397, 422, 477, 481h
Fahndung 259a
Fangfragen 136

Fehler (Fehlen)
- der Anklage 285, **354**
- des Eröffnungsbeschlusses **284**, 361 f
- des Urteils 508
Fernsehaufnahmen in der Hauptverhandlung 379
Fernwirkungen der Beweisverwertungsverbote 144, 396c, 482
Fertigstellung des Protokolls 393
Festnahme 234 ff
Filmaufnahmen
- des Beschuldigten 232, **263**
- als Beweismittel 204
- durch Gericht 379
- in der Hauptverhandlung 379
- Verwertbarkeit 474
Fingerabdrücke 232, **243**
Fluchtgefahr (U-Haft) 211 f
Fluchtverdacht (Festnahme) 236
Folter **134a**, 289b
Formelle Rechtskraft 502
Formeller Vernehmungsbegriff 115
Formelle Verteidigung 147
Fortgesetzte Tat und Tatbegriff 522
Fotografien
- in der Hauptverhandlung 379
- Verwertbarkeit 474
- Zulässigkeit als Beweismittel 263
Fragerechte **124**, 387
Freibeweis 143, **180**, 273, 564
Freie richterliche Beweiswürdigung 22, 490, 497
Fristen
- Begriff 303
- Berufung 551
- Beschwerde 580, 582
- Besetzungsrüge 369
- Beweisantrag 371, 438, 452
- Rechtsmittel 539
- Revision 561
- Richterablehnung 75
- Strafbefehl 528
- Wiedereinsetzung in den vorigen Stand 305
Früchte des verbotenen Baumes (Fruit of the poisonous tree) 144, 482
Führerschein (Sicherstellung) 245
Führungszeugnis 510
Funktionelle Zuständigkeit 29, **38**
Funktionen des Strafprozessrechts 3 ff
Funktionstüchtige Strafrechtspflege 3, 17
Funktionsweise der StA 82 ff

Funkzellenabfrage 254a
Fürsorgepflicht 301, 383
Furcht-Rspr EGMR 288, 295, 424

Gäfgen 103, 119, 134a, 289b, 482
Gebühren 607 ff
Gedächtnisunterstützung durch Protokollverlesung 415
Gefährdeter Zeuge **196a**, 430g
Gefahr im Verzug 108, 238, 241, 247, 251, 254, 258
Gegenüberstellung **127**, 493
Geheimhaltungsinteresse (V-Mann) 425
Geldwäsche 176a
Gemeinschaftliche Verteidigung 173
Gemengelage 103
Generalbundesanwalt 45, **80**
Generalermittlungsklausel 79, **104**
Generalstaatsanwalt 81
Genetischer Fingerabdruck 242
Genomanalyse 242
Gerichtliche Bestimmung der Zuständigkeit 59
Gerichtliche Fürsorgepflicht 301, **383**
Gerichtsaufbau **34 ff**, 56
Gerichtsbesetzung **39 ff**, 560
Gerichtskundig 404
Gerichtssprache 167, 302
Gerichtsstände 57 f
Geringe Schuld 334
Geschworene 41
Gesetzesverletzung bei der Revision 563
Gesetzliche Beweisverwertungsverbote 456
Gesetzlicher Richter 29, **34 f**
Gestaltungstheorie (Rechtskraft) 504
Geständnis
- bei Absprache 395a
- Verlesung 416
Gewährleistung der Vertraulichkeit und Integrität informatorischer Systeme 253c
Gewohnheitsrecht 563
Glaubhaftmachung **75**, 180
Glaubwürdigkeitsgutachten 202
Gorch Fock-Fall 17
GPS (satellitengestütztes Ortungssystem) 264
Große Strafkammer 41 ff
Großer Lauschangriff **266**, 316, 322, 327, 456, 471 f; s.a. Lauschangriff
Großer Senat 55
Grünbuch 101

Grundrechtscharta der EU   10a, 10j, 10m-n
Grundrechtseingriffe
- Akteneinsicht   161
- informationelle Selbstbestimmung   126
- nach EMRK   9a
- Rechtsschutz   327

Haas, Monika   9a
Haftbefehl   219
- Aufhebung   220, **225 ff**
Haftbeschwerde   223
Haftgründe   211 ff
Haftprüfung   224
Haftrichter   220, 222, 224
Haftverschonung   220, 228
Hamburger Telefonfall   13, 469
Handy   253 ff, **254b f**
Haupttatsachen   405
Hauptverfahren   2, **292**
Hauptverhandlung   79, 86
- Berufung   555
- Entscheidungen innerhalb und außerhalb der Hauptverhandlung   45
- erstinstanzliche   371 ff
- Gang   371
- Neugestaltung   397
- Protokoll   393
- Revision   571
- Vorbereitung   368 ff
Hauptverhandlungshaft   **215a**, 238, 531
Hauptverhandlungsprotokoll
   s. Protokoll
Hausrecht des Gerichtsvorsitzenden   377
Heilung von Verfahrensmängeln   284, 362
Heimliche Ermittlungsmethoden   156, 232, 253 ff, 327a, 423, 470, 472, 481a
Herbeischaffen der Beweismittel   368, 450 f
Hilfsbeamte der StA   102; s. auch Ermittlungspersonen der StA
Hilfsbeweisantrag   299, **452**
Hilfstatsachen   405
Hinreichender Tatverdacht   **114**, 319 f, 357, 527, 588
Hinweis, rechtlicher   **384**, 512
Hörensagen, Zeugen vom   422
Hörfalle   **138**, 481g
Hörfunk in der Hauptverhandlung   379
Holzklotzfall   379
Hypothetischer Ersatzeingriff   105, **233a**, 254, 455, 483
Hypothetische Kausalität bei Beweisverwertungsverboten   142, **233a**, 475, 483

Idealkonkurrenz und Tatbegriff   514
Identitätsfeststellung   107, 232, 236, **259**
Immunität   278
Immutabilitätsprinzip   353
IMSI-Catcher   254c
In camera-Verfahren   248
In dubio pro reo   490
- als Prozessrechtsgrundsatz   25
- bei Nachweis verbotener Vernehmungsmethoden   143
- bei Prozessvoraussetzungen   273
- bei Verfahrensrüge   564
- bei Wiederaufnahme   588 f
Indiztatsachen   405
- Beweis   493
- Wahrunterstellung   447
Informanten   **423**, 481a ff
Information über Akteninhalt   126a
Informationelle Selbstbestimmung   **126**, 196a, 242c, 259, 261 f, 424
Informationsfunktion der Anklage   285, 354
Informationsbeherrschungsrecht   458
Informationssysteme   79, 101, 510
Informatorische Befragung   113, **118**, 131, 420
Informatorische Systeme   253 ff
Innerprozessuale Bedingung   299
Inquisitionsprinzip   18, 21
Insolvenzanfechtung   337e
Instruktionsprinzip   21
Internal Investigations   154, 248, 481
Internationaler Pakt über bürgerliche und politische Rechte   **11e**, 125
Internationaler Strafgerichtshof   11 ff
Internationaler Terrorismus   101
Internet   253 ff, 259
Internes Weisungsrecht   84
Intimsphäre des Beschuldigten   470
Intimsphäre des Zeugen   27, 378
Inverwahrnahme   246
IP-Adresse   254b
IP- Tracking   254a
Iudex a quo/iudex ad quem   539, 551, 561, 568, 581

Justizgewährleistungsanspruch   3
Justizminister   83 f

Katalogtaten
- beim Einsatz technischer Mittel   265
- bei Telefonüberwachung   254, **475 f**

– beim VE-Einsatz   424
– und hypothetischer Ersatzeingriff   233a
Kauf von Daten   481
Kausalität
– bei Beweisverwertungsverboten   475, 483
– in der Revision   565
– bei unterbliebener Beschuldigtenbelehrung
  117
– bei verbotenen Vernehmungsmethoden
  142
Kernbereich
– der Funktionstüchtigkeit der Rechtspflege
  150
– privater Lebensgestaltung   470
Klageerhebung   319, 353
Klageerzwingungsverfahren   18, 344 ff
Kleine Strafkammer   47
Kleiner Lauschangriff   108, **265**, 472
  s. auch Lauschangriff
Kombinierter Zusammenhang bei Verbindung
  46
Kommissarische Vernehmung   370
Kompetenzkonflikte   59
Komplementarität   11, 11d
Konfliktverteidigung   150, **174**
Konfrontationsrecht des Beschuldigten mit
  Belastungszeugen   9a, 28, 122, **124, 171,**
  422
Konkludente Verfahrenseinleitung   112
Konnexität   395a, 437
Kontaktrecht des Verteidigers   153
Kontaktsperre   153
Konsens   395, 397
Konsularische Vertretung   469a
Kontrollstellen   104, 108, 232, **260**
Konzentrationsmaxime   26
Körperliche Untersuchung
– Anordnung durch Ermittlungspersonen
  der StA   108
– Beschwerde   578
– des Beschuldigten   232, **241**
– von Dritten   232, **244**
– Verwertbarkeit   477
– Zulässigkeit   241
Korruption   481
Kosten des Verfahrens   607 ff
Krankenzimmerfall   266, 472
Kreuzverhör   390
Kriminalistische List   136
Kronzeuge   342
Kunduz   3
Kumulation von Zwangsmitteln   232

Ladung   368
– von Auslandszeugen   449
Länderübergreifendes Verfahrensregister
  10m, **79**, 104
Längerfristige Observation   104, 233e, **472a**
Landgericht   **41 ff**, 47 f
Laptop   379
Lauschangriff   104, 155, **265 f**, 316, 327a,
  472
Lebensgemeinschaft, nichteheliche
und Zeugnisverweigerungsrecht   191
  s. auch eingetragene Lebenspartner
Legalitätsprinzip   17, 91, 320, 333
Legendierte Maßnahmen   **103**, 258
Leitender Oberstaatsanwalt   81, 83
Leitung des Sachverständigen   199
Leitungs- und Kontrollbefugnis   79, 102,
  112
Letztes Wort   371, **392**
Lichtbilder   107, 232, 243, **263**
Liechtenstein   481
Lissabon, Vertrag von   10a ff
Lockspitzel   **288**, 424
Lügen des Verteidigers   175 f
Lügendetektor   141
Lügerecht des Beschuldigten   125

Mainzer Modell   430a
„Mallorca“-Fall   481f
Mängel s. Fehler
Mannesmann   337a
Marokkaner-Fall   481h
Massenscreening, -test   242c
Materielle Rechtskraft   503
Materieller Vernehmungsbegriff   115
Materielle Verteidigung   147
Materielle Wahrheit   21
Materielles Recht   8
Mauterfassungssystem   266a
Mehrfachverteidigung s. gemeinschaftliche
  Verteidigung
Menschenrechtskonvention s. Europäische
  Menschenrechtskonvention
Mikado-Fall   262
Missbrauchsverbot   **126a**, 150
Mitbeschuldigte   185, 192
– Anwesenheitsrecht des Verteidigers   156
– Berufungserstreckung   557
– Fragerecht   124, **387**
– Protokollverlesung   411 ff
– Revisionserstreckung   575
– Verlesung früherer Vernehmungen   411 ff

– Zeugenvernehmung 185
– Zeugnisverweigerungsrechte 192
Mithäftlingsfall 136, 479, 480a
Mithörfälle 138, 481g
Mitteilungspflichten 79, 395d, 396b
Mittelbarer Zeuge 24
Mitwirkungsbefugnisse des Opfers
s. Opferrechte
Mitwirkungsrechte bei der Videovernehmung
430m
Mollath-Fall 25, 537, 586
Monika Haas 9a
Mosaiktheorie 195
Motassadeq 124, 143, 429, 479
Mühlenteichtheorie 457
Mündlichkeitsprinzip 23, **407**

Nachbesserung der Anklageschrift 285, **354**
Nacheid 196
Nachholung des Eröffnungsbeschlusses 284
Nachrichtendienste **101**, 266
Nachtragsanklage **384**, 489, 512
Naturwissenschaftliche Erfahrungen 492
Ne bis in idem 10m, **280**, 285, 507, 512
Nebenklage 2a, 4, 186, 392, **593 ff**
– Begriff/Funktion 593
– Rechte des Nebenklägers 538, **596**
Negativprognose **242c**, 277
Nemo tenetur se ipsum accusare **125**, 141,
247, 467, 511
Nichteheliche Lebensgemeinschaft
(Zeugnisverweigerungsrecht) 191
Nichtige Urteile 507
Nichtöffentlich ermittelnde Polizeibeamte
(NOEP) 267, 423, 481b
Nichturteile 507
Niederschlagung des Verfahrens 282
Notdienst s. anwaltlicher Notdienst
Notstaatsanwalt 310
Notwendige Auslagen eines Beteiligten 607
Notwendige Verteidigung **165 ff**, 355
– im beschleunigten Verfahren 531
– bei Verständigung 167

Oberlandesgericht **44**, 49 ff
Oberstaatsanwalt 81, 83
Objektive Bedingungen der Strafbarkeit 273
Observation des Beschuldigten 104, **233e**,
263 ff, 472a
Offenkundigkeit **404**, 407
– bei Begründetheit der Revision 569
– Beweisantrag 441

Öffentliche Klage 79
Öffentliches Interesse an der Strafverfolgung
– bei Antragsdelikten 16, **283**
– bei Einstellung 334, 337
– bei Privatklagedelikten 16, **591**
Öffentlichkeit der Hauptverhandlung 27,
376 ff
Öffentlichkeitsfahndung 259a
Offizialdelikte 591
Offizialmaxime 16
OLAF 10
On-Board-Camera 480
Online-Durchsuchung 254e, 316, 327a
Opening statement 159, 371
Opferbeistand **596**, 604
Opferrechte 4
– Entschädigung 605
– Klageerzwingungsverfahren 344 ff
– Nebenklage 593 ff
– Opferanwalt 596
– Opferzeuge 196a, **430g**
– Privatklage 590 ff
– Sonstige Verfahrensrechte 602 ff
Opferrechtsreformgesetz 196a, 393, 593 f
Opportunitätsprinzip 17, 79, 333, 347
Opportunitätsgründe **333 ff**
Ordentliche Gerichtsstände 57
Ordnungsmittel gegen den Verteidiger 377
Ordnungsvorschrift 117, 396b
Organtheorie (Verteidiger) 150
Örtliche Zuständigkeit 29, 37, **57 ff**

Parteiinteressenvertretertheorie 151
Personalbeweis 24, 179, 410
Persönlicher Zusammenhang bei Verbindung
46
Pflichtverteidiger 28, 165, **167 ff**, 355
Pistazieneis-Fall 490
Pkw-Fall (Selbstgespräch) 472
Plädoyer s. Schlussplädoyer
Politische Beamte 88
Polizei 101 ff
– Präventive Erkenntnisse 103, **105**, 266
Polizeiliche Protokolle
– und Verlesung in der Hauptverhandlung
412 ff
– bei V-Mann 427
Polizeiliche und Justitielle Zusammenarbeit
in Strafsachen 10f
Polizeiliche Vernehmung des Beschuldigten
115 ff, 156
Polygraph 141

Postsendungen (Beschlagnahme)   251
Präjudizien   89 f
Präklusion
– beim Beweisantrag   371, **438**, 452
– der Rüge gem. § 229 II StPO   375
Präsente Beweismittel   439, **450 f**
Präsenzfeststellung   371
Präventive Tätigkeit der Polizei   103, 105, 266
– Verwertung im Strafprozess   105, 233c, 266
Presseerklärung der StA   328
Prioritätsgrundsatz   57
Private Erkenntnisse der StA/Polizei   **91**, 104, 310
Private Vernehmungen   131, 138, **478**
Privatklage   2a, 4, 16, 39, 186, 217, **590 ff**
– Einleitung/Durchführung   591
– Einstellung   336a
– Rechte des Privatklägers   538
Privatklagedelikt
– bei der Einstellung aus Opportunitäts-
gründen   334
Privatpersonen
– Einschaltung durch Strafverfolgungs-
organe   **480a**, 481d ff
– und rechtswidrige Beweismittelgewinnung
478 ff
Probationsverfahren (Wiederaufnahme)
587
Producta et instrumenta sceleris   249
Prominentenstrafrecht   334
Protokoll
– Absprache   395d
– Berichtigung   564
– Beschuldigtenvernehmung   116
– als Beweis von Verfahrensverstößen   564
– als Gedächtnisunterstützung   415
– der Hauptverhandlung   393
– Rügeverkümmerung   564
– richterlicher Vernehmungen/Verlesungs-
problematik   414 ff
– der Vernehmung des Beschuldigten   116
– Verständigung   395d
Protokollrüge   565
Prozessuale Fürsorgepflicht
s. Fürsorgepflicht
Prozesshandlungen   151b, **296 ff**, 321
Prozesshindernisse s. Prozessvoraussetzungen
Prozessmaximen   15 ff
Prozesssubjekt   2a
Prozessurteil   **273**, 292, 488

Prozessvoraussetzungen   26, **273 ff**, 354, 364, 488
– Arten   274 ff
– Fehlen   290 ff, 320
– Rechtskraft   503
Psychosoziale Prozessbegleitung   604
Punktstrafe   395a

Quälerei   134
Qualifizierte Belehrung   119, 142, 420a, 483
Quellen-TKÜ   254

Rasterfahndung   104, 232, **262**
Raumgespräch   253
Razzia   260
Realkonkurrenz und Tatbegriff   515 f
Rechtlicher Hinweis   **384**, 512
Rechtliches Gehör   **30**, 120
Rechtsanwaltskosten   607
Rechtsbehelfe   533 ff
– gegen Entscheidungen des erkennenden
Gerichts   578
– gegen Eröffnungsbeschluss   359
– gegen Haftbefehl   223
– gegen Urteile und Beschlüsse   47 ff,
533 ff, 548 ff, 559 ff
– gegen verdeckte Ermittlungsmaßnahmen
327a
– gegen Zwangsmaßnahmen im Ermittlungsverfahren   322 ff
Rechtsbeugung   396f
Rechtsextremistische Taten   44
Rechtsfrieden als Verfahrensziel   6 f
Rechtshängigkeit   279
Rechtskraft   6 f, 280
– der Ablehnung des Eröffnungsbeschlusses
363
– Adhäsionsurteil   601
– von Beschlüssen   292, 363, 585
– Beseitigung   7, 506
– der Einstellung   320, 336, **338**
– formelle   502
– materielle   503
– als Prozessziel   6
– des Strafbefehls   529
– Tatbegriff   512
– des Urteils   501 ff
– Wesen   504
Rechtskreistheorie (Beweisverwertungs-
verbote)   **459**, 464
Rechtsmissbrauch   79, **126a**, 150
Rechtsmittel   47 ff, **533 ff**

Rechtsmitteleinlegung 298 f
– durch Verteidiger 163
Rechtsmittelverzicht 301, 383, **395e**, 502, 544
Rechtsquellen des Strafverfahrensrechts 1
Rechtsschutz s. auch Rechtsbehelfe
– gegen Ablehnung der Pflichtverteidiger-
  bestellung 168
– im Ermittlungsverfahren 321 ff
– gegen Lichtbilder/Fingerabdrücke 243
– gegen Versagung der Akteneinsicht 162
Rechtsschutzinteresse
– bei Anfechtung im Ermittlungsverfahren
  327
– bei Rechtsmitteln allgemein 537
Rechtsstaatliches Verfahren 5, 454
Rechtsstaatsprinzip 1, **25 ff**, 130
Reform Strafprozessrecht 397
Reformatio in peius 528, **540**, 588
Reihengentest 242b
Rekonstruktionsverbot 563
Relative Antragsdelikte 16, 283, 309
Relative Revisionsgründe 565
Repressive Tätigkeit der Polizei 103
Revision 49 f, 54, 167, 393, 533, **559 ff**,
  613 ff
Richter
– Einschränkung der Aussagepflicht 190
– als Zeuge 182
Richterliche Aufklärungspflicht 21, 24, **406**
– bei Zeugen vom Hörensagen 422
Richterliche Beweiswürdigung
  s. Beweiswürdigung
Richterliche Fürsorgepflicht 301, **383**
Richterliche Untersuchungshandlungen 79
Richterliche Vernehmungen
– des Beschuldigten **115**, 156
– Verlesung in der Hauptverhandlung
  411 ff
– von Zeugen 317
– bei Zeugnisverweigerungsrecht 420
Richtervorbehalt 241, 247, 258, 477
Richtlinien 10a ff, 10l
RiStBV 103, 423, 500, 591
Römisches Statut 11 ff
Rubrum 500
Rücknahme
– des Einspruches beim Strafbefehl 528
– des Eröffnungsbeschlusses 301, **360**
– der Klage beim Strafbefehl 528
– der Pflichtverteidigerbestellung 169
– eines Rechtsmittels 544

Rückwirkungsverbot 8, 477
Rügepräklusion 375, 565
Rügeverkümmerung 564

Sachleitung durch Vorsitzenden 372 f
Sachliche Beweismittel/Sachbeweis 179
Sachliche Zuständigkeit 29, **36**
Sachlicher Zusammenhang bei Verbindung
  46
Sachrüge **567**, 614
Sachurteil 273, **488**
Sachverständige
– Ablehnung 76
– und Belehrung 193, **201**, 420
– Beweisantrag 448
– als Beweismittel 179, **197 ff**
– als präsentes Beweismittel 439
– und Protokollverlesung 412
– verbotene Vernehmungsmethoden 131
– als Zeuge 186
– und Zeugnisverweigerungsrecht 420
Sachverständiger Zeuge 197
Sanktionsschere 395a
Schatschaschwili Rspr. EGMR 9a, 122,
  124, 171
Scheinaufkäufer 423 f
Scheinverteidiger 306, 544
Schengener Abkommen 10o
Schengener Durchführungsübereinkommen
  10m, 280
Schengener Informationssystem 101
Schleier 380
Schleppnetzfahndung 104, 232, **261**
Schlussplädoyer, Schlussvortrag 79, 371,
  392
Schnellantrag 530
Schöffen
– Aktenkenntnis 408
– Entscheidung außerhalb der Haupt-
  verhandlung 45
Schöffengericht 40
Schriftform 302
Schriftliche Erklärungen in der Haupt-
  verhandlung 410
Schuldinterlokut 397
Schuldspruchberichtigung 574
Schutzzwecklehre (Beweisverwertungs-
  verbote) 458
Schweigen
– des Beschuldigten 28, **125**, 495,
  511
– des Zeugen 418 ff, **496**

Schweigepflicht
- des Arztes   125
- Beweisverwertungsverbot bei Verstoß 462
- Entbindung von   125, 184
- des Verteidigers   164
Schwellentheorie   104
Schwere der Tat   167
Schwerpunktstaatsanwaltschaften   81
Schwierigkeit der Sach- oder Rechtslage 167
Schwurgericht   43
SEC   481
Selbstablehnungsrecht   76
Selbstbelastungsfreiheit   s. nemo tenetur
Selbstbelastungsprovokation   481g
Selbstgesprächsfälle
- Krankenzimmer   266, 472
- Pkw   472
Selbstlesung   407
Senate   44, 49, 53
Sicherstellung   232, **245 ff**
Sicherungsverfahren   **277**, 319
Sitzungspolizeiliche Maßnahmen   156, **377**
Sitzungsprotokoll   22, 393
Sofortige Beschwerde   577, **582**
Sozialstaatsprinzip   1, 28
Sperre, behördliche
- der Akten   248
- Anfechtung   329
- des Richters und Beamten als Zeugen 190, 289c
- beim V-Mann   426 ff
Sperrwirkung der Rechtskraft   503
Spontanäußerungen   113, **118**, 420
Sprachnachricht   253a
Sprungrevision   50, **559 f**
Spurenakten   **160**, 162
Spurenansatz   232a, 266, 396c, 476
Spurengrundsatz   244
Staatlicher Strafanspruch   3
Staatsanwalt als Zeuge   **95**, 183
Staatsanwaltliche Vernehmung (des Beschuldigten)   **115**, 156
Staatsanwaltschaft   16 ff, 79 ff
Staatsanwaltschaftliches Verfahrensregister 79, 104
Staatsanwaltspolizei   101
Staatsschutzdelikte   43 f
Staatssicherheit   27
Statthaftigkeit
- Berufung   536, **548**

- Beschwerde   536
- Rechtsmittel   536
- Revision   536, **559**
Steckbrief   259a
Steuer CD   481
Stimmenfalle, Stimmvergleich   138
Strafantrag/Strafanzeige   4, 79, **283**, **309**
Strafbefehl   120, 319, **526 ff**
- Einspruch   528
- Rechtskraft   529
- Rücknahme   528
- Wiederaufnahme   586
- Zulässigkeit   526
Strafkammer   41 ff
Strafklageverbrauch   10m, **280**, 335 f
Strafmaßberufung/-revision   542
Strafmonopol   3
Strafmündigkeit   276
Strafrichter   39
Strafvereitelung
- bei Absprachen   396f
- durch Verteidiger   **174**, 249
Strafverfolgungsverjährung   281
Strafverlangen   283
Strafverteidiger
- Geldwäsche   176a
- verfassungsrechtlich-prozessuale Theorie   151b
Strafvollstreckung   2, **79**
Strafzumessungslösung   288, 396e
Strengbeweis   **180**, 403
- und Beweisantrag   437
Substitutionsrecht   83
Suggestivfragen   388
Sühneversuch (Privatklage)   592
Sukzessive Verteidigung   173
Surfverhalten   253a
Suspensiveffekt   **534**, 551, 577

Täter-Opfer-Ausgleich   337b
Tagebuch   249, **473**, 480
Tat im prozessualen Sinn   18, **20**, 385 f, 489, **512 ff**
- Abgrenzung Nachtragsanklage   **384 ff**
- Alternativität von Handlungsabläufen 520 f
- Begriff   **20**, 385, **513 ff**
- und Einstellung   339 f
- fortgesetzte Tat   522
- Idealkonkurrenz   514
- Realkonkurrenz   515 f
- SDÜ   10o

– Verkennung des Unwertgehalts   517 ff
Tatinterlokut   397
Tatort   57
Tatprovokation   288
Tatsachenbehauptung
– beim Beweisantrag   436
– bei der Revisionsbegründung
  (Verfahrensrüge)   564
– bei Wiederaufnahme   586
Tatverdacht   **111 ff**, 256, 311, 320, 357
Täuschung   **135 ff**, 301, 481e ff
Technische Mittel (Zwangsmittel)   107, 232,
  263 ff
Teilanfechtung   542
Teilrechtskraft   505, **543**
Telefonüberwachung   232
– Akteneinsicht   161
– des Beschuldigten   253 ff
– des Verteidigers   155, **254**
– Verwertbarkeit   475
– Zulässigkeit   253 ff
Telegramm (Beschlagnahme)   251
Tenor   **500**, 503
Termin   303
Terminbestimmung   368
Terrorismus   80, **101**, 342
Tod
– des Angeklagten   286
– des Mitbeschuldigten   414b
– des Zeugen und Protokollverlesung   414b
Tonbandaufnahmen   232, **265**
– als Aktenbestandteil   160
– als Beweismittel   204
– Beweisverwertungsverbote   472, **480**
– in der Hauptverhandlung   379
– heimliche als Beweismittel   472
– durch Private   480
Trennbarkeitsformel   542
Trennungsgebot   101
Treu und Glauben   327

Überhaft   222
Überlange Verfahrensdauer   **26**, 26a, 287,
  577
Übermittlung von Daten   126, 233b
Überwachung des Beschuldigten
  s. Observation
Überwachung der Telekommunikation
  s. Telefonüberwachung
Umgrenzungsfunktion der Anklage   285,
  354
Unbenannte Auflagen (§ 153a StPO)   337c

Unerreichbarkeit des Beweismittels   445
Unerreichbarkeit des Zeugen
– für Aussage in der Hauptverhandlung
  411 ff
– bei behördlicher Sperre   429
Ungeeignete Fragen   388
Ungeeignetheit des Beweismittels   444
Unionsrechts-/europarechtskonforme
  Auslegung   10a, 10d, 10l
Unmittelbarer Zeuge   24
Unmittelbarkeit   **24**, 204, 394a
– formelle und materielle   410
Unmittelbarkeit der Beweisaufnahme   410
– beim V-Mann   425
– bei Videovernehmungen   430a
Unschuldsvermutung   25
Untätigkeitsbeschwerde   26, 363, 577
Unterbrechung der Hauptverhandlung   26,
  45, **381**
Unterbringung des Beschuldigten zur
  Beobachtung   232, **240**
Unternehmensinterne Untersuchungen   481
Unterrichtung (s.a. Benachrichtigung)
– des Angeklagten nach Abwesenheit
  430b
– der konsularischen Vertretung   469a
Untersuchung s. körperliche Untersuchung
Untersuchungsgrundsatz   21
Untersuchungshaft   79, **208 ff**, 258
Untersuchungshaftsfälle
– Abhören des Besuchsraums   265, 481h
– Ehefrau des Mitangeklagten   481g
– Mithäftling als Spitzel   136, 479, 480a
Unwilliger Richter   241, 258
Unzulässige Vernehmungsmethoden
  s. verbotene Vernehmungsmethoden
Unzulässigkeit der Beweiserhebung   440
Urkundenbeweis   23, **203**, 407, 410, 415
Urteil   488 ff

V-Mann   420, **423 ff**, **481f**
– Begriff   423
– behördliche Sperre   329, 426 ff
– Täuschung iSv § 136a StPO   138
– Verwertbarkeit   426 ff, **481f**
– Zulässigkeit des Einsatzes   423 ff
Verabreichen von Mitteln   133
Veränderung des rechtlichen Gesichtspunktes
  384
Veranlassungsgrundsatz   608
Verbindung   46
Verbot der Beweisantizipation   406, 443

Verbot der reformatio in peius 528, **540**, 588

Verbotene Vernehmungsmethoden
- Beschuldigter 116, **130 ff**
- Geltung für den Sachverständigen 201
- Verwertbarkeit **142**, 467, 481e ff
- Zeuge 196

Verbrechen 42

Verdacht s. Tatverdacht

Verdeckte Ermittlungsmethoden
s. heimliche Ermittlungsmethoden

Verdeckter Ermittler 104, 232, **267**, 423, 481a ff

Verdunklungsgefahr 211, **213**, 228

Vereidigung **189**, 393

Vereinbarungen im Strafverfahren
s. Absprachen

Vereinigte große Senate 56

Verfahrensbeteiligte 2a

Verfahrensdauer **26**, 287

Verfahrensgrundsätze **15 ff**

Verfahrenshindernisse
s. Prozessvoraussetzungen

Verfahrensirrtum 35

Verfahrenskosten 607 ff

Verfahrensregister **79**, 104

Verfahrensrüge 564 ff

Verfahrenssubjekt 110

Verfahrensverzögerung 26, 26a, 321, 363, 577

Verfassungsbeschwerde 506, 533

Verfassungsrechtlich-prozessuale Theorie der Strafverteidigung 151b

Verfassungsschutz 101

Verfügungen
- Begriff 488
- Rechtsmittel 577

Vergehen 42

Vergleich (Adhäsionsverfahren) 601

Verhältnismäßigkeitsgrundsatz (bei der U-Haft) 216

Verhandlungsfähigkeit
- bei Prozesshandlungen 297
- als Prozessvoraussetzung 277
- der Richter 408
- Unterbringung zur Beobachtung 240

Verhandlungsleitung 372 ff

Verhandlungsmaxime 21

Verjährung 8, **281**

Verkennung des Unwertgehalts und Tatbegriff 517 ff

Verkündung des Urteils 371, **499**

Verlesen von Urkunden **203**, 410 ff

Verlesung von Protokollen früherer Vernehmungen in der Hauptverhandlung 411 ff

Verletzter
- Klageerzwingung 346
- Nebenklage 594
- Privatklage 590
- sonstige Rechte 602 ff
- Richterablehnung 65 f

Vernehmung 115
- des Beschuldigten 115 ff, 131, 156, 200, 222, **313**, 468, 481a ff
- durch Polizeibeamte 107
- des Zeugen/Sachverständigen 79, **314**

Vernehmungsähnliche Situation 118, 420a

Versäumung von Fristen 304 f

Verschleppungsabsicht (Beweisantrag) **446**, 452

Verschulden
- bei Fristversäumnis 306
- des Verteidigers 306

Verschwiegenheitspflicht des Verteidigers 164

Verspäteter Beweisantrag 438

Versprechen eines gesetzlich nicht vorgesehenen Vorteils 140

Verständigung 140, 167, **394 ff**, **507**

Verteidiger, Verteidigung 28, 72, 121, **147 ff**, 194, 248 f, 289c, 538
- Belehrung über Konsultationsrecht **117**, 156, 469
- Einlassung für den Angeklagten 159
- erste Hilfe bei der Verteidigerkonsultation **13**, 156
- Geldwäsche 176a
- Kostentragungspflicht 607
- als Mitbeschuldigter 154 f, 172
- opening statement 159
- Stellung von Beweisanträgen 438
- Vertrauensbeziehung zum Mandanten **153**, 169, 248, 254
- Vertretung des Beschuldigten 149
- als Zeuge 184

Vertrag von Lissabon 10a ff

Vertragstheorie 151a

Vertraulichkeit und Integrität informatorischer Systeme 253c

Verwertungsverbot
- ausländischer Beweismittel 479
- Geständnis 416
- Nichtbelehrung des Beschuldigten 13, **117 ff**, 156, 468 f

– unrechtmäßige Beschlagnahme 463
– unrechtmäßige Überwachung der Verteidigerkontakte 475
– Unterbindung der Verteidigerkonsultation 13, 156, **469**
– verbotene Vernehmungsmethoden **142**, 467
– Zeugnisverweigerungsrecht 419
– Zeugnisverweigerungsrecht, spätere Geltendmachung 465
Verwirkung von Verfahrensrügen 375
s. auch Rechtsmissbrauch 126a
Verzicht auf Beweisverwertungsverbot 420a
Verzicht auf Rechtsmittel **395e**, 544
Verzicht auf Verfahrensrügen 375
Verzögerungsrüge **26a**, 321, 363, 577
Videoaufnahmen
– des Beschuldigten 105, 116, **263**
– als Bestandteil der Akten 160
– Beweisverwertungsverbot 474
– der Vernehmung des Beschuldigten 116
Videoaufnahmen von Zeugenvernehmungen 196a, **430 ff**, 445
– Aufzeichnungen 430e ff
– Simultanübertragung 430a ff
– Verwertung 430k ff
– und V-Mann-Problematik 427
Videoüberwachung 105, **263**, 474
Videovernehmung 116, 196a, 377, 395a, 397, 563
Vier-Augen-Prinzip 569
Völkerstrafgesetzbuch 11d
Völkerstrafrecht 11 ff
Vollverschleierung 380
Vollstreckung des Urteils 502
Vollstreckungshaftbefehl 220
Vollstreckungslösung 26, 287
Vollstreckungsverfahren **2**, 220
Vollzug der U-Haft 229
Von Ossietzky-Fall 586
Vorabentscheidungsverfahren zum EuGH 10g
Vorbefassung **67**, 73
Vorbereitung der Hauptverhandlung 2, **368 ff**
Vorermittlungen 104 f, 111, **311**
Vorfragenkompetenz 497
Vorführung bei U-Haft 221
Vorhalt 415, **421**
Vorlagepflicht 52
Vorläufige Einstellung des Verfahrens 364

Vorläufige Festnahme 107, **234 ff**, 531
Vorteilsversprechungen 140
Vorverfahren s. Ermittlungsverfahren

Wächterfunktion der StA 395
Wahlfeststellung 521
Wahlverteidiger 165
Wahrheitspflicht
– des Sachverständigen 200
– des Verteidigers **151 ff**, 164, 175 f
– des Zeugen 188
Wahrsagerin-Fall 479
Wahrunterstellung beim Beweisantrag 447
Waffengleichheit 148
Weisungen bei § 153a StPO 337
Weisungsrecht innerhalb der StA 84 ff
Weisungsrecht StA-Polizei 102
Weitere Beschwerde 577, **583**
Widerruf der Pflichtverteidigerbestellung 169
Widerruf von Prozesshandlungen 300
Widerspruchslösung 117, 150, 419, **460a**, 468 ff
Widersprüche
– in der Aussage des Angeklagten und Protokollverlesung 416
– bei Zeugenaussage 415
Wiederaufnahme des Verfahrens 7, 9c, 506, **585 ff**
Wiedereinsetzung in den vorigen Stand **305 ff**, 506
Wiedererkennen 493
Wiederholungsgefahr
– bei Anfechtung von Ermittlungsmaßnahmen 327
– als Haftgrund 211, **215**
Willensmängel 301
Willkürliches Vorenthalten der Beschuldigteneigenschaft 112
Wirtschaftsstrafsachen, Wirtschaftsstrafkammer 43
Wohnort
– örtliche Zuständigkeit 57
– Verschweigen bei V-Mann 427
Wohnsitz 57
WÜK 121a, 469a

Zentralstelle in Ludwigsburg 80
Zeugen 411
– vom Hörensagen 24, **422**
– und Protokollverlesung 411 ff
– Widersprüche der Aussage 415

Sachverzeichnis

Zeugenbeistand 196a
Zeugenbelehrung
– Beweisverwertung 461
– Folgen des Unterbleibens 193, **461**
– in der Hauptverhandlung 371
– qualifizierte 420a
– Verlesung 412
Zeugenbeweis 179, **181 ff**
Zeugengrundsatz 244
Zeugenschutz 196a, 430 ff
Zeugenstaatsanwalt 95
Zeugenvernehmung
– Erscheinungspflicht 187, 314, 316
– Beweisantrag 445
– Gang 196
– Unmittelbarkeit 410 ff
– Videoaufnahmen 430
Zeugnisse, behördliche 417
Zeugnisverweigerungsrechte **191 ff**, 232a ff, 244, 248, 317
– äußeres Erscheinungsbild 192a
– der Angehörigen 191, 232, **418 ff**, 461, 465
– Belehrungspflicht 193 f, 461, 481f
– bestimmter Berufsgruppen **194**, 232a, 462
– Beweiswürdigung 496
– der Hilfspersonen von Berufsgeheimnisträgern 194
– Ermittlungsmaßnahmen 232a ff
– Geltendmachung in der Hauptverhandlung 418, 465
– Verwertbarkeit bei Nichtbelehrung 461, 481f
– Verzicht 420
Ziele des Strafverfahrens 3 ff
Zufallsfunde

– bei Durchsuchung 258
– bei Einsatz technischer Mittel 266
– bei Telefonüberwachung 254, **476**
– bei V-Mann-Einsatz 429, **481c**
– Verwertung für andere Strafverfahren 233b
Zulassung
– der Wiederaufnahme 587
Zurückverweisung
– Berufung 556
– Beschwerde 581
– Revision 573
Zurückweisung von Fragen 388 f
Zusatztatsachen 198
Zuständigkeit 29, **34 ff**
– Berufung 550
– Beschwerde 579
– funktionelle **38**, 47 ff
– örtliche 37, **57 ff**
– Revision 560
– sachliche **36**, 39 ff
Zustellung des Urteils 393, 562
Zustimmung zur Protokollverlesung 414a
Zwang 139
Zwangsmaßnahmen 79, 208 ff, 232 ff, 322 ff
– Rechtsschutz **322 ff**
– sonstige 232 ff
– U-Haft **208 ff**
Zwangsrechte der Polizei 107 f
Zwangsverteidiger 170
Zwei-Augen-Prinzip 569
Zwischenentscheidungen und Befangenheit 74
Zwischenrechtsbehelf (§ 238 II StPO) 375, 565
Zwischenverfahren 2, 291, **352 ff**

460